2018

中国烟草年鉴

CHINA TOBACCO YEARBOOK

国家烟草专卖局　编

2017年4月13日，国家烟草专卖局党组书记、局长，中国烟草总公司总经理凌成兴（前排右二）在湖北十堰市竹山县擂鼓镇金岭村党员群众服务中心考察

湖北省局　供稿

2017年8月21—22日，国家烟草专卖局党组成员、副局长杨培森（左一）在安徽烟草调研

安徽中烟　供稿

2017年7月6日，国家烟草专卖局党组成员、直属机关党委书记高林（左二）在大连烟草调研基层市场部党建工作

大连市局　国　靖　摄

2017年7月14日，国家烟草专卖局党组成员、副局长徐瑆（前排中）在河南安阳市走访卷烟零售客户

河南省局　供稿

2017年6月20—21日，国家烟草专卖局党组成员、副局长段铁力（前排右一）在四川烟草调研

四川中烟　供稿

1 2017年1月16日，全国烟草工作会议在北京召开
《中国烟草》杂志社 陈兴杰 摄

2 2017年2月16日，全国烟草行业落实全面从严治党主体责任工作会议在北京召开，会议以现场会和电视电话会相结合的形式举行
《中国烟草》杂志社 邢忠敏 摄

3 2017年2月28日，全国卷烟销售工作会议在北京召开

《中国烟草》杂志社　沙　鑫　摄

4 2017年3月1日，全国烟草行业财务审计工作会议在北京召开

《中国烟草》杂志社　郑旭南　摄

5 2017年3月21日，全国烟草行业人事工作会议在北京召开

《中国烟草》杂志社　颉虎平　摄

1 2017年5月19日，全国烟草行业党的建设工作会议在北京召开

《中国烟草》杂志社 郑旭南 摄

2 2017年5月26日，全国烟草行业物流工作会在北京召开

《中国烟草》杂志社 张 燕 摄

3 2017年10月19日，全国烟草行业企业管理现场会在河南郑州召开

河南省局 康 伟 摄

4 2017年11月28日，行业思想政治工作暨中烟政研会秘书长会议在北京召开

《中国烟草》杂志社　王　鹏　摄

5 2017年12月5日，国家局召开全国烟叶工作电视电话会议

《中国烟草》杂志社　颉虎平　摄

“2017年，烟草行业各级党组织坚持以习近平新时代中国特色社会主义思想为指导，认真学习宣传贯彻党的十九大精神，坚决贯彻落实党中央全面从严治党战略部署，持之以恒正风肃纪，推进行业党的建设、组织建设，行业政治生态气象更新，全面从严治党向纵深发展。”

1 2017年4月11日，国家局党校举行2017年春季学期开学典礼。通过加强党校学习，提高领导干部政治能力

《东方烟草报》社　王文华　摄

2 2017年6月28日，天津市局（公司）所属天津市恒大实业公司开展主题党日活动，庆祝中国共产党成立96周年

天津市恒大实业公司　康　涛　摄

3 2017年5月4日，河北省局（公司）机关党委和团支部组织青年干部到革命圣地西柏坡重温党的历史

河北省局　周　斌　摄

4 2017年7月2日，江西中烟南昌卷烟厂举办庆祝建党96周年主题党日活动暨“红歌唱响·诗词朗诵”比赛

江西中烟　供稿

5 2017年7月4日，山东中烟青岛卷烟厂举办“不忘初心跟党走”——纪念建党96周年诗文朗诵会

山东中烟　供稿

6 2017年3月28日，河南省局（公司）组织机关党员到郑州市烈士陵园开展纪念活动

河南省局　康　伟　摄

1 2017年6月14日，河南中烟组织党员干部到河南廉政文化馆参观学习、重温入党誓词

河南中烟　李　翀　摄

2 2017年7月19日，湖北武汉烟草商业系统组织党员干部到黄冈革命烈士陵园开展红色教育活动

湖北省局　供稿

3 2017年6月23日，广西南宁市局（公司）组织全体党员到江西井冈山开展红色教育活动

广西南宁市局　吴　晏　摄

4 2017年12月4日，广西贺州市城区局（营销部）党支部开展党的十九大知识问答活动

广西贺州市局　毛　岗　摄

5 2017年11月25日，郑州烟草研究院组织党员到河南安阳红旗渠红色教育基地开展主题党日活动

郑州院　张敬一　摄

3

4

5

2017年中国技能大赛
第十五届全国烟草行业职业技能竞赛
暨第三届烟草制品购销职业技能竞赛
开幕式
1

2017年河北中烟青年员工座谈会
2

1 2017年7月25日，中国技能大赛——第十五届全国烟草行业职业技能竞赛暨第三届烟草制品购销职业技能竞赛在河南郑州开幕

《中国烟草》杂志社　颉虎平　摄

2 2017年12月15日，河北中烟召开青年员工座谈会

河北中烟　王　嵩　摄

3 2017年5月4日，河北中烟保定卷烟厂举行“十大青年岗位能手”表彰会

河北中烟保定卷烟厂　张　昊　摄

4 2017年4月19日，浙江中烟烟草制品购销职业技能竞赛获奖选手合影

浙江中烟　李　媛　摄

5 2017年12月14日，福建省局（公司）“金砖杯”纸滑托推拉器叉车操作技能竞赛在厦门市公司举办

福建省局　林麦梓　摄

1

2

1 2017年6月21日，福建烟草在厦门举办宣传培训班

福建省局　供稿

2 2017年4月26日，福建中烟在全省卷烟工业系统2017年政治工作会议上表彰“精工带头人”和“精工能手”

福建中烟　刘桂锋　摄

3 2017年9月，江西中烟第一届“滕王阁杯”烟机设备操作职业技能竞赛在井冈山卷烟厂举行

江西中烟　供稿

4 2017年8月9日，山东中烟青岛卷烟厂第十五届职工技术比武擂台赛暨青工技能竞赛启动

山东中烟　供稿

1 2017年11月15日，湖南中烟“和+平安”消防技能比武活动在郴州卷烟厂易地技改工地举行

湖南中烟　周腾浪　摄

2 2017年10月24日，广西区局（公司）举办第三届烟草专卖管理岗位技能竞赛——真假卷烟鉴别

广西区局　吴少权　摄

3 2017年4月28日，甘肃省局（公司）组织开展第三届烟草制品购销职业技能竞赛

甘肃省局　供稿

1 2017年7月19日，河北中烟举行“感恩心·奋斗行”职工诵读比赛决赛

河北中烟 王 嵩 摄

2 2017年12月2日，上海浦东新区局（公司）组织开展职工趣味运动会

上海烟草集团 供稿

3 2017年10月25日，上海嘉定区局（公司）开展“奔跑吧 嘉烟人”徒步活动

上海烟草集团 供稿

禁止吸烟

全省卷烟工业系统
“勇立潮头、勇挑重担、勇往直前”主题实践活动推进会

1 2017年5月22日，江苏中烟工业系统篮球比赛在南京举办

江苏中烟　凌绍清　摄

2 2017年6月7日，浙江温州市局（公司）举办趣味活动，让员工身临其境进行互动体验，增强安全意识

浙江温州市局　范长江　摄

3 2017年10月13日，福建中烟工业系统召开“勇立潮头、勇挑重担、勇往直前”主题实践活动推进会

福建中烟　赖志祥　摄

4 2017年5月19日，山东中烟济南卷烟厂举办“四个一流引领文明健康我行”职工环厂健步行活动

山东中烟济南卷烟厂　刘　训　摄

5 2017年11月9日，山东中烟青州卷烟厂举办以“关注消防　平安你我”为主题的消防趣味运动会

山东中烟青州卷烟厂　房　强　摄

6 2017年6月29日，河南中烟许昌卷烟厂、商丘市局（公司）、许昌市局（公司）联合举办“永远跟党走　共筑中国梦”歌咏比赛

河南省局　供稿

1 2017年1月14日，广东中烟广州卷烟厂组织青年员工开展趣味马拉松比赛
广东中烟广州卷烟厂　谢瑜安　摄

2 2017年12月18日，云南中烟红云红河集团开展以“传递品牌价值　担当品牌责任”为主题的企业文化巡讲
云南中烟红云红河集团　黄　倩　摄

3 2017年12月28日，陕西西安市局（公司）举办第七届职工拔河比赛
陕西西安市局　叶一如　摄

4 2017年9月28日，南通醋酸纤维有限公司举办趣味活动，增强员工凝聚力
南纤公司　供稿

《中国烟草年鉴(2018)》编辑委员会

《中国烟草年鉴》编辑部

电　话：010—63605740

编 写 说 明

一、《中国烟草年鉴》是由国家烟草专卖局组织编纂，全面反映中国烟草行业改革发展情况以及所属各企业发展概貌的专业性、权威性行业综合年鉴。自1996年创刊以来，已先后编纂出版了1991—1995年、1981—1990年、1996—1997年、1998—1999年、2000年、2001年、2002年、2003年、2004年、2005年、2006年、2007年、2008年、2009年、2010年、2011—2012年、2013年、2014年、2015年、2016年、2017年共21卷。从2004年卷起，由国家烟草专卖局办公室主办，《中国烟草》杂志社有限公司《中国烟草年鉴》编辑部具体负责编辑工作。

二、《中国烟草年鉴(2018)》设有特载，行业概览，国家烟草专卖局　中国烟草总公司组织机构，专卖管理与"两烟"经营，烟草工业，科研和教育培训，新闻舆论和文化建设，公益活动，大事记，重要政策法规与文件选登，附录共计12个栏目。本卷年鉴"栏目"下设"分目""条目"。

三、本卷年鉴主要收录了2017年全国烟草行业发展的工作情况。各栏目内容充实，信息量大，反映了行业改革发展的历程，具有很强的权威性、延续性。为更直接展示行业工作与成就，2018卷在正文中配图，采用四色印刷，表现形式更加多样化；并以彩图配合相关栏目，生动、直观、全面地反映行业各方面发展情况，彩图涉及面广，内容丰富。

四、在总体结构上，本卷年鉴积极适应烟草行业改革发展和行业类年鉴编纂新要求，突出综述性条目和特色条目，加强对行业总体情况的反映，力求全面呈现烟草产业各发展环节的情况，精简了常规性内容。

五、对《公益活动》栏目做出调整，以省为单位进行统计，概述各省烟草商业（工业）系统公益活动的总体情况，各省级公司所属企业不再单独统计。公益活动分类列出具体项目，包括扶贫济困、捐资助学、灾害救助等，以及献血、植树、志愿活动等其他社会公益活动。

六、"国家烟草专卖局"简称"国家局"，"中国烟草总公司"简称"总公司"；"××烟草专卖局（公司）"简称"××局（公司）"，"××中烟工业有限责任公司"简称"公司"或"××中烟"。

七、计量单位标准：卷烟计量单位 1 万箱 =5 亿支，1 万件 =1 亿支，1 箱 =5 万支；非法流通卷烟以万件、件为计量单位；面积单位：烟叶种植面积使用万亩、亩，其余均使用公制单位；烟叶计量单位 1 万吨 =20 万担。

八、专用名词“低焦油卷烟”在未特别说明的情况下，特指焦油量 8 毫克/支及以下卷烟。“‘双十五’品牌”特指三类以上卷烟销量排名前 15 位的品牌和销售收入（含税）排名前 15 位的品牌。“重点卷烟品牌”，2017 年共有 31 个全国重点卷烟品牌，含“双十五”品牌和鼓励培育品牌，其中“双十五”品牌中销售收入（含税）排名前 15 位品牌为：“中华”“利群”“云烟”“芙蓉王”“黄鹤楼”“双喜·红双喜”“南京”“玉溪”“黄金叶”“白沙”“红塔山”“黄山”“七匹狼”“贵烟”“泰山”；三类以上卷烟销量排名前 15 位品牌为：“双喜·红双喜”“云烟”“利群”“红塔山”“南京”“黄鹤楼”“黄金叶”“芙蓉王”“泰山”“白沙”“玉溪”“中华”“七匹狼”“黄山”“贵烟”。鼓励培育品牌为“红河”“钻石”“红金龙”“兰州”“娇子”“长白山”“真龙”“苏烟”“龙凤呈祥”“金圣”“好猫”“延安”“中南海”“天子”“都宝”“金桥”。

九、本卷年鉴的各种资料、数据主要由国家局、总公司机关各部门、各单位和行业各直属单位提供，条目内容、数据均由各撰稿单位审阅，并由国家烟草专卖局办公室最后审定确认，资料可靠。

十、本卷年鉴中的各种资料、数据，除任免文件、机构设立与调整、先进人物名单、先进人物简介和先进集体名单外，截止时间为 2017 年 12 月 31 日。

十一、本卷年鉴终审人员为张修连、关宏梅、赵百东、任静、刘军、汪为民、姜泓海、郑素平；三审人员为关宏梅、赵百东、任静、刘军、丁勇；外审人员为王力；二审人员为余莉；一审编辑为周佳、王东旭、王静、褚幸、张建丽、邢忠敏；校订人员为余莉、丁勇；校对人员为周佳、王东旭、王静、褚幸、张建丽、邢忠敏；编务人员为樊璟祎。

十二、本卷年鉴国家局、总公司机关及行业各直属单位审稿人员中 2018 年新任职人员职务以 2018 年实际职务为准。

编　者

2018 年 12 月

国家局、总公司机关及行业各直属单位审稿人员名单

徐　丹　办公室(外事司)副主任(副司长)

刘　融　发展计划司副司长

王劲栋　专卖监督管理司司长

徐维华　经济运行司司长

王玉麟　政策法规与体制改革司司长

张孝堂　财务管理与监督司(审计司)副司长

张　虹　科技司司长

张天峰　人事司司长(正厅级)

李　安　直属机关党委副书记、纪委书记

刘　忠　国家局党组党风廉政建设领导小组办公室主任

薛建平　规范管理办公室主任

张本甫　董事会工作办公室主任

程春节　中共国家烟草专卖局党校(国家烟草专卖局职工培训中心)副校长(主任)

李保江　烟草经济研究所副所长(主持全面工作)

付久海　离退休干部办公室主任

綦振平　机关服务中心(机关服务局)主任(局长)

陈　彤　烟草经济信息中心主任

王献生　中国烟草学会办事机构主要负责人

陈江华　中国烟叶公司总经理

崔　萍　中国卷烟销售公司副总经理

郝和国　中国烟草投资管理公司总经理

王建法　中国烟草机械集团有限责任公司党组书记、董事长、总经理

沈云龙　中国烟草机械集团有限责任公司党组成员、副总经理

邵　岩　中国烟草国际有限公司党组书记、总经理

张　文　中烟商务物流有限责任公司总经理

李东梅　中国烟草实业发展中心党组成员、副总经理(副厅级)

万里明　中国双维投资有限公司党组副书记、副总经理(主持全面工作)

关宏梅　《中国烟草》杂志社有限公司董事长、总经理

江　涛　北京市烟草专卖局(公司)党组成员、副总经理

宁书成　天津市烟草专卖局(公司)党组成员、纪检组长

王　辉　河北省烟草专卖局(公司)党组成员、副总经理

周武庆　山西省烟草专卖局(公司)党组成员、副总经理

杨　树　内蒙古自治区烟草专卖局(公司)党组副书记、总经理

吴云勇　辽宁省烟草专卖局(公司)党组成员、副总经理

杨　俊　吉林省烟草专卖局(公司)党组书记、局长、总经理

耿金波　黑龙江省烟草专卖局(公司)党组成员、副总经理

唐　煦　上海烟草集团有限责任公司党组成员、副总经理,中国烟草博物馆常务副馆长

朱亚涛　江苏省烟草专卖局(公司)党组成员、纪检组长

李定晓　浙江省烟草专卖局(公司)党组成员、副局长

董建江　安徽省烟草专卖局(公司)党组成员、副总经理

尤清河　福建省烟草专卖局(公司)党组成员、副总经理

胡义强　江西省烟草专卖局(公司)党组成员、副局长

曹红祥　山东省烟草专卖局(公司)党组成员、副总经理

殷建立　河南省烟草专卖局(公司)党组成员、副总经理

董　辉　湖北省烟草专卖局(公司)党组成员、纪检组长

徐文军　湖南省烟草专卖局(公司)党组成员、副总经理

周伟兵　广东省烟草专卖局(公司)党组成员、纪检组长

陈可忠　广西壮族自治区烟草专卖局(公司)党组成员、副总经理

王斌斌　海南省烟草专卖局(公司)党组成员、副总经理

刘　伟　重庆市烟草专卖局(公司)党组成员、副局长

李恩华　四川省烟草专卖局(公司)党组书记、局长、总经理

高体仁　贵州省烟草专卖局(公司)党组书记、局长、总经理

李光林　云南省烟草专卖局(公司)党组书记、局长、总经理

宋　俊　西藏自治区烟草专卖局(公司)党委书记、局长、总经理

赵启斌　陕西省烟草专卖局(公司)党组成员、纪检组长

何绍青　甘肃省烟草专卖局(公司)党组成员、副总经理

李祥红　青海省烟草专卖局(公司)党组成员、纪检组长

罗增平　宁夏回族自治区烟草专卖局(公司)党组成员、副总经理

孙　勇　新疆维吾尔自治区烟草专卖局(公司)党组成员、副总经理

郭天龙　大连市烟草专卖局(公司)党组成员、副总经理

吴镇丰　深圳市烟草专卖局(公司)党组成员、副局长

王海峰　河北中烟工业有限责任公司党组成员、纪检组长

朱卫星　江苏中烟工业有限责任公司党组成员、副总经理

杨柳军　浙江中烟工业有限责任公司党组成员、副总经理

王志彬　安徽中烟工业有限责任公司党组书记、总经理

伍达明　福建中烟工业有限责任公司党组成员、副总经理

王迪汗　江西中烟工业有限责任公司党组成员、副总经理

王众声　山东中烟工业有限责任公司党组成员、副总经理

李彦伟　河南中烟工业有限责任公司党组成员、副总经理

姚　萌　湖北中烟工业有限责任公司党组成员、副总经理

李　立　湖南中烟工业有限责任公司党组成员、副总经理

区广安　广东中烟工业有限责任公司党组成员、副总经理

陈仲良　广西中烟工业有限责任公司总会计师

张建华　重庆中烟工业有限责任公司党组成员、副总经理

薛　飞　四川中烟工业有限责任公司党组成员、副总经理

白云峰　贵州中烟工业有限责任公司党组书记、总经理

朱绍明　云南中烟工业有限责任公司党组书记、总经理

曹兴浪　陕西中烟工业有限责任公司党组成员、副总经理

胡清源　中国烟草总公司郑州烟草研究院党组成员

葛　波　中国烟草总公司合肥设计院党委委员、副院长兼纪委书记

王　宏　中国烟草总公司职工进修学院党组书记、院长

茅　俊　南通醋酸纤维有限公司党委委员、副总经理

温　明　昆明醋酸纤维有限公司党委书记、副总经理

赵树春　珠海醋酸纤维有限公司党委委员、副总经理

国家局、总公司机关及行业各直属单位主要撰稿人员名单

包自超　国家局科技司
高　超　中国烟草机械集团有限责任公司
曹建平　中国烟草实业发展中心
王智誉　北京市烟草专卖局(公司)
高栓龙　天津市烟草专卖局(公司)
苏维民　河北省烟草专卖局(公司)
朱永胜　山西省烟草专卖局(公司)
班晓华　内蒙古自治区烟草专卖局(公司)
董春亮　辽宁省烟草专卖局(公司)
王兴谦　吉林省烟草专卖局(公司)
柳　涛　黑龙江省烟草专卖局(公司)
韩沅君　上海烟草集团有限责任公司
王　紫　江苏省烟草专卖局(公司)
张庆娜　浙江省烟草专卖局(公司)
郑义坤　安徽省烟草专卖局(公司)
傅积恩　福建省烟草专卖局(公司)
王建宁　江西省烟草专卖局(公司)
蔡世龙　山东省烟草专卖局(公司)
范素娟　河南省烟草专卖局(公司)
李菲菲　湖北省烟草专卖局(公司)
梅锡章　湖南省烟草专卖局(公司)
张　慧　广东省烟草专卖局(公司)
黄祥进　广西壮族自治区烟草专卖局(公司)
安　婷　海南省烟草专卖局(公司)
谢建川　重庆市烟草专卖局(公司)
周俊杰　重庆市烟草专卖局(公司)
张羽翔　四川省烟草专卖局(公司)
李　聪　贵州省烟草专卖局(公司)
王津军　云南省烟草专卖局(公司)
曹玉娟　西藏自治区烟草专卖局(公司)
王　玉　陕西省烟草专卖局(公司)
毕耜栋　甘肃省烟草专卖局(公司)
马世亮　青海省烟草专卖局(公司)
潘　亮　宁夏回族自治区烟草专卖局(公司)
韩　敏　新疆维吾尔自治区烟草专卖局(公司)
王荣达　大连市烟草专卖局(公司)
陈　兰　深圳市烟草专卖局(公司)
田然煜　河北中烟工业有限责任公司
徐　璐　江苏中烟工业有限责任公司
孙　琦　浙江中烟工业有限责任公司
陈卫红　安徽中烟工业有限责任公司
卢永梅　福建中烟工业有限责任公司
夏晨娣　江西中烟工业有限责任公司
秦日旭　山东中烟工业有限责任公司
洪　彬　河南中烟工业有限责任公司
谢志勇　湖北中烟工业有限责任公司
何小凡　湖南中烟工业有限责任公司
周腾浪　湖南中烟工业有限责任公司

安　婧　广东中烟工业有限责任公司

莫　止　广西中烟工业有限责任公司

范　森　重庆中烟工业有限责任公司

江　磊　四川中烟工业有限责任公司

张　春　四川中烟工业有限责任公司

高　雕　贵州中烟工业有限责任公司

王宏先　云南中烟工业有限责任公司

王丽媛　云南中烟工业有限责任公司

朱　懿　云南中烟工业有限责任公司

许　杨　陕西中烟工业有限责任公司

张敬一　中国烟草总公司郑州烟草研究院

何　为　中国烟草总公司合肥设计院

蔡　恒　中国烟草总公司职工进修学院

刘静静　南通醋酸纤维有限公司

李如音　昆明醋酸纤维有限公司

杨曼莉　珠海醋酸纤维有限公司

国家局、总公司机关各部门、各单位提供资料人员名单

汪为民　办公室(外事司)

姜泓海　办公室(外事司)

郑素平　办公室(外事司)

朱　槿　办公室(外事司)

唐嘉晨　办公室(外事司)

谭前鹏　发展计划司

宋启航　专卖监督管理司

李沁怡　经济运行司

汪　洋　政策法规与体制改革司

童冠华　财务管理与监督司(审计司)

袁　健　人事司

马　超　直属机关党委

王光明　国家局党组党风廉政建设领导小组办公室

崔　萌　规范管理办公室

高雨竹　董事会工作办公室

高　佳　中共国家烟草专卖局党校(国家烟草专卖局职工培训中心)

程晓兵　烟草经济研究所

陈海潮　离退休干部办公室

邓永红　机关服务中心(机关服务局)

桑运良　烟草经济信息中心

黄　慧　烟草经济信息中心

王文静　中国烟草学会办事机构

张　楠　中国烟叶公司

张　潋　中国卷烟销售公司

张红宇　中国烟草投资管理公司

朱爽爽　中国烟草国际有限公司

蔡一鑫　中烟商务物流有限责任公司

徐　瑾　中国双维投资有限公司

唐　敏　《中国烟草》杂志社有限公司

目 录

特 载

行业概览

国家烟草专卖局 中国烟草总公司组织机构

专卖管理与“两烟”经营

烟草工业

卷烟生产

雪茄烟生产

烟草机械工业

卷烟辅助材料生产

烟叶加工

科研和教育培训

科研院所

教育培训

授权专利

新闻舆论和文化建设

公益活动

大事记

重要政策法规与文件选登

综　合

卷烟销售

专卖管理

法治建设

烟草科技

信息化建设

附　录

香港烟草

澳门烟草

台湾烟草

国际烟草

先进人物名单

先进人物简介

先进集体名单

品牌名录

索　引

Contents

Feature

Industry Overview

STMA and CNTC Organization

Monopoly Administration and Economic Operation of Leaf Tobacco and Cigarette

Tobacco Industry

Scientific Research, Education and Training

News, Reports and Enterprise Culture

Public Welfare Activities

Memorabilia

Selection of Significant Polices, Regulation and Documents

Appendixes

Index

特　　载

工业和信息化部部长苗圩在2018年全国烟草工作会议上的讲话

（2018年1月16日）

2017年以来，面对错综复杂的国内外形势，在以习近平同志为核心的党中央坚强领导下，全国工业和信息化系统深入贯彻落实党中央、国务院决策部署，不断增强“四个意识”，统筹推进稳增长、促改革、调结构、深融合、惠民生、保安全各项工作，制造强国建设再上新台阶，网络强国建设迈出重大步伐，制造业与互联网融合发展向纵深推进，供给侧结构性改革重点任务成效明显，工业经济呈现出稳中向好势头，圆满完成全年目标任务。预计全年，单位工业增加值能耗下降约4%，软件和信息技术服务业收入增长14%，电信业务总量增长69%，互联网行业收入增长40%。具体到烟草行业，过去的一年，通过狠抓稳产销、提结构、控烟叶、降库存、增税利各项任务落实，扎实推进行业党的建设、经济运行调控、改革创新、专卖管理、烟叶生产各项工作，行业经济运行质量和效益明显提升，呈现出工业税利由负转正、市场状态逐步转好、效益稳中向好等良好态势。这些好的态势来之不易，体现了烟草局党组和烟草行业全体干部职工的责任和担当。

过去的五年，是砥砺奋进、拼搏实干的五年，包括烟草行业在内的全国工业和信息化系统干部职工团结进取、辛勤工作，工业和信息化事业取得了历史性成就、发生了历史性变革。五年来，工业通信领域总体规模、综合实力、保障能力、国际竞争力大幅度提升，发展方式、产业结构、增长动力呈现转折性变化，世界第一制造大国、网络大国地位进一步巩固，产业创新已步入从跟踪为主转向跟踪和并跑、领跑并存的新阶段，一批企业进入国际市场第一方阵，成为国民经济持续健康发展的关键支撑、增强国际竞争力的国之重器，奠定了制造强国和网络强国建设的坚实基础。以烟草行业为例，全行业上下坚定信心、主动作为、迎难而上、扎实工作，面对“四大难题”凸显、“三大压力”叠加的严峻形势，实现从2014年起税利总额超过1万亿元并连续四年保持这个水平，从2015年起上缴财政总额超过1万亿元并连续三年保持这个水平，为国民经济和社会发展特别是国家财政增收作出了重要贡献，多次得到国务院领导同志的充分肯定。2018年是全面贯彻落实党的十九大精神的开局之年，是决胜全面建成小康社会、实施“十三五”规划承上启下的关键一年。中央经济工作会议提出我国经济发展进入了新时代，必须以习近平新时代中国特色社会主义经济思想为指导，推动我国经济实现高质量发展，并对做好今年经济工作作出了全面部署。在去年年底召开的全国工业和信息化工作会议上，我们提出，2018年要立足制造强国、网络强国建设全局，以供给侧结构性改革为主线，以提高制造业供给体系质量为主攻方向，深入实施“中国制造2025”，强化创新驱动、改革推动、融合带动，推动质量变革、效率变革、动力变革，加快培育壮大新动能，改造提升传统动能，实现工业通信业持续健康发展。烟草行业是国民经济的重要组成部分，是国家重要税源之一，也是工业和信息化系统的重要领域，贯彻落实中央经济工作会议及全国工业和信息化工作会议精神，做好今年烟草行业各项工作至关重要。

对于做好2018年工作，这里再讲四点意见。

一是科学谋划，以党的十九大精神引领行业高质量发展。 党的十九大是在全面建成小康社会的关键时期召开的重要会议，会议高举中国特色社会主义伟大旗帜，作出中国特色社会主义进入新时代等一系列重大政治论断，明确把习近平新时代中国特色社会主义思想确立为我们党必须长期坚持的指导思想，描绘了全面建成小康社会、夺取新时代中国特色社会主义伟大胜利的宏伟蓝图，为党和国家事业发展指明了方向。全行业要把学习贯彻党的十九大精神作为当前和今后一个时期的首要政治任务，在学懂、弄通、做实上下功夫，用习近平新时代中国特色社会主义思想，用党的十九大精神武装头脑、指导实践、推动工作。“为学之实，固在践履”，要坚持理论联系实际，做到学用结合、知行合一。

近年来，烟草行业发展的内外环境发生了重大变化，速度规模型的发展方式遇到了瓶颈，“四大难题”和“三大压力”就是具体体现。我们要深刻把握我国经济已由高速增长阶段转向高质量发展阶段的重大判断，坚持质量第一、效益优先，把提质增效作为制定出台政策措施的出发点和落脚点。要加强对经济形势和市场形势的分析研判，科学确定调控目标并提高调控的针对性和实效性，精准施策、精准发力，努力实现行业平稳可持续发展。要把“三品”战略理念融入行业发展各领域、各层面、各环节，大力弘扬企业家精神、劳模精神和工匠精神，振兴民族品牌，提升供给体系质量。要主动分析、积极应对行业发展遇到的各种挑战和困难，立足实际，求真务实，找出主要制约因素和可能存在的有利条件，趋利避害、因势利导，努力开创一条烟草行业高质量发展的道路。

*二是积极探索，通过改革创新增强行业发展内生动力与活力。*随着社会主义市场经济体制的不断完善，以改革激发发展活力的作用十分显著。烟草行业要认真贯彻落实党的十九大关于全面深化改革的部署要求，不断开创改革新局面。要稳步推进中国烟草总公司公司制改革，在坚持和维护现行烟草管理体制特别是烟草专卖制度的基础上，稳步推动总公司层面公司制改革，建立健全各司其职、各负其责、协调运转、有效制衡的法人治理结构。要坚持推进市场化取向改革，鼓励和支持行业重点品牌通过市场竞争提高占有率和集中度，实现专卖体制与市场机制的有机结合，通过市场提高行业资源配置效率，通过市场做大做强优势企业和知名品牌，通过市场提升行业整体效益。要探索推进卷烟计划、烟叶计划、合作生产等管理体制改革，既要突出质量效益导向，提高计划资源使用效率，同时也要兼顾公平，适当向老少边穷地区进行政策倾斜，助力当地脱贫攻坚，促进行业平稳协调发展。

创新是引领发展的第一动力。要强化实施创新驱动发展战略，结合行业自身实际找准主攻方向，理顺体制机制，激发创新热情，搭建创新平台，整合创新资源，更好地发挥创新对行业改革发展的支撑作用。要加速推进行业科技创新体系建设，突出重点项目带动，集中力量推进行业共性关键技术创新，通过创新成果共享提升行业整体创新能力。要加快推动工艺创新和产品创新，进一步提升细支烟、短支烟等新品类的供给水平，为传统卷烟市场发展注入新动能，打造行业发展的新优势。要有序推行管理创新，扎实开展精益管理，切实推动降本增效，深挖潜力，持续改进，不断提高管理对效益提升的贡献度。要有力推进配套产业创新，在烟机制造、物流设备等方面提高自主创新和设备国产化能力，更加贴近行业需求，更好服务行业发展。要有效推动云计算、大数据、人工智能等新技术与烟草产业的深度融合和创新应用，促进行业提质升级。

……

*四是坚定不移，不断提高行业党建工作水平。*党的十九大报告指出：“伟大斗争，伟大工程，伟大事业，伟大梦想，紧密联系、相互贯通、相互作用，其中起决定性作用的是党的建设新的伟大工程。”烟草行业各级党组织要采取有力有效措施，推动全面从严治党向纵深发展。要把党的政治建设摆在首要位置，坚决维护以习近平同志为核心的党中央权威和集中统一领导，坚决执行党的政治路线，严格遵守政治纪律和政治规矩，始终在政治立场、政治方向、政治原则、政治道路上同党中央保持高度一致。要深入推进“两学一做”学习教育常态化制度化，按照中央统一部署，以处级以上领导干部为重点，扎实开展“不忘初心、牢记使命”主题教育，坚持用习近平新时代中国特色社会主义思想武装头脑。要切实抓好各级领导班子建设，持之以恒加强理论学习，完善和落实民主集中制的各项制度，广泛深入开展调查研究，加强分析、加强学习，不断提高领导能力和水平。要坚持党管干部原则，坚持正确选人用人导向，更加注重突出政治标准，加强对干部的教育培训，培养干部专业能力，增强“八项本领”，着力建设一支政治坚定、业务过硬、作风正派的高素质专业化干部队伍。要持之以恒加强作风建设，认真落实中央八项规定精神，拿出过硬措施，集中整治形式主义、官僚主义。要运用好监督执纪“四种形态”，抓早抓小、防微杜渐，紧盯关键少数，严肃查处各类腐败问题，保持高压，形成震慑。

同志们，新时代要有新气象，更要有新作为。让我们更加紧密地团结在以习近平同志为核心的党中央周围，把思想和行动统一到党的十九大精神上来，以习近平新时代中国特色社会主义思想为指导，真抓实干，主动作为，切实抓好全年各项任务落实，努力为全面建成小康社会、全面建设社会主义现代化国家作出新的更大贡献！

◇ 据《国烟办通报》2018 年第 2 期摘登

全面贯彻党的十九大精神　努力开创烟草行业稳中向好新局面

凌成兴

（2018 年 1 月 16 日）

这次全国烟草工作会议的主要任务是，深入学习贯彻党的十九大精神和习近平新时代中国特色社会主义思想，认真传达贯彻中央经济工作会议以及全国工业和信息化工作会议精神，总结 2017 年烟草工作，部署 2018 年工作任务，动员全行业干部职工不忘初心、牢记使命，努力开创烟草行业稳中向好新局面。下面，我讲三个问题。

一、认真总结 2017 年烟草工作

2017 年，烟草行业在以习近平同志为核心的党中央坚强领导下，认真贯彻落实党中央、国务院重大决策部署，在工信部的直接领导下，坚持稳中求进工作总基调，坚持新发展

理念，以推进供给侧结构性改革为主线，统筹推进稳产销、提结构、控烟叶、降库存、增税利各项工作，圆满完成全年目标任务。一年来，重点抓了“五个着力加强”。

五个着力加强：

第一，着力加强党的建设。认真学习宣传贯彻党的十九大精神，坚持把全面从严治党摆在更加突出的位置，进一步把责任压实、要求提实、考核抓实。召开行业党的建设工作会议、行业落实全面从严治党主体责任工作会议，制定《烟草行业坚持党的领导加强党的建设的意见》《关于进一步加强国家烟草专卖局领导班子自身建设的意见》，积极推进党建工作总体要求写入公司章程，扎实推进“两学一做”学习教育常态化制度化，促进思想建党和制度治党紧密结合，更加牢固地树立“四个意识”、增强“四个自信”。严格落实中央八项规定精神，制定《贯彻落实中央八项规定实施细则的实施办法》《关于深入开展防治系统性廉洁风险工作的意见》，狠抓中央专项巡视整改工作，做好全部撤销53家烟草驻京办后续工作，实现行业62家单位巡视全覆盖，实现行业规范管理综合督查全覆盖。严格按照好干部标准选拔任用干部，制定《烟草行业推进领导干部能上能下实施办法（试行）》，狠抓选人用人专题调研整改工作，强化干部监督管理，加大干部交流力度，推动形成能者上、庸者下、劣者汰的选人用人导向和从政从业环境。

第二，着力加强运行调控。始终坚持“总量控制、产销协调、稍紧平衡”调控方针，认真落实“以需定销、以销定产”精准调控思路，切实减少无效供给，稳步扩大有效供给，行业经济运行保持“两个稳增长”、呈现“三个新态势”。

“两个稳增长”：

一是卷烟销量稳定增长。二是税利总额稳定增长。

“三个新态势”：

一是工业税利由负转正的新态势。上半年工业税利一直处于负增长状态，进入三季度开始由负转正，全年增长2.64%。二是市场状态由疲转旺的新态势。三是财务指标由稳转好的新态势。工业资产负债率为23.44%，同比下降1.8个百分点；商业资产负债率为13.15%，同比下降3.39个百分点；工业三项费用率为6.85%，同比下降0.12个百分点；商业三项费用率为6.24%，同比下降0.04个百分点。全行业实现降本增效超过46亿元。

第三，着力加强改革创新。推进资源配置方式改革，以品牌为根本，坚定实施“大品牌、大市场、大企业”发展战略。推进行政审批改革，坚持“放管服”相结合，推行“双随机、一公开”监管，开展行政许可标准化建设，加快剥离烟草企业办社会职能，妥善推进烟草企业职工家属区“三供一业”分离移交工作。推进公司制改革，深入调研、认真沟通、反复论证、研究提出《中国烟草总公司公司制改革实施方案（草案）》，全部完成修订直属单位公司章程，明确党组织在公司法人治理结构中的法定地位。制定下发《关于激发科技创新活力调动“两个积极性”的若干意见》，加强科技创新平台建设。制定《中烟国际“三个在外”转型发展总体方案》等方案，积极拓展境外市场，出口烟叶类产品20.4万吨，其中出口工商库存烟叶267.3万担，同比均有较大幅度增长。推进烟叶流通改革，以“专分散收”为基础，加快推进原收原调，大力推进均质化加工，建立完善烟叶质量追溯体系，实现烟叶流程优化再造，提高烟叶有效供给水平。

第四，着力加强专卖管理。继续加强与公安、海关、海警等执法部门的协作配合，联合下发《国家烟草专卖局　公安部　交通运输部　国家邮政局关于建立物流寄递环节打击涉烟违法犯罪协作机制的意见》，在有效打击假烟生产能力的同时，持续加大打击假烟、走私烟销售网络力度，推动形成打击利用物流寄递渠道涉烟违法犯罪活动的整体合力。全国共依法查处案值5万元以上假烟案件5980起，同比增长53.96%；查获假烟28.4万件，同比增长58.66%；查获走私烟12.7万件，同比增长12.2%；查获烟丝烟叶1.5万吨，同比增长10.1%；收缴制假烟机383台，同比增长10.69%；拘留8552人，同比增长3.05%；追究刑事责任4620人，同比增长6.87%。持续加强真烟非法流通治理，认真落实真烟非法流通季度通报和考核奖惩制度，依法打击卖烟大户“二次批发、左右价格、扰乱市场”行为，各单位共依法查处大户违法违规经营卷烟5万支或价值5万元以上案件8180起，依法取缔违法违规经营大户2682户，查处行业违规经营行为831起。全面落实卷烟规范经营责任，开展第一轮卷烟规范经营专项督查，针对查出的主要问题，国家局进行全面梳理，作出严肃的反馈，提出明确的整改要求。从严查处山东省德州市局（公司）、河南省开封市局（公司）等单位相关人员的违规行为。

第五，着力加强烟叶生产。认真落实“四个不动摇、一个优结构”总体要求，坚决守住规模红线。有效促进烟农增收，在抓好烟叶主业增收的前提下，大力推进设施资源综合利用、多元经营和辅助产业发展，积极拓宽烟农增收渠道，全年实现烟农种烟总收入565亿元①（含生产投入

---

① 实现烟农种烟总收入（含补贴）、烟农户均种烟收入为2017年预测数据。

补贴65亿元），实现烟叶税110亿元，烟农户均种烟收入4.91万元，同比增加0.19万元。测算烟农增加非烟收入148亿元，有效弥补了因烟叶计划下调而减少的收入。持续推动提质增效，继续加强烟叶生产基础设施建设和水源工程建设，加大先进适用技术集成和推广应用，稳步提升种植规模化、烟农职业化、服务专业化、作业机械化水平，全国推广施用有机肥1195万亩，烟蚜茧蜂防治蚜虫比例达到96%，烟叶收购平均合格率达到82.4%，等级纯度进一步提升。

2017年烟草工作成绩，是在过去五年党和国家事业取得历史性成就、发生历史性变革的大局下取得的。党的十八大以来，以习近平同志为核心的党中央高度重视烟草行业改革发展、专卖体制等工作，稳定了体制、稳定了机构、稳定了政策，为烟草行业改革发展奠定了坚实基础。五年来，烟草行业紧密团结在以习近平同志为核心的党中央周围，紧紧围绕实践“三大课题”、提升“五个形象”，认真践行“国家利益至上、消费者利益至上”行业共同价值观，面对“四大难题”凸显、“三大压力”叠加的严峻形势，凝心聚力，攻坚克难，取得了三大标志性成果：一是税利总额超万亿元，2014年税利总额达到10518亿元，并连续四年保持这个水平。二是上缴财政总额超万亿元。2015年上缴财政总额达到10950亿元，并连续三年保持这个水平。李克强总理多次作出重要批示和指示，表扬烟草行业“为宏观经济大局、为实施营改增等大规模减税措施作出了重要贡献”，给行业上下巨大的鼓舞和鞭策。三是细支烟为主体的创新产品成为行业发展的新动能。

回顾五年来行业改革发展历程，我们更加深刻地体会到，保持烟草行业持续健康发展：一是必须坚持党的领导，持续加强党的建设，落实全面从严治党主体责任，把党建工作与中心工作一起谋划、一起部署、一起督查，努力营造行业干事创业、风清气正、廉洁从政的政治生态，保证烟草行业始终沿着正确的方向发展。二是必须坚持专卖制度，充分发挥整体优势，确保行业上下政令统一、指挥灵敏、执行有力、监督到位，确保党中央、国务院重大决策部署在烟草行业落地见效；着力提高打假打私工作科学化、法治化、常态化水平，持续净化市场环境，努力在卷烟打假打私中要市场、要销量、要效益。三是必须坚持“三品”战略，大力振兴民族品牌，按照“增品种、提品质、创品牌”和“品牌要做大、规格要做精、价格要上扬”的要求，加强品牌进退管理，推动中式卷烟知名品牌规模扩张、质量提高和价值提升，促进卷烟产品优化升级；同时，持之以恒抓精益管理、抓降本增效、抓技术改造。四是必须坚持调控方针，认真执行“提税顺价”政策，按照“总量控制、产销协调、稍紧平衡”的调控方针，稳产销、提结构、控烟叶、降库存、增税利，保持定力、精心调控，稳定价格、提振信心。五是必须坚持科技创新，抓好烟草科技重大专项，不断推动科技创新、科技减害、科技增效，切实维护消费者利益。六是必须坚持烟叶调控和服务脱贫攻坚，坚决守住烟叶规模红线，五年累计减少烟叶收购1400余万担；认真落实党中央精准扶贫、精准脱贫重大决策部署，持续推进提质增效、持续推进烟基工程、持续推进水源工程、持续推进对口扶贫、持续推进援藏援疆，围绕“一个依托、四个带动”打造行业服务脱贫攻坚的新亮点。

同时，我们要清醒地看到，当前烟草行业依然面临“四大难题”凸显、“三大压力”叠加的严峻形势，基础脆弱、低位运行、任务艰巨的局面没有根本改变，同样存在发展不平衡不充分的主要矛盾、不协调不可持续的突出问题，主要表现是：烟叶库存依然居高不下，解决总量过剩和结构性矛盾仍需付出艰巨努力；卷烟库存依然不尽合理，少数重点品牌增长乏力，整治违规大户、非法流通行为仍需付出艰巨努力；假烟走私烟制售活动依然比较猖獗，打假打私工作仍需付出艰巨努力；令行禁止依然有待加强，提高党员干部本领能力仍需付出艰巨努力。对此，全行业务必保持清醒头脑，坚持问题导向，讲究方法策略，战胜艰难险阻。

二、认真贯彻中央经济工作会议精神

中央经济工作会议是党的十九大后党中央召开的第一个全国性会议，习近平总书记发表了重要讲话，对党的十八大以来我国经济发展历程进行了精辟总结，对当前经济形势作出了深刻分析，对今年经济工作作出了全面部署。李克强总理在会上对今年经济工作作出了具体部署、提出了明确要求。烟草行业作为实体经济的重要组成部分，必须认真贯彻中央经济工作会议精神，坚决落实中央关于经济工作的重大决策部署。重点是做到“六个牢牢把握”。

六个牢牢把握：

第一，牢牢把握党的十八大以来我国经济发展取得的历史性成就、发生的历史性变革。党的十八大以来，以习近平同志为核心的党中央，就经济形势应该怎么看、经济工作应该怎么干，提出了一系列关系我国经济发展全局的重大判断和论断，引导我国经济发展取得历史性成就、发生历史性变革。一是经济实力再上新台阶，经济年均增长7.1%，去年GDP达到80余万亿元，财政收入超过17万亿元，居民人均可支配收入超过2.6万元，成为世界经济增长的主要动力源和稳定器；二是经济结构出现重大变革，新动能对经济的支撑作用明显增强；三是经济更具活力和韧性，经济体制改革全方位推进，极大解放了社会生产力；四是对外开放深入发展，我国对全球经济发展的影响力、对全球经济治理的话语权大幅度提升；五是人民获得感、幸福感明显增强，脱贫攻坚战取得决定性进展，基本公共服务均等化程度不断提高，形成了世界上人口最多的中等收入群体；六是生态环境状况明显好转，推进生态文明建设决心之大、力度之大、成效之大前所未有。实践证明，党的十八大以来，党中央对经济形势的判断是完全正确的，对经济工作的决策是完全正确的，对发展思路的调整是完全正确的。

第二，牢牢把握习近平新时代中国特色社会主义经济思想的科学内涵。党的十八大以来，以习近平同志为核心的党中央，坚持观大势、谋全局、干实事，成功驾驭了我国经济发展大局，在实践中形成了以新发展理念为主要内容的习近平新时代中国特色社会主义经济思想，其科学内涵主要包括“七个坚持”：一是坚持加强党对经济工作的集中统一领导，保证我国经济沿着正确方向发展；二是坚持以人民为中心的发展思想，贯穿到统筹推进“五位一体”总体布局和协调推进“四个全面”战略布局之中；三是坚持适应把握引领经济发展新常态，立足大局，把握规律；四是坚持使市场在资源配置中起决定性作用，更好发挥政府作用，坚决扫除经济发展的体制机制障碍；五是坚持适应我国经济发展主要矛盾变化完善宏观调控，把推进供给侧结构性改革作为经济工作的主线；六是坚持问题导向部署经济发展新战略，对我国经济社会发展变革产生深远影响；七是坚持正确工作策略和方法，稳中求进，保持战略定力、坚持底线思维，一步一个脚印向前迈进。习近平新时代中国特色社会主义经济思想，是五年来推动我国经济发展实践的理论结晶，是中国特色社会主义政治经济学的最新成果，是党和国家十分宝贵的精神财富，必须长期坚持、不断丰富发展，推动我国经济发展产生更深刻、更广泛的历史性变革。

第三，牢牢把握我国经济已由高速增长阶段转向高质量发展阶段的重大判断。中国特色社会主义进入了新时代，我国经济发展也进入了新时代，基本特征就是我国经济已由高速增长阶段转向高质量发展阶段。推动高质量发展，是保持经济持续健康发展的必然要求，是适应我国社会主要矛盾变化和全面建成小康社会、全面建设社会主义现代化国家的必然要求，是遵循经济规律发展的必然要求。习近平总书记指出，高质量发展，就是能够很好满足人民日益增长的美好生活需要的发展，是体现新发展理念的发展，是创新成为第一动力、协调成为内生特点、绿色成为普遍形态、开放成为必由之路、共享成为根本目的的发展。从分配看，高质量发展应该实现投资有回报、企业有利润、员工有收入、政府有税收。推动高质量发展是当前和今后一个时期确定发展思路、制定经济政策、实施宏观调控的根本要求，必须加快形成推动高质量发展的指标体系、政策体系、标准体系、统计体系、绩效评价、政绩考核，创建和完善制度环境，推动我国经济在实现高质量发展上不断取得新进展。

第四，牢牢把握今年经济工作的总体要求。习近平总书记指出，经济工作要适应新时代、聚焦新目标、落实新部署，为全面建成小康社会打下更坚实的物质基础。做好今年经济工作，要全面贯彻党的十九大精神，以习近平新时代中国特色社会主义思想为指导，加强党对经济工作的领导，坚持稳中求进工作总基调，坚持新发展理念，紧扣我国社会主要矛盾变化，按照高质量发展的要求，统筹推进“五位一体”总体布局和协调推进“四个全面”战略布局，坚持以供给侧结构性改革为主线，统筹推进稳增长、促改革、调结构、惠民生、防风险各项工作，大力推进改革开放，创新和完善宏观调控，推动质量变革、效率变革、动力变革，在打好防范化解重大风险、精准脱贫、污染防治的攻坚战方面取得扎实进展，引导和稳定预期，加强和改善民生，促进经济社会持续健康发展。按照上述要求，中央提出了今年经济社会发展的主要预期目标和宏观调控政策，强调稳中求进工作总基调是治国理政的重要原则，要长期坚持；“稳”和“进”是辩证统一的，要作为一个整体来把握，把握好工作节奏和力度。

第五，牢牢把握今年改革发展的重点任务。中央提出，今后三年要重点抓好防范化解重大风险、精准脱贫、污染防治三大攻坚战。围绕推动高质量发展，今年要做好八项重点工作。一是深化供给侧结构性改革，推进中国制造向中国创造转变，中国速度向中国质量转变，制造大国向制造强国转变；二是激发各类市场主体活力，推动国有资本做强做优做大，支持民营企业发展；三是实施乡村振兴战略，科学制定乡村振兴战略规划，健全城乡融合发展体制机制，推进农业供给侧结构性改革；四是实施区域协调发展战略，实现基本公共服务均等化，基础设施通达程度比较均衡，人民生活水平大体相当；五是推动形成全面开放新格局，有序放宽市场准入，促进贸易平衡，有效引导支持对外投资；六是提高保障和改善民生水平，针对人民群众关心的问题精准施策，给人民群众更多获得感、幸福感、安全感；七是加快建立多主体供应、多渠道保障、租购并举的住房制度；八是加快推进生态文明建设。落实各项重点任务，要统筹各项政策，加强政策协同，充分调动各方面干事创业的积极性，有力有序做好经济工作。

第六，牢牢把握坚持和加强党对经济工作的领导。习近平总书记强调，做好经济工作，必须增强“四个意识”，自觉维护党中央权威和集中统一领导，把思想和行动统一到党的十九大精神上来，统一到党中央对经济工作的部署上来。要完善对党中央决策部署的执行、监督、考评、奖惩等工作机制，落实主体责任，确保令行禁止。要加强学习和实践，培养专业能力，弘扬专业精神。要大兴调查研究之风，找准短板弱项，解决实际问题。要完善干部考核评价机制，为干部大胆创新探索撑腰鼓劲。

三、认真落实2018年烟草工作重点任务

2018年是贯彻党的十九大精神的开局之年，是改革开放40周年，是决胜全面建成小康社会、实施“十三五”规划承上启下的关键一年。烟草工作必须适应新时代、聚焦新目标、落实新部署，总体要求是：认真贯彻落实党的十九大精神，以习近平新时代中国特色社会主义思想为指导，认真贯彻落实中央经济工作会议精神，加强党对经济工作的领导，坚持稳中求进工作总基调，坚持新发展理念，紧扣我国社会主要矛盾变化，按照高质量发展的要求，坚持质量第一、效益优先，以供给侧结构性改革为主线，强化创新驱动、品牌带动、改革推动，加快培育新动能，推动行业发展质量变革、效率变革、动力变革，统筹做好稳产量、增销量、提结构、控烟叶、降库存、增税利，努力开创烟草行业稳中向好新局面，为决胜全面建成小康社会、夺取新时代中国特色社会主义伟大胜利作出新贡献。

全行业必须牢固树立大局观，坚持一切在大局下思考、一切在大局下行动，努力在服从和服务于“五个大局”中找准工作结合点和着力点。

五个大局：

服从和服务于人民健康的大局，就是要主动融入健康中国战略，不断提高科技创新水平、科技减害水平、科技增效水平，努力减少烟草吸入量、减少焦油含量、减少其他有害成分含量，切实维护好消费者利益。

服从和服务于财政增收的大局，就是要把国家利益放在最优先位置，认真履行保证国家财政收入的法定职责，坚持向稳定规模要效益，向结构调整要效益，向减耗降本要效益，向打假打私要效益，努力为国家财政增收多作贡献。同时，要争取和用好“休养生息”政策，稳定税负、增强实力。

服从和服务于振兴民族品牌的大局，就是要坚持中式卷烟发展方向，坚定实施“大品牌、大市场、大企业”发展战略，持续增强民族卷烟品牌创新力、影响力、竞争力，牢牢占据国内市场，稳步拓展国际市场，不断打造中式卷烟品牌发展新优势、培育发展新动能，努力打造全球领先品牌。

服从和服务于脱贫攻坚的大局，就是要坚决响应党中央“坚决打赢脱贫攻坚战”的号召，充分发挥专卖制度优势和烟草产业优势，围绕“一个依托、四个带动”，积极支持革命老区、民族地区、边疆地区、贫困地区加快发展，积极帮助广大烟农脱贫致富，积极帮助广大零售户稳价增利。

服从和服务于社会需求的大局，就是要依法履行好烟草市场唯一合法供给主体的职责，尊重消费者选择，尊重零售客户意愿，积极顺应市场变化，有效保障市场供应，努力为消费者提供符合需求的产品，努力为零售客户提供普遍均等的服务。

在服从和服务于“五个大局”中，今年烟草工作的重点任务是：突出“一个首要任务”、做到“五个坚定不移”。

一个首要任务：

就是突出抓好学习贯彻党的十九大精神这一首要政治任务。党的十九大闭幕后，全行业迅速掀起学习宣传贯彻党的十九大精神的热潮。国家局党组印发了《关于学习宣传贯彻党的十九大精神的通知》，精心组织开展烟草行业处级以上领导干部学习贯彻党的十九大精神和《习近平谈治国理政》第二卷集中轮训工作。当前和今后一个时期，行业各级党组织要把学习贯彻党的十九大精神作为首要政治任务，坚持全面准确，坚持读原著、学原文、悟原理，进一步做到“六个深刻学习领会”，即：深刻学习领会习近平新时代中国特色社会主义思想，深刻学习领会党的十八大以来创造的新辉煌，深刻学习领会中国特色社会主义进入新时代的新论断，深刻学习领会我国社会主要矛盾发生变化的新特点，深刻学习领会分两步走全面建成社会主义现代化国家的新目标，深刻学习领会党的建设的新要求。认真学习贯彻习近平总书记在学习贯彻党的十九大精神研讨班开班式上的重要讲话精神，做到坚持和发展中国特色社会主义要一以贯之，推进党的建设新的伟大工程要一以贯之，增强忧患意识、防范风险挑战要一以贯之。国家局党组对全行业各级党组织和党员干部提出了认认真真学文件、旗帜鲜明讲政治、实干兴邦抓落实的具体要求，请同志们紧密联系实际、坚持学以致用、抓出丰硕成果。绝不能纸上谈兵，绝不能光说不练，绝不能随意编新词、提新说法。

五个坚定不移：

第一，坚定不移贯彻新发展理念，着力推动烟草行业高质量发展。“坚持新发展理念”，是党的十九大确定的基本方略。习近平总书记指出：“贯彻新发展理念，建设现代化经济体系。”“推动高质量发展，就要建设现代化经济体系，这是我国发展的战略目标。”“建设现代化经济体系，必须把发展经济的着力点放在实体经济上，把提高供给体系质量作为主攻方向，显著增强我国经济质量优势。”烟草行业作为实体经济的重要组成部分，必须认真贯彻落实习近平新时代中国特色社会主义经济思想，扎实推进供给侧结构性改革，以做强做优做大品牌为牵引，全面推动烟草行业高质量发展。一是打好品牌培育持久战。稳定发展一批规模大、价值高、竞争力强的中式卷烟知名品牌，是推动烟草行业高质量发展的根本之举。全行业要坚定实施“大品牌、大市场、大企业”发展战略，认真落实“品牌要做大、规格要做精、价格要上扬”工作要求，学习借鉴“十大优秀卷烟新产品”的宝贵经验，进一步明确目标定位、优化产品布局、提升品牌形象，有效发挥政策引导和市场竞争作用，持续提高重点品牌和主导规格集中度，切实提高新品培育成功率。坚持“优胜劣汰”，在鼓励创新、适度竞争的同时，严格执行品牌规格进退政策，采取有效措施，切实解决好品牌规格过多、过散问题。巩固品牌合作生产成果，完善“一调控、三倾斜”相关配套政策，千方百计稳定合作生产规模、稳定合作生产结构、稳定合作生产关系，持续发挥其在做大知名品牌、促进共同发展中的重要作用。大力实施创新驱动发展战略，加强关键技术攻关，推进创新成果转化运用，全面提升产品设计水平、工艺水平、质量水平，持续增强品牌培育能力、维护能力和可持续发展能力。二是打好结构优化持久战。我国烟草行业总体上处于从成长走向成熟的发展阶段，规模扩张的空间越来越小，持续优化结构、稳步提升结构，是推动烟草行业高质量发展的必由之路。全行业要继续坚持“总量控制、产销协调、稍紧平衡”调控方针，管住产量“总闸门”，牵住销量“牛鼻子”，查处卷烟“假私非”，努力为结构提升创造有利的政策条件和市场环境；积极顺应个性化、多样化、中高端的消费潮流，准确把握不断升级的需求变化趋势，更加注重从供给端发力，加强技术创新、产品创新，精心呵护一二类卷烟稳步发展势头，规范和支持细支烟、短支烟、中支烟持续健康发展，引导各类创新产品聚焦高端市场，带动行业整体结构持续上移，不断为行业发展增强新动能；高度重视挖掘低端市场需求潜力，着力提升低端卷烟的品质品位，有效适应、引导和满足不同收入群体的消费需求，特别要重视开拓农村市场、支持农村客户、方便农村烟民，努力为行业可持续发展打下牢固基础；密切关注烟草市场新动向，大力支持雪茄烟加快发展。三是打好精益管理持久战。依靠技术进步、管理创新和劳动者素质提高，不断提高全要素生产率，是推动烟草行业高质量发展的永恒主题。全行业要牢固树立“管理就是生产力、节约就是竞争力”的理念，扎实推进全员、全过程、全方位的精益管理，更加重视从源头上加强成本管控，千方百计降低物资成本、降低人工成本、降低制度性交易费用，千方百计提高劳动效率、提高管理效率、提高资源使用效率。认真实施《烟草行业“互联网+”行动计划》，按照“一坚持、三推进”的要求，搞好同有关互联网企业的战略合作，扎实推进云计算、大数据、人工智能与烟草产业深度融合，积极开展烟草工业互联网建设试点，搭建行业云和大数据平台，推动互联网在专卖、结算、采购等领域的创新应用，严格依法建设、管理和使用网络。大力倡导工匠精神，建立和完善技能人才荣誉制度，广泛开展职业技能竞赛、岗位练兵和质量标兵等活动，鼓励广大员工学习新知识、钻研新技术、运用新方法、展示新本领，树立行业“大国工匠”标杆，使工匠精神、劳模精神在行业发扬光大。四是促进配套产业协调发展。紧紧围绕烟草主业，促进配套产业和各关键环节协调发展是推动烟草行业高质量发展的重要保障。要抓好烟机产品创新，加快推出“日产三班两百箱”“日产三班三百箱”国产卷接包机组，加快研制开发细支烟专用制丝工艺设备、超高速细支烟卷接设备，不断提高烟机智能化服务水平。总结推广纸滑托盘联运，进一步扩大塑料烟箱、高强度烟箱应用，进一步加快常规烟和异型烟共线分拣，积极推动物流信息化建设，不断促进行业物流降本增效。着力推进多元化产业整合优化，不断提高多元化企业盈利能力。高度重视丝束生产安全环保工作，提高国产丝束市场化、基地化、精益化水平，推进“三纤”公司创新协同发展，加快南纤六期工程、昆纤搬迁技改工程建设步伐。推进中烟国际“一平台、三在外”建设，大力培育引进国际化人才，围绕“一带一路”建设，聚焦重点市场、支持重点企业、打造重点品牌，努力提升境外市场影响力和竞争力。打好安全生产持久战，持续强化安全管理流程、作业行为、技术措施和作业环境控制，确保行业安全生产形势持续稳定。

第二，坚定不移全面深化改革，着力完善烟草企业法人治理结构。改革开放以来，我国在建立社会主义市场经济体制过程中，针对烟草行业的特殊性，通过建立专卖专营机构、制定专卖法律法规、理顺资产管理体制，逐步建立、形成和巩固了国家烟草专卖制度和“统一领导、垂直管理、专卖专营”的管理体制。这一体制是我国改革开放的一项重大创新成果，在保证国家财政收入、维护消费者利益、卷烟打假打私、发展民族工业、助力脱贫攻坚等方面发挥了重要作用，取得了卓著成效。我们要继续坚持社会主义市场经济改革方向，继续坚持“统一领导、垂直管理、专卖专营”和“一套机构、两块牌子”现行管理体制，以完善烟草企业法人治理结构为重点，扎实推进行业全面深化改革工作。一是推进总公司公司制改革。认真贯彻党中央、国务院关于“加大集团层面公司制改革力度”的要求，积极配合有关部门，适时推进总公司公司制改革，将中国烟草总公司改制为依照《公司法》登记的中央企业，建立健全法人治理结构，将加强党的领导和完善公司治理统一起来，充分发挥党组织的领导核心和政治核心作用，保证党组织把方向、管大局、保落实。二是推进干部人事及薪酬制度改革。坚持党管干部原则，推进烟草行业领导干部选拔任用和交流任职改革，构建有效管用、简便易行的选人用人机制，使各方面优秀干部充分涌现。认真落实《烟草行业推进领导干部能上能下实施办法（试行)》和《烟草行业招聘工作管理办法》，建立健全“各类管理人员能上能下、员工能进能出、收入能高能低”的选人用人机制和激励约束机制。完善省级公司负责人工作业绩考核细则，增强工效挂钩意识，加强工资总额管理，工挂增资分配要坚持“效益优先、兼顾公平、能高能低”的原则，向优强企业倾斜、向基层单位倾斜、向一线员工倾斜，关注不同用工制度员工的切身利益，完善考核奖惩、缩小收入差距。三是推进国有资产监管方式改革。全面推进行业国有资产基础管理工作达标，研究制定烟草企业境外国有产权管理制度，开展以适应行业发展新常态为目标的国有资产经营业绩考核指标体系建设调研，建立健全以“管资本”为主的行业国有资产监管新格局，提高国有资产质量，实现国有资本保值增值，防止国有资产流失。

第三，坚定不移强化专卖管理，着力净化烟草市场环境秩序。 继续推进法治烟草建设，坚持依法行政、依法管理、依法组织生产经营，努力提高烟草市场的管控水平。净化烟草市场的环境秩序，既要严厉打击行业外部违法犯罪活动，又要严格规范行业内部生产经营行为，始终坚持内外并重，突出强调管住自己、管好自己。一是狠抓打假打私。按照“建机制、堵源头、打团伙、管市场”的要求，进一步健全完善卷烟打假打私体系，密切与公安、海关、海警等执法部门的协作配合，形成更加有效的联合办案、大要案督办、重大案件奖励等工作机制。加强与交通、邮政等部门的协作配合，着力构建封堵拦截假烟走私烟运输通道的屏障，加大假烟制售窝点和伪劣产品曝光力度。深入推进源头治理，重点打击源头假烟生产、仓储、中转、分销和封堵拦截沿海沿边卷烟走私分销违法活动，推动重点地区开展综合治理工作，集中力量侦办一批涉案范围广、涉案金额高、影响力大的重大案件，有效打击跨地区、集团化、网络化的制售假烟和走私贩私犯罪团伙。加强对境外生产和一般贸易出口卷烟的管理，坚决防止“出口回流”。二是狠抓规范经营。切实尊重市场真实需求，有效组织适销对路货源，坚持防止“两烟”市场互换，坚决杜绝“强制销售”“捆绑销售”，坚决消除地区封锁和地方保护。继续推进大户治理工作，巩固大户专项治理成果，今年要基本解决违规卖烟大户“二次批发、左右价格、扰乱市场”问题。组织开展卷烟规范经营专项督查，突出抓好监督执纪问责，对违规经营行为“零容忍”。牢固树立以“消费者为中心”的理念，加大销售网络和零售终端建设力度。三是狠抓科学监管。强化成本意识，增强效能观念，改变传统的无限监管理念，改革传统的人工巡查、普遍撒网的烦苛监管方式，全面推行“双随机、一公开”监管，认真落实 APCD 工作法，切实提高市场监管质量和效率。充分发挥新技术、新工具在市场监管中的作用，依托互联网、大数据、云计算，打造更加先进实用的市场监管平台，努力提高市场监管智能化水平。认真落实“放管服”改革要求，进一步明确烟草专卖许可证申领条件，简化许可证办理流程，加强许可证后续监管，积极开展电子许可证和准运证试点工作，真正把依法管理贯穿于优质服务之中。同时，要积极回应群众诉求，切实防范法律风险。

第四，坚定不移服务脱贫攻坚，着力推动烟叶生产协调平衡。 我国超过 70% 的烟叶产区分布在老少边穷地区，种植烟叶是当地群众主要经济来源，对当地脱贫攻坚具有十分重要的作用。当前，我们既要坚决打好烟叶调控持久战，又要大力支持贫困县打赢脱贫攻坚战。国家局党组决定，进一步加大精准帮扶力度，以 2017 年烟叶种植计划面积为基数，按照国务院《“十三五”脱贫攻坚规划》贫困县的范围，对贫困县烟农减少的种植面积，由烟草行业每亩补助 400 元，用于烟农调整产业结构，巩固脱贫成果。该政策一定三年不变。各烟叶产区要宣传政策、兑现政策、用好政策。要着力抓好“四个协调平衡”：一是抓好总量协调平衡。国家局党组经过反复研究，决定今年探索实施计划基数与年度产量分开管理的烟叶总量调控政策，迈出总量当年平衡、库存逐年消化的坚实步伐。二是抓好结构协调平衡。解决烟叶供需结构性矛盾，要坚持“两条腿走路”，产区公司要以基地单元为纽带，大力优化烟叶供给结构，从供给侧努力提高烟叶等级质量；工业企业要以配方改革为抓手，重视加工技术创新，大力优化库存烟叶结构，从需求侧努力提高原料使用水平。三是抓好区域协调平衡。要坚持市场化取向改革，紧扣工业需求，合理配置资源，做优种植布局，加强统筹协调，做优加工布局，加快烟叶供给布局调整，实现烟叶发展区域协调平衡。四是抓好内外协调平衡。要紧紧抓住国家实施“一带一路”重大战略机遇，统筹利用国内国际“两个市场、两种资源”，一方面大力提升烟叶进口质量，一方面大力扩大烟叶出口数量，实现烟叶发展内外需求协调平衡。

第五，坚定不移履行全面从严治党主体责任，着力增强行业干部队伍本领能力。习近平总书记在党的十九大报告中强调，“打铁必须自身硬”“全面从严治党永远在路上”。全行业必须认真贯彻新时代党的建设总要求，按照十九届中央纪委二次全会的工作部署，坚定不移履行全面从严治党主体责任，推动全面从严治党向纵深发展。一是加强党的建设。行业各级党组（党委）要深刻认识抓好党建也是最大的政绩，坚持党建工作和中心工作一起谋划、一起部署、一起督查，坚持签订全面从严治党主体责任责任书，执行党建工作年度报告制度，采取考核、督查、约谈等手段，确保责任落实到位。根据中央的统一部署，扎实开展“不忘初心、牢记使命”主题教育，推进“两学一做”学习教育常态化制度化，教育引导党员干部牢记党的宗旨，坚定理想信念。以提升组织力为重点，全面加强基层组织建设，认真落实“三会一课”制度，推进党的基层组织设置和活动方式创新，加强党员日常教育管理，着力解决一些基层党组织弱化、虚化、边缘化问题。持之以恒正风肃纪，严肃党内政治生活，严格执行问责制度，全面加强纪律建设。不断深化政治巡视，推进行业巡察工作，构建巡视巡察上下联动的监督网，统筹行业纪检监察、巡视巡察、财务审计、专卖内管、规范管理等监督力量，强化制度落实，增强监督效能。加强对反腐败工作的领导，坚持无禁区、全覆盖、零容忍，坚持重遏制、强高压、长震慑，力度不减、节奏不变，减少腐败存量，重点遏制增量，强化不敢腐的震慑，扎牢不能腐的笼子，增强不想腐的自觉。自觉接受、大力支持、密切配合驻部纪检组的监督执纪问责。二是加强领导班子建设。坚持党管干部原则，以“建设高素质专业化干部队伍”为目标，坚持德才兼备、以德为先，坚持五湖四海、任人唯贤，坚持事业为上、公道正派，突出政治标准，注重专业知识、专业能力、专业作风、专业精神的统一，选优配强行业各级领导班子，把好干部标准落到实处。继续加大领导干部交流力度，重视培养选拔优秀年轻干部，加强年轻干部实践锻炼，统筹做好培养选拔女干部、少数民族干部工作，精心做好老干部工作。严格执行领导干部报告个人有关事项“两项法规”，落实“凡提四必”制度，前移审核关口，动议即审、该核早核，做好重点抽查和随机抽查工作。开展“三超两乱”“近亲繁殖”“任职回避”专项整治，研究制定行业选拔任用纪实工作办法。坚持严管和厚爱结合、激励和约束并重，完善干部考核评价机制，建立激励机制和容错纠错机制，旗帜鲜明为那些敢于担当、踏实做事、不谋私利的干部撑腰鼓劲。三是加强作风建设。最近，习近平总书记对进一步纠正“四风”、加强作风建设作出重要批示。总书记指出，新华社文章反映的情况，看似新表现，实则老问题，再次表明“四风”问题具有顽固性反复性。纠正“四风”不能止步，作风建设永远在路上。各地区各部门都要摆摆表现，找找差距，抓住主要矛盾，特别要针对表态多调门高、行动少落实差等突出问题，拿出过硬措施，扎扎实实地改。各级领导干部要带头转变作风，身体力行，以上率下，形成“头雁效应”。总书记的重要批示一针见血、切中时弊，内涵丰富、要求明确。我们要认真学习领会、认真对照检查、认真整改落实，以贯彻中央八项规定和实施细则精神为抓手，按照国家局党组实施办法的具体要求，坚决防止“四风”回潮反弹，坚决防止形式主义、官僚主义滋生蔓延。四是加强学习型行业建设。党的十九大号召全党增强“八项本领”，全行业各级领导干部要刻苦学习、努力践行，不断增强推动烟草行业高质量发展的本领能力。要重视理论培训、重视新闻舆论、重视调查研究，拜人民为师，向人民学习，接地气、通下情、干实事。要带头把学习作为一种追求、一种爱好、一种健康的生活方式，引导广大干部职工自觉学习、主动学习、终身学习，做到有理想、有本领、有担当，努力为烟草行业改革发展添砖加瓦、建功立业！

同志们，新时代要有新气象、新作为。我们要更加紧密地团结在以习近平同志为核心的党中央周围，进一步增强“四个意识”、坚定“四个自信”，做到三个“一以贯之”，努力开创烟草行业稳中向好新局面，为决胜全面建成小康社会，夺取新时代中国特色社会主义伟大胜利作出新贡献！

◈ 据《国烟办通报》2018 年第 2 期摘登

◈ 编辑：周　佳

行业概览

- □ 行业改革发展亮点
- □ 全国烟草行业发展概况
- □ 发展计划与经济运行
- □ 烟叶生产经营
- □ 卷烟（雪茄烟）生产经营
- □ 多元化经营
- □ 外事管理与国际拓展
- □ 专卖监督管理

……

行业改革发展亮点

【经济运行保持“两个稳增长”、呈现“三个新态势”】 **税利总额稳定增长。** 2017年，行业始终坚持“总量控制、产销协调、稍紧平衡”调控方针，认真落实“以需定销、以销定产”精准调控思路，切实减少无效供给，稳步扩大有效供给，全年实现税利总额11145.1亿元，同比增长3.24%。

工业税利由负转正的新态势。 上半年工业税利一直处于负增长状态，进入三季度开始由负转正，全年增长2.64%。

市场状态由疲转旺的新态势。 全国一二类卷烟、高端卷烟、细支烟、短支烟销量均保持增长，其中一类烟增长7.11%、二类烟增长15.72%、高端卷烟增长8.4%、细支烟增长74.26%。低焦油卷烟同比增长9.21%，其中6毫克/支以下卷烟同比增长13.96%。全年商业销量增加50亿支（10万箱）以上的有“黄鹤楼”“黄金叶”“泰山”“利群”“南京”“金圣”“黄山”等7个品牌，卷烟零售毛利率持续上升。

财务指标由稳转好的新态势。 年末全行业工业资产负债率23.44%，同比减少1.8个百分点；商业资产负债率13.15%，同比减少3.39个百分点；工业三项费用率6.85%，同比减少0.12个百分点；商业三项费用率6.24%，同比减少0.04个百分点。全行业实现降本增效超过46亿元。

【14个品牌销量超过100万箱、12个品牌销售额超过400亿元】 坚定实施“大品牌、大市场、大企业”发展战略，全国共有14个品牌销量超过100万箱、有12个品牌销售额超过400亿元，其中“中华”“利群”“云烟”“芙蓉王”销售额超过1000亿元，重点品牌销量占比85.02%，同比增加1.34个百分点，销售额占比同比增加0.09个百分点。

【着力推进改革创新】 推进资源配置方式改革，坚定实施“大品牌、大市场、大企业”发展战略。推进行政审批改革，坚持“放管服”相结合，推行“双随机、一公开”监管，开展行政许可标准化建设，加快剥离烟草企业办社会职能。推进公司制改革，提出《中国烟草总公司公司制改革实施方案（草案）》，全部完成修订直属单位公司章程，明确党组织在公司法人治理结构中的法定地位。推进科技创新体制改革，制定下发《关于激发科技创新活力调动“两个积极性”的若干意见》，加强科技创新平台建设，提升中式卷烟发展质量。制定《中烟国际“三个在外”转型发展总体方案》等方案，全年出口烟叶类产品20.4万吨（408.0万担），其中出口工商库存烟叶13.37万吨（267.3万担），同比均有增长。推进烟叶流通改革，以“专分散收”为基础，加快推进烟叶原收原调工作，大力推进均质化加工，建立完善烟叶质量追溯体系，实现烟叶流程优化再造。

【加大打击假烟、走私烟销售网络力度】 继续加强与公安、海关、海警等执法部门的协作配合，联合下发《国家烟草专卖局　公安部　交通运输部　国家邮政局关于建立物流寄递环节打击涉烟违法犯罪协作机制的意见》，在有效打击假烟生产能力的同时，持续加大打击假烟、走私烟

贵州遵义正安县谢坝现代烟草农业示范区（2017年）

贵州遵义市局　王开宇　摄

销售网络力度，推动形成打击利用物流寄递渠道涉烟违法犯罪活动的整体合力。全国依法查处案值5万元以上假烟案件5980起，查获假烟28.4万件、走私烟12.7万件、烟丝烟叶1.5万吨，收缴制假烟机383台，公安、司法机关依法拘留8552人、追究刑事责任4620人。

【加强真烟非法流通治理】 落实真烟非法流通季度通报和考核奖惩制度，依法打击卖烟大户“二次批发、左右价格、扰乱市场”行为，各单位依法查处大户违法违规经营卷烟5万支或价值5万元以上案件8180起，依法取缔违法违规经营大户2682户。

【促进烟农增收】 抓好烟叶主业增收，大力推进设施资源综合利用、多元经营和辅助产业发展，积极拓宽烟农增收渠道，全年实现烟农种烟总收入559亿元（含生产投入补贴60亿元），实现烟叶税110亿元，烟农户均种烟收入4.86万元，同比增加0.14万元。烟农增加非烟收入53.5亿元，有效弥补了因烟叶计划下调而减少的收入。

【推动烟叶提质增效】 继续加强烟叶生产基础设施建设和水源工程建设，加大先进适用技术集成和推广应用，稳步提升种植规模化、烟农职业化、服务专业化、作业机械化水平，全国推广施用有机肥1195万亩，烟蚜茧蜂防治蚜虫比例达96%，烟叶收购平均合格率82.4%，等级纯度进一步提升。

【加强党的建设】 认真学习宣传贯彻党的十九大精神，坚持把全面从严治党摆在更加突出的位置，进一步把责任压实、要求提实、考核抓实。召开行业党的建设工作会议、行业落实全面从严治党主体责任工作会议，制定印发《烟草行业坚持党的领导加强党的建设的意见》《关于进一步加强国家烟草专卖局领导班子自身建设的意见》，推进党建工作总体要求写入公司章程，扎实推进“两学一做”学习教育常态化制度化，促进思想建党和制度治党紧密结合，更加牢固地树立“四个意识”、增强“四个自信”。

严格落实中央八项规定精神，制定印发《贯彻落实中央八项规定实施细则的实施办法》《关于深入开展防治系统性廉洁风险工作的意见》，狠抓中央专项巡视整改工作，做好全部撤销53家烟草驻京办后续工作，实现行业62家单位巡视全覆盖，实现行业规范管理综合督查全覆盖。

按照好干部标准选拔任用干部，制定印发《烟草行业推进领导干部能上能下实施办法（试行）》，狠抓选人用人专题调研整改工作，强化干部监督管理，加大干部交流力度，推动形成能者上、庸者下、劣者汰的选人用人导向和从政从业环境。

◇ 编辑整理：张建丽　褚　幸

全国烟草行业发展概况

【经济运行呈现“两个稳增长”“三个新态势”】

税利总额稳定增长。 2017年，烟草行业坚持稳中求进

2017年1月16—17日，全国烟草工作会议在北京举行。与会代表就贯彻落实会议精神、谋划行业改革发展路径展开讨论

《中国烟草》杂志社　陈兴杰　摄

工作总基调，坚持新发展理念，以推进供给侧结构性改革为主线，通过狠抓稳产销、提结构、控烟叶、降库存、增税利各项任务落实，扎实推进行业党的建设、经济运行调控、改革创新、专卖管理、烟叶生产等各项工作，行业经济运行质量和效益明显提升，卷烟销量、税利总额保持稳定增长。2017 年，实现税利总额 11145.1 亿元，同比增加 349.32 亿元，增长 3.24%。自 2015 年起，烟草行业上缴财政总额连续三年超万亿元。

工业税利呈现由负转正的新态势。 2017 年第三季度工业税利实现由负转正，全年增长 2.64%。18 家工业公司全部实现正增长。工业税利增幅前五名是：四川中烟、江西中烟、安徽中烟、湖北中烟、江苏中烟；商业税利增幅前六名的是：新疆区公司、西藏区公司、广西区公司、海南省公司、浙江省公司、内蒙古区公司。

市场状态呈现由疲转旺的新态势。 细支卷烟。2017 年，全国细支卷烟在销品牌 30 个，在销规格 130 个。细支卷烟实现销量 1192.4 亿支（238.48 万箱），同比增长 74.26%。实现销售收入 1035.14 亿元，同比增长 82.3%。销量前五位品牌分别为："南京" 409.8 亿支（81.96 万箱）、"黄鹤楼" 128.40 亿支（25.68 万箱）、"红金龙" 117.6 亿支（23.52 万箱）、"黄金叶" 69.45 亿支（13.89 万箱）、"长白山" 62.2 亿支（12.44 万箱）。

短支卷烟。2017 年，短支卷烟在销品牌 16 个，比 2016 年增加 3 个；在销规格 30 个，比 2016 年增加 8 个。短支卷烟实现销量 125 亿支（25 万箱），实现销售收入 92.04 亿元。销量居前三位品牌分别为："黄金叶""黄山""大前门"，销量分别为 53.55 亿支（10.71 万箱）、36.4 亿支（7.28 万箱）、16.3 亿支（3.26 万箱）。

中支卷烟。2017 年，中支卷烟在销品牌 19 个，比 2016 年增加 3 个；在销规格 42 个，比 2016 年增加 9 个。实现销量 165.6 亿支（33.12 万箱），同比增加 51.95 亿支（10.39 万箱），增长 45.68%。实现销售收入 93.18 亿元，同比增加 31.36 亿元，增长 50.73%。

雪茄烟。国产雪茄烟实现销量 15.14 亿支，同比增加 4.29 亿支，增长 39.55%。实现销售收入 13.78 亿元，同比增加 3.65 亿元，增长 36.04%。销量前四位的品牌销量同比均上升，增幅分别为"长城"增长 91.82%、"黄鹤楼"增长 6.09%、"泰山"增长 65.06%、"王冠"增长 25.96%。

财务指标呈现由稳转好的新态势。 截至 2017 年底，全国烟草行业工业资产负债率 23.44%，同比下降 1.8 个百分点；商业资产负债率 13.15%，同比下降 3.39 个百分点。工业三项费用率 6.85%，同比下降 0.12 个百分点；商业三项费用率 6.24%，同比下降 0.04 个百分点。全行业实现降本增效超过 46 亿元。

广西贺州市局（公司）在百亩连片示范区开展植保无人机专业化服务（2017 年）

广西贺州市局 首安发 摄

【完成烟叶调控年度目标，现代烟草农业建设水平稳步提升】 **烟叶种植收购严控规模。** 2017 年，行业烟叶生产按照"四个不动摇、一个优结构"的总体要求，坚持烟叶生产基础地位不动摇、控制烟叶规模收购红线不动摇、引导烟农增收工作举措不动摇、稳定烟叶政策基本导向不动摇，不断优化烟叶库存结构。各烟叶产区坚持"以销定产"，优化计划资源配置，强化生产过程管控，严控规模坚守红线。实现烟农种烟总收入559亿元。实现烟叶税110亿元。烟农户均种烟收入4.86万元，同比增加0.14万元。

现代烟草农业建设稳步推进。 推进烟田基础设施建设。强化烟叶生产基础设施建设和水源工程建设规范化管理，下达15个省2017年度烟叶生产基础设施建设计划7.35万件，行业补贴资金概算13.82亿元。新增水源工程项目9件，核定援建资金6.06亿元，全年拨付援建资金45.56亿元。截至2017年底，行业累计投入烟基建设补贴资金920.72亿元，完成各类项目建设503.63万件，改善近5000万亩基本烟田的生产条件；批复水源工程援建项目256件，核定援建资金214.60亿元，已拨付援建资金149.02亿元。

推进生产方式转型升级，种植规模化、烟农职业化、服务专业化、作业机械化水平不断提升。2017年，全国100亩以上连片比例达到67%，同比提高2.3个百分点；户均种植面积12.88亩，同比提高0.82亩。培育职业烟农13.1万户，同比增加3万户。烟农专业合作社整合至1584家，烟农入社率达到85.65%，同比提高4.25个百分点。机耕、起垄环节机械作业率分别达到84.90%、77.46%。大力推行集中配方打叶和均质化加工，模块加工比例达到74%，均质化加工由26.35万吨（527万担）增加到67.5万吨（1350万担）。烟叶基地建设取得进展，全国累计建成烟叶基地单元564个，基地化率72%，优质原料基地化供应格局基本形成。

推进烟叶生产提质增效。加大先进适用技术集成和推广应用，全国推广施用有机肥1195万亩，同比提高3个百分点；烟蚜茧蜂防治蚜虫比例96%，同比提高5个百分点；示范推广水肥一体化376万亩，同比增加118万亩。推广增厚地膜747万亩，实施地膜回收950万亩，开展废旧地膜资源化利用487万亩，同比分别提高31个、5个、4个百分点。推广专业化烘烤59万吨（1180万担），同比提高2个百分点；采烤一体化18.45万吨（369万担），同比提高1.3个百分点。

多元化促农增收、精准脱贫成效显著。 2017年，国家局先后召开重点产区烟农增收座谈会、全国烟农增收现场会，印发《促进烟农增收考评指标体系》，编撰《烟农增收典型经验100例》，指导督促产区大力推进设施资源综合利用，拓宽增收渠道，烟农增收取得新的积极进展。引入京粮、老干妈、双汇、五粮液等近百家知名企业和区域农业龙头企业，搭建“杜鹃情烟农致富家园”、中烟新商盟、“秦叶情”电子商务平台等10多个销售平台。贵州有机肥、双孢菇、羊肚菌、云南玫瑰花等一批增收项目初步实现产业化发展、全产业链开发；开发云南“玉溪庄园”、福建“通仙”、四川“苗山秀岭”、安徽“天香皖南”、贵州“杜鹃情”“娄山情”等30多个自主品牌。推进精准扶贫、精准脱贫落地，帮助5.19万户烟农脱贫致富。

【持续加强专卖管理，强化卷烟规范经营】 2017年，各级烟草专卖管理部门认真落实“建机制、堵源头、打团伙、管市场”总体要求，充分发挥多部门联合机制作用，始终保持打假打私高压态势。跨部门跨区域联合打假打私

行业加大烟叶生产基础设施建设力度，促进烟农脱贫致富，改善当地百姓生活。图为福建烟草援建的淑雅溪水库（2017年）

福建省局　林麦梓　摄

机制更加完善，联合下发《国家烟草专卖局　公安部　交通运输部　国家邮政局关于建立物流寄递环节打击涉烟违法犯罪协作机制的意见》，推动形成打击利用物流寄递渠道涉烟违法犯罪活动的整体合力。与中国海警局签署打击烟草专卖品海上走私合作协议，13 个沿海省级烟草专卖局与海警部门全部签署联合机制，构建全面打击海上烟草走私违法犯罪的防线。国家烟草专卖局、公安部打击涉烟经济犯罪情报研判室正式挂牌成立后作用明显，全年部署多次集群战役，侦破案件 895 起，捣毁窝点 1105 个，抓获嫌疑人 1901 人，涉案金额 24.74 亿元。各地针对物流寄递环节涉烟违法高发态势，不断创新打击方式方法，加强部门间、区域间信息共享和执法合作。大要案查办成效显著，全年查处案值 5 万元以上案件 5980 起，破获国标网络案件 985 起，收缴制假烟机 383 台，查获假烟 28.4 万件、走私烟 12.7 万件，查获烟丝烟叶 1.5 万吨，拘留 8552 人，追究刑事责任 4620 人。

2017 年，国家局先后对湖北、湖南、广东、江西、江苏、山西等行业单位进行检查调研，对 20 起卷烟非法流通重大案件进行直接督办。各省级烟草专卖局全年依法查处大户违法违规经营卷烟 5 万支或价值 5 万元以上案件 8180 起，依法取缔违法违规卖烟大户经营资格 2682 户。全年查扣非法流通卷烟同比下降 14.18%，扭转非法流通卷烟查扣数量逐年递增的势头。针对互联网涉烟违法犯罪的新特点，组织修订《打击利用互联网等信息网络非法经营烟草专卖品工作指引》，与腾讯公司在战略合作框架下建立监管协作机制，联合公安部、工业和信息化部等有关部门，加大利用微信等自媒体平台对非法经营案件的查办力度。

【着力推进改革创新】 **推进资源配置方式改革。** 以品牌为根本，坚定实施“大品牌、大市场、大企业”发展战略。2017 年，31 个重点品牌实现销量同比增长 2.46%。6 个品牌销售突破 1000 亿支（200 万箱），其中“双喜·红双喜”销量 1901.95 亿支（380.39 万箱）、“云烟”销量 1780.35 亿支（356.07 万箱）、“利群”销量 1490.45 亿支（298.09 万箱）、“红塔山”销量 1324.3 亿支（264.86 万箱）、“白沙”销量 1230.15 亿支（246.03 万箱）、“南京”销量 1109.45 亿支（221.89 万箱）。7 个品牌销量增长幅度超过 5%，其中“贵烟”增长 11.36%、“泰山”增长 10.83%、“黄鹤楼”增长 9.79%、“黄金叶”增长 8.89%、“南京”增长 6.38%、“黄山”增长 6.16%、“利群”增长 5.2%。

31 个重点品牌实现销售收入同比增长 4.99%。4 个品牌商业销售额继续超过 1000 亿元，其中“中华”1487.89 亿元、“利群”1242.06 亿元、“云烟”1103.63 亿元、“芙蓉王”1064.62 亿元。4 个品牌销售额增幅超过 10%，其中“黄金叶”增长 15.52%、“贵烟”增长 13.95%、“泰山”增长 13.01%、“南京”增长 12.85%。

推进行政审批改革。 坚持“放管服”相结合，推行“双随机、一公开”监管，开展行政许可标准化建设，加快剥离烟草企业办社会职能，推进烟草企业职工家属区“三供一业”分离移交工作。

推进公司制改革。 经过调研、沟通、论证，研究提出《中国烟草总公司公司制改革实施方案（草案）》。全部完成修订直属单位公司章程，明确党组织在公司法人治理结构中的法定地位。

推进卷烟市场化取向改革。 截至 2017 年底，全国试点单位 243 家，占地市级公司比例接近 70%。省级单位的改革试点覆盖面达到 50% 以上，有 15 家省级单位主动扩大试点范围，有 16 家省级单位实现全省试点。工业企业积极参与，浙江中烟、上海烟草集团、云南中烟等工业企业积极探索工商网配模式，并选择部分地市开展试点，主动参与商业企业销售策略制定，根据订单需求滚动配货，进一步夯实卷烟品牌的市场基础。

通过近四年的改革试点，试点单位统一卷烟销售业务流程、运行平台和评价标准，实现销售过程可视化和监管一体化，面向消费者的现代卷烟销售体系基本建立。2017 年，全国卷烟零售客户满意度达到 86.14 分，同比提高 1.04 分。

推进科技创新体制改革。 2017 年，国家烟草专卖局落实中央关于激励创新的政策文件精神，制定印发《关于激发科技创新活力调动“两个积极性”的若干意见》。提升中式卷烟发展质量，吸阻降低20%，吸阻稳定性提高50%，单箱原料工艺消耗降至21.4千克，材料消耗降低5%；突破梗丝和再造烟叶在细支卷烟中的应用瓶颈，应用比例可达5%~8%；成功开发具有显著降低吸阻作用的高单旦低总旦、新型截面和卷曲的细支卷烟专用丝束。推动上海新型烟草制品研究院、深圳研发平台、行业装备工程中心、企业研究所“一主两翼一支撑”研发体系建设，行业专职研发人员350人。技术专利取得新突破。全面布局专利研究，掌控具有自主知识产权的核心技术。截至2017年底，行业累计公开公告授权发明专利331件，比2016年底增长54.6%；申请国际专利59件。继续优化行业标准体系，重点推进雪茄烟、卷烟烟支规格等标准制定工作。发布行业标准11项、总公司企业标准21项。1项国家标准获国家标准委批准发布。

推进烟叶流通改革。 以专业化分级散叶收购为基础，加快推进原收原调，建立完善烟叶质量追溯体系，实现烟叶流程优化再造。推广专业化分级散叶收购同比提高3.6个百分点；实施原收原调同比提高19.5个百分点。

【落实全面从严治党要求，推进行业人才队伍建设】

党建工作。 创新方式方法，增强学习教育针对性和实效性。行业各单位党组（党委）中心组学习275次，建立联系点551个，领导干部讲党课895次；集中轮训基层党组织书记8562人次，培训党员4.9万人次。各级党组织建立一线党员示范岗2.9万个、责任区1.7万个，评选表彰先进基层党组织1844个、优秀共产党员和党务工作者13458名，总结推广毕节市烟草专卖局（公司）等4家单位党建工作做法。贯彻国有企业党建工作新要求，制定行业《坚持党的领导加强党的建设的意见》等8项制度规定。推进抓党建促脱贫攻坚，全年各直属单位选派驻村“第一书记”905人，帮扶贫困乡村3273个，投入帮扶资金3120万元。宣传贯彻社会主义核心价值观，行业有1家单位、3名个人分别被授予“全国五一劳动奖状”“全国五一劳动奖章”，6个集体被评为“全国工人先锋号”，有10家单位获评“第五届全国文明单位”。

干部队伍建设。 坚持好干部标准，突出政治标准，调整配备行业45家直属单位领导干部104人，国家烟草专卖局、中国烟草总公司机关23个部门（单位）领导干部91人。组织5批次59名直属单位新任领导干部任职谈话。继续加大干部交流力度，全年行业直属单位领导干部交流任职26人，国家局、总公司机关与行业内外干部双向交流任职挂职等57人，推荐行业直属单位领导干部到地方党委、人大和政协任职53人。开展2016年度“带病提拔”干部选任过程集中倒查，结合巡视开展行业选人用人专项检查，实现对有用人权直属单位全覆盖，累计发现问题722个，提出整改建议299条。制定驻部纪检组选人用人工作专题调研反馈意见整改方案，如期完成2017年整改任务。

人才队伍建设。 完善评价机制，开展各系列、各等级专业技术资格评定，全年新增高级资格442人、中级资格2168人。截至2017年底，行业在岗专业技术人员10.8万

2017年11月10日，广西桂林市局（公司）组织党员前往陕西延安接受党性教育

广西桂林市局　供稿

人。完成21家鉴定机构质量管理体系审核工作，开发修订14个工种技能标准及题库。全年实施行业特有职业（岗位）鉴定3.3万人次，获证1.6万人次，新增高级技师35人、技师905人。强化培养激励，举办第二期高级专业技术人才研修班，培训高级职称人员和科研骨干157人。选拔补充行业科技领军人才和学科带头人评委会专家库成员48人，评选推荐第十五届中国青年科技奖候选人4名。新建5个高技能人才实训基地，组织开展各级各类技能竞赛39届次，评选“烟草行业技术能手”147人。

优化平台管理和培训功能，推动实现“全覆盖”，完成平台建设三年目标任务，截至2017年底，行业处级以上干部网络培训覆盖率100%，整体覆盖率超过90%。规范教材建设，修订行业职业（岗位）标准等管理规程，组织编印教材58种。开展专业能力培训，行业举办各级各类培训班2.8万个，培训员工158万人次。

◇ 编辑整理：王东旭　王　静

发展计划与经济运行

【深化改革，提高计划调控适应性】 2017年，国家局发展计划司以供给侧结构性改革为主线，围绕改革年度任务，按照“一调控、三倾斜”（在计划基数内统一调控年度产量，向工业税利增长倾斜、向畅销重点品牌倾斜、向老少边穷地区烟厂倾斜）的要求，研究提出改革调研报告，推动2018年卷烟生产计划安排“两个15万箱”“三个三分之一”等改革先行措施的落地。

注重稳定和引导预期，改革措施及时告知、计划安排充分衔接，用好合作生产专项计划与实际产量调整挂钩的政策工具，用足生产计划调剂的互动空间，全年落实完成合作生产专项计划2930亿支（586万箱），开展生产计划调剂8批次，使计划资源配置更加适应重点品牌发展和行业共同发展要求。

执行烟叶去库存重大决策，探索实施计划基数与年度产量分开管理的烟叶调控政策，按照“市场决定需求、需求决定计划”的理念，推进2018年调减30万吨（600万担）烟叶生产计划分解工作。

研究制定《加强免税出口卷烟计划和价格管理暂行办法》。推动中国与古巴的雪茄烟战略合作；加强部委协调，积极争取稳定卷烟生产计划基数；完成市场准入负面清单与世界贸易组织政策审议的相关工作。

【以市场监测为抓手，增强价格机制协调性】 继续完善市场监测方案，制定管理制度，优化操作流程，加大培训力度，扩大开放共享。全年收集样本数据6.3万份，编制相关月报、简报36份，监测结果成为国家局运行分析的重要依据，成为各工商企业生产经营的参考。

把握需求引领、供给创新的工作导向，制定优秀卷烟新品奖励方案，加大对卷烟既有品牌（规格）改造和新品培育的支持力度，全年批复卷烟和雪茄烟新品价格206个，烟机新产品价格43台（套）。

合理制定原辅材料各环节价格，稳定烟叶价格总水平，降低制度性交易成本。坚持问题导向，着力控制内外价差，逐步规范出口卷烟价格管理。

按照国家局统一部署，组织开展烟叶专项清产核资价值重估核查工作，规范烟叶降等降级。

【以源头管控为重点，扩大行业投资有效性】 2017年，国家局发展计划司坚持从紧安排新（扩）产能原则，严格项目投资预算与审批，严控投资项目的产能规模与设计成本。全年安排行业投资项目计划320亿元，同比减少68亿元；在项目审核审批中累计核减卷烟产能50亿支（10万箱）、复烤产能5.25万吨（105万担），核减投资金额19.5亿元，核减烟机购置申请84台（套）。

探索消费升级和有效投资良性互动，落实提质增效、精益管理、创新发展“三个标杆”要求，优先支持创新产品、绿色工房等投资项目，提升行业工艺技术装备水平和综合配套能力。

落实“放管服”改革要求，修订《烟草行业投资项目管理办法》，进一步下放投资项目审批权限、简化审批程序，提高审批效率。

坚持严格规范，完成《造纸法再造烟叶厂设计规范》

（送审稿）编制工作，对17个重大工程项目开展“双随机、一公开”重点抽查，规范工程建设项目过程监管。

浙江杭州市局（公司）举行员工消防应急演练活动，强化企业安全管理（2017年）

浙江杭州市局 陈 振 摄

【行业经济运行概况】 **产销协调发展。** 2017年，细支烟累计销售1192.4亿支（238.48万箱），同比增长74.26%；中支烟累计销售165.6亿支（33.12万箱），同比增长45.68%；短支烟累计销售125亿支（25万箱）。

结构持续优化。 2017年，行业平均单箱批发销售收入同比增长3.85%。特别是一类、二类烟起到稳定和提升行业结构的显著作用。全年一类烟商业销量5293亿支（1058.6万箱），同比增长7.12%；二类烟商业销量3513.45亿支（702.69万箱），同比增长15.73%。

重点品牌支撑作用明显。 2017年，行业重点品牌销量同比增长2.46%。6个品牌销售突破1000亿支（200万箱），其中“双喜·红双喜”1904.45亿支（380.39万箱）、“云烟”1780.35亿支（356.07万箱）、“利群”1490.45亿支（298.09万箱）、“红塔山”1324.3亿支（264.86万箱）、“白沙”1230.15亿支（246.03万箱）、“南京”1109.45亿支（221.89万箱）。7个品牌销量增长超过5%，其中“贵烟”增长11.36%、“泰山”增长10.83%、“黄鹤楼”增长9.79%、“黄金叶”增长8.89%、“南京”增长6.38%、“黄山”增长6.16%、“利群”增长5.2%。

2017年，行业重点品牌销售收入同比增长4.99%。4个品牌商业销售额继续超过1000亿元，其中“中华”1487.89亿元、“利群”1242.06亿元、“云烟”1103.63亿元、“芙蓉王”1064.62亿元。4个品牌销售额增幅超过10%，其中“黄金叶”增长15.52%、“贵烟”增长13.95%、“泰山”增长13.01%、“南京”增长12.85%。重点品牌依然保持较高的市场占有率和影响力，继续对行业健康发展起到牢固的支撑作用。

库存逐步回落。 2017年末，卷烟工商库存同比下降8.72%，近年来首次出现下降，其中商业库存同比下降20.48%。社会库存持续降低，在2016年减少500亿支（100万箱）的基础上，12月末下降到三年来的最低值。这些调控措施确保卷烟市场状态明显好转、品牌市场价格基本稳定、零售客户毛利率不断上升。

合作生产份额相对稳定。 2017年，行业合作生产产量2922.8亿支（584.56万箱），同比下降8.97%。从规模上看，云南中烟、浙江中烟、江苏中烟品牌合作生产量分别为817亿支（163.4万箱）、736.5亿支（147.3万箱）、407.5亿支（81.5万箱），分别占行业合作生产总量的28%、25.2%、13.9%。从品牌价值上看，“利群”“南京”“双喜·红双喜”合作品牌销售收入分别为303.6亿元、139.41亿元、99.76亿元。

企业管理水平逐年提高。 2017年，行业不断深化全员、全过程、全方位的精益管理，始终把降本增效摆在精益管理重要位置，累计实现降本增效46.54亿元，超额完成年初下达的40亿元目标任务。工业三项费用率6.85%，同比下降0.12个百分点；商业三项费用率6.24%，同比下降0.04个百分点。通过“源头”治理节约资金超过21亿元。2017年，行业工商企业8700多个质量管理小组为企业降本增效工作作出较大贡献。

税利平稳增长。 2017年，行业实现税利11145.1亿

2017 年 5 月 16 日，国家局安全生产检查组到山东中烟济南卷烟厂进行安全生产大检查

山东中烟济南卷烟厂　孟　洁　摄

元，同比增加 349.32 亿元，增长 3.24%，连续四年税利总额超万亿元。

【安全生产】　**落实安全生产责任。** 2017 年，国家局安全生产委员会组织召开安全生产会议，印发《关于贯彻落实中共中央国务院关于推进安全生产领域改革发展的意见的通知》（国烟运〔2017〕26 号），从落实主体责任、完善监管体制、加强保障能力等方面细化落实措施，不断深化行业安全管理改革创新。

健全行业标准体系。 国家局编制发布《烟草行业生产安全事故应急预案》和“烟草行业安全生产标准体系表”，组织修订《烟草企业安全生产标准化规范（第 1～3 部分）》《烟草加工系统粉尘防爆安全规程》等行业标准和国家标准，并按照国务院安委办关于双重预防机制建设的部署，组织编写《烟草企业安全风险分级管控和事故隐患排查治理指南》。

加强安全监督检查。 国家局安全生产委员会办公室组织开展上半年、下半年行业安全生产大检查，组织 35 个检查组 180 余人参加检查，实现全年对行业各直属单位检查的全覆盖。大检查查出隐患 800 余条，对大检查中发现的共性问题及安全管理不力的个别单位进行全行业通报。7 月上旬，国家局安委会办公室组织开展交通、消防、电气、粉尘防爆安全管理专项检查，查出隐患 100 多项。

提升安全保障能力。 继续坚持一级达标企业抓巩固深化，二级达标企业抓深化提升，醋纤生产企业、新建建设项目、复烤及多元化企业抓规范管理。继续推进安全管理信息化建设，推动传统监管方式向信息化、数字化、智能化等现代方式转变。继续加强企业安全文化建设，充分发挥安全文化的引领、激励和规范作用，形成特色企业安全文化，推进文化建设向文化管理迈进。

强化全员安全素质。 国家局安全生产委员会办公室全年组织对省级公司安全管理部门负责人、工商企业安全业务人员等 510 余人进行专业业务培训。中国烟草总公司职工进修学院开展新任安全管理人员、安全工程师能力提升等培训班 10 余期，共培训 1200 余人。行业各单位坚持多措并举，开展多层次、多形式的安全宣传教育和培训活动。

【董事会工作】　**修改公司章程，贯彻党建要求。** 国家局董事会工作办公室按照《中共国家烟草专卖局党组关于扎实推动把党建工作要求写入公司章程的通知》要求，组织 18 家省级工业公司进行公司章程的修订完善，将党建工作总体要求写入公司章程，落实党组织在公司法人治理结构中的法定地位和制度安排；并按照国家局党组要求，在 2017 年 8 月底前完成公司章程初审把关和董事会审定上报等工作。严格落实公司党组讨论研究是董事会决策重大问题的前置程序，由董事会决定的重大事项先经公司党组讨论研究后，再由董事会作出决定。

制定工作要点，落实发展目标。 贯彻落实全国烟草工作会议精神，研究制定《2017 年董事会工作要点》，统筹做好年度董事会工作。与公司经理层一起紧紧围绕国家局党组确定的 2017 年行业总体发展目标，坚持稳中求进总基调，争创稳中向好新作为。重点关注各公司经济运行、品牌状态、税利完成、合作生产等情况，研究面临的困难和问题，完成国家局、总公司确定的年度目标任务。在国家局的宏观指导调控下，各公司整体呈现出“状态回升、信心增强、稳中向好”的良好态势，实现税利持续增长，工业总体超目标完成年度任务。

完善公司治理，推进管理升级。 一是组织会议，履行职责。全年召开董事会现场会议 38 次，书面会议 122 次，审议议案 719 个，签署决议 584 份，听取专项报告 198 个，认真审议各公司投资、预算、采购等重点事项，把好政策依据关、会议程序关和文本规范关。二是完善制度规则，修订文本格式。修订完善《董事会议事规则》等 6 项董事会制度规则和 33 个文书类、33 个议案类等董事会工作文本格式，进一步规范董事会决策行为和决策程序。三是加强监事工作，推进有效履职。坚持完善监事工作制度和年度报告制度，协调做好监事调整配备，开展监事工作摸底调研，推进监事有效履职。四是落实制度要求，做好换届调整。配合国家局人事司对董事会届期、董事和监事调整情况进行梳理，完成 3 家公司董事会换届、18 家公司董事调整、6 家公司监事调整。通过完善公司治理，各公司管理体系不断完善，管理水平不断提升。

2017 年 12 月 21 日，云南文山州广南县细水水库工程顺利通过竣工验收

云南文山广南县局　杨昕明　摄

加强调查研究，提高决策水平。 结合年度董事会工作重点，就省级工业公司经济运行状态和企业管理情况开展专题调研。对 12 家公司及下属企业进行实地调研，对 18 家公司的管理情况和重点数据进行综合分析，形成 18 家省级工业公司《近年经济运行情况的调研报告》《管理情况的调研报告》《管理绩效分析评价报告》。系统总结各公司近年来经济运行和企业管理情况，分析采购、投资、预算等管理方面存在的问题和品牌、市场、合作生产等运行方面存在的问题，提出加强管理、改善运行的意见建议。

回顾十年历程，总结指导工作。 在行业省级工业公司董事会制度建立 10 周年之际，《中国烟草》杂志对省级工业公司董事会建设 10 周年进行专题报道，全方位展现行业省级工业公司建立现代企业制度、推进董事会建设的 10 年历程，总结回顾，经验交流，贯彻精神，砥砺前行。

◇ 编辑整理：王东旭　王　静

烟叶生产经营

【烟叶总量规模调控成效显著】 2017 年，国家局党组继续将严控规模摆在烟叶工作的首要位置。强化生产过程管控，严控规模坚守红线。

自 2013 年以来，国家局党组决定对烟叶生产实行总量宏观控制，各产区执行国家局政策，收购总量大幅减少，行业已渐进调减烟叶收购总量 74.47 万吨（1489.32 万担），总量规模调控成效显著；烟叶结构不断优化，等级纯度进一步提升，上等烟收购比例提升至 57.69%；基地建设扎实推进，全国已建成烟叶基地单元 564 个，基地化率 72%，优质原料基地化供应格局基本形成。

【烟田基础设施建设】 2017 年，国家局下达 15 个省 2017 年度烟基项目计划 7.35 万件，行业补贴资金概算 13.82 亿元；13 个省级公司自行审批项目补贴概算 3.55 亿元。新增水源工程项目 13 件，核定援建资金 8.94 亿元，全年拨付援建资金 52.36 亿元。截至 2017 年底，行业累计投入烟基建设补贴资金 920.34 亿元，完成各类项目建设 503.99 万件，改善近 5000 万亩基本烟田的生产条件。批复水源工程援建项目 262 件，核定援建资金 217.94 亿元，已拨付援建资金 155.82 亿元。援建项目陆续完成蓄水投入使用，项目经济效益、社会效益日益显现。

【烟叶生产方式转型升级】 2017 年，全国各烟叶产区着力完善五大体系建设，种植规模化、烟农职业化、服务专业化、作业机械化水平不断提升。全国 100 亩以上连片比例 67%，同比提高 2.3 个百分点。培育职业烟农 13.1 万户，同比增加 3 万户。烟农专业合作社整合至 1584 家，烟农入社率 85.65%，同比提高 4.25 个百分点。机耕、起垄环节机械作业率分别达到 84.90%、77.46%。

【先进适用技术集成和推广应用】 2017 年，全国各烟叶产区加大先进适用技术集成和推广应用。全国推广施用有机肥 1195 万亩，同比提高 3 个百分点；烟蚜茧蜂防治蚜虫比例达到 96%，同比提高 5 个百分点；示范推广水肥一体化 376 万亩，同比增加 118 万亩；推广增厚地膜 747 万亩，同比提高 31 个百分点；实施地膜回收 950 万亩，同比提高 5 个百分点；开展废旧地膜资源化利用 487 万亩，同比提高 4 个百分点；推广专业化烘烤 1180 万担，同比提高 2 个百分点；采烤一体化 369 万担，同比提高 1.3 个百分点。

【烟叶流通环节改革创新】 2017 年，全国收购站点 4124 个，其中新建站点 100 个、改造站点 116 个。烟草行业全面推行站点组织、磅组实施的精益收购，收购秩序平稳有序，等级质量稳步提升，全国烟叶收购平均合格率达到 82.4%。试点烟叶产区以专分散收为基础，加快推进原收原调，建立完善烟叶质量追溯体系，实现烟叶流程优化再造。推广专分散收同比提高 3.6 个百分点；实施原收原调同比提高 21.8 个百分点。大力推行集中配方打叶和均质化加工，模块加工比例达到 74%，均质化加工由 527 万担增加到 1350 万担。

【烟农增收脱贫】 2017 年，国家局先后组织召开重点产区烟农增收座谈会、全国烟农增收现场会，印发《促进烟农增收考评指标体系》，编撰《烟农增收典型经验 100 例》，指导督促产区大力推进设施资源综合利用，在抓好烟叶主业增收的前提下，大力推进设施资源综合利用、多元经营和辅助产业发展，积极拓宽烟农增收渠道，烟农增收取得新的积极进展。引入京粮、老干妈、双汇、五粮液等近百家知名企业和区域农业龙头企业，搭建“杜鹃情烟农致富家园”、中烟新商盟、“秦叶情”电子商务平台、“烟技通”微信公众号、“泥农庄园生态农产”微信公众号、“富农汇”烟农服务平台等销售平台。贵州有机肥、双孢菇、羊肚菌，云南玫瑰花、黑木耳、玫珑蜜瓜，重庆白玉春萝卜，安徽生态有机稻米等一批增收项目，初步实现产业化发展、全产业链开发；涌现出云南“玉溪庄园”、福建“通仙”、四川“苗山秀岭”、安徽“天香皖南”、贵州“杜鹃情”“娄山情”等 30 余个自主品牌。

在烟叶生产空闲的季节烟农利用烤房进行竹耳菌棒栽培（2017 年）
福建省局 林麦梓 摄

在烟叶收购量同比减少 415 万担的情况下，全年实现烟农种烟总收入 559 亿元（含生产投入补贴 60 亿元），实现烟叶税 110 亿元，种烟农户相对集中，烟农户均种烟收入 4.86 万元，同比增加 0.14 万元。各烟叶产区坚持因地制宜，统筹规划，创新销售模式，多元产业呈现良好发展态势。全年烟农实际增加非烟收入53.5亿元，弥补了因烟叶计划下调而减少的收入，帮助5.19万户贫困烟农脱贫。

【打叶复烤】 2017年，全国有32家打叶复烤企业（含工业企业复烤车间）、62个生产加工点、75条打叶复烤生产线，分布在全国17个省（自治区、直辖市），年设计加工能力195万吨（3900万担）。其中，独立法人打叶复烤企业26家，56个生产点，66条生产线，年设计加工能力为168万吨（3360万担），有原烟仓库106.19万平方米，成品仓库141.17万平方米，原烟挑选车间43.11万平方米。卷烟工业企业所属打叶复烤车间6家，9条生产线，年设计加工能力27万吨（540万担）。

2017年，26家独立核算打叶复烤企业上缴税金共计21.60亿元，与2016年的21.58亿元基本持平；实现净利润共计12.46亿元，同比减少2.41亿元，同比降低16.21%。26家独立法人打叶复烤企业实现加工费收入（含价外费用）共计75.73亿元，同比减少0.28亿元，同比降低0.37%；平均吨烟加工费收入（含价外费用）为6200.45元。

◇ 编辑整理：邢忠敏 褚 幸

卷烟（雪茄烟）生产经营

【卷烟销售态势企稳回升】 **卷烟销量小幅回升。** 2017年，卷烟销量扭转2015—2016年销量连续下滑的局面。全国有28个省份销量实现同比增长，浙江省公司、广东省公司等单位为行业作出突出贡献；山东省公司同比增加27.35亿支（5.47万箱）、江西省公司同比增加24.4亿支（4.88万箱）、河南省公司同比增加22.6亿支（4.52万箱），位列销售增量前三位；江西省公司、西藏自治区公司和湖北省公司位列增幅前三位，同比分别增长3.90%、3.20%和2.48%。

销售结构稳步提高。 全年卷烟批发销售收入同比增长4.7%，单箱批发均价同比增长3.85%。33个省份销售收入和单箱结构同比全部提高，西藏、江西、广西等17个省份销售收入增幅高于行业平均水平，广西、新疆、陕西等20个省份单箱结构增幅高于行业平均水平。高端卷烟同比增长8.4%，一类卷烟同比增长7.11%；二类卷烟同比增长15.72%；一、二类卷烟合计销量占比达到37.18%，同比增加3.23个百分点。

销售收入企稳回升。 全国卷烟销售收入在经历2016年回落后于2017年企稳回升，收入增幅在经历连续两年大幅回落及2016年负增长后于2017年实现止跌回升，同比增加8.34个百分点。33个省份卷烟销售收入实现同比增长，较2016年增加25个。浙江、河南、江苏和广东销售收入增量位居前四位；西藏、江西、广西、新疆、湖北、山西等17个省份销售收入增长超过全国平均增幅，其中西藏同比增长7.97%，增幅位居第一。

【品牌状态企稳回升】 **重点品牌走出低谷。** 在经历2015—2016年持续下跌之后，重点品牌重拾升势。“中华”销售收入1487.87亿元，排名第一；“利群”“云烟”“芙蓉王”3个品牌销售收入超过1000亿元。“双喜·红双喜”“云烟”品牌销量均超过1500亿支（300万箱），“利群”“红塔山”“白沙”“南京”4个品牌销量均超过1000亿支（200万箱）。

“双十五”品牌中，8个品牌销量同比保持增长，“黄鹤楼”“黄金叶”“泰山”位居增量前三位，“贵烟”“泰山”“黄鹤楼”位居增幅前三位。11个品牌单箱结构同比保持增长。其中，“南京”“黄金叶”“白沙”位居增加值前三位；“中华”单箱结构达到11.09万元，排名第一；

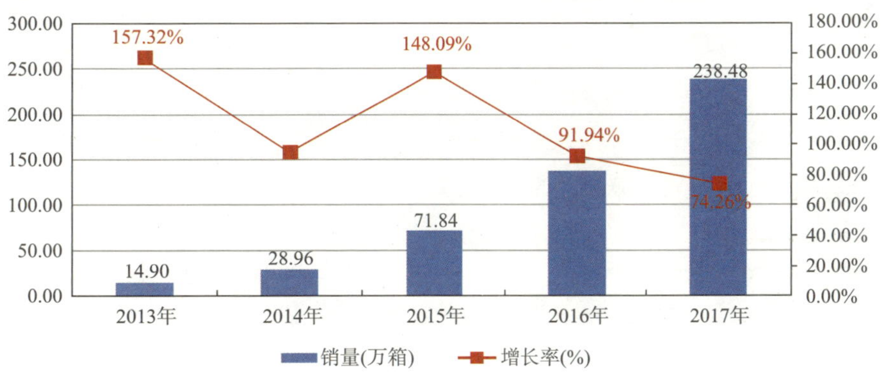

2013—2017年全国细支卷烟销量及增长率走势图

"苏烟""芙蓉王""天子""玉溪"4个品牌单箱结构超过5万元。11个品牌销售收入同比保持增长。其中，"南京""利群""黄鹤楼"位居增加值前三位；"黄金叶""贵烟""泰山"位居增幅前三位。

创新品类持续成长。 细支烟销量继续增长，达到1192.5亿支（238.48万箱），同比增长74.26%；单箱结构4.34万元，同比增长4.61%；实现销售收入1035.14亿元，同比增长82.30%。全国细支烟在销品牌39个，在销规格130个，同比增加26个。26个细支烟品牌全年销量超过万箱，同比增加9个，其中5个品牌销量超过10万箱，同比增加2个，分别为"黄金叶""长白山"。销量前五位品牌分别为"南京""黄鹤楼""红金龙""黄金叶""长白山"。"芙蓉王""贵烟""玉溪""金圣"等品牌的细支新品实现成长。

中支烟销量165.5亿支（33.12万箱），同比增长45.68%；单箱结构2.81万元，同比增长3.47%；实现销售收入93.18亿元，同比增长50.73%。全国中支烟在销品牌19个，同比增加3个；在销规格42个，同比增加9个。5个品牌销量过万箱，同比持平，销量前三位品牌分别为"娇子""哈尔滨""黄鹤楼"。

短支烟销量125亿支（25万箱）；单箱结构3.68万元，同比下降25.27%；实现销售收入92.04亿元，同比增长96%。全国短支烟在销品牌16个，同比增加3个，在销规格30个，同比增加8个。销量前三位品牌分别为"黄金叶""黄山""大前门"。

低焦油卷烟销量达到3564亿支（712.81万箱），同比增长9.21%，其中6毫克/支以下低焦油卷烟568.4亿支（113.68万箱），同比增长13.96%。14个低焦油卷烟品牌全年销量超过50亿支（10万箱），同比增加1个，为"黄金叶"品牌；"黄鹤楼"销量超过450亿支（90万箱），"南京""兰州""白沙"销量均超过350亿支（70万箱）。

新品培育趋于稳健。 与2016年相比，工业企业推出新品更加理性，全年上市新品148个，同比减少23个；商业企业引入新品更加尊重市场，两年新品培育期的理念基本确立，扩点上量的节奏更加平和。以"南京（雨花石）""天子（金）""黄金叶（乐途）""贵烟（跨越）""钻石（荷花）""白沙（硬精品三代）""黄鹤楼（硬银紫）""利群（西子阳光）""冬虫夏草（和润）""娇子（宽窄好运）"这"十大优秀卷烟新产品"为代表的一批产品成长状态良好，成为行业稳销量、提结构、增税利的新生力量。

【雪茄烟产销情况】 2017年，安徽中烟生产1.82亿支、山东中烟生产2.36亿支、湖北中烟生产3.56亿支、四川中烟生产8.25亿支。

国产雪茄烟实现销量15.14亿支，同比增长39.55%。实现销售收入13.78亿元，同比增长36.04%。销量前四位品牌的销量均实现同比增长，其中"长城"增长91.82%，"黄鹤楼"增长6.09%、"泰山"增长65.06%、"王冠"增长25.96%。

2017年12月13日，福建省烟草商业系统"精益改善——智能物流"工作交流会在漳州召开

福建省局　林麦梓　摄

【网建水平明显提升】 **终端建设内涵持续深化。** 2017年，全行业现代终端建设规模稳步扩大，转型步伐逐步加快，终端组织形式、经营模式不断升级，终端销售的引领和示范作用得到更全面体现。截至2017年底，全国建成现代终端59.4万个，同比增长3.89%，占

比达到 12.2%。

自律互助小组情况。 截至 2107 年底，有零售客户自律互助小组 7 万余个，客户组织更加有效，在保障客户盈利、规范经营秩序、保护消费者利益等方面的作用逐步发挥。

【卷烟销售更加规范】 2017 年，行业各单位以经营方式转型为目标，不断夯实基础管理，大户治理初见成效，大户的数量和销量占比持续下降。2017 年，243 家试点单位大户（超当地平均销量五倍以上的客户）销量占比平均值为 12.64%，数量占比平均值为 1.64%，同比分别减少 1.61 个和 0.16 个百分点。随意调整档位、人为做单改单、捆绑搭配销售等不规范行为得到有效遏制，卷烟规范经营水平进一步提升。

【基础管理更加扎实】 需求预测更加科学，2017 年商业企业年度需求预测准确率 98.74%，同比提高 2.39 个百分点，为行业计划管理、生产安排提供有效支撑。交易管理更加严格，协议调整更加规范，工商企业适应市场变化、响应市场需求的能力进一步增强。市场监测体系更加完善，监测队伍作用更好发挥，信息采集、分析的质量和水平稳步提高，把握品牌发展动态更加及时精准，市场调控能力进一步增强。

【卷烟物流保障】 卷烟物流有效运行。2017 年，行业物流继续保持安全、稳定、绿色运行，确保全年卷烟的安全仓储、及时运输、精准配送以及烟叶的储存质量安全。商业企业向工业企业返还卷烟包装箱近 1.2 亿只，工业企业使用循环烟箱包装生产卷烟 7586.4 亿支（1517.28 万箱），超过年度目标任务 336.4 亿支（67.28 万箱），使用塑料烟箱生产卷烟 586.4 亿支（117.28 万箱），循环片烟箱 28.16 万只；工商之间同城卷烟托盘联运全面开展，部分工业企业开始向全省和省际拓展，联运总量达到 5707.9 亿支（1141.58 万箱），其中纸滑托盘联运方式在福建、江西、云南、辽宁、大连、湖南、安徽等工商企业之间逐步应用。

保障卷烟生产。 工业企业加强对原辅料、备件的仓储、养护及调配管理，养护更精细，调配更科学，供应更精准，有力支撑柔性化、精准化的卷烟生产模式。云南中烟对合作生产企业采用"一车一单"的原料供应模式，提高合作生产的原料调运水平，并对辅料供应建立中短期预测体系，提升辅料采购、仓储和发料环节的精准性；河南中烟大力推进原辅料及备件的精益化仓储，合理调配原辅材料供应，组织异地供丝，做到采购物流保障及时，在库管理不断精益，生产供应更加精准。

保障卷烟销售。 工业企业开始推行"集中管理、统一调度、分散作业"的物流业务管理模式和"小批量、多频次"的卷烟调运方式。浙江中烟开展"多库点多方向"协同发货，上烟集团实施"重庆直送""天津日配送"等"小快灵"调运模式，运输方式更加灵活、市场响应更加及时。商业企业在安全仓储、准确分拣的基础上，加强工商协同，加快库存周转。天津市局（公司）实行按周组织货源，与同城工业企业开展越库直供分拣，有效提高卷烟库存周转效率；山西省局（公司）建立在库卷烟库龄预警台账，对卷烟在库时间进行阈值提醒，及时消化滞销库存。

【物流专业管控能力增强】 **运行管理效率提升。** 截至 2017 年底，工业企业卷烟仓库、原料仓库单栋库容利用率同比分别增长 16.5% 和 16.3%，仓储资源集中度进一步提升。商业企业县级中转站同比减少 115 个，相比 2012 年减少 232 个；物流从业人员同比调减 1145 人，降幅 2.18%，人均配送效率达到 916.38 箱，同比提升 0.36%；配送车辆同比减少 420 辆，降幅达到 3%；全年拣选卷烟品牌 139 个，品牌规格总数达到 1530 个，分拣差错率同比降低 10%；平均送货响应时间 34.25 小时，同比缩短 2.14%。

成本控制水平提升。 2017 年，工业企业物流费用同比下降 1.9%，占工业卷烟三项费用比率降低 0.5 个百分点，单箱运输费用同比下降 1.33%；商业企业在卷烟配送量同比增加、服务质量持续优化的前提下，单箱物流可控费用为 54.76 元/箱，同比降低 0.73%，多年来首次出现下降。浙江省局（公司）按照"一地一策"原则，在人员定编、费用控制、站点管理等方面明确具体办法，细化考核指标，全省精益物流工作有方向、行动有计划、落地有目标，物流总费用、单箱物流费用、单箱物流可控费用均实现同比下降，且总费用和单箱费用降幅排名行业第一；广西区局（公司）在桂林试点的基础上形成符合企业实际的全省精益物流工作法，抓住“消除浪费、创造价值”的工作主线，系统性、针对性地开展资源整合、精益改善、成本管控，实现管理效率和运行效益的同步提升。

信息化与物流业务融合。 信息化在发挥支撑作用的基础上，进一步与物流业务加强融合，助力管理提升。四川省局（公司）积极探索“互联网+”技术在卷烟流通环节的应用，通过在条烟喷打二维码，建立二维码管理中心，集合货源信息、规范管理、防伪标识、质量追踪、结算支付等功能，打通从商业端到消费端服务改善的“最后一公里”；深圳市局（公司）建立二维码点控巡检模式，提高设备运维的效率和质量；安徽中烟努力打造智慧物流体系，实现卷烟运输资源的有效共享、原料生命周期的数字管理以及物流运行的智能管控；云南、江西中烟在片烟数字化跟踪系统建设方面取得积极进展，跟踪环节更长，追溯信息更多，为行业推广奠定基础。

【物流开拓创新水平提升】 **新模式应用成效明显。** 行业工商企业以市场需求为导向，在运行管理模式、资源配置方式、业务协同形式等方面积极探索，努力适应环境变化和发展形势。陕西省局（公司）全面推进物流用工和薪酬分配改革，进一步理顺物流用工关系，完善薪酬分配机制，人均配送效率有效提升。海南省局（公司）完成琼北地区卷烟仓储分拣一体化建设，实现以海口为中心，工商共库管理，辐射琼北地区的业务整合模式。广东省局（公司）利用闲置仓储资源为河北中烟和四川中烟设置区域分拨中心；贵州毕节、湖北恩施等“两烟”产区积极推进“两烟”物流一体化工作，在仓储设施、运输网络等方面开展共用、共享；西藏区局（公司）结合区域特点，克服困难条件，在县级区域整合的基础上，探索试点跨地市物流资源及网络整合，配送效率有效提升；安徽中烟继续强化“工工合作”，小批量订单集散中心的合作对象进一步扩大，产品直发销售能力进一步增强；中烟实业利用管理优势，在所属吉林烟草工业、红塔辽宁与深圳烟草工业之间开展协同运输，提高市场反应速度，降低卷烟运输成本。

新技术融合范围扩大。 行业各单位积极引进先进适用的物流技术，促进作业效率和管理质量的共同提升。北京市局（公司）通过开展原址技改，实现“细标一体、工商共库、精准打码、一笼到底”4项新突破，申报7项发明专利，为行业物流技改提供多环节、多模式的创新实践；大连市局（公司）为应对卷烟包装形式多样化的发展趋势，针对细支卷烟，建设独立的复合式自动化分拣线，提高分拣系统的整体柔性和作业效率；在商务物流公司的积极倡导和推动下，河北、山西、浙江、安徽、河南、湖南、广西、四川、贵州等9家省级局（公司）所属的17家地市级公司积极行动，采用购置或租赁的形式开展新能源配送车辆应用试点工作。

新业务探索步伐加快。 在确保卷烟物流业务稳定开展的同时，商业企业积极落实国家局关于拓展非烟业务的工作部署。合作区域方面有新进展，陆续拓展江西、河北、湖北地区，已覆盖全国15个省（自治区、直辖市），注册客户数超过420万户，下单客户数超过62万户，累计销售额近30亿元，业务影响力进一步扩大；商业模式

宁夏回族自治区公司物流中心分拣大厅（2017年）

宁夏区局　王　玥　摄

方面有新探索，北京、西安等部分城市试点应用全商品、全店铺管理的智能零售终端，探索开展连锁便利店加盟业务，业务运行模式更加灵活。

【“互联网+”物流】 **行业电子商务平台运维。** 2017年，平台运转良好，为工商会员处理运维事项1580余次，问题解决率100%。卷烟交易系统分解各类合同74.82万份，交易金额9264.08亿元；烟叶交易系统共分解各类合同9.51万份，交易金额1248.42亿元。

“新商盟”批零订货系统运维。 2017年，受理运维事件1528个，事件解决率100%。新商盟系统覆盖30个省420万零售客户。2016—2017年，使用新商盟订货的户次数达到1.25亿次，形成1.34亿份订单，销售额8695.38亿元，系统累计访问次数3.06亿次，页面浏览量17.32亿次。

稳步推进非烟电子商务工作。 2017年6月，印发《中国烟草总公司关于稳步开展非烟电商业务的通知》，明确再开通河北、江西、广东、广西等12省份非烟电商业务。自2014年试点工作开展以来，非烟商务工作陆续在浙江、山东、江苏、北京等24个省份展开。截至2017年底，非烟电子商务平台注册用户累计达到430余万户，累计实现销售额26亿元。

行业卷烟生产经营决策管理系统运维。 2017年，决策管理系统运行平稳，无重大问题发生，累计处理运维事件11862件，其中主动监控与巡检发现事件占比50.5%。完成现场巡检3020人次、应急服务331次、保障服务1347次、现场培训153次、建议报告3016份。

烟草物流综合监管调度系统运维。 2017年，物流综管系统运行平稳，受理事件3886件，所有事件均在约定时间内解决。

在途信息系统和数字仓储管理系统应用。 加大工商卷烟物流在途信息系统和商业企业数字仓储管理系统应用，分工商企业两个批次开展系统升级改造的平台切换工作。全年工业使用率99.85%，车载设备使用率99.82%，商业到货确认率99.99%，开锁率99.84%，各单位对在途系统的认可程度不断提升，相关考核指标持续保持较高水平。2017年，系统保持稳定运行，在途系统处理事件48269件，解决率100%，仓储管理系统处理事件7907个，解决率99.97%。

【党的十八大以来的卷烟销售工作】 **市场供求趋于平衡。** 从总量上看，随着宏观经济下行压力增大、提税顺价政策影响加深，近年来卷烟需求明显萎缩，卷烟市场连续几年出现“供过于求”的局面。卷烟销量在2014年达到历史最高之后，2015年和2016年连续两年深度调整、逐步探底，市场供求总体趋于稳定。

从结构上看，受宏观经济影响，卷烟市场逐渐回归理性，结构增长明显趋缓，2016年单箱批发均价同比增加0.06万元，增幅为2.09%，一类烟降幅大于总销量降幅。2017年，单箱批发均价首次突破3万元大关，33个地区单箱结构全部实现同比增长。

从库存上看，由于总量供过于求，近年来卷烟工商库存和社会库存持续攀升，全行业积极推进供给侧结构性改革，落实“三去一降一补”任务措施，减少无效供给，消化卷烟库存。2017年末卷烟工商库存近年来首次出现下降。在2016年减少500亿支（100万箱）的基础上，2017年社会库存持续降低，12月末下降到三年来的最低值。

从价格上看，在总量供过于求、提税顺价等因素的影响下，卷烟市场价格较长时间陷入低迷，2016年上半年卷烟零售价格指数基本处于95以下，零售客户毛利率最低时仅有2%~3%的水平。随着供求关系改善、社会库存降低，2017年卷烟市场价格呈稳步上升态势，除1月外，其余11个月卷烟零售价格指数均高于2016年同期，12月末达到近两年的最高值95.77，同比上升0.67，环比上升0.12。2017年全年价格指数平均值为95.27，同比上升0.31。

市场机制逐步确立。 需求引领进一步强化。各单位坚持市场需求导向，完善需求预测体系，落实工商企业主体责任，按照自下而上的流程做好年度预测、半年预测和月度预测，为国家局实施“以需定销、以销定产”的精准调控提供重要依据。2017年两次年度预测平均准确率98.74%，同比提高2.39个百分点；12次月度预测平均准确率97.02%，同比提高1.3个百分点。

货源供应进一步改善。 国家局坚持顶层设计、系统谋划，统筹安排改革相关配套措施，积极改善货源供应，努力减少无效供给，增加有效供给，提高供给质量。按照工业调出大于商业调入的原则确定“打擂台”计划资源比例，放宽协议调整比例限制，从而加大工业企业之间的竞争力度，促进工业企业增加适销货源供给。

市场活力有所增强。 面对行业发展困境和市场竞争压力，工商企业不等不靠，主动探索利用新技术新方法，寻求卷烟销售的新思路新途径，市场意识和创新意识明显增强。

卷烟新品持续发展。 在细支烟带动下，短支烟、中支烟等创新产品销量实现增长，在有效满足个性化、多样化消费需求的同时，成为行业发展的新动能。此外，在雪茄烟销售等方面，部分单位作出有益的研究和尝试。

市场基础日益巩固。 终端建设扎实推进。广西区局（公司）从2011 年全国网建会以来，持续推进零售终端建设，稳定销售规模、流通秩序、市场状态。大连市局（公司）在学习借鉴广西经验的基础上，结合实际积极探索终端建设的新内涵，实现商品管理从卷烟向全商品延伸、资源开发从单店合作向企企合作延伸、标杆引领从直营店向加盟店延伸。各单位积极学习广西、大连经验，加强终端建设。

大户治理初见成效。 2017 年 9 月下旬，国家局组织 6 个督查组，分别对 6 家单位进行卷烟规范经营专项督查，针对查出的主要问题作出严肃反馈，提出明确整改要求，起到较好的督促和震慑作用。各单位认真落实国家局有关要求，切实加强大户管控，大户数量和销量占比持续下降，大户治理取得初步成效。全国重点城市大户数量和销量占比呈逐月下降态势，全年平均大户数量占比 1.87%，销量占比 16.25%，同比分别减少 0.33 个和 4.23 个百分点。

◇ 编辑整理：张建丽　褚　幸

多元化经营

全国烟草行业多元化经营发展概况

【多元化企业概况】 2017 年，行业各级多元化投资管理部门全面贯彻落实党的十九大精神，坚持稳中求进工作总基调，着力加强党的建设，统筹推进搭平台、促整合、优结构、强监管、增效益等各项工作，努力挖掘行业多元化产业税利潜力，主要取得六方面成效：多元化效益稳步提升、多元化产业机构逐步优化、多元化运作能力持续增强、酒店整合工作取得新成效、多元化监管体制日趋完善、全面从严治党工作落到实处。截至 2017 年底，烟草行业多元化投资 798 亿元（不含总公司、双维公司投资），投资企业 502 家，其中 346 家全资控股企业形成资产 2964 亿元，同比增长 17%。全资控股多元化企业全年实现营业收入 314 亿元，同比增长 5%；实现税利 114 亿元，同比增长 18%，其中利润 95 亿元，同比增长 20%。实现利润总额排名前三位的是：云南中烟 57 亿元、上海烟草 11 亿元、福建省公司 6 亿元。利润增长排在前三位的省级单位是：云南中烟 17 亿元、山东省公司 1 亿元、福建省公司 1 亿元。

行业多元化发展质量和效益稳步提升。一是金融证券企业收益提高。行业投资金融企业 52 家（仅包括省级公司，且不含各类优先股投资），投资额 322 亿元。红塔银行、红塔证券和红塔创新 3 家企业全年共实现利润 14 亿元，同比增长 56%。红塔银行资产规模由 2016 年的 616 亿元增长到 2017 年的 909 亿元。二是卷烟零售产业效益实现较快增长。53 家全资控股的卷烟零售企业全年实现营业收入 53 亿元，同比增长 10%，实现利润 2.3 亿元，同比增长 77%。三是多元化专项治理取得成效，整体盈亏面明显好转。全资控股企业中全年盈利的有 242 家，占总数的 70%，同比增加 2 个百分点。投资多元化的 47 家省级单位中，总体盈利的有 35 家，占总数的 74%，同比增加 4 个百分点。

【多元化产业结构优化】 **推进整合平台建设。** 按照“摸清家底，理清思路，探索实践”的工作思路，印发调查问卷，摸清现阶段行业多元化实际情况。成立工作小组，对行业零售、辅料、金融、地产物业等产业进行深入调研。通过实地调研、项目协作，理清整合思路，明确四个整合方向。零售板块以福建、湖北省公司为代表，福建省公司持续推动连锁企业转型，做大做强非烟品牌，多元化业务成为福建省公司的“三驾马车”之一。湖北省公司以“金叶阳光”品牌整合为核心，统一形象标识、规范管理、规章制度，全年全省 56 家“金叶阳光”品牌旗舰店落地。辅料板块中，云南中烟合和集团成立合和印务公司，搭建统一管理平台，探索资产证券化发展路径。四川中烟以“清理、优化、提升”为思路，辅料产业整合初见成效。金融板块中，浙江省公司做大做强现有平台，先行探索跨省资源合作模式。云南中烟合和集团聚焦金控转型发展，以银行、证券、创投企业为引领，构建金融全产业链，努力实现集团协同发展。闲置资产板块以山东中烟、福建省公司为代表，通过深入研究市场需求，针对闲置资产特点分类开发，寻求闲置资产盘活新模式。

开展清理清退工作。 贯彻落实国家局《关于进一步加强多元化投资管理的通知》（国烟计〔2017〕86号），梳理亏损企业情况，重新整理确定待清退企业名单。相关省级单位认真进行复核检查，所涉及的26家省级单位均上报亏损企业治理方案，开展清理清退工作。山东省公司通过股权转让、吸收合并、清算注销等方式，着力解决历史遗留问题，逐步迈入健康发展的良性轨道并实现扭亏为盈。

探索对外合作模式。 学习行业外国有企业改革试点经验，先后前往国家开发投资公司、中石化易捷公司开展调研，重点学习在体制机制建设、资产管理、零售整合、健康养老、混改推进等方面的经验，在项目投资、资产处置、战略合作方面探讨合作机遇。福建省公司探索与行业外合作经营路径，与贵州茅台酒股份有限公司、五粮液集团有限公司等知名企业合作，做大做强非烟产品。

【多元化企业市场化运作】 **进一步推进实体化运作。** 2017年，行业多元化资产归口管理工作持续推进，省级投资管理公司增至27家。黑龙江、广东、河南省公司以及广西中烟逐步推进多元化资产归口管理，资产进一步到位，职责更加明确，成效更加明显。四川省公司成立投资公司1年，坚持“稳中求进，小步快走”，基本实现人员、资产、职能到位，2017年税利大幅提升。

进一步完善现代公司制法人治理结构。 对行业多元化法人治理结构情况进行全面调查摸底，通过专项课题等方式，逐步探索多元化公司法人治理新模式。福建中烟探索“党委领导核心，董事会战略决策，监事会监督，经营层管理”的现代公司治理体系，有效促进了党组织与现代公司治理结构有机融合。

进一步探索改革发展新动能。 挖掘投资风险可控的新产业、新业态。云南中烟合和集团一手抓“存量”资源整合优化，一手抓“增量”项目科学投资，资产总额和实现税利连续三年提升。红塔银行效益稳步提高，全年主要经济指标均实现翻番。红塔证券IPO项目稳步推进，探索企业经营运行机制转型。

【酒店整合工作】 **品牌推广成效明显。** 重点省级公司的酒店整合工作加快推进，云南、广东、湖北、安徽省公司以及重庆中烟加入行业酒店整合队伍。2017年11月，在昆明组织召开中维酒店品牌工作现场会，杭州香溢大酒店等17家酒店新加入品牌整合，中维系酒店规模扩展到35家，覆盖13个省市，客房总数达到7500余间。

会员计划正式启动。 把实施统一的会员计划作为深入推动酒店整合的重要抓手。围绕“维享会”会员计划建设，先后在南京、哈尔滨、上海组织3次行业研讨。推动会员计划在首批17家酒店落地实施。中维酒店微信公众号、中维天猫旗舰店正式开通运营。云南、河南、山东中烟以及湖南、山东、江苏、浙江省公司等单位开展会员宣传推广工作，在1个月的推广期内，会员总数突破4万人。

集团化运作稳步推进。 在试点单位云南中烟的大力支持下，进一步发挥云南中维酒店管理公司的平台作用。组建5个工作小组，初步建立集团化工作机制，进一步加强中维品牌成员酒店间的协作配合。研究制定《中维系酒店品牌标准检查办法（试行）》，组织相关培训，开展检查试点工作，进一步加强中维品牌的标准化、规范化管理。

专业运作水平不断提升。 在杭州举办第四期中维品牌发展培训班，学习浙江省公司酒店管理经验。围绕推进集团化、市场化、精益化工作，涌现一批先进典型。云南中烟酒店市场化机制建设迈出新步伐，指导所属酒店完成扁平化组织结构调整，推动市场化选人用人及薪酬机制落地。湖南省公司主动融入酒店整合大局，以“中维”母品牌的平台资源带动“神农”子品牌发展，以“神农”地方文化特色丰富“中维”品牌内涵。山东省公司开发建立酒店用品统一采购云平台，在降本增效方面发挥示范作用。浙江省公司加快品牌整合进度，优化酒店资产结构。上海烟草集团重视运用收益管理工具，进一步提升销售管理的科学性。江苏省公司创新经营策略，实现客房销量及员工与顾客满意度双提升。

【多元化监管体制】 **加强投资监管。** 坚持从“管企业”为主向“管资本”为主转变，各单位严把投资关口，落实投资主体责任，通过集体研究决策、科学严谨论证、严守制度程序，不断提升行业多元化投资决策的科学性和可行性。

加强多元化企业法律风险防控。 深入重点单位、重点行业实地调研，全面摸底多元化法律风险防控工作开展情况，研究起草《烟草行业多元化法律风险防控工作指导意见》。举办首届行业多元化法律风险防控培训班，进一步提升行业多元化风险防控意识。山东中烟、浙江中烟等单位对基础管理流程和核心业务流程中的风险点进行排查、梳理，制定针对性防控措施，积极构建全面风险防控体系。

推进精益管理，打造工匠精神。 以目标和问题导向的多元化评价体系进一步完善。围绕降本增效，出台《关于推进行业多元化企业精益管理工作的意见》（中烟办〔2017〕104 号）。各单位按照《意见》要求，制定工作方案，细化目标任务，明确工作重点。湖北省公司抓示范、促落实，积极开展管理诊断工作，提升基础管理水平。云南中烟有序推进精益管理工作，开展多形式创新创效活动，取得明显效果。湖南中烟优化指标体系，明确“补短板”方向，加强成本管控，促进降本增效。

【中国双维投资有限公司】 **经济效益。** 2017 年，双维公司本级实现税利 10.64 亿元，同比增长 4.93%。

上海庙能源基地各投资企业生产经营有序运行。 2017 年，上海庙矿业公司总结新上海一号矿透水事故后经验，经历清理淤泥、修复巷道、设备等工作，经专家论证和安全检查后又恢复生产。维华矿业保权工作取得新进展，9 个矿权获得保留。2017 年，内蒙古自治区政府明确为国电双维公司的国电双维电厂新建工程项目配置 10 亿吨煤炭资源（其中包括上海庙矿业公司的 8.65 亿吨煤炭资源），国电双维公司也与上海庙矿业公司签订 620 万吨/年的供煤协议。截至 2017 年底，完成 15 项开工前需办理的行政手续。三新铁路全年完成 504.56 万吨运输任务，减亏 51%。

中维资本转型发展。 中维资本推动原地产项目处置工作，实现中维地产浙江、重庆公司全部顺利转让，收回全部投资收益，历时 3 年完成原地产遗留项目处置工作。同时，积极探索转型发展，储备新项目、寻求新领域。在投资论证中，中维资本公司加强风控措施设计，确保投资安全。

围绕主业、服务主业项目。 合肥醋纤有限公司围绕国产醋纤丝束“市场化、基地化、精益化”工作要求，提高产品质量，创新销售模式，完善售后服务体系及标准化建设，贴身打造服务方案，客户满意度不断提高。截至 2017 年底，合肥醋纤完成整体工程竣工验收。2017 年，生产丝束 3.07 万吨、销售 3.05 万吨，实现税前利润 1.32 亿元，同比增长 56%。探索推进卷烟零售店非烟移动订货平台建设，在安徽宣城市进行移动订货 APP 试运行。与国家体育总局、民政部等部门合作，将比较稀缺的体彩、福彩行政许可资源对接到卷烟零售客户，提高卷烟零售客户盈利能力。

推进金融控股平台战略布局。 围绕“一带一路”倡议，与中信银行合作，收购哈萨克斯坦阿尔金银行 9.9% 股权。积极配合红塔银行拓展业务，配合红塔证券推进上市，认购红塔红土盛商证券投资基金，参与清华控股的紫荆海峡科技基金。严格国新基金、中军新兴基金投资项目审核，严控风险、审慎决策。与深圳瑞银信信息技术有限公司合作成立项目公司，探索推进第三方支付平台建设。设立保险经纪公司，积极与保监机构等沟通协调。

省级公司多元化经营发展概况

【黑龙江烟草投资管理有限公司】 2013 年 7 月，国家局、总公司正式批复设立黑龙江烟草投资管理有限公司（国烟法〔2013〕292 号）。2013 年 10 月，进行工商注册并正式挂牌成立。注册资本 1 亿元，是中国烟草总公司黑龙江省公司的全资子公司。黑龙江烟草投资管理有限公司有 3 家全资子公司及 1 家参股企业，即黑龙江烟草中维连锁营销发展有限公司、黑龙江烟草房地产综合开发公司和黑龙江申鸿商贸有限公司，参股企业为黑龙江金博世纪肥业有限公司，所占股份 8.7%。经营范围包括实业投资，投资咨询，房地产开发，物业管理，自有房产经营，酒店管理，建筑工程施工，装饰工程施工，软件开发，货物进出口（国家禁止的项目除外，国营贸易或国家限制项目取得授权或许可后方可经营）。本级员工 9 人。截至 2017 年底，拥有总资产 2.15 亿元，其中固定资产 0.01 亿元、流动资产 2.08 亿元，资产负债率 5.09%。2017 年，黑龙江省烟草商业系统多元化企业实现主营业务收入 2.41 亿元，实现税利 3518 万元。

【上海海烟投资管理有限公司】 2009 年 10 月进行工商注册并挂牌成立，注册资本 33 亿元，是上海烟草集团有限责任公司的全资子公司，经营范围为实业投资（除股权投资和股权投资管理）、投资管理（除股权投资和股权投资管理）、工程项目管理、资产管理（除股权投资与股权投资管理）、企业管理咨询（除经纪）、国内贸易（除专控）。公司拥有上海烟草集团苏州中华园大饭店有限责任公司、上海白玉兰烟草材料有限公司、上海烟草集团房地产开发经营公司、上海海烟烟草糖酒有限公司、上海海烟烟行连锁企业管理有限公司等5家全资子公司，上海王宝和大酒店有限公司1家控股企业，并参股中国太平洋保险（集团）股份有限公司、中国太平洋人寿保险股份有限公司、中国太平洋财产保险股份有限公司、交通银行股份有限公司、东方证券股份有限公司、海通证券股份有限公司、上海金枫酒业股份有限公司、上海锦江国际实业投资有限公司、上海百联集团股份有限公司、佛山东林包装材料有限公司，涉及酒店、金融、房地产三大业务。本级员工12人。截至2017年底，拥有总资产405.87亿元，净资产316.93亿元，资产负债率21.9%。2017年，实现利润8.6亿元。

【浙江烟草投资管理有限责任公司】 成立于2007年5月25日，是中国烟草总公司浙江省公司的全资子公司，经营范围为实业投资、项目管理、房地产开发、商业贸易、进出口贸易、酒店管理、典当服务、保险经纪等。2017年，公司拥有浙江香溢房地产开发有限公司、中维地产（杭州）公司、杭州香溢浣纱宾馆等3家全资企业，杭州香溢大酒店股份有限公司1家控股企业，香溢融通控股集团股份有限公司1家相对控股企业，湖州、台州、舟山3家分公司，涉及房地产、酒店、金融等业务。截至2017年底，拥有总资产94.09亿元，净资产83.28亿元。2017年，实现营业总收入12.25亿元，实现利润2.09亿元，其中净利润1.51亿元。

【浙江中烟投资管理有限公司】

于2014年5月批复设立，同年6月，进行工商注册并挂牌成立。注册资本2亿元，是浙江中烟工业有限责任公司全资子公司，经营业务范围为投资管理、实业投资、投资咨询、经营进出口业务等。2017年，公司拥有宁波大红鹰投资有限公司、宁波大红鹰运输有限公司、杭州歌德大酒店、杭州三润保险代理有限公司、杭州三润实业投资有限公司、杭州利群经贸有限公司等6家子公司，浙江伟博包装印刷品有限公司、上海中臣烟草机械配件有限责任公司、浙江天外包装印刷股份有限公司等14家参股企业。本级员工25人，所属企业员工497人。截至2017年底，总资产22亿元，净资产16.23亿元，资产负债率26.25%。2017年，实现营业收入18.64亿元，实现税利1.25亿元，其中利润0.98亿元。

【福建烟草海晟投资管理有限公司】 前身是成立于1993年的厦门海晟实业发展有限公司，位于福建省厦门市。2007年改制更名为福建烟草海晟投资管理有限公司，注册资本26.47亿元，是中国烟草总公司福建省公司的全资子公司，专门负责福建省烟草商业系统多元化投资管理工作。公司以资本经营、投资管理为主线，投资范围涵盖金融投资、房地产开发、信息技术开发、连锁经营、文化传媒、旅游酒店、物业管理等领域，对外投资控（参）股企业有14家，其中控股企业有厦门海晟房地产开发有限公司、福州海晟房地产开发有限公司、泉州海晟房地产开发有限公司、武夷山海晟国际大酒店管理有限公司、福建海晟连锁营销发展有限公司、福建海晟信息技术有限公司、福建省海晟文化传媒有限公司、福建省海晟物业管理有限公司、武夷山市通仙茶业有限责任公司、厦门烟草海晟物业服务有限公司等10家，参股企业有兴业银行股份有限公司、厦

2017年1月19日，福建烟草莆田海晟连锁自贸区进口商品直销中心开业

福建省局　林麦梓　摄

门中软海晟信息技术有限公司、福建华橡自控技术股份有限公司、三明海晟房地产开发有限公司等 4 家。本部员工 89 人，所属投资企业员工 1439 人。

截至 2017 年底，拥有总资产 114.23 亿元，其中固定资产 1.47 亿元、流动资产 30.83 亿元。2017 年，实现经营收入 5.11 亿元，实现税利 5.04 亿元，其中利润 4.36 亿元。

【福建鑫叶投资管理集团有限公司】 2009 年 12 月，国家局、总公司批复设立（国烟法〔2009〕518 号）。2009 年底，公司通过更名改制成立，主要负责经营管理福建省烟草工业系统多元化投资，注册资本 4.09 亿元，是福建中烟工业有限责任公司的全资子公司。拥有 12 家子公司，其中，全资子公司 9 家，主要经营印刷包装和酒店业务。所属投资企业员工 2000 余人。截至 2017 年底，拥有总资产 21.36 亿元。2017 年，实现销售收入 9.59 亿元，实现税利 3.23 亿元，其中利润 1.82 亿元。

【江西省锦峰投资管理有限责任公司】 于 2012 年 2 月进行工商注册，同月挂牌成立，注册资本 3.23 亿元，是中国烟草总公司江西省公司全资子公司。公司下设锦峰大酒店 1 个直属企业、江西省锦峰软件科技有限公司、江西省锦峰物业管理有限公司 2 个全资子公司。经营范围为酒店经营管理、卷烟包装箱循环回收整理、烟叶包装物采供、物业管理服务、信息软件开发及服务、金融领域投资等业务。本级员工 26 人，所属企业员工 457 人。截至 2017 年底，拥有总资产 9.84 亿元，其中固定资产 1.63 亿元、流动资产 3.6 亿元，资产负债率 2.72%。2017 年，实现营业收入 1.11 亿元，实现利润 0.17 亿元。

【山东烟草投资管理有限公司】

2010 年 3 月，国家局、总公司批复设立（国烟法〔2010〕3 号），同月进行工商注册，注册资本 12.4 亿元，是中国烟草总公司山东省公司的全资子公司，经营范围为对外投资及管理、企业管理咨询，计算机系统服务及数据处理，应用软件服务，房地产开发、销售，房屋出租。公司下辖 2 家地产公司、5 家酒店公司，以及 2 家肥业公司及 1 家专业化公司；持有山东省融资担保公司、山东泰山壹伍叁贰物联供应链有限公司、交通银行股份有限公司部分股份，涉及房地产、酒店、金融、肥业等业务。员工 1516 人，其中酒店员工 1429 人。截至 2017 年底，拥有总资产 65.79 亿元，资产负债率 89.76%。2017 年，实现营业收入 3.52 亿元，实现利润 708 万元。

【河南烟草投资管理有限公司】 2013 年 5 月，国家局、总公司正式批复设立（国烟法〔2013〕205 号），同年 7 月进行工商注册，8 月挂牌成立，注册资本 2 亿元，是中国烟草总公司河南省公司的全资子公司，经营范围为项目投资、投资管理、投资咨询；交通能源、矿产资源投资；建筑安装工程施工、建筑装饰工程施工；物业管理、房屋租赁；文化传播、农业开发、软件开发、信息服务、商业贸易；烟用配套物资经营、高新产品开发；化肥、农用薄膜、计算机、软件及辅助设备的销售；广告制作代理发布；卷烟、雪茄烟零售等。从业人员 18 人。截至 2017 年底，拥有总资产 2.99 亿元，净资产 2.93 亿元，资产负债率 1.82%。2017 年，实现营业收入 3913 万元，实现税利 1145 万元，其中利润 1034 万元。

【河南黄金叶投资管理有限公司】 2014 年 5 月，国家局、总公司批复设立（国烟法〔2014〕223 号），并于同年

2017 年 6 月 8 日，河南中烟在郑州召开多元化投资管理工作会议
河南中烟　李　翀　摄

9月完成工商注册，注册资本2亿元，是河南中烟工业有限责任公司的全资子公司，经营范围为项目投资、投资管理、所属企业资产经营、装卸搬运服务、包装服务、清洁服务等。截至2017年底，河南中烟下属的多元化企业股权和资产尚未划转至河南黄金叶投资管理有限公司，注册资本亦未到位。2017年，河南中烟下属的多元化企业有14家，其中集体性质的多元化企业8家、全资多元化企业2家、控股多元化企业3家、参股多元化企业1家，涉及卷烟材料、物业服务、烟用香精香料、醋纤丝束等业务。本级人员7人。截至2017年底，总资产23.68亿元。2017年，实现营业收入22.19亿元，实现利润0.33亿元。

【湖北烟草投资管理有限责任公司】 2006年11月，国家局、总公司批复成立（国烟法〔2006〕794号）。2007年4月，湖北省烟草公司正式成立湖北烟草投资管理有限责任公司（鄂烟法〔2007〕7号），同年5月进行工商注册，并挂牌成立。2007年原始注册资本800万元，后经多次资产划转，2015年底注册资金增至14.99亿元，是中国烟草总公司湖北省公司的全资子公司，经营范围为投资管理、资产经营及投资咨询（不含证券投资）；日用百货、服装、皮革、鞋帽、洗涤用品（不含危化品）、化妆品、工艺品、办公用品的批零兼营；摄影器材、音响设备、五金交电、电子产品、通信设备、通讯设备、机电机械设备、计算机软硬件及配件的批零兼营；塑料制品、金属制品、建筑材料、装潢材料、化工原料及产品（不含危化品）、酒店用品、家具的批零兼营；国内各类广告代理、设计、制作和发布；自有房租租赁、设备租赁；预包装食品批发兼零售。

公司有9家全资子公司和2家控股子公司，业务涉及烟草肥料生产经营、建筑装饰、软件开发、信息设备销售、卷烟零售、商业写字楼出租、酒店管理、物业管理、房地产开发等领域。本级员工24人，所属企业员工701人。截至2017年底，拥有总资产42.82亿元，其中固定资产1.26亿元、流动资产29.44亿元，资产负债率13.84%。2017年，实现营业收入18.97亿元，实现税利3.87亿元，其中利润2.53亿元。

【湖南中烟投资管理有限公司】 2011年12月成立，注册资金2亿元，具体负责湖南省烟草工业系统多元化投资企业的分类管理。2017年，公司实施归口管理权的下属企业共23家。其中印刷企业4家、辅料企业6家、其他企业12家、参股金融企业1家（兴业银行股份有限公司）。投资管理公司本级内设8个部室，正式员工45人，下属企业在册员工总数3323人。2017年，把握“稳中求进”工作总基调，应对困难挑战，全力化解矛盾风险，扎实推进改革措施，全面实现生产经营目标，工作成效总体好于预期。全年19家下属企业（不含珠海市金沙实业发展公司、海南湘源房地产开发有限公司和海南博鳌培训中心3家拟清退企业和兴业银行股份有限公司）完成收入26.08亿元，实现经营净利润2.88亿元；生产型企业全部实现盈利；19家下属企业资产总额28.5亿元，负债总额7.4亿元；资本保值增值率113.53%。

【重庆市烟草投资管理有限公司】 成立于2000年2月，前身为重庆渝叶实业（集团）有限公司，是重庆市烟草公司的全资子公司，负责重庆市烟草商业系统多元化企业投资和经营管理。2010年11月，更名为重庆市烟草投资管理有限公司，注册资金增至5.12亿元。公司有1家分公司、7家全资子公司和1家控股子公司，经营业务涉及卷烟连锁、有机肥产销、“两烟”物流、烟用配套物资产销、酒店经营及物业餐饮服务等。员工868人。截至2017年底，拥有总资产6.99亿元，其中固定资产1791.24万元、流动资产6.78亿元，资产负债率14.67%。2017年，实现营业收入5.46亿元，实现税利2497万元，其中利润1646万元。

【四川诚至诚烟草投资有限责任公司】 注册成立于2016年11月，2017年1月挂牌运行，是中国烟草总公司四川省公司的全资子公司，注册资本1亿元，主要开展烟草项目投资、肥料生产销售、薄膜生产销售、物业管理、自有房屋租赁、道路货物运输、仓储服务、住宿餐饮服务等多元化投资。公司下属四川金叶化肥有限公司、凉山金叶化肥有限公司、凉山州金叶运输有限公司、成都科美物业管理有限公司、四川诚至诚电子商务有限公司等5家子公司。截至2017年底，拥有总资产7.15亿元，其中净资产3.73亿元。2017年，实现销售收入5.14亿元，实现税利6378万元，其中利润4112万元。

【贵州福贵投资管理有限公司】 2013年3月，国家局、总公司批复设立（国烟法〔2013〕77号）。同年10月，完成工商登记注册，注册资本5793.87万元，是贵州中烟工业有限责任公司全资子公司，经营范围为项目投资和经营管理、商业贸易、包装印刷、绿色产业开发、房屋租赁、矿泉水生产等。公司拥有台江矿泉水分公司和房屋租赁分公司2家分公司；贵州福贵传媒有限公司、贵州新贵物业管理有限公司、遵义银江生态农业开发有限公司等3家全资企业。同时，控股贵阳黄果树纸业有限公司、参股贵州西牛王印务有限公司和贵州银行。投资企业涉及广告传媒、包装印刷、物业管理、金融、农业种养殖等业务。本级员工72人，所属企业员工133人。截至2017年底，拥有总资产2.1亿元，其中净资产1.77亿元，资产负债率15.42%。2017年，实现营业收入1.0亿元，实现利润0.14亿元。

【云南华叶投资有限责任公司】 2013年9月进行工商注册并挂牌成立，注册资本为15.94亿元，是中国烟草总公司云南省公司的全资子公司，经营范围为在国家法规、政策允许范围内进行投资、开发，宾馆、酒店的管理、服务，烟叶生产农用物资，化肥销售，化工产品（不含管理商品）、网上商品销售、货物运输及配套仓储服务等。公司拥有昆明海天酒店、北京云天酒店2家全资子公司，云南云岭四季酒店管理有限公司1家控股企业，并参股红塔证券股份有限公司、云南红塔银行股份有限公司、交通银行股份有限公司、中国太平洋保险（集团）股份有限公司、中国光大银行股份有限公司、云南红河实业有限公司、云南红河投资有限公司、昆明东软信息技术有限公司、云南花卉产业投资管理有限公司、云南省外贸万达运输公司、云南诚源投资股份有限公司等11家企业。本级员工75人。截至2017年底，拥有总资产34.29亿元，净资产28.89亿元，资产负债率15.72%。2017年，实现税利0.89亿元，其中利润0.79亿元。

【云南合和（集团）股份有限公司】 合和集团是以云南中烟工业有限责任公司、红塔烟草（集团）有限公司、红云红河烟草（集团）有限公司等所属140余家多元化经营企业为基础、整合重组而成的国有大型股份有限公司。经中国烟草总公司批准（国烟法〔2014〕408号），合和集团于2014年12月31日在云南省工商局注册，2015年1月22日挂牌成立，注册资本10亿元；2016年合和集团用资本公积转增股本50亿元，经云南省工商局2017年2月15日变更登记，注册资本变更为60亿元。截至2017年底，合和集团拥有总资产1847.8亿元，净资产896.9亿元，直接投资企业74家，分属金融资产、配套产业、基础产业和酒店地产四大专业板块，投资领域涉及金融、交通、能源、烟草配套、酒店宾馆、房地产、生物制药等，投资总额267.62亿元，其中全资、控股企业33家，占总投资额的52.26%。2017年，实现营业收入59.66亿元；实现利润56.75亿元，其中利润47.84亿元。

【陕西烟草投资管理有限公司】 2014年10月，国家局、总公司批复设立（国烟法〔2014〕252号）。2015年4月10日由中国烟草总公司陕西省公司以货币方式出资注册成立，注册资本2亿元。经营范围为项目投资、投资管理、投资咨询（仅限以自有资产投资，金融、证券、期货、基金投资咨询除外）；系统内业务培训；房地产开发；酒店经营及管理；物流配送；汽车租赁；物业管理；卷烟连锁零售；烟用配套物资机械、农业开发、高科技产品研制、开发；农业开发；烟草种子、肥料、农地膜、预包装食品的销售；旅游文化产业开发。截至2017年底，拥有总资产4.21亿元，净资产3.69亿元，资产负债率12.34%。2017年，实现税利233.62万元。

【陕西中烟投资管理有限公司】 成立于2012年10月。2013年11月，中国烟草总公司印发《关于陕西中烟工业有限责任公司所持部分股权出资人变更事项的批复》（中烟办〔2013〕221号），同意陕西中烟将持有的陕西省卷烟材料厂、宝鸡市猴王商贸有限责任公司、宁波大安化学工业有限公司、宁夏弘德包装材料有限公司、西安大洋房地产开发有限公司、陕西金叶科教集团股份有限公司、陕西金叶滤材有限责任公司等7家多元化公司股权出资人变更为陕西中烟投资管理有限公司，实现多元化企业经营归口管理。经营范围涉及原辅料加工、滤棒成型、烟标印刷、纸箱生产、醋酸纤维丝素等。从业人员30人，其中本部员工6人，外派多元化企业管理人员24人。截至2017年底，拥有总资产10.36亿元，其中固定资产1.11亿元、流动资产3.63亿元，资产负债率13.7%。2017年，实现营业收入1.44亿元，实现税利0.74亿元，其中利润0.6亿元。

◇ 编辑整理：周　佳

外事管理与国际拓展

【外事管理】 2017年，国家局配合立法部门做好相关涉烟立法工作，多次组织与跨国烟草公司交流。完成《消除烟草制品非法贸易议定书》评估报告。加强因公出国（境）管理，全年国家局、总公司机关出国（境）团组实际执行66个，行业党组管理干部出国（境）团组实际执行52个，出国（境）人员888人次；接待来访团组26个137人次。

【烟叶进出口】 **出口烟叶创新高，去库存成效显著。** 2017年，行业各进出口公司共发运烟叶类产品20.36万吨（407.2万担），同比增加3.56万吨（71.2万担），增长21.2%，创历史新高。其中，发运烟叶16.96万吨（339.2万担），同比增长31.9%。工商合计去库存13.37万吨（267.4万担），香料烟库存基本消化完毕。其中，云南、贵州、四川等省烟草公司所属的进出口公司精准销售，分别实现烟叶类产品出运量19.8%、24.7%和13.6%的增幅，创下9.14万吨（182.8万担）、3.53万吨（70.6万担）和1.84万吨（36.8万担）的历史新高，占全国总出运量的71.2%；黑龙江、湖北省烟草公司所属的进出口公司克服经营困难，出运量同比增长204.4%和40.6%，达到0.849万吨（16.97万担）和0.702万吨（14.04万担）；新疆维吾尔自治区、湖南省烟草公司所属的进出口公司积极拓展货源，出运量同比增长182.9%和36.8%，达到0.42万吨（8.4万担）和0.788万吨（15.76万担）；深圳烟草进出口有限公司协助湖南中烟消化库存297吨（5940担），并实现中国雪茄烟叶出口零的突破，全年签约0.64吨（12.8担）。

进口烟叶数量得到保障、质量得到提升。 2017年，境外烟叶实体烟叶供应质量稳步提升，带动行业进口烟叶质量全面提升，有效满足国内工业公司对国际优质烟叶的需求，为行业大品牌培育提供原料保障。

2017年，进口烟叶计划14.13万吨（282.6万担），实际进口13.76万吨（275.2万担），完成全年计划的97%。中国烟叶公司派员参与进口烟叶制样和监督加工，湖南中烟、福建中烟等工业公司派员赴境外烟叶产区采集样品进行全面评估，帮助境外烟叶实体优化调整产品配方。天泽烟草有限责任公司主动取消上部深色等级烟叶2000吨，提供给中国烟草的全部为一、二档烟叶；中巴烟草出口股份有限公司提供给中国烟草79.4%的一档烟叶。

2017年8月8日，山东中烟“泰山”（TS）产品第三届澳大利亚巡演暨经销商大会在悉尼召开

山东中烟　供稿

【境外烟叶实体化运作】 **业务经营能力显著提升。** 2017年，各境外烟叶实体公司结合自身实际不断改善生产经营，探索境外实体运营新思路。天泽烟草有限责任公司积极拓展非中国类型烟叶销售模式，首次实现烟梗、烟末等烟叶副产品对外销售。中巴烟草出口股份有限公司签约农户1.24万户，同比增长4.71%，收购原烟5.3万吨，同比增长51.84%。中烟国际（北美）股份有限公司规范烟叶等级代码，

积极扩大自营规模，签约农户 230 户，同比增长 63%，签约原烟 7902 吨，同比增长 54%。

基础管理能力显著提升。 各境外烟叶实体公司不断优化客户管理，主动淘汰实力弱的烟叶供应商，严格按照《进口烟叶质量控制工作规程》操作，质量管理水平不断提升。内控制度建设逐步完善，规范意识不断强化。财务基础工作更加扎实，资金管理与风险防范能力不断增强。

创收能力显著提升。 各境外烟叶实体公司均实现片烟销售价格与当地市场价格接轨，不再依靠国内工业公司让利加价，实现从“输血”向“造血”的跨越。中巴烟草出口股份有限公司实现净利润 1235 万美元，同比增长 240%。中烟国际阿根廷有限责任公司实现净利润 144 万美元，同比增长 13%。

【卷烟国际市场拓展】 **卷烟国际市场拓展概况。** 2017 年，行业境外卷烟销量 855.9 亿支，同比减少 101.5 亿支，下降 10.6%。其中，境外企业销售 305.9 亿支，同比下降 2.5%，占总销量的 36%；一般贸易出口销售 236.9 亿支，同比下降 15.2%，占总销量的 28%；战略合作项目销售 222.3 亿支，同比下降 10.5%，占总销量的 26%；一般合作项目 90.7 亿支，同比下降 21.5%，占总销量的 10%。

2017 年，境外销量前五位品牌依次为“都宝”“摩登”“State Express 555”“长白山”“GEM”，共销售 348.4 亿支，占境外总销量的 40.7%。其中，“都宝”实现销量 101.7 亿支、“摩登”实现销量 86.9 亿支、“State Express 555”实现销量 78.5 亿支、“长白山”实现销量 46 亿支。

2017 年，东南亚市场销售卷烟 271.2 亿支，占境外总销量的 31.7%；东欧市场销售卷烟 164.9 亿支，占境外总销量的 19.3%；中东市场销售卷烟 122.1 亿支，占境外总销量的 14.3%；中南美市场销售卷烟 90.8 亿支，占境外总销量的 10.6%。

中国烟草国际有限公司主导作用进一步发挥。 中国烟草国际有限公司（简称中烟国际）通过加强走访调研准确掌握工业公司需求，加大出口计划向大企业、大品牌倾斜；在国家局发展计划司支持下，协调国家税务总局和海关总署，取消对越南等五国出口卷烟的禁令，为工业公司赢得市场拓展空间；在国家局发展计划司和专卖监督管理司支持下，加快出口计划的申报和下达，为工业公司赢得出口备货时间；配合国家局财务管理与监督司（审计司）做好境外有税市场卷烟销售费用审核工作，加大对有税市场的倾斜力度；及时印发《中烟国际关于进一步做好出口卷烟包装工作的通知》，对规范卷烟包装抑制卷烟回流起到积极作用。

工业公司主体作用进一步增强。 云南中烟、浙江中烟和广东中烟的境外卷烟销量逆势上涨，其中，云南中烟同比涨幅 9.7%。云南中烟不断加强与帝国品牌公司的沟通协调，地平线国际合资有限公司运营后实现 24.5 亿支的境外卷烟销量；浙江中烟主动作为，全年投入近 7000 万元拓展有税市场，支持阿联酋环球烟草有限责任公司增设产品研发部，有效提升对市场需求的反应能力；广东中烟加大对中国香港特别行政区与中国澳门特别行政区有税市场的拓展，全年实现境外卷烟销量 146.96 亿支，同比增长 1.5%；山东中烟积极打造澳大利亚标杆市场，2 家新设旗舰店投入运营，在多个市场成功投放系列高端产品，全力提升境外销售结构。

境外骨干产销基地带动作用进一步显现。 各境外产销基地克服困难，应对各种挑战，确保基地建设平稳发展。老挝寮中红塔好运烟草有限公司全年实现销量 44.9 亿支，同比增长 4%；中烟国际欧洲有限公司多措并举，努力开拓南欧和中东市场，全年实现销量 21.7 亿支，同比增长 44.2%；柬埔寨的威尼顿集团有限公司克服劳动力外流、走私烟猖獗等不利因素，保持市场份额不减；云南烟草国际有限公司所属缅甸营销服务公司不断加强渠道建设，全年销售卷烟 27.2 亿支，同比增长 18.8%。

免税出口卷烟回流势头得到有效遏制。 各工业公司贯彻落实国家局治理卷烟回流工作要求，规范经营和严防出口回流，全年主动调减卷烟出口近 40 亿支。多家工业公司主动清理不合格经销商，河南中烟及时整改，取消 6 家客户经营资格，调减客户数量占总数的 50%。

【进出口贸易】 2017 年，全国烟草行业实现进出口总值 31.53 亿美元，同比减少 0.16 亿美元，下降 0.5%。其中，出口 13.6 亿美元，同比下降 0.7%；进口 17.9 亿美元，同比下降 0.5%。

表 1　2017 年全国烟草行业主要进口商品情况

进口商品	数　量	同比增长（%）	金　额（万美元）	同比增长（%）
烟　叶	16.22 万吨	14.96	126360	7.40
卷　烟	42.43 亿支	-1.92	10267	3.06
丝　束	3.37 万吨	-14.68	16175	-22.19
滤　棒	26.82 亿支	65.76	3291	35.28
卷烟纸	1.31 万吨	-5.12	4455	-8.86

资料来源：中国烟草国际有限公司。

表 2　2017 年全国烟草行业主要出口商品情况

出口商品	数　量	同比增长（%）	金　额（万美元）	同比增长（%）
烟　叶	17.11 万吨	31.91	62266	17.76
烟叶副产品	3.25 万吨	9.80	1369	6.79
卷　烟	236.90 亿支	-15.24	60576	-8.23
烟　丝	1.08 万吨	-23.94	8492	-31.50

资料来源：中国烟草国际有限公司。

【推进“一平台、三在外”工作】　中烟国际以顶层设计为抓手，围绕两大重点，将“一平台、三在外”工作持续向前推进。

在对“经营在外、管理在外、人员在外”工作进行系统思考和研讨的基础上，中烟国际研究制定《中烟国际“三在外”转型发展总体方案》，对“三在外”的主要任务、实施步骤和保障措施进行系统地分析和安排，明确中烟国际、天利国际经贸有限公司、国内工业公司及各进出口公司在其中的职能定位。稳步实施境外平台建设。在科学设计方案的基础上，境外平台建设的各项工作有序推进。

【推进各项服务保障工作】　**加强国营贸易保证服务。**2017 年，全行业进口特殊规格丝束 4500 吨，进口卷烟纸 1.2 万吨，进口滤嘴棒 27 亿支，为行业细支烟发展、产品更新换代和重点品牌培育提供物资保障。发挥中烟国际集中统一对外谈判、签约的优势，实现进口丝束、卷烟纸、滤嘴棒等辅料价格不同程度的下降。及时有效处理进口烟机设备到货质量索赔问题，维护企业利益不受损失。在严格规范监督和严控产品流向的基础上，扩大国产烟机和辅料出口创汇能力，全年出口卷烟纸 2100 吨，出口实现 550 万美元；出口滤嘴棒 26 亿支，出口实现 1900 万美元；中烟国际与中国烟草机械集团有限责任公司联合开拓白俄罗斯、印度尼西亚、菲律宾、越南等市场，出口烟机设备 21 台（套），出口实现 1581 万美元。探索国产丝束出口，探索在深圳建立全国进口雪茄烟统一订货平台。

持续加强资金保障服务。中烟国际密切关注汇率走势，合理调控进口付汇节奏，尽量减少汇率损失，为行业节约采购成本 730 万元。持续加强银企合作，为境外烟叶采购和卷烟生产提供融资保障，为行业发展提供 2 亿多美元的资金支持。

持续实施配套服务保障。中烟国际搭建法律信息服务平台，截至 2017 年底已上线五大洲 30 个国家和地区、300 余项法律信息资料，为企业法律查询拓宽渠道、防控境外法律风险提供便利。完成全球烟草数据库授权使用服务的情况调查评估和续约工作，向行业免费提供欧睿全球烟草数据库，数据及研究报告覆盖全球 100 个国家和地区，2017 年行业 26 家单位登录使用欧睿数据库 1.11 万人次。为多家工业公司境外投资项目出具前置性审查意见并提出指导性建议，提供全面的政策咨询服务；协助国家局相关部门、重庆市局（公司）、重庆中烟推进缅甸邦康卷烟厂的重组等工作。

【推进人才保障工作】　**加强科学管理。**国家局制定并印发《中烟国际境外企业外派人员管理办法（试行）》（国烟人〔2017〕239 号），中烟国际印发《中烟国际境外企业及外派人员考核细则》《关于进一步加强中烟国际境外企业外派人员因公出差管理的通知》《中烟国际关于进一步规范境外企业外派人员派出、调回、延期及轮换的通知》，为行业国际化人才队伍建设及管理提供参照依据。

加强人才选拔使用。根据境外企业实际用人需求，按照“择优选用”原则，中烟国际以国际化人才库为依托，对口选拔专业素质过硬的人员，全年累计派出 10 余人，及时补充和调换境外企业所需人才，保证人员顺利交接上岗。

加快探索建立新型人才培养机制。云南烟草国际有限公司为进一步开发和培养人才，积极搭建专业化职业发展通道，开展管理人才梯队建设，构建境外公司高级职员管理制度，探索新型人才选拔方式。

附一：

中国烟草国际有限公司成员企业及驻外机构

中国烟草国际有限公司（简称中烟国际）于2008年8月7日挂牌，是由原中国烟草进出口（集团）公司改制而成的经济实体，注册资本11.53亿元。中烟国际按照“改制、转型、整合”的要求，推进烟叶境外采购实体化运作和境外卷烟生产企业建设。主要经营业务：卷烟（含雪茄烟）进出口业务；烟叶进出口业务；烟草专用设备和烟用辅料进出口业务；境外投资及经贸合作；国家允许或总公司委托的其他业务。中烟国际在境内外直接或间接投资设立的全资、参股公司11家（含中烟国际所属公司的子公司）。

深圳烟草进出口有限公司

深圳烟草进出口有限公司成立于1997年12月，是经原对外贸易经济合作部和国家烟草专卖局批准成立的深圳特区唯一经营烟草进出口业务的经贸公司，公司注册资本1000万元，中烟国际持股51%，中国烟草总公司深圳市公司持股49%。主要经营烟草、烟草制品及卷烟行业机械设备、卷烟原辅材料的进口业务（具体按外经贸部〔96〕外经贸政审函第3081号文执行）；国内商业、物资供销业（不含专营、专控、专卖商品）。2017年，深圳烟草进出口有限公司实现出口商品总值1818万美元。实现商品销售收入3.87亿元。实现税利2.6亿元，其中利润7521万元。

天利国际经贸有限公司

天利国际经贸有限公司是中烟国际的全资子公司。公司于1989年经原对外贸易经济合作部批准，在中国香港特别行政区注册成立，注册资本2600万美元。公司主要职责是经营烟草及其制品、烟草机械设备及零部件、烟用辅料等进出口业务；开展烟草经济技术合作及交流活动；负责烟草行业海外机构的管理工作；负责国际烟草商情信息的收集、汇编工作。2017年，公司实现利润总额5.39亿港元。

天泽烟草有限责任公司

天泽烟草有限责任公司是天利国际经贸有限公司的全资子公司。为充分利用国内外“两个市场”“两种资源”，贯彻落实国家局转变进口烟叶采购方式、加强境外烟叶实体化运作的指示精神，保障国内卷烟工业对津巴布韦优质烟叶资源需求，2004年在对津巴布韦代表处进行经营模式变更和改制后，成立天泽烟草有限责任公司，注册资本168万津元，投资总额62万美元。公司主要经营烟叶采购，烟草合同种植、烟草合同收购，烟叶加工、包装、出口等业务。2017年，公司实现利润总额387万美元。

迪拜瑞世达贸易有限责任公司

迪拜瑞世达贸易有限责任公司是天利国际经贸有限公司的全资子公司，于1997年6月在阿联酋迪拜成立，注册资本30万美元。主要职责是开拓中东市场，经营中国卷烟、烟叶、烟梗在中东地区的销售业务。2017年，公司实现利润总额27万美元。

中烟国际巴西有限公司

中烟国际巴西有限公司于2002年6月在巴西南大河州注册成立，注册资本1650万美元。中烟国际持股25%，湖北中烟工业有限责任公司、湖南中烟工业有限责任公司、广东中烟工业有限责任公司、浙江中烟工业有限责任公司、云南中烟工业有限责任公司、上海烟草集团有限责任公司各持股10%，天利国际经贸有限公司持股15%。公司主要工作是收集、了解巴西烟叶种植、收购、加工、销售信息，协助中国烟叶采购、监督加工验货团组开展工作，协调、解决中国进口烟叶过程中的有关问题，研究探索公司改革、开展实质性经营业务的方案。2017年，公司实现利润总额1523万巴西雷亚尔。

中巴烟草出口股份有限公司

中巴烟草出口股份有限公司是由联一巴西公司于2011年9月设立，中烟国际巴西有限公司于2014年2月投资入股的合资公司，注册资本为3970.2万巴西雷亚尔，其中中烟国际巴西有限公司持股51%、联一巴西公司持股49%。公司在巴西从事烟草种植、收购、加工、销售等营利性活动，致力于按照中国烟草的需求，供应加工优质巴西烟草产品。2017年，公司实现利润总额1896万美元。

中烟菲莫国际有限公司

中烟菲莫国际有限公司成立于2006年，注册地点为瑞士洛桑，前身是中国烟草进出口（集团）公司和菲莫国际公司的合资公司，2008年变更为中国烟草国际有限公司和菲莫国际公司的合资公司。双方各持股50%，注册资本198万美元。中烟菲莫国际有限公司利用菲莫国际公司的渠道在国际市场经营中国卷烟品牌，在符合《烟草专卖法》有关规定的前提下，菲莫国际公司的“万宝路”在中国实现许可生产并销售。2017年，公司实现利润总额175万美元。

中烟国际阿根廷有限责任公司

中烟国际阿根廷有限责任公司于2008年在阿根廷萨尔塔省成立，注册资本10万美元。中烟国际持股25%，天利国际经贸有限公司持股15%，福建中烟工业有限责任公司、云南中烟工业有限责任公司、江苏中烟工业有限责任公司各持股20%。公司主要工作是收集、了解阿根廷烟叶种植、收购信息，协助开展中外烟草合作项目。2017年，公司实现利润总额4401万阿根廷比索。

中烟国际（北美）股份有限公司

中烟国际（北美）股份有限公司是中烟国际的全资子公司。公司于2012年7月成立于美国北卡罗来纳州罗利市，注册资本为5000万美元。公司主要代表中国烟草开展北美及加勒比海地区的烟草业务，包括烟叶采购、烟草合同种植和收购、烟叶加工、对外贸易、技术交流、培训等。2017年，公司实现利润总额202万美元。

中烟英美烟草国际有限公司

中烟英美烟草国际有限公司于2012年10月31日在中国香港特别行政区注册成立，注册资本为1.98亿美元。天利国际经贸有限公司持股40%，广东中烟工业有限责任公司持股10%，英美烟草持股50%。公司的业务范围包括在全球市场中进行“State Express 555（SE555）”产品的生产、推广与销售，在特定市场（不包括中国内地市场）中进行“双喜”产品的生产、推广与销售，开发并巩固公司品牌的市场份额；负责“双喜”“State Express 555（SE555）”产品的持续维护、研发和提升；股东同意的且当地法律法规许可的其他活动。2013年8月，公司进入业务运营阶段。2017年，公司实现利润总额4093万美元。

附二：

国家局领导重要外事活动

1月13日，国家烟草专卖局党组书记、局长，中国烟草总公司总经理凌成兴在北京会见柬埔寨驻华大使凯·西索达（Khek C Sydoda）一行。

2月15日，国家烟草专卖局党组书记、局长，中国烟草总公司总经理凌成兴，国家局党组成员、副局长段铁力在北京会见意大利G. D公司总经理保罗·克雷莫尼尼（Paolo Cremonini）一行。

2月27日，国家局党组成员、副局长徐澂在北京会见英美烟草集团管理委员会董事、亚太区总裁杰克·柏尔士（Jack Bowles）一行。

5月2日，国家烟草专卖局党组书记、局长，中国烟草总公司总经理凌成兴在北京会见古巴驻华大使米格尔·安赫尔·拉米雷斯·拉莫斯（Miguel Angel Ramirez Ramos）一行。

5月16日，国家烟草专卖局党组书记、局长，中国烟草总公司总经理凌成兴在北京会见罗地亚醋酸纤维集团执行总裁菲利普·罗谢卡（Philippe Rosier）一行。

6月5日，国家烟草专卖局党组书记、局长，中国烟草总公司总经理凌成兴，国家局党组成员、副局长徐澂在北京会见柬埔寨驻华大使凯·西索达（Khek C. Sydoda）一行。

6月22日，国家局党组成员、副局长徐澂在北京会见菲莫国际公司中国战略合作部总裁雷嘉德（Riccardo Parino）一行。

7月6日，国家烟草专卖局党组书记、局长，中国烟草总公司总经理凌成兴，国家局党组成员、副局长徐澂在北京会见古巴驻华大使米格尔·安赫尔·拉米雷斯·拉莫斯（Miguel Angel Ramirez Ramos）及古巴哈瓦那雪茄集团联合总裁英诺桑提·布兰科（Inocente Blanco）、路易斯·桑切斯（Luis Sanchez）一行。

8月29日，国家烟草专卖局党组书记、局长，中国烟草总公司总经理凌成兴在北京会见益升华集团公司首席执行官福曼（Paul Forman）一行。

9月4日，国家局党组成员、副局长杨培森在北京会见英美烟草集团大中国区董事总经理何瑞科（Peter Henriques）一行。

9月18日，国家局党组成员、副局长徐瑾在北京会见阿根廷农工业部烟草恢复项目协调司长马塞洛（Macelo Viegas）及萨尔塔省议员、萨尔塔省烟草公会主席埃斯特班（Esteban Amat）一行。

9月25日，国家局烟草专卖党组书记、局长，中国烟草总公司总经理凌成兴在北京会见施伟策—摩迪国际集团首席执行官杰弗里·柯雷默（Jeffery Kramer）一行。

11月16日，国家局烟草专卖党组书记、局长，中国烟草总公司总经理凌成兴在北京会见伊士曼化工公司总裁马克·科斯达（Mark Costa）一行。

11月27日，国家局党组成员、副局长徐瑾在北京会见菲莫国际公司中国战略合作部总裁雷嘉德（Riccardo Parino）一行。

12月8日，国家局党组成员、副局长徐瑾在北京会见环球烟叶公司主席、总裁兼首席执行官乔治·佛亦民（George Freeman）一行。

12月11日，国家局党组成员、副局长徐瑾在北京会见日本烟草国际公司总裁兼首席执行官埃迪·皮拉德（Eddy Pirard）一行。

◎ 编辑整理：王东旭　王　静

专卖监督管理

【严管违规经营大户，规范经营呈现新气象】 **重视程度提升。** 2017年3月，国家局印发《关于印发依法严管违法违规卖烟大户专项行动实施方案的通知》（国烟专〔2017〕95号），专题部署违法违规卖烟大户治理工作，并将治理效果纳入省级局（公司）领导班子工作业绩考核。国家局对违规经营案件进行严肃查处，组织开展第一批6个省级局（公司）卷烟规范经营专项督查，推动各单位端正思想认识、加强专卖内管、重视规范经营。有关单位采取调整卷烟经营策略、规范员工操作、查办大要案件、严格考核兑现等方式，积极开展卷烟非法流通治理，全面排查线索，严格自查整改，推进长效治理机制建设，依法打击大户“二次批发、左右价格、扰乱市场”行为。

问责力度增强。 国家局严格落实真烟非法流通季度通报和考核奖惩制度，先后对湖北、湖南、广东、江西、江苏、山西等单位进行检查调研，对20起真烟非法流通重大案件进行直接督办，压紧压实规范经营的主体责任。各省级局对照真烟违法违规经营行为认定要求认真履行监管职责，全年查处各类违规经营行为831起，处理280人，进一步发挥警示教育作用。

工作成效显现。 各省级烟草专卖局强化措施、落实责任，依法查处大户违法违规经营卷烟5万支或价值5万元以上案件8180起，依法取缔违法违规卖烟大户经营资格2682户。浙江省局结合本地查获和外流数量调整货源投放，从根源上遏制真烟非法流通。大连市局突出重点，集中力量清理农贸批发市场违法违规大户，促进卷烟市场秩序进一步好转。福建省局积极探索信息化手段，实时监控匹配送货到户与零售客户经纬度信息。全年查扣非法流通真烟同比减少14.18%，扭转非法流通真烟查扣数量逐年递增的势头。各单位通过主动调整卷烟投放、遏制大户违法活动，卷烟销量和价格走势逐步向好，规范经营呈现新气象。

【保持严打高压态势，打假打私取得新成效】 **打假打私成效明显。** 2017年，各级烟草专卖管理部门认真落实“建机制、堵源头、打团伙、管市场”总体要求，充分发挥多部门联合机制作用，始终保持打假打私高压态势。全年查处案值5万元以上案件5980起，破获国标网络案件985起，收缴制假烟机383台，查获假烟28.4万件、走私烟12.7万件，查获烟丝烟叶1.5万吨，公安、司法机关依法拘留8552人，追究刑事责任4620人，打假打私各项工作取得明显成效。

机制建设。 各级烟草专卖管理部门紧紧依靠政府支持，继续加强与公安、海关、海警等执法部门的协作配合，跨部门跨区域联合打假打私机制更加完善。1月，国家局与中国海警局签署打击烟草专卖品海上走私合作协议。截至2017年底，13个沿海省级烟草专卖局与海警部门全部签署合作协议建立联合机制，构建全面打击海上烟草走私违法犯罪的防线。6月，国家局与中国邮政集团公司签署战略合作协议。9月，两部门联合召开打击非法寄递烟草制品、推进双方战略合作工作电视电话会议，对打击涉烟违法活动工作进行部署。12月，国家烟草专卖局、公安部、交通运输部、国家邮政局四部门联合下发《关于建立物流寄递环节打击涉烟违法犯罪协作机制的意见》，推动形成打击利用物流寄递渠道进行涉烟违法犯罪活动的整体合力。截至2017年底，有18家省级局与邮政、运输管理、交通等部门建立联合执法协作机制。

源头治理。 国家局多次联合公安部、海关总署督导推动重点地区打假打私工作，针对元旦春节制售假烟及走私贩私活动高发问题，联合公安部在重点地区部署开展“今冬明春”卷烟打假打私专项治理，取得明显成效，对于遏制假烟反弹、封堵走私贩私起到重要作用。国家局实行打假打私工作联系点制度，指定联系人定期到福建、广东、广西等重点省份督导工作。广东突出粤东重点地区整治，对制假活动露头就打，机械制假窝点生存周期进一步缩短。福建开展“护航金砖”专项行动，对制假活动进行深入打击。河南组织开展“天剑一号”系列专项行动，对漯河及周边地区卷烟制假活动进行围猎清剿。云南紧紧依靠红河州、泸西县两级党委政府，全面治理白水镇非法经营烟叶问题。广西突出体系建设、专项打击、村屯治理，持续开展对北仑河沿线卷烟走私打击。新疆组建专班，在各有关工业企业共同努力下，有效控制霍尔果斯免税卷烟走私问题。四川、湖南、江苏等地加强市场管控，注重向制假上游延伸办案，严厉打击制售假主犯。天津、云南、浙江、安徽等地屡破烟机大案，各有关省局持续加大对非法经营烟叶、烟丝活动的打击力度，从源头上切断制假原料供应链。

2017 年 6 月 15 日，大连市局与辽宁海警第一支队签署合作协议

大连市局　国　靖　摄

大、要案查办。 各地认真落实每个地市级局打掉 1 ~ 2 个较大规模制售假烟、走私卷烟网络的目标任务，突破一批重大案件，严惩一批制假主犯。公安部、国家局继续加大对重大涉烟网络案件的督导力度，全年督办重大案件 57 起。直接参与广西防城港“1·17”、陕西商洛“11·17”、湖北黄石“12·4”、福建福州“6·7”、浙江温州“3·25”等重大案件的统一收网行动和督导协调工作。

信息研判和精准打击。 各地烟草专卖管理部门针对物流寄递环节涉烟违法行为高发态势，不断创新打击方式方法，加强部门间、区域间信息共享和执法合作。3 月，国家局与公安部联合组建的打击涉烟经济犯罪情报研判室挂牌成立，对提升涉烟案件侦办水平发挥明显作用。全年部署多次集群战役，侦破案件 895 起，捣毁窝点 1105 个，抓获嫌疑人 1901 人，涉案金额 24.74 亿元。

【推动监管方式转变，市场监管实现新作为】 2017 年，各级烟草专卖管理部门认真贯彻落实国务院简政放权改革要求，结合市场监管信息系统部署实施，健全完善“一单、两库、一细则”，实现“双随机、一公开”和“APCD”工作法有机结合，促进市场监管履责能力明显增强。天津、河北等 4 个省级局和内蒙古呼和浩特等 18 个地市级局积极开展行政执法公示制度、执法全过程记录制度、重大执法决定法制审核制度试点，进一步提升专卖监管执法文明规范水平。

针对互联网涉烟违法犯罪的新特点，国家局组织修订《打击利用互联网等信息网络非法经营烟草专卖品工作指引》，与腾讯公司在战略合作框架下建立监管协作机制，联合公安部、工业和信息化部等有关部门，加大微信等自媒体平台非法经营案件的查办力度。上海市局严控外卖渠道售烟，切实加大对互联网平台售烟行为的监管查处力度。各级局认真组织开展加热不燃烧新型卷烟市场监管，强化政策宣传，清理网络环境，查处违规经营。浙江、上海、山东等地认真研判案件线索，在新型卷烟案件中取得突破，及时弥补监管缺口。

继续按月监测零售市场各项数据，加强对卷烟市场状况的分析研判，积极推动《免税卷烟和雪茄烟经营监管办法》落实，督导开展市场整治专项行动，有效维护卷烟零售市场良好秩序。

【落实放管服改革要求，许可管理再上新台阶】 各级专卖管理部门认真贯彻“放管服”改革要求，完善许可制度，简化申办流程，强化后续监管，优化行政服务，许可管理水平进一步提升。2017 年，审批生产经营类烟草专卖许可证 806 份，办理准运证 105.5 万份，全国零售许可证持证户 529.3 万户。国家局制定印发《烟草专卖许可证管理办法实施细则（试行）》《关于进一步规范烟草专卖许可证行政许可文书使用和管理的通知》，精简优化申请材料和申办流程，细化后续监管措施；完善许可证和准运证服务指南，明确烟草专用机械生产经营企业许可条件，行政许可标准化进一步落实；开展烟草专卖零售许可证网上申请功能、电子许可证和电子准运证需求调研，“互联网 + 政务公开”要求有效落实。

各地积极创新许可管理，解决管理服务难点问题。陕西、天津两地顺利完成零售许可管理改革试点工作；北京、上海、湖北等 10 多家省级局建立零售市场准入负面清单制度；吉林、云南落实“多证合一”要求，将零售许可证登记内容并入工商营业执照；贵州、陕西部分地区以车载平台前移办证窗口，为偏远地区申请人提供上门办证服务；重庆、福建、广西、深圳等加强后续监管，依法对一批违法违规零售客户取消经营资格或停业整顿。

河北、黑龙江、江西、广东等省级局落实监督检查职责，组织开展专项自查。国家局完成对甘肃、宁夏、贵州、江西、广西等省（自治区）烟草专卖许可管理督查，实现对全国所有省级局许可管理工作督查全覆盖，发现和整改违法违规问题，推进各地不断提高依法许可、规范管理、注重服务的水平。

【推动专卖队伍建设，监管能力得到新提升】 1 月，国家局印发《关于加强新形势下专卖管理队伍建设的意见》，各单位联系自身实际，制定实施细则，专卖队伍职责定位进一步明确。

全系统各单位认真落实行业公务用车制度改革要求，对专卖管理用车单独列编、优先保障、专车专用，执法保障进一步强化。

专卖管理岗位技能鉴定扎实推进，全年组织开展 5 批专卖管理师全国统一鉴定，参加鉴定 8666 人次，通过 3684 人，通过率 42.5%；针对专卖法律法规和有关政策调整，完成 2017 年版专卖管理师培训教材修订；安徽、上海、福建等省级局开展省级二类专卖管理岗位技能竞赛创新试点，使专卖鉴定竞赛更加符合实际、贴近实战。

专卖监管队伍培训不断加强，依托进修学院组织开展 6 期县级局局长集中轮训，联合国家烟草质量监督检验中心开展 2 期卷烟真伪鉴别培训，新疆、青海、西藏西部三省（自治区）鉴别检验定向培训取得积极成效；探索引入网络课堂远程教育培训模式，依托中国烟草网络教育学院进行课件开发，为大规模开展基层专卖队伍统一培训奠定基础。安徽省局深入推进基层创优，辽宁省局加强稽查所队建设，山东、山西、河北、四川、青海等省级局不断加强培训练兵的针对性，专卖监管队伍建设水平进一步提升。

【加强信息化建设，监管科学化要求得到新落实】

继续深入推进行业专卖管理综合信息系统建设，“三统一、两完善、两整合”运行质量和应用水平明显提升，为转变监管方式与提升监管水平奠定基础。各省级局在着力提升“三统一”运行管理质量的基础上，按照系统建设第二阶段“两完善”实施要求，认真落实内部监管数据采集要求，全面完成市场监管系统部署上线，保障专卖监管要求的落实。各省级局在严格规范前提下加快验收进度，年底前全部完成项目单点验收。

国家局针对前期系统运行管理中存在的问题，部署数据质量专项清理核验，定期监测系统运行状况，实现专卖 MIS 系统停用后数据统计方式的顺利转变。各省级局针对个性化需求进行系统二次开发，湖北开展武汉情报中心建设，浙江建立卷烟鉴别信息展示平台，广东试点电子签章，北京、安徽、江苏、黑龙江等加强数据分析应用，发挥推动系统实施、参与系统建设的主体作用。

【党的十八大以来的五年专卖监督管理实现新作为】

党的十八大以来的五年，各级专卖监管人员牢固树立“三个理念”、着力构建“三个体系”，注重眼睛向内、强化内管，注重依法治烟、公正文明，注重防微杜渐、打牢基础，努力保持各项工作更好地回归专卖制度本源。体现专卖立法宗旨，努力维护专卖制度，为行业实现持续健康发展作出重要贡献。

五年间，各级专卖管理部门在国家局党组的坚强领导下，围绕中心，服务大局，坚定不移维护专卖制度，坚定不移保障行业发展，坚定不移加强专卖监管；面对复杂严峻形势和繁重艰巨任务，凝心聚力，攻坚克难，转变监管方式，更新监管理念，各项工作取得扎实成效；立足加强自身建设，夯实基础，转变作风，持续提升监管水平，努力推进专卖监督管理规范化、科学化、法治化。专卖监督管理工作实现“守底线、筑防线、把准线”新作为，全国累计查处案值5万元以上案件1.8万起，破获国标网络案件4721起，收缴制假烟机1707台，查获假烟87.92万件、走私烟40.68万件，查获烟丝烟叶7.6万吨，拘留3.83万人，追刑2.24万人，有力地打击了非法卷烟挤占市场空间行为，使持续增长多年的真烟非法流通势头大幅减弱，生产经营和市场秩序进一步好转。

◇ 编辑整理：张建丽　褚　幸

政策法规与体制改革

【法治宣传】 **组建烟草行业“七五”普法讲师团。** 2017年，国家局印发《关于组建烟草行业“七五”普法讲师团的通知》，选拔行业内法律专业骨干22名，集中研究行业涉法热点难点问题，形成法治宣传精品课程，提高行业法治宣教力量的组织化和专业化水平，为“七五”普法及法治烟草建设提供强有力的人才队伍保障。

开展形式多样的普法宣传主题活动。 全行业开展“尊法学法守法用法”主题法治宣传教育实践活动和“学习贯彻党的十九大精神，维护宪法权威”国家宪法日主题宣传活动，各单位借助门户网站、微信公众号、手机短信新闻等新媒体方式和报纸、展板、动态简报、条幅等传统方式，组织普法主题活动，为深入推进法治烟草建设营造“崇尚法律、敬畏法律、弘扬法律、遵守法律”的浓厚氛围。

组织行业法治建设专题培训。 针对行业工商企业的不同特点，国家局举办2期行业法规处级和科级干部法治建设专题培训班。培训内容覆盖合同管理、商标管理、商事仲裁、广告实务、专卖执法、反垄断和反不正当竞争、法律风险防控、行政审批标准化建设工作等多个涉法工作领域。各直属单位紧跟国家立法最新成果，结合工作实际，组织专家学者开展《民法总则》《网络安全法》等专题培训。

【涉烟立法和制度建设】 2017年，国家局对基本医疗卫生与健康促进法、反不正当竞争法、政府信息公开条例等10多部与行业密切相关的法律法规草案或修改稿的征求意见稿进行研究论证，提出国家局反馈意见建议，为烟草行业争取更加公平的法律环境。多家直属单位在相关法案向地方和社会征求意见过程中发挥了积极作用。

国家局组织机关各部门对1982年至2016年底国家局、总公司制定印发的全部7万余份文件进行梳理筛选、核对清理，并以此次全面清理为基础，努力构建国家局、总公司规范性文件立、改、废的清单管理、动态管理新机制。

【法律风险防控】 **行政执法案卷评查和经济合同评查。** 2017年，行业各直属单位按照国家局执法案卷评查工作通知要求，进一步健全执法案卷管理制度和评查考核工作机制，对照评查标准，增加评查频率、抽查比例，深入开展专卖执法案卷评查工作，累计抽查案卷40.8万份，其中行政处罚案卷17.4万份、行政许可卷宗23.3万份。

专卖执法资格管理。 国家局根据《烟草专卖执法资格管理办法》对各省级局申请进行审核。各级烟草专卖局根据相关制度要求，将劳务派遣人员、劳务外包人员等非正式用工制人员调离专卖执法岗位，有力地提升专卖执法队伍的专业化水平；举办专卖人员执法资格准入培训班和业务能力提升培训班，有序推进执法检查证件的新办及换发工作。

重大经济项目合同管理。 国家局深入调研并结合各单位工作实际修订烟草行业合同管理指引，进一步明确合同管理职责，规范合同管理流程。各级法规部门积极参与公开招标、竞争性谈判、单一来源采购以及后续合同签订等工作。对招标文件和经济合同进行合法性审查把关，对其中涉及的法律问题提出咨询意见和解决方案，努力维护企业合法权益，防范相关法律风险。

各直属单位积极健全合同管理制度、创新合同审查方式、完善合同审批流程，切实加强对合同谈判、草拟、签订、履行、归档等环节的全过程法制监督。在加强合同审核的同时，各单位深入开展合同评查工作，推动合同管理水平的不断提高。

积极开展商标清理，加强知识产权管理和保护。 行业各直属单位在国家局的统一部署下，对所有商标注册和使用情况、商标管理制度规范建设情况、商标管理工作机制运行情况、商标争议情况等进行全面排查，梳理出当前烟草行业商标管理过程中存在的主要问题和重大法律风险点，研究提出针对性的解决方案，并在此基础上探索建立烟草行业商标管理和保护的长效机制。

【重大涉法问题研究】 **组建国家局、总公司法律服务机构备选库。** 通过公开招标方式选定入围律师事务所并建立服务名册，完善内外部法律顾问的沟通和协作机制，提升外聘法律顾问管理和使用的效率和水平。

积极参与行业突发或重大涉法问题的研究和应对。 审慎提出法律意见建议，发挥法律服务参谋、顾问、助手作用。主要包括：暂缓批准《消除烟草制品非法贸易议定书》的法律论证和评估，加热不燃烧卷烟法律性质的分析和监管目录的制定，关于向新疆生产建设兵团授予专卖管理职权问题的法律分析论证，菲莫美国对中国烟草总公司在美注册商标申请提出异议的争议解决，《促进连锁经营发展若干意见》中关于“总部取得批准文件（或许可证）后，门店不需再办理相应批准文件（或许可证）”专项督察问题的研究。

加强重大诉讼案件的研究和处理。 应诉国家局、总公司涉法涉诉案件，密切跟进各单位涉法涉诉重大或疑难案件，指导涉诉单位理性应对和妥善处理。2017 年，行业各直属单位累计处理涉法事项 1391 件，其中行政复议案件 37 件、行政诉讼案件 68 件、民事诉讼案件 1056 件、仲裁案件 120 件、其他涉法事项 110 件，有效维护行业合法权益。

【深化改革】 **国有企业改革。** 2017 年，国家局认真贯彻落实中央关于将党建工作总体要求纳入国有企业章程的工作要求，深化国企改革，研究制定省级中烟工业公司和省级商业公司章程修订范本，并在此基础上，全面完成各省级中烟工业公司、省级商业公司的章程修订工作。

国有企业职工家属区“三供一业”分离移交工作。 总公司制定印发《烟草企业职工家属区“三供一业”分离移交工作指引》，行业各单位按照国家局、总公司的统一部署，有序开展、抓紧推动“三供一业”分离移交工作。同时，结合烟草行业实际，研究部署推进烟草行业剥离国有企业办社会职能工作。

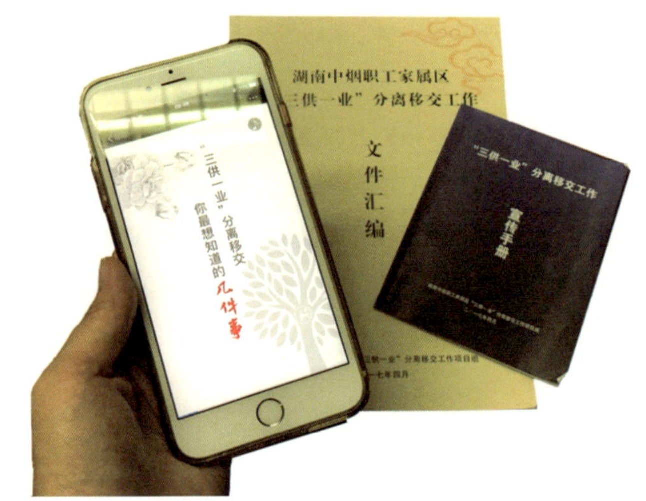

行业各单位采取多种形式，全方位宣传“三供一业”分离移交工作（2017 年）
《中国烟草》杂志社 张 燕 摄

总公司层面公司制改革。 国家局、总公司在坚持烟草专卖制度，坚持“统一领导、垂直管理、专卖专营”“一套机构、两块牌子”管理体制基础上，配合有关部门做好总公司公司制改革相关工作。向财政部、工业和信息化部提交《中国烟草总公司公司制改革实施方案（讨论稿）》及实施方案起草说明。

简政放权。 国家局根据《行政许可标准化指引》及实施指南中的各项具体要求，修订完善国家局所有行政许可事项的服务指南、审查工作细则、审批流程图以及受理单等相关文件，进一步规范烟草专卖行政许可工作，实现审批效率的提高和服务水平的提升。国家局在参与国务院办公厅评测的 59 个国务院部门中位列第六。同时，行业各单位的行政许可标准化建设取得一定进展。

◇ 编辑整理：邢忠敏 褚 幸

数量，确认报废、降等降级及不适用烟叶各类损失，完成专项清产核资结果申报。

财务与审计

【推进万亿元目标任务落实】 **分解下达税利任务。** 2017年，国家局综合烟草行业“两烟”生产经营计划及结构提升要求，结合企业实际，合理分解下达税利目标，并根据实现进度及时提出调控建议。全年实现税利11145.1亿元，同比增加349.3亿元，增幅3.24%，超额完成年度目标任务。

落实成本费用预算目标。 以税利指标为核心，以成本费用控制为重点，在2016年大幅下降的基础上进一步控制和压缩一般性支出和重点费用，工业三项费用率同比下降0.12个百分点，商业三项费用率同比下降0.04个百分点，其中业务招待费同比下降超过26%，会议费同比下降超过11%。定额标准体系建设取得新进展，明确工商企业费用类项目定额及建设方式，出台工业企业成本定额控制标准，完善行业重点费用定额标准。提升行业预算管控水平，制定全面预算管理工作考核办法，进一步明确考核内容和指标等。

创新税利监测手段。 以信息化管理为支撑，总公司搭建高质量的财务管控平台，实现财务数据智能抽取、标准加工和动态监控。在加大常规月度跟踪和年终督导力度的基础上，总公司创新税利预测应用，实现税利完成情况逐日反映，预测准确度不断提高，为经济运行调控提供重要决策依据。

【全面开展库存烟叶专项清产核资】 2017年，针对行业烟叶库存形势及存在问题，国家局党组决策并经财政部同意，全面开展行业库存烟叶专项清产核资。行业18家省级工业公司及所属卷烟工业企业、9家从事烟叶对外贸易的进出口公司统筹协调财务、计划、烟叶、科技、专卖、法规部门及有关中介机构，全面核实行业库存烟叶的价值和

【推动财税政策及保障措施落地】 **促进烟叶税法出台。** 国家局继续配合协调有关部门参与烟叶税立法改革，充分反映行业实际，表达行业诉求。2017年12月27日，《中华人民共和国烟叶税法》以第八十四号主席令的形式颁布，自2018年7月1日起施行。国务院于2006年公布的《中华人民共和国烟叶税暂行条例》同时废止，烟叶税成为第一个由条例上升为法律的现行税种，实现单独立法、平移立法的目标。

完善计税价格核定政策。 为解决计税价格申报不准确造成的高核价格问题，2017年，国家局协调国家税务总局出台卷烟消费税计税价格核定管理政策，进一步优化卷烟新品开发税收环境。

规范烟叶投入政策。 2017年，先后出台烟草行业烟叶生产投入补贴财务管理和资金管理办法，明确“十三五”期间烟叶生产投入补贴的范围、对象及标准，规范烟叶生产投入补贴财务管理和资金管理。

安排重大事项资金和支持重点品牌发展。 全年安排重大事项资金124亿元，重点扶持烟叶基础设施、水源工程、品牌合作生产、拓展国际市场、工业技改以及灾害救助，

2017年4月11日，国家局经济责任审计组进驻湖南中烟并召开审计进点见面会

湖南中烟　周腾浪　摄

充分发挥扶持资金的导向作用。安排45亿元资金对7家工业公司的8个重点品牌给予注资扶持，坚定实施行业大品牌、大市场、大企业发展战略。

【推进内部审计监督全覆盖】 **开展各类内部审计。** 2017年，全行业累计开展各类型审计项目2.1万件，发现问题2.83万项，涉及金额近22亿元，提出审计整改意见建议3.04万条，进一步强化对权力运行监督制约和落实中央八项规定精神要求。

规范组织工程项目审计。 12月，国家局印发《烟草行业工程竣工结决算审计报告编审规程》（国烟审〔2017〕371号），形成完善的行业工程审计制度体系。全年共组织开展重大工程项目审查22项，涉及工程投资金额近130亿元，在中介机构竣工结算审计基础上进一步审减5657万元，发现并督促整改工程建设各关键环节的重点问题，促进建设资金的安全有效使用。

推进审计工作方式创新。 行业转变单纯依靠现场审计为主的传统审计模式，依托审计信息系统，创新在线审计与现场审计相结合的信息化审计工作方式，现场审计周期较以往缩短1/3。例如，内蒙古区局（公司）采取远程在线和现场审计相结合的模式，先后开展经济责任审计、整改审计、工程投资、物资采购审计、预算管理审计、内控制度评审、物流费用审计、重点费用和重大政策贯彻落实审计、重大工程项目跟踪审计等审计项目309项，同比增加44项，同类审计项目时间从15天缩短到8～10天。提出审计建议722条，促进增收节支同比增长193.55%。

审计成果利用取得突破。 积极试行经济责任审计结果公告制度，全年发布14条经济责任审计结果公告，审计透明度不断增强。重大问题审计线索移交亮点突出，移交纪检部门查实部分单位职工违规持股问题，督促完成清退整改工作，形成监督合力，强化审计震慑作用，推动审计成果充分利用。

【优化资产结构质量】 **落实国资改革重大部署。** 贯彻“放管服”改革总体要求，出台国有资产基础管理工作指引和处置工作指引，加强行业国有资产基础管理。推进“三供一业”分离移交。2017年5月，国家局召开电视电话会议，对分离移交工作进行部署。总公司层面公司制改革取得积极进展，经过调研、沟通、论证，研究提出《中国烟草总公司公司制改革实施方案（草案）》。

清理盘活行业闲置资产。 全年处置闲置资产净值近192亿元，出租资产1.53万项。进一步加大源头管控，规范处置工业企业易地迁建技改后的原有资产，有效遏制闲置资产增量。

积极稳妥运作金融投资。 在精心管控投资风险的前提下，积极运作银行定向增发及优先股等优质金融投资项目，推进红塔证券IPO。截至2017年底，行业资产负债率17.04%，同比下降3.2个百分点；金融资产市值2148.6亿元，占行业资产的比重11.35%。行业存量资产结构不断优化，资产质量进一步提升。

2017年9月19日，甘肃省局（公司）开展烟叶知识科普活动

甘肃省局 供稿

【整顿规范经营管理行为】 **集中清理行业“三角债”。** 2017年，总公司制定“两烟”往来款项清欠和货款结算制度规范，召开货款集中清欠会议，协议抵消和确认清理“两烟”逾期欠款52亿元。在行业财务管控平台上搭建“两烟核对”模块，实时共享工商企业间“两烟”交易数据和财务数据，按月统计汇总并公布“两烟”货款清欠情况。全年行业“两烟”欠款总额减少385亿元，同比下降35%。

专项治理卷烟销售货款结算。 2017年7月起，总公司组织开展行业商业企业卷烟销售货款结算专项治理，行业商业企业进行卷烟销售货款结算全面自查，并积极整改自查发现的问题。行业各单位进一步加强风险控制意识，完善货款结算管理制度，加强货款结算过程管控，规范卷烟结算行为。

加强企业银行账户监管。 清理规范行业企业银行账户和存款管理，总公司严格按照“增一退一”原则审批省级公司银行账户，清理规范后的银行账户较中央巡视时减少547个，降幅5.78%。

规范个税手续费返还款项管理。 纠正返还款项滥发补贴行为，2017年11月，国家局、总公司印发《关于严格规范个人所得税手续费返还款项管理的通知》（国烟财〔2017〕334号），明确返还款项一律纳入本单位收入管理并不得向个人发放，从制度层面堵住违规漏洞。

◇ 编辑整理：王东旭　王　静

烟草科技

【中式卷烟】 **技术升级。** 2017年，全国烟草行业推进实施细支卷烟升级创新重大专项，带动细支卷烟、短支卷烟、中支卷烟等创新产品技术水平全面提升。突破创新产品系统化设计、生产制造和质量控制关键技术，初步解决前期细支卷烟消耗偏高、原料使用范围较窄等制约和瓶颈问题，卷烟质量提升，单箱原料工艺消耗降至21.4千克，材料消耗降低5%；突破梗丝和再造烟叶在细支卷烟中的应用瓶颈，应用比例可达5%～8%；成功开发高单旦低总旦、新型截面和卷曲的细支卷烟专用丝束。

产品升级。 创新产品引领中式卷烟品牌发展跑出新的“加速度”，带动全行业卷烟销量增长和结构提升。“南京（炫赫门）”“贵烟（跨越）”“黄金叶（乐途）”“娇子（X）”销量分别达到295.5亿支（59.1万箱）、34.5亿支（6.9万箱）、52亿支（10.4万箱）、79亿支（15.8万箱），分别为细支卷烟、短支烟、中支烟销量最大规格；“中华（金中支）”引发高端中支卷烟消费新热点。在“十大优秀卷烟新产品”中，创新产品占一半。行业低焦油卷烟销量扭转了2015年、2016年连续负增长的局面，6毫克/支卷烟销量增幅为近3年最高。

装备升级。 研制中高速细支卷烟卷接包机组和滤棒成型、复合滤棒成型设备。江苏中烟将南京卷烟厂、湖北中烟将襄阳卷烟厂打造成为特色鲜明、工艺先进的细支卷烟生产基地。山东中烟在济南卷烟厂、吉林烟草工业有限责任公司在延吉卷烟厂建成拥有创新工艺和专属设备的细支卷烟生产专线。

【现代烟草农业】 **烟草基因育种实现新突破。** 在抗病品种方面：成功培育抗CMV和TMV的改良“K326”、抗黑胫病的改良“红花大金元”、抗PVY的改良“云烟87”并在多个产区大田示范，育成抗白粉病的“K326”改良品系和聚合CMV、TMV、PVY等3种抗性的“K326”改良品系。由云南省烟草农业科学研究院、青州烟草研究所牵头，开启以“红花大金元”“K326”为底盘品种的烟草全基因组模块化育种，将烟草育种由单性状、单线程改良升级为多性状、可设计的聚合育种。由云南中烟、湖南中烟牵头，开启基于基因组编辑技术的工厂化育种，将工业企业和卷烟品牌对烟叶品质风格的个性化、多样性的需求延伸到育种最前端，培育品质风格独特的个性化、定制化品种。

烟草绿色防控实现新突破。 烟蚜茧蜂防治蚜虫在烟草农业和大农业共计推广2602万亩，覆盖植烟面积97%，湖南、河南、福建、湖北、江西、山东、吉林实现烟区全覆盖，云南大农业推广面积居行业首位。烟蚜茧蜂防治蚜虫技术被联合国粮农组织列入向全球推广的教材。病虫害绿色防治实现从烟蚜茧蜂技术向“三虫三病”综合防控的提升，贵州遵义成功开发蠋蝽防治烟青虫、斜纹夜蛾技术，开辟烟草虫害防治新途径。

烟叶生产技术创新实现新突破。 历经2012—2017年的研究，特色优质烟叶开发重大专项取得标志性成果，打破浓中清香型概念，发布首个全国烤烟烟叶香型风格区划。

各烟叶主产省加快推进区划成果落地应用，贵州烟区着力培育蜜甜香、清甜香亚高原山地生态烟叶特色品牌，重庆烟区突出武陵秦巴生态区醇甜香型特点，着力培育“渝金香”特色烟叶品牌。遵义烟区开发推广微生物有机肥，毕节烟区开发推广生物炭基肥，提升烟田土壤保育水平。贵州、云南、重庆、安徽、陕西等产区集成先进技术，开发菌菇、花卉、果蔬、有机稻米等多元化产品，把地方小品种做成促农增收的大产业。

【创新动力】 **做好创新驱动发展战略谋划和布局。** 2017年，国家局出台《关于激发科技创新活力调动“两个积极性”的若干意见》。全行业对科技创新的重视程度提高，抓战略、抓规划、抓政策、抓服务，各项创新举措执行力度加大。主要省级局（公司）、工业公司和郑州烟草研究院（简称郑州院）、上海新型烟草制品研究院（简称上海院）制定科技创新规划、创新型企业建设方案，其中云南省局（公司）出台包含1个总体规划和基因工程研究中心建设规划、3个重大专项方案、4个方面实施意见的“1+8”规划体系。

创新激励机制迈出实质性步伐。 行业各单位围绕《关于激发科技创新活力调动“两个积极性”的若干意见》，推动体制机制创新，破解体制机制障碍，为深入实施创新驱动发展战略提供政策支撑和保障。湖北省局（公司）解锁创新政策束缚，制（修）订技术通道、柔性引才、青托人才、岗位创新等13项科技创新制度。贵州省局（公司）大幅提高科技投入强度，明确市州公司科技投入须占“两烟”销售收入的1%以上，并在业绩考核中设定20%权重的创新能力指标。云南、贵州、湖北、山东等省级局（公司）和湖北中烟启动涵盖首席专家、高层次人才、高技能人才、“青托”人才等在内的创新人才专项培育工程，云南、贵州、山东等省级局（公司）和四川中烟建立高层次人才岗位专项津贴制度，山东省局（公司）明确各市公司设立不低于工资总额2%的专项资金用于创新成果奖励。截至2017年底，20名青年人才入选“中国科协青年人才托举工程”，这是行业首次进入国家级人才培养工程。

科研基地平台建设取得新进展。 全行业把科研基地平台建设作为提升科技创新能力的重要载体，作为吸引和集聚一流创新人才的高地，作为技术创新和科技成果转化的发源地，加速推动工程研究中心、重点实验室等创新平台的开放、协同、共享。着力推进科技成果产业化，打通科技成果转化“最后一公里”。依托四川中烟三联公司、遵义市公司、毕节市公司，分别认定特种滤棒、微生物有机肥、生物炭基肥等3家行业工程研究中心，三联公司获批行业首家国家认定高新技术企业；郑州院和河南中烟共建香精香料工程研究中心。开辟院企合作、产学研用结合的新模式。云南中烟与黑龙江烟草工业有限责任公司共建联创平台，开辟工业企业间科技合作新路。总公司与华大基因在大育种、大数据、大健康等前沿技术领域开展全面战略合作，依托云南中烟、云南省局（公司）分别共建烟草与健康联合研究院、烟草分子育种联合研究院。安徽省局（公司）发挥科技助力原料保障、烟农增收作用，与宣城市政府、青州烟草研究所联合共建宣州现代功能农业科技园。

2017年，全行业累计投入研发经费63.3亿元，同比增长6.5%。获得各类科技成果1340余项，其中省部级鉴定（验收）成果96项；56项成果获得省部级科技奖励，其中二等奖以上15项。申请烟草技术类专利4327件，其中发明专利2023件；获得授权专利3314件，其中发明专利1010件。

【产品质量监管效能】 **质检体系和能力建设进一步提升。** 与国家认监委联合印发《关于对烟草行业检验检测机构实施统一资质认定的通知》，解决行业质检机构业务多头管理和资质认定、实验室认可同周期重复评审问题。全年培训鉴别检验人员1282人、检测和评吸人员1303人，连续三年为新疆、青海、西藏培养89名卷烟真伪鉴别检验技术骨干，解决专卖稽查打假打私鉴别检验人才匮乏问题。全年鉴别检验委托卷烟样品250余万条，鉴别检验烟机118台套，为专卖管理提供强有力的技术支持和执法保障。北京、四川、河南、黑龙江、山西、江苏等省级质检站在西部三省区鉴别检验人员培养、专卖打假打私委托鉴别检验等方面作出积极贡献。

烟叶专项清产核资质量鉴定工作圆满完成。 制定库存烟叶专项清产核资质量鉴定工作实施办法，全行业质检机构共接受28家企业32.79万吨（655.7万担）烟叶质量鉴定委托，按时高质量完成3376个样品的质量鉴定，确保鉴定工作在资质、程序、结果等方面规范有序并经得起检验。

产品质量安全得到有效监控。 全年组织开展烟叶、卷烟、烟用材料和烟用添加剂质量监督抽查和质量安全指标专项监测15次，涉及各类样品4141个，各类产品质量状况稳定。全行业烟叶工商交接等级合格率平均为66.4%，同比提高2.9个百分点，是多年来增幅最大、提升范围最广的一年。云南、贵州、湖北等省级质检站在原辅材料质量监督和质量安全等方面工作扎实有序、富有成效。

【标准化成效】 ***标准体系进一步完善。*** 继续优化行业标准体系，重点推进雪茄烟、卷烟烟支规格等标准制定工作。发布行业标准11项、总公司企业标准21项。1项国家标准获国家标准委批准发布。

标准化示范推广工作进一步强化。 以国家级烟叶标准化示范区为重点，推动烟叶标准化生产再上新水平。各烟叶产区按照"四个结合"的要求，通过标准实现科技成果转化应用，形成基本满足现代烟草农业建设需要的标准体系，标准化工作对支撑烟叶生产、稳定产品质量、保障产品质量安全、助力现代烟草农业建设发挥重要作用。巩固提升商业标准化示范企业管理水平，开展首批示范企业复评。武汉市公司、山东济南烟草有限公司和银川市公司等3家企业复评结果达到"优秀"。

【中国烟草学会工作】 ***组织建设。*** 2017年，中国烟草学会召开1次理事会议和2次常务理事会议，完成部分理事的增补以及专业委员会主任委员的调整工作。截至2017年底，中国烟草学会有13个专业委员会和1个工作委员会。2017年，中国烟草学会发展新会员963人，截至2017年底，拥有个人会员1.18万人。开展安全生产、教育培训、卷烟材料等专业委员会的专业委员会委员及学组成员聘任工作；进行"中国科协青年人才托举工程"选拔推荐工作；组织第十五届中国青年科技奖候选人推荐工作。

中国烟草学会2017年学术年会。 11月21日，中国烟草学会2017年学术年会在北京举行，围绕行业中心任务，以"开放、创新、可持续"为主题，交流学术成果。会议通报2017年中国烟草学会优秀论文获奖情况，全年学会收到省级学会、专业委员会、行业科技期刊推荐和个人申报的学术论文1385篇，评选出一、二、三等奖论文538篇。

学术交流活动。 围绕行业基础性、前瞻性课题最新研究成果，开展主题学术交流，搭建高质量学术交流平台，主题报告取得良好学术交流效果。参加烟草科学研究合作中心（CORESTA）等国际组织学术交流，有17篇行业论文入选大会宣读论文，6篇入选CORESTA大会墙报论文，交流会议论文23篇。开展CORESTA 2018昆明大会筹备工作。

科普活动。 中国烟草学会联合中国烟草博物馆组织编撰《新中国卷烟烟标精选图集》，编辑撰写258个品牌的中英文说明，印制758张烟标。截至2017年底，基本完成烟标集编辑工作。开展线上科普工作，入驻中国科协官方科普平台科普中国微平台，在网站、微博、微信公众号持续发布各类科普内容共计300余条。加入科协"中国科技工作者之家"平台APP，构建网上科协。协助中国雪茄博物馆完成开馆和文物藏品征集工作，配合卷烟销售公司，以四川、湖北、山东、安徽中烟等4家工业公司为依托，完成中国雪茄博物馆馆藏筹建和开馆工作。中国烟草学会组织各会员单位参与开展2017年全国科普日活动，依托各专业委员会、省级烟草学会开展全国科普日、科技活动周活动。

【科技创新工作】 ***两大布局。*** 一是科技创新发展的战略布局。2016年，全国烟草科技创新大会的召开和《烟草行业"十三五"科技创新规划》的制定，标志着国家局从行业发展全局的战略高度，确立2020年把烟草行业建设成为创新型行业的战略目标。部署打造中式卷烟品牌发展、现代烟草农业发展的战略任务，提出要显著提升烟草科技创新、科技减害、科技增效水平，建设一批拥有自主知识产权、核心技术、一流品牌和产品的创新型企业。这个战略布局是对行业"十三五"乃至更长一段时期科技创新的总设计、总蓝图。二是创新体制机制改革的战略布局。2017年，出台并实施的《关于激发科技创新活力调动"两个积极性"的若干意见》确立符合科学规律和行业发展形势的创新体制机制改革框架和要点，突出解决一批多年来与科技创新不相适应的难点问题，激活全链条、全要素、全员的创新活力与创新动力，拉开科技创新体制机制改革的序幕。

标志性成果。 一是创新产品成为行业发展新动能。实现细支、短支、中支卷烟等创新产品技术水平的整体跨越，引领中式卷烟创新发展，为推进行业供给侧结构性改革、巩固"两个超万亿"成果作出突出贡献。中式卷烟品牌规

模、价值和影响力持续提升，在全球十大卷烟品牌中，中式卷烟占据7席；在全球15大卷烟品牌中，中式卷烟占据11席。二是绿色发展成为烟草农业新名片。实现化学防治为主向绿色防控的转变，研究掌控一批以烟蚜茧蜂、蠋蝽等为代表的“三虫三病”绿色防控核心技术，烟蚜茧蜂防治蚜虫技术形成完整的产业体系，在烟草和大农业累计推广超过8000万亩。实现化肥施用为主向土壤保育的转变，创新生物有机肥、炭基肥、绿肥规模化开发和产业化应用，广泛推广节水节肥、清洁烘烤和烟田废弃物资源化利用等良好农业生产技术。科技在烟农增收中的引领作用有效发挥，创新性地集成和应用绿色生态农业技术成果，高起点推进烟田基础设施综合利用和烟农增收多元化产业开发。三是烟草基因组研究迈向新高端。加速基因信息资源优势向品种优势、产业发展优势转化，持续引领国际前沿。在国际上率先实现基因组、代谢组、转录组等多组学联动，获得一批有重大育种价值的功能基因，突破烟草基因组编辑技术，开启引领分子育种方向的工厂化育种、模块化育种研究工作，构建形成以基因技术为核心的现代烟草育种技术体系，成功培育出抗黑胫病的“红花大金元”、抗CMV和TMV的“K326”等基因定向改良品种，打通从基因到品种的创新产业链条。

◇ 编辑整理：周　佳

信息化建设

【信息化规划落实落地】 **编制印发行业“互联网+”行动计划。** 2017年，国家局召开行业网络安全和信息化领导小组会议，贯彻落实国家信息化发展纲要和国务院关于推进“互联网+”、中国制造2025、大数据发展纲要等系列文件要求，专题研究并确定行业推进“互联网+”行动的指导思想、基本原则、总体目标和发展方向，明确开展四个重点领域融合发展增强创新能力、建设三个应用平台打通价值网络、构建两个技术平台提升支撑水平等重要任务。

组织批复企业“‘十三五’信息化规划”。 行业各单位坚持用规划引领信息化工作，2017年31家单位上报规划，其中29家单位获得批复。浙江、安徽、四川省局（公司）和安徽中烟等单位从企业战略高度对信息化工作提出转型新要求，研究并推动本单位“互联网+”专项行动。广东中烟等单位在行业“互联网+”行动计划印发后修订企业信息化规划，融入互联网新技术的有关内容，做到规划的滚动调整。

推进“互联网+烟草”创新实践。 2017年，国家局启动行业制造业与互联网融合试点工作并制定工作方案。各单位发挥企业创新主体作用，积极探索和推动新技术与业务的融合应用，取得新的进展。大连市局（公司）探索线上线下相融合的新零售模式，将传统POS系统改造为云平台架构，推动终端经营模式转型升级。四川省局（公司）推动大数据创新服务，深化行业订单数据、企业业务管理数据和社会资源数据的集成应用。贵州省局（公司）为烟农量身定做“杜鹃情致富家园”线上网络销售模式，搭建烟叶精准收购系统，助力烟农增收，提升精益管理水平。

【信息化项目建设】 **信息化项目建设扎实推进。** 2017年，按照行业统一平台、数据中心、安全运维一体化管控系统三个项目一体化设计和平台化支撑、组件化开发的建设模式，平台建设进一步夯实，CT—155规划中的“四环境、两保障”初步成型，标志着国家局信息中心技术把关的职能成为“硬约束”，有力地支撑在建项目的扎实推进。

统一平台基础资源云建设完成。 2017年，完成统一平台基础资源云建设。各单位克服困难，按期完成统一平台省级前置环境的升级改造任务，基本完成58家单位的单点验收。国家局印发行业地市级前置机升级改造的技术指导意见，为统一平台的纵向延伸提供行动指南。

数据中心正式上线运行。 行业数据中心构建一套完整的数据整合和数据管理体系，创建公共化的行业数据传输环境，推动行业级数据集成和数据共享。深化数据应用，制定统一平台数据环境主数据管理办法（暂行），为专卖、财会、烟叶等行业性应用和工商企业提供主数据服务。

安全运维一体化管控系统推广应用。 2017年，国家局推进安全运维一体化管控系统的主体功能开发和迭代完善工作，安全、运维“两保障”体系初步成型，达到预期目标，基本实现“资产可知、状态可视、流程可管、安全可控”。完成天津市局（公司）、安徽中烟等6家单位试点工作，形成包括16个阶段、145个步骤的标准化实施作业流程。

在建项目扎实推进。 行业专卖管理信息系统一期建设项目基本建成，33 个省级单位完成单点验收，系统既保障行业专卖业务稳定运行，又为国家局专卖监管决策提供数据支持。依托财务管控平台，创新税利预测应用，实现行业税利完成情况逐日反映，预测准确度不断提高；对会计核算软件进行完善提升，满足行业财务集中管控的需要，为行业管理决策和经济运行调控提供及时高效的数据支撑。烟叶信息管理基础软件项目规范烟叶业务流程，建立烟叶基础数据和基础设施配套标准，构建烟叶信息化应用框架并通过验收，为后续建设奠定基础。

武汉市烟草专卖局专卖信息与指挥中心（2017 年）

湖北省局　供稿

【数据服务】　***政务信息系统整合共享。*** 为落实国务院政务信息系统整合共享工作要求，2017 年，国家局对内清理与整合，下线 6 个“僵尸”系统，建设包含 11 套用户体系，3.5 万个用户的用户中心，实现 31 个应用系统的“统一用户管理、统一认证管理、统一接入管理、统一权限管理”；对外共享与对接，形成 367 条政务信息资源目录，向国家工商总局交换 500 余万条信息，初步实现国家局政务信息资源的共享公开。针对省市两级与当地政务信息对接的新问题，提出“两项接入、两级部署”的解决方案，确立政务信息资源目录国家局统一管理、共享公开数据资源备案管理的工作思路，启动行业政务信息整合共享管理系统项目建设工作。浙江省局（公司）建成基于地方政府政务平台的专卖行政许可网上办证系统，构建证照办理“最多跑一次”服务模式，深入推进“互联网 + 政务”服务。

持续完善行业统计服务体系。 为丰富行业数据展现内容和服务方式，国家局提供短信日报、手机终端、大屏展现等多种形式的数据服务，创新性地以图形方式直观展示行业全年经济运行情况，开展细支烟发展等专题分析；向各单位提供“两打三扫”和零售客户订单数据的每日下行服务，搭建全方位、多层次的行业统计服务体系，不断提高行业数据共享利用水平。修订完善行业工商统计报表制度，为提升数据质量提供坚实可靠的制度保障。全年统计工作得到国家统计局的书面表扬。浙江中烟搭建数据交换平台，通过合作生产批次管理项目，加强与上下游企业间数据的实时采集和传输共享，深化零售订单下行数据应用。湖南中烟利用时空数据分析发挥数据价值，实现数据中心从具有一定分析功能的展现平台向具有良好展现功能的分析平台转变，为企业管理决策提供更加灵活的数据服务。

着力提升行业网站影响力。 2017 年，国家局先后印发《国家局关于贯彻落实政府网站发展指引的实施意见》《关于进一步加强行业政府网站建设和管理的通知》2 个文件，确保政府网站发展指引在全行业贯彻落实。按照国务院办公厅要求，国家局对行业 57 家政府网站开展季度监测抽查工作。国家局政府网站被列入国务院“政务公开工作开展总体较好”单位名单。行业各省级局（公司）网站从业务新闻网站向网上履职的政府网站转变。云南省局（公司）建管并重，建成以省为单位的外部网站群，修订完善网站管理办法，建立网站运行管理考核机制，定期开展网站监测和安全应急演练。之前未建成政府网站的 4 家单位基本完成网站建设。广西区局（公司）、重庆市局（公司）等单位积极参与国家局舆情监测。在 2017 年行业网站考评中，湖南省局（公司）等 10 家单位网站工作总体较好。国家局政府网站 2017 年日均访问量较 2016 年上升 47%。

【安全体系建设】 **贯彻落实《中华人民共和国网络安全法》。** 国家局印发关于贯彻落实《中华人民共和国网络安全法》的实施意见，组织开展网络安全宣传周活动和全员网络安全教育。湖北省局（公司）等单位主要负责人就贯彻落实《中华人民共和国网络安全法》工作提出明确要求。黑龙江省局（公司）率先建立党组（党委）网络安全工作责任制，自上而下推动网络安全工作。江西省局（公司）完善规章制度，加强卷烟零售客户及烟叶种植客户个人信息保护。

提高安全防护能力。 2017 年，全行业抓安全体系建设，抓运维管理服务，抓容灾备份工作，完成多次重保任务，全年未发生重大网络安全责任事故，国家局被公安部评为“国家网络与信息安全信息通报机制先进单位”。按照有关部门要求，国家局组织开展 3 次行业网络安全检查，发出整改建议书 49 份（含专项通报），协调各单位完成 346 个高危漏洞整改，并从制度、标准、技术等方面构筑网络安全保障体系。发布行业网络安全事件应急预案，采用实战演练方式抽验行业 69 个互联网网站“一线断网”应急措施。组织行业快速有效处置“勒索病毒”，第一时间完成 1.5 万台服务器和近 26 万台计算机终端的系统软件漏洞排查和安全加固，保证行业生产经营正常进行。山东省局（公司）深入贯彻落实国家等级保护制度，注重结合创新开展等保工作，连续四年被网络安全主管单位评为先进单位。

加强运维管理。 国家局开展第一次完全模拟灾难场景下的行业容灾演练，检验国家局和行业容灾队伍的备战能力、实战能力、配合能力，提升行业容灾恢复整体能力，推动容灾中心从“能容灾”向“容好灾”迈进。辽宁省局（公司）等单位本着“软件运维联合化，硬件运维一体化”的思路，整合运维服务资源，实现信息化运维项目的降本增效。北京市局（公司）通过搭建基础设施云平台，实现基础环境的统一管理和动态监控。

【信息化人才培养】 2017 年，行业信息化部门牢固树立以“责任为首、服务为本”的工作理念，加强人才队伍建设，有 23 家单位的统计职能划归国家局信息中心，34 家单位开辟专业技术职务和职业技能评聘等多种晋升方式，拓宽人才发展空间。国家局举办 4 个专题培训班，500 余人次参加，达到拓宽工作思路、提升岗位技能的效果。发挥信息化专委会人才培养和工作交流平台的作用，开展论文征集等活动，52 篇论文获中国烟草学会优秀论文奖。福建省局（公司）在中国统计学会烟草分会开展的征文研讨活动中投稿数量和质量均为行业之首。上海烟草集团信息中心党支部高度重视干部职工思想工作，结合当前互联网时代特点，策划“共享读书”主题党日活动，被上海市经信委评为“党支部建设示范点”。

【规范管理】 2017 年，国家局梳理信息化制度规范文件 44 份，严格按制度、程序、规范办事。全行业着重在制度建设、项目管理、资产管理、信息化考核和软件正版化等工作上提升水平。广东省局（公司）健全完善信息化相关管理制度，制度体系更加全面有效管用。甘肃省局（公司）严格信息化资产管理，分类建立资产台账，定期开展资产盘点，为合理高效配置信息化资产奠定基础。江西中烟处置 2 起正版软件侵权事件，开展软件使用情况自查自纠，进一步增强推进软件正版化的自觉性。

【标准化建设】 2017 年，全国烟草标准化技术委员会信息分标委调整部分委员，针对行业当前亟须解决的问题，审查通过《烟草行业信息系统容灾备份建设规范》《烟草行业数据中心数据建模规范》《烟草行业工业控制系统网络安全技术规范》3 项重要标准。

◇ 编辑整理：邢忠敏 褚 幸

人事与劳资

【行业干部队伍建设】 **致力于选对人，从严选拔任用。** 2017 年，国家局坚持好干部标准，突出政治标准，以《党政领导干部选拔任用工作条例》为重要遵循，强化行业各级党组（党委）的领导和把关作用，改进考察方式方法，严格把好政治关、作风关、能力关、廉洁关，严格落实“三个不上会”“两个不得”“五个不准”规定，严格执行全程纪实，着眼优化领导班子素质结构、增强整体功能，调整配备行业 45 家直属单位领导干部 104 人，国家局、总公司机关 23 个部门（单位）领导干部 91 人，组织 5 批次 59 名直属单位新任领导干部任职谈话。筑牢“带病提拔”的“防火墙”，将“凡提四必”关口前移至推荐考察环节，全年有 14 名国家局党组管理干部拟提拔人选因个人有关事项报告、档案审核等问题暂缓提拔或取消考察对象资格。

致力于用对人，注重人事相宜。 坚持知事识人、依事择人。继续加大干部交流力度，全年行业直属单位领导干部交流任职26人，国家局、总公司机关与行业内外干部双向交流任职挂职等57人，推荐行业直属单位领导干部到地方党委、人大和政协任职53人。完善干部交流配套措施，细化交流干部周转住房和异地往返交通费管理规定。加强动态跟踪管理，首次对9名直属单位领导干部开展试用期满考察。开展领导班子建设情况专题调研，强化2016年度考核和“一报告两评议”结果运用。2017年5月，国家局印发《烟草行业推进领导干部能上能下实施办法（试行）》（国烟党〔2017〕109号），全年调整“下”的干部152人，能者上、庸者下、劣者汰的用人导向更加鲜明。

山东中烟青州卷烟厂开展质量专业人员技术练兵（2017年）

山东中烟　李兴才　摄

强化日常监督。 注重抓早、抓小、抓经常，针对巡视、审计、信访、考察考核、民主生活会等渠道反映的干部苗头性倾向性问题，各级人事部门提醒函询诫勉1286人次。组织领导干部报告个人有关事项“两项法规”培训，加强政策指导，严明审核纪律，完成8670名领导干部报告工作；加大抽查核实力度，重点抽查和随机抽查2390人。坚持“凡提必审、凡转必审、凡进必审”，推进干部档案审核常态化。开展2016年度“带病提拔”干部选任过程集中倒查，结合巡视开展行业选人用人专项检查，实现对有用人权直属单位全覆盖。制定驻部纪检组选人用人工作专题调研反馈意见整改方案，强化建章立制，如期完成2017年整改任务。规范干部职务名称审核，严格新进人员计划备案，加强行业机构编制管理，首次全面核定直属单位“三定”规定。

【行业人才队伍建设】 **完善人才评价机制。** 贯彻中共中央办公厅、国务院办公厅《关于深化职称制度改革的意见》，严格流程标准，突出能力实绩，加强纪实监督，高质量开展各系列、各等级专业技术资格评定工作，全年新增高级资格442人、中级资格2168人。截至2017年底，行业在岗专业技术人员10.8万人。落实职业资格制度改革要求，编制《行业特有职业技能（岗位）鉴定目录清单》。完成21家鉴定机构质量管理体系审核工作，开发修订14个工种技能标准及题库，全面复核等级证书，严肃鉴定考场纪律。全年实施行业特有职业（岗位）鉴定3.3万人次，获得证书1.6万人次，新增高级技师35人、技师905人。行业人才队伍规模继续扩大，结构进一步优化。

强化人才培养激励措施。 围绕行业“两烟”生产重大专项和技术创新需要，举办第二期高级专业技术人才研修班，培训高级职称人员和科研骨干157人。选拔补充行业科技领军人才和学科带头人评委会专家库成员48人，评选推荐第十五届中国青年科技奖候选人4人。新建5个高技能人才实训基地，组织开展各级各类技能竞赛39届次，评选“烟草行业技术能手”147人，推荐申报“全国技术能手”3人并成功评选，积极营造尊重人才、崇尚技能的良好环境。

发挥人才效能。 贯彻中央深化人才发展体制机制改革意见和行业实施意见，行业各直属单位全部成立职称改革工作领导机构，加强人才工作统一领导，提升管理服务水平，统筹推进技术、技能人才队伍建设的力度不断加大。完善聘任制度，优化岗位设置，实行动态管理，持续推进工程、农业技术岗位聘任工作，技术力量继续向基层生产单位聚集。突出高端引领，高层次人才在技术攻关、课题研究、创新发明和“传帮带”方面的作用进一步凸显。

【行业收入分配管理】 **加强负责人薪酬管理。** 贯彻《关于深化中央管理企业负责人薪酬制度改革的意见》，配合有关部门开展总公司负责人薪酬制度改革。严格规范省级公司负责人薪酬管理，完成2016年度省级公司负责人工作业绩考核，开展省级工业公司税利增长任务特别奖罚工作。紧扣行业年度工作目标，修订2017年度省级公司工作业绩考核细则，发挥关键指标的导向激励作用，强化考核结果运用。工业公司业绩考核增设新产品成功率指标，进一步激发企业产品创新活力。

加强工资总额调控。 督导有关单位按照国家规定执行"工效挂钩"政策，加强工资内外收入列支和发放管理。针对巡视、审计中发现的收入分配问题，明确措施要求，督促整改落实，进一步做到管理规范、监督有效。

加强劳动用工管理。 国家局人事司到行业18家基层单位开展行业用工分配制度实行情况专题调研，重点摸清劳动管理、薪酬考核、员工成长、生产组织等规章制度的建设和执行情况，总结有效做法，排查研判风险。在全行业推广上海烟草集团、浙江中烟控员增效工作经验。根据国家劳动定额定员的有关要求，启动行业现行定额定员标准修订工作。妥善处理信访问题，对重点事件做好协调督办，加强对劳动关系领域风险的源头分析和防控，努力构建和谐劳动关系。

【教育培训工作】 **加强网络培训平台建设。** 国家局把行业网络培训平台作为推进教育培训信息化建设的重要载体，着力优化平台管理和培训功能，推动实现"全覆盖"，顺利完成平台建设"三年目标任务"。截至2017年底，行业处级以上干部网络培训覆盖率达到100%，整体覆盖率超过90%。加强共建共享，各单位积极利用平台举办培训讲堂、组织考试鉴定、开展竞赛评比，"精益十佳"课题推广和新型职业烟农培育等项目取得良好效果，平台应用更加广泛，资源整合效用逐步显现。

基础管理更加有力。 规范培训教材建设，修订行业职业（岗位）标准等管理规程，组织编印教材58种。举办教学技能竞赛，选拔师资库成员，初步形成一支行业培训骨干师资队伍。改进考核评估，促进各单位提高教育培训管理科学化水平。积极发挥教育培训专业委员会作用，增设继续教育学组，围绕"深化行业培训机构改革"等课题，完成研究论文78篇。

推动教育培训服务行业发展。 深入贯彻中共中央《干部教育培训工作条例》，围绕建设高素质干部队伍，以学习贯彻习近平新时代中国特色社会主义思想和党的十九大精神为主线，行业有431家单位组织2.86万名党员到井冈山、延安等红色教育基地开展党性教育。推动行业教育培训规划实施，各单位紧扣"十三五"发展目标任务，针对专卖、物流、"两烟"生产等方面培训需求，广泛开展专业能力培训。全年行业举办各级各类培训班2.8万个，培训员工158万人次。

【离退休干部管理】 **突出政治引领，离退休干部党建工作全面加强。** 一是提高政治站位，把准正确方向。行业各单位紧密结合推动"两学一做"学习教育常态化制度化要求，尤其是在党的十九大召开后，迅速掀起学习贯彻习近平新时代中国特色社会主义思想和党的十九大精神的热潮。北京市局、西藏区局等单位采取统分结合、就近便利、送学上门、网上推送等方式，灵活开展学习教育，确保学习效果。二是突出政治功能，加强支部建设。注重发挥离退休党支部的政治功能，严密组织支部改选换届，选优配强支部带头人。上海烟草集团、福建中烟、江西省局等单位严密组织离退休支部选举换届，抓住人选考察、征求意见和会议选举等关键环节，确保程序严格规范，选准配强支部班子；辽宁省局、甘肃省局、重庆市局、职工进修学院等单位举办支部委员培训班，总结经验、提升能力、促进

2017年9月，中央国家机关青年干部调研实践团在江西赣州兴国县含田金叶新村开展调研

《中国烟草》杂志社　供稿

交流；湖南省局机关积极开展争创示范离退休党支部活动，迎接中央组织部、中央国家机关工委和湖南省委有关领导的考察调研；山东省局、吉林省局坚持抓好党建品牌创建活动，推动支部建设水平提升。三是拓展政治活动，丰富教育形式。国家局离退办组织机关离退休支部委员到延安进行党性教育活动；广西区局、山西省局等单位组织离退休支部委员到革命传统教育基地开展培训；湖南中烟、江西中烟、昆纤公司定期开展形势政策教育，引导老同志维护大局、感恩行业。

坚持主题引领，正能量主题活动开展富有成效。 国家局在离退休干部中深入开展“畅谈党的十八大以来变化，展望党的十九大胜利召开”“建言党的十九大”等活动。重庆市局、大连市局组织老同志为青年干部讲述行业发展历程，回忆创业艰辛，以亲身经历教育青年员工珍惜岗位、爱岗奉献；深圳市局、河南中烟引导老同志发挥余热，参与市场管理、烟叶生产，助力企业发展。2017 年，国家局机关和行业各单位累计组织各类活动 1600 余场次，整理提炼不同侧面的意见建议 3500 余条，涵盖党和国家建设以及行业发展的方方面面。

同时，充分利用报刊、板报、网站、微信等媒体资源对活动开展情况进行宣传报道。2017 年，国家局离退办网站发布工作信息 200 余条，并编辑出版《烟草行业离退休人员典型事迹 100 例》。

实施目标引领，离退休干部服务管理细致全面。 一是以落实两项待遇为抓手，保障共享发展成果。国家局严格落实各项涉老政策，组织老同志阅读文件、听报告、参加重要会议和重大活动，及时了解党和国家大政方针以及行业发展情况。不断完善各项经费保障，全面落实各项生活待遇。强化医疗服务。针对老同志看病难、看病贵等问题开展贴心服务，在建立补充医疗保险、开辟就医便捷通道、定期组织体检、缩短报销时间、提供车辆保障等方面出实招、办实事。坚持走访慰问。对老同志基本情况建卡立档，采取日常走访和重大节日慰问相结合，准确掌握每名同志的思想状况和生活需求，针对性地做好服务。二是以满足精神需求为导向，丰富老年文化生活。充分发挥老年活动中心和老年大学的主阵地作用，在硬件设施与软件服务上实现“双提升”。开展符合老同志身心特点、形式多样的文化活动。举办“中华杯”第四届烟草行业职工书画大赛，行业 572 名老同志报送 895 幅作品参选，其中 96 幅作品获奖。北京市局、辽宁省局、陕西中烟、郑州烟草研究院加大对老年活动中心的建设改造力度，不断完善基础设施、拓展服务功能；云南中烟、江苏中烟、重庆中烟坚持办好老年大学。三是以体现人文关怀为重点，千方百计排忧解难。做好离退休干部工作，贵在用心用情，重在解决问题。安徽省局、黑龙江省局对老同志提出的问题不推脱、不怠慢、不敷衍、不回避，积极搭建沟通交流平台，定期收集意见建议，做到收到一条、研究一条、办理一条；天津市局、内蒙古区局、广东中烟、广西中烟、四川中烟等单位设立扶贫帮困基金、大病救助基金，对有特殊困难的老同志进行救助；海南省局、南纤公司等单位通过给高龄人员增加生活补贴或提高工龄工资等方式，确保退休较早老同志的生活待遇不降低。

着眼课题引领，离退休干部改革探索不断深入。 一是健全制度机制。研究制定《中共国家烟草专卖局党组关于进一步加强和改进离退休干部工作的实施意见》（国烟党〔2017〕107 号），从四方面对做好行业离退休干部工作提出具体要求。行业有 10 家单位及时制定本系统贯彻落实的实施意见，使上级的文件精神在基层落地生根。二是注重探索研究。国家局离退办认真总结支部换届和骨干培养工作的实践经验，在中央国家机关离退休党建工作会上进行交流。三是强健工作队伍。利用落实“三定”方案的有利契机，进一步健全机构，配强课队伍，优化机构设置。湖北省局、陕西省局、福建中烟、山东中烟等 5 家单位单独设立离退休人员管理办公室，强化服务管理职能。

【国家局机关群团工作】 **机关工会工作。** 组织开展“送温暖、献爱心”活动，全年慰问看望患病住院、亲人病故的职工 302 人次。组织参加中央国家机关学习《习近平用典》书法展，有 4 人 5 幅作品入展。规范开展足球、篮球、羽毛球运动等群众体育活动，丰富机关文化体育生活。

机关妇女工作。 直属机关妇工委组织开展纪念“三八”国际劳动妇女节系列活动；组织举办中医健康知识讲座、健康咨询；积极参加中央国家机关“恒爱行动——百万家庭亲情一线牵”活动；国家局三里河和广安门办公楼母婴室正式投入使用。

机关青年工作。 直属机关团委组织机关青年干部召开学习《习近平的七年知青岁月》座谈会，学习领袖风范、牢记百姓情怀、干好本职工作；组织学习党的十九大精神座谈会，团员青年谈体会、明目标。开展“我的青春我的梦”主题征集活动，组织参加工业和信息化部第三届论文大赛；组织14名中央国家机关青年干部赴江西兴国开展“根在基层”调研实践活动；组织机关单身青年参加公益相亲活动8次。

◇编辑整理：周 佳

党建工作

【全面推动行业学习贯彻党的十九大精神】 **加强组织领导，掀起学习热潮。** 党的十九大召开后，国家局党组迅速印发通知、召开电视电话会议，对全行业学习宣传贯彻党的十九大精神作出具体安排。行业各级党组织强化政治担当、履行主体责任，坚决落实中央部署和国家局党组要求，把学习宣传贯彻党的十九大精神作为首要政治任务，制定实施方案，组织学习培训，努力推动党员干部在学懂弄通做实上下功夫，牢固树立“四个意识”、坚定“四个自信”、做到“四个服从”，把思想和行动统一到党的十九大精神上来，全面营造行业学习宣传贯彻的浓厚氛围。

国家局直属机关党委及时制定《国家局、总公司机关学习贯彻党的十九大精神工作安排》，印发《国家局、总公司机关学习宣传贯彻党的十九大精神的通知》，统一配发权威学习资料；组织机关党支部开展主题联学，推进党的十九大精神进烟厂车间、进基层单位；组织参观“砥砺奋进的五年”大型成就展，对学习《习近平谈治国理政》第二卷作出安排，配合驻工业和信息化部纪检组做好对机关和行业学习宣传贯彻党的十九大精神情况的监督检查；机关各部门各单位党组织设立展板，国家局行业网站、《中国烟草》杂志、《东方烟草报》开设专栏，持续营造学习宣传浓厚氛围。

突出示范引领，力促学深悟透。 把学习贯彻习近平新时代中国特色社会主义思想作为重中之重，以党组（党委）中心组学习为引领，国家局党组以上率下，开展专题学习18次，及时学习贯彻中央会议和文件精神，原原本本通读《习近平关于全面从严治党论述摘编》《习近平关于制度治党、依规治党论述摘编》，重温《实践论》《矛盾论》等经典著作，结合行业改革发展实际深入开展研讨交流。示范带动行业各级党组（党委）中心组学习3950次、专题研讨3050次、举办讲座报告7480场。以多形式分层次培训为重点，分批分期组织行业处级以上干部学习贯彻习近平新时代中国特色社会主义思想和党的十九大精神集中培训，各直属单位轮训党支部书记1.4万人次，9770个基层党组织开展座谈交流。以个人自学为主体，组织广大党员干部全面学、反复学、深入学，推动党的十九大精神进企业、进机关、进车间、进班组、进网站。根据驻部纪检组督查情况反馈，行业党员在学原文上收到较好成效。

坚持笃行做实，聚合发展动力。 国家局党组召开行业学习宣传贯彻党的十九大精神座谈会，各直属单位主要负责同志逐一结合工作实际分析形势现状、提出发展思路。各级党组织着力在入脑入心、真懂真用、落地落实上下功夫，以习近平新时代中国特色社会主义思想为指导，扎实谋划贯彻党的十九大精神开局之年各项工作。广大干部职工在深学细研实干中增强信心、提振精神，更加自觉地服从和服务于“五个大局”，为推动新时代行业高质量发展、努力开创稳中向好新局面凝聚强大共识，汇聚强大力量。

2017年5月27日，湖北恩施州局（公司）机关开展“传承红色基因，筑牢信念之魂”缅怀活动

湖北恩施州局 孔 伟 摄

【学习贯彻十九届中央纪委第二次全会精神】 **落实全面从严治党形成的宝贵经验。** 习近平总书记用“六个统一”系统总结党的十八大以来全面从严治党的重要经验，即坚持思想建党和制度治党相统一、坚持使命引领和问题导向相统一、坚持抓

"关键少数"和管"绝大多数"相统一、坚持行使权力和担当责任相统一、坚持严格管理和关心信任相统一、坚持党内监督和群众监督相统一，这是新时代管党治党经验总结和规律揭示，抓住全面从严治党的关键问题，提供把从严治党引向深入的路径措施、工作方法，具有重大的理论创新价值和深远的实践指导意义。要把"六个统一"作为推进行业全面从严治党的基本遵循，认真学习、长期坚持、不断深化。

深刻把握新时代全面从严治党面临的风险挑战。 中央纪委二次全会指出，政治腐败和经济腐败交织、区域性腐败和领域性腐败交织、用人腐败和用权腐败交织、"围猎"和甘于被"围猎"交织等问题依然突出。2015年、2016年全行业受到党纪政纪处理的人数分别同比增长108%、41.4%，2017年比上年稍有下降，但仍有865人，这一方面说明惩治的力度很大，另一方面也说明行业减存量、遏增量的任务仍然艰巨，不敢腐的震慑还要持续强化。要始终保持清醒和警觉，坚决推动反腐败斗争压倒性态势向压倒性胜利转化。

坚韧执着把全面从严治党引向深入。 习近平总书记在中央纪委二次全会上号召全党，重整行装再出发，以永远在路上的执着把全面从严治党引向深入。正风反腐是一项长期的艰巨的任务，全面从严治党从宽松软走向严紧硬需要一个砥砺淬炼的过程，烟草行业管党治党还存在很多薄弱环节，不正之风稍有松懈便会反弹回潮。新时代要有新气象新作为。行业各级党组织要深刻认识到，"重整行装"不是简单的重复，而是在坚持中深化、在深化中发展；"再出发"不是原地来回，而是向新的目标奋进。要坚持严的标准不降、严的尺度不松、严的力度不减，保持战略定力，乘势而上，把全面从严治党向纵深推进。

【全方位推动行业党组织建设工作】 **向实处发力，推进"两学一做"学习教育常态化制度化。** 行业把思想教育作为首要任务，创新方式方法，加强分类指导，增强学习教育针对性和实效性。各单位党组（党委）中心组学习275次，建立联系点551个，领导干部讲党课895次；集中轮训基层党组织书记8562人次，培训党员4.9万人次。把典型引路作为重要抓手，组织学习廖俊波、黄大年先进事迹；选树行业先进典型，各级党组织建立一线党员示范岗2.9万个、责任区1.7万个，评选表彰先进基层党组织1844个、优秀共产党员和党务工作者13458名；总结推广贵州毕节市局（公司）等4家单位党建工作做法，党员干部见贤思齐蔚然成风。把以学促做作为关键环节，发挥党支部教育管理党员的主体作用，抓好"三会一课"等基本制度落实，对各直属单位2017年民主生活会进行全覆盖督导。教育引导党员干部对标"四个合格"，在贯彻新发展理念、实现"两个超万亿"目标任务中当先锋、做表率，行业21.8万名党员普遍接受深刻的思想洗礼和严格的党性锻炼。

国家局机关做好党员发展和教育管理工作。组织机关处级以上干部开展学习贯彻十八届六中全会精神专题培训，选派司处级干部参加国家局党校学习。开展形势政策任务教育，组织参观庆祝中国人民解放军建军90周年主题展览、中央国家机关"青松风骨"书画展和中央国家机关定点扶贫工作成果展。组织参加国务院办公厅主办的"测一测，2017政府工作报告知多少"在线学习答题活动。按照中组部和国家机关工委要求认真做好党费收缴和使用工作，以及慰问党员等工作。

向纵深发展，推动党的建设重点任务落实。 深入贯彻国有企业党建工作新要求，组织召开行业党的建设工作会议，制定《烟草行业坚持党的领导加强党的建设的意见》等8项制度规定。推进党建工作要求进章程，省级公司全部完成章程修订。从制度层面落实党组织研究讨论前置程序要求，推动各单位及时修订党组（党委）议事规则，促进党的领导与公司治理深度融合。深入推进抓党建促脱贫攻坚，全年各直属单位选派驻村"第一书记"905人，帮扶贫困乡村3273个，投入帮扶资金3120万元。召开中烟政研会秘书长会议，健全党建带群建机制。认真落实意识形态工作责任制，积极宣传贯彻社会主义核心价值观，大力弘扬劳模精神，行业20个单位、个人被评为"第五届全国文明单位""全国工人先锋号"或授予"全国五一劳动奖章"等。

向基层延伸，全面夯实党建工作基础。 建立基层党组织按期换届督促提醒机制，实现对全行业10414个基层党组织换届的动态管理。强化党务工作保障，推动各直属单位具体分管党建工作的领导明确到位、党建部门设置到位、党建工作经费保障到位。截至2017年末，行业有专职党务人员2820人、兼职党务人员6890人。制定《行业党建工作责任制实施办法》，明确各级党组（党委）及主要领导、分管领导、其他班子成员的党建工作责任。全面开展党建工作述职评议考核，有效传导压力，层层压实责任，各单位管党治党意识显著增强，抓好党建也是最大政绩的理念深入人心。

【落实全面从严治党要求】 ***突出政治引领，筑牢全面从严治党思想根基。*** 国家局党组率先垂范，牢固树立“四个意识”、坚定“四个自信”，党组理论学习中心组开展集中学习，及时将习近平总书记重要讲话精神和党中央重大决策部署，转化为开创烟草行业稳中向好新局面的强大思想武器和工作指引。开展基层党组织书记大规模轮训，推动行业各级党组织在忠诚核心、维护核心、看齐核心上形成高度思想自觉和行动自觉。推进“两学一做”学习教育常态化制度化，党内教育从关键少数拓展到全体党员、延伸为经常性教育，为行业全体党员补充“精神之钙”。

压实主体责任，推动管党治党走向严紧硬。 国家局党组坚持把党建工作与中心工作一起谋划、一起部署、一起考核。国家局党组书记与国家局机关和行业直属单位党组织主要负责同志签订主体责任书，要求各单位书面报告上年度责任书执行情况，并向全行业通报落实情况，激发“第一责任人”担当精神。开展党建工作述职评议，加强对行业直属单位党组织及其主要负责同志的考核，约谈排名靠后的单位，使全面从严治党主体责任变为硬约束。以问责常态化倒逼主体责任落实，把压力传导到基层。行业各级党组织拿起问责利器，全年问责党组织5个，问责党员领导干部75人。

坚持挺纪在前，严明党纪党规“高压线”。 行业各级党组织和纪检监察机构加强日常监督，注重关口前移，实践运用监督执纪“四种形态”，用纪律管住大多数。国家局党组书记和党组成员带头严明纪律，先后对10名国家局机关、行业直属单位领导干部进行批评教育、谈话提醒和诫勉谈话，抓早抓小、传导压力。国家局积极配合驻工业和信息化部纪检组开展执纪审查，完成交办问题线索核查11起；给予1人开除公职处分，严肃处理相关涉案人员；给予行业1名厅局级干部撤职处分，降为副处级非领导职务。开展党风廉政宣传教育和警示教育，组织行业党员干部收看专题片《打铁还需自身硬》《巡视利剑》，召开烟草行业反腐倡廉警示教育大会，通报2人严重违纪违法案件，发挥反面典型的警示震慑作用。

持续整治“四风”问题，坚持和深化中央八项规定精神。 迅速传达贯彻习近平总书记纠正“四风”问题重要批示精神，转发中央国家机关工委进一步纠正“四风”、加强作风建设的通知。坚持高标准严要求，国家局党组制定印发《贯彻落实中央八项规定实施细则的实施办法》。国家局党组成员以身作则，带头改进作风，带头反对特权，带头深入基层，带头密切联系干部职工，带头解决实际问题。坚持对“四风”问题零容忍，努力交出作风建设合格答卷。改变在关键节点只发通知重申纪律的做法，在元旦、春节、国庆、中秋前夕集中通报曝光12起违反中央八项规定精神典型问题，旗帜鲜明发信号，形成更强震慑。2017年，全行业共查处违反中央八项规定精神问题23起，给予党纪政纪处分23人，组织处理8人。系统总结、通报党的十八大以来行业落实中央八项规定精神的成效经验。经过5年来锲而不舍抓作风建设，中央八项规定红线不可触碰的意识不断强化，“不敢”的态势基本形成，“不想”的自觉正在逐步推进。

深化政治巡视，“全覆盖”的同时“全面从严”。 国家局党组认真学习领会习近平巡视工作思想，及时修订印发贯彻巡视条例实施办法，准确把握巡视定位，强化政治自觉。2017年，国家局党组派出5个专项巡视组，开展三轮巡视，巡视35家单位，圆满完成党的十八大后对行业所属单位党组织的巡视全覆盖任务。把推动解决问题作为巡视工作的落脚点，既要求巡视反馈意见必须件件有着落，又注重解决巡视发现的行业投资项目、水源工程援建等深层次问题，巡视工作标本兼治的战略作用逐渐显现。2012—2017年，国家局党组巡视工作紧跟中央巡视要求，突出政治标准，坚持问题导向，实现聚焦转型，发现具体问题。积极构建巡视巡察上下联动的监督网，省级直属单位巡察工作扎实推进，26家单位实现所属系统巡察全覆盖，推动全面从严治党向基层延伸。

防治廉洁风险，扎紧“不能腐”的笼子。 继续深化中央专项巡视整改，组织开展防治系统性廉洁风险工作调研，把人、财、物相对集中的重点领域作为风险防范关键，印发《关于深入开展防治系统性廉洁风险工作的意见》，紧盯六方面突出问题、五个重点领域，向行业懒政行为、腐败行为作斗争。强化督促检查职能，制定《关于加强新形势下党的督促检查工作的实施意见》，开展工商企业经济运行指标、“放管服”改革等专项督查，推动国家局党组决策部署贯彻落实、落地见效，防治懒政怠政、僵化封闭、政令

不通问题；开展行业直属单位规范经营督查，要求全行业对照检查，举一反三，全面整改，防治“内外勾结”问题；运用制度、科技、信息等手段，狠抓工程项目、物资采购、营销费用、大额资金使用、选人用人等重点领域，防治享乐奢靡、宽松软问题。行业54家直属单位从实际出发制定风险防治实施意见，建立制约监督权力运行制度356项，“不能腐”的机制不断完善。

从严管理监督，促进政治生态风清气正。 坚持信任不能代替监督，严管就是厚爱，强化对干部的日常监督管理，认真开展任前廉政谈话，推进26名行业直属单位一把手、副职及纪检组长交流任职。严把政治关、廉洁关，严格执行“凡提四必”，行业各级纪检监察机构回复任职前党风廉政意见4907人次，对22名拟提拔干部明确提出不同意见。组织召开个人有关事项报告专题会议和“两项法规”专题培训，加大抽查核实和违规惩戒力度，行业全年重点抽查1279人，随机抽查912人。严肃整治违规用人问题，完成选人用人专项检查，实现对直属单位全覆盖。配合驻工信部纪检组开展选人用人专题调研，对照反馈意见，完成7个方面、21个具体问题、39项整改任务。印发《烟草行业推进领导干部能上能下实施办法（试行）》，细化标准、完善程序，促进履责担当，形成“能者上、庸者下、劣者汰”的鲜明导向。

持续正风肃纪，推动监督执纪工作规范化。 国家局机关开展“以案释纪明纪，严守纪律规矩”主题警示教育月活动。组织机关全体党员干部集中观看警示教育片《打铁还需自身硬》《警钟》，组织学习讨论《烟草行业领导干部典型案例警示录》，教育引导党员干部深刻汲取教训、践行廉洁自律。组织机关党支部纪检委委员学习党的十九大精神，学习贯彻党的建设和全面加强纪律建设新要求、新部署，组织学习讨论《中共中央关于部分纪检监察干部违纪案件及其教训警示的通报》，提高监督执纪问责工作水平。

不断夯实监督执纪工作基础，在国家局网站链接中央国家机关举报网站，设立机关纪委专用举报邮箱，拓宽信访举报渠道。运用好监督执纪“四种形态”，加强函询谈话，抓早抓小，防微杜渐。

◇ 编辑整理：周　佳

规范管理

【规范管理综合督查实现全覆盖】 2017年，国家局规范管理办公室围绕巩固扩大中央专项巡视“两个专项治理”成果和督办落实年度规范管理重点工作任务，协调相关部门，完成对行业53家直属单位及中烟实业下属8家单位的规范管理综合督查任务，首次在全行业实现规范管理综合督查全覆盖，切实巩固中央专项巡视整改成果，有效发挥规范管理防腐作用。

国家局综合督查组召开座谈会108次，听取专题汇报91次，查阅制度性文件789个，查看项目卷宗774份，个别谈话453人。综合督查以核查“两个专项治理”整改落实情况、发现并纠正规范管理突出问题为着力点。一是核查中央专项巡视“两个专项治理”期间发现的1226个问题整改落实情况。二是督办落实年度规范管理重点工作任务，重点查摆2017年新实施的采购项目以及规范管理制度建设执行问题，发现问题235个。三是针对国家局党组第四轮至第八轮巡视发现的84个规范管理问题、国家局审计发现的10个串标围标问题，以及规范管理综合督查发现的问题，一并进行督办整改。四是针对11家直属单位规范办和采购办合署办公，“既当裁判员，又当运动员”问题，专门召开座谈会，要求解决工作职能冲突问题。五是针对行业规范管理综合督查情况，尤其是发现的突出问题，向全行业进行通报，达到抽查部分项目、发现共性问题、推动全面整改的目的。六是对发现问题较多的两家直属单位进行约谈，指出问题，督促整改。

【烟草行业采购规范信息化建设】 2017年，为解决行业各直属单位采购管理信息系统标准不统一、系统设计与现行制度文件规定有差距、功能不完善等问题，国家局制定《烟草行业采购管理信息系统建设操作规范》。《操作规范》在313号文件、1号文件的基础上，对系统建设中的计划管理、实施管理、公开管理、基础管理、统计分析与巡查监管等内容提出明确、具体要求，将采购运作的全部流程、各节点的工作要求、全过程的痕迹化资料统一固化到系统中，以实现各直属单位采购管理信息系统的采购运作标准、系统功能标准“两个标准统一”和所有采购主体、采购业务、采购流程“三个全面覆盖”，有效发挥信息系统在执行规范管理制度、固化项目运作程序、最大限度地遏制人的自由裁量权等方面的优势和作用。截至2017年底，行业各直属单位按照《操作规范》要求启动本单位采购管理信息系统的升级改造工作。

同时，为形成行业采购管理“大数据”，实现对采购数据及信息的查询、统计、分析、传递、共享、预警、管控等功能，进而实现对行业采购工作全方位、全过程的实时有效监管，达到规范业务运作、防范廉洁风险、促进“阳光采购”的目的，国家局着手建立与各直属单位采购管理信息系统相对接，以数据采集为基础、以旁路监督为手段、以综合分析为重点的国家局规范管理信息系统，为行业规范管理“线上巡查监管”与“线下督办检查”双线并轨的新监督模式奠定基础。

【“三个保障机制”落地执行】 全面贯彻落实采购项目“应招尽招”“真招实招”，强化办事公开民主管理，推进“三个保障机制”的落地执行。行业各直属单位着力健全完善规范管理制度体系，优化配套工作规程，统一招标文件模板、合同范本等，从制度、规则、机制等方面不断加强行业内控机制建设，行业规范管理水平得到进一步提升。

推进“应招尽招”，落实公开招标的采购方式。行业各直属单位发挥采购目录和年度采购计划界定采购范围、固化采购方式的“硬约束”作用，强化“三关三审”和“实名票决”制，推动“应招尽招”常态化运行。2017 年，全行业实施采购项目 4.73 万项，采购金额 1064 亿元（不含国家局计划分配及从全资三产公司采购），其中公开招标项目 3.89 万项，涉及金额 1024 亿元，公开招标项目比例 82.37%，同比提高 1.63 个百分点；公开招标金额比例 96.24%，同比提高 0.35 个百分点。工程、物资、服务三类项目公开招标金额比例分别为 96.98%、97.40%、91.80%，工程类始终保持高位，物资和服务类持续稳步提升。

推进“真招实招”，落实招标采购关键环节管控。各直属单位按照问题倒逼思路，强化拦标价编制、招标文件编制、招标公告发布、开标评标、合同签订、合同履约等关键环节的监管，进一步明确和细化各环节主体责任和运作程序，保障项目运作“规定动作”不走样、主体责任不落空，推动“真招实招”管控水平不断提升。

落实职工“四权”。推进办事公开民主管理实现与业务工作的深度融合，各直属单位不断健全完善公开制度体系，全面落实企业“三重一大”、经营管理、采购项目、涉及职工切实利益、评议监督问责等五类事项的及时公开。2017 年，全行业公开信息 102 万条，有效保障了广大干部职工的知情权、参与权、表达权、监督权。

【2013—2017 年规范管理工作成效】 党的十八大以来，规范管理部门坚决落实国家局党组决策部署，紧紧围绕重大工程项目、重要物资采购、卷烟生产经营秩序等重点任务，督办落实问题整改，全面落实规范管理制度，有效防范行业系统廉洁和规范经营风险，始终守护行业持续稳定健康发展的“生命线”。

规范意识显著提升。行业上下对规范管理重要性的认识明显提高，规范是行业发展的“生命线”已经成为行业上下的共识，从“要我规范”到“我要规范”的主动性和自觉性已经形成，行业讲规范的氛围和文化形成。

制度体系日益完善。在行业采购规定基础上，逐步建成“应招尽招”“真招实招”和办事公开民主管理同业务工作深度融合的“三个保障机制”，制定印发烟草行业工程建设项目、烟用物资采购项目供应商不良行为记录管理办法等文件，形成一套防范系统性采购风险的保障体系和监督体系。

“应招尽招”成为常态，“真招实招”难题初步破解。公开招标已成为行业主要采购方式，公开招标金额比率连续几年超过 90%，实现“应招尽招”常态化运行。通过核查投诉举报、总结经验教训、开拓监督渠道，初步解决招标采购“三大顽疾”。

整改成果不断巩固。组织覆盖全行业的“两个专项治理”和综合督查，重点督办中央专项巡视、国家局巡视、各类审计，以及规范检查中发现问题的整改落实，深挖问题根源，扩大巩固整改成果，不断发挥规范管理防腐作用。

规范管理信息化建设全面推进。国家局制定从决策到实施再到监督的行业采购管理信息系统建设规范，确保规范管理制度有效落地。同时，搭建以分析行业采购数据实现监督和管理的信息系统，行业采购“大数据”正在形成，“网上巡查、线下督查”的规范管理新模式初步构建。

生产经营秩序明显好转。进一步规范工商企业卷烟经营行为，维护生产经营秩序，卷烟经营活动中的不规范行为得到有效遏制，促进行业规范经营形象的不断提升。

“办事公开民主管理”深入人心。办事公开民主管理已同业务工作深度融合，全面落实“三重一大”、重大工程项目、重要物资采购，以及涉及职工切身利益、评议监督问责等事项的及时公开，保障职工的知情权、参与权、表达权、监督权。

干部队伍持续强化。规范管理机构不断健全完善，干部队伍不断充实和加强，检查监督更加有力、有效，规范管理水平进一步提高。

◇ 编辑整理：王东旭　王　静

国家烟草专卖局 中国烟草总公司 组织机构

- □ 国家烟草专卖局　中国烟草总公司领导成员
- □ 国家局、总公司机关各部门、各单位
- □ 省级烟草专卖局（公司）
- □ 省级中烟工业公司
- □ 其他直属单位
- □ 烟草行业组织机构图

国家烟草专卖局 中国烟草总公司领导成员

凌成兴

工业和信息化部党组成员
国家烟草专卖局党组书记、局长
中国烟草总公司总经理

杨培森

国家烟草专卖局党组成员、副局长

高 林

国家烟草专卖局党组成员、直属机关党委书记

徐 瑩

国家烟草专卖局党组成员、副局长

段铁力

国家烟草专卖局党组成员、副局长

国家局、总公司机关各部门、各单位

办公室（外事司）

【主要职责】

1. 拟订并组织实施机关政务管理的制度和工作规范，协调机关政务工作；负责国家局召开会议的计划管理和组织筹备工作；负责督办工作；负责全国人大代表建议和全国政协委员提案办理工作；负责国家局、总公司机关总值班工作。

2. 负责起草国家局、总公司的重要文件、会议报告及领导讲话；组织、协调行业重大问题调研工作；组织、协调行业电子政务建设；负责编发行业重要信息；负责国家局、总公司新闻和信息发布工作；组织、协调行业履行《烟草控制框架公约》有关工作。

3. 负责国家局、总公司机关公文核稿、收发传递和文件印制工作；指导行业公文处理工作；管理国家局党组、国家局、总公司印章；负责国家局、总公司机关各部门、各单位和行业各直属单位印章管理工作；指导、协调行业档案管理工作；承担国家局保密委员会的日常工作。

4. 负责烟草系统外事管理工作。

5. 负责行业信访、稳定和应急管理工作；负责国家局、总公司机关安全、保卫工作；指导行业社会治安综合治理工作。

6. 承办国家局、总公司交办的其他事项。

【负责人】

主任（司长）：张修连

副主任（副司长）：赵百东（—2017 年 7 月）、徐 丹、张 政

副巡视员：王 红

【内设机构】 设综合调研处、秘书处（值班室）、文秘档案处、新闻联络处（行政审批协调处、政务公开处）、信访保卫处、外事处等 6 个内设处室。

发展计划司

【主要职责】

1. 拟订并组织实施行业发展战略、发展规划；拟订行业生产布局规划；编制行业投资规划，拟订并组织实施投资年度计划；拟订行业技术装备政策。

2. 拟订并组织实施烟草专卖品产供销、进出口的年度计划。

3. 拟订烟草专卖品管理名录；核定全国烟草专卖品生产、经营企业的生产规模。

4. 审核烟草系统投资项目和外资投资项目；负责行业投资项目管理和招投标工作；编制烟草专用机械设备分配计划；负责国家局定点扶贫工作。

5. 拟订烟草专卖品价格政策，管理烟草专卖品价格；收集、整理、分析、发布烟草专卖品价格信息。

6. 承办国家局、总公司交办的其他事项。

【负责人】

司 长：王志江

副司长：袁 超、刘 融（2017 年 1 月—，之前任副巡视员）

【内设机构】 设综合处、计划处、投资处、价格处等 4 个内设处室。

专卖监督管理司

【主要职责】

1. 监督检查《中华人民共和国烟草专卖法》及《中华人民共和国烟草专卖法实施条例》的执行情况。

2. 拟订烟草专卖管理监督制度，监督检查烟草专卖品的生产经营活动。

3. 组织、指导并承办违反烟草专卖法律法规案件的查处，查禁、关停计划外烟厂，保护合法经营；会同国家有关部门取缔非法烟厂和烟草专卖品自由交易市场，打击假冒和走私烟草专卖品等违法活动。

4. 拟订烟草专卖许可证、烟草专卖品准运证管理制度；参与拟订名晾晒烟名录和烟草专卖机械名录。

5. 指导专卖行政执法和专卖队伍建设工作。

6. 承办国家局、总公司交办的其他事项。

【负责人】

司　长：王劲栋

副司长：张全在、舒军龙（2017 年 4 月—）、任丽梅（挂职）（—2017 年 1 月）

副巡视员：白　明、周　瑛

【内设机构】　设综合处、内部监督管理处、市场监督管理处、打假打私处、证件管理处等 5 个内设处室。

经济运行司

【主要职责】

1. 承担行业生产、经营的统一调度工作，协调产供销的衔接；负责行业生产、经营的综合分析和预测监控；拟订并组织实施行业经济运行调控政策和方案。

2. 参与拟订烟草专卖品产供销年度计划，拟订并组织实施卷烟季度、月度生产进度计划；负责行业经济运行考核工作。

3. 负责行业产品结构调整工作；拟订并组织实施卷烟品牌发展规划，指导行业品牌维护与培育工作，组织开展品牌定向整合；依法实施烟草制品商标管理工作；组织开展中外烟草企业间生产技术合作工作。

4. 承担烟草专卖品卷烟材料供应管理工作；承担省级公司之间烟草专用机械设备的有偿转让、无偿划转、租借等管理事项。

5. 指导行业企业管理工作；承担行业质量管理工作，负责推行 ISO 9000 系列标准；组织开展行业节能减排工作；指导行业安全生产工作，依法处理重大安全事故；协调行业抗灾救灾工作。

6. 承办国家局、总公司交办的其他事项。

【负责人】

司　长：徐维华

副司长：刘　艳、张一峰

副巡视员：孙姝军

【内设机构】　设综合处、生产经营管理处、企业管理处、安全处等 4 个内设处室。

政策法规与体制改革司

【主要职责】

1. 组织起草行业相关法律法规、规章草案和重大政策；审查行业生产经营管理的重要制度、重大经济合同和国家局、总公司机关各部门、各单位拟订的规范性文件；建立和完善专卖管理法规体系和行业管理法规体系。

2. 拟订并组织实施行业体制改革和企业组织结构调整规划和工作方案；指导企业和专业性公司改革工作；承办行业企业设立、分立、合并与撤销工作；指导建立现代企业制度。

3. 调查研究《中华人民共和国烟草专卖法》及《中华人民共和国烟草专卖法实施条例》、国家有关法律法规在行业的执行情况和改革中存在的问题；监督检查行业依法行政，组织实施行政执法责任制工作；承担烟草专卖执法徽章、检查证的申领和批准工作；负责行业普法依法治理工作。

4. 承担行业法律咨询工作，指导行业行政机关和企业法律顾问工作；组织推动行业法制建设工作；参与研究和审议行业对外经济技术合作的有关政策和制度；组织开展烟草专卖法规、政策方面的国际交流。

5. 指导、协调行业行政复议工作，承办相关行政复议、行政应诉工作。

6. 承办国家局、总公司交办的其他事项。

【负责人】

司　长：王玉麟

副司长：曹松林

【内设机构】　设综合处、政策法规处（行政复议处）、体制改革处等 3 个内设处室。

财务管理与监督司（审计司）

【主要职责】

1. 研究提出行业有关经济政策建议；拟订并组织实施行业财务管理、资产经营管理、会计核算、审计监督的制度及办法。

2. 拟订并组织实施行业国有资产管理规定和国有资本保值增值考核办法、标准。

3. 监督管理行业资金，实施并管理重大金融投资项目；

拟订行业税后利润分配政策及方案；拟订行业重大事项资金计划；编制并组织实施行业年度预算；组织行业所属企业上缴国有资本收益和财政专项税后利润，编报行业国有资本经营预算。

4. 负责行业各类财务会计报告的汇总、审核和编报工作；监督检查行业会计信息质量；参与拟订行业财务会计、审计信息化建设发展规划。

5. 负责行业内部审计工作；拟订并组织实施行业内部审计工作规定、办法，拟订行业内部审计发展规划和年度审计项目计划。

6. 承办国家局、总公司交办的其他事项。

【负责人】

司　长：万里明

巡视员：张书东、韩敬文（2017 年 2 月—，之前任副司长）

副司长：罗明德、陈哲平

副巡视员：龙　旭（2017 年 2 月—）

【内设机构】　设综合处、财务处、预算处、会计处、国有资产管理处、审计一处、审计二处、审计三处、机关财务处等 9 个内设处室。

科技司

【主要职责】

1. 承担烟草制品减害降焦工作；拟订行业科技发展政策及战略规划、年度计划；参与拟订行业技术装备政策，参与技术引进和技术改造论证工作；组织国内外科技交流与合作。

2. 承担国家局、总公司科技创新工作领导小组、科学技术委员会、全国烟草标准化技术委员会的日常工作；负责行业创新体系建设及创新能力考核工作；负责行业科技成果评价、推广、奖励；负责科技信息、科技统计及有关知识产权管理工作；研究提出科技经费预算建议。

3. 拟订并组织实施行业科技项目年度计划；组织管理行业重大科技项目；审核烟草新品种和烟草基因工程事项。

4. 负责行业产品质量评价和监督工作；负责行业质量技术监督检验机构建设、审查和认定工作；负责烟草专卖品、烟用材料和相关产品的质量技术监督及质量市场准入工作。

5. 负责行业标准化管理工作；编制并组织实施行业标准制定项目年度计划，管理行业用标准物质和标准样品的制作与发布；组织开展烟草专用仪器计量检定工作。

6. 承办国家局、总公司交办的其他事项。

【负责人】

司　长：张　虹

副司长：雷樟泉、王德平（2017 年 4 月—）

副巡视员：刘刚毅（2017 年 2 月—）

【内设机构】　设综合处、科技开发处、技术监督处、标准化处等 4 个内设处室。

人事司

【主要职责】

1. 拟订烟草系统人事、劳动工资、思想政治、教育培训工作相关政策和制度；指导烟草系统人事、用工、分配制度改革工作。

2. 负责国家局党组管理干部、机关各部门、各单位干部的管理工作；组织、指导、监督检查烟草系统各级领导班子建设工作；指导烟草系统人事档案管理工作。

3. 负责烟草系统机构编制、人才队伍建设工作；审核各级烟草专卖局的设立、分立、合并与撤销。

4. 负责烟草系统劳动、工资、保障工作；编制烟草系统教育培训规划，指导烟草系统教育培训工作。

5. 指导烟草系统党的建设、思想政治、企业文化建设工作；负责中国烟草职工思想政治工作研究会的日常工作。

6. 承办国家局、总公司交办的其他事项。

【负责人】

司　长：张天峰（2017 年 3 月—）（正厅级）、张　文（—2017 年 3 月）

副司长：俞进祥

副巡视员：刘　宁

【内设机构】①　设综合处、系统党建处（烟草行业工会办公室）、系统干部处、机关人事处、干部监督处、劳动工资处、教育培训处、干部档案处等 8 个内设处室。

直属机关党委

【主要职责】

1. 负责组织国家局、总公司机关政治理论、科学知识学习，宣传和贯彻党的路线、方针、政策。

---

① 2017 年 8 月，根据《中共国家烟草专卖局党组关于人事司内设机构职责及人员编制调整的通知》（国烟党〔2017〕205 号），人事司增设干部档案处，原思想政治工作处调整为系统党建处。

2. 负责国家局、总公司机关党风廉政建设和纪律检查的相关工作；负责国家局、总公司机关思想政治工作，组织协调精神文明建设工作。

3. 领导机关各部门、各单位党组织开展各项组织活动。

4. 负责各部门、各单位党组织和党员的管理，开展党员表彰奖励工作；负责各部门、各单位党组织换届选举的指导工作，任免各部门、各单位党组织的负责人。

5. 指导国家局、总公司机关工会、共青团、妇女工作委员会工作。

6. 承办国家局、总公司交办的其他事项。

【负责人】

直属机关党委书记：高　林

直属机关党委常务副书记：高兴智（—2017 年 5 月）

直属机关党委副书记、纪委书记：李　安

【内设机构】　设办公室、纪律检查室 2 个内设处室。

国家局党组党风廉政建设领导小组及其办公室①

【主要职责】　国家局党组党风廉政建设领导小组对全行业党风廉政建设和反腐败工作实行统一领导，研究决定行业党风廉政建设的重大事项。

国家局党组党风廉政建设领导小组下设办公室，主要职责：

1. 协助国家局党组落实全面从严治党主体责任，组织协调行业党风廉政建设和反腐败工作。

2. 依据《中国共产党问责条例》，对行业直属单位党组织和党的领导干部落实全面从严治党责任情况进行督促检查，按照规定的权限和程序进行问责。

3. 依据《中国共产党党内监督条例》，对行业直属单位党组织领导班子及其成员进行日常监督，对本级处理范围内的有关问题线索及时了解核实，提出处理建议。

4. 推进建立健全行业惩治和预防腐败体系，承担教育、制度、监督等党风廉政建设日常工作。

5. 依据《中国共产党巡视工作条例》以及国家局党组实施办法，组织开展对行业直属单位的巡视工作，指导行业巡察工作。

6. 按照有关规定，配合协助中央纪委驻工业和信息化部纪检组开展相关工作，对其交办的违纪问题线索及时处理，并反馈办理情况。

7. 承办国家局党组和领导小组交办的其他事项。

【负责人】

国家局党组党风廉政建设领导小组组长：凌成兴

副组长：高　林、孟庆旸（中央纪委驻工业和信息化部纪检组副组长）

成员：张修连、王志江、王劲栋、徐维华、李　鸣、万里明、张　文、薛建平、高兴智、赵国臣

国家局党组党风廉政建设领导小组办公室主任：薛建平（—2017 年 4 月，之前任国家局党风廉政建设领导小组办公室主要负责人）、刘　忠（2017 年 6 月—，之前任国家局党组党风廉政建设领导小组办公室负责人）

副主任兼党组巡视工作办公室主任：蔡振华（2017 年 7 月—，之前任国家局党组党风廉政建设领导小组办公室负责人）

巡视员：冯京安（—2017 年 2 月）

国家局党组巡视组副组长：郁　毅、屈巍超（2017 年 3 月—）

【领导小组办公室部门设置】　设综合调研处、监督检查一处、监督检查二处、巡视办等 4 个内设处室。

规范管理办公室

【主要职责】

1. 按照国家局党组有关行业规范管理的战略任务和工作部署，针对各个阶段的重点工作事项，制定计划，研究措施，推动落实；组织规范管理制度贯彻落实情况的督办督查。

2. 负责谋划、研究健全完善行业规范管理制度，深入调查研究，组织科学论证，及时提出工作建议，构建规范管理保障机制。

3. 组织烟草行业规范管理工作会议，负责指导协调烟草行业规范管理工作信息化建设。

4. 承办国家局、总公司交办的其他事项。

【负责人】

主　任：赵国臣（—2017 年 4 月）、薛建平（2017 年 4 月—）

副主任：庄怀成（—2017 年 1 月）、胡炳辉

副巡视员：郭秀云

---

① 2017 年 7 月，国家局党组印发《党风廉政建设领导小组办公室职能设置内设机构和人员编制规定》（国烟党〔2017〕176 号），明确了国家局党组党风廉政建设领导小组办公室的具体职能，并设立综合调研处、监督检查一处、监督检查二处、巡视办等 4 个内设处室。

【内设机构】 设综合处、业务一处、业务二处等 3 个内设处室。

董事会工作办公室

【主要职责】

1. 协调省级工业有限责任公司董事会的工作。

2. 负责国家局、总公司派任省级工业有限责任公司，南通醋酸纤维有限公司、昆明醋酸纤维有限公司和珠海醋酸纤维有限公司董事长、副董事长、董事的日常联络服务工作。

3. 承办国家局、总公司交办的其他事项。

【负责人】

董事会工作办公室主任：张本甫

省级工业公司董事长（部门正职）：张本甫、李根基（正厅级）（—2017 年 6 月）、陈　晖（正厅级）、卢瑞刚（—2017 年 4 月）、吴建明（—2017 年 6 月）、舒　明（2017 年 5 月—，之前任董事）

南通、昆明、珠海醋酸纤维有限公司董事长：姚宗东［2017 年 10 月—，2017 年 4—10 月任南通、昆明、珠海醋酸纤维有限公司副董事长（主持工作）］

省级工业公司代理董事长：许明忠（—2017 年 6 月）

省级工业公司副董事长：高学林［2017 年 6 月—，任上海烟草集团副董事长，江苏、安徽、福建中烟副董事长（主持工作）］

董事会工作办公室巡视员：王超英（2017 年 2 月—，之前任董事）

省级工业公司董事（部门副职）：秦　剑、黄翠萍、马伶燕、朱湘海、郭　勤、张弘毅

【内设机构】 设综合处、秘书处 2 个内设处室。

中共国家烟草专卖局党校（国家烟草专卖局职工培训中心）

【主要职责】 中共国家烟草专卖局党校（国家烟草专卖局职工培训中心）是国家局直属的事业单位。

1. 负责行业司、处级党员领导干部党校教育，承担有关素质能力培训工作；组织开展相关教学课题研究。

2. 承办国家局、总公司组织的会议及业务培训。

3. 负责教育、培训、会议等服务保障工作。

4. 承办国家局、总公司交办的其他事项。

【负责人】

党校校长：高　林（兼）

党校副校长、培训中心主任（正厅级）：闫亚明

党校副校长、培训中心副主任：曾晓三、王丹丹

【内设机构】 设办公室、教务处、总务处等 3 个内设处室。

烟草经济研究所

【主要职责】 烟草经济研究所是国家局直属的事业单位。

1. 研究行业改革发展的经济理论和行业经济政策、重大产业政策、发展战略。

2. 参与行业有关重大问题的调研工作。

3. 分析研究国际烟草经济与科技信息、国际烟草市场动态及有关国家烟草政策。

4. 分析研究国家经济体制改革和国民经济运行信息；承担行业软科学研究工作。

5. 承担《烟草控制框架公约》履约情况和中国烟草控制法律、法规、政策跟踪研究。

6. 承办国家局、总公司交办的其他事项。

【负责人】

所　长：汪世贵

巡视员：李印美

副所长：李保江

【内设机构】 设办公室、政策研究室、产业研究室、控烟履约研究室等 4 个内设处室。

离退休干部办公室

【主要职责】

1. 拟订烟草系统离退休干部工作有关制度、规定，指导系统离退休干部工作。

2. 组织开展离退休干部工作人员业务培训；负责离退休干部统计工作。

3. 研究提出国家局、总公司机关离退休干部工作经费预算建议；负责机关离退休干部的服务管理工作；组织机关离退休干部的政治学习、文件传阅以及参加重大政治活动。

4. 承办国家局、总公司交办的其他事项。

【负责人】

主　任：付久海

副主任：杨章锁、高崇峰（—2017 年 11 月）

副巡视员：彭齐宇（2017 年 2 月—）

【内设机构】 设综合处、机关离退休干部处 2 个内设处室。

机关服务中心（机关服务局）

【主要职责】 机关服务中心（机关服务局）是国家局直属的事业单位。

1. 负责机关及广安门办公楼行政后勤管理工作，拟订并组织实施内部管理制度；负责内部聘用人员的人事、劳动工资管理工作；管理北京金叶园会议中心。

2. 负责机关及广安门办公楼固定资产的管理；负责机关办公用品的采购、保管和供应工作；负责机关及广安门职工食堂的管理及食品的采购供应工作。

3. 负责机关及广安门办公楼交通运输、机动车辆管理、使用及安全工作；负责机关及广安门职工的医疗、保健、计划生育工作；负责机关及广安门办公楼门前三包、绿化、美化工作。

4. 负责机关及广安门办公楼的基本建设、房地产、房改及相关物业管理工作。

5. 负责广安门办公楼的消防、安全保卫工作。

6. 承办国家局、总公司交办的其他事项。

【负责人】

主　任（局长）：綦振平

副主任（副局长）：李卫东

副巡视员：肖东华（2017 年 2 月—）

【内设机构】 设办公室、综合服务处、财务处、生活福利处、基建房产处、广安门管理处等 6 个内设处室。

烟草经济信息中心

【主要职责】 烟草经济信息中心是国家局直属的事业单位，承担一定的行业宏观管理职能。

1. 拟订并组织实施行业信息化发展规划和管理制度、办法；拟订行业电子政务和电子商务建设的技术方案。

2. 拟订并组织实施行业信息化规范和标准；审核行业直属单位信息化规划和实施方案。

3. 负责行业统计工作；负责行业数据中心建设和管理工作。

4. 负责建设和管理行业网络通信系统；监督检查行业网络信息安全工作。

5. 承担行业信息系统运行维护管理工作；负责总公司上海容灾中心业务管理工作。

6. 承担国家局机关信息化项目建设工作，办理设备购置等有关事项；承担行业网络安全和信息化领导小组的日常工作。

7. 负责国家局、总公司内外网站建设、日常管理和内容保障工作；指导、协调行业各单位网站的建设和管理。

8. 承办国家局、总公司交办的其他事项。

【负责人】

主　任：胡新华（—2017 年 6 月）、陈　彤（2017 年 6 月—）

副主任：高一军、潘　红

总工程师：江　涛

副巡视员：张雪峰

【内设机构】 设综合处、信息统计分析处、系统运行处、网络通信安全处、运行维护管理处、网站管理处等 6 个内设处室。

中国烟草学会及其办事机构

【主要职责】 中国烟草学会是依法登记的全国性非营利性具有法人地位的学术性社会团体。

中国烟草学会办事机构在国家局、总公司领导下开展工作，接受民政部、中国科协的监督管理和业务指导，执行中国烟草学会理事会决议，处理日常事务。

1. 根据行业发展需要，组织行业科技工作者开展学术交流、科学普及和科技咨询活动，编印学术刊物。

2. 承担中国烟草学会的日常工作；负责协调上海中国烟草博物馆的业务工作。

3. 承办国家局、总公司交办的其他事项。

【负责人】

中国烟草学会副理事长：王建雪（部门正职）、张　虹、杨先杰、谢剑平、刘建福、杨　俊、王元英

中国烟草学会办事机构秘书长：王建雪（兼）

副秘书长：韩希昌

副巡视员：哈君利

【中国烟草学会办事机构内设机构】 设办公室、学术部、编辑部等 3 个内设处室。

中国烟叶公司（水源工程建设办公室）

【主要职责】 中国烟叶公司是国家局、总公司直属的专业性公司，承担一定的行业宏观管理职能。

1. 组织、指导、协调、管理全国烟叶工作。

2. 研究提出并组织实施现代烟草农业的政策和发展规划；参与拟订烟叶种植、收购、储备、调拨和进口计划；参与拟订烟叶收购、调拨价格及打叶复烤加工费用标准。

3. 指导全国烟叶生产、收购和复烤加工工作；参与拟订烟叶国家标准、生产技术标准和打叶复烤技术标准；核准烟叶收购基准样品，组织烟草新品种审定工作；组织全国烟叶购销交易。

4. 研究提出行业水源工程、基础设施建设总体规划、年度计划；监督和指导补贴资金和援建资金的使用与管理；指导烟叶基层建设和打叶复烤企业管理；参与拟订打叶复烤企业技术改造规划；参与组织烟叶信息化工作。

5. 参与进口烟叶工作，负责进口烟叶国内流通管理，负责烟叶中外技术交流与合作工作。

6. 承办国家局、总公司交办的其他事项。

【负责人】

总经理兼水源工程建设办公室主任：陈江华

巡视员：包　勤（—2017 年 9 月）

副总经理：刘建利、关博谦、王现军（2017 年 4 月—）

总会计师：赵永红

水源工程建设办公室副主任：吴践志、赵素芬

副巡视员：卞　卡、刘　昉、杨彭延（2017 年 2 月—）

总经理助理：覃正炜（挂职）（—2017 年 1 月）

【内设机构】 设办公室、综合计划部、生产管理部（技术推广部）、收购管理部、复烤企业管理部、财务部、经营部、水源工程建设办公室综合组、水源工程建设办公室基础组、水源工程建设办公室水源组等 10 个内设部门。

中国卷烟销售公司

【主要职责】 中国卷烟销售公司是国家局、总公司直属的专业性公司，承担一定的行业宏观管理职能。

1. 组织、指导、协调、管理全国卷烟销售工作，研究提出全国卷烟销售工作的政策和相关制度。

2. 指导全国卷烟销售网络建设和商业企业卷烟现代流通建设工作；拟订卷烟销售网络运行规范，参与拟订卷烟销售网络管理标准。

3. 组织实施全国卷烟市场需求预测工作，参与拟订卷烟销售计划；参与组织卷烟产销衔接和品牌定向整合工作，参与拟订卷烟品牌发展规划。

4. 组织、指导全国卷烟市场调查工作，采集、分析、发布卷烟市场信息；参与组织卷烟销售信息化工作，负责卷烟销售信息网络的管理与维护。

5. 组织、指导全国卷烟交易工作，拟订卷烟营销规则，监督、检查卷烟促销工作；参与拟订进口卷烟销售计划，拟订进口卷烟的国内销售管理办法；组织、协调中外合作国内生产卷烟品牌的市场销售工作；依法对公司的全资企业、参股企业行使出资人权利，经营和管理国有资产，承担保值增值的责任。

6. 承办国家局、总公司交办的其他事项。

【负责人】

总经理：李春滨

副总经理：王　宏（—2017 年 11 月）、连　飞（2017 年 11 月—）、阮泽锋（2017 年 7 月—）、崔　萍

【内设机构】 设办公室、财务部、网建部、信息部、市场管理部、交易管理部等 6 个内设部门。

中国烟草投资管理公司

【主要职责】 中国烟草投资管理公司是国家局、总公司直属的专业性公司，承担一定的行业宏观管理职能。

1. 负责行业多元化投资经营工作的归口管理；参与编制行业多元化投资规划，参与审核多元化投资项目；参与审核多元化经营企业国有产权转让、国有资产无偿划转等事项。

2. 拟订行业多元化经营管理规定和企业退出机制，指导建立现代企业制度，完善公司治理结构；建立和完善行业多元化经营企业国有资本保值增值指标体系和目标考核制度。

3. 根据总公司的授权，对总公司直接投资及本公司投资的多元化企业行使出资人权利，履行出资人职责。

4. 负责行业战略性投资项目的规划、论证及组织实施工作。

5. 负责国产醋纤丝束经营，依法经营其他烟用材料；参与拟订醋纤丝束分配计划与价格。

6. 承办国家局、总公司交办的其他事项。

【负责人】

总经理：于明芳

副总经理：张建华、孙志强（2017 年 7 月—）

总会计师：刘秋明

副巡视员：刘中华

【内设机构】 设办公室、企业管理部、行业指导管理部、事业发展部、财务管理部、经营部等 6 个内设部门。

中国烟草机械集团有限责任公司

【主要职责】 中国烟草机械集团有限责任公司是国家局、总公司直属的专业性公司，承担一定的行业宏观管理职能。

1. 参与拟订并组织实施烟草机械工业的发展规划、年度计划；参与拟订行业技术装备政策及烟草机械生产企业的生产布局、企业定点方案；拟订并组织实施行业设备管理制度，组织、协调行业生产设备的日常管理工作；负责推广新设备、新技术，发布淘汰设备目录。

2. 参与拟订国产烟草机械设备分配计划和价格政策；组织、协调全国烟草机械的购销管理工作；拟订并组织实施烟草机械产品生产经营业务的管理制度。

3. 负责行业设备大修理（翻修）的定点及布局工作，指导定点企业的生产经营和技术管理，拟订并组织实施设备大修理的年度计划；负责行业烟草机械零配件管理工作。

4. 负责烟草机械产品的技术管理工作；负责国内外烟草机械的技术交流、技术合作、对外技术谈判、技术培训和技术咨询服务工作；负责烟草机械引进技术的消化吸收和国产化工作；参与组织烟草机械新产品技术鉴定工作；拟订烟草机械产品的质量标准；参与拟订烟草机械设备进出口年度计划；参与组织烟草机械出口工作，负责组织货源和售后服务，参与组织国际市场开发工作。

5. 依法对控股企业行使出资人权利，经营和管理国有资产，承担保值增值的责任；按照国家局的授权，管理本公司及控股企业的人事、劳动工资及纪检监察工作。

6. 承办国家局、总公司交办的其他事项。

【负责人】①

党组书记、董事长、总经理：王建法

党组成员、副总经理：沈云龙、曲　伟

党组成员、纪检组长：吴　伟

副巡视员：凌卫民、赵美燕

【内设机构】② 设办公室、综合计划部、党建和人力资源部、生产管理部、市场部（营销中心）、财务资产部、技术合作部、设备管理部、审计部、监察室、智能化工作办公室等 11 个内设部门。

【所属企业】 控股上海烟草机械有限责任公司、常德烟草机械有限责任公司、许昌烟草机械有限责任公司、秦皇岛烟草机械有限责任公司、中烟机械技术中心有限责任公司、北京达特集成技术有限责任公司、中烟烟机零配件采购服务中心有限责任公司、中烟物流技术有限责任公司等 8 家企业③，参股云南烟草机械有限责任公司。

中国烟草国际有限公司

【主要职责】 中国烟草国际有限公司是国家局、总公司直属的专业性公司，承担一定的行业宏观管理职能。

1. 按照集中统一对外原则，组织、指导、协调、管理中国烟草的国际业务；研究提出行业国际业务工作总体规划，拟订并组织实施开拓国际市场战略规划。

2. 统一经营和管理烟草类国营贸易业务，拟订相关规章制度，规范经营秩序；参与拟订烟草进出口产品的年度计划并负责组织实施；参与拟订烟草进出口产品价格；组织实施进口烟叶境外实体化运作。

3. 拟订行业境外企业的发展规划、生产布局；指导、协调、管理行业境外企业及境外卷烟销售网络的生产经营工作；参与拟订开拓国际市场的奖励政策，研究提出相关奖励方案。

4. 统一管理烟草行业境外投资及经贸合作；审查、评估行业境外投资项目和境外企业的设立、分立、合并与撤销，报国家局审批；协调解决对外贸易中的法律纠纷。

5. 依法对公司的全资企业、控股企业、参股企业行使出资人权利，经营和管理国有资产，承担保值增值的责任；根据国家局的授权，管理公司及境外投资控股企业和驻外机构的人事、劳动工资工作。

6. 承办国家局、总公司交办的其他事项。

---

① 此处仅列中国烟草机械集团有限责任公司本部的领导成员。

② 根据《国家烟草专卖局关于调整机关部分部门（单位）内设机构职责和人员编制的通知》，中国烟草机械集团有限责任公司的“人力资源部”更名为“党建和人力资源部”；市场部加挂营销中心牌子，合署办公；增设智能化工作办公室。

③ 2017 年 9 月，国家局、总公司印发《关于设立中烟物流技术有限责任公司的批复》，中国烟草机械集团有限责任公司和中烟商务物流有限责任公司共同投资设立中烟物流技术有限责任公司。

【负责人】

董事会

董事长：徐　瑾

董　事：邵　岩、王玉麟（2017 年 3 月—）、李　鸣（—2017 年 3 月）、万里明、张天峰（2017 年 3 月—）、张　文（—2017 年 3 月）、陈江华、高学林（—2017 年 7 月）、谭小燕、张宏实、熊　斌、凌　毅

监　事：张书东、王玉麟（—2017 年 3 月）、甘　宁、曹松林（2017 年 3 月—）

经理层

党组书记、总经理：邵　岩

党组成员、副总经理：高学林（部门正职级）（—2017 年 6 月）

党组成员、副总经理：谭小燕

党组成员、总会计师：张宏实

党组成员、副总经理：熊　斌

党组成员、纪检组长：甘　宁

党组成员、副总经理：凌　毅

【内设机构】　设公共事务部、企划投资部、国营贸易部、烟叶运营部、市场拓展部、财务管理部、法律事务部、党建和人力资源部①、审计部、监察室等 10 个内设部门。

【驻外机构】　公司在境内外直接或间接投资设立的全资、参股公司 10 家（含中烟国际所属公司的子公司），分别是：深圳烟草进出口有限公司、天利国际经贸有限公司（所在地：中国香港）、天泽烟草有限责任公司（所在地：津巴布韦哈拉雷）、迪拜瑞世达贸易有限责任公司（所在地：阿联酋迪拜）、中烟国际巴西有限公司（所在地：巴西圣克鲁斯）、中巴烟草出口股份有限公司（所在地：巴西南大河州）、中烟菲莫国际有限公司（所在地：瑞士洛桑）、中烟国际阿根廷有限责任公司（所在地：阿根廷萨尔塔省）、中烟国际（北美）股份有限公司（所在地：美国北卡罗来纳州）、中烟英美烟草国际有限公司（所在地：中国香港）。

中烟商务物流有限责任公司

【主要职责】　中烟商务物流有限责任公司是国家局、总公司直属的专业性公司，承担一定的行业宏观管理职能。

1. 拟订行业电子商务发展规划，负责烟草电子商务平台建设工作。

2. 制定行业现代物流建设规划，审核各省级工商企业现代物流建设规划并指导实施；物流投资建设项目政策咨询；组织、指导、协调、考评行业物流管理运行工作；拟定行业物流标准；行业物流技术研究、相关信息系统开发和组织实施工作。

3. 负责烟草电子商务平台、行业卷烟生产经营决策管理系统和物流信息系统的运行维护、安全管理和技术支持工作；负责有关数据汇总、分析，提供信息服务。

4. 承办国家局、总公司交办的其他事项。

【负责人】

总经理：张　文

副总经理：董传国、范建治

总工程师：王金亮

副巡视员：李卫国

【内设机构】　设办公室、综合管理部、交易部、物流规划建设部、物流管理运行部、技术部（物流信息化部）、财务部等 7 个内设部门。

【所属企业】　控股北京中烟信息技术有限公司②、共同持股中烟新商盟商务物流控股有限公司③、参股中烟物流技术有限责任公司④。

中国烟草实业发展中心⑤

【主要职责】　中国烟草实业发展中心是国家局、总公司直属的专业性公司。

1. 指导、协调、管理所属企业的生产经营活动；指导所属企业安全生产工作。

2. 组织实施所属企业组织结构调整，指导企业改革。

3. 依法对所属企业的国有资产行使出资人权利，承担

① 根据《国家局关于调整机关部分部门（单位）内设机构职责和人员编制的通知》，中国烟草国际有限公司的“人力资源部”更名为“党建和人力资源部”。

② 2014 年 3 月，国家局、总公司印发《中国烟草总公司关于北京中烟信息技术有限公司股权无偿划转事项的批复》，中国双维投资公司将持有的北京中烟信息技术有限公司 52% 的股权无偿划转至中烟商务物流有限责任公司。划转基准日为 2013 年 12 月 31 日。

③ 2014 年 7 月，国家局、总公司印发《关于设立中烟新商盟商务物流控股有限公司的批复》，中烟商务物流有限责任公司与浙江浙大网新新云联电子商务有限公司共同出资设立中烟新商盟商务物流控股有限公司。

④ 2017 年 9 月，国家局、总公司印发《关于设立中烟物流技术有限责任公司的批复》，中国烟草机械集团有限责任公司和中烟商务物流有限责任公司共同投资设立中烟物流技术有限责任公司。

⑤ 中国烟草实业发展中心（简称中烟实业）成立于 1999 年 1 月。2004 年 11 月，根据国烟法〔2004〕734 号文件，国家局将原由省级局（公司）管理的兰州卷烟厂等 4 家卷烟生产企业调整为中烟实业管理，将原由省级公司持有的红塔辽宁烟草有限责任公司等 4 家卷烟工业企业的股权调整为中烟实业持有，调整后，中烟实业下设 8 家卷烟生产企业。

国有资本保值增值责任，管理监督所属企业财务资金，组织实施内部审计工作。

4. 管理所属企业人事、劳动工资工作，指导所属企业精神文明建设，负责所属企业纪检监察工作。

5. 承办国家局、总公司交办的其他事项。

【负责人】

党组书记、总经理：赵　琦

党组成员、副总经理：王殿贵（副厅级）（—2017 年 2 月）、李东梅（副厅级）（2017 年 3 月—，之前任党组成员、纪检组长）、刘　龙、孔庆峰

党组成员、纪检组长：由　明（2017 年 6 月—）

总会计师：汪利华（—2017 年 2 月）

巡视员：秦　燕（2017 年 2—6 月，2017 年 2 月前任副巡视员）

副巡视员：陈玉秋

【内设机构】　设办公室（外事办公室）、党建和人力资源部①、生产部、安全监督管理部、企业管理部、财务部、审计部（监事室）、法律与改革部、市场营销部、物资供应部、纪检监察部（巡察工作办公室）等 11 个内设部门。

【所属企业】　下设黑龙江烟草工业有限责任公司、红塔辽宁烟草有限责任公司、吉林烟草工业有限责任公司、甘肃烟草工业有限责任公司、内蒙古昆明卷烟有限责任公司、深圳烟草工业有限责任公司、山西昆明烟草有限责任公司、海南红塔卷烟有限责任公司等 8 家卷烟工业企业，以及吉林烟草进出口有限责任公司。

中国双维投资有限公司

【主要职责】　中国双维投资有限公司是国家局、总公司直属的专业性公司。

1. 负责烟草行业重大战略性投资项目的规划、论证和可行性研究工作。

2. 组织实施经中国烟草总公司批准的投资项目。

3. 承担本公司直接投资企业和投资项目的经营管理工作。

4. 参与整合中国烟草总公司确定的行业多元化投资项目的优质资产。

5. 根据国家烟草专卖局授权，管理本公司的人事、劳动工资工作。

6. 监督检查公司遵守和执行国家法律、法规以及国家局总公司决定、命令的情况；受理对公司部门和监察对象违反行政纪律行为的控告、检举，调查处理监察对象违反行政纪律的行为；受理监察对象不服行政处分决定的申诉；开展行政问责工作，调查处理监察对象的重大行政过错行为；监督检查部门和所属单位作风建设情况，查处不正之风行为；督促有关部门建立廉政、勤政方面的制度、办法，组织、指导所属单位的监察工作；贯彻执行上级监察机构的工作部署。

7. 承办国家局、总公司交办的其他事项。

【负责人】

董事会

董事长：徐　瑾

董　事：郝和国、王志江、万里明、张天峰（2017 年 3 月—）、张　文（—2017 年 3 月）、翟　旭、王玉麟

经理层

党组书记、总经理：郝和国

党组成员、副总经理：王卫平（挂职）

党组成员、纪检组长：成协科

党组成员、副总经理：肖淑英、翟　旭、徐晓新（2017 年 10 月—，之前为部门副职）

总经理助理：周武庆（—2017 年 3 月）

【内设机构】　设办公室、法律部、投资管理部、企业管理部、财务部、监察室等 6 个内设部门。

【分支机构】　设中国双维投资有限公司银川分公司 1 个分支机构。

《中国烟草》杂志社有限公司

【主要职责】　《中国烟草》杂志社有限公司是中国烟草总公司的全资子公司，具有独立的企业法人资格。

1. 编辑、出版、发行国家局的机关刊物《中国烟草》杂志（半月刊）。

2. 建设、维护、管理中国烟草资讯网。

3. 在国家局办公室指导下负责《中国烟草年鉴》编纂、发行工作。

4. 编辑出版发行《新烟草》杂志（旬刊）。

5. 承办《烟草企业文化》杂志（月刊）编辑工作。

6. 管理和经营中烟广告公司。

---

① 根据《国家烟草专卖局关于调整机关部分部门（单位）内设机构职责和人员编制的通知》，中国烟草实业发展中心的“人力资源部”更名为“党建和人力资源部”，纪检监察部加挂巡察工作办公室牌子，合署办公。

7. 开展图书音像出版等相关业务。

8. 负责国有资本保值增值。

【负责人】

董事会

董事长：王献生

董　事：刘　杰（—2017 年 12 月）、王献生、赵百东、任　静、俞进祥、徐　丹（2017 年 12 月—）

监　事：张书东

经理层

总经理：王献生

总编辑：赵百东（2017 年 7 月—）

副总经理：任　静

【内设机构】　设总编室、编辑一部、编辑二部、记者部、美术摄影编辑部、网络部、《中国烟草年鉴》编辑部、《新烟草》编辑部（黑龙江新烟草杂志社）、《烟草企业文化》编辑部、综合办公室、广告部（中烟广告公司）、财务部、发行部、市场部、考评部等 15 个内设部门。

◇ 编辑：王东旭　王　静

省级烟草专卖局（公司）

北京市烟草专卖局（公司）①

【概　况】　北京市烟草专卖局、北京市烟草公司成立于 1986 年 1 月。1985 年 12 月 31 日，北京市经济委员会与中国烟草总公司共同签署《关于北京市烟草公司上划交接协议书》；同日，北京市政府办公厅下发京政办发〔1985〕148 号文件，决定北京市烟草专卖局、北京市烟草公司从 1986 年 1 月 1 日正式成立，上划并开展工作，北京市烟草公司更名为中国烟草总公司北京市公司。2017 年，北京市局（公司）下辖东城、西城、朝阳、海淀、丰台、石景山、通州、顺义、延庆、怀柔、大兴、昌平、密云、门头沟、房山、平谷等 16 家区烟草专卖局（公司），北京市烟草专卖局铁路分局、北京市烟草专卖局公路分局、北京烟草营销中心、北京烟草物流中心，以及北京京烟卷烟零售连锁有限公司、金健恒通商贸有限公司和北京通大家园物业管理有限公司 3 家全资子公司，北京黎马敦太平洋包装有限公司 1 家合资公司。市局（公司）机关下设 11 个职能处室、7 个专业部门②。截至 2017 年底，总资产 134.39 亿元，其中，固定资产 13.41 亿元、流动资产 116.68 亿元，资产负债率 8.84%。从业人员 3304 人。

【领导成员】

党组书记、局长、总经理：秦前浩

党组成员、副局长：赵文智

党组成员、纪检组长：周　宾

党组成员、副总经理：殷　刚

党组成员、副总经理：江　涛

总工程师：刘永波（2017 年 9 月—）③

副巡视员：刘进民

副巡视员：杨　捷（2017 年 9 月—）

天津市烟草专卖局（公司）

【概　况】　天津市烟草专卖局、天津市烟草公司组建于 1985 年 10 月。1985 年 10 月 29 日，天津市政府与中国烟草总公司共同签署《关于天津市烟草行业上划交接协议书》，决定自协议书签订之日起上划中国烟草总公司，更名为中国烟草总公司天津市公司。2017 年，天津市局（公司）下辖天津市区第一、第二、第三烟草专卖局（分公司），东丽区、津南区、西青区、北辰区等 4 家区烟草专卖局（分公司），滨海新区烟草专卖局塘沽、汉沽、大港等 3 家区烟草专卖分局（分公司），武清区、宝坻区、宁河区、静海区、蓟州区等 5 家区烟草专卖局（有限公司），以及天津市滨海新区烟草专卖局、天津烟草卷烟营销中心、天津烟草物流中心、天津市烟草专卖局公路分局④、天津市恒大实业公司、天津市津烟卷烟自营总店。市局（公司）机关下设 11 个处室、6 个专业部门（2017 年增设群团工作处）。截至 2017 年底，总资产 82.46 亿元，其中，固定资产 5.36 亿元、流动资产 76.2 亿元，资产负债率 15.07%。从业人员 2111 人，其中劳务派遣人员 140 人。

【领导成员】

党组书记、局长、总经理：孙晓莹

党组成员、副总经理：李加春

党组成员、纪检组长：宁书成

---

① 《国家烟草专卖局、中国烟草总公司组织结构》栏目中，“××烟草专卖局（公司）”简称“××局（公司）”。

② 根据京烟人〔2017〕49 号文件，思想政治工作处调整为党建工作处，机关党委与党建工作处合署办公；设立群团工作处，工会办公室与群团工作处合署办公；监察处调整为纪检监察处，与党组纪检组合署办公。

③ 根据 2017 年 10 月《中共国家烟草专卖局党组关于刘永波、杨捷同志任职的通知》（国烟党〔2017〕238 号），刘永波同志任北京市烟草专卖局（公司）总工程师，试用期一年；杨捷同志任北京市烟草专卖局（公司）副巡视员。刘永波、杨捷同志的任职时间自 2017 年 9 月 15 日党组决定之日起计算。

④ 根据国烟人〔2017〕33 号文件设立。

党组成员、副局长：徐小波

总经济师：刘 群

副巡视员：周金超

副巡视员：赵洪义

党组成员：张立海（—2017年7月）

副巡视员：周文义（—2017年5月）

河北省烟草专卖局（公司）

【概 况】 河北省烟草专卖局成立于1984年3月，河北省烟草公司成立于1982年11月。1985年1月，河北省政府与中国烟草总公司签署协议，决定河北省烟草公司自签字之日起上划中国烟草总公司，更名为中国烟草总公司河北省公司。2017年，河北省局（公司）下辖石家庄、邯郸、保定、张家口、承德、唐山、廊坊、沧州、衡水、邢台、秦皇岛等11个地市级烟草专卖局（公司）；138家县级烟草专卖局，涿州、雄县2个烟草稽查大队，140家县级卷烟营销机构（126个县级卷烟营销部、14个分公司）①，以及中维地产河北有限公司、河北平山温泉烟草职工培训中心、河北中维物业服务有限公司等3个多元化经营企业，22个派驻机构（分别为省公司派驻11个市公司的审计办公室和省局派驻11个市局的内部专卖管理监督办公室）。省局（公司）机关下设14个职能处室、8个专业部门（含1个议事协调机构）②。截至2017年底，总资产211.99亿元，其中，固定资产12.37亿元、流动资产193.95亿元，资产负债率14.21%。从业人员9657人，其中劳务派遣人员696人。

【领导成员】

党组书记、局长、总经理：钱 江

党组成员、副总经理：俞关勇（部门副职）

党组成员、副局长：戴 勇

党组成员、副总经理：王志涛

党组成员、副总经理：王 辉

党组成员、纪检组长：支树华（2017年4月—）③

副巡视员：贾立业

山西省烟草专卖局（公司）

【概 况】 山西省烟草专卖局成立于1983年7月，山西省烟草公司成立于1982年4月。1984年6月，山西省烟草公司上划中国烟草总公司，改制更名为中国烟草总公司山西省公司。2017年，山西省局（公司）下辖太原、大同、阳泉、长治、晋城、朔州、忻州、吕梁、晋中、临汾、运城等11个地市级烟草专卖局（公司），112个县级烟草专卖局（营销部）。省局（公司）机关下设14个职能处室、10个专业部门和机构④。截至2017年底，总资产181.39亿元，其中，固定资产21.17亿元、流动资产153.37亿元，资产负债率14.75%，从业人员7370人。

【领导成员】

党组书记、局长、总经理：宋政峰

党组成员、副局长：张亚林

党组成员、副总经理：冯小云

党组成员、纪检组长：张国宾

党组成员、副总经理：周武庆（2017年3月—）⑤

副巡视员：周润生（—2017年5月）

副巡视员：贾安才（2017年4月—）⑥

内蒙古自治区烟草专卖局（公司）

【概 况】 内蒙古自治区烟草专卖局、内蒙古自治区烟草公司成立于1984年1月1日。1984年9月，内蒙古自治区烟草公司上划中国烟草总公司，更名为中国烟草总公司内蒙古自治区公司。2017年，内蒙古自治区局（公司）下辖呼和浩特、满洲里、呼伦贝尔、兴安、通辽、赤峰、锡林郭勒、二连浩特、乌兰察布、包头、鄂尔多斯、巴彦淖尔、乌海、阿拉善等14个地市级烟草专卖局（公司）、108

---

① 根据国烟法〔2004〕123号文件，设立廊坊市安次区、广阳区烟草专卖局（营销部）。2008年5月，因调整内设机构，上述2个单位牌子不再使用。根据冀烟人〔2017〕89号文件，重新启用廊坊市安次区、广阳区烟草专卖局（营销部）；根据国烟人〔2017〕234号文件，撤销邯郸市邯郸县局（营销部），设立邯郸市邯山区局（分公司）、丛台区局（分公司）、复兴区局（分公司），邯郸市永年县局（营销部）更名为永年区局（分公司），承德市平泉县局（营销部）更名为平泉市局（分公司）。

② 根据国烟人〔2017〕159号文件，思想政治工作处调整为党建工作处，机关党委与党建工作处合署办公；监察处调整为纪检监察处，纪检监察处与党组纪检组合署办公；设立群团工作处，工会办公室与群团工作处合署办公。

③ 根据《中共国家烟草专卖局党组关于支树华同志任职的通知》（国烟党〔2017〕122号），支树华同志任中共河北省烟草专卖局（公司）党组成员、党组纪检组组长，试用期一年。任职时间自2017年4月21日党组决定之日起计算。

④ 2017年8月，思想政治工作处更名为党建工作处，机关党委与党建工作处合署办公；监察处更名为纪检监察处，纪检监察处与党组纪检组合署办公；巡视办公室撤销，其职能归入纪检监察处。2017年10月，督查考评中心撤销。

⑤ 根据《中共国家烟草专卖局党组关于周武庆同志任职的通知》（国烟党〔2017〕79号），周武庆同志任中共山西省烟草专卖局（公司）党组成员、中国烟草总公司山西省公司副总经理，试用期一年，任职时间自2017年3月24日党组决定之日起计算。

⑥ 根据《中共国家烟草专卖局党组关于贾安才同志任职的通知》（国烟党〔2017〕123号），贾安才同志任山西省烟草专卖局（公司）副巡视员。任职时间自2017年4月21日党组决定之日起计算。

个县级烟草专卖局、6个分公司、98个营销部①。自治区局（公司）机关下设15个职能处室、9个专业部门②。截至2017年底，总资产140.83亿元，其中，固定资产23.50亿元、流动资产113.38亿元，资产负债率20.14%。从业人员5515人。

【领导成员】

党组书记、局长：王志毅（2017年12月—，之前任党组书记、局长、总经理）

党组副书记、总经理：杨　树（2017年12月—）③

党组成员、副总经理：王文忠

党组成员、副局长：赵德国

党组成员、纪检组长：董建华

党组成员、副总经理：刘　永（2017年2月—）④

副巡视员：郑子林（—2017年2月）

辽宁省烟草专卖局（公司）

【概　况】 辽宁省烟草专卖局成立于1983年7月，辽宁省烟草公司成立于1983年5月。1984年9月2日，辽宁省政府与中国烟草总公司签署协议，决定辽宁省公司自签字之日起上划中国烟草总公司，更名为中国烟草总公司辽宁省公司。2006年，完成母子公司体制改革。2017年，辽宁省局（公司）下辖沈阳、鞍山、抚顺、本溪、丹东、锦州、营口、阜新、辽阳、铁岭、朝阳、盘锦、葫芦岛等13个地市级烟草专卖局（公司），56个县级烟草专卖局（营销部），9个县级烟叶分公司，15个审计派驻办公室，13个内部专卖管理监督派驻办公室，以及中国烟草辽宁进出口公司，丹东辽东烟草发展有限责任公司。省局（公司）机关下设14个职能处室、8个专业部门。截至2017年底，总资产143.51亿元，其中，固定资产10.48亿元、流动资产123.81亿元，资产负债率8.27%。从业人员7257人。

【领导成员】

党组书记、局长、总经理：卓俭华

党组成员：李德贤

党组成员、副总经理：陈　彤（—2017年6月）

党组成员、副总经理：蒋全波

党组成员、副局长：刘　涛

党组成员、纪检组长：张宝月

副巡视员：朱炳文

吉林省烟草专卖局（公司）

【概　况】 吉林省烟草专卖局、吉林省烟草公司成立于1983年7月。1984年9月，吉林省政府与中国烟草总公司签署协议，决定吉林省烟草公司自签字之日起上划中国烟草总公司，更名为中国烟草总公司吉林省公司。2017年，吉林省局（公司）下辖长春、吉林、四平、辽源、通化、白城、白山、松原、延边等9个地市级烟草专卖局（公司）。省局（公司）机关下设14个职能处室、8个专业部门，以及金叶烟草有限责任公司、顺达房地产开发有限公司、金叶嘉园物业服务有限责任公司3个直属公司。截至2017年底，总资产84.57亿元，其中，固定资产19.98亿元、流动资产61.36亿元，资产负债率11.41%。从业人员5390人。

【领导成员】

党组书记、局长、总经理：杨　俊

党组成员、副总经理：何　成

党组成员、副局长：聂树忠

党组成员、纪检组长：关宏梅

党组成员、副总经理：牛　千

党组成员、副总经理：吴家伟

总经济师：庞晓龙（2017年6月—）⑤

副巡视员：范忠顺（—2017年1月）

黑龙江省烟草专卖局（公司）

【概　况】 黑龙江省烟草专卖局成立于1983年4月，黑龙江省烟草公司成立于1982年7月。1984年4月，黑龙江省政府与中国烟草总公司签署协议，决定自1984年1月1

---

① 根据国烟法〔2017〕21号文件，设立呼和浩特市烟草公司赛罕区、回民区、新城区、玉泉区卷烟营销部，包头市烟草公司东河区、青山区、九原区、昆都仑区卷烟营销部，乌海市烟草公司海勃湾区、乌达区、海南区卷烟营销部，兴安盟烟草公司乌兰浩特市卷烟营销部，赤峰市烟草公司红山区、松山区卷烟营销部，锡林郭勒盟烟草公司锡林浩特市卷烟营销部，乌兰察布市烟草公司集宁区卷烟营销部，鄂尔多斯市烟草公司东胜区卷烟营销部，巴彦淖尔市烟草公司临河区卷烟营销部，呼伦贝尔市烟草公司新巴尔虎左旗卷烟营销部。根据国烟人〔2017〕8号文件，设立鄂尔多斯市康巴什区烟草专卖局（卷烟营销部）。根据国烟人〔2017〕8号文件，设立鄂尔多斯市康巴什区烟草专卖局（卷烟营销部）。根据国烟人〔2017〕9号文件，设立满洲里市扎赉诺尔区烟草专卖局（卷烟营销部）。

② 根据内烟人〔2017〕173号文件，思想政治工作处调整为党建工作处，与机关党委合署办公；设立群团工作处，与工会办公室合署办公。根据内烟人〔2017〕236号文件，设立机关服务中心、教育培训中心、内蒙古自治区烟草专卖局铁路分局。

③ 根据《中共国家烟草专卖局党组关于杨树、王志毅同志职务任免的通知》（国烟党〔2018〕7号），杨树同志任中共内蒙古自治区烟草专卖局（公司）党组副书记、中国烟草总公司内蒙古自治区公司总经理，试用期一年；免去王志毅同志中国烟草总公司内蒙古自治区公司总经理职务。杨树同志的任职时间自2017年12月21日党组决定之日起计算。

④ 根据《中共国家烟草专卖局党组关于刘永同志任职的通知》（国烟党〔2017〕71号），刘永同志任中共内蒙古自治区烟草专卖局（公司）党组成员、中国烟草总公司内蒙古自治区公司副总经理，试用期一年。任职时间自2017年2月24日党组决定之日起计算。

⑤ 根据《中共国家烟草专卖局党组关于庞晓龙同志任职的通知》（国烟党〔2017〕183号），庞晓龙同志任吉林省烟草专卖局（公司）总经济师，试用期一年。任职时间自2017年6月16日党组决定之日起计算。

日起，黑龙江省烟草公司上划中国烟草总公司，更名为中国烟草总公司黑龙江省公司。2017年，黑龙江省局（公司）下辖哈尔滨、齐齐哈尔、大庆、牡丹江、佳木斯、绥化、鸡西、双鸭山、伊春、七台河、鹤岗、黑河、大兴安岭、绥芬河等14个地市级烟草专卖局（公司），65个县级烟草专卖局（分公司），黑龙江省烟草公司哈尔滨烟叶公司、黑龙江省烟草公司牡丹江烟叶公司、中国烟草黑龙江进出口有限责任公司、黑龙江烟叶复烤有限公司、黑龙江烟草投资管理有限公司、牡丹江烟草科学研究所。省局（公司）机关下设15个职能处室、8个专业部门和黑龙江省烟草专卖局铁路分局。截至2017年底，总资产144.06亿元，其中，固定资产12.70亿元、流动资产115.29亿元，资产负债率17.51%。从业人员7056人。

【领导成员】①

党组书记、局长、总经理：刘根甫

党组成员、副局长：李　健（2017年11月—，之前任党组员、副总经理）

党组成员、纪检组长：李捍红

党组成员：马保军

党组成员、副总经理：耿金波（2017年8月—）

党组成员、副总经理：孙旭东（2017年8月—）

总农艺师：武常青（2017年8月—）

副巡视员：王永权

上海市烟草专卖局、上海烟草集团有限责任公司

【概　况】　上海市烟草专卖局成立于1984年2月。上海烟草集团有限责任公司（简称集团公司）的前身是上海烟草（集团）公司，于1993年11月由原上海市烟草公司及所属企业改制而成；2011年1月，根据《国家烟草专卖局　中国烟草总公司关于上海烟草（集团）公司更名改制和完善公司法人治理结构的批复》（国烟法〔2010〕405号），更名为上海烟草集团有限责任公司。2017年，上海市烟草专卖局、上海烟草集团有限责任公司下辖黄浦分局和黄浦烟草糖酒有限公司一公司、二公司，静安分局和静安烟草糖酒有限公司一公司、二公司，虹口、徐汇、杨浦、普陀、长宁、闵行、宝山、浦东新区、松江、青浦、嘉定、奉贤、金山、崇明等区烟草专卖局（有限公司）②，驻上海铁路专卖局（有限公司），上海烟草贸易中心有限公司、中国烟草上海进出口有限责任公司、上海海烟投资管理有限公司、上海卷烟厂、北京卷烟厂、天津卷烟厂、上海烟草储运公司、上海高扬国际烟草有限公司、上海海烟物流发展有限公司、上海烟草集团太仓海烟烟草薄片有限公司、上海烟草集团苏州中华园大饭店有限公司、上海王宝和大酒店有限公司，并控股上海烟草包装印刷有限公司，上海白玉兰烟草材料有限公司、上海牡丹香精香料有限公司等多家企业。市局、集团公司机关下设27个处室③（部门）。截至2017年底，总资产2022.45亿元，其中，固定资产100.69亿元、流动资产1199.80亿元，资产负债率11.38%。从业人员3515人。

【领导机构】

董事会

董事长：施　超

副董事长：高学林（2017年6月—）④

副董事长：吴建明（—2017年6月）

董　事：黄翠萍（—2017年6月）、郭　勤（2017年6月—）、张弘毅、姜立功、周永森（—2017年10月）、陆　捷（2017年10月—）⑤、胡勤伟（职工董事）

监　事：解建伟（—2017年9月）、杨桂选（2017年9月—）

班子成员⑥

党组书记、局长、总经理：施　超

党组副书记、纪检组长、工会主席：杨桂选（2017年7月—）

巡视员：周永森（—2017年2月）

---

① 根据《中共国家烟草专卖局党组关于李健等四名同志职务任免的通知》（国烟党〔2017〕245号），李健同志任黑龙江省烟草专卖局副局长，免去其中国烟草总公司黑龙江省公司副总经理职务；耿金波、孙旭东同志任中共黑龙江省烟草专卖局（公司）党组成员、中国烟草总公司黑龙江省公司副总经理，试用期一年；武常青同志任黑龙江省烟草专卖局（公司）总农艺师，试用期一年。耿金波、孙旭东、武常青同志的任职时间自2017年8月30日党组决定之日起计算。

② 根据国烟人〔2017〕52号文件，崇明县烟草专卖局更名为上海市崇明区烟草专卖局。

③ 根据沪烟专人〔2017〕164号文件要求，2017年7月，思想政治工作处更名为党建工作处，机关党委与党建工作处合署办公。

④ 根据《国家烟草专卖局　中国烟草总公司关于委派高学林同志任职的通知》（国烟人〔2017〕148号），委派高学林同志为上海烟草集团有限责任公司董事会董事、副董事长，吴建明同志不再担任上海烟草集团有限责任公司董事会董事、副董事长。

⑤ 根据《国家烟草专卖局　中国烟草总公司关于调整上海烟草集团有限责任公司董事会董事的通知》（国烟人〔2017〕296号），委派陆捷同志为上海烟草集团有限责任公司董事会董事；周永森同志不再担任上海烟草集团有限责任公司董事会董事。

⑥ 根据《中共国家烟草专卖局党组关于杨桂选等三名同志职务任免的通知》（国烟党〔2017〕166号），杨桂选同志兼任中共上海市烟草专卖局（集团公司）党组纪检组组长，免去其上海市烟草专卖局副局长职务；解建伟同志任上海市烟草专卖局（集团公司）巡视员，免去其中共上海市烟草专卖局（集团公司）党组成员、党组纪检组组长职务；赵斌同志任中共上海市烟草专卖局（集团公司）党组成员、上海烟草集团有限责任公司副总经理，试用期一年。解建伟、赵斌同志的任职时间自2017年5月26日党组决定之日起计算。

巡视员：解建伟（2017 年 5—12 月）

党组成员：曲志刚

党组成员：李钢成

党组成员、副局长：姜立功

党组成员、副总经理、中国烟草博物馆常务副馆长：唐　煦

党组成员、副总经理：陆　捷

党组成员、副总经理：赵　斌（2017 年 5 月—）

党组成员：朱洪武

总会计师：陈宣民

副巡视员：孙　平（—2017 年 3 月）

副巡视员：吴俊春（2017 年 2 月—）①

上海新型烟草制品研究院副院长：陈超英（2017 年 2 月—）

上海新型烟草制品研究院副院长：丁逸敏（2017 年 2 月—）

江苏省烟草专卖局（公司）

【概　况】　江苏省烟草专卖局成立于 1983 年 7 月，江苏省烟草公司组建于 1982 年 11 月。1984 年 11 月 26 日，江苏省政府与中国烟草总公司签订协议，决定自协议签署之日起，江苏省烟草公司上划中国烟草总公司，更名为中国烟草总公司江苏省公司。2003 年 7 月 4 日，江苏烟草实行工商分设。2017 年，江苏省局（公司）下辖南京、苏州、无锡、常州、镇江、南通、扬州、泰州、盐城、淮安、宿迁、徐州、连云港等 13 个地市级烟草专卖局（公司），69 个县级烟草专卖局（分公司）②，江苏金丝利集团公司 1 个多元化经营企业。省局（公司）机关下设 18 个处室（部门）。截至 2017 年底，总资产 722.79 亿元，其中，固定资产 27.80 亿元、流动资产 628.91 亿元，资产负债率 4.43%。从业人员 10977 人。

【领导成员】

党组书记、局长、总经理：董秀明

巡视员：杨兴泉

党组成员、副总经理：刘加荣

党组成员、纪检组长：朱亚涛

党组成员、副局长：刘培峰

党组成员、副总经理：董桂林（2017 年 11 月—）③

副巡视员：潘立慧

总会计师：余慧强

副巡视员：秦立华（—2017 年 3 月）

浙江省烟草专卖局（公司）

【概　况】　浙江省烟草专卖局、浙江省烟草公司成立于 1984 年 3 月。1984 年 12 月 30 日，浙江省计划经济委员会与中国烟草总公司签署协议，决定浙江省烟草公司自 1985 年 1 月 1 日起上划中国烟草总公司，更名为中国烟草总公司浙江省公司。2003 年 7 月，浙江烟草实行工商分设。2008 年底，完成母子公司体制改革。2017 年，浙江省局（公司）下辖杭州、宁波、温州、嘉兴、湖州、绍兴、金华、衢州、丽水、台州、舟山等 11 个地市级烟草专卖局（公司）、64 个县级烟草专卖局（分公司）④，以及浙江烟草投资管理有限责任公司、浙江烟草进出口有限公司（烟叶生产经营管理办公室）。省局（公司）机关下设 13 个职能处室、6 个专业部门（2017 年增设群团工作处）。截至 2017 年底，总资产 745.73 亿元，其中，固定资产 29.74 亿元、流动资产 618.67 亿元，资产负债率 13.44%。从业人员 10282 人。

【领导成员】

党组书记、局长、总经理：邱　萍

巡视员：于政雄（2017 年 2 月—，之前任党组成员、副局长）⑤

党组成员、副局长：李定晓（2017 年 9 月—，之前任党组成员、副总经理）⑥

---

① 根据《中共国家烟草专卖局党组关于吴俊春等三名同志任职的通知》（国烟党〔2017〕74 号），吴俊春同志任上海市烟草专卖局（集团公司）副巡视员；陈超英、丁逸敏同志任上海新型烟草制品研究院副院长，试用期一年。吴俊春、陈超英、丁逸敏同志的任职时间自 2017 年 2 月 24 日党组决定之日起计算。

② 根据国烟人〔2017〕7 号文件，江苏省洪泽县烟草专卖局更名为淮安市洪泽区烟草专卖局。

③ 根据《中共国家烟草专卖局党组关于董桂林同志任职的通知》（国烟党〔2017〕281 号），董桂林同志任中共江苏省烟草专卖局（公司）党组成员、中国烟草总公司江苏省公司副总经理，试用期一年。任职时间自 2017 年 11 月 6 日党组决定之日起计算。

④ 根据国烟人〔2017〕51 号文件，奉化市烟草专卖局更名为宁波市奉化区烟草专卖局；根据国烟人〔2017〕154 号文件，玉环县烟草专卖局（分公司）更名为玉环市烟草专卖局（分公司）；根据国烟人〔2017〕268 号文件，临安市烟草专卖局更名为杭州市临安区烟草专卖局。

⑤ 根据《中共国家烟草专卖局党组关于于政雄同志职务任免的通知》（国烟党〔2017〕82 号），于政雄同志任浙江省烟草专卖局（公司）巡视员，免去其中共浙江省烟草专卖局（公司）党组成员、浙江省烟草专卖局副局长职务，任职时间自 2017 年 2 月 24 日党组决定之日起计算。

⑥ 根据《中共国家烟草专卖局党组关于李定晓、林少华同志职务任免的通知》（国烟党〔2017〕229 号），李定晓同志任浙江省烟草专卖局副局长，免去其中国烟草总公司浙江省公司副总经理职务。林少华同志任中共浙江省烟草专卖局（公司）党组成员、中国烟草总公司浙江省公司副总经理，免去其中共杭州市烟草专卖局（公司）党组书记、杭州市烟草专卖局局长、浙江省烟草公司杭州市公司经理职务。林少华同志的任职时间自 2017 年 8 月 30 日党组决定之日起计算。

党组成员、副总经理：包诚善
党组成员、副总经理：林少华（2017年8月—）
党组成员、纪检组长：关　军（2017年5月—）①
党组成员、纪检组长：王德源（—2017年5月）
副巡视员：严松涛（2017年12月—）②
副巡视员：孙佳华（—2017年4月）

安徽省烟草专卖局（公司）

【概　况】　安徽省烟草专卖局成立于1984年5月，安徽省烟草公司组建于1980年10月。1983年10月，安徽省政府与中国烟草总公司签署协议，安徽省烟草公司上划中国烟草总公司，更名为中国烟草总公司安徽省公司。2006年，省公司完成母子公司体制改革。2017年，安徽省局（公司）下辖合肥、淮北、亳州、宿州、蚌埠、阜阳、淮南、滁州、六安、马鞍山、芜湖、宣城、铜陵、池州、安庆、黄山等16个地市级烟草专卖局（公司）、88个县级烟草专卖局、86个县级卷烟营销部，华环国际烟草有限公司及安徽皖南烟叶有限责任公司。省局（公司）机关下设16个职能部门、7个专业部门。截至2017年底，总资产331.55亿元，其中，固定资产36.77亿元、流动资产264.15亿元，资产负债率16.15%。从业人员11026人。

【领导成员】③
党组书记、局长、总经理：问　武
党组成员、副总经理：董建江
党组成员、副局长：张靖江
党组成员、纪检组长：李柏林
党组成员、副总经理：王道支（2017年10月—）
党组成员、副总经理：张丙利（2017年10月—）
总农艺师：邵伏文（2017年10月—）
总会计师：贾零霓（—2017年1月）
副巡视员：陈爱群（—2017年11月）
副巡视员：时玉玲
副巡视员：程　辉（2017年10月—）

福建省烟草专卖局（公司）

【概　况】　福建省烟草专卖局、福建省烟草公司组建于1984年1月1日。1984年12月31日，福建省政府与中国烟草总公司签订协议，决定自协议签署之日起，福建省烟草公司上划中国烟草总公司，更名为中国烟草总公司福建省公司。2006年，完成母子公司体制改革。2017年，福建省局（公司）下辖福州、厦门、宁德、莆田、泉州、漳州、龙岩、三明、南平等9个地市级烟草专卖局（公司），76个县级烟草专卖局（分公司）④，三明金叶复烤有限公司、福建武夷烟叶有限公司，以及福建烟草海晟投资管理有限公司和中国烟草福建进出口有限责任公司。省局（公司）机关下设14个职能处室（2017年思想政治工作处调整为党建工作处，监察处调整为纪检监察处，新设立群团工作处）、9个专业部门。截至2017年底，总资产481.84亿元，其中，固定资产39.67亿元、流动资产309.82亿元，资产负债率13.72%。从业人员14156人，实行全员聘用制。

【领导成员】
党组书记、局长、总经理：张永军
党组成员、副局长：黄星光
党组成员、副总经理：孔祥统
党组成员、副总经理：尤清河
党组成员、纪检组长：纪任德
总农艺师：陈顺辉（2017年4月—）⑤
副巡视员：黄宗淦（2017年3—7月）⑥
副巡视员：刘添毅（2017年4月—）

江西省烟草专卖局（公司）

【概　况】　江西省烟草专卖局、中国烟草总公司江西省公司组建于1984年1月。1984年12月，江西省政府与中国烟草总公司签署协议，决定江西省烟草公司自签字之日起上划中国烟草总公司。2004年，实行工商管理体制分设。2006年，完成母子公司体制改革。2017年，江西省局（公

① 根据《中共国家烟草专卖局党组关于关军同志任职的通知》（国烟党〔2017〕182号），关军同志任中共浙江省烟草专卖局（公司）党组成员、党组纪检组组长，试用期一年。任职时间自2017年5月26日党组决定之日起计算。

② 根据《中共国家烟草专卖局党组关于陈兴煜、严松涛同志任职的通知》（国烟党〔2018〕19号），严松涛同志任浙江省烟草专卖局（公司）副巡视员，任职时间自2017年12月21日党组决定之日起计算。

③ 根据《中共国家烟草专卖局党组关于王道支等四名同志任职的通知》（国烟党〔2017〕268号），王道支、张丙利同志任中共安徽省烟草专卖局（公司）党组成员、中国烟草总公司安徽省公司副总经理，试用期一年；邵伏文同志任安徽省烟草专卖局（公司）总农艺师，试用期一年；程辉同志任安徽省烟草专卖局（公司）副巡视员。以上4名同志的任职时间自2017年10月30日党组决定之日起计算。

④ 根据国烟人〔2017〕313号文件，福建省长乐市烟草专卖局更名为福州市长乐区烟草专卖局。

⑤ 根据《中共国家烟草专卖局党组关于陈顺辉、刘添毅同志任职的通知》（国烟党〔2017〕120号），陈顺辉同志任福建省烟草专卖局（公司）总农艺师，试用期一年；刘添毅同志任福建省烟草专卖局（公司）副巡视员。陈顺辉、刘添毅同志的任职时间自2017年4月21日党组决定之日起计算。

⑥ 根据《中共国家烟草专卖局党组关于黄宗淦同志任职的通知》（国烟党〔2017〕84号），黄宗淦同志任福建省烟草专卖局（公司）副巡视员，任职时间自2017年3月24日党组决定之日起计算。

司）下辖南昌、九江、上饶、抚州、宜春、吉安、赣州、景德镇、萍乡、新余、鹰潭等 11 个地市级烟草专卖局（公司），98 个县级烟草专卖局（分公司）①，江西省烟草专卖局铁路分局、中国烟草井冈山传统教育基地、江西省锦峰投资管理责任有限公司、江西赣南烟叶复烤有限责任公司、江西省烟草培训中心、江西省烟草科学研究所。省局（公司）机关内设 15 个职能处室、6 个专业部门②。截至 2017 年底，总资产 218.71 亿元，其中，固定资产 26.13 亿元、流动资产 172.22 亿元，资产负债率 14.18%。从业人员 8234 人。

【领导成员】③

党组书记、局长、总经理：周恩海（2017 年 2 月—）

党组成员、副总经理：徐素珍

党组成员、副局长：胡义强

党组成员、纪检组长：章建华

党组成员、副总经理：李　民

巡视员：陈建辉（2017 年 2—8 月，之前任总会计师）

副巡视员：熊也农

山东省烟草专卖局（公司）

【概　况】　山东省烟草专卖局成立于 1983 年 10 月，山东省烟草公司组建于 1982 年 4 月。1985 年 12 月，山东省烟草公司正式上划中国烟草总公司，更名为中国烟草总公司山东省公司。2017 年，山东省局（公司）下辖济南、青岛、淄博、枣庄、东营、烟台、潍坊、济宁、泰安、威海、日照、莱芜、临沂、德州、聊城、滨州、菏泽等 17 个地市级烟草专卖局（有限公司）、137 个县级烟草专卖局（分公司、营销部）④，以及《东方烟草报》社有限公司、中国烟草山东进出口有限责任公司、中国烟草总公司青州中等专业学校、山东烟草投资管理有限公司、山东烟叶复烤有限公司、山东烟草研究院、山东泰山壹伍叁贰物联供应链有限公司，17 个专卖内管派驻机构，17 个审计派驻办。省局（公司）机关下设 22 个处室（部门）⑤，以及山东烟草专卖局铁路分局。截至 2017 年底，总资产 386.90 亿元，其中，固定资产 59.63 亿元、流动资产 259.55 亿元，资产负债率 19.61%。从业人员 21537 人。

【领导成员】

党组书记、局长、总经理：吴洪田

党组成员、副总经理：王卫平

党组成员、副局长：宋新忠（2017 年 7 月—，之前任党组成员、副总经理）⑥

党组成员、纪检组长：许　萍

党组成员、副总经理：徐立国（2017 年 6 月—）

党组成员、副总经理：曹红祥（2017 年 9 月—）⑦

巡视员：邓志坚（2017 年 3 月—，之前任副巡视员）⑧

副巡视员：韩志忠（—2017 年 12 月）

河南省烟草专卖局（公司）

【概　况】　河南省烟草专卖局成立于 1983 年 7 月，河南省烟草公司组建于 1982 年 11 月。1984 年 8 月，河南省政府和中国烟草总公司签订协议，决定河南省烟草公司及所辖工商企业全部上划中国烟草总公司，更名为中国烟草总公司河南省公司。2006 年，取消县级烟草公司法人资格，完成母子公司体制改革。2017 年，河南省局（公司）下辖郑州、开封、洛阳、平顶山、安阳、鹤壁、新乡、焦作、濮

---

① 根据国烟人〔2017〕84 号文件，撤销星子县烟草专卖局，设立庐山市烟草专卖局，江西省烟草公司九江市公司星子分公司更名为江西省烟草公司九江市公司庐山市分公司；根据国烟人〔2017〕134 号文件，东乡县烟草专卖局更名为抚州市东乡区烟草专卖局，赣县烟草专卖局更名为赣州市赣县区烟草专卖局。

② 根据国烟人〔2016〕222 号文件，2017 年 8 月起，撤销投资管理处和江西省烟草专卖局驻江西中烟工业有限责任公司专卖管理监督办公室。设立群团工作处（工会办公室）。人事劳资处更名为人事处；思想政治工作处更名为党建工作处（与机关党委合署办公）；监察处更名为纪检监察处（与党组纪检组合署办公）；安全保卫处更名为安全管理处；江西省烟草学会办事机构更名为烟草学会秘书处。行业特有工种职业技能鉴定站更名为特有职业（工种）职业技能鉴定站，归口人事处；整顿烟草经济秩序办公室更名为规范管理办公室，为议事协调机构，归口纪检监察处。江西省烟叶科学研究所更名为江西省烟草科学研究所。江西省烟草专卖局驻南昌铁路烟草专卖局更名为江西省烟草专卖局铁路分局。

③ 根据《中共国家烟草专卖局党组关于周恩海、陈建辉同志职务任免的通知》（国烟党〔2017〕70 号），周恩海同志任中共江西省烟草专卖局（公司）党组书记、江西省烟草专卖局局长、中国烟草总公司江西省公司总经理，试用期一年；陈建辉同志任江西省烟草专卖局（公司）巡视员，免去其江西省烟草专卖局（公司）总会计师职务。周恩海、陈建辉同志的任职时间自 2017 年 2 月 24 日党组决定之日起计算。

④ 根据国烟人〔2017〕85 号文件，章丘市烟草专卖局更名为济南市章丘区烟草专卖局。

⑤ 根据鲁烟党〔2017〕87 号文件，思想政治工作处调整为党建工作处，监察处调整为纪检监察处；根据鲁烟党〔2017〕112 号文件，设立群团工作处，工会办公室与群团工作处合署办公，部门名称为群团工作处（工会办公室）。

⑥ 根据《中共国家烟草专卖局党组关于宋新忠和徐立国同志职务任免的通知》（国烟党〔2017〕161 号），宋新忠同志任山东省烟草专卖局副局长，免去其中国烟草总公司山东省公司副总经理职务；徐立国同志任中共山东省烟草专卖局（公司）党组成员、中国烟草总公司山东省公司副总经理，试用期一年。徐立国同志的任职时间自 2017 年 6 月 16 日党组决定之日起计算。

⑦ 根据《中共国家烟草专卖局党组关于曹红祥同志任职的通知》（国烟党〔2017〕236 号），曹红祥同志任中共山东省烟草专卖局（公司）党组成员、中国烟草总公司山东省公司副总经理，试用期一年。任职时间自 2017 年 9 月 15 日党组决定之日起计算。

⑧ 根据《中共国家烟草专卖局党组关于邓志坚同志任职的通知》（国烟党〔2017〕101 号），邓志坚同志任山东省烟草专卖局（公司）巡视员，任职时间自 2017 年 3 月 24 日党组决定之日起计算。

阳、许昌、漯河、三门峡、南阳、商丘、信阳、周口、驻马店、济源等18个地市级烟草专卖局（公司），134个县级烟草专卖局、135个县级烟草分公司①，河南省烟草职工培训中心、中国烟草河南进出口有限责任公司、河南烟草投资管理有限公司、天昌国际烟草有限公司。省局（公司）机关下设15个职能处室、9个专业部门。截至2017年底，总资产384亿元，其中，固定资产40亿元、流动资产292亿元，资产负债率23.38%。从业人员2.44万人。

【领导成员】

党组书记、局长、总经理：武卫东

党组成员、纪检组长：程春节

党组成员、副局长：卢俊良

党组成员、副总经理：赵建州

党组成员、副总经理：王泽宗

副巡视员：付晖华（—2017年9月）

湖北省烟草专卖局（公司）

【概　况】　湖北省烟草专卖局成立于1984年3月，湖北省烟草公司成立于1983年8月。1984年11月12日，湖北省政府与中国烟草总公司签署协议，决定湖北省烟草公司自协议书签订之日起上划中国烟草总公司，更名为中国烟草总公司湖北省公司。2006年，完成母子公司体制改革。2017年，湖北省局（公司）下辖武汉、黄冈、襄阳、荆州、十堰、孝感、恩施、宜昌、咸宁、随州、黄石、荆门、鄂州等13个地市级烟草专卖局（公司），仙桃、天门、潜江等3个直管市烟草专卖局（公司）和神农架林区烟草专卖局（公司），89个县级局（营销部）、14个烟叶分公司，以及湖北烟草金叶复烤有限责任公司、湖北省烟草专卖局教育培训中心、湖北省烟草科学研究院（中国烟草白肋烟试验站）、湖北烟草投资管理有限责任公司、中国烟草湖北进出口有限责任公司。省局（公司）机关下设15个职能处室、7个专业部门②。截至2017年底，总资产318.13亿元，其中，固定资产34.77亿元、流动资产263.11亿元，资产负债率21.50%。从业人员1.3万人，其中聘用员工2642人。

【领导成员】

党组书记、局长、总经理：顾厚武

党组成员、副总经理：杨　树（—2017年12月）

党组成员、副局长：徐述舟

党组成员、副总经理：夏汉林

党组成员、副总经理：黄树立

党组成员、副总经理：梁　斌

党组成员、纪检组长：董　辉

巡视员：刘裕堂（—2017年6月）③

总会计师：周玉平

湖南省烟草专卖局（公司）

【概　况】　湖南省烟草专卖局成立于1983年10月，湖南省烟草公司成立于1983年7月。1985年1月，湖南省烟草公司正式上划中国烟草总公司，更名为中国烟草总公司湖南省公司。湖南省局（公司）下辖长沙、衡阳、株洲、湘潭、邵阳、岳阳、常德、张家界、益阳、郴州、永州、怀化、娄底、湘西等14个地市级烟草专卖局（公司）、90个县级烟草专卖局（分公司）及湖南烟叶复烤有限公司和湖南省烟草职工培训中心（湘潭烟草中专学校）。省局（公司）机关下设23个处室、部门和1个专业公司（中国烟草湖南进出口有限公司）。截至2017年底，总资产406.69亿元，其中，固定资产59.03亿元、流动资产291.71亿元，资产负债率10.25%。从业人员1.87万人。

【领导成员】④

党组书记、局长、总经理：樊剑峰

党组成员、副局长：李民灯

党组成员、副总经理：徐文军

党组成员、副总经理：谢建宏

党组成员、副总经理：黄国联（2017年7月—）

党组成员、纪检组长：代　伟（2017年7月—）

总农艺师：陆中山

巡视员：张志刚（—2017年4月）⑤

副巡视员：郑则豪

---

① 2017年4月，国家局、总公司印发国烟人〔2017〕104号文件，将许昌县烟草专卖局更名为许昌市建安区烟草专卖局，将许昌市烟草公司许昌县分公司更名为许昌市烟草公司建安分公司。许昌市建安区烟草专卖局与许昌市烟草公司建安分公司合署办公。

② 2016年，国家局、总公司印发国烟人〔2016〕220号文件，明确湖北省局（公司）下设15个职能处室、7个专业部门。结合实际情况，湖北省局（公司）依据原有方案运行至2017年2月。

③ 2017年6月，国家局党组印发国烟党〔2017〕128号文件，免去刘裕堂同志湖北省烟草专卖局（公司）巡视员职务，按照有关规定和原职级待遇办理退休手续。

④ 2017年8月，国家局党组印发国烟党〔2017〕207号文件，黄国联任中共湖南省烟草专卖局（公司）党组成员、中国烟草总公司湖南省公司副总经理，试用期一年；代伟任中共湖南省烟草专卖局（公司）党组成员、党组纪检组长，试用期一年。黄国联、代伟的任职时间自2017年7月16日党组决定之日起计算。

⑤ 2017年4月，国家局党组印发国烟党〔2017〕87号文件，张志刚按照有关规定和原职级待遇办理退休手续。

广东省烟草专卖局（公司）

【概　况】　广东省烟草专卖局、广东省烟草公司成立于1983年。1985年11月20日，广东省政府和中国烟草总公司签署协议，决定广东省烟草公司自协议签订之日起上划中国烟草总公司，更名为中国烟草总公司广东省公司。省局（公司）机关下设24个处室、部门，以及中国烟草广东进出口有限公司、广东粤烟投资管理有限公司、广州珠江城置业有限公司等3个专业公司。2017年，广东省局（公司）下辖广州、珠海、汕头、佛山、韶关、河源、梅州、惠州、汕尾、东莞、中山、江门、阳江、湛江、茂名、肇庆、清远、潮州、揭阳、云浮等20个地市级烟草专卖局（公司），广东韶关烟叶复烤有限公司、广东梅州烟叶复烤有限公司，78个县级烟草专卖局（分公司）。从业人员1.4万人。

【领导成员】①

党组书记、局长、总经理：刘依平（2017年5月—）

党组书记、局长、总经理：郑　伟（—2017年5月）

党组成员、纪检组长：周伟兵

党组成员、副总经理：张　力（—2017年9月）

党组成员、副局长：曾　政

党组成员、副总经理：周　亮

党组成员、副总经理：刘志斌（2017年8月—）

副巡视员：黄　方

副巡视员：傅　斌

广西壮族自治区烟草专卖局（公司）

【概　况】　广西壮族自治区烟草专卖局成立于1984年1月，广西壮族自治区烟草公司成立于1983年5月。1984年12月1日，广西壮族自治区人民政府与中国烟草总公司签署协议，决定自1985年1月1日起，广西壮族自治区烟草公司上划中国烟草总公司，更名为中国烟草总公司广西壮族自治区公司。2017年，广西壮族自治区局（公司）下辖南宁、柳州、桂林、梧州、北海、防城港、钦州、贵港、玉林、百色、贺州、河池、来宾、崇左等14个地市级烟草专卖局（公司），93个县级烟草专卖局（营销部）②，伊灵烟叶复烤有限责任公司。自治区局（公司）机关下设15个职能处室、7个专业部门。截至2017年底，总资产144.07亿元，其中，固定资产20.05亿元、流动资产112.87亿元，资产负债率17.29%。从业人员7760人。

【领导成员】③

党组书记、局长、总经理：王　全（2017年12月—）

党组书记、局长、总经理：赵同军（—2017年12月）

党组成员、副总经理：席亮文

党组成员、副局长：叶青峰

党组成员、副总经理：霍文义

党组成员、纪检组长：赵江波

党组成员、副总经理：陈可忠

总农艺师：李　波（2017年6月—）

副巡视员：宾能雄（2017年6月—）

海南省烟草专卖局（公司）

【概　况】　海南省烟草专卖局、中国烟草总公司海南省公司成立于1988年6月。2017年，海南省局（公司）下辖海口、三亚、儋州、琼海等4个地市级烟草专卖局（公司），14个县级烟草专卖局（营销部），持有海南金沙岛卷烟销售有限责任公司30%的股份。省局（公司）机关下设13个职能处室、7个专业部门、1个其他部门（海南烟草营销中心）。截至2017年底，总资产64亿元，其中，固定资产8亿元、流动资产58亿元，资产负债率11.96%。从业人员1305人，实行全员聘用制。

【领导成员】④

党组书记、局长、总经理：金忠理

---

① 2017年5月，国家局党组印发国烟党〔2017〕106号文件，刘依平任中共广东省烟草专卖局（公司）党组书记、广东省烟草专卖局局长、中国烟草总公司广东省公司总经理；免去郑伟中共广东省烟草专卖局（公司）党组书记、广东省烟草专卖局局长、中国烟草总公司广东省公司总经理职务。2017年9月，国家局党组印发国烟党〔2017〕220号文件，刘志斌任中共广东省烟草专卖局（公司）党组成员、中国烟草总公司广东省公司副总经理，试用期一年，任职时间自2017年8月18日党组决定之日起计算。

② 2017年5月，国家局印发国烟人〔2017〕133号文件，将柳江县烟草专卖局更名为柳州市柳江区烟草专卖局。2017年9月，国家局印发国烟人〔2017〕273号文件，将宜州市烟草专卖局更名为河池市宜州区烟草专卖局；将河池市城区烟草专卖局更名为河池市金城江区烟草专卖局，将广西壮族自治区烟草公司河池市公司城区营销部更名为广西壮族自治区烟草公司河池市公司金城江营销部。

③ 2017年7月，国家局党组印发国烟党试用期一年；〔2017〕164号文件，李波任广西壮族自治区烟草专卖局（公司）总农艺师，宾能雄任广西壮族自治区烟草专卖局（公司）副巡视员。李波、宾能雄的任职时间自2017年6月6日党组决定之日起计算。2018年1月，国家局党组印发国烟党〔2018〕16号文件，王全同志任中共广西壮族自治区烟草专卖局（公司）党组书记、广西壮族自治区烟草专卖局局长，中国烟草总公司广西壮族自治区公司总经理，试用期一年，免去赵同军同志中共广西壮族自治区烟草专卖局（公司）党组书记，广西壮族自治区烟草专卖局局长、中国烟草总公司广西壮族自治区公司总经理职务。王全同志的任职时间自2017年12月21日党组决定之日起计算。

④ 2017年11月，国家局党组印发国烟党〔2017〕256号文件，王军、王斌斌任中共海南省烟草专卖局（公司）党组成员、中国烟草总公司海南省公司副总经理，试用期一年；任职时间自2017年8月30日党组决定之日起计算。

党组成员、副局长：林先德（正厅级）

党组成员、副局长：闫玉岗

党组成员、纪检组长：梁开朝

党组成员、副总经理：王 军（2017 年 8 月—）

党组成员、副总经理：王斌斌（2017 年 8 月—）

总会计师：徐丽芬

重庆市烟草专卖局（公司）

【概　况】 重庆市烟草专卖局、重庆市烟草公司成立于 1983 年。1984 年 7 月 14 日，重庆市政府与中国烟草总公司签署协议，决定自 1985 年 1 月 1 日起，重庆市烟草公司上划中国烟草总公司，更名为中国烟草总公司重庆市公司。2017 年，重庆市局（公司）下辖万州、涪陵、黔江、渝中、大渡口、江北、沙坪坝、九龙坡、南岸、北碚、万盛经济技术开发区、渝北、巴南、长寿、江津、合川、永川、南川、綦江、大足、璧山、铜梁、潼南、荣昌、梁平、城口、丰都、垫江、武隆、忠县、开州、云阳、奉节、巫山、巫溪、石柱、秀山、酉阳、彭水等 39 个区（县）烟草专卖局（分公司）①，中国烟草总公司重庆市公司销售分公司、烟叶分公司、物流分公司等 3 个专业分公司，以及重庆市烟草投资管理有限公司、重庆烟叶复烤有限公司和重庆烟草科学研究所。市局（公司）下设 20 个部门。截至 2017 年底，总资产 187.27 亿元，其中，固定资产 12.20 亿元，流动资产 158.79 亿元，资产负债率 22.61%。从业人员 8594 人。

【领导成员】②

党组书记、局长、总经理：王永平

党组成员、副总经理：李 江

党组成员、副总经理：冉幕寿

党组成员、副总经理：刘庆岩

党组成员、副局长：刘 伟

党组成员、纪检组长：智 力（—2017 年 3 月）

党组成员、纪检组长：刘静瑶（2017 年 2 月—）

副巡视员：李纯林

副巡视员：刘 劲

四川省烟草专卖局（公司）

【概　况】 四川省烟草专卖局成立于 1983 年 3 月，四川省烟草公司成立于 1982 年 10 月。1984 年 7 月 9 日，四川省人民政府与中国烟草总公司签署《关于四川省烟草公司上划交接协议书》，规定自签订之日起，四川省烟草公司上划中国烟草总公司，更名为中国烟草总公司四川省公司。2017 年，四川省局（公司）下辖成都、自贡、攀枝花、泸州、德阳、绵阳、广元、遂宁、内江、乐山、南充、宜宾、广安、达州、巴中、雅安、眉山、资阳、凉山、阿坝、甘孜等 21 个地市级烟草专卖局（公司），182 个县级烟草专卖局，170 个县级烟草分公司③，以及中国烟草四川进出口有限责任公司、四川烟叶复烤有限责任公司、四川诚至诚烟草投资有限责任公司。截至 2017 年底，总资产 463.20 亿元，其中，固定资产 47.61 亿元、流动资产 365.44 亿元，资产负债率 10.54%。从业人员 1.34 万人。

【领导成员】④

党组书记、局长、总经理：李恩华

党组成员、副局长：陈 霖（2017 年 12 月—，之前任党组成员、副总经理）

党组成员、副总经理：肖 瑞

党组成员、总会计师：石 磊（—2017 年 10 月）

党组成员、纪检组长：唐 强

党组成员、副总经理：麻世强

党组成员、副总经理：耿宏斌（2017 年 8 月—）

副巡视员：商 波（—2017 年 11 月）

副巡视员：陈东风

贵州省烟草专卖局（公司）

【概　况】 贵州省烟草专卖局成立于 1983 年 9 月，贵州省烟草公司成立于 1981 年 11 月。1985 年 11 月 13 日，贵州省政府与中国烟草总公司签署协议，决定自 1986 年 6 月 1 日起，贵州省烟草公司上划中国烟草总公司，更名为中国烟草总公司贵州省公司。2004 年 1 月，贵州烟草实行工商分设。2006 年，取消县级公司法人资格，确立地市级公司

① 2017 年 2 月，国家局印发国烟人〔2017〕66 号文件，将梁平县烟草专卖局更名为重庆市梁平区烟草专卖局，将武隆县烟草专卖局更名为重庆市武隆区烟草专卖局。

② 2018 年 3 月，国家局党组印发国烟党〔2018〕52 号文件，刘庆岩正式任中共重庆市烟草专卖局（公司）党组成员、中国烟草总公司重庆市公司副总经理，刘伟正式任中共重庆市烟草专卖局（公司）党组成员、重庆市烟草专卖局副局长，刘静瑶正式任中共重庆市烟草专卖局（公司）党组成员、党组纪检组组长。刘庆岩、刘伟的任职时间自 2016 年 12 月 13 日党组决定之日起计算，刘静瑶的任职时间自 2017 年 2 月 10 日党组决定之日起计算。

③ 2017 年 2 月，国家局印发国烟人〔2017〕73 号文件，将双流县烟草专卖局更名为成都市双流区烟草专卖局，将郫县烟草专卖局更名为成都市郫都区烟草专卖局，将四川省烟草公司成都市公司郫县分公司更名为四川省烟草公司成都市公司郫都分公司。成都市郫都区烟草专卖局与四川省烟草公司成都市公司郫都分公司合署办公。2017 年 9 月，国家局印发国烟人〔2017〕269 号文件，将隆昌县烟草专卖局更名为隆昌市烟草专卖局。

④ 2017 年 12 月，国家局党组印发国烟党〔2017〕273 号文件，陈霖任四川省烟草专卖局副局长，免去其中国烟草总公司四川省公司副总经理职务；耿宏斌任中共四川省烟草专卖局（公司）党组成员、中国烟草总公司四川省公司副总经理，试用期一年，耿宏斌的任职时间自 2017 年 8 月 18 日党组决定之日起计算。

市场经营主体地位，建立母子公司体制。2017 年，贵州省局（公司）下辖贵阳、遵义、六盘水、安顺、毕节、铜仁、黔东南、黔南、黔西南、贵安等 10 个地市级烟草专卖局（公司），88 个县级烟草专卖局、76 个县级分公司①，贵州省烟草科学研究院、中国烟草贵州进出口有限责任公司、贵州烟草投资管理有限公司、贵州烟叶复烤有限责任公司。省局（公司）机关下设 15 个职能处室、9 个专业部门②。截至 2017 年底，总资产 316.48 亿元，其中，固定资产 45.06 亿元，流动资产 253.13 亿元，资产负债率 11.73%。

【领导成员】

党组书记、局长、总经理：高体仁③

党组成员、巡视员、副总经理：李智勇

党组成员、副局长：任　林

党组成员、纪检组长：钟　勇

党组成员、副总经理：沈　宏

副巡视员：赵建忠（—2017 年 5 月）

云南省烟草专卖局（公司）

【概　况】　云南省烟草专卖局成立于 1983 年 11 月，云南省烟草公司成立于 1982 年 4 月。1985 年 1 月，云南省人民政府与中国烟草总公司签署《关于云南省烟草公司上划交接协议书》，决定自 1985 年 1 月 1 日起，云南省烟草公司上划中国烟草总公司，更名为中国烟草总公司云南省公司。2017 年，云南省局（公司）下辖昆明、玉溪、曲靖、红河、楚雄、大理、昭通、保山、文山、普洱、丽江、临沧、德宏、西双版纳、怒江、迪庆等 16 家地市级烟草专卖局（公司）、128 家县级局（分公司）④；云南省烟草烟叶公司、中国烟草云南进出口有限公司、云南烟叶复烤有限责任公司、云南华叶投资有限责任公司、云南香料烟有限责任公司等 5 个直属企业和云南省烟草农业科学研究院、云南省烟草质量监督检测站、云南省烟草专卖局机关服务中心等 3 个直属事业单位（注销云南省烟草实业公司）。省局（公司）机关下设 15 个职能处室，6 个专业部门⑤。截至 2017 年底，总资产 1123.30 亿元，其中，固定资产 66.42 亿元、流动资产 897.57 亿元，资产负债率 15.9%。从业人员 1.8 万人。

【领导成员】

党组书记、局长、总经理：陈卫东

党组成员、副总经理：高体仁（—2017 年 1 月）

党组成员、纪检组长：许力为

党组成员、副总经理：邓小刚

总农艺师：杨荣生

副巡视员：段应泽

副巡视员：包　毅

副巡视员：付昆生

副巡视员：杨世田

西藏自治区烟草专卖局（公司）

【概　况】　西藏自治区烟草专卖局、西藏自治区烟草公司成立于 1998 年 1 月。2001 年 1 月，西藏自治区烟草公司正式上划中国烟草总公司，更名为中国烟草总公司西藏自治区公司。2017 年，西藏自治区局（公司）下辖拉萨、山南、日喀则、林芝、昌都、阿里等 6 个地市级烟草专卖局（公司）。自治区局（公司）机关下设 15 个职能处室、5 个专业部门、1 个临时机构⑥。截至 2017 年底，总资产 31.80 亿元，其中，固定资产 4.31 亿元、流动资产 25.78 亿元，资产负债率 20.07%。从业人员 872 人。

【领导成员】

党委书记、局长、总经理：宋　俊

党委委员、副局长：旺　啦（2017 年 2 月—，之前任党委委员、纪委书记、副局长）

党委委员、副总经理：乔建民

党委委员、副总经理：洛　桑

党委委员、副局长：白向群

党委委员、纪委书记：普　布（2017 年 2 月—）⑦

副巡视员：王永长

陕西省烟草专卖局（公司）

【概　况】　陕西省烟草专卖局成立于 1984 年 9 月，陕西省烟草公司成立于 1984 年 7 月，实行合署办公。1985 年 4 月 3 日，陕西省人民政府与中国烟草总公司签署协议，决定自 1985 年 1 月 1 日起，陕西省烟草公司上划中国烟草总公

---

① 2017 年 9 月，国家局印发国烟人〔2017〕266 号文件，将盘县烟草专卖局更名为盘州市烟草专卖局，将六盘水市烟草公司盘县分公司更名为六盘水市烟草公司盘州分公司。盘州市烟草专卖局与六盘水市烟草公司盘州分公司合署办公。2017 年 10 月，国家局印发国烟人〔2017〕302 号文件，设立六盘水市烟草公司钟山分公司和六枝分公司。

② 据国烟人〔2016〕225 号文件设置。

③ 2017 年 1 月，国家局党组印发国烟党〔2017〕13 号文件，高体仁同志正式任中共贵州省烟草专卖局（公司）党组书记、贵州省烟草专卖局局长、中国烟草总公司贵州省公司总经理，试用期一年，任职时间自 2016 年 12 月 13 日党组决定之日起计算。

④ 2017 年 4 月，国家局印发国烟人〔2017〕105 号文件，将晋宁县烟草专卖局更名为昆明市晋宁区烟草专卖局。昆明市晋宁区烟草专卖局与昆明市烟草公司晋宁分公司合署办公。

⑤ 据国烟人〔2017〕159 号文件设置

⑥ 据国烟人〔2016〕281 号文件设置。

⑦ 2017 年 3 月，国家局党组印发国烟党〔2017〕72 号文件，普布同志任中共西藏自治区烟草专卖局（公司）党委委员、纪委书记，试用期一年，任职时间自 2017 年 2 月 24 日党组决定之日起计算。免去旺啦同志中共西藏自治区烟草专卖局（公司）纪委书记职务。

司，更名为中国烟草总公司陕西省公司。2007 年实施母子公司体制改革。2017 年，陕西省局（公司）下辖西安、咸阳、宝鸡、渭南、铜川、商洛、汉中、安康、延安、榆林、杨凌示范区等 11 个地市级烟草专卖局（公司），106 个县级烟草专卖局（分公司）①，以及陕西烟草投资管理有限公司、陕西烟草进出口有限责任公司、西安铁路烟草专卖分局。省局（公司）机关下设 15 个职能处室、8 个专业部门。截至 2017 年底，总资产 168.32 亿元，其中，固定资产 20.17 亿元、流动资产 122.66 亿元，资产负债率 19.41%。从业人员 9510 人，实行全员聘用制。

【领导成员】②

党组书记、局长、总经理：高兴智（2017 年 5 月—）

党组书记、局长、总经理：张天峰（—2017 年 5 月）

党组成员、副局长：吉应城

党组成员、副总经理：梁培荣

党组成员、副总经理：姚宗东（—2017 年 4 月）

党组成员、纪检组长：赵启斌

党组成员、副总经理：董旭红（2017 年 4 月—）

副巡视员：杨一端（2017 年 6 月—）

甘肃省烟草专卖局（公司）

【概　况】　甘肃省烟草专卖局、甘肃省烟草公司成立于 1984 年 9 月，实行合署办公。1985 年 5 月 15 日，甘肃省经济委员会与中国烟草总公司签署协议，决定从协议签订之日起甘肃省烟草公司上划中国烟草总公司，更名为中国烟草总公司甘肃省公司。2006 年，完成母子公司体制改革。2017 年，甘肃省局（公司）下辖兰州、天水、定西、酒泉、武威、张掖、庆阳、平凉、陇南、白银、金昌、嘉峪关、临夏、甘南等 14 个地市级烟草专卖局（公司），82 个县级烟草专卖局（营销部）和 1 个县级烟草专卖局（公司），甘肃省烟草专卖局铁路分局。省局（公司）机关下设 15 个职能处室、6 个专业部门。截至 2017 年底，总资产 81.47 亿元，其中，固定资产 8.20 亿元、流动资产 58.83 亿元，资产负债率 5.22%。从业人员 4465 人，实行全员聘用制。

【领导成员】

党组书记、局长、总经理：师增建

党组成员、副总经理：张　威

党组成员、副总经理：杨　洪

党组成员、副局长：蔺志宏

党组成员：田　成

党组成员、副总经理：何绍青

党组成员、纪检组长：文黎耕（2017 年 8 月—）③

副巡视员：杨　卫

副巡视员：王永毅

青海省烟草专卖局（公司）

【概　况】　青海省烟草专卖局、青海省烟草公司成立于 1984 年，1986 年 1 月青海省烟草公司上划中国烟草总公司，更名为中国烟草总公司青海省公司。2004 年理顺全省烟草专卖管理体制，2007 年完成母子公司体制改革。2017 年，青海省局（公司）下辖西宁、海东、海西、格尔木、海北、海南、黄南、玉树、果洛等 9 个地市级烟草专卖局（公司），35 个县级烟草专卖局，34 个县级卷烟营销部。截至 2017 年底，总资产 34.93 亿元，其中，固定资产 1.76 亿元、流动资产 32.85 亿元，资产负债率 17.51%。从业人员 1239 人。

【领导成员】④

党组书记、局长、总经理：李德义［2017 年 9 月—，之前任党组副书记、副局长、副总经理（主持工作）］

党组成员、副总经理：秦　刚

党组成员、副总经理：刘海宁

党组成员、纪检组长：李祥红（2017 年 8 月—）

---

① 2017 年 1 月，国家局印发国烟人〔2017〕10 号文件，将榆林市横山县烟草专卖局更名为榆林市横山区烟草专卖局，将榆林市烟草公司横山县分公司更名为榆林市烟草公司横山分公司。榆林市横山区烟草专卖局与榆林市烟草公司横山分公司合署办公。将延安市安塞县烟草专卖局更名为延安市安塞区烟草专卖局，将延安市烟草公司安塞县分公司更名为延安市烟草公司安塞分公司。延安市安塞区烟草专卖局与延安市烟草公司安塞分公司合署办公。2017 年 8 月，国家局印发国烟人〔2017〕197 号文件，将神木县烟草专卖局更名为神木市烟草专卖局。

② 2017 年 6 月，国家局党组印发国烟党〔2017〕145 号文件，高兴智任中共陕西省烟草专卖局（公司）党组书记、陕西省烟草专卖局局长、中国烟草总公司陕西省公司总经理，试用期一年，任职时间自 2017 年 5 月 26 日党组决定之日起计算。免去张天峰同志中共陕西省烟草专卖局（公司）党组书记、陕西省烟草专卖局局长、中国烟草总公司陕西省公司总经理职务。2017 年 5 月，国家局党组印发国烟党〔2017〕121 号文件，董旭红任中共陕西省烟草专卖局（公司）党组成员、中国烟草总公司陕西省公司副总经理，试用期一年，任职时间自 2017 年 4 月 21 日党组决定之日起计算。2017 年 6 月，国家局党组印发国烟党〔2017〕151 号文件，杨一端任陕西省烟草专卖局（公司）副巡视员，任职时间自 2017 年 6 月 16 日党组决定之日起计算。

③ 2017 年 9 月，国家局党组印发国烟党〔2017〕225 号文件，文黎耕任中共甘肃省烟草专卖局（公司）党组成员、党组纪检组组长，试用期一年，任职时间自 2017 年 8 月 18 日党组决定之日起计算。

④ 2017 年 10 月，国家局党组印发国烟党〔2017〕235 号文件，李德义任中共青海省烟草专卖局（公司）党组书记、青海省烟草专卖局局长、中国烟草总公司青海省公司总经理，试用期一年，任职时间自 2017 年 9 月 15 日党组决定之日起计算。2017 年 9 月，国家局党组印发国烟党〔2017〕226 号文件，李祥红任中共青海省烟草专卖局（公司）党组成员、党组纪检组组长，试用期一年，任职时间自 2017 年 8 月 18 日党组决定之日起计算。2017 年 4 月，国家局党组印发国烟党〔2017〕80 号文件，张超凡任青海省烟草专卖局（公司）巡视员，免去其中共青海省烟草专卖局（公司）党组成员、青海省烟草专卖局副局长职务；祁万卷任青海省烟草专卖局（公司）副巡视员。张超凡、祁万卷的任职时间自 2017 年 2 月 24 日党组决定之日起计算。

巡视员：张超凡（2017 年 2 月—，之前任党组成员、副局长）

副巡视员：祁万卷（2017 年 2 月—）

宁夏回族自治区烟草专卖局（公司）

【概　况】　宁夏回族自治区烟草专卖局、宁夏回族自治区烟草公司成立于 1983 年 10 月。1986 年 1 月，宁夏回族自治区烟草公司上划中国烟草总公司，更名为中国烟草总公司宁夏回族自治区公司。2017 年，宁夏回族自治区局（公司）下辖银川、石嘴山、吴忠、固原、中卫等 5 个地市级烟草专卖局（公司），22 个县级烟草专卖局（分公司）①，以及宁夏润维商贸有限责任公司、宁夏回族自治区公司物流中心。自治区局（公司）机关下设 12 个职能部门、4 个专业部门。截至 2017 年底，总资产 29.96 亿元，其中，固定资产 4.44 亿元、流动资产 24.07 亿元，资产负债率 9.39%。从业人员 1254 人，实行全员聘用制。

【领导成员】

党组书记、局长、总经理：姜　凯

党组成员、副局长：李光荣

党组成员、副总经理：罗增平

党组成员、纪检组长：李文辉

党组成员、副总经理：虎治富

副巡视员：李俊国（2017 年 8 月—）②

新疆维吾尔自治区烟草专卖局（公司）

【概　况】　新疆维吾尔自治区烟草专卖局、新疆维吾尔自治区烟草公司成立于 1986 年 1 月 1 日，同年，新疆维吾尔自治区烟草公司上划中国烟草总公司，更名为中国烟草总公司新疆维吾尔自治区公司，2017 年 12 月，调整为新疆维吾尔自治区烟草公司③。2011 年，自治区局将各地、州、市烟草专卖局所属县级烟草专卖行政主管部门名称统一为"某某地、州、市某某县（市、区）烟草专卖局"，原县级卷烟经营机构主要任务是市场服务，不再具体从事卷烟的批发与零售及其他经营活动。2017 年，新疆维吾尔自治区局（公司）下辖乌鲁木齐、昌吉、博尔塔拉、伊犁、克拉玛依、塔城、阿勒泰、吐鲁番、哈密、巴音郭楞、阿克苏、喀什、和田等 13 个地市级烟草专卖局（公司）④，新疆维吾尔自治区烟草专卖局石河子市局、克孜勒苏柯尔克孜自治州烟草专卖局 2 个地（州、市）烟草专卖局⑤，97 个县级烟草专卖局⑥，新疆烟草进出口有限责任公司、新疆烟草营销中心、新疆烟草物流中心。自治区局（公司）机关下设 12 个职能处室、4 个专业部门。截至 2017 年底，总资产 75.79 亿元，其中，固定资产 7.06 亿元、流动资产 62.78 亿元，资产负债率 9.56%。从业人员 3102 人。

【领导成员】⑦

党组书记、局长：邱永春

巡视员：多里坤・阿西木（2017 年 8 月—，之前任党组成员、纪检组长、副局长）

党组成员、副总经理：刘建昌

党组成员、副局长：曲卫东

党组成员、副总经理：孙　勇

党组成员、副总经理：木哈拉木・西日甫(2017 年 8 月—)

副巡视员：姜　涛（—2017 年 4 月）

副巡视员：郑学义（—2017 年 12 月）

---

① 2017 年 6 月，国家局印发国烟人〔2017〕155 号文件，设立银川市金凤区烟草专卖局、银川市烟草公司金凤分公司。银川市金凤区烟草专卖局与银川市烟草公司金凤分公司合署办公。

设立银川市西夏区烟草专卖局，银川市烟草公司西夏分公司。银川市西夏区烟草专卖局与银川市烟草公司西夏分公司合署办公。

设立石嘴山市大武口区烟草专卖局，石嘴山市烟草公司大武口分公司。石嘴山市大武口区烟草专卖局与石嘴山市烟草公司大武口分公司合署办公。

设立吴忠市利通区烟草专卖局，吴忠市烟草公司利通分公司。吴忠市利通区烟草专卖局与吴忠市烟草公司利通分公司合署办公。

设立吴忠市红寺堡区烟草专卖局，吴忠市红寺堡分公司。吴忠市红寺堡区烟草专卖局与吴忠市红寺堡分公司合署办公。

设立固原市原州区烟草专卖局、固原市烟草公司原州分公司。固原市原州区烟草专卖局与固原市烟草公司原州分公司合署办公。

设立中卫市沙坡头区烟草专卖局、中卫市烟草公司沙坡头分公司。中卫市沙坡头区烟草专卖局与中卫市烟草公司沙坡头分公司合署办公。

② 2017 年 9 月，国家局党组印发国烟党〔2017〕227 号文件，李俊国任宁夏回族自治区烟草专卖局（公司）副巡视员，任职时间自 2017 年 8 月 30 日党组决定之日起计算。

③ 2017 年 12 月，国家局印发国烟法〔2017〕383 号文件，将公司名称调整为"新疆维吾尔自治区烟草公司"，"中国烟草总公司新疆维吾尔自治区公司"名称不再使用。

④ 2017 年 4 月，国家局印发国烟人〔2017〕118 号文件，将新疆维吾尔自治区哈密地区烟草专卖局更名为哈密市烟草专卖局，将新疆维吾尔自治区哈密地区烟草公司更名为新疆维吾尔自治区哈密市烟草公司。

⑤ 喀什地区烟草专卖局与克孜勒苏柯尔克孜自治州烟草专卖局合署办公。新疆烟草兵团石河子有限公司是兵团国资公司下属企业，人、财、物属兵团国资公司，自治区公司仅对其经营管理工作进行指导。

⑥ 2017 年 1 月，国家局印发国烟人〔2017〕42 号文件，设立昆玉市烟草专卖局，负责辖区内的烟草专卖管理工作。2017 年 4 月，国家局印发国烟人〔2017〕118 号文件，将哈密地区哈密市烟草专卖局更名为哈密市伊州区烟草专卖局。2017 年 10 月，国家局印发国烟人〔2017〕304 号文件，设立克拉玛依市克拉玛依区烟草专卖局、克拉玛依市独山子区烟草专卖局、克拉玛依市白碱滩区烟草专卖局、克拉玛依市乌尔禾区烟草专卖局，负责各自辖区内的烟草专卖管理工作。

⑦ 2017 年 9 月，国家局党组印发国烟党〔2017〕219 号文件，多里坤・阿西木任新疆维吾尔自治区烟草专卖局（公司）巡视员，免去其中共新疆维吾尔自治区烟草专卖局（公司）党组成员、党组纪检组组长、新疆维吾尔自治区烟草专卖局副局长职务。木哈拉木・西日甫任中共新疆维吾尔自治区烟草专卖局（公司）党组成员、中国烟草总公司新疆维吾尔自治区公司副总经理，试用期一年。多里坤・阿西木、木哈拉木・西日甫的任职时间自 2017 年 8 月 18 日党组决定之日起计算。

副巡视员：张　力

副巡视员：陈跃敏

大连市烟草专卖局（公司）

【概　况】　大连市烟草专卖局、大连市烟草公司成立于1984年，1994年上划国家烟草专卖局，在烟草行业内计划单列，是国家局、总公司直接管理的省级烟草专卖局（公司）。2006年10月，国家局印发《国家烟草专卖局关于大连市烟草公司建立母子公司体制改革的批复》（国烟法〔2006〕754号），同意将大连市烟草公司的名称变更为中国烟草总公司大连市公司。2017年，大连市局（公司）下辖中山、西岗、沙河口、甘井子、旅顺口、金州、普兰店、瓦房店、庄河、长海等10个区（市、县）烟草专卖局（分公司），大连烟草营销中心、大连烟草物流中心，大连东方大厦有限公司，以及大连春天物业管理有限公司控股子公司。市局（公司）机关下设11个职能处（室）、4个专业部门。截至2017年底，总资产59.56亿元，其中，固定资产1.79亿元、流动资产54.94亿元，资产负债率5.65%。从业人员707人，实行全员聘用制。

【领导成员】①

党组书记、局长、总经理：刘　宁

党组成员、副总经理：杨际明

党组成员、副局长：顾　建

党组成员、纪检组长：刘文华（2017年3月—）

党组成员、副总经理：郭天龙（2017年3月—）

深圳市烟草专卖局（公司）

【概　况】　深圳市烟草专卖局、深圳市烟草公司成立于1986年。1995年4月，深圳市烟草公司上划中国烟草总公司，更名为中国烟草总公司深圳市公司，享有省级烟草专卖管理权、经营权。2017年，深圳市局（公司）下辖10个区烟草专卖局（公司）②，中深烟草贸易中心1家直属公司，以及深圳烟草进出口有限公司1家联营公司。市局（公司）机关下设11个职能处室、6个专业部门，2个其他部门。截至2017年底，总资产121.96亿元，其中，固定资产5.33亿元、流动资产111.95亿元，资产负债率3.23%。从业人员1317人，实行全员聘用制。

【领导成员】

党组书记、局长、总经理：张亚宾

党组成员、副总经理：王　军（—2017年8月）

党组成员、副局长：吴镇丰

党组成员、副总经理：李新忠

党组成员、纪检组长：洪美宣

副巡视员：陈雪慧（—2017年3月）

◇ 编辑：张建丽　邢忠敏　褚　幸

省级中烟工业公司

河北中烟工业有限责任公司

【概　况】　河北中烟工业有限责任公司前身为河北烟草工商分设后成立于2003年6月的河北中烟工业公司。2010年12月，国家局、总公司批复同意河北中烟工业公司更名改制为河北中烟工业有限责任公司，并于2011年7月挂牌成立。公司下设张家口卷烟厂有限责任公司、河北白沙烟草有限责任公司2家具有独立法人资格的卷烟工业企业。2017年，公司本部下设21个部门（新设立群团工作部），北方烟机配件有限公司1家专业公司，河北烟草工业教育培训中心1家教育机构。截至2017年底，公司拥有总资产180.19亿元，其中，固定资产27.37亿元、流动资产145.22亿元，资产负债率26.96%。在岗员工5025人。

【领导机构】

董事会

董事长：舒　明（2017年5月—）③

代理董事长：许明忠（—2017年6月）

董　事：刘依平（—2017年8月）、籍　涛（2017年12月—）、杨　军、师进辉、秦　剑、马伶燕（2017年12

---

①　2017年4月，国家局党组印发国烟党〔2017〕81号文件，刘文华任中共大连市烟草专卖局（公司）党组成员、党组纪检组组长（部门副职），试用期一年；郭天龙任中共大连市烟草专卖局（公司）党组成员、中国烟草总公司大连市公司副总经理，试用期一年。刘文华、郭天龙同志的任职时间自2017年3月24日党组决定之日起计算。

②　2017年3月，国家局印发国烟人〔2017〕83号文件，将深圳市龙华新区烟草专卖局更名为深圳市龙华区烟草专卖局，将深圳市烟草龙华新区公司更名为深圳市烟草龙华公司，深圳市龙华区烟草专卖局与深圳市烟草龙华公司合署办公。将深圳市坪山新区烟草专卖局更名为深圳市坪山区烟草专卖局，将深圳市烟草坪山新区公司更名为深圳市烟草坪山公司，深圳市坪山区烟草专卖局与深圳市烟草坪山公司合署办公。

③　2017年6月，国家局、总公司印发国烟人〔2017〕147号文件，委派舒明同志为河北、江西、山东、广东、广西中烟工业有限责任公司董事会董事、董事长（试用期一年），不再担任湖北、湖南、贵州、陕西中烟工业有限责任公司董事会董事；舒明同志任职时间自2017年5月26日党组决定之日起计算。

月—)①、李　刚（职工董事）

监　事：王海峰

班子成员

党组书记、总经理：籍　涛（2017 年 7 月—）

党组书记、总经理：刘依平（—2017 年 5 月）

党组成员、副总经理：师进辉

党组成员、纪检组长：王海峰

党组成员、副总经理：杜为红（2017 年 10 月—）

党组成员、副总经理：陈昌鸿

巡视员：杨　军

副巡视员：史雨民（—2017 年 8 月）

江苏中烟工业有限责任公司

【概　况】 江苏中烟工业有限责任公司前身为江苏烟草工商分设后于 2003 年 9 月成立的江苏中烟工业公司。2006 年 12 月，完成对省内卷烟工业企业的合并重组。2008 年 5 月，经国家局、总公司批复同意，改制更名为江苏中烟工业有限责任公司，并于 2009 年 9 月成立董事会，12 月举行挂牌仪式。公司下设南京卷烟厂、徐州卷烟厂、淮阴卷烟厂等 3 家不具有法人资格的卷烟生产厂，以及南通烟滤嘴有限责任公司、江苏鑫源烟草薄片有限公司 2 个全资子公司。2017 年，公司本部下设 23 个部门（撤销再造烟叶研究所，增设群团工作部）。截至 2017 年底，公司拥有总资产 620.09 亿元，其中，固定资产 70.62 亿元、流动资产 487.47 亿元，资产负债率 10.99%。从业人员 5128 人。

【领导机构】

董事会

董事长：吴建明（—2017 年 6 月）

副董事长：高学林（2017 年 6 月—，主持工作）

董　事：曾献兵、马　健、宣晓泉、郭　勤（2017 年 6 月—）、黄翠萍（—2017 年 6 月）、张弘毅、招启柏（2017 年 12 月—）、朱卫星（—2017 年 12 月）

监　事：黄宝生（2017 年 12 月—）

班子成员

党组书记、总经理：曾献兵

党组成员、副总经理、工会主席：马　健

党组成员、副总经理：宣晓泉

党组成员、副总经理：王轩庭

党组成员、副总经理：王海龙

党组成员、纪检组长：黄宝生（2017 年 3 月—）

党组成员、副总经理：朱卫星（2017 年 5 月—）

浙江中烟工业有限责任公司

【概　况】 浙江中烟工业有限责任公司前身为浙江烟草工商分设后于 2003 年 7 月成立的浙江中烟工业公司。2007 年 11 月，浙江中烟工业公司改制更名为浙江中烟工业有限责任公司。公司下设杭州、宁波卷烟厂和浙江中烟投资管理有限公司，参股甘肃烟草工业有限责任公司和环球烟草有限责任公司、科伦印象有限责任公司。2017 年，公司本部下设 16 个部门（新设立群团工作部，与工会办公室合署办公；思想政治工作部调整为党建工作部，与直属党委合署办公；监察部调整为纪检监察部，与党组纪检组合署办公）。截至 2017 年底，公司拥有总资产 498.54 亿元，其中，固定资产 72.65 亿元、流动资产 359.01 亿元，资产负债率 25.45%。从业人员 3308 人。

【领导机构】

董事会

董事长：张本甫

董　事：刘建设（—2017 年 7 月）、许明忠（2017 年 7 月—）、孟伟刚、杨柳军、马伶燕（—2017 年 6 月）、朱湘海、王良君（职工董事）

监　事：王德源（2017 年 9 月—）

班子成员

党组书记、总经理：许明忠（2017 年 2 月—）

党组书记、总经理：刘建设（—2017 年 2 月）

党组成员、副总经理：杨柳军

党组成员、纪检组长：王德源（2017 年 5 月—）

党组成员、副总经理：娄晓平

党组成员、副总经理：张思荣

党组成员、副总经理：陶建英（2017 年 3 月—）

巡视员：孟伟刚（2017 年 1 月—，之前任党组成员、副总经理、巡视员）

副巡视员：张东初（2017 年 1—4 月）

总工程师：储国海

安徽中烟工业有限责任公司

【概　况】 安徽中烟工业有限责任公司前身为安徽烟草

---

① 根据 2017 年 6 月《国家烟草专卖局　中国烟草总公司关于张本甫等 8 名同志职务调整的通知》（国烟党〔2017〕151 号），委派马伶燕同志为河北、江西、山东、广东、广西中烟工业有限责任公司董事会董事，不再担任浙江、安徽、重庆、四川、云南中烟工业有限责任公司董事会董事。

工商分设后于2003年4月成立的安徽中烟工业公司。2010年，经国家局、总公司批复同意，更名改制为安徽中烟工业有限责任公司，2011年6月15日，成立董事会，同年6月27日举行挂牌仪式。公司下设蚌埠卷烟厂、芜湖卷烟厂、合肥卷烟厂、阜阳卷烟厂、滁州卷烟厂等5家不具有法人资格的卷烟生产厂，以及安徽中烟再造烟叶科技有限责任公司、滁州红三环大酒店有限责任公司①2家全资子公司、中烟国际欧洲有限公司1家控股公司，以及华环国际烟草有限公司、双维伊士曼纤维有限公司2家参股公司。2017年，公司本部下设18个部门（含合署办公部门）及1个市场营销中心、1个技术中心和1个物流中心。截至2017年底，公司拥有总资产302.23亿元，其中，固定资产41.55亿元、流动资产235.46亿元，资产负债率30.17%。在岗员工6003人。

【领导机构】

董事会

董 事 长：张本甫（—2017年6月）

副董事长：高学林（2017年6月—，主持工作）

董　事：王志彬、马伶燕（—2017年6月）、朱湘海（—2017年6月）、张　力（2017年8月—）、姜亚维（—2017年8月）、程华良（2017年8月—）、郭　勤（2017年8月—）、张弘毅（2017年6月—）、李甲林（—2017年8月，职工董事）、许新忠（2017年8月—，职工董事）

监　事：张会庭（—2017年7月）、齐义良（2017年8月—）

班子成员

党组书记、总经理：王志彬

党组成员、副总经理：张　力

党组成员、副总经理：程华良

党组成员、副总经理：宁　敏

党组成员、纪检组长：齐义良（2017年3月—）

总经济师：姜亚维（—2017年1月）

副巡视员：杜　进

福建中烟工业有限责任公司

【概　况】　福建中烟工业有限责任公司前身为福建烟草工商分设后于2003年11月成立的福建中烟工业公司。2010年12月，经国家局、总公司批复同意更名改制为福建中烟工业有限责任公司，2011年7月8日挂牌成立。公司下辖龙岩、厦门烟草工业有限责任公司2家具有独立法人资格的卷烟生产企业，福建省龙岩金叶复烤有限责任公司1家打叶复烤企业，福建金闽再造烟叶发展有限公司1家烟草薄片生产企业，以及福建鑫叶投资管理集团有限公司1家多元化经营企业。2017年，公司本部下设22个部门，分为12个职能部门和10个专业部门。截至2017年底，公司拥有总资产291.63亿元，其中，固定资产55.19亿元、流动资产211.41亿元，资产负债率27.72%。从业人员4791人。

【领导机构】

董事会

董事长：吴建明（—2017年6月）

副董事长：高学林（2017年6月—，主持工作）

董　事：李跃民、王建勇、邱全胜、黄翠萍（—2017年6月）、郭　勤（2017年6月—）、张弘毅、张　伟（职工董事）

监　事：林建红

班子成员

党组书记、总经理：李跃民

党组成员、副总经理：王建勇

党组成员、副总经理：王道宽

党组成员、副总经理：邱全胜

党组成员、副总经理：伍达明

党组成员、副总经理：林荣欣

党组成员、纪检组长：林建红

江西中烟工业有限责任公司

【概　况】　江西中烟工业有限责任公司前身为江西烟草工商分设后于2004年10月成立的江西中烟工业公司。2007年12月，国家局、总公司批复同意江西中烟工业公司与所属南昌卷烟总厂合并重组为一个法人实体，企业名称为江西中烟工业公司。2009年10月，江西中烟工业公司更名改制为江西中烟工业有限责任公司，下设南昌卷烟厂、赣州卷烟厂、广丰卷烟厂、井冈山卷烟厂等4家不具有法人资格的卷烟生产厂。2017年，公司本部下设18个部门。截至2017年底，公司拥有总资产177.76亿元，其中，固定资产35.22亿元、流动资产136.27亿元，资产负债率31.60%。从业人员4614人。

【领导机构】

董事会

董事长：舒　明（2017年5月—）

代理董事长：许明忠（—2017年6月）

---

①　滁州红三环大酒店有限责任公司于2017年划归安徽省投资管理有限公司管辖。

董　事：姚庆艳、周恩海、王迪汗、秦　剑、郭　勤（—2017 年 6 月）、马伶燕（2017 年 6 月—）、廖新尧（职工董事）

监　事：任用镨

班子成员

党组书记、总经理：姚庆艳

党组成员、副总经理：王迪汗

党组成员、副总经理：张胜健

党组成员、副总经理：赵明强

党组成员、纪检组长：秦日伦（2017 年 6 月—）①

党组成员、副总经理：罗丽珍（2017 年 12 月—，之前任总会计师）②

副巡视员：缪　波（2017 年 10 月—）③

山东中烟工业有限责任公司

【概　况】　山东中烟工业有限责任公司前身为山东烟草工商分设后于 2004 年 2 月成立的山东中烟工业公司。2009 年 9 月，国家局、总公司批复同意山东中烟更名改制并建立董事会。2010 年 4 月 20 日，山东中烟工业有限责任公司挂牌成立，下设济南卷烟厂、青岛卷烟厂、青州卷烟厂、滕州卷烟厂等 4 家不具有法人资格的卷烟生产厂，以及将军烟草集团有限公司、颐中烟草（集团）有限公司、山东省烟草物资设备有限公司等 3 个全资子公司。2017 年，公司本部下设 18 个部门和 6 个相对独立运行中心。截至 2017 年底，公司拥有总资产 332.89 亿元，其中，固定资产 45.23 亿元、流动资产 236.7 亿元，资产负债率 37.21%。从业人员 5532 人。

【领导机构】④

董事会

董事长：舒　明（2017 年 8 月—）

董事长：吴建明（—2017 年 8 月）

董　事：韩　林、王众声、鹿广瑞（2017 年 8 月—）、秦　剑（2017 年 8 月—）、马伶燕（2017 年 6 月—）、郝光彦（2017 年 8 月—）、黄翠萍（—2017 年 8 月）、张弘毅（—2017 年 8 月）、叶　逊（—2017 年 8 月）

监　事：鹿广瑞（—2017 年 8 月）、卢卫铭（2017 年 8 月—）

班子成员

党组书记、总经理：韩　林

党组成员、副总经理：王众声

党组成员、副总经理：鹿广瑞（2017 年 7 月—，之前任党组成员、纪检组长）

党组成员、副总经理：丛亮滋

党组成员、副总经理：蒋海岩

党组成员、纪检组长：卢卫铭（2017 年 6 月—）

党组成员、副总经理：王现君（2017 年 7 月—）

总会计师：李万灵

副巡视员：刘　伟

副巡视员：卜晓东

河南中烟工业有限责任公司

【概　况】　河南中烟工业有限责任公司前身为河南烟草工商分设后于 2003 年 10 月成立的河南中烟工业公司。2009 年 8 月，河南中烟工业公司改制更名为河南中烟工业有限责任公司。2011 年 8 月，河南中烟工业有限责任公司挂牌成立。截至 2017 年底，公司下设黄金叶生产制造中心、许昌卷烟厂、安阳卷烟厂、南阳卷烟厂、驻马店卷烟厂、漯河卷烟厂、洛阳卷烟厂等 7 家不具有法人资格的卷烟生产厂，河南卷烟工业烟草薄片有限公司 1 家薄片生产企业，河南金瑞香精香料有限公司、河南金芒果印刷有限公司、许昌永昌印务有限公司、焦作金叶醋酸纤维有限公司、驻马店发时达工贸有限公司、河南省新郑金芒果实业总公司、许昌帝豪实业公司、郑州黄金叶实业总公司、安阳市红旗渠集团、南阳双龙实业公司、洛阳烟草服务中心、漯河沙河实业有限公司等 12 家卷烟辅助材料生产企业，1 个行业级技术中心，1 个博士后科研工作站。2017 年，公司本部下设 22 个部门（思想政治工作部更名为党建工作部，与机关党委合署办公；纪检部更名为纪检监察部，与党组纪检组合署办公；设立群团工作部，与工会办公室合署办公；采购管理办公室与规范管理办公室分设，并与综合计划部合署

---

① 2017 年 7 月，国家局党组印发国烟党〔2017〕163 号文件，任命秦日伦同志为江西中烟工业有限责任公司党组成员、党组纪检组组长，试用期一年。任职时间自 2017 年 6 月 6 日党组决定之日起计算。

② 2018 年 1 月，国家局党组印发国烟党〔2018〕13 号文件，任命罗丽珍同志为江西中烟工业有限责任公司党组成员、副总经理，任职时间自 2017 年 12 月 21 日党组决定之日起计算。

③ 2017 年 11 月，国家局党组印发国烟党〔2017〕255 号文件，任命缪波同志为江西中烟工业有限责任公司副巡视员，任职时间自 2017 年 10 月 30 日党组决定之日起计算。

④ 2017 年 8 月，根据《国家烟草专卖局　中国烟草总公司关于山东中烟工业有限责任公司董事会换届的通知》（国烟人〔2017〕218 号），委派舒明同志为山东中烟工业有限责任公司第三届董事会董事、董事长；委派韩林、王众声、鹿广瑞、秦剑、马伶燕同志为山东中烟工业有限责任公司第三届董事会董事；委派卢卫铭同志为山东中烟工业有限责任公司监事；聘任郝光彦同志为山东中烟工业有限责任公司第三届董事会董事。

办公）。截至2017年底，公司拥有总资产446.74亿元，其中，固定资产87.67亿元、流动资产338亿元，资产负债率35.61%。在岗员工10486人。

【领导机构】

董事会

董事长：张本甫（2017年6月—）

代理董事长：许明忠（—2017年6月）

董　事：杨自业、杨志忠、吴明山、秦　剑（—2017年6月）、郭　勤（—2017年6月）、朱湘海（2017年6月—）、肖　洪（职工董事）

监　事：刘学鲁

班子成员

党组书记、总经理：杨自业

党组成员、副总经理：杨志忠

党组成员、副总经理：吴明山

党组成员、副总经理：付顺卿

党组成员、副总经理：孙志强（—2017年7月）

党组成员、纪检组长：刘学鲁

党组成员、副总经理：许廷选

党组成员、副总经理：李彦伟

副巡视员：王志远（—2017年3月）

湖北中烟工业有限责任公司

【概　况】　湖北中烟工业有限责任公司，前身为湖北烟草工商分设后于2004年1月18日成立的湖北中烟工业公司。2006年，湖北中烟工业公司与武汉烟草（集团）有限公司、武汉卷烟厂实行双向合署办公，重组整合为一个法人实体。2007年11月28日，湖北中烟工业公司改制更名为湖北中烟工业有限责任公司。公司下设武汉卷烟厂、襄阳卷烟厂、三峡卷烟厂、广水卷烟厂、红安卷烟厂、恩施卷烟厂等6家不具有企业法人资格的卷烟生产厂，以及卷烟材料厂、红金龙（集团）有限公司等7家子公司，其中，控股湖北龙乡印刷包装股份有限公司，其余6家为全资子公司。2017年，公司本部下设职能部门12个，专业部门8个。截至2017年底，公司拥有总资产466.43亿元，其中，固定资产原值101.5亿元、流动资产365.52亿元，资产负债率34.96%。从业人员7189人。

【领导机构】

董事会

董事长：陈　晖

董　事：部　强、舒　明（—2017年5月）、倪　华（—2017年6月）、黄翠萍（2017年6月—）①、姚　萌（2017年7月—）、聂广军、王超英（—2017年2月）、程思军（职工董事）

监　事：姚　萌（—2017年2月）、马超纯（2017年2月—）

班子成员

党组书记、总经理：部　强

党组成员、副总经理：姚　萌

党组成员、副总经理：聂广军

党组成员、纪检组长：马超纯

党组成员、副总经理：李　晖（2017年6月—）

总工程师：陈慧斌（2017年6月—）

巡视员：倪　华（—2017年4月，之前任党组成员、副总经理）

湖南中烟工业有限责任公司

【概　况】　湖南中烟工业有限责任公司前身为湖南烟草工商分设后于2003年成立的湖南中烟工业公司。2006年10月，湖南中烟工业公司与所属长沙卷烟厂、常德卷烟厂合并重组为一个企业法人，取消长沙卷烟厂、常德卷烟厂法人资格；2007年11月，湖南中烟工业公司改制更名为湖南中烟工业有限责任公司。公司下设长沙卷烟厂、常德卷烟厂、郴州卷烟厂、零陵卷烟厂、四平卷烟厂、吴忠卷烟厂等6个不具有法人资格的卷烟厂，控股常德芙蓉烟叶复烤有限责任公司、湘西鹤盛原烟发展有限责任公司、浏阳天福打叶复烤有限责任公司等3个具有独立法人资格的烟叶加工企业，以及湖南金叶烟草薄片有限责任公司1个具有独立法人资格的烟草薄片加工企业，并持有河北白沙烟草有限责任公司50%的股权。2017年，公司下设22个部门，以及湖南中烟投资管理有限公司、湖南中烟物流有限责任公司。截至2017年底，公司拥有总资产816.66亿元，其中，固定资产77.82亿元，流动资产624.9亿元，资产负债率16.4%。从业人员9864人。

【领导机构】

董事会

董事长：陈　晖

① 2017年6月，国家局、总公司印发国烟人〔2017〕151号文件，委派黄翠萍同志为湖北、湖南、贵州、陕西中烟工业有限责任公司董事会董事，不再担任上海烟草集团有限责任公司和江苏、福建、山东中烟工业有限责任公司董事会董事。

董　事：卢　平、舒　明（—2017 年 5 月）、王超英（—2017 年 2 月）、黄翠萍（2017 年 6 月—）、刘　兴、栾永亮、龚道国（职工董事）

监　事：高青松

班子成员

党组书记、总经理：卢　平

党组成员、副总经理：刘　兴

党组成员、副总经理：栾永亮

党组成员、副总经理：刘建福

党组成员、副总经理：李　立

党组成员、副总经理：张孝堂

广东中烟工业有限责任公司

【概　况】　广东中烟工业有限责任公司前身为 2003 年广东烟草工商分设后成立的广东中烟工业公司。2007 年，改制更名为广东中烟工业有限责任公司，是全国烟草行业首家建立董事会的省级工业公司。公司下设广州卷烟厂、梅州卷烟厂、韶关卷烟厂、湛江卷烟厂等 4 家不具有法人资格的卷烟生产厂。2017 年，公司本部下设 21 个部门。截至 2017 年底，公司拥有总资产 453.54 亿元，其中，固定资产 49.24 亿元、流动资产 342.52 亿元，资产负债率 23.42%。从业人员 5122 人。

【领导成员】

董事会

董事长：舒　明（2017 年 5 月—）

董事长：李根基（—2017 年 5 月）

董　事：王　全、陈仲良、秦　剑、郭　勤（—2017 年 6 月）、马伶燕（2017 年 6 月—）、唐　健、张穗强、区广安、李　斌（—2017 年 11 月，职工董事）、王文祥（2017 年 11 月—，职工董事）

监　事：王国飞

班子成员

党组书记、总经理：唐　健

党组成员、副总经理、总会计师：张穗强

党组成员、副总经理：区广安

党组成员、副总经理：袁汉辉

党组成员、纪检组长：王国飞

党组成员、副总经理：张赤兵（2017 年 9 月—）

党组成员、副总经理：温东奇

党组成员：李　斌（2017 年 8 月—）

党组成员：梁　强（2017 年 9 月—）

副巡视员：李显万

广西中烟工业有限责任公司

【概　况】　广西中烟工业有限责任公司，前身为 2003 年广西烟草工商分设后成立的广西中烟工业公司。2008 年 9 月 26 日，广西中烟工业公司完成公司制改造，更名为广西中烟工业有限责任公司。公司下设南宁卷烟厂、柳州卷烟厂 2 家不具有独立法人资格的卷烟生产厂，广西中烟天成投资管理有限责任公司、广西真龙物流有限责任公司 2 家全资子公司，以及广西真龙彩印包装有限公司、广西真龙实业有限责任公司等 12 家控股公司。2017 年，公司本部下设 23 个部门。截至 2017 年底，公司拥有总资产 200.97 亿元，其中，固定资产 29.64 亿元、流动资产 134.69 亿元，资产负债率 30.62%。从业人员 3018 人。

【领导机构】

董事会

董事长：舒　明（2017 年 6 月—）

董事长：李根基（—2017 年 5 月）

代理董事长：许明忠（—2017 年 6 月）

董　事：秦　剑、郭　勤（—2017 年 6 月）、马伶燕（2017 年 6 月—）、周　涛、刘湘源（—2017 年 10 月）、覃　荣、张穗强、区广安、唐格莲（职工董事）

监　事：王　全

班子成员

党组书记、总经理：周　涛

党组成员、纪检组长、巡视员、副总经理：王　全

党组成员、副总经理：刘湘源（—2017 年 10 月）

党组成员、副总经理：覃　荣

党组成员、副总经理：陈　峰

党组成员、副总经理：张赤兵（—2017 年 9 月）

党组成员、副总经理：阮泽锋（—2017 年 7 月）

党组成员、副总经理：李　斌（2017 年 8 月—）

总会计师：陈仲良

副巡视员：陆建南

副巡视员：邓志忠（—2017 年 9 月）

重庆中烟工业有限责任公司

【概　况】　重庆中烟工业有限责任公司于 2015 年 11 月 10 日挂牌成立①。改组拆分原川渝中烟工业有限责任公司，组建成立重庆中烟工业有限责任公司，重庆中烟工业有限责任公司是中国烟草总公司全资子公司。公司下设重庆卷烟厂、涪陵卷烟厂、黔江卷烟厂等 3 家不具有独立法人资格的卷烟生产厂。2017 年，公司本部下设 10 个管理部门和 13 个专业部门。截至 2017 年底，公司拥有总资产 146 亿元，其中，固定资产 19.5 亿元、流动资产 119.5 亿元，资产负债率 30%。从业人员 2903 人。

【领导机构】

董事会

董事长：张本甫

董　事：易从宽、马伶燕（—2017 年 6 月）、朱湘海、籍　涛（—2017 年 8 月）、程晓苏、张建华（2017 年 8 月—）②、樊宣刚（—2017 年 8 月，职工董事）、魏　虹（2017 年 8 月—，职工董事）③

班子成员

党组书记、总经理：易从宽

党组成员、副总经理：籍　涛（—2017 年 7 月）

党组成员、副总经理：程晓苏

党组成员、副总经理：张建华

党组成员、副总经理：王　勇

四川中烟工业有限责任公司

【概　况】　四川中烟工业有限责任公司成立于 2015 年 11 月 8 日，是中国烟草总公司的全资子公司。公司下设成都卷烟厂、什邡卷烟厂、绵阳卷烟厂、西昌卷烟厂等 4 家不具有法人资格的卷烟生产厂，以及长城雪茄烟厂、四川三联新材料有限公司。2017 年，公司本部下设 13 个职能部门和 7 个专业部门（思想政治工作部分拆为党建工作部、群团工作部）。截至 2017 年底，公司拥有总资产 217.73 亿元，其中，固定资产 32.36 亿元、流动资产 172.2 亿元，资产负债率 28.83%。从业人员 4972 人。

【领导机构】

董事会

董事长：张本甫

董　事：彭传新、朱湘海、马伶燕（—2017 年 6 月）、崔建华、吴　钢、陆　伟（—2017 年 6 月，职工董事）、郭爱萍（2017 年 6 月—，职工董事）④

监　事：樊宣刚（2017 年 2 月—）⑤

班子成员

党组书记、总经理：彭传新

党组成员、副总经理：崔建华

党组成员、副总经理：吴　钢

党组成员、副总经理：邓　权

党组成员、副总经理：赵屹峰

党组成员、纪检组长：樊宣刚

党组成员、副总经理：薛　飞（2017 年 2 月—）⑥

副巡视员、工会主席：汤柱国

副巡视员：秦富炳

副巡视员：冯跃进（2017 年 8 月—）⑦

贵州中烟工业有限责任公司

【概　况】　贵州中烟工业有限责任公司前身为贵州烟草工商分设后于 2003 年 7 月成立的贵州中烟工业公司。2008 年 7 月，国家局、总公司批复同意改制更名为贵州中烟工业有限责任公司。公司下设贵阳卷烟厂、遵义卷烟厂、毕节

---

① 根据《国家烟草专卖局　中国烟草总公司关于进一步深化川渝烟草工业企业改革的批复》（国烟法〔2015〕280 号），将重庆烟草工业有限责任公司重组更名为重庆中烟工业有限责任公司。

② 根据《国家烟草专卖局　中国烟草总公司关于调整重庆中烟工业有限责任公司董事会董事的通知》（国烟人〔2017〕199 号），委派张建华同志为重庆中烟工业有限责任公司董事会董事。

③ 根据《国家烟草专卖局　中国烟草总公司关于调整重庆中烟工业有限责任公司董事会董事的通知》（国烟人〔2017〕199 号），聘任魏宏同志为重庆中烟工业有限责任公司董事。

④ 根据 2017 年 6 月《国家烟草专卖局　中国烟草总公司关于调整四川中烟工业有限责任公司董事的通知》（国烟党〔2017〕163 号），聘任郭爱萍同志为四川中烟工业有限责任公司董事；陆伟同志不再担任四川中烟工业有限责任公司董事。

⑤ 根据 2017 年 2 月《国家烟草专卖局　中国烟草总公司关于调整四川中烟工业有限责任公司监事的通知》（国烟人〔2017〕71 号），委派樊宣刚同志为四川中烟工业有限责任公司监事。

⑥ 根据《中共国家烟草专卖局党组关于薛飞同志任职的通知》（国烟党〔2017〕63 号），薛飞同志任中共四川中烟工业有限责任公司党组成员、四川中烟工业有限责任公司副总经理，试用期一年。薛飞同志的任职时间自 2017 年 2 月 10 日党组决定之日起计算。

⑦ 根据《中共国家烟草专卖局党组关于冯跃进同志任职的通知》（国烟党〔2017〕216 号），冯跃进同志任四川中烟工业有限责任公司副巡视员。冯跃进同志的任职时间自 2017 年 8 月 18 日党组决定之日起计算。

卷烟厂、贵定卷烟厂、铜仁卷烟厂等5家不具备法人资格的卷烟生产厂和兴义烟叶储运站共6个二级单位，贵州福贵投资管理公司属多元化子公司，控股贵州黄果树金叶科技有限公司。2017年，公司本部下设10个职能部门，10个专业部门（思想政治工作部调整为党建工作部；监察部调整为纪检监察部；新增群团工作部，与工会办公室合署办公；物流部更名为物流中心）。截至2017年底，公司拥有总资产296.22亿元，其中，固定资产35.56亿元、流动资产234.66亿元，资产负债率40.08%。从业人员8241人。

【领导机构】

董事会

董事长：陈　晖

董　事：白云峰、徐东泰（—2017年6月）、杨　东（2017年6月—）①、方　静、舒　明（—2017年5月）、王超英（—2017年2月）②、黄翠萍（2017年6月—）、王光举（职工董事）

监　事：冯力勤

班子成员

党组书记、总经理：白云峰

党组成员、副总经理：杨　东

党组成员、副总经理：方　静

党组成员、纪检组长：冯力勤

党组成员、副总经理：关　培

党组成员、副总经理：胡世龙

巡视员：徐东泰（2017年1—4月，之前任党组成员、副总经理）③

副巡视员：王礼昌（—2017年5月）④

云南中烟工业有限责任公司

【概　况】　云南中烟工业有限责任公司前身为2003年10月云南烟草工商分设后成立的云南中烟工业公司。2004年1月1日，云南中烟工业公司举行挂牌仪式。2010年12月28日，国家局、总公司批复同意云南中烟工业公司改制更名为云南中烟工业有限责任公司。2011年1月27日，云南中烟工业有限责任公司挂牌成立。公司集卷烟生产销售、烟草物资配套供应、科研以及多元化经营等为一体，是全国卷烟产销规模最大的省级中烟公司。公司拥有卷烟产量规模位居行业前两位的红塔烟草（集团）有限责任公司（下设玉溪卷烟厂、楚雄卷烟厂、大理卷烟厂、昭通卷烟厂等4家不具有法人资格的全资卷烟生产厂）和红云红河烟草（集团）有限责任公司（下设昆明卷烟厂、红河卷烟厂、曲靖卷烟厂、会泽卷烟厂、新疆卷烟厂、乌兰浩特卷烟厂等6家不具有法人资格的全资卷烟生产厂），以及营销中心、技术中心（云南烟草科学研究院）、云南合和（集团）股份有限公司、云南中烟物资（集团）有限责任公司、云南烟草国际有限公司、培训中心、云南中烟特有职业（工种）职业技能鉴定站、云南中烟新材料科技有限公司等直属单位，并参控股云南烟草机械有限责任公司、云南中烟再造烟叶有限责任公司等企业。2017年，公司本部下设19个内设机构。截至2017年底，公司拥有总资产3601.63亿元，其中，固定资产329.6亿元、流动资产1825.57亿元，资产负债率35.84%。从业人员21793人。

【领导机构】

董事会

董事长：夜礼斌

副董事长：张本甫

董　事：夜礼斌、张本甫、朱绍明、李光林、夏开元、武　怡、马伶燕（—2017年6月）⑤、朱湘海、许　泽（—2017年8月，职工董事）⑥、赵　勇（2017年9月—，职工董事）⑦

---

① 2017年6月，国家局、总公司印发国烟人〔2017〕164号文件，委派杨东同志为贵州中烟工业有限责任公司董事；徐东泰同志不再担任贵州中烟工业有限责任公司董事。

② 2017年2月，国家局党组印发国烟党〔2017〕49号文件，王超英同志任董事会工作办公室巡视员，免去其鄂湘黔陕工业有限责任公司董事会董事职务，任职时间从2017年2月10日党组决定之日起计算。

③ 2017年2月，国家局党组印发国烟党〔2017〕52号文件，徐东泰同志任贵州中烟工业有限责任公司巡视员，免去其中共贵州中烟工业有限责任公司党组成员、贵州中烟工业有限责任公司副总经理职务，任职时间自2017年1月19日党组决定之日起计算。

2017年4月，国家局党组印发国烟党〔2017〕89号文件，免去徐东泰同志贵州中烟工业有限责任公司巡视员职务，按照有关规定和原职级待遇办理退休手续。

④ 2017年5月，国家局党组印发国烟党〔2017〕114号文件，免去王礼昌同志贵州中烟工业有限责任公司副巡视员职务，按照有关规定和原职级待遇办理退休手续。

⑤ 2017年6月，国家局、总公司印发国烟人〔2017〕151号文件，决定马伶燕同志不再担任云南中烟工业有限责任公司董事会董事。

⑥ 2017年8月，国家局党组印发国烟党〔2017〕194号文件，免去许泽同志云南中烟工业有限责任公司副巡视员职务，按照有关规定和原职级待遇办理退休手续。

⑦ 2017年9月，国家局、总公司印发国烟人〔2017〕276号文件，聘任赵勇同志为云南中烟工业有限责任公司董事会董事。

监　事：温宁军（—2017年7月）①、郑雄志（2017年9月—）②

班子成员

党组书记、总经理：朱绍明

党组副书记：夜礼斌

党组成员、副总经理：顾　波

党组成员、副总经理：李光林

党组成员、副总经理：谢昆或

党组成员、纪检组长：郑雄志（2017年7月—）③

巡视员：温宁军（—2017年7月）④

巡视员：李穗明（2017年7—11月，之前任党组成员、副总经理）⑤

副巡视员：许　泽（—2017年8月）⑥

副巡视员：赵子敏（—2017年8月）⑦

副巡视员：赵　勇

陕西中烟工业有限责任公司

【概　况】　陕西中烟工业有限责任公司前身为陕西烟草工商分设后于2003年12月成立的陕西中烟工业公司。2009年9月，经国家局、总公司批复同意，改制更名为陕西中烟工业有限责任公司。公司下设宝鸡卷烟厂、延安卷烟厂、汉中卷烟厂、澄城卷烟厂和旬阳卷烟厂等5家不具有法人资格的卷烟生产厂，以及具有独立法人资格的陕西中烟投资管理有限公司。2017年，公司本部下设20个部门（撤销思想政治工作部，成立党建工作部、群团工作部）。截至2017年底，公司拥有总资产185.99亿元，其中，固定资产27.85亿元、流动资产139.98亿元，资产负债率25.51%。从业人员7658人。

【领导机构】

董事会

董事长：陈　晖

董　事：严金虎、曹兴浪、赵德学、黄翠萍（2017年月6—）、舒　明（—2017年5月）、王超英（—2017年2月）、韩占奎（职工董事）

监　事：奚柏龙

班子成员

党组书记、总经理：严金虎

党组成员、副总经理：曹兴浪

党组成员、副总经理：赵德学

党组成员、副总经理：任　立

党组成员、副总经理：李　强

党组成员、纪检组长：奚柏龙

总会计师：吴建玲

副巡视员：马文卷

副巡视员：李宝新

◇编辑：周　佳

其他直属单位

中国烟草总公司郑州烟草研究院

【主要职责】　综合性从事烟草科学研究与开发，是国际标准化组织烟草及烟草制品技术委员会（ISO/TC126）国内技术归口单位。主要从事烟草栽培调制及贮保、烟草基因、卷烟加工工艺和卷烟配方、烟草化学、烟用香精香料、卷烟减害降焦、再造烟叶等方面的应用基础和共性技术研究，卷烟厂和烟叶复烤厂的工程设计、行业相关检测仪器的研制、开发等。学科范围覆盖从烟草基因到卷烟生产的全过程。

【负责人】

党组书记、副院长：宋亚强

---

① 2017年7月，国家局党组印发国烟党〔2017〕158号文件，免去温宁军同志云南中烟工业有限责任公司巡视员职务，按照有关规定和原职级待遇办理退休手续。

② 2017年9月，国家局、总公司印发国烟人〔2017〕276号文件，委派郑雄志同志为云南中烟工业有限责任公司监事。

③ 2017年8月，国家局党组印发国烟党〔2017〕206号文件，郑雄志同志任中共云南中烟工业有限责任公司党组成员、党组纪检组组长，试用期一年，任职时间自2017年7月16日党组决定之日起计算。

④ 2017年7月，国家局党组印发国烟党〔2017〕158号文件，免去温宁军同志云南中烟工业有限责任公司巡视员职务，按照有关规定和原职级待遇办理退休手续。

⑤ 2017年8月，国家局党组印发国烟党〔2017〕206号文件，李穗明同志任云南中烟工业有限责任公司巡视员，免去其云南中烟工业有限责任公司党组成员、副总经理职务，任职时间自2017年7月16日党组决定之日起计算。2017年11月，国家局党组印发国烟党〔2017〕249号文件，免去李穗明同志云南中烟工业有限责任公司巡视员职务，按照有关规定和原职级待遇办理退休手续。

⑥ 2017年8月，国家局党组印发国烟党〔2017〕194号文件，免去许泽同志云南中烟工业有限责任公司副巡视员职务，按照有关规定和原职级待遇办理退休手续。

⑦ 2017年8月，国家局党组印发国烟党〔2017〕195号文件，免去赵子敏同志云南中烟工业有限责任公司副巡视员职务，按照有关规定和原职级待遇办理退休手续。

党组副书记、院长：谢剑平

党组成员、副院长：张建勋

党组成员、副院长：罗登山

党组成员：胡清源

党组成员、纪检组长：裴　丽

【内设机构】　设院长办公室、机关党委（人事处）、科研开发处、财务管理处等4个职能部门，烟草农业研究室（烟草行业生态环境与烟叶质量重点实验室）、烟草工艺研究开发中心（烟草行业烟草工艺重点实验室）、烟草化学研究室（烟草行业烟草化学重点实验室）、香精香料研究室（烟草行业烟草香料基础研究重点实验室）等4个科研部门，国家烟草基因研究中心、中国烟草科技信息中心、中国烟草标准化研究中心等3个行业中心，河南新桥烟草科技服务有限公司、郑州嘉德机电科技有限公司、郑州益盛烟草工程设计咨询有限公司等3家多元化经营企业。

中国烟草总公司合肥设计院

【主要职责】　负责组织烟草行业固定资产重大投资工程项目的技术审查（咨询），以及行业直属单位审批权限内的重大工程项目的技术咨询。参与行业打叶复烤厂和烟用仓库投资项目的前期工作及总体规划、设计的投标，参与烟草行业工程建设项目施工图第三方审查和项目的相关咨询工作，以及行业工程建设项目设计规范、技术标准的编制、修订工作和实施、监督工作等。

【负责人】

党委书记、院　长：卢安宁（正厅级）

党委委员、副院长：陆　敏

副院长：王　庆

党委委员、副院长兼纪委书记：葛　波

【内设机构】　设技术审查处、设计处、经营处、人事处、财务管理处（审计处）、办公室等6个内设处室。

中国烟草总公司职工进修学院

【主要职责】　承担行业高层次专业技术和职业技能人员培训、项目研发设计与组织实施工作，行业网络教育培训工作，行业教育培训教材、师资等资源开发、管理工作，黄淮产区的烟叶样品研究与管理工作，行业内外、国（境）内外教育培训合作与交流工作；承办国家局、总公司机关各部门、各单位组织的培训项目，协助国家烟草专卖局、中国烟草总公司职能部门开展年度培训计划制订、培训项目招投标等工作；承担中国烟草学会教育专业委员会和安全生产专业委员会工作。

【负责人】

党组书记、院长：王　宏（2017年10月—）①

党组副书记、副院长：连　飞（—2017年11月，主持党组日常工作，行政工作临时负责人）

党组成员、副院长：杨保吉

党组成员、副院长：刘学义

党组成员、副院长：李广才

党组成员、纪检组长：陈卫华

巡视员：路鹏翔

【内设机构】　设办公室、人事处、党建工作处（机关党委、工会办公室，2017年新成立）、财务管理处、纪检监察处（审计处、规范办）、安全保卫处（政策法规处）、教务处、教研处、黄淮烟叶样品中心、远程培训处、对外合作处、学员处、信息中心、后勤处、物业部等15个部门，并设有博士后研发基地。职业技能鉴定指导中心设综合管理处（质量督导处）、鉴定考核处、标准命题处等3个部门。

上海新型烟草制品研究院（有限公司）

【主要职责】　上海新型烟草制品研究院（简称上海院）成立于2015年6月。作为行业级研究机构，着力突破专利制约和技术瓶颈，发挥技术成果应用转化的“孵化器”作用。2016年5月，国家局批复同意上海烟草有限责任公司投资设立上海新型烟草制品研究院有限公司，与上海新型烟草制品研究院合署办公，建立高效、顺畅、协调的管理体制。

【负责人】

院　长：施　超（兼）

副院长：陈超英（2017年2月—）

副院长：丁逸敏（2017年2月—）

---

① 2017年11月，国家局党组印发国烟党〔2017〕252号文件，王宏同志任中共中国烟草总公司职工进修学院党组书记、中国烟草总公司职工进修学院院长，试用期一年；免去连飞同志中共中国烟草总公司职工进修学院党组副书记、中国烟草总公司职工进修学院副院长、国家烟草专卖局职业技能鉴定指导中心专职副主任职务，另有任用。王宏同志的任职时间自2017年10月30日党组决定之日起计算。

南通醋酸纤维有限公司

【概　况】 南通醋酸纤维有限公司（简称南纤公司）成立于1987年3月，由中国烟草总公司与美国塞拉尼斯公司合资经营，是集化工、化纤、热电为一体的大型工业企业。南纤公司占地面积1190亩，总投资7.59亿美元，其中中方投资比例占69.32%，美方占30.68%。南纤公司主要产品为烟用二醋酸纤维丝束（简称醋酸丝束）及其配套原料二醋酸纤维素片（简称醋片），其中，醋纤丝束销售到全国近60家卷烟生产企业；醋片作为醋纤丝束的生产原料，除公司自用外，同时供应昆明和珠海两家醋酸纤维有限公司以及海外市场。截至2017年底，拥有总资产46.38亿元，其中，固定资产19.02亿元、流动资产24.15亿元，资产负债率12.48%。在岗员工818人。

【领导机构】 南纤公司实行董事会领导下的总经理负责制，主要领导成员有：

董事长：姚宗东［2017年10月—，2017年4—10月任副董事长（主持工作）］

董事长：卢瑞刚（—2017年4月）

副董事长：萨韦博（Scott MC Dougald Sutton）

党委书记、总经理：孙桂泉

党委委员、副总经理：杨占平

党委委员、副总经理：茅　俊

党委委员、副总经理：张　杰

党委委员、副总经理：江建军

副总经理：王文庭（Wen Wang）

副总经理：彭为骏（Wei Jun Peng）（2017年12月—）

副总经理：罗莫斯（Enrique Ramos）（—2017年12月）

党委委员、工会主席：韩振武

昆明醋酸纤维有限公司

【概　况】 昆明醋酸纤维有限公司（简称昆纤公司）成立于1993年5月，由中国烟草总公司和美国塞拉尼斯公司共同投资兴建，占地面积19万平方米，总投资9171.3万美元，中方投资比例占70%、美方占30%。昆纤公司主要产品为烟用二醋酸纤维丝束，年生产能力为3.5万吨。截至2017年底，公司拥有总资产8.24亿元，其中，固定资产1.22亿元、流动资产6.85亿元，资产负债率5.89%。在岗员工338人。

【领导机构】 昆纤公司实行董事会领导下的总经理负责制，主要领导成员有：

董事长：姚宗东［2017年10月—，2017年4—10月任副董事长（主持工作）］

董事长：卢瑞刚（—2017年4月）

副董事长：萨韦博（Scott MC Dougald Sutton）

总经理：汪若泉（Bill Wang）

党委书记、副总经理：温　明

党委委员、副总经理：夏　吕

党委委员、总会计师：陆晓红

副总经理：乐海思（JRojas）（—2017年6月）

副总经理：贺兰德（Hugo Hernandz）（2017年12月—）

副总经理：艾德利（Detlev Alm）

党委委员、工会主席：严　峰

珠海醋酸纤维有限公司

【概　况】 珠海醋酸纤维有限公司（简称珠纤公司）成立于1993年5月20日，由中国烟草总公司和美国塞拉尼斯公司合资兴建。珠纤公司占地面积约16万平方米，总投资2.23亿美元，其中中方投资比例占70%、美方占30%。珠纤公司专业生产烟用二醋酸纤维素丝束，年生产能力为3.5万吨。截至2017年底，总资产23.07亿元，其中，固定资产9.59亿元、流动资产10.87亿元，资产负债率50.7%。在岗员工430人。

【领导机构】 珠纤公司实行董事会领导下的总经理负责制，主要领导成员有：

董事长：姚宗东［2017年10月—，2017年4—10月任副董事长（主持工作）］

董事长：卢瑞刚（—2017年4月）

副董事长：萨韦博（Scott MC Dougald Sutton）

党委书记、总经理：王　军

副总经理：刘伦光（Lun－Kuang Liu）（—2017年12月）

党委委员、总会计师：武晓虹

财务副总经理：叶志全（Marcus Yip）

党委委员、维修副总经理、工会主席、纪委书记：吴超平

◇编辑：王东旭　王　静

烟草行业组织机构图

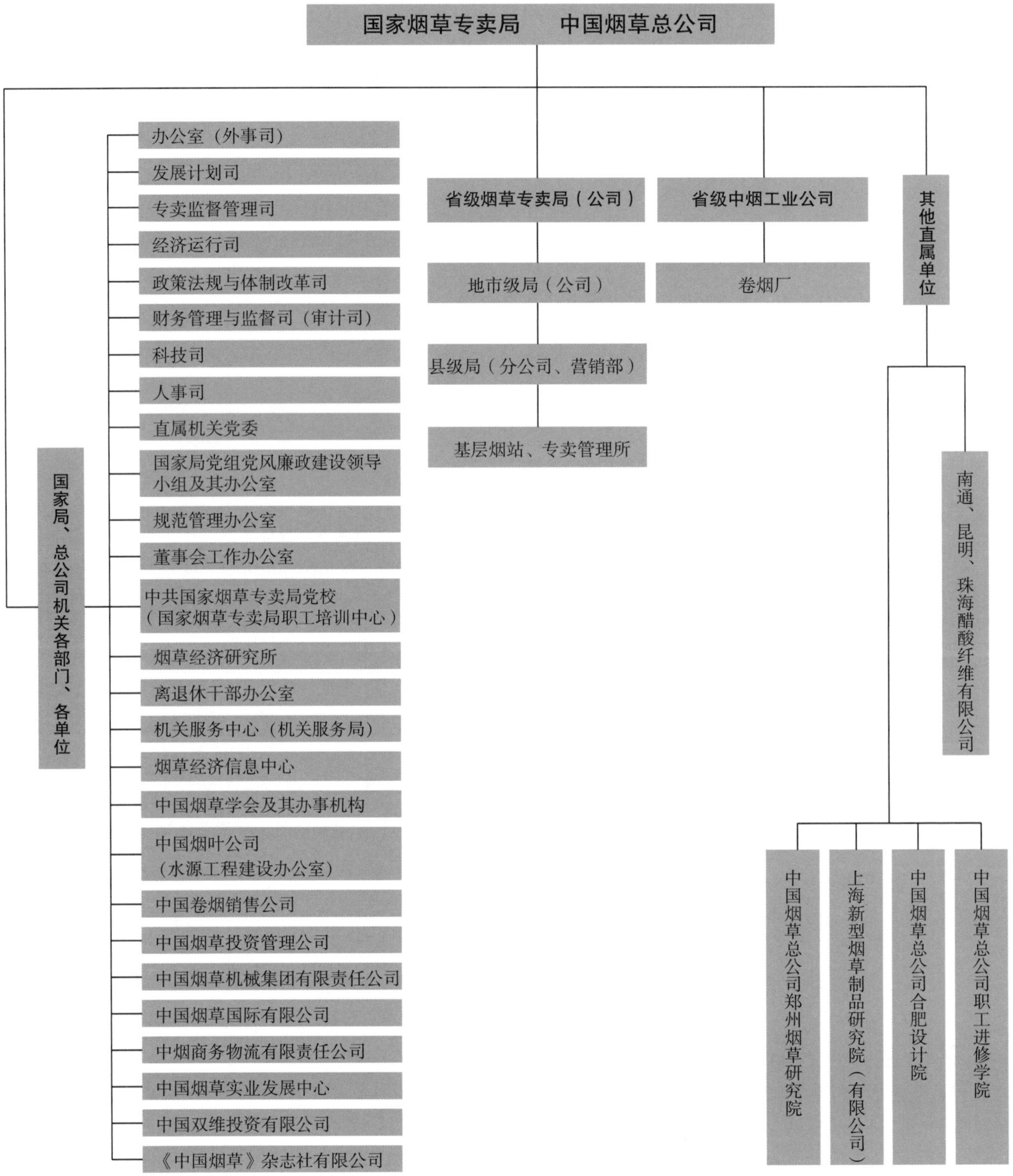

国家烟草专卖局　中国烟草总公司

- 国家局、总公司机关各部门、各单位
  - 办公室（外事司）
  - 发展计划司
  - 专卖监督管理司
  - 经济运行司
  - 政策法规与体制改革司
  - 财务管理与监督司（审计司）
  - 科技司
  - 人事司
  - 直属机关党委
  - 国家局党组党风廉政建设领导小组及其办公室
  - 规范管理办公室
  - 董事会工作办公室
  - 中共国家烟草专卖局党校（国家烟草专卖局职工培训中心）
  - 烟草经济研究所
  - 离退休干部办公室
  - 机关服务中心（机关服务局）
  - 烟草经济信息中心
  - 中国烟草学会及其办事机构
  - 中国烟叶公司（水源工程建设办公室）
  - 中国卷烟销售公司
  - 中国烟草投资管理公司
  - 中国烟草机械集团有限责任公司
  - 中国烟草国际有限公司
  - 中烟商务物流有限责任公司
  - 中国烟草实业发展中心
  - 中国双维投资有限公司
  - 《中国烟草》杂志社有限公司
- 省级烟草专卖局（公司）
  - 地市级局（公司）
    - 县级局（分公司、营销部）
      - 基层烟站、专卖管理所
- 省级中烟工业公司
  - 卷烟厂
- 其他直属单位
  - 南通、昆明、珠海醋酸纤维有限公司
  - 中国烟草总公司郑州烟草研究院
  - 上海新型烟草制品研究院（有限公司）
  - 中国烟草总公司合肥设计院
  - 中国烟草总公司职工进修学院

2017年，各级烟草专卖管理部门认真落实“建机制、堵源头、打团伙、管市场”总体要求，充分发挥多部门联合机制作用，始终保持打假打私高压态势，查处大量制假售假、烟机、烟叶、烟丝、假烟、走私烟案件。跨部门跨区域参与，联合公安部、交通运输部、国家邮政局等有关部门，不断创新打击方式方法，加强部门间、区域间信息共享和执法合作，推动形成打击各渠道涉烟违法犯罪活动的整体合力，保障行业的健康发展。

1 2017年7月7日，福建省局（公司）对查获的制假烟机等罚没物品进行集中销毁

福建省局　林麦梓　摄

2 2017年5月4日，湖北省局（公司）召开全省依法严管违法违规经营大户暨专卖稽查工作推进会

湖北省局　供稿

1 2017年8月4日，武汉海关将查获的走私卷烟移交湖北武汉市局（公司）

湖北省局　供稿

2 2017年3月15日，湖北荆州市局（公司）在荆州区开展卷烟打假“面对面”咨询活动

湖北省局　供稿

3 2017年3月8日，桂粤烟草联合打击烟草专卖品走私工作座谈会在广西北海召开

广东省局　供稿

4 2017年9月19日，陕西西安市烟草、邮政、公安、国安四部门在物流寄递企业进行检查

陕西省局　供稿

5 2017年3月8日，大连市邮政管理局与大连市烟草专卖局签署联合执法协作机制备忘录

大连市局　李富君　摄

3

4

5

1 2017年1月4日，深圳盐田区局（公司）联合沙头角海关查获一批走私卷烟

深圳市局　供稿

2 深圳福田区局（公司）联合皇岗海关缉私局及福田经侦大队查获的走私卷烟（2017年）

深圳市局　供稿

2017年，烟草行业各级专卖管理部门在国家局党组的坚强领导下，聚焦提升专卖队伍和信息化建设水平，转变观念，创新方法，提升水平，为行业营造良好的生产经营环境和市场秩序。

1 2017年8月31日，天津市区第二烟草专卖局（分公司）工作人员深入市场检查

天津市局　供稿

2 内蒙古呼和浩特市局（公司）加大检查力度，净化市场环境（2017年）

内蒙古区局　供稿

3 2017年3月15日，上海嘉定区局（公司）开展真假卷烟鉴别咨询活动

上海烟草集团　供稿

1 2017年7月，上海静安区局（公司）组织专卖管理岗位党员开展“执法联动”错时检查行动

上海烟草集团　供稿

2 2017年1月20日，江西南昌市局（公司）专卖管理人员开展市场专项检查行动

江西南昌市局　欧阳忠　摄

3 2017年8月23日，河南烟草联合工商部门开展卷烟市场检查

河南省局　供稿

4 2017年3月15日，湖北恩施州局（公司）联合工商等部门开展卷烟市场检查

湖北省局　供稿

1 2017年“3·15”前夕，湖南烟草客户经理为零售客户发放烟草专卖法律知识漫画读本

湖南省局　供稿

2 2017年7月6日，陕西西安未央区局证件管理员向办证人员介绍未央烟草客户服务微信公众号

陕西省局　供稿

“2017年，全国各烟叶产区认真落实“四个不动摇、一个优结构”总体要求，坚决守住规模红线，烟叶生产继续保持平稳发展，总量规模调控成效显著。烟农增收取得新的积极进展，在抓好烟叶主业增收的前提下，大力推进设施资源综合利用、多元经营和辅助产业发展，积极拓宽烟农增收渠道。全年实现烟农种烟总收入559亿元。烟田基础设施建设稳步推进，截至2017年底，行业累计完成各类烟叶生产基础设施建设项目503.99万件，改善了近5000万亩基本烟田的生产条件。烟叶生产方式转型升级，各烟叶产区种植规模化、烟农职业化、服务专业化、作业机械化水平不断提升。”

1 福建烟草技术人员在龙岩上杭县蓝溪镇烟叶科技示范区释放烟蚜茧蜂（2017年）

福建省局 供稿

2 2017年7月22日，湖北省烟叶烘烤培训会在恩施举行，图为参会代表交流烟叶烘烤经验

湖北恩施州局 孔 伟 摄

3 2017年9月，湖北恩施宣恩县烟叶分公司在椒园镇开展专业化分级散叶收购工作

湖北宣恩县烟叶分公司 李 翔 摄

1 2017年5月11日，广西壮族自治区科学技术厅专家到广西烟区开展田间实地考察

广西区局　供稿

2 重庆市黔江区三塘村烟区（2017年）

重庆市局　供稿

3 2017年4月，四川凉山特补乃乌村村民进行烟苗移栽

四川省局　供稿

4 2017年8月，贵州毕节威宁县烟农运输新采收的烟叶

贵州毕节市局　吉　昊　摄

5 2017年3月，云南香料烟调制现场

云南省局　张　洋　摄

1 云南红河州蒙自市烤烟育苗点（2017年）

云南红河州蒙自市局　李姝锦　摄

2 云南红河州“2260”特色优质烟叶示范田（2017年）

云南省局　供稿

3 2017年6月9日，云南红河州烤烟中耕管理暨烟农增收现场会在石屏县哨冲镇召开

云南红河州石屏县局　杨文龙　摄

1 2017年，浙江烟草探索“互联网+卷烟销售”模式
《中国烟草》杂志社 颉虎平 摄

2 2017年，浙江温州市局（公司）全面推进现代卷烟零售终端建设
浙江省局 供稿

1 山东泰安肥城市局（分公司）基层服务站党员帮助零售客户整理卷烟货架（2017年）

山东泰安市局　王　鹏　摄

2 2017年，广西烟草物流视频监控中心建成并投入使用

广西区局　黄祥进　摄

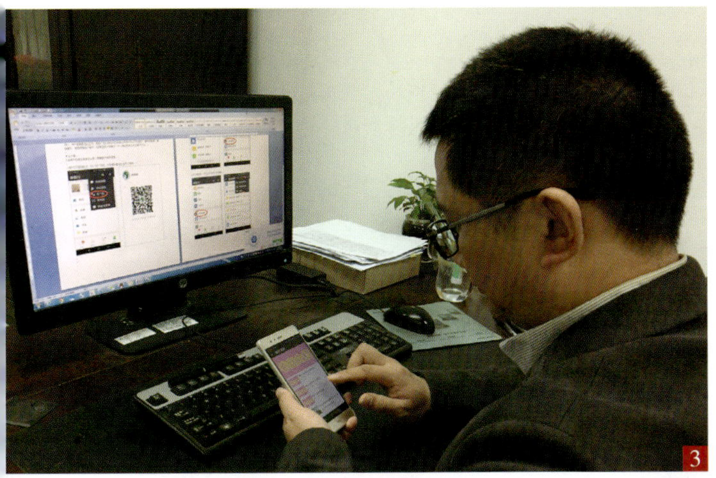

3 2017年11月16日，广西柳州市局（公司）利用“柳州烟草”微信企业号服务零售客户

广西柳州市局　梁　娟　摄

4 2017年，广西贺州市局（公司）利用微信公众号加强信息交流互通

广西贺州市局　毛　岗　摄

5 2017年3月17日，贵州遵义市局（公司）客户经理指导零售客户网上订货，提高补货效率

贵州省局　供稿

1 2017年11月16日，大连市局（公司）工作人员向参观者介绍卷烟销售网络平台使用情况

大连市局　国　靖　摄

2 甘肃烟草工作人员为党员卷烟零售终端客户发放标识牌（2017年）

甘肃省局　供稿

专卖管理与“两烟”经营

北京市烟草专卖局（公司）

【专卖管理】 **案件查处。** 2017 年，北京市烟草专卖局保持打网办案高压态势，围绕“打网络、断源头、端窝点、抓主犯”工作方针，不断完善执法协作体系，持续加大打击力度，查处违法案件和查获违法卷烟实现新突破。全年查获非法卷烟 1.46 万件，同比增长 20.09%。其中，非法流通卷烟 8283.79 件，同比增长 22.69%；假私烟 6342.32 件，同比增长 16.86%。查处案值 5 万元以上案件 378 起，破获网络案件 20 起。公安、司法机关依法刑拘 53 人，判刑 18 人。

市场监管。 创新监管方式，加强信息收集，强化办案支撑，市场秩序持续向好。建立“双随机、一公开”监管模式，制定北京烟草随机抽查工作实施细则、执法公示制度、执法全过程记录制度。强化市场专项治理。先后组织“蓝盾二号”“严管违法违规卖烟大户”“国门利剑 2017”“断线二号”等专项行动，影响市场秩序的突出问题得到遏制。

加强市场状态监测，健全市场监测评价体系，调整检查方法，完善抽样规则，优化监测指标，强化人员管理，检查结果的客观性、准确性明显增强。2017 年，北京市平均市场净化率 95.13%。

行政许可。 落实“放管服”改革要求，深化行政审批改革。坚持简政放权。全面梳理行政许可权力清单，推进负面清单管理，降低行政许可准入门槛。推行新版许可文书，优化办理流程，压缩办理时限，全市新办烟草专卖许可证实现 7 个工作日内发证。突出监督管理。执行“新办不许可、到期不延续”工作要求，稳妥开展幼儿园、中小学校、少年宫及其周边 100 米零售客户退出工作，全市按规定新办不予许可 7 户，到期不再申请延续和不予延续 241 户。强调许可服务。深入推进“互联网 + 政务服务”工作，通过北京烟草外网实现所有专卖许可办理结果公开。全年配合非首都功能疏解和城市整体规划，截至 2017 年底，全市有卷烟零售许可证 3.88 万个，同比减少 927 个，持证率 1.76‰，零售客户总数降幅收窄，降中趋稳。

基础管理。 狠抓专卖监管队伍建设和信息化建设，开展专卖管理课题研究，专卖基础管理工作水平进一步提升。制定北京烟草加强专卖队伍管理建设实施方案，组织两轮次三级专卖管理师复核，举办互联网案件查办、物流寄递环节治理、市场检查卷烟快速识别等技能培训。完成“三统一”系统、市场监管系统、许可文书换版、许可证网上办理等多项试点单位任务，获得国家局肯定。专卖大数据管控平台建设取得初步成果，立足于烟草内部数据，采用数据挖掘技术初步实现智能检索、跨模块数据统计分析，提高了内部数据应用能力。开展提升市场监管效能课题研究，形成监管模式创新、市场检查规范、监管能力提升和信息化水平提升等 4 个方面的成果，为下一步课题落地和成果转化打下良好基础。

2017 年 10 月 31 日，北京烟草企业管理现场会在大兴召开

北京市局 供稿

【经济效益】 2017 年，北京市烟草商业系统实现税利 64.01 亿元，同比增长 3.54%，其中利润 23.56 亿元，同比增长 2.29%。三项费用率 4.6%。

【卷烟（雪茄烟）经营】 *卷烟销售。* 2017年，北京市销量居前三位的品牌依次为“红塔山”“中南海”“白沙”，销量分别为70.12亿支（14.02万箱）、45.40亿支（9.08万箱）、20.75亿支（4.15万箱）。

雪茄烟销售。 2017年，北京市烟草商业系统销售雪茄烟3764万支，同比增长5.49%，其中销售国产雪茄烟3728.06万支，同比增长5.21%。

【品牌培育】 聚焦北京市场高结构、高潜力的卷烟消费情况，分层关注不同生命周期重点培育规格，优化品牌评价体系，以市场状态、成长性、上柜率为分析要点，梳理全市2017年成长期重点培育22个规格，成熟期重点培育24个规格，综合各区局（公司）自选，最终形成全市重点培育规格38个。2017年，全市重点培育的38个规格累计实现销量134.21亿支（26.84万箱），同比增长5.5%。

2017年，重点品牌卷烟累计实现销量364.64亿支(72.93万箱)。引入市场需求品牌，加大品牌退出力度，腾挪大品牌发展空间。按照进退规则，上半年退出20个规格（含12个置换规格），引入28个规格（含2个置换规格）；下半年退出21个规格（含13个置换规格），引入40个规格（含1个恢复销售规格、13个置换规格）。上半年引入国产雪茄烟1个规格。

【现代终端建设】 *现代卷烟零售终端建设。* 出台《北京烟草现代卷烟零售终端建设规划（2017—2020年）》《北京烟草现代零售终端建设投入规定》等相关配套文件，指出工作重点、明确实施细则。推进中烟新商盟零售终端系统试点，为客户提供终端一体机设备和技术支持，指导客户扫码销售和经营管理，引导客户从传统经营向智能化经营管理模式转变。

截至2017年底，全市16个区烟草专卖局（公司）共计2288户卷烟零售客户使用终端业务集成平台（普通零售客户2217户，京烟直营店71户）。全市维护现代卷烟零售终端2195户（不含京烟直营店）。1773户普通零售客户使用系统。系统整体使用情况稳定，使用率79.97%。2017年，网订销量占比98%，毛利额占比98%，网上订货成功率92%。

销售创新成果共享。 完成微信平台整合，发挥数字化、移动化办公的优势，为商业公司提供实时销售、月度销售、零售客户基本信息查询等销售移动数据查询功能，以及信息推送等服务；为工业公司建设移动工商协同平台，提供商业库存查询、协议执行情况查询等功能。通过微信平台节省沟通时间和办公成本，为提升卷烟经营管理水平做好基础工作。

市场化取向改革。 了解行业领先的工商网上配货模式，不断分析研究，打造具有北京特色的工商网配模式。与云南中烟共同搭建工商网上配货模块，针对每一个规格卷烟定制其合理库存量和存销比上下限，在模块内设定好网上磋商配货量的流程步骤，实现网上配货落地应用。坚持“稍紧平衡”的原则，动态调整卷烟投放策略，及时有效衔接卷烟货源，完善卷烟需求预测管理，坚持稳中求进的工作总基调，保持持续稳定健康发展。

【特事辑要】 1月19日，北京烟草第二届二次职工代表大会在怀柔召开。

1月20—21日，2017年北京烟草工作会议在平谷召开。

3月22日，国家局党组第二专项巡视组进驻北京市烟草专卖局，对市局（公司）党组开展巡视工作。

4月上旬，北京烟草物流中心“银狐”QC小组在第十六届全国优秀质量管理小组成果发表赛上获优胜奖，被推荐为“全国优秀质量管理小组”。

7月9日，北京烟草黎马敦足球队以精英组积分排名第一的战绩，连续第八次获得“我爱足球”北京城市足球联赛之2017第八届“工体杯”首都职工足球联赛冠军。

8月31日，北京市烟草专卖局、北京市公安局联合召开2017年卷烟打假打私电视电话会议。

9月19日，北京烟草老干部活动中心揭牌启用。

2017 年北京市烟草专卖商业主要情况统计

区局（公司）名称		东城区烟草专卖局（公司）	西城区烟草专卖局（公司）	朝阳区烟草专卖局（公司）	海淀区烟草专卖局（公司）	丰台区烟草专卖局（公司）
主要负责人/法定代表人（含党政领导）		李　梅	孟庆伟	刘永波 （—2017 年 10 月） 郑思贤 （2017 年 10 月—）	李学治 （—2017 年 10 月） 张秀武 （2017 年 10 月—）	杨　捷 （—2017 年 10 月） 曹　盛 （2017 年 10 月—）
所属县级单位		—	—	—	—	—
总资产（万元）		28627	33000	133075	104867	75344
资产负债率（%）		6.28	15.50	5.77	3.29	4.02
从业人员（人）		96	115	172	138	126
所属业务机构	营销机构	1 个访销中心	1 个访销中心	1 个访销中心	1 个访销中心	1 个访销中心
	物流配送机构	—	—	—	—	—
	专卖稽查机构	1 个稽查支队	1 个稽查支队	1 个稽查支队	1 个稽查支队	1 个稽查支队
	烟叶机构	—	—	—	—	—
实现税利	万元	22131	21352	109848	71009	62378
	比上年增长（%）	0.08	-9.49	1.58	-1.56	-0.51
实现利润	万元	5733	3038	36263	23058	20442
	比上年增长（%）	-0.80	-33.25	0.34	-3.31	-2.53
卷烟销售收入（万元）		92057	101420	412406	269108	234911
查处涉烟违法案件（起）		279	107	239	452	232
查处涉烟违法案件案值（万元）		287	238	1132	749	869
烟基建设投入资金（万元）		—	—	—	—	—
烟基设施新增受益面积（万亩）		—	—	—	—	—
烟叶种植（万亩）		—	—	—	—	—
烟叶收购（万担）		—	—	—	—	—
烟农户数（户）		—	—	—	—	—
实现烟农总收入（万元）		—	—	—	—	—
零售客户数（户）		1579	1961	5417	3715	2949
零售客户销售毛利率（%）		13.23	12.78	13.98	14.00	12.41

区局（公司）名称		石景山区烟草专卖局（公司）	通州区烟草专卖局（公司）	顺义区烟草专卖局（公司）	延庆区烟草专卖局（公司）	怀柔区烟草专卖局（公司）
主要负责人/法定代表人（含党政领导）		魏学忠	夏建瓴	张秀武 （—2017 年 10 月） 刘向宇 （2017 年 10 月—）	王献军	韦　琪
所属县级单位		—	—	—	—	—
总资产（万元）		15938	44842	35808	7321	13238
资产负债率（%）		5.90	5.43	5.04	9.85	5.31
从业人员（人）		64	95	102	68	82
所属业务机构	营销机构	1 个访销中心	1 个访销中心	1 个访销中心	1 个访销中心	1 个访销中心
	物流配送机构	—	—	—	—	—
	专卖稽查机构	1 个稽查支队	1 个稽查支队	1 个稽查支队	1 个稽查支队	1 个稽查支队
	烟叶机构	—	—	—	—	—

续表

区局（公司）名称		石景山区烟草专卖局（公司）	通州区烟草专卖局（公司）	顺义区烟草专卖局（公司）	延庆区烟草专卖局（公司）	怀柔区烟草专卖局（公司）
实现税利	万元	11878	43370	33883	6682	9258
	比上年增长（%）	2.99	6.73	9.01	17.13	10.14
实现利润	万元	2626	14060	10397	851	1762
	比上年增长（%）	3.90	6.15	9.85	52.62	12.87
卷烟销售收入（万元）		51705	166168	132608	32895	42392
查处涉烟违法案件（起）		92	531	276	62	183
查处涉烟违法案件案值（万元）		100	580	164	111	72
烟基建设投入资金（万元）		—	—	—	—	—
烟基设施新增受益面积（万亩）		—	—	—	—	—
烟叶种植（万亩）		—	—	—	—	—
烟叶收购（万担）		—	—	—	—	—
烟农户数（户）		—	—	—	—	—
实现烟农总收入（万元）		—	—	—	—	—
零售客户数（户）		653	3254	3142	1267	1624
零售客户销售毛利率（%）		12.59	11.25	12.54	13.52	11.43

区局（公司）名称		大兴区烟草专卖局（公司）	昌平区烟草专卖局（公司）	密云区烟草专卖局（公司）	门头沟区烟草专卖局（公司）	房山区烟草专卖局（公司）	平谷区烟草专卖局（公司）
主要负责人/法定代表人（含党政领导）		郑思贤（—2017年10月） 陈江华（2017年10月—）	李路春	苏英明（—2017年11月） 李　强（2017年11月—，副局长、副经理主持工作）	罗斌科	姚琴声	陈江华（—2017年11月） 刘晓凡（2017年11月—，副局长、副经理主持工作）
所属县级单位		—	—	—	—	—	—
总资产（万元）		33746	38687	14470	4555	30847	10095
资产负债率（%）		6.41	6.19	7.13	11.54	5.18	9.30
从业人员（人）		123	107	80	58	101	69
所属业务机构	营销机构	1个访销中心	1个访销中心	1个访销中心	1个访销中心	1个访销中心	1个访销中心
	物流配送机构	—	—	—	—	—	—
	专卖稽查机构	1个稽查支队	1个稽查支队	1个稽查支队	1个稽查支队	1个稽查支队	1个稽查支队
	烟叶机构	—	—	—	—	—	—
实现税利	万元	42454	46592	11713	5493	28207	10195
	比上年增长（%）	5.89	11.45	13.96	7.51	9.58	16.50
实现利润	万元	12360	14838	2619	346	8305	2139
	比上年增长（%）	5.53	12.67	17.01	7.26	10.44	23.02
卷烟销售收入（万元）		170259	180016	51289	28636	112636	45288
查处涉烟违法案件（起）		229	440	111	45	394	138
查处涉烟违法案件案值（万元）		932	389	66	28	480	79
烟基建设投入资金（万元）		—	—	—	—	—	—

续表

区局（公司）名称	大兴区烟草专卖局（公司）	昌平区烟草专卖局（公司）	密云区烟草专卖局（公司）	门头沟区烟草专卖局（公司）	房山区烟草专卖局（公司）	平谷区烟草专卖局（公司）
烟基设施新增受益面积（万亩）	—	—	—	—	—	—
烟叶种植（万亩）	—	—	—	—	—	—
烟叶收购（万担）	—	—	—	—	—	—
烟农户数（户）	—	—	—	—	—	—
实现烟农总收入（万元）	—	—	—	—	—	—
零售客户数（户）	3195	3321	1950	567	2374	1816
零售客户销售毛利率（%）	13.09	11.87	11.30	12.40	10.80	12.07

◇ 撰稿：王智誉；编辑：张建丽　王　静

天津市烟草专卖局（公司）

【专卖管理】　**案件查处。** 发挥打假打私协作机制的保障作用，天津市烟草专卖局作为京津冀专卖管理和打击卷烟非法经营领导小组的轮值组长单位，提议建立京津冀闽粤深打假打私协作机制，强化在打源头、追上线、固证据方面的配合协作，成功破获“10·24”、津冀“2·24”、“6·30”贩运假烟和“6·30”非法生产销售烟机案等4起网络案件。此4起案件被公安部列为部督案件，其中“6·30”非法生产销售烟机网络案件，一举查扣10台非法卷烟包装机，案值1000余万元。2017年2月，天津市局组建公路分局，明确公路分局打假打私职能，查办大案要案的能力明显提升。全年破获涉烟案件1900起，其中网络案件9起，查获非法卷烟1.08万件，总案值4357万元。

专卖内管。 严格规范卷烟经营行为，印发《关于进一步抓好卷烟经营规范管理工作的通知》，提升干部职工依法经营、依法管理的责任意识。严格治理真烟非法流通，开展治理虚假客户专项行动，进一步规范卷烟经营秩序。加强外流卷烟的追根溯源，强化事前事中监管，积极监控市场动向，加强卷烟外流考核问责，全年对1423户次涉案零售客户实施货源调控，对26名责任人员进行相应处罚。不断优化内管信息系统预警条件，全年校验订单1.58万余条、处理异常预警1547起，卷烟外流得到遏制。

市场监管。 深入推进卖烟大户治理工作，严查大户控制小户问题，对违法违规大户严厉惩处。进一步完善APCD监管模式，推进“双随机、一公开”监管改革，依托市场监管信息系统，提升市场监管效率，全年平均市场净化率96.62%，较2016年上升4个百分点。以开展市场清理整顿专项行动为抓手，加大打击涉烟犯罪工作力度，组织开展“蓝天一号”专项行动，查扣非法卷烟1844件，清理零盒摆卖违法卷烟7530盒，取缔无证经营户76户。积极参加国家局组织的“今冬明春”卷烟打假打私专项整治行动，共破获假私烟案件279起，查获假烟走私烟1163件。

“放管服”改革。 加强专卖行政服务效能建设，制定《关于进一步深化“放管服”改革工作的实施意见》《天津市烟草专卖零售许可证办理服务指南》，精简办事环节，缩短办事时限，实现“一站式、跑一次、零距离”专卖行政许可服务。强化行政许可的后续监管，组织开展“僵尸户”“无证户”清理工作，对长期无订货记录的零售客户坚决注销，对无证经营卷烟的商户积极引导办证，对不符合办理零售许可证条件的商户主动协调市场监管部门加强清理。推进“8890”便民服务热线工作，严格落实政务服务规定要求，全年接到“8890”派单1851份，办结1851份，实现市政府提出的电话接通率、服务办结率、评价回访率“三个100%”的目标。

基础管理。 全面强化“七五”普法宣传教育，深入开展专卖执法案卷评查，建立案卷评查档案，并针对存在的问题，深入分析薄弱环节，持续进行跟踪指导，推动问题的整改落实。开展轻微违法案件快速处理改革，提高执法效率，有效解决零盒摆卖违法卷烟问题；加强法律风险防控，建立外聘法律顾问库，实现法律顾问的全面覆盖。组织处级以上领导干部参加网上学法活动，整合内部法律人才资源，组建普法讲师团，妥善应对4起诉讼和仲裁，最大程度地维护企业利益。

【经济效益】　2017年，天津市烟草商业系统实现税利40.55亿元，同比增长4.4%，其中利润15.09亿元，同比增长5.08%。三项费用率4.04%。

【卷烟（雪茄烟）经营】 **卷烟销售。** 2017 年，天津市销量居前三位的品牌依次是“双喜·红双喜”“红塔山”“利群”，销量分别为 22.76 亿支（4.55 万箱）、22.59 亿支（4.52 万箱）、21.56 亿支（4.31 万箱）。

2017 年，全市烟草商业系统实现卷烟销售收入 133.09 亿元，同比增长 4.6%。实现卷烟税利 40.34 亿元，同比增长 4.32%，其中利润 15.03 亿元，同比增长 4.93%。

2017 年 12 月 4 日，天津市蓟州区局（公司）在蓟州区兴华市场开展“12·4”国家宪法日集中宣传活动

天津蓟州区局 李文静 摄

雪茄烟销售。 重点抓好国产雪茄烟的投放销售，优化培育雪茄烟品牌规格，在规格进退上实行雪茄烟单独管理，关注雪茄烟市场走势状态，及时调整投放策略，加大雪茄烟宣传力度，保证雪茄烟健康成长。全年销售雪茄烟 3973 万支，同比增长 33.68%；实现销售收入 3082 万元，同比增长 25.6%。

品牌培育。 聚焦品牌集中度和贡献度，重新修订品牌引退规则，细化完善评价指标，合理制定品类规划方案，科学筛选引退品规，加大品牌考核力度；重新规划新品培育周期，构建次新品培育模式，改进精准投放方式，精育品牌助推结构提升。2017 年重点品牌销售 231.05 亿支（46.21 万箱）；细支烟销售 20.8 亿支（4.15 万箱），同比增长 59.66%；短支烟同比增长 99.28%，中支烟同比增长 9.04%，低焦油卷烟同比增长 13%。

市场化取向改革。 全面优化信息采集样本结构，落实订单采集流程，提高信息采集质量；统筹规划货源组织投放，有效调控投放总量，贴近需求组织货源，精准施策投放货源，尊重市场调控货源；加强与各分公司协同合作，引导分公司紧跟市公司销售步伐，着力满足市场需求，合理把握销售进度。全年调控品规数量从 2017 年初的 14 个增加至 30 个，调控范围逐步放大，调控维度更加具体，调控力度稳步增强，货源投放水平不断提高。

终端建设。 加强现代卷烟零售终端建设，推动终端管理系统应用，加大终端建设投入，试点打造 8 家旅游特色终端，全年建成现代零售终端 4210 户，客户占比 16%。2017 年新增零售客户自律互助小组 438 个，参与客户 5439 户，客户占比 20.68%。开展零售客户培训，全年举办零售客户培训 111 场，参训客户 3117 人次，培训率 11%。推进“烟商贷”工作，建立以“银企合作、三方共赢”沟通协调机制，全年成功获批“烟商贷”零售客户 702 户，授信额度 8623 万元，有效缓解零售客户的资金压力。

物流建设。 推进物流信息系统建设，探索“互联网 + 烟草物流”新模式，物流综合管控平台信息采集、数据分析、在途监管、线路规划等方面功能得到有效发挥。推进物流设备技术改造，“立式机烟仓的调整及叠烟机的改造”项目获得国家实用新型专利授权，全年开展物流技改项目 14 项。开展安防系统数字高清升级改造项目，建立安全管理信息系统，安防信息化应用水平不断提高。2017 年，卷烟配送效率同比提高 3.7%，库存周转次数同比提高 9.32%，分拣设备有效作业率排名全行业第五，单箱仓储费用指标位居行业前列。

大户治理。 全面落实“控制大户、发展中户、扶持小户”的调控方针，树立大户治理决心，落实大户管理要求，规范货源供应策略，逐步收紧大户投放上限，优质货源不断向中小客户倾斜，大户数量和销量占比持续下降。全年客户档位在 26～30 档的大客户订货量占比下降 11.89 个百分点，6～20 档客户订货量占比上升 6.48 个百分点。

【特事辑要】 1 月 23 日，天津市局（公司）召开 2017 年全市烟草工作会议。

5 月 10—11 日，国家局党组成员、直属机关党委书记高林在天津烟草调研。

4—10 月，天津市烟草商业系统组织开展“喜迎十九大 永远跟党走”系列文体活动，全体干部职工积极参与“迎全运 览津城 强体魄 建新功”健步走活动、“迎庆十九大 SHOW 出我津彩”职工书法绘画摄影作品展、“津烟喜迎十九大 不忘初心跟党走”歌咏大会等活动。

2017 年天津市烟草专卖商业主要情况统计

区局（公司）名称		天津市区第一烟草专卖局（分公司）	天津市区第二烟草专卖局（分公司）	天津市区第三烟草专卖局（分公司）	东丽区烟草专卖局（分公司）	津南区烟草专卖局（分公司）
主要负责人/法定代表人（含党政领导）		孙晓莹	孙晓莹	孙晓莹	孙晓莹	孙晓莹
所属县级单位		—	—	—	—	—
总资产（万元）		1912	2383	2192	1303	1044
资产负债率（%）		—	—	—	—	—
从业人员（人）		86	93	90	68	66
所属业务机构	营销机构	1 个营销网建科	1 个营销网建科	1 个营销网建科	1 个营销网建科	1 个营销网建科
	物流配送机构	—	—	—	—	—
	专卖稽查机构	2 个稽查大队	2 个稽查大队	2 个稽查大队	1 个稽查大队	1 个稽查大队
	烟叶机构	—	—	—	—	—
实现税利	万元	36797	44385	43883	21041	16884
	比上年增长（%）	5. 50	6. 47	5. 67	5. 01	7. 16
实现利润	万元	14622	18045	17977	8613	6622
	比上年增长（%）	5. 40	6. 97	6. 02	4. 09	6. 81
卷烟销售收入（万元）		128501	152328	149795	71214	58794
查处涉烟违法案件（起）		173	87	355	75	133
查处涉烟违法案件案值（万元）		441	493	309	309	236
烟基建设投入资金（万元）		—	—	—	—	—
烟基设施新增受益面积（万亩）		—	—	—	—	—
烟叶种植（万亩）		—	—	—	—	—
烟叶收购（万担）		—	—	—	—	—
烟农户数（户）		—	—	—	—	—
实现烟农总收入（万元）		—	—	—	—	—
零售客户数（户）		2319	2466	2734	1389	1595
零售客户销售毛利率（%）		8. 00	8. 00	8. 00	8. 00	8. 00

区局（公司）名称	西青区烟草专卖局（分公司）	北辰区烟草专卖局（分公司）	滨海新区烟草专卖局塘沽分局、塘沽分公司	滨海新区烟草专卖局汉沽分局、汉沽分公司	滨海新区烟草专卖局大港分局、大港分公司
主要负责人/法定代表人（含党政领导）	孙晓莹	孙晓莹	孙晓莹	孙晓莹	孙晓莹
所属县级单位	—	—	—	—	—
总资产（万元）	1203	1162	1468	461	902
资产负债率（%）	—	—	—	—	—

续表

区局（公司）名称		西青区烟草专卖局（分公司）	北辰区烟草专卖局（分公司）	滨海新区烟草专卖局塘沽分局、塘沽分公司	滨海新区烟草专卖局汉沽分局、汉沽分公司	滨海新区烟草专卖局大港分局、大港分公司
从业人员（人）		65	64	127	49	69
所属业务机构	营销机构	1个营销网建科	1个营销网建科	1个营销网建科	1个营销网建科	1个营销网建科
	物流配送机构	—	—	1个送货中心	1个送货中心	1个送货中心
	专卖稽查机构	1个稽查大队	1个稽查大队	2个稽查大队	1个稽查大队	1个稽查大队
	烟叶机构	—	—	—	—	—
实现税利	万元	20987	19988	37034	6940	14975
	比上年增长（%）	5.58	5.95	5.02	4.50	4.41
实现利润	万元	8639	8227	15800	2467	5853
	比上年增长（%）	5.34	5.64	5.42	2.05	3.49
卷烟销售收入（万元）		70781	67249	121891	25574	52211
查处涉烟违法案件（起）		260	135	186	18	44
查处涉烟违法案件案值（万元）		326	520	359	14	87
烟基建设投入资金（万元）		—	—	—	—	—
烟基设施新增受益面积（万亩）		—	—	—	—	—
烟叶种植（万亩）		—	—	—	—	—
烟叶收购（万担）		—	—	—	—	—
烟农户数（户）		—	—	—	—	—
实现烟农总收入（万元）		—	—	—	—	—
零售客户数（户）		1527	1580	2218	690	1144
零售客户销售毛利率（%）		8.00	8.00	8.00	8.00	8.00

区局（公司）名称		武清区烟草专卖局（有限公司）	宝坻区烟草专卖局（有限公司）	宁河区烟草专卖局（有限公司）	静海区烟草专卖局（有限公司）	蓟州区烟草专卖局（有限公司）	天津市烟草专卖局公路分局[1]
主要负责人/法定代表人（含党政领导）		唐有鋆	刘欣凯	王振军（—2017年2月）杨如顺（2017年2月—）	吴宝旺	刘爱华	王振军（2017年2月—）
所属县级单位		—	—	—	—	—	—
总资产（万元）		7307	5972	2882	4572	7111	—
资产负债率（%）		28.45	29.07	39.55	28.14	26.43	—
从业人员（人）		125	105	74	82	111	63
所属业务机构	营销机构	1个营销网建科	1个营销网建科	1个营销网建科	1个营销网建科	1个营销网建科	—
	物流配送机构	1个送货中心	1个送货中心	1个送货中心	1个送货中心	1个送货中心	—
	专卖稽查机构	1个稽查大队	1个稽查大队	1个稽查大队	1个稽查大队	1个稽查大队	3个稽查大队
	烟叶机构	—	—	—	—	—	—
实现税利	万元	22928	18794	10372	15242	22023	—
	比上年增长（%）	12.68	14.29	12.58	12.78	10.93	—
实现利润	万元	3527	2823	1055	2241	3962	—
	比上年增长（%）	80.82	88.50	216.64	90.10	38.33	—

续表

区局（公司）名称	武清区烟草专卖局（有限公司）	宝坻区烟草专卖局（有限公司）	宁河区烟草专卖局（有限公司）	静海区烟草专卖局（有限公司）	蓟州区烟草专卖局（有限公司）	天津市烟草专卖局公路分局[1]
卷烟销售收入（万元）	110763	91332	53072	74237	103202	—
查处涉烟违法案件（起）	97	69	47	107	79	35
查处涉烟违法案件案值（万元）	101	182	194	161	52	573
烟基建设投入资金（万元）	—	—	—	—	—	—
烟基设施新增受益面积（万亩）	—	—	—	—	—	—
烟叶种植（万亩）	—	—	—	—	—	—
烟叶收购（万担）	—	—	—	—	—	—
烟农户数（户）	—	—	—	—	—	—
实现烟农总收入（万元）	—	—	—	—	—	—
零售客户数（户）	2231	1751	1364	1677	1993	—
零售客户销售毛利率（%）	8.00	8.00	8.00	8.00	8.00	—

注：1. 2017 年 2 月，天津市烟草专卖局公路分局设立。

◇ 撰稿：高栓龙；编辑：张建丽　王　静

河北省烟草专卖局（公司）

【专卖管理】 **打假打私。** 2017 年，河北省烟草专卖局进一步深化多部门多领域协作机制，与河北省邮政管理局联合印发《建立联合打击寄递渠道涉烟违法违规行为的联合工作机制》，与河北海警支队共同签署《打击烟草专卖品海上走私违法犯罪活动协作配合办法》，与石家庄海关签署《建立打击走私烟草专卖品的协作机制》。全年全省查处假私烟案件 6188 起，其中案值 5 万元以上假私烟案件 323 起；查获假私烟 6032.09 件、烟丝烟叶 86.42 吨。

部督案件。 全年破获符合公安部、国家局标准的网络案件 71 起，其中 3 起案件被列为部督案件。公安、司法机关依法刑拘 315 人，逮捕 245 人，判刑 151 人，其中判实刑 66 人。秦皇岛许某非法经营卷烟案、邯郸宋某非法经营卷烟案被列入公安部 2017 “利剑” 行动第一批督办案件，衡水 “5・16” 特大互联网销售假烟案件被公安部批准列为部督案件并发起集群战役，全国 14 个省市协同作战，全案共抓获犯罪嫌疑人 95 人，缴获制假烟机 3 台、假烟 1522.96 件及烟叶烟丝 17.56 吨，涉案总金额 7.8 亿元。

市场监管。 各级专卖管理部门积极推进市县两级联动和区域联合，加强对重点地区、重点对象和物流环节的日常监管，组织开展 “春季雷霆” “冬日维权” 等系列专项行动，狠抓违法违规大户治理，加大市场管控力度。全年查处各类涉烟案件 1.94 万起，查处案值 5 万元以上案件 639 起；查获非法卷烟 2.31 万件，依法取缔违规违法大户 45

2017 年 3 月 15 日，河北烟草开展 “3・15 国际消费者权益日” 宣传活动
河北省局　供稿

户。开展“预防互联网涉烟犯罪进高校”活动，推进“守信联合激励、失信联合惩戒”工作。

内部监管。 以规范经营专项检查、投诉举报、真烟外流案件核查为抓手，促进认真整改和严肃问责，加大外流卷烟治理力度。全年共调查核实处理预警信息3.83万条，向销售部门反馈异常信息2128条，督促整改落实622起，查处违规经营行为82起，行政警告3人次、行政记过8人次、约谈49人次。

【经济效益】 2017年，河北省烟草商业系统实现税利127.06亿元，同比增长5.66%；实现利润41.62亿元，同比增长11.39%。卷烟单箱销售收入2.24万元，同比增长4.85%；单箱税利5343元。三项费用率5.01%，同比下降0.33个百分点。2017年，全省系统实现降本增效2395.28万元，超额完成国家局下达的目标任务。

【卷烟（雪茄烟）经营】 **卷烟销售。** 2017年，河北省销量居前三位的卷烟品牌为“钻石”“红塔山”“云烟”，销量分别为360.71亿支（72.14万箱）、120.96亿支（24.19万箱）、89.41亿支（17.88万箱）。

全年实现卷烟（不含雪茄烟）销售收入532.42亿元，同比增长5.96%。实现卷烟税利126.53亿元，同比增长5.26%，其中利润41.13亿元，同比增长11.58%。

雪茄烟销售。 做好市场调研与分析工作，科学规划雪茄烟各档次产品结构，逐步增加雪茄烟产品规格数量。全省引入“长城（软传奇）”“王冠（万象）”“长城（毛氏雪茄2号）”等3个新品规格。将石家庄作为雪茄烟培育的重点城市，实现在销雪茄烟品牌规格数达到30个以上。加强工商沟通，加大雪茄烟宣传推广力度。截至2017年底，全省在销雪茄烟7个品牌、40个规格，销量0.87亿支，同比下降10.09%；实现销售额7228万元，同比下降11.39%。

品牌培育。 重新修订《卷烟品牌引入退出管理办法》，全年引入新品75个、退出57个，品牌布局更加合理。全面深化工商协同，实现品牌销量、单箱销售收入、状态和知名度的同步提升，促进卷烟品牌健康发展。全年销售重点品牌卷烟1025.5亿支（205.1万箱），同比增长3.68%。

零售终端建设。 以保障客户盈利为核心，以改革创新为动力，持续深化零售终端建设。11月4日，在石家庄市召开全省烟草商业系统终端建设推进现场会，总结推广经验，全力构建“在终端着力、靠终端发力”的销售新格局。截至2017年底，形成终端建设相关文件16份，建成优质终端111户、现代终端3.4万户；有零售客户自律互助小组1.13万个、小组之家3439个，参加自律互助小组的零售客户18万户；建立“党员零售客户红色基站”，发放“红色终端”授权牌，设立红色文化专区和便民服务区。为13.26万户零售客户办理贷记卡，授信额度35.49亿元，年户均节约利息支出1160元，解决客户资金周转难题。

农村网络建设。 采取客户经理站柜、流动服务车宣传、发放宣传彩页等形式，大力开展农网宣传工作，活动覆盖318个乡镇、开展718次。为农网零售客户制作发放《致客户朋友们的一封信》《卷烟陈列指导手册》《经营分析指导建议书》《盈利提升指导建议书》等。举行最佳陈列终端评比活动，建立消费者电子档案。截至2017年底，全省选取农网终端建设对象5470户，为17.9万个农网客户发放价签或价格表1547万余张，帮扶弱势农网客户848户。

现代物流建设。 深化物流非法人实体化建设，科学搭建物流预算定额标准体系，加强物流精益管理、科技创新及其成果的转化利用。全年全省商业系统物流费用总额同比下降0.69%；单箱物流费用下降1.73%；单箱物流费用、单箱仓储费用、单箱分拣费用、单箱管理费用，分别居全国烟草行业第六位、第三位、第七位、第六位。衡水市局（公司）被总公司评为2017年“烟草行业物流工作先进集体”。

【烟叶产销】 **烟叶种植与收购。** 2017年，河北省3个地市、6个县、22个乡镇种植烟叶2.52万亩，签订种植收购合同556份。实际收购烟叶0.4万吨（8万担），收购均价22.8元/千克。实现烟农收入8841万元。

烟叶基础设施建设。 通过租赁土地完善设施配套后转租给烟农和帮助烟农调换地块等形式，实现烟叶种植轮作面积0.89万亩。按照烟农自愿原则，推广滴灌面积1万亩，其中水肥一体面积0.3万亩。继续完善烟叶防灾减灾体系建设，实现防雹网全覆盖。全年建设226个基础设施项目，烟叶生产基础设施新增受益面积0.14万亩。全省烟草行业投入年度烟叶生产基础设施建设资金487.7万元，其中河北省局（公司）投资249.7万元。

适用技术推广应用。 贯彻绿色发展理念，利用闲置育苗棚培育4000亩的烟蚜茧蜂以防治烟蚜。选择适宜生长的优良品种，安排“LJ0520”“LY2829”“豫烟6号”“豫烟10号”“豫烟12号”等5个品种的品比试验，满足烟叶品种更新换代需要。推广膜下小苗移栽面积1.6万亩。推广203座烤房利用烟夹烘烤烟叶，减轻烟农劳动强度，提高烟叶烘烤效率。

【精益管理】 扎实开展精益物流、精益专卖、精益机关建设等活动。通过融合战略目标，深化考核评价，强化队伍建设，鼓励课题研发，打造精益文化，推进精益管理由单点、单边精益向多点合作、多边互动精益转变。在国家局举办的2017年度“精益改善达人”活动中，全省系统有3人被评为周“精益改善达人”，1人被评为年度“精益改善达人”。

以对标、贯标、标准化和课题研发为载体，开展全员全岗位创新活动。全年全省系统243个质量管理小组取得成果174个。在河北省第三十八届质量管理小组成果发布会上，全省烟草商业系统7家单位的15个课题组获评“优秀质量管理小组”，3人获评“河北省质量管理小组活动卓越领导者”，6人获评“优秀推进者”。

【特事辑要】 1月21—22日，2017年河北省烟草商业系统工作会议在石家庄召开。

9月6—7日，国家局党组成员、副局长段铁力在河北烟草调研。

11月4日，河北省烟草商业系统终端建设推进现场会在石家庄召开。

12月8日，河北省烟草商业系统贯彻落实国家局“三个保障机制”现场会在廊坊召开。

2017年河北省烟草专卖商业主要情况统计

地市级局（公司）名称		石家庄市烟草专卖局（公司）	邯郸市烟草专卖局（公司）	保定市烟草专卖局（公司）	张家口市烟草专卖局（公司）	承德市烟草专卖局（公司）
主要负责人/法定代表人（含党政领导）		王春怀（—2017年3月） 贾立业（2017年3月—）	刘庆岩（—2017年2月） 范造来（2017年2月—）	王　辉（—2017年3月） 王春怀（2017年3月—）	陆　军	贾立业（—2017年3月） 徐　立（2017年3月—）
所属县级单位[1]		藁城区、鹿泉区、栾城区等3个县级烟草专卖局（分公司），辛集市、晋州市、灵寿县、行唐县、平山县、正定县、邑县、赵县、元氏县、赞皇县、新乐市、无极县、深泽县、井陉县等14个县级烟草专卖局（营销部）	邯山区、丛台区、复兴区、永年区等4个县级烟草专卖局（分公司）[2]，大名县、魏县、曲周县、邱县、鸡泽县、广平县、成安县、临漳县、磁县、涉县、馆陶县、峰峰矿区、武安市等13个县级烟草专卖局（营销部）	满城区、清苑区、徐水区等3个县级烟草专卖局（分公司），博野县、望都县、安新县、定兴县、阜平县、高碑店市、高阳县、涞水县、涞源县、蠡县、曲阳县、容城县、顺平县、安国市、易县、唐县等16个县级烟草专卖局（营销部），以及涿州、雄县2个烟草稽查大队（营销部）	万全区烟草专卖局（分公司），沽源县、尚义县、张北县、康保县、怀安县、怀来县、赤城县、涿鹿县、蔚县、阳原县等10个县级烟草专卖局（营销部）	平泉市烟草专卖局（分公司）[3]，丰宁满族自治县、滦平县、承德县、围场满族蒙古族自治县、隆化县、兴隆县、宽城满族自治县等7个县级烟草专卖局（营销部）
总资产（万元）		242905	157737	207056	85685	64358
资产负债率（%）		11.90	30.66	26.37	10.10	22.16
从业人员（人）		1061	1198	1369	588	593
所属业务机构	营销机构	1个营销中心	1个营销中心	1个营销中心	1个营销中心	1个营销中心
	物流配送机构	1个物流配送中心	1个物流配送中心	1个物流配送中心	1个物流配送中心	1个物流配送中心
	专卖稽查机构	1个稽查支队、18个稽查大队	1个稽查支队、18个稽查大队	1个稽查支队、22个稽查大队	1个稽查支队、11个稽查大队	1个稽查支队、9个稽查大队
	烟叶机构	1个烟叶管理科、3个烟叶收购站	—	1个烟叶管理科、3个烟叶收购站	1个烟叶管理科	—
实现税利	万元	219873	123148	195372	81668	60680
	比上年增长（%）	4.93	−2.94	7.11	7.80	5.49

续表

地市级局（公司）名称		石家庄市烟草专卖局（公司）	邯郸市烟草专卖局（公司）	保定市烟草专卖局（公司）	张家口市烟草专卖局（公司）	承德市烟草专卖局（公司）
实现利润	万元	81966	38239	63153	26966	17709
	比上年增长（%）	16.51	6.22	8.21	11.64	35.64
卷烟销售收入（万元）		884695	550471	814217	356739	270696
查处涉烟违法案件（起）		2076	3890	2268	1243	579
查处涉烟违法案件案值（万元）		2499	1260	1670	556	470
烟基建设投入资金（万元）		91.64	—	—	396.06	—
烟基设施新增受益面积（万亩）		—	—	—	0.14	—
烟叶种植（万亩）		0.46	—	0.2	1.86	—
烟叶收购（万担）		1.6	—	0.6	5.8	—
烟农户数（户）		111	—	39	406	—
实现烟农总收入（万元）		1685	—	697	6458	—
零售客户数（户）		33541	32895	36400	16503	12392
零售客户销售毛利率（%）		13.00	14.40	13.75	11.00	11.66

地市级局（公司）名称		唐山市烟草专卖局（公司）	廊坊市烟草专卖局（公司）	沧州市烟草专卖局（公司）	衡水市烟草专卖局（公司）	邢台市烟草专卖局（公司）	秦皇岛市烟草专卖局（公司）
主要负责人/法定代表人（含党政领导）		王友安	马宝平	毛建民	付英乐	王　文	李淑芬（—2017年1月） 裴世勇（2017年1月—）
所属县级单位		丰润区、丰南区、滦县、滦南县、乐亭县、迁安市、迁西县、遵化市、玉田县、曹妃甸区等10个县级烟草专卖局（营销部）	安次区、广阳区2个县级烟草专卖局（营销部）[4]，三河市、大厂回族自治县、香河县、永清县、固安县、霸州市、文安县、大城县等8个县级烟草专卖局（营销部）	任丘市、泊头市、黄骅市、河间市、沧县、肃宁县、孟村回族自治县、东光县、海兴县、献县、青县、吴桥县、盐山县、南皮县等14个县级烟草专卖局（营销部）	冀州区烟草专卖局（分公司），桃城区、枣强县、武邑县、深州市、武强县、饶阳县、安平县、故城县、景县、阜城县等10个县级烟草专卖局（营销部）	邢台县、沙河市、内丘县、临城县、隆尧县、柏乡县、宁晋县、巨鹿县、平乡县、广宗县、南和县、任县、南宫市、新河县、威县、清河县、临西县等17个县级烟草专卖局（营销部）	抚宁区烟草专卖局（分公司），昌黎县、卢龙县、青龙满族自治县等3个县级烟草专卖局（营销部）
总资产（万元）		185249	123179	140694	53540	119350	85482
资产负债率（%）		8.63	13.26	23.96	19.62	30.76	20.12
从业人员（人）		883	633	1067	737	1079	406
所属业务机构	营销机构	1个营销中心	1个营销中心、1个电访中心	1个营销中心	1个营销中心、1个电访中心	1个营销中心、1个电访中心	1个营销中心
	物流配送机构	1个物流配送中心	1个物流配送中心	1个物流配送中心	1个物流配送中心	1个物流配送中心、3个中转站	1个物流配送中心
	专卖稽查机构	1个稽查支队、11个稽查大队	1个稽查支队、9个稽查大队	1个稽查支队、15个稽查大队	1个稽查支队、11个稽查大队	1个稽查支队、18个稽查大队	1个稽查支队、5个稽查大队
	烟叶机构	—	—	—	—	—	—
实现税利	万元	149275	107193	113129	59425	93943	61494
	比上年增长（%）	4.61	8.15	10.79	10.98	5.21	6.75

续表

地市级局（公司）名称		唐山市烟草专卖局（公司）	廊坊市烟草专卖局（公司）	沧州市烟草专卖局（公司）	衡水市烟草专卖局（公司）	邢台市烟草专卖局（公司）	秦皇岛市烟草专卖局（公司）
实现利润	万元	52470	36235	33753	14666	24974	21043
	比上年增长（%）	11.17	3.52	10.28	34.94	16.92	20.38
卷烟销售收入（万元）		584865	419736	485567	271639	425243	260318
查处涉烟违法案件（起）		1203	1457	1836	1440	2775	676
查处涉烟违法案件案值（万元）		1231	1844	960	457	1510	462
烟基建设投入资金（万元）		—	—	—	—	—	—
烟基设施新增受益面积（万亩）		—	—	—	—	—	—
烟叶种植（万亩）		—	—	—	—	—	—
烟叶收购（万担）		—	—	—	—	—	—
烟农户数（户）		—	—	—	—	—	—
实现烟农总收入（万元）		—	—	—	—	—	—
零售客户数（户）		27626	14004	24951	13396	21820	11683
零售客户销售毛利率（%）		12.61	13.23	13.00	10.05	13.00	14.19

注：1. 统计表未标注未上划的4个县级单位，分别为邯郸市局（公司）下辖的肥乡区烟草专卖局（经理部），保定市局（公司）下辖的定州卷烟经理部，张家口市局（公司）下辖的宣化区、崇礼区烟草专卖局（公司）。

2. 2017年9月6日，撤销邯郸市邯郸县局（营销部），设立邯郸市邯山区局（分公司）、丛台区局（分公司）、复兴区局（分公司），邯郸市永年县局（营销部）更名为永年区局（分公司）。

3. 2017年9月6日，承德市平泉县烟草专卖局（营销部）更名为平泉市烟草专卖局（分公司）。

4. 根据国烟法〔2004〕123号文件，设立廊坊市安次区、广阳区烟草专卖局（营销部）。2008年5月，因调整内设机构，停用上述2个单位牌子。根据冀烟人〔2017〕89号文件，重新启用廊坊市安次区、广阳区烟草专卖局（营销部）。

◇ 撰稿：苏维民；编辑：张建丽　王　静

山西省烟草专卖局（公司）

【专卖管理】 **打假打私。** 2017年，山西省烟草专卖局针对贩售假烟的新特点，上线运行省级涉烟案件情报线索分析平台，提高大数据分析和情报导侦技能。山西省烟草专卖局协同省法院、检察院、公安厅，协同省公安厅、交通运输厅、邮政管理局，健全2个“四部门”联合打击涉烟违法犯罪活动工作机制，为重点打击利用互联网销售卷烟和物流寄递环节涉烟违法犯罪活动奠定坚实基础。

2017年，全省查处假冒卷烟案件4867起，其中案值5万元以上假烟案件104起，查获假冒卷烟2720.32件，案值3181.26万元。查获制假原辅料7.46吨。破获符合公安部、国家局标准的网络案件27起，破获公安部督办案件2起。向公安机关移送案件80起，公安、司法机关依法拘留53人，逮捕29人，判刑30人。

重大案件。 2017年，破获公安部打假“利剑”行动督办案件2起。临汾“10·20”销售假冒伪劣卷烟案件，涉及山西、浙江、广东、福建等省份，查获假冒卷烟23.93件，涉案金额460余万元，抓获5名犯罪嫌疑人，其中3人被依法实施逮捕。晋中“8·26”利用微信自媒体非法经营假冒卷烟案件，涉及山西、广东、福建、四川、河南等省份，查获假冒卷烟2.26件，涉案金额231万元，抓获4名犯罪嫌疑人。

市场监管。 山西省局组织开展全省系统依法严管违法违规卖烟大户专项行动，严厉打击卖烟大户违法违规行为，全年依法查处违法违规卖烟大户594户，责令暂停经营239

2017 年 8 月 1 日，山西省局（公司）表彰参加全国烟草行业第三届烟草制品购销职业技能竞赛获奖选手

山西省局 供稿

户，注销许可证 117 户，降级降档处理 694 户。各级局建立健全市场监管快速响应机制，实现对违法卷烟的第一时间发现流入、第一时间研究对策、第一时间上门查处。全面推行“双随机、一公开”监管模式，实施 APCD 工作法，施行“一户一码”管理，实现对卷烟零售市场的有效监管。“不打招呼、不定时间、不定线路”每季度对全省各市局卷烟零售客户守法经营率实施检查考核。全年检查卷烟零售客户 3740 户，覆盖全省 100% 县域市场，全省卷烟零售客户守法经营率 96.65%。

卷烟非法流通治理。 山西省局党组始终把规范经营作为“一把手”工程，2017 年 7 月 21 日，召开全省系统局长（经理）座谈会，对市县两级局主要领导、分管领导及有关岗位负责人提出严厉的违规经营行为追责办法；12 月 25 日，召开全省系统电视电话会议，专题部署国家局卷烟规范经营专项督查整改落实工作，再次压实市县两级局领导班子和各环节的责任，层层传导压力。省局全年直接调查处理 2 起案件，下发督办函督办 4 起案件，电话督办 4 起案件，对 13 名相关责任人实施责任追究。各市局全年查处非法流通卷烟案件 5444 起，查获非法流通卷烟 5817.94 件，案值 2625.30 万元。

【经济效益】 2017 年，山西省烟草商业系统实现税利总额 85.24 亿元，同比增长 5.97%，其中利润 29.28 亿元，同比增长 11.93%。卷烟单箱销售收入 2.62 万元，同比增长 4.72%。卷烟单箱税利 0.65 万元，同比增长 4.89%。三项费用率 5.07%，同比下降 0.47 个百分点。物业管理费、信息系统维护费、办公费、水电费、燃料费、中介费等 6 项费用同比下降 7.98%，管理费用和销售费用同比下降 2.37%，实现降本增效 2996 万元，超额完成国家局下达的 2950 万元年度目标。

【卷烟（雪茄烟）经营】 **卷烟（雪茄烟）销售。** 2017 年，山西省销量居前三位的卷烟品牌为“云烟”“红塔山”“红河”，销量分别为 124.66 亿支（24.93 万箱）、65.46 亿支（13.09 万箱）、44.72 亿支（8.94 万箱）。销售雪茄烟 0.78 亿支，同比增长 24.2%。

2017 年，实现卷烟（含雪茄烟）销售收入 343.25 亿元，同比增长 6.05%。

品牌培育。 山西省局出台《全省新品卷烟培育管理办法》，将新品卷烟培育成功率纳入市公司领导班子绩效考核。按照《全省卷烟品牌规格退出实施细则》规定，实施分结构、分品类、分梯次卷烟品牌规格评价和引入退出，全年清退卷烟品牌规格 75 个、引进 52 个。截至 2017 年底，全省卷烟品牌规格总数优化至 279 个，同比减少 23 个，全省新品培育成功率 81.6%。出台《全省卷烟品规市场联控工作方案》，实施自主、区域、全省“三级联控”工作措施，主销品规价格显著回升。落实“工商零携手，省市县联动”思路，县级工商协同覆盖面达到 80% 以上，在 2017 年全国烟草行业工商互评中山西省局（公司）得分 98.98 分，排名第六位。全年销售重点品牌卷烟 520.21 亿支（104.04 万箱），同比增长 3.96%。销售细支卷烟 53.51 亿支（10.70 万箱），同比增加 23.26 亿支（4.65 万箱），增长 76.89%。

卷烟市场销售。 全年累计建成现代卷烟零售终端 1.33 万户，客户占比 10.71%，其中示范店 452 户；有卷烟零售客户自律互助小组 853 个，成员 9824 名，客户占比 7.93%。充分运用“互联网 +”技术手段，探索开展二维码扫描、微信公众号订阅、移动付款等新型销售模式，试点运行微信公众服务平台、“云 POS”终端应用平台等技术，取得良好效果。

市场化取向改革。 稳步扩大范围，分两批将晋城、晋中、大同、朔州、运城等5个市公司纳入市场化取向改革试点范围，完成国家局推进目标。强化监管力度，聚焦8个业务流程和36个监管环节，对上线试点单位进行定期监管，全年公文通报3次，有效保障规定动作的规范执行。贯彻“三精”管理办法，不断优化精准需求预测、精准货源组织、精准货源投放业务流程，全年平均预测准确率95%以上，交易协议变更率控制在5%以内。贯彻客户经理工作要点，推行移动办公平台，推动客户经理工作流程优化、绩效管理升级、岗位等级评聘等取得明显突破。

【烟叶产销】 **烟叶种植与收购。** 2017年，山西省种植烤烟2.7万亩，有种烟农户864户，签订烟叶种植收购合同864份。收购烟叶0.386万吨（7.72万担）。上等烟比例39%，中等烟比例59%。国家局检查工商交接等级合格率在80%以上。烟叶收购均价24.41元/千克，同比增加0.83元/千克。烟农实现总收入9419万元，同比减少2381万元。户均收入10.9万元，同比减少1.26万元。

现代烟草农业建设。 在山西省烟叶种植面积中，机械化耕地面积2.7万亩，起垄2.54万亩，移栽0.8万亩，覆膜2.37万亩，施肥2.39万亩。湿润育苗技术推广2.5万亩、轮作2.96万亩、沤制有机肥1万亩、小苗深栽1.5万亩，开展烟田废弃地膜捡拾2万亩。

【精益管理】 **精益财审管理。** 扎实做好省市两级税利指标月度衔接，定期通报税利预测与实际偏差率，确保当期税利总额跟上进度。坚持监督与服务并重，出台《审计全覆盖实施办法》《信息化投资项目审计管理办法》等制度规定，狠抓重大工程项目审计和离任经济责任审计，完成国家局审计事项整改，着力解决屡审屡犯问题。

精益物流管理。 稳步推进长治市公司物流新建项目、晋城市公司物流技改项目、太原市公司异型烟分拣线改造项目。进一步完善全省系统同厂家物流备品备件统一管理调配机制，深入开展送货线路优化工作，创新物流调研和成本费用研究方式，加强配送中心非法人实体化运行、卷烟包装箱循环利用和托盘联运管理。不断拓展物流降本增效新途径，单箱可控物流费用同比下降5.26%，单箱配送费用、人均配送效率等多项运行指标优于行业平均水平。2017年，山西省局（公司）被总公司评为“烟草行业物流工作先进集体”。

精益质量管理。 在全国烟草行业第二十八届优秀质量管理小组成果发布会上，太原市公司“精细严”QC小组成果“TYT12150分拣线缺条检测装置的研制”获一等奖；运城市公司“执行者”QC小组成果“烟用扎带自动盘整设备的研制”获二等奖；临汾市公司“造梦师”QC小组引进应用成果“基于银联系统的零售客户货款跨行结算平台的研发”获引进应用奖。

精益规范管理。 省局出台《规范投资项目管理监督意见》《“双随机一公开”检查方案》，强化事中事后监管；编制《采购管理项目书》《采购目录》，完善常用低值易耗品供应商库，规范采购项目立项程序；开展全省系统规范管理检查，及时发现解决问题。

【基层建设】 以建立长效机制为重点，全面开展“五好”县级局创建活动。出台《“五好”县级局创建活动实施方案》，确定“好班子、好队伍、好机制、好环境、好业绩”等5个方面22项具体创建标准和工作要求，优选20个县级局作为创建示范单位，召开全省系统“五好”县级局创建工作座谈会，交流经验、征求意见、部署工作。全省有63个县级局销量同比增加，最高增幅13.75%；103个县级局销售结构同比增加，最高增幅14.7%，涌现出一批“五好”县级局创建先进单位。

【特事辑要】 1月23日，山西省局（公司）在太原召开2017年全省烟草工作会议。

9月20—22日，国家烟草专卖局党组书记、局长，中国烟草总公司总经理凌成兴在山西烟草调研。凌成兴指出，山西烟草呈现出“一个崭新标志、三个重大变化”。他强调，要努力发挥技改优势，做到“三稳定、一提升”，即稳定卷烟规模、稳定来牌加工、稳定自有品牌格局，提升产品结构；要努力做好党建工作，以坚持党的领导、加强党的建设、落实全面从严治党主体责任为统领，充分发挥行业各级党组织把方向、管大局、保落实的重要作用，认真履行打假打私和规范经营的专卖职责，认真履行脱贫攻坚的社会职责，认真履行巡视整改的政治职责。

2017 年山西省烟草专卖商业主要情况统计

地市级局（公司）名称		太原市烟草专卖局（公司）	大同市烟草专卖局（公司）	阳泉市烟草专卖局（公司）	长治市烟草专卖局（公司）	晋城市烟草专卖局（公司）
主要负责人/法定代表人（含党政领导）		董旭红（—2017 年 6 月） 李建民（2017 年 6—）	支树华（—2017 年 6 月） 张跃斌（2017 年 6 月—）	程　智（—2017 年 7 月） 乔继光（2017 年 7 月—）	李振芳	张家驰
所属县级单位		清徐县、古交市、阳曲县、娄烦县等 4 个县级烟草专卖局（营销部）	城区、矿区、南郊区、新荣区、大同县、天镇县、阳高县、浑源县、广灵县、灵丘县、左云县等 11 个县级烟草专卖局（营销部）	平定县、盂县 2 个县级烟草专卖局（营销部）	长治县、潞城市、屯留县、长子县、壶关县、平顺县、黎城县、武乡县、襄垣县、沁县、沁源县、城区、郊区等 13 个县级烟草专卖局（营销部）	城区、泽州县、高平市、阳城县、沁水县、陵川县等 6 个县级烟草专卖局（营销部）
总资产（万元）		193396	143666	41443	93057	68624
资产负债率（%）		14.35	28.44	18.11	12.18	18.48
从业人员（人）		766	710	231	714	388
所属业务机构	营销机构	1 个营销中心	1 个营销中心	1 个营销中心	1 个营销中心	1 个营销中心
	物流配送机构	1 个物流配送中心	1 个物流配送中心、1 个接力送货点	1 个物流配送中心	1 个物流配送中心、5 个接力送货点	1 个物流配送中心、4 个接力送货点
	专卖稽查机构	1 个稽查支队、7 个稽查大队	1 个稽查支队、11 个稽查大队	1 个稽查支队、3 个稽查大队	1 个稽查支队、13 个稽查大队	1 个稽查支队、6 个稽查大队
	烟叶机构	—	—	—	1 个烟叶总站、5 个烟叶站	—
实现税利	万元	154740	84600	29019	75111	47381
	比上年增长（%）	7.75	5.19	4.01	5.81	5.97
实现利润	万元	59628	30864	9581	25189	16842
	比上年增长（%）	10.91	16.34	11.44	14.43	8.95
卷烟销售收入（万元）		583406	335967	118981	308306	185233
查处涉烟违法案件（起）		1730	957	387	1069	574
查处涉烟违法案件案值（万元）		2178	444	64	411	191
烟基建设投入资金（万元）		—	—	—	0	—
烟基设施新增受益面积（万亩）		—	—	—	0.00	—
烟叶种植（万亩）		2.7	—	—	0.33	—
烟叶收购（万担）		7.72	—	—	1.03	—
烟农户数（户）		864	—	—	178	—
实现烟农总收入（万元）		9419	—	—	1293	—
零售客户数（户）		14255	10186	5902	12522	8103
零售客户销售毛利率（%）		10.26	10.68	8.00	8.78	7.00

地市级局（公司）名称		朔州市烟草专卖局（公司）	忻州市烟草专卖局（公司）	吕梁市烟草专卖局（公司）	晋中市烟草专卖局（公司）	临汾市烟草专卖局（公司）	运城市烟草专卖局（公司）
主要负责人/法定代表人（含党政领导）		任守军	陈秀云（—2017年7月）曲　涛（2017年7月—）	乔继光（—2017年7月）张竞华（2017年7月—）	义晋瑞	赵新秋（—2017年7月）姚　宏（2017年7月—）	姚　宏（—2017年7月）杨新民（2017年7月—）
所属县级单位		朔城区、平鲁区、山阴县、怀仁县、应县、右玉县等6个县级烟草专卖局（营销部）	忻府区、原平市、代县、繁峙县、定襄县、五台县、宁武县、神池县、岢岚县、五寨县、保德县、静乐县、偏关县、河曲县等14个县级烟草专卖局（营销部）	离石区、汾阳市、孝义市、中阳县、柳林县、石楼县、交口县、方山县、临县、岚县、兴县、交城县、文水县等13个县级烟草专卖局（营销部）	榆次区、太谷县、祁县、平遥县、介休市、灵石县、榆社县、左权县、和顺县、昔阳县、寿阳县等11个县级烟草专卖局（营销部）	尧都区、侯马市、曲沃县、翼城县、襄汾县、洪洞县、霍州市、古县、吉县、安泽县、浮山县、乡宁县、蒲县、大宁县、永和县、隰县、汾西县等17个县级烟草专卖局（营销部）	盐湖区、临猗县、永济市、万荣县、河津市、新绛县、稷山县、铝厂厂区、绛县、闻喜县、夏县、垣曲县、平陆县、芮城县、风陵渡区等15个县级烟草专卖局（营销部）
总资产（万元）		50749	104840	101339	107784	129734	125865
资产负债率（%）		28.94	34.68	21.19	23.83	24.05	22.50
从业人员（人）		333	675	842	667	801	977
所属业务机构	营销机构	1个营销中心	1个营销中心	1个营销中心	1个营销中心	1个营销中心	1个营销中心
	物流配送机构	1个物流配送中心	1个物流配送中心、1个物流中转站、4个接力送货点	1个物流中心、1个物流中转站、7个接力送货点	1个物流中心、3个物流中转站	1个物流配送中心、1个物流中转站、1个接力送货点	1个物流配送中心、5个接力送货点
	专卖稽查机构	1个稽查支队、6个稽查大队	1个稽查支队、14个稽查大队	1个稽查支队、13个稽查大队	1个稽查支队、11个稽查大队	2个稽查支队、17个稽查大队	1个稽查支队、15个稽查大队
	烟叶机构	—	—	—	—	3个烟叶总站、7个烟叶站	5个烟叶总站、19个烟叶站
实现税利	万元	43457	67054	79991	80801	94323	95895
	比上年增长（%）	7.39	5.33	6.77	6.60	4.14	5.89
实现利润	万元	14836	22329	24842	27279	31824	30089
	比上年增长（%）	8.20	15.06	16.81	12.76	14.29	5.91
卷烟销售收入（万元）		171121	274196	338170	330628	390241	396210
查处涉烟违法案件（起）		991	661	851	848	1571	834
查处涉烟违法案件案值（万元）		253	196	702	412	334	550
烟基建设投入资金（万元）		—	—	—	—	0	0
烟基设施新增受益面积（万亩）		—	—	—	—	0.00	0.00
烟叶种植（万亩）		—	—	—	—	0.59	1.78
烟叶收购（万担）		—	—	—	—	1.43	5.26

续表

地市级局（公司）名称	朔州市烟草专卖局（公司）	忻州市烟草专卖局（公司）	吕梁市烟草专卖局（公司）	晋中市烟草专卖局（公司）	临汾市烟草专卖局（公司）	运城市烟草专卖局（公司）
烟农户数（户）	—	—	—	—	302	384
实现烟农总收入（万元）	—	—	—	—	1910	6216
零售客户数（户）	6355	11266	13742	13809	15319	15483
零售客户销售毛利率（%）	8.20	6.81	6.91	8.37	6.70	6.00

◎ 撰稿：朱永胜；编辑：张建丽　王　静

内蒙古自治区烟草专卖局（公司）

【专卖管理】　*卷烟打假打私。* 2017 年，内蒙古自治区烟草专卖局健全完善“政府领导、部门联合、多方参与、密切协作”打假打私体系，加强与公安、海关、邮政、交通、铁路等部门协调联系，依托大数据平台和情报分析研判，提高打假打私工作科学化、法治化、常态化水平。

全年全区查处涉烟违法案件 1.07 万起，同比增长 81.37%。其中，假烟案件 2655 起，同比增长 179.47%；案值 5 万元以上假烟案件 51 起，同比增长 121.74%。查获假烟 952.53 件，同比增长 81.36%；查获走私烟 414.92 件，同比增长 98.90%。破获制售假私烟网络案件 12 起，其中，符合国家局标准的网络案件 10 起。公安、司法机关依法刑拘 20 人，逮捕 19 人，判刑 18 人。

市场监管。 把有效遏制真烟非法流通作为卷烟市场监管工作的重点，做到“红线不能碰、大门不能破、口子不能漏”。自治区局印发《关于进一步加强当前卷烟市场监管工作的通知》《“争当卷烟打假打私和规范经营排头兵”工作方案》等文件，系统部署市场监管工作。

组织开展 3 次专项清理整顿卷烟市场行动（年初开展“两节”专项行动、4—6 月开展“利剑四号”专项行动、9—11 月联合自治区公安厅开展“飓风九号”专项行动），并根据国家局统一部署，开展违法违规卖烟大户治理专项行动。把全区划分为东、中、西三大片区开展卷烟市场互检互查，参与互检互查人员 110 余人，占全区一线专卖管理人员的 16%，随机抽检县级局 91 个，占全部县级局的 85%，随机抽检零售客户 3300 余户，占全部有效零售客户的 3.1%。强化考核，每月通报各单位涉烟案件查处情况，对连续 3 个月排名最后的单位进行工作约谈。

全年全区累计查扣非法流通卷烟 3442.57 件，同比增长 62.47%，市场秩序得到有效规范。全年受理卷烟真伪鉴别检验 34715 批次，未发生检验结论复议案件。

内部监管。 以加大真烟非法流通治理和真烟大要案件调查为重点，构建“制度完善、职责明确、监管到位、奖惩严明”的专卖内部监管体系。印发《全区烟草行业违规经营问题专项整治工作方案的通知》，各单位以依法严管违法违规卖烟大户专项行动为抓手，以真烟大要案调查为突破口，查清行业内部单位和个人违法违规经营卷烟问题，惩治滥用职权、监守自盗行为。

根据全区实际，将真品卷烟督办案值调至 2 万元。对 2 万元以上的真烟案件，根据案情启动内管调查程序，印发督办任务单，认真调查核实，涉及内部违法违规问题的实行“一案双查”。全年审核 2 万元以上案件 216 起，下发督办调查任务函 58 份。全区各级内管派驻机构通过内管信息系统，对“两烟”生产经营情况进行在线监管，并于 8 月将各单位的预警处理比例从 10% 提高到 15%。各级内管部门及时处理各类预警，并反馈给“两烟”经营部门，为科学决策提供依据。全年受理举报投诉 2 起，均按工作流程及时规范办理。

【经济效益】　2017 年，内蒙古自治区烟草商业系统实现税利 68.57 亿元，同比增长 6.39%，其中利润 22.66 亿元，同比增长 8.66%。三项费用率 5.79%，同比下降 0.39 个百分点。实现降本增效 1600 万元。

【卷烟（雪茄烟）经营】　2017 年，内蒙古自治区销量居前三位的卷烟品牌为“云烟”“红塔山”“南京”，销量分别为 131.77 亿支（26.35 万箱）、56.45 亿支（11.29 万箱）、30.59 亿支（6.12 万箱）。

全年实现卷烟销售收入（不含税）236.92 亿元，同比增长 5.36%。实现卷烟税利 67.74 亿元，同比增长 6.51%，其中利润 22.21 亿元，同比增长 8.99%。卷烟单箱销售收入（不含税）2.22 万元，同比增长 3.84%。

【三大举措提升卷烟结构】 依靠“品牌培育、整合规格、高端引领”三大举措持续提升卷烟结构，品牌培育从追求数量增长向追求有质量、可持续增长转变，培育方式更加理性，工商协作更加顺畅。以培育“冬虫夏草”品牌为标志，扎实做好工商协同工作。“冬虫夏草”品牌销售同比增长 97.81%，销售收入同比增长 91.91%。发挥三类烟“销量稳压器”“结构助推器”作用。全年三类以上卷烟销售收入占全区卷烟销售收入的 88.88%。

【现代零售终端建设】 现代零售终端建设工作继续深入推进。以稳定终端数量、提升终端质量为重点，各单位按照《全区零售终端建设投入管理办法》文件精神，用好行业投入政策，加大终端建设投入，2017 年现代零售终端客户数 2.77 万户，同比增长 9.26%，占全区零售客户比重的 28.62%。现代零售终端客户不断增加，提升现代终端对普通终端的影响力和带动力，加快推动传统终端向现代终端转型。

【烟叶产销】 *烟叶种植。* 2017 年，内蒙古自治区烟叶种植面积 1.41 万亩，签订合同 832 份，涉及 4 个旗县区、13 个乡镇、40 个村、832 户烟农，户均面积 17 亩。全年落实国家烤烟计划 7.10 万担，收购烟叶 5.95 万担。

烟叶精益管理。 召开全区精益烟叶生产现场会，以基层收购站和“两场一社”为基本平台，集中展现烟叶精益管理工作成果。加强“户籍化档案”“电子合同档案”“土壤肥力评测库”“气象资料数据库”“质量评价资料库”等 5 个生产数据库建设。各收购站点严把收购管理“五个关口”，收购期间组织两次收购质量检查，各批次烟叶等级纯度较好，平均等级合格率 81.07%，收购等级质量保持平稳。

【管理创新】 *推进内设机构和人员编制改革。* 根据国家局、总公司印发的《关于印发内蒙古自治区烟草专卖局（公司）主要职责内设机构和人员编制规定的通知》精神，全面完成党建工作处（机关党委）、群团工作处（工会办公室）、教育培训中心、机关服务中心、内蒙古自治区烟草专卖局铁路分局等机构的调整组建工作，所属盟市局（公司）、旗县局（营销部）“三定”工作有序推进。落实中组部“凡提四必”“三个不上会”“两个不得”“五个不准”要求，按照《全区行业处级干部选拔任用工作全程纪实办法》，从干部动议到推荐考察、公示任职每个环节步骤做到全程纪实。全年提拔处级干部 16 人，交流处级干部 27 人，自治区局（公司）机关派出 11 名科级干部到盟市局（公司）挂职。

强化法治建设和安全管理。 开展“七五”普法工作，组织全员网上学法和考试，开展行政审批平台建设并上线运行。全区行业规范性文件、招标文件、合同、行政处罚案卷实现法规部门 100% 前置审查，审查招标文件 185 件、合同 1105 份，制定完善规章制度 444 项，废止 367 项。强化“党政同责、一岗双责、齐抓共管、失职追责”“管业务必须管安全、管生产经营必须管安全”，全年下达安全整改意见书 137 份，提出整改建议 690 条，隐患整改率在 97.4% 以上。全区烟草行业各单位均有效保持安全标准化二级水平。全区烟草行业安全管理信息化系统全面实施，建立视频监控平台并通过视

内蒙古呼和浩特市公司优化半自动分拣线提高分拣效率（2017 年）
《中国烟草》杂志社　颉虎平　摄

频监控系统实时监控各单位安全检查、隐患发现、整改情况。

规范采购管理和财务审计监督。 全面贯彻落实采购项目“应招尽招”“真招实招”，强化办事公开民主管理同业务工作深度融合，2017 年全区烟草行业实施采购项目 549 项，公开招标金额占比 94.23%；累计公开事项 27041 项，同比增长 283.78%。全区烟草行业超额完成卷烟包装箱循环利用和托盘联运目标，包头市局（公司）获评“烟草行业物流工作先进集体”。全区烟草行业全面预算管理和国有资产管理子系统上线运行，提高企业规范经营水平。全年开展审计项目 309 项，发现问题并提出审计建议 722 条。自治区局（公司）被国家审计署评为“全国内部审计先进集体”，被自治区审计厅评为“自治区内部审计先进集体”。

【特事辑要】 6 月 25—27 日，国家烟草专卖局党组书记、局长，中国烟草总公司总经理凌成兴在内蒙古烟草调研，指出内蒙古烟草工作精神状态好、主要发展指标好，呈现出“三个特别扎实”；同时强调，内蒙古烟草要以内蒙古自治区成立 70 周年庆祝活动为契机，保持追赶进位好状态，争当“三个排头兵”，即争当自有品牌跨越发展的排头兵、争当卷烟打假打私和规范经营的排头兵、争当工商税利刷新历史最好水平的排头兵。

9 月 26—27 日，国家局党组成员、副局长段铁力在内蒙古烟草调研。

2017 年内蒙古自治区烟草专卖商业主要情况统计

地市级局（公司）名称		呼和浩特市烟草专卖局（公司）	满洲里市烟草专卖局（公司）	呼伦贝尔市烟草专卖局（公司）	兴安盟烟草专卖局（公司）	通辽市烟草专卖局（公司）
主要负责人/法定代表人（含党政领导）		董德富	张若宇（—2017 年 8 月）乔立中（2017 年 8 月—）	王文兵	郝文亮	郭东信（—2017 年 12 月）王明新（2017 年 12 月—）
所属县级单位[1]		土默特左旗、托克托县、和林格尔县、清水河县、武川县等 5 个县级烟草专卖局（营销部）、新城区、赛罕区、回民区、玉泉区等 4 个城区烟草专卖局（营销部）	扎赉诺尔区 1 个烟草专卖局（营销部）[2]	海拉尔区、牙克石市、扎兰屯市、根河市、额尔古纳市、阿荣旗、莫力达瓦达斡尔族自治旗、鄂伦春自治旗、鄂温克族自治旗、新巴尔虎左旗、新巴尔虎右旗、陈巴尔虎旗、大杨树等 13 个旗、市、区烟草专卖局（营销部）	乌兰浩特市、阿尔山市、扎赉特旗、科尔沁右翼前旗、科尔沁右翼中旗、突泉县等 6 个县级烟草专卖局（营销部）	科尔沁区、科尔沁左翼后旗、科尔沁左翼中旗、开鲁县、库伦旗、奈曼旗、扎鲁特旗、霍林郭勒市等 8 个县级烟草专卖局（营销部）
总资产（万元）		198307	12049	61789	41296	58711
资产负债率（%）		34.46	23.83	46.59	36.03	16.02
从业人员（人）		716	67	654	262	469
所属业务机构	营销机构	1 个营销中心、1 个电访中心	1 个营销中心	1 个营销中心、1 个电访中心	1 个营销中心	1 个营销中心
	物流配送机构	1 个配送中心	1 个配送中心	1 个配送中心、2 个配送分中心、11 个物流中转站	1 个物流配送中心	1 个配送中心
	专卖稽查机构	1 个稽查支队、2 个稽查大队	1 个稽查大队	1 个稽查支队、13 个稽查大队	1 个稽查支队、6 个稽查大队	1 个稽查支队
	烟叶机构	—	—	—	—	—

续表

地市级局（公司）名称		呼和浩特市烟草专卖局（公司）	满洲里市烟草专卖局（公司）	呼伦贝尔市烟草专卖局（公司）	兴安盟烟草专卖局（公司）	通辽市烟草专卖局（公司）
实现税利	万元	117343	8728	44186	28835	52048
	比上年增长（%）	9.00	4.26	7.75	3.95	1.27
实现利润	万元	44411	2685	10435	7549	14478
	比上年增长（%）	10.37	8.70	16.71	7.38	1.98
卷烟销售收入（万元）		384009	31626	203335	129237	224523
查处涉烟违法案件（起）		2085	111	987	813	811
查处涉烟违法案件案值（万元）		1439	20	170	111	99
烟基建设投入资金（万元）		—	—	—	—	—
烟基设施新增受益面积（万亩）		—	—	—	—	—
烟叶种植（万亩）		—	—	—	—	—
烟叶收购（万担）		—	—	—	—	—
烟农户数（户）		—	—	—	—	—
实现烟农总收入（万元）		—	—	—	—	—
零售客户数（户）		12182	1235	10423	7239	13314
零售客户销售毛利率（%）		8.30	8.60	8.00	6.74	7.00

地市级局（公司）名称		赤峰市烟草专卖局（公司）	锡林郭勒盟烟草专卖局（公司）	二连浩特市烟草专卖局（公司）	乌兰察布市烟草专卖局（公司）	包头市烟草专卖局（公司）
主要负责人/法定代表人（含党政领导）		王明新（—2017年12月） 刘凤君（2017年12月—）	王建胜（—2017年9月） 孙宏宁（2017年9月—）	杜秀亭（—2017年7月） 刘凤君（2017年7—12月） 高志明（2017年12月—）	李志军（—2017年8月） 王　强（2017年8月—）	刘　永（—2017年8月） 李志军（2017年8月—）
所属县级单位		红山区、松山区、阿鲁科尔沁旗、巴林左旗、巴林右旗、林西县、克什克腾旗、翁牛特旗等8个烟草专卖局（营销部）；喀喇沁旗、宁城县、元宝山区、敖汉旗烟草专卖局（分公司）和松山区烟叶分公司	锡林浩特市、阿巴嘎旗、苏尼特左旗、苏尼特右旗、镶黄旗、多伦县、太仆寺旗、正蓝旗、西乌珠穆沁旗、东乌珠穆沁旗、乌拉盖管理区等11个县级烟草专卖局（营销部）	—	丰镇市、卓资县、凉城县、化德县、兴和县、商都县、察哈尔右翼前旗、察哈尔右翼中旗、察哈尔右翼后旗、四子王旗、集宁区等11个县级烟草专卖局（营销部）	土默特右旗、固阳县、达尔罕茂明安联合旗、白云区、石拐区、东河区、九原区、青山区、昆都仑区等9个县级烟草专卖局（营销部）
总资产（万元）		85100	17300	6819	68214	181474
资产负债率（%）		25.85	15.30	35.09	16.97	26.51
从业人员（人）		849	314	34	480	400
所属业务机构	营销机构	1个营销中心	1个营销中心、1个电访中心	1个营销中心	1个营销中心	1个营销中心
	物流配送机构	1个物流配送中心	1个配送中心、8个物流中转站	1个配送中心	1个配送中心、3个物流中转站	1个配送中心
	专卖稽查机构	1个稽查支队、2个稽查大队	1个稽查支队、1个稽查机动大队	1个专卖监督管理科	1个稽查支队	2个稽查大队、6个稽查中队
	烟叶机构	6个烟叶站、4个收购站点	—	—	—	—

续表

地市级局（公司）名称		赤峰市烟草专卖局（公司）	锡林郭勒盟烟草专卖局（公司）	二连浩特市烟草专卖局（公司）	乌兰察布市烟草专卖局（公司）	包头市烟草专卖局（公司）
实现税利	万元	71315	19933	4289	52118	111613
	比上年增长（%）	6.14	8.78	8.34	-0.12	6.81
实现利润	万元	21519	3942	1436	15621	45969
	比上年增长（%）	11.33	35.84	14.70	1.02	7.32
卷烟销售收入（万元）		292889	88464	18158	224113	403493
查处涉烟违法案件（起）		1449	595	62	1308	1377
查处涉烟违法案件案值（万元）		178	124	12	229	1320
烟基建设投入资金（万元）		—	—	—	—	—
烟基设施新增受益面积（万亩）		—	—	—	—	—
烟叶种植（万亩）		1.41	—	—	—	—
烟叶收购（万担）		5.95	—	—	—	—
烟农户数（户）		832	—	—	—	—
实现烟农总收入（万元）		5131	—	—	—	—
零售客户数（户）		17364	4864	448	8926	10153
零售客户销售毛利率（%）		10.05	10.00	12.18	10.17	5.00

地市级局（公司）名称		鄂尔多斯市烟草专卖局（公司）	巴彦淖尔市烟草专卖局（公司）	乌海市烟草专卖局（公司）	阿拉善盟烟草专卖局（公司）
主要负责人/法定代表人（含党政领导）		安存礼（—2017年8月） 张若宇（2017年8月—）	齐翠敏	王　强（—2017年8月） 杜秀亭（2017年8月—）	孟凡超
所属县级单位[1]		东胜区、康巴什区、达拉特旗、准格尔旗、准格尔经济开发区直属分局、伊金霍洛旗、杭锦旗、乌审旗、鄂托克旗、鄂托克前旗等10个县级烟草专卖局（营销部）[3]、乌兰木伦直属分局、棋盘井经济开发区直属分局、上海庙经济开发区直属分局等3个县级烟草专卖局	乌拉特前旗、五原县、杭锦后旗、磴口县、乌拉特中旗、乌拉特后旗、临河区等7个县级烟草专卖局（营销部）	海勃湾区、乌达区、海南区等3个县级烟草专卖局（营销部）	阿拉善左旗、阿拉善右旗、额济纳旗等3个县级烟草专卖局（营销部），乌斯太烟草专卖分局
总资产（万元）		140366	65018	34437	12316
资产负债率（%）		19.62	34.07	16.67	21.18
从业人员（人）		488	325	115	106
所属业务机构	营销机构	1个营销中心	1个营销中心	1个营销中心	1个营销中心
	物流配送机构	1个配送中心	1个配送中心	1个配送中心	1个配送中心
	专卖稽查机构	1个稽查支队、2个稽查大队	1个稽查支队、1个稽查大队	—	1个稽查支队、4个稽查大队
	烟叶机构	—	—	—	—
实现税利	万元	99077	47297	21742	8945
	比上年增长（%）	11.54	4.86	1.51	5.70
实现利润	万元	38888	15245	8415	2184
	比上年增长（%）	11.54	2.35	3.18	5.86

续表

地市级局（公司）名称	鄂尔多斯市烟草专卖局（公司）	巴彦淖尔市烟草专卖局（公司）	乌海市烟草专卖局（公司）	阿拉善盟烟草专卖局（公司）
卷烟销售收入（万元）	363668	167678	71162	38194
查处涉烟违法案件（起）	982	843	593	196
查处涉烟违法案件案值（万元）	719	125	127	38
烟基建设投入资金（万元）	—	—	—	—
烟基设施新增受益面积（万亩）	—	—	—	—
烟叶种植（万亩）	—	—	—	—
烟叶收购（万担）	—	—	—	—
烟农户数（户）	—	—	—	—
实现烟农总收入（万元）	—	—	—	—
零售客户数（户）	9227	6054	1955	1569
零售客户销售毛利率（%）	9.28	6.00	8.00	9.00

注：1. 根据《国家烟草专卖局　中国烟草总公司关于内蒙古自治区19个县级区划设立卷烟营销部的批复》（国烟法〔2017〕21号），设立呼和浩特市烟草公司赛罕区、回民区、新城区、玉泉区卷烟营销部，包头市烟草公司东河区、青山区、九原区、昆都仑区卷烟营销部，乌海市烟草公司海勃湾区、乌达区、海南区卷烟营销部，兴安盟烟草公司乌兰浩特市卷烟营销部，赤峰市烟草公司红山区、松山区卷烟营销部，锡林郭勒盟烟草公司锡林浩特市卷烟营销部，乌兰察布市烟草公司集宁区卷烟营销部，鄂尔多斯市烟草公司东胜区卷烟营销部，巴彦淖尔市烟草公司临河区卷烟营销部，呼伦贝尔市烟草公司新巴尔虎左旗卷烟营销部。

2. 卷烟营销部为根据《国家烟草专卖局　中国烟草总公司关于设立满洲里市扎赉诺尔区烟草专卖局（卷烟营销部）的批复》（国烟人〔2017〕9号）新设。

3. 康巴什区烟草专卖局（卷烟营销部）为根据《国家烟草专卖局　中国烟草总公司关于设立鄂尔多斯市康巴什区烟草专卖局（卷烟营销部）的批复》（国烟人〔2017〕8号）设立。

◇ 撰稿：班晓华；编辑：张建丽　王　静

辽宁省烟草专卖局（公司）

【专卖管理】　**案件查处**。2017年，辽宁省烟草专卖局查处各类涉烟案件1.34万起，其中案值5万元以上案件370起，同比增长27%；涉案卷烟总金额9586万元，同比增长32%；查获各类非法卷烟2万件，其中非法流通卷烟1.13万件，假烟0.31万件，走私烟0.57万件，走私烟查扣量在全国排第三位。查获非法烟丝烟叶121吨，查获量在全国排第十位。全年破获符合公安部、国家局标准的网络案件32起，其中部督案件2起。公安、司法机关依法拘留54人，逮捕62人，判刑87人。

卷烟市场监管。推进监管方式转型，将APCD工作法与“双随机、一公开”原则有机结合，对零售客户采取科学分类管理，实现市场检查的点面结合。在全省10个与邻省接壤地区沿线设立、运行19个专卖稽查所。全年走访检查零售客户1.92万户次，开展暗访核查18次。与公安、工商等相关职能部门开展联合执法行动83次，查处涉烟案件204起，查扣各类非法卷烟270件，稽查所辖区平均净化率达到96%以上。定期开展市场核查，全年省局走访零售客户2800户，平均市场净化率88.89%，市场秩序明显好转。开展违法违规卖烟大户专项治理，全年取消违法违规经营大户经营资格107户，取缔违法大户数量全国排名第五位。组织开展全省范围的规范卷烟经营秩序专项督查自查工作，督查要点涵盖依法严管大户和卷烟规范经营等九大项33小项内容。实现非法流通真烟抄报制度化，制定印发《真烟案件上报管理规定》。

证件管理。推进行政许可和行政处罚信息“双公示”。落实许可管理实施细则，及时使用新版许可管理文书。加强行政许可后续监管。全年清理办证不经营户、不符合规定办证户以及系统长期存在的停业户1.71万户。截至2017年底，全省有卷烟零售客户14.03万户，全省专卖和销售两网平均偏差率降至1%，全省13家市局两网偏差率全部达标。

专卖信息化建设。持续推进行业专卖管理信息系统“三统一”应用，不断完善统计分析功能模块。完成行业专卖管理信息系统市场监管模块的部署及推广应用，印发《行业专卖管理信息系统市场监管实施方案》，2017年1月起，全省市场监管系统正式上线运行。推广应用新型媒介互动平台，利用全省专卖市场监管微信公众平台，定期宣传烟草专卖相关法律法规、专业知识和奖励政策等信息。

【经济效益】 2017年，辽宁省烟草商业系统实现税利81.20亿元，同比增长1.83%，其中利润26.25亿元，同比下降1.73%。三项费用率6.56%。

【卷烟（雪茄烟）经营】 **卷烟销售。** 2017年，辽宁省卷烟销量居前三位的品牌为“七匹狼”“红塔山”“红梅”，销量分别为60.80亿支（12.16万箱）、59.70亿支（11.94万箱）、56.2亿支（11.23万箱）。

2017年，辽宁省烟草商业系统实现卷烟销售收入274.02亿元，同比增长4.48%。实现卷烟税利76.80亿元，同比增长3.62%，其中利润23.98亿元，同比增长3.0%。

雪茄烟销售。 2017年，辽宁省烟草商业系统销售雪茄烟3907.04万支，同比增长13.71%；雪茄烟实现销售收入3227.59万元，同比增长13.31%。全年全省系统经营的雪茄烟共有9个品牌47个规格，新引入8个规格，分别为“茂大（1号）”“长城（醇雅薄荷）”“长城（软传奇）”“王冠（塑2支全叶卷）”“王冠（小国粹）”“王冠（国粹名角）”“黄鹤楼（公爵）”“黄鹤楼（雪之梦8号）”，雪茄烟产品线进一步丰富。

品牌培育。 2017年，辽宁省局（公司）进一步加强品牌进退管理，修订《全省行业卷烟品牌（规格）引入退出管理办法》。截至2017年底，全省在销卷烟规格352个。全年累计销售重点品牌506.5亿支（101.31万箱），同比增长1.74%。全年销售细支烟105.95亿支（21.19万箱），同比增长40.78%。地产卷烟培育取得重大进展，全年累计销售“人民大会堂”品牌卷烟40.65亿支（8.13万箱），同比增长10.57%。

现代零售终端建设。 2017年，全省系统按照《2016年辽宁省现代卷烟零售终端运行规范》要求，稳步推进终端建设工作，全年建成现代终端2203个。截至2017年底，全省累计建成现代终端数量7716户，占零售客户总数的5.5%。

卷烟物流建设。 加强物流基础设施建设，鞍山市局（公司）物流中心完成主体工程建设，抚顺市局（公司）物流中心开工建设，盘锦市局（公司）物流中心建设项目完成场平工作，营口市局（公司）物流中心建设项目完成桩基础施工工作。加强物流设施更新改造，截至2017年底，全省系统全部实现标准卷烟半自动分拣，有半自动分拣线15条，全省系统标准卷烟分拣效率23.4万条/小时。加强精益物流管理，2017年全省行业以“三定、一对”（定额、定车、定编和对标工作）为抓手，深入开展精益物流管理。

【烟叶产销】 **烟叶种植与收购。** 2017年，签订烤烟种植合同4261份，种植面积12.16万亩，实际收购烤烟1.91万吨（38.28万担）。烟叶收购均价24.49元/千克，上等烟比例为55.64%。在国家局组织的烟叶收购等级质量检查中，烤烟质量等级平均合格率61.73%。实现烟农种烟总收入4.7亿元；烟叶平均亩产值3853元。

烟叶生产基础设施建设。 随着烟叶种植面积和烟叶收购量逐年压缩，按照“量力而行、尽力而为、建管并重、提升水平”的总体思路，全省系统实际完成烟叶生产基础

2017年3月15日，辽宁沈阳市局（公司）联合市场监管局、消费者协会等单位与卷烟工业企业组织开展“3·15国际消费者权益日”系列宣传活动

辽宁沈阳市局 杨 勇 摄

设施建设项目30项，均为烟草专用机械购置，行业投入补贴资金14.18万元，其中总公司补贴资金8.51万元，省内配套资金5.67万元。

烟叶科技创新。 2017年初，省局（公司）党组召开专题扩大会议审议，批准《辽宁省烟草公司绿色防控重大专项实施方案》。省局（公司）科技委员会批准对该项目进行专题立项，批准项目资金264.55万元，用于朝阳烟叶绿色防控技术示范区建设。按照国家局烟草绿色防控重大专项主推“三虫三病”防治技术要求，全省建立核心示范区0.6万亩，完成比例200%。

烟农专业合作社建设。 按照“统分结合、双层经营”的要求，不断提高烟农专业合作社建设水平。截至2017年底，全省有注册烤烟专业合作社70家，入社烟农3225户，烟农入社率75.69%。

现代烟草农业建设。 依托烟农合作社建设，在育苗、机耕、植保、烘烤和分级等方面进行专业化服务，其中利用合作社开展专业化育苗面积7.76万亩、机耕面积5.25万亩、植保面积1.77万亩。

【交流与合作】 2017年，中国烟草辽宁进出口公司实现“两烟”进出口总值2511.87万美元，其中进口总值828.12万美元，出口实现1683.75万美元。实现销售收入2.99亿元，实现税利0.97亿元。

卷烟进出口。 继续与英国、韩国、日本等国家或地区的烟草公司加强业务联系，全年在辽宁、吉林、河北和大连等市场累计销售进口卷烟4.6亿支，同比增长15%，其中进口“555”品牌卷烟1.4亿支，计划执行率100%。

拓展卷烟境外市场保持稳定，“人民大会堂”品牌卷烟继在韩国、中国香港免税市场实现销售，在新开发的非洲马达加斯加有税市场也实现出口持续增长。全年累计出口卷烟1.2亿支，其中出口“人民大会堂”品牌卷烟1200万支。

烟叶出口。 2017年，与联一国际公司、环球公司、香港南洋兄弟等累计签订的5500余吨库存烟叶合同基本执行完毕。全年出口烟叶类产品8750吨，同比增长82.76%。

【信息化建设】 推进重点信息化项目建设，完成13家市公司新销售系统的上线部署工作，完成跨行结算系统、物流管控系统、宏观管理系统、EHR、MPC、新商盟、专卖系统及多元化系统的迁移工作。强化网络安全保障，对核心交换机等关键网络设备进行统一升级。编制完成《辽宁烟草信息系统上海容灾中心异地灾备项目建设方案》。深度利用数据资源，在移动客户端设计开发数据分析及数据推送功能，实现数据的实时化、可视化和移动化。

【整顿规范】 制定印发省局党组《深入开展防治系统性廉洁风险工作的实施办法》等制度文件，推动建立廉洁风险防治体系。组织开展全省行业落实《工作人员违纪违法行为处理暂行规定》及公务用车配备和使用等情况专项检查，提出整改意见和改进建议62条。依据《暂行规定》对违规违纪行为进行追责问责，处理人员28人次。强化办事公开民主管理，制定印发《2017年度辽宁省烟草专卖局（公司）机关对内公开事项目录、清单和明细》。全年全省行业公开信息总数8170条，监督采购项目实施过程94次，检查采购项目卷宗54个，发现问题均整改完毕。

【特事辑要】 2月21—22日，辽宁省局（公司）在沈阳召开2017年全省烟草工作会议。

7月26—27日，国家局党组成员、副局长段铁力在辽宁烟草调研。

12月12日，中国共产党第十八、十九届中央委员会候补委员，中华全国总工会副主席（兼职）郭明义应邀到鞍山市局（公司）宣讲党的十九大精神，并授旗成立“郭明义爱心团队——鞍山烟草工商精准扶贫分队”。

2017年辽宁省烟草专卖商业主要情况统计

地市级局（公司）名称	沈阳市烟草专卖局（公司）	鞍山市烟草专卖局（公司）	抚顺市烟草专卖局（公司）	本溪市烟草专卖局（公司）
主要负责人/法定代表人（含党政领导）	王韶波	胡志伟	刘　林	姜守信（—2017年2月） 姜明春（2017年2月—）

续表

地市级局（公司）名称		沈阳市烟草专卖局（公司）	鞍山市烟草专卖局（公司）	抚顺市烟草专卖局（公司）	本溪市烟草专卖局（公司）
所属县级单位		和平区、沈河区、大东区、皇姑区、铁西区、于洪区、浑南区、苏家屯区、沈北新区、辽中区、新民市、康平县、法库县等13个县级烟草专卖局（营销部），1个直属分局	海城市、台安县、岫岩满族自治县等3个县级烟草专卖局（营销部）	清原满族自治县、新宾满族自治县、抚顺县等3个县级烟草专卖局（营销部）和经济开发区稽查支队（营销部）	本溪满族自治县、桓仁满族自治县、南芬区等3个县级烟草专卖局（营销部）
总资产（万元）		355545	99693	54616	39774
资产负债率（%）		6.03	9.66	6.72	7.46
从业人员（人）		1334	435	388	305
所属业务机构	营销机构	1个营销中心	1个营销中心	1个营销中心	1个营销中心
	物流配送机构	1个卷烟物流配送中心	1个卷烟物流配送中心	1个卷烟物流配送中心	1个卷烟物流配送中心
	专卖稽查机构	20个稽查大队	1个稽查支队、5个稽查大队	2个稽查支队、11个稽查大队、2个专卖管理稽查所	1个稽查支队、1个稽查大队、6个市管大队、1个专卖管理稽查所
	烟叶机构	—	—	—	—
实现税利	万元	241966	78454	39887	30340
	比上年增长（%）	3.44	2.87	3.38	3.60
实现利润	万元	89962	28596	11551	8713
	比上年增长（%）	5.75	5.64	6.17	3.62
卷烟销售收入（万元）		809613	265411	146603	112223
查处涉烟违法案件（起）		2457	2348	372	693
查处涉烟违法案件案值（万元）		3701	1152	293	463
烟基建设投入资金（万元）		—	—	—	—
烟基设施新增受益面积（万亩）		—	—	—	—
烟叶种植（万亩）		—	—	—	—
烟叶收购（万担）		—	—	—	—
烟农户数（户）		—	—	—	—
实现烟农总收入（万元）		—	—	—	—
零售客户数（户）		28119	12000	7489	5406
零售客户销售毛利率（%）		8.80	15.80	6.00	15.30

地市级局（公司）名称	丹东市烟草专卖局（公司）	锦州市烟草专卖局（公司）	营口市烟草专卖局（公司）	阜新市烟草专卖局（公司）
主要负责人/法定代表人（含党政领导）	姜明春（—2017年2月） 苏广昌（2017年2月—）	卜剑飞	胡凤彦（—2017年3月） 王　琳（2017年3月—）	2017年2月之前： 姜　新/王龙宪 2017年2月之后： 刘铁成
所属县级单位	东港市、凤城市、宽甸满族自治县等3个县级烟草专卖局（营销部），凤城市、宽甸满族自治县2个烟叶分公司	凌海市、北镇市、黑山县、义县等4个县级烟草专卖局（营销部）	盖州市、大石桥市、老边区、鲅鱼圈区、西市区等5个县级烟草专卖局（营销部）和直属熊岳稽查支队（营销部）	阜新蒙古族自治县、彰武县2个县级烟草专卖局（营销部），阜新满族自治县、彰武县2个烟叶分公司

续表

地市级局（公司）名称		丹东市烟草专卖局（公司）	锦州市烟草专卖局（公司）	营口市烟草专卖局（公司）	阜新市烟草专卖局（公司）
总资产（万元）		101655	78324	76651	46583
资产负债率（%）		17.65	9.74	4.93	22.38
从业人员（人）		474	449	314	848
所属业务机构	营销机构	1个营销中心	1个营销中心	1个营销中心	1个营销中心
	物流配送机构	1个卷烟物流配送中心	1个卷烟物流配送中心	1个卷烟物流配送中心	1个卷烟物流配送中心
	专卖稽查机构	1个稽查支队、10个稽查大队、1个专卖管理稽查所	1个稽查支队、10个稽查大队、1个专卖管理稽查所	1个稽查支队、6个稽查大队、1个专卖管理稽查所	1个稽查支队、6个稽查大队、2个专卖管理稽查所
	烟叶机构	10个烟叶站	—	—	8个烟叶站
实现税利	万元	59558	53974	54001	35163
	比上年增长（%）	0.84	2.34	3.87	-1.50
实现利润	万元	22698	17301	18578	9868
	比上年增长（%）	-7.46	-1.58	5.32	-4.72
卷烟销售收入（万元）		154198	189095	188112	117421
查处涉烟违法案件（起）		553	1472	1203	458
查处涉烟违法案件案值（万元）		2195	430	672	271
烟基建设投入资金（万元）		—	—	—	—
烟基设施新增受益面积（万亩）		—	—	—	—
烟叶种植（万亩）		6.00	—	—	1.28
烟叶收购（万担）		16.87	—	—	4.45
烟农户数（户）		2169	—	—	514
实现烟农总收入（万元）		22766	—	—	4872
零售客户数（户）		9150	12140	9853	6973
零售客户销售毛利率（%）		8.50	7.00	8.00	7.00

地市级局（公司）名称	辽阳市烟草专卖局（公司）	铁岭市烟草专卖局（公司）	朝阳市烟草专卖局（公司）	盘锦市烟草专卖局（公司）	葫芦岛市烟草专卖局（公司）
主要负责人/法定代表人（含党政领导）	付群利（—2017年2月）汤海洋（2017年2月—）	赵静波	刘铁成（—2017年2月）苏方鹏（2017年2月—）	苏广昌（—2017年2月）姜守信（2017年2月—）	曹志良
所属县级单位	灯塔市、辽阳县2个县级烟草专卖局（营销部）	开原市、调兵山市、昌图县、西丰县等4个县级烟草专卖局（营销部），开原市、昌图县、西丰县等3个烟叶分公司	北票市、凌源市、朝阳县、建平县、喀喇沁左翼蒙古族自治县等5个县级烟草专卖局（营销部），1个直属分局（营销部），北票市、建平县2个烟叶分公司	大洼区、盘山县2个县级烟草专卖局（营销部）	兴城市、绥中县、建昌县等3个县级烟草专卖局（营销部）
总资产（万元）	51435	59525	57894	45247	64050
资产负债率（%）	8.67	26.79	19.55	13.02	12.30
从业人员（人）	279	664	546	194	365

续表

地市级局（公司）名称		辽阳市烟草专卖局（公司）	铁岭市烟草专卖局（公司）	朝阳市烟草专卖局（公司）	盘锦市烟草专卖局（公司）	葫芦岛市烟草专卖局（公司）
所属业务机构	营销机构	1个营销中心	1个营销中心、1个电访中心	1个营销中心	1个营销中心	1个营销中心
	物流配送机构	1个卷烟物流配送中心	1个卷烟物流配送中心	1个卷烟物流配送中心	1个卷烟物流配送中心	1个卷烟物流配送中心
	专卖稽查机构	1个稽查支队、4个稽查大队、2个市管大队、2个专卖管理稽查所	1个稽查支队、8个稽查大队、4个专卖管理稽查所	1个稽查支队、8个稽查大队、2个专卖管理稽查所	1个稽查支队、4个稽查大队	1个稽查支队、9个稽查大队、3个专卖管理稽查所
	烟叶机构	—	9个烟叶站	5个烟叶站	—	—
实现税利	万元	40843	54832	45823	35351	46199
	比上年增长（%）	1.23	0.96	-4.38	2.08	5.09
实现利润	万元	13246	16817	14819	12499	13972
	比上年增长（%）	1.48	-4.11	-14.75	-2.73	-1.26
卷烟销售收入（万元）		144285	172238	145056	120382	162925
查处涉烟违法案件（起）		235	824	868	447	1474
查处涉烟违法案件案值（万元）		451	267	197	353	224
烟基建设投入资金（万元）		—	14.18	—	—	—
烟基设施新增受益面积（万亩）		—	—	—	—	—
烟叶种植（万亩）		—	2.78	2.10	—	—
烟叶收购（万担）		—	9.32	7.64	—	—
烟农户数（户）		—	831	747	—	—
实现烟农总收入（万元）		—	11150	8072	—	—
零售客户数（户）		6592	12345	13026	5399	10067
零售客户销售毛利率（%）		13.30	10.30	8.50	6.00	9.00

◇ 撰稿：董春亮；编辑：张建丽　王　静

吉林省烟草专卖局（公司）

【专卖管理】 **案件查处。** 2017年，吉林省烟草专卖局共查办各类涉烟违法案件1632起，查扣假私非卷烟共计3167件，破获较大规模网络案件22起，其中公安部督办案件8起，较上年增加7起。全年未发生超过“双30”（数量30万支或案值30万元）外流案件。开展严管违法违规卖烟大户专项行动，排查重点监管商户2855家，取缔、注销违法违规经营商户1134家。建立完善联合打私协作机制。把打击朝鲜走私卷烟作为工作重点，积极沟通长春海关缉私局，明确烟草、海关两部门各自工作职责，建立联席会议、信息共享、联合办案等工作制度。卷烟打假以查办网络案件为重点取得成效。研究利用互联网销售假私卷烟网络案件的特点，连续破获多起重大制售假烟网络案件。其中，长春市局先后查办“1·4”制假工厂案件、“6·4”非法生产烟丝案件、“8·1”非法生产烟丝案件，长春、延边两地联合破获“3·3”非法生产烟丝案件，捣毁多处非法生产窝点，查扣生产机器10余台，烟丝、烟叶260余吨。

依法行政改革试点。 2017年，吉林省局实现“双随机、一公开”市场监管模式，提升依法行政水平。制定印发《关于进一步加强“双随机、一公开”监管工作的指导意见》，各市（州）局全部完善相关配套落实措施。在市场检查过程中严格依法依程序检查。推进“行政执法三项制度”（行政执法公示制度、执法全过程记录制度、重大执法决定法制审核制度）改革试点工作，白山市局被确定为国家局“行政执法三项制度”改革试点单位。

烟草专卖零售许可证规范管理。 吉林省是国务院确定的全国“多证合一”工作省级试点单位，省政府确定第一批17家单位32项行政许可纳入“多证合一”范围，包含烟草专卖零售许可证。2017年，吉林省烟草商业系统与省工商局共同制定《吉林省“多证合一”改革实施办法》，研究确定烟草专卖零售许可证办理的业务流程、软件对接事项和推送信息种类等内容。7月1日起，吉林省局专卖信息系统与省工商部门信息系统联网，实现新办许可证由工商部门统一受理。各级烟草专卖局与当地工商部门沟通，研究解决无效推送、证照不符、有证无照等问题，为下一步开展许可证注销、变更工作奠定基础。

【经济效益】 2017年，吉林省烟草商业系统实现税利47.08亿元，同比增长3.15%，其中利润12.13亿元，同比减少3.27%。三项费用率8.22%。全年实现降本增效1602万元，超计划目标10.48%。

【卷烟经营】 **卷烟销售。** 2017年，吉林省销量居前三位的卷烟品牌为“长白山”“南京”“红塔山”，销量分别为108.71亿支（21.74万箱）、46.35亿支（9.27万箱）、39.69亿支（7.94万箱）。实现卷烟销售收入203.57亿元，同比增长4.58%。

全年销售细支卷烟75.25亿支（15.05万箱），同比增长39.85%，销量增长前三名的是吉林市局（公司）、延边州局（公司）、长春市局（公司），增幅分别为3.42%、3.28%、1.56%。

现代终端建设。 建成现代终端1.05万户，占比约9%，同比提高4.5个百分点左右。“互联网+”采用现代终端扫码销售，并可以通过“生活世家”服务网站实现物料兑换。

“长白山”品牌市场培育。 2017年，吉林省烟草商业系统与吉林烟草工业有限责任公司协同作战，探索破解吉林省产烟发展难题，培育省产烟市场。全年销售“长白山”卷烟108.70亿支（21.74万箱），同比增长21.7%。

2017年，吉林省烟草商业系统实现“长白山”品牌卷烟销售收入40.61亿元，同比增长16.71%，对全省烟草商业系统卷烟销售收入增长的贡献率为65.13%。“长白山”品牌卷烟在省内市场销售前三位的规格为“长白山（红）”27.3亿支（5.46万箱）、“长白山（海蓝）”20亿支（4万箱）、“长白山（桂花）”16.3亿支（3.26万箱）。“长白山”品牌卷烟省内市场销量增长前三名的地区是吉林市局（公司）、白山市局（公司）、通化市局（公司），增幅分别为38.57%、37.12%、31.86%；“长白山”品牌卷烟销量占比前三名的地区是长春市局（公司）、延边州局（公司）、松原市局（公司），占比分别为30.54%、25.06%、22.18%。

【卷烟物流建设】 **物流非法人实体化管理模式。** 全省9家单位全部实行以“资源垂直管理、费用独立核算、人事适度授权、业务自主决策”为主要特征的非法人实体物流管理。2017年，全省烟草商业系统卷烟物流从业人员1053人，同比减少58人，下降5.22%；烟草商业系统物流人均配送效率为857.04箱/人，同比增加65.94箱/人，增长8.34%；全省卷烟库存周转次数12.65次，同比提高54.65%；物流送货响应时间39.19小时，同比减少7.98小时。全省烟草商业系统卷烟物流费用累计2.29亿元，同比减少348.58万元，同比下降1.5%。

2017年5月，吉林长春市局（公司）工作人员深入农户，对烟农进行烟叶育苗技术指导

吉林省局 供稿

物流成本费用定期通报。 定期公布各单位费用指标情况。单箱物流费用253.56元，同比减少6.72元，同比下降2.58%；物流可变费用2848.85万元，占物流总费用比重12.44%，同

比减少19.63万元，同比下降0.68%；全省商业物流全年累计回收卷烟包装箱118万只，返还率91.91%。

【烟叶产销】 **烟叶种植和收购。** 2017年，吉林省签订烤烟种植收购合同2561份，种植烤烟8.73万亩，收购1.25万吨（25.04万担），收购上、中等烟比例达到97.97%，同比提高3.84个百分点。调拨烟叶1.44万吨（28.95万担）。实现烟叶税利2.51亿元，同比下降30%，其中利润1.87亿元。累计上缴烟叶税金0.64亿元。

烟叶规模化种植。 全省户均种植面积34.06亩，比上年增加6.63亩。种植片区主要集中在50~499亩连片烟田，种植面积4.21万亩，占总面积的48.21%。指导烟农优化烟叶等级结构从而增加烟农收入，烟株留叶数控制在16片以内，工商交接等级合格率同比提高2.7个百分点，全省烟农亩均收入增加218元，为近三年来最好水平。

烟叶生产基础设施投入。 2017年，吉林省落实农机采购补贴项目314件，其中通用农机14台、专用农机300台。行业补贴资金217.33万元，其中总公司补贴128.6万元、省内烟草行业配套资金88.73万元。

【特事辑要】 3月30日，吉林省局和长春海关缉私局联合召开全省卷烟打私总结表彰会。

2017年吉林省烟草专卖商业主要情况统计

地市级局（公司）名称		长春市烟草专卖局（公司）	吉林市烟草专卖局（公司）	四平市烟草专卖局（公司）	辽源市烟草专卖局（公司）	通化市烟草专卖局（公司）
主要负责人/法定代表人（含党政领导）		于显峰	吴晓旭	车大光	黄继坤	王德友（—2017年12月）
所属县级单位		榆树市、农安县、德惠市、双阳区、九台区等5个县级烟草专卖局（分公司），二道区、南关区、朝阳区、宽城区、绿园区、净月区、高新区、经济技术开发区、汽车产业开发区等9个区烟草专卖局（营销部），1个柳河烟叶生产管理部，1个物流配送中心	永吉县、桦甸市、舒兰市、磐石市、蛟河市等5个县级烟草专卖局（分公司），船营区、昌邑区、丰满区、龙潭区等4个区烟草专卖局，1个物流配送中心	公主岭市、梨树县、伊通满族自治县、双辽市等4个县级烟草专卖局（分公司），1个物流配送中心	东丰县、东辽县2个县级烟草专卖局（分公司），1个物流配送中心	梅河口市、柳河县、集安市、辉南县、通化县等5个县级烟草专卖局（分公司），1个物流配送中心
总资产（万元）		231300	87764	58463	28813	49805
资产负债率（%）		14.86	8.23	15.67	12.83	9.18
从业人员（人）		1518	721	461	211	419
所属业务机构	营销机构	1个营销中心	1个营销中心	1个营销中心	1个营销中心	1个营销中心
	物流配送机构	1个配送中心、5个中转站	1个配送中心、4个中转站	1个配送中心、4个中转站	1个配送中心	1个物流配送中心、3个中转站
	专卖稽查机构	1个稽查支队、19个稽查大队	1个稽查支队、12个稽查大队	1个稽查支队、10个稽查大队	1个稽查支队、5个稽查大队	1个稽查支队、8个稽查大队
	烟叶机构	1个烟叶经营管理处、1个烟叶生产管理部	—	—	—	—
实现税利	万元	169541	64955	50101	18707	39382
	比上年增长（%）	3.46	7.69	4.30	3.47	3.05
实现利润	万元	55495	15938	14283	4027	10355
	比上年增长（%）	-0.81	6.56	9.21	3.82	-0.22

续表

地市级局（公司）名称	长春市烟草专卖局（公司）	吉林市烟草专卖局（公司）	四平市烟草专卖局（公司）	辽源市烟草专卖局（公司）	通化市烟草专卖局（公司）
卷烟销售收入（万元）	580277	251339	190419	76342	149052
查处涉烟违法案件（起）	375	520	197	127	96
查处涉烟违法案件案值（万元）	4742	2314	539	34	1257
烟基建设投入资金（万元）	—	—	—	—	—
烟基设施新增受益面积（万亩）	—	—	—	—	—
烟叶种植（万亩）	2.64	—	—	—	—
烟叶收购（万担）	6.47	—	—	—	—
烟农户数（户）	763	—	—	—	—
实现烟农总收入（万元）	7424	—	—	—	—
零售客户数（户）	26773	21424	16078	4943	10722
零售客户销售毛利率（%）	10.50	14.29	9.78	28.04	10.25

地市级局（公司）名称		白城市烟草专卖局（公司）	白山市烟草专卖局（公司）	松原市烟草专卖局（公司）	延边朝鲜族自治州烟草专卖局（公司）
主要负责人/法定代表人（含党政领导）		单加杰	郭　辉	谭继民	于文龙
所属县级单位		镇赉县、通榆县、大安市、洮南市等4个县级烟草专卖局（分公司），1个物流配送中心	抚松、靖宇、长白县、临江市等4个县级烟草专卖局（分公司）、江源区烟草专卖局（营销部），1个物流配送中心	前郭县、扶余市、长岭县局、乾安县局（分公司）等4个县级烟草专卖局（分公司），1个物流配送中心	敦化市、珲春市、和龙市、龙井市、图们市、汪清县、安图县等7个县级烟草专卖局（分公司），1个物流配送中心
总资产（万元）		59876	25764	49693	73364
资产负债率（%）		22.46	7.06	21.11	23.00
从业人员（人）		562	292	408	594
所属业务机构	营销机构	1个营销中心	1个营销中心	1个营销中心	1个营销中心
	物流配送机构	1个配送中心、4个中转站	1个配送中心、4个中转站	1个配送中心、3个中转站	1个配送中心、5个中转站
	专卖稽查机构	1个稽查支队、8个稽查大队	1个稽查支队、8个稽查大队	1个稽查支队、9个稽查大队	1个稽查支队、10个稽查大队
	烟叶机构	1个烟叶生产经营管理科、1个洮北烟叶管理办公室	—	—	1个烟叶生产管理科
实现税利	万元	40670	20020	37925	41683
	比上年增长（%）	0.59	4.86	6.96	-0.61
实现利润	万元	12654	3724	9464	11102
	比上年增长（%）	-10.89	-0.59	14.99	-16.71
卷烟销售收入（万元）		122867	84977	144769	139764
查处涉烟违法案件（起）		92	19	51	123
查处涉烟违法案件案值（万元）		138	36	266	2001
烟基建设投入资金（万元）		208	—	—	9

续表

地市级局（公司）名称	白城市烟草专卖局（公司）	白山市烟草专卖局（公司）	松原市烟草专卖局（公司）	延边朝鲜族自治州烟草专卖局（公司）
烟基设施新增受益面积（万亩）	2.51	—	—	1.32
烟叶种植（万亩）	3.12	—	—	2.97
烟叶收购（万担）	8.77	—	—	9.8
烟农户数（户）	626	—	—	1172
实现烟农总收入（万元）	10135	—	—	11560
零售客户数（户）	9794	4988	14674	8653
零售客户销售毛利率（%）	8.20	11.40	8.20	12.00

注："所属县级单位"中的生产管理部及物流配送中心视同县级单位。

◇撰稿：王兴谦；编辑：邢忠敏　褚　幸

黑龙江省烟草专卖局（公司）

【专卖管理】 **案件查处。** 2017年，黑龙江省烟草专卖局共查处各类涉烟违法案件1.21万起，破获涉烟网络案件22起，其中公安部督办案件1起，符合公安部、国家局标准的网络案件5起。查获各类非法卷烟3442件，烟叶烟丝635吨，案值6526万元。公安、司法机关依法刑拘47人，判刑33人。

加强与黑龙江省公安、邮政、交通部门合作，开展联合执法和日常监管，全面实施物流寄递企业的网格化管理，初步建成省、市、县三级联动的监管模式。通过开展"净域一号""净域二号"专项行动，取得突破性的成果。2017年，破获物流寄递渠道涉烟案件1万余起，同比增长647%；查获卷烟2383件，同比增长69.24%；案值3269万元，同比增长101.91%。

重大案件。 黑河市局破获"3·22"销售俄罗斯、朝鲜走私卷烟部督网络案件，查获走私卷烟64件，涉案金额1000万元以上，涉案人员涉及30余省、自治区、直辖市，抓获涉案人员10人。

市场监管。 黑龙江省局严格按照国家局要求，深入推进"异地、交叉、隐身、错时"季度检查与考评，各级烟草专卖局认真履行市场监管职责，持续创新市场监管方式，严考核、压责任，狠抓日常监管质量提升，全省卷烟零售市场综合评价指标98.03%，同比提升2.86个百分点，实现"市场净化率不断提升"的工作目标。

不断强化国务院"放管服"改革工作和新烟草专卖许可证管理办法及实施细则的执行，积极落实负面清单制度、简化申办流程、优化行政服务、强化后续监管，许可管理不断加强。2017年全省新发放零售许可证19333户，变更5033户，延续8929户。

内部专卖管理监督。 落实专卖内管职责，加大卷烟非法流通治理力度，坚决遏制卷烟非法流通蔓延势头，促进规范经营。2017年，全省查获真烟非法流通案件1176起，查获非法流通真烟431.96件。

【经济效益】 2017年，黑龙江省烟草商业系统实现税利61.03亿元，同比增长5.53%，其中利润16.78亿元，同比增长14.14%。三项费用率9.75%，同比减少0.07个百分点。

【卷烟（雪茄烟）经营】 **卷烟销售。** 2017年，黑龙江省销量居前三位的卷烟品牌为"林海灵芝""南京""红塔山"，销量分别为107.66亿支（21.54万箱）、50.18亿支（10.06万箱）、49.78亿支（9.97万箱）。

全年实现卷烟销售收入213.88亿元，同比增长5.09%。实现卷烟税利56.7亿元，同比增长5.32%，其中利润15.33亿元，同比增长5.45%。单箱销售收入1.93万元，单箱税利5118元。

雪茄烟销售。 2017年，黑龙江省烟草商业系统积极开拓雪茄烟市场，增强雪茄烟培育能力，推动国产雪茄烟持续健康发展。全年销售雪茄烟3124万支，同比减少151万支，下降4.62%；雪茄烟单箱销售收入3.84万元，同比减少202.76元，同比下降0.53%。

品牌培育。 全年累计销售重点品牌卷烟371.17亿支

(74.23万箱)，同比增长1.27%；销售细支卷烟90.19亿支(18.13万箱)，同比增长35.06%。

重视省产中高端品牌培育。“龙烟（呈样）”全年销售3.75亿支（0.75万箱）。“哈尔滨（老巴夺）”全年销售28.35亿支（5.67万箱）。销售三类以上省产中高端品牌36.68亿支（7.34万箱）。全年销售地产卷烟144.45亿支(28.89万箱)，同比增长12.41%，省产中高端品牌卷烟保持稳定增长。

物流建设。 坚持“精益管理做除法”的理念，继续推动送货线路优化和中转站整合，全省行业县（市）级物流中转站由74家减少到63家，同比实现减员54人，减少配送线路114条。积极推进跨区域物流整合，牡丹江—绥芬河、佳木斯—鹤岗跨区域物流整合顺利完成，运行良好、顺畅，大庆、牡丹江、佳木斯卷烟物流配送中心项目顺利通过专家组验收，哈尔滨、绥化、鸡西新物流中心建设加快推进。积极开展卷烟包装箱循环利用工作，2017年全省返还卷烟包装箱132.02万只，返还比例83.71%。

【烟叶产销】 *烟叶企业概况。* 黑龙江省局（公司）下设哈尔滨烟叶公司和牡丹江烟叶公司，承担全省烟叶收购、加工与销售工作。

哈尔滨烟叶公司成立于2001年12月，2006年12月由黑龙江烟叶公司改制而成。下辖11家烟叶分公司和双城直属烟叶经营站。截至2017年底，公司拥有总资产18.26亿元，其中，固定资产1.02亿元、流动资产17.02亿元，资产负债率62.41%。从业人员868人。

牡丹江烟叶公司成立于2001年12月，2006年12月改制为中国烟草总公司黑龙江省公司的全资子公司。下辖8个烟叶分公司和2个烟叶生产经营站。截至2017年底，公司拥有总资产19.88亿元，其中，固定资产1.51亿元、流动资产18.19亿元，资产负债率55.83%。从业人员640人。

烟叶种植与收购。 严控种植规模、坚守收购红线。全省签订种植收购合同6170份，落实种植面积20.15万亩，实际收购烤烟3.01万吨（60.2万担）。其中，哈尔滨烟叶公司收购烤烟1.41万吨（28.16万担），牡丹江烟叶公司收购烤烟1.6万吨（32.04万担）。上等烟0.80万吨（16.06万担），占比26.67%；中等烟1.88万吨（37.68万担），占比62.6%。全省烟叶收购均价为20.39元/千克。在国家局2017年度收购检查中，黑龙江省烟叶等级合格率83.15%，高于全国平均合格率0.75个百分点。

全年全省实现烟叶销售收入18.23亿元，同比下降2.75%。实现烟叶税利5.25亿元，同比下降14.12%，其中利润2.85亿元，同比下降0.67%。烟农种烟收入6.25亿元（含生产投入补贴），上缴税金1.35亿元。

【交流与合作】 中国烟草黑龙江进出口有限责任公司成立于1992年5月。主要经营烟草及其制品的进出口贸易、烟草行业机械设备、原材料和技术的进出口及代理业务。截至2017年底，公司拥有总资产21.69亿元，其中，固定资产628万元，流动资产21.52亿元，资产负债率97.62%。从业人员36人。

2017年，公司积极拓展国际烟草市场，不断密切与国外客户贸易往来，同印度尼西亚、巴西、德国的多家客户建立起稳定的业务关系。与哈尔滨、牡丹江烟叶公司加强沟通协作，根据市场需求，合理配方，提高烟叶收购水平，保证加工质量，确保等级合格率，确保新烟不产生积压，陈烟逐步得到消化，为烟叶出口创造有利条件。公司以

2017年5月20日，黑龙江省局（公司）在哈尔滨举办全省第一届烟草制品购销职业技能竞赛

黑龙江省局　供稿

“555”“爱喜（ESSE）”“阿里山”“大华（TAHWA）”等作为黑龙江进口卷烟市场主导品牌，结合进口卷烟销售市场实际，采取措施开拓市场、提升服务水平，强化以降本增效为目标的内部管理，促进“两烟经营”协调发展。

2017 年，出口烟叶 7525 吨，销售进口卷烟 7300 万支。实现销售收入 1.76 亿元。

2017 年 7 月 26 日，国家局烟草绿色防控重大专项检查组到牡丹江烟叶公司宁安分公司检查验收烟蚜茧蜂防控工作

牡丹江烟叶公司　供稿

【特事辑要】 1 月 19 日，黑龙江省局（公司）在哈尔滨召开 2017 年全省烟草工作会议。

5 月 15—16 日，国家局党组成员、副局长段铁力在黑龙江烟草基层调研。

8 月 21—22 日，国家烟草专卖局党组书记、局长，中国烟草总公司总经理凌成兴在黑龙江烟草调研。

2017 年黑龙江省烟草专卖商业主要情况统计

地市级局（公司）名称		哈尔滨市烟草专卖局（公司）	齐齐哈尔市烟草专卖局（公司）	绥化市烟草专卖局（公司）	大庆市烟草专卖局（公司）	佳木斯市烟草专卖局（公司）
主要负责人/法定代表人（含党政领导）		王富民	于晓晨	李殿民	孙胜良	牛　涛（—2017 年 11 月） 王志国（2017 年 11 月—）
所属县级单位		呼兰区、阿城区、双城区、五常市、尚志市、巴彦县、宾县、依兰县、延寿县、木兰县、通河县、方正县等 12 个县级烟草专卖局（分公司）	讷河市、克山县、克东县、拜泉县、依安县、富裕县、甘南县、龙江县、泰来县等 9 个县级烟草专卖局（分公司）	肇东市、安达市、海伦市、庆安县、望奎县、兰西县、青冈县、明水县、绥棱县等 9 个县级烟草专卖局（分公司）	肇州县、肇源县、林甸县、杜尔伯特蒙古族自治县等 4 个县级烟草专卖局（分公司）	富锦市、同江市、抚远市、桦南县、桦川县、汤原县等 6 个县级烟草专卖局（分公司）
总资产（万元）		374197	106048	69769	94666	49607
资产负债率（%）		20.82	22.82	33.86	17.56	21.60
从业人员（人）		1736	530	705	393	479
所属业务机构	营销机构	1 个营销中心、1 个电访中心	1 个营销中心	1 个营销中心	1 个营销中心	1 个营销中心、
	物流配送机构	1 个物流配送中心、12 个物流中转站	1 个物流中心	1 个配送中心、7 个中转站	1 个物流中心	1 个配送中心
	专卖稽查机构	1 个稽查支队、21 个稽查大队	1 个稽查支队、15 个稽查大队	1 个稽查支队、13 个稽查大队	1 个稽查支队、10 个稽查大队	1 个稽查支队、11 个稽查大队、1 个铁路专卖分局
	烟叶机构	—	—	—	—	—

续表

地市级局（公司）名称		哈尔滨市烟草专卖局（公司）	齐齐哈尔市烟草专卖局（公司）	绥化市烟草专卖局（公司）	大庆市烟草专卖局（公司）	佳木斯市烟草专卖局（公司）
实现税利	万元	203009	70429	55015	50943	37774
	比上年增长（%）	4.41	5.56	10.96	6.01	2.49
实现利润	万元	62268	22713	13124	16159	8407
	比上年增长（%）	5.87	7.29	12.28	9.04	-7.37
卷烟销售收入（万元）		723019	247197	217970	181902	155245
查处涉烟违法案件（起）		3279	1994	802	956	890
查处涉烟违法案件案值（万元）		3389	475	301	163	217
烟基建设投入资金（万元）		—	—	—	—	—
烟基设施新增受益面积（万亩）		—	—	—	—	—
烟叶种植（万亩）		—	—	—	—	—
烟叶收购（万担）		—	—	—	—	—
烟农户数（户）		—	—	—	—	—
实现烟农总收入（万元）		—	—	—	—	—
零售客户数（户）		47886	19209	24960	12167	12758
零售客户销售毛利率（%）		11.50	11.64	13.50	10.83	12.00

地市级局（公司）名称		牡丹江市烟草专卖局（公司）	鸡西市烟草专卖局（公司）	双鸭山市烟草专卖局（公司）	黑河市烟草专卖局（公司）	鹤岗市烟草专卖局（公司）
主要负责人/法定代表人（含党政领导）		和发皓（—2017年11月）单文林（2017年11月—）	顾宏伟	纪 扬	张宝忠	王 强
所属县级单位		海林市、宁安市、穆棱市、东宁市、林口县等5个县级烟草专卖局（分公司）	密山市、虎林市、鸡东县等3个县级烟草专卖局（分公司）	集贤县、宝清县、饶河县、友谊县等4个县级烟草专卖局（分公司）	北安市、五大连池市、嫩江县、逊克县、孙吴县等5个县级烟草专卖局（分公司）	萝北县、绥滨县2个县级烟草专卖局（分公司）
总资产（万元）		47913	42930	32656	25513	27056
资产负债率（%）		20.95	23.41	22.00	17.41	27.37
从业人员（人）		399	301	280	366	181
所属业务机构	营销机构	1个营销中心	1个营销中心	1个营销中心	1个营销中心、1个电访中心	1个营销中心
	物流配送机构	1个配送中心	1个配送中心	1个配送中心	1个配送中心	1个配送中心
	专卖稽查机构	6个稽查大队	1个稽查支队、6个稽查大队	1个稽查支队、9个稽查大队	1个稽查支队、13个稽查大队	1个稽查支队、6个稽查大队、1个农林分局、1个铁路检查站
	烟叶机构	—	—	—	—	—
实现税利	万元	32065	27007	20775	19711	16243
	比上年增长（%）	0.80	5.36	2.87	7.08	3.18
实现利润	万元	6129	6671	3540	3706	3654
	比上年增长（%）	-2.78	2.44	-7.31	-4.39	3.31
卷烟销售收入（万元）		136397	104368	88385	79569	65937
查处涉烟违法案件（起）		902	1146	266	410	285

续表

地市级局（公司）名称	牡丹江市烟草专卖局（公司）	鸡西市烟草专卖局（公司）	双鸭山市烟草专卖局（公司）	黑河市烟草专卖局（公司）	鹤岗市烟草专卖局（公司）
查处涉烟违法案件案值（万元）	691	220	560	132	76
烟基建设投入资金（万元）	—	—	—	—	—
烟基设施新增受益面积（万亩）	—	—	—	—	—
烟叶种植（万亩）	—	—	—	—	—
烟叶收购（万担）	—	—	—	—	—
烟农户数（户）	—	—	—	—	—
实现烟农总收入（万元）	—	—	—	—	—
零售客户数（户）	9537	9029	7269	8480	5020
零售客户销售毛利率（%）	10.30	9.60	12.30	12.50	11.50

地市级局（公司）名称		伊春市烟草专卖局（公司）	七台河市烟草专卖局（公司）	大兴安岭地区烟草专卖局（公司）	绥芬河市烟草专卖局（公司）
主要负责人/法定代表人（含党政领导）		金　涛	单文林（—2017年11月） 孙承华（2017年11月—）	李芳远	任大力
所属县级单位		铁力市、嘉荫县2个县级烟草专卖局（分公司）	勃利县烟草专卖局（分公司）	呼玛县、漠河县、塔河县等3个县级烟草专卖局（分公司）	—
总资产（万元）		26566	19752	5582	3403
资产负债率（%）		25.73	14.24	42.38	21.32
从业人员（人）		160	164	131	44
所属业务机构	营销机构	1个营销中心、1个电访中心	1个营销中心	1个营销中心	1个营销中心
	物流配送机构	1个配送中心	1个物流配送中心	1个物流配送中心、4个物流中转站	1个配送中心
	专卖稽查机构	1个稽查支队、8个稽查大队	1个稽查支队、2个稽查大队	1个稽查支队、3个稽查大队	1个稽查支队、1个稽查大队
	烟叶机构	—	—	—	—
实现税利	万元	14132	12450	4974	2500
	比上年增长（%）	11.27	8.90	12.69	4.47
实现利润	万元	3896	2574	171	313
	比上年增长（%）	21.86	1.22	194.48	41.63
卷烟销售收入（万元）		52351	50020	25186	11259
查处涉烟违法案件（起）		660	344	72	49
查处涉烟违法案件案值（万元）		64	76	47	116
烟基建设投入资金（万元）		—	—	—	—
烟基设施新增受益面积（万亩）		—	—	—	—
烟叶种植（万亩）		—	—	—	—
烟叶收购（万担）		—	—	—	—
烟农户数（户）		—	—	—	—
实现烟农总收入（万元）		—	—	—	—
零售客户数（户）		4132	4050	1691	609
零售客户销售毛利率（%）		15.08	10.00	11.00	14.90

◇ 撰稿：柳　涛；编辑：邢忠敏　褚　幸

上海市烟草专卖局、上海烟草集团有限责任公司[①]

【专卖管理】 **案件查处。** 2017年，上海市烟草专卖局查获各类违法卷烟1.35万件，总案值1.2亿元。其中，查获各类假烟3803件，涉案金额4174.14万元；查获各类走私烟2212.69件，涉案金额1743.27万元。查获加热不燃烧卷烟120余件，涉案金额1200万余元。破获符合公安部、国家局标准的网络案件48起，其中部督案件2起。公安司法机关依法抓获涉烟犯罪嫌疑人785人，刑拘128人，追究刑事责任56人。

市场监管。 2017年，上海市局基于"互联网+"新思维，探索"互联网+政务服务"模式，落实简政放权新要求，加强零售许可后续监管。修订发布《上海市烟草专卖零售许可证管理规定》和配套业务手册，简化申请材料和办理流程，同时组织起草《烟草专卖零售许可证后续监管工作规范》；印发《上海市烟草制品零售点合理布局规定》，创新设计"零售点集中度等级提示"机制，加强对申请人的引导和服务，会同内管、销售部门组织开展对违规使用许可证行为的专项整治行动，全面清理证照不符、擅自改变经营地址等违规行为。实施责令整顿30起，取消违规经营户经营资格16起。

【经济效益】 2017年，上海市烟草商业系统实现税利96.10亿元，同比增长3.52%，其中利润43.07亿元，同比增长5.56%。卷烟单箱销售收入（不含税）3.33万元，同比增长2.78%；卷烟单箱税利1.20万元，同比增长4.34%。商业三项费用率5.07%。

【卷烟经营】 **卷烟销售。** 2017年，上海市销量居前三位的品牌为"红双喜""中华""利群"，销量分别为145.68亿支（29.14万箱）、52.4亿支（10.48万箱）、32.9亿支（6.58万箱）。2017年，实现卷烟销售收入（不含税）267.14亿元，同比增长2.48%。

开展大户专项治理。 全市在限制大户规模与控制大户数量上下功夫，全年累计减少卷烟销售大户154户，降幅15.6%，提高卷烟货源尤其是紧俏烟货源在投放布局上的公平性与合理性，改善终端之间的货源不平衡问题。

2017年11月28日，上海烟草集团有限责任公司与中国邮政集团公司上海市分公司举行合作框架协议签约仪式

上海烟草集团　供稿

【特事辑要】 1月20日，国家局党组成员、副局长徐瑳、段铁力到北京卷烟厂退休劳模代表蔺桂芬家中走访慰问。

4月7日，上海市烟草专卖局与上海海关、上海海警总队、上海市公安局交通警察总队分别举行协作机制签约仪式。

4月17日，国家局党组成员、直属机关党委书记高林在上海烟草集团浦东科技创新园区调研。

5月22—24日，国家局党组成员、副局长徐瑳在上海烟草调研。

7月12日，上海烟草集团与大连市局（公司）签署对口合作备忘录。

① 上海烟草集团有限责任公司工业情况详见《烟草工业》栏目。

9月21日，国家局党组成员、副局长杨培森在上海烟草调研。

11月28日，上海烟草集团有限责任公司与中国邮政集团公司上海市分公司举行合作框架协议签约仪式。

12月5—8日，国家局党组成员、副局长段铁力在上海烟草调研。

12月24日，第二十四届“蓝天下的至爱”慈善活动之一的慈善教育基金捐助仪式暨“知识改变命运”大型慈善报告会在上海举行。上海烟草集团向上海市慈善基金会捐款1000万元。

2017年上海市烟草专卖商业主要情况统计

区县局（公司）名称		上海市黄浦区烟草专卖局、上海烟草集团黄浦烟草糖酒有限公司一公司	上海市黄浦区烟草专卖局、上海烟草集团黄浦烟草糖酒有限公司二公司	上海市虹口区烟草专卖局（有限公司）	上海市静安区烟草专卖局（一公司）	上海市静安区烟草专卖局（二公司）
主要负责人/法定代表人（含党政领导）		黎辉婷	陆志明	单国荣	胡伟坚	许为平（—2017年4月）胡伟坚（2017年4月—）
所属县级单位		—	—	—	—	—
总资产（万元）		133664	46176	44869	13914	16165
资产负债率（%）		5.27	4.98	21.45	10.60	6.83
从业人员（人）		192	441	373	133	136
所属业务机构	营销机构	1个营销部	1个营销部	1个营销部	1个营销部	1个营销部
	物流配送机构	—	—	—	—	—
	专卖稽查机构	1个稽查支队	1个稽查支队	1个稽查支队	1个稽查支队	1个稽查支队
	烟叶机构	—	—	—	—	—
实现税利	万元	43845	15204	22453	9537	17269
	比上年增长（%）	4.07	0.18	-4.83	-3.11	-11.71
实现利润	万元	15115	4851	718	2133	3392
	比上年增长（%）	17.60	3.50	10.46	-1.25	-40.28
卷烟销售收入（万元）		157742	51196	120246	39333	79177
查处涉烟违法案件（起）		49	15	91	60	158
查处涉烟违法案件案值（万元）		513	181	610	202	297
烟基建设投入资金（万元）		—	—	—	—	—
烟基设施新增受益面积（万亩）		—	—	—	—	—
烟叶种植（万亩）		—	—	—	—	—
烟叶收购（万担）		—	—	—	—	—
烟农户数（户）		—	—	—	—	—
实现烟农总收入（万元）		—	—	—	—	—
零售客户数（户）		924	405	1217	337	700
零售客户销售毛利率（%）		16.37	15.38	16.00	15.57	14.00

区县局（公司）名称		上海市徐汇区烟草专卖局（有限公司）	上海市杨浦区烟草专卖局（有限公司）	上海市普陀区烟草专卖局（有限公司）	上海市长宁区烟草专卖局（有限公司）	上海市闵行区烟草专卖局（有限公司）
主要负责人/法定代表人（含党政领导）		仲玉顺	傅军海	朱小岗	刘晓晴	张　定
所属县级单位		—	—	—	—	—
总资产（万元）		17708	22832	18450	14572	39459
资产负债率（%）		7.41	10.37	0.08	6.96	4.01
从业人员（人）		134	181	183	113	315
所属业务机构	营销机构	1个营销部	1个营销部	1个营销部	1个营销部	1个营销部
	物流配送机构	—	—	—	—	—
	专卖稽查机构	1个稽查支队	1个稽查支队	1个稽查支队	1个稽查支队	1个稽查支队
	烟叶机构	—	—	—	—	—
实现税利	万元	18244	23247	20894	16611	36113
	比上年增长（%）	1.33	5.81	2.00	1.18	6.66
实现利润	万元	4269	6355	3890	3762	9936
	比上年增长（%）	0.35	43.91	2.00	1.27	1.53
卷烟销售收入（万元）		78148	95743	96672	71611	147108
查处涉烟违法案件（起）		80	164	122	79	299
查处涉烟违法案件案值（万元）		559	656	1102	772	790
烟基建设投入资金（万元）		—	—	—	—	—
烟基设施新增受益面积（万亩）		—	—	—	—	—
烟叶种植（万亩）		—	—	—	—	—
烟叶收购（万担）		—	—	—	—	—
烟农户数（户）		—	—	—	—	—
实现烟农总收入（万元）		—	—	—	—	—
零售客户数（户）		649	944	769	558	2207
零售客户销售毛利率（%）		16.00	15.40	14.90	15.58	15.24

地市级局（公司）名称		上海市宝山区烟草专卖局（有限公司）	上海市浦东新区烟草专卖局（有限公司）	上海市松江区烟草专卖局（有限公司）	上海市青浦区烟草专卖局（有限公司）	上海市嘉定区烟草专卖局（有限公司）
主要负责人/法定代表人（含党政领导）		王　平	吴俊春	王伟家	包华杰	王卫东
所属县级单位		—	—	—	—	—
总资产（万元）		30600	59862	35440	19967	29703
资产负债率（%）		4.79	8.36	4.60	8.15	6.81
从业人员（人）		224	519	231	251	365
所属业务机构	营销机构	1个营销部	1个营销部	1个营销部	1个营销部	1个营销部
	物流配送机构	—	—	—	—	—
	专卖稽查机构	1个稽查支队	1个稽查支队、5个专卖管理署	1个稽查支队	1个稽查支队	1个稽查支队
	烟叶机构	—	—	—	—	—
实现税利	万元	25992	78076	28972	24389	31665
	比上年增长（%）	8.75	8.00	12.87	9.83	4.84
实现利润	万元	5843	14262	7251	4615	6134
	比上年增长（%）	13.15	2.37	14.62	9.78	1.64

续表

地市级局（公司）名称	上海市宝山区烟草专卖局（有限公司）	上海市浦东新区烟草专卖局（有限公司）	上海市松江区烟草专卖局（有限公司）	上海市青浦区烟草专卖局（有限公司）	上海市嘉定区烟草专卖局（有限公司）
卷烟销售收入（万元）	109738	367741	121225	112437	145343
查处涉烟违法案件（起）	196	196	274	210	178
查处涉烟违法案件案值（万元）	642	797	794	582	454
烟基建设投入资金（万元）	—	—	—	—	—
烟基设施新增受益面积（万亩）	—	—	—	—	—
烟叶种植（万亩）	—	—	—	—	—
烟叶收购（万担）	—	—	—	—	—
烟农户数（户）	—	—	—	—	—
实现烟农总收入（万元）	—	—	—	—	—
零售客户数（户）	1799	6017	2136	2392	2805
零售客户销售毛利率（%）	15.39	18.00	15.04	15.08	14.92

地市级局（公司）名称		上海市奉贤区烟草专卖局（有限公司）	上海市金山区烟草专卖局（有限公司）	上海市崇明区烟草专卖局（有限公司）	上海市烟草专卖局驻上海铁路专卖局（有限公司）
主要负责人/法定代表人（含党政领导）		朱永征（—2017年2月） 高文博（2017年2—9月） 张　锐（2017年11月—）	苗　慰	蒋国政（—2017年11月） 刘彦博（2017年11月—）	沈祖明
所属县级单位		—	—	—	—
总资产（万元）		36102	33047	18874	4368
资产负债率（%）		5.52	7.39	5.78	4.92
从业人员（人）		411	270	189	36
所属业务机构	营销机构	1个营销部	1个营销部	1个营销部	1个营销部
	物流配送机构	—	—	—	—
	专卖稽查机构	—	1个稽查支队	1个稽查支队、1个专卖管理所	1个稽查队
	烟叶机构	—	—	—	—
实现税利	万元	23738	22588	18843	3238
	比上年增长（%）	7.12	2.87	-4.49	2.11
实现利润	万元	3332	4643	3953	1072
	比上年增长（%）	0.57	0.06	21.33	0.56
卷烟销售收入（万元）		112075	98328	83276	11911
查处涉烟违法案件（起）		98	198	121	—
查处涉烟违法案件案值（万元）		316	463	470	—
烟基建设投入资金（万元）		—	—	—	—
烟基设施新增受益面积（万亩）		—	—	—	—
烟叶种植（万亩）		—	—	—	—
烟叶收购（万担）		—	—	—	—
烟农户数（户）		—	—	—	—
实现烟农总收入（万元）		—	—	—	—
零售客户数（户）		2534	2798	3024	73
零售客户销售毛利率（%）		15.37	15.21	16.00	15.65

◇ 撰稿：韩沅君；编辑：邢忠敏　褚　幸

江苏省烟草专卖局（公司）

【专卖管理】 **打假破网。** 2017年，江苏省烟草专卖局始终保持卷烟打假打私高压态势，充分发挥联合打假机制作用，全省查处涉烟违法案件2.05万起，同比增长6.48%；查获各类违法卷烟3.78万件，其中真品卷烟2.91万件，假冒卷烟7522件，走私卷烟1201件。全省共办理部督案件17起，其中公安部、国家局联合挂牌督办案件4起。南京市局江北新区“10·27”部督案件侦破工作得到公安部、国家局专门贺电表扬。公安、司法机关依法拘留464人、逮捕130人、判刑366人，同比分别增加82人、21人和144人。卷烟打假打私协作机制持续深化，全省商请省外协助调查50次，协助省外调查11次。

市场监管。 持续加大市场监管力度，推动监管方式转变，市场净化率动态保持在97%以上。扎实开展违法违规卖烟大户治理，全省累计对1万余户违法违规经营户作出停业整顿处理，对359户涉及卷烟外流的卖烟大户调低供货档级，依法对98户违法违规大户作出取消卷烟经营资格的行政决定。推动市场监管方式转变，卷烟市场网格化管理、APCD市场检查法、“双随机、一公开”监管检查取得初步成效，定期开展卷烟市场秩序综合评价，“细化性评价、针对性监管”深入推进，行政执法“三项制度”试点工作取得积极成效。切实加大市场日常监管力度，严厉打击涉烟违法活动。适时开展集中整治，日常监管工作成果得到有效巩固。

专卖内管。 切实加强专卖内管工作，卷烟外流持续下降，卷烟规范经营水平明显提升。高度重视规范经营工作，以卷烟不外流为目标倒逼销售、专卖、内管工作落实到位，召开全省大户控制和真烟外流专项治理工作会议2次，推动大户控制和真烟外流专项治理工作深入开展。制定印发《专卖内管日常监管清单》《全省卷烟营销规范工作要点》等14项制度规则。加强监督检查，省局（公司）对全省13家地市局（公司）卷烟规范经营情况开展集中检查，针对38个不规范风险和28个不规范问题，提出书面整改意见。对南京、淮阴、徐州卷烟厂开展内管检查，反馈问题建议16个。加强日常监督工作，通报核实非法流通案件326起，开具风险提醒建议函483份、问题整改通知书202份。加大问责追责力度，全省提醒谈话677人次、经济处罚398人次、通报批评28人次、诫勉谈话19人次、降级2人、解除劳动合同2人。

证件管理。 贯彻“放管服”改革要求，强化后续监管，优化许可服务。严格依法许可，加强许可证后续监管，推动证件后续监管工作制度化、规范化和常态化。组织开展零售许可证集中清理工作，截至2017年底，全省有合法经营卷烟零售客户32.11万户，同比减少1.32万户，同比下降3.95%。各地巩固与工商部门的联合执法机制，扎实推进无证经营治理工作，无证经营率控制在3%以下。强化行政许可服务。落实“互联网+政务服务”和不见面审批（服务）改革要求，江苏烟草政务服务旗舰店在江苏政务服务网PC端和APP移动端同时上线运行，构建江苏烟草“互联网+政务服务”全新服务体系，实现“外网申请、内网审批，快递送、不见面”的改革目标。

基础管理。 持续推进目标管理和对标管理，按月通报各地专卖管理关键绩效指标进度，完善专卖工作定额管理。全面推进专卖信息化建设，队伍、证件、案件子系统全面上线应用，实现证件、案件100%在系统中办理。市场监管子系统正式上线应用，为市场网格化管理、APCD市场

2017年6月23日，江苏省局（公司）召开全省系统物流工作会议
江苏省局 王 丰 摄

检查法、“双随机、一公开”监管检查提供有力支撑。推进专卖创新工作，全省专卖条线新立项省级创新课题1个，市级创新课题15个，基层创新课题34个，质量管理课题147个，推广应用省级创新课题1个，市级创新课题9个，基层创新课题24个，质量管理课题86个。深入推进专卖基层创优，制定印发《优秀县级局创建工作方案》，加强优秀县级局创建工作调研指导。

队伍建设。落实专卖队伍建设举措，切实加强专卖队伍建设工作。加强队伍建设整体规划，出台《江苏省烟草专卖局关于加强新形势下专卖管理队伍建设的实施方案》，进一步明确组织机构、职能定位、岗位设置、队伍素质、基础管理、激励机制等具体要求。加强专卖人员教育培训，全省专卖条线组织开展各类教育培训707次，累计培训2.6万人次。截至2017年底，全省烟草商业系统专卖人员技能持证率高级以上达到49.22%，中级以上达到79.82%，同比分别增加1.53个百分点和4.11个百分点。组织开展形式多样的作风建设主题教育活动，作风建设深入推进。

【经济效益】 2017年，江苏省烟草商业系统实现税利282.08亿元，同比增长5.02%。其中，实现利润124.57亿元，同比增长4.85%。三项费用率2.16%；实现降本增效5723万元，超额完成国家局下达的目标任务。

【卷烟经营】 **卷烟销售**。2017年，江苏省销量居前三位的卷烟品牌为“南京”“苏烟”“利群”，销量分别为443.12亿支（88.62万箱）、149.56亿支（29.91万箱）、78.12亿支（15.62万箱）。重点品牌销售1197.87亿支（239.57万箱），同比增长2.87%。单箱销售额35707元，同比增加1572元，增长4.61%。

转型升级。以国家局规范经营专项督查整改为动力，不断增强规范意识；以推广应用“消费跟踪研判”“品牌诊断培育”“市场状态监测”“货源精准投放机制建设”“客户服务转型升级”五大创新课题成果为重点，不断提高创新驱动水平；合理统筹销量与结构两个关键要素，努力提高供给质量；持续推进市场化取向改革、网络建设、基层创优活动等重点工作，不断夯实管理基础；紧紧围绕工业企业、零售客户、消费者需求，增强服务协同，丰富服务内涵，延伸服务触角；以技能鉴定夯实基础、以教育培训提升素质、以优化职能促进转型，以队伍优化全面推动转型升级。

【特事辑要】 1月12日，江苏省副省长马秋林在江苏烟草调研。

4月27日，江苏省局（公司）在南京举办全省系统楷模战略主题宣讲活动。宣讲三年来楷模实践的新路径、楷模人、楷模事，畅谈三年的变化、取得的进步、补齐的短板，展现楷模实践的大事和荣誉，展现江苏烟草人精神追求和责任担当。

5月4日，工业和信息化部党组成员、中央纪委驻工业和信息化部纪检组组长郭开朗对江苏省局（公司）进行以选人用人为主题的调研。

11月7日，江苏省局（公司）召开创新大会。这次会议是省局（公司）践行楷模战略步入深化升华新阶段的一次重要会议，标志着江苏烟草商业系统创新工作进入新阶段。

2017年江苏省烟草专卖商业主要情况统计

地市级局（公司）名称	南京市烟草专卖局（公司）	苏州市烟草专卖局（公司）	无锡市烟草专卖局（公司）	常州市烟草专卖局（公司）
主要负责人/法定代表人（含党政领导）	李潮江	董桂林	杨思藻（—2017年7月） 廉　文（2017年7月—）	杨增科
所属县级单位	浦口区、六合区、江宁区、溧水区、高淳区等5个县级烟草专卖局（分公司），以及第一、第二、第三、第四分局（分公司）	吴中（相城）区、吴江区、昆山市、太仓市、常熟市、张家港市等6个县级烟草专卖局（分公司）	江阴市、宜兴市、锡山区等3个县级烟草专卖局（分公司）	武进区、金坛区、溧阳市等3个县级烟草专卖局（分公司）

续表

地市级局（公司）名称		南京市烟草专卖局（公司）	苏州市烟草专卖局（公司）	无锡市烟草专卖局（公司）	常州市烟草专卖局（公司）
总资产（万元）		951465	892237	657586	387660
资产负债率（%）		10.19	12.78	10.67	12.62
从业人员（人）		1129	1240	769	628
所属业务机构	营销机构	1个营销中心	1个营销中心	1个营销中心	1个营销中心
	物流配送机构	1个物流配送中心、1个中转站	1个物流配送中心	1个物流配送中心、1个中转站	1个物流配送中心
	专卖稽查机构	1个稽查支队、9个稽查大队	1个稽查支队、8个稽查大队	1个稽查支队、4个稽查大队	1个稽查支队、7个稽查大队
	烟叶机构	—	—	—	—
实现税利	万元	412623	435788	288481	188688
	比上年增长（%）	4.24	5.12	5.01	3.60
实现利润	万元	186542	195444	132950	83557
	比上年增长（%）	3.32	5.71	4.13	3.56
卷烟销售收入（万元）		1192640	1258278	805180	555394
查处涉烟违法案件（起）		2414	724	2520	1512
查处涉烟违法案件案值（万元）		3857	10557	5503	3381
烟基建设投入资金（万元）		—	—	—	—
烟基设施新增受益面积（万亩）		—	—	—	—
烟叶种植（万亩）		—	—	—	—
烟叶收购（万担）		—	—	—	—
烟农户数（户）		—	—	—	—
实现烟农总收入（万元）		—	—	—	—
零售客户数（户）		19686	34750	23562	17024
零售客户销售毛利率（%）		11.57	8.00	8.04	8.00

地市级局（公司）名称		镇江市烟草专卖局（公司）	南通市烟草专卖局（公司）	扬州市烟草专卖局（公司）	泰州市烟草专卖局（公司）
主要负责人/法定代表人（含党政领导）		李江苏	秦立华（—2017年3月） 高　翔（2017年8月—）	周强华	余　彪（—2017年7月） 徐　春（2017年7月—）
所属县级单位		句容市、丹阳市、丹徒区、扬中市等4个县级烟草专卖局（分公司）	海安县、如皋市、如东县、通州区、海门市、启东市等6个县级烟草专卖局（分公司）	宝应县、高邮市、江都区、邗江区、仪征市等5个县级烟草专卖局（分公司）	靖江市、泰兴市、姜堰区、兴化市等4个县级烟草专卖局（分公司）
总资产（万元）		282473	486743	307321	325502
资产负债率（%）		11.95	10.35	10.11	8.56
从业人员（人）		515	870	793	846
所属业务机构	营销机构	1个营销中心	1个营销中心	1个营销中心	1个营销中心
	物流配送机构	1个物流配送中心	1个物流配送中心	1个物流配送中心、2个中转站	1个物流配送中心、3个中转站
	专卖稽查机构	1个稽查支队、16个稽查中队	1个稽查支队、9个稽查大队	1个稽查支队、7个稽查大队	1个稽查支队、7个稽查大队
	烟叶机构	—	—	—	—

续表

地市级局（公司）名称		镇江市烟草专卖局（公司）	南通市烟草专卖局（公司）	扬州市烟草专卖局（公司）	泰州市烟草专卖局（公司）
实现税利	万元	131052	285438	171055	176957
	比上年增长（%）	2.37	4.77	4.78	4.83
实现利润	万元	56710	127617	71799	74698
	比上年增长（%）	5.43	4.33	4.71	4.77
卷烟销售收入（万元）		397232	820413	516734	532157
查处涉烟违法案件（起）		663	1538	910	1057
查处涉烟违法案件案值（万元）		2551	1413	1780	1910
烟基建设投入资金（万元）		—	—	—	—
烟基设施新增受益面积（万亩）		—	—	—	—
烟叶种植（万亩）		—	—	—	—
烟叶收购（万担）		—	—	—	—
烟农户数（户）		—	—	—	—
实现烟农总收入（万元）		—	—	—	—
零售客户数（户）		13783	30825	19441	25069
零售客户销售毛利率（%）		8.42	9.00	8.91	8.00

地市级局（公司）名称		盐城市烟草专卖局（公司）	淮安市烟草专卖局（公司）	宿迁市烟草专卖局（公司）	徐州市烟草专卖局（公司）	连云港市烟草专卖局（公司）
主要负责人/法定代表人（含党政领导）		张加成	李前效（—2017年7月）李建强（2017年7月—）	唐　卿	廉　文（—2017年7月）李前效（2017年7月—）	高　翔（—2017年8月）张礼伯（2017年8月—）
所属县级单位		响水县、滨海县、阜宁县、射阳县、建湖县、大丰区、东台市等7个县级烟草专卖局（分公司）	淮安区、淮阴区、涟水县、洪泽区、金湖县、盱眙县等6个县级烟草专卖局（分公司）	沭阳县、泗阳县、泗洪县、宿豫区等4个县级烟草专卖局（分公司）	丰县、沛县、铜山区、睢宁县、邳州市、新沂市、贾汪区等7个县级烟草专卖局（分公司），1个直属分局（分公司）	东海县、赣榆区、灌云县、灌南县等4个县级烟草专卖局（分公司）
总资产（万元）		354537	195535	130816	304777	147539
资产负债率（%）		13.97	16.66	13.28	12.47	13.57
从业人员（人）		980	637	639	1177	641
所属业务机构	营销机构	1个营销中心	1个营销中心	1个营销中心	1个营销中心	1个营销中心
	物流配送机构	1个物流配送中心、2个中转站	1个物流配送中心	1个物流配送中心、3个中转站	1个物流配送中心	1个配送中心
	专卖稽查机构	1个稽查支队、8个稽查大队	1个稽查支队、7个稽查大队	1个稽查支队、6个稽查大队	1个稽查支队、13个稽查大队	1个稽查支队、7个稽查大队
	烟叶机构	—	—	—	—	—
实现税利	万元	193123	115057	84025	188756	88395
	比上年增长（%）	5.52	7.71	10.61	7.05	8.37
实现利润	万元	78457	43883	29946	71319	30982
	比上年增长（%）	6.67	7.83	8.80	9.68	8.78

续表

地市级局（公司）名称	盐城市烟草专卖局（公司）	淮安市烟草专卖局（公司）	宿迁市烟草专卖局（公司）	徐州市烟草专卖局（公司）	连云港市烟草专卖局（公司）
卷烟销售收入（万元）	604423	376471	280831	624215	296482
查处涉烟违法案件（起）	3216	1339	1295	1555	1746
查处涉烟违法案件案值（万元）	1788	3018	1764	2478	1298
烟基建设投入资金（万元）	—	—	—	—	—
烟基设施新增受益面积（万亩）	—	—	—	—	—
烟叶种植（万亩）	—	—	—	—	—
烟叶收购（万担）	—	—	—	—	—
烟农户数（户）	—	—	—	—	—
实现烟农总收入（万元）	—	—	—	—	—
零售客户数（户）	33299	21129	20911	44839	21000
零售客户销售毛利率（%）	9.07	9.00	8.00	9.14	6.80

◇ 撰稿：王　紫；编辑：邢忠敏　褚　幸

浙江省烟草专卖局（公司）

【专卖管理】　**案件查处。** 2017 年，浙江省烟草专卖局破获各类涉烟违法案件 1.74 万起。查获违法卷烟 3.7 万件，同比增长 38.23%，其中非法流通卷烟 2.68 万件，同比增长 35.75%；假冒卷烟 5512 件，同比增长 130.5%；走私烟 4600 件。破获符合公安部、国家局标准的网络案件 70 起，其中移动互联网案件 55 起、破获部督案件 7 起。向公安机关移送案件 218 起，公安、司法机关依法刑拘 226 人，逮捕 79 人，判刑 295 人。

衢州常山“1·1”特大运销走私烟案件中，梳理资金账户 6000 余个，电话号码、微信号 4000 余个，排查重点人员 184 人，案件境外涉及越南，境内涉及广东、广西、江西、浙江、安徽、山东、辽宁、江苏、湖南、北京等省（自治区、直辖市），成为“卡口监管挖线索，精细经营破大案”的典型。宁波鄞州“8·28”全国首例互联网销售加热不燃烧卷烟案中，现场查获各类加热不燃烧卷烟 3000 余条，涉案金额逾亿元。

市场监管。 浙江省局完善 APCD 监管模式，实现“双随机”的信息化、流程化、痕迹化，市场监管履职能力明显提升。强化对贩售假烟人员的综合整治，推进社会网络监督，利用政府网站、地方媒体或自媒体平台持续推进“销假户曝光”，初步建立社会网络监督、专卖精准监管、终端守法自律相结合的市场监管新模式。

行政许可改革。 2017 年，省局统筹推进网上办证、一窗受理、证照联办、数据共享任务。完成烟草专卖零售许可证网上办证系统试点并在全省范围内推广，成为行业和地方中直单位首家通过省级政务平台实现网上办证的单位。全省全年办理网上申请 3.42 万件，网上办证率达到 49.4%。理顺烟草专卖零售许可证与工商营业执照的“证

2017 年，浙江省局（公司）全面推行烟草专卖零售许可证网上办理工作。图为市场管理员指导零售客户通过浙江政务服务网办理许可证延续业务

浙江温州市局　黄海章　摄

照联办”程序与标准，启动线上线下“证照联办”系统建设试点工作。

【经济效益】 2017 年，浙江省烟草商业系统实现税利 315.60 亿元，同比增长 5.8%，其中利润 139.52 亿元，同比增长 2.84%。三项费用率 3.09%，同比下降 0.08 个百分点。卷烟单箱销售收入 4.37 万元，同比增长 4.7%，继续位列全国烟草行业第一。

2017 年，温州市一烟酒行推出敞开平铺式烟柜

浙江温州市局　张　彦　摄

【卷烟（雪茄烟）经营】 **卷烟销售。** 2017 年，浙江省销量居前三位的品牌分别为“利群”“双喜·红双喜”“中华”，销量分别为 411.95 亿支（82.39 万箱）、112.46 亿支（22.49 万箱）、86.61 亿支（17.32 万箱）。

全年实现卷烟销售收入 901.7 亿元，居行业商业企业第二位。实现卷烟税利 312.37 亿元，同比增长 7.3%，其中利润 136.78 亿元，同比增长 5.6%。

雪茄烟销售。 浙江省全年销售雪茄烟 0.53 亿支，同比增长 27.43%；实现销售收入 4735 万元，同比增长 41.11%。雪茄烟培育坚持以国产、高端、手工为方向，通过雪茄烟特色终端建设，加强雪茄烟文化宣传。

品牌培育。 定制产品培育成效显著，销售“云烟（小云端）”530 万支（106 箱）、“云烟（乌镇之恋）”7585 万支（1517 箱）、“玉溪（创客）”3.65 亿支（0.73 万箱）、“土楼（1575）”1.6 亿支（0.32 万箱），定制品牌累计实现销售额 5.92 亿元。

全年销售重点品牌卷烟 1044.70 亿支（208.94 万箱），同比增长 1.65%。

物流建设。 以智慧物流为支撑，全面推进精益物流的体系化、常态化和全员化。推进智慧物流建设方面，深化商业企业到零售客户在途环节的互联网技术应用，重点拓展掌上物流功能，在终端数字化签收、车辆状态感知和业务信息查询等模块上进行深度开发，提高运行管理的数字化水平。搭建全省物流标准目录框架，推广可视化作业指导书，梳理涵盖工作流程、设备技术档案、点检标准“三位一体”的标准体系。开展撤点并线和物流富余人员分流，实施物流降本增效。全省精简站点 14 个，减少从业人员 235 人，物流费用同比下降 2.7%。

【烟叶产销】 2017 年，浙江省种植晾晒烟 0.22 万亩，签订晾晒烟种植合同 1644 份。收购晾晒烟 0.026 万吨（0.52 万担）。实现烟农总收入 875.69 万元。

【交流与合作】 **浙江烟草进出口有限公司概况。** 是中国烟草总公司浙江省公司的全资子公司。截至 2017 年底，公司总资产 8893 万元，其中固定资产 519 万元、流动资产 8333 万元，资产负债率 15%。公司实现销售收入 1.13 亿元。实现利润 1704 万元。

烟叶出口。 防范经营风险，优化操作流程，保持全年烟叶出口平稳。一是防范风险，保证出口烟叶安全经营。积极与客户进行沟通，将出口收汇条件从信用证与电汇相结合的方式改为装运前全额电汇的支付方式，保证出口收汇的安全与及时。二是精心操作，实现出口烟叶按时装运。研究出口单据新要求、新变化，优化出口流程，加快出口手续，实现出口烟叶的按时发运。三是稳定价格，提高产区种烟积极性。面对烟叶出口宏观下行压力，一方面利用晒红烟细分市场供不应求的态势，争取出口价格稳中有升；另一方面权衡成本与汇率因素。2017 年，实现烟叶出口 80 吨、金额 60 万美元。

卷烟（雪茄烟）进口。 2017 年，进口卷烟（雪茄烟）到货 19 个批次，共计 2.6 亿支，其中中烟英美“555”8790 万支，南洋兄弟“双喜”1.04 亿支，日本烟草“七星（Mevius）”1580 万支、“骆驼（Camel）”230 万支，韩国烟草“爱喜（ESSE）”2570 万支，英美烟草“健牌

（KENT）”2400 万支；进口雪茄烟 1.39 万支。

【“互联网+”建设】 2017 年，浙江省烟草专卖商业系统的“互联网+”建设取得新进展。在“一朵云、两张网、五大平台、三个支撑”的基础架构下，应用“互联网+”思维，推动经营管理平台、移动工作平台、专卖管理平台、综合管理平台、数据分析平台等平台建设。截至 2017 年底，经营管理平台在杭州试点上线，移动工作平台在全省全面应用，专卖管理和综合管理两大平台完成架构设计、方案论证和招标工作，数据中心继续深化应用，浙江烟草专有云全面建成并部署应用。

【特事辑要】 2 月 9—10 日，浙江省局（公司）在杭州召开全省烟草专卖商业工作会议。

5 月 3—5 日，国家局党组成员、副局长段铁力在浙江烟草调研。

8 月 24 日，国家局党组成员、副局长杨培森在浙江烟草调研。

2017 年浙江省烟草专卖商业主要情况统计

地市级局（公司）名称		杭州市烟草专卖局（公司）	宁波市烟草专卖局（公司）	温州市烟草专卖局（公司）	嘉兴市烟草专卖局（公司）	湖州市烟草专卖局（公司）	绍兴市烟草专卖局（公司）
主要负责人/法定代表人（含党政领导）		林少华	郑敏强	蒋仲泉	陈月华	龚一正	邵作民
所属县级单位		萧山区、余杭区、富阳区、临安区[1]、桐庐县、建德市、淳安县等 7 个县级烟草专卖局（分公司）	鄞州区、北仑区、余姚市、慈溪市、奉化区[2]、宁海县、象山县、镇海区等 8 个县级烟草专卖局（分公司）	乐清市、瑞安市、苍南县、永嘉县、平阳县、泰顺县、文成县、洞头区等 8 个县级烟草专卖局（分公司）	嘉善县、平湖市、海宁市、海盐县、桐乡市等 5 个县级烟草专卖局（分公司）	长兴县、安吉县、德清县等 3 个县级烟草专卖局（分公司）	诸暨市、上虞区、嵊州市、新昌县等 4 个县级烟草专卖局（分公司）
总资产（万元）		879370	695122	616171	350952	253497	377977
资产负债率（%）		17.58	15.75	20.27	15.45	21.20	21.54
从业人员（人）		1240	1362	1425	825	683	848
所属业务机构	营销机构	1 个营销中心	1 个营销中心	1 个营销中心	1 个营销中心	1 个营销中心	1 个营销中心、1 个电访中心
	物流配送机构	1 个配送中心、7 个中转站/对接点	1 个配送中心、5 个中转站/对接点	1 个配送中心、6 个中转站/对接点	1 个配送中心	1 个配送中心、1 个中转站/对接点	1 个配送中心、3 个中转站/对接点
	专卖稽查机构	1 个稽查支队、9 个稽查大队	1 个稽查支队、10 个稽查大队	1 个稽查支队、11 个稽查大队	1 个稽查支队、7 个稽查大队	1 个稽查支队、5 个稽查大队	1 个稽查支队、6 个稽查大队
	烟叶机构	—	—	—	1 个烟叶科	—	2 个烟叶科
实现税利	万元	562854	487347	417241	269352	181397	270406
	比上年增长（%）	8.07	7.90	7.86	8.01	7.89	7.16
实现利润	万元	255882	213734	178516	118046	77774	115857
	比上年增长（%）	7.29	5.45	9.52	8.45	9.05	2.37
卷烟销售收入（万元）		1576506	1378810	1246767	779744	540797	780177
查处涉烟违法案件（起）		3109	2416	2903	1887	1308	697
查处涉烟违法案件案值（万元）		5362	4037	3114	2085	2598	1356
烟基建设投入资金（万元）		—	—	—	—	—	—
烟基设施新增受益面积（万亩）		—	—	—	—	—	—
烟叶种植（万亩）		—	—	—	0.08	—	0.13
烟叶收购（万担）		—	—	—	0.22	—	0.27
烟农户数（户）		—	—	—	770	—	841
实现烟农总收入（万元）		—	—	—	287	—	554

续表

地市级局（公司）名称	杭州市烟草专卖局（公司）	宁波市烟草专卖局（公司）	温州市烟草专卖局（公司）	嘉兴市烟草专卖局（公司）	湖州市烟草专卖局（公司）	绍兴市烟草专卖局（公司）
零售客户数（户）	36968	43958	42491	23687	21787	28213
零售客户销售毛利率（%）	7.00	8.83	8.50	6.18	9.20	8.00

地市级局（公司）名称		金华市烟草专卖局（公司）	衢州市烟草专卖局（公司）	丽水市烟草专卖局（公司）	台州市烟草专卖局（公司）	舟山市烟草专卖局（公司）
主要负责人/法定代表人（含党政领导）		方录生	朱建辉	沈伏恒	陈修年	林勇刚
所属县级单位		义乌市、东阳市、永康市、兰溪市、浦江县、武义县、磐安县等7个县级烟草专卖局（分公司）	江山市、龙游县、常山县、开化县等4个县级烟草专卖局（分公司）	遂昌县、缙云县、松阳县、龙泉市、青田县、云和县、庆元县、景宁畲族自治县等8个县级烟草专卖局（分公司）	玉环市[3]、温岭市、黄岩区、临海市、天台县、三门县、仙居县等7个县级烟草专卖局（分公司）	普陀区、岱山县、嵊泗县等3个县级烟草专卖局（分公司）
总资产（万元）		401867	143126	115540	470606	104657
资产负债率（%）		24.92	17.00	24.91	21.87	24.35
从业人员（人）		1069	553	710	1064	326
所属业务机构	营销机构	1个营销中心	1个营销中心	1个营销中心	1个营销中心、1个电访中心	1个营销中心
	物流配送机构	1个配送中心、6个中转站/对接点	1个配送中心、2个中转站/对接点	1个配送中心、6个中转站/对接点	1个配送中心、5个中转站/对接点	1个配送中心、1个配送分中心、1个中转站/对接点
	专卖稽查机构	1个稽查支队、9个稽查大队	1个稽查支队、6个稽查大队	1个稽查支队、9个稽查大队	1个稽查支队、9个稽查大队	1个稽查支队、4个稽查大队
	烟叶机构	—	—	1个烟叶科	—	—
实现税利	万元	288178	109908	96722	327112	74040
	比上年增长（%）	8.08	7.67	7.28	7.15	7.21
实现利润	万元	123017	44537	32959	142377	29849
	比上年增长（%）	7.30	5.23	8.73	7.67	8.94
卷烟销售收入（万元）		854726	341424	331394	957936	228672
查处涉烟违法案件（起）		2016	366	448	1177	1115
查处涉烟违法案件案值（万元）		4061	2858	731	1727	331
烟基建设投入资金（万元）		—	—	—	—	—
烟基设施新增受益面积（万亩）		—	—	—	—	—
烟叶种植（万亩）		—	—	0.01	—	—
烟叶收购（万担）		—	—	0.03	—	—
烟农户数（户）		—	—	33	—	—
实现烟农总收入（万元）		—	—	35	—	—
零售客户数（户）		31981	15015	14409	37977	7132
零售客户销售毛利率（%）		8.20	7.50	7.20	8.10	7.60

注：1. 2017年9月25日，根据国烟人〔2017〕268号文件，临安市烟草专卖局更名为杭州临安区烟草专卖局，与杭州市烟草公司临安分公司合署办公。
2. 2017年1月23日，根据国烟人〔2017〕51号文件，奉化市烟草专卖局更名为宁波市奉化区烟草专卖局，与宁波市烟草公司奉化分公司合署办公。
3. 2017年6月21日，根据国烟人〔2017〕154号文件，玉环县烟草专卖局更名为玉环市烟草专卖局，与台州市烟草公司玉环分公合署办公。

◇ 撰稿：张庆娜；编辑：王东旭　王　静

安徽省烟草专卖局（公司）

【专卖管理】 2017年，安徽省烟草专卖局（公司）查处涉烟违法案件5.03万起，同比增长130%，其中案值5万元以上案件313起，同比增长13%。案值合计1.48亿元。破获符合公安部、国家局标准的国标网络案件23起，省局标准的网络案件39起，同比分别增长50%、44%。

针对互联网、自媒体涉烟案件多发势头，由各地治安部门牵头，经济侦查、网络安全、技术侦查等警种介入案件侦破，有10起案件被公安部治安局列为“利剑行动”案件，45起案件列为省厅（局）挂牌督办案件。在寄递环节查处卷烟5490件。

印发《关于加强和完善基层烟草专卖管理所（队）党建工作的指导意见》，发挥党建引领。印发《2015—2017年度全省优秀县级烟草专卖局标兵单位评比和复评工作方案》，激励进位争先。2017年安徽省局（公司）被公安部、国家局评为“全国卷烟打假工作特殊贡献单位”。

【经济效益】 2017年，安徽省烟草商业系统实现税利159.86亿元，同比增长5.39%，其中利润59.19亿元，同比增长4.12%。单箱卷烟销售收入3.39万元，实现单箱税利8686元。三项费用率6.56%，同比下降1.06个百分点。实施精益水电管理、精益采购管理，实现降本增效7800万元。

【卷烟（雪茄烟）经营】 **卷烟（雪茄烟）销售。** 2017年，安徽省销量居前三位的卷烟品牌为“黄山”“利群”“中华”，销量分别为525.02亿支（105万箱）、60.75亿支（12.15万箱）、38.34亿支（7.67万箱），同比分别增长3.64%、2.88%、-3.01%。销售重点品牌卷烟809.88亿支（161.98万箱），同比增长2.97%。销售雪茄烟0.59亿支，同比增长143%。

2017年，实现卷烟（含雪茄烟、含税）销售收入607.75亿元，同比增长4.98%。实现卷烟税利156.10亿元，同比增长5.76%，其中利润57.71亿元，同比增长4.21%。

品牌培育。 安徽省局（公司）常态化分析月度、季度和年度销售数据，及时梳理品牌发展问题。集中清退不适应市场的81个滞销规格，在销31个品牌中24个品牌实现同比增长，重点品牌销量同比增长2.8%，市场份额同比增加1个百分点。2017年销售短支卷烟2.35亿支（0.47万箱），同比增长29.8%；中支、细支卷烟24.4亿支（4.88万箱）。

现代物流建设。 2017年，安徽省累计配送卷烟179.18万箱，同比增加3.12万箱，增长1.77%。单箱物流费用254.74元/箱，同比增加10.77元/箱，增长4.41%。物流费用率0.88%，同比增加0.01个百分点，物流费用同比增长1.15%。库存周转次数19.54次，同比增加4.93次，增长37.32%。物流从业人员1950人，同比减少67人，降低3.32%。人工费用比例73.38%，同比减少1.39个百分点。终端配送物流车辆585辆，同比减少30辆，降低5.13%。

【烟叶产销】 **烟叶产销。** 2017年，安徽省烟叶种植面积13.81万亩（含安徽皖南烟叶有限责任公司烟叶种植面积12.57万亩），同比减少1.97万亩。签订收购合同2156份，同比减少265份。户均种植烟叶68.2亩，同比增加4.06亩。烟农户均收入23.3万元，同比增长18.9%。收购烟叶1.81万吨（36.1万担），烟叶收购均价26.02元/千克，上等烟比例62%。实现烟叶销售收入11.16亿元、烟叶税利3.78亿元。复烤加工烟叶136.7万担，代储存烟叶成品109.4万担，实现营业收入3.2亿元，实现税利5432万元。在烟叶生产和复烤加工总量减少的情况下，各项生产经营指标保持稳定。

烟叶质量控制。 开展皖南特色烟叶研究，构建完善烟叶质量管理体系，全面实现生产和收购环节质量追溯信息化。100%实施散叶收购和原收原调，国家局检查烟叶收购等级合格率82.1%，工商交接等级合格率69.3%。加大关键生产技术落实力度，国家局提出的“水肥一体化、烟田地膜回收、采烤一体化”等三项主推技术100%推广。

现代烟草农业建设。 探索构建新型烟叶种植模式，实现土地长期流转和烟稻1:1轮作，稳定烟区发展。全程推进专业化服务，烟农专业合作社开发服务产品30项，专业化服务比例达到 90% 以上，降低烟农生产成本和劳动强度。加大烟叶基础设施建设监管力度，严格过程管理，确保工程质量，充分发挥烟叶基础设施提升综合生产能力和抗御自然灾害能力的功能和作用。探索构建以信息化为支撑的动态管理体系，以业务和合作社两大系统开发为重点，完成育苗、烘烤、烟田信息的电子化和中控室建设，“互联网＋现代烟草农业”雏形基本形成。

客户经理（左）教老年客户学习使用微信订货（2017 年）

安徽省局　供稿

安徽皖南烟叶有限责任公司。 安徽皖南烟叶有限责任公司位于安徽省宣城市，成立于 2004 年 12 月 31 日，是全国烟草行业唯一跨地区股份制专业化烟叶生产企业。截至 2017 年底，总资产 13.20 亿元。其中，固定资产 1.76 亿元，流动资产 11.44 亿元，资产负债率 4.03%。在岗员工 416 人，实行全员聘用制，其中本科以上学历 138 人，高级职称 7 人，技师以上职业技能资格 23 人。公司党组书记、董事长、总经理：王道支。

2017 年，烟叶种植面积 12.57 万亩，收购烟叶 1.65 万吨（33 万担），同比下降 2.19%。烟叶收购均价 26.33 元/千克，同比下降 19.58%。辖区烟农 1843 户，户均种植规模 68.2 亩，亩均收益 3538 元。实现税利 3.51 亿元，同比下降 6.15%。实现总利润 2.08 亿元，同比下降 5.45%。三项费用率 10.43%。

实行新型种植模式管理办法，落实烟农 876 户，流转土地面积 18.02 万亩，新型种植模式推广率 61.4%。全年服务比例达到 91%，实现服务经营额度 1.16 亿元，烘烤大服务比例为 33.6%。注册“天香皖南”母品牌，确定粮油、果蔬、禽蛋三大类子品牌，自主品牌体系初步建立。探索建立多元化专业化服务体系，完成水稻专业化服务 2703 亩，实现服务经营额度 27.6 万元。明确销售体系建设思路和重点，完成 1 个体验中心和 14 家终端服务点建设。依托行业组织优势，持续推进集团销售，新增元贞电力等 11 家集团客户。2017 年，果蔬生产总量 467.65 吨，实现销售额 117 万元，实现利润 4.57 万元。水稻生产总量 1702 吨，销售稻米总量 252 吨，实现销售收入 227.7 万元、利润 52 万元。

【管理创新】 **科技创新。** 启动安徽省烟草绿色防控重大专项，批准省公司 2017 年科技项目计划 23 项。1 项科技项目成果获得中国烟草总公司科学技术进步奖一等奖。授权专利 11 件，登记计算机软件著作权 12 项。

销售创新。 开展面向消费者的销售活动，2017 年网上订货客户 21 万户，网上订货比例 84%，电子结算率 99.3%。贷记卡客户 3.4 万户，贷记卡交易额占 25.52%。

【特事辑要】 1 月 19 日，安徽省局（公司）召开 2017 年工作会议。

4 月 14 日，安徽省局（公司）召开全省烟草商业系统法规体改工作会议，全面推进“七五”普法工作。将修改《安徽省实施〈中华人民共和国烟草专卖法〉办法》列入安徽省人民代表大会 2017 年立法计划。

2017 年安徽省烟草专卖商业主要情况统计

地市级局（公司）名称		合肥市烟草专卖局（公司）	淮北市烟草专卖局（公司）	亳州市烟草专卖局（公司）	宿州市烟草专卖局（公司）
主要负责人/法定代表人（含党政领导）		张丙利（—2017 年 12 月） 梁跃华（2017 年 12 月—）	蒋跃进（—2017 年 12 月） 张　浩（2017 年 12 月—）	岳　文（—2017 年 12 月） 金大林（2017 年 12 月—）	丁惠萍（—2017 年 12 月） 吴修军（2017 年 12 月—）
所属县级单位		巢湖市、庐江县、肥东县、肥西县、长丰县、瑶海区、庐阳区、包河区、蜀山区等 9 个县级烟草专卖局（营销部）	濉溪县烟草专卖局（营销部），1 个直属分局（营销部）	涡阳县、蒙城县、利辛县等 3 个县级烟草专卖局（营销部），1 个直属分局（营销部）	灵璧县、泗县、萧县、砀山县等 4 个县级烟草专卖局（营销部），1 个直属分局（营销部）
总资产（万元）		355209	64250	72726	114283
资产负债率（%）		8.46	7.25	31.45	13.78
从业人员（人）		1275	298	809	773
所属业务机构	营销机构	1 个营销中心	1 个营销中心	1 个营销中心	1 个营销中心
	物流配送机构	1 个物流中心、2 个配送站	1 个物流中心、1 个配送站	1 个卷烟物流中心、3 个中转站	1 个物流中心、4 个配送站
	专卖稽查机构	9 个稽查队、32 个专卖管理所	3 个稽查队、7 个专卖管理所	4 个稽查队、14 个专卖管理所	5 个稽查队、17 个专卖管理所
	烟叶机构	—	—	—	—
实现税利[1]	万元	300118	38389	73374	88781
	比上年增长（%）	5.69	3.40	10.43	5.27
实现利润	万元	128749	12926	15861	27611
	比上年增长（%）	5.40	10.60	2.31	7.02
卷烟销售收入（万元）		957467	135974	293396	321758
查处涉烟违法案件（起）		2412	1949	4909	3729
查处涉烟违法案件案值（万元）		1580	370	1123	1240
烟基建设投入资金（万元）		—	—	—	—
烟基设施新增受益面积（万亩）		—	—	—	—
烟叶种植（万亩）		—	—	—	—
烟叶收购（万担）		—	—	—	—
烟农户数（户）		—	—	—	—
实现烟农总收入（万元）		—	—	—	—
零售客户数（户）		29764	9750	19127	24071
零售客户销售毛利率（%）		11.14	13.73	10.06	8.00

地市级局（公司）名称	蚌埠市烟草专卖局（公司）	阜阳市烟草专卖局（公司）	淮南市烟草专卖局（公司）	滁州市烟草专卖局（公司）
主要负责人/法定代表人（含党政领导）	童学根（—2017 年 12 月） 江　南（2017 年 12 月—）	胡志刚	孙太勇	孙志强
所属县级单位	怀远县、五河县、固镇县等 3 个县级烟草专卖局（营销部），1 个直属分局（营销部）	临泉县、阜南县、太和县、颍上县、界首县等 5 个县级烟草专卖局（营销部），1 个直属分局（营销部）	寿县、凤台县 2 个县级烟草专卖局（营销部），田家庵大通、谢家集八公山、潘集区等 3 个分局（营销部），毛集分局	来安县、全椒县、天长市、定远县、凤阳县、明光市等 6 个县级烟草专卖局（营销部），1 个直属分局（营销部）

续表

地市级局（公司）名称		蚌埠市烟草专卖局（公司）	阜阳市烟草专卖局（公司）	淮南市烟草专卖局（公司）	滁州市烟草专卖局（公司）
总资产（万元）		90320	163156	132621	124244
资产负债率（%）		12.95	15.61	8.49	11.53
从业人员（人）		487	990	500	689
所属业务机构	营销机构	1个营销中心	1个营销中心	1个营销中心	1个营销中心
	物流配送机构	1个物流中心	1个物流中心、3个配送站	1个物流中心、2个中转站	1个物流中心、4个配送站
	专卖稽查机构	4个稽查队、10个专卖管理所	6个稽查队、24个专卖管理所	5个稽查队、9个专卖管理所	7个稽查队、14个专卖管理所
	烟叶机构	—	—	—	—
实现税利[1]	万元	71635	147787	85318	99343
	比上年增长（%）	5.14	9.12	7.90	2.96
实现利润	万元	22672	51527	32603	34088
	比上年增长（%）	2.35	6.12	0.40	1.68
卷烟销售收入（万元）		257207	511160	319518	405768
查处涉烟违法案件（起）		2183	2543	4780	7935
查处涉烟违法案件案值（万元）		823	1940	543	1570
烟基建设投入资金（万元）		—	—	—	—
烟基设施新增受益面积（万亩）		—	—	—	—
烟叶种植（万亩）		—	—	—	—
烟叶收购（万担）		—	—	—	—
烟农户数（户）		—	—	—	—
实现烟农总收入（万元）		—	—	—	—
零售客户数（户）		13692	24626	12687	14924
零售客户销售毛利率（%）		12.17	9.82	12.65	11.00

地市级局（公司）名称	六安市烟草专卖局（公司）	马鞍山市烟草专卖局（公司）	芜湖市烟草专卖局（公司）	宣城市烟草专卖局（公司）
主要负责人/法定代表人（含党政领导）	王　鸿（—2017年12月） 岳　文（2017年12月—）	施书林	胡家木	耿利永
所属县级单位	霍邱县、金寨县、霍山县、舒城县等4个县级烟草专卖局（营销部），1个叶集区烟草专卖局（营销部），1个直属皋城分局（营销部）	含山县、和县、当涂县等3个县级烟草专卖局（营销部），钢城分局（营销部）	无为县、芜湖县、繁昌县、南陵县等4个县级烟草专卖局（营销部），1个直属分局（营销部），江北分局（营销部）	郎溪县、广德县、宁国市、泾县、绩溪县、旌德县、宣州区等7个县级烟草专卖局（营销部）
总资产（万元）	149359	123079	171887	127794
资产负债率（%）	12.87	9.60	11.57	9.84
从业人员（人）	659	425	544	537

续表

地市级局（公司）名称		六安市烟草专卖局（公司）	马鞍山市烟草专卖局（公司）	芜湖市烟草专卖局（公司）	宣城市烟草专卖局（公司）
所属业务机构	营销机构	1个营销中心、6个营销部	1个营销中心	1个营销中心	1个营销中心、7个县级营销部
	物流配送机构	1个物流中心、4个配送站	1个物流中心	1个物流中心、1个中转站	1个物流中心、1个中转站
	专卖稽查机构	6个稽查队、15个专卖管理所	4个稽查队、10个专卖管理所	1个稽查支队、6个稽查队、12个专卖管理所	1个稽查支队、1个稽查大队、7个稽查中队、15个管理所
	烟叶机构	—	—	—	—
实现税利[1]	万元	122225	79220	118256	86007
	比上年增长（%）	8.83	4.21	3.52	4.99
实现利润	万元	48794	32232	49253	32033
	比上年增长（%）	7.27	0.04	4.01	4.81
卷烟销售收入（万元）		450742	249575	362488	28360
查处涉烟违法案件（起）		4239	1142	4344	1863
查处涉烟违法案件案值（万元）		909	807	1495	907
烟基建设投入资金（万元）		—	—	—	—
烟基设施新增受益面积（万亩）		—	—	—	—
烟叶种植（万亩）		—	—	—	—
烟叶收购（万担）		—	—	—	—
烟农户数（户）		—	—	—	—
实现烟农总收入（万元）		—	—	—	—
零售客户数（户）		19489	10903	12224	13415
零售客户销售毛利率（%）		11.30	10.00	7.66	10.51

地市级局（公司）名称	铜陵市烟草专卖局（公司）	池州市烟草专卖局（公司）	安庆市烟草专卖局（公司）	黄山市烟草专卖局（公司）
主要负责人/法定代表人（含党政领导）	王　凯	吴兰田（—2017年6月） 胡守华（2017年6月—）	梁跃华（—2017年12月） 王　鸿（2017年12月—）	刘新华
所属县级单位	枞阳县烟草专卖局（营销部），义安区、铜官区烟草专卖局	东至县、石台县、青阳县、贵池区等4个县级烟草专卖局（营销部）	桐城市、怀宁县、潜山县、岳西县、太湖县、望江县、宿松县、宜城区等8个县级烟草专卖局（营销部）	歙县、休宁县、祁门县、黟县、黄山区、屯溪区、徽州区等7个县级烟草专卖局（营销部）
总资产（万元）	79877	75909	158199	84702
资产负债率（%）	7.39	9.21	9.71	5.79
从业人员（人）	261	539	790	346

续表

地市级局（公司）名称		铜陵市烟草专卖局（公司）	池州市烟草专卖局（公司）	安庆市烟草专卖局（公司）	黄山市烟草专卖局（公司）
所属业务机构	营销机构	1 个营销中心	1 个营销中心	1 个营销中心	1 个营销中心
	物流配送机构	1 个物流中心	1 个物流中心、1 个配送站	1 个物流中心、4 个配送站	1 个物流中心
	专卖稽查机构	5 个稽查队、8 个专卖管理所	4 个稽查大队、10 个专卖管理所	1 个市局稽查支队、8 个县局稽查队、23 个专卖管理所	7 个稽查队（管理所）、2 个驻点管理所
	烟叶机构	—	1 个烟叶工作站	—	—
实现税利[1]	万元	45993	46072	110780	41625
	比上年增长（%）	64.10	-0.02	-8.58	6.84
实现利润	万元	18702	15889	40343	13814
	比上年增长（%）	58.08	3.95	-12.23	6.48
卷烟销售收入（万元）		146436	179071	372968	147900
查处涉烟违法案件（起）		947	2631	4217	1811
查处涉烟违法案件案值（万元）		208	284	1302	441
烟基建设投入资金（万元）		—	263	—	—
烟基设施新增受益面积（万亩）		—	1.00	—	—
烟叶种植（万亩）		—	1.24	—	—
烟叶收购（万担）		—	3.16	—	—
烟农户数（户）		—	313	—	—
实现烟农总收入（万元）		—	4713	—	—
零售客户数（户）		7372	8090	23189	8905
零售客户销售毛利率（%）		8.56	12.33	8.50	14.12

注：1. 宿州、淮南、六安、宣城、铜陵、池州、安庆市局（公司）决算口径有调整。

◇ 撰稿：郑义坤；编辑：王　静

福建省烟草专卖局（公司）

【专卖管理】　**打假打私。** 2017 年，福建省烟草专卖局查处各类涉烟违法案件 1.07 万起。查获大型制假烟机 22 台，同比下降 82%；查获假冒卷烟 1.02 万件，同比下降 41.37%；查获走私烟 1451 件，同比增长 74.4%；查获非法烟叶、烟丝 322 吨，同比下降 40%。向公安、司法机关移送涉烟刑事案件 568 起，其中符合公安部、国家局标准的网络案件 26 起；涉烟犯罪判刑 426 人，其中判处实刑 291 人。

以金砖国家领导人厦门会晤为契机，组织开展“护航金砖”系列专项行动，对卷烟制假活动从源头到终端，开展分环节、高频次、攻重点的全链条打击。与云霄县政府签订综治协议，将打假绩效考核周期从年度转变为季度考核，完成云霄卷烟打假“三年巩固根治持久战”（2015—2017 年）既定目标。

治理卷烟非法流通。 开展违法违规卖烟大户治理专项行动，出台《开展违法违规卖烟大户治理专项行动实施方案》等制度，推进非法大户专项整治，全省查处大户违法违规经营卷烟“双 5”（涉案金额超过 5 万元、涉案卷烟超过 5 万支）案件 170 起，取缔非法大户 157 户。

2017 年，查获非法流通卷烟 4036 件，同比减少 615 件，下降 13.2%。查处非法流通卷烟大要案件 172 起，同比减少 61 起。

市场精准监管。 规范许可行为，优化行政服务，全省县级局全部设立实体性办证窗口或进驻当地政府政务服务大厅，办证时间缩短到 5 个工作日以内。加强许可证动态监管，全年办理停业3374户，歇业8769户，注销2.01万户。

推进“双随机、一公开”与APCD工作法有机结合，加强重点对象、重点环节、重点领域专项整治，市场终端环节共查处涉烟违法案件6754起，其中非渠道案件5069起、假冒卷烟案件891起，走私烟案件794起。

针对物流寄递渠道涉烟违法行为，定期向同级邮管局通报寄递企业涉烟违法案件情况，福州、泉州等地的邮政管理部门分别对发生涉烟案件的快递企业处以1.5万～2.5万元罚款。加大对运输枢纽、高速公路和物流园区的监管力度，有效打击非法运输行为，查处无证运输案件3098起，同比增长45.5%；运输中转环节查获假烟6670件，占查获假冒卷烟总量的65.4%。

【经济效益】 2017年，福建省烟草商业系统实现税利171.5亿元，同比增长2.82%，其中利润73.75亿元，同比增长4.7%。卷烟单箱销售收入2.69万元，单箱税利0.83万元。三项费用率5.7%，同比下降0.12个百分点。

【卷烟（雪茄烟）经营】 **卷烟（雪茄烟）销售。** 2017年，福建省销量居前三位的品牌为“七匹狼”“中华”“利群”，销量分别为502.7亿支（100.54万箱）、36亿支（7.2万箱）、35.65亿支（7.13万箱）。销售雪茄烟2271万支。

全年实现卷烟销售收入445.13亿元，同比增长3.35%。实现卷烟税利137.31亿元，同比增长5.84%，其中利润51.83亿元，同比增长8.8%。

品牌培育。 坚持“保销量、保税利、保状态、保规范、保稳定”的经营思想，全面推广应用“五要素”市场状态分析法，即把“社会库存、商业存销比、市场价格、订足率、订足面”作为调优卷烟市场状态的关键要素，卷烟销售企稳回升，创新型产品快速成长。

全年销售重点品牌卷烟738.55亿支（147.71万箱），同比增长0.29%。重点品牌卷烟实现销售收入422.04亿元。全年销售细支烟28.75亿支（5.75万箱），同比增长146.78%。销售中支烟8.5亿支（1.7万箱），同比增长89%。销售短支烟3.9亿支（0.78万箱）。

终端建设。 实施“限大扩中扶小”，探索最小市场单元工作模式，进一步提升客户服务质量和效率。全省建成优质零售终端客户6000户，现代终端客户累计2.4万户。按照“市场导向、客户自主、协会自律、社会满意”的原则，推进明码实价，全省共有3175个卷烟零售客户自律小组，成员5.2万户零售客户。制定印发《最小市场单元工作模式建设指南》，探索利用最小市场单元提升客户服务质量和效率，全省累计建设1.01万个最小市场单元。

【烟叶产销】 **烟叶种植与收购。** 2017年，福建省种烟农户总数4.59万户，安排种植面积75.53万亩。收购烟叶10.913万吨（218.26万担），同比增加0.599万吨（11.98万担）。收购均价28.66元/千克。上等烟比例62.56%，同比增加0.66个百分点。国家局烟叶收购等级合格率82.23%，同比提高1.23个百分点。全年实现烟农收入（不含补贴）31.28亿元，烟农户均收入（不含补贴）6.81万元。

全年实现烟叶税利22.8亿元，同比下降6.51%，其中利润13.3亿元，同比下降5.63%。

2017年12月13日，在福建省烟草商业系统“精益改善—智能物流”工作交流会上，与会代表体验智能终端

福建省局　林麦梓　摄

烟叶生产管理。 加强优质烟叶生产技术，开展“烟田优化年”活动，推广落实早栽深栽、有机肥施用、专业化烘烤等技术。出台《烟叶质量安全管理办法（试行）》，实施烟草绿色防控科技专项，实现烟蚜茧蜂防治蚜虫和废旧地膜回收全覆盖，烟叶质量水平明显提升。修订《专业化分级散叶收购管理办法》《原收原调管理办法》，专业化分级散叶收购9.15万吨（183万担），占收购总量的83.84%。福建省局工商交接检查等级合格率70.8%，继续保持较好水平。加强与工业的科技合作，联合6家中烟公司开展上下部烟叶可用性项目研究，烟叶调拨再次实现“零库存”目标。

烟叶生产基础设施。 福建省局（公司）修订烟叶生产基础设施建设投入补贴政策及项目修复管理、烤房建设管理等制度，强化项目动态管理，全年安排农田基础设施建设项目3218个，投入资金0.7亿元。国家局累计复函援建水源工程项目39个、援建资金23.34亿元，2017年拨付资金4.18亿元。截至2017年底，所有项目全部开工建设，26个项目完工。

烟农增收。 拓展烟农增收渠道，重点发展烟后稻制种和食用菌种植2个多元项目。出台《促进烟农增收工作指导意见》，明确“2+2+N”多元增收项目和“十三五”烟农增收目标。全年开展食用菌种植74万袋，组织烟后稻制种3万亩，利用烤房烘干稻谷5万吨。南平市公司合作社取得食用菌SC认证，三明、龙岩市公司采取“种子公司+烟农合作社+农户”模式引导烟后稻制种。

【交流与合作】 中国烟草福建进出口有限责任公司前身是成立于1985年1月1日的中国烟草进出口公司福建分公司。1991年更名为中国烟草福建进出口公司，同年公司由福州迁址到厦门。2001年11月，改制更名为中国烟草福建进出口有限责任公司，股东方分别是中国烟草进出口（集团）公司、福建省烟草公司、福建中烟工业公司、龙岩卷烟厂、厦门卷烟厂等5家公司。2006年12月，改制为一人有限责任公司，成为中国烟草总公司福建省公司的全资子公司。公司经营范围涵盖烟叶出口和卷烟进口两项，其中烟叶、烟梗出口销售到印度尼西亚、埃及、印度、德国、俄罗斯、荷兰、葡萄牙等国家或地区，并负责为福建、天津、内蒙古三省（自治区、直辖市）提供包括“555”“红双喜”“七星（Mevius）”“大卫杜夫（Davidoff）”“爱喜（ESSE）”“长寿（Long Life）”等品牌在内的进口卷烟和德国“Livarde”、古巴“CHICOS”等品牌雪茄烟。截至2017年底，公司拥有总资产5.45亿元，其中，固定资产425万元、流动资产2.43亿元，资产负债率22.01%。从业人员47人。

2017年，实现进出口贸易总额2064万美元。实现销售收入2.8亿元，同比增长11.55%。实现利润3601万元，同比下降8.84%。实现税利1.42亿元，同比增长3.65%。出口烟叶（含烟梗）3364吨，出口实现863万美元。进口卷烟（含雪茄烟）6.67亿支，进口额1201万美元。销售进口卷烟6.37亿支，销售额2.2亿元。

【管理创新】 开展“精益管理改善年”活动，突出抓好区域对标，将全省划分为“福莆宁”“厦漳泉”“龙三南”三大片区，建立全省综合性对标体系，推动指标对标向管理对标延伸，逐步解决全省各地市发展不平衡问题。开展“减轻基层工作负担，提高工作效率”专题调研，促进一线人员减少内务负担，增加走访市场、服务客户时间。

【特事辑要】 1月23日，福建省烟草商业系统工作会议在福州召开。

12月8—10日，国家烟草专卖局党组书记、局长，中国烟草总公司总经理凌成兴在福建烟草调研，对福建烟草改革发展取得的成绩给予充分肯定，认为福建烟草企业表现为“一个行业典范，三个持续发力”。

2017年福建省烟草专卖商业主要情况统计

地市级局（公司）名称	福州市烟草专卖局（公司）	厦门市烟草专卖局（公司）	宁德市烟草专卖局（公司）	莆田市烟草专卖局（公司）	泉州市烟草专卖局（公司）
主要负责人/法定代表人（含党政领导）	黄学良	黄端启	林茂新	林师训	詹小强 （—2017年6月） 游文忠 （2017年6月—）

续表

地市级局（公司）名称		福州市烟草专卖局（公司）	厦门市烟草专卖局（公司）	宁德市烟草专卖局（公司）	莆田市烟草专卖局（公司）	泉州市烟草专卖局（公司）
所属县级单位		城北、城南、福清市、长乐区[1]、闽侯县、连江县、平潭县、罗源县、闽清县、永泰县等10个县级烟草专卖局（分公司）	第一分局、集美区、思明区、湖里区等4个县级烟草专卖局（分公司）	蕉城区、福安市、福鼎市、霞浦县、古田县、屏南县、寿宁县、周宁县、柘荣县等9个县级烟草专卖局（分公司）	仙游县、城厢区、涵江区、秀屿区等4个县级烟草专卖局（分公司）	丰泽区、鲤城区、洛江区、晋江市、南安市、石狮市、惠安县、安溪县、永春县、德化县、泉港区等11个县级烟草专卖局（分公司）
总资产（万元）		352762	259979	138232	148689	493973
资产负债率（%）		11.24	11.97	7.99	6.25	9.38
从业人员（人）		1266	467	706	605	1377
所属业务机构	营销机构	1个营销中心、1个电访中心、10个客户服务中心	1个营销中心、1个电访中心、6个客户服务中心	1个营销中心、1个电访中心、9个客户服务中心	1个营销中心、1个电访中心、4个客户服务中心	1个营销中心、1个客户服务响应中心、11个客户服务中心
	物流配送机构	1个配送中心、1个中转站、5个对接点	1个配送中心	1个配送中心、5个中转站	1个配送中心	1个配送中心、3个中转站、2个对接点
	专卖稽查机构	1个稽查支队、11个稽查大队	1个稽查支队、7个稽查大队	1个稽查支队、9个稽查大队	1个稽查支队、5个稽查大队	1个稽查支队、13个稽查大队
	烟叶机构	—	—	—	—	—
实现税利	万元	257116	174899	95254	114736	308830
	比上年增长（%）	6.34	8.14	3.72	8.44	4.75
实现利润	万元	96683	67625	32856	43999	120033
	比上年增长（%）	8.34	5.31	13.16	6.62	7.69
卷烟销售收入（万元）		962828	560242	329324	364634	1157842
查处涉烟违法案件（起）		3973	870	1369	429	1165
查处涉烟违法案件案值（万元）		1046	1434	1265	549	5942
烟基建设投入资金（万元）		—	—	—	—	—
烟基设施新增受益面积（万亩）		—	—	—	—	—
烟叶种植（万亩）		—	—	—	—	—
烟叶收购（万担）		—	—	—	—	—
烟农户数（户）		—	—	—	—	—
实现烟农总收入（万元）		—	—	—	—	—
零售客户数（户）		29255	18123	15712	13221	40316
零售客户销售毛利率（%）		8.90	9.80	8.50	9.30	8.30

地市级局（公司）名称	漳州市烟草专卖局（公司）	龙岩市烟草专卖局（公司）	三明市烟草专卖局（公司）	南平市烟草专卖局（公司）
主要负责人/法定代表人（含党政领导）	游文忠（—2017年6月） 罗万达（2017年6月—）	姜林灿（—2017年6月） 周志攀（2017年6月—）	张清明（—2017年5月） 白万明（2017年5月—）	白万明（—2017年5月） 张清明（2017年5月—）

续表

地市级局（公司）名称		漳州市烟草专卖局（公司）	龙岩市烟草专卖局（公司）	三明市烟草专卖局（公司）	南平市烟草专卖局（公司）
所属县级单位		城区、龙海市、云霄县、漳浦县、诏安县、长泰县、东山县、南靖县、平和县、华安县等10个县级烟草专卖局（分公司）	新罗区、永定区、上杭县、武平县、长汀县、连城县、漳平市等7个县级烟草专卖局（分公司）	城区、永安市、沙县、将乐县、宁化县、尤溪县、建宁县、泰宁县、清流县、明溪县、大田县等11个县级烟草专卖局（分公司）	延平区、建阳区、武夷山市、邵武市、建瓯市、光泽县、顺昌县、浦城县、松溪县、政和县等10个县级烟草专卖局（分公司）
总资产（万元）		269048	255409	381129	269944
资产负债率（%）		8.59	10.03	14.91	25.34
从业人员（人）		995	1976	2167	2178
所属业务机构	营销机构	1个营销中心、1个订单部、10个客户服务中心	1个营销中心、1个电访中心、7个客户服务中心	1个营销中心、1个电访中心、11个客户服务中心	1个营销中心、1个电访中心、10个客户服务中心
	物流配送机构	1个物流公司、5个中转站、1个对接点	1个配送中心	1个配送中心、5个中转站、1个对接站	1个物流公司、5个中转站
	专卖稽查机构	1个稽查支队、10个稽查大队	1个稽查支队、7个稽查大队	1个稽查支队、11个稽查大队	1个稽查支队、10个稽查大队
	烟叶机构	—	1个烟科分所（烟叶生产技术中心）、1个烟叶生产部、1个烟叶购销部、1个基础办、52个烟叶站、7个收购点、5个烟叶技术试验推广站	1个烟科分所（烟叶生产技术中心）、1个烟叶生产部、1个烟叶购销部、1个基础办、1个田间试验场、83个烟叶站、3个烟叶技术试验推广站	1个烟科分所（烟叶生产技术中心）、1个烟叶生产部（烟田基础设施建设办公室）、1个烟叶购销部、69个烟叶站、3个烟叶技术试验推广站
实现税利	万元	207077	141423	164282	143208
	比上年增长（%）	5.40	-1.24	-0.39	-4.22
实现利润	万元	77055	65341	82066	65157
	比上年增长（%）	6.00	2.85	0.97	-2.31
卷烟销售收入（万元）		681435	266000	216814	260752
查处涉烟违法案件（起）		1257	450	303	932
查处涉烟违法案件案值（万元）		767	265	536	705
烟基建设投入资金（万元）		—	2043	4929	2113
烟基设施新增受益面积（万亩）		—	1.02	5.49	3.80
烟叶种植（万亩）		—	20.38	31.80	23.42
烟叶收购（万担）		—	60.30	89.81	68.15
烟农户数（户）		—	13345	20847	11685
实现烟农总收入（万元）		—	80792	142267	95887
零售客户数（户）		31253	14165	13000	12867
零售客户销售毛利率（%）		8.30	8.90	9.50	9.30

注：1. 根据《国家烟草专卖局关于长乐市烟草专卖局更名的批复》（国烟人〔2017〕313号），福建省长乐市烟草专卖局更名为福州市长乐区烟草专卖局。

◇ 撰稿：傅积恩；编辑：王东旭　王　静

江西省烟草专卖局（公司）

【专卖管理】 **案件查处。** 2017 年，江西省烟草专卖局查处涉烟违法案件 3.09 万起，同比增长 35.53%，其中假冒卷烟案件 1.44 万起、走私烟案件 361 起、非法流通卷烟案件 1.6 万起。查获各类非法卷烟 2.55 万件，同比增长 58.6%，其中假冒卷烟 1.27 万件、走私烟 1538 件、非法流通卷烟 1.12 万件。查获案值 5 万元以上大要案 995 起，涉烟违法案件总案值 1.61 亿元。公安、司法机关依法判刑 159 人，拘留 459 人。全年破获公安部、国家局标准网络案件 30 起，省局标准网络案件 19 起。省局获得国家局、公安部颁发的“全国卷烟打假工作特殊贡献奖”。

南昌市“5·27”团伙销售假冒卷烟网络案件，是江西省内首起自制假冒烟草专卖零售许可证，冒充正规卷烟零售客户上门销售的售假案件。该案件查获各类假冒卷烟 22 个品种、6.2 件，案值 7.8 万元。萍乡市“1·3”互联网销售假冒卷烟网络案件，涉案人员通过微信、QQ 等平台进货，通过网上支付平台转账并利用快递进行货物交易，范围横跨江西、湖南、福建、广东等地，本地涉案金额近 500 万元，查实涉案人员 7 人。

打私打假专项行动。 江西省局始终保持卷烟打私打假高压态势，全年开展“雷霆一号”“今冬明春”“重点违法大户”“物流寄递”“互联网涉烟”“铁路携带”等 6 项专项行动。

在“雷霆一号”卷烟打假专项行动中，查处涉烟违法案件 3.19 万起，其中案值 5 万元以上案件 1095 起，打掉制假窝点、制假团伙 97 个，公安、司法机关依法刑拘 444 人，判刑 167 人。

在“今冬明春”等专项行动中，查处涉烟违法案件 2.1 万起，其中寄递环节涉烟案件 1.1 万起，互联网涉烟案件 25 起，铁路违法携带案件 22 起，取消违法违规卷烟经营大户资格 20 户，实施行政处罚 552 户，责令停业整顿 214 户，公安、司法机关依法拘留 100 余人，判刑 20 余人。

市场监管。 在全省推行异地交叉和错时检查制度，组织实施节假日市场集中整治。成立专项打击小组，全省联动打击非法卷烟流通渠道。实行市场“网格化”管理，组建卷烟市场网格工作站，提升市场精准管控和精细服务水平。

【经济效益】 2017 年，江西省烟草商业系统实现税利 124.38 亿元，同比增长 4.64%。实现利润 48.93 亿元，同比增长 2.32%。卷烟单箱销售收入 3.34 万元，同比增长 3.41%。单箱税利 0.89 万元，同比增长 5.3%。三项费用率 5.38%，同比下降 0.05 个百分点。

【卷烟（雪茄烟）经营】 **卷烟销售。** 2017 年，江西省销量居前三位的品牌为“金圣”“利群”“庐山”，销量分别为 191.35 亿支（38.27 万箱）、107.85 亿支（21.57 万箱）、77.95 亿支（15.59 万箱）。

全省实现卷烟销售收入 434.18 亿元，同比增长 7.46%。实现税利 115.15 亿元，同比增长 9.26%，其中利润 43.63 亿元，同比增长 11.05%。

雪茄烟销售与品牌培育。 江西省局（公司）根据雪茄烟产品特性，有针对性地制定产品投放策略和业务销售流程，以中、高档国产雪茄烟作为培育重点。南昌、抚州等市公司在直营店中设立推广雪茄烟的形象展示店，建立形象统一、分类清晰的雪茄烟零售展示专柜。不定期收集国产雪茄烟市场需求，合理投放货源；重点把握价格变化、零售客户合理毛利、社会库存等信息，做到合理均衡市场投放。建立差异化服务机制，加强对客户雪茄烟知识培训，注重中高端消费群体的雪茄烟知识普及。从信息、货源、培训、宣传等四方面与工业开展对接，共同确定雪茄烟品牌培育目标，开展客户培训与品牌宣传推广工作。建立雪茄烟消费者档案，逐步引导零售客户针对高端消费群体，提供产品定制、配送、储存等专业服务。2017 年，江西省烟草商业系统销售雪茄烟 0.3 亿支，同比增长 126.34%。

销售管理。 把全国重点品牌作为巩固扩展市场的主力军，重点培育，协调发展，针对不同区域市场和消费领域，开展精准销售。全年累计销售重点品牌卷烟 537.6 亿支（107.52 万箱），同比增长 6.13%。细支烟销售 11.7 亿支（2.34 万箱）。

加强新品培育，工商协同从上市前预热品吸、制定投放方案、市场宣传等方面做好新品培育工作，同时明确选点投放范围和加强价格管理。“金圣”新品销量同比增长 32.25 亿支（6.45 万箱），增量贡献率达到 72.62%。

卷烟销售网络建设。 以提升客户盈利水平为核心，实施“卷烟零售客户盈利工程”，推进客户净化工作，建立健全客户评价机制，全面落实客户服务管理“三大计划”，制定《卷烟零售客户服务管理工作规范》，改进零售客户服务管理方式。以九江网格化工作试点经验为基础，加快网格化工作步伐，截至2017年底，建立网格工作站259个，完成既定目标数的94.18%。

2017年4月24日至5月12日，江西省局（公司）在南昌举办全省系统营销网建工作培训班

江西省局　供稿

【烟叶产销】　**烟叶种植与收购。** 2017年，江西省烟叶合同种植面积36.12万亩，同比减少10.18万亩。收购烟叶4.725万吨（94.5万担），同比减少13.29万担。烟农户数1.59万户，同比减少0.28万户。收购均价25.04元/千克，同比增加0.21元/千克。实现烟农总收入13.13亿元，同比减少0.25亿元。实现烟叶税2.60亿元，同比减少0.34亿元。

烟叶生产基础设施建设。 全省系统投入烟叶生产基础设施建设资金5.66亿元，建设常规设施项目2.03万个，受益基本烟田15.15万亩，烟田排灌、机械作业、商品育苗等配套设施得到进一步改善。

2017年，国家局拨付水源工程援建资金3.4亿元。截至2017年底，国家局复函的14个水源工程项目中，5个完成主体工程建设，2个工程进度在80%以上，其余工程进度均在30%以上。

烟农专业合作社建设。 加大烟农专业合作社建设力度，进一步健全机构，扩大覆盖面，整合资产，规范财务。截至2017年底，全省有55家烟农专业合作社，入社烟农1.54万户。专业化育苗面积34.84万亩，占比96.46%；专业化机耕面积29.98万亩，占比83%；专业化植保面积16.84万亩，占比46.62%；专业化烘烤收购量59.09万担，占比62.53%；专业化分级收购量69.53万亩，占比73.58%。石城县丰山便民烟草专业合作社被总公司评为“烟农专业合作社行业示范社”。

烟叶生产技术推广。 加快普及“深松翻、深栽烟、深挖沟、高起垄”生产技术，2017年全省深翻面积31.44万亩，占比87.04%，同比提高46.57%；井窖式深栽面积20.87万亩，占比57.8%；垄体饱满细碎程度和三沟开挖深度均有明显进步。平衡施肥有成效，全省亩均施氮量控制在8.9千克左右，优质枯饼有机肥亩施用量近40千克，为科学延长大田生育期，提高烟叶成熟度奠定良好物质基础。烘烤质量进一步改善，全省实施“1+N”专业化烘烤1.47万吨（29.48万担），采烤一体化1.48万吨（29.61万担），占比62.2%。

【创新成果】　2017年，全省商业系统通过省局（公司）成果鉴定7项，获得省局（公司）奖励11项；获得专利授权10件，著作权3项，在各类期刊上发表科技论文100多篇。在2017年7月在全国烟草行业第二十八届优秀质量管理小组成果发布会上，吉安市局（公司）“立式多层烟蚜茧蜂室内扩繁装置的研制”项目获得一等奖，抚州市局（公司）“培土机覆膜装置的研制”项目获得二等奖。

【特事辑要】　4月5日，国家局党组成员、副局长杨培森在江西赣州兴国县调研行业对口帮扶工作。

6月26—29日，国家局党组成员、副局长徐瑆在江西烟草调研。

10月18—20日，国家局党组成员、直属机关党委书记高林在江西烟草调研。

12月7—8日，国家烟草专卖局党组书记、局长，中国烟草总公司总经理凌成兴在江西烟草调研。凌成兴指出，江西烟草的工作突出表现为“一个前所未有、三个同舟共济”。

2017 年江西省烟草专卖商业主要情况统计

地市级局（公司）名称		南昌市烟草专卖局（公司）	九江市烟草专卖局（公司）	上饶市烟草专卖局（公司）	抚州市烟草专卖局（公司）
主要负责人/法定代表人（含党政领导）		旷　麟	揭东轲（—2017 年 11 月） 王　健（2017 年 11 月—）	岑　俭	熊尚彬（—2017 年 9 月） 熊体科（2017 年 9 月—，暂时负责）
所属县级单位		东湖区、西湖区、青山湖区、青云谱区、南昌县、新建区、进贤县、安义县等 8 个县级烟草专卖局（分公司）	城区、九江县、瑞昌市、武宁县、修水县、湖口县、都昌县、彭泽县、庐山市[1]、庐山、永修县、德安县、共青城市等 13 个县级烟草专卖局（分公司）	信州区、上饶县、广丰区、玉山县、横峰县、铅山县、弋阳县、余干县、鄱阳县、万年县、德兴市、婺源县等 12 个县级烟草专卖局（分公司）	临川区、东乡区[2]、崇仁县、乐安县、宜黄县、南丰县、南城县、黎川县、金溪县、广昌县、资溪县等 11 个县级烟草专卖局（分公司）
总资产（万元）		220776	173108	214571	166354
资产负债率（%）		7.94	21.95	22.94	24.04
从业人员（人）		892	726	888	1012
所属业务机构	营销机构	1 个营销中心	1 个营销中心	1 个营销中心	1 个营销中心
	物流配送机构	1 个配送中心	1 个配送中心	1 个配送中心	1 个配送中心
	专卖稽查机构	1 个稽查支队、11 个稽查大队	1 个稽查支队、13 个稽查大队	1 个稽查支队、12 个稽查大队	1 个稽查支队、11 个稽查大队
	烟叶机构	—	—	—	55 个烟叶站
实现税利	万元	181030	133339	177169	112743
	比上年增长（%）	11.58	8.13	6.79	-2.61
实现利润	万元	73114	50982	72500	48689
	比上年增长（%）	11.70	5.46	11.43	-10.60
卷烟销售收入（万元）		557466	426238	546915	314190
查处涉烟违法案件（起）		3710	3225	3896	1835
查处涉烟违法案件案值（万元）		4215	1171	2738	1763
烟基建设投入资金（万元）		—	—	—	17637
烟基设施新增受益面积（万亩）		—	—	—	2.80
烟叶种植（万亩）		—	—	—	10.48
烟叶收购（万担）		—	—	—	27.44
烟农户数（户）		—	—	—	3847
实现烟农总收入（万元）		—	—	—	39304
零售客户数（户）		18743	21628	23738	12350
零售客户销售毛利率（%）		6.20	11.05	5.28	5.00

地市级局（公司）名称	宜春市烟草专卖局（公司）	吉安市烟草专卖局（公司）	赣州市烟草专卖局（公司）	景德镇市烟草专卖局（公司）
主要负责人/法定代表人（含党政领导）	朱辉明	刘　辉（—2017 年 11 月） 揭东轲（2017 年 11 月—）	卢卫铭（—2017 年 8 月） 刘　辉（2017 年 11 月—）	于继成（—2017 年 4 月） 熊晓雯（2017 年 5 月—）

续表

地市级局（公司）名称		宜春市烟草专卖局（公司）	吉安市烟草专卖局（公司）	赣州市烟草专卖局（公司）	景德镇市烟草专卖局（公司）
所属县级单位		袁州区、丰城市、樟树市、高安市、万载县、上高县、宜丰县、奉新县、靖安县、铜鼓县等10个县级烟草专卖局（分公司）	吉水县、吉安县、峡江县、安福县、泰和县、新干县、万安县、永丰县、遂川县、永新县、井冈山市、吉州区、青原区等13个县级烟草专卖局（分公司）	章贡区、赣县区[2]、南康区、大余县、信丰县、上犹县、崇义县、安远县、龙南县、定南县、全南县、于都县、宁都县、兴国县、瑞金市、会昌县、寻乌县、石城县等18个县级烟草专卖局（分公司）	城区、乐平市、浮梁县等3个县级烟草专卖局（分公司）
总资产（万元）		164104	162601	247132	71164
资产负债率（%）		15.68	22.66	18.81	18.71
从业人员（人）		868	956	1584	301
所属业务机构	营销机构	1个营销中心	1个营销中心、1个电访中心	1个营销中心	1个营销中心
	物流配送机构	1个配送中心	1个配送中心	1个配送中心	1个配送中心
	专卖稽查机构	1个稽查支队、10个稽查大队	1个稽查支队、13个稽查大队	1个稽查支队、20个稽查大队	1个稽查支队、3个稽查大队
	烟叶机构	4个烟叶工作站	8个烟叶中心站、24个烟叶收购点	13个烟叶中心站、50个分站	—
实现税利	万元	139302	124885	199818	53418
	比上年增长（%）	4.50	-0.45	1.13	7.32
实现利润	万元	55754	52909	80206	20599
	比上年增长（%）	11.28	-7.88	-8.14	7.81
卷烟销售收入（万元）		433017	378193	636598	200988
查处涉烟违法案件（起）		3033	2783	5880	1309
查处涉烟违法案件案值（万元）		1689	1342	4013	1632
烟基建设投入资金（万元）		5414	16235	17291	—
烟基设施新增受益面积（万亩）		1.88	4.92	5.54	—
烟叶种植（万亩）		1.62	8.82	15.19	—
烟叶收购（万担）		4.47	22.32	40.26	—
烟农户数（户）		428	5004	6640	—
实现烟农总收入（万元）		6478	33937	51607	—
零售客户数（户）		19654	17912	39173	7077
零售客户销售毛利率（%）		6.00	5.10	8.89	9.60

地市级局（公司）名称	萍乡市烟草专卖局（公司）	新余市烟草专卖局（公司）	鹰潭市烟草专卖局（公司）	江西省烟草专卖局铁路分局[4]
主要负责人/法定代表人（含党政领导）	饶小林（—2017年1月） 肖红武（2017年1月—，主持工作）	余　坚	刘在强	刘文国（—2017年9月）

续表

地市级局（公司）名称		萍乡市烟草专卖局（公司）	新余市烟草专卖局（公司）	鹰潭市烟草专卖局（公司）	江西省烟草专卖局铁路分局[4]
所属县级单位		安源区、湘东区、芦溪县、上栗县、莲花县等5个县级烟草专卖局（分公司）	分宜县和渝水区2个县级烟草专卖局（分公司）[3]	月湖区、贵溪市、余江县等3个县级烟草专卖局（分公司）	—
总资产（万元）		64782	44593	58484	1696
资产负债率（%）		16.00	18.89	26.87	1.85
从业人员（人）		345	241	218	33
所属业务机构	营销机构	1个营销中心、1个电访中心	1个营销中心	1个营销中心	1个卷烟经营部
	物流配送机构	1个配送中心	1个配送中心	1个配送中心	—
	专卖稽查机构	1个稽查支队、6个稽查大队	1个稽查支队、1个稽查大队	1个稽查支队、3个稽查大队	1个稽查支队
	烟叶机构	—	—	—	—
实现税利	万元	57017	43796	38304	380
	比上年增长（%）	7.77	9.62	6.62	1.36
实现利润	万元	21850	16364	14808	126
	比上年增长（%）	13.14	5.34	8.86	-48.30
卷烟销售收入（万元）		218123	138202	119689	8675
查处涉烟违法案件（起）		2680	1215	1480	105
查处涉烟违法案件案值（万元）		1111	637	887	219
烟基建设投入资金（万元）		—	—	—	—
烟基设施新增受益面积（万亩）		—	—	—	—
烟叶种植（万亩）		—	—	—	—
烟叶收购（万担）		—	—	—	—
烟农户数（户）		—	—	—	—
实现烟农总收入（万元）		—	—	—	—
零售客户数（户）		7463	4365	3831	86
零售客户销售毛利率（%）		10.00	8.00	16.71	10.00

注：1. 根据《国家烟草专卖局　中国烟草总公司关于调整江西省烟草专卖局（公司）所属部分机构的批复》（国烟人〔2017〕84号），撤销星子县烟草专卖局，设立庐山市烟草专卖局。江西省烟草公司九江市公司星子分公司更名为江西省烟草公司九江市公司庐山市分公司。庐山市烟草专卖局与江西省烟草公司九江市公司庐山市分公司合署办公。

2. 根据《国家烟草专卖局　中国烟草总公司关于江西省烟草专卖局（公司）所属部分机构更名的批复》（国烟人〔2017〕134号），东乡县烟草专卖局更名为抚州市东乡区烟草专卖局，抚州市东乡区烟草专卖局与抚州市烟草公司东乡分公司合署办公。赣县烟草专卖局更名为赣州市赣县区烟草专卖局，赣州市赣县区烟草专卖局与赣州市烟草公司赣县分公司合署办公。

3. 根据《江西省新余市烟草专卖局关于撤销城区烟草专卖局（分公司）的通知》（余烟办〔2017〕32号），新余市城区局（分公司）于2017年7月26日撤销。

4. 根据《江西省烟草专卖局关于江西省烟草专卖局驻南昌铁路烟草专卖局更名的通知》（赣烟人〔2017〕14号），原“江西省烟草专卖局驻南昌铁路烟草专卖局”更名为“江西省烟草专卖局铁路分局”。

◇ 撰稿：王建宁；编辑：王东旭　王　静

山东省烟草专卖局（公司）

【专卖管理】 **案件查处。** 2017年，山东省烟草专卖局争取地方政府支持，由山东省社会治安综合治理委员会规范烟草市场秩序联席会议牵头组织，连续第三年在全省开展“齐鲁之盾”专项行动，重点对互联网和物流快递渠道涉烟违法犯罪行为、非法运输携带烟草专卖品行为、卷烟雪茄烟走贩私行为和卷烟经营市场进行集中整治。2017年，全省查处涉烟违法案件3.22万起，查获非法卷烟2万件、烟丝（烟叶）220吨，总案值1.34亿元，其中查处假烟、走私烟案件1.14万起、数量5992件、案值6666万元，同比分别增长86.95%、18.22%、24.44%。公安、司法机关依法拘留958人、逮捕342人、判刑454人。破获符合公安部、国家局标准的制售假烟走私烟网络案件85起，7起案件被列为部级督办案件。

加大打假打私工作力度。 坚持“真打、硬打、狠打”，山东省局、山东省公安厅每季度召开全省涉烟重大案件调度会，加强案件指导和督导协调。全省查处5万元以上大案要案1180起，其中威海“4·27”案件一次性查获走私烟696件；济南“9·29”案件查获制假设备9台、假烟945件，涉案金额1.4亿元。与山东海警总队筹备组签署《打击烟草专卖品海上走私违法犯罪活动协议》，联合下发协作配合办法，召开联席会议，并在青岛、威海、日照同时开展首次海上联合执法行动，推动全省烟草海上打私联合执法制度化、常态化。加强对加热不燃烧卷烟管控，全面摸排掌握市场状况，青岛、淄博市局对有关案件进行立案查办。出台《关于打击涉烟违法活动相关费用开支和管理问题的专题会议纪要》，依法依规，努力解决基层打假打私管理方面重点、难点问题。

2017年12月4日，山东临沂沂南县局（分公司）工作人员为群众讲解烟草专卖法律法规知识

山东省局 供稿

提升规范经营水平。 开展依法严管违法违规卖烟大户专项行动，排查出违法违规大户3830户，其中行政处罚1184户、停业整顿98户、取消经营资格41户、限供停供120户。开展“灭红灯、摘帽子”行动和搭配销售专项治理，修订违反“六条禁令”处理规定。对违规经营行为严惩严治严打，分4批开展全省规范经营检查，做到全覆盖。

专卖基层基础建设。 加强队伍培训，举办3期全省专卖管理人员培训班，累计培训780余人。落实《烟草专卖许可证管理办法实施细则（试行）》，坚持简政放权、放管结合、优化服务，组织各市局修订完善零售点合理布局规定，降低办证门槛，缩短办证时间，规范审批行为。加快行业专卖管理综合信息系统建设，不断提升案件管理、证件管理、队伍管理运行质量，完成内部监管、市场监管实施落地，系统全面上线运行。强化执法监督，在淄博和青岛胶州开展“三项制度”（行政执法公示制度、执法全过程记录制度、重大执法决定法制审核制度）试点工作，在全省全面推进执法全过程记录制度。开展专卖基层基础工作调研，组织专卖管理督导检查，分2批次检查县级局69个、暗访持证户 1396 户、社会市场 372 户，随机抽查各类案卷 1035 份。

【经济效益】 2017 年，山东省烟草商业系统实现税利 188.43 亿元，同比增长 4.29%，其中，利润 52.28 亿元，同比增长 4.45%。卷烟单箱销售收入 25649 元，单箱税利 5809 元。三项费用率 9.47%，同比下降 0.21 个百分点。

【卷烟经营】 **卷烟销售。** 2017 年，山东省销量居前三位的品牌为“泰山”“哈德门”“南京”。其中，销售“泰山”639.85 亿支（127.97 万箱），同比增长 11.89%；销售“哈德门”205.5 亿支（41.1 万箱），同比下降 7.98%；销售“南京”142.8 亿支（28.56 万箱），同比增长 9.1%。

全年实现卷烟销售收入 815.03 亿元，同比增长 3.2%。实现卷烟税利 184.59 亿元，同比增长 5.39%。实现利润 53.47 亿元，同比增长 5.73%。

卷烟品牌培育与市场发展。 加强现代终端建设提高品牌培育能力。全年销售重点品牌卷烟 1279.35 亿支（255.87 万箱），同比增长 7.46%，行业 31 个重点品牌在全省均有销售，25 个重点品牌销量实现增长。

市场化取向改革。 按照国家局改革试点工作要点要求，推动经营方式的全面转型。进一步优化平台功能，征集基层单位意见，围绕完善货源投放规则、优化货源投放策略、加强数据分析应用等，对省级销售平台进行统一的功能完善升级。

网络建设基础工作。 截至 2017 年底，全省共有卷烟零售客户自律互助小组 4692 个。加强零售客户培训，全省累计培训零售客户 44.77 万人次。开展终端建设活动，印发《卷烟零售终端建设投入管理办法》，加快从“建终端”向“强终端”转变。加强客户经理工作流程管理，推进客户经理培训常态化，全省累计培训客户经理 48401 人次。

【雪茄烟经营】 2017 年，山东省烟草商业系统销售雪茄烟 1.26 亿支，同比增长 31.85%。实现销售额 1.01 亿元，同比增长 43.05%。

优化雪茄烟品牌布局，适时引入符合山东雪茄烟市场现状的雪茄烟规格，并根据在销的雪茄烟品牌综合表现，梳理并退出销量缓慢滞销的雪茄烟规格，进一步增加雪茄烟品牌宽度，健全雪茄烟产品线，全省在销雪茄烟规格 90 个。

【烟叶产销】 **烟叶种植与收购。** 2017 年，山东省种植烤烟 29 万亩，烟农户数 7419 户。收购烟叶 3.85 万吨（77 万担），其中上等烟比例 41.71%，同比提高 12.59 个百分点。收购均价 23.45 元/千克，同比增加 2.15 元/千克。实现烟农总收入 10.49 亿元（含补贴），同比减少 1.66 亿元；户均收入 14.14 万元（含补贴），同比减少 0.35 万元。调拨烟叶 3.82 万吨（76.42 万担），同比下降 15.25%。

实现烟叶销售收入 18.23 亿元，实现烟叶税利 1.85 亿元，同比下降 66.36%，亏损 1.15 亿元。

烟叶生产技术推广。 坚持“优质、特色、生态、安全”方向，抓好以提前集中移栽、减氮增密、水肥一体“三项技术”为核心的适用技术集成应用。按工业需求安排品种布局，“NC 系列”“K326”等优质品种面积 24.3 万亩，占总面积的 83.6%；漂浮育苗 25 万亩、井窖式移栽 15.6 万亩，同比分别提高 17 个、5 个百分点，同一管理片区移栽期缩短至 5 天以内。烟田亩施发酵饼肥 25～30 千克；推广滴灌和微喷灌 18.15 万亩、水肥一体化 2.7 万亩，同比分别提高 2 个、5 个百分点。揭膜培土、残膜清除 23 万亩，同比提高 20 个百分点。烟蚜茧蜂防治蚜虫实现主产区全覆盖，“诱捕器”等理化诱控 17.3 万亩，同比提高 5 个百分点。狠抓成熟采烤，建立四级烘烤监管体系，逐级开展理论和实操培训，严格烘烤质量责任考核，烤后烟叶质量进一步提高，平滑僵硬、青杂烟叶明显减少。

烟叶生产基础设施建设。 2017 年，山东省投入资金 1924 万元，实施烟田水利、农用机械、烤房修复等基础设施项目 1394 件；审核通过项目档案核销 9966 件；诸城墙夼供水引水水源工程建设进度达到 85%；向国家局申请援建莒县鹤河蓄水工程、临朐桥头水库扩容加固工程两项水源工程。

现代烟草农业建设。 推进土地经营权流转，全省流转烟田12.3万亩，落实有序轮作5.1万亩。推进适度规模种植，全省户均种烟面积39亩。完善职业烟农动态管理、诚信等级评价机制与动态管理，培育职业烟农5858户，占烟农总户数的79%。加强烟农专业合作社建设，两家烟农专业合作社被国家局评为“烟农专业合作社行业示范社”，全省行业示范社累计10家。制定“中国烟草总公司山东省公司烟草农业标准体系”，收录标准121项，实现烟叶生产全过程规范和控制。

烟叶烘烤技术人员在烟田指导烟农抓好烟叶成熟度，杜绝烟叶采生采青现象（2017年）

山东潍坊市局　李　伟　摄

促进烟农增收。 开展闲置设施综合利用，综合利用2106个育苗大棚、3380座烤房、5225台（套）农机，开展五谷杂粮、蔬菜、水果、中草药种植，食用菌栽培以及农产品加工等项目，全年实现多元经营收入3.4亿元。申报注册11个农产品商标品牌，建立农超对接、订单生产、网络电商等多元化的销售渠道，引领、带动烟农增收致富。

【交流与合作】 **出口卷烟业务。** 丰富卷烟出口产品品类，新增“引力波”“97mm国际黑（有税版）”“香缘”等卷烟出口产品，首次实现沙特、泰国等市场卷烟出口，促成与韩国、乌克兰市场的合作重启。2017年，出口卷烟25.96亿支，同比减少19.13亿支，下降42.43%。

卷烟进口业务。 加大进口卷烟的市场销售调研和品牌规格上柜力度，“555”新品“双冰”规格在青岛上市。2017年进口卷烟销售2.24亿支，同比增长14.02%。其中销售“555”卷烟1亿支，同比增长35.23%，月度平均上柜率3.73%。

烟叶类产品出口业务。 贯彻落实国家局烟叶清产核资政策。开发联一国际公司、环球公司等10余家国际客户资源，与复烤公司及工业公司合作，争取烟梗备货数量最大化，开拓薄片出口新业务，做好浙江中烟、上海烟草集团不适用烟叶全流程出口。2017年，出口烟叶5529吨，同比增长68.41%。出口烟梗5028吨，同比增长29.75%。出口薄片312吨，同比下降29.57%。2017年烟叶类产品出口量居全国第四位。

【特事辑要】 7月3—4日，国家烟草专卖局党组书记、局长，中国烟草总公司总经理凌成兴在山东烟草调研，走访聊城、菏泽部分卷烟零售客户，考察菏泽市局（公司）卷烟物流配送中心，听取山东烟草工商企业的工作汇报。

8月28—29日，国家局党组成员、副局长徐瑾在山东烟草调研。

12月21日，山东省烟草公司工会第一次会员代表大会在济南召开，山东省烟草公司工会正式成立。

2017 年山东省烟草专卖商业主要情况统计

地市级局（公司）名称		济南市烟草专卖局（有限公司）	青岛市烟草专卖局（有限公司）	淄博市烟草专卖局（有限公司）	枣庄市烟草专卖局（有限公司）
主要负责人/法定代表人（含党政领导）		宋洪润	徐立国（—2017 年 7 月） 刘太良（2017 年 7 月—）	谢　云	马宏伟（—2017 年 5 月） 张建军（2017 年 5 月—）
所属县级单位		历下区、市中区、天桥区、槐荫区、历城区、长清区、章丘区[1]、平阴县、济阳县、商河县等 10 个县级烟草专卖局（营销部）	市北区、黄岛区、平度市、胶州市等 4 个县级烟草专卖局（分公司），市南区、李沧区、崂山区、城阳区、即墨市、莱西市等 6 个县级烟草专卖局（营销部）	张店区、周村区、临淄区、桓台县、高青县等 5 个县级烟草专卖局（营销部），博山区、淄川区、沂源县等 3 个县级烟草专卖局（分公司）	滕州市、市中区、薛城区、山亭区、峄城区、台儿庄区等 6 个县级烟草专卖局（营销部）
总资产（万元）		245671	356295	132262	107251
资产负债率（%）		15. 20	11. 45	32. 15	23. 82
从业人员（人）		1160	1186	1068	930
所属业务机构	营销机构	1 个营销中心	1 个营销中心、 1 个电访中心	1 个营销中心、 1 个电访中心	1 个卷烟营销科
	物流配送机构	1 个卷烟物流配送中心	1 个卷烟物流配送中心、 5 个配送站	1 个卷烟物流配送中心	1 个卷烟物流配送中心、 1 个物流中转站
	专卖稽查机构	1 个稽查支队、 10 个稽查大队	1 个稽查支队、 10 个稽查大队	1 个稽查支队、 8 个稽查大队	1 个稽查支队、 6 个稽查大队
	烟叶机构	—	4 个烟叶收购站、 2 个烟叶收购点	4 个烟叶收购站	—
实现税利	万元	182572	273142	81820	69633
	比上年增长（%）	8. 74	5. 40	1. 19	6. 34
实现利润[2]	万元	62038	99067	18447	18570
	比上年增长（%）	3. 22	1. 44	2. 67	12. 33
卷烟销售收入（万元）		643258	914073	323427	270415
查处涉烟违法案件（起）		1358	4753	558	874
查处涉烟违法案件案值（万元）[3]		1342	1395	307	899
烟基建设投入资金（万元）		—	58	—	—
烟基设施新增受益面积（万亩）		—	0. 20	—	—
烟叶种植（万亩）		—	1. 03	0. 54	—
烟叶收购（万担）		—	2. 28	1. 57	—
烟农户数（户）		—	156	119	—
实现烟农总收入（万元）		—	2782	2390	—
零售客户数（户）		25941	32216	16501	12725
零售客户销售毛利率（%）		12. 26	10. 30	8. 07	7. 79

地市级局（公司）名称	东营市烟草专卖局（有限公司）	烟台市烟草专卖局（有限公司）	潍坊市烟草专卖局（有限公司）	济宁市烟草专卖局（有限公司）
主要负责人/法定代表人（含党政领导）	姜自谦	王春山（—2017 年 7 月） 于纪刚（2017 年 7 月—）	曹红祥（—2017 年 10 月） 杨忠武（2017 年 10 月—）	崔志民（—2017 年 9 月） 邵　健（2017 年 9 月—）

续表

地市级局（公司）名称		东营市烟草专卖局（有限公司）	烟台市烟草专卖局（有限公司）	潍坊市烟草专卖局（有限公司）	济宁市烟草专卖局（有限公司）
所属县级单位		东营区、河口区、垦利区、广饶县、利津县等5个县级烟草专卖局（营销部）	芝罘区、莱山区、福山区、牟平区、蓬莱市、龙口市、招远市、莱州市、莱阳市、栖霞市、海阳市、长岛县等12个县级烟草专卖局（营销部）	诸城市、安丘市、昌乐县、临朐县、高密市、青州市等6个县级烟草专卖局（分公司），奎文区、寒亭区、潍城区、昌邑市、寿光市、坊子区等6个县级烟草专卖局（营销部）	任城区、曲阜市、泗水县、邹城市、微山县、鱼台县、嘉祥县、金乡县、汶上县、梁山县等10个县级烟草专卖局（营销部）和兖州区烟草专卖局（分公司）
总资产（万元）		66192	255998	215584	194313
资产负债率（%）		17.19	21.07	32.00	19.72
从业人员（人）		590	1355	2653	1182
所属业务机构	营销机构	1个卷烟营销科（含1个电访中心）	1个网建市场科、1个卷烟销售科	1个营销中心	1个营销中心
	物流配送机构	1个卷烟物流配送中心	1个卷烟物流配送中心	1个卷烟物流配送中心	1个配送分公司
	专卖稽查机构	1个稽查支队、5个稽查大队	1个稽查支队、13个稽查大队	1个稽查支队、12个稽查大队	1个稽查支队
	烟叶机构	—	—	11个烟叶工作中心站、23个烟叶收购站	—
实现税利	万元	48745	162701	169019	143636
	比上年增长（%）	6.66	4.11	-2.82	2.55
实现利润[2]	万元	13042	53696	30658	43875
	比上年增长（%）	12.19	9.58	1.39	-6.55
卷烟销售收入（万元）		187472	594856	675028	533430
查处涉烟违法案件（起）		620	3692	3122	2916
查处涉烟违法案件案值（万元）[3]		230	1380	880	866
烟基建设投入资金（万元）		—	—	563	—
烟基设施新增受益面积（万亩）		—	—	0.30	—
烟叶种植（万亩）		—	—	11.49	—
烟叶收购（万担）		—	—	27.18	—
烟农户数（户）		—	—	2571	—
实现烟农总收入（万元）		—	—	35449	—
零售客户数（户）		8230	26998	30296	27544
零售客户销售毛利率（%）		8.96	9.10	12.18	9.42

地市级局（公司）名称	泰安市烟草专卖局（有限公司）	威海市烟草专卖局（有限公司）	日照市烟草专卖局（有限公司）	莱芜市烟草专卖局（有限公司）
主要负责人/法定代表人（含党政领导）	孙德育（—2017年5月） 方士浩（2017年5月—）	邓基刚	李　峰（—2017年5月） 王暖春（2017年5月—）	渠庆忠

续表

地市级局（公司）名称		泰安市烟草专卖局（有限公司）	威海市烟草专卖局（有限公司）	日照市烟草专卖局（有限公司）	莱芜市烟草专卖局（有限公司）
所属县级单位		泰山区、岱岳区、新泰市、肥城市、宁阳县、东平县等6个县级烟草专卖局（营销部）	市区、荣成市、乳山市等3个县级烟草专卖局（营销部）和文登区烟草专卖局（分公司）	东港区、岚山区、莒县、五莲县等4个县级烟草专卖局（分公司）	莱城区、钢城区2个县级烟草专卖局（营销部）
总资产（万元）		118032	99169	98526	34132
资产负债率（%）		35.30	17.86	29.42	37.81
从业人员（人）		902	514	852	367
所属业务机构	营销机构	1个营销中心	1个卷烟营销科	1个营销中心	1个营销中心、1个电访中心
	物流配送机构	1个卷烟物流配送中心	1个卷烟物流配送中心、2个配送对接站	1个物流经营管理中心	1个卷烟物流配送中心
	专卖稽查机构	1个稽查支队、6个稽查大队	4个稽查大队、38个稽查中队	1个稽查支队、4个稽查大队	1个稽查支队、2个稽查大队
	烟叶机构	—	—	1个烟叶生产经营中心、8个中心烟站、7个烟叶收购点、2个生产服务点	2个烟叶收购站
实现税利	万元	76475	63612	60840	20378
	比上年增长（%）	0.18	5.82	-7.74	3.96
实现利润[2]	万元	20540	18349	13556	3507
	比上年增长（%）	0.05	-1.29	-20.9	-10.01
卷烟销售收入（万元）		315421	240303	225551	86002
查处涉烟违法案件（起）		3417	1063	522	386
查处涉烟违法案件案值（万元）[3]		778	1075	245	172
烟基建设投入资金（万元）		—	—	108	230
烟基设施新增受益面积（万亩）		—	—	0.10	0.20
烟叶种植（万亩）		—	—	4.00	0.80
烟叶收购（万担）		—	—	12.03	2.40
烟农户数（户）		—	—	1162	237
实现烟农总收入（万元）		—	—	16130	3268
零售客户数（户）		19827	11583	12321	5263
零售客户销售毛利率（%）		6.24	12.35	9.00	10.63

地市级局（公司）名称	临沂市烟草专卖局（有限公司）	德州市烟草专卖局（有限公司）	聊城市烟草专卖局（有限公司）	滨州市烟草专卖局（有限公司）	菏泽市烟草专卖局（有限公司）
主要负责人/法定代表人（含党政领导）	齐义良（—2017年5月）王建军（2017年5月—）	陈　豪（—2017年6月）丛建军（2017年7月—）	王淑敏（—2017年5月）李传存（2017年5月—）	巩红卫	邓　伟

续表

地市级局（公司）名称		临沂市烟草专卖局（有限公司）	德州市烟草专卖局（有限公司）	聊城市烟草专卖局（有限公司）	滨州市烟草专卖局（有限公司）	菏泽市烟草专卖局（有限公司）
所属县级单位		兰山区、罗庄区、河东区等3个县级烟草专卖局（营销部），郯城县、兰陵县、莒南县、沂水县、蒙阴县、平邑县、费县、沂南县、临沭县等9个县级烟草专卖局（分公司）	德城区、禹城市、乐陵市、宁津县、齐河县、临邑县、平原县、武城县、夏津县、庆云县等10个县级烟草专卖局（营销部）和陵城区烟草专卖局（分公司）	东昌府区、临清市、冠县、莘县、阳谷县、东阿县、茌平县、高唐县等8个县级烟草专卖局（营销部）	滨城区、邹平县、博兴县、惠民县、无棣县、阳信县等6个县级烟草专卖局（营销部）和沾化区烟草专卖局（分公司）	牡丹区、定陶区、曹县、成武县、单县、巨野县、郓城县、鄄城县、东明县等9个县级烟草专卖局（营销部）
总资产（万元）		254465	132588	86014	79674	135845
资产负债率（%）		26.24	45.23	27.76	28.96	26.79
从业人员（人）		2672	746	779	783	1431
所属业务机构	营销机构	1个卷烟销售科、1个网建市场科、1个订单采集部	1个营销中心	1个配送中心	1个营销中心、1个电访中心	1个网建市场科、1个卷烟销售科
	物流配送机构	1个物流分公司、5个配送中转站	1个卷烟物流配送中心	1个卷烟物流配送中心	1个卷烟物流配送中心	1个卷烟物流配送中心
	专卖稽查机构	1个稽查支队、12个稽查大队	1个稽查支队、11个稽查大队	1个稽查支队、8个稽查大队	1个稽查支队、7个稽查大队	1个稽查支队
	烟叶机构	44个烟叶收购站、1个烟叶收购点	—	—	—	—
实现税利	万元	190264	67666	73367	57903	124511
	比上年增长（%）	-6.08	-3.53	11.43	4.63	10.59
实现利润[2]	万元	50736	12775	15694	14645	32459
	比上年增长（%）	-18.41	-26.53	-14.65	-0.66	20.87
卷烟销售收入（万元）		667625	278629	302233	238538	482512
查处涉烟违法案件（起）		3102	1260	1572	1011	1395
查处涉烟违法案件案值（万元）[3]		1226	636	331	438	558
烟基建设投入资金（万元）		1010	—	—	—	—
烟基设施新增受益面积（万亩）		1.16	—	—	—	—
烟叶种植（万亩）		11.19	—	—	—	—
烟叶收购（万担）		31.54	—	—	—	—
烟农户数（户）		3174	—	—	—	—
实现烟农总收入（万元）		44870	—	—	—	—
零售客户数（户）		36736	18608	21932	15332	37204
零售客户销售毛利率（%）		10.30	10.77	11.00	8.10	7.80

注：1. 根据《山东省烟草专卖局（公司）关于调整济南市烟草专卖局（公司）所属部分机构的批复》（鲁烟人〔2017〕5号），将章丘市烟草专卖局更名为济南市章丘区烟草专卖局，与山东济南烟草有限公司章丘营销部合署办公。

2. 2016年税利口径：实现税利含主业及其他部分单位多元化经营的税利、利润；2017年税利统计口径：实现税利含主业及其他多元化经营的税利、利润。

3. 不包含涉及烟丝烟叶违法案件。

◇ 撰稿：蔡世龙；编辑：邢忠敏　褚　幸

河南省烟草专卖局（公司）

【专卖管理】 **卷烟打假。** 2017年，河南省烟草专卖局在强化“政府领导、部门联合、多方参与、密切协作”打假体系上下功夫，成立组织、完善机制、加强督导，推动形成由各级政府主导，工商、公安、烟草等八部门为主力的卷烟打假工作新格局。加大源头打假力度，全省成立打假机动队10个，建立打假驻村工作站33个，持续开展“歼灭”“天剑”等专项行动，重拳打击制假行为。开展“利剑——2017清网截流”专项行动，自主研发物流寄递环节涉烟情报智能分析系统，共享信息，精准打击，查处物流包裹2.81万个、非法卷烟3270件，案值4251万元。运用新技术、新工具加强对重点乡村的监控，建设涉烟情报研判中心，提高获取线索和精准打击能力。全年查处假冒卷烟案件1.16万起，同比增长111%；查获假冒卷烟1.65万件，同比增长52%；查获制假原料848吨，同比增长231%，收缴制假设备80台，捣毁制假窝点152个。

河南烟草、公安紧密配合，全方位跟踪督办、协调推动，确保追刑到位、快捕重判。2017年，全省破获符合公安部、国家局标准的网络案件54起，案值超过千万元的大案14起、部督案件10起，公安部在河南发起集群战役案件35起。公安、司法机关依法拘留605人，逮捕239人，判刑223人。

卷烟市场监管。 加快推进APCD工作法，在15个市级局的覆盖面超过60%，其中南阳、许昌、新乡、平顶山覆盖面达到100%。实施“双随机、一公开”，建立“一单两库一细则”，借助信息化手段，运用市场监管平台“双随机”模块开展市场督查3次，全省卷烟市场净化率达到96.7%。与工商、公安、交通、邮政等部门联合开展烟草市场综合治理行动，突出重点区域、重点场所、重点行为集中整治，查处涉烟案件2.09万起，查获非法卷烟1.67万件，取缔无证商户8215户。开展违法违规卖烟大户专项治理行动，查处案件341起，查获非法卷烟5460件、案值3288万元，依法取缔大户125户。

内部管理监督。 强化卷烟非法流通治理，查处非法流通案件1.93万起，查获卷烟1.45万件。强化内部违规案件查办，办理国家局督办案件和重点案件9起，省局督办案件28起。加强对废弃烟草专卖品处理监管，审批废弃烟草专卖品413批次，现场监销817批次，监销废弃烟草专卖品6.3万吨、设备85台（套）。

依法行政。 出台《零售许可证管理工作规定》《零售许可证后续监管工作规定》，进一步规范行政许可工作。依法审批生产经营类许可事项16件、准运证4.96万份，新办零售许可证4.52万份。

印发《河南省烟草专卖行政处罚裁量标准》《行政指导工作指引》《行政指导文书》《关于探索推进烟草专卖行政调解工作的意见》，加强制度建设，规范流程管理，探索推进行政指导和行政调解工作。严格落实行政执法责任制，三门峡市渑池县局获评河南省首批“行政执法责任示范点”。发挥示范点规范引领作用，开展依法行政示范单位创建活动，安阳市局、南阳市城区局、许昌市魏都区局获评河南省首批“依法行政示范单位”。开展“法治豫烟”建设责任目标考核，加强行政处罚、行政许可案卷和经济合同集中评查，三门峡市灵宝市局案卷获评“河南省优秀案卷”。河南省局在省政府依法行政责任目标考核中被评为优秀。

深化服务型行政执法体系建设，指导、培育、创建省级服务型执法示范点，鹤壁市淇县局、濮阳市濮阳县局被河南省政府确定为第三批“河南省服务型行政执法示范点”。河南省局获评“全省服务型行政执法建设先进单位”。

【经济效益】 2017年，河南省烟草商业系统实现税利230.15亿元，同比增长3.92%，其中利润73.48亿元、同比增长3.17%。三项费用率8.97%，同比提高0.07个百分点。

【卷烟（雪茄烟）经营】 **卷烟（雪茄烟）销售。** 2017年，河南省销量居前三位的品牌依次为“黄金叶”“红旗渠”“利群”，销量分别为626.65亿支（125.33万箱）、274.4亿支（54.88万箱）、111.7亿支（22.34万箱）。销售雪茄烟0.64亿支，同比增长18.47%。

2017年，实现卷烟销售收入872.29亿元，同比增长5.51%。实现利润60.16亿元，同比增长6.48%。单箱卷烟销售收入2.88万元，同比增加1089元。单箱卷烟税利6648元，同比增加208元。

品牌培育。 聚焦品牌持续健康成长，以行业重点品牌为核心，集中资源，突出重心，实现重点品牌由量向质转变。2017年，重点品牌实现销量1140.8亿支（228.16万箱）。其中，“黄金叶”销量超百万箱，达到626.65亿支（125.33万箱）；“红旗渠”销量超50万箱，达到274.4亿支（54.88万箱）；“利群”销量超20万箱，达到111.7亿支（22.34万箱）。

2017年8月，河南安阳烟草、公安、工商等部门联合开展卷烟市场治理行动
河南省局　供稿

加快推进河南省烟草业转型升级，聚焦市场调控、产品优化、终端支撑和督导考核，省产烟转型升级成效较明显。2017年，销售省产烟937.85亿支（187.57万箱），同比增长3.51%。省产烟单箱卷烟销售收入2.2万元，同比增加1152元，促进河南烟草工商新增税利20.54亿元。

适应与满足个性化、差异化和多元化消费趋势，强化特色产品市场培育，挖掘新兴消费市场潜力。2017年，细支烟、短支烟分别销售53.25亿支（10.65万箱）、19.75亿支（3.95万箱）。

卷烟销售与物流。 推进现代零售终端建设，建成示范店1.66万户，提高商户“懂经营、会算账、育品牌”能力。有3720个卷烟零售客户自律互助小组，成员7万余户零售客户。促进销售队伍转型，建立“十帮”服务体系，全面推行“135”工作法，服务客户水平不断提升。2017年度河南省零售客户满意度得分86.52分，排名全国第13位，名次提升6位。

深化物流非法人实体化建设和精益物流达标工作，全面实行“T+1”配送模式，物流从业人员减少152人、车辆减少32台，平均送货响应时间减少4小时。

【烟叶产销】 **烟叶种植与收购。** 2017年，河南省种植烟叶76.24万亩，收购烟叶8.74万吨（174.8万担）。签订种植合同3.71万份。签订购销协议11.17万吨（223.4万担），其中与省外工业企业签订7.76万吨（155.2万担）、与省内工业企业签订3.42万吨（68.3万担）。全省烟农总户数3.71万户，户均种植面积20.5亩。实现烟农总收入22.43亿元，亩均收入2942元，户均收入6.06万元。

全年实现烟叶利润11.53亿元，同比下降20.86%。实现烟叶税5.08亿元，同比下降27.43%。

烟叶生产技术推广。 围绕破解氯含量高、“大、深、厚”、内在化学成分不协调和浓香型风格弱化等生产质量难题，推进土壤保育，增施芝麻饼肥烟田65.7万亩，其他有机肥施用面积21.3万亩；加大绿肥掩青和秸秆覆盖推广，种植油菜、大麦、黑麦草16.5万亩，推广秸秆覆盖0.5万亩。提升上部烟叶质量，示范推广“上6片”烟叶4.6万亩、调拨0.165万吨（3.3万担），成为浓香型烟叶品牌的“新亮点”。推进重点技术示范，落实水肥一体化6万亩、推广滴灌16万亩；示范“1+N”专业化烘烤27万亩、采烤一体化5万亩。

在平顶山、漯河、驻马店试点“产前”变“产后”烟用物资补贴方式，推广三门峡市烟叶生产经营综合防控体系建设、平顶山市烟叶生产网络化管理、驻马店市烟站规范管理等做法，烟叶基础管理得到全面加强。开展浓香烤烟品种筛选示范，构建“1+N+J”河南浓香型烟叶品牌标准体系，探索农场化生产、工厂化管理、标准化作业，改善并提升烟叶质量和特色。在国家局组织的检查中，河南烟叶收购等级合格率83.2%，工商交接等级合格率66.8%。

烟叶生产基础设施建设。 2017年，河南省烟草商业系统投入资金0.43亿元，其中，国家局补贴资金0.12亿元、

河南烟草育苗专业户利用闲置的烟叶育苗大棚种植甜瓜（2017 年）
河南省局　康　伟　摄

省内烟草行业配套资金 0.31 亿元，完成河南省内烟叶生产基础设施建设项目 1126 件。截至 2017 年底，国家局批复河南水源工程援建项目 8 件，开工建设 8 件，援建资金 10.52 亿元，其中许昌市许昌县福泉水源工程、襄城县“八七”龙兴水源工程，南阳市内乡县打磨岗灌区水源工程，三门峡市灵宝市白虎潭水库水源工程，平顶山市郏县烟草重点水源工程、洛阳市洛宁县渡洋河大石涧水源工程完工。

烟农专业合作社建设。 推进生产方式转型，理顺烟农专业合作社治理结构，整合并建成综合服务型烟农专业合作社 76 个，育苗、机耕、植保、烘烤、分级环节专业化服务率分别达到 79.6%、74.5%、47.7%、46.9%、53%。

支农惠农。 强化基础设施综合利用，建设烟农增收试点 12 个，增加烟农非烟产业收入 1.43 亿元，帮扶 613 户烟农脱贫。漯河、三门峡、南阳、信阳等 4 个产区的 5 个增收案例入选国家局《烟农增收典型经验 100 例》。持续推进烟叶政策性保险，全省参保烟田 71.63 万亩，参保烟农 3.53 万户。协调做好灾害定损理赔，烟农获赔资金 4136 万元，国家局灾害救助资金 2334.4 万元。

【进出口贸易】 中国烟草河南进出口有限责任公司成立于 1985 年 7 月，2006 年 12 月完成股权划转，调整为中国烟草总公司河南省公司的全资子公司，投资参股企业有天昌国际烟草有限公司、许昌京昌包装有限公司和郑州市商业银行。截至 2017 年底，中国烟草河南进出口有限责任公司拥有总资产 4.12 亿元，其中固定资产 120 万元、投资性房地产净值 566 万元、流动资产 2.69 亿元，资产负债率 34.29%。从业人员 21 人。

2017 年，中国烟草河南进出口有限责任公司出口烟叶及烟叶副产品 5002 吨，同比增加 525 吨、增长 11.73%。出口实现 1069 万美元。进口卷烟 1.63 亿支（0.326 万箱），同比下降 24.21%。实现税利 4623 万元，同比增加 631 万元、增长 16.01%，其中利润 1032 万元，同比增加 756 万元、增长 273.91%。

【特事辑要】 1 月 3 日，河南省副省长张维宁在郑州烟草调研。

4 月 24—25 日，工业和信息化部党组成员、中央纪委驻工业和信息化部纪检组组长郭开朗率专题调研组在河南烟草调研选人用人工作。国家局党组成员、直属机关党委书记高林一同调研。

5 月 5 日，河南省委副书记、省长陈润儿在河南烟草调研转型发展工作。

6 月 23 日，河南省烟草业转型升级工作会议在郑州召开。

7 月 24—26 日，国家局党组成员、副局长徐瑾在河南烟草调研。

8 月 25 日，河南省副省长张维宁在新乡调研烟草业转型升级工作。

9 月 5 日，河南省委副书记、省长陈润儿在河南烟草再次就转型发展进行专题调研。

10 月 19—20 日，2017 年全国烟草行业企业管理现场会在河南郑州召开。

12 月 1 日，河南省副省长张维宁调研郑州卷烟市场。

2017 年河南省烟草专卖商业主要情况统计

地市级局（公司）名称		郑州市烟草专卖局（公司）	开封市烟草专卖局（公司）	洛阳市烟草专卖局（公司）	平顶山市烟草专卖局（公司）	安阳市烟草专卖局（公司）
主要负责人/法定代表人（含党政领导）		蒋中民	胡晓洲	王振海（—2017 年 8 月） 苏永士（2017 年 8 月—）	张五庆	王宏超（—2017 年 10 月） 王院生（2017 年 10 月—）
所属县级单位		登封市、新密市、荥阳市、巩义市、新郑市、中牟县、上街区、北城区、南城区、西城区、航空港区等 11 个县级烟草专卖局（分公司）	兰考县、通许县、杞县、尉氏县、城区、祥符区等 6 个县级烟草专卖局（分公司）	偃师市、孟津县、新安县、宜阳县、伊川县、汝阳县、嵩县、洛宁县、栾川县、城区、吉利区等 11 个县级烟草专卖局（分公司）	郏县、叶县、宝丰县、鲁山县、汝州市、舞钢市、石龙区等 7 个县级烟草专卖局（分公司）和 1 个市区直属分局（分公司）	安阳县、汤阴县、内黄县、滑县、林州市、城区等 6 个县级烟草专卖局（分公司）
总资产（万元）		383456	117808	225851	176359	178803
资产负债率（%）		26.76	30.45	32.69	51.61	33.91
从业人员（人）		1256	819	1890	2233	596
所属业务机构	营销机构	1 个营销中心	1 个营销中心	1 个营销中心	1 个营销中心	1 个营销中心
	物流配送机构	1 个物流配送中心、2 个配送中转站	1 个物流配送中心	1 个物流配送中心	1 个物流配送中心、3 个配送中转站	1 个物流公司、2 个配送中转站
	专卖稽查机构	1 个稽查支队、11 个稽查大队	1 个稽查支队、6 个稽查大队	1 个稽查支队、11 个稽查大队	1 个稽查支队、9 个稽查大队	1 个稽查支队、6 个稽查大队
	烟叶机构	1 个烟叶营销中心、1 个烟叶工作站、4 个烟叶收购点	—	1 个烟叶营销中心、46 个烟叶收购点	1 个烟叶营销中心、2 个烟叶工作站、30 个烟叶收购点	—
实现税利	万元	340128	102185	164554	118693	125135
	比上年增长（%）	14.04	2.92	0.41	-5.15	2.90
实现利润	万元	116992	31554	54572	29674	46409
	比上年增长（%）	8.72	7.54	6.25	-17.85	13.17
卷烟销售收入（万元）		1303979	433717	595514	454962	491843
查处涉烟违法案件（起）		2801	717	3469	3296	1689
查处涉烟违法案件案值（万元）		4356	576	680	1051	768
烟基建设投入资金（万元）		—	—	606	865	—
烟基设施新增受益面积（万亩）		—	—	0.45	2.73	—
烟叶种植（万亩）		0.68	—	12.30	10.06	—
烟叶收购（万担）		1.30	—	17.20	27.20	—
烟农户数（户）		266	—	6604	3101	—
实现烟农总收入（万元）		1115	—	20421	36256	—
零售客户数（户）		31311	18472	22550	15538	19433
零售客户销售毛利率（%）		10.00	6.80	11.98	9.69	8.00

地市级局（公司）名称		鹤壁市烟草专卖局（公司）	新乡市烟草专卖局（公司）	焦作市烟草专卖局（公司）	濮阳市烟草专卖局（公司）	许昌市烟草专卖局（公司）
主要负责人/法定代表人（含党政领导）		金　华	张芦敏	王孝亭	张　军	黄银甫（—2017年11月）王宏超（2017年11月—）
所属县级单位		浚县、淇县、城区等3个县级烟草专卖局（分公司）	新乡县、原阳县、延津县、封丘县、长垣县、卫辉市、辉县市、获嘉县、城区等9个县级烟草专卖局（分公司）	修武县、武陟县、温县、孟州市、沁阳市、博爱县、城区等7个县级烟草专卖局（分公司）	濮阳县、清丰县、南乐县、台前县、范县、城区等6个县级烟草专卖局（分公司）	魏都区、禹州市、襄城县、长葛市、建安区[1]、鄢陵县等6个县级烟草专卖局（分公司）
总资产（万元）		32587	140357	87043	79592	185656
资产负债率（%）		13.97	24.88	37.52	23.55	41.34
从业人员（人）		247	552	521	611	1631
所属业务机构	营销机构	1个营销中心	1个营销中心	1个营销中心	1个营销中心	1个营销中心
	物流配送机构	1个物流配送中心	1个物流配送中心、2个配送中转站	1个物流配送中心	1个物流配送中心	1个物流配送中心
	专卖稽查机构	1个稽查支队、3个稽查大队	1个稽查支队、9个稽查大队	1个稽查支队、7个稽查大队	1个稽查支队、6个稽查大队	1个稽查支队、6个稽查大队
	烟叶机构	—	—	—	—	1个烟叶营销中心、4个烟叶工作站、34个烟叶收购点
实现税利	万元	32185	112987	74105	72911	135110
	比上年增长（%）	3.71	10.48	5.86	2.75	1.18
实现利润	万元	10197	39046	22703	24452	47123
	比上年增长（%）	1.40	15.12	8.34	9.24	-3.62
卷烟销售收入（万元）		132828	453183	305600	302765	418366
查处涉烟违法案件（起）		601	1640	1147	1035	758
查处涉烟违法案件案值（万元）		185	985	618	368	1120
烟基建设投入资金（万元）		—	—	—	—	685
烟基设施新增受益面积（万亩）		—	—	—	—	1.29
烟叶种植（万亩）		—	—	—	—	10.75
烟叶收购（万担）		—	—	—	—	30.13
烟农户数（户）		—	—	—	—	3539
实现烟农总收入（万元）		—	—	—	—	42863
零售客户数（户）		6060	18165	10783	11784	16713
零售客户销售毛利率（%）		15.57	7.00	7.28	9.51	8.00

地市级局（公司）名称	漯河市烟草专卖局（公司）	三门峡市烟草专卖局（公司）	南阳市烟草专卖局（公司）	商丘市烟草专卖局（公司）
主要负责人/法定代表人（含党政领导）	朱超杰	韩华献（—2017年8月） 张敬榜（2017年8月—）	王振海（—2017年1月） 李　彰（2017年1—8月） 赵振远（2017年8月—）	陈保军

续表

地市级局（公司）名称		漯河市烟草专卖局（公司）	三门峡市烟草专卖局（公司）	南阳市烟草专卖局（公司）	商丘市烟草专卖局（公司）
所属县级单位		林颍县、舞阳县、城区等3个县级烟草专卖局（分公司）和1个城区烟叶分公司	卢氏县、灵宝市、陕州区、渑池县、义马市、城区等6个县级烟草专卖局（分公司）	镇平县、内乡县、西峡县、淅川县、邓州市、唐河县、新野县、社旗县、方城县、桐柏县、南召县、油田、城区等13个县级烟草专卖局（分公司）	梁园区、睢阳区、永城市、夏邑县、虞城县、宁陵县、民权县、睢县、拓城县等9个县级烟草专卖局（分公司）
总资产（万元）		75352	169345	257493	183811
资产负债率（%）		40.22	21.78	28.06	33.75
从业人员（人）		1660	1311	3750	1496
所属业务机构	营销机构	1个营销中心	1个营销中心	1个营销中心	1个营销中心
	物流配送机构	1个物流配送中心	1个物流配送中心	1个物流配送中心	1个物流配送中心、3个配送中转站
	专卖稽查机构	1个稽查支队	1个稽查支队、6个稽查大队	1个稽查支队、40个稽查大队	1个稽查支队、9个稽查大队
	烟叶机构	1个烟叶营销中心、22个烟叶收购点	1个烟叶营销中心、6个烟叶工作站、43个烟叶收购点	1个烟叶营销中心、48个烟叶收购点	1个烟叶营销中心、1个烟叶工作站、4个烟叶收购点
实现税利	万元	65137	111886	231996	162828
	比上年增长（%）	-0.84	-1.70	0.43	4.95
实现利润	万元	18721	56099	75025	52428
	比上年增长（%）	-1.80	5.64	-5.90	5.04
卷烟销售收入（万元）		234277	201220	861997	658230
查处涉烟违法案件（起）		479	926	4031	1830
查处涉烟违法案件案值（万元）		3367	186	1638	1877
烟基建设投入资金（万元）		32	21	607	54
烟基设施新增受益面积（万亩）		0.24	2.60	2.52	0.10
烟叶种植（万亩）		5.32	16.80	12.10	1.30
烟叶收购（万担）		11.60	39.80	26.90	4.10
烟农户数（户）		1073	14654	4449	226
实现烟农总收入（万元）		15241	46336	35703	5287
零售客户数（户）		7247	9359	37523	24034
零售客户销售毛利率（%）		7.20	7.95	7.00	14.87

地市级局（公司）名称	信阳市烟草专卖局（公司）	周口市烟草专卖局（公司）	驻马店市烟草专卖局（公司）	济源市烟草专卖局（公司）
主要负责人/法定代表人（含党政领导）	苏永士（—2017年8月） 张建平（2017年8月—）	赵友亮	宋守晔	尚贺伟（负责全面工作）

续表

地市级局（公司）名称		信阳市烟草专卖局（公司）	周口市烟草专卖局（公司）	驻马店市烟草专卖局（公司）	济源市烟草专卖局（公司）
所属县级单位		浉河区、平桥区、罗山县、息县、淮滨县、潢川县、光山县、商城县、新县、固始县等10个县级烟草专卖局（分公司）	淮阳县、商水县、项城市、郸城县、太康县、西华县、扶沟县、沈丘县、鹿邑县、城区等10个县级烟草专卖局（分公司）	遂平县、西平县、上蔡县、汝南县、平舆县、新蔡县、正阳县、确山县、泌阳县、驿城区等10个县级烟草专卖局（分公司）	—
总资产（万元）		155070	120954	135066	20110
资产负债率（%）		25.79	38.73	29.96	27.38
从业人员（人）		1283	1590	1963	227
所属业务机构	营销机构	1个营销中心	1个营销中心	1个营销中心	1个营销中心
	物流配送机构	1个物流配送中心、2个配送中心站	1个物流配送中心、4个配送中转站	1个物流配送中心	1个物流配送中心
	专卖稽查机构	1个稽查支队、10个稽查大队	1个稽查支队、10个稽查大队	1个稽查支队、10个稽查大队	1个稽查支队、7个稽查大队
	烟叶机构	1个烟叶营销中心、3个烟叶收购点	1个烟叶营销中心、5个烟叶收购点	1个烟叶营销中心、16个烟叶收购点	4个烟叶工作点
实现税利	万元	140405	144599	143411	17689
	比上年增长（%）	6.54	3.44	5.30	0.10
实现利润	万元	42552	35543	36215	5570
	比上年增长（%）	4.13	15.06	0.93	-4.46
卷烟销售收入（万元）		585097	664821	558294	66245
查处涉烟违法案件（起）		6037	1686	1737	162
查处涉烟违法案件案值（万元）		2362	3377	329	71
烟基建设投入资金（万元）		164	—	1194	60
烟基设施新增受益面积（万亩）		0.30	—	1.48	0.32
烟叶种植（万亩）		0.70	0.80	4.72	0.70
烟叶收购（万担）		2.00	1.70	10.80	2.00
烟农户数（户）		227	237	2010	725
实现烟农总收入（万元）		2601	1757	14363	2382
零售客户数（户）		26951	24662	22790	3192
零售客户销售毛利率（%）		7.80	8.00	8.08	6.50

注：1. 2017年4月11日，《国家烟草专卖局　中国烟草总公司关于许昌县烟草专卖局（分公司）更名的批复》（国烟人〔2017〕104号），同意将许昌县烟草专卖局更名为许昌市建安区烟草专卖局，将许昌市烟草公司许昌县分公司更名为许昌市烟草公司建安分公司。

◇ 撰稿：范素娟；编辑：王东旭　王　静

湖北省烟草专卖局（公司）

【专卖管理】　**案件查处**。2017年，湖北省烟草专卖局查处涉烟违法案件3.03万起，同比增长20.53%，其中假冒卷烟案件9879起、走私烟案件513起、非法流通卷烟案件1.99万起。查获非法卷烟3.05万件，同比增长10.43%，其中假冒卷烟1.37万件、走私烟451件、非法流通卷烟1.64万件。涉烟违法案件总案值2.08亿元。捣毁制售假烟窝点55个，打击涉烟违法人员502人，公安、司法机关依法拘留326人，判刑176人。全年查处涉烟违法网络案件

132 起，其中符合公安部、国家局标准的网络案件 40 起，符合省局标准的网络案件 92 起。

打假协作机制建设。 2017 年，省局联合湖北省公安厅召开全省高速公路查处非法运输烟草专卖品违法活动座谈会；联合湖北省公安厅高速公路警察总队在重点卡口挂牌成立联合执法室，设立 5 个省际边界联合执法点；与湖北省邮政管理局、湖北省邮政公司分别联合印发执法协作文件。

2017 年 7 月 28 日，湖北武汉市局（公司）开展专卖管理人员体能、技能“双能”竞赛，图为卷烟真假鉴定技能比赛现场

湖北省局　供稿

“五层五维”目标考核。 省局把卷烟主渠道市场占有率作为专卖工作的主抓手和着力点，不断加强绩效考核，构建形成覆盖省、市、县、队所、岗位 5 个层面，涵盖主渠道市场占有、本地市场净化、真烟非法流量、打假破网及查获非法卷烟能力 5 个维度的考评体系。2017 年，全省卷烟主渠道市场占有率连续 8 个月上升，12 月达到 98.52%，比最低的 1 月上升 4.08 个百分点。

市场监管。 深化源头打假和网络终端打击，先后部署开展 3 次专项整治行动，其中在“楚天卷烟市场打假百日整治行动”中，出动联合执法人员 14.7 万人次，查处涉烟违法案件 9137 起，查获非法卷烟 1.15 万件，案（标）值 8193 万元，查获非法烟机 4 台（套）、非法烟叶原料 206 吨，移交公安机关立案 59 起，刑事处理 168 人。全面落实“双随机”监管责任，省局本级、17 个市级局、89 个县级局全部制定“一单两库一细则”。2017 年全省卷烟零售市场净化率 96.61%。

【经济效益】 2017 年，湖北省烟草商业系统实现税利 171.2 亿元，同比增加 7.27 亿元，增长 4.43%，其中利润 61.03 亿元，同比下降 1.28%。卷烟单箱销售收入 2.95 万元，同比增加 1000 元，增长 3.51%。单箱税利 8752 元，同比增长 4.94%。三项费用率 6.58%，同比下降 0.48 个百分点。

【卷烟（雪茄烟）经营】 **卷烟经营。** 2017 年，湖北省销量居前三位的品牌依次为“黄鹤楼”“红金龙”“利群”，销售“黄鹤楼”385.59 亿支（77.12 万箱），同比增长 8.28%；销售“红金龙”281.11 亿支（56.22 万箱），同比下降 4.07%；销售“利群”34.4 亿支（6.88 万箱），同比增长 16.41%。全年实现卷烟销售收入 534.81 亿元，同比增长 6.19%。实现卷烟税利 158.59 亿元，同比增长 7.37%，其中利润 56.89 亿元，同比增长 7.73%。

品牌培育。 强化品牌管理，出台全省品牌引入退出试行管理办法，开展老品、次新品、新品分类测评，建立品牌分析通报机制，不断精简优化在销品牌（规格）。国产内销卷烟的规格数量由上年的 265 个减至 250 个。2017 年，全省累计销售重点品牌卷烟 842.67 亿支（168.53 万箱），同比增长 2.9%。销售高端卷烟 78.81 亿支（15.76 万箱），同比增长 8.24%，全国排名第四位，同比提升 1 个位次。销售细支烟 20.72 亿支（4.14 万箱），增幅全国排名第六位，同比提升 21 个位次。

网络建设。 制定终端建设实施意见及 16 个配套规范，建设初具功能的现代零售终端 6147 户，确定宜昌市局（公司）先行先试、改革创新、积累经验。推进信息系统建设，终端信息系统通过专家论证，客户经理移动工作平台在宜昌试点运行。

市场化取向改革。 推进市场化取向改革，在全省17家地市公司全面上线运行省级销售平台，持续完善客户分档、货源投放等规则。制定卷烟销售平台监督模块运行管理办法，将监管职责具体到岗、落实到人，对关键环节预警实行省、市、县三级处置管理。

雪茄烟经营。 2017年，湖北省烟草商业系统销售雪茄烟5002.98万支，同比增加499.02万支，增长11.08%。

【烟叶产销】 **种植与收购。** 2017年，湖北省种植烟叶49.92万亩，同比减少8.42万亩。收购烟叶5.03万吨(100.51万担)，同比减少1.95万吨（38.92万担），其中烤烟4.53万吨（90.63万担），同比减少1.98万吨（39.63万担）。全省烟农总数3.44万户，实现烟农总收入18.43亿元，同比减少3.99亿元；烟农户均收入5.36万元，同比减少0.18万元；亩均收入3275元，同比减少616元。

全年实现烟叶税利9.99亿元，同比下降32.23%。其中，烟叶税金5.76亿元，同比增长1.23%；烟叶利润4.23亿元，同比下降53.26%。

面对严重灾害天气，主动开展抗灾救灾，多方争取烟叶救灾资金1.06亿元，其中国家局拨款0.8亿元；救助烟农2.91万户，受灾烟农户均补助3650元。

烟叶提质增效。 严守烟叶质量生命线，以工业需求为导向，以烟叶基地单元为载体，协调工业企业深度参与，修订完善烟叶质量评价标准，制定烟叶质量管控办法，加大先进适用技术推广力度。全省围绕质量提升确立科研项目6个，推广土壤保育49.26万亩，土壤修复5.37万亩，采烤分一体化0.75万亩，“1+N”专业化烘烤24万亩。全省烤烟上中等烟比例98.08%，高于全国平均水平3.92个百分点；中部烟比例68.84%，高于全国平均水平7.59个百分点。烤烟收购均价为27.02元/千克。

烟叶生产基础设施建设。 全年投入烟叶生产基础设施建设资金0.21亿元，其中国家局投入资金0.04亿元，全省烟草商业系统投入资金0.17亿元，实施项目2709件。截至2017年底，全省累计获批援建水源工程项目10项，核定行业援建资金总额10.16亿元，其中建成完工1项、主体工程完工3项。

现代烟草农业建设。 2017年，全省烤烟种植区流转土地18.51万亩，占比40.49%；烤烟100亩以上连片区域29万亩，占比63.4%。培育种植面积在20~50亩的职业烟农7270户。全省累计建设综合型烟农合作社40个，入社社员3.18万名，烟农入社率92.84%，烟叶基地单元专业化育苗、机耕、植保、分级、烘烤覆盖率分别达到100%、80.5%、70.1%、100%、63.8%。

烟农增收。 以合作社为平台，以设施利用、循环农业、多元业务为途径，加强烟农增收工作。育苗大棚、烤房、农机利用率分别达到30%、5%、10%，实现收入299万元，基本烟田综合利用7.63万亩，收入2928万元；生产生物有机肥8000吨、菜饼5000吨、菜油2500吨、废旧地膜回收加工70吨，收入1305万元；发展生态养殖、农资代购、烟蚜茧蜂繁殖放飞等多元化业务，实现收入550万元。全年实现收入5082万元。

2017年7月15日，湖北恩施宣恩县烟叶分公司烟叶技术员（左）指导烟农剔青去杂

湖北恩施宣恩县局　李　翔　摄

【交流与合作】 中国烟草湖北进出口有限责任公司为中国烟草总公司湖北省公司的全资子公司。公司业务范围包括烟叶出口、卷烟进口两项主营业务以及卷烟零售、进口设备、仪器、红酒等拓展业务。截至2017年底，总资产2.99亿元，其中，固定资产0.26亿元，流动资产2.58亿元，资产负债率116.26%。

2017年，公司签订烟叶类出口合同1.35万吨（27.1万担），发运烟叶类产品0.94万吨

（18.83 万担）。进口卷烟国内实现销量 1.4 亿支（0.28 万箱）；卷烟零售、进口设备仪器、进口红酒等 3 项拓展经营销售 837 万元。2017 年，公司将烟叶销售至中东、欧洲、北非、北美、南亚等地，与环球烟叶公司、联一国际公司、康年公司、普瑞铭公司、天利国际经贸有限公司等公司保持业务往来。

【“基础管理提升年”工作】 2017 年，省局（公司）提出“十三五”末全省烟草商业系统要努力实现“两个跨越提升”的发展目标，即全省烟草商业系统总体实力跨越提升，湖北烟草在行业的地位跨越提升。在具体实施上，省局（公司）将 2017 年作为全省烟草商业系统“基础管理提升年”。明确 32 项重点提升任务，提出以“规章制度系统化、岗位职责明晰化、工作流程标准化、质量标准体系化、绩效管理可量化、管理服务一体化、资源配置最优化”为目标，着力夯实市场、管理、队伍基础。

开展制度建设，省局（公司）机关废止制度 26 个，新增、修改制度流程 70 余个。深化精益管理，探索推进“创新工场”“达人秀”“精益标杆岗”“质量管理小组”等活动，全面开展“精益十佳”站部所创建。推进党组联系服务专家和“青年人才托举工程”等工作，开展员工队伍培训和岗位练兵，依托高校资源举办销售、物流管理培训。2017 年，全省系统完成降本增效任务 5442 万元，超出年度目标 1142 万元。

【特事辑要】 4 月 12—14 日，国家烟草专卖局党组书记、局长，中国烟草总公司总经理凌成兴在湖北烟草调研。在考察中国烟草扶贫重点项目后，凌成兴强调中国烟草扶贫要做到突出主业依托、精准施策、公益项目、长效机制建立“四个突出”。

5 月 10—12 日，国家局党组成员、副局长段铁力在湖北烟草调研。

11 月 8—10 日，国家局党组成员、副局长杨培森在十堰调研中国烟草扶贫和基层党建工作。

2017 年湖北省烟草专卖商业主要情况统计

地市级局（公司）名称		武汉市烟草专卖局（公司）	黄冈市烟草专卖局（公司）	襄阳市烟草专卖局（公司）	荆州市烟草专卖局（公司）
主要负责人/法定代表人（含党政领导）		唐剑放	张俊初	龚春竹	马　力（—2017 年 5 月） 胡宜旺（2017 年 5 月—）
所属县级单位		江岸区、江汉区、硚口区、汉阳区、武昌区、青山区、洪山区、蔡甸区、江夏区、黄陂区、新洲区、东西湖区、汉南区等 13 个区烟草专卖分局（营销部）	黄州区、团风县、红安县、麻城市、罗田县、英山县、浠水县、蕲春县、武穴市、黄梅县等 10 个县级烟草专卖局（营销部）和龙感湖分局（有限公司）	老河口市、枣阳市、宜城市、樊城区、襄城区、襄州区、谷城县、保康县、南漳县等 9 个县级烟草专卖局（营销部）和南漳县、保康县 2 个烟叶分公司	荆州区、沙市区、江陵县、松滋市、公安县、石首市、监利县、洪湖市等 8 个县级烟草专卖局（营销部）
总资产（万元）		544640	168590	130257	175635
资产负债率（%）		27.95	48.05	45.82	52.78
从业人员（人）		1371	923	1158	929
所属业务机构	营销机构	1 个营销中心	1 个营销中心、1 个电访中心	1 个营销中心	1 个营销中心、1 个电访中心
	物流配送机构	1 个物流配送中心	1 个配送中心、8 个中转站	1 个配送中心	1 个配送中心
	专卖稽查机构	1 个稽查支队、16 个稽查大队	1 个稽查支队、12 个稽查大队	1 个稽查支队、15 个稽查中队、1 个口子稽查大队	1 个稽查支队、13 个稽查大队
	烟叶机构	—	—	11 个烟叶站、26 个烟叶收购组	—

续表

地市级局（公司）名称		武汉市烟草专卖局（公司）	黄冈市烟草专卖局（公司）	襄阳市烟草专卖局（公司）	荆州市烟草专卖局（公司）
实现税利	万元	400954	136533	131307	148421
	比上年增长（%）	2.58	4.32	2.78	7.54
实现利润	万元	156934	48133	39390	53271
	比上年增长（%）	-4.43	9.53	-8.96	16.22
卷烟销售收入（万元）		1337312	470294	441197	510541
查处涉烟违法案件（起）		5756	4075	1316	6039
查处涉烟违法案件案值（万元）		6584	2149	1177	2017
烟基建设投入资金（万元）		—	—	164	—
烟基设施新增受益面积（万亩）		—	—	0.95	—
烟叶种植（万亩）		—	—	5.59	—
烟叶收购（万担）		—	—	7.84	—
烟农户数（户）		—	—	3733	—
实现烟农总收入（万元）		—	—	10517	—
零售客户数（户）		32557	25543	14557	15838
零售客户销售毛利率（%）		12.33	11.25	11.01	12.77

地市级局（公司）名称		十堰市烟草专卖局（公司）	孝感市烟草专卖局（公司）	恩施土家族苗族自治州烟草专卖局（公司）	宜昌市烟草专卖局（公司）
主要负责人/法定代表人（含党政领导）		朱　天	史广礼	谭志平	赵传良
所属县级单位		城区、郧阳区、竹溪县、丹江口市、房县、竹山县、郧西县等7个县级烟草专卖局（营销部）和竹山县、郧西县、竹溪县、房县等4个烟叶分公司	孝南区、孝昌县、大悟县、云梦县、安陆市、应城市、汉川市等7个县级烟草专卖局（营销部）	恩施市、利川市、建始县、巴东县、宣恩县、咸丰县、来凤县、鹤峰县等8个县级烟草专卖局（营销部）和8个烟叶分公司	城区、夷陵区、枝江市、宜都市、当阳市、远安县、秭归县、兴山县、长阳土家族自治县、五峰土家族自治县等10个县级烟草专卖局（营销部）
总资产（万元）		112568	144099	242383	140329
资产负债率（%）		49.65	45.79	57.77	42.40
从业人员（人）		840	806	2374	1073
所属业务机构	营销机构	1个营销中心	1个营销中心	1个营销中心	1个营销中心、1个电访中心
	物流配送机构	1个配送中心	1个配送中心	1个物流中心	1个配送中心、8个中转站
	专卖稽查机构	1个稽查支队、7个稽查大队	1个稽查支队、8个稽查大队	1个稽查支队、6个稽查大队、2个口子大队	1个稽查支队、8个稽查大队
	烟叶机构	7个烟叶站、24个烟叶收购组	—	38个烟叶站、143个烟叶收购组	9个烟叶站、22个烟叶收购组
实现税利	万元	89900	124326	146273	117618
	比上年增长（%）	7.63	6.26	0.54	2.41

续表

地市级局（公司）名称		十堰市烟草专卖局（公司）	孝感市烟草专卖局（公司）	恩施土家族苗族自治州烟草专卖局（公司）	宜昌市烟草专卖局（公司）
实现利润	万元	27840	48312	55859	40639
	比上年增长（%）	-26.09	14.02	-16.32	-8.71
卷烟销售收入（万元）		259651	401813	252661	372060
查处涉烟违法案件（起）		1322	2420	1915	1488
查处涉烟违法案件案值（万元）		506	781	1828	741
烟基建设投入资金（万元）		291	—	1067	577
烟基设施新增受益面积（万亩）		0.55	—	0.62	0.56
烟叶种植（万亩）		7.76	—	31.69	4.80
烟叶收购（万担）		14.76	—	70.36	7.42
烟农户数（户）		3718	—	23755	3101
实现烟农总收入（万元）		24393	—	116587	11789
零售客户数（户）		12760	13953	10391	15443
零售客户销售毛利率（%）		12.65	12.22	13.96	14.92

地市级局（公司）名称		咸宁市烟草专卖局（公司）	随州市烟草专卖局（公司）	黄石市烟草专卖局（公司）	荆门市烟草专卖局（公司）
主要负责人/法定代表人（含党政领导）		游爱民（—2017年5月） 陈　劲（2017年5月—）	刘洪明（—2017年5月） 魏晓敏（2017年5月—）	邓良启（—2017年5月） 李斌红（2017年5月—）	李远宏
所属县级单位		咸安区、嘉鱼县、赤壁市、通城县、崇阳县、通山县等6个县级烟草专卖局（营销部）	随县、广水市、曾都区等3个县级烟草专卖局（营销部）	大冶市、阳新县2个县级烟草专卖局（营销部）和1个直属分局（营销部）	钟祥市、京山县、沙洋县、城区等4个县级烟草专卖局（营销部）
总资产（万元）		77143	59522	85913	76511
资产负债率（%）		47.88	54.36	36.47	42.99
从业人员（人）		494	344	372	403
所属业务机构	营销机构	1个营销中心	1个营销中心	1个营销中心	1个营销中心
	物流配送机构	1个配送中心	1个配送中心	1个配送中心	1个配送中心
	专卖稽查机构	1个稽查支队、7个稽查大队	1个稽查支队、4个稽查大队、6个稽查中队	1个稽查支队、5个稽查大队	1个稽查支队、4个稽查大队
	烟叶机构	—	—	—	—
实现税利	万元	68704	49061	71776	68351
	比上年增长（%）	3.91	1.30	3.39	7.27
实现利润	万元	21861	15808	26848	23844
	比上年增长（%）	7.26	4.08	2.57	9.77
卷烟销售收入（万元）		236428	175002	232450	234916
查处涉烟违法案件（起）		1109	656	1254	1541
查处涉烟违法案件案值（万元）		1358	713	1529	713
烟基建设投入资金（万元）		—	—	—	—
烟基设施新增受益面积（万亩）		—	—	—	—

续表

地市级局（公司）名称	咸宁市烟草专卖局（公司）	随州市烟草专卖局（公司）	黄石市烟草专卖局（公司）	荆门市烟草专卖局（公司）
烟叶种植（万亩）	—	—	—	—
烟叶收购（万担）	—	—	—	—
烟农户数（户）	—	—	—	—
实现烟农总收入（万元）	—	—	—	—
零售客户数（户）	8336	6451	8363	8542
零售客户销售毛利率（%）	13.23	11.65	11.36	11.54

地市级局（公司）名称		鄂州市烟草专卖局（公司）	仙桃市烟草专卖局（公司）	天门市烟草专卖局（公司）	潜江市烟草专卖局（公司）	神农架林区烟草专卖局（公司）
主要负责人/法定代表人（含党政领导）		涂　凯	罗建勋	胡泽文 （—2017 年 5 月） 汪　鹏 （2017 年 5 月—）	魏晓敏 （—2017 年 5 月） 叶景军 （2017 年 5 月—）	陆　芳
所属县级单位		—	—	—	—	—
总资产（万元）		38156	46965	39936	30223	4872
资产负债率（%）		41.15	41.77	47.33	41.74	33.71
从业人员（人）		165	182	187	135	31
所属业务机构	营销机构	1 个营销中心、1 个电访中心	1 个营销中心	1 个营销中心	1 个营销中心	1 个营销中心
	物流配送机构	1 个配送中心	1 个配送中心	1 个配送中心	1 个配送中心	1 个配送部、1 个配送站
	专卖稽查机构	1 个稽查支队	1 个稽查大队	1 个稽查大队	1 个稽查大队	1 个稽查大队
	烟叶机构	—	—	—	—	—
实现税利	万元	34691	36509	29274	28530	3081
	比上年增长（%）	-0.33	3.35	3.40	3.60	0.09
实现利润	万元	13047	15155	10871	10624	1064
	比上年增长（%）	5.99	11.77	14.11	4.45	6.12
卷烟销售收入（万元）		114075	115838	94892	94061	10091
查处涉烟违法案件（起）		215	284	441	427	18
查处涉烟违法案件案值（万元）		144	150	220	166	4
烟基建设投入资金（万元）		—	—	—	—	—
烟基设施新增受益面积（万亩）		—	—	—	—	—
烟叶种植（万亩）		—	—	—	—	0.08
烟叶收购（万担）		—	—	—	—	0.12
烟农户数（户）		—	—	—	—	44
实现烟农总收入（万元）		—	—	—	—	208
零售客户数（户）		3276	3236	3026	2331	347
零售客户销售毛利率（%）		12.57	11.10	11.50	12.13	14.85

◇ 撰稿：李菲菲；编辑：王东旭　褚　幸

湖南省烟草专卖局（公司）

【专卖管理】 2017年，湖南省烟草专卖局查处各类涉烟违法案件1.47万起，其中假冒卷烟案件7310起，案值5万元以上的卷烟非法流通案件810起，5万元以上假冒卷烟案件157起；查获各类非法卷烟4.94万件，其中非法流通卷烟3.49万件，假冒卷烟1.29万件，走私烟1584.57件，非法烟叶、烟丝374.14吨。开展打击互联网及物流寄递环节涉烟违法活动专项行动、依法严管违法违规卖烟大户、“春雷7号”等专项行动。查处互联网涉烟刑事案件51起，涉案金额8770.5万元，公安、司法机关依法逮捕175人，判刑61人。

全年破获符合公安部、国家局标准的网络案件73起，符合省局标准的网络案件26起，公安、司法机关依法刑拘370人、逮捕299人、判刑147人。破获公安部、国家局督办的网络案件3起，其中长沙宁乡县局破获的“3·20”互联网物流快递售假网络案件，现场查获各类假烟410余件，货值金额750余万元；永州蓝山县局破获的“6·30”非法经营走私烟网络案件，公安、司法机关依法刑拘6人，逮捕5人，涉案金额1.39亿元；益阳安化县局破获的非法经营烟叶烟丝案涉及湖南、贵州、江西、辽宁等省，抓获涉案嫌疑人19人，捣毁加工烟叶烟丝及仓储窝点15个。

【经济效益】 2017年，湖南省烟草商业系统实现税利226.02亿元，同比增长3.26%。实现利润88.97亿元，同比增长3.8%。三项费用率7.26%，同比减少0.26个百分点。

【卷烟（雪茄烟）经营】 **卷烟销售**。2017年，湖南省销量居前三位的品牌分别是“白沙”“芙蓉王”“双喜”，销售“白沙”622.25亿支（124.45万箱），同比增长0.25%；销售“芙蓉王”274.59亿支（54.92万箱），同比增长2.4%；销售“双喜”130.37亿支（26.07万箱），同比下降0.85%。

2017年，实现卷烟销售收入744.62亿元，同比增长4.79%。实现卷烟利润68.05亿元，同比增长7.01%。单箱卷烟销售收入2.93万元，同比增长4.06%。单箱卷烟税利7416元，同比增长4.78%。

2017年，销售细支烟14.24亿支（2.85万箱）。销售中支烟1.35亿支（0.27万箱），销售短支烟3.60亿支（0.72万箱）。

全省在销重点品牌30个，销量1174.15亿支（234.83万箱），同比增长1.79%，19个品牌销量实现同比增长，11个品牌销量同比下降，其中同比增量前三名的品牌是“利群”“芙蓉王”“黄鹤楼”。

雪茄烟销售。2017年，全省销售雪茄烟2279.74万支，同比增量855.98万支，增长60.12%。实现雪茄烟销售收入2126.58万元，同比增加591.69万元，增长38.55%。

卷烟物流建设。全年发布4个省级物流企业标准，设备运维及管理体系初步建立，实现省级物流标准化建设零

2017年5月，湖南省局烟叶技术人员在衡阳现场督导烟叶生产关键技术落地

湖南省局 段莎莎 摄

的突破。全省系统物流综合管理信息系统完成终验，物流GIS/GPS公共服务系统项目推广应用。2017年全省物流完成卷烟分拣配送254.26万箱。物流总费用同比基本持平，单箱物流费用同比下降0.21%，人均配送效率1273箱/人，同比增长3%；库存周转次数20.92次，同比增加2.69次。

【烟叶产销】 **烟叶种植与收购**。2017年，湖南省落实烤烟合同种植面积111.58万亩，同比减少11.59万亩。与41个县、457个乡镇、4513个行政村的59997户烟农签订烤烟种植收购合同，同比减少7366户，户均种植面积18.60亩，同比增加0.32亩。20～50亩的适度规模农户种烟面积占比43.7%，同比增加4.39个百分点。

全省收购烟叶15.22万吨（304.25万担）。其中，烤烟15.17万吨（303.32万担），收购均价26.72元/千克。实现烟农收入58.3亿元，烟农户均种烟收入8.2万元。

加大先进适用技术集成应用，建设精益生产示范区55个。上等烟比例58.9%，中等烟比例41.1%，国家局收购检查合格率82.1%。完成原收原调8.75万吨（175万担）、均质化加工5万吨（100万担），同比分别增加5万吨（100万担）、1.75万吨（35万担）。

2017年，实现烟叶税利36.02亿元，同比下降5.51%，其中烟叶税20.99亿元、净利润15.03亿元。

烟叶生产基础设施建设。出台项目核销和修复管理办法，开发运行烟基项目信息管理系统，全面完成2015年度烟基建设项目验收，2016年度项目建设任务基本完成。国家局新复函行业援建水源工程项目1个，援建资金8347.45万元，新开工建设水源工程项目3个。

支农富农。完善支农富农政策体系，培育职业烟农0.88万户。帮助0.48万户贫困烟农顺利脱贫。组织烟叶种植保险理赔9000万元，有效减少烟农灾害损失。

【交流与合作】 中国烟草湖南进出口有限责任公司成立于1991年10月，主要经营范围为烟叶出口、卷烟进口、烟机设备出口等。2007年12月成为中国烟草总公司湖南省公司的全资子公司。公司下设综合部、财务部、业务部等3个部门，干部职工实行委派制，有从业人员13人。截至2017年底，公司总资产3.53亿元，其中固定资产7万元、流动资产3.49亿元，资产负债率41.2%。

公司客户覆盖东南亚、欧洲、中东、俄罗斯等地区。2017年，公司实现主营业务收入2.1亿元。实现利润2818万元，出口创汇2304万美元。出口烟叶7770吨，实现销售收入1.48亿元，出口创汇2217.9万美元；进口卷烟实现销售收入5392万元；非烟业务出口创汇86.1万美元，实现利润23万元。

【特事辑要】 2月14日，湖南省副省长张剑飞在湖南省局（公司）考察调研。

4月14日，湖南省委副书记、省长许达哲深入湖南省局（公司）对口扶贫村——湘西州永顺县石堤镇落叶洞村走访慰问贫困户，并就该村“精准扶贫、精准脱贫”工作开展调研。

5月4日，湖南省委副书记、省长许达哲在湖南烟草调研。

2017年湖南省烟草专卖商业主要情况统计

地市级局（公司）名称	长沙市烟草专卖局（公司）	株洲市烟草专卖局（公司）	湘潭市烟草专卖局（公司）	衡阳市烟草专卖局（公司）	邵阳市烟草专卖局（公司）
主要负责人/法定代表人（含党政领导）	谢建宏 （—2017年9月） 吴奇林 （2017年9月—）	陈新田	蔡国强	万　伟 （—2017年7月） 秦江顺 （2017年7月—）	王　昆

续表

地市级局（公司）名称		长沙市烟草专卖局（公司）	株洲市烟草专卖局（公司）	湘潭市烟草专卖局（公司）	衡阳市烟草专卖局（公司）	邵阳市烟草专卖局（公司）
所属县级单位		长沙县、宁乡县、浏阳市、望城区等4个县级烟草专卖局（分公司）	醴陵市、株洲县、攸县、茶陵县、炎陵县等5个县级烟草专卖局（分公司）	湘潭县、湘乡市、韶山市等3个县级烟草专卖局（分公司）	衡阳县、衡南县、耒阳市、常宁市、衡东县、祁东县、衡山县、南岳区等8个县级烟草专卖局（分公司）	邵东县、新邵县、隆回县、洞口县、绥宁县、城步苗族自治县、武冈市、新宁县、邵阳县等9个县级烟草专卖局（分公司）
总资产（万元）		398719	203409	118134	248450	172347
资产负债率（%）		7.01	10.02	5.53	13.19	9.58
从业人员（人）		700	435	430	761	1258
所属业务机构	营销机构	1个营销中心、1个服务中心	1个营销中心	1个营销中心	1个营销中心	1个营销中心
	物流配送机构	1个配送中心	1个配送中心	1个配送中心	1个配送中心、4个中转站	1个配送中心
	专卖稽查机构	1个稽查支队、6个稽查大队	1个稽查支队、9个稽查大队	1个稽查支队、5个稽查大队	1个稽查支队、13个稽查大队	1个稽查支队、12个稽查大队
	烟叶机构	1个烟叶生产经营部、1个烟基办、1个技术中心、10个烟草站	1个烟叶科、2个烟草站	—	17个烟草站	1个烟叶生产经营部
实现税利	万元	314395	154676	105046	202911	154796
	比上年增长（%）	0.29	2.76	0.74	0.64	3.30
实现利润	万元	128453	61540	40715	78629	50229
	比上年增长（%）	5.98	2.11	-0.92	-1.31	-2.39
卷烟销售收入（万元）		945292	475739	334469	588771	521186
查处涉烟违法案件（起）		1863	1505	708	1073	1001
查处涉烟违法案件案值（万元）		9068	2628	742	3694	2387
烟基建设投入资金（万元）		6943	452	—	—	—
烟基设施新增受益面积（万亩）		1.00	0.56	—	—	—
烟叶种植（万亩）		8.18	1.79	—	8.75	4.04
烟叶收购（万担）		20.31	5.00	—	24.47	8.83
烟农户数（户）		3648	1008	—	3180	3707
实现烟农总收入（万元）		39926	19531	—	54208	16000
零售客户数（户）		27300	14274	9785	21002	25548
零售客户销售毛利率（%）		8.50	8.80	7.97	7.97	7.82

地市级局（公司）名称	岳阳市烟草专卖局（公司）	常德市烟草专卖局（公司）	张家界市烟草专卖局（公司）	益阳市烟草专卖局（公司）	郴州市烟草专卖局（公司）
主要负责人/法定代表人（含党政领导）	吴奇林（—2017年9月） 吴胜波（2017年9月—）	肖纲超（—2017年6月） 颜　玫（2017年6月—）	谭　志（—2017年11月） 李雄伟（2017年11月—）	谷吉祥（—2017年6月） 李晓洋（2017年6月—）	黄国联（—2017年9月） 高志强（2017年9月—）

续表

地市级局（公司）名称		岳阳市烟草专卖局（公司）	常德市烟草专卖局（公司）	张家界市烟草专卖局（公司）	益阳市烟草专卖局（公司）	郴州市烟草专卖局（公司）
所属县级单位		岳阳县、华容县、汨罗市、临湘市、湘阴县、平江县等6个县级烟草专卖局（分公司）	安乡县、汉寿县、澧县、临澧县、桃源县、石门县、津市市等7个县级烟草专卖局（分公司）	慈利县、桑植县、武陵源区等3个县级烟草专卖局（分公司）	南县、沅江市、桃江县、安化县等4个县级烟草专卖局（分公司）	桂阳县、嘉禾县、永兴县、宜章县、安仁县、临武县、资兴市、桂东县、汝城县等9个县级烟草专卖局（分公司）
总资产（万元）		201813	200635	94384	146792	324007
资产负债率（%）		17.92	8.59	18.45	6.75	35.88
从业人员（人）		532	681	401	479	1641
所属业务机构	营销机构	1个营销中心	1个营销中心	1个营销中心	1个营销中心	1个营销中心
	物流配送机构	1个配送中心	1个配送中心、1个中转站	1个配送中心	1个配送中心、2个中转站	1个配送中心
	专卖稽查机构	1个稽查支队、10个稽查大队	1个稽查支队、11个稽查大队	1个稽查支队、5个稽查大队	1个稽查支队、7个稽查大队	1个稽查支队、10个稽查大队
	烟叶机构	—	3个烟叶工作站、10个烟叶收购点	5个标准化工作站	—	1个烟叶生产经营部、7个烟叶生产经营分部
实现税利	万元	165788	194691	74124	135156	228725
	比上年增长（%）	1.51	3.28	10.51	2.65	6.55
实现利润	万元	61490	71035	35579	48483	104197
	比上年增长（%）	4.17	-2.26	34.51	1.87	5.23
卷烟销售收入（万元）		654722	600863	165010	452043	439152
查处涉烟违法案件（起）		1292	1008	227	1177	1375
查处涉烟违法案件案值（万元）		1336	2424	194	1282	3420
烟基建设投入资金（万元）		—	—	5061	—	—
烟基设施新增受益面积（万亩）		—	—	4.69	—	—
烟叶种植（万亩）		—	4.46	5.88	—	38.15
烟叶收购（万担）		—	11.23	13.37	—	110.97
烟农户数（户）		—	2432	3003	—	22096
实现烟农总收入（万元）		—	21529	21997	—	216858
零售客户数（户）		23367	18779	5106	15936	14805
零售客户销售毛利率（%）		9.79	6.70	9.70	8.00	8.70

地市级局（公司）名称	永州市烟草专卖局（公司）	怀化市烟草专卖局（公司）	娄底市烟草专卖局（公司）	湘西土家族苗族自治州烟草专卖局（公司）
主要负责人/法定代表人（含党政领导）	幸　勤	吴胜波（—2017年9月） 向宝铸（2017年9月—）	何爱军（—2017年11月） 肖　曦（2017年11月—）	陆中山（—2017年2月） 瞿红兵（2017年2月—）

续表

地市级局（公司）名称		永州市烟草专卖局（公司）	怀化市烟草专卖局（公司）	娄底市烟草专卖局（公司）	湘西土家族苗族自治州烟草专卖局（公司）
所属县级单位		零陵区、双牌县、祁阳县、东安县、江永县、江华瑶族自治县、宁远县、道县、新田县、蓝山县等10个县级烟草专卖局（分公司）	沅陵县、辰溪县、溆浦县、麻阳苗族自治县、新晃侗族自治县、芷江侗族自治县、洪江市、洪江区、会同县、靖州苗族侗族自治县、通道侗族自治县等11个县级烟草专卖局（分公司）	双峰县、涟源市、冷水江市、新化县等4个县级烟草专卖局（分公司）	龙山县、永顺县、花垣县、凤凰县、古丈县、保靖县、泸溪县等7个县级烟草专卖局（分公司）
总资产（万元）		228306	121415	140290	202989
资产负债率（%）		22.55	17.28	18.52	31.45
从业人员（人）		1483	871	581	2225
所属业务机构	营销机构	1个营销中心	1个营销中心	1个营销中心、4个市场服务分部	1个营销中心、7个市场服务分部
	物流配送机构	1个配送中心	1个配送中心、6个中转站	1个配送中心、2个中转站、1个对接点	1个配送中心、5个中转站
	专卖稽查机构	1个稽查支队、13稽查大队	1个稽查支队、14个稽查大队	1个稽查支队、6个稽查大队	1个稽查支队、9个稽查大队
	烟叶机构	16个烟叶中心站、43个收购点	1个烟叶生产经营部、2个烟叶生产经营分部、1个烟草站、8个收购点	—	1个烟叶生产经营部、1个生产技术中心
实现税利	万元	183656	108542	101819	121968
	比上年增长（%）	3.00	6.24	6.02	7.04
实现利润	万元	75610	37100	36086	58544
	比上年增长（%）	-1.63	12.21	17.80	22.07
卷烟销售收入（万元）		403404	361651	330888	224963
查处涉烟违法案件（起）		943	1289	553	652
查处涉烟违法案件案值（万元）		2067	1273	2923	604
烟基建设投入资金（万元）		7926	—	—	10901
烟基设施新增受益面积（万亩）		—	—	—	5.45
烟叶种植（万亩）		21.58	1.25	—	17.50
烟叶收购（万担）		64.93	2.76	—	41.45
烟农户数（户）		10757	632	—	9534
实现烟农总收入（万元）		122525	4688	—	65312
零售客户数（户）		19366	16241	11252	8850
零售客户销售毛利率（%）		9.10	10.32	8.88	10.00

◇ 撰稿：梅锡章；编辑：王东旭　褚　辛

广东省烟草专卖局（公司）

【专卖管理】 **卷烟打假。** 按照“粤东打假、珠三角综合治理中转分销、粤西打击过境走私”重点任务，加强与公安、海关、海警、邮政等部门的协作配合，组织开展专项行动，侦办大案要案。

2017年，广东省烟草专卖局查处各类涉烟违法案件3.85万起。查获大型制假烟机303台（套），查获假冒卷烟7.6万件、非法烟丝烟叶1801吨、假冒卷烟商标标识印刷设备15台（套）、假冒卷烟商标标识3803万张，截获非法运输车辆1255台。公安、司法机关依法刑拘1457人，逮捕917人，判刑481人。全年破获符合公安部、国家局标准的网络案件101起，符合省局标准的网络案件66起。

市场监管。 推进规范化监管体系建设，出台《广东省烟草零售市场监管检查办法》《2017年全省重点监管区域名录》，与广东省邮政管理局建立寄递渠道涉烟违法行为联合监管机制。全面完成市场监管信息系统实施应用，建立违法经营户“黑名单”制度，强化对重点区域的监控和整治。进一步加强对卷烟市场的质量监督，全年完成卷烟产品鉴别检验15.2万个，罚没烟叶检验234批次，保证省内卷烟产品的质量稳定。

【经济效益】 2017年，广东省烟草商业系统实现税利283.87亿元，同比增长3.75%，其中利润102.52亿元，同比增长4.8%。三项费用率5.37%。

【卷烟（雪茄烟）经营】 **卷烟销售。** 2017年，广东省销量居前三位的品牌依次为“双喜·红双喜”“芙蓉王”“利群”，销量分别为967.4亿支（193.48万箱）、161.65亿支（32.33万箱）、78.75亿支（15.75万箱）。销售细支烟27.2亿支（5.44万箱）。销售雪茄烟0.89亿支，同比增长25.35%。

品牌培育。 2017年，全省品牌培育的重心转向结构升级和重点价位段规划，在稳定销量的前提下，着力培育有结构增长空间的潜力规格，全省初步构建起符合广东省特点的品类体系，各价位段品牌（规格）布局得到持续完善。“双喜”总量规模基本稳定，一、二类“双喜”培育初见成效，其中省产“双喜”一类烟实现销量56.35亿支（11.27万箱），同比增长14.85%，二类烟实现销量151.18亿支（30.24万箱），同比增长11.93%。

全年重点品牌卷烟实现销量1634.05亿支（326.81万箱），同比增长1.37%。重点品牌卷烟实现销售收入1074.44亿元，同比增长4.31%。

网络建设。 2017年，全省10家单位上线运行全省销售平台，累计建成现代零售终端5.73万家，占零售客户总数的18.42%。共有零售客户自律互助小组1768个，成员2.92万户。

规范经营。 完善卷烟经营监督管理机制，以全省销售平台为抓手，实现对销售环节全监控，

2017年3月15日，广东省局（公司）开展“3·15国际消费者权益日”宣传活动

广东省局 供稿

建立客户货源供应月限量、紧俏货源供应日限量等关键经营指标监测体系，严管大户，控制大户比例，全省各单位大户监控各项指标均呈下降态势。

卷烟零售生态环境建设。 广东省公司提出“以客户为中心，以创新为导向”的卷烟零售生态环境建设模式，制定《积极推进卷烟零售生态环境建设指导意见》《积极探索卷烟全零售商业模式规划意见》，注册成立广东二十支商业连锁有限公司，具体负责卷烟零售连锁品牌建设和直营店建设。

【烟叶产销】 **烟叶生产与收购。** 2017 年，全省签订烟叶种植收购合同 9114 份，落实种植面积 19 万亩。约定收购烟叶 2.65 万吨（52.96 万担），实际收购烟叶 2.60 万吨（51.97 万担），其中上等烟占 46.22%、中等烟占 52.03%，收购均价 24.1 元/千克。全省户均种植面积 20.37 亩，种植专业户、家庭农场两种生产形式覆盖全省种植面积的 90.71%，100 亩以上连片种植面积占 83.25%。国家局收购检查等级合格率 81.86%，工商交接检查平均合格率 73.6%。

2017 年，实现烟农收入 6.26 亿元（不含补贴），户均收入 6.87 万元（不含补贴）。烟叶生产扶持补贴资金投入 1.08 亿元。实现烟叶税 1.38 亿元。

烟叶生产基础设施建设。 2017 年，计划建设烟叶生产基础设施建设项目 1793 件，其中购置烟夹 1180 套、烟草农业机械 261 台（套）及育苗设施建设和配套设备购置项目 352 个。预算投入 2372 万元，其中国家局投入 1337 万元、省内烟草系统投入 1035 万元。

根据国家局关于烟基项目数据动态管理的要求，开展烟基动态管理信息系统需求调研、项目立项等工作。同时，结合各产区上报的拟核销项目，组织开展 2017 年项目的核销工作。

现代烟草农业建设。 强化烟叶种植主体培育。全年 20 亩以上的烟农 2586 户，占种烟农户数的 28.37%；30 亩以上烟农 1660 户，占种烟农户数的 18.21%，职业烟农培育初见成效。突出对烟农的诚信评价和动态管理，构建烟农诚信管理体系，推动职业化烟农培育工作。

推进综合服务合作社建设。2017 年，全省有入社烟农 5259 户，烟农入社率 57.7%。全省合作社开展专业化育苗 18.34 万亩、机耕 12.93 万亩、植保 10.86 万亩、烘烤 18.66 万担、分级 52.96 万担。在开展五大项专业化服务的基础上，服务范围向技术服务承包、物资运输、土壤改良、地膜清除回收等方面拓展；以合作社为平台积极探索设施综合利用。开展育苗大棚、烤房、农机具等设施的综合利用，实现收入 259 万元。

烟农增收。 全省列入政府部门建档立卡的贫困烟农 259 户，贫困人口 1010 人。2017 年，帮扶贫困烟农 102 户，涉及贫困人口 425 人，安排贫困烟农种植烟叶 1749 亩，收购 249.7 吨（4994 担），贫困烟农实现种烟收入 706 万元左右（含补贴），户均收入 6.92 万元。

【交流与合作】 中国烟草广东进出口有限公司前身为 1984 年 12 月 21 日成立的中国烟草广东进出口公司。2001 年，更名改制为中国烟草广东进出口有限责任公司，股东分别为原中国烟草进出口（集团）公司、中国烟草总公司广东省公司、原广州卷烟一厂、原广州卷烟二厂。2007 年，调整为中国烟草总公司广东省公司的全资子公司，更名为中国烟草广东进出口有限公司，成为中国烟草总公司广东省公司的全资子公司。截至 2017 年底，公司拥有总资产 2.78 亿元，其中，固定资产 19.43 万元、流动资产 2.78 亿元，资产负债率 38%。

2017 年，公司实现销售收入 5.96 亿元。实现税利 1.95 亿元，其中利润 9143 万元。出口实现 2722 万美元，其中，出口烟叶 346 吨，实现销售收入 1238 万元；出口烟丝 691 吨，实现销售收入 1.09 亿元；出口成型纸和水松纸等烟用辅料实现销售收入 6612 万元。

【特事辑要】 1 月 21—22 日，2017 年全省烟草商业系统工作会议在广州召开。

6 月 27 日，广东省委副书记、省长马兴瑞在广东省局（公司）调研。

7 月 20 日，国家局党组成员、副局长徐䃼在广东烟草调研。

11 月 21—22 日，国家局党组成员、副局长段铁力在广东烟草调研。

2017 年广东省烟草专卖商业主要情况统计

地市级局（公司）名称		广州市烟草专卖局（有限公司）	中山市烟草专卖局（有限责任公司）	珠海市烟草专卖局（有限公司）	东莞市烟草专卖局（有限公司）
主要负责人/法定代表人（含党政领导）		陈秉恒	刁百尧	谢春雷（—2017 年 12 月） 罗春华（2017 年 12 月—）	管伟华
所属县级单位		越秀区、荔湾区、海珠区、白云区、天河区、黄埔区、番禺区、南沙区、花都区、从化区、增城区等 11 个县级烟草专卖分局	—	横琴新区和斗门区烟草专卖局（分公司）	第一、第二、第三、第四、第五、第六、第七烟草专卖分局
总资产（万元）		777001	77270	51349	146331
资产负债率（%）		54.66	20.28	23.54	15.67
从业人员（人）		1232	287	228	875
所属业务机构	营销机构	1 个营销中心、11 个卷烟营销部	1 个营销中心、4 个营销部	1 个营销中心、1 个电访中心	1 个营销管理中心、7 个卷烟营销部
	物流配送机构	1 个物流配送中心	1 个物流配送中心	1 个物流配送中心	1 个物流配送中心
	专卖稽查机构	1 个稽查支队、11 个稽查大队	1 个稽查支队、4 个稽查大队	1 个稽查支队、6 个稽查大队	1 个稽查支队、7 个稽查大队
	烟叶机构	—	—	—	—
实现税利	万元	423149	112350	78756	263416
	比上年增长（%）	4.23	3.33	3.66	3.18
实现利润	万元	165379	45124	31781	101502
	比上年增长（%）	4.61	6.37	2.66	2.64
卷烟销售收入（万元）		1347136	359845	250153	1000300
查处涉烟违法案件（起）		3919	744	1525	1954
查处涉烟违法案件案值（万元）		18037	2028	1006	7443
烟基建设投入资金（万元）		—	—	—	—
烟基设施新增受益面积（万亩）		—	—	—	—
烟叶种植（万亩）		—	—	—	—
烟叶收购（万担）		—	—	—	—
烟农户数（户）		—	—	—	—
实现烟农总收入（万元）		—	—	—	—
零售客户数（户）		36117	12621	8689	34517
零售客户销售毛利率（%）		14.10	13.79	13.60	10.65

地市级局（公司）名称		佛山市烟草专卖局（有限责任公司）	肇庆市烟草专卖局（有限责任公司）	江门市烟草专卖局（有限公司）	惠州市烟草专卖局（有限责任公司）
主要负责人/法定代表人（含党政领导）		范　波	罗春华 （—2017 年 12 月） 谷　涛 （2017 年 12 月—）	林　显	刘志斌 （—2017 年 8 月） 赖科东 （2017 年 12 月—）
所属县级单位		南海区、顺德区、三水区、高明区等 4 个县级烟草专卖局（分公司）和 1 个直属分局	高要区、四会市、怀集县、广宁县、德庆县、封开县等 6 个县级烟草专卖局（分公司）和 1 个直属分局	开平市、台山市、新会区、鹤山市、恩平市等 5 个县级烟草专卖局（分公司）和 1 个直属分局	博罗县、惠东县、惠阳区、龙门县、大亚湾区等 5 个县级烟草专卖局（分公司）
总资产（万元）		132432	44745	74139	119361
资产负债率（%）		26. 55	15. 68	17. 81	20. 13
从业人员（人）		738	599	727	615
所属业务机构	营销机构	1 个营销中心	1 个营销中心 7 个营销部	1 个营销中心	1 个营销中心
	物流配送机构	1 个物流配送中心	1 个物流配送中心	1 个物流配送中心、1 个物流配送分中心、2 个物流中转站	1 个物流配送中心
	专卖稽查机构	1 个稽查支队、5 个稽查大队	1 个稽查支队、9 个稽查大队	1 个稽查支队、10 个稽查大队	1 个稽查支队、5 个稽查大队
实现税利	万元	258219	103557	134018	151625
	比上年增长（%）	3. 53	2. 81	0. 12	8. 32
实现利润	万元	101906	35451	45083	57698
	比上年增长（%）	4. 36	7. 20	-0. 71	9. 32
卷烟销售收入（万元）		832442	364640	461562	499240
查处涉烟违法案件（起）		1671	2408	1945	3023
查处涉烟违法案件案值（万元）		5173	1166	5655	9699
烟基建设投入资金（万元）		—	—	—	—
烟基设施新增受益面积（万亩）		—	—	—	—
烟叶种植（万亩）		—	—	—	—
烟叶收购（万担）		—	—	—	—
烟农户数（户）		—	—	—	—
实现烟农总收入（万元）		—	—	—	—
零售客户数（户）		23848	13870	16602	15921
零售客户销售毛利率（%）		13. 00	9. 28	14. 00	13. 72

地市级局（公司）名称		茂名市烟草专卖局（有限责任公司）	阳江市烟草专卖局（有限责任公司）	云浮市烟草专卖局（有限责任公司）	湛江市烟草专卖局（有限公司）
主要负责人/法定代表人（含党政领导）		梁树桥	翁　飞	黄小健	周联际（—2017年6月） 陈胜希（2017年7月—）
所属县级单位		信宜市、高州市、化州市、电白区等4个县级烟草专卖局（分公司）	阳春市、阳东区、阳西县等3个县级烟草专卖局（分公司）	罗定市、新兴县、郁南县、云安区等4个县级烟草专卖局（分公司）和1个直属分局	雷州市、吴川市、廉江市、徐闻县、遂溪县等5个县级烟草专卖局（分公司）
总资产（万元）		50350	26425	25660	61865
资产负债率（%）		30.07	21.99	14.38	35.76
从业人员（人）		653	415	392	630
所属业务机构	营销机构	1个营销中心	1个营销中心	1个营销中心	1个营销中心
	物流配送机构	1个物流配送中心	1个物流配送中心	1个物流配送中心	1个物流配送中心、5个物流对接点
	专卖稽查机构	1个稽查支队、5个稽查大队	1个稽查支队、8个稽查大队	1个稽查支队、6个稽查大队	1个稽查支队、6个稽查大队
	烟叶机构	—	—	—	—
实现税利	万元	78751	55546	60261	110491
	比上年增长（%）	11.84	6.89	5.15	10.70
实现利润	万元	23139	16735	18712	35142
	比上年增长（%）	28.16	8.81	4.56	8.34
卷烟销售收入（万元）		302606	203524	255516	388493
查处涉烟违法案件（起）		1975	917	1037	3991
查处涉烟违法案件案值（万元）		2030	3390	1808	2038
烟基建设投入资金（万元）		—	—	—	—
烟基设施新增受益面积（万亩）		—	—	—	—
烟叶种植（万亩）		—	—	—	—
烟叶收购（万担）		—	—	—	—
烟农户数（户）		—	—	—	—
实现烟农总收入（万元）		—	—	—	—
零售客户数（户）		13775	9419	8629	15357
零售客户销售毛利率（%）		13.11	10.94	12.68	8.90

地市级局（公司）名称		汕头市烟草专卖局（有限责任公司）	潮州市烟草专卖局（有限责任公司）	汕尾市烟草专卖局（有限公司）	揭阳市烟草专卖局（有限公司）
主要负责人/法定代表人（含党政领导）		朱伟优	许暖镇	赵中华	曾忠良 （—2017年7月） 赖少洪 （2017年7月—）
所属县级单位		澄海区、潮阳区、龙湖区等3个县级烟草专卖局（分公司），南澳县烟草专卖局（公司）[1]	潮安区和饶平县烟草专卖局（分公司）	陆丰市、海丰县、陆河县等3个县级烟草专卖局（分公司）和1个直属分局	普宁市、揭东区、揭西县、惠来县等4个县级烟草专卖局（分公司）
总资产（万元）		87969	42060	50479	90893
资产负债率（%）		15.33	27.21	12.51	11.16
从业人员（人）		711	448	531	790
所属业务机构	营销机构	1个营销中心	1个营销中心	1个营销中心	1个营销中心
	物流配送机构	1个物流配送中心、3个物流分中心	1个物流配送中心	1个物流配送中心	1个物流配送中心
	专卖稽查机构	1个稽查支队、7个稽查大队	1个稽查支队、4个稽查大队	1个稽查支队、5个稽查大队	1个稽查支队、9个稽查大队
	烟叶机构	—	—	—	—
实现税利	万元	178758	84136	89189	208985
	比上年增长（%）	4.11	3.01	3.25	5.68
实现利润	万元	67279	28809	31222	79198
	比上年增长（%）	7.51	3.48	5.97	9.76
卷烟销售收入（万元）		722049	291527	314071	703512
查处涉烟违法案件（起）		1225	1271	1475	1814
查处涉烟违法案件案值（万元）		15213	5767	1923	13600
烟基建设投入资金（万元）		—	—	—	—
烟基设施新增受益面积（万亩）		—	—	—	—
烟叶种植（万亩）		—	—	—	—
烟叶收购（万担）		—	—	—	—
烟农户数（户）		—	—	—	—
实现烟农总收入（万元）		—	—	—	—
零售客户数（户）		14568	6078	10877	16220
零售客户销售毛利率（%）		9.20	9.91	13.83	14.46

地市级局（公司）名称		韶关市烟草专卖局（有限公司）	梅州市烟草专卖局（有限公司）	河源市烟草专卖局（有限责任公司）	清远市烟草专卖局（有限公司）
主要负责人/法定代表人（含党政领导）		杨伟平（—2017 年 9 月） 罗福命（2017 年 9 月—）	谢平华	赖科东（—2017 年 12 月） 杨熙广（2017 年 12 月—）	张辉明（—2017 年 12 月） 方文青（2017 年 12 月—）
所属县级单位		南雄市、始兴县、曲江区、乐昌市、乳源瑶族自治县、仁化县、翁源县、新丰县等 8 个县级烟草专卖局（分公司）	梅县区、兴宁市、五华县、大埔县、蕉岭县、平远县、丰顺县等 7 个县级烟草专卖局（分公司）	东源县、龙川县、紫金县、连平县、和平县等 5 个县级烟草专卖局（分公司）	英德市、佛冈县、清新区、阳山县、连州市、连南县、连山县等 7 个县级烟草专卖局（分公司）和 1 个直属分局
总资产（万元）		95726	100398	51605	72511
资产负债率（%）		36.95	35.40	9.34	16.5
从业人员（人）		1349	1136	545	789
所属业务机构	营销机构	1 个营销中心	1 个营销中心	1 个营销中心	1 个营销中心
	物流配送机构	1 个物流配送中心	1 个物流配送中心、4 个物流中转站、2 个物流对接点、2 个送货组	1 个物流配送中心、4 个物流中转站	1 个物流配送中心、1 个物流中转站、2 个物流对接点
	专卖稽查机构	1 个稽查支队、9 个稽查大队	1 个稽查支队、8 个稽查大队	1 个稽查支队、8 个稽查大队	1 个稽查支队、8 个稽查大队
	烟叶机构	9 个烟叶工作站、18 个烟叶工作点	5 个烟叶工作站、19 个烟叶工作点	—	1 个烟叶工作站
实现税利	万元	108865	130850	93441	98536
	比上年增长（%）	-14.26	0.68	3.24	2.63
实现利润	万元	37118	45168	31983	29904
	比上年增长（%）	-28.31	2.49	8.70	3.04
卷烟销售收入（万元）		319284	499279	329194	359964
查处涉烟违法案件（起）		1218	1992	1603	3175
查处涉烟违法案件案值（万元）		2194	6846	5000	1096
烟基建设投入资金（万元）		1809	774	—	307
烟基设施新增受益面积（万亩）		6.862	2.05	—	0.46
烟叶种植（万亩）		12.44	5.60	—	0.54
烟叶收购（万担）		34.82	15.65	—	1.50
烟农户数（户）		6488	2383	—	243
实现烟农总收入（万元）		39848	24326	—	1792
零售客户数（户）		9696	12878	12454	12103
零售客户销售毛利率（%）		14.80	10.18	10.16	9.30

注：1. 2017 年，汕头市南澳县局（公司）体制未上划。

◇ 撰稿：张　慧；编辑：王东旭　褚　幸

广西壮族自治区烟草专卖局（公司）

【专卖管理】 **卷烟打假打私。** 2017年，广西壮族自治区烟草专卖局查处涉烟违法案件1.37万起。查获非法卷烟7.57万件，同比增长39.63%。其中，假冒卷烟1.16万件，同比增长102%；走私烟5.91万件，同比增长34%，占全国走私烟查获总量的46%。查处案值超百万元的案件91起，其中符合公安部、国家局标准的案件51起，部督案件4起。

加大对烟叶非法经营案件的查处力度，查处烟叶、烟丝案件255起，查获非法烟叶、烟丝861.04吨。捣毁制售假烟窝点16个，查获各类烟机55台（套），其中大型烟机2台（套）。加大打击走私烟力度，查处涉私案件1900起，同比增长10.72%。公安、司法机关依法刑拘492人，逮捕336人，判刑235人。全年查处的符合公安部、国家局标准的案件数、非法卷烟数量和走私烟数量为历史之最，其中走私烟查获总量连续两年居全国第一。

完善打假打私工作体系。 强化政府主导，自治区政府将烟草打假打私纳入地方绩效考核，并部署开展烟草打私“猎非”专项打击行动。防城港把广西烟草打私总队、防城港市局纳入反走私成员单位，将在北仑河值守的烟草打私队伍与各执法部门融合编队，开展联勤联值。密切部门合作，根据《桂粤打击烟草专卖品走私合作协议》，召开桂粤联合打击烟草专卖品走私座谈会，分析形势，部署信息共享、联合办案、开展专项行动等工作。与自治区公安厅、南宁海关、自治区公安边防总队、自治区海警总队及自治区工商行政管理局联合召开全自治区烟草打假打私和市场清理整顿工作会议，不断增强烟草打私合力。完善协作机制，制定印发《烟草、公安、海关烟草打私重大案件督办制度》《烟草、公安边防联合打击走私烟草专卖品违法犯罪活动执法合作备忘录》《烟草、海警联合打击烟草专卖品海上走私违法犯罪活动协作机制》等，实现烟草打私行政执法与刑事打击的有效衔接。

“猎非”专项行动。 4月12日，自治区政府召开全区烟草打私联席会议，部署“猎非”专项打击行动，采取“一线封堵、东西联动；二线拦截、重点清理”工作方针，加强对走私卷烟上岸、运输、分销、扩散等环节的打击。防城港、钦州、北海等市联合公安、边防等部门在北仑河流域、滨海二级公路、高速公路等主要通道设卡封堵；联合海警、海关部门相继开展“国门利剑”“海鹰2017”缉私专项行动，海陆联动，加强北部湾海上巡逻，加大中越边境和重点海域打私工作力度。防城港、东兴一线查处涉嫌走私车辆956台、船只102艘，打掉涉私、涉黑团伙30个，抓获涉嫌走私人员700余人。查获走私烟4万件，占全自治区走私烟查获量的67.87%。加大走私卷烟转运环节查处力度，重点打击非法通道、非法车辆、非法储存仓库涉嫌走私卷烟行为。钦州、玉林、来宾、南宁市相继查处“2·19”“1·15”“3·6”等一批案值百万元以上走私烟转运大案。全自治区在运输环节查处走私卷烟案件325起，查获走私烟1.74万件。开展打击暴力抗法专项整治行动，捣毁窝点40个，望风篷12个。防城港“9·27”案件摧毁长期盘踞在中越北仑河海关责任管段1号哨塔辖区内的重大香烟走私团伙，抓获涉案人员15人，现场查扣书证、物证、管制刀具、钢管、土制炸弹一批。

“飓风”专项行动。 5月1日至12月31日，自治区局在全自治区部署开展“飓风”专项行动，重点整治利用互联网及物流快递渠道非法销售卷烟违法行为。加大互联网、自媒体涉烟广告、售烟信息的搜索力度，定期会同工商部门及时屏蔽、删除、关闭售烟网站、网店。联合公安、交通、邮政等部门加强物流寄递企业监管，落实收件开箱验视和实名制，对重点物流寄递企业派执法人员驻点过机检查，加大寄递卷烟违法行为的处罚力度。防城港市破获“3·3”利用邮政快递非法走私卷烟案，抓获犯罪嫌疑人5人，逮捕3人，查获“爱喜（ESSE）”牌走私卷烟27件，涉案金额2214万元。专项行动期间，出动检查人员4万余人次，查处互联网涉烟违法案件1673起，查获非法卷烟9478.85件，其中假冒卷烟3174件、走私烟4889件，移送邮政部门处罚违规寄递企业2家。

证件管理。 贯彻落实新修订的《烟草专卖许可证管理办法》及其实施细则，精简审批流程，持续推进办证窗口建设，全国率先做到专卖零售许可全部进驻当地政府办证大厅，实现“一口受理、限时办结、规范办理、透明办理、网上办理”，将“高效便民”落到实处。实施证件办理回访制，强化办证检查考核和信访投诉跟踪督办，充分保障申请人权利，坚决杜绝办“人情证、关系证、金钱证”，群众满意度明显提升。强化许可证后续监管，利用国家局“三统一”系统加强辖区擅自停业许可证实时监控、清理，清理出擅自停业的零售客户1781户，有效提升零售许可资源配置有效性。

【经济效益】 2017年，广西壮族自治区烟草商业系统实现税利101.55亿元，同比增长8.01%，其中利润32亿元，同比增长10.19%。三项费用率6.9%，同比下降0.27个百分点。

【卷烟（雪茄烟）经营】 **卷烟（雪茄烟）销售。** 2017年，广西壮族自治区卷烟销量居前三位的品牌为“真龙”“双喜·红双喜”“红塔山”，销量分别为285.46亿支（57.09万箱）、74.23亿支（14.85万箱）、64.3亿支（12.86万箱）。实现单箱销售收入2.68万元，同比增长6.69%。销售细支烟12.6亿支（2.52万箱）。销售低焦油卷烟81亿支（16.2万箱），同比增长27.9%。销售雪茄烟3269万支，同比增长28.29%。

现代终端建设。 坚持把终端建设作为行业最具价值的战略工程。召开桂东南片区、桂南片区8个市局（公司）现代终端建设推进会。全自治区累计建成现代卷烟零售终端3.51万户，占持证户的16.7%。全自治区零售客户卷烟每月户均盈利2675元。现代卷烟零售终端每月户均盈利6845元，户均零售毛利率达13.6%以上，客户满意度87.57分，行业排名第十位，排名上升6位。

品牌培育。 印发《关于加强行业重点品牌培育的指导意见》，实现全自治区重点品牌的平稳发展。全年销售重点品牌卷烟689.13亿支（137.83万箱），同比增长1.29%，销售“真龙”285.45亿支（57.09万箱），同比增长3.92%。

卷烟结构优化。 印发《卷烟品牌（规格）引入与退出管理办法》，完善卷烟品牌规格管理，健全品牌优胜劣汰的市场化退出机制，促进良性竞争、科学发展。科学规划各价位段主导规格、护卫规格、潜力规格的数量和分布，优化品类布局，激发品类协同发力。全自治区销售一、二类烟243.75亿支（48.75万箱），同比增长16.13%，其中，一类烟销量增幅全国排名第一位、二类烟增幅全国排名第11位。

现代物流建设。 推进物流非法人实体化运作，推行物流中心财务预算、费用核算和定额管理等3个控本体系建设，持续管控物流费用。物流费用率1.07%，同比减少0.03个百分点；人均卷烟配送效率982箱，同比增长3.13%，高于行业平均值；卷烟库存周转次数15.7次，同比增长1.95%；平均送货响应时间27.6小时，同比下降4.07%；物流从业人员1579人，同比下降2.71%。

贺州市卷烟零售店员向客户介绍特色卷烟产品（2017年）
广西贺州市局 刘耀兴 摄

【烟叶产销】 **烟叶种植和收购。** 2017年，广西壮族自治区烤烟合同种植面积15.6万亩。收购烤烟2.03万吨（40.6万担），其中上等烟比例46.5%、中等烟比例40.3%。国内调拨烤烟1.93万吨（38.6万担）、出口备货烤烟0.1万吨（2万担）。有烟农9117

户。全年实现烟农种烟收入（不含补贴）4.39 亿元，烟农户均收入（不含补贴）4.81 万元。

烟叶生产基础设施建设。 全自治区实际完成烟叶生产基础设施建设项目 5707 件，其中水池 10 个容量 1000 立方米、管网 21 条长 4.37 千米、沟渠 8 条长 4.32 千米、2.7 米×8 米新建密集烤房 281 座、烤房设备维修更换 556 座、烘烤附属设施 1 座、烟夹与散叶分风板购置 4619 套、烟夹与散叶烘烤烤房土建部分改造 113 座、育苗设施项目 95 件、烟草农用机械 3 台。投入资金 7521 万元，其中国家局投入 3668 万元、自治区烟草商业系统投入 3853 万元。

烟叶精益管理。 围绕"稳规模、增单产、提质量、减损耗、降费用"五项重点工作，推进烟叶精益管理。全自治区百亩以上连片种植率 62%，采烤一体化、水肥一体化、废弃地膜污染治理主推技术覆盖率分别达到 52%、89% 和 78%，专业育苗和分级率 100%，专业机耕和烘烤率分别达到 96% 和 52%。推广绿肥种植等适用技术，烟叶亩均单产 2.6 担，同比增长 26%，上中等烟叶收购比例达到 86.8%。全年累计培训烟农 2.26 万人次，烟技员 600 余人次。

防灾体系建设。 加强防雹增雨、防汛抗旱、绿色防控等防灾体系建设，成功将烟区防雹工作由企业行为上升到政府行为，全自治区累计开展防雹作业 46 轮（次），全自治区烟叶因灾减产约 0.135 万吨（2.7 万担），同比减少 0.36 万吨（7.2 万担）。

烟农辅业生产。 坚持做精主业，发展辅业生产，开展"党支部＋合作社＋农户"新模式试点工作，推动烟区党建、富民、扶贫工作上水平。通过育苗大棚种瓜、烤房群种菇、烟用农机社会化服务、基本烟田种植后茬作物等方式，全区烟农辅业收入近 2 亿元，户均收入突破 2000 元；烟农实际总收入突破 5 万元，带动 1387 户贫困户实现脱贫摘帽。

【特事辑要】 6 月 7—10 日，国家烟草专卖局党组书记、局长，中国烟草总公司总经理凌成兴在广西烟草调研。凌成兴强调，广西烟草要巩固终端建设、卷烟打私、工商共同培育品牌"三个样板"，争当稳产销、提结构、降库存、增税利"四个先进"，以优异成绩迎接党的十九大胜利召开。

2017 年广西壮族自治区烟草专卖商业主要情况统计

地市级局（公司）名称	南宁市烟草专卖局（公司）	柳州市烟草专卖局（公司）	桂林市烟草专卖局（公司）	梧州市烟草专卖局（公司）	北海市烟草专卖局（公司）
主要负责人/法定代表人（含党政领导）	孙中标	韦毓云	李　斌	何奇枢（—2017 年 2 月） 何珠勇（2017 年 2 月—）	许　宁（—2017 年 2 月） 陈卫红（2017 年 2 月—）
所属县级单位	青秀区、兴宁区、江南区、西乡塘区、良庆区、邕宁区、武鸣区、宾阳县、横县、隆安县、上林县、马山县等 12 个县级烟草专卖局（营销部）	城区、柳江区、柳城县、鹿寨县、融安县、融水苗族自治县、三江侗族自治县等 7 个县级烟草专卖局（营销部）	城区、临桂区、灵川县、永福县、兴安县、全州县、灌阳县、阳朔县、荔浦县、平乐县、资源县、恭城瑶族自治县、龙胜各族自治县等 13 个县级烟草专卖局（营销部）	城区、苍梧县、岑溪市、藤县、蒙山县等 5 个县级烟草专卖局（营销部）	城区、合浦县 2 个县级烟草专卖局（营销部）
总资产（万元）	201350	104816	151591	44861	48292
资产负债率（%）	26.89	20.53	22.33	16.81	20.95
从业人员（人）	917	514	726	417	252

续表

地市级局（公司）名称		南宁市烟草专卖局（公司）	柳州市烟草专卖局（公司）	桂林市烟草专卖局（公司）	梧州市烟草专卖局（公司）	北海市烟草专卖局（公司）
所属业务机构	营销机构	1个营销中心	1个营销中心	1个营销中心	1个营销中心	1个营销中心
	物流配送机构	1个物流中心、6个中转站	1个物流中心、5个中转站	1个物流中心、9个中转站	1个物流中心、3个送货部	1个物流中心
	专卖稽查机构	1个稽查支队、15个稽查大队	1个稽查支队、4个稽查大队	1个稽查支队、16个稽查大队	1个稽查支队、5个稽查大队	1个稽查支队、3个稽查大队
	烟叶机构	—	—	—	—	—
实现税利	万元	204714	104727	132951	50720	46280
	比上年增长（%）	5.72	13.15	6.67	4.68	3.85
实现利润	万元	75032	36906	42319	14757	16201
	比上年增长（%）	12.61	14.15	3.12	-1.37	3.04
卷烟销售收入（万元）		820533	412296	534163	211260	182412
查处涉烟违法案件（起）		2967	794	1353	778	404
查处涉烟违法案件案值（万元）		4972	1115	1472	1265	2268
烟基建设投入资金（万元）		—	—	—	—	—
烟基设施新增受益面积（万亩）		—	—	—	—	—
烟叶种植（万亩）		—	—	—	—	—
烟叶收购（万担）		—	—	—	—	—
烟农户数（户）		—	—	—	—	—
实现烟农总收入（万元）		—	—	—	—	—
零售客户数（户）		30716	18360	25044	13250	8588
零售客户销售毛利率（%）		14.30	14.29	14.04	14.60	14.30

地市级局（公司）名称	防城港市烟草专卖局（公司）	钦州市烟草专卖局（公司）	贵港市烟草专卖局（公司）	玉林市烟草专卖局（公司）	百色市烟草专卖局（公司）
主要负责人/法定代表人（含党政领导）	吕郁全（—2017年2月）何奇枢（2017年2月—）	黎　云	郑　刚	林光耀	王五权（—2017年2月）范东升（2017年2月—）
所属县级单位	城区、上思县、东兴市等3个县级烟草专卖局	城区、灵山县、浦北县等3个县级烟草专卖局（营销部）	城区、桂平市、平南县等3个县级烟草专卖局（营销部）	城区、北流市、容县、陆川县、兴业县、博白县等6个县级烟草专卖局（营销部）	城区、田阳县、田东县、平果县、德保县、靖西市、那坡县、西林县、凌云县、乐业县、田林县、隆林各族自治县等12个县级烟草专卖局（营销部）
总资产（万元）	23534	43256	57600	59300	106895
资产负债率（%）	16.48	20.27	27.13	17.40	17.55

续表

地市级局（公司）名称		防城港市烟草专卖局（公司）	钦州市烟草专卖局（公司）	贵港市烟草专卖局（公司）	玉林市烟草专卖局（公司）	百色市烟草专卖局（公司）
从业人员（人）		175	376	456	591	1227
所属业务机构	营销机构	1个营销中心	1个营销中心	1个营销中心	1个营销中心	1个营销中心
	物流配送机构	1个物流中心、1个中转站	1个物流中心、3个中转站	1个物流中心、2个中转站	1个物流中心、7个中转站	1个物流中心、12个客服办公室
	专卖稽查机构	1个稽查支队、3个稽查大队	1个稽查支队、4个稽查大队	1个稽查支队、5个稽查大队	1个稽查支队、8个稽查大队	1个稽查支队、13个稽查大队
	烟叶机构	—	—	—	—	1个烟叶科、1个烟叶科研所、9个烟叶站
实现税利	万元	24401	46711	65634	70489	95083
	比上年增长（%）	-2.57	8.19	8.15	9.53	9.24
实现利润	万元	6369	14383	20431	21711	33786
	比上年增长（%）	-13.40	8.41	11.61	10.10	6.61
卷烟销售收入（万元）		111582	208471	270756	306839	294543
查处涉烟违法案件（起）		1469	1021	752	632	726
查处涉烟违法案件案值（万元）		91010	4000	1665	3111	2900
烟基建设投入资金（万元）		—	—	—	—	5702
烟基设施新增受益面积（万亩）		—	—	—	—	6.80
烟叶种植（万亩）		—	—	—	—	11.15
烟叶收购（万担）		—	—	—	—	29.96
烟农户数（户）		—	—	—	—	6983
实现烟农总收入（万元）		—	—	—	—	32664
零售客户数（户）		4844	13684	18689	20131	18860
零售客户销售毛利率（%）		16.53	13.98	14.00	13.70	13.50

地市级局（公司）名称	贺州市烟草专卖局（公司）	河池市烟草专卖局（公司）	来宾市烟草专卖局（公司）	崇左市烟草专卖局（公司）
主要负责人/法定代表人（含党政领导）	李银山（—2017年2月） 王五权（2017年2月—）	范东升（—2017年2月） 谢绍彬（2017年2月—）	龚志华（—2017年2月） 宾彬超（2017年2月—）	覃忠达
所属县级单位	城区、钟山县、富川瑶族自治县、昭平县等4个县级烟草专卖局（营销部）	金城江区、宜州区、罗城仫佬族自治县、环江毛南族自治县、南丹县、天峨县、东兰县、巴马瑶族自治县、凤山县、都安瑶族自治县、大化瑶族自治县等11个县级烟草专卖局（营销部）	城区、忻城县、合山市、象州县、武宣县、金秀瑶族自治县等6个县级烟草专卖局（营销部）	江州区、扶绥县、宁明县、大新县、龙州县、天等县、凭祥市等7个县级烟草专卖局（营销部）

续表

地市级局（公司）名称		贺州市烟草专卖局（公司）	河池市烟草专卖局（公司）	来宾市烟草专卖局（公司）	崇左市烟草专卖局（公司）
总资产（万元）		44352	69685	45818	36219
资产负债率（%）		22.81	15.40	41.52	29.20
从业人员（人）		484	654	352	366
所属业务机构	营销机构	1个营销中心	1个营销中心	1个营销中心	1个营销中心
	物流配送机构	1个物流中心、3个中转部	1个物流中心、11个中转站	1个物流中心、5个中转站	1个物流中心、5个中转站
	专卖稽查机构	1个稽查支队、5个稽查大队	1个稽查支队、12个稽查大队	1个稽查支队、1个稽查大队	1个稽查支队、7个稽查大队
	烟叶机构	1个烟叶科、8个烟叶站	1个烟叶科、5个烟叶站	—	—
实现税利	万元	41020	67150	39570	39562
	比上年增长（%）	9.40	14.25	11.20	7.17
实现利润	万元	11450	21215	11032	9867
	比上年增长（%）	25.11	34.48	14.95	7.03
卷烟销售收入（万元）		171304	277588	171860	173176
查处涉烟违法案件（起）		713	505	418	1147
查处涉烟违法案件案值（万元）		717	1281	2252	1041
烟基建设投入资金（万元）		800	1020	—	—
烟基设施新增受益面积（万亩）		1.20	1.20	—	—
烟叶种植（万亩）		2.30	2.15	—	—
烟叶收购（万担）		6.00	4.64	—	—
烟农户数（户）		1256	878	—	—
实现烟农总收入（万元）		6480	4745	—	—
零售客户数（户）		9804	17767	11265	10963
零售客户销售毛利率（%）		14.46	14.01	14.28	14.28

◇ 撰稿：黄祥进；编辑：王东旭　褚　幸

海南省烟草专卖局（公司）

【专卖管理】　*打假打私。* 2017年，海南省烟草专卖局以“堵源头、断渠道、净市场”为目标，在“五一”、中秋、国庆期间开展专项排查，并组织“国门利剑2017”、加热不燃烧新型卷烟专项排查治理等专项行动；组建全省烟草专卖情报信息分析办公室和专卖稽查行动队，与海南海警总队签署《打击烟草专卖品海上走私合作协议》，开展物流寄递环节打假打私专项行动。全年全省查获各类涉烟违法案件2674起，其中假冒卷烟案件1872起。查获非法卷烟2295.98件，其中假冒卷烟1923.33件。公安、司法机关依法刑拘41人，逮捕34人，判刑39人。

大、要案件查办。 全省破获符合公安部、国家局标准的网络案件7起，符合省级标准的网络案件8起。儋州市局“9·6”销售假烟网络案件被公安部、国家局列为部级督办案件，涉案金额1128万元。三亚市局“3·14”销售假烟网络案件共抓获犯罪嫌疑人14人，刑拘7人，现场查获涉案卷烟100余件，涉案金额3000万元。琼海市局“8·20”

网络案件，涉案金额680万元。

烟草专卖许可证管理。 全省4个市、14个县级局全部完成零售合理布局规划修改和听证工作，降低准入门槛，取消人为限制，全面实行零售许可负面清单制度。推行“互联网+政务服务”极简便民服务模式，全省4个市、14个县级局全部设立实体办证窗口，并全部通过互联网、微信公众号、电话等极简方式受理申请，提高办证效率，压缩办理时限。

内部专卖管理监督。 完善协同监管机制，加强对卷烟零售大户的监管，开展卷烟非法流通治理。全年全省查处卷烟非法流通案件224起，案值272.8万元，查获非法流通卷烟133.43件，查处5万支或案值5万元以上的卷烟非法流通案件12起。全年外流卷烟数量为100.3万支，控制卷烟外流成效在全国33家省级单位中位列第二名。

【经济效益】 2017年，全省烟草商业系统实现税利40.05亿元，同比增长7.64%，其中利润15.71亿元，同比增长11.98%。三项费用率3.66%，同比减少0.14个百分点，业务招待费同比下降53.25%，会议费同比下降67.24%。

【卷烟（雪茄烟）经营】 **卷烟（雪茄烟）销售。** 海南省销量居前三位的卷烟品牌为“红塔山”“芙蓉王”“云烟”，销量分别为51.04亿支（10.21万箱）、36.72亿支（7.35万箱）、20.98亿支（4.2万箱）。销售雪茄烟0.08亿支。

实现卷烟（含雪茄烟）销售收入150.82亿元，同比增长4.38%。实现税利（含雪茄烟）40.05亿元，同比增长7.64%，其中利润15.71亿元，同比增长11.98%。单箱销售收入3.4万元，同比增长4%。单箱税利9026元，同比增长7.05%。

品牌培育。 坚持以市场需求为导向，持续加大品牌培育力度，全国重点品牌卷烟销量为196.15亿支（39.23万箱），同比增长1.44%，其中“中华”“芙蓉王”“红塔山”“云烟”“白沙”“利群”“双喜·红双喜”“黄鹤楼”“玉溪”“黄山”10个重点品牌共销售178.09亿支（35.62万箱）。

现代物流建设。 实施琼北卷烟物流一体化改革。琼海市局（公司）与海口、三亚市局（公司）签订资产转让协议，对撤仓并库至海口市局（公司）后闲置的设施设备实施转移。儋州市局（公司）的卷烟仓储、分拣业务并入海口市公司。7月，省局（公司）卷烟实现“零库存”，琼北地区卷烟仓储分拣一体化业务整合基本完成，物流费用降低，物流效率提升。11月，海南烟草物流综合管控系统在全省推广上线试运行，实现全省卷烟工商在途、仓储、分拣、送货等业务运行数据实时监控。

【“宝岛（三沙）”培育与发展】 继续按照“逐步上量，定点销售，总量控制”的原则，采取市场化导向策略，加强组织领导，全力培育省内市场。稳步拓展省外市场。2017年，“宝岛（三沙）”在全国19个省66个重要城市落

2017年8月30日，三亚市局与海南海警二支队举行联合执法协作配合办法签字仪式

海南省局　供稿

地销售。全年海南自主品牌卷烟销售9.55亿支（1.91万箱），同比增长30.63%，其中“宝岛（三沙）”省内外落地销售2.2亿支（0.44万箱）。

【雪茄烟叶生产】 2017年，收购雪茄烟叶140吨（2800担），调拨雪茄烟叶46.125吨（922.5担）。出口雪茄烟样品烟叶0.635吨（12.7担）到多米尼加共和国。

组织编制完成《雪茄烟中长期科技发展规划》《海南雪茄研究所中长期科技发展规划》，为推动海南雪茄烟产业发展提供目标遵循。持续加强雪茄烟叶科学研究。加大资金投入力度，全力开展科研项目攻关，全年新立项科研项目6项，获批海南省科技厅项目1项；收集、引进雪茄烟及具有雪茄烟风格的晾晒烟种质资源132份，国外雪茄烟种质资源67份；筛选出茄衣品种3个，茄芯品种5个；突破雪茄烟叶育苗关键技术，掌握最适烟叶打顶留叶技术。推进雪茄烟研究基础设施建设。建成雪茄烟分子育种实验室；完成屯昌试验基地、五指山试验站规划设计，完成儋州试验站8座标准晾房和28亩遮荫棚建设并投入使用。同时，不断强化对外交流合作，分别与中国热带农业科学院、中国农业科学院烟草研究所签订《战略合作协议》，与国内4家雪茄烟生产工业企业达成合作意向，进一步推动海南雪茄烟叶加快发展。

【特事辑要】 1月22日，海南省局（公司）在海口召开2017年全省烟草工作会议。

3月13日，海南省副省长何西庆在海南省局扶贫点临高县皇桐镇富雄村委会调研，实地考察皇桐镇（橡胶）林下雪茄烟叶种植试验项目、火龙果种植基地及“美丽乡村”建设推进情况，了解该村基础扶贫建设及村危房改造等情况。

5月4日，海南省委、省政府办公厅通报海南省309家省派定点扶贫单位2016年度定点扶贫工作成效考核情况，海南省局因帮扶措施有力，扶贫工作成效明显，综合评价结果为最高的“好”级次。

2017年海南省烟草专卖商业主要情况统计

地市级局（公司）名称		海口市烟草专卖局（公司）	三亚市烟草专卖局（公司）	琼海市烟草专卖局（公司）	儋州市烟草专卖局（公司）
主要负责人/法定代表人（含党政领导）		王斌斌（—2017年12月） 李　云（2017年12月—）	李　云（—2017年12月） 陈益峰（2017年12月—）	陈益峰（—2017年12月） 李　敏（2017年12月—）	李宏伟（—2017年12月） 崔宇慧（2017年12月—）
所属县级单位		澄迈县、文昌市、定安县、临高县等4个县级烟草专卖局（营销部）	乐东县、陵水县、保亭县、五指山市等4个县级烟草专卖局（营销部）	万宁市、屯昌县、琼中县等3个县级烟草专卖局（营销部）	东方市、昌江县、白沙县等3个县级烟草专卖局（营销部）
总资产（万元）		110773	38244	40964	25301
资产负债率（%）		21.62	20.43	18.62	22.17
从业人员（人）		431	259	224	188
所属业务机构	营销机构	1个营销中心	1个营销中心	1个营销中心	1个营销中心
	物流配送机构	1个物流中心、1个物流配送中转站	1个物流中心、2个物流配送中转站	1个物流中心、1个物流配送中转站	1个物流中心、2个物流配送中转站
	专卖稽查机构	1个稽查支队、10个稽查大队	1个稽查支队、9个稽查大队	1个稽查支队、6个稽查大队	1个稽查支队、7个稽查大队
	烟叶机构	—	—	—	1个烟叶科

续表

地市级局（公司）名称		海口市烟草专卖局（公司）	三亚市烟草专卖局（公司）	琼海市烟草专卖局（公司）	儋州市烟草专卖局（公司）
实现税利	万元	128200	53600	46003	36329
	比上年增长（%）	1.81	6.41	2.93	3.45
实现利润	万元	20200	7893	8015	5199
	比上年增长（%）	8.00	4.40	13.56	8.43
卷烟销售收入（万元）		719500	266100	227510	212575
查处涉烟违法案件（起）		1310	589	409	366
查处涉烟违法案件案值（万元）		1354	2035	305	1571
烟基建设投入资金（万元）		—	—	—	—
烟基设施新增受益面积（万亩）		—	—	—	—
烟叶种植（万亩）		—	—	—	—
烟叶收购（万担）		—	—	—	—
烟农户数（户）		—	—	—	—
实现烟农总收入（万元）		—	—	—	—
零售客户数（户）		20169	9315	10177	8424
零售客户销售毛利率（%）		11.09	13.00	13.13	8.79

注：海南雪茄烟叶由海南建恒哈瓦那雪茄有限公司负责种植收购，此处不作统计。

◇ 撰稿：安　婷；编辑：王东旭　褚　幸

重庆市烟草专卖局（公司）

【专卖管理】 **案件查处。** 2017年，重庆市烟草专卖局查处涉烟违法案件1.34万起，同比增长19.66%；实物案值1.23亿元，同比增长72.95%；查获各类非法卷烟1.03万件，同比增长37.33%。查处涉案金额价值5万元以上或卷烟5万支以上案件187起。查处各类涉烟违法网络案件29起，符合公安部、国家局标准的网络案件19起（含公安部、国家局督办案件1起），符合市局一级标准网络案件4起、二级标准网络案件6起。公安、司法机关依法刑事拘留82人，判刑90人。

“铁拳”专项行动。 重庆市局开展“铁拳”专项行动，以违法大户、名烟名酒店为主要整治对象，将全市大规模、大跨度拉动检查与精兵强将机动出击突破专案相结合。2017年“铁拳”专项行动检查零售客户30.23万户次，其中大户5.05万户次、名烟名酒店1.99万户次，查获违法卷烟4538.6件。

“渝铁1号”专项行动。 重庆市局稽查总队联合重庆铁路公安处开展“渝铁1号”专项行动，指挥入渝重点铁路沿线各派出所和当地烟草专卖局开展重点车次登车查缉，整治利用铁路非法贩运烟草专卖品行为，规范铁路沿线烟草市场秩序。全年联合开展大规模集中登车检查11次，查获各类非法卷烟333.42件，铲除日吞吐量近60件的假私非烟集散点1个。

严管违法违规大户专项行动。 重庆市局开展依法严管违法违规大户专项行动，指导下辖区（县）单位，建立完善大户档案，重点关注大户“购、存、销”环节，彻查经营状况、货源组织、异常动态等关键领域，严肃查处、取缔违法大户。全年全市摸排零售客户1.02万户，占持证零售客户总数的7.2%；4378户被确认为卖烟大户，占摸排总数的43%，取缔违法违规大户89户。

市场监管。 重庆市局践行“天天管、管天天”新理念，坚持全时段、全地域、全类别、全过程“四全”监管要求，推进监管模式精细化转型。全年开展3轮暗访督查，检查零售客户3251户。下辖区（县）局将执法重心回归本土市场，层层压实压力、分解任务，通过轮值检查、错峰检查、错时检查、夜间巡查、节假日市场整顿，做到市场

2017 年 4 月 18 日，重庆市局烟草专卖稽查员在重庆北站南广场一小超市内查获大量假烟

重庆市局　供稿

随时有人、地域全部覆盖。市场净化率保持在 98.5% 以上。

【经济效益】 2017 年，重庆市烟草商业系统实现税利 107.88 亿元，同比增长 4.82%，其中利润 41.47 亿元，同比增长 4.25%。单箱卷烟销售收入 3.16 万元，同比增长 3.36%①；单箱卷烟税利 8241 元，同比增长 6.27%。三项费用率 7.16%，同比下降 0.11 个百分点。

【卷烟（雪茄烟）经营】 **卷烟销售。** 2017 年，重庆市销量居前三位的品牌分别为“龙凤呈祥”“云烟”“玉溪”，销量分别为 210.95 亿支（42.19 万箱）、63.85 亿支（12.77 万箱）、36.6 亿支（7.32 万箱）。

2017 年，实现销售收入（不含税）310.23 亿元，同比增长 3.97%。实现卷烟税利 94.56 亿元，同比增长 6.91%，其中利润 33.46 亿元，同比增长 4.76%。

重点品牌销售。 2017 年，重庆市烟草商业系统贯彻落实新发展理念，坚持稳中求进工作总基调，紧紧围绕“稳销量、提结构、增税利”目标任务，按照“工商协同、共育品牌”思路，把重点品牌销售作为卷烟税利增长的重要支撑，坚持“宽进严出”的品牌引入原则，不断深化品牌培育、优化合理布局，统筹推进新品引入和品规梳理清退工作，着力以品牌培育推动销量和结构增长。销售重点品牌卷烟 499 亿支（99.8 万箱），同比增长 1.11%；重点品牌卷烟实现销售收入 344.95 亿元，同比增加 12.92 亿元，增长 3.89%。

雪茄烟销售及品牌培育。 2017 年，重庆市烟草商业系统销售雪茄烟 1244.71 万支，同比增长 63.67%。加大雪茄烟品规梳理力度，设定雪茄烟在重庆销售品规数，对销售前景不好的品规实现清理，腾出有限市场空间，做大市场规模。全年雪茄烟品规从年初的 22 个下降到 15 个。突出培育重点，以四川雪茄烟为重点，安徽、湖北和山东雪茄烟为辅助，分别为各个工业公司确定培育品规数，集中各个工业公司雪茄烟品牌优势，全力占领重庆雪茄烟消费市场。引入雪茄烟新品，全年引入雪茄烟品规 2 个，丰富和满足雪茄烟各个价位段市场需求。

【烟叶产销】 **烟叶种植和收购。** 2017 年，重庆市签订烟叶种植合同 1.72 万份。烟叶种植面积 42.47 万亩，全部为烤烟。收购烤烟 5.11 万吨（102.20 万担），完成计划 92.5%。全市烟农户数 1.72 万户，实现烟农总收入 11.44 亿元，烟农户均收入 6.65 万元，同比减少 2.05 万元。

2017 年，实现烟叶税利 12.87 亿元，同比下降 7.61%，其中利润 7.97 亿元，同比增长 4.05%。

烟叶生产基础设施建设。 2017 年，完成 1.09 亿元项目建设，建成水池 1.5 万立方米、排洪渠 1.66 千米、卧式密集烤房 30 座、烟田机耕路 163.87 千米，铺设管网 34.21 千米，实施烤房装烟方式改造 2500 座、炉体更换 660 座。完成水源工程援建资金划拨 1.03 亿元。

现代烟草农业建设。 烟叶品牌打造迈出坚实步伐，与重庆中烟合作打造 4.2 万亩、10.5 万担“K326”特色烟叶种植带。烟蚜茧蜂防治蚜虫技术实现烟叶生产 100% 覆盖，并向大农业领域延伸近 20 万亩。全市落实 2.12 万座烤房、

---

① 统计口径有调整。

1770名职业烘烤师，在全国率先实现采烤分收一体化100%覆盖，烟叶收购等级合格率82%、工商交接等级合格率64.2%。落实国家局《全国烤烟八大香型区划成果》，将重庆烟叶品牌命名为“渝金香”并召开品牌发布会。烟叶信息化建设取得突破，烟叶全面质量管理信息系统完成二期建设，烟叶物联网成果获得国家计算机软件及文字著作权认证，被重庆市科学技术协会评为全市质量控制小组活动二等奖。

2017年5月24日，重庆市黔江区局党员下田间帮助烟农开展大田管理
重庆市局　供稿

【特事辑要】 3月9日，国家局党组成员、副局长徐䓪在重庆市局（公司）调研。

8月29日，重庆市局（公司）举行“渝金香”烟叶品牌发布会。

11月24—29日，重庆市局（公司）学习宣传贯彻党的十九大精神专题培训暨党组理论学习中心组（扩大）学习会在陕西延安举行。

2017年重庆市烟草专卖商业主要情况统计

区、县局（公司）名称[1]		万州区烟草专卖局（分公司）	黔江区烟草专卖局（分公司）	涪陵区烟草专卖局（分公司）	渝中区烟草专卖局（分公司）	大渡口区烟草专卖局（分公司）
主要负责人/法定代表人（含党政领导）		李　明	袁力平（—2017年11月） 邹　毅（2017年11月—）	李　伟（—2017年7月） 陶云辉（2017年7月—）	李兴奇（2017年1月—）	程念民（—2017年2月） 赵　飞（2017年2月—）
所属县级单位		—	—	—	—	—
总资产（万元）		11367	12700	7983	3591	1543
资产负债率（%）		—	—	—	—	—
从业人员（人）		285	346	185	79	54
所属业务机构	营销机构	1个客户部、6个区域客户服务部	4个区域客户服务部	5个区域客户服务部	1个区域客户服务部	1个客户服务部
	物流配送机构	—	—	—	—	—
	专卖稽查机构	1个稽查支队、8个稽查大队	1个稽查支队、4个稽查大队	1个稽查支队、5个稽查大队	1个稽查支队、4个稽查大队	1个稽查支队、2个稽查大队
	烟叶机构	2个烟叶工作站、1个烟叶仓储中心	3个烟叶工作站、13个烟叶收购点	2个烟叶工作站	—	—
实现税利	万元	23165	31834	21618	22174	10164
	比上年增长（%）	-5.74	73.11	9.93	-2.66	7.56
实现利润	万元	-520	20248	2885	3657	1110
	比上年增长（%）	—	235.74	1.31	-6.27	9.47

续表

区、县局（公司）名称[1]	万州区烟草专卖局（分公司）	黔江区烟草专卖局（分公司）	涪陵区烟草专卖局（分公司）	渝中区烟草专卖局（分公司）	大渡口区烟草专卖局（分公司）
卷烟销售收入（万元）	150133	51260	110957	107707	61288
查处涉烟违法案件（起）	445	289	324	338	287
查处涉烟违法案件案值（万元）	678	226	172	523	245
烟基建设投入资金（万元）	860	109	192	—	—
烟基设施新增受益面积（万亩）	0. 20	—	0. 24	—	—
烟叶种植（万亩）	1. 15	3. 85	1. 15	—	—
烟叶收购（万担）	2. 92	8. 80	2. 90	—	—
烟农户数（户）	312	1277	240	—	—
实现烟农总收入（万元）	3519	10234	3192	—	—
零售客户数（户）	6127	2041	4239	1903	1319
零售客户销售毛利率（%）	4. 50	4. 80	5. 00	8. 00	5. 00

区、县局（公司）名称[1]		江北区烟草专卖局（分公司）	沙坪坝区烟草专卖局（分公司）	九龙坡区烟草专卖局（分公司）	南岸区烟草专卖局（分公司）	北碚区烟草专卖局（分公司）
主要负责人/法定代表人（含党政领导）		江 波（—2017 年 2 月） 程念民（2017 年 2 月—）	窦梓铭（—2017 年 7 月） 邱先勋（2017 年 7 月—）	楚 鹰	谢小波	郭 敏
所属县级单位		—	—	—	—	—
总资产（万元）		4138	4388	5127	4429	2801
资产负债率（%）		—	—	—	—	—
从业人员（人）		79	87	104	96	90
所属业务机构	营销机构	1 个客户服务部	1 个区域客户服务部	4 个区域客户服务部	1 个客户服务部	1 个客户服务部
	物流配送机构	—	—	—	—	—
	专卖稽查机构	5 个稽查支队	1 个稽查支队、5 个稽查大队	1 个稽查支队、4 个稽查大队	1 个稽查支队、5 个稽查大队	1 个稽查支队、3 个稽查大队
	烟叶机构	—	—	—	—	—
实现税利	万元	29335	34632	41491	31257	17003
	比上年增长（%）	6. 98	8. 46	6. 60	3. 93	3. 71
实现利润	万元	5684	6433	8627	5700	2100
	比上年增长（%）	6. 67	4. 79	12. 19	2. 70	1. 34
卷烟销售收入（万元）		137296	163302	190329	173740	100447
查处涉烟违法案件（起）		596	676	406	511	369
查处涉烟违法案件案值（万元）		685	1012	826	972	317
烟基建设投入资金（万元）		—	—	—	—	—
烟基设施新增受益面积（万亩）		—	—	—	—	—
烟叶种植（万亩）		—	—	—	—	—
烟叶收购（万担）		—	—	—	—	—
烟农户数（户）		—	—	—	—	—
实现烟农总收入（万元）		—	—	—	—	—
零售客户数（户）		2758	4148	5500	2831	3242
零售客户销售毛利率（%）		6. 00	6. 80	10. 00	6. 00	9. 00

区、县局（公司）名称[1]		万盛经济技术开发区烟草专卖局（分公司）	渝北区烟草专卖局（分公司）	巴南区烟草专卖局（分公司）	长寿区烟草专卖局（分公司）	江津区烟草专卖局（分公司）
主要负责人/法定代表人（含党政领导）		何明川	杨万长（—2017年5月）范　毅（2017年5月—）	张琼华	刘　晗	范　毅（—2017年5月）王宏勇（2017年5月—）
所属县级单位		—	—	—	—	—
总资产（万元）		1022	6728	8623	2334	2183
资产负债率（%）		—	—	—	—	—
从业人员（人）		47	139	80	91	120
所属业务机构	营销机构	1个客户服务部	5个区域客户服务部	3个区域客户服务部	1个客户服务部、2个基层队部	7个区域客户服务部
	物流配送机构	—	—	—	—	—
	专卖稽查机构	2个稽查大队	1个稽查支队、5个稽查大队	1个稽查支队、3个稽查大队	1个稽查支队、4个稽查大队	1个机动大队、7个稽查大队
	烟叶机构	—	—	—	—	—
实现税利	万元	5285	63157	24728	12190	23548
	比上年增长（%）	3.88	6.59	7.75	0.20	5.32
实现利润	万元	70	12977	3708	660	2390
	比上年增长（%）	-33.73	2.01	2.60	-21.56	17.37
卷烟销售收入（万元）		35126	291535	141558	66231	142172
查处涉烟违法案件（起）		314	796	328	285	414
查处涉烟违法案件案值（万元）		50	2019	412	190	407
烟基建设投入资金（万元）		—	—	—	—	—
烟基设施新增受益面积（万亩）		—	—	—	—	—
烟叶种植（万亩）		—	—	—	—	—
烟叶收购（万担）		—	—	—	—	—
烟农户数（户）		—	—	—	—	—
实现烟农总收入（万元）		—	—	—	—	—
零售客户数（户）		1309	7314	3862	3133	4100
零售客户销售毛利率（%）		9.50	7.00	6.00	5.00	6.50

区、县局（公司）名称[1]	合川区烟草专卖局（分公司）	永川区烟草专卖局（分公司）	南川区烟草专卖局（分公司）	綦江区烟草专卖局（分公司）	大足区烟草专卖局（分公司）
主要负责人/法定代表人（含党政领导）	谷　华	杨智中	张文平（2017年1月—）	徐　建（—2017年5月）鄢世伦（2017年5月—）	李朝彬
所属县级单位	—	—	—	—	—
总资产（万元）	3523	3237	2233	2788	2500
资产负债率（%）	—	—	—	—	—
从业人员（人）	119	98	159	90	101

续表

区、县局（公司）名称[1]		合川区烟草专卖局（分公司）	永川区烟草专卖局（分公司）	南川区烟草专卖局（分公司）	綦江区烟草专卖局（分公司）	大足区烟草专卖局（分公司）
所属业务机构	营销机构	1个客户服务部、8个区域客户服务部	1个营销部门、5个区域客户服务部	3个区域客户服务部	3个区域客户服务部	1个客户服务部、3个区域客户服务部
	物流配送机构	—	1个区域配送部	—	—	1个配送部门
	专卖稽查机构	1个稽查支队、6个稽查大队	1个稽查支队、6个稽查大队	1个稽查支队、3个稽查大队	1个稽查支队、1个机动大队、3个稽查大队	2个稽查支队、4个稽查大队
	烟叶机构	—	—	1个烟叶工作站	—	—
实现税利	万元	21170	18145	12479	15536	15084
	比上年增长（%）	6.74	3.92	4.54	3.61	5.44
实现利润	万元	1975	1530	1950	1379	1425
	比上年增长（%）	13.22	28.80	16.20	19.81	8.79
卷烟销售收入（万元）		129200	111716	61585	94915	91583
查处涉烟违法案件（起）		383	230	147	274	386
查处涉烟违法案件案值（万元）		201	234	98	127	210
烟基建设投入资金（万元）		—	—	21	—	—
烟基设施新增受益面积（万亩）		—	—	—	—	—
烟叶种植（万亩）		—	—	1.05	—	—
烟叶收购（万担）		—	—	2.75	—	—
烟农户数（户）		—	—	282	—	—
实现烟农总收入（万元）		—	—	3300	—	—
零售客户数（户）		5230	4284	2702	3716	3366
零售客户销售毛利率（%）		8.00	5.50	5.00	4.50	5.50

区、县局（公司）名称[1]		璧山区烟草专卖局（分公司）	铜梁区烟草专卖局（分公司）	潼南区烟草专卖局（分公司）	荣昌区烟草专卖局（分公司）	开州区烟草专卖局（分公司）
主要负责人/法定代表人（含党政领导）		罗晓庆	王东生	张光伟	江　山	戴　翔
所属县级单位		—	—	—	—	—
总资产（万元）		2342	1746	1886	2374	2654
资产负债率（%）		—	—	—	—	—
从业人员（人）		77	64	57	68	88
所属业务机构	营销机构	4个区域客户服务部	3个区域客户服务部	1个客户服务部	—	5个区域客户服务部
	物流配送机构	—	—	—	—	—
	专卖稽查机构	1个稽查支队、3个稽查大队	1个稽查支队、3个稽查大队	3个稽查大队	2个稽查支队	1个稽查支队、6个稽查大队
	烟叶机构	—	—	—	—	—
实现税利	万元	12574	10351	10014	12622	14823
	比上年增长（%）	7.99	3.63	8.31	2.39	3.10
实现利润	万元	875	671	625	1201	1148
	比上年增长（%）	-2.93	-8.77	8.45	16.42	-15.06
卷烟销售收入（万元）		78757	65000	63300	65970	92168

续表

区、县局（公司）名称[1]	璧山区烟草专卖局（分公司）	铜梁区烟草专卖局（分公司）	潼南区烟草专卖局（分公司）	荣昌区烟草专卖局（分公司）	开州区烟草专卖局（分公司）
查处涉烟违法案件（起）	197	105	138	313	453
查处涉烟违法案件案值（万元）	84	234	88	93	115
烟基建设投入资金（万元）	—	—	—	—	—
烟基设施新增受益面积（万亩）	—	—	—	—	—
烟叶种植（万亩）	—	—	—	—	—
烟叶收购（万担）	—	—	—	—	—
烟农户数（户）	—	—	—	—	—
实现烟农总收入（万元）	—	—	—	—	—
零售客户数（户）	2787	3132	2258	2415	4451
零售客户销售毛利率（%）	8.50	6.90	8.40	8.00	6.00

区、县局（公司）名称[1]		梁平区烟草专卖局（分公司）[2]	武隆区烟草专卖局（分公司）[3]	城口县烟草专卖局（分公司）	丰都县烟草专卖局（分公司）	垫江县烟草专卖局（分公司）
主要负责人/法定代表人（含党政领导）		雷　放	熊向东 （—2017年11月） 袁力平 （2017年11月—）	侯　平	杨通华 （—2017年4月） 皮屹峰 （2017年5月—）	邬　俊 （—2017年6月） 杨　军 （2017年6月—）
所属县级单位		—	—	—	—	—
总资产（万元）		1881	26560	755	12916	2014
资产负债率（%）		—	—	—	—	—
从业人员（人）		86	289	35	212	76
所属业务机构	营销机构	1个客户服务部	1个客户服务部、2个片区客户服务部	2个区域客户服务部	3个区域客户服务部	3个区域客户服务部
	物流配送机构	—	—	—	—	—
	专卖稽查机构	1个稽查支队、4个稽查大队	1个稽查支队、2个稽查大队	1个稽查大队	1个稽查大队、3个稽查中队	1个稽查大队、3个稽查中队
	烟叶机构	—	4个烟叶工作站	—	2个烟叶工作站	—
实现税利	万元	7140	18404	2945	13976	7398
	比上年增长（%）	-1.34	-6.86	-1.89	-25.85	-2.49
实现利润	万元	-400	8050	-34	4206	-195
	比上年增长（%）	—	10.48	—	-49.25	—
卷烟销售收入（万元）		42780	37810	20105	44610	51762
查处涉烟违法案件（起）		315	297	142	249	400
查处涉烟违法案件案值（万元）		118	100	60	59	100
烟基建设投入资金（万元）		—	418	—	102	—
烟基设施新增受益面积（万亩）		—	0.82	—	0.00	—
烟叶种植（万亩）		—	5.00	—	3.08	—
烟叶收购（万担）		—	12.36	—	7.31	—
烟农户数（户）		—	2201	—	1243	—
实现烟农总收入（万元）		—	14200	—	8345	—
零售客户数（户）		3250	2140	1140	3033	3122
零售客户销售毛利率（%）		2.00	14.93	7.80	6.00	6.00

区、县局（公司）名称[1]		忠县烟草专卖局（分公司）	云阳县烟草专卖局（分公司）	奉节县烟草专卖局（分公司）	巫山县烟草专卖局（分公司）	巫溪县烟草专卖局（分公司）
主要负责人/法定代表人（含党政领导）		夏刚东	潘吉祥（—2017年7月） 秦　宝（2017年7月—）	张明礼	高　态	解昌盛（—2017年5月） 谭　波（2017年5月—）
所属县级单位		—	—	—	—	—
总资产（万元）		2023	2344	4706	25674	13125
资产负债率（%）		—	—	—	—	—
从业人员（人）		94	88	244	306	187
所属业务机构	营销机构	5个区域客户服务部	5个区域客户服务部	3个区域客户服务部	1个客户服务部	1个区域客户服务部
	物流配送机构	—	—	—	—	—
	专卖稽查机构	1个稽查大队、4个稽查中队	1个稽查大队、3个稽查中队	3个稽查中队	3个稽查大队	1个稽查大队、3个稽查中队
	烟叶机构	—	—	3个烟叶工作站	1个烟叶科、4个烟叶工作站	1个烟叶科、3个烟叶站
实现税利	万元	5312	9701	24081	20401	16593
	比上年增长（%）	-3.16	-1.21	32.85	7.75	2.04
实现利润	万元	-1157	178	8605	7686	7600
	比上年增长（%）	—	-42.59	120.36	83.65	18.27
卷烟销售收入（万元）		37611	65401	74629	56878	38982
查处涉烟违法案件（起）		201	276	750	456	407
查处涉烟违法案件案值（万元）		85	209	170	79	181
烟基建设投入资金（万元）		—	—	225	176	165
烟基设施新增受益面积（万亩）		—	—	1.01	0.24	0.35
烟叶种植（万亩）		—	—	2.88	5.19	2.88
烟叶收购（万担）		—	—	6.56	12.15	7.37
烟农户数（户）		—	—	1080	2940	1245
实现烟农总收入（万元）		—	—	8584	14489	8970
零售客户数（户）		2457	3455	2960	2010	2000
零售客户销售毛利率（%）		5.60	9.00	2.00	6.00	5.00

区、县局（公司）名称[1]		石柱土家族自治县烟草专卖局（分公司）	秀山土家族苗族自治县烟草专卖局（分公司）	酉阳土家族苗族自治县烟草专卖局（分公司）	彭水苗族土家族自治县烟草专卖局（分公司）
主要负责人/法定代表人（含党政领导）		徐小洪	吴　静	张文平（—2017年1月） 肖　鹏（2017年1月—）	吴树成
所属县级单位		—	—	—	—
总资产（万元）		12307	2620	19699	34547
资产负债率（%）		—	—	—	—
从业人员（人）		194	106	307	411
所属业务机构	营销机构	1个客户服务部、3个区域客户服务部	4个区域客户服务部	1个营销部门、5个区域客户服务部	1个区域客户服务部
	物流配送机构	—	—	1个区域配送部	—
	专卖稽查机构	1个稽查大队、3个稽查中队	1个稽查大队、4个稽查中队	1个稽查大队、5个稽查中队	4个稽查中队
	烟叶机构	2个烟叶工作站	—	1个烟叶科、4个烟叶工作站	6个烟叶工作站

续表

区、县局（公司）名称[1]		石柱土家族自治县烟草专卖局（分公司）	秀山土家族苗族自治县烟草专卖局（分公司）	酉阳土家族苗族自治县烟草专卖局（分公司）	彭水苗族土家族自治县烟草专卖局（分公司）
实现税利	万元	9766	7676	16998	24328
	比上年增长（%）	-16.48	6.60	-40.58	-25.33
实现利润	万元	1543	-776	4267	10543
	比上年增长（%）	-51.12	—	-67.86	-32.22
卷烟销售收入（万元）		39280	57284	45981	37616
查处涉烟违法案件（起）		295	167	251	276
查处涉烟违法案件案值（万元）		145	397	55	57
烟基建设投入资金（万元）		350	—	200	265
烟基设施新增受益面积（万亩）		0.35	—	0.60	0.47
烟叶种植（万亩）		2.88	—	5.19	8.08
烟叶收购（万担）		5.63	—	13.11	20.35
烟农户数（户）		988	—	2115	3288
实现烟农总收入（万元）		5868	—	14826	21954
零售客户数（户）		2004	2181	2176	2755
零售客户销售毛利率（%）		8.00	6.90	6.00	10.00

注：1. 根据《重庆烟草专卖局办公室关于做好部分区县单位和机关处室名称变更后文秘工作有关事项的通知》（渝烟办综〔2017〕5号），对地市级局（公司）排序进行了调整。

2. 根据《国家烟草专卖局　中国烟草总公司关于调整重庆市烟草专卖局（公司）所属部分机构的批复》（国烟人〔2017〕66号），梁平县烟草专卖局更名为重庆市梁平区烟草专卖局。

3. 根据《国家烟草专卖局　中国烟草总公司关于调整重庆市烟草专卖局（公司）所属部分机构的批复》（国烟人〔2017〕66号），武隆县烟草专卖局更名为重庆市武隆区烟草专卖局。

◇ 撰稿：谢建川　周俊杰；编辑：张建丽　王　静

四川省烟草专卖局（公司）

【专卖管理】　**案件查处。** 2017年，四川省烟草专卖局共查获非法卷烟6.4万件，其中假烟4.45万件，出口回流烟0.28万件，非法经营真烟1.64万件。全省21个市州局破获各类网络案件96起，其中符合国家局标准的假烟、走私烟网络案件62起，真烟网络案件13起，涉案金额千万元以上案件8起。全年督办省公安厅督办案件11起，公安部督案件2起；移送追刑案件1408起。公安、司法机关依法刑拘579人，逮捕315人，判刑332人。

市场监管。 四川省局对违法、违规卖烟大户进行严格治理，全年查获大户违法违规经营“双5万”（涉案金额超过5万元和涉案卷烟超过5万支）以上案件453起，查获非法卷烟3908.3件，案值2128.8万元，取缔违法违规经营大户37户。严打物流寄递涉烟违法行为，与省公安厅共同开展“打击物流寄递环节涉烟违法专项整治行动”，并协调邮政管理局和交通部门参与，清查物流网点4.32万个，查获物流寄递涉烟案件4127起，查获涉案卷烟7240件；行政处罚涉烟违法人员1037人，公安、司法机关依法刑拘58人，逮捕4人。严防利用铁路贩运“三烟”，继续与成都铁路公安局联合开展“铁拳2017”专项行动，推动成都市铁路、烟草基层一线建立联席制度，推进重大涉烟案件联合查办，开展管网市场联合检查，行动期间查获铁路涉烟案件364起，涉案卷烟462件，有效防控假私非烟通过铁路流入四川省内。全年四川省市场净化率98%。

专卖基础保障建设。 2017年，省局改进监管方法，制定《四川省烟草专卖局关于全面加强和深化卷烟市场监管工作的实施意见》。拓展情报网络，省局按照“人防”“技防”相结合，传统现代技术兼备的创建思路，推进情报信息网络建设，全年发展情报线人245人，提供有效线索4814条，助推案件查办4075起，其中案值5万元以上案件304起。不断强化数字专卖，全面推进专卖信息系统建设升级工作，在决策分析、监督考核和指挥调度方面对现有系统进行精益化改造，创新引入电子签章系统，完成

1101个实体印章的整改，奠定专卖管理无纸化的技术基础。

专卖队伍建设。 注重基层骨干的培养，组织对一线专卖人员、县局科长和市局科员的专项培训，2017年参训人员2000余人次，培训达标率超过99%。着力调动全员学习主动性，首次由省局专卖处自行组织全省专卖竞赛，创新实施“市局推荐+省局随机抽选”的方式确定参赛人员，推动精英竞赛向“全员学习、全员备赛、全员参赛”的模式转变，传导“全员、全时、全面”的专卖培训新理念。

【经济效益】 2017年，四川省烟草商业系统实现税利243.1亿元，同比增长4.19%，其中利润97.75亿元，同比增长3.5%。三项费用率6.29%，同比减少0.15个百分点。

【卷烟经营】 **卷烟销售。** 2017年，四川省销量居前三位的卷烟品牌为“云烟”“娇子”“天下秀”，销量分别为259亿支（51.8万箱）、185.3亿支（37万箱）、111.8亿支（22.4万箱）。销售雪茄烟2.3亿支。

实现卷烟销售收入793.46亿元，同比增长4.56%。实现卷烟税利207.35亿元，同比增长5.6%，其中卷烟利润78.64亿元，同比增长5.1%。实现单箱销售收入3.27万元，实现单箱税利9987元。

品牌培育及市场拓展。 2017年，四川卷烟销售收入、“娇子”销量均实现正增长。继续推进市场化取向改革，截至2017年底，在全省推广单位达到12家。全年全省清退卷烟在销规格119个。销售重点品牌卷烟986亿支（197.2万箱），同比增长3.2%；实现销售收入730.5亿元，占全省销售收入比重的92.6%。

创新开发卷烟零售终端二维码平台，上线客户超过1万户，交易笔数77万笔，交易金额4180万元，参与消费者人数29万人。“烟草易付”注册用户累计超过16万户，交易金额280亿元。“贷记卡”推广到13家单位，13家银行参与，办卡用户6501户，结算金额2.52亿元。2017年，四川省客户满意度83.9分。

【烟叶产销】 **烟叶种植和收购。** 2017年，四川省烟草商业系统实现烟叶税利32.45亿元，同比下降6.17%，其中利润18.04亿元，同比下降7.94%。全省收购烤烟13.9万吨（278万担），收购晾晒烟0.09万吨（1.7万担）。实际移栽烤烟127.01万亩，落实种植烤烟农户8.24万户，实现烟农总收入50亿元，户均收入6.1万元。

基础设施建设。 截至2017年底，四川省开展14件烟区水源工程援建项目，完工5件，其余9件项目均开工建设，项目总投资18.99亿元，国家局援建资金13.87亿元，项目平均进度达76.48%。2017年，开展田间烟叶基础设施建设2.26万件，行业投入4.3亿元，设施保障能力不断提升。

现代烟草农业建设。 2017年，四川省工商登记注册的烟农合作社优化整合至88个，入社烟农6.46万户。全年新增国家局行业示范社3家。

全省利用555个育苗大棚种植果蔬花卉，实现销售收入435.92万元；利用158个烤房群开展食用菌类种植和农产品烘干加工，实现销售收入412.63万元；利用基本烟田冬闲期、茬口期种植绿肥和经济作物，共计107.46万亩，实现销售收入4.92亿元。宜宾市局（公司）创建“苗山秀岭”“土鲜森”2个具有地方特色的农产品品牌，开办全省首家烟农合作社实体超市，销售具有自主商标品牌的土特产品20余种。利用“淘宝”“烟农优品”自主开发的“烟技通”等线

四川省局（公司）协调推进产业扶贫，使定点帮扶的凉山彝族自治州普格县特补乡特补乃乌村面貌焕然一新（2017年）
《中国烟草》杂志社 颉虎平 摄

上平台推销，开展线上线下同步销售，月均实现销售收入近万元。2017 年，四川省实现非烟收入 14 亿元，烟农户均增收 1.69 万元。

【交流与合作】 中国烟草四川进出口有限责任公司成立于 1993 年 5 月 27 日，2007 年完成体制改革后，成为中国烟草总公司四川省公司下属的全资子公司，经营性质为国有独资外贸企业。截至 2017 年底，公司拥有总资产 3.74 亿元，其中固定资产 1351.55 万元，流动资产 3.34 亿元，资产负债率 15.51%。

2017 年，公司累计出口烟叶 1.86 万吨，进口卷烟 3.84 亿支。出口实现 5012.3 万美元，实现主营业务收入 5.45 亿元，实现税利 1.73 亿元，其中利润 8208.15 万元。

【企业管理】 按照“标准化运行、程序化管控、信息化支撑”要求，组织开展企业管理创新奖评比。全年形成质量管理成果 237 个，取得直接经济效益 1171 万元。四川省集中发布 20 个优秀质量管理成果，其中，成都市公司斑马线质量管理小组“创建轻微案件快速处理新方法”成果获得全国烟草行业第二十八届优秀质量管理小组成果发布会二等奖。2017 年。四川省公司实现降本增效 5080 万元。

2017 年四川省烟草专卖商业主要情况统计

地市级局（公司）名称		成都市烟草专卖局（公司）	自贡市烟草专卖局（公司）	攀枝花市烟草专卖局（公司）	泸州市烟草专卖局（公司）
主要负责人/法定代表人（含党政领导）		周德文	局长、经理、法定代表人：陈青川（—2017 年 9 月） 党组书记：彭　磊（—2017 年 9 月） 党组书记、局长、经理、法定代表人：秦高华（2017 年 9 月—）	杨　宇	局长、经理、法定代表人：徐忠良 党组书记：邓明智
所属县级单位		青羊区、金牛区、武侯区、高新区、成华区、锦江区等 6 个区烟草专卖局，一分公司（青羊、金牛区局）、二分公司（武侯区局、高新分局）、三分公司（成华、锦江区局）等 3 个分公司，以及龙泉驿区、青白江区、新都区、温江区、双流区、郫都区、简阳市、都江堰市、彭州市、邛崃市、崇州市、金堂县、大邑县、蒲江县、新津县等 15 个县级烟草专卖局（分公司）	富顺县、荣县烟草专卖局（分公司），自流井区烟草专卖局（直属分公司），以及贡井区、大安区、沿滩区等 3 个县级烟草专卖局	米易县、盐边县、仁和区等 3 个县级烟草专卖局（分公司）和 1 个直属分公司，以及东区、西区 2 个县级烟草专卖局	古蔺县、叙永县、合江县、泸县、江阳区、龙马潭区、纳溪区等 7 个县级烟草专卖局（分公司）
总资产（万元）		888619	72622	89802	144870
资产负债率（%）		13.58	11.71	21.28	18.08
从业人员（人）		1870	324	618	973
所属业务机构	营销机构	1 个营销中心	1 个营销中心	1 个营销中心	1 个营销中心
	物流配送机构	1 个物流公司	1 个物流中心	1 个物流中心	1 个物流中心
	专卖稽查机构	1 个稽查支队、24 个稽查大队	1 个稽查支队、6 个稽查大队	1 个稽查支队、6 个稽查大队	1 个稽查支队、7 个稽查大队
	烟叶机构	—	—	1 个烟叶中心、31 个烟叶工作站	1 个烟叶中心、16 个烟叶站
实现税利	万元	680977	63062	41458	104680
	比上年增长（%）	13.99	1.70	-29.97	-6.82

续表

地市级局（公司）名称		成都市烟草专卖局（公司）	自贡市烟草专卖局（公司）	攀枝花市烟草专卖局（公司）	泸州市烟草专卖局（公司）
实现利润	万元	292625	24153	11725	33737
	比上年增长（%）	12.68	5.00	-58.66	-14.19
卷烟销售收入（万元）		2053543	242685	129089	379762
查处涉烟违法案件（起）		8562	1399	537	1900
查处涉烟违法案件案值（万元）		35159	750	534	1199
烟基建设投入资金（万元）		—	—	945	949
烟基设施新增受益面积（万亩）		—	—	2.40	1.00
烟叶种植（万亩）		—	—	9.07	12.00
烟叶收购（万担）		—	—	20.43	22.29
烟农户数（户）		—	—	5610	6082
实现烟农总收入（万元）		—	—	22868	29861
零售客户数（户）		42549	6469	3806	12400
零售客户销售毛利率（%）		14.71	9.30	12.23	11.22

地市级局（公司）名称		德阳市烟草专卖局（公司）	绵阳市烟草专卖局（公司）	广元市烟草专卖局（公司）	遂宁市烟草专卖局（公司）
主要负责人/法定代表人（含党政领导）		刘兴红	局长、经理、法定代表人：王广生（—2017年12月） 党组书记、局长、经理、法定代表人：王　斌（2017年12月—，之前任党组书记）	何成伟	局长、经理、法定代表人：袁　成 党组书记：田志丹
所属县级单位		中江县、罗江县、广汉市、什邡市、绵竹市、旌阳区等6个县级烟草专卖局（分公司）	涪城（游仙）区、江油市、三台县、安州区、梓潼县、盐亭县、北川羌族自治县、平武县等8个县级烟草专卖局（分公司）	利州区、昭化区、朝天区、剑阁县、旺苍县、苍溪县、青川县等7个县级烟草专卖局（分公司）	船山区、射洪县、蓬溪县、大英县、安居区等5个县级烟草专卖局（分公司）
总资产（万元）		121307	160400	86844	67380
资产负债率（%）		12.29	17.80	22.48	22.95
从业人员（人）		474	588	688	242
所属业务机构	营销机构	1个营销中心	1个营销中心	1个营销中心	1个营销中心
	物流配送机构	1个物流中心	1个物流公司、1个物流中转站	1个物流中心	1个物流中心
	专卖稽查机构	1个稽查支队、7个稽查大队	1个稽查支队、10个稽查大队	1个稽查支队、7个稽查大队	1个稽查支队、5个稽查大队
	烟叶机构	1个烟叶中心	—	1个烟叶中心、4个烟叶站	—
实现税利	万元	95685	115267	61978	57162
	比上年增长（%）	6.14	2.12	6.90	4.14
实现利润	万元	36325	43262	19632	20288
	比上年增长（%）	12.07	-1.44	6.93	4.08

续表

地市级局（公司）名称	德阳市烟草专卖局（公司）	绵阳市烟草专卖局（公司）	广元市烟草专卖局（公司）	遂宁市烟草专卖局（公司）
卷烟销售收入（万元）	361163	433331	184626	193215
查处涉烟违法案件（起）	6221	2751	1134	822
查处涉烟违法案件案值（万元）	1794	881	627	423
烟基建设投入资金（万元）	—	—	64	—
烟基设施新增受益面积（万亩）	—	—	—	—
烟叶种植（万亩）	0. 28	—	5. 76	—
烟叶收购（万担）	0. 59	—	12. 65	—
烟农户数（户）	1069	—	2733	—
实现烟农总收入（万元）	482	—	13556	—
零售客户数（户）	12654	17350	9642	7662
零售客户销售毛利率（%）	7. 50	9. 00	12. 20	12. 43

地市级局（公司）名称		内江市烟草专卖局（公司）	乐山市烟草专卖局（公司）	南充市烟草专卖局（公司）	宜宾市烟草专卖局（公司）
主要负责人/法定代表人（含党政领导）		局长、经理、法定代表人：张　斌 党组书记：薄冀川	局长、经理、法定代表人：尹　柯 党组书记：窦忠实	钟　智	赵屹峰（—2017年1月） 罗柱石（2017年1月—）
所属县级单位		市中区、东兴区、隆昌市、资中县、威远县等5个县级烟草专卖局（分公司）	市中区、峨眉山市、夹江县、井研县、沙湾区、五通桥区、沐川县、犍为县、马边彝族自治县、峨边彝族自治县、金口河区等11个县级烟草专卖局（分公司）	顺庆区、南部县、阆中市、西充县、仪陇县、营山县、蓬安县等7个县级烟草专卖局（分公司），高坪区、嘉陵区2个县级烟草专卖局	翠屏区、宜宾县、南溪区、江安县、长宁县、高县、筠连县、珙县、兴文县、屏山县等10个县级烟草专卖局（分公司）
总资产（万元）		75569	98041	119095	124798
资产负债率（%）		16. 14	6. 95	23. 48	22. 12
从业人员（人）		361	377	600	440
所属业务机构	营销机构	1个营销中心	1个营销中心	1个营销中心	1个营销中心
	物流配送机构	1个物流中心	1个物流中心、3个物流中转站	1个物流公司、2个物流中转站	1个物流中心、3个配送站
	专卖稽查机构	1个稽查支队、5个稽查大队	1个稽查支队、11个稽查大队	1个稽查支队、9个稽查大队	1个稽查支队、10个稽查大队
	烟叶机构	—	—	—	1个烟叶中心、9个烟叶站
实现税利	万元	73250	88741	106982	93917
	比上年增长（%）	4. 80	3. 76	4. 20	5. 89
实现利润	万元	25789	33729	36301	21125
	比上年增长（%）	4. 36	2. 01	4. 03	20. 38
卷烟销售收入（万元）		289001	281661	364930	360159
查处涉烟违法案件（起）		959	707	2125	2097
查处涉烟违法案件案值（万元）		628	735	2374	1907

续表

地市级局（公司）名称	内江市烟草专卖局（公司）	乐山市烟草专卖局（公司）	南充市烟草专卖局（公司）	宜宾市烟草专卖局（公司）
烟基建设投入资金（万元）	—	—	—	6109
烟基设施新增受益面积（万亩）	—	—	—	2.06
烟叶种植（万亩）	—	—	—	6.47
烟叶收购（万担）	—	—	—	13.50
烟农户数（户）	—	—	—	1594
实现烟农总收入（万元）	—	—	—	16479
零售客户数（户）	8502	10317	16907	10905
零售客户销售毛利率（%）	10.59	10.79	14.53	11.02

地市级局（公司）名称		广安市烟草专卖局（公司）	达州市烟草专卖局（公司）	巴中市烟草专卖局（公司）	雅安市烟草专卖局（公司）
主要负责人/法定代表人（含党政领导）		局长、经理、法定代表人：刘丹云 党组书记：杜兴华（—2017年6月）	蒲　适	熊良政	局长、经理、法定代表人：何梦皓 党组书记：谭新生
所属县级单位		广安区、岳池县、武胜县、邻水县、华蓥市、前锋区等6个县级烟草专卖局（分公司）	通川区、达川区、宣汉县、开江县、万源市、大竹县、渠县等7个县级烟草专卖局（分公司）	巴州区、恩阳区、通江县、平昌县、南江县等5个县级烟草专卖局（分公司）	雨城区、名山区、荥经县、汉源县、石棉县、天全县、芦山县等7个县级烟草专卖局（分公司）和宝兴县烟草专卖局
总资产（万元）		6245	93789	57106	56065
资产负债率（%）		21.50	18.32	29.04	8.56
从业人员（人）		442	609	312	227
所属业务机构	营销机构	1个营销中心、1个电访中心	1个营销中心	1个营销中心	1个营销中心
	物流配送机构	1个物流中心、1个物流中转站	1个物流中心、3个物流中转站	1个物流中心	1个物流中心
	专卖稽查机构	1个稽查支队、7个稽查大队	1个稽查支队、7个稽查大队	1个稽查支队、5个稽查大队	1个稽查支队、8个稽查大队
	烟叶机构	—	1个烟叶中心、2个烟叶站	—	—
实现税利	万元	58716	79212	56097	31850
	比上年增长（%）	3.72	10.28	4.99	7.14
实现利润	万元	19185	22624	13368	7179
	比上年增长（%）	4.63	19.35	2.72	6.31
卷烟销售收入（万元）		203036	289823	193601	117613
查处涉烟违法案件（起）		1680	1857	695	1136
查处涉烟违法案件案值（万元）		388	1332	2776	373
烟基建设投入资金（万元）		—	388	—	—
烟基设施新增受益面积（万亩）		—	0.25	—	—
烟叶种植（万亩）		—	0.46	—	—
烟叶收购（万担）		—	1.15	—	—

续表

地市级局（公司）名称	广安市烟草专卖局（公司）	达州市烟草专卖局（公司）	巴中市烟草专卖局（公司）	雅安市烟草专卖局（公司）
烟农户数（户）	—	17389	—	—
实现烟农总收入（万元）	—	945	—	—
零售客户数（户）	10533	14061	8602	4289
零售客户销售毛利率（%）	11.97	10.87	12.48	12.16

地市级局（公司）名称		眉山市烟草专卖局（公司）	资阳市烟草专卖局（公司）	凉山彝族羌族自治州烟草专卖局（公司）	阿坝藏族羌族自治州烟草专卖局（公司）	甘孜藏族自治州烟草专卖局（公司）
主要负责人/法定代表人（含党政领导）		四朗彭措	易　伟	郭明全	秦高华（—2017年11月）陈隽逸（2017年11月—）	局长、经理、法定代表人：陈志学 党组书记：青志勇
所属县级单位		东坡区、彭山区、仁寿县、洪雅县、青神县、丹棱县等6个县级烟草专卖局（分公司）	雁江区、安岳县、乐至县等3个县级烟草专卖局（分公司）	西昌市、会理县、会东县、德昌县、盐源县、冕宁县、普格县、宁南县、越西县、喜德县、甘洛县、昭觉县、布拖县、美姑县、金阳县、雷波县、木里县等17个县级烟草专卖局（分公司）	阿坝县、金川县、理县、茂县、汶川县、马尔康市、若尔盖县、松潘、黑水县、九寨沟县、红原县、壤塘县、小金县等13个县级烟草专卖局（分公司）	康定市、泸定县、丹巴县、九龙县、理塘县、雅江县、巴塘县、乡城县、稻城县、得荣县、炉霍县、道孚县、色达县、甘孜县、新龙县、石渠县、德格县、白玉县等18个县级烟草专卖局（分公司）
总资产（万元）		95008	49450	696775	42439	33326
资产负债率（%）		17.48	11.83	26.26	14.48	14.90
从业人员（人）		336	288	2636	205	229
所属业务机构	营销机构	1个营销中心	1个营销中心	1个营销中心	1个营销中心	1个营销中心
	物流配送机构	1个物流公司	1个物流中心、1个物流中转站	1个物流中心、13个物流中转站	1个物流中心	1个物流中心
	专卖稽查机构	1个稽查支队、6个稽查大队	1个稽查支队、3个稽查大队	1个稽查支队、18个稽查大队	1个稽查支队、13个稽查大队	1个稽查支队、18个稽查大队
	烟叶机构	—	—	34个烟叶站	—	—
实现税利	万元	84139	41203	417651	20414	22020
	比上年增长（%）	3.48	9.09	0.31	-0.13	2.03
实现利润	万元	33366	10862	239430	4814	5565
	比上年增长（%）	6.27	17.21	-1.85	-3.07	3.99
卷烟销售收入（万元）		270098	157758	361212	98936	87600
查处涉烟违法案件（起）		516	2151	1923	286	128
查处涉烟违法案件案值（万元）		6752	5241	2381	94	77
烟基建设投入资金（万元）		—	—	9796	—	—
烟基设施新增受益面积（万亩）		—	—	0.00	—	—

续表

地市级局（公司）名称	眉山市烟草专卖局（公司）	资阳市烟草专卖局（公司）	凉山彝族羌族自治州烟草专卖局（公司）	阿坝藏族羌族自治州烟草专卖局（公司）	甘孜藏族自治州烟草专卖局（公司）
烟叶种植（万亩）	—	—	93.31	—	—
烟叶收购（万担）	—	—	209.15	—	—
烟农户数（户）	—	—	65882	—	—
实现烟农总收入（万元）	—	—	342449	—	—
零售客户数（户）	7067	7844	11317	3648	2913
零售客户销售毛利率（%）	9.94	5.90	13.23	14.90	16.12

◈ 撰稿：张羽翔；编辑：周　佳

贵州省烟草专卖局（公司）

【专卖管理】　**案件查办。** 2017年，贵州省各级烟草专卖部门查获假冒、走私卷烟3129.59件，非渠道卷烟5895.7件，非法烟叶、烟丝1033.42吨；查处各类涉烟违法案件5121起，其中案值5万元以上案件581起；较大规模涉烟刑事网络案件78起。破获公安部、国家局挂牌督办特大案件2起，其中案件涉案金额最高达1.27亿元。

按照“截运输、破网络、重遏制、防反弹”的工作方针，各级烟草专卖局集中力量应对假烟反弹严峻形势，打掉一批制售假烟违法犯罪团伙。其中的典型案件是贵州黔南州“12·16”特大利用物流寄递销售假冒卷烟案，该案由1起通过快递贩卖假烟案牵出，涉及贵州、重庆、广东、四川等多个省、市，源头位于广东省东莞市虎门镇。截至2017年底，查明涉案假烟数量1.51万件，涉案金额1.27亿元，逮捕12人，锁定嫌疑人7人。

烟叶流通秩序维护。 开展“黔锋六号”专项行动，维护贵州省烟叶收购秩序，依法打击非法收购、囤积、运输、倒卖烟叶等违法犯罪活动。2017年，全省破获案值5万元以上非法烟叶案件132起，较大规模烟叶网络案件43起。其中，贵州六盘水“8·30”非法加工、经营烟丝案，犯罪团伙从云南组织低劣烟叶，在兴义市非法制丝工厂进行加工，成品分别销往福建、广东、广西等省、自治区，该案查获非法烟叶、烟丝15.42吨，非法加工设备12台（套），涉案金额1670万元，依法逮捕10人；云南、贵州“2·22”特大非法生产、销售烟丝案，案发于六盘水市盘州市，由云南、贵州两省联办，涉案团伙在云南红河州泸西县设立地下制丝工厂，并将非法烟丝运往福建、广东、河南等地制假窝点。该案查获非法烟丝15.94吨，制丝设备若干，查明涉案金额约1100万元，依法拘留8人、逮捕6人。

市场监管。 以查处“二次批发、左右价格、扰乱市场”的违法、违规卖烟大户为突破口，追查市场上真品卷烟非法流通源头，打击非法经营真品卷烟违法团伙。全年全省查办非法流通真品卷烟案件3798起，查办非法经营真品卷烟网络案件16起。采取突击抽查、错时检查、交叉检查等方式，开展卷烟市场日常巡查。联合省公安、工商等部门，组织开展“两节联动”“百日打假”等专项整治行动，集中清理净化卷烟市场，引导零售客户主动守法经营。持续治理卷烟无证经营，查办卷烟无证经营案件1276起，取缔或劝退卷烟无证经营户1250户。

证件管理。 推进烟草专卖许可证办证大厅建设，优化办事流程、完善接待硬件，鼓励有条件的单位入驻地方政府政务服务中心，接受社会监督和政府统一管理，提高办证公开透明度。在贵阳市局开展的“互联网+许可管理”探索工作获国家局肯定。2017年，新办卷烟零售许可证1.64万个，变更959个、延续5933个、注销3421个。办理卷烟准运证1.6万份，烟叶准运证1.62万份，烟用物资准运证313份。清理、纠正超期停业证、新办不营业证、证照和证址不符证等非正常使用的许可证3428个。

【经济效益】　2017年，贵州省烟草商业系统实现税利152.72亿元，同比下降12.29%，其中，实现利润56.87亿元，同比下降24.65%。三项费用率10.8%。

【卷烟经营】　**卷烟销售。** 2017年，贵州省本地区销量居前三位的卷烟品牌依次为“贵烟”“黄果树”“云烟”，销量分别为336.55亿支（67.31万箱）、177.15亿支（35.43万箱）、71.45亿支（14.29万箱）。

实现销售收入454亿元，同比增长2.61%。实现税利111.45亿元，同比增长3.26%。实现利润38.93亿元，同比增长6.34%。实现卷烟单箱销售收入3.11万元，同比增长2.89%。卷烟单箱税利7628.77元，同比增长3.54%。

特色卷烟零售终端建设。 2017年，针对不同市场呈现的不同消费特点，贵州省公司深挖城网、农网、旅游、高铁高速和其他业态等“五类市场”。全省累计建设特色卷烟零售终端3131户，其中旅游终端2063户，交通终端438户，娱乐终端630户。

【雪茄烟销售】 依托本地资源，开展“烟草+旅游”跨界销售，调查贵州本地旅游资源，细分卷烟旅游终端，激发旅游消费活力，与卷烟工业企业开展订制烟合作，打造“长城（初见青岩）”“王冠（青岩往事）”“泰山（时光贵州）”“长城（瀑韵天成）”“王冠（顺意天成）”“黄鹤楼（娄山关）”“王冠（黔北记忆）”“王冠（贵安）”等旅游定制雪茄烟。全年引入雪茄烟品牌（规格）9个。截至2017年底，在销雪茄烟有10个品牌46个规格。

【烟叶产销】 **烟叶种植与收购。** 2017年，贵州省涉及种烟县（市、区）62个、种烟乡（镇）655个、烟农9.09万户。烟叶种植面积200.8万亩，同比减少20.8万亩。收购烟叶23.12万吨（462.47万担），上等烟比例49.96%，中等烟比例38.39%。全年实现烟农种烟收入58.7亿元，烟农总收入64.7亿元，户均收入7.12万元。实现烟叶销售收入127.55亿元，实现利润121.8亿元，上缴税金12.04亿元。

烟叶销售。 全年销售烟叶24.87万吨（497.49万担），其中，新烟23.12万吨（462.47万担），库存1.75万吨(35.02万担)，实现烟叶实物零库存。

烟叶生产技术推广。 2017年，贵州省使用自制有机肥11.2万吨，商品有机肥16.2万吨，绿肥压青52.1万亩，实现有机肥施用全覆盖；按照“户清除、点集中、社收集、场加工”的模式，回收废弃地膜面积106.9万亩，占地膜烟面积的71.07%；推广水溶性追肥35.5万亩，全水溶肥3.95万亩。

全省落实烟蚜茧蜂保种点12个，建成扩种室9.4万平方米，扩繁棚10.9万平方米，烟蚜茧蜂放蜂面积194.4万亩，占全省种植面积的96.8%，蠋蝽防治烟青虫、斜纹夜蛾等害虫面积1万亩。

省公司选择12个县推广“6+13”采烤一体化组织模式，贵州省专业化采烤推广面积160.6万亩，占计划面积的80%，其中，采烤一体化推广28.1万亩，比例达到14%。12个专业化采烤整县推进县的专业化采烤比例达到89%，其中，采烤一体化推广比例达到35%。

现代烟草农业建设。 进一步提高规模化种植程度，贵州省100亩以上连片种植面积129万亩，占比64.5%；万担乡175个，占比59.7%，千亩村占全省种植面积的41.5%。烟叶基地单元建设取得新进展，开展11个现代烟草农业升级版基地单元建设。建成烟农专业合作社126个，其中行业示范社25个、省级示范社72个。育苗、机耕、植保、烘烤、分级等环节专业化服务比例分别达到100%、55%、59%、80%、100%。

烟叶生产基础设施建设。 2017年，获总公司核准援建水源工程项目6件，援建资金3.56亿元，新增水源工程开工项目4件、主体完工项目8件。召开贵州省设施管护现场推进会，协调筹措到位管护资金5000余万元，烟水工程管护面80%，密集烤房、育苗大棚等管护率90%，设施管护成效显著。创新探索烤房建设模式，整合社会资源改造生物质、空气能热泵等新能源烤房462座。完成省级验收并通过总公司抽查基础设施项目1.19万件。

遵义市桐梓县九坝烟叶基地单元（2017年）

贵州遵义市局　杨明刚　摄

【蠋蝽防治害虫技术】 2014年贵州省公司在遵义市启动蠋蝽防控烟草害虫项目，2016年项目取得实质性突破，2017年繁殖蠋蝽100万头。在25个烤烟连片基地示范推广蠋蝽防控烟草害虫技术1万亩，在贵州、北京、吉林等地防控农林害虫试验示范8000亩。2017年7月，专家现场鉴评一致认为，该项目技术创新强，具有很高的经济、社会和生态效益，是中国农林害虫生物防治的重大突破，具有广阔的应用前景。同年，在世界粮农组织大会和国际生物防治大会上进行宣讲，获得好评。国家局给予高度评价，认为“蠋蝽生防技术是烟草行业继烟蚜茧蜂防治蚜虫技术后的又一个生物防治标志性成果，开辟了烟草虫害防治新途径”，并明确提出“蠋蝽防治烟青虫、斜纹夜蛾技术作为2018年主推技术”。

【管理创新】 2017年，贵州省公司突出加强财务审计工作，开展审计项目2186项，促进增收节支4555.6万元。持续开展“依法行政示范单位”“诚信守法示范企业”创建活动，评定16个县级局为全省烟草商业依法行政示范单位，3家市级公司为全省烟草商业诚信守法示范企业。“一岗双责”全员安全责任制有效落实，安全标准化、信息化和安全文化建设深入推进，连续7年实现安全生产“六零一降”，新增注册安全工程师86人。

研制烟叶成包环节的赋码读取机，实现对收购烟叶等级、重量的自动识别、智能管控和质量追溯。开发烟草专卖零售许可证网上办理系统，实现零售许可证办理从线下到线上的转变，办证周期从20个工作日缩短至5个，在全国烟草行业推广应用。

【特事辑要】 4月12—13日，国家局党组成员、副局长杨培森在贵州烟草调研，考察毕节黔西林泉镇烟农多元化增收工作。

4月26日，国家局党组成员、副局长杨培森在贵州毕节参加2017年全国烟农增收工作现场会。

9月10—12日，国家烟草专卖局党组书记、局长，中国烟草总公司总经理凌成兴在贵州烟草调研。

2017年贵州省烟草专卖商业主要情况统计

地市级局（公司）名称	贵阳市烟草专卖局（公司）	遵义市烟草专卖局（公司）	六盘水市烟草专卖局（公司）	安顺市烟草专卖局（公司）	毕节市烟草专卖局（公司）
主要负责人/法定代表人（含党政领导）	龙丽琴	丁　伟	蒋诗栋	周　华	陈文相
所属县级单位	修文县、息烽县、开阳县、清镇市等4个县级烟草专卖局（分公司），南明区、云岩区、观山湖区、花溪区、乌当区、白云区等6个县级烟草专卖局	务川仡佬族苗族自治县、湄潭县、播州区、仁怀市、习水县、道真仡佬族苗族自治县、余庆县、桐梓县、正安县、绥阳县、凤冈县、赤水市、汇川区、红花岗区等14个县级烟草专卖局（分公司）	六枝特区、盘县[1]、水城县等3个县级烟草专卖局（分公司）和钟山区[2]烟草专卖局	西秀区、紫云苗族布依族自治县、镇宁布依族苗族自治县、平坝区、普定县、关岭布依族苗族自治县等6个县级烟草专卖局（分公司）	七星关区、大方县、黔西县、金沙县、织金县、纳雍县等6个县级烟草专卖局（分公司），威宁彝族回族自治县、赫章县2个县级烟草专卖局
总资产（万元）	294565	510153	125883	109279	405657
资产负债率（%）	8.41	15.98	9.78	8.62	18.55
从业人员（人）	1354	3828	956	866	3599
所属业务机构：营销机构	1个卷烟营销中心	2个卷烟营销中心	1个卷烟营销中心	1个营销中心	1个卷烟营销中心
所属业务机构：物流配送机构	1个卷烟配送中心	1个配送中心	1个卷烟物流配送中心、1个物流分中心	1个配送中心	1个卷烟物流配送中心
所属业务机构：专卖稽查机构	1个稽查支队、11个稽查大队	1个稽查支队、14个稽查大队	1个稽查支队、4个稽查大队	1个稽查支队、6个稽查大队	1个稽查支队、8个稽查大队
所属业务机构：烟叶机构	1个烟叶生产经营部、10个烟叶站	1个烟叶营销中心、42个烟叶站	1个烟叶生产经营部、5个烟叶站	1个烟叶生产经营部、4个烟叶站	1个烟叶营销中心

续表

地市级局（公司）名称		贵阳市烟草专卖局（公司）	遵义市烟草专卖局（公司）	六盘水市烟草专卖局（公司）	安顺市烟草专卖局（公司）	毕节市烟草专卖局（公司）
实现税利	万元	245951	324983	101656	84706	290054
	比上年增长（%）	-2.65	-13.86	-0.53	-10.37	0.01
实现利润	万元	91098	105373	36605	30199	117659
	比上年增长（%）	-3.45	-40.55	-9.26	-9.47	-3.91
卷烟销售收入（万元）		790254	697988	290527	269178	568850
查处涉烟违法案件（起）		898	1381	382	252	335
查处涉烟违法案件案值（万元）		3710	2085	1744	229	2060
烟基建设投入资金（万元）		1059	2078	344	1074	14459
烟基设施新增受益面积（万亩）		0.91	—	0.46	0.56	2.11
烟叶种植（万亩）		6.80	52.60	10.80	5.20	50.40
烟叶收购（万担）		16.89	133.20	25.00	10.06	114.09
烟农户数（户）		2991	20692	4574	1628	28601
实现烟农总收入（万元）		19271	165734	32500	10634	147800
零售客户数（户）		24294	32684	15185	14571	28708
零售客户销售毛利率（%）		11.14	14.35	8.78	17.17	12.83

地市级局（公司）名称		铜仁市烟草专卖局（公司）	黔东南苗族侗族自治州烟草专卖局（公司）	黔南布依族苗族自治州烟草专卖局（公司）	黔西南布依族苗族自治州烟草专卖局（公司）	贵安新区烟草专卖局（公司）
主要负责人/法定代表人（含党政领导）		马　健（—2017年11月）杨双剑（2017年12月—，主持工作）	陈　熹	杨秀祥	王　贵	朱　峻
所属县级单位		江口县、松桃苗族自治县、印江土家族苗族自治县、德江县、思南县、沿河土家族自治县、石阡县等7个县级烟草专卖局（分公司）和碧江区、万山特区、玉屏侗族自治县等3个县级烟草专卖局	岑巩县、镇远县、施秉县、麻江县、丹寨县、黄平县、天柱县、锦屏县、黎平县、三穗县、榕江县、从江县、剑河县、雷山县、台江县和凯里市等16个县级烟草专卖局（分公司）	都匀市、福泉市、瓮安县、长顺县、独山县、惠水县、平塘县、贵定县、龙里县、荔波县、罗甸县、三都水族自治县等12个县级烟草专卖局（分公司）	兴义市、兴仁县、普安县、安龙县、贞丰县、晴隆县、册亨县、望谟县等8个县级烟草专卖局（分公司）	—
总资产（万元）		140082	136087	143131	219183	15471
资产负债率（%）		22.00	13.63	14.64	10.82	19.73
从业人员（人）		1734	1395	1619	1348	48
所属业务机构	营销机构	1个卷烟营销中心	1个卷烟营销中心	1个卷烟营销中心	1个卷烟营销中心、8个区域营销部	1个卷烟营销中心
	物流配送机构	1个物流配送中心	1个物流中心、4个物流中转站	1个配送中心、5个物流中转站	1卷烟物流分公司、4个中转站	—
	专卖稽查机构	1个稽查支队	1个稽查支队、17个稽查大队	1个稽查支队、12个稽查大队	1个专卖稽查支队、8个专卖稽查大队	1个稽查大队
	烟叶机构	1个烟叶生产经营部、30个烟叶站	1个烟叶生产经营部、11个烟叶站	12个烟叶中心站	1个烟叶生产经营部、35个烟叶站	—

续表

地市级局（公司）名称		铜仁市烟草专卖局（公司）	黔东南苗族侗族自治州烟草专卖局（公司）	黔南布依族苗族自治州烟草专卖局（公司）	黔西南布依族苗族自治州烟草专卖局（公司）	贵安新区烟草专卖局（公司）
实现税利	万元	111140	127808	105904	143200	6104
	比上年增长（%）	-25.45	-2.99	-20.04	-20.89	174.96
实现利润	万元	31663	53024	30633	71531	1870
	比上年增长（%）	-53.88	-9.86	-41.61	-26.65	134.76
卷烟销售收入（万元）		320472	315353	348443	258222	23338
查处涉烟违法案件（起）		290	809	634	118	22
查处涉烟违法案件案值（万元）		1768	817	1974	1176	94
烟基建设投入资金（万元）		2113	1772	1492	4460	—
烟基设施新增受益面积（万亩）		4.00	0.96	4.43	17.71	—
烟叶种植（万亩）		18.40	16.40	9.20	30.40	—
烟叶收购（万担）		46.48	36.62	23.64	57.07	—
烟农户数（户）		5130	6833	4186	15841	—
实现烟农总收入（万元）		52558	42762	27140	65500	—
零售客户数（户）		15877	21059	20111	17196	920
零售客户销售毛利率（%）		12.30	10.20	13.00	11.00	11.00

注：1. 根据《国家烟草专卖局　中国烟草总公司关于贵州省盘县烟草专卖局（分公司）更名的批复》（国烟人〔2017〕266号），盘县烟草专卖局更名为盘州市烟草专卖局，六盘水市烟草公司盘县分公司更名为六盘水市烟草公司盘州分公司。

2. 根据《国家烟草专卖局　中国烟草总公司关于设立六盘水市烟草公司钟山分公司和六枝分公司的批复》（国烟法〔2017〕302号），六盘水市六枝特区、钟山区成立烟草分公司。

◇ 撰稿：李　聪；编辑：周　佳

云南省烟草专卖局（公司）

【专卖管理】 **案件查处。** 2017年，云南省烟草专卖局开展针对泸西县“三元地区”非法经营烟叶专项整治工作，非法加工烟叶、烟丝制假窝点得到严厉整治。召开全省边境地区打击涉烟违法犯罪工作会，加强与云南省海关、检验检疫、边防等执法部门协作，强化国际警务合作，打击“蚂蚁搬家式”的走私贩私行为。其中，昭通“7·25”运输、分销假冒卷烟网络案件，查获假冒卷烟1300件，捣毁涉及河南、昭通的制售假冒卷烟违法犯罪网络。保山“6·10”互联网销售假烟网络案件，查处涉案金额3628万元。

2017年，云南省局查处各类涉烟违法案件2.37万起，其中，案值5万元以上假烟案件1748起；查获各类非法卷烟4.74万件，其中，假冒卷烟2.49万件，非渠道卷烟1.55万件，走私烟0.7万件；查获违法烟叶、烟丝等原料0.87万吨。公安、司法机关依法刑事拘留551人，批捕283人，判刑243人。

内部专卖管理。 开展“依法严管违法违规卖烟大户①”专项行动，把千条户、五倍户、进货量排序前2%、5%、20%的零售客户作为控制大户的关键指标和对标指标，运用专卖执法手段等实施有效管控，逐步降低大户销量占比。2017年，全省取缔违法违规经营大户经营资格233户，列为重点监管对象1.19万户，查处大户违法违规经营卷烟5万支或价值5万元以上案件333起。专卖内管部门强化合同监管，严控烟叶种植规模，重点跟踪监管20亩以上的烟叶种植大户，取消烟叶种植合同1.83万份，处理违规收购烟叶问题160个。注重与卷烟工业企业、烟机辅料企业沟通协作，寓监管于服务之中，推动涉烟企业自控自律建设。

市场监管方式创新。 全面推广“双随机一公开”监管方式，发起检查任务127起，涉及卷烟零售客户1.64万户。加大辖区物流货运企业的监管力度，查处违规案件6374起，占案件数的26.9%。结合属地辖区市场情况，创新开展市场监管工作，大理州局APCD市场监管工作大胆创新、持续改进；西双版纳州局在州庆和泼水节期间，对辖区旅游景点、边境口岸市场等进行重点整治，维护云南旅游良好形象；昭通市局组织开展多期卷烟市场交叉查缉；普洱市局

① 卖烟大户是指以云南省公司为供货单位，连续12个月中，月均销量超过本单位零售客户平均月销量5倍以上的，持有烟草专卖零售许可证的卷烟零售客户和月销售量达1000条以上持有烟草专卖零售许可证的卷烟零售客户，均称为卷烟零售卖烟大户。

开展“岁末风暴”卷烟市场清理整顿专项行动；丽江市局开展暑期卷烟打假打私专项行动。

许可证管理。 落实“放管服”改革要求，宽进严管，简化流程，以推行网上办证为契机，不断提升服务质量，平均新办证时间从5.24天缩短至3.94天。2017年，全省新办烟草专卖零售许可证2.8万户，注销2.29万户，总量16.87万户，新增5125户。烟草专卖零售许可证参与全省“多证合一”改革，按照与工商部门信息共享、统一归集的方式，接收由工商部门流转的新办证申请1846起，专卖部门受理1829起。

云南省局（公司）定点帮扶德宏州阿昌族种烟脱贫（2017年）
云南省局　供稿

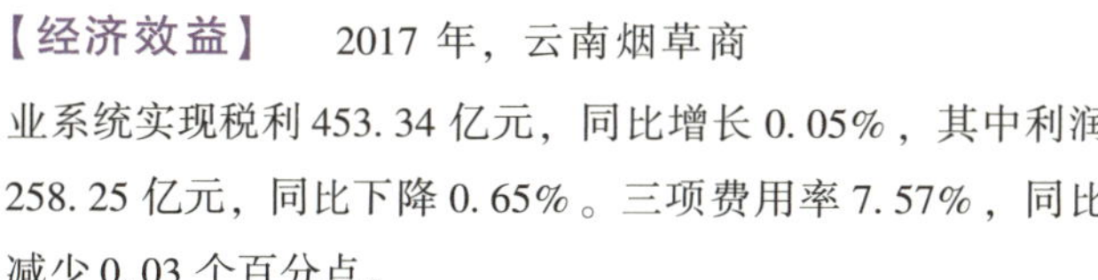

【经济效益】　2017年，云南烟草商业系统实现税利453.34亿元，同比增长0.05%，其中利润258.25亿元，同比下降0.65%。三项费用率7.57%，同比减少0.03个百分点。

【卷烟经营】　**卷烟（雪茄烟）销售。** 2017年，云南省销量居前三位的卷烟品牌依次为“云烟”“红河”“红塔山”，销量分别为406.19亿支（81.24万箱）、190.16亿支（38.03万箱）、139.25亿支（27.85万箱）。2017年，全省销售雪茄烟0.24亿支，同比增长54.78%。

实现卷烟销售收入525.19亿元，同比增长3.82%。实现卷烟税利129.94亿元，同比增长4.07%。卷烟单箱销售收入3万元，卷烟单箱税利0.74万元。

重点品牌培育。 深化工商协同，共同研究制定销售方案，加强市场调研、货源衔接、市场调控、信息共享和品牌评价，探索工商统一协调指挥管理新途径。

销售手段现代化。 全年新增零售客户3304户，同比增长2.04%。2017年，国家局公布全省客户满意度85.62分，同比提高1.32分。

“云香印象”终端建设。 全省建设“云香印象”品牌终端4501个，其中卷烟现代终端4092个、体验终端421个、旅游终端239个，初步建成一批形象好、特色鲜明、有影响力的品牌终端。

【烟叶产销】　**烟叶种植与收购。** 2017年，云南省种植烟叶（含晾晒烟）622.54万亩，同比减少20.67万亩，其中，烤烟609万亩、晾晒烟13.54万亩。签订烟叶种植合同74.5万份，其中烤烟种植收购合同71.2万份、晾晒烟种植收购合同3.3万份。收购烟叶82.99万吨（1659.78万担）①，其中，烤烟81.12万吨（1622.4万担），晾晒烟1.87万吨（37.38万担）。国内销售烟叶88.15万吨（1762.91万担），其中，烤烟87.45万吨（1748.97万担），晾晒烟0.7万吨（13.94万担）。境外销售烟叶9.2万吨（184万担），其中烤烟7.34万吨（146.8万担），晾晒烟1.86万吨（37.2万担）。有种烟农户74.5万户，实现烟农总收入236.84亿元。

2017年，实现烟叶税利307.59亿元（含晾晒烟2.58亿元），同比下降0.87%，其中利润196.82亿元（含晾晒烟0.6亿元），同比下降0.9%。

控制烟叶生产规模。 云南省公司把严控规模作为烟叶工作首要任务，坚决守住烤烟收购计划红线。2017年，全省烤烟种植涉及98个县（市、区）、863个乡（镇）、6101个村委会、71.2万户烟农，实际种植面积609万亩，同比减少种烟乡（镇）13个、村委会73个、烟农11.7万户、种植面积19.2万亩。实际收购烤烟81.12万吨（1622.4万担），同比减少2.87万吨（57.47万担），烟叶生产实现平稳发展。

转变烟叶生产方式。 优化调整烟叶种植布局，2017年，云南省新增职业烟农3.5万户，累计培育职业烟农7.5万户，户均种烟规模8.5亩，100亩以上连片占68%。推广绿色生产技术，全省施用有机肥425万亩，推广绿肥压青41万亩，推行0.01毫米地膜381.9万亩，开展地膜回收389.3万亩，推广烟田烟蚜茧蜂放蜂589.8万亩、大农业放蜂700万亩，开展物理防治、性诱剂防治等25.2万亩。推进烟叶生产组织方式创新，全省烟农专业合作社从544个优

① 全省烟叶收购量含云南香料烟有限责任公司烟叶收购量。

化整合至465个，其中行业示范社27个，烟农入社率提高到86%，专业化服务基本覆盖主要生产环节。

提升烟叶质量。坚持工商协同开发机制，树立“定制化”理念，针对烟叶可用性、质量稳定性和结构适配性的问题导向，实现“第一车间”与卷烟生产无缝对接。2017年，全省生产收购“红花大金元”“K326”特色品种烟叶32.56万吨（651.1万担），占总量的40%；津巴布韦品种烟叶生产规模增加到0.93万吨（18.5万担）；开发高端特色烟叶“2260”20万亩3万吨（60万担），与19家对口卷烟工业企业推进204个烟叶基地单元建设，实施深度优化结构订单生产10.1万吨（202万担），配方打叶比例突破70%，高端化供应形成云南烟叶发展新优势。

开展烘烤提质增效研究，全省烤烟烘烤损失率降至7.8%。全面加强收购管理，突出抓好第三方专业人员分级，提高专分散收的专业化和组织化程度，推行对样收购、平稳收购、均衡收购，解决“三混”问题。推行专人驻复烤厂抽检制度，加强分级、定级、成包等关键环节的质量监管，引导基层全力提高收购质量和纯度。国家局抽检全省烟叶收购等级合格率82.8%，与上年持平；工商交接等级合格率63.8%，同比增加1.5个百分点。

烟叶生产基础设施建设。全年行业投入烟叶生产基础设施建设总资金9.33亿元，其中，申请国家局补贴4.25亿元，省内烟草配套5.08亿元，建设基础设施项目5.22万件，受益基本烟田51.92万亩，设施化基本烟田增加到1655万亩。

抓帮扶促增收。突出抓好主业稳收，全面推进规模化种植、集约化经营、专业化服务、科技化支撑、设施化保障措施，助推烟叶生产减工降本、提质增效，2017年，云南省烤烟售烟收入232.81亿元，户均3.27万元，同比增加2800元。突出抓好辅业增收，依托烟基设施、基本烟田、农业废弃物等资源，大力推进多元经营，多元产业实现销售收入29亿元，户均4000元，逐步发展成为烟农稳定增收的可靠渠道。突出抓好扶贫助收，发挥产业优势，扎实开展贫困烟农定向扶贫工作，全省88个贫困县中有66个种植烟叶，种植面积占全省的69%，售烟收入160.7亿元，帮助3.4万户贫困烟农12.8万人脱贫摘帽。

【交流与合作】 2017年，中国烟草云南进出口有限公司紧盯国际、国内烟叶市场形势变化，提出新老搭配、主副搭配、以价换运等销售策略。公司全年出口烟叶9.1万吨（182万担），同比增长19.46%。烤烟库存由年初的4.5万吨（90万担）同比下降54%，白肋烟库存全部完成销售，副产品库存结构进一步优化。

发挥外贸资源优势，推动与工业企业资源置换，与湖南中烟、浙江中烟置出不适销上等片烟0.51万吨（10.1万担），置入适合出口销售烟叶0.52万吨（10.4万担），减少国内工业不适用烟叶库存。

不断深化与国际知名烟草企业农艺项目合作，邀请国际农艺专家进行8次省、州（市）、县三级农艺技术培训。腾冲市、陆良县公司和云南香料烟有限责任公司STP项目顺利通过ABS公司评估。紧盯市场和客户需求，全年进口卷烟7209万支、雪茄烟9350支。做好进口仪表仪器采购服务，通过国际公开招标采购仪表仪器116台（套），采购金额2845万元，到货41台（套），实现销售收入690万元。全年实现进出口总值3.35亿美元，同比增长16%，实现税利5.07亿元，同比增长7%。

【管理创新】 2017年，云南省公司开展头脑风暴创意行动活动，征集创意提案3529个，评审获奖提案79个。推进精益改善，征集精益改善建议1532条，采用967条；开展质量管理项目520项，2项成果获评“中国质量协会国优小组”，省公司获评2017年度“云南省质量管理小组活动优秀企业”，2人获评“云南省质量管理小组活动卓越领导者”，2人获评“云南省质量管理小组活动优秀推进者”，2个质量管理小组获评“国家优秀质量管理小组”，20个质量管理小组获评“云南省优秀质量管理小组”。

【特事辑要】 1月26日，云南省委、省政府在昆明召开全省烟草工作座谈会。云南省委书记陈豪强调，全省烟草系统要把思想和行动统一到省委、省政府的决策部署和对烟草产业发展的分析判断上来。

4月26—27日，国家局党组成员、副局长徐瑾在云南烟草调研。

8月23—25日，国家局党组成员、直属机关党委书记高林在云南烟草调研。

8月25日，云南省委常委、常务副省长宗国英在云南烟草调研。

9月6—9日，国家烟草专卖局党组书记、局长，中国烟草总公司总经理凌成兴在云南烟草调研。

9月26日，云南省丽江市古城区好多超市店主王汉辉收到国家烟草专卖局党组书记、局长，中国烟草总公司总经理凌成兴亲笔写给他的回信。

11月15日，云南烟草工商与贵州省局（公司）在昆明举行座谈会暨合作框架协议签字仪式。

12月18—20日，国家局党组成员、副局长段铁力在云南烟草调研。

2017 年云南省烟草专卖商业主要情况统计

地市级局（公司）名称		昆明市烟草专卖局（公司）	玉溪市烟草专卖局（公司）	曲靖市烟草专卖局（公司）	红河哈尼族彝族自治州烟草专卖局（公司）
主要负责人/法定代表人（含党政领导）		吴永明（—2017 年 7 月） 包 毅（2017 年 8 月—）	田泽华	吴立著	梁 兵（—2017 年 12 月） 邓云龙（2017 年 12 月—）
所属县级单位		安宁市，五华区、盘龙区、西山区、官渡区、东川区、呈贡区、晋宁区[1]、富民县、宜良县、嵩明县、石林彝族自治县、禄劝彝族苗族自治县、寻甸回族彝族自治县等 14 个县级烟草专卖局（分公司）	红塔区、通海县、江川区、新平彝族傣族自治县、澄江县、峨山彝族自治县、华宁县、元江哈尼族彝族傣族自治县、易门县等 9 个县级烟草专卖局（分公司）	麒麟区、宣威市、沾益区、陆良县、师宗县、罗平县、富源县、会泽县、马龙县等 9 个县级烟草专卖局（分公司）	弥勒市、泸西县、个旧市、开远市、蒙自市、建水县、石屏县、屏边苗族自治县、红河县、元阳县、河口瑶族自治县、金平苗族瑶族傣族自治县、绿春县等 13 个县级烟草专卖局（分公司）
总资产（万元）		1063046	722074	1467907	885024
资产负债率（%）		16.66	9.73	21.41	20.95
从业人员（人）		1704	3800	2711	1249
所属业务机构	营销机构	1 个营销中心	1 个营销中心、9 个区域市场部	1 个营销中心	1 个营销中心
	物流配送机构	1 个物流分公司	1 个物流分公司、8 个物流中转站	1 个物流分公司、9 个物流中转站	1 个物流配送中心、4 个物流中转站
	专卖稽查机构	14 个稽查支队	1 个稽查支队、9 个稽查大队	1 个稽查支队、9 个稽查大队、35 个稽查中队	1 个稽查支队、13 个稽查大队
	烟叶机构	53 个烟叶工作站	50 个烟叶工作站	91 个烟叶工作站、335 个收购点	42 个烟叶工作站
实现税利	万元	540219	323584	810475	370199
	比上年增长（%）	0.63	1.10	0.21	-1.18
实现利润	万元	280891	203106	499208	209085
	比上年增长（%）	-1.13	4.49	1.08	-1.33
卷烟销售收入（万元）		957952	259414	628861	471990
查处涉烟违法案件（起）		3657	868	4080	3193
查处涉烟违法案件案值（万元）		16708	2925	9044	19801
烟基建设投入资金（万元）		8496	9302	12030	10915
烟基设施新增受益面积（万亩）		3.71	12.00	4.87	2.18
烟叶种植（万亩）		51.11	56.66	123.33	52.66
烟叶收购（万担）		138.00	140.41	333.79	142.20
烟农户数（户）		51904	74324	177036	55089
实现烟农总收入（万元）		209100	203026	492900	213835
零售客户数（户）		22773	8238	19384	10545
零售客户销售毛利率（%）		8.00	14.28	7.50	12.19

地市级局（公司）名称		楚雄彝族自治州烟草专卖局（公司）	大理白族自治州烟草专卖局（公司）	昭通市烟草专卖局（公司）	保山市烟草专卖局（公司）
主要负责人/法定代表人（含党政领导）		晏　飞	樊在斗	孔垂武 （—2017年12月） 任志斌 （2017年12月—）	周　锋
所属县级单位		楚雄市、双柏县、牟定县、南华县、姚安县、大姚县、永仁县、元谋县、武定县、禄丰县等10个县级烟草专卖局（分公司）	大理市、祥云县、宾川县、弥渡县、漾濞彝族自治县、南涧彝族自治县、巍山彝族回族自治县、永平县、云龙县、洱源县、剑川县、鹤庆县等12个县级烟草专卖局（分公司）	昭阳区、鲁甸县、巧家县、镇雄县、彝良县、威信县、大关县、永善县、盐津县、水富县、绥江县等11个县级烟草专卖局（分公司）	隆阳区、施甸县、腾冲市、龙陵县、昌宁县等5个县级烟草专卖局（分公司）
总资产（万元）		656731	502958	334381	404340
资产负债率（%）		16.63	18.38	24.57	17.68
从业人员（人）		1231	1237	1795	898
所属业务机构	营销机构	1个营销中心	1个营销中心	1个营销中心、11个卷烟市场部	1个营销中心
	物流配送机构	1个物流分公司	1个配送中心、12个物流中转站	1个物流分公司、11个物流中转站	1个物流分公司、5个物流中转站
	专卖稽查机构	1个稽查支队、10个稽查大队、32个专卖管理所	1个稽查支队、12个稽查大队	1个稽查支队、11个稽查大队	1个稽查支队、5个稽查大队
	烟叶机构	79个烟叶工作站	80个烟叶工作站	47个烟叶工作站、68个烟叶收购点	40个烟叶工作站
实现税利	万元	406712	304298	188727	295304
	比上年增长（%）	0.02	0.50	0.30	0.10
实现利润	万元	261648	161918	75855	173732
	比上年增长（%）	0.44	-0.82	0.16	-0.16
卷烟销售收入（万元）		232119	331788	455457	263755
查处涉烟违法案件（起）		950	2199	3492	1622
查处涉烟违法案件案值（万元）		1317	2734	4068	4271
烟基建设投入资金（万元）		7878	8144	4942	5849
烟基设施新增受益面积（万亩）		8.80	5.76	7.82	5.64
烟叶种植（万亩）		61.85	48.15	26.22	43.33
烟叶收购（万担）		168.13	131.16	70.80	117.00
烟农户数（户）		87421	50552	24551	41524
实现烟农总收入（万元）		245700	201731	101200	162009
零售客户数（户）		9482	12358	13629	8973
零售客户销售毛利率（%）		8.00	7.45	8.10	10.10

地市级局（公司）名称		文山壮族苗族自治州烟草专卖局（公司）	普洱市烟草专卖局（公司）	丽江市烟草专卖局（公司）	临沧市烟草专卖局（公司）
主要负责人/法定代表人（含党政领导）		何文炜	徐元飞	廖世勇	曹敬东
所属县级单位		文山市、砚山县、西畴县、麻栗坡县、马关县、丘北县、广南县、富宁县等8个县级烟草专卖局（分公司）	景东彝族自治县、镇沅彝族哈尼族拉祜族自治县、墨江哈尼族自治县、景谷傣族彝族自治县、宁洱哈尼族彝族自治县、江城哈尼族彝族自治县、澜沧拉祜族自治县、孟连傣族拉祜族佤族自治县、西盟佤族自治县和思茅区等10个县级烟草专卖局（分公司）	玉龙纳西族自治县、永胜县、华坪县、宁蒗彝族自治县、古城区等5个县级烟草专卖局（分公司）	临翔区、凤庆县、永德县、云县、镇康县、耿马县傣族自治县、沧源佤族自治县、双江拉祜族佤族布朗族傣族自治县等8个县级烟草专卖局（分公司）
总资产（万元）		429382	327716	203502	240703
资产负债率（%）		18.93	18.25	23.27	41.59
从业人员（人）		1015	816	457	718
所属业务机构	营销机构	1个营销中心	1个营销中心	1个营销中心	1个营销中心、8个区域市场部
	物流配送机构	1个配送中心、4个物流中转站	1个物流分公司	1个物流分公司	1个物流分公司、8个卷烟物流配送服务中转站
	专卖稽查机构	1个稽查支队、8个稽查大队	1个稽查支队、10个稽查大队	1个稽查支队、5个稽查大队	1个稽查支队、8个稽查大队、28个专卖管理所
	烟叶机构	43个烟叶工作站、13个烟叶收购点	60个烟叶收购站（点）	24个烟叶工作站	32个烟叶工作站
实现税利	万元	293847	265743	160648	168754
	比上年增长（%）	0.41	0.69	0.94	8.87
实现利润	万元	181972	160189	91452	85078
	比上年增长（%）	3.62	-0.81	0.12	11.97
卷烟销售收入（万元）		275698	214692	155326	191288
查处涉烟违法案件（起）		1704	1076.00	708	1066
查处涉烟违法案件案值（万元）		3199	1375	740	—
烟基建设投入资金（万元）		2082	3170	5831	7088
烟基设施新增受益面积（万亩）		12.76	2.64	4.73	3.64
烟叶种植（万亩）		40.85	37.69	22.22	29.85
烟叶收购（万担）		97.80	102.50	60.00	80.60
烟农户数（户）		23988	42666	20463	41074
实现烟农总收入（万元）		132600	141700	94977	107291
零售客户数（户）		13691	10154	6874	8288
零售客户销售毛利率（%）		12.56	8.00	15.00	8.00

地市级局（公司）名称		德宏傣族景颇族自治州烟草专卖局（公司）	西双版纳傣族自治州烟草专卖局（公司）	怒江傈僳族自治州烟草专卖局（公司）	迪庆藏族自治州烟草专卖局（公司）
主要负责人/法定代表人（含党政领导）		王　兵	尤　辉	王纪文	肖　玛
所属县级单位		芒市、瑞丽市、陇川县、盈江县、梁河县等5个县级烟草专卖局（分公司）	景洪市、勐海县、勐腊县等3个县级烟草专卖局（分公司）	福贡县、兰坪白族普米族自治县、贡山独龙族怒族自治县等3个县级烟草专卖局（分公司）、1个州局直属分局	德钦县、维西傈僳族自治县、香格里拉市等3个县级烟草专卖局（分公司）
总资产（万元）		59663	69525	16597	21710
资产负债率（%）		29.14	24.83	28.00	26.78
从业人员（人）		212	169	105	139
所属业务机构	营销机构	1个营销中心、5个区域市场部	1个营销中心	1个营销中心	1个营销中心
	物流配送机构	1个物流分公司、4个卷烟配送中转站、1个卷烟配送直送管理站	1个物流分公司	1个物流分公司	1个物流分公司
	专卖稽查机构	1个稽查支队、5个稽查大队	1个稽查支队、3个稽查大队	1个稽查支队、4个稽查大队	1个稽查支队、3个稽查大队
	烟叶机构	—	—	—	—
实现税利	万元	36844	51599	12068	12089
	比上年增长（%）	3.81	3.94	4.20	3.55
实现利润	万元	13405	19071	2830	2453
	比上年增长（%）	3.00	4.00	5.13	9.70
卷烟销售收入（万元）		125090	169803	58352	50899
查处涉烟违法案件（起）		413	457	198	72
查处涉烟违法案件案值（万元）		1770	2013	431	132
烟基建设投入资金（万元）		—	—	—	—
烟基设施新增受益面积（万亩）		—	—	—	—
烟叶种植（万亩）		—	—	—	—
烟叶收购（万担）		—	—	—	—
烟农户数（户）		—	—	—	—
实现烟农总收入（万元）		—	—	—	—
零售客户数（户）		6860	8288	1713	2494
零售客户销售毛利率（%）		10.00	12.80	11.00	10.10

注：1.2017年4月，昆明市晋宁县烟草专卖局更名为昆明市晋宁区烟草专卖局。

◎撰稿：王津军；编辑：周　佳

西藏自治区烟草专卖局（公司）

【专卖管理】　**案件查处**。西藏自治区烟草专卖局贯彻落实国家局“向打假打私要市场、要销量、要效益”工作要求，加强与自治区公安、工商、海关、邮政等部门协作，巩固协作机制，严格依法治烟。2017年，先后组织开展“雪域亮剑”“整治违规大户”“天价烟治理”等专项整治行动。全年查获各类涉烟违法案件363起，同比增长27.37%；查获非法卷烟292件，同比增长8.59%，案值448.18万元，同比下降12.55%，其中，查获非渠道卷烟238.22件，占比81.59%；查获假冒卷烟53.77件，占比18.41%。

市场监管。 结合西藏真烟非法流通特点，自治区局把加大力度治理卷烟零售客户乱渠道进货作为治理真烟非法流通的着力点。各级监管部门在加大对卷烟日常访销监管的同时，深入查找真烟非法流通案件的内部违规经营线索。2017 年，全自治区查处非渠道案件 231 起，查获卷烟 172.97 件，案值 5 万元以上的网络案件 11 起。

2017 年 12 月 12 日，西藏自治区局（公司）专卖稽查人员进行执法检查
西藏自治区局　寇　祥　摄

行政许可。 自治区局制定印发《西藏自治区烟草专卖局关于印发〈烟草专卖许可证件办理服务规范细则〉的通知》（藏烟专〔2017〕3 号），进一步规范办证服务，提升依法办证服务水平和客户满意度。完善许可证档案管理，规范许可证办证各个环节的公示工作，做到流程清晰。2017 年，自治区新办零售许可证 2240 户，延续 2523 户，变更 205 户，注销 2028 户，停歇业 456 户，恢复 196 户。2017 年，西藏自治区有正常经营户 1.44 万户。2017 年，全自治区市场净化率 92.23%。

【经济效益①】 2017 年，西藏自治区烟草商业系统实现销售收入 45.45 亿元，同比增长 8.13%。实现卷烟税利 10.01 亿元，同比增长 8.64%，其中利润 3.13 亿元，同比增长 13.64%。单箱销售收入 4.11 万元，同比增长 4.64%。三项费用率 9.59%，同比减少 0.12 个百分点。

【卷烟经营】 **卷烟销售。** 2017 年，西藏自治区销量居前三位的卷烟品牌依次为“云烟”“中华”“白沙”，销量分别是 20.57 亿支（4.11 万箱）、4.09 亿支（0.82 万箱）、3.43 亿支（0.69 万箱）。

品牌培育。 自治区公司坚持把品牌培育工作摆在卷烟销售工作的重要位置，制定品牌长远规划和年度发展计划，建立品牌属性跟踪机制，强化生命周期管理，打造良好的品牌生态。

“四网合一”建设。 自治区公司深化网上订货、网上销售、网上配货、网上结算的“四网合一”建设，创新销售模式。2017 年，全自治区网络订货客户 4322 户，同比增长 27.6%；电子结算客户 1.09 万户，同比增长 23.42%；跨行结算客户 421 户，同比增长 28.35%。新增 114 个卷烟零售客户自律互助小组，成员 1993 户零售客户。

【管理创新】 **市场化取向改革。** 围绕“大企业、大品牌、大市场”战略，坚持把市场化取向改革往实里抓、往细里做，统一供货策略，明确标准、公正透明；优化客户分档，调整测评周期、提升服务水平；加强重点品牌培育，强化货源供给、努力满足消费。

财务管理模式改革。 聚焦“统一管理、分级核算”目标，再造管理架构，变业务模式由市公司分散处理为区公司统一集中处理，压缩管理层级，提升工作效率，财务报表生成时间平均提前 2 天以上；规范管理标准，从核算基础等七方面对市、区公司职能职责明确划分，实现业务统一化、标准化、公开化，构建上下贯通、有机融合、阳光作业的管理格局；全面整合资源，依托新模式，有效节省人力物力财力，为下一步优化基层“三定”工作积累经验。财务管理模式改革已在除阿里地区外基层单位全面推广实施。

---

① 2017 年西藏自治区局（公司）所有经济效益数据为含税数据，2016 年为不含税数据。

干部人事制度改革。 落实“全面从严治党”要求，改进干部选拔任用办法，全面规范酝酿沟通、民主推荐、干部考察等程序环节，持续提升选人用人公正性、透明度。2017 年选拔任用处级干部 7 人，平级调整处级干部 11 人，干部职工对选拔工作满意度 97.83%。推进职级管理改革，制定《科级以下职级设置及调整管理暂行办法》《职级套改实施方案》《薪酬管理暂行办法》，着力解决存在多年的员工晋升通道不畅、薪酬分配不尽合理问题，全自治区行业 318 名基础员工打破岗位禁锢、309 名职工实现职级晋级。

【特事辑要】 1 月 29 日，西藏自治区烟草专卖局（公司）召开全自治区烟草行业工作会议。

4 月 24 日，西藏自治区党委书记吴英杰在山南市扎囊县调研全国烟草行业定点扶贫项目——扎囊县万亩植物种苗繁育基地种苗繁育中心工作开展情况。

2017 年西藏自治区烟草专卖商业主要情况统计

地市级局（公司）名称		拉萨市烟草专卖局（公司）	山南市烟草专卖局（公司）	日喀则市烟草专卖局（公司）	林芝市烟草专卖局（公司）	昌都市烟草专卖局（公司）	阿里地区烟草专卖局（公司）
主要负责人/法定代表人（含党政领导）		普布（—2017 年 3 月）王永长（2017 年 5 月—）	张连海	巴桑（—2017 年 6 月）张开友（2017 年 6 月—）	扎西	曾涛	张建军（—2017 年 9 月）旺扎（2017 年 12 月—）
所属县级单位		—	—	—	—	—	—
总资产（万元）		50501	11533	10948	14392	5463	5155
资产负债率（%）		3.51	36.34	14.93	13.00	6.37	80.16
从业人员（人）		226	97	111	86	78	49
所属业务机构	营销机构	1 个营销中心	1 个营销中心	1 个营销中心	1 个营销中心	1 个营销中心	1 个营销中心
	物流配送机构	1 个配送中心	1 个配送中心	5 个配送中心	1 个配送中心	1 个配送中心	1 个配送中心
	专卖稽查机构	1 个专卖监督管理科、3 个专卖稽查分局、1 个稽查支队	1 个专卖监督管理科、2 个稽查大队	1 个专卖监督管理科、4 个稽查大队	1 个专卖监督管理科、1 个稽查大队	1 个专卖监督管理科、7 个稽查大队	1 个专卖监督管理科
	烟叶机构	—	—	—	—	—	—
实现税利	万元	37465	7779	10915	7527	9597	1964
	比上年增长（%）	8.65	11.43	15.49	0.41	20.51	28.11
实现利润	万元	8674	75	753	359	810	-647
	比上年增长（%）	11.26	150.00	75.12	-7.56	103.52	—
卷烟销售收入（万元）		188682	49958	67700	48549	56073	17722
查处涉烟违法案件（起）		65	107	103	16	43	36
查处涉烟违法案件案值（万元）		167	96	98	24	43	11
烟基建设投入资金（万元）		—	—	—	—	—	—
烟基设施新增受益面积（万亩）		—	—	—	—	—	—
烟叶种植（万亩）		—	—	—	—	—	—
烟叶收购（万担）		—	—	—	—	—	—
烟农户数（户）		—	—	—	—	—	—
实现烟农总收入（万元）		—	—	—	—	—	—
零售客户数（户）		3468	1649	3539	1489	1209	557
零售客户销售毛利率（%）		16.43	13.00	8.90	12.00	18.90	12.50

◇ 撰稿：曹玉娟；编辑：周 佳

陕西省烟草专卖局（公司）

【专卖管理】 **案件查处。** 陕西省烟草专卖局以侦办大要案为重点，持续深化打假打私体系建设，完善区域协作执法机制，强化情报导侦意识，精准发力，不断提升卷烟打假打私工作运行质量。2017年，省局与省公安厅联合印发《严格规范烟草市场秩序的通告》《关于进一步严厉打击涉烟违法犯罪活动的通知》，充分发挥联合打假打私长效协作机制作用，保持高压严打态势，进一步巩固成果、严防反弹。

全年全省查处各类涉烟违法案件2.74万起，其中查处非法真烟案件1.74万起；查获非法卷烟1.1万件，其中非法真烟6396.15件。破获涉烟网络案件35起，其中符合国家局标准的网络案件27起，符合省局标准的网络案件8起。公安、司法机关依法刑拘228人，批捕132人，判刑67人。

市场监管。 全面加强日常监管，推进监管方式转变，针对重点环节、重点领域，集中开展专项整治，有效维护卷烟零售市场良好秩序。东部黄河沿岸地区、中部包茂高速过境地区、西部陇县至汉中过境地区3条纵线和陕北能源经济带、关中经济带、秦巴汉江沿岸3条横线的“三纵三横”市场监管格局发挥效能，各市级局之间相互协作、相互配合，推送涉烟情报信息形成常态。

针对“微信售假、快递送烟、扰乱市场”的新问题，省局联合省公安厅、省邮政管理局组织开展“打击寄递渠道涉烟违法行为百日专项行动”。专项行动期间，全省查处违法案件8691起，查获非法卷烟902.42件，涉案金额1318.16万元。开展“严管违法违规卖烟大户专项行动”，严查“二次批发、左右价格、扰乱市场”的大户问题，对核查对象及涉案卷烟进行认真核查和相应处理。全省各市级局根据市场状态变化情况，自行组织开展专项行动30余次。

内部监管。 2017年，省局定期开展专卖内管检查，通报检查情况，督促工商企业严格整改。印发《关于进一步加大卷烟规范经营监管问责力度的通知》，按月通报真烟非法流通情况。各市级局对136名违规经营责任人员、313户无证批发零售客户予以相应处理。

依法行政。 开展“遵法、学法、守法、用法”主题宣传实践活动，修订《陕西省烟草专卖行政处罚自由裁量权实施细则》。贯彻“放管服”改革要求，持续深化卷烟零售许可改革，开展烟草专卖许可管理督查。西安市局实现烟草、工商办证系统对接；延安市局被省政府推进职能转变协调小组办公室确定为“放管服”改革典型单位。

证件管理。 全省各级专卖管理部门继续按照“放管服”改革的要求，探索“互联网+政务服务”模式，完善零售客户信用管理体系和“黑名单”管理制度。省局制定《烟草专卖许可证督查清单》，对许可证管理工作进行全面督查，发现存在四类八方面问题，对督查结果及时进行反馈，提出整改意见，各单位按时限要求完成整改任务。西安“未央烟草”微信公众号、“延安烟草12313”微信公众平台为群众提供办证指南、进度查询、网上受理等服务。西安市局与工商局在全省率先实现烟草、工商证件管理系统的数据交换。截至2017年底，陕西省有持证卷烟零售客户14.33万户。

【经济效益】 2017年，陕西省烟草商业系统实现税利105.51亿元，同比增长1.19%，其中利润35.97亿元，同比持平。实现卷烟单箱销售收入2.28万元，单箱税利0.66万元。三项费用率7.36%，同比减少0.2个百分点。

【卷烟经营】 **卷烟销售。** 2017年，陕西省销量居前三位的卷烟品牌依次为“好猫”“猴王”“延安”，销量分别为170.94亿支（34.19万箱）、142.35亿支（28.47万箱）、82.99亿支（16.6万箱）。

2017年，实现卷烟销售收入346.52亿元，同比增长5.39%。实现卷烟税利95.46亿元，同比增长4.83%，其中利润29.77亿元，同比增长8.28%。

品牌销售。 陕西省公司聚焦卷烟品牌关键品类和关键规格，印发《卷烟品牌（规格）引入退出管理规则》，进一步强化对卷烟品牌的评价、退出、引入管理的过程管控。全年引入新品规格49个，退出品类规格70个，全省卷烟交易目录内的规格由2016年底的252个压缩到2017年底的231个。

基础管理。 全省市场信息采集实现从“有”到“较为精准”再到“用起来”的转变，数据驱动决策的模式初步

陕西省局（公司）驻村工作人员与烟农交流（2017 年）

陕西省局　供稿

建立。2017 年，安康市公司实施终端建设“511”工作，通过发挥示范店的标杆引领作用，以点带面，现身说法，提高普通客户参与现代终端建设的积极性；榆林市公司分片区召开零售终端建设现场推进会，以先易后难、先城区后乡镇的原则，抓住整改示范店建设重点，以“整改一户、达标一户”为要求，“规定动作”扎实规范，“自选动作”又亮点纷呈；商洛市公司对卷烟零售终端开展增值性服务，通过协调办理贷记卡，解决客户经营资金问题；西安、咸阳、延安市公司借鉴丽江模式，开展特色终端建设；商洛市公司充分利用自律组织会议、品牌培育宣讲会等形式，开设客户能力提升培训班、客户交流座谈会，提高客户经营能力。

现代物流建设。 2017 年，省公司继续深化精益物流管理，烟箱循环利用和非烟电子商务推广工作保持行业领先。在全国烟草行业物流工作会议上，省公司就“深化用工分配制度改革，促进卷烟物流更有效率更具活力”作交流发言。省公司组织商洛和渭南市公司开展物流管控平台 L3 版本改造升级；组织宝鸡、渭南、榆林市公司制定标准化中转站管理规范。渭南市公司率先实现中短支卷烟和标准卷烟共线分拣；西安物流分公司选取五区 8000 余户卷烟零售客户试点无纸化到货签收工作；宝鸡市公司与佳木斯市公司缔结精益物流协作单位，携手开展精益物流建设。全省卷烟单箱物流费用 187.25 元，卷烟物流费用率 0.79%。

【烟叶产销】　**烟叶种植与收购。** 2017 年，陕西省种植烤烟 28 万亩，因大田生产期间遭受严重旱灾、秋淋，收购烟叶 3.07 万吨（61.37 万担），完成年计划的 81.07%，合格率 83.4%。陕西省调拨烟叶 3.07 万吨（61.35 万担），其中国内销售 2.77 万吨（55.44 万担），出口备货 0.3 万吨（5.91 万担）。有烟农 1.5 万户，实现烟农售烟收入 6.35 亿元、户均（不含补贴）4.23 万元。

2017 年，烟叶实现税利 8.99 亿元，同比下降 15.44%，其中实现利润 5.84 亿元，同比下降12.05%。

供给侧结构性改革。 省公司印发《关于加快推进烟叶供给侧结构性改革的指导意见》（陕烟叶〔2017〕83 号），明确供给侧结构性改革“一转变四提高”的目标任务，即到 2020 年，实现烟叶销售工作由传统推销方式向现代销售模式转变，不断提高烟叶规模化种植水平、提高烟叶质量、提高调拨集中度、提高工业配方占比，打造“有特色、用得上、离不开”的陕西烟叶新形象，实现烟叶产业健康稳定发展。配套制定烟叶生产布局优化、市场布局、烟叶产前投入补贴管理、烟叶质量提高、工商基地共建 5 个方面的实施意见，全面启动烟叶供给侧结构性改革工作。

现代烟草农业建设。 持续改善陕西省烟区生产生活条件。2017 年，全省新建烟叶生产基础设施建设项目 1457 件，投入资金 1850.84 万元，其中总公司补贴资金 854.97 万元，省内系统投入资金 995.87 万元（以上数字和资金均为计划下达数，项目跨年度实施尚未全面完成）。截至 2017 年底，实际拨付烟叶生产基础设施建设资金 3979 万元，其中，往年项目 3510 万元、2017 年项目 469 万元，省内系统投入资金 2656 万元。

持续提升烟农合作社服务能力和服务水平，安康市汉滨区新禾丰烟叶生产综合服务农民专业合作社、洛南县张家村富农烤烟服务合作社被总公司认定为“烟农专业合作社行业示范社”。截至 2017 年底，全省行业示范社累计达到 8 个。

【交流与合作】 2017 年，陕西省公司出口烟叶 0.45 万吨（9 万担），销售进口卷烟 0.67 亿支（0.13 万箱），实现进出口总值 1262 万美元，同比增长 8%。实现税利 2415 万元，其中利润 1125 万元。

公司紧紧抓住“一带一路”建设重大机遇，新开发德国 CNT 等 3 家客户，建立大小客户兼顾的稳定型客户组合，开辟新的国际市场。

【管理创新】 严格财务管理，努力增收节支，开展“提质降本增效年”活动，全年实现降本增效 2644 万元。推进工程建设、烟用物资采购专项治理的整改落实，全省烟草商业系统公开招标金额比例为 96.31%，同比提高 1.68 个百分点。省、市两级公司新立项科技项目 30 项，13 个项目获得省公司科学技术奖，2 个项目分别获得总公司科学技术进步奖和省政府科学技术奖。宝鸡市公司被国家局认定为“烟草行业商业标准化示范企业”。

【特事辑要】 6 月 9 日，工业和信息化部党组成员、中央纪委驻工业和信息化部纪检组组长郭开朗在陕西烟草调研，强调提高讲政治能力和领导班子建设水平，以优异成绩迎接党的十九大胜利召开。

11 月 8—10 日，国家烟草专卖局党组书记、局长，中国烟草总公司总经理凌成兴在陕西烟草调研。

2017 年陕西省烟草专卖商业主要情况统计

地市级局（公司）名称		西安市烟草专卖局（公司）	咸阳市烟草专卖局（公司）	宝鸡市烟草专卖局（公司）	渭南市烟草专卖局（公司）	铜川市烟草专卖局（公司）
主要负责人/法定代表人（含党政领导）		王万勋（—2017 年 6 月） 张爱峰（2017 年 7 月—）	王云彪	张永军（—2017 年 10 月） 沈　宏（2017 年 10 月—）	赵军辉	李文哲
所属县级单位		阎良区、临潼区、长安区、高陵区、鄠邑区、新城区、碑林区、莲湖区、灞桥区、未央区、雁塔区、蓝田县、周至县等 13 个县级烟草专卖局（分公司）[1] 以及 1 个高新分局	兴平市、长武县、彬县、淳化县、永县寿、旬邑县、礼泉县、乾县、武功县、三原县、泾阳县等 11 个县级烟草专卖局（分公司），秦都、渭城 2 个分局	陇县、千阳县、扶风县、麟游县、凤县、岐山县、太白县、凤翔县、眉县、陈仓区等 10 个县级烟草专卖局（分公司），以及 1 个市区直属局（分公司）	蒲城县、潼关县、白水县、富平县、澄城县、合阳县、韩城市、华阴市、大荔县、华州区等 10 个县（区）级烟草专卖局（分公司），以及 1 个直属局	宜君县、耀州区 2 个县级烟草专卖局（分公司），以及 1 个直属局
总资产（万元）		416238	144636	125495	78072	22863
资产负债率（%）		15.98	21.29	32.80	25.72	19.25
从业人员（人）		1405	871	762	936	195
所属业务机构	营销机构	1 个营销中心	1 个营销中心	1 个营销中心	1 个营销中心	1 个营销中心
	物流配送机构	1 个物流分公司	1 个物流分公司	1 个物流分公司	1 个物流分公司	1 个物流分公司
	专卖稽查机构	1 个稽查支队、3 个稽查大队	1 个稽查支队、13 个稽查大队	1 个稽查支队、12 个稽查大队	1 个稽查支队、11 个稽查大队	1 个稽查支队、3 个稽查大队
	烟叶机构	—	1 个烟叶分公司、1 个烟叶总库、5 个收购站点	1 个烟叶分公司、1 个烟叶总库、1 个烟叶集中库、11 个收购站点	—	—
实现税利	万元	339482	101747	85737	86469	19449
	比上年增长（%）	3.21	2.39	0.04	9.90	5.49

续表

地市级局（公司）名称		西安市烟草专卖局（公司）	咸阳市烟草专卖局（公司）	宝鸡市烟草专卖局（公司）	渭南市烟草专卖局（公司）	铜川市烟草专卖局（公司）
实现利润	万元	125705	28212	26973	16270	4452
	比上年增长（%）	2.20	5.28	-0.51	20.61	11.98
卷烟销售收入（万元）		1128200	377559	296859	363957	90601
查处涉烟违法案件（起）		8983	1258	708	9148	218
查处涉烟违法案件案值（万元）		1130	258	234	266	103
烟基建设投入资金（万元）		—	161	353	—	—
烟基设施新增受益面积（万亩）		—	0.70	0.58	—	—
烟叶种植（万亩）		—	0.65	3.80	—	—
烟叶收购（万担）		—	1.75	7.74	—	—
烟农户数（户）		—	342	2120	—	—
实现烟农总收入（万元）		—	1938	7403	—	—
零售客户数（户）		32092	15075	10396	16085	2351
零售客户销售毛利率（%）		8.81	5.60	5.00	7.37	8.00

地市级局（公司）名称		商洛市烟草专卖局（公司）	汉中市烟草专卖局（公司）	安康市烟草专卖局（公司）	延安市烟草专卖局（公司）	榆林市烟草专卖局（公司）	杨凌示范区烟草专卖局（公司）
主要负责人/法定代表人（含党政领导）		崔传斌	许　刚	陈善贵（—2017年10月）雷学锋（2017年10月—）	王进录	雷学锋（—2017年10月）韦　卫（2017年10月—）	王绥延
所属县级单位		洛南县、镇安县、山阳县、丹凤县、柞水县、商南县等6个县级烟草专卖局（分公司），以及1个商州局（分公司）	南郑县、城固县、洋县、西乡县、勉县、宁强县、略阳县、镇巴县、留坝县、佛坪县等10个县级烟草专卖局（分公司），以及1个汉台局（分公司）	汉阴县、石泉县、宁陕县、紫阳县、岚皋县、平利县、镇坪县、旬阳县、白河县等9个县级烟草专卖局（分公司），以及1个汉滨区局（分公司）	吴起县、志丹县、安塞区[2]、宝塔区、甘泉县、子长县、延川县、延长县、宜川县、富县、洛川县、黄陵县、黄龙县等13个县级烟草专卖局（分公司）	神木市、绥德县、榆阳区、府谷县、定边县、靖边县、横山区[3]、米脂县、子洲县、清涧县、佳县、吴堡县等12个县（区）级烟草专卖局（分公司）和神府煤田烟草专卖局	—
总资产（万元）		94817	101297	135532	77118	140830	6485
资产负债率（%）		15.99	26.84	23.96	39.74	25.05	16.33
从业人员（人）		769	831	993	742	654	42
所属业务机构	营销机构	1个营销中心	1个营销中心	1个营销中心	1个营销中心	1个营销中心	1个营销物流中心
	物流配送机构	1个物流分公司	1个物流分公司	1个物流分公司	1个物流分公司	1个物流分公司	—
	专卖稽查机构	1个稽查支队、7个稽查大队	1个稽查支队、11个稽查大队	10个稽查大队	1个稽查支队、13个稽查大队	1个稽查支队、13个稽查大队	1个稽查支队
	烟叶机构	1个烟叶分公司、1个烟叶技术中心、1个烟叶总库、1个烟叶集中库、17个收购站点	1个烟叶分公司、1个烟叶总库、15个烟叶站点	1个烟叶分公司、1个烟叶技术中心、1个烟叶总库、42个烟叶站点	1个烟叶分公司、1个烟叶总库、7个收购站点	—	—

续表

地市级局（公司）名称		商洛市烟草专卖局（公司）	汉中市烟草专卖局（公司）	安康市烟草专卖局（公司）	延安市烟草专卖局（公司）	榆林市烟草专卖局（公司）	杨凌示范区烟草专卖局（公司）
实现税利	万元	71696	85783	88280	61403	106212	6906
	比上年增长（%）	-3.70	1.37	-6.28	-2.47	7.03	4.83
实现利润	万元	36823	28908	39592	14832	36610	2315
	比上年增长（%）	4.86	-4.81	-10.98	3.91	14.70	7.35
卷烟销售收入（万元）		163105	316065	190467	235171	368459	23925
查处涉烟违法案件（起）		1476	2848	989	869	861	36
查处涉烟违法案件案值（万元）		1428	307	54	242	537	3
烟基建设投入资金（万元）		326	329	632	50	—	—
烟基设施新增受益面积（万亩）		0.53	1.42	1.25	0.02	—	—
烟叶种植（万亩）		8.40	4.40	9.30	1.45	—	—
烟叶收购（万担）		20.45	10.10	17.62	3.71	—	—
烟农户数（户）		5267	2161	4337	792	—	—
实现烟农总收入（万元）		20488	11744	17051	4849	—	—
零售客户数（户）		8795	14773	13062	8503	11681	673
零售客户销售毛利率（%）		6.50	6.00	8.00	7.10	6.21	8.00

注：1. 2017 年，西安市局（公司）6 个城区烟草营销部更名烟草分公司。
2. 2017 年 1 月，原延安市安塞县烟草专卖局更名为安塞区烟草专卖局。
3. 2017 年 1 月，原榆林市横山县烟草专卖局更名为横山区烟草专卖局。

◇ 撰稿：王　玉；编辑：周　佳

甘肃省烟草专卖局（公司）

【专卖管理】　**案件查处。** 甘肃省烟草专卖局坚持以“端窝点、断源头、破网络、抓主犯”为主线，调整充实全省打假打私工作领导小组，充分发挥联合打假机制、省局协调指挥中心和涉烟案件情报信息组的作用，加强与公检法等部门的执法协作，有效整合案件资源，合理配置稽查力量，落实大要案件督办制度、网络案件通报制度和后进单位约谈制度。2017 年，甘肃省查处各类假冒走私卷烟案件 2340 起，查获假私卷烟 454.5 件，其中案值百万元以上网络案件 17 起，案值千万元以上网络案件 4 起。公安、司法机关依法刑事拘留 40 人，批捕 36 人，判刑 55 人。

兰州市局侦破的“5·16”涉烟非法经营网络案件查获假冒卷烟 47.8 件，涉案金额 2800 余万元，批捕 3 人，判刑 2 人；庆阳市局侦破的“5·5”利用互联网涉烟违法案件，查获假冒卷烟 31.8 件，涉案金额 1174 万元，逮捕 2 人；平凉市局侦破的“1·4”利用自媒体非法经营卷烟网络案件，涉案金额 1331 万元，判刑 5 人；陇南市局联合甘南州局侦破的“1·18”非法经营网络案件，涉及 10 多个省份，涉案金额 1074 万元，涉案嫌疑人被采取刑事措施。

市场监管。 甘肃省局坚持守土有责、守土负责、守土尽责，加强跨区域协作，强化市场边界管控，采取联合检查、交叉检查、错时检查等方式，坚决打击真烟非法流通。2017 年，全省查处真烟非法流通案件 7285 起，查获非法流通卷烟 5010.6 件，其中案值 5 万元以上或 20 件以上案件 71 起。推进“双随机、一公开”市场监管模式和 APCD 工作法有效融合，建立“一单两库一细则”，推广市场检查标准化试点经验，集中开展加热不燃烧新型烟草制品专项清理和打击物流寄递渠道涉烟违法犯罪活动专项治理行动，监管方式实现由“地毯式”检查向“精准化”管理转变。2017 年市场净化率 92.47%。

内部专卖管理监督。 加强“两烟”监督检查，针对市

2017 年 1 月，甘肃省局（公司）全力应对雨雪天气，确保旺季卷烟配送
甘肃省局 供稿

场化运作模式特点，完善货源供应、品牌引入退出、销售大户等监管规则，强化内管、专卖、烟叶等业务部门间的沟通配合。集中开展针对卖烟大户专项治理工作，摸排确定违法违规卖烟大户 59 户，取缔 7 户，依法依规对 33 户相关经营户进行停业整顿、调减供货量等处理。开展卷烟规范经营专项检查工作，全年开展 2 次烟叶合同签订、收购、合同执行专项监督检查，开展 6 次卷烟打扫码规定执行情况专项检查，对庆阳、陇南烟叶种植收购调拨及甘肃烟草工业有限责任公司 133 台（套）烟机销毁进行现场监督。

"放管服"改革。 推进"放管服"改革，行政许可网上平台运行稳定，政务网对接工作基本完成，省局和市级局层面全部实现"网上晒权"。推行"互联网 + 政务服务"模式，行政执法全过程记录、行政执法公示和重大执法决定法制审核"三项制度"试点有序推进，法制宣传教育、法律风险防控、行政执法案卷评查等工作继续实施，法治烟草建设不断深入。

【经济效益】 2017 年，甘肃省烟草商业系统实现税利 50.74 亿元，同比增长 4%，其中利润 14.96 亿元，同比下降 2.67%。三项费用率 7.01%，同比增加 0.52 个百分点。

【卷烟（雪茄烟）经营】 **卷烟经营。** 2017 年，甘肃省销量居前三位的卷烟品牌依次为"兰州""红塔山""云烟"，销量依次为"兰州" 253.73 亿支（50.75 万箱）、"红塔山" 44.77 亿支（8.95 万箱）、"云烟" 26.08 亿支（5.22 万箱）。

2017 年，实现卷烟销售收入 214.67 亿元，同比增长 2.3%。实现卷烟税利 50.27 亿元，同比增长 2.9%，其中利润 15.3 亿元，同比下降 3.33%。实现卷烟单箱销售收入 2.46 万元，实现单箱税利 0.58 万元。

品牌培育。 坚持把品牌培育作为优化销售结构的重要抓手，着力提升一、二类和高三类卷烟占比；突出抓好市场基础好、品牌形象好、适应消费能力强的重点品牌培育，以优势品牌带动结构整体提升；突出抓好品牌培育宏观管理，简化新品引入流程，健全品牌评价机制，完善品牌评价内容，严格在省市级公司两个层面开展品牌评价，积极引进适销新品，消化清退不适销卷烟，不断优化品牌布局。

2017 年，全省烟草商业系统引入新品卷烟规格 30 个，退出不适销品牌规格 46 个，经销品牌规格数量由年初的 158 个减少到年末的 142 个。

网络建设。 推进卷烟零售终端建设，细化终端建设标准，延伸终端建设范围，健全终端进退、激励和服务机制。2017 年底，全省建成现代卷烟零售终端 2.4 万户，占比 20.5%。持续深化客户服务工作，制定客户经理工作规范，深化新版"135"工作法应用，加强服务质量评价，强化"四项服务"落地。

物流建设。 深化精益物流建设，兰白临（兰州、白银、临夏）区域物流中心业务整合工作全面完成，形成包括兰白临、武金、酒嘉 3 家区域物流中心和天水、定西、平凉、庆阳、陇南、甘南、张掖、敦煌8家配送中心的全省“3+8”区域物流网络格局。推进物流非法人实体化运作机制建设，强化物流标准化建设、现场管理、设备管理、信息系统应用。

【烟叶产销】 **烟叶种植与收购。** 2017年，甘肃省种植烟叶2.73万亩，签订烟叶收购合同2085份，户均种烟面积13.11亩，收购烟叶0.27万吨（5.32万担），完成收购计划的61.86%。上中等烟叶比例为82.58%，收购均价19.92元/千克。收购等级合格率为81%。实现烟农总收入5763.15万元（含产前投入补贴），烟农户均收入2.76万元。销售烟叶0.54万吨（10.88万担）。烟叶实现税利0.6亿元，其中利润0.29亿元。

烟叶精益生产。 2017年，甘肃省烟叶精益生产推广示范面积8699亩，占烟叶种植总面积的31.8%，同比增长45%。开展专业化精准育苗，育苗成本亩均降低23.39元；开展精准施肥，肥料成本亩均降低35.56元；开展精准植保，植保费用亩均降低6元；开展专业化精准分级，分级成本亩均降低6.4元。加大特色优质烟叶项目成果转化应用力度，推广小苗膜下移栽2375亩，延长烟叶生育期，促进烟叶成熟；推广黄色诱虫板物理防控技术1.8万亩、烟蚜茧蜂生物防治技术4000亩，提高烟叶生产生态安全水平；开展烤烟紫苏间作套种驱避蚜虫试验研究20亩，烟草新品种试验420亩，水肥一体化试验研究10亩。

现代烟草农业建设。 加强生产、服务两个主体建设，培育以职业烟农、家庭农场为主的生产主体。2017年，全省发展培育各类烟农合作社11个，入社农户526户，占总户数的25.23%。推进适度规模集中种植，100～500亩的连片种植区29片、9700亩，占总面积的35.5%。完善烟农专业合作社的综合服务职能，有序推进育苗、机耕、植保、烘烤、分级等重点生产环节的专业化服务，耕地、起垄、覆膜环节综合机械化作业率达到45%，亩均用工减至23个。

促进烟农增收。 省公司转变烟叶单一的生产品类，提高烟田设施利用率和基本烟田产出率。利用育苗大棚，发展蔬菜、水果等种植6640平方米，实现烟农增收33万元。开展烟果套种，鼓励烟农利用苹果、核桃5年幼苗期，开展套种3000亩，提高土地利用率。发挥烟区自然资源优势，推动基本烟田多元利用，推广中药材和小杂粮种植1.3万亩。引导合作社开展多元化服务，增加合作社专分散收劳务收入42.6万元。2017年，全省减少贫困烟农35户，贫困烟农全部脱贫。

【管理创新】 推进精益管理，制定印发《2017年精益管理工作实施意见》，围绕专卖、物流、烟叶和财务等重点领域，建立“1145”精益管理实施模式，初步构建流程优化、节能降本、优质高效的标准化精益管理体系。2017年，甘肃省烟草商业系统完成降本增效金额1352.59万元。

开展标准化与综合管理体系融合建设试点工作，建立“以技术标准为核心、工作标准为基础、管理标准为保障”的标准化（质量）体系，实现企业标准体系与质量管理体系、职业健康安全管理体系的“三标合一”，构建新型管理架构，实现市、县（区）两级职能对接，并在全省系统进行推广应用。

以解决发展不平衡问题为重点，开展市级局（公司）消除管理短板工作。确认短板指标或项目34项，实施课题攻关，强化督查考核，24项短板指标或项目达到提升目标，目标完成率达到70.59%。推行县级局（营销部）分类对标工作，以人口、卷烟销量和卷烟单箱销售额3个维度将县级局（营销部）分为4个层级，设置效率、费用、管理等三类9个对标指标，构建县级局（营销部）对标体系。2017年，县级局（营销部）所有对标指标在同层级中高于平均值或平均提升速度的有494项，占总指标数的72.22%，基层管理差距逐步缩小。

【特事辑要】 1月19日，甘肃省局（公司）在兰州召开全省烟草商业系统工作会议。

2017 年甘肃省烟草专卖商业主要情况统计

地市级局（公司）名称		兰州市烟草专卖局（公司）	天水市烟草专卖局（公司）	定西市烟草专卖局（公司）	酒泉市烟草专卖局（公司）	武威市烟草专卖局（公司）
主要负责人/法定代表人（含党政领导）		向　阳	孙　军	张维杰（—2017 年 2 月） 张　毅（2017 年 2 月—）	王进立	谢　东
所属县级单位		兰州新区、城关区、七里河区、安宁区、西固区、红古区、永登县、榆中县、皋兰县等 9 个县级烟草专卖局（营销部）	秦州区、麦积区、张家川回族自治县、清水县、甘谷县、秦安县、武山县等 7 个县级烟草专卖局（营销部）	安定区、临洮县、陇西县、岷县、通渭县、渭源县、漳县等 7 个县级烟草专卖局（营销部）	敦煌市烟草专卖局（公司），瓜州县、玉门市、肃州区、金塔县等 4 个县级烟草专卖局（营销部）	凉州区、民勤县、古浪县、天祝藏族自治县等 4 个县级烟草专卖局（营销部）
总资产（万元）		174976	53768	38347	36366	28472
资产负债率（%）		3.67	3.46	5.04	3.34	4.55
从业人员（人）		627	429	311	249	243
所属业务机构	营销机构	1 个营销中心	1 个营销中心	1 个营销中心	1 个营销中心	1 个营销中心
	物流配送机构	1 个物流配送中心	1 个物流配送中心	1 个物流配送中心	1 个物流配送中心	1 个物流配送中心
	专卖稽查机构	1 个稽查支队、9 个稽查大队	1 个稽查支队、7 个稽查大队	1 个稽查支队、7 个稽查大队	1 个稽查支队、5 个稽查大队	1 个稽查支队、4 个稽查大队
	烟叶机构	—	—	—	—	—
实现税利	万元	124596	53714	43790	25895	29794
	比上年增长（%）	3.08	4.55	1.42	3.05	5.79
实现利润	万元	45988	15431	12527	7526	8457
	比上年增长（%）	-2.81	-1.52	-5.00	-3.49	1.68
卷烟销售收入（万元）		482082	233182	188286	110617	129957
查处涉烟违法案件（起）		837	1187	843	655	1953
查处涉烟违法案件案值（万元）		580	321	407	94	370
烟基建设投入资金（万元）		—	—	—	—	—
烟基设施新增受益面积（万亩）		—	—	—	—	—
烟叶种植（万亩）		—	—	—	—	—
烟叶收购（万担）		—	—	—	—	—
烟农户数（户）		—	—	—	—	—
实现烟农总收入（万元）		—	—	—	—	—
零售客户数（户）		16586	14385	12883	6925	7689
零售客户销售毛利率（%）		14.77	14.39	14.40	13.42	13.87

地市级局（公司）名称		张掖市烟草专卖局（公司）	庆阳市烟草专卖局（公司）	平凉市烟草专卖局（公司）	陇南市烟草专卖局（公司）	白银市烟草专卖局（公司）
主要负责人/法定代表人（含党政领导）		朵守红	魏小敏	王来云	牛　军	刘在云 （—2017年6月） 苏斌成 （2017年6月—）
所属县级单位		甘州区、高台县、临泽县、山丹县、民乐县等5个县级烟草专卖局（营销部）	西峰区、合水县、华池县、环县、宁县、庆城县、镇原县、正宁县等8个县级烟草专卖局（营销部）	崆峒区、泾川县、灵台县、崇信县、华亭县、庄浪县、静宁县等7个县级烟草专卖局（营销部）	成县、徽县、两当县、西和县、礼县、文县、宕昌县、康县、武都区等9个县级烟草专卖局（营销部）	白银区、平川区、靖远县、景泰县、会宁县等5个县级烟草专卖局（营销部）
总资产（万元）		26836	52957	32600	46678	35367
资产负债率（%）		6.80	5.13	3.19	6.40	4.95
从业人员（人）		271	468	346	457	242
所属业务机构	营销机构	1个营销中心	1个营销中心	1个营销中心	1个营销中心	1个营销中心
	物流配送机构	1个仓储配送中心	1个物流配送中心	1个物流配送中心	1个物流配送中心	1个物流配送中心
	专卖稽查机构	1个稽查支队、5个稽查大队	1个稽查支队、8个稽查大队	1个稽查支队、7个稽查大队	1个稽查支队、9个稽查大队	1个稽查支队、1个稽查大队
	烟叶机构	—	3个烟叶收购站	—	1个烟叶收购站	—
实现税利	万元	22122	46055	29771	49146	32496
	比上年增长（%）	3.51	5.99	2.27	4.81	0.83
实现利润	万元	6236	14496	8126	14814	9269
	比上年增长（%）	-6.80	4.41	-3.02	2.94	-9.26
卷烟销售收入（万元）		95314	188152	132786	200867	142679
查处涉烟违法案件（起）		409	346	881	370	489
查处涉烟违法案件案值（万元）		62	200	287	193	105
烟基建设投入资金（万元）		—	—	—	—	—
烟基设施新增受益面积（万亩）		—	—	—	—	—
烟叶种植（万亩）		—	1.80	—	0.93	—
烟叶收购（万担）		—	2.52	—	2.80	—
烟农户数（户）		—	1559	—	526	—
实现烟农总收入（万元）		—	2983	—	2780	—
零售客户数（户）		6809	10913	9468	11171	8887
零售客户销售毛利率（%）		13.98	14.50	12.75	14.74	14.30

地市级局（公司）名称	金昌市烟草专卖局（公司）	嘉峪关市烟草专卖局（公司）	临夏回族自治州烟草专卖局（公司）	甘南藏族自治州烟草专卖局（公司）
主要负责人/法定代表人（含党政领导）	任志刚	田富昌	金　明	苏斌成 （—2017年5月） 李红地 （2017年5月—）

续表

地市级局（公司）名称		金昌市烟草专卖局（公司）	嘉峪关市烟草专卖局（公司）	临夏回族自治州烟草专卖局（公司）	甘南藏族自治州烟草专卖局（公司）
所属县级单位		永昌县烟草专卖局（营销部）	—	临夏市、永靖县、临夏县、和政县、康乐县、广河县、东乡族自治县、积石山保安族东乡族撒拉族自治县等8个县级烟草专卖局（营销部）	舟曲县、临潭县、卓尼县、夏河县、迭部县、碌曲县、玛曲县、合作市等8个县级烟草专卖局（营销部）
总资产（万元）		14982	13822	24390	8730
资产负债率（%）		3.37	3.04	2.67	8.80
从业人员（人）		115	61	257	204
所属业务机构	营销机构	1个营销中心	1个营销中心	1个营销中心	1个营销中心
	物流配送机构	1个物流配送中心	—	1个物流配送中心（与营销中心合署办公）	1个物流配送中心（与营销中心合署办公）
	专卖稽查机构	1个稽查支队、1个稽查大队	1个稽查支队	1个稽查支队、8个稽查大队	1个稽查支队、8个稽查大队
	烟叶机构	—	—	—	—
实现税利	万元	11360	8392	22809	11281
	比上年增长（%）	0.75	6.03	-4.55	1.30
实现利润	万元	3324	2615	5918	2108
	比上年增长（%）	-10.83	1.19	-20.05	-10.41
卷烟销售收入（万元）		48398	35849	103377	55197
查处涉烟违法案件（起）		468	13	619	479
查处涉烟违法案件案值（万元）		62	2	117	165
烟基建设投入资金（万元）		—	—	—	—
烟基设施新增受益面积（万亩）		—	—	—	—
烟叶种植（万亩）		—	—	—	—
烟叶收购（万担）		—	—	—	—
烟农户数（户）		—	—	—	—
实现烟农总收入（万元）		—	—	—	—
零售客户数（户）		2479	1499	7500	3878
零售客户销售毛利率（%）		13.91	14.45	14.19	13.56

◇撰稿：毕耜栋；编辑：周　佳

青海省烟草专卖局（公司）

【专卖管理】 **案件查处。** 青海省烟草专卖局（公司）围绕“建机制、堵源头、打团伙、管市场”的工作要求，突出监管创优重点，扎实推进卷烟打假、市场监管、行政许可等工作，营造良好的卷烟经营环境和市场秩序。2017年，全省查处各类涉烟违法案件累计744起，同比增长79.71%。其中，查处假烟案件527起，同比增长249.01%；查获假烟257.94件，同比增长54.67%。破获符合公安部、国家局标准的网络案件1起，符合省局标准的网络案件6起。公安、司法机关依法刑拘5人，逮捕3人，判刑12人。

市场监管。 青海省局推进“双随机、一公开”监管工作，制定实施方案、明确主要任务。建立“一单两库一细则”，强化随机抽查工作与APCD工作法有效衔接，定期公示抽查中发现的违法违规行为、处罚决定等内容，实现“双随机”抽查全公开，接受社会监督。开展依法严管违法违规卖烟大户专项行动。2017年，全省查处违法违规卖烟大户25户，批评教育8户，降级降档减少供应量11户，暂停供货5户，注销1户。

推进“放管服”工作。 全面推行烟草专卖零售许可证审批“负面清单”，深入开展许可证专项督查，推进“互联网+政务服务”。2017年，青海省有西宁、海西、格尔木、玉树、果洛等5家市级局及7家县级局进驻政府服务大厅。

【经济效益】 2017年，青海省烟草商业系统实现卷烟销售收入63.58亿元，同比增长5.86%。实现税利15.6亿元，同比增长5.87%。实现利润5.4亿元，同比增长3.42%。三项费用率5.87%，同比增加0.64个百分点。

【卷烟经营】 2017年，青海省销量居前三位的卷烟品牌依次为“兰州”“延安”“云烟”，销量分别为28.1亿支(5.62万箱)、19.07亿支（3.81万箱)、17.92亿支（3.58万箱)。

【管理创新】 **夯实“三基”建设。** 以问题为导向加强管理，针对工作中长年积累的深层次问题和矛盾，突出抓好基础工作、基层建设、基本能力“三基”建设，着力打牢发展基础。加强财务管理和质量管理，提高财务核算分析的准确性，增强预算管控效果。坚持对标管理提质增效，14项对标指标中有9项指标优于上年同期，其中效率指标明显提升。全年实现降本增效108.35万元，超出国家局下达目标任务8.35个百分点。

严格内部监管。 2017年，青海省局（公司）落实招标管理要求，全年公开招标项目129个，公开招标数量比例达到82.69%，金额2362.32万元，公开招标金额比例达到82.59%。推广电商采购，降低采购成本、规范采购行为，全年全省系统电商采购发生金额105.7万元，节省资金19万元。

【特事辑要】 2月9日，全省烟草工作会议在西宁召开。青海省副省长田锦尘对青海烟草工作提出书面要求：“围绕全省经济社会发展目标任务和烟草行业重点工作安排，进一步解放思想、开拓创新，提振精气神、展现新作为、创造新业绩，为全省经济社会发展作出新的努力和贡献。”

7月25—27日，国家局党组成员、直属机关党委书记高林在青海烟草调研。

2017年2月9日，青海省烟草工作会议在西宁市召开

青海省局　供稿

2017年6月14—16日，国家局“放管服”改革专项督查组到青海烟草督导“放管服”改革工作

青海省局　供稿

2017 年青海省烟草专卖商业主要情况统计

地市级局（公司）名称		西宁市烟草专卖局（公司）	海东市烟草专卖局（公司）	海西蒙古族藏族自治州烟草专卖局（公司）	格尔木市烟草专卖局（公司）	海北藏族自治州烟草专卖局（公司）
主要负责人/法定代表人（含党政领导）		李安益	钟建平（—2017 年 3 月）王青萍（2017 年 3 月—）	戴岳鹏（—2017 年 3 月）徐 凯（2017 年 3 月—）	李 伟	董长吉（—2017 年 2 月）杨立群（2017 年 2 月—）
所属县级单位		大通回族土族自治县、湟中县、湟源县等 3 个县级烟草专卖局（营销部）	平安区、互助土族自治县、循化撒拉族自治县、化隆回族自治县、民和回族土族自治县、乐都区等 6 个县级烟草专卖局（营销部）	都兰县、乌兰县、天峻县、茫崖行委、大柴旦行委等 5 个县级烟草专卖局（营销部）和冷湖行委烟草专卖局	—	刚察县、祁连县、门源回族自治县等 3 个县级烟草专卖局（营销部）和海晏县 1 个县级烟草专卖局
总资产（万元）		34800	15430	7536	6313	3562
资产负债率（%）		17. 61	13. 47	14. 53	20. 69	17. 43
从业人员（人）		253	187	105	65	81
所属业务机构	营销机构	1 个营销中心	1 个营销中心	1 个营销中心	1 个营销中心	1 个营销中心
	物流配送机构[1]	—	6 个物流中转站	5 个物流中转站	1 个物流中转站	3 个物流中转站
	专卖稽查机构	1 个稽查支队、8 个稽查大队	1 个稽查支队、8 个稽查大队	1 个稽查支队、6 个稽查大队	1 个稽查支队、3 个稽查大队	1 个稽查支队、3 个稽查大队
	烟叶机构	—	—	—	—	—
实现税利[2]	万元	61234	18238	7561	9215	4729
	比上年增长（%）	7. 23	4. 18	2. 83	3. 79	26. 14
实现利润	万元	12912	2815	886	2161	979
	比上年增长（%）	29. 16	10. 65	2. 56	0. 81	394. 44
卷烟销售收入（万元）		333553	101531	43366	46081	232606
查处涉烟违法案件（起）		286	236	114	50	18
查处涉烟违法案件案值（万元）		548	68	44	41	5
烟基建设投入资金（万元）		—	—	—	—	—
烟基设施新增受益面积（万亩）		—	—	—	—	—
烟叶种植（万亩）		—	—	—	—	—
烟叶收购（万担）		—	—	—	—	—
烟农户数（户）		—	—	—	—	—
实现烟农总收入（万元）		—	—	—	—	—
零售客户数（户）		10125	6220	1703	1254	1274
零售客户销售毛利率（%）		9. 28	8. 90	10. 38	15. 03	10. 37

地市级局（公司）名称		海南藏族自治州烟草专卖局（公司）	黄南藏族自治州烟草专卖局（公司）	玉树藏族自治州烟草专卖局（公司）	果洛藏族自治州烟草专卖局（公司）
主要负责人/法定代表人（含党政领导）		陈永忠	王来成 （—2017 年 10 月） 李　铎 （2017 年 10 月—）	王洪胜 （—2017 年 3 月） 孟云雁 （2017 年 3 月—）	肖　鹏
所属县级单位		共和县、贵德县、兴海县、贵南县、同德县等 5 个县级烟草专卖局（营销部）	泽库县、河南蒙古族自治县、同仁县、尖扎县等 4 个县级烟草专卖局（营销部）	称多县、杂多县、治多县、囊谦县、曲麻莱县等 5 个县级烟草专卖局（营销部）	久治县、达日县 2 个县级烟草专卖局（营销部）
总资产（万元）		4675	4021	7737	2701
资产负债率（%）		18.74	11.49	3.77	0.06
从业人员（人）		89	73	89	49
所属业务机构	营销机构	1 个营销中心	1 个营销中心	1 个营销中心	1 个营销中心
	物流配送机构[1]	2 个物流中转站	1 个物流中转站	6 个物流中转站	1 个物流中转站
	专卖稽查机构	1 个稽查支队、2 个稽查大队	1 个稽查支队、4 个稽查大队	1 个稽查支队、6 个稽查大队	1 个稽查支队、2 个稽查大队
	烟叶机构	—	—	—	—
实现税利[2]	万元	5525	3938	4054	2766
	比上年增长（%）	6.41	5.46	3.44	-0.54
实现利润	万元	280	801	561	521
	比上年增长（%）	84.21	10.03	13.27	-2.07
卷烟销售收入（万元）		33386	19532	21198	13923
查处涉烟违法案件（起）		25	12	10	3
查处涉烟违法案件案值（万元）		16	11	4	4
烟基建设投入资金（万元）		—	—	—	—
烟基设施新增受益面积（万亩）		—	—	—	—
烟叶种植（万亩）		—	—	—	—
烟叶收购（万担）		—	—	—	—
烟农户数（户）		—	—	—	—
实现烟农总收入（万元）		—	—	—	—
零售客户数（户）		1773	810	548	420
零售客户销售毛利率（%）		10.99	9.46	10.36	10.17

注：1. 西宁市公司卷烟由青海烟草物流中心负责配送，原市局配送中心撤销，人员全部归青海烟草物流中心管理。
2. 数据来源于青海省局（公司）信息中心上报国家局统计报表，决算口径有调整。

◇ 撰稿：马世亮；编辑：周　佳

宁夏回族自治区烟草专卖局（公司）

【专卖管理】 *卷烟打假*。2017 年，宁夏回族自治区烟草专卖局重点打击“互联网 + 物流寄递”领域涉烟违法行为，会同公安厅、交通运输厅、邮政管理局制定《严厉打击物流寄递环节涉烟违法行为工作规定》，推动联合执法常态化、制度化。突出“多查案、查大案”，开展“卷烟市场保卫战”系列专项行动、“查案竞赛”活动。自治区上下协调、整体联动、集群“围歼”，形成“围点—打源—截流”工作新格局。全年查处各类涉烟违法案件 3924 起，其中假烟案件 1954 起，查获假烟 543 件、案值 1020 万元，破获符合国家局标准的网络案件 2 起。银川市局与铁路公安部门建立联合打假机制，加强铁路沿线情报网络建设，深化利用铁路贩运卷烟打假力度，破获“12・6”非法经营卷烟案，案值 112 万元，公安机关抓获犯罪嫌疑人 4 人。

市场监管。深化运用卷烟零售市场检查 APCD 工作法，推进宁夏烟草市场监管信息系统和“12313”投诉举报信息系统融合应用，提高市场监管效能。制定落实“双随机、一公开”抽查细则、抽查事项清单、抽查内容清单、检查对象名录库和执法检查对象名录库等，推进中卫市局行政执法“三项制度”试点工作，转变市场监管方式。卷烟市场净化率始终保持在 98% 以上。

行政许可审批。制定实施烟草专卖零售许可负面清单，明确烟草专卖零售许可禁止办理情形及区域，对特殊区域场所零售点布局设置标准，确保“清单责任必须尽，清单之外无权力”。进一步降低市场准入门槛，压缩行政审批时限，全面推行行政许可“五日办结制”，“放管服”改革取得积极进展。银川市局创新推动行政许可绿色通道和上门代办服务，对特殊申请做到 1 个工作日作出审批。

真烟非法流通治理。严厉打击以“真烟流入”为主的卷烟非法流通行为，组织各市局结合实际开展“守卫凤城”“查案大比武”“市场攻坚战”“六盘秋收”“边界市场集中整顿”等专项行动。集中对重点品牌、重点区域、重点客户、重点渠道进行“地毯式”“高压式”“不间断”打击，全自治区真烟流出数量处于全国较低水平。

宁夏烟草联合地方有关部门在高速路口开展检查（2017 年）

宁夏区局　供稿

【经济效益】 2017 年，宁夏回族自治区烟草商业系统实现税利 16.95 亿元，同比增长 4.9%，其中利润 5.7 亿元，同比增长 4.06%。实现卷烟单箱销售收入 2.83 万元，实现单箱税利 6905 元。三项费用率 5.74%，同比减少 0.01 个百分点。

【卷烟经营】 *卷烟经营*。2017 年，宁夏回族自治区销量居前三位的卷烟品牌依次为“兰州”“白沙”“云烟”，销量分别为20.43亿支（4.09万箱）、14.84亿支（2.97万箱）、12.3亿支（2.46万箱）。2017年，实现卷烟销售收入69.56亿元，同比增长5.02%。

品牌培育。 完善品牌管理办法，推行品牌培育管理标准，引入培育适销品牌（规格），开展旅游定制烟客户扩展、陈列竞赛等活动。

推行终端建设。 推行终端建设管理标准，将客户分档与终端建设对接，解决网建与销售“两张皮”问题，将分层建设与核心功能结合，解决方法与路径问题，将典型示范与自律互助融合，解决保有与发展问题。召开自治区烟草商业系统零售终端建设推进会，推广吴忠市公司“城乡一体、整体推进，零包主导、陈列先行，协同共建、自律互助”终端建设经验，掀起新一轮终端建设热潮。截至2017年底，自治区建设现代终端5247户，比重达到18.85%；零售客户平均毛利率14.5%，同比增加0.08个百分点。

客户满意度继续保持行业第一。 牢固树立客户导向，落实“限制大户、发展中户、扶持小户”要求，重点建设、重点服务，持续提升中小客户经营能力，终端生态得到进一步优化。“限大扶小、推动终端均衡发展”工作在大连网建现场会作经验交流。应用“线上+线下”服务模式，依托宁夏烟草客户服务平台全面快捷传递销售政策信息、收集客户服务诉求，快速响应、限时办结，强化拜访服务，赢得客户满意。2017年，客户满意度95.1分，同比提高1.1分，继续保持行业第一。

【管理创新】 *精益管理。* 制定落实《创新型企业建设实施方案》，推进体系转版、交叉评审和标准制（修）订；召开自治区烟草系统企业管理银川现场会，总结银川市公司定额标准体系建设经验；建立分层分级指标体系，强化对标信息系统应用；开展重点精益改善课题研究和群众性创新活动，完善“四维五纵六横”精益管理架构，促进税利目标达成。开展区、市两级精益改善课题42个，参与科技创新170人次；银川市局在行业首批标准化示范企业复验中被评为“优秀”，“基于数理统计的绩效评价系统”项目获得国家发明专利。

规范管理。 结合规范管理“整改落实年”活动，巩固扩大“两个专项治理”成果，推动问题整改；落实公开招标为主要采购方式，严把非公开招标审批关口，推进“小零散”项目合并打包和跨区域委托招标，提高“应招尽招”水平；强化招标防控监督，形成权责一体、多维管控监督网格，提高“真招实招”成效。2017年，全自治区烟草商业系统公开招标项目占比89.51%，同比增加8.31个百分点；金额占比97.86%，同比增加2.76个百分点。

【特事辑要】 1月23日，宁夏回族自治区局（公司）召开2017年全自治区烟草商业系统工作会议，全面安排部署2017年工作目标任务。

11月27—28日，国家烟草专卖局党组书记、局长，中国烟草总公司总经理凌成兴在宁夏烟草调研，并对宁夏烟草改革发展取得的成绩给予充分肯定。

2017年宁夏回族自治区烟草专卖商业主要情况统计

地市级局（公司）名称	银川市烟草专卖局（公司）	石嘴山市烟草专卖局（公司）	吴忠市烟草专卖局（公司）	固原市烟草专卖局（公司）	中卫市烟草专卖局（公司）
主要负责人/法定代表人（含党政领导）	金　伟	邹振军	张元锁	段金良	李俊国（—2017年7月） 杨万龙（2017年8月—）

续表

地市级局（公司）名称		银川市烟草专卖局（公司）	石嘴山市烟草专卖局（公司）	吴忠市烟草专卖局（公司）	固原市烟草专卖局（公司）	中卫市烟草专卖局（公司）
所属县级单位[1]		永宁县、灵武市、贺兰县、兴庆区、金凤区、西夏区等6个县级烟草专卖局（分公司）	平罗县、惠农区、大武口区等3个县级烟草专卖局（分公司）	青铜峡市、盐池县、同心县、利通区、红寺堡区等5个县级烟草专卖局（分公司）	西吉县、彭阳县、隆德县、泾源县、原州区等5个县级烟草专卖局（分公司）	中宁县、海原县、沙坡头区等3个县级烟草专卖局（分公司）
总资产（万元）		87175	30393	34614	19807	21173
资产负债率（%）		3.44	2.98	4.3	4.99	3.24
从业人员（人）		365	165	242	217	174
所属业务机构	营销机构	1个营销中心	1个营销中心	1个营销中心	1个营销中心	1个营销中心
	物流配送机构	1个物流配送中心	1个物流配送中心	1个物流配送中心	1个物流配送中心	1个物流配送中心
	专卖稽查机构	1个稽查支队、6个稽查大队	1个稽查支队、3个稽查大队	1个稽查支队、5个稽查大队	1个稽查支队、6个稽查大队	1个稽查支队、4个稽查大队
	烟叶机构	—	—	—	—	—
实现税利	万元	71538	15614	25917	19290	18122
	比上年增长（%）	4.64	2.11	6.75	5.93	5.83
实现利润	万元	22810	3558	6496	4263	4655
	比上年增长（%）	4.85	1.22	8.16	8.97	9.35
卷烟销售收入（万元）		312498	76834	124015	95970	85867
查处涉烟违法案件（起）		1780	808	580	376	380
查处涉烟违法案件案值（万元）		839	188	128	351	210
烟基建设投入资金（万元）		—	—	—	—	—
烟基设施新增受益面积（万亩）		—	—	—	—	—
烟叶种植（万亩）		—	—	—	—	—
烟叶收购（万担）		—	—	—	—	—
烟农户数（户）		—	—	—	—	—
实现烟农总收入（万元）		—	—	—	—	—
零售客户数（户）		10112	3857	5386	5574	4904
零售客户销售毛利率（%）		14.51	14.72	14.67	14.42	14.23

注：1. 2017年6月，国家局、总公司印发《关于设立银川市金凤区烟草专卖局（分公司）等机构的批复》（国烟人〔2017〕155号），设立银川市金凤区烟草专卖局、银川市烟草公司金凤分公司；设立石嘴山市大武口区烟草专卖局、石嘴山市烟草公司大武口分公司；设立吴忠市利通区烟草专卖局、吴忠市烟草公司利通分公司；吴忠市红寺堡区烟草专卖局、吴忠市烟草公司红寺堡分公司；设立固原市原州区烟草专卖局、固原市烟草公司原州分公司；设立中卫市沙坡头区烟草专卖局、中卫市烟草公司沙坡头分公司。

◇ 撰稿：潘　亮；编辑：周　佳

新疆维吾尔自治区烟草专卖局（公司）

【专卖管理】 **案件查处。** 2017年，新疆维吾尔自治区烟草专卖局成立霍尔果斯口岸贩假走私专项治理工作领导小组，与伊犁州局联合组成霍尔果斯卷烟市场专项治理工作组，确保专项治理工作“全链条、全环节、全覆盖、无死角”。修订《新疆维吾尔自治区烟草专卖局涉烟违法案件打假打私开支管理细则》，与协作单位制定印发《自治区公安厅 自治区烟草专卖局关于联合打击霍尔果斯口岸涉烟违法行为专项整治行动方案》《乌鲁木齐海关 新疆维吾尔自治区烟草专卖局联合工作机制》等制度。2017年，霍尔果斯卷烟市场专项治理工作组查办案件76起，查获非法卷烟177件，涉案案值295万元，刑拘4人，涉案总金额超过1000万元。

加大“互联网+物流寄递”涉烟违法案件治理，主动与自治区邮政管理局等部门沟通，联合印发《自治区烟草专卖局 自治区邮政管理局关于联合执法共同打击寄递渠道涉烟违法行为的备忘意见》。组织开展专项行动，根据涉烟违法犯罪活动新特点、新规律，调整工作思路，在全自治区范围内开展“春雷Ⅲ”卷烟打私专项清理整顿行动及“亮剑Ⅷ”卷烟打假专项行动。

2017年，新疆维吾尔自治区烟草专卖局查处各类涉烟违法案件5308起，查获各类非法卷烟2000件，案值2649.14万元。查处符合国家局标准的网络案件2起，符合自治区局标准的网络案件12起，其中2起案件被公安部、国家局列为督办案件。公安、司法机关依法拘留24人、判刑20人。

市场监管。 制定发布《新疆烟草系统专卖管理标准（市场监管部分）》，指导各地州市局建立市场监管制度体系，规范市场监管工作流程，提升市场监管工作质效。打击销售加热不燃烧卷烟行为，制定印发《新疆维吾尔自治区烟草专卖局关于进一步加强卷烟打假打私和市场监管工作实施办法》《关于落实开展加热不燃烧卷烟监管工作的通知》，开展全自治区加热不燃烧烟草制品摸底调查和专项治理活动。2017年，全自治区查获无证运输加热不燃烧烟草制品案件10起，涉案烟草制品31.16件，案值44.62万元，其中1起案件为全国首例涉及加热不燃烧烟草制品案件。发挥“12313”热线服务平台在市场监管数据支撑、行政执法行为监督、客服质量提升等方面的作用，2017年全自治区烟草商业系统受理投诉、举报、咨询等事项315起，办结率100%。有持证卷烟零售客户8.29万户。

2017年6月12日，新疆维吾尔自治区局（公司）与中国银行新疆分行签署全面战略合作协议

新疆区局 齐嫣雯 摄

【经济效益】 2017年，新疆维吾尔自治区烟草商业系统实现销售收入191亿元，同比增长6.57%。实现税利46.98亿元，同比增长14.81%，其中利润17.19亿元，同比增长16.78%。三项费用率4.76%，同比减少0.18个百分点。

【卷烟（雪茄烟）经营】 *卷烟（雪茄烟）销售。* 2017年，新疆维吾尔自治区销量居前三位的卷烟品牌依次为“红河”“云烟”“雪莲”，销量分别为64.5亿支（12.9万箱）、49.2亿支（9.84万箱）、47.2亿支（9.44万箱）。销售雪茄烟0.29亿支，同比增长27.36%。

品牌培育。 以“规划引领、聚焦资源、精准评价、优化布局”为主线，以持续推动卷烟单箱结构梯次化稳步上移为核心，有序开展品牌（规格）引入退出工作。加强终端品牌销售力度，“四转三、三转二、促一类”品类布局优化成效凸显，品牌持续发展良好格局。

零售客户服务工作。 以提升零售客户盈利水平为核心，加强零售客户服务工作，开展各类交流培训和帮扶活动，推进零售客户队伍建设。2017年，全自治区卷烟零售客户户均盈利额3.83万元，同比增长5.92%；户均综合毛利率14.75%，同比增加0.25个百分点。新增协会之家85个、新办证客户体验区68个、协会互助自律小组4498个，组织开展零售客户培训3051次，观摩交流会667次。

【交流与合作】 2017年，新疆烟草进出口有限责任公司拥有总资产1.23亿元，其中，固定资产44.11万元、流动资产1.23亿元。资产负债率63.43%。全年实现税利5579万元，其中利润2587万元。销售烟叶（梗）0.43万吨（8.6万担）。代理新疆、甘肃、宁夏、青海四省（自治区）进口卷烟1.33亿支（0.27万箱）。

【管理创新】 *精益管理。* 自治区公司推进精益专卖、精益物流建设，全年实施精益课题和质量管理活动40余项。哈密市公司提报的“提高有效作业效率”课题获得国家局质量管理小组（商业企业）成果三等奖。推进工商一体化物流配送中心建设，制定《新疆烟草工商一体化物流配送中心搬迁及试运行方案》《物流中心搬迁实施方案》《乌鲁木齐市局同城物流搬迁工作计划》，明确管理模式、管理内容、业务范围、搬迁重点。完成生产经营决策管理系统调整改造、物流管控平台系统试运行。

降本增效。 推进全自治区地产卷烟包装箱循环利用工作，2017年，自治区烟草商业企业累计返还工业企业地产卷烟包装箱36.55万只，工业二次拣选合格35.08万只，综合合格率95.23%。加强对标管理，前三季度，新疆烟草8项指标优于行业平均水平，其中单箱卷烟管理费用排名行业第二位，单箱人工费用和人均卷烟配送效率排名行业第三位。全自治区降本增效630万元。强化财务管控，与各合作银行协商，将零售客户银行卡代扣手续费率从万分之五下降到万分之三，仅此一项一年降低财务费用约300万元。重点费用下降12.51%，其中，会议费、业务招待费、公务车辆运行费分别下降36.42%、18.44%、8.9%。

【特事辑要】 1月20日，自治区局（公司）在乌鲁木齐市召开新疆维吾尔自治区烟草工作会议。

6月12日，新疆维吾尔自治区局（公司）与中国银行新疆分行签署全面战略合作协议。双方以签署战略合作协议为新的开端，依托各自的资源，在产品开发与创新、信息化建设、客户服务等各个方面，开展深层次合作，实现互利共赢。

6月20—22日，自治区局（公司）在乌鲁木齐市举办新疆烟草首届烟草制品购销职业技能竞赛。

2017 年新疆维吾尔自治区烟草专卖商业主要情况统计

地市级局（公司）名称		乌鲁木齐市烟草专卖局（公司）	昌吉回族自治州烟草专卖局（公司）	新疆维吾尔自治区石河子市烟草专卖局、新疆烟草兵团石河子有限公司	博尔塔拉蒙古自治州烟草专卖局（公司）	伊犁哈萨克自治州烟草专卖局（公司）
主要负责人/法定代表人（含党政领导）		秘秀峰	商志刚	党委书记：李　栋[1] 局长：林　岳[2] 郭毅明 （—2017 年 3 月） 经理：李　栋	李　方	郜生权
所属县级单位		—	昌吉市、五家渠市、阜康市、呼图壁县、玛纳斯县、吉木萨尔县、奇台县、木垒哈萨克自治县等 8 个县级烟草专卖局	—	博乐市、阿拉山口市、精河县、温泉县、双河市等 5 个县级烟草专卖局	伊宁市、伊宁县、霍城县、察布查尔锡伯自治县、巩留县、新源县、特克斯县、昭苏县、尼勒克县、霍尔果斯市、可克达拉市等 11 个县级烟草专卖局
总资产（万元）		53257	12446	15510	6624	19834
资产负债率（%）		34.88	40.07	5.69	67.37	78.89
从业人员（人）		462	264	131	105	245
所属业务机构	营销机构	1 个营销中心	1 个营销中心	1 个营销中心	1 个营销中心	1 个营销中心
	物流配送机构	1 个物流配送中心	1 个物流配送中心	1 个物流配送中心	1 个物流配送中心	1 个物流配送中心
	专卖稽查机构	—	1 个稽查支队、8 个稽查大队、13 个稽查中队、1 个专卖管理所	1 个稽查支队	—	1 个稽查支队、3 个稽查大队、1 个莫合烟稽查支队
	烟叶机构	—	—	—	—	—
实现税利	万元	85148	28736	13144	7860	25980
	比上年增长（%）	11.78	3.95	4.89	18.37	13.14
实现利润	万元	13379	3289	1659	180	1462
	比上年增长（%）	16.72	-15.25	6.96	64.82	9.52
卷烟销售收入（万元）		472453	172408	73635	50435	161782
查处涉烟违法案件（起）		1287	292	130	111	1120
查处涉烟违法案件案值（万元）		1151	99	32	42	594
烟基建设投入资金（万元）		—	—	—	—	—
烟基设施新增受益面积（万亩）		—	—	—	—	—
烟叶种植（万亩）		—	—	—	—	—
烟叶收购（万担）		—	—	—	—	—
烟农户数（户）		—	—	—	—	—
实现烟农总收入（万元）		—	—	—	—	—

续表

地市级局（公司）名称	乌鲁木齐市烟草专卖局（公司）	昌吉回族自治州烟草专卖局（公司）	新疆维吾尔自治区石河子市烟草专卖局、新疆烟草兵团石河子有限公司	博尔塔拉蒙古自治州烟草专卖局（公司）	伊犁哈萨克自治州烟草专卖局（公司）
零售客户数（户）	13067	8847	3289	2594	8014
零售客户销售毛利率（%）	14.96	14.98	15.13	14.20	14.01

地市级局（公司）名称		克拉玛依市烟草专卖局（公司）	塔城地区烟草专卖局（公司）	阿勒泰地区烟草专卖局（公司）	吐鲁番地区烟草专卖局（公司）	哈密市烟草专卖局（公司）[3]
主要负责人/法定代表人（含党政领导）		曾广宇	谭　军	张新兵	姜朝斌	王　勇
所属县级单位		克拉玛依区、白碱滩区、乌尔禾区、独山子区等4个县级烟草专卖局	塔城市、额敏县、沙湾县、乌苏市、奎屯市、托里县、裕民县、和布克赛尔蒙古自治县等8个县级烟草专卖局	阿勒泰市、北屯市、布尔津县、福海县、富蕴县、吉木乃县、哈巴河县、青河县等8个县级烟草专卖局	高昌区、托克逊县、鄯善县等3个县级烟草专卖局	伊州区、巴里坤哈萨克自治县、伊吾县等3个县级烟草专卖局
总资产（万元）		5544	8812	10177	5602	4574
资产负债率（%）		67.44	46.06	76.00	53.79	43.83
从业人员（人）		77	199	132	110	121
所属业务机构	营销机构	1个营销中心	1个营销中心	1个营销中心	1个营销中心	1个营销中心
	物流配送机构	1个物流配送中心	1个物流配送中心	1个物流配送中心	1个物流配送中心	1个物流配送中心
	专卖稽查机构	—	1个稽查支队	1个稽查支队	1个稽查支队、3个稽查大队	1个稽查支队、1个稽查大队
	烟叶机构	—	—	—	—	—
实现税利	万元	8160	21324	10801	8519	12479
	比上年增长（%）	13.21	16.16	14.55	20.92	8.42
实现利润	万元	460	2110	707	36	965
	比上年增长（%）	1.32	9.04	53.99	120.33	-11.42
卷烟销售收入（万元）		51787	124777	67111	55495	74716
查处涉烟违法案件（起）		97	493	436	134	100
查处涉烟违法案件案值（万元）		36	122	56	63	33
烟基建设投入资金（万元）		—	—	—	—	—
烟基设施新增受益面积（万亩）		—	—	—	—	—
烟叶种植（万亩）		—	—	—	—	—
烟叶收购（万担）		—	—	—	—	—
烟农户数（户）		—	—	—	—	—
实现烟农总收入（万元）		—	—	—	—	—
零售客户数（户）		2057	7018	3621	3299	3572
零售客户销售毛利率（%）		15.18	14.41	14.71	14.49	14.82

地市级局（公司）名称		巴音郭楞蒙古自治州烟草专卖局（公司）	阿克苏地区烟草专卖局（公司）	喀什地区烟草专卖局（公司）	和田地区烟草专卖局（公司）
主要负责人/法定代表人（含党政领导）		白玉龙	包　利	岳　坤	梅方柏
所属县级单位		库尔勒市、铁门关市、焉耆回族自治县、博湖县、和静县、和硕县、轮台县、尉犁县、若羌县、且末县等10个县级烟草专卖局	库车县、沙雅县、新和县、拜城县、阿瓦提县、温宿县、乌什县、柯坪县、阿克苏市、阿拉尔市等10个县级烟草专卖局	叶城县、泽普县、莎车县、英吉沙县、伽师县、岳普湖县、麦盖提县、疏勒县、喀什市、疏附县、巴楚县、图木舒克市、阿克陶县、乌恰县、阿图什市等15个县级烟草专卖局	皮山县、墨玉县、和田市、洛浦县、策勒县、于田县、民丰县、昆玉市[4]等8个县级烟草专卖局
总资产（万元）		14295	13689	20336	9026
资产负债率（%）		23.68	49.58	73.20	91.01
从业人员（人）		236	238	231	127
所属业务机构	营销机构	1个营销中心	1个营销中心	1个营销中心	1个营销管理中心
	物流配送机构	1个物流配送中心	1个物流配送中心	1个物流配送中心	1个物流配送中心
	专卖稽查机构	—	—	—	1个稽查支队
	烟叶机构	—	—	—	—
实现税利	万元	26550	31927	35026	12230
	比上年增长（%）	16.87	23.89	27.62	25.12
实现利润	万元	2785	4250	4493	1322
	比上年增长（%）	32.54	11.71	21.08	65.31
卷烟销售收入（万元）		157412	178890	196426	71873
查处涉烟违法案件（起）		334	414	258	102
查处涉烟违法案件案值（万元）		149	69	169	35
烟基建设投入资金（万元）		—	—	—	—
烟基设施新增受益面积（万亩）		—	—	—	—
烟叶种植（万亩）		—	—	—	—
烟叶收购（万担）		—	—	—	—
烟农户数（户）		—	—	—	—
实现烟农总收入（万元）		—	—	—	—
零售客户数（户）		8399	7485	7615	4057
零售客户销售毛利率（%）		14.59	14.42	14.25	14.11

注：1. 石河子市局（公司）党委书记李栋为2016年6月任职。

2. 2017年2月，新疆自治区局（公司）发文，林岳为石河子市局局长，任职时间自2016年12月26日起计算。因林岳2016年在阿克苏驻村，实际上任时间为2017年3月。

3. 根据国烟人〔2017〕118号文件，2017年4月，新疆维吾尔自治区哈密地区烟草专卖局更名为哈密市烟草专卖局，新疆维吾尔自治区哈密地区烟草公司更名为新疆维吾尔自治区哈密市烟草公司。同时，哈密地区哈密市烟草专卖局更名为哈密市伊州区烟草专卖局，哈密市局更名为伊犁州区烟草专卖局。

4. 2017年新成立和田昆玉市烟草专卖局。

◇ 撰稿：韩　敏；编辑：周　佳

大连市烟草专卖局（公司）

【专卖管理】 **案件查处。** 2017年，大连市烟草专卖局坚持重点打击与综合治理相结合，查处各类涉烟违法案件527起，查获非法卷烟925件，涉案金额600余万元，追究刑事责任13人。全年破获涉烟追刑案件9起，破获符合公安部、国家局标准的网络案件2起，符合市局标准的网络案件2起。持续强化联合执法机制，与邮政管理局、海警、邮政集团公司分别签订合作备忘录，与公安、工商、海关巩固合作关系，打造全链条联合监管网络。针对重点领域、环节、区域开展专项整治，严查物流寄递环节涉烟违法行为，全年查处违规快递包裹926单，查获违法卷烟25.38箱，涉案金额140余万元。

市场监管。 依法严管“二次批发、左右价格、扰乱市场”行为，建立大户监管长效机制，全市33个集（农）贸批发市场停止卷烟经营，清理注销大户185户。建立卷烟零售客户负面清单制度，累计处理149户违规行为。创建“DLYC专卖在线”微信公众号，发挥舆论监督作用。制定《许可证后续监管工作标准》，加强监管和清理。持续推进“放管服”改革，修订《大连市烟草制品零售点合理布局规定》。优化行政许可服务，办证时间由20天缩短到10天，实现多办证、快办证、易办证。截至2017年底，大连市有持证卷烟零售客户2.58万户，全年新办3370户，停业967户，注销2778户。

内部专卖管理监督。 2017年，大连市局严格监管大户供货上限规定执行情况，强化卷烟非法流通治理，严控代订货行为，制作《零售客户调查记录》《内部监管调查记录》和“代订货审批备案表”，形成工作有标准、检查有依据、过程有痕迹的监管新模式。全年开展内管专项集中检查2次，抽查卷烟打扫码12次，抽查送货线路15条、客户535户次、送货车辆15台次、送货人员30人次，参与品牌引进及退出会议12次、货源供应策略方案制订48次。筛选和下发预警客户314户次、单品（规格）订购增加异常客户510户次、销量异常下降客户7018户次、相同微信ID订货客户455户次。

法治烟草建设。 2017年，先后开展“3·15”国际消费者权益日、“6·29”专卖法颁布纪念日、“12·4”国家宪法日暨全国法制宣传日等普法活动，组织开展“尊法学法守法用法”主题法治宣传实践活动。通过举办讲座、开设网络课堂等形式，学习宣传《中华人民共和国网络安全法》。在微信平台组织400余人参加《中华人民共和国烟草专卖法》法律知识自测和《中华人民共和国民法总则》知识答题活动。组织31名新从事烟草专卖执法工作人员开展专卖执法资格集中培训考试。以小组交叉互评、小组组长复评、复核组复核等方式，对各执法单位2016年度约500本行政处罚案卷进行3次以上全面评查。加强法律顾问管理，全年审核各类招标谈判文件87份，提出修改意见243条。规范合同管理，制定《大连烟草常用合同模板》，涵盖买卖、租赁、仓储、技术、工程、承揽、委托、运输、服务等13个领域总计59份合同示范文本，审核各类经济合同364份，提出修改意见723条。

2017年9月6日，大连市局（公司）参加大连庄河市打击走私“国门利剑2017”暨卷烟市场治理联防联控启动大会

大连市局 王荣达 摄

加强管理规范制定、审核、备案管理，对216项制度规范开展公平竞争审查，对11份管理规范及重大决策进行事前法律审查，提出8条法律意见，解答各类政策咨询45次。开展卷烟真伪咨询鉴别服务，全年接待消费者真假烟咨询269件，鉴别卷烟14.6万支；举办真假烟识别培训4场次10个学时，参训人员89人次。

2017年，大连烟草推进4S直营终端升级改造，建成50家春天便利加盟终端。图为其中的瓦房店市向阳自选商场

大连市局 国 靖 摄

【经济效益】 2017年，大连市烟草商业系统实现税利22.49亿元，同比增长17.69%，其中利润8.2亿元，同比增长3.54%。三项费用率2.19%，同比减少0.06个百分点。实现卷烟单箱销售收入2.9万元，同比增长3.99%。实现卷烟单箱税利0.79万元，同比增长6.53%。

【卷烟（雪茄烟）经营】 **卷烟销售。** 2017年，大连市销量居前三位的卷烟品牌依次是“红塔山”“长白山”“南京”，销量分别为18.55亿支（3.71万箱）、14.30亿支（2.86万箱）、12.95亿支（2.59万箱）。销售全国重点品牌卷烟111.81亿支（22.36万箱）。

实现卷烟销售收入73.89亿元，同比增长4.04%。实现卷烟税利20.18亿元，同比增长6.55%，其中利润8.2亿元，同比增长3.8%。

雪茄烟销售。 2017年，销售雪茄烟857.56万支，同比下降7.07%。全年建成1个雪茄烟体验馆、200个雪茄烟终端。

品牌培育。 发挥重点品牌主导作用、二类烟支撑作用、合作品牌引领作用，修订完善《品类管理工作规范》《品牌引入退出工作规范》，清退40余个低效规格。与四川中烟工业有限责任公司合作推出“娇子（大连时尚）”“娇子（大连浪漫）”两款特色卷烟。创新网上申购模式，强化“中华”地产培育，丰富“中华”品牌家族成员，完成50个“中华”合作终端、688个陈列终端建设。大力培育细支烟，全年细支烟销量实现23.48亿支（4.70万箱），同比增长36.52%。

【管理创新】 2017年，大连市局（公司）强化经济运行调控，健全考核评价体系，突出考评结果运用。整合优化工作流程，开展质量管理体系升级换版。突出“十大课题”研究攻关，质量管理小组活动成果“构建对接点托盘联运模式”获得全国烟草行业第28届优秀质量管理小组成果三等奖。发挥预算控制引领作用，建立动态分析预算报告体系，补充修订预算定额标准手册。开发完善国有资产管理系统，初步实现资产全生命周期管理。

【特事辑要】 1月16日，辽宁省委常委、大连市委书记唐军对大连烟草工作作出批示。

7月6—7日，国家局党组成员、直属机关党委书记高林在大连烟草调研。

2017年大连市烟草专卖商业主要情况统计

地市级局（公司）名称	中山区烟草专卖局（分公司）	西岗区烟草专卖局（分公司）	沙河口区烟草专卖局（分公司）	甘井子区烟草专卖局（分公司）	旅顺口区烟草专卖局（分公司）
主要负责人/法定代表人（含党政领导）	李建波	温景全	冉 仪	李成家	杨 忠 （—2017年12月） 王仁君 （2017年12月—）

续表

地市级局（公司）名称		中山区烟草专卖局（分公司）	西岗区烟草专卖局（分公司）	沙河口区烟草专卖局（分公司）	甘井子区烟草专卖局（分公司）	旅顺口区烟草专卖局（分公司）
总资产（万元）		—	—	—	—	—
所属县级单位		—	—	—	—	—
资产负债率（%）		—	—	—	—	—
从业人员（人）		24	23	26	46	39
所属业务机构	营销机构	1个销售管理科	1个销售管理科	1个销售管理科	1个销售管理科	1个销售管理科、2个市场部
	物流配送机构	—	—	—	—	—
	专卖稽查机构	1个专卖科（稽查支队）	1个专卖科（稽查支队）	1个专卖科（稽查支队）	1个专卖科（稽查支队）	1个专卖科（稽查支队）
	烟叶机构	—	—	—	—	—
实现税利	万元	18282	13222	20311	41175	11318
	比上年增长（%）	1.37	4.99	3.63	11.13	-0.91
实现利润	万元	8087	5830	8763	17367	4327
	比上年增长（%）	-0.60	3.72	0.47	9.53	-4.40
卷烟销售收入（万元）		54210	39249	61397	126447	36860
查处涉烟违法案件（起）		20	31	37	36	32
查处涉烟违法案件案值（万元）		72	24	66	42	13
烟基建设投入资金（万元）		—	—	—	—	—
烟基设施新增受益面积（万亩）		—	—	—	—	—
烟叶种植（万亩）		—	—	—	—	—
烟叶收购（万担）		—	—	—	—	—
烟农户数（户）		—	—	—	—	—
实现烟农总收入（万元）		—	—	—	—	—
零售客户数（户）		1301	904	1700	4030	1760
零售客户销售毛利率（%）		12.50	13.04	12.75	12.71	12.93

地市级局（公司）名称		金州区烟草专卖局（分公司）	普兰店区烟草专卖局（分公司）	瓦房店市烟草专卖局（分公司）	庄河市烟草专卖局（分公司）	长海县烟草专卖局（分公司）
主要负责人/法定代表人（含党政领导）		王发令	张计光（—2017年2月） 董广明（2017年2月—）	孙克战	薛　军（—2017年7月） 张　宏（2017年7月—）	曲新德
所属县级单位		—	—	—	—	—
总资产（万元）		—	—	—	—	—
资产负债率（%）		—	—	—	—	—
从业人员（人）		75	71	76	69	13
所属业务机构	营销机构	1个销售管理科、4个市场部	1个销售管理科、5个市场部	1个销售管理科、5个市场部	1个销售管理科、5个市场部	1个销售管理科
	物流配送机构	—	—	—	—	—
	专卖稽查机构	1个专卖科（稽查支队）	1个专卖科（稽查支队）	1个专卖科（稽查支队）	1个专卖科（稽查支队）	1个专卖科（稽查支队）
	烟叶机构	—	—	—	—	—

续表

地市级局（公司）名称		金州区烟草专卖局（分公司）	普兰店区烟草专卖局（分公司）	瓦房店市烟草专卖局（分公司）	庄河市烟草专卖局（分公司）	长海县烟草专卖局（分公司）
实现税利	万元	36912	15348	23936	16856	2427
	比上年增长（%）	6.45	8.31	7.00	11.00	17.36
实现利润	万元	14881	5379	9195	5888	779
	比上年增长（%）	4.06	4.73	4.03	10.00	18.57
卷烟销售收入（万元）		116722	52459	77755	57756	8653
查处涉烟违法案件（起）		44	50	43	139	9
查处涉烟违法案件案值（万元）		108	26	22	54	1
烟基建设投入资金（万元）		—	—	—	—	—
烟基设施新增受益面积（万亩）		—	—	—	—	—
烟叶种植（万亩）		—	—	—	—	—
烟叶收购（万担）		—	—	—	—	—
烟农户数（户）		—	—	—	—	—
实现烟农总收入（万元）		—	—	—	—	—
零售客户数（户）		5290	3410	3331	3571	555
零售客户销售毛利率（%）		12.24	12.20	12.30	13.51	12.80

◇ 撰稿：王荣达；编辑：王　静

深圳市烟草专卖局（公司）

【专卖管理】　**案件查处。** 2017 年，深圳市烟草专卖局增强内外协作力量，与广东省烟草专卖局及深圳市公安经侦局分别联合开展打击非法卷烟运输中转分销专项行动，共查处物流中转分销涉烟案件 84 起，查获卷烟 5971.12 件。积极参与京津冀闽粤深六省市烟草打假打私合作机制，联合打击跨区域涉烟违法活动。与深圳海关缉私局、香港海关共同建立两地三方协作机制，对跨境涉烟违法活动保持高压打击态势，联合开展“鹏城一号”卷烟打私专项行动，破获深圳市首宗跨境运输中转分销走私烟案件。全年查处各类涉烟违法案件 1416 起，涉案总金额 1.24 亿元，其中案值 5 万元以上案件 156 起、25 万元以上案件 108 起、100 万元以上案件 38 起。查获涉案卷烟 1.37 万件，同比增长 17.42%，其中假烟 5495.91 件，走私烟及出口回流卷烟 6564.84 件；查获烟机 4 台（套），烟丝、烟叶 5.36 吨。公安、司法机关依法拘留 230 人，逮捕 114 人，追究刑事责任 39 人。

市场监管。 深圳市局与深圳市社区网格管理办公室在全市范围内联合推进烟草专卖网格化管理工作，探索烟草专卖管理工作融入社区网格化管理新途径。与广东海警总队制定打私协作配合办法，联合开展海上巡逻执法；与深圳市邮政管理局建立协作机制，联合监管整治寄递渠道涉烟违法行为。积极开展“双随机、一公开”市场监管工作和行政执法公示制度、执法全过程记录制度、重大执法决定法制审核制度试点工作；加强对回流卷烟及免税卷烟经营企业的监管；着力整治卷烟走私行为，密切关注加热不燃烧烟草制品等新型烟草制品动态，维护卷烟市场稳定秩序。

证件管理。 2017 年，深圳市局受理并提交国家局审批烟草专卖生产企业许可证 1 份，自行审批烟草专卖批发企业许可证 7 份，办理零售许可证 1.84 万份（包括延续），审批签发各类烟草专卖品准运证 4630 份。全市有持证零售客户 4.2 万户，入网（正常经营零售客户）4.06 万户，入网户同比增长 6.62%。

内部管理。 2017 年，深圳市局（公司）开展内控制度梳理和学习，梳理汇编内部管理制度 51 项（国家局 28 项、

2017 年 11 月 19 日，深圳市烟草学会组织会员代表参加调研活动
深圳市局 陈 兰 摄

深圳市局 23 项），并打印成册，印发各区局（公司）。

【经济效益】 2017 年，深圳市烟草商业系统实现税利 56.92 亿元（不含进出口，含多元化经营），同比增长 4.93%，其中利润 23.67 亿元，同比增长 2.47%。公司三项费用率 2.94%，同比增加 0.43 个百分点。

卷烟实现销售收入 173.4 亿元，同比增长 4.21%；实现卷烟销售税利 56.95 亿元，同比增长 4.96%，实现利润 23.7 亿元，同比增长 2.51%。卷烟单箱销售收入 3.74 万元，实现单箱税利 1.05 万元。

【卷烟（雪茄烟）经营】 **卷烟（雪茄烟）销售**。2017 年，深圳市销量居前三位的卷烟品牌依次为“双喜”“芙蓉王”“白沙”，销量分别为 111.22 亿支（22.24 万箱）、37.52 亿支（7.50 万箱）、16.42 亿支（3.28 万箱）。2017 年，雪茄烟销量 1002.68 万支，同比增长 23.64%。实现卷烟销售收入（不含税）173.4 亿元，同比增长 4.21%。

品牌培育。2017 年，通过开展规格梳理和定位布局，完善品牌评价体系，严格规范引进退出流程，促进重点品牌增长，落实品牌培育活动备案制度和《中烟新商盟平台信息发布制度》，发挥市场窗口作用，为工业做好培育服务。2017 年，全市上市卷烟新品规格 83 个，其中国产卷烟 74 个、进口卷烟 9 个、退出卷烟规格 59 个。全市在销卷烟品牌 67 个，其中国内品牌 58 个、进口品牌 9 个；卷烟规格 341 个，其中国内规格 319 个、进口规格 22 个。在销雪茄烟品牌 21 个，其中国内品牌 9 个、进口品牌 12 个；雪茄烟规格 85 个，其中国内规格 50 个、进口规格 35 个。开展新品调研 30 余次，全市纳入“311”品牌培育体系（即各区公司培育 3 个重点品牌规格、客户经理小组协同培育 1 个重点品牌规格、客户经理单兵培育 1 个重点品牌规格）的品牌规格有 139 个，重点培育规格总数占在销规格总数 48%，品牌培育覆盖工业企业比例为 88%，撰写品牌分析诊断报告 20 篇。

现代零售终端建设。稳定客户规模，更加注重提升现代零售终端质量，零售终端平均毛利率 12%。提升现代终端质量，清退不合格“深圳特专”① 594 户，新引入 610 户。截至 2017 年底，全市拥有 5850 户“深圳特专”授权商户，占全部卷烟零售客户总数的 15%。新增特专自律互助小组 50 个。

现代卷烟物流建设。推进 6S 现场管理，提升物流工作效率。开展早班劳动竞赛，物流中心全年分拣效率保持在每小时约 1 万条高位水平。创新异型烟分拣模式，通过“并联分拣、线下合单”提升异型烟分拣效率。全年对系统进行各类有效运维 600 余次（项），使用备件 500 余个（件），保障设备有效作业率稳定在 99% 以上、卷烟破损率少于 0.01‰。

2017 年，深圳烟草物流中心完成卷烟入库 267.82 亿支（53.56 万箱），同比下降 5.6%；完成卷烟出库 271.04 亿支

① “深圳特专”是深圳烟草面向卷烟消费者打造的现代卷烟零售终端专属品牌。

(54.21万箱)，同比增长0.14%，卷烟入库准确率、扫码率均为100%。累计完成条烟分拣271亿支（54.2万箱），同比增长0.13%，卷烟分拣破损率小于0.01‰，卷烟分拣差错率小于0.01‰，订单差错率小于0.1‰。

【管理创新】 深圳市局（公司）对国家局确定的年度降本增效目标进行分解、下达，定期跟踪监测。2017年，实现降本增效542万元，完成目标任务108%。持续推进质量管理小组活动，开展小组注册、课题申报、开题评审。选送课题“物流设备智慧鹰眼检测系统的研制”在全国烟草行业第28届优秀质量管理小组成果发布会上获得二等奖。启动质量管理体系转版工作，完成前期调研和管理诊断，形成调研报告。“一种实现填装容器与填装物关联的RFID装置及方法”取得国家发明专利授权，“具备在线监测及盘点功能的堆垛设备”取得国家实用新型专利授权。

【特事辑要】 7月20日，国家局党组成员、副局长徐瓘在深圳烟草调研，考察新物流中心项目建设等情况。

11月1日，国家局党组成员、副局长徐瓘在深圳参加2017年雪茄烟销售业务流程研讨会。

11月23日，国家局党组成员、副局长段铁力在广东、深圳烟草调研，走访卷烟零售客户，考察新物流中心建设项目和深圳烟草工业有限责任公司。

10月12日，广东省公安厅党委委员、深圳市副市长、深圳市公安局局长徐文海一行在深圳烟草开展工作调研。

2017年深圳市烟草专卖商业主要情况统计

区局（公司）名称		福田区烟草专卖局（公司）	罗湖区烟草专卖局（公司）	南山区烟草专卖局（公司）	盐田区烟草专卖局（公司）	宝安区烟草专卖局（公司）
主要负责人/法定代表人（含党政领导）		张　玲 （2017年1月—）	刘志平 （2017年10月—，之前任副局长）	童　彬	纪振辉 （2017年1月—）	陈东文
所属县级单位		—	—	—	—	—
总资产（万元）		29409	30011	23852	21462	42914
资产负债率（%）		7.46	9.76	8.24	7.70	8.13
从业人员（人）		94	101	97	64	147
所属业务机构	营销机构	1个业务科	1个业务科	1个业务科	1个业务科	1个业务科
	物流配送机构	—	—	—	—	—
	专卖稽查机构	1个专卖科	1个专卖科	1个专卖科	1个专卖科	1个专卖科
实现税利	万元	36120	34608	27422	25069	58123
	比上年增长（%）	4.58	2.99	2.84	4.25	2.78
实现利润	万元	3832	3961	1424	2099	6865
	比上年增长（%）	7.73	-3.37	-7.77	2.27	1.22
卷烟销售收入（万元）		194639	216672	156031	138088	309102
查处涉烟违法案件（起）		48	56	96	47	447
查处涉烟违法案件案值（万元）		1309	1483	1725	300	1533
烟基建设投入资金（万元）		—	—	—	—	—
烟基设施新增受益面积（万亩）		—	—	—	—	—

续表

区局（公司）名称	福田区烟草专卖局（公司）	罗湖区烟草专卖局（公司）	南山区烟草专卖局（公司）	盐田区烟草专卖局（公司）	宝安区烟草专卖局（公司）
烟叶种植（万亩）	—	—	—	—	—
烟叶收购（万担）	—	—	—	—	—
烟农户数（户）	—	—	—	—	—
实现烟农总收入（万元）	—	—	—	—	—
零售客户数（户）	3209	2560	3525	3272	8979
零售客户销售毛利率（%）	10.48	17.97	10.36	10.00	13.00

区局（公司）名称		龙岗区烟草专卖局（公司）	光明新区烟草专卖局（公司）	坪山区烟草专卖局（公司）	龙华区烟草专卖局（公司）	大鹏新区烟草专卖局（公司）	深圳中深烟草贸易中心
主要负责人/法定代表人（含党政领导）		赖远彪	杨正中	周建辉	赖远程	李 昶	刘思雄（2017年1月—）
所属县级单位		—	—	—	—	—	—
总资产（万元）		39498	5545	4626	8071	1605	17838
资产负债率（%）		9.07	24.98	22.83	27.68	47.00	1.27
从业人员（人）		135	66	52	99	49	23
所属业务机构	营销机构	1个业务科	1个业务科	1个业务科	1个业务科	1个业务科	1个业务科
	物流配送机构	—	—	—	—	—	—
	专卖稽查机构	1个专卖科	1个专卖科	1个专卖科	1个专卖科	1个专卖科	—
	烟叶机构	—	—	—	—	—	—
实现税利	万元	52916	17355	15625	35904	12448	1446
	比上年增长（%）	4.90	5.04	3.46	4.53	5.38	-10.13
实现利润	万元	5662	618	735	3114	117	772
	比上年增长（%）	0.84	19.31	-4.67	7.19	116.67	-22.49
卷烟销售收入（万元）		284330	100883	89883	198274	74264	3300
查处涉烟违法案件（起）		207	162	9	238	30	—
查处涉烟违法案件案值（万元）		1572	546	365	8497	297	—
烟基建设投入资金（万元）		—	—	—	—	—	—
烟基设施新增受益面积（万亩）		—	—	—	—	—	—
烟叶种植（万亩）		—	—	—	—	—	—
烟叶收购（万担）		—	—	—	—	—	—
烟农户数（户）		—	—	—	—	—	—
实现烟农总收入（万元）		—	—	—	—	—	—
零售客户数（户）		11088	2665	2783	5091	1818	—
零售客户销售毛利率（%）		10.00	17.75	11.74	13.40	17.70	—

◇ 撰稿：陈 兰；编辑：邢忠敏 褚 幸

1 2017年，浙江温州烟草半自动化异型烟分拣线投入使用，提高了异型卷烟分拣效率

浙江省局　供稿

2 浙江中烟宁波卷烟厂制丝物流中控室（2017年）

浙江中烟宁波卷烟厂　孙科雷　摄

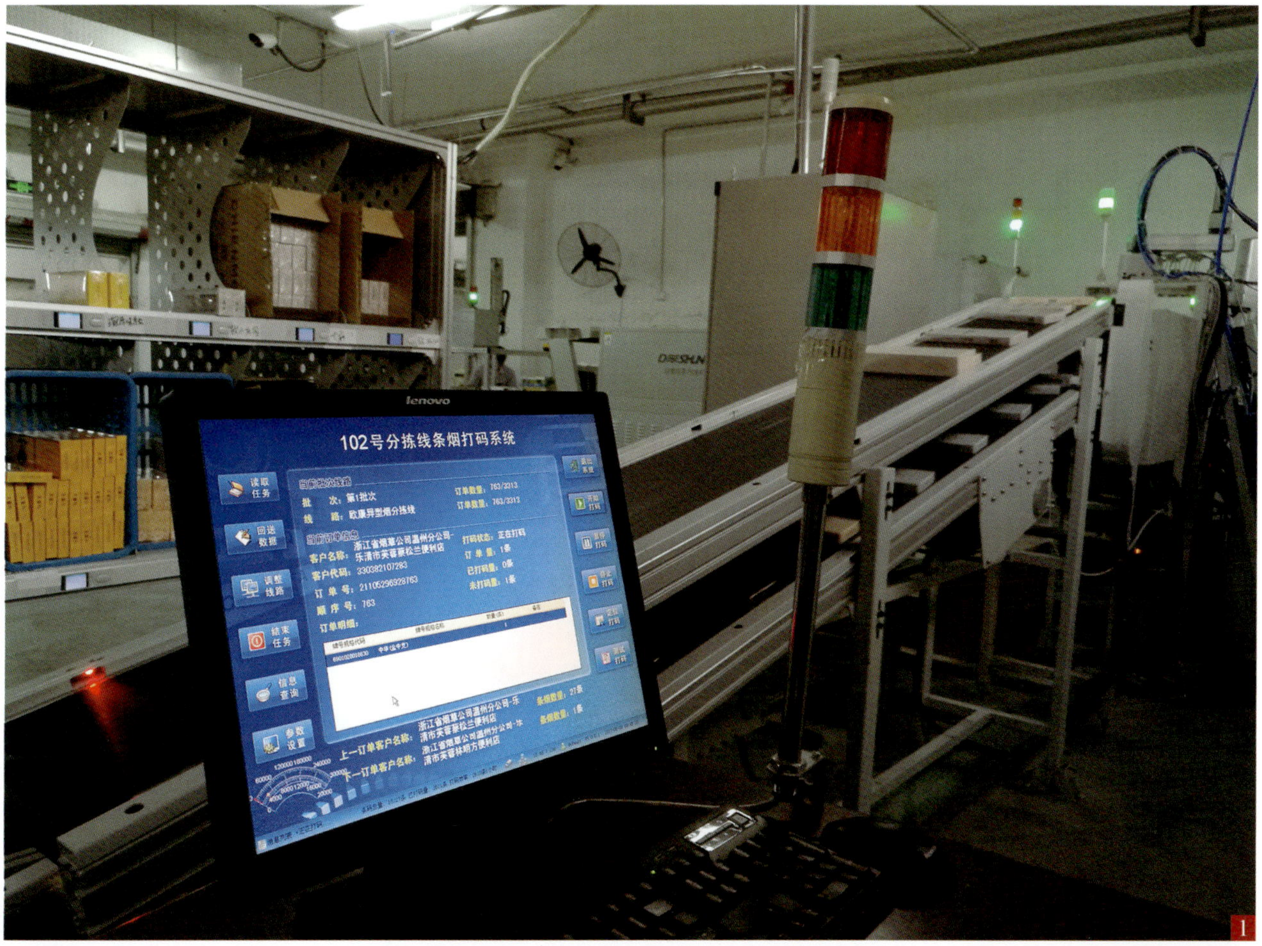

1 福建龙岩金叶复烤有限责任公司选叶工进行烟叶清选（2017年）

福建中烟　供稿

2 2017年11月，湖南中烟郴州卷烟厂开展切丝机维修技能竞赛

湖南中烟　王甲郴　摄

3 2017年6月28日，山西昆明烟草有限责任公司制丝线带料试车成功

中烟实业　供稿

2017年，行业科技工作紧紧围绕“争创创新驱动发展新作为”和“打造三个新优势、调动两个积极性”的战略任务，以建设创新型行业为主线，充分发挥科技创新在培育发展新动能、塑造发展新优势中的关键作用，各项工作取得明显成效。

1 2017年11月22日，山东中烟研究项目通过国家局组织的鉴定

山东中烟　供稿

2 2017年11月23日，行业细支卷烟升级创新重大专项技术交流会暨成果发布会在山东济南召开

山东中烟　供稿

3 2017年3月23日，郑州烟草研究院召开科技创新大会

郑州院　张敬一　摄

1 2017年4月19—21日，日本烟草产业株式会社常务执行董事兼中国事业部部长山下和人一行到浙江烟草访问交流

浙江省局　供稿

2 2017年7月26日，环球烟叶公司专家到云南昆明石林考察交流优质烟叶生产情况

云南省局　供稿

3 2017年12月5日，贵州中烟参加在阿联酋迪拜开幕的“世界烟草博览会”

贵州中烟　供稿

4 2017年10月，老挝寮中红塔好运烟草有限公司技术人员到云南中烟红塔集团参观交流

云南中烟　供稿

烟草工业

- □ 卷烟生产
  - ·境内卷烟生产
  - ·境外卷烟生产
- □ 雪茄烟生产
- □ 烟草机械工业
- □ 卷烟辅助材料生产
- □ 烟叶加工

卷烟生产[①]

境内卷烟生产

河北中烟工业有限责任公司

【经济效益】 2017 年，河北中烟工业有限责任公司实现卷烟销售收入（不含税）159.18 亿元，同比增长 2.1%。实现税利 103.25 亿元，同比增长 4.05%，其中利润 6.85 亿元，同比下降 19.13%。三项费用率 10.59%。

全年万元产值综合能耗为 19.86 千克标煤，万支卷烟综合能耗为 3.25 千克标煤。烟叶、滤棒、盘纸平均消耗分别为 6.66 千克/万支、2514 支/万支、593 米/万支。水、电平均消耗分别为 0.09 吨/万支、8.24 千瓦时/万支。

【主要产品与品牌建设】 2017 年，河北中烟生产自有品牌卷烟有“钻石”“新石家庄”2 个。其中，生产“钻石”品牌 38 个规格、“新石家庄”品牌 1 个规格；合作生产的品牌有“白沙”“双喜”“红玫”“红塔山”“红梅”“利群”“雄狮”“红金龙”等 8 个。

2017 年，河北中烟聚焦品牌培育，顺应行业调整市场状态、提升产品结构的有利机遇，以推动产品结构整体上移为导向，以强化“钻石（荷花）”及新品卷烟培育为突破口，自有品牌转型升级工作取得初步成效。

【“钻石（荷花）”卷烟】 2017 年，河北中烟围绕打造“荷香”品类，通过构建“河北卷烟产品风格特色”“产品质量保障”两大体系，持续推进“钻石”品牌“荷花”品系卷烟技术研究升级，逐步丰富其规格，研发“钻石（荷花绿水青山）”“钻石（软荷花）”两款新品。“钻石（荷花）”被国家局、总公司评为 2015—2017 年度烟草行业“十大优秀卷烟新产品”。

截至 2017 年底，“钻石（荷花）”品牌卷烟形成以河北、广东为核心市场，华南、西南、江浙、福建、北京等市场快速发展，其他省级市场销量稳步提升的全国性市场布局。

【技术创新】 2017 年，河北中烟坚持创新驱动，技术研究能力持续升级。深入推进与郑州烟草研究院开展的“‘荷花’品系卷烟活化水研究及品类构建关键技术”“‘荷花’品系卷烟特色工艺关键技术研究与品控体系构建”合作项目，边研究边应用，提升了“荷花”品系卷烟的品质。深入开展在滤棒和卷烟纸等功能材料方面的研究，其中，沟槽内置颗粒、细支五角星中空复合滤棒设计在新品卷烟“钻石（荷花绿水青山）”“钻石（软荷花）”中得到应用。初步建立单体香料感官评价和指纹图谱数据库，实现香韵构成、感官功能等 26 项指标的数字量化表达。

【原料保障】 成立“钻石（荷花）”原料保障工作领导小组，围绕供应、技术、储备等 3 个保障维度开展各项工作。加强“钻石（荷花）”打叶专线建设，建立“荷花”原料联合研究室，建成涵盖关键节点的烟叶信息档案管理系统，初步实现烟叶质量信息全产业链追溯。

进一步优化产区布局，对不同类型烟叶实施分类管理，增加或稳定“配方急需”烟叶的计划量，统筹压减“正常使用”或“使用进度缓慢”的计划量，重点建设红河、曲靖、楚雄、保山、龙岩、永州等核心烟叶基地单元，实施精益调拨。全面运行点、线、面三维度质量管理模式，落实质量信息采集、烟叶平衡会及质量预警机制，加大“三级检验”力度，全面开展烟叶选叶工作，100% 开展均质化加工。

【信息化建设】 2017 年，河北中烟总部及所属企业推广使用微门户系统、验收烟叶基础数据电子档案系统、烟机零配件“一库制”管理系统，并积极推进人力资源管理系统和物资网络统一采购平台建设。此外，河北中烟通过信息资源规划项目构建企业信息资源规划蓝图，有序推进大数据加工存储服务平台建设。

【特事辑要】 5 月 9 日，河北中烟“钻石”品牌 5 个系列 9 款卷烟新品在河北唐山市首发。

① 《烟草工业》栏目中，“××中烟工业有限责任公司”简称“××中烟”或“公司”。

8月25—31日，第一届冀闽鲁豫桂烟机设备操作职业技能竞赛在河北张家口举行。本次竞赛是河北烟草行业首次举办的省级一类操作工职业技能竞赛，来自河北、福建、山东、河南、广西共5家工业公司的50名选手同台竞技。

所属企业

张家口卷烟厂有限责任公司

【经济效益】 2017年，张家口卷烟厂有限责任公司（简称张烟公司）实现卷烟销售收入71.04亿元（不含税），同比下降3.78%。实现税利42.46亿元，同比增长0.03%，其中利润0.4亿元，同比下降58.79%。

全年万元产值综合能耗为17.27千克标煤，万支卷烟综合能耗为3.23千克标煤。烟叶、滤棒、盘纸平均消耗分别为6.64千克/万支、2511支/万支、592米/万支。水、电平均消耗分别为0.07吨/万支、8.11千瓦时/万支。

【主要产品】 2017年，张烟公司在产卷烟品牌有“钻石”“新石家庄”“利群”“红塔山”“雄狮”“红梅”“红金龙”等7个，其中“钻石”“新石家庄”为自有品牌，其余为合作生产品牌。

【品牌建设】 2017年，张烟公司紧随市场发展趋势，立足目标市场，把握市场需求，贴近消费群体，在提升产品内在品质上下功夫，推出“钻石（盛世迎宾）”等新产品。全面落实河北中烟提出的“荷花梦”战略构想，深刻认识“荷花梦”对企业改革发展的重大意义，统一品牌意志，充分抓住“荷花”品系发展契机，创新品牌保障机制，初步形成富有张烟特色的品质管控体系，有效保障“荷花”系列产品顺利落地。在生产“钻石（一品荷花）”卷烟基础上，陆续开展“钻石（细支荷花）”“钻石（荷花绿水青山）”生产加工，以“荷花”品系快速发展带动“钻石”品牌的全面提升，切实提升产品品位和品牌价值。

【技术创新】 2017年，张烟公司深入开展精益管理，在技术创新方面再度突破。全年开展精益六西格玛课题15项，其中，“提高‘钻石（硬红）’松散回潮出口水分的过程能力”和“提高‘钻石（绿石二代）’卷烟优等品率”2个课题被评为“中国质量协会质量技术奖六西格玛优秀课题”。拥有全国注册六西格玛黑带10人，国家局“精益改善达人”1人，获评“精益十佳”课题1项。开展质量管理小组课题31项，其中，“降低制梗丝过程物料损耗”获得中国质量协会优秀质量管理小组成果奖、“KDF2成型机组干棒在线提取装置的研制”获得全国烟草行业优秀质量管理小组成果二等奖。全年创新课题立项211项，结题194项；采纳金点子建议137条。全年技术创新为张烟公司累计实现经济效益2300余万元。

2017年8月25日，第一届冀闽鲁豫桂烟机设备操作职业技能竞赛在河北张家口市举行

河北中烟张烟公司　高　毅　摄

河北白沙烟草有限责任公司

【经济效益】 2017年，河北白沙烟草有限责任公司（简称河北白沙）实现卷烟销售收入80.43亿元（不含税），同比增长8.35%。实现税利52.72亿元，同比增长7.47%，其中利润0.49亿元，同比下降77.07%。

全年万元产值综合能耗为12.21千克标煤，万支卷烟综合能耗为3.22千克标煤。烟叶、滤棒、盘纸平均消耗分别为6.72千克/万支、2517支/万支、594

米/万支。水、电平均消耗分别为 0.12 吨/万支、8.4 千瓦时/万支。

【主要产品】 2017 年，河北白沙主要生产“钻石”“白沙”“双喜”“红玫”系列产品，其中，“白沙”“双喜”“红玫”为合作生产品牌。

【技术创新】 河北白沙以专项攻关为突破点，运用六西格玛、精益生产、质量诊断等技术方法，搭建层次清晰的创新体系，技术创新能力持续增强。持续推进“创新工作室”建设，4 个创新工作室和 1 个创新小组全年开展创新项目 54 项，创造经济效益 466.6 万元。2017 年，获得国家发明专利授权 1 件，实用新型专利 12 件，软件著作权 6 项；1 人被评为行业“季度精益改善达人”，1 人被评为“河北省突出贡献技师”。河北白沙被认定为“河北省省会万众创新示范基地”。

【特事辑要】 11 月 1—3 日，河北烟草工商系统第一届法律知识竞赛在河北白沙举办，全省 11 家市局（公司）、3 家卷烟厂参赛。

2017 年河北中烟工业有限责任公司所属企业/生产厂情况统计

		张家口卷烟厂有限责任公司	河北白沙烟草有限责任公司	所属生产厂
				保定卷烟厂
法人资格		独立法人	独立法人	非独立法人
主要负责人/法定代表人（含党政领导）		董事长：杨　军（—2017 年 10 月） 籍　涛（2017 年 10 月—） 党委副书记、总经理：胡自强 党委书记：李松卯	董事长：杨　军（—2017 年 10 月） 籍　涛（2017 年 10 月—） 党委书记、总经理：王玉立	党委副书记、厂长：马立志 党委书记：张永开
成立时间		1939 年	1948 年	1902 年
从业人员（人）		2262	2241	917
卷烟生产能力（亿支）		500	602	220
卷烟品牌	自有品牌	钻石、新石家庄	钻石	钻石
	合作生产品牌	利群、雄狮 红塔山、红梅、红金龙	白沙、双喜、红玫	白沙、双喜、红玫

◎ 撰稿：田然煜；编辑：周　佳

上海烟草集团有限责任公司

【主要产品与品牌建设】 *主要产品。* 2017 年，“中华”品牌着力顺价销售、库存合理，实现商业销售收入 1487.89 亿元，同比下降 0.8%。实现税利 845.63 亿元，同比下降 3.92%。加强“中南海”“红双喜”市场分析，把握消费趋势，丰富主体规格。“熊猫”品牌保持市场地位和价值。

品牌建设。 集团公司完善《“十三五”品牌战略规划》，突出高端集群、中端升级，强调品牌价值、消费认同，提高供给质量、满足升级需求，构建支撑集团公司未来可持续发展的“1+3”品牌新格局。

进一步加大新品培育力度，持续拓展完善产品线，提升中高端品牌影响力。注重探索新品培育方式，着力建立基于市场定位的新品销量目标管理机制。“中华（金中支）”“中华（双中支）”“大前门（短支）”“凤凰（细支）”“恒大（中支）”“牡丹（金短支）”“中南海（北京）”等创新产品成为市场新亮点。

【管理创新】 集团公司围绕“三个基本不变”，按照“一个工厂，两个生产板块，两个管理层级”的架构，持续推动内部机制改革和运行模式创新。注重“现场连着市场”，不断深化“规模+柔性”化生产方式，加快“生产+科研”全制造链升级融合。深化精益管理理念，强调精益研发工具应用、产品开发投入产出、创新成果运用转化，做到“人无我有、人有我优”。

2017 年 4 月 19 日，上海海烟物流发展有限公司在企业文化传承活动启动仪式上展示 VR 公司宣传片

上海海烟物流　供稿

【原辅材料保障】　2017 年，集团公司采购烟叶 12.45 万吨（249 万担）。其中，国内烤烟 10.84 万吨（216.76 万担）、晾晒烟 0.06 万吨（1.23 万担）、进口烟叶 1.55 万吨（31.01 万担）。

强化烟叶原料“一生管理”，注重以顾客为导向的质量改进。深入推进“两烟一体化”管理模式，丰富烟叶养护技术手段，深化“清洁仓间”标准执行落地，不断提升原料精益养护提质水平。围绕品牌发展和市场变化，强化原料质量过程控制，优化原料库存结构，精益管控烟叶采购与加工环节质量，持续提升服务新品发展能力。坚持“服务创造价值”理念，全面协同推进工商网配，切实提高工业物流响应市场的速度和到货时间的精度。

【技术创新】　**上海烟草集团公司有限责任公司技术中心概况。**该技术中心下设产品研究室、原料研究室、工艺材料研究室、调香研究室（2017 年 5 月新设立）、烟草化学研究室、理化实验室、标准化室、综合管理部等 8 个科室和北京、天津 2 个工作站，并与集团公司下属单位共同组建烟草薄片研究室、滤棒技术研究室、包装设计印刷研究室、烟叶储存养护研究室、香精香料研究室等 5 个联合研究室，形成“八科两站五室”的技术中心机构设置。与上海烟草机械有限责任公司联合组建烟草机械技术研究室。有员工 208 人，其中硕士研究生以上学历 125 人，中级以上职称 133 人。

2017 年，技术中心承接历年接转项目 86 项，新立项目 46 项，年度科技项目数 132 项；主持 1 个国家局重点项目、1 个国家局重大专项子项目以及 1 个国家局重点实验室项目的研究工作。2017 年，申请专利 30 件，其中发明专利 23 件；获得专利授权 28 件，其中发明专利 13 件；技术秘密 4 项。发表文章 16 篇，其中影响因子 3.0 以上国际期刊 4 篇，国内核心期刊 11 篇，会议交流论文 4 篇。技术中心主持的“烟叶香型风格的特征化学成分研究”“降低国产白肋烟、马里兰烟 TSNAs 含量关键技术研究”项目分别获中国烟草总公司科学技术进步奖一等奖、三等奖。

创新成果。集团公司持续推进技术创新及产品研发工作，以“十三五”重大技术专项为龙头，在数字化配方技术、特规卷烟设计技术、原料保障等关键领域取得重要技术突破，一批具有自主知识产权、市场前景巨大的研究成果应用于产品研发与维护工作中。成功研发上市“中华（双中支）”“熊猫（听 50 支装）（内销版）”“中华（听 50 支装）（内销版）”等 3 款产品；顺利完成“中华（硬）”“熊猫（硬时代版）”“红双喜（硬上海）”“红双喜（硬 8mg）”配方升级维护；完成“中华（硬）”镭射商标升级、“熊猫（5 盒礼盒出口）”等产品包装升级维护工作。

2017 年，集团公司产品的卷烟焦油量加权平均值 10.5 毫克/支，实测烟气一氧化碳加权平均值 11.7 毫克/支。

【对外交流与合作】　中国烟草上海进出口有限责任公司（简称进出口公司）为上海烟草集团有限责任公司的全资子公司，注册资本 5846 万元。截至 2017 年底，进出口公司的实收资本 5846 万元。

2017 年，进出口公司重点抓好业务经营 5 个关键环节。一是着力转变理念，加大海外市场销售力度。建立全面详细的新品零售终端销售数据体系，境内关外免税市场新品销售数据实现“日跟踪”，海外国际机场新品销售数据实现

“周跟踪”，及时掌握市场动态。开展新品销售推广，截至2017年底，完成“中华（罐装）”“熊猫（罐装）”“凤凰（细支）”“牡丹（真国色）”等4款新品在海外市场的首轮铺点，市场总体销售情况良好。二是坚持与时俱进，做好新形势下规范经营工作。加大海外维权及市场净化工作，加大回流卷烟现场查看力度，摸清产品流向，强化源头管理工作。持续提高发运目的港与销售国的相符率，确保市场落地销售。三是创新管理模式，助推海外市场的拓展。2017年新开拓埃塞俄比亚、加纳、喀麦隆、摩洛哥、巴拉圭、厄瓜多尔和哥伦比亚等国家市场，截至2017年底，海外市场拓展至75个国家和地区。四是强化标准输出，提升境外产销基地运作水平。以菲律宾PDMC工厂“金鹿”品牌卷烟境外加工项目为重点，不断探索和优化“标准输出、过程监管、品质保证”的境外加工新模式，初步实现集团公司、海外经销商和PDMC工厂的取得“三方共赢”。五是持续规范和完善进出口管理，推动进出口业务稳定健康发展。顺利通过海关AEO高级企业重新认证，再次成为获得海关认可的国际贸易最高等级“信用通行证”企业。

2017年，进出口公司实现进出口贸易总额2.96亿美元，出口实现2.52亿美元，实现利润4.56亿元人民币。卷烟境外销售69.39亿支，出口实现2.4亿美元；境外落地生产销售卷烟90.75亿支。

2017年，“中华”品牌实现境外销量36.24亿支，“熊猫”品牌实现境外销量2.43亿支，“红双喜”品牌实现境外销量6.12亿支，“中南海”品牌实现境外销量5.39亿支，“金鹿”品牌实现境外销量16.26亿支。此外，“牡丹”品牌实现境外销量2.4亿支，“凤凰”品牌实现境外销量0.56亿支。

所属企业

上海烟草集团有限责任公司上海卷烟厂

【卷烟生产】 2017年，上海烟草集团有限责任公司上海卷烟厂主要生产的卷烟品牌有“熊猫”“中华”“红双喜”“牡丹”“大前门”“孟菲斯”。

全年万元产值综合能耗为3.31千克标煤，万支卷烟综合能耗为3.27千克标煤。烟叶、滤棒、盘纸平均消耗分别为6.75千克/万支、2517支/万支、599米/万支。水、电平均消耗分别为0.12吨/万支、12.14千瓦时/万支。

【技术攻关】 坚持目标导向和问题导向，扎实推进上海卷烟厂3年行动课题和精益管理实践。集聚管理、技术创新合力，提升创新管理成熟度，发挥创新项目载体的带动作用，首次融合技术创新和管理创新共同评审的思路和方法，完成验收项目66项，切实增强卷烟厂创新工作的整体推进力度。推进实施集团公司科技项目10项，厂级技术创新项目43项，质量管理小组课题148项。成立“王伟勇技师创新工作室”。

【技术改造】 为顺应卷烟品牌做宽趋势，上海卷烟厂积极做好各项新品开发投产的硬件支撑。2017年，上海卷烟厂实现进出工厂设备台（套）数最多、开发调试的机型最多、新设备调试周期最短等3个“最”。截至2017年底，卷包设备进出卷烟厂29台（套），投入新品开发、调试、生产的各类卷包机型10余种。重新构建新品生产布局，进一步扩大新品设备装备能力，努力解决热门产品的生产瓶颈，助力集团公司细分市场卷烟产品开发生产。结合浦东园区建设进程，全面做好设备调试前的各项准备工作。

【质量管理】 坚持“Q3A0”（“Q3”指产品质量在国家局对卷烟产品的市场抽检中排名前25%，达到3级水平；“A0”指消费者市场反馈的A类质量缺陷为零）质量目标导向，持续不断开展精益质量改进工作，重点从推进“Q3A0”专题分析、健全质量拉停标准体系、推进检测同质化等三方面，狠抓质量指标提升，追求产品质量“零缺陷”。通过新品响应模式升级、同质化改进持续深入、工艺研究成果应用、SPCD（统计过程控制与诊断）管理落地等4项举措，加强生产过程的严格防控，推动质量管理向“生产+研发”升级转型。

上海烟草集团北京卷烟厂

【经济效益】 2017年，上海烟草集团北京卷烟厂主要生产的卷烟品牌有“中南海”“牡丹”“红双喜”。

2017年，实现卷烟销售收入47.43亿元。实现税利

32.72 亿元，同比下降 5.94%，其中利润 2.53 亿元。出口实现 816.71 万美元。

全年万元产值综合能耗为 13.86 千克标煤，万支卷烟综合能耗为 3.88 千克标煤。烟叶、滤棒、盘纸平均消耗分别为 6.17 千克/万支、2521 支/万支、594 米/万支。水、电平均消耗分别为 0.1 吨/万支、14.57 千瓦时/万支。

【技术创新】 2017 年，北京卷烟厂完成内销产品“中南海（软北京）”“中南海（硬北京）”“中南海（全开北京）”“中南海（典 8）”“中南海（Z 冰）”研发上市，海外产品“中南海（细支京韵）”“中南海（清静香）”“中南海（听装北京）”研发上市。

牵头行业重大专项“降低国产白肋烟、马里兰烟 TSNAs 含量关键技术研究”项目，获得总公司科学技术进步奖三等奖；“降低卷烟烟气中 TSNAs 的综合技术及在‘中南海’品牌的应用研究”项目完成鉴定材料报送；“利用吸附技术降低卷烟烟气中 TSNAs 的技术研究”项目通过集团公司验收。

全年发表学术论文 10 篇，其中 SCI 论文 4 篇、核心期刊 4 篇、国际学术会议 2 篇；5 篇论文获得中国烟草学会优秀论文奖，其中一等奖 2 篇、二等奖 1 篇、三等奖 2 篇；1 篇论文获北京烟草学会优秀论文一等奖。申请 10 件发明专利和 9 件实用新型专利。

【精益管理】 持续推进精益管理理念和工具应用，运行“管理者标准化作业”体系，建立常态化管理机制，精益管理初见成效。持续推动成本自触发机制运行，完成“节能减排降耗”课题 57 项，节约资金 1787 万元。制丝车间“运用精益工具提升梗丝加工水平”课题获得中国质量协会全国精益管理项目一等奖和最佳展示奖，示范线“狼之队”被评为“‘锋芒杯’全国烟草行业优秀精益改善团队”。取得质量管理课题成果 83 项，获得“海洋王杯”全国发布会一等奖 2 项。

上海烟草集团有限责任公司天津卷烟厂

【卷烟生产】 2017 年，上海烟草集团有限责任公司天津卷烟厂万元产值综合能耗为 13.09 千克标煤，万支卷烟综合能耗为 3.33 千克标煤。烟叶、滤棒、盘纸平均消耗分别为 6.77 千克/万支、2516 支/万支、599 米/万支。水、电消耗分别为 0.06 吨/万支、11.68 千瓦时/万支。

【品牌建设】 进一步推进“恒大”品牌建设，“恒大（烟魁 1903）”“恒大（烟魁 1919）”“恒大（记忆 1949）”等 3 款产品合计实现税利 2.5 亿元，同比增长 14.8%，占天津卷烟厂税利总额的 6.6%。持续挖掘天津卷烟厂品牌文化，提升品牌的传播力和影响力。全年在《中国烟草》《东方烟草报》刊发文章 20 篇，《百年津烟》纪录片、《一个时代的记忆》宣传片通过微信企业号传播；短视频《恒大记忆》获得第二届烟草行业微视频评选活动的短视频优秀奖；“恒大（烟魁 1949 中支）”卷烟商标获得“中国十大烟标”金奖。

【信息化建设】 2017 年，天津卷烟厂以促进“令”的践行为目的，完成卷包车间关键岗位业务指令系统的功能优化及制丝车间试点岗位业务指令系统的上线试行。以促进“数”的应用为目的，实现 i－Data 系统卷包关键岗位上线运行，并将系统支撑范围由一线操作层面逐渐拓展至卷包、制丝车间管理层面。以促进“事”的链接为目的，推动已上线功能的有效应用，强化系统功能间的信息链接，不断深化点检管理、故障管理、维修经验管理、委外维修管理等工作的集成作用。

【精益管理】 开展“数据话降本”专题宣传活动，以账单形式展示节约“业绩”，激发全员改善、降本增效的热情。通过管理流程优化、创新经验分享、既得成果跟踪等活动的开展，增强专业化创新的干事育人作用。2017 年，天津卷烟厂完成降本增效项目 12 项，实现降本金额 445 万元；开展精益行动或提出建议 4193 项。

上海高扬国际烟草有限公司

【卷烟生产】 2017 年，上海高扬国际烟草有限公司（简称上海高扬公司）万支卷烟综合能耗为 4.11 千克标煤。烟叶、滤棒、盘纸平均消耗分别为 6.52 千克/万支、2519 支/万支、598 米/万支。水、电平均消耗分别为 0.15 吨/万支、15 千瓦时/万支。

【注销法人资格】 2017年5月，国家局、总公司印发《关于吸收合并上海高扬国际烟草有限公司的批复》（国烟法〔2017〕143号），同意上海烟草集团有限责任公司吸收合并上海高扬国际烟草有限公司。以2017年12月31日为吸收合并基准日，将上海高扬国际烟草有限公司的全部资产、负债合并至上海烟草集团有限责任公司，并注销上海高扬国际烟草有限公司的法人资格。上海高扬公司自2017年6月底全面停止生产后，成立吸收合并小组，将“安全”“稳定”“规范”作为工作要求，依据国家和行业相关法律规定有序开展人员见习、培训、安置，劳务员工清退，海关核销清关办理和固定资产清点、搬迁、处置等工作。

【复合技能培训】 为满足集团公司素质要求和浦东科技园区建设人力资源需求，立足于复合技能培养，积极搭建职工培训平台，在管理岗位中推行“管理AB角”计划，在技能岗位中推行“一人一档”方案，培训率均达到93%以上。组织35批255人次赴上海卷烟厂见习、培训，为职工适应企业转型发展和奔赴新的工作岗位做好准备。

上海烟草集团有限责任公司上海烟草储运公司

【物流运营】 2017年，上海烟草集团有限责任公司上海烟草储运公司根据“网上配货”模式的建设要求，形成日配送、周配送、两周配送的具体方案。2017年，对49个试点单位（含上海地区）开展工业卷烟网配159个工作日，送货到地市公司1133次，累计配送89.94亿支（17.99万箱）“中华”牌卷烟。首次对发往浙江嘉兴卷烟实现托盘联运，截至2017年底，对嘉兴市公司配送中心完成5.13亿支（1.03万箱）卷烟托盘联运。

【质量管理】 在集团公司技术中心的指导下，组建上海烟草储运公司首批单料烟感官质量评吸员队伍，增强对烟叶内在质量的评价能力。对现有仓库资源和库存烟叶现状进行调研，完善在库烟叶原料的质量信息链。综合仓库资源、原料配方需求、运输路线等因素，形成烟叶分级储存的策略，使各类仓储资源物尽其用。

上海海烟物流发展有限公司

【经济效益】 2017年，上海海烟物流发展有限公司实现主营业务收入68.43亿元，同比下降4.93%。实现税利13.85亿元，同比增长5.27%，其中利润3.93亿元，同比增长40.45%。三项费用率1.86%。

【卷烟销售】 持续调整品牌状态，着力推进“大客户制”，加强与重点客户共同发展的合作机制。加强违规违约惩处落实，加强“调结构、促消费”措施，降低终端库存，使规范管理和改善市场状态互相促进。研究制定《2017—2020年卷烟品牌发展规划》，并形成新品引入及退出流程。按照三类服务对象形成3个“一带一”工程，即一终端一档案、一集团一战略、一工业一报告。

2017年上海烟草集团有限责任公司所属企业/生产厂情况统计

	上海烟草集团有限责任公司上海卷烟厂	上海烟草集团北京卷烟厂	上海烟草集团有限责任公司天津卷烟厂	上海高扬国际烟草有限公司	上海烟草集团有限责任公司上海烟草储运公司	上海海烟物流发展有限公司
法人资格	非独立法人	独立法人	非独立法人	独立法人	非独立法人	独立法人
主要负责人/法定代表人（含党政领导）	党委书记兼副厂长：陈忠民（—2017年7月）党委书记、厂长：朱洪武（2017年8月—，之前任厂长）	党委副书记、厂长：曲志刚 党委书记、副厂长：蔡继东	党委委员、厂长：李钢成 党委书记、副厂长：唐　涛	党委书记、总经理：周　栋	党委委员、总经理：刘正渝 党委书记、副总经理：陆　淼（2017年1月—）	党委书记、副总经理：陈　君（—2017年9月）王玉丽（2017年12月—）党委委员、总经理：管振毅

续表

	上海烟草集团有限责任公司上海卷烟厂	上海烟草集团北京卷烟厂	上海烟草集团有限责任公司天津卷烟厂	上海高扬国际烟草有限公司	上海烟草集团有限责任公司上海烟草储运公司	上海海烟物流发展有限公司
成立时间	1925 年	1970 年	1919 年	1992 年	1986 年	2002 年
从业人员（人）	1910	867	875	351	455	609
卷烟生产能力(亿支)	900	400	350	95	—	—
卷烟品牌	熊猫、中华、红双喜、牡丹、大前门、孟菲斯	中南海、牡丹、红双喜	恒大、红双喜、江山、牡丹、凤凰	中华、红双喜、大前门	—	—

◇ 撰稿：韩沅君；编辑：周　佳

江苏中烟工业有限责任公司

【经济效益】 2017 年，江苏中烟工业有限责任公司实现卷烟销售收入（不含合作生产回购）546.81 亿元，同比增长 5.4%。实现税利 500.27 亿元，同比增长 5.84%，其中利润 81.18 亿元，同比下降 4.81%。三项费用率 4.05%，同比增加 0.38 个百分点。

全年万元产值综合能耗为 4.9 千克标煤，万支卷烟综合能耗为 2.65 千克标煤。烟叶、滤棒、盘纸平均消耗分别为 5.72 千克/万支、2077 支/万支、634 米/万支。水、电平均消耗分别为 0.1 吨/万支、10.43 千瓦时/万支。

【主要产品与品牌建设】 **品牌建设。** 2017 年，江苏中烟继续围绕“中高档卷烟产品供应商”的定位，坚持“苏烟”“南京”双品牌战略，聚焦主流价位和主导规格，着力发展一、二类烟特别是一类卷烟，突出发挥细支卷烟特色引领优势，优化产品结构、提升品牌价值。

推进品牌文化建设，持续挖掘完善“苏烟”品牌内涵，明晰品牌文化建设方向，初步形成以“水韵苏烟”为核心的“苏烟”品牌新文化体系。2017 年，“苏烟（格局）”“苏烟（红楼卷）”正式上市，“苏烟（铂晶）”重新回归上市。推进品牌调研诊断，全年不间断开展品牌市场调研与诊断，先后完成《‘苏烟（软金砂）’‘南京（雨花石）’专题调研报告》《提税顺价影响分析和对策研究》等各类研究分析报告，有效支撑品牌培育工作。推进“优秀案例库”整理，收集各区域市场新品培育案例，筛选优秀方案进行效果验证，分析提炼优秀经验和可行做法，不断完善新品案例库建设工作。

细支引领取得新成效，市场布局继续优化，加快江苏省内市场细支卷烟布局，南通、泰州、宿迁、苏州等 4 个地区苏产细支卷烟增幅超过 50%；夯实北方传统市场、南下西进策略取得实效，省外苏产细支卷烟商业批发销量超万箱区域达到 16 个。高端新品势头良好，“南京（细支九五）”聚焦旗舰产品定位，截至 2017 年底，覆盖全国 29 省（自治区、直辖市）164 市；“南京（红楼卷）”通过高端圈层宣传等方式，进一步巩固苏产高端细支卷烟优势，拉升品牌形象，截至 2017 年底，覆盖全国 22 省（自治区、直辖市）81 市；“苏烟（铂晶）”以“双色双味”全新姿态重新面市。“南京（雨花石）”被国家局、总公司评为 2015—2017 年度烟草行业“十大优秀卷烟新产品”。

市场调控。 完善监控指标体系，构建以“两面一率一户均”等指标为市场运行调控的监测体系，有效判断市场真实需求，及时掌握市场运行状态，市场监测工作更加精准有效。强化价格底线思维，加强市场调控和管理力度，抓重点时段、重点地区和重点规格，及时根据监测指标动态调整重点规格货源计划，提高商业库存和投放策略把控能力。优化大数据销售分析系统，利用 K 线图展示社会库存和市场价格变化趋势，实现市场价格与社会库存的交互分析功能，为开展市场监测工作提供数据支撑。提高调拨精细程度，针对不同地区、时段、规格等情况，分别采取“多批次、小批量”“定时、定点、定量”多种发货方式，合理安排货源计划。优化信息采集运用，动态调整信息采集点，提高信息采集质量，以信息为支撑调整调拨节奏和投放策略，有力维护产品状态与品牌形象。截至2017年底，全国价格信息点328个，覆盖26省（自治区、直辖市）93市，基本实现“百城战略”地区全覆盖。

【管理创新】 **推进分层分级赋能授权。** 按照《江苏中烟工业有限责任公司分层分级赋能授权工作意见（试行）》，明晰细化各层级的职责与权力，修订完善配套制度文件，调整优化相关工作流程，完成信息系统改造升级，落实限时办结，“权责对等、合理高效”的体制机制基本形成。

提升综合管理体系建设。 以职能管理体系化为目标，明晰职责、健全制度、规范标准、优化流程、强化考核，形成分层级的目标、计划、评价、考核闭环管理体系，“职能管理体系化”建设及运行质量不断提升；完成对质量、测量、能源、职业健康与安全、环境等五大专业体系要素整合，编制形成《江苏中烟工业有限责任公司综合体系管理手册》等，各体系要求分解落实到对应单位、部门、岗位。

优化调整质量管控体系。 系统梳理卷烟生产经营全供应链对原辅料采购、生产过程、成品、仓储管理、运输、售后服务等核心业务、关键流程的所有质量管控要点，按照主体责任、管理责任、监督责任进行明确界定，形成职责清晰、分工合理、有效制衡的产品质量管控机制。

加强精益管理。 以“卓越”文化为引领，坚持创新驱动，充分发挥创新平台作用，强化预算管理的源头管控，精益管理思维逐步形成，精益管理内生动力显著增强。全年江苏中烟实施科技项目39个，群众性创新活动项目259个，各直属单位组织开展科技创新、管理创新项目2000余个，实现降本增效3.5亿元。2017年，江苏中烟2个创新项目分别获得全国烟草行业第28届优秀质量管理小组成果发布一、二等奖。制定《江苏中烟工业有限责任公司“互联网+”应用规划》，“互联网+”战略工程全面启动。

【原辅材料保障】 持续提升烟叶基地建设水平，2017年承建国家局烟叶基地单元28个，其中特色优质烟叶开发基地单元12个。全年采购各类烟叶13.05万吨（260.96万担），其中，采购国内烟叶11.87万吨（237.46万担），上等、中等、下低等烟叶占比分别为74%、23%、3%，配方满足率95.46%。采购进口烟叶1.18万吨（23.5万担），包括阿根廷、巴西、津巴布韦、美国、马拉维等产地烟叶。

烟叶库存的规模和结构均处于合理水平。严格执行“三重检验”，扎实推进备货清单制度、质量交叉检验制度，持续提升烟叶质量管控水平，2017年烟叶质检平均合格率为57.39%。推进工艺研究和均质化加工，推进烟叶区域加工中心建设，全年加工烟叶10.71万吨（214.26万担），平均出片率为66.6%，其中配方打叶7.1万吨（142.09万担），占加工总量的66.3%。

坚持规范和创新双轮驱动，强化供应商考核，完善质量协同改进机制，持续提升材料质量的稳定。全面推进网上交易，巩固物资采购专项治理的成果，烟用物资规范管理水平得到不断提升。全年完成自产卷烟和合作加工卷烟所需的配套烟用材料和烟机零配件的购进，按照“应招尽招、真招实招”的原则，完成2018—2019年度烟用材料和烟机零配件公开招标工作，全年节约采购资金1.77亿元。

2017年3月24日，国家局党组第三专项巡视组巡视江苏中烟党组工作动员会召开

江苏中烟　凌绍清　摄

【技术创新】 ***产品研发。*** 完成“苏烟（格局）”“苏烟（甜韵）”“苏烟（水韵）”等4款烤烟型卷烟研发工作，以及7个产品的品质提升和包装优化设计，“苏烟（铂晶）”重新回归上市，8个出口产品完成设计工作。

技术研究。 开展细支卷烟重大专项技术研究，独立承担国家局细支卷烟升级创新重大专项1项，参与3项，在细支卷烟提质、系统化设计研究等方面取得新进展。深入开展再造烟叶、再造梗丝应用技术研究，完成“高档卷烟专用”再造烟叶新产品研发，进一步优化再造梗丝回填液配方。持续推进稳焦、控焦、降焦工作，开展配方、工艺、材料、香精香料组合技术的研究和应用，自产卷烟焦油实测加权平均值为9.7毫克/支，同比下降0.6毫克/支，一氧化碳实测加权平均值为9.01毫克/支。2017年，完成1项国家局科研项目，26项公司科研项目，新增授权专利61件，其中发明专利28件，在核心期刊发表论文7篇，主持或参与制定行业或总公司标准10项。

技改工程。 细支卷烟产能保障能力明显提升，2017年，“南京”专线完成单项工程验收，“苏烟”专线进入试生产，白肋烟生产线正式投产。

【对外交流与合作】 2017年，江苏中烟严格控制免税市场出口增幅，加强对卷烟回流高发区域的出口货源的流向管控。加强免税出口卷烟计划和价格管理，对照内销卷烟不含税调拨价测定出口卷烟价格。控制产品投放节奏，注重培育真实市场和潜力市场，以真正落地销售占领当地有税市场为目标，促进“罗曼蒂克”品牌销量增长，2017年针对不同目标市场特点，新增“苏烟（TW金砂C）”“南京（雨花石HKm）”“南京（十二钗烤烟HKm）”“南京（炫赫门HKm）”“罗曼蒂克（3毫克台湾）”等规格。

所罗门合作生产项目顺利推进。江苏中烟淮阴卷烟厂出口1台（套）卷接包设备，于2017年初运抵所罗门群岛首都霍尼亚拉，通过与协港国际（集团）有限公司、北京德恒律师事务所、深圳烟草进出口有限公司及深圳泰福物流有限公司多次交流协商，确定项目的商务、法务、原辅材料及后勤保障等重要事宜，第一批负责设备安装调试及试产的驻外人员，于2017年11月抵达并顺利开展设备安装调试工作。

【特事辑要】 1月18日，江苏中烟召开专题办公会，传达学习贯彻全国烟草工作会议精神。

1月23日，江苏中烟召开贯彻落实分层分级赋能授权工作专题会议。

2月9—10日，江苏中烟2017年工作会议暨二届二次职工（会员）代表大会在南京召开。

2月27日，江苏中烟召开落实全面从严治党“两个责任”工作会议。

6月20日，江苏中烟召开“卓越”企业文化工作推进会。

7月14日，江苏中烟原料供应部召开非法人实体建设动员会，安排部署原料非法人实体推进各项工作。

2017年江苏中烟工业有限责任公司所属生产厂情况统计

	江苏中烟工业有限责任公司 南京卷烟厂	江苏中烟工业有限责任公司 徐州卷烟厂	江苏中烟工业有限责任公司 淮阴卷烟厂
法人资格	非独立法人	非独立法人	非独立法人
主要负责人（含党政领导）	党委书记、厂长： 朱卫星（—2017年9月） 戴　戈（2017年9月—）	党委书记、厂长：招启柏	党委书记、厂长： 关　军（—2017年7月） 施　彬（2017年7月—）
成立时间	1948年	1939年	1945年
从业人员（人）	1497	1732	1290
卷烟生产能力（亿支）	413	547	349
卷烟品牌	苏烟、南京	苏烟、南京、 一品梅、红杉树	苏烟、南京、红杉树、 一品梅、华西村、罗曼蒂克

◇ 撰稿：徐　璐；编辑：周　佳

浙江中烟工业有限责任公司

【经济效益】 2017年，浙江中烟工业有限责任公司实现销售收入830.09亿元，同比增长4.02%。实现税利413.71亿元，同比增长1.78%，其中利润35.88亿元，同比增长4.18%。三项费用率6.68%，同比减少0.1个百分点。

【主要产品】 2017年，浙江中烟生产的主要卷烟品牌为“利群”“大红鹰”“雄狮”“摩登”，在产规格有74个，其中在国际市场销售的在产品牌有“摩登”“利群”2个品牌49个规格。

“利群”系列20个规格。其中，烤烟型19个、外香型1个；一类烟15个、二类烟5个；细支卷烟3个。“大红鹰”系列1个规格，即“大红鹰（软蓝）”，烤烟型、三类烟。“雄狮”系列4个规格，其中烤烟型3个、外香型1个；四类烟、五类烟各2个。

【品牌建设】 **品牌发展战略。** 2017年，浙江中烟以“继续坚持以进促稳，努力争取更加主动”为引领，坚持问题导向，补短板，抓升级，市场布局持续优化。全年浙江省内市场总量份额基本稳定，结构明显提升。浙产烟和“利群”品牌浙江省内单箱批发销售额同比分别增长4.35%和2.95%，在高平台上继续保持升级态势。境外市场总体稳定，销售总量占行业境外销量的比重稳中有升，“利群”有税市场占比达到16.87%，同比增加0.7个百分点。

探索“互联网+”卷烟销售模式。 借助互联网平台，与渠道、终端和消费者建立起广泛、便捷、紧密、深入的联系，增强互动与互信，传承和拓展利群品牌“让心灵去旅行”文化内涵，传播品牌形象，输出平和价值观。

在广泛收集信息和实地学习调研基础上，以二维码技术和平台作为互联网销售的平台，并开展相关工作。注册开通“利群”品牌官方微信公众号“平和味道”，于2017年10月开始传播。

【精益管理】 以“五核六讲”为抓手，即精益研发推进以提质控本为核心，精益生产推进以降本增效为核心，精益物流推进以降本节费为核心，精益三项管理推进以控本增效为核心；精益讲文化，管理讲创新，流程讲体系，提质讲目标，目标讲效果，措施讲执行，夯实精益管理体系的基石。组织各精益小组梳理和调整降本增效指标体系，建立控制指标63项，全部纳入一体化目标管理体系进行运行和维护，其中KPI指标27项。围绕降本增效工作目标指标，制定措施279条。

【原辅材料保障】 **原料采购。** 2016年度（2016年7月1日至2017年6月30日）采购烟叶总量20.70万吨（413.96万担）（按原烟口径，片烟按65%折回原烟），同比增长4.35%。其中，国内烤烟18.25万吨（365万担），同比增长8.74%；进口片烟1.3万吨（26.1万担），同比增长0.76%；工业调剂片烟0.21万吨（4.28万担），同比下降65.35%。

2016年度，可用于“利群”的片烟（包括国内、国外）11.02万吨（220.42万担），同比增加0.76万吨（15.29万担）。总体“利群”意向适配率81.92%。截至2017年6月底，“利群”烟叶库存19.56万吨（391.28万担），同比增加2.48万吨（49.51万担），增长14.49%，占总量比例为81.99%。“利群”动态保障月份25.49个月。

以“合理规模，防风险；提升适配，防脱节”为方向，2016年度通过盘活国内计划、提升工业调剂质量、开展进出口置换、出口不适用烟叶等多渠道优化库存结构。2017年，浙江中烟就53个烟叶基地单元与40家产区公司、技术依托单位分别开展31场基地工作交流会，共同修订、完善基地生产方案，推进基地生产一地一策，改进基地烟叶质量缺陷。同时，抓住基地调整的机遇，优化基地单元布局，新增湖北1个基地单元，调整山东及湖南的2个基地单元。截至2017年6月底，浙江中烟烤烟总库存为23.86万吨（477.25万担）。

辅料保障。 推进烟用材料AB角供应，通过与多家供应商的沟通协调，进行大量的样品试验，完成对“利群（蓝天）”“利群（老版）”两个规格卷烟纸的AB角供应，迈出卷烟纸AB角供应的第一步，提升烟用材料的防风险能力。

推进供方管理提升，全年召开2次商标供方沟通会，2次水松纸、铝箔纸供方沟通会，重点推进盘形材料供方实施FEMA失效模式管理、商标供方签署质量大缺陷考核协议、每月提供质量分析报告等工作。重点走访江苏大亚、华宝香精、爱迪尔、龙游塔恩等6家供货方，针对龙游塔恩供货方水松纸质量过程控制薄弱问题、美浓供方厂房搬迁后的管理问题进行全面检查指导。2017年，总体烟用材料质量满意率达到90.79%。

2017年1月10日，浙江中烟与阿联酋瓦达尼亚公司、TRP公司在浙江杭州举行阿联酋制丝工厂合资项目签约仪式

浙江中烟　供稿

【技术创新】　**新品研发。** 2017年，浙江中烟完成境内外设计开发卷烟新产品19个，设计更改卷烟产品19个规格。其中，境内新产品为“利群（红利）”；境外及境外工厂生产新产品的包装及烟支配套设计18个。

科研立项。 突出重点领域，加强科技项目过程管理。全年完成省部级（行业）科技项目立项申报2项，到期科技项目验收32项。组织省部级（行业）项目验收申请5项，其中通过验收1项。全年获得总公司科学技术进步奖2项，其中科技进步奖三等奖1项、技术发明奖三等奖1项。

优化项目成果推荐选拔机制。 组织开展优秀科技创新成果发布交流会，邀请外部专家进行现场指导和点评，选拔一批优秀科技创新成果，促进优秀成果和经验的分享、交流。2017年，浙江中烟获得国际质量管理优秀质量管理小组成果金奖1项、全国优秀质量管理小组4个、全国质量信得过班组3个、省部级优秀质量管理小组成果9项。获得全国优秀质量管理小组与质量信得过班组数量均有突破。

知识产权拥有情况。 全年申请专利155件，其中发明专利80件，实用新型专利74件，外观专利1件；获得专利授权125件，其中发明专利74件。截至2017年底，累计申请专利1259件，其中发明专利571件；累计获得专利授权851件，其中发明专利280件。全年申请著作权32项，授权29项，截至2017年底，累计获得著作权168项。主持/参与发布行业标准10项，申报行业标准项目4项（立项）。

【对外交流与合作】　2017年，浙江中烟“利群”“摩登”两大品牌在销规格92个，其中“利群”44个、“摩登”48个。

【特事辑要】　1月10日，浙江中烟与阿联酋瓦达尼亚公司、TRP公司在浙江杭州举行阿联酋制丝工厂合资项目签约仪式。

4月7日，国家烟草专卖局党组书记、局长，中国烟草总公司总经理凌成兴等在浙江中烟调研。凌成兴肯定浙江中烟在品牌培育、技术改造、品牌输出等方面所作的努力和贡献，希望浙江中烟再接再厉，继续保持良好的增长势头。

6月27日，浙江省委常委、杭州市委书记赵一德在浙江中烟调研指导工作，并与公司领导举行座谈。

8月24日，国家局党组成员、副局长杨培森一行在浙江中烟调研指导工作。

2017 年浙江中烟工业有限责任公司所属生产厂情况统计

	浙江中烟工业有限责任公司杭州卷烟厂	浙江中烟工业有限责任公司宁波卷烟厂
法人资格	非独立法人	非独立法人
主要负责人(含党政领导)	厂长：周小忠 党委书记：张立新	厂长：虞文进 党委书记：王良君
成立时间	1949 年	1925 年
从业人员(人)	1198	976
卷烟生产能力（亿支）	500	500
卷烟品牌	利群	利群、摩登

◇撰稿：孙　琦；编辑：周　佳

安徽中烟工业有限责任公司

【经济效益】 2017 年，安徽中烟工业有限责任公司实现卷烟销售收入（含合作生产、出口烟、雪茄烟）304.06 亿元，同比增长 6.11%，其中出口烟销售收入 0.16 亿元，合作生产销售收入 15.66 亿元（不含雪茄烟）。实现税利 221.80 亿元，同比增长 6.71%，其中利润 7.16 亿元，同比下降 27.52%。三项费用率 8.65%。

全年万元产值综合能耗为 8.38 千克标煤，同比下降 7.2%；万支卷烟综合能耗为 2.54 千克标煤，同比下降 0.39%。烟叶、滤棒、盘纸、商标纸平均消耗分别为 6.67 千克/万支、1669 支/万支、592 米/万支、500 张/万支，四项主要辅料成本消耗同比下降 0.02%。水、电平均消耗分别为 0.07 吨/万支、9.12 千瓦时/万支。

【主要产品与品牌建设】 **卷烟品牌。** 2017 年，安徽中烟主要生产的烤烟型卷烟品牌有“黄山”“红三环”“盛唐”；混合型卷烟品牌有“都宝”。

生产“黄山”（含出口）870.87 亿支（174.17 万箱），同比增长 9.97%，其中“黄山”（出口）1.83 亿支（0.37 万箱），同比下降 42.45%。销售“黄山”（含出口）876.46 亿支（175.29 万箱），同比增长 6.28%，其中“黄山”（出口）0.27 亿支（0.05 万箱）。

生产“红三环”30.27 亿支（6.05 万箱），同比增长 5.76%；实现销量 29.93 亿支（5.99 万箱），同比增长 2.40%。生产“盛唐”0.85 亿支（0.17 万箱），同比下降 71.22%；实现销量 1.26 亿支（0.25 万箱），同比下降 61.20%。

生产“都宝”20.97 支（4.19 万箱），同比下降 61.29%；实现销量 24.04 亿支（4.81 万箱），同比下降 56.49%，其中实现出口 1.50 亿支，同比下降 72.72%。

高端卷烟、细支烟生产。 2017 年，安徽中烟实施“转型升级、进位向好”战略，调整产品结构，提升产品层次，增加“黄山”品牌的中高端卷烟和细支烟的生产。中高端卷烟系列：生产“黄山（天都）”系列 0.94 亿支（0.19 万箱），同比增长 4.40%；“黄山（徽商新视界）”0.073 亿支（0.015 万箱）；“黄山（徽商新概念）”0.45 亿支（0.09 万箱）；“黄山（大红方印）”10.56 亿支（2.11 万箱），同比增长 4.77%。细支烟系列：生产“黄山（红方印细支）”19.0 亿支（3.80 万箱）；“黄山（大黄山细支）”0.88 亿支（0.18 万箱），同比增长 33.47%；“黄山（中国画细支）”5.0 亿支（1.0 万箱）；“黄山（徽商新概念细支）”（新品）0.11 亿支（0.02 万箱）。

卷烟合作生产。 2017 年，合作生产卷烟 102.5 亿支（20.5 万箱），同比增长 31.6%。其中，合作生产上海烟草集团“红双喜”40 亿支（8 万箱），同比减少 38.46%，“大前门”47.5 亿支（9.5 万箱）；合作生产浙江中烟“利群”6.5 亿支（1.3 万箱），“雄狮”3.5 亿支（0.7 万箱）；合作生产红塔集团“红梅”5 亿支（1 万箱），同比持平。

2017 年 5 月 17—19 日，安徽中烟参加在合肥召开的第十届中部博览会暨 2017 中国国际徽商大会

安徽中烟　供稿

【原辅材料保障】　2017 年，安徽中烟签订国内烤烟交易计划合同 6.25 万吨（125 万担）。原料采购与产区公司共同制定烟叶样品、统一烟叶检验水准，规范原收原调和专业化分级散叶收购。

烟叶基地建设。 2017 年，安徽中烟开展共建国家局现代烟草农业基地单元及特色优质烟叶开发单元 23 个。在基地建设过程中，根据工业质量评价，工商共同研究制定年度烟叶生产技术方案，合作开展“丽江上部烟叶增熟提香生产技术研究”“福建上下部烟叶深化应用研究”项目，以优化提升基地烟叶质量整体水平。

烟用材料供应。 烟用材料执行公开招标采购。2017 年完成新一轮公开招标合同到期的卷烟纸、拉线、封签、烟箱和新产品“黄山（印象一品）”商标纸的公开招标。

卷烟材料质量管理向生产厂和供应商两端延伸，实现服务到机台、服务到现场，提升辅材质量预控，保障烟用物资的质量和供应安全性。国家局烟用材料产品质量监督抽查合格率 100%，公司内部监督抽查合格率 98.3%，卷烟厂进货检验批次合格率 99.9%。

【技术创新】　**新品开发。** 2017 年开发“黄山”系列新品 10 余个规格。准产新品为“黄山（红方印 1755 短支）”“黄山（徽商新概念细支）”“黄山（金皖细支）”等 7 个规格；优化升级“黄山（大红方印）”“黄山（最美高铁）”2 款产品。

开发混合型卷烟“都宝”产品 36 个规格。其中，为境内市场开发 16 个规格，投产上市“都宝（冰爽世界）”；为境外市场开发 20 个规格产品、4 个规格烟丝，投产 10 个规格产品、3 个规格烟丝。

科技组织管理。 2017 年，安徽中烟修订公司科学技术委员会和评烟委员会的组织工作章程；建立科技委主任办公会议制度，增设软科学专业组，建立健全科技委运行组织机构；定期召开实验室管理委员会、学术委员会和学术报告会；推进烟草化学安徽省重点实验室建设。

科技协作。 重点实验室第二批开放课题完成验收，第三批开放课题的项目征集和技术评审启动。修订《实验室检验质量手册》，并向中国合格评定国家认可委员会（CNAS）申请备案。

知识产权保护。 完成“黄山”“都宝”“王冠”三大品牌 47 件新品的国内商标注册；完成“都宝”20 余件产品在孟加拉国、斯里兰卡等东南亚国家商标注册。完成“Dubliss”“IHEA”商标要素在马德里联盟①中 36 个成员国的国际注册，完成“太极图”要素在欧盟等国的国际注册。国内外著名刊物发表论文 13 篇，其中核心期刊 4 篇。截至 2017 年底，授权专利 41 件，其中发明专利 17 件；新申请专利 77 件，其中发明专利 25 件。

【交流与合作】　**境外卷烟销售。** 2017 年，境外市场调

① “马德里联盟”是指由《商标国际注册马德里协定》《商标国际注册马德里协定有关议定书》所适用的国家或政府间组织所组成的商标国际注册特别联盟。截至 2017 年 10 月，马德里联盟共有 100 个成员。

拨销售卷烟 106.70 亿支（21.34 万箱），同比减少 31.02%，其中“都宝”品牌实现销量 105.75 亿支（21.15 万箱），同比减少 31.26%，销量位居行业工业公司境外总销量第四位。

服务 CTIEC 项目。 全力保障中欧国际欧洲有限公司（CTIEC）卷烟产销基地项目的生产、后勤服务，全年向 CTIEC 发送配件 1 批，发运烟叶 5 批次共计 1024.22 吨；协调设备项修、审计、工作考核 3 个团组赴 CTIEC 工作。

2017 年初，CTIEC 二届二次董事会暨一届八次股东会在合肥召开，会议对增资、细长支设备、联合审计等做出安排。4 月，国家局批复同意向 CTIEC 增资 2530 万美元，其后启动增资备案，推进增资工作。7 月，完成 CTIEC 增资在商务部的备案手续。8 月，CTIEC 经营工作研讨会在云南召开，3 家股东及 CTIEC 经营管理层参会研讨。11 月，协调 3 家股东签证，为股东联合审计 CTIEC 做准备；为 CTIEC 寻求全球合作机会，实现两笔东南亚烟丝出口业务，共计 38 万美元。CTIEC 全年调拨销售卷烟 23.7 亿支（4.74 万箱），同比增长 46.42%，实现利润 239.1 万美元。

与 STG 公司品牌合作。 2017 年初，协商斯堪的纳维亚烟草集团（STG）“CIRELLO”品牌对安徽中烟公司的转让，公司审核确定中文品牌为“赛悦”。2 月，召开雪茄烟合作品牌专题会，研讨品牌转让后期工作计划；8 月，转让品牌产品研发定型并启动备案；11 月，安徽中烟联合 STG 公司召开雪茄烟上市讨论会，初拟该品牌 2018 年国内上市计划，探讨深度合作方案，洽谈拓展卷烟、微型雪茄烟及代工纱布茄衣等合作意向。

菲莫合作联合品牌项目。 2017 年，联合品牌“DUBLISS－NEXT”项目因市场和政策因素跌幅约 5%～8%，全年累计调拨卷烟 80.0 亿支（16.0 万箱），同比减少 40.40%。12 月 5 日，召开菲莫合作联合品牌项目上海座谈会，研讨品牌合作下一步方案。

中国台湾、蒙古及免税市场。 中国台湾市场改变经销模式：原同品牌不同规格由不同经销商分销，变更为同品牌唯一经销商分销，定价统一。全年“都宝”销量 1.5 亿支（0.3 万箱），同比下降 54%。蒙古市场先后投放“都宝（细支）”新品、正常支和细支新品，全年“都宝”销量 1.24 亿支（0.25 万箱），同比增长 36%。免税市场“黄山（大红方印）”“黄山（细支红方印）”“黄山（硬天都）”“黄山（天都巨匠）”实现销售 0.266 亿支（0.045 万箱）。

【特事辑要】 3 月 31 日，“聚合·创变”2017 年黄山品牌发展研讨会在合肥召开。

5 月 4 日，“黄山·天都（高山流水）”被世界包装组织（WPO）授予 2017 年“世界之星”包装设计奖。

6 月 19—20 日，国家烟草专卖局党组书记、局长，中国烟草总公司总经理凌成兴在安徽烟草调研。

8 月 21—22 日，国家局党组成员、副局长杨培森在安徽烟草调研。

2017 年安徽中烟工业有限责任公司所属生产厂情况统计

	安徽中烟工业有限责任公司蚌埠卷烟厂	安徽中烟工业有限责任公司芜湖卷烟厂	安徽中烟工业有限责任公司合肥卷烟厂	安徽中烟工业有限责任公司阜阳卷烟厂	安徽中烟工业有限责任公司滁州卷烟厂
法人资格	非独立法人	非独立法人	非独立法人	非独立法人	非独立法人
主要负责人（含党政领导）	党委书记、厂长：王茂林	党委书记、厂长：黄　剑	党委书记、厂长：刘　云	党委书记：孙　平（—2017 年 9 月） 党委副书记、工会主席：李　葆（—2017 年 9 月，主持工作） 党委书记、厂长：王子郁（2017 年 9 月—）	党委书记、厂长：林　河

续表

		安徽中烟工业有限责任公司蚌埠卷烟厂	安徽中烟工业有限责任公司芜湖卷烟厂	安徽中烟工业有限责任公司合肥卷烟厂	安徽中烟工业有限责任公司阜阳卷烟厂	安徽中烟工业有限责任公司滁州卷烟厂
成立时间		1942 年	1949 年	1949 年	1948 年	1949 年
从业人员（人）		1137	963	1000	765	822
卷烟生产能力（亿支）		400	350	400	200	200
卷烟品牌	自有品牌	黄山、红三环	黄山、都宝	黄山、红三环	黄山、红三环	黄山、红三环、盛唐
	合作生产品牌	—	利群、雄狮	—	红双喜（硬上海）、大前门（硬）、大前门（软）	红梅

◇ 撰稿：陈卫红；编辑：褚 幸

福建中烟工业有限责任公司

【卷烟产销】 2017 年，福建中烟工业有限责任公司生产高端卷烟 6.37 亿支（1.27 万箱），同比增长 31.35%。其中，细支卷烟 7.05 亿支（1.41 万箱），同比增长 56.23%；中支卷烟 12.35 亿支（2.47 万箱），同比增长 62.84%。生产出口卷烟 2.02 亿支（0.40 万箱），同比下降 6.73%。出口卷烟销售 1. 92 亿支（0. 38 万箱），同比下降 11. 58%。

2017 年，实现卷烟销售收入（不含合作生产、出口）244.82 亿元，同比增长 3.04%。实现税利 183.48 亿元，同比增长 0.28%，其中利润 12.93 亿元，同比下降 28.09%。三项费用率 8.36%，同比减少 0.48 个百分点。

全年万元产值综合能耗为 8.32 千克标煤，万支卷烟综合能耗为 2.5 千克标煤。烟叶、滤棒、盘纸平均消耗为 6.62 千克/万支、2515 支/万支、588 米/万支。水、电平均消耗为 0.07 吨/万支、11.47 千瓦时/万支。

【主要产品与品牌建设】 ***主要产品。*** 福建中烟生产的卷烟品牌有“七匹狼”“金桥”“古田”“石狮”“土楼”等，其中“七匹狼”“金桥”被列为全国重点卷烟品牌。许可生产“万宝路”“长寿”品牌卷烟。2017 年，生产“七匹狼”（含合作生产，不含出口）739.7 亿支（147.94 万箱），同比下降 1.68%。其中，自有计划生产 729.75 亿支（145.95 万箱），同比下降 0.33%；与江西中烟合作生产卷烟 10 亿支（2 万箱），同比下降 60.18%。生产“金桥”（不含出口）20.85 亿支（4.17 万箱），同比增长 45.53%。

2017 年，“七匹狼”卷烟实现销量 751.38 亿支（150.28 万箱），同比下降 1.86%。其中，省内实现销量 503.32 亿支（100.66 万箱），同比增长 0.49%；省外实现销量 248.06 亿支（49.61 万箱），同比下降 6.31%。“七匹狼”商业批发销售收入 369.55 亿元，同比下降 0.65%。“金桥”卷烟实现境内销量 19.97 亿支（3.99 万箱），同比增长 43.22%。其中，省内实现销量 2.06 亿支（0.41 万箱），同比增长 27.19%；省外实现销量 17.91 亿支（3.58 万箱），同比增长 45.32%。2017 年“金桥”境外实现销量 0.8 亿支（0.16 万箱），同比下降 51.45%。

品牌发展战略。 坚持以“七匹狼”品牌为主、其他品牌为辅的差异化品牌发展战略，以“强基础、提结构、稳销量、新突破”为销售工作基本思路，夯实市场基础，提升产品结构，调整市场状态。全年一至三类卷烟销量比重为 78.99%，同比提升 2.21 个百分点。

市场培育。 坚持“一地一策、一品一策”的销售工作方针，聚焦稳销量、提结构，全面梳理产品线。加大市场调控力度，加强重点市场培育，加强市场终端建设。拓宽品牌销售渠道，推动“互联网 +”销售创新。聚焦品牌、市场和产品的协同化管理，形成品牌价值提升合力。

【管理创新】 ***管理体系建设。*** 推进战略绩效一体化管理体系建设，编制战略管理手册。以项目为抓手，持续推动“十三五”规划落地，开展规划评估及滚动调整。建设综合创新管理体系框架，搭建综合创新管理信息化平台。档案信息化科技项目通过国家档案局验收鉴定。全年开展管理创新项目 126 项，其中 96 项完成验收和成果评审。2 个质量管理成果获得全国烟草行业优秀质量管理小组成果二等奖。

精益管理。 制定公司精益管理“三年规划”，搭建卓越绩效管理框架、企业流程框架，策划基于流程的风险管理实施方案。优化企业标准体系，通过“AAAA 级标准化良好行为企业”确认。举办公司优秀精益改善团队评选活动，有 1 人和 1 个团队分别获评行业 2017 年度“精益达人”和“精益改善团队”。

降本增效。 做好降本增效目标举措分解，以季度为周期做好跟踪落实，开展全员、全过程降本增效，全年累计节约成本费用1.53亿元。其中，节约财务费用6902万元、生产成本和费用2979万元、烟用材料采购和周转成本2909万元、原料采购成本2200万元、办公费用等重点可控费用240万元、烟用材料费用143万元。

【原辅材料保障】 **原料采购。** 持续下调原料采购规模，2017年度，采购国内烟叶104万担，同比减少16万担，调剂让售库存片烟2.4万担。采购进口烟叶20万担、薄片7万担。

烟叶加工均质化。 推行统筹兼顾、系统集成的调拨管理模式，确保烟叶加工均质化。2017年，福建龙岩金叶复烤有限责任公司和云南烟叶复烤有限责任公司麒麟复烤厂均被纳入国家局重点品牌原料均质化加工单位。龙岩金叶加工37万担，烟碱变异系数均值2.6%，同比降低14%；成品水分变异系数均值1.9%，同比降低11%。龙岩金叶打叶配方需求满足率100%，云南精准调拨率同比提升8%。完善远程复烤质量数据共享平台建设，实现加工数据实时推送。

基地采购。 优化原料基地布局，主动参与烟叶生产技术控制，构建品牌导向型基地保障体系。落实国家级基地采购量62.8万担，保证65%的基地采购率。2017年基地目标定制率超过99%，技术到位率、信息跟踪及时率超过95%。

辅料供应。 通过丝束精准采购和柔性化管控，库存同比下降16%。全年采购烟用丝束9800吨、卷烟纸3497吨、成型纸1351吨、国产滤棒3.59亿支。卷烟纸、成型纸公开招标比例99%，烟用添加剂公开招标比例接近100%，国产烟滤棒公开招标比例从16%提升至100%。

【技术创新】 **技术中心概况。** 福建中烟工业有限责任公司技术中心成立于2006年。2011年1月，获得国家局行业级技术中心认定，同年11月获得国家级技术中心认定。2013年8月，博士后科研工作站建站获批准设立，同年9月技术中心搬迁至厦门市集美区杏林湾科教园区。2015年通过国家发展改革委组织的国家级技术中心评价。技术中心在国家企业技术中心2017—2018年评价中取得“良好”成绩。按非法人实体化运作，实行扁平化管理和开放式运行，下设15个职能部门及博士后工作站。技术中心共有员工176人，其中博士研究生学历6人，硕士研究生学历39人，高级职称40人，中级职称100人。技术中心科研人员邓其馨入选首批全国青年人才托举工程。2017年，博士后工作站首位博士后结题出站。

新品研发。 2017年，开发“七匹狼（金砖中支)”“七匹狼（金砖细支)”“七匹狼（金砖时代)”“古田（红星细支)”“古田（光芒)”“古田（金中支)”“金桥（双爆)”“七匹狼（蓝钻)”“土楼（1575金中支)”等新产品。

科技项目。 全年开展各类科技研究项目79项，取得科技成果38项。推荐申报4个国家局项目，参与行业标准结项5项，参与中国烟草总公司标准结项5项，推荐申报行业标准立项1项。

技术创新成果。 2017年，申请专利103件，其中发明专利43件；授权专利136件，其中发明专利38件。截至2017年底，公司拥有授权专利1113件，其中发明专利284件。开展材料技术、新型功能薄片、香精自主掌控等专项研究，研发成果成功应用于“七匹狼（金砖)”系列和“金桥（双爆)”产品。

产品质量管控。 完善工艺技术、卷烟生产品质控制等技术标准。开展原料全生命周期研究。2017年卷烟焦油量加权平均值10.45毫克/支，一、二类烟焦油量加权平均值10.79毫克/支。

2017年4月24日，“七匹狼”卷烟闽西清甜香烟叶联合研究中心挂牌成立
福建中烟　逄媛媛　摄

【交流与合作】 **技术合作。** 继续与郑州烟草研究院、厦门大学、福州大学等科研院所及高校开展项目合作。与福建省烟草公司龙岩市公司共建“七匹狼”卷烟闽西清甜香烟叶联合研究中心。

境外合作加工。 2017 年，境外市场拓展 2.38 亿支（0.48 万箱），其中一般贸易出口 1.92 亿支（0.38 万箱），“七匹狼”首次走向境外，出口东帝汶和阿富汗市场；境外合作项目加工生产卷烟 4609 万支（921.8 箱），马来西亚项目生产 1014 万支（202.8 箱），柬埔寨项目生产 1200 万支（240 箱），菲律宾项目生产 2395 万支（479 箱）。

2017 年 2 月 23 日，中国内地生产的第一支“长寿”牌卷烟“长寿（两岸）”在厦门烟草工业有限责任公司下线

厦门烟草工业　柯招平　摄

【特事辑要】 3 月 10 日，福建省卷烟工业系统职工思想政治工作研究会成立。

4 月 24 日，“七匹狼”卷烟闽西清甜香烟叶联合研究中心正式挂牌成立。

5 月 19 日，福建中烟党组部署在全体党员中深入开展“勇立潮头、勇挑重担、勇往直前”主题实践活动。

12 月 8—10 日，国家烟草专卖局党组书记、局长，中国烟草总公司总经理凌成兴在福建烟草调研，肯定了福建烟草成绩，指出福建烟草工商企业的工作表现为“一个行业典范，三个持续发力”。“一个行业典范”，即全行业管控卷烟市场的典范，主要体现在省产烟占比、卷烟毛利率、压缩社会库存、人均条数名列前茅。“三个持续发力”，即烟叶生产基地建设持续发力、卷烟结构调整持续发力、云霄卷烟打假持续发力。就下一步工作，凌成兴要求福建烟草增强新动能，充分发挥细支烟、短支烟、中支烟对于增强行业发展新动能的重要促进作用；打好持久战，打好烟叶提质增效和消化库存、卷烟提升结构和销量回升、云霄卷烟打假和卷烟打私三个持久战。

10 月底至 12 月中旬，福建中烟党组首次对所属 8 家单位（中心）开展巡查工作。

所属企业

龙岩烟草工业有限责任公司

【卷烟生产经营】 2017 年，龙岩烟草工业有限责任公司实现卷烟销售收入 131.84 亿元，同比增长 2.83%。实现税利 103.38 亿元，同比增长 0.14%，其中利润 5.77 亿元，同比下降 23.43%。

【生产管理】 实现订单驱动的自动排产，订单响应周期平均为 32 天。优化生产排班，卷包车间由“四班四运转”调整为“四班三运转”。完善设备管理，实施设备改造，卷包设备综合效率 74.81%，同比提升 0.53 个百分点。优化制丝、卷包批次质量管控平台，质量指数 QI 为 93.95 分，同比提升 1.48 分。建立原料仓储三级质量管控体系。开展卷烟生产过程智能化控制技术研究与应用项目、生产作业移动应用系统项目。

【精益管理】 完善精益 2.0 管理平台，升级现有情报知识管理系统，深耕流程治理机制建设，改进创新项目管理机制。加强对标管理，15 项工厂对标指标同比提升 10 项，13 项优于行业平均水平，全年实现降本增效 2059 万元。公司连续 29 年实现安全生产目标。推进搬运装卸、保洁和生产辅助业务外包。

【人才培养】 构建员工职业发展通道，建立中层后备干部选拔、培养、管理体系。注重技能人才培养，成立第一批龙岩市技能大师创新工作室；开展教育培训 69 项；组织员工参加特有工种职业技能鉴定、通用工种培训鉴定、技能竞赛。企业连续五届被评为“全国文明单位”。

【技术改造】 4月，一区生产线技术改造项目通过整体竣工验收。12月，红坊片烟醇化库建设项目开工。继续推进锅炉“油改气”项目。

厦门烟草工业有限责任公司

【卷烟生产经营】 2017年，厦门烟草工业有限责任公司实现卷烟销售收入102.59亿元，同比提高3.61%。实现税利73.75亿元，同比提高1.71%，其中利润4.32亿元，同比下降25.68%。三项费用率6.12%。

【企业管理】 **精益管理。** 坚持“系统化设计、机制化运行”原则，深化精益管理。探索构建降本增效长效机制，制定《降本增效管理办法》，推动实施9项精益专题，持续开展全员改善活动，优化精益活动评审机制，加强精益典型宣传，全年累计节约3227万元。

质量管理。 完善质量风险管控体系，开展失效模式风险评估。以“烟虫防治”为切入点，开展车间现场深度清洁工作，优化设备清洁、保养策略。强化关键过程质量管控，推动质量管控从关注结果向关注过程、从关注标准向关注实物、从关注静态向关注动态转变。

创新管理。 完善创新管理机制，优化创新管理工作流程，发挥企业专家队伍的指导作用，推动项目分级分类管理，提升创新项目立项质量、过程实施质量以及成果应用质量。加强技术项目攻关，细支烟产品质量保障能力、梗丝质量提升等一批重点技术项目取得成效。

【技术改造】 东孚烟叶仓库三期工程项目通过总体竣工验收，获得厦门市建设工程“鼓浪杯”奖暨市优质工程金奖和2016年福建省“闽江杯”优质工程奖。糖香料调配中心项目建设有序推进，进入试运行阶段，天然香料膜分离试验线实现改造搬迁。

【人才培养】 公司参与开发的行业烟机设备电气修理工（三四级）基础及卷包专业题库通过复审，参与编写的2种行业统编教材正式出版发行。全年1人申报“全国烟草技术能手”，1人获得首届烟草行业培训师教学技能竞赛二等奖，2个劳模创新工作室被授予“省级示范性劳模创新工作室”，卷包车间一区丙班被评为“福建省工人先锋号”。

2017年福建中烟工业有限责任公司所属企业情况统计

		龙岩烟草工业有限责任公司	厦门烟草工业有限责任公司
法人资格		独立法人	独立法人
主要负责人/法定代表人（含党政领导）		党委书记、董事长：廖材河（2017年7月—，之前任党委副书记、总经理） 党委副书记、总经理：姜志强（2017年7月—，之前任党委书记、副总经理）	党委书记、董事长：吴志文（2017年7月—，之前任党委副书记、总经理） 党委副书记、总经理：邱晓卫（2017年7月—，之前任党委书记、副总经理）
成立时间		1951年	1948年
从业人员（人）		1775	1457
卷烟生产能力（亿支）		765	600
卷烟品牌	自有品牌	七匹狼、石狮、古田、土楼	七匹狼、石狮、金桥
	许可生产品牌	万宝路	长寿
	来牌加工品牌	妙香	—

◇ 撰稿：卢永梅；编辑：张建丽　王　静

江西中烟工业有限责任公司

【卷烟产销】 2017年，江西中烟工业有限责任公司生产高端卷烟13.73亿支（2.75万箱）、细支卷烟21.46亿支（4.29万箱）。合作生产卷烟250.65亿支（50.13万箱），同比下降3.22%。卷烟出口量0.27亿支（0.053万箱）。

全年实现卷烟销售收入175.18亿元，同比增长7.70%。实现税利119.68亿元，同比增长9.10%，其中利润5.04亿元，同比下降44.31%。三项费用率7.5%，与上年基本持平。

全年万元产值综合能耗为9.22千克标煤，万支卷烟综合能耗为2.53千克标煤。烟叶、滤棒、盘纸平均消耗分别为6.79千克/万支、1948支/万支、607米/万支。水、电平均消耗分别为0.14吨/万支、9.91千瓦时/万支。

【主要产品】 **自有品牌。** 公司生产的自有卷烟品牌有“金圣”“庐山”“赣”“月兔”。生产“金圣”241.68亿支（48.34万箱）、“庐山”152.69亿支（30.54万箱）、“赣”8.67亿支（1.73万箱）、“月兔”3.22亿支（0.64万箱）。

合作生产品牌。 合作生产福建中烟品牌“七匹狼”9.98亿支（1.996万箱），浙江中烟“利群”94.14亿支（18.83万箱）、“雄狮”31.7亿支（6.33万箱），云南中烟“红梅”4.89亿支（0.98万箱），广东中烟“双喜”25.1亿支（5.02万箱）、“椰树”5.52亿支（1.1万箱）、“红玫”4.37亿支（0.87万箱），江苏中烟“南京”75亿支（15万箱）。

【“金圣”品牌培育】 **品牌发展思路。** 2017年，“金圣”品牌继续以“立根、开枝、散叶”为总体思路，构建“阁瓷香”品牌体系，形成“金圣”品牌的三大主导系列。推出“阁、瓷、香”系列品牌文化手册和“金圣（圣地中国红）”“金圣（智圣出山·国瓷）”文化品鉴手册。首次成立婚庆利益共享合作联盟，以跨界合作方式打通婚庆市场全产业链，提升“金圣（硬红瑞香）”“金圣（红瑞香）”在喜宴市场的影响力。从原料、研发、制造、销售四个层面，建立四大保障体系，同时结合江西最具代表性的红色文化，演绎“金圣”品牌“金叶自然香、圣地中国红”的品牌内涵。

品牌销售情况。 全年“金圣”品牌实现工业调拨231.34亿支（46.27万箱），同比增长8.12%；商业销售额为154.26亿元，同比增长38.97%；单箱销售额3.06万元。

全年“金圣”品牌在销规格共计38个，覆盖6个价区，均为三类及以上，其中普三类和高三类两个价区销量最高，占比分别为38.16%和30.71%。“金圣”品牌在省内11个地市级市场同比增幅均超过10%，形成1个近10万箱市场、1个超5万箱市场、2个超4万箱市场；在省外形成2个万箱省级市场、5个超5000箱省级市场、5个超4000箱省级市场。

境内外市场拓展。 全年“金圣”品牌省内外市场均保持30%以上的增长，商业销售量50.35万箱，同比增长31.53%。“金圣（智圣出山）”销售6397箱，同比增长107.2%；新投放市场的“金圣（圣地中国红）”“金圣（智圣出山·国瓷）”“金圣（智圣出山·国味）”三款烟市场表现良好。全年细支烟累计销售3.92万箱，其中，“金圣（滕王阁·紫光）”销售2.71万箱，省外市场销量占比近六成。新品规格累计销售15.57万箱，占“金圣”品牌销售总量的1/3。经典传统产品“金圣（吉品）”销售7.6万箱，同比增长23.47%。出口卷烟实现有效突破，全年境外销售“金圣（瓷）”2120件、“金圣（华天下）”系列550件，覆盖10多个国家和地区，呈现良好的发展势头。

【“金圣”新品研发】 **新产品开发。** 全年完成“金圣（滕王阁·更上一层楼）”“金圣（滕王阁·回味无穷）”“金圣（智圣出山·国味）”“金圣（智圣出山·国瓷）”“金圣（圣地中国红）”“金圣（华天下·沉香）”“金圣（华天下·檀香）”等7款中高端新品的研发和“金圣（圣地井冈山）”新产品配方的储备工作。“金圣（智圣出山·国味）”等7款新品成功上市，累计销量5351箱，实现销售额1.96亿元。

特色品类构建。 紧抓产品研发，形成产品风格特色。在经典系列的基础上，抓好品牌创新研发、维护提质不动摇，全年完成7款新品的研发上市和20余款在线产品的维护提质。

【原辅材料保障】 **原料保障。** 2017年度，江西中烟采购国内原烟2.87万吨（57.38万担），进口烟叶0.34万吨（6.77万担）。其中，进口巴西烟叶0.07万吨（1.386万担）、美国烟叶0.02万吨（0.396万担）、津巴布韦烟叶0.25万吨（4.99万担）。自有品牌生产耗用烟叶2.44万吨（48.75万担）。

开展“金圣”品牌特色原料研究，通过推进科技示范项目，烟叶可用性水平不断提高；继续推行烟叶外观等级质量预检复检“两级控制”模式，加强公司烟叶采购外观质量控制工作，全年上等烟比例达到84.76%，实际采购量100%满足技术中心的计划需求；注重过程控制，关注关键指标，全年片烟在线水分抽检合格率100%，综合加工出片率65.27%；加强精益管理，2017年度实现原料采购环节节约成本574万余元。

开展原料综合管理信息系统开发建设工作，开发基地建设、原烟采购及复烤加工三大模块，并于2017年11月30日正式上线运行，实现原料相关数据资料的及时准确传输，为原料决策提供数据支撑。

辅料采购。 开展卷烟纸、成型纸、醋纤滤棒等烟用材料采购项目的公开招标工作，招标项目总金额5.67亿元。全年执行采购烟用物资共计19.51亿元。通过推进公开招标等措施，材料采购成本下降2706万元。

【技术创新】 **江西中烟工业有限责任公司技术中心概况。** 技术中心成立于2007年1月，是行业级技术中心、省级企业技术中心和省级工程技术研究中心，拥有博士后科研工作站和江西中烟—华宝集团联合实验室、江西中烟—云南瑞升联合实验室。中心占地面积约6600余平方米，有60余间现代化专业实验室，研发仪器和设备原值达1.3亿元。设有"五部一室一站"，分别是产品研究部、原料研究部、材料研究部、香精香料研究部（本草香研究所）、工艺研究部和综合办公室、质量检测站。在岗员工80人，拥有硕士研究生以上学历人员34人、产品研发总监兼首席研究员1人、首席专家2人、特聘专家1人、高级工程师8人、中级专业技术资格44人。

2017年，江西中烟坚持"应用研究为主，基础研究为辅"原则，主动作为，积极推进科技创新，创新能力有明显提升。

运用创新材料。 开展二元空管加香滤棒、二元空管加香细支滤棒、细支颗粒复合滤棒、加香高透滤棒在新产品的运用，提升产品品质。增加包装材料的保湿防潮功能，合作开发高模量低雾度耐磨花收缩烟膜。持续进行在线产品材料的优化，开展商标纸侧面弹开、软包硬化烟膜易出现褶皱、卷烟包灰及掉头等问题的改善试验活动。加强外观设计创新，提升产品的外观质量。

丰富创新成果。 全年申报8个精益课题，通过在工艺、原料、材料等方面的精益攻关，节约各项成本1400余万元，消化久龄烟叶比例达到88%。围绕产品研发、原料提质、新型香精香料开发应用等方面，开展科研项目研究15项，"'金圣'本草香品类香气特征分析及特征香原料的开发"项目获得中国烟草总公司科技进步奖三等奖；获得受理发明专利16件、实用新型专利1件；获得发明专利授权8件、实用新型专利授权1件；在核心期刊发表论文8篇，其中2篇论文被中国烟草学会评为优秀论文。创新成果陆续运用在产品研发中。

加强科技管理。 先后拟订公司"十三五"科技创新规划、创新型企业工作方案和2017年科技管理工作要点，下达15项科技项目研究计划，拟定科技管理制度。新增科技创新平台1个，与云南瑞升科技集团公司成立共同试验室，夯实技术支撑体系。

【技术改造】 赣州卷烟厂易地技改项目完成竣工结算审计，总体竣工验收报告编制工作顺利推进；二期片烟醇化库建设项目，内部土建装饰工程施工完毕。井冈山卷烟厂易地技改项目完成园区绿化和项目扫尾工作，进入总体竣工验收阶段。广丰卷烟厂易地技改项目完成土建工程施工招标，12月中旬土石方工程施工启动。

江西中烟井冈山卷烟厂新厂区（2017年）

江西中烟 刘 斌 摄

【特事辑要】 1月23日，江西中烟召开2017年工作会议。

2月4日，江西省委常委、常务副省长毛伟明在江西中烟调研，并走访慰问企业生产、科研一线的干部职工。

2月21—22日，国家局党组成员、副局长段铁力在江西中烟南昌卷烟厂、赣州卷烟厂、井冈山卷烟厂调研。

6月26—29日，国家局党组成员、副局长徐滢在江西中烟井冈山卷烟厂、赣州卷烟厂调研。

8月22日，江西中烟在南昌举行2017年助学基金颁发仪式。

10月9日，江西中烟获得由江西省人民政府颁发的首届赣鄱慈善奖，被评为“最具爱心捐赠企业”。

10月18—20日，国家局党组成员、直属机关党委书记高林在江西中烟赣州卷烟厂、井冈山卷烟厂、南昌卷烟厂调研。

12月7—8日，国家烟草专卖局党组书记、局长，中国烟草总公司总经理凌成兴在江西烟草调研。调研期间，凌成兴考察江西中烟广丰卷烟厂易地技术改造项目现场和上饶市烟草专卖局（公司）卷烟物流配送中心，并听取江西烟草工商企业的工作汇报。

2017年江西中烟工业有限责任公司所属生产厂情况统计

		江西中烟工业有限责任公司南昌卷烟厂	江西中烟工业有限责任公司赣州卷烟厂	江西中烟工业有限责任公司广丰卷烟厂	江西中烟工业有限责任公司井冈山卷烟厂
法人资格		非独立法人	非独立法人	非独立法人	非独立法人
主要负责人（含党政领导）		党委副书记、厂长：罗 飚 党委书记、副厂长：李铁军	党委副书记、厂长：何善懋 党委书记：黄 平	党委副书记、厂长：毛小东 党委书记、副厂长：徐辉广	党委副书记、厂长： 刘沪明（—2017年9月） 华 刚（2017年7月—） 党委书记：刘 曜 （2017年12月—）
成立时间		1950年	2013年	1988年	1982年
从业人员（人）		1422	1131	1176	525
卷烟生产能力(亿支)		316	300	100	150
卷烟品牌	自有品牌	金圣	金圣	庐山、月兔	金圣、庐山
	合作生产品牌	南京、利群、红梅	七匹狼、双喜、红玫、椰树	—	利群、雄狮

◇ 撰稿：夏晨娣；编辑：张建丽 王 静

山东中烟工业有限责任公司

【卷烟产销】 2017年，山东中烟工业有限责任公司生产出口卷烟25.39亿支（5.08万箱），同比下降42.87%。出口卷烟25. 96亿支（5. 19万箱），同比下降42. 43%。

实现卷烟销售收入279.68亿元，同比增长2.94%。实现卷烟税利181.18亿元，同比增长3.14%，其中利润15.94亿元，同比下降8.81%。三项费用率10.02%，同比下降0.71个百分点。

全年万元产值综合能耗为12.01千克标煤，万支卷烟综合能耗为2.82千克标煤。烟叶、滤棒、盘纸平均消耗分别为6.58千克/万支、2500.78支/万支、590.29米/万支。水、电平均消耗分别为0.05吨/万支、8.8千瓦时/万支。

【主要产品】 ***自有品牌。*** 2017年，山东中烟生产的卷烟品牌主要有“泰山”“哈德门”。“泰山”实现工业调拨（不含出口）747.15亿支（149.43万箱），同比增长5.96%，其中省内实现621.31亿支（124.26万箱）。出口“泰山”25.96亿支（5.19万箱）。“哈德门”实现355.55亿支（71.11万箱），同比下降22.82%。工业调拨“泰山”细支卷烟47.40亿支（9.48万箱），同比增长77.53%。

合作生产品牌。 合作生产上海烟草集团“红双喜”品牌17.5亿支（3.5万箱）、“大前门”品牌22.5亿支（4.5万箱），湖南中烟“白沙”品牌20亿支（4万箱），红塔烟草集团“红梅”品牌0.14亿支（0.03万箱），江苏中烟“南京”品牌65亿支（13万箱）。

【“泰山”品牌培育】 ***提升内在品质和外在价值。*** 增品种、提品质、创品牌，全面提升“泰山”品牌的内在品质和外在价值，销量规模和销售额同时跻身行业“双十五”行列。全年商业销售“泰山”品牌769.5亿支（153.9万箱），同比增长10.8%，排名行业三类以上卷烟第九位；增量居第三位，增幅居第二位，排名前进1个位次。实现销售收入335.2亿元，同比增长13%，排名行业重点品牌第15位；增幅居第三位，排名前进1个位次。其中，一、二类卷烟销售104.5亿支（20.9万箱），同比增长34.5%，比行业平均增幅高24.1个百分点。

特色烟销售亮点突出。 以细支烟为主要代表的特色烟成为推动发展新动能。全年商业销售细支烟45.5亿支（9.1万箱），同比增长70.1%，销量规模居行业第六位，对公司一、二类烟总量和增量的贡献率分别为43.5%、70.4%。自2017年5月起，细支烟连续8个月当月增幅超过行业细支烟平均增幅。“泰山（心悦）”全年销量增幅居行业同价位细支烟增幅第一位。雪茄烟继续保持增长，雪茄烟销量增幅、传统雪茄烟销量及销售收入增幅均居行业第一位。出口烟全年销售25.96亿支（5.19万箱），居行业前列。

优化规格布局。 以市场需求为导向，积极运作在产品，有序投放新产品。主导产品中，“泰山（华贵）”“泰山（宏图）”止住“提税顺价”后的下滑趋势，销量企稳回升；“泰山（新品）”“泰山（望岳）”“泰山（白将军）”销量稳步增长。结构型产品中，“泰山（儒风细支）”“泰山（皇家礼炮21响）”累计工业调拨4.11亿支（0.82万箱），同比增长249%；“泰山（心悦）”“泰山（乐章）”“泰山（好客细支）”实现60%以上的增长。

优化市场布局。 全年鲁产烟省内市场份额53.2%，鲁产一、二类烟省内市场份额15.2%。鲁产烟单箱批发额18624元。省外坚持以点带面、辐射周边、一地一策、分类指导，集中优势资源，市场集中度不断上升。北京、河北、黑龙江等9个市场销售“泰山”品牌86.75亿支（17.34万箱），省外市场贡献率66%；浙江、天津、广深等8个市场“泰山”品牌销量增幅超过10%；江苏、安徽、福建等5个市场一、二类烟销量增幅超过30%。

【管理创新】 **工艺管理。** 宣传贯彻新版工艺规范，聚焦关键工序，严格过程控制，建立产品内在质量评价机制，工艺质量控制稳定。主要工艺指标符合性99.9%。

质量管理。 落实质量管控体系，卷烟包装与卷制水平高于行业平均水平。深入推进群众性质量创新活动，22项六西格玛项目获得中国质量协会授予的全国优秀质量技术奖，7个质量管理成果被评为“全国优秀质量管理小组成果”，5个班组被评为“全国优秀质量信得过班组”。

设备管理。 实现设备运行实时管控，改造细支烟、短支烟、40支装等设备，增强保障市场供应能力。万支卷烟综合能耗同比降低1.1%。

技术改造。 严控项目投资，严格项目实施管理。建成行业首条细支烟专线，组织完成青州卷烟厂“十三五”技改项目的前期研究工作，济南卷烟厂烟叶醇化库一期二阶段项目完成主体封顶。

目标管理。 以总目标为引领、一级目标为核心、其他目标为保障，完善公司目标体系架构。扎实推进对标管理，行业2017年前三季度32项对标指标中，公司有7项排名行业前三位。推进公司质量管理体系转版升级。坚持问题导向，深化精益管理，全年实现降本增效1.25亿元，涌现出一批“精益改善达人”和“精益改善团队”。

财审管理。 推行财务开支电子审批，开展烟叶清产核资，合理筹措使用资金，发挥预算硬约束作用，抓好成本费用控制，全年节约资金成本1.1亿元。

多元化管理。 将军、颐中集团探索开拓新业务，烟草机械、配套材料、房地产等企业发展态势良好，商务、资本和监管三个平台建设稳步推进，总体经营管理水平居烟草行业前列。在烟草行业多元化综合评定中，公司多元化综合排名第四位，三名置业公司、将军经贸公司居同类企业第一位。

【原辅材料保障】 **原料管理。** 坚持效益导向，持续控总量、调结构、降成本。国产烤烟调拨入库总量同比减少约10万担；上等烟调拨比例稳定控制在30%左右；国产烤烟采购资金持续下降，同比下降3亿元。扎实推进精准采购，烟叶基地单元主导品种种植符合率达到98%以上，国产烤烟区域需求计划符合率、等级结构需求计划符合率分别超过91%与81%，美国、巴西进口烟叶的定向供应率达到50%左右。参与行业重点品牌原料均质化加工试点，探讨开展跨区域大配方加工，努力将原料质量需求转化为原料使用品质特征。

烟用材料管理。 坚持眼睛向内，将成本上涨因素消化在内部，再度降低烟用材料、备品备件采购成本2200万元左右。强化供应商源头管理，先后对55家供应商实施资质认证或现场评价，出具并监督落实整改建议84条。定期组织召开供、需、用三方质量座谈会，听取质量改进意见建议，进行质量问题“会诊”，研究制定质量提升措施。加大质量督查频次密度，开展专项质量督查14次，警示约谈供应商6家。坚持预警采购与寄售采购多措并举、保障供应与优化库存有机结合，积极应对、严格防范供应保障风险。

烟用物资采购供应及时率继续保持100%，储备资金占用稳定下降。烟用材料、备品备件及烟机设备维修成本连续12年下降。

【技术创新】 **山东中烟工业有限责任公司技术中心概况。** 技术中心成立于2006年10月，2007年通过国家发展改革委、科技部、财政部、海关总署、税务总局等五部委联合组织的国家认定企业技术中心的认定。2015年8月，通过中国合格评定国家认可委员会的认可评审。2017年，在岗员工139人，其中博士学位3人、硕士学位41人、大学以上学历108人；高级职称24人，中级职称95人。2017年，取得公司级科技项目成果14项。

产品研发。 以“日常维护评审、月度评价和留样比对”为抓手，想方设法提高产品维护效果，在产产品质量实现稳中有升。百元以上重点规格质量同比提升0.2~0.4分。产品主流烟气指标更加稳定，在国家局质量抽检中公司卷烟焦油控制精度行业内排名第二位，焦油控制精度、控制水平高于全国平均水平。全年研发上市4款卷烟、4款雪茄烟产品；改造1款卷烟、7款雪茄烟产品；储备多款新产品。

科技项目管理。 坚持问题导向，完善科技项目管理。公司取得科技成果35项。按照“先论证、后填报”程序，征集项目课题64项，确定立项25项，其中18项与卷烟产品密切相关。紧扣原料实际问题，组织启动山东烟叶使用技术研究重大专项。组织申报总公司科技项目10项，为历年申报数量最多。加强在研项目跟踪问效，组织完成66项在研项目实施情况的检查评估。

2017年11月4—6日，山东中烟联合泰国亚泰国际烟草有限公司在曼谷举办“泰山（TS）”品牌卷烟泰国市场上市发布会

山东中烟　李　磊　摄

专利授权情况。 组织申报专利24件，其中发明专利10件、实用新型专利14件；获得授权专利29件，其中发明专利15件、实用新型专利14件。截至2017年底，公司拥有有效专利398件，其中发明专利135件、实用新型专利224件、外观设计专利39件。

技术研究。 细支烟重大专项研究取得重要进展，在细支卷烟制丝关键工艺、细支滤棒研究上取得突破，“细支卷烟应用梗丝技术”成果处于行业先进水平，形成丝状梗丝加工技术发明专利1件。新产品自主调香比例超过30%。

【交流与合作】 **境外市场拓展。** 关注重点市场，由点到面扩大境外市场覆盖面。在澳洲市场加强与ZS公司合作，双方联合并购销售网络合作进入实质阶段，公司成立澳洲销售网络并购项目领导小组和工作组，与ZS公司签署战略合作协议。拓展东南亚免税市场，“泰山（香道）”系列、“泰山（国际）”系列产品先后在中国澳门特别行政区、中国香港特别行政区、越南、泰国等市场上市，扩大“泰山（TS）”品牌销售范围。在境外市场调研7次，实地考察中国香港特别行政区、中国澳门特别行政区、澳大利亚、泰国、沙特、德国、奥地利、法国、巴基斯坦、越南等市场，与经销商就中东免税市场、中国香港特别行政区、中国澳门特别行政区、泰国、越南、沙特、巴基斯坦等市场拓展达成一致意见。

提升产品结构。 销售结构连续四年提升。通过丰富产品线、扩大合作渠道、探索异业联盟等多种模式，稳定市场销量。加大境外免税市场、高端市场投放，提升产品结构，扩大高端产品销量。

境外终端建设。 加大与境外经销商合作力度，在境外设立旗舰店。2017年设立3家“泰山（TS）”境外旗舰店，其中澳大利亚2家、泰国1家。

【特事辑要】 2月17日，山东省委常委、青岛市委书记李群在山东烟草工业系统所属青岛嘉泽包装有限公司调研。

8月28—29日，国家局党组成员、副局长徐瑛在山东中烟滕州卷烟厂调研。

10 月 19—20 日，国务院安委会安全生产督查组和山东省安监局专项督查组到滕州卷烟厂检查指导安全生产工作。

11 月 6 日，滕州卷烟厂易地技改项目联合工房工程获 2016—2017 年度中国建设工程质量“鲁班奖”。

11 月 22 日，山东中烟产品精准选检技术研究项目通过国家局组织的鉴定。

12 月 28 日，山东烟草工业系统所属青州新华包装制品有限公司通过“国家级高新技术企业”认定。

2017 年山东中烟工业有限责任公司所属生产厂情况统计

		山东中烟工业有限责任公司济南卷烟厂	山东中烟工业有限责任公司青岛卷烟厂	山东中烟工业有限责任公司青州卷烟厂	山东中烟工业有限责任公司滕州卷烟厂
法人资格		非独立法人	非独立法人	非独立法人	非独立法人
主要负责人（含党政领导）		党委书记、厂长： 刘爱国（—2017 年 7 月） 党委书记、副厂长： 赵善强（2017 年 7 月—） 党委副书记、厂长： 孟庆华（2017 年 7 月—）	党委书记、副厂长： 赵善强（—2017 年 7 月） 张　彤（2017 年 7 月—） 党委副书记、厂长： 周　健（—2017 年 7 月） 刘所锋（2017 年 7 月—）	党委书记、副厂长： 公茂军（—2017 年 7 月） 李继东（2017 年 7 月—） 党委副书记、厂长： 肖春菊（—2017 年 7 月） 公茂军（2017 年 7—8 月） 王海滨（2017 年 12 月—） 党委副书记、行政负责人： 王海滨（2017 年 8—12 月）	党委书记、副厂长：李继鹏 党委副书记、厂长： 傅　军（—2017 年 7 月） 徐　伟（2017 年 10 月—） 党委副书记、行政负责人： 徐　伟（2017 年 7—10 月）
成立时间		1928 年	1919 年	1948 年	1951 年
从业人员（人）		1523	1412	1127	1229
卷烟生产能力（亿支）		662	778	250	150
卷烟品牌	自有品牌	泰山、哈德门	泰山、哈德门	泰山、哈德门	泰山、哈德门
	合作生产品牌	—	红双喜、大前门	南京、白沙	红梅

◇ 撰稿：秦日旭；编辑：张建丽　王　静

河南中烟工业有限责任公司

【卷烟产销】 2017 年，河南中烟工业有限责任公司生产高端卷烟 36.43 亿支（7.29 万箱），同比增长 67.81%。生产细支卷烟 79.05 亿支（15.81 万箱），同比增长 78.51%。生产合作品牌卷烟 105 亿支（21 万箱），同比下降 22.19%。生产出口卷烟 9.47 亿支（1.89 万箱），同比下降 53.94%。

高端卷烟实现销量 35.56 亿支（7.11 万箱），同比增长 56%。细支卷烟实现销量 70.69 亿支（14.14 万箱），同比增长 52.61%。出口卷烟实现销量 10.9 亿支（2.18 万箱），同比下降 41.55%。

实现卷烟销售收入 409.69 亿元，同比增长 4.59%。实现税利 294.66 亿元，同比增长 4.49%，其中利润 39.08 亿元，同比下降 21.16%。三项费用率 9.09%。行业下达的降本增效目标值 1.5 亿元，实际完成值 1.58 亿元，完成率 105.33%。

全年万元产值综合能耗为 10.56 千克标煤，万支卷烟综合能耗为 2.96 千克标煤。烟叶、滤棒、盘纸平均分别消耗 6.97 千克/万支、2500.93 支/万支、590.63 米/万支。水电平均消耗分别为 0.1 吨/万支、9.39 千瓦时/万支。

【主要产品与品牌建设】 2017 年，河南中烟深入落实“聚焦黄金叶、提稳相结合、再上新台阶”的工作要求，强化高端引领，集聚新势能，狠抓一、二类烟发展提升和百元及以下价位卷烟规模稳定，打造新优势，狠抓主导规格突破，全力谋进位，品牌培育总体实现稳中向好、升级发展。

主要产品。 2017 年，河南中烟生产的内销卷烟品牌主要有“黄金叶”“红旗渠”“散花”。全年生产“黄金叶”930.72 亿支（186.14 万箱），同比增长 7.63%；实现销量

899.34 亿支（179.87 万箱），同比增长 0.73%，其中，省内 583.56 亿支（116.71 万箱）、省外 315.78 亿支（63.16 万箱）。生产“红旗渠”435.29 亿支（87.06 万箱），同比下降 5.01%；实现销量 417.93 亿支（83.59 万箱），同比下降 9.11%，其中，省内 258.67 亿支（51.73 万箱）、省外 159.26 亿支（31.85 万箱）。

合作生产。 2017 年，合作生产云南中烟卷烟品牌“红梅”5 亿支（1 万箱），上海烟草集团“红双喜”25 亿支（5 万箱）、“大前门”25 亿支（5 万箱），浙江中烟“利群”22.01 亿支（4.4 万箱）、“雄狮”7.99 亿支（1.6 万箱），湖南中烟“白沙”20 亿支（4 万箱）。

新品开发。 实施“黄金叶”一、二类卷烟再布局，着力构建“6 + N”产品体系，新产品研发成功率 16.9%。强化院企合作和销研对接，组建联合研发团队，成功上市“黄金叶（豫香）”“黄金叶（小目标）”“黄金叶（大 M）”“红旗渠（芒果）”等新品。其中，“黄金叶（豫香）”成为公司高端短支领域的战略产品；“黄金叶（大 M）”突出集成创新，上市半个月商业销量突破 1000 箱；“红旗渠（芒果）”上市 54 天商业销量突破万箱，成为发展新支点。

品类创新。 突出高端、强化短支、拓宽细支，研发定型“黄金叶（天叶短支）”“黄金叶（天尊短支）”“黄金叶（国色细支）”等产品。

品质维护。 构建“天”系列“6 + 1”管控模式和“黄金叶（乐途）”“1244”质量管控模式，精心开展品质维护，彰显产品风格。实施提质优化，集成应用配方、工艺、调香技术，完成“黄金叶（百年浓香）”“黄金叶（金丝路）”“黄金叶（软大金圆）”“黄金叶（黄金眼）”“红旗渠（银河之光）”等 5 款产品的提质优化，稳定和提升产品质量。

品牌培育。 强化“尊重市场、遵循规律、遵守规则”育牌意识，坚持“一切从市场出发、一切以消费者为核心、一切用数据说话”，构建“OKR”（目标与关键成果法）状态评价体系，突出状态管控，创新育牌方式，深层次开展跨界合作，品牌价值得到提升。2017 年“黄金叶”品牌商业销量 944.55 亿支（188.91 万箱），同比增加 77.15 亿支（15.43 万箱），增长 8.89%，增量、增幅分居行业“双十五”品牌第二位和第四位。一、二类烟商业销量 204.35 亿支（40.87 万箱），同比增加 83.95 亿支（16.79 万箱），增长 69.76%，增量、增幅分别居行业第三位和第二位。“黄金叶（天香细支）”商业销量 11.7 亿支（2.34 万箱），居行业细支烟同价区第三位。“黄金叶（爱尚）”“黄金叶（乐途）”商业销量分别达到 51.55 亿支（10.31 万箱）、51.95 亿支（10.39 万箱）。“黄金叶（乐途）”被国家局、总公司评为 2015—2017 年度烟草行业“十大优秀卷烟新产品”。

市场建设。 省内市场聚焦“增份额、提结构、强地位”，全力推进转型升级，市场份额、销售结构及一、二类烟市场份额明显提升。2017 年，省内市场实现销售 936.2 亿支（187.24 万箱），同比增长 3.35%。省外市场聚焦“增销量、提结构、拓局面”，销量规模、产品结构、黄金叶品牌和一、二类烟销量全面提升。2017 年，省外市场实现销售 490.35 亿支（98.07 万箱），同比增长 9.26%。

【原辅料保障】 **原料保障。** 持续优化布局。优化基地单元布局，基地单元数量优化至 28 个，其中优质特色基地单元 8 个，提升基地烟叶与品牌需求的符合度、匹配度。优化基地单元烟叶品种布局，种植品种与品牌需求的符合度达到 90% 以上。深化与重点产区战略合作，优化调拨布局，强化优质资源保障。

实施精细加工。构建“分选、分切、分类”三分模式，建立工业分级标准，提高原料利用率，提升工业可用性，2017 年分选烟叶 155.4 万担，同比增加 61.4 万担；分切处理贵州、重庆、黑龙江、福建、江西产区及河南高端原料和上六片烟叶等核心原料 32.5 万担。推进高端原料定制加工，确立天昌复烤厂为高端原料集中定制化精品加工试点，优化业务流程和工艺路径，形成特色加工工艺和生产管理模式。

推进专项工作。推进原料采购中心非法人实体建设，强化目标引领，完善体制机制，健全制度体系，严格过程管控，推动原料采购业务管理转向价值链管理。推进豫中“上六片”烟叶规模开发。成立专职工作组，全程介入生产、收购和质量管控过程，巡查督导成熟采收、烘烤、收购工作。2017 年，购进高端卷烟产品的“上六片”烟叶原料 2.8 万担，同比增加 1.4 万担。

辅料保障。 开展物资采购专项治理，制定《烟用物资采购专项治理督导检查工作方案》《烟用物资采购考评问责管理规定》等制度文件。加强物资管理顶层设计，制定《关于深化物资授权管理的意见》。强化前瞻柔性保供服务，对新工艺、新材料和单一来源供应等瓶颈问题，研究制定应对预案，降低采购风险。完善“集中采购配送”模式，探索“准时采购、多点供应”的物资保供新模式，实现准时采购、柔性供应。

【管理创新】 **精益管理。** 2017年，河南中烟制定《“十三五”时期精益管理工程纲要》，明确精益生产、精益财务管理、精益研发、精益原料等“十大精益专项工作”。全年立项管理创新和精益改善课题50个，评审发布课题成果50个，创历史新高。11个质量管理成果和20个六西格玛项目获评国优。联合河南省烟草专卖局（公司）承办2017年行业企业管理现场会，向全行业展示河南烟草精益管理成果，河南中烟作了题为《实施六大变革 锻造精益品质 重振黄金叶品牌发展雄风》的报告。汇编多本管理创新成果专著。

连续生产组织方式改革。 聚焦连续生产、集约化和快速响应，实施连续生产组织方式改革，建立健全产研供销协同机制，强化需求预测分析，压缩过剩设备产能，优化资源配置方式，合理设置安全库存，系统实施两维调度，构建精益生产供应链。

规模化异地供丝。 贯彻落实中央供给侧结构性改革、行业去产能、提效能的总体要求，优化生产布局，实施规模化异地供丝，节约一次性技改投资，提高生产组织集约化和产品均质化水平。2017年7月关停洛阳卷烟厂制丝线，正式启动许昌卷烟厂向洛阳卷烟厂规模化异地供丝，截至2017年底累计异地输送成品烟丝435.15万千克。

2017年7月7日，异地供丝首批烟丝到达河南中烟洛阳卷烟厂
河南中烟洛阳卷烟厂 古文龙 摄

【技术创新】 **河南中烟工业有限责任公司技术中心概况。** 技术中心成立于2007年3月，为行业级技术中心。拥有烟气分析、超净分析、常规分析、理化分析、香精香料分析、卷烟及烟用材料物理指标检测等标准实验室，拥有先进大型仪器设备60余台（套），总价值8573万元。截至2017年底，技术中心员工125人，平均年龄40岁，其中博士研究生学历（含在站博士后）7人、硕士研究生学历48人；中高级以上专业技术资格93人，其中高级职称32人；有5名国家卷烟感观（官）质量评吸委员会委员、1名标准化委员会委员、1名中国烟草品种审定委员会委员、2名国家烟叶等级质量检验委员会委员。技术中心建立完善7级技术职务序列，聘任技术总监1人，主任研究员1人，研究员1人，主任工程师6人，副主任工程师8人，工程师19人。被评为行业“十二五”技术创新工作先进集体。

科研管理。 全面落实国家局《关于激发创新活力调动“两个积极性”的若干意见》，加大科技投入强度，调动两个积极性，全面激发创新活力。发布新版《科技项目管理办法》，实施科技项目分级管理，赋予卷烟厂更大自主权；启用“移动式科研评审专家系统”，实现科研评审评价活动智能化管理；抓实项目资金监管使用，强化重点项目费用支出情况分析，规范项目全过程管理；加强知识产权管理，申报政府专利资助资金，促进保值增值。瞄准行业科研和技术前瞻方向，涵盖卷烟技术各个要素，建立一批专业领域的创新平台。2017年“香精香料工程研究中心”通过国家局现场评审，新获批“河南省烟用材料工程技术研究中心”级创新平台。截至2017年底，累计获批各类创新平台15个。组建人才专家库，依托专家力量，开展人才共享课题攻关，有效解决以往凭借单个卷烟厂自身力量难以解决的难题。

科研成果。 2017年，发表科技论文183篇，获得授权专利218件，其中发明专利57件。取得项目成果52项，获得省部级科学技术进步奖4项。“以微生物技术为核心加速烟叶醇化过程关键技术研究”“ZJ17卷烟机技术升级改造”“制丝生产线特色加工技术的开发与应用”“制丝工艺质量管控关键技术开发及应用”等4个项目分别获得河南省科技进步奖二、三等奖。

【交流合作】 与塞舌尔海滨烟草有限公司签署境外委托加工合作协议和商标授权协议，2017年实现烟丝原辅材料的出口及投产销售。2017年，向缅甸、巴拿马、智利、伯利兹、玻利维亚、澳大利亚、新加坡、马来西亚、菲律宾、越南、柬埔寨、泰国、老挝、哈萨克斯坦、巴基斯坦、迪拜、土耳其、伊朗、伊拉克、阿富汗、中国澳门等国家和地区销售卷烟10.9亿支，出口额1207.69万美元。

【特事辑要】 3月16日，河南中烟在郑州召开2017年工作会议。

3月23日，河南中烟与郑州烟草研究院香精香料工程研究中心共建协议签字仪式在郑州举行。

4月25日，工业和信息化部党组成员、中央纪委驻工业和信息化部纪检组组长郭开朗率专题调研组在河南中烟黄金叶生产制造中心调研，国家局党组成员、直属机关党委书记高林一同调研。

5月5日，河南省委副书记、省长陈润儿就河南省烟草业转型发展进行专题调研。

6月23日，河南省烟草转型升级工作会议在郑州召开。

7月12—14日，河南省人大常委会副主任赵建才带队在浙江、上海进行调研，学习交流卷烟品牌培育、市场建设、企业管理等工作，沟通协商合作事宜。

7月24—26日，国家局党组成员、副局长徐瑩在河南烟草调研。

9月5日，河南省委副书记、省长陈润儿再次就烟草业转型发展进行专题调研并主持召开座谈会。

10月16—21日，国家局党组成员、副局长段铁力在河南中烟许昌、漯河、安阳卷烟厂调研。

10月19—20日，2017年全国烟草行业企业管理现场会在郑州召开，河南省副省长张维宁参加会议并致辞，国家局党组成员、副局长段铁力参加会议并讲话。

11月19日，“黄金叶”品牌商业销售额实现历史性突破，较历史最高点2015年增加700万元，达到505.04亿元。

2017年河南中烟工业有限责任公司所属生产厂情况统计

		河南中烟工业有限责任公司黄金叶生产制造中心	河南中烟工业有限责任公司许昌卷烟厂	河南中烟工业有限责任公司安阳卷烟厂	河南中烟工业有限责任公司南阳卷烟厂	河南中烟工业有限责任公司驻马店卷烟厂	河南中烟工业有限责任公司漯河卷烟厂	河南中烟工业有限责任公司洛阳卷烟厂
法人资格		非独立法人	非独立法人	非独立法人	非独立法人	非独立法人	非独立法人	非独立法人
主要负责人（含党政领导）		总经理：陈春喜 党委书记：司书贵（—2017年7月）郑国兴（2017年7月—）	厂长：刘金福 党委书记：刘金福（—2017年11月）曾显峰［2017年11月—，之前任党委副书记（主持工作）］	厂长：范国民 党委书记：范国民 党委副书记：陈清棠（主持工作）	厂长：李松峰［2017年4月—，之前任副厂长（主持工作）］ 党委书记：杨玉良	厂长：武超伟（—2017年1月）董建兴（2017年1月—） 党委书记：董建兴（—2017年1月）常明升（2017年1月—）	厂长：吕　飞 党委书记：王秋领（—2017年3月）赵群发（2017年6月—）	厂长：齐建华 党委书记：齐建华（—2017年11月）黄光富［2017年11月—，之前任党委副书记（主持工作）］
成立时间		2014年	1949年	1945年	1950年	1949年	1946年	1981年
从业人员（人）		2452	1663	1095	1029	795	803	872
卷烟生产能力（亿支）		730	365	285	211	150	225	150
卷烟品牌	自有品牌	黄金叶、红旗渠	黄金叶	黄金叶、红旗渠、发时达	黄金叶、红旗渠	黄金叶、红旗渠、散花	黄金叶、红旗渠、散花	黄金叶、红旗渠
	合作生产品牌	—	—	—	红双喜、大前门	红梅	利群、雄狮、白沙	—

◇ 撰稿：洪　彬；编辑：张建丽　王　静

湖北中烟工业有限责任公司

【经济效益】 2017 年，湖北中烟工业有限责任公司实现税利 569.57 亿元，同比增长 6.7%，其中利润 82.67 亿元，同比下降 7.8%。

【主要产品与品牌建设】 *主要产品。* 2017 年，湖北中烟生产的内销卷烟品牌主要有“黄鹤楼”“红金龙”。

全年自产“黄鹤楼”913.1 亿支（182.62 万箱），合作生产“黄鹤楼”43.65 亿支（8.73 万箱），实现销量 961.1 亿支（192.22 万箱）；自产“红金龙”348.85 亿支（69.77 万箱），合作生产“红金龙”46.9 亿支（9.38 万箱），实现销量 444.3 亿支（88.86 万箱）。

产品开发。 2017 年，湖北中烟按照年度产品开发及改造计划、市场需求、技术要求，共计开发、改造、研发、维护产品 35 款，开发“黄鹤楼（狗年生肖版）”“黄鹤楼（双爆 8 度）”“黄鹤楼（硬天下胜景）”“黄鹤楼（硬生态）”“黄鹤楼（硬游泳细支）”“黄鹤楼（硬永光细支）”“红金龙（软双龙）”等 12 款新品，为卷烟产品提供新亮点，同时进行多价位、多规格产品研发，进一步丰富产品线，提升“黄鹤楼”品牌形象。

【管理创新】 2017 年，湖北中烟围绕“管理提升年”的各项目标任务，强化方针目标引领，全力补齐现代管理短板。高度重视制度体系的基础性作用，公司总部全年发布制度 98 个，各下属单位发布制度 869 个。全面加强源头管控、过程控制、课题引领，切实提升精益管理水平，成本管控更加有效，全年实现降本增效 2.2 亿元，超额完成目标任务。其中通过“源头”管控降本数额 1.1 亿元、过程控制降本数额 0.9 亿元、项目（课题）攻关降本 0.2 亿元。

2017 年 9 月 9 日，湖北中烟三峡卷烟厂制丝车间开展技能比武
湖北中烟　龚晓海　摄

【原辅材料保障】 *烟叶去库存、调结构。* 2017 年，湖北中烟继续深化供给侧结构性改革，顺应消费需求变化，构建更加科学、更可持续的原料保障体系，在“控总量、守红线”的基础上，着力优化烟区布局、优化品种结构、优化生产技术，全年降低烟叶库存 1.16 万吨（23.1 万担），2015—2017 年累计降低 5.04 万吨（100.8 万担），企业运行风险下降。严格以销定产、科学均衡调度，截至 2017 年底，卷烟工业库存降至 35.75 万箱，数量和结构日趋合理。

严格规范降成本。 围绕落实“重规范、优服务、降成本”“应招尽招、真招实招”要求，规范有序做好烟用物资采购工作，除油墨、UCB 烟膜、嘴棒、进口卷烟纸以及国家局统一计划物资外，均实施公开招标采购，应招尽招比率 100%。全面清理零配件库存，共清理库存零配件 33093 个品种，组织全省零配件调拨 445 笔，累计节约资金 144.6 万元，有效盘活库存，降低采购成本，提高库存周转率，降低报废风险。

【技术创新】 *坚持创新驱动。* 推进创新优先战略，加快形成创新驱动发展的新模式、新机制，加强原始创新、集成创新和消化吸收再创新，优化创新资源配置，明确科技创新重大专项，营造“全员创业，岗位创新”氛围，夯实“星系模式”技术创新体系运行机制，打造技术创新新优势。

推进重大专项。 扎实推进细支卷烟创新、特色功能滤棒创新、精益制造、原料保障体系建设等重大专项，新立项科技项目 76 项，在研省部级科技项目 9 项，其中国家烟草专卖局科技项目 9 项、行业标准项目 2 项。申报专利 303 件，包含发明专利 102 件；授权专利 270 件，包含发明专利 100 件。发表论文 7 篇，包含 1 篇 SCI。

【交流与合作】 1 月，湖北中烟在武汉召开境外市场拓展工作座谈会，来自全球各地的 19 家经销商 33 名代表参加会议。

5 月，湖北中烟派出工作组参加 2017 年 TFWA 亚太免税品展会，考察卷烟免税市场销售情况，与国际经销商接洽。

6月，湖北中烟派出工作团队前往瑞士洛桑参加“中非商学院”项目（Business Academy）研讨交流。

12月，湖北中烟首次亮相“2017年中东国际烟草展会”，展示湖北中烟企业形象和“黄鹤楼”“RCD”品牌。

12月，塞舌尔副总统文森特·梅里顿访问湖北中烟，听取湖北中烟塞舌尔项目发展及“黄鹤楼”“RGD”品牌在非洲市场拓展的情况介绍。

【特事辑要】 4月12—14日，国家烟草专卖局党组书记、局长，中国烟草总公司总经理凌成兴在湖北烟草调研。

5月10—12日，国家局党组成员、副局长段铁力在湖北烟草调研。

9月15日，湖北省副省长周先旺在湖北中烟恩施卷烟厂调研。

10—11月，党的十九大代表，湖北中烟党组书记、总经理部强深入公司生产一线、扶贫一线，向公司各单位职工党员、对口扶贫联系点贫困群众宣讲党的十九大精神。

2017年湖北中烟工业有限责任公司所属生产厂情况统计

	湖北中烟工业有限责任公司武汉卷烟厂	湖北中烟工业有限责任公司襄阳卷烟厂	湖北中烟工业有限责任公司三峡卷烟厂	湖北中烟工业有限责任公司广水卷烟厂	湖北中烟工业有限责任公司红安卷烟厂	湖北中烟工业有限责任公司恩施卷烟厂
法人资格	非独立法人	非独立法人	非独立法人	非独立法人	非独立法人	非独立法人
主要负责人（含党政领导）	党委书记：刘致华（—2017年11月）谭文峰（2017年11月—）厂长：程思军（—2017年11月）刘致华（2017年11月—）	党委书记、厂长：张道义（—2017年11月）党委书记：杨林波（2017年11月—）副厂长（主持工作）：邹名扬（2017年11月—）	党委副书记、副厂长（主持工作）：孙德平（—2017年7月）党委书记：戚新平（2017年7月—）厂长：孙德平（2017年10月—）	党委书记、厂长：张志生	党委书记、厂长：张小平	党委书记、厂长：谭文峰（2017年1—10月）党委书记：何中柱（2017年10月—）副厂长（主持工作）：王　军（2017年10月—）
成立时间	1916年	1944年	1998年	1970年	1980年	2009年
从业人员（人）	1765	1281	771	449	718	599
卷烟生产能力（亿支）	628	350	150	134	136	339
卷烟品牌	黄鹤楼、红金龙	黄鹤楼、红金龙	红金龙	黄鹤楼、红金龙	黄鹤楼、红金龙	黄鹤楼、红金龙

◇ 撰稿：谢志勇；编辑：邢忠敏　褚　幸

湖南中烟工业有限责任公司

【卷烟产销】 2017年，湖南中烟实现卷烟销售收入890.02亿元，同比增长2.43%；出口实现8154.48万美元，同比下降0.45%。实现税利762.76亿元，同比增长1.92%，其中利润101.62亿元，同比增长4.55%。

湖南中烟卷烟出口主要分为两部分：境内生产，境外销售；境外生产，境外销售。

境内生产境外销售。由长沙卷烟厂、常德卷烟厂和郴州卷烟厂负责加工生产，主要生产“白沙”“NISE”“芙蓉王”等品牌系列，生产出口卷烟42.04亿支（8.41万箱），同比下降5.79%。其中，长沙卷烟厂生产0.23亿支（0.05万箱），同比下降44.51%；常德卷烟厂生产16.36亿支（3.27万箱），同比下降0.42%；郴州卷烟厂生产25.45亿支（5.09万箱），同比下降8.50%。

境外生产境外销售。湖南中烟巴拿马工厂生产卷烟1.04亿支（0.21万箱），同比下降71.15%；巴拿马工厂销售0.40亿支（0.08万箱），同比下降88.91%。

三项费用率5.57%，同比下降0.53个百分点。重大项目节约挖潜3.63亿元，超额完成国家局下达的2.50亿元的目标任务。推进“互联网+采购”，全年降低采购成本2.21亿元，减少仓租费用783万元。

全年万支卷烟综合能耗为3.12千克标煤，万元产值综合能耗为6.32千克标煤。烟叶、滤棒、盘纸年平均消耗分别为6.65千克/万支、1675支/万支、593米/万支，水、电平均消耗分别为0.12吨/万支、8.46千瓦时/万支。

【主要产品】 2017 年，湖南中烟内销卷烟品牌主要有"白沙""芙蓉王""芙蓉""相思鸟"。自产"白沙"866.90 亿支（173.38 万箱），合作生产"白沙"328.75 亿支（65.75 万箱），实现销量 1178.30 亿支（235.66 万箱）；生产"芙蓉王"874.73 亿支（174.95 万箱），实现销量 925.70 亿支（185.14 万箱）；生产"芙蓉"33.33 亿支（6.67 万箱），实现销量 33.26 亿支（6.65 万箱）；生产"相思鸟"17.55 亿支（3.51 万箱），实现销量 17.71 亿支（3.54 万箱）；许可生产"万宝路"11 亿支（2.2 万箱）。

【新品上市】 **"白沙"**。2017 年 1 月，"白沙（硬尊享和天下）"在湖南省内上市销售，是湖南中烟首款超高端短支卷烟，全年实现销量 650 万支（130 箱）。同月，"白沙（软檀香和天下）"在浙江杭州上市销售，全年完成五省八市销售，实现销量 150 万支（30 箱）。

3 月，"白沙（硬新品二代）"在宁夏上市，年内商业销售 107.80 亿支（21.56 万箱）。5 月，"白沙（硬红运当头）"在湖南长沙上市销售，全年销售 3200 万支（640 箱）。"白沙（硬精品三代）"进行产品改造，将沉头嘴棒改造为空心嘴棒，并改良配方。

"芙蓉王"。3 月，"芙蓉王（硬细支）"在内蒙古包头首发上市，基本完成全国性市场布局，全年销量 10.9 亿支（2.18 万箱）。9 月，"芙蓉王（硬 75mm）"上市，是"芙蓉王"第二款细短支卷烟，定位于普一类，全年实现销量 3450 万支（690 箱）。10 月，"芙蓉王（硬蓝新版）"上市，是"芙蓉王（蓝）"升级产品，全年实现销量 4150 万支（830 箱）。

打造新产品"爆款"取得成效。2017 年，湖南中烟打造新产品"爆款"，新品全年商业销售 73 亿支（14.60）万箱，其中"芙蓉王（硬细支）"销量 10.9 亿支（2.18 万箱），"白沙（硬精品三代）"销量 33.85 亿支（6.77 万箱），被国家局、总公司评为 2015—2017 年度烟草行业"十大优秀卷烟新产品"。

【卷烟合作生产】 2017 年，湖南中烟与河北、陕西、山东、河南中烟合作生产"白沙"328.75 亿支（65.75 万箱），同比下降 22.57%。其中，与河北中烟合作生产 200 亿支（40 万箱），与山东中烟合作生产 20 亿支（4 万箱），与河南中烟合作生产 20 亿支（4 万箱），与陕西中烟合作生产 88.75 亿支（17.75 万箱）。合作生产卷烟回购 317.3 亿支（63.46 万箱），同比下降 24.9%。其中，回购销售实现销量 319.3 亿支（63.86 万箱），同比下降 36.97%。

【供给侧结构性改革】 2017 年，湖南中烟严格控制和优化固定资产投资，在保障重点资源的前提下，开展库存烟叶专项清产核资工作，处置不适用烟叶 2 万吨（40 万担），库存总量下降、结构优化。深入开展"质量年"活动，质量保障能力进一步提升。以突破细支烟产能瓶颈为重点，精心组织卷烟生产，卷烟货源保障水平、生产控制精度提升，创造全行业细支烟设备调试投产周期新纪录。持续深化生态型系统的建设和应用，信息技术对生产经营管理的支撑作用增强。供应链建设持续加强，卷烟精准到货和托盘联运工作取得新成效。多样化增值服务迈出实质步伐。

【原辅材料保障】 2017 年，湖南中烟打造醇和原料，以品牌需求为导向，严控调拨入口；以压缩库存为目标，拓宽处置出口，优化库存结构。推行"预初检在产地、复巡检在烤厂"模式，积极推进烟叶等级质量认定"A +"模式，在调拨环节实现质量提升。发挥业务、基地"两岗合一"的整合优势和基地办的平台优势，并和技术中心成立基地运行与技术改进联合办公室，建立联合会商机制，基地管理与单元运行机制进一步完善。推进单元布局优化，建设马龙、余庆、龙山等 10 个"和 + 灯塔"基地单元，提升"4 + 1"项目水平，完善基地单元运行评价机制，基地单元支撑力不断提升。截至 2017 年 6 月底，调拨

2017 年，湖南中烟郴州卷烟厂启动易地技改项目

湖南中烟　张蕙闵　摄

2016 年度国内烤烟 17.98 万吨（359.70 万担）；2017 年 7—12 月，调拨 2017 年度国内烤烟 13.39 万吨（267.80 万担）。

2017 年，湖南中烟按照生产经营需求，实施烟用物资采购项目 1090 项，公司系统实施非烟物资网上采购 1643 项，全年节约资金 3.43 亿元，其中烟用物资节约资金 2.70 亿元（含税），网上采购节约资金 7200 余万元（含税）。

2017 年 12 月 13 日，英国帝国品牌公司代表在常德芙蓉烟叶复烤有限责任公司就拟订合作意向协议进行现场认证考察

湖南中烟　供稿

【技术创新】 **技术研发中心概况。** 湖南中烟工业有限责任公司技术研发中心成立于 2006 年，2010 年 6 月 13 日，更名为“技术研发中心”。2017 年，技术研发中心在册人员 195 人（非在册博士后 4 人），其中博士研究生 22 人，硕士研究生 62 人，有高级职称 72 人、中级职称 99 人。截至 2017 年底，湖南中烟申请有效专利 1182 件，其中中国发明 467 件、PCT 国际申请 32 件、英国外观专利 2 件；授权有效专利 882 件，其中中国发明 297 件、国际发明 3 件、英国外观专利 2 件。取得科技成果 462 项，其中省部级成果 46 项；获得省部级科技奖励 44 项；牵头制定行业标准 19 项。

2017 年，技术研发中心博士后工作站累计在站博士后 4 人。分别与中南大学、湖南大学博士后流动站建立合作。博士后在研项目 4 项，主要涉及烟草化学、香精香料特征成分数据库建立等方向的研发工作。全年召开博士后中期评审会议 2 次，开题评审会议 1 次。

柔性化生产技术。 2017 年，湖南中烟完成“芙蓉王（硬细支）”在长沙卷烟厂制丝一线的工艺调试与正式生产。优化“芙蓉王（硬）”在长沙卷烟厂制丝一线制丝工艺参数。完成“和天下（硬）”手工线改为自动线的工艺论证。解决“和天下（檀香）”生产过程中的串味问题。完成常德卷烟厂“芙蓉王（硬）”配方烟片输出线技改工艺调试，实现试生产。完成常德卷烟厂制丝线工艺参数的优化，提高制丝线加工水平及控制精度。

卷烟减害降焦技术。 2017 年，湖南中烟研发的“以烟梗烟丝为基材的复合滤棒”“糖衍生物”“静电纺”等降焦减害技术取得新突破。水性转移卡纸、无铝内衬纸、低一氧化碳卷烟纸、功能沟槽滤棒等减害新材料在产品中得到应用。在长沙卷烟厂建成盘磨梗丝工业化生产线，实现盘磨梗丝的稳定生产与产品应用。运用自然透气多段通风技术，成功降低“白沙（天天向上）”焦油量。“功能性沟槽滤棒成型纸”科技成果获得中国烟草总公司科学技术进步奖三等奖。

烟草基因育种技术研究。 2017 年，湖南中烟与湖南省局（公司）联合成立“烟草基因组编辑工厂化育种”科技项目领导小组和实施小组，在西南大学团队的指导下，编制立项申报书，烟草基因育种项目通过国家局的立项评审。完成育种工厂遗传转化车间、组培车间、水培车间的设计规划，完成 500 个核心基因的遗传转化，获得 4500 株左右的遗传转化烟苗，3000 余株烟苗移栽成活。

两项科技成果通过国家局鉴定。 2017 年 9 月 28 日，国家局科技司在长沙组织召开科技成果鉴定会，对湖南中烟承担的两项科技项目“低一氧化碳/焦油比值的滤棒技术研究”“基于紫外印金和水性油墨涂布技术的烟用接装纸研究与应用”进行成果鉴定。国家局鉴定委员会认为，两项研究成果思路新颖、效益显著，对全行业具有重要的理论价值和指导作用，研究成果整体达到国际先进水平，部分达到国际领先水平，一致同意该两项成果通过鉴定。

【交流与合作】 2017 年，湖南中烟增加泰国巴萨烟草国际有限公司和红苹果公司两家新客户，适度增加对越南、巴基斯坦、印度市场的卷烟投放，新增非洲市场“芙蓉王”“白沙（元帅）”的销售。

【特事辑要】 1 月 23 日，2017 年湖南烟草工业工作会议在长沙召开。

3 月 13—17 日，湖南中烟 10 名操作层面的业务骨干参加由中烟菲莫国际有限公司（CTPMI）在瑞士洛桑举办的国际业务研讨活动。

9月21日，国家局党组成员、副局长徐䃣在湖南中烟等投资成立的宁夏弘德包装材料有限公司调研。

9月26日，国家局党组成员、副局长杨培森在宁夏弘德包装材料有限公司调研。

9月26日，湖南省工业经济联合会、湖南省企业联合会、湖南省企业家协会联合发布2017年湖南100强企业榜单，湖南中烟入选前10强之列。

10月16日，湖南中烟使用在第34类香烟商品上的第5007173号“和天下”商标通过国家工商行政管理总局商标评审委员会商标争议的法律程序，被认定为“中国驰名商标”。

2017年湖南中烟工业有限责任公司所属生产厂情况统计

		湖南中烟工业有限责任公司长沙卷烟厂	湖南中烟工业有限责任公司常德卷烟厂	湖南中烟工业有限责任公司郴州卷烟厂	湖南中烟工业有限责任公司零陵卷烟厂	湖南中烟工业有限责任公司四平卷烟厂	湖南中烟工业有限责任公司吴忠卷烟厂
法人资格		非独立法人	非独立法人	非独立法人	非独立法人	非独立法人	非独立法人
主要负责人（含党政领导）		党委书记、厂长：刘 军	党委书记、厂长：龚道国	党委书记、副厂长：孟令军（主持全面工作）	党委书记、厂长：刘正宇	党委书记、厂长：孙贤军	党委书记：李朝辉 党委委员、副厂长：郭三明（主持全面工作）
成立时间		1947年	1951年	1939年	1976年	1948年	1970年
从业人员（人）		2269	3057	1356	909	583	414
卷烟生产能力（亿支）		1117	1000	265	250	150	120
卷烟品牌	自有品牌	白沙、芙蓉王	芙蓉王	芙蓉王、白沙、相思鸟	芙蓉王、白沙	白沙	白沙
	许可生产品牌	万宝路	—	—	—	—	—

◇ 撰稿：何小凡　周腾浪；编辑：邢忠敏　褚　幸

广东中烟工业有限责任公司

【经济效益】 2017年，广东中烟工业有限责任公司万元产值综合能耗为6.93千克标煤，万支卷烟综合能耗为2.18千克标煤。烟叶、滤棒、盘纸平均消耗分别为6.6千克/万支、2510支/万支、592米/万支。水、电平均消耗分别为0.076吨/万支、9.40千瓦时/万支。

【产品生产与研发】 **主要产品。** 2017年，广东中烟生产的内销卷烟有“双喜”“椰树”“羊城”“红玫”4个品牌47个规格。新增规格9个，分别为：“双喜（硬珍藏）”“双喜（金国喜）”“双喜（龙）”“双喜（春天1979）”“双喜（莲香）”“双喜（五叶神金尊）”“双喜（红邮喜）”“双喜（红国喜）”“双喜（沉香）”；更新改造1个规格，为“双喜（传奇）”；停产2个规格，为“双喜（典藏逸品）”“双喜（彩悦）”。

卷烟合作生产。 全年与省内外工业企业合作生产“双喜”296.11亿支（59.22万箱）、“椰树”12.47亿支（2.49万箱）、“红玫”16.40亿支（3.28万箱）。其中，与广西中烟柳州卷烟厂合作生产量为150亿支（30万箱），与陕西中烟宝鸡卷烟厂合作生产量为72.5亿支（14.5万箱），与江西中烟南昌卷烟厂合作生产量为34.98亿支（7万箱），与深圳烟草工业有限责任公司合作生产量为30亿支（6万箱），与河北白沙烟草有限责任公司合作生产量为37.5亿支（7.5万箱）。

市场拓展。 坚持降库存、稳状态，“双喜”发展质量持续提升。全国“双喜”商业销量1394.5亿支（278.9万箱），同比减少12.5亿支（2.5万箱）；结构实现上移，“双喜”商业单箱销售收入2.39万元，同比增长1.9%。一类烟实现销量63.5亿支（12.7万箱），同比增长12.6%，高于行业平均5.5个百分点；二类烟实现销量194.5亿支（38.9万箱），同比增长7.8%。广东省内市场销量规模稳中有升。全年省内市场销售886.5亿支（177.3万箱）；结构同比提升，单箱销售收入2.61万元，同比增加583元，增长2.3%。省外市场销量基本稳定。销售459.5亿支（91.9万箱），同比下降3.4%；结构有所增长，单箱销售收入 1.95 万元，同比增长 0.5%。

新品研发。 完善产品架构，优化以“双喜”为母品牌、“国喜”“五叶神”为子品牌的“一体两翼”主副产品架构。研发 15 个新品规格，其中 9 个获得批复。实现高端产品系列化，推出“双喜（红国喜）”“双喜（金国喜）”等新品规格，“国喜”系列产品布局更加完善；无添加珍藏系列推出“双喜（硬珍藏）”“双喜（珍藏细支）”等新品规格；“五叶神”系列推出“五叶神（金尊）”，与既有规格形成良好互补。加大研发力度，推出无添加中支“双喜（红邮喜）”、高端中支“双喜（沉香）”。产品储备不断丰富，开展“双喜（1906 二代）”“双喜（莲香细支）”“双喜（五叶神细支）”“双喜（五叶神集萃）”“双喜（五叶神短支）”“双喜（财富）”“双喜（春天新时代）”等多款储备产品研发，涵盖多个系列、不同价位、不同规格品类。

老产品维护。 调优老产品状态，提升产品内质，“双喜”主力规格持续壮大。对“双喜（沉香）”等规格进行工艺优化，对“双喜（软红五叶神）”“双喜（硬红五叶神）”“双喜（硬金五叶神）”“双喜（蓝红玫王）”“双喜（传奇）”等 5 款老产品进行维护升级改造。

【市场开拓与品牌培育】 持续探索新型消费培育模式，以“互联网 +”为抓手，促进产品落地消费。一类烟主销规格“双喜（世纪经典）”“双喜（硬红五叶神）”“双喜（软红五叶神）”销量均实现增长。二类烟主销产品“硬经典 1906”状态回稳，超高端产品布局基本形成，“双喜（大国喜）”“双喜（金国喜）”“双喜（沉香）”“双喜（春天）”“双喜（珍藏）”等规格稳步发展。

【原料保障】 **原料采购。** 购进烟叶原料 12.37 万吨（247.31 万担），其中国内烟叶 10.92 万吨（218.45 万担），进口烤烟 1.44 万吨（28.86 万担），薄片 0.43 万吨（8.54 万担）。在国内烟叶采购中，上等烟执行比例 71%，中部烟 45%。采购烟叶的区域结构、等级结构和部位结构基本合理，能够满足“双喜”品牌发展需要。

烟叶质量巡检。 将巡检工作深入到原料采购各个环节，重点做好收购质量巡检、备货巡检、原烟成品入库以及库存烟叶巡检。2017 年对云南、贵州、四川、湖南、福建、广东、江西、河南、山西、山东、重庆和辽宁 12 个省 28 个地市进行巡检。

成本费用控制。 重点抓好烟叶采购和科研费用的控本工作，包括调控 B2F 采购量、烟叶科研费用控额、采购 2015 年湖北白肋烟、采购 2015 年遵义烤烟 4 个项目，共计实现降本金额 740.84 万元。

烟叶清产核资。 按照“去库存、控质量、保安全”工作思路，把好烟叶原料采购质量关、加强质量巡检、强化加工质量管理，全面提升优质原料保障能力。认真做好烟叶清产核资工作，为强化烟叶资产管理打下基础。加强烟用材料供应商管理，完成 111 家各类供应商认证工作。

【技术创新】 **科技成果应用。** 深入开展包装设计、混合型产品等方面的研究储备。持续完善核心技术体系，打造“国喜”“五叶神”“逸品”系列开放式研发平台。开展原材料、调香、工艺研究，完成第二款自主香原料的研发和产业化生产。加大滤棒新技术的转换运用，节约成本 1600 余万元。

专利申报。 通过商标印刷应用防伪纸技术，杜绝假烟冲击。组织申报专利 111 件，获得专利授权 77 件。

【境外企业管理】 **境外企业稳中向好。** 2017 年，威尼顿集团有限公司销售卷烟 56 亿支，业务收入 7204

广东中烟挡车工、维修工探讨“双喜（硬紫红玫王）”技术问题（2017 年）

广东中烟韶关卷烟厂　徐叶巧　摄

万美元，同比增长1.45%。金叶卷烟厂（澳门）有限公司累计销售卷烟11.7亿支，销售收入4068万美元，中烟英美烟草国际有限公司销售“新双喜”4.7亿支，同比增长2.2%。

国际市场。 在夯实柬埔寨本土市场基础上，探索开拓马来西亚、缅甸等东南亚市场，在复杂多变的境外市场环境中保持规模基本稳定，实现品牌结构上移，保持行业境外企业排头兵的位置。

服务保障。 向两家境外企业销售供应各类原辅材料及烟机零配件1043.1吨。其中供应威尼顿公司369.1吨，金叶卷烟厂（澳门）有限公司674.0吨。加强外派人员统筹与人事管理，深化人员外派工作机制，理顺外派人员薪酬体系。

【特事辑要】 1月17日，国家烟草专卖局党组书记、局长，中国烟草总公司总经理凌成兴对中共广东省纪委《粤纪办通报》专题刊发广东中烟党组落实全面从严治党举措作出批示，对广东中烟党组层层压实从严治党主体责任的做法和经验，突出重点环节和关键部位，强化“五位一体”监督的措施给予充分肯定。

1月23日，广东省委副书记、省长马兴瑞作出批示，充分肯定广东中烟2016年所取得的工作成绩。

3月7日，广东中烟、河北中烟、河北省局（公司）两地工商三方携手打造的“双喜（莲香）”在河北省石家庄市发布，走出跨省工商联合发展新路径。

4月18日，柬埔寨威尼顿公司为马来西亚消费者量身定制的新品“利是（硬红）”在马来西亚上市，标志着威尼顿公司在拓展国际市场的征程上迈出新步伐。

10月24日，广东中烟梅州卷烟厂“雷鸣”质量控制小组课题在第42届国际质量管理小组大会上获得国际金奖。

11月21日，国家局党组成员、副局长段铁力在广东烟草调研。

12月20日，中央纪委驻工业和信息化部纪检组到广东中烟开展学习宣传贯彻党的十九大精神情况监督检查。

2017年广东中烟工业有限责任公司所属生产厂主要情况统计

	广东中烟工业有限责任公司广州卷烟厂	广东中烟工业有限责任公司韶关卷烟厂	广东中烟工业有限责任公司梅州卷烟厂	广东中烟工业有限责任公司湛江卷烟厂
法人资格	非独立法人	非独立法人	非独立法人	非独立法人
主要负责人（含党政领导）	李　斌（—2017年9月） 王文祥（2017年9月—）	何锦章	饶智华	郑树平（—2017年11月） 崔要强（2017年11月—）
成立时间	2012年	1950年	1939年	1978年
从业人员（人）	2068	764	787	616
卷烟生产能力（亿支）	1000	250	315	226
卷烟品牌	双喜、椰树	双喜	双喜	双喜、椰树、红玫、羊城

◇撰稿：安　婧；编辑：邢忠敏　褚　幸

广西中烟工业有限责任公司

【经济效益】 2017年，广西中烟工业有限责任公司实现卷烟销售收入206.52亿元，同比增长2.53%；实现税利144.09亿元，同比增长3.1%；利润总额11.49亿元，同比下降14.45%。三项费用率7.51%，同比降低0.16个百分点。六项重点费用（涉外费、福利费、市场营销费、业务招待费、会议费、车辆运行费）控制预算执行率97.08%，均控制在国家局批复的预算内。

全年万元产值综合能耗为8.69千克标煤，万支卷烟综合能耗为2.49千克标煤。烟叶、滤棒、盘纸平均消耗分别为6.82千克/万支、2402支/万支、589米/万支。水、电平均消耗分别为0.09吨/万支、10.15千瓦时/万支。

【主要产品】 **卷烟生产和销售。** 2017年，广西中烟自主品牌“真龙”“甲天下”2个品牌共32个规格在产在销。全年生产“真龙”系列卷烟350.25亿支（70.05万箱），同比增长1.58%；“真龙”系列卷烟实现销量350.54亿支（70.11万箱），同比增长4.16%，其中广西区内实现销量292.35亿支（58.47万箱）、广西区外实现销量58.19亿支

(11.64 万箱)。生产“甲天下”系列卷烟 38.5 亿支(7.7 万箱),“甲天下”系列卷烟实现销量 45.11 亿支(9.02 万箱)。

重点市场结构提升。 2017 年,广西区内销售一类“真龙”同比增长 23.72%,14 个地市均实现正增长;一类“真龙”年销量过万箱的地市 3 个。广西区外结构规模市场进一步扩张,二类以上“真龙”销量同比增长 65.59%;二类以上“真龙”年销量 1000 箱以上规模的省级市场数量达到 11 个,同比增加 4 个。

2017 年 1 月 19 日,广西中烟召开 2017 年工作会暨第二届第三次职工代表大会

广西中烟　蒋军辉　摄

合作生产。 2017 年,广西中烟合作生产卷烟 330 亿支(66 万箱)。其中,合作生产江苏中烟“南京”62.5 亿支(12.5 万箱),合作生产浙江中烟“利群”79 亿支(15.8 万箱)、“大红鹰”27.5 亿支(5.5 万箱)、“雄狮”11 亿支(2.2 万箱),合作生产广东中烟“双喜”150 亿支(30 万箱)。

【烟叶采购】 与国家局和烟叶产区公司做好计划衔接,夯实原料保障基础,努力增加进口烟叶配额。完成 2016 年度国内烤烟采购任务,调拨国内烤烟 3.66 万吨(73.26 万担),采购进口烟叶 0.20 万吨(3.94 万担)。实现进口把烟采购零突破,成为全行业争取到进口把烟配额的 6 家工业企业之一。制定“一主三早”采购策略,提高烟叶采购质量。按照国家局基地单元建设要求,全面推进基地单元建设、烟叶专业化分级散叶收购和烟叶原收原调工作。以品牌需求为导向,持续提升基地烟叶质量。节约采购成本 2157.42 万元。加强与合作复烤厂协调沟通,共同攻关,确保打叶复烤个性化加工工艺指标落实到位。创建年度烟叶复烤加工质量评价体系,督促合作复烤厂持续改善。精片选质量实现由合格到优秀的大幅度提升,收紧部分复烤工艺指标,将叶中含梗指标控制在上等烟≤1.5%,中下等烟≤1.8%,严格控制烤前大片率,上中等烟控制在 49% 以下,下等烟控制在 51% 以下。

【烟用材料及烟用备件采购】 **烟用材料采购。** 根据公司双月滚动卷烟生产计划的情况,及时制定并实施采购计划,完成全年材料保障供应。推进“三定方法”,助力提升设备净有效作业率。主动介入,提升烟用材料质量水平。材料月均库存资金周转率为 56%,各种材料检验批次合格率为 100%。积极落实与江苏中烟全面战略合作工作要求,推进合作材料的落地采购。节约采购成本 683 万元,17 个行业对标指标中有 11 个指标成本同比降低。循环利用纸箱数 180 万个次,自主品牌烟用纸箱循环利用率为 44.2%。

烟用备件采购。 严格按公司年度预算、年度计划开展备件采购工作。除了从行业直属企业单一来源采购外,其余全部通过公开招标采购,应招标备件的招标率 100%,节约采购成本 211 万元。开发公司备件微信到货提醒及库存信息查询系统,实现备件采购订单流程电子化。

【技术创新】 **技术中心概况。** 广西中烟工业有限责任公司技术中心(互联网研究中心)是公司技术创新的核心力量,主要承担产品研发、质量监控、创新管理及互联网研究等职责。公司总经理兼任技术中心主任。设置“七所二科二中心”的组织架构,包括产品研究一所、二所、材料研究所、工艺标准与监督所、原料研究所、应用基础研究所、新型卷烟研究所、综合管理科、科研项目管理科和检测中心、互联网研究中心，检测中心下设负责产品分析测试的实验室和负责产品监督检验的检测站。企业博士后科研工作站挂靠技术中心，技术中心与郑州烟草研究院共建“真龙品牌特色工艺研究联合实验室”。截至2017年底，技术中心有科技研发人员108人，其中博士研究生学历10人、硕士研究生学历37人、高级职称24人、中级职称45人。技术中心先后通过广西壮族自治区级技术中心认证、国家烟草专卖局行业级技术中心认定及广西壮族自治区级研发中心认证，技术中心检测中心是中国合格评定国家认可委员会（CNAS）认可的国家级实验室。

科研项目和技术创新成果。 全年实施开展科技计划项目139项，其中对外合作项目81项；参与行业项目8项，承担省部级及以上项目36项；“广西特色添加剂的质控评价方法研究”等13个项目通过省部级鉴定验收，“基于集群式企业一体化协同的多系统集成平台开发与应用”“小孔径多孔淀粉及其颗粒状吸附材料的技术创新与应用”成果获得广西壮族自治区科学技术进步奖三等奖。参与制定的省部级及以上标准有6项获颁布实施，其中国家标准3项，烟草行业标准1项，中国烟草总公司标准2项。主持制定的广西地方标准有5项获颁布实施。截至2017年底，公司累计获授权专利306件，其中发明专利100件，实用新型专利192件，外观设计专利14件；获得计算机软件著作权登记25项；美术作品登记22项。

【交流与合作】 以“夯基础、强管理，促发展”为主线，坚定不移地有针对性地选择和拓展目标市场，强化渠道和销售管理，稳步推进“真龙”品牌和产品国际化。立足东盟市场，发挥广西—东盟贸易区优惠政策和地缘经济优势，逐步打造在东盟地区卷烟市场的“真龙”品牌。努力打开在中亚、中东、非洲地区销售局面。充分利用经销商和行业境外生产中心的当地资源，深入目标市场进行充分需求调研，积极推进研发适合当地的新产品。聚焦“真龙”品牌培育与发展，抓好免税和有税两类市场，免税渠道树形象，有税市场打基础。全年卷烟出口量1.1亿支。依照行业发展方向，充分利用行业资源，与柬埔寨威尼顿集团进行境外合作生产项目的密切合作，全年实现合作生产1亿支。

【特事辑要】 2月24日，广西中烟与江苏中烟签署战略合作框架协议。

5月26日，南宁市市长周红波一行在广西中烟开展现场服务活动，对公司仓储科技园项目进展情况进行实地检查，对南宁卷烟厂卷包车间进行现场调研，并举行座谈会。

6月7日，中国海关总署副署长胡伟在公司卷烟厂调研。

6月9—10日，国家烟草专卖局党组书记、局长，中国烟草总公司总经理凌成兴在广西烟草调研。凌成兴强调，广西烟草要巩固“三个样板”（终端建设、卷烟打私、工商共同培育品牌），争当“四个先进”（稳产销、提结构、降库存、增税利），切实担负起政治责任、社会责任，全力支持、帮扶百色革命老区脱贫致富，打好打赢脱贫攻坚战。

12月5日，广西壮族自治区副主席陈刚一行在广西中烟调研座谈。

12月12日，广西壮族自治区副主席黄伟京一行在广西中烟开展财税收支调研。

2017年11月27—29日，广西中烟举办“两广烟叶评级职业技能竞赛”选手选拔赛

广西中烟　凌玉萍　摄

2017 年广西中烟工业有限责任公司所属生产厂情况统计

		广西中烟工业有限责任公司南宁卷烟厂	广西中烟工业有限责任公司柳州卷烟厂
法人资格		非独立法人	非独立法人
主要负责人（含党政领导）		党委书记、厂长：田兆福（—2017 年 11 月）、厂长：卢 健（2017 年 11 月—）	党委书记、厂长：郭志宏
成立时间		1975 年筹建，1978 年正式生产	1946 年
从业人员（人）		926	895
卷烟生产能力（亿支）		467	459
卷烟品牌	自有品牌	真龙	真龙、甲天下
	合作生产品牌	利群、大红鹰、雄狮	南京、双喜

◇ 撰稿：莫 止；编辑：邢忠敏 褚 幸

重庆中烟工业有限责任公司

【经济效益】 2017 年，重庆中烟工业有限责任公司实现卷烟销售收入 122.57 亿元，同比增长 1.93%。实现税利 80.14 亿元，同比增长 3%。亏损 0.57 亿元。三项费用率 10.5%，同比下降 0.2 个百分点。全年实现降本增效 1.1 亿元，超额完成国家局下达的 0.5 亿元年度目标。

全年万元产值综合能耗为 12.49 千克标煤，万支卷烟综合能耗为 3.79 千克标煤。烟叶、滤棒、盘纸年平均消耗分别为 6.75 千克/万支、2521 支/万支、596 米/万支。水、电平均消耗分别为 0.12 吨/万支、10.76 千瓦时/万支。

【主要产品与品牌建设】 *主要产品。* 公司生产的卷烟品牌有"天子""龙凤呈祥""宏声"，主要品牌"天子""龙凤呈祥"产销总量稳定增长。全年生产"天子"80.1 亿支（16.02 万箱），实现商业销量 69.91 亿支（13.98 万箱），同比增长 55.66%；生产"龙凤呈祥"253.3 亿支（50.66 万箱），实现商业销量 263.47 亿支（52.69 万箱），同比下降 4.02%；生产"宏声"30.46 亿支（6.09 万箱），实现商业销量 31.46 亿支（6.29 万箱），同比下降 2.06%。

合作生产。 2017 年，重庆中烟合作生产云南中烟"红塔山"10.99 亿支（2.20 万箱）、"红山茶"11 亿支（2.20 万箱）、"红梅"5 亿支（1 万箱），广西中烟"甲天下"10 亿支（2 万箱），甘肃烟草工业"兰州"20 亿支（4 万箱）。

产品开发。 贯彻品牌引领产品、产品成就品牌的理念，坚持系统化、滚动式产品开发和全体系、全价值链产品维护，推进产品线布局优化和品类创新性研发，添置细支、中支等特殊规格卷烟生产设备，全年报批"天子（细支传奇）""天子（红）""龙凤呈祥（蝶恋花）"等 3 款新产品，改造"天子（软千里江山）""龙凤呈祥（国色天香）""龙凤呈祥（遇见）"等 3 款产品，进一步丰富产品线。

市场开拓。 在抓好重庆市场的同时，贯彻"走出重庆、走出川渝、面向全国开拓重点市场"的战略，聚焦重点市场、重点品规，坚持在布局中优化、在巩固中提升，呈现出以重点市场为引领、增量市场为带动、潜力市场为补充的发展态势。四川市场实现量价齐升、较快增长，在其他市场形成 2 个 1 万箱、1 个 7000 箱、5 个 5000 箱、6 个 3000 箱的梯级市场格局。全年重庆市外的市场实现商业销量 101.5 亿支（20.3 万箱），实现商业销售收入 70.7 亿元，同比分别增长 38.7%、56.4%。

【原辅材料保障】 2017 年，重庆中烟拥有烟叶基地单元 8 个，其中国家局基地单元 3 个，省级基地单元 5 个。完成烟叶调拨 3.31 万吨（66.27 万担），其中调拨云南烟叶 0.75 万吨（15 万担）。上等烟比例为 60.06%、中等烟比例为 39.94%，中部烟比例为 63.91%。特色品种"K326"调拨 0.995 万吨（19.9 万担），占比 30.02%。

重庆中烟进一步增加云南烟叶调拨计划，云南烟叶占公司国内烟叶调拨计划的比重达到 31%，同比提高 8.3 个

2017 年 3 月 18—19 日，重庆中烟参加第十九届重庆春季婚博会
重庆中烟　供稿

百分点。严格烟叶工商交接质检，坚持外观质量与内在质量评吸结合的采购模式，扩大抽样半径，加大抽样比例和检验频次，对绝大多数产区烟叶采用整选后再交接的验收方式。加大配方打叶力度，强化复烤加工过程监管，严格执行《打叶复烤成品片烟质量评价办法》，分析评价并通报成品质量状况，保证复烤加工质量。

烟叶基地建设。 进一步优化基地单元区域和品种布局，精选云南、广东南雄、湖南郴州等优质烟区，打造重庆长江、乌江流域等特色种植带，总计种植 4.05 万亩“K326”烟叶，从品种特色上挖掘提升重庆烟叶与品牌配方的符合性及配伍性，降低库存风险。进一步巩固重庆烟区烟叶生产技术试点成果，围绕武陵山区特色优质烟叶种植带，优化集成“K326”特色品种规模化种植烤烟生产技术。

辅料物资保障。 实施动态监测，及时掌握市场信息和生产计划变化情况，尽量减少库存占压和报废损失，组织柔性供应，满足生产需要。推行“四同管理”，将同一分厂、同一材料、同一个月或者尾首旬相连的同一供应商降到 1 ~ 2 家，提高材料均质化水平和质量稳定性。参与国家局组织的“提高小规格卷烟品牌物资保障效率研究”课题，加强保障能力建设，提升“三保”水平。全年烟用材料供应及时率 100%，未发生因物资供应原因影响生产的情况。

【技术创新】 **科研项目管理。** 2017 年，公司在研科研项目 66 个。通过 1 项省部级项目鉴定，申报 2 项省部级项目，“提高再造烟叶浆料留着率的关键技术研究与应用”项目达到国际领先水平。全年申请专利 7 件，获得授权专利 2 件。在核心期刊发表论文 10 篇。

产品应用研究。 在深度运用复合生物制剂技术的同时，围绕转化应用，针对烟叶原料、特色滤棒等方面，集中梳理出 24 项基础研究应用技术。针对重庆地产烟叶使用难题，开发出模块叶组技术（含配伍性研究）、“伴侣”技术、特色彰显和缺陷弥补的料香技术、针对性的辅材组配技术及特色加工技术。基于地产烟叶质量重塑，开发出地产烟叶模块化应用的“模块—工艺—料香—掺配”组合处理技术。探索提高地产上部烟叶品质的田间生物调控技术。

加强产学研企合作。 加强博士后科研工作站建设，加快引进全国各大高校及科研院所人才。推进重点实验室建设，筹建重点实验室办公室和重点实验室学术委员会，共建再造烟叶技术研究联合实验室和天然植物提取技术研究联合实验室。通过重点实验室平台申报重庆市应用基础研究项目 1 项、重庆市社会发展与民生项目 1 项。

【对外合作】 2017 年，进口辅料购进方面，完成 700 吨丝束、100 吨卷烟纸的进口计划和辅料新规格的试样及调整工作。在境外实体化经营方面，由重庆中烟工业有限责任公司与重庆市烟草专卖局（公司）共同出资组建的重庆鼎睿诚商贸有限责任公司已完成注册，后期将接管缅甸邦康烟厂并履行经营职责。

【特事辑要】 2 月 7 日，重庆中烟在重庆召开一届三次职代会暨 2017 年工作会。

3月6—10日，国家局党组成员、副局长徐瑾在重庆烟草调研。

12月18日，"天子"品牌卷烟年产量突破75亿支（15万箱）。

2017年重庆中烟工业有限责任公司所属生产厂情况

		重庆中烟工业有限责任公司 重庆卷烟厂	重庆中烟工业有限责任公司 涪陵卷烟厂	重庆中烟工业有限责任公司 黔江卷烟厂
法人资格		非独立法人	非独立法人	非独立法人
主要负责人（含党政领导）		厂长：刘大富 党委书记：张云义	厂长：陈　瑜 党委书记：李朝海	党委书记、厂长：李大学
成立时间		1938年	1964年	1976年
从业人员（人）		904	705	757
卷烟生产能力（亿支）		250	200	200
卷烟品牌	自有品牌	天子、龙凤呈祥、宏声	天子、龙凤呈祥、宏声	龙凤呈祥
	合作生产品牌	红塔山、兰州、红山茶、红梅		甲天下

◈ 撰稿：范　森；编辑：王东旭　褚　幸

四川中烟工业有限责任公司

【经济效益】 2017年，四川中烟工业有限责任公司实现卷烟销售收入194.52亿元，同比增长5.27%。实现税利132.74亿元，同比增长9.82%，其中利润1.6亿元。三项费用率9.58%，同比下降0.73个百分点。实现降本增效目标1.03亿元。

全年万元产值综合能耗为9.24千克标煤，万支卷烟综合能耗为2.79千克标煤。烟叶、滤棒、盘纸平均消耗分别为6.66千克/万支、2112支/万支、610米/万支。水、电平均消耗分别为0.095吨/万支、9.27千瓦时/万支。

【主要产品与品牌建设】 **主要产品。** 2017年，四川中烟有"娇子""天下秀""五牛"等在产卷烟品牌。"娇子"全年实现销量361.71亿支（72.36万箱），其中"娇子（宽窄）"系列实现销量20.17亿支（4.04万箱）；"天下秀"实现销量116.27亿支（23.25万箱）；"五牛"实现销量13.55亿支（2.7万箱）。

2017年，川烟新品（四川中烟成立后开发的新规格）（三类以上）实现销量123亿支（24.6万箱），同比增长40%，占省产卷烟（三类以上）销量的32.7%。其中，"娇子（宽窄）"系列实现销量20.17亿支（4.04万箱），单箱收入达到7.4万元；"娇子（格调）"系列销量42.79亿支（8.56万箱），单箱收入达到2.92万元；特色系列实现持续性增长，"娇子（X）"全年实现销量79亿支（15.8万箱）。

合作生产。 2017年，四川中烟合作生产浙江中烟"利群"120亿支（24万箱）、"雄狮"30亿支（6万箱），湖北中烟"黄鹤楼"22.85亿支（4.57万箱）、"红金龙"20.4亿支（4.08万箱），云南中烟"云烟"38.25亿支（7.65万箱）、"红塔山"22.55亿支（4.51万箱）、"红梅"3.95亿支（0.79万箱）。

新品开发。 开发具有自主核心技术的烟斗丝产品。在"长城芭丝"基础上，策划"宽窄·长城芭丝"烟斗丝品牌，打造"黑芭丝""淡芭丝"2个产品系列，开发铁盒装（扁盒）、铁盒装（小罐）、铝塑袋装等包装形式，进行市场测试。

品牌培育。 充实"宽窄"系列，推出"娇子（宽窄逍遥）""娇子（宽窄逍遥细支）""娇子（五粮浓香中支）""娇子（五粮醇香）""娇子（宽窄好运细支）"5款新品；维护改造"娇子"系列，对"娇子（蓝）""娇子（软阳光）""娇子（时代阳光）""娇子（黑）"4个规格进行配方改良；巩固提升特色系列，对"娇子（X生肖）""娇子

2017 年 5 月 10 日，四川中烟在成都卷烟厂举办第一届"宽窄杯"烟草制品购销职业技能竞赛

四川中烟　供稿

(X 玫瑰)"2 款"X"系列产品进行升级改造，设计开发"娇子（短格调)"。

落实"三零标准""三不原则"，制定实施《四川中烟优质优产工作推进方案》，全年制丝优质品率平均为 90%；卷制包装优质品率平均为 69%。完善制度标准，修订生产、过程工艺质量及设备管理等制度 13 项，发布《卷烟质量分级及判定规则》，建立优质品评价标准及考核体系。组织质量专项排查完成整改课题 61 项、攻关项目 7 项。加强原辅料质量管控，建立烟用材料采购全过程跟踪制度，探索"零库存"管理机制，"柔性化"物资供应体系进一步完善。

全年川产卷烟省内销量同比下降 6.99%，省内份额同比减少 2.43 个百分点，结构增长 9.36%。加强终端建设，推进"1236"规划和"百千万"工程。推进重点品牌（规格）的有效上柜工作，全年累计上柜率达到 31%。

【原辅材料保障】 **烟叶采购调拨。** 2017 年，烟叶调拨年度调拨计划 3.13 万吨（62.51 万担）。截至 2017 年底，完成烟叶调拨 1.07 万吨（21.33 万担），其中烤烟 1.04 万吨（20.83 万担）。上等烟采购入库 0.47 万吨（9.37 万担），占比 44.98%。

烟叶基地单元建设。 根据品牌对烟叶原料的需求，四川中烟稳定 18 个烟叶基地单元面积和规模，其中国家局级基地单元 15 个、省级基地单元 3 个。15 个国家局级基地单元包含 9 个标准单元和 6 个特色烟单元。

烟用材料供应。 2017 年，烟用材料采购金额 28.27 亿元，其中备品备件采购金额 1.11 亿元。全年开展香精香料、商标纸、封签等 14 个项目的公开招标工作，公开招标比例为 93.92%，降低采购成本 2000 万元。材料供货及时率100%。

【科研项目】 2017 年，四川中烟开展各类科研项目 39 项。其中，国家局项目 1 项，省政府项目 2 项，省级公司项目 27 项，自立项目 8 项；完成 8 项科研项目验收。发表各类论文 36 篇，其中在国外发表或者国际会议宣读论文 3 篇、国内科技刊物公开发表论文 25 篇。获得专利授权 58 件，其中发明专利 43 件。

【交流与合作】 2017 年，四川中烟立足川烟"宽窄""长城"发展实际，拓展市场渠道和范围，提升出口规模和创汇能力，开展终端推广，在国际市场树立四川中烟品牌形象，构建川烟拓展国际市场新格局。全年出口卷烟 2706 万支，雪茄烟 263 万支，出口滤嘴棒 611 万支，出口市场为中国免税市场、东南亚、中东、南美及乌克兰，出口实现 157.6 万美元。

【特事辑要】 3 月 6—8 日，国家局党组成员、副局长徐瑩在四川烟草调研。

6 月 21—22 日，国家局党组成员、副局长段铁力在四川中烟调研。

11 月 8 日，中国雪茄博物馆开馆暨迎接川烟一百年倒计时活动在"中国雪茄之乡"四川省什邡市举行。

2017 年四川中烟工业有限责任公司所属生产厂情况统计

		四川中烟工业有限责任公司成都卷烟厂	四川中烟工业有限责任公司什邡卷烟厂	四川中烟工业有限责任公司绵阳卷烟厂	四川中烟工业有限责任公司西昌卷烟厂
法人资格		非独立法人	非独立法人	非独立法人	非独立法人
主要负责人（含党政领导）		党委副书记、厂长：姜　鸥 党委书记、副厂长：余　强	党委副书记、厂长：黄若强（—2017 年 5 月）、刘　柳（2017 年 5 月—） 党委书记、工会主席：刘谋志	党委书记、厂长：刘　林	党委书记、厂长：张　楠
成立时间		1952 年	1918 年	1952 年	1985 年
从业人员（人）		1437	1128	1476	610
卷烟生产能力（亿支）		612	257	150	189
卷烟品牌	自有品牌	娇子、天下秀	娇子、天下秀	娇子	娇子、天下秀、五牛
	合作生产品牌	—	黄鹤楼、红金龙、云烟	利群、红塔山、红梅、雄狮	

◇撰稿：江　磊　张　春；编辑：王东旭　褚　幸

贵州中烟工业有限责任公司

【经济效益】 2017 年，贵州中烟工业有限责任公司实现卷烟销售收入 325.75 亿元，同比下降 2.37%。实现税利 248.35 亿元，同比增长 0.57%，其中利润 25.54 亿元，同比下降 2.67%。三项费用率 7.75%。

全年万元产值综合能耗为 9.27 千克标煤，万支卷烟综合能耗为 2.87 千克标煤。烟叶、滤棒、盘纸平均消耗分别为 6.91 千克/万支、2513 支/万支、596 米/万支。水、电平均消耗分别为 0.09 吨/万支、9.1 千瓦时/万支。

【主要产品与品牌建设】

2017 年，贵州中烟生产的自有卷烟品牌有“贵烟”“黄果树”“遵义”，合作生产的卷烟品牌有“利群”“雄狮”。

合作生产卷烟减少，自有卷烟发展能力增强。“贵烟”细支烟实现增长，截至 2017 年底，“贵烟”细支烟销量 49.05 亿支（9.81 万箱），销量由 2016 年末的第 26 位上升到第七位，其中“贵烟（跨越）”列行业一类细支烟第二位，单月销量从 11 月起升至第一位，被国家局、总公司评为 2015—2017 年度烟草行业“十大优秀卷烟新产品”。“贵烟（国酒香 30）”“贵烟（小国酒香）”“贵烟（硬高遵）”“贵烟（喜）”“贵烟（硬黄精品）”销量同比增长分别为 34.66%、43.25%、7.96%、6.43% 和 4.24%。加强新品开发，“贵烟（行者）”投放市场。

市场分析把控能力增强，采集样本覆盖“贵烟”9 个规格流通价格和零售价格信息，实现市场信息零距离反馈、品牌波动第一时间掌控。不断深化“200 户工程”和战略联盟户质量，在全国建立核心户 10 余万个，终端管理和维护

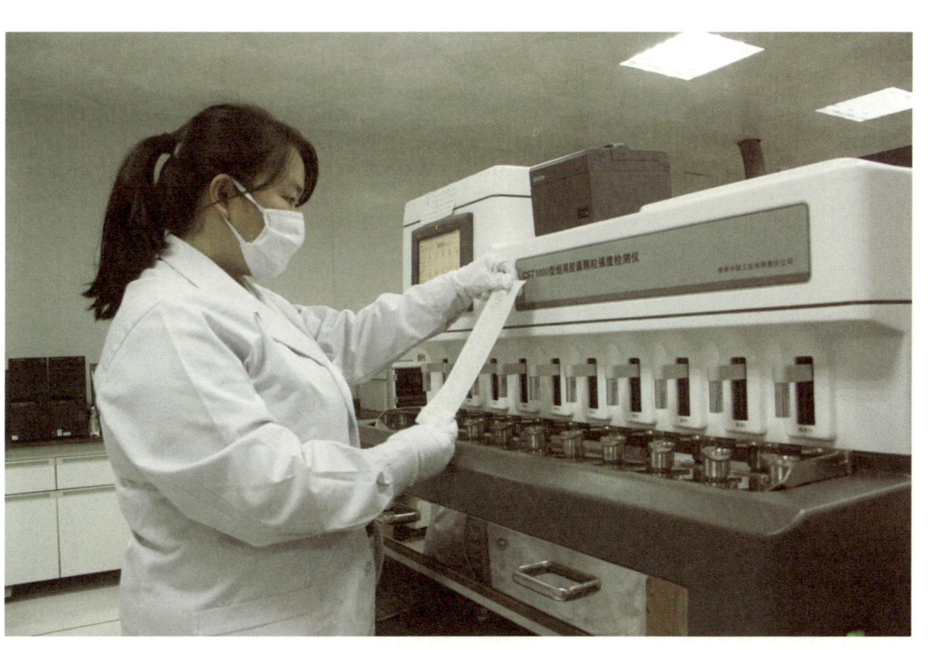

贵州中烟研发人员检测产品生产质量（2017 年）

贵州中烟　供稿

效果明显提升。充分发挥"贵烟（国酒香30）"高端引领作用，科学布局，合理规划，全面推进"贵烟"系列规格良性发展，实现一类市场"稳"、二类市场"拓"，市场张力提升，省内外市场保持良好状态。

2017年，贵州中烟合作生产浙江中烟品牌卷烟"利群""雄狮"共144.99亿支（29.00万箱）。持续开拓国际市场，卷烟出口1.05亿支（0.21万箱），同比增长51.89%，出口金额同比增长50.13%。

【管理创新】 "精造工程"强力引领，"贵烟制造"再上台阶。实施"一平台三系统"管理体系升级改造，加速构建全方位工艺质量保障体系，锁定制造精度，强化管理推动，注重生产过程工艺提升。"精造工程"实施以来，38项工作任务责任明确，靶向清晰，100余个自查项目整改到位，取得阶段性成果。产品在国家各级市场抽检中继续保持100%合格率。公司自有品牌满分率36.1%，同比增长9.61个百分点。包装与卷制质量检验加权平均值99.4分率为75.2%，同比增加10.96个百分点。

不断强化民主决策、科学决策、依法决策，法治贵烟建设取得新成效。累计公开事项4072条，职工总点击数超过116万次。全年公开招标金额占比99%，继续高于行业平均水平。持续推进工程项目、物资采购法律前置监督和全过程审计监督。强化供应商管理，构建精细化采购管理模式，617个烟用材料采购项目均严格按程序审批执行。

管理体系日趋完善，精益管理持续深化。综合性创新体系构建持续深入，纳入公司管控的25个管理创新（精益管理）项目持续推进降本增效工作，累计产生经济效益1.35亿元，超额完成国家局下达的1.2亿元降本增效目标。卷烟包装箱循环利用完成率138%，降低烟箱采购成本2300万元。全年质量管理成果95个，其中3个质量管理成果分别获得行业和省级一、二等奖。公司7项对标指标排列行业前五位，11项指标超过行业平均水平，16项指标与行业平均水平差距不断缩小。

【技术改造】 推进贵州中烟遵义、贵定、铜仁等3家卷烟厂的技改项目。截至2017年底，3家工厂的联合工房及相关单体的主体结构工程完成，工程质量、安全、工期、费用和廉洁等规范可控，全年节省投资资金3300万余元。

【原辅材料保障】 原料保障水平稳步提升，烟叶结构体系更加合理。持续深化采购烟叶结构性调整，通过一区一策、责任落实、绩效考核等控制措施，使烟叶结构体系管控得到优化。一、三类烟烟叶原料成本低于行业平均单价，片烟储存养护条件得到根本改善，养护方式研究取得实质性进展，"一次密封终身覆膜"等养护模式全面推广，多项养护工艺得到运用，储存质量进一步提高。

【技术创新】 **科技创新能力持续提升。** 研发"贵烟（行者）""贵烟（细支国酒香30）"等新品，开启技术创新占领市场的升级版。科技创新平台建设持续加强，新建科研合作平台3个。卷烟科技减害水平稳步提升，减害增香颗粒、超薄压梗等减害新材料、新工艺应用研究更加深入。

卷烟生产"大工艺"持续深化。 卷烟工艺研究继续向打叶复烤前移，建立"贵烟"品牌原料打叶复烤加工实验室，首次发布贵州中烟《烟叶质量白皮书》，库存烟叶全面实现最佳醇化期监控，烟叶原料个性化加工得到应用，烟叶均质化加工水平进一步提升，已加

2017年12月5日，2017年世界烟草博览会在阿联酋迪拜开幕。图为贵州中烟展台

贵州中烟　供稿

工模块烟碱CV值达到行业先进水平。特色工艺研究得到全面应用，烟叶水洗处理特殊工艺、真空烟叶特殊处理等专题工艺项目相继攻克。

精益研发建设持续加强。 8个品牌香精香料设计成本降低，单箱最高降值39.4元。卷烟薄膜国产化应用范围扩大，成本降低15%。

2017年，贵州中烟获行业及省部级科技成果6个，组织申报国家局科技项目13个。申报专利118件，获得专利授权68件，其中发明专利15件，国际专利实现零突破，首批2件国外专利申请已成功在欧洲批准。专利授权数累计447件，其中发明专利77件，均超过国家局技术创新能力考核指标值。

【对外交流与合作】 2017年，贵州中烟大力开拓国际市场，出口卷烟1.05亿支（0.21万箱），其中“贵烟（国酒香）”系列占比74.34%，实现出口632万美元，同比增长44%，结构明显提升。新增出口规格1个，新增新加坡、印度机场免税2个出口市场。12月，贵州中烟携“贵烟（国酒香）”“贵烟（跨越）”等10余个产品参展2017年“世界烟草博览会”，“贵烟”系列产品再次成功亮相国际舞台。

【特事辑要】 4月13日，国家局党组成员、副局长杨培森在贵州中烟调研。

5月4日，贵州省副省长刘远坤调研贵州烟草，听取工商企业工作汇报。

6月29日，由贵州中烟副总经理胡世龙，技术中心副总工程师刘剑，以及黄新民、阮艺斌、王维维、谢顺萍等技术人员主创的“一种含活性炭加热的烟草基底的制备方法”成为贵州中烟第一件国际专利（申请）。

9月10—12日，国家烟草专卖局党组书记、局长，中国烟草总公司总经理凌成兴在贵州烟草调研。贵州省委书记孙志刚，省委副书记、代理省长谌贻琴会见凌成兴，副省长刘远坤参加会见。双方就贵州烟草改革发展交换意见。

11月17日，贵州中烟贵阳卷烟厂被评为“第五届全国文明单位”。

12月5日，2017世界烟草博览会在阿联酋迪拜开幕，贵州中烟“贵烟（国酒香30）”等12个规格产品参展。

2017年贵州中烟工业有限责任公司所属生产厂情况统计

		贵州中烟工业有限责任公司贵阳卷烟厂	贵州工业有限责任公司遵义卷烟厂	贵州中烟工业有限责任公司毕节卷烟厂	贵州中烟工业有限责任公司贵定卷烟厂	贵州中烟工业有限责任公司铜仁卷烟厂
法人资格		非独立法人	非独立法人	非独立法人	非独立法人	非独立法人
主要负责人（含党政领导）		党委书记、厂长：王光举	党委书记、厂长：马　亚	党委书记、厂长：罗　军	党委书记、厂长：谭天兵	党委书记、厂长：李　柏
成立时间		1940年	1978年	1974年	1951年	1977年
从业人员（人）		2415	1415	1258	919	521
卷烟生产能力（亿支）		500	300	300	150	100
卷烟品牌	自有品牌	贵烟、黄果树	贵烟、黄果树、遵义	贵烟、黄果树、遵义	贵烟、黄果树、遵义	黄果树、遵义
	合作生产品牌	—	利群	利群、雄狮	—	—

◇ 撰稿：高　雕；编辑：褚　幸

云南中烟工业有限责任公司

【卷烟生产经营】 **经济效益。** 2017年，云南中烟所属卷烟生产企业有红塔烟草（集团）有限责任公司（简称红塔集团）和红云红河烟草（集团）有限责任公司（简称红云红河集团）。红塔集团下设玉溪、楚雄、大理、昭通卷烟厂4家省内卷烟生产厂；红云红河集团下设昆明、红河、曲靖、会泽卷烟厂4家省内卷烟生产厂及新疆、乌兰浩特卷烟厂2家省外全资卷烟生产厂。

按主业合并口径统计，全年实现税利1260.46亿元，同比增长0.14%。全资企业实现税利1126.64亿元，同比增长0.08%，其中利润180.24亿元，同比下降8.89%。省内卷烟企业单箱卷烟销售收入1.81万元，同比增长3.23%；单箱卷烟税利1.49万元，同比增长2.35%。三项费用率7.68%，同比增加0.03个百分点。

全年万元产值综合能耗为5.91千克标煤，万支卷烟综合能耗为2.21千克标煤。烟叶、滤棒、盘纸平均消耗分别为6.51千克/万支、2501支/万支、590米/万支。水、电平均消耗分别为0.05吨/万支、6.93千瓦时/万支。

降本增效。 推进“全员、全过程、全方位”降本增效，成本费用明显下降。全年实现降本增效6.57亿元，其中，技术研发环节降低2.3亿元、物资采购环节降低0.49亿元、生产制造环节降低2.7亿元、物流管理环节降低0.3亿元、国际拓展环节降低0.72亿元、多元化环节降低0.05亿元、技术成果转化环节降低0.01亿元。工业调剂调出片烟回笼资金11亿元，通过优化国内烟叶调拨结构，减少烟叶采购资金23亿元。

【主要产品与品牌建设】 **主要产品。** 2017年，云南中烟在产卷烟品牌21个。其中，红塔集团生产“玉溪”“红塔山”“红梅”“阿诗玛”“新兴”“Marble”“Brass”“Eston”“GEM”“Strand”等10个卷烟品牌；红云红河集团生产“云烟”“红河”“小熊猫”“红山茶”“茶花”“钓鱼台”“雪莲”“呼伦贝尔”“紫气东来”“冬虫夏草”“大青山”等11个卷烟品牌。

“云烟”品牌52个在销规格，销量1780.35亿支（356.07万箱），同比下降1.78%，“红塔山”品牌16个在销规格，销量1324.3亿支（264.86万箱），同比下降3.06%；“玉溪”品牌25个在销规格，销量678.8亿支（135.76万箱），同比增长1.99%；“红河”品牌13个在销规格，销量497.9亿支（99.58万箱），同比下降2.61%。

云产卷烟实现商业批发销售收入2588.54亿元，同比下降0.24%。其中，“云烟”1103.63亿元，同比增长0.03%；“玉溪”704.47亿元，同比增长1.55%；“红塔山”487.81亿元，同比下降2.83%；“红河”183.1亿元，同比下降0.75%。

2017年，云南中烟按照结构全面上移、价位适度交叉、风格各有侧重、整体协同互补的品牌组合战略，做大“云烟”、做精“玉溪”、做强“红塔山”、做稳“红河”、做专“X”品牌，全力打造品牌形象定位清晰、风格特征突出鲜明、品类特色错位布局的品牌集群，逐步改变三大品牌价格档次、市场布局交叉重叠的发展格局。

新品培育。 云南中烟实行产品全生命周期的专家负责制，落实品牌（规格）计划，突出产品内在符号化、外在形象化，突出烟草的本香特质，突出新品成功率、产品成长力。2017年，云产卷烟有20个新品上市，其中，面向全国推出新品18个、浙江市场专销规格2个，有31个省级市场引入云产卷烟新品。20个新品全年实现商业销量46.85亿支（9.37万箱），其中，“玉溪（初心）”20.75亿支（4.15万箱）、“玉溪（软阿诗玛）”4.6亿支（0.92万箱）、“云烟（细支云龙）”4.5亿支（0.9万箱）、“红河（A7）”3.6亿支（0.72万箱）。

为适应消费多元化的市场需求，加大对“短细中爆”特色品类培育力度。2017年，云产短支烟实现销量3.55亿支（0.71万箱）；云产细支烟实现销量60.55亿支（12.11万箱），其中“玉溪”销量16.6亿支（3.32万箱）；云产中支烟实现销量10.19亿支（2.04万箱），同

2017年6月15日，云南中烟召开云产卷烟品牌发展座谈会

云南中烟 供稿

比下降1.96%。“云烟”销量25.8亿支（5.16万箱），“红塔山”销量9.95亿支（1.99万箱），同比增长24.17%。

【原辅材料保障】 **原料综合管理平台。** 2017年，云南中烟原料综合管理平台正式上线运行，实现云南中烟原料全生命周期一体化管理并将质量贯彻始终，形成完整的原料业务链条和管理视图。

原料采购调拨。 2017烤烟年度，云南中烟国内烤烟计划为42.23万吨［844.55万担（含增补计划54.55万担）］，其中云南省内烟叶计划31.85万吨（637万担），占比75.4%，省外烟叶计划10.38万吨［207.55万担（含增补计划54.55万担）］，占比24.6%。实际调拨云南省内烟叶31.39万吨（627.69万担）、省外烟叶10万吨（200.02万担）。

“2260”优质烟叶工程。 2017年，云南中烟全面推进20万亩“2260”高端特色烟叶的开发，调拨烟叶3万吨（60万担）。在昆明市、玉溪市、大理州等州市选择20个县、区，每个县、区种植1万亩。完成2016年“2260”烟叶高端模块组配和复烤加工，以及工程评价及分析总结。与云南省局（公司）协同科研单位共同制定并落实2017年度开发品种和区域，制定2017年“2260”高端原料生产技术方案、工作方案、田间检查考核方案、取样方案、考核实施方案，组织完成2017年“2260”烟叶田间检查、评价、总结工作。

辅料保障。 云南中烟物资（集团）有限责任公司（简称物资集团）成立于2006年，由云南中烟物资配套公司改制而成的，是云南中烟的全资子公司。主要从事全省烟草工业生产所需的卷烟材料、烟机零配件以及仓储运输的经营业务；履行全省卷烟材料、烟机设备和零配件以及非烟用物资行政管理职能。代管云南烟草机械有限责任公司，参股上海中臣烟草机械配件有限责任公司。从业人员318人。截至2017年底，拥有总资产30.39亿元，其中，固定资产0.9亿元、流动资产29.05亿元，资产负债率34.91%。

全年实现主营业务收入117.25亿元，其中，卷烟材料业务收入114.37亿元、烟机配件业务收入2.52亿元、仓储运输业务收入0.36亿元。实现利润1.82亿元。

【技术创新】 **云南中烟工业有限责任公司技术中心概况。** 技术中心于2014年3月18日成立，由原云南中烟工业有限责任公司科技开发部、云南中烟工业有限责任公司原料部、云南烟草科学研究院、红塔集团技术中心和红云红河集团技术中心合并组建而成。拥有行业重点实验室2个、行业标准重点研究室2个、云南省重点实验室1个、院士工作站1个、归口统筹企业博士后科研工作站3个。

截至2017年底，从业人员488人，其中，博士研究生学历64人、硕士研究生学历145人，高级职称102人。拥有行业科技领军人才1人，行业学科带头人5人，行业高级调香师5人；享受国务院政府特殊津贴人员、云南省有突出贡献优秀专业技术人才、享受云南省政府特殊津贴人员19人；云岭产业科技领军人才1人；云南省中青年学术技术带头人4人、云南省技术创新人才8人、云南省技术创新人才培养对象11人；昆明市中青年学术和技术带头人及后备人选10人。管理使用的科研设备有1674台（套），净值1.25亿元。

科研成果。 2017年，云南中烟获得省部级科学技术进步奖一等奖1项、二等奖5项、三等奖3项，技术发明奖三等奖1项，承担和参与行业标准项目17项，发表SCI/EI刊源和中文核心期刊58篇。申请专利909件，其中发明专利452件；获得授权专利508件，其中发明专利74件。获得云南省专利奖一等奖1项。获得中国烟草总公司计划项目立项5项，云南省基础研究青年项目6项，云南中烟项目立项32项。

前沿技术。 持续扩大研发开放创新，分别与玉溪溶剂厂、玉溪市烟草公司、黑龙江烟草工业有限责任公司等新建3个联创平台。加速推进前沿技术开发，以重大专项为依托，建设烟草基因编辑育种工厂，组建专业研究团队，加快基因编辑育种核心技术研究，系统优化烟草水培早花技术，用于核心基因和重要基因编辑素材库的创制，获第一代植株2200余份，初步建成育种素材创制平台。立足微生物技术在卷烟产品中的升级应用，系统开展土壤改良、烟叶醇化、烟用纤维材料改性、烟用料液等方面的研究，筛选获得一批适用性强的微生物菌株，为后续的技术开发与应用奠定基础。

【对外交流与合作】 **云南烟草国际有限公司概况。** 公司成立于2006年，是云南中烟的全资公司。2014年7月，云南中烟调整拓展国际市场管理体制，云烟国际从“管理经营型”主导向“经营实体型”主体转变，按照“产销分离”原则，主要负责统一运作云南中烟国际市场销售；云南中烟卷烟品牌国际市场培育、开发、销售、分销渠道管理、参与国际市场产品的开发与维护；云南中烟的境外品牌运营、国际市场供应链管理、云南中烟的境外投资、国

2017年1月22日，云南中烟技术中心举办创客大赛　云南中烟　蒋　鹏　摄

际市场兼并收购、国际合作等业务。截至2017年底，拥有总资产30.8亿元，本部从业人员95人，其中驻境外工作人员18人。

境外实体化运作。 云南中烟及其下属企业有7家境外公司，其中天成（太平洋）有限公司、红塔瑞士有限责任公司、红塔瑞士罗马尼亚公司为全资公司，云南烟草国际（缅甸）服务有限公司、老挝寮中红塔好运烟草有限公司为控股公司、钓鱼台（香港）烟草有限公司为参股公司；1家参股的国际合资公司，即与帝国品牌公司合资运营的地平线国际合资有限公司；3家有资产关系的境外生产企业，其中香港红塔国际烟草有限公司、老挝寮中红塔好运烟草有限公司为控股，中烟国际欧洲有限公司为参股；2家参股的烟叶公司：中烟国际阿根廷有限公司、中烟国际巴西有限公司；4个境外许可生产项目：云南缅甸环球项目、云南印尼ROCK项目、云南阿根廷项目、云南纳米比亚项目。2017年11月，云烟国际与天利国际经贸有限公司共同成立中烟国际中东公司。

卷烟境外销售。 2017年，境外卷烟销量（含出口烟、境外生产销售）239.82亿支，同比增长8.1%。

混合型卷烟销量增长。全年实现销量162.8亿支，同比增长29.6%，产品组合更符合国际市场趋势，混合型卷烟品牌的知名度和影响力提升。

有税渠道销量增长。全年实现销量180.1亿支，同比增长20%，有税渠道成为支撑国际市场销量的主力，云南中烟拓展国际市场可持续发展能力和抗风险能力提升。

品牌力量逐步释放。“云烟”“阿诗玛”“GEM”“Win”4个品牌年销量均超过30亿支，“Marble”品牌销量达到27.51亿支，同比增长37.8%，20亿支以上的6个品牌对总销量的贡献度达到77.9%。

回流卷烟下降。通过综合施策，2017年比2016年回流数量下降17%，在2017年国家局通报要求责罚的回流经销商中，云南中烟没有一家经销商被列入处罚名单，回流势头得到根本性遏制。

与跨国烟草公司合作。 与帝国品牌公司合资运营的地平线公司开局良好，国际市场“Jade”“Horizon”2个品牌上市第一年实现销量22.67亿支，在俄罗斯、乌克兰、哈萨克斯坦、奥地利等市场表现良好，成为云南中烟国际市场销量贡献中的优质增量和新的增长点。

供应链管理。 2017年，云烟国际顺利获得“海关AEO高级企业”认证，为获得国际贸易的优惠政策、提升公司与互认国商业伙伴间的通关效率发挥积极作用。2017年，全面实现混合型卷烟5个品牌12个规格、烤烟型10个品牌18个规格的国际市场烟丝替代工作，全年通过原辅料国际市场采购替代，实现降本增效6800万元。

【特事辑要】 1月19日，云南中烟召开2017年工作会议。

2月14日，内蒙古自治区副主席刘新乐在乌兰浩特卷烟厂检查安全生产工作。

2月16日，国家工商行政管理总局副局长甘霖在红塔集团调研。

3月31日，云南省副省长董华在红河卷烟厂调研。

4月18日，云南省人大常委会副主任王树芬在曲靖卷烟厂调研。

5月3日，国家质量监督检验检疫总局副司长嵇超与外交部条约法律司、中国检验检疫科学研究院、国家烟草质量监督检验中心和国家烟草专卖局办公室等单位有关人员在云南中烟调研。

5月9日，由云南烟草国际有限公司、天利国际经贸有限公司和怡通烟草（香港）有限公司共同出资设立的地平线国际合资有限公司在中国香港挂牌运营。国家局党组成员、副局长徐瑾出席挂牌仪式并致辞。

5月22日，云南省政府与辽宁省政府在昆明签署两省《关于进一步促进烟草生产战略合作框架协议》。云南中烟、云南省烟草专卖局（公司）、辽宁省烟草专卖局（公司）、红塔辽宁烟草有限责任公司共同签署《云南省辽宁省烟草产业“十三五”期间合作协议》。

6月17日，云南省委常委、常务副省长宗国英在曲靖卷烟厂调研生产经营情况。

6月26日，国家局党组成员、副局长段铁力在山西烟草调研，其间考察山西昆明烟草有限责任公司易地技改项目。

7月27日，内蒙古自治区党委常委、常务副主席张建民在乌兰浩特卷烟厂调研。

8月23—25日，国家局党组成员、直属机关党委书记高林在云南烟草调研。

8月24日，云南省副省长董华在红塔集团考察调研。

8月25日，宁夏回族自治区政协副主席田成江一行在红塔集团调研。

9月26日，民盟中央副主席、云南省政协副主席倪慧芳一行在昭通卷烟厂调研《中华人民共和国环境保护法》贯彻实施情况。

9月26日，施伟策－摩迪国际集团首席执行官杰弗里·克莱默（Jeffery Kramer）在云南中烟调研。

12月4日，老挝人民革命党中央政治局委员、建国战线中央主席赛宋蓬·丰威汉和沙湾拿吉省省长伞迪帕·丰威汉一行在老挝寮中红塔好运烟草有限公司调研。

12月18日，国家局党组成员、副局长段铁力在云南中烟技术中心调研。

红塔烟草（集团）有限责任公司

【经济效益】 2017年，红塔集团本部及省内四厂实现销售收入606.9亿元，同比下降0.07%。实现税利516.02亿元，同比下降0.07%，其中利润59.91亿元。三项费用率6.12%。

全年万元产值综合能耗为5.94千克标煤，万支卷烟综合能耗为2.35千克标煤。烟叶、滤棒、盘纸平均消耗分别为6.12千克/万支、1668支/万支、600米/万支。水、电平均消耗分别为0.07吨/万支、7.29千瓦时/万支。

【主要产品与品牌建设】 2017年，红塔集团生产主要卷烟品牌：“玉溪”“红塔山”“红梅”“阿诗玛”“新兴”“Marble”“Brass”“Eston”“GEM”“Strand”等。

“玉溪”品牌境内外生产726.39亿支（145.28万箱），同比增长6.43%，其中与省外企业合作生产7.49亿支（1.5万箱）。“玉溪”实现工业销量699.65亿支（139.93万箱），同比下降0.76%。“玉溪”一类烟在全国商业销量中居一类烟第二位。

“红塔山”品牌境内外生产1363.31亿支（272.66万箱），同比增长1.36%，其中合作生产425.45亿支（85.09万箱）。“红塔山”实现工业销量1319.82亿支（263.96万箱），同比下降7.29%。“红塔山”在2017年卷烟累计交易量（三类以上）中居第四位。

【卷烟新品产量】 2017年，红塔集团生产卷烟新品8个，合计生产50.62亿支（10.12万箱）。其中，“玉溪（壹零捌）”3亿支（0.6万箱）、“玉溪（初心）”28.7亿支（5.74万箱）、“玉溪（合和）”71万支（14.2箱）、“玉溪（软阿诗玛）”7.25亿支（1.45万箱）、“玉溪（细支初心）”4.6亿支（0.92万箱）、“玉溪（高配版）”3.05亿支（0.61万箱）、“红塔山（硬经典二代）”1.6亿支（0.32万箱）、“玉溪（软初心）”2.4亿支（0.48万箱）。

【优质烟叶保障】 2017年，红塔集团紧扣品牌导向型质量需求，做实基地、做精原料，推广各项生产技术措施，适时调整优化烟叶产区布局，夯实优质原料供应链基础。新增江川、大理湾桥项目区，易门六街置换为浦贝；调增综合评价优质区，扩增新平、南华、双柏项目区，增加小街、岔河调拨计划。产区布局再优化后：10个“2260”项目区分布在玉溪、楚雄、大理三大核心烟区。工商协同制定工作方案、技术方案、考核方案和补贴办法，共同把控质量考核、检查考核，推动品牌与原料的深度融合，基地化采购率达到85.26%，采购高端特色烟叶1.5万吨（30万担）。烟叶工商交接质量检查显示品种纯度为100%，等级纯度在90%以上，等级合格率在80%以上。

红云红河烟草（集团）有限责任公司

【经济效益】 2017年，红云红河集团实现卷烟销售收入806.23亿元，同比增长1.88%；实现税利624.10亿元，同比增长0.48%；实现利润76.35亿元，同比下降12.63%。三项费用率5.54%，同比下降2.47个百分点。

全年万元产值综合能耗为7.54千克标煤，万支卷烟综合能耗为2.68千克标煤。烟叶、嘴棒、盘纸平均消耗分别为6.51千克/万支、2511支/万支、591米/万支。水、电平均消耗分别为0.05吨/万支、8.17千瓦时/万支。

【主要产品与品牌培育】 **主要产品。** 2017年，红云红河集团生产“云烟”“红河”“小熊猫”“红山茶”“茶花”“钓鱼台”“雪莲”“呼伦贝尔”“紫气东来”“冬虫夏草”“大青山”等11个品牌、111个规格，并互动加工“红塔山”品牌2个规格。

“2+X”品牌发展规划。 红云红河集团明确“2+X”品牌发展规划：将“云烟”品牌定位为行业规模效益兼具的全国性知名品牌，以母子品牌加系列化的模式构建“大重九”“印象”“烟庄”“珍品”“精品”等5个系列，每个系列培育1~2个主导/核心规格。2017年，“红河”与“云烟”“玉溪”“红塔山”共同被列为云南中烟“四大品牌”。“红河”定位为行业区域性优势品牌，按照高价“道”系列、高端“V”系列、中高端“A”系列和中端“88、99”系列发展；“X”品牌定位为创新型特色品牌。同时打造好“钓鱼台”“香格里拉”“雪莲”“呼伦贝尔”“紫气东来”“冬虫夏草”等品牌，着力满足市场个性化、多样化需求，形成集团定位清晰、协同互补的品牌矩阵。

重点品牌销售。 全年“云烟”品牌商业销量1780.35亿支（356.07万箱），实现销售收入1103.63亿元，分别列行业第二位、第三位。“红河”品牌商业销量497.9亿支（99.58万箱），列行业鼓励培育品牌第一位；品牌单箱商业销售收入1.84万元，同比增长1.91%。“云烟”品牌单箱商业销售收入3.1万元，同比增长1.85%，“云烟（软大重九）”销量16.2亿支（3.24万箱）。

【新产品开发】 2017年，开发“云烟（硬云龙）”“云烟（细支云龙）”“红河（A7）”，弥补高三类烟下滑，补齐二类烟短板。开发“云烟（74mm大团结）”“云烟（细支珍品）”，丰富普一类烟产品线，稳住普一类烟市场。开发“云烟（七彩印象）”，策划研发整价位“云烟（中支大重九）”“钓鱼台（中支）”“云烟（中支烟庄）”“云烟（中支金腰带）”，打造集团发展新的增长极。加强老产品维护，加强“云烟（软珍品）”等规格提质维护，通过微创新，不断强化产品风格特征和比较优势。

2017年7—8月上市的6个新品全年商业销量14.26亿支（2.85万箱），其中“云烟（细支珍品）”3.06亿支（0.61万箱）、“红河（A7）”3.58亿支（0.72万箱）、“云烟（细支云龙）”4.5亿支（0.9万箱），累计实现税利超过8亿元。

【生产管控】 持续优化产能布局，通过设备购置（改造）完成省内生产厂8组细支烟设备（产能22万箱）、4组中支烟设备（产能12万箱）配备，2017年集团硬包机组运行效率94.26%、同比提升1.07个百分点，软包机组运行效率94.72%、同比提升1.72个百分点。健全完善质量管控一体化机制，搭建产品质量市场监测体系，提升均质化制造水平，“云烟（软大重九）”在行业及省内抽检中排名第一位，“云烟（软印象烟庄）”“云烟（神秘花园）”在行业抽检中分别排名第二位、第三位。开展质量管理活动，2项成果分别获得行业优秀质量管理小组成果一等奖、二等奖，3个小组获评全国优秀质量管理小组。加强物流建设，以“精、准、快”为目标，完善物流保障体系，启动片烟烟箱回收再利用，扩大整托盘联运规模，全年物流准时率99.85%，高于基准值8.85个百分点，卷烟包装箱循环利用完成率101.68%。

【原辅材料保障】 加强烟叶基地建设，以品牌需求为导向，以“2260”工程为抓手，工商协同合理布局良区良种，落实关键环节过程管控，提高烟叶品质，满足集团品牌对特色优质原料的需求。全年完成年度国内烟叶采购18.52万吨（370.31万担）（其中“2260”高端特色烟叶30万担），占年度计划的92.07%，落实年度进口烟叶采购计划0.92

万吨（18.35 万担）。

优化物资采购招标方案，降低采购成本，全年卷烟材料采购 57.4 亿元，同比节约采购资金 3857 万元，公开招标金额占比 99.9%；推动烟机零配件采购精益管理，搭建互调共用平台，全年烟机零配件采购 1.59 亿元，公开招标金额占比 100%，烟机零配件库存资金周转率同比提升 0.28%、库存资金占设备固定资产原值比重同比下降 0.32%。统筹大宗同类非烟用物资集中采购，全年非烟用物资采购 2.88 亿元，节约采购资金 991 万元，公开招标金额占比 100%。

【课题研究和专项攻关】 推进技术创新，始终以创新驱动、提升品牌竞争力为目标，针对性开展课题研究和专项攻关。2017 年，红云红河集团承担在研科技项目 32 项，其中，国家局项目 1 项、烟草行业卷烟工艺与装备研究重点实验室项目 2 项、云南中烟项目 13 项、集团项目 16 项。2 个项目分别获得云南省政府技术发明奖二等奖、科学技术进步奖三等奖，2 个项目获得云南中烟科学技术进步奖三等奖。全年申请并获得受理专利 198 件，获得授权专利 80 件，首件国际专利申请在英国得到受理并公开。

2017 年云南中烟工业有限责任公司所属企业/生产厂情况统计

	红塔烟草（集团）有限责任公司	所属生产厂			
		玉溪卷烟厂	楚雄卷烟厂	大理卷烟厂	昭通卷烟厂
法人资格	独立法人	非独立法人	非独立法人	非独立法人	非独立法人
主要负责人/法定代表人（含党政领导）	党委书记、总裁：夏开元 董事长：王　勇	厂长：马云参 党委书记：朱雄伟（—2017 年 9 月）	厂长：彭黎明 党委书记：范　斌	厂长：袁国旺 党委书记：吕　坚	厂长：张志勇 党委书记：谢成明
成立时间	1956 年	1956 年	1974 年	1950 年	1970 年
从业人员（人）	9177	3048	1810	1278	1995
卷烟生产能力（亿支）	2200	1250	300	250	400
卷烟品牌	玉溪、红塔山、红梅、阿诗玛、马宝、新兴、GEM	玉溪、红塔山、红梅、阿诗玛、Marble、新兴、GEM	玉溪、红塔山、红梅	玉溪、红塔山、红梅	玉溪、红塔山、红梅

		红云红河烟草（集团）有限责任公司	所属生产厂					
			昆明卷烟厂	红河卷烟厂	曲靖卷烟厂	会泽卷烟厂	新疆卷烟厂	乌兰浩特卷烟厂
法人资格		独立法人	非独立法人	非独立法人	非独立法人	非独立法人	非独立法人	非独立法人
主要负责人/法定代表人（含党政领导）		党委书记、总裁：武　怡 董事长：谷　宏（—2017 年 12 月）	厂长：刘　豪 党委书记：夏家全	厂长：许永明 党委书记：张　涛（2017 年 5 月—，此前任党委副书记、主持工作）	厂长：张云飞 党委书记：马　珍	厂长：邓林昆 党委书记：罗　琼	厂长：程振西 党委书记：白九重	厂长：王力家 党委书记：吴　岗
成立时间		2008 年	1922 年	1985 年	1966 年	1973 年	1960 年	1981 年
从业人员（人）		10717	3989	1326	2591	715	757	891
卷烟生产能力（亿支）		3400	1200	650	770	220	335	225
卷烟品牌	自有品牌	云烟、红河、小熊猫、红山茶、茶花、雪莲、呼伦贝尔	云烟、茶花、雪莲	云烟、红河	云烟、红河、红山茶	云烟、红河、小熊猫	云烟、红河、雪莲	云烟、红河、红山茶、呼伦贝尔
	互动生产品牌	红塔山	—	红塔山	—	—	红塔山	—

◇ 撰稿：王宏先　王丽媛　朱　懿；编辑：王东旭　褚　幸

陕西中烟工业有限责任公司

【经济效益】 2017年，陕西中烟工业有限责任公司实现卷烟销售收入191.47亿元，同比增长1.63%。实现税利123.28亿元，同比下降1.13%，其中利润4.63亿元，同比下降59.96%。三项费用率8.57%，同比增加0.45个百分点。

全年万支卷烟综合能耗为2.77千克标煤。烟叶、滤棒、盘纸平均消耗分别为6.67千克/万支、2510支/万支、587米/万支。水、电平均消耗分别为0.07吨/万支、6.64千瓦时/万支。

【主要产品与品牌建设】 **主要产品。** 2017年，陕西中烟生产自有卷烟品牌有“好猫”“猴王”“延安”等3个品牌28个规格。

“好猫” “延安” 品牌文化新演绎。 传承“好猫”“延安”品牌文化并进行新的演绎。“好猫”品牌以陕西历史、地域文化为基因，以解放思想、实事求是的开拓创新精神为主线，以先行者概念梳理出好猫品牌产品体系，实现“好猫”品牌帝都系列、招财猫系列、长乐系列、经典系列的品系化布局。

“延安”品牌传播语“有延安 更有精神”，阐释“实事求是、理论联系实际的精神；全心全意为人民服务的精神；自力更生艰苦奋斗的精神”的品牌核心价值。“延安”品牌重在构建体系，突出特色，将形成版画系列、圣地系列两大产品体系布局。

【原辅材料保障】 **原料保障。** 紧跟烟叶调拨复烤进度，以“好猫”“延安”品牌需求为导向，结合在产品牌的结构和烟叶库存情况，兼顾储运能力和周期，细化成品烟叶的分配方案，合理安排产区片烟调拨。2017年，调拨烟叶4.61万吨（92.1万担），合同履约率100%，上等烟比例达到51.47%。推进烟叶基地单元建设，有行业烟叶基地单元8个，调拨总量1.68万吨（33.55万担），平均调拨等级合格率70.1%，排名全国第八位。

辅料供应。 2017年，卷烟材料预算金额25.87亿元，采购入库金额24.47亿元，预算执行率94.6%，烟用材料公开招标采购比例达到96.29%，节约采购资金8092万元。完善供应商管理基础资料，评审发布111家卷烟材料合格供应商名录。规范烟机零配件招标采购行为，烟机零配件采购金额7318.57万元，其中以招标方式采购合同涉及金额6186.39万元，以非招标方式采购合同涉及金额1132.18万元。烟机零配件公开招标比例为84.53%。

【技术创新】 **新产品研发。** 完成“好猫（细支招财猫）”“延安（细支1935）”“延安（青春岁月）”“延安（公主）”“好猫（金丝猴）”“延安（细支圣地河谷）”等7款新产品研发。

系统提升技术水平。 开展陕西及周边产区烟叶配方打叶技术研究，完成6个配方模块、1.59万吨（31.81万担）烟叶配方打叶，新建郴州、三明、南平、凉山、黔西南等5个省际间烟叶基地。以缩小批内、批间质量波动为重点，加快宣传贯彻《卷烟工艺规范（新版）》，制定管理标准12个、修订技术标准109个。推进“三纸一棒”等技术研究，开展生物资源筛选、培

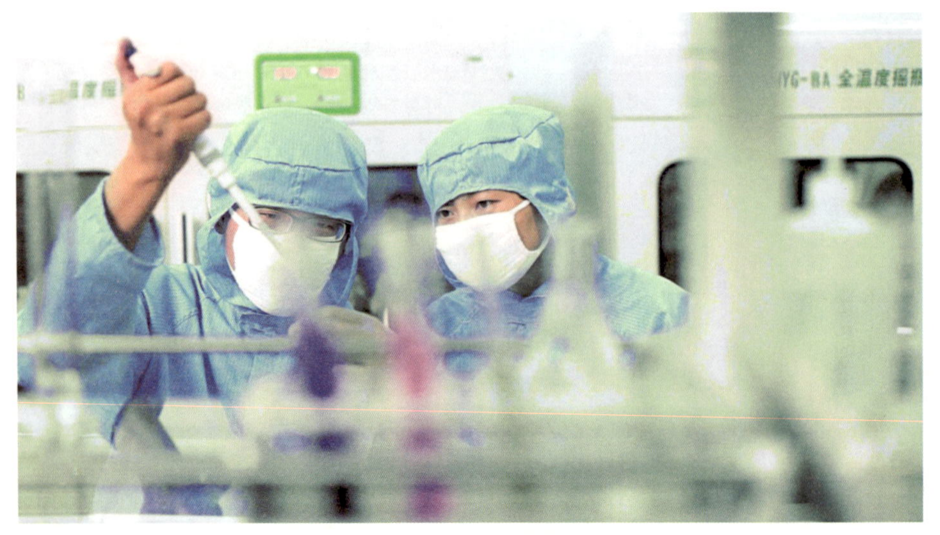

陕西中烟技术研发人员开展烟叶发酵生物菌种培育研究（2017年）
陕西中烟 胡振国 摄

养基优化试验，生物菌种达1500余株，菌种产量提高6倍，成本下降76.2%。全年取得专利授权25件，其中发明专利2件，累计取得专利授权109件。初步构建卷烟、烟叶、香精香料、烟用材料等质量数据库，企业自主研发能力有效提升。

【对外交流与合作】 **立足蒙古拓展中亚市场。** 进一步推进“双品牌双轮驱动”战略，通过参与蒙古烟草有限责任公司渠道销售建设，逐步实现与境外客户在生产加工、品牌拓展等方面合作。“好猫”“延安”品牌在蒙古国落地生产和销售，实现陕西中烟与中亚客户的合作。

稳步推进非洲许可生产项目。 持续推进在非洲许可生产“好猫”品牌项目。2017年，同津巴布韦客户达成合作意向。截至2017年底，该项目完成商标注册确认、商标许可授权、卷烟配方原料和材料确认、样品制作及实验、产品中试和生产环境监测等诸多工作内容，项目推进顺利。2017年，陕西中烟实现出口总额519万美元。

【特事辑要】 2月9日，陕西省消防工作电视电话会议在西安召开。会议通报了2016年度陕西省消防安全工作考核结果：陕西中烟工业有限责任公司被评定为“优秀”等级。

6月9日，工业和信息化部党组成员、中央纪委驻工业和信息化部纪检组组长郭井朗在陕西烟草调研，在陕西中烟听取汇报并提出要求。

6月20日，陕西省政府召集陕西烟草工商召开烟草行业稳增长专题会议。陕西省委副书记、省长胡和平主持会议。会议决定成立由副省长姜锋任组长的省烟草产业发展协调小组。会后发文明确陕西省烟草产业发展重点工作。

8月23日，国家烟草专卖局党组书记、局长，中国烟草总公司总经理凌成兴在北京会见陕西省委副书记、省长胡和平，副省长姜锋，双方就推动陕西烟草产业发展有关事宜进行座谈交流。

11月8—10日，国家烟草专卖局党组书记、局长，中国烟草总公司总经理凌成兴在陕西烟草调研。其间，会见陕西省委书记胡和平，双方就陕西烟草发展相关事项进行沟通。

2017年陕西中烟工业有限责任公司所属生产厂情况统计

		陕西中烟工业有限责任公司宝鸡卷烟厂	陕西中烟工业有限责任公司延安卷烟厂	陕西中烟工业有限责任公司汉中卷烟厂	陕西中烟工业有限责任公司澄城卷烟厂	陕西中烟工业有限责任公司旬阳卷烟厂
法人资格		非独立法人	非独立法人	非独立法人	非独立法人	非独立法人
主要负责人（含党政领导）		党委书记：秦　宏（—2017年5月）张国亮（2017年5月—）厂长：蒋东凯	党委书记：牛长有（—2017年5月）韩占奎（2017年5月—）厂长：丁　毅（—2017年5月）秦　宏（2017年5月—）	党委书记：马唯峰（—2017年5月）丁　毅（2017年5月—）厂长：付　斌	党委书记：舒　奇 厂长：白　丰	党委书记：陈新仕（—2017年5月）金新伟（2017年5月—）厂长：仝智强
成立时间		1949年	1970年	1975年	1976年	1976年
从业人员（人）		2697	999	1066	953	937
卷烟生产能力（亿支）		400	250	250	60	100
卷烟品牌	自有品牌	延安、好猫、猴王	好猫、延安	好猫、延安、猴王	延安	好猫、延安、猴王
	合作生产品牌	双喜	白沙、红塔山	利群、雄狮、白沙、黄鹤楼、红金龙	—	—

◇ 撰稿：许　杨；编辑：周　佳

中国烟草实业发展中心

【经济效益】 2017年，中国烟草实业发展中心（简称中烟实业）实现卷烟销售收入606.28亿元。实现卷烟税利421.09亿元，同比增长2.12%，其中利润27.95亿元，同比下降29.72%。三项费用率8.23%。

2017年，中烟实业所属工业企业万元产值综合能耗为12.62千克标煤，万支卷烟综合能耗为3.58千克标煤。烟叶、滤棒、盘纸平均消耗分别为6.79千克/万支、2514支/万支、594米/万支。水、电平均消耗分别为0.08吨/万支、9.37千瓦时/万支。

【主要产品与品牌建设】 **主要产品。** 2017年，中烟实业所属企业主要生产“兰州”“长白山”“人民大会堂”“冬虫夏草”“大青山”“哈尔滨”“林海灵芝”“龙烟”“紫气东来”“三沙”“宝岛”“椰王”等自有品牌。合作生产的卷烟品牌主要有“云烟”“红塔山”“南京”“双喜”“红梅”“利群”“红河”“红金龙”“玉溪”“黄鹤楼”。

细支卷烟快速增长。 细支卷烟继续保持快速增长势头。全年细支卷烟实现工业销量120.46亿支（24.09万箱），同比增长77.72%。细支卷烟单箱工业销售额高于中烟实业平均单箱工业销售额，促进结构提升和效益增长。“长白山（777）”实现商业销量61.52亿支（12.3万箱），商业批发销售额37.5亿元；“冬虫夏草（和润）”实现商业销量12.39亿支（2.48万箱），商业批发销售额26.26亿元。

坚持低焦发展方向。 全年“兰州”实现商业销量400.13亿支（80.02万箱），同比增长0.27%。

“长白山”卷烟坚持低焦发展方向，2017年，实现商业销量355.85亿支（71.17万箱），同比增长7.81%，高于行业平均增幅。

卷烟合作生产。 2017年，中烟实业所属企业合作生产卷烟935.94亿支（187.19万箱），同比下降11.44%。合作生产云南中烟卷烟品牌“红塔山”253.45亿支（50.69万箱）、“玉溪”2.75亿支（0.55万箱）、“云烟”159.4亿支（31.88万箱）、“红河”70.55亿支（14.11万箱）、“红梅”111.5亿支（22.3万箱）；合作生产浙江中烟“利群”75亿支（15万箱）；合作生产湖北中烟“黄鹤楼”5.75亿支（1.15万箱）、“红金龙”22.5亿支（4.5万箱）；合作生产江苏中烟“南京”205亿支（41万箱）；合作生产广东中烟“双喜”30亿支（6万箱）。

【原料保障】 2017年度，中烟实业所属企业共采购烟叶10.49万吨（209.7万担），其中，烟叶主产区采购烟叶8.32万吨（166.44万担）。加强自有品牌发展原料保障，进口烟叶0.58万吨（11.68万担）。

【技术创新】 **降焦减害。** 2017年，中烟实业所属企业自有品牌卷烟焦油量加权平均值为8.81毫克/支，低于行业平均值。全年生产8毫克/支及以下低焦油卷烟761.89亿支（152.38万箱），6毫克/支及以下低焦油卷烟134.97亿支（26.99万箱）。

重点项目研究。 全年中烟实业所属企业有4个项目申报国家局重点项目。吉林烟草工业有限责任公司、黑龙江烟草工业有限责任公司分别参与行业2016—2017年度重大专项研究。不断加强产品研发工作，中烟实业所属企业全年研发上市17个新品规。

易地技改。 2017年，山西昆明烟草有限责任公司易地技改项目顺利实现搬迁投产。甘肃烟草工业有限责任公司精品“兰州”专用生产线技改项目竣工投产。黑龙江烟草工业有限责任公司海林和穆棱卷烟厂联合易地技术改造项目初步设计，获得中国烟草总公司批复，项目有序推进。

【特事辑要】 2月9日，中烟实业在北京召开2017年工作会议，传达全国烟草工作会议精神，安排部署全年工作。

3月15日，国家局党组第二专项巡视组向中烟实业党组反馈巡视意见。

6月26日，国家局党组成员、副局长段铁力在山西昆明烟草有限责任公司调研，考察技改项目。

6月26—27日，国家烟草专卖局党组书记、局长，中国烟草总公司总经理凌成兴一行调研内蒙古昆明卷烟有限责任公司。凌成兴指出，蒙昆公司以“冬虫夏草”卷烟为标志，自有品牌发生本质变化。

7月21日，国家局党组成员、副局长徐𬍡一行在深圳烟草工业有限责任公司调研。

7月26—27日，国家局党组成员、副局长段铁力在红塔辽宁烟草有限责任公司调研。

8月17日，浙江省委副书记、省长袁家军一行在吉林烟草工业有限责任公司参观调研，吉林省委副书记、省长刘国中等一同调研。

8月21日，国家烟草专卖局党组书记、局长，中国烟草总公司总经理凌成兴在黑龙江烟草工业有限责任公司哈尔滨卷烟厂调研卷烟生产等工作。凌成兴对黑龙江烟草改革发展取得的成绩给予充分肯定。

9月20日，国家烟草专卖局党组书记、局长，中国烟草总公司总经理凌成兴在山西昆明烟草有限责任公司新厂调研和指导工作。

9月26—27日，国家局党组成员、副局长段铁力在内蒙古昆明卷烟有限责任公司考察。

11月1日，国家局党组成员、副局长徐𬍡一行在深圳烟草调研。

11月23日，国家局党组成员、副局长段铁力一行在深圳烟草调研。

所属企业

黑龙江烟草工业有限责任公司

【经济效益】 2017年，黑龙江烟草工业有限制责任公司（简称黑龙江烟草工业）实现卷烟销售收入81.8亿元，同比增长5.64%。实现税利48.08亿元，同比增长7.54%，其中利润0.2亿元，同比下降91.49%。三项费用率11.23%。

全年万元产值综合能耗为23.58千克标煤，万支卷烟综合能耗为5.24千克标煤。烟叶、滤棒、盘纸平均消耗分别为6.83千克/万支、2563支/万支、606米/万支。水、电平均消耗分别为0.12吨/万支、10.23千瓦时/万支。

【主要产品与品牌建设】 **谋划转型发展“新格局”。** 2017年，黑龙江烟草工业品牌建设围绕“三篇大文章”，谋划转型发展“新格局”。改造升级“老字号”，把握转型发展新机遇：打造“哈尔滨（HAPPY）”，展现老字号新活力；打造“哈尔滨（宇宙）”，重塑老字号新风貌；打造“哈尔滨（风尚）”，扩展老字号新领域。深度开发“原字号”，释放转型发展新优势：挖掘品牌潜力，打造“林海灵芝（软如意）”，实现软硬产能新平衡；拓展品牌内涵，打造“林海灵芝（SSS）”，探索品牌升级新可能，推动龙江混合型产品提档升级。培育壮大“新字号”，打造转型发展新引擎：创新加工技术手段，提质“龙烟（呈祥）”，打造细支产品新亮点；打造“龙烟（北国风光）”，紧跟消费市场新趋势，截至2017年底，以冰雪旅游资源为设计灵感的“龙烟”北国风光系列产品“龙烟（中央大街）”“龙烟（冰雪大世界）”“龙烟（雪乡）”“龙烟（亚布力）”“龙烟（北极光）”等完成产品生产工作。

卷烟合作生产。 合作生产江苏中烟卷烟155亿支（31万箱），其中“南京（红）”101.99亿支（20.40万箱），“南京（紫树）”43.9亿支（8.78万箱），“南京（绿）”4.1亿支（0.82万箱）。合作生产湖北中烟卷烟28.25亿支（5.65万箱），其中“黄鹤楼（硬金砂）”5.75亿支（1.15万箱），“红金龙（软精品）”19.25亿支（3.85万箱），“红金龙（软九州）”3.25亿支（0.65万箱）。

【技术创新】 **项目研究上取得新进展。** 2017年，黑龙江烟草工业在项目研究上取得新进展。“烟用包装材料（BOPP膜、商标纸、内衬纸）阻隔性检测方法”申报行业标准，“卷烟包装材料甲醛含量的影响因素及监控技术研究”项目通过中烟实业科技委验收，“真空镀铝转移内衬纸、无铝内衬纸、无铝接装纸的应用”项目成功在中烟实业科技会上立项。

论文发表质量得到提升。 “洗梗水温在线初步研究”“应用‘香韵’评价方法替代三明翠碧1号2012年B2F的初步研究”发表于《科技风》。“不同品种烟草对钾的吸收特性”发表于《贵州农业科学》。“叶片加料机加料管路的改进”被《烟草科技》录用。

专利申报数量再创新高。 “一种柜类行车自动喷吹装置”“一种叶丝加料装置和加料系统”获得专利证书。截至2017年底，“一种筛分振槽筛下物自动称重装置”“一种超低温片烟烟包内部传热过程模拟测试及热物性分析装置”“一种不规则叶片面积的大批量快速测量方法”进行审定。

【易地技改】 2017年，黑龙江烟草工业海林和穆棱卷烟厂易地技改项目稳步推进。项目总体规划设计与初步设计及概算于2017年4月完成，并上报中烟实业、牡丹江市发展改革委评审。6月23日，项目获得总公司初步设计批复（中烟办〔2017〕130号），初步设计概算投资（不含烟草专用机械设备购置费）12.14亿元，项目总建筑面积10.78万平方米。

截至2017年底，完成各项勘察、设计、审查、评价、监理等前期服务类项目和“桩基础工程”的招标采购工作，共14项。10月，完成“桩基础工程”项目施工。11月，“土建装饰安装工程”“全自动燃气锅炉及配套设备采购”项目立项启动。

红塔辽宁烟草有限责任公司

【经济效益】 2017年，红塔辽宁烟草有限责任公司（简称红塔辽宁）实现卷烟销售收入69.64亿元，同比增长1.98%。实现税利41.76亿元，亏损1.72亿元。三项费用率11.58%。

【主要产品与品牌建设】 ***“人民大会堂”品牌培育。*** 2017年，红塔辽宁把品牌培育作为出发点和落脚点，与辽宁省局共同成立“人民大会堂”品牌培育领导小组，制定《2017年“人民大会堂”培育方案》《“人民大会堂”品牌培育考核管理办法》等文件，每季度召开一次专题会议，分析“人民大会堂”品牌销售完成情况，研究市场走势，制定发展措施。5月，促成辽宁、云南两省政府和两省烟草企业四方签署合作战略协议，云南中烟以提高合作生产卷烟结构的方式向红辽公司转移。

老产品改造提升。 2017年，红塔辽宁相继改造提升多款老产品，推出“人民大会堂（红玫瑰）”“人民大会堂（硬红细支）”，与云南中烟合作开发“阿诗玛（细支）”，由红塔辽宁落地生产全国销售。全年红塔辽宁生产“红塔山”154亿支（30.8万箱）、“红梅”40.3亿支（8.1万箱）、“人民大会堂”（含“玉溪会堂”）56.9亿支（11.4万箱）、“玉溪”（不含“玉溪会堂”）2.7亿支（0.5万箱）、“云烟”15亿支（3万箱）。

【技术改造】 2017年在建技改项目2项，即红塔集团技术中心东北分中心建设项目、红塔辽宁总部改造项目。2个项目批复总投资2.52亿元，截至2017年底，完成投资2.46亿元。

吉林烟草工业有限责任公司

【经济效益】 2017年，吉林烟草工业有限责任公司（简称吉林烟草工业）实现卷烟销售收入128.58亿元，同比增长6.07%。实现税利73.53亿元，同比增长10.19%，其中利润6.01亿元，同比下降14.66%。三项费用率11.74%，同比减少0.71个百分点。

全年万元产值综合能耗为11.33千克标煤，万支卷烟综合能耗为2.86千克标煤。烟叶、滤棒、盘纸平均消耗分别为6.13千克/万支、2285支/万支、580米/万支。水、电平均消耗分别为0.05吨/万支、8.77千瓦时/万支。

【主要产品与品牌建设】 ***“长白山”品牌实现新突破。*** 2017年，吉林烟草工业“长白山”卷烟省内实现销量109亿支（21.8万箱），市场占有率24.1%。省外市场稳定增长，“长白山”卷烟省外实现销量247.5亿支（49.4万箱）。在11个销量超过万箱的重点省级市场中，河北、山东、山西增量位列前三名。“长白山”细支卷烟和新品销售实现新突破，“长白山（777）”细支卷烟实现销量61.5亿支（12.3万箱），在全国单规格细支卷烟中排名第四位；“长白山（迎春）”系列卷烟实现销量32.5亿支（6.5万箱），成为“长白山”品牌稳基础、增销量的重要支撑；新品“长白山（心归）”实现销量2.45亿支（0.49万箱），在全国同价位常规卷烟新品中排名第三位。

品牌合作加工。 2017年，合作生产卷烟106亿支（21.2万箱）。其中，合作生产云南中烟“红塔山”5亿支（1万箱），“红梅”46亿支（9.2万箱）；合作生产江苏中烟“南京”55亿支（11万箱）。

【原辅材料保障】 2017年，吉林烟草工业调入烟叶1.5万吨（29.97万担）。其中，调入片烟0.75万吨（15.05万担）。调入薄片0.17万吨。针对“长白山”品牌配方需要，签订进口烟叶合同0.17万吨（3.4万担）。全年累计建设烟叶生产基地单元6个，主要分布在福建南平、贵州遵义、河南南阳、河南许昌、河南漯河、湖南郴州等烟叶主产区。

2017年6月，津巴布韦共和国哈拉雷省代表团到吉林烟草工业延吉卷烟厂参观考察

吉林烟草工业延吉卷烟厂 姚力源 摄

【以产品创新带动品牌发展】

按照品牌规格差别化，高端树形象、中端求突破、品味求特色的研发思路，坚持创新不停步，以产品创新带动品牌发展。先后推出“长白山（细支人参）”一类高端细支卷烟，“长白山（韵藏天下）”一类细支卷烟和“长白山（迎春中支）”三类卷烟，完成多款中支、细支、短支等规格卷烟的研发储备。2017年，申请国家专利16件，获专利授权5件。“长白山（软红）”卷烟在国家局2017年上半年卷烟产品质量监督市场抽查中获得全国同类卷烟综合质量得分第一名。

【易地技改】 稳步推进技术改造工作，截至2017年底，制丝线细支卷烟工艺改造项目丝线部分完成并投入生产；打叶复烤易地技术改造及配套设施建设项目，完成烟叶仓储配套设施的建设工作，两栋片烟醇化库正式投入使用。

甘肃烟草工业有限责任公司

【经济效益】 2017年，甘肃烟草工业有限责任公司（简称甘肃烟草工业）实现卷烟销量收入148.82亿元，同比增长1.3%。实现税利113.11亿元，同比增长1.63%，其中利润7.01亿元，同比下降28.25%。三项费用率4.68%，同比增加0.3个百分点。

全年万元产值综合能耗为11.3千克标煤，万支卷烟综合能耗为3.56千克标煤。烟叶、滤棒、盘纸、水平均消耗分别为6.8千克/万支、2519支/万支、595米/万支、0.08吨/万支。

【主要产品与品牌建设】 2017年，甘肃烟草工业生产的自有卷烟品牌有“兰州”。合作生产的卷烟品牌全部为浙江中烟的“利群”。

全年“兰州”品牌实现工业销量403.5亿支（80.7万箱）。“兰州”品牌8毫克/支及以下低焦油卷烟商业销量为400.15亿支（80.03万箱），居行业同类产品的第三位；“兰州”品牌6毫克/支及以下低焦油卷烟商业销量为89.25亿支（17.82万箱），居行业同类产品的第二位。“兰州（新版如意）”实现销量20.65亿支（4.13万箱）。“兰州（细支珍品）”实现销量14.2亿支（2.84万箱）。“兰州”全国二级市场新增30个，累计356个。

【原辅材料保障】 2017年度，甘肃烟草工业调拨国内烟叶3.15万吨（63.08万担），烟叶结构不断优化，库存开始下降。重点产区采购量保持稳定，上等烟叶占比提升至61.1%，基地化率达到49.9%，以“兰州”品牌发展需求为导向的优质原料基地化供应格局基本形成。

【品类构建】 围绕“兰州”品牌“绵香”品类构建，深入目标市场进行调研，不断推进新产品研发。全年完成6个规格新产品的开发储备，实现“兰州（细支飞天梦）”“兰州（陇飞九天）”及“兰州（新版如意）”的相继上市。推进科技项目研究，2017年，获得中烟实业科技项目奖3项。

【企业技改】 2017年，精品“兰州”专用生产线顺利投产试运行。兰州、天水两卷烟厂烟叶醇化库二期项目有序推进，两组ZJ118－ZB45卷接包机组交付使用。

内蒙古昆明卷烟有限责任公司

【经济效益】 2017年，内蒙古昆明卷烟有限责任公司（简称蒙昆公司）实现卷烟销售收入64.19亿元，同比下降1.76%。实现税利51.33亿元，同比增长4.01%，其中利润4.29亿元，同比下降7.98%。三项费用率8.1%。

全年万元产值综合能耗为9.24千克标煤，万支卷烟综合能耗为3.98千克标煤。烟叶、滤棒、盘纸平均消耗分别为6.94千克/万支、2523支/万支、594米/万支。水、电平均消耗分别为0.09吨/万支、8.04千瓦时/万支。

【主要产品与品牌建设】 **实施创新驱动。** 2017年，蒙昆公司坚持“产品领先型企业”发展战略，实施创新驱动，完成“套马杆”“冬虫夏草（1248）”等新产品的开发，升级改造“冬虫夏草（金）”“冬虫夏草（庆典）”“大青山（狼图腾）”“大青山（昭君和亲）”“大青山（青城）”等产品。

拓展区外市场。 在巩固区内市场的同时，大力拓展区外市场，公司自主品牌覆盖全国24个省级市场，156个地市级市场。自主品牌区外商业销量达到26.45亿支（5.29万箱），同比增长114.03%。“冬虫夏草”系列实现商业销量15.05亿支（3.01万箱），同比增长137.62%。其中，“冬虫夏草（和润）”实现商业销量12.4亿支（2.48万箱），同比增长189.58%，在全国同价位细支卷烟销量排名第二位。“云烟”的“苁蓉”系列实现销量78.5亿支（15.7万箱），同比增长7.04%，其中，“云烟（苁蓉和悦）”实现销量6.8亿支（1.36万箱），同比增长111.02%。

合作生产。 全年合作生产云南中烟卷烟品牌“云烟”20.30亿支（4.06万箱）、“红塔山”14.25亿支（2.85万箱）、“红河（软甲）”22.7亿支（4.54万箱）。

【原辅材料保障】 2017年完成7个省级、13个地市级烟叶产区1.03万吨（20.5万担）原烟调拨任务。与产品研发维护紧密配合，对原定烟叶调拨等级结构，结合评吸结果、原料适配性、品种价格、降本增效等方面与产区反复协商，完成部分产区28个等级结构的调整。

【科技创新】 开展“生物技术处理烟叶与烟梗提质技术研究”项目研究，技术成果在“大青山（狼图腾）”“冬虫夏草（庆典）”等产品上开始应用。开展“改性三乙酸甘油酯在低焦油卷烟中的应用研究”项目研究，通过滤棒加香保润技术能够提高产品质量，获得中烟实业科技项目二等奖。开展“卷烟燃吸过程中燃烧锥掉落现象分析与改进研究”项目研究，分析卷烟掉头的原因及解决方案，减少“云烟（软苁蓉）”燃烧锥掉落率，获得中烟实业科技项目奖三等奖。

【企业技改】 2017年，技改项目完成投资共计1487.5万元。1月，新建成品库土建工程完成竣工验收；6月，厂区工程道路施工改造完成通车；11月，新建原料连廊土建工程完工；12月，完成新增燃气锅炉主体设备安装。

深圳烟草工业有限责任公司

【经济效益】 2017年，深圳烟草工业有限责任公司（简称深圳烟草工业）生产卷烟（不含出口烟）180.4亿支（36.1万箱），同比下降0.8%。其中，生产一类烟18.9亿支（3.8万箱）、二类烟54.8亿支（11.0万箱）、三类烟106.8亿支（21.4万箱）。合作生产卷烟30亿支（6万箱）。生产出口卷烟3.1亿支（0.6万箱）。

实现卷烟销量（不含出口烟）180.6亿支（36.1万箱），同比下降1.1%。其中，一类烟17.7亿支（3.5万箱）、二类烟55.7亿支（11.1万箱）、三类烟107.3亿支（21.5万箱）。出口卷烟3.1亿支。

实现卷烟销售收入62.7亿元，同比下降2.2%。实现税利48.9亿元，同比下降2.9%，其中利润6.6亿元，同比下降11.7%。三项费用率4.7%。

全年万元产值综合能耗为6.13千克标煤，万支卷烟综合能耗为2.1千克标煤。烟叶、滤棒、盘纸平均消耗6.43千克/万支、2107支/万支、597米/万支。

【主要产品与品牌建设】 2017年，深圳烟草工业在产卷烟产品有“双喜（好日子）”，出口品牌有“好日子”“特美思”，合作生产卷烟品牌为“双喜”。

加大在产品市场价格控制方面力度，依托信息化系统，加强价格动态跟踪，根据市场变化做好货源投放，防止出现较大的价格波动。产品价格逐渐趋稳，下半年绝大部分规格的市场价格实现顺价，且呈继续上扬态势。守住深圳地区、广东省两个核心市场，克服传统省外市场困难，开拓河北、东北三省等新的省外市场。全年“好日子”品牌实现商业销量404.15亿支（30.83万箱），同比增长2.5%。自有品牌工业销售一类烟占比11.7%，同比增加0.9个百分点；二类烟占比37%，同比增加0.2个百分点。自有品牌内销单箱实现销售收入1.86万元，单箱税利1.49万元。

【原料保障】 2017年，采购国产烟叶1.55万吨（31万担），其中采购上等烟比例为70%；采购进口烟叶0.09万吨（1.8万担）。加大对散叶调拨比例，基本实现全散叶调拨。截至2017年底，库存烟叶可满足33个月左右的醇化时间，上等烟库存比例保持在70%以上。

抓好烟叶基地建设，在基本实现烟叶全基地化的基础上，进一步提升基地建设水平，全程参与基地烟叶生产、收购及科技示范园建设工作，保障烟叶基地烟叶质量，做到已建基地“有提升”、在建基地“有亮点”、新建基地“有突破”。坚持开展“红旗仓库”评比活动，开展仓储节能减耗提质工作，严格落实烟叶仓储质量控制，进行定期检查，发现问题及时处理，不断提高烟叶仓储养护水平。

【技术创新】 2017年，深圳烟草工业在产品设计上进行创新、探索。在包装方面：“双喜（硬盛世好日子）”升级换版，推出“双喜（好日子晶彩）”“双喜（细支盛世好日子）”“双喜（好日子欢乐颂）”等新设计；在内质方面：采用柯林斯异型滤棒等新材料，提高产品附加值。在产品开发与维护的过程中，保持减害降焦工作力度，加强对实测焦油量等核心指标的监控，保持卷烟实测焦油量的稳定，国家局产品质量安全抽检合格率100%。

山西昆明烟草有限责任公司

【经济效益】 2017年，山西昆明烟草有限责任公司（简称山昆公司）实现卷烟销售收入41.67亿元，同比下降0.96%。实现税利26.85亿元，同比下降5.59%，其中利润4.26亿元，同比下降18.3%。三项费用率6.59%。

全年万元产值综合能耗为15.25千克标煤，万支卷烟综合能耗为4.32千克标煤。烟叶、滤棒、盘纸平均消耗分别为6.86千克/万支、2510支/万支、597米/万支。水、电平均消耗分别为0.1吨/万支、9.36千瓦时/万支。

【主要产品与品牌建设】 **主要产品。** 2017年，山昆公司主要生产品牌4个，其中“云烟”“红河”“红塔山”为合作生产品牌，“紫气东来”为自有品牌；生产规格12个，其中“云烟（细支珍品）”“云烟（软珍）”“云烟（福）”“云烟（紫）”“红塔山（硬经典）”“红河（A7）”“红河（硬66）”“红河（硬）”“红河（软甲）”为合作生产规格，“紫气东来（1928）”“紫气东来（祥瑞）”“紫气东来（吉祥天下）”为自有规格。

全年合作生产“云烟”107.5亿支（21.50万箱），“红河”27.4亿支（5.48万箱），“红塔山”13.9亿支（2.78万箱），“紫气东来”1.2亿支（0.24万箱）。

品牌建设。 围绕“稳定规模总量、提升单箱结构、加大新品培育力度”的目标，立足省内市场、拓展省外市场，稳定合作品牌市场份额，精心培育自有品牌，引入战略性新品。线下与重点零售客户加强沟通，开展重点终端的维护。

山昆公司引入新品“云烟（细支珍品）”“红河（A7）”和“云烟（细支云龙）”合作生产，对公司产品结构提升和产品线完善起到重要作用，加快高结构新品落地产销和已上市新品拓展步伐。

【原辅材料保障】 2017年，山昆公司调入原料1.13万吨（22.68万担）。截至2017年底，烟叶库存0.16万吨（3.22万担）。采购30.48万箱卷烟配套材料。

加强包装箱循环利用管理工作，全年累计回收卷烟包装箱92.92万只，重新投入生产81.09万只，节约采购成本253.79万元。完成托盘联运21.2亿支（4.24万箱），其中，同城托盘联运量5.85亿支（1.17万箱）、省内托盘联运量15.35亿支（3.07万箱），完成目标任务的105.99%。

【易地技术改造】 6月28日，山昆公司制丝线实现带料试车；9月3日，制丝线从片烟入库区、制丝生产线、卷接包生产线到成品出库区等全线贯通；9月20日实现生产线设备联调运行。这标志着一座装备领先、工艺先进、智能自控、节能环保，并且集卷烟研发、制造、仓储、物流等功能完整的现代化卷烟工厂投入使用。截至2017年底，累计支付投资额11.72亿元，完成总投资额的56.27%。

【技术创新】 4月申报“提高卷烟五项物理指标稳定性的工艺研究”项目，5月中烟实业给予立项；制丝车间质量管理小组成果“废烟支中夹带可用烟丝回收装置的研制”、动力安全质量管理小组成果“开发动力车间安全信息化平台”均获得中烟实业第十三届优秀质量管理小组成果评审三等奖。

海南红塔卷烟有限责任公司

【经济效益】 2017年，海南红塔卷烟有限责任公司（简称海南红塔）实现卷烟销售收入27.6亿元，同比增长1.55%。实现税利17.48亿元，同比下降11.49%（剔除投资收益及营业外收入因素，实现税利同比增长0.22%），其中利润1.23亿元，同比下降70.36%（剔除投资收益及营业外收入因素，利润同比下降28.9%）。三项费用率6.5%，同比减少0.03个百分点。

全年万元产值综合能耗为14.6千克标煤，万支卷烟综合能耗为3.39千克标煤。烟叶、滤棒、盘纸平均消耗分别为6.97千克/万支、2504支/万支、593米/万支。

【主要产品与品牌建设】 **多渠道开展品牌建设。** 2017年，海南红塔主要生产的自有卷烟品牌有“宝岛”“三沙”，合作生产的卷烟品牌有“红塔山”“红梅”“云烟”。

海南红塔通过多方式多渠道开展品牌建设。一是通过品牌整合，做大做强自有品牌。将“椰王”系列整合到“三沙”品牌，“椰王”整合为“三沙（椰王绿）”，“椰王（金）”整合为“三沙（椰王金）”，为做大“三沙”品牌创造了条件，2017年自有品牌销区覆盖全国19个省68个重点城市。二是积极研发新产品。优化原“三沙”卷烟配方，研发“三沙（细支）”“三沙（金）”两款新规格卷烟。三是引进传统知名品牌。根据海南市场消费需求，引进配方经过持续升级完善的联营品牌“红塔山（恭贺新禧）”“云烟（福）”2个新规格卷烟在海南落地生产、销售，提升地产卷烟销量。

合作生产。 合作生产卷烟110.19亿支（22.04万箱），全部为云南中烟的卷烟品牌，其中合作生产“红塔山”67.95亿支（13.59万箱）、“红梅”25.65亿支（5.13万箱）、“云烟”16.62亿支（3.32万箱）。

【技术创新】 **科技项目建设。** 2017年，海南红塔致力于科技项目建设，1个项目获得中烟实业2017年度科技项目二等奖，并被海南省质量协会评定为2017年度海南省质量技术优秀奖。主导开展“具有沉香风韵特征的再造烟叶研究与应用”项目。

专利授权。 完成“一种用于热分析仪的内标物释放和逸出产物富集的联用装置”国家实用新型专利的申请，并获得授权；获得国家发明专利2件，即“一种实验室超声辅助涂布制备沉香再造烟叶的方法”“一种用于实验室的夹层沉香再造烟叶的制备方法”。参与制定行业标准《YQ/T 84—2018 烟用热熔胶苯及苯系物的测定　顶空—气相色谱—质谱联用法》；申报海南省重点研发计划项目“基于声表面波技术的新型雾化装置研发”，并通过海南省科技厅专家组的初审。

【精益管理】　2017 年，海南红塔持续深入推进精益管理，强化精益质量管理，加强产品质量管控，产品质量抽检得分增幅在行业排名第一。强化精益设备管理，深入推进 MES 系统和卷包数采系统应用，扎实推进现代物流建设，实现全年无安全事故的目标。公司质量管理小组获评“全国优秀质量管理小组”。

吉林烟草进出口有限责任公司

【经济效益】　2017 年，吉林烟草进出口有限责任公司共出口烟丝 2276.8 吨，同比下降 30%；出口滤棒 3.45 亿支，同比下降 39.3%；出口盘纸 108.6 吨，同比下降 66%；出口丝束 99.3 吨，同比下降 50.2%。全年出口实现 1102.9 万美元，同比下降 43.4%。

【加强国有资产管理】　加强预算管理和控制，全年各项费用同比大幅下降，其中招待费同比下降 65.99%，车辆运行费同比下降 37.12%。加强国有资产管理，积极回收货款，提高资产收益。受半岛局势的影响，国内多家银行不再提供金融服务，境外回款的渠道越来越窄。为确保安全回收货款，主动与外管局和银行沟通，2017 年累计回收货款 1.12 亿元。

2017 年中国烟草实业发展中心所属企业/生产厂情况统计

	黑龙江烟草工业有限责任公司	所属生产厂			
		哈尔滨卷烟厂	海林卷烟厂	穆棱卷烟厂	绥化卷烟厂
法人资格	独立法人	非独立法人	非独立法人	非独立法人	非独立法人
主要负责人/法定代表人（含党政领导）	董事长：孔庆峰 党委副书记、 总经理：马保军 党委书记：李维新	厂长：谢东升 党委书记：安　毅	党委书记、 厂长：宋延彬	党委书记、厂长： 曲　礼 （—2017 年 6 月） 党委副书记、副厂长： 唐雪冰 （2017 年 6 月—）	党委书记、厂长： 阮　见
成立时间	2007 年	1902 年	1970 年	1977 年	1970 年
从业人员（人）	3863	1433	747	517	649
卷烟生产能力（亿支）	607	338	100	75	94
卷烟品牌　自有品牌	哈尔滨、 林海灵芝、龙烟	哈尔滨、 林海灵芝、龙烟	林海灵芝	哈尔滨、林海灵芝	哈尔滨
卷烟品牌　合作生产品牌	南京、黄鹤楼、红金龙、 红河、红梅、红塔山	黄鹤楼、红金龙、 红梅、南京、红塔山	红金龙	—	红河

	红塔辽宁烟草有限责任公司	所属生产厂		吉林烟草工业有限责任公司	所属生产厂	
		沈阳卷烟厂	营口卷烟厂		延吉卷烟厂	长春卷烟厂
法人资格	独立法人	非独立法人	非独立法人	独立法人	非独立法人	非独立法人
主要负责人/法定代表人（含党政领导）	董事长：赵　琦 （—2017 年 7 月） 陈玉秋 （2017 年 7 月—） 总经理：慈　东 （2017 年 12 月—） 党组书记： 李德贤 （2017 年 12 月—，之前任党组书记、总经理）	厂长：李　军 党委书记：裴禄军	厂长：高延迪 党委书记：白龙潭 （—2017 年 12 月）	董事长：王殿贵 （—2017 年 7 月） 陈玉秋 （2017 年 7 月—） 党组书记、 总经理：吕子军	厂长：金光泽 党委书记：杨国栋	厂长：张玉良 党委书记：张利军

续表

		红塔辽宁烟草有限责任公司	所属生产厂		吉林烟草工业有限责任公司	所属生产厂	
			沈阳卷烟厂	营口卷烟厂		延吉卷烟厂	长春卷烟厂
成立时间		2003 年	1908 年	1909 年	2006 年	1975 年	1933 年
从业人员（人）		1606	604	724	3312	1466	1178
卷烟生产能力（亿支）		570	281	289	140	80	60
卷烟品牌	自有品牌	人民大会堂	人民大会堂	人民大会堂	长白山	长白山	长白山
	合作生产品牌	玉溪、红塔山、红梅	玉溪、红塔山、红梅	红塔山	红塔山、红梅、南京	—	红塔山、红梅、南京

		甘肃烟草工业有限责任公司	所属生产厂		蒙古昆明卷烟有限责任公司	深圳烟草工业有限责任公司	山西昆明烟草有限责任公司
			兰州卷烟厂	天水卷烟厂			
法人资格		独立法人	非独立法人	非独立法人	独立法人	独立法人	独立法人
主要负责人/法定代表人（含党政领导）		董事长：李东梅 党组书记、总经理：田　成	厂长：廖国太 党委书记：牟怀斌	厂长：王乐平 党委书记：岳彦虎	董事长：刘　龙 党委书记、总经理：王旭东	董事长：王殿贵（—2017 年 7 月）、李东梅（2017 年 7 月—） 党委书记、总经理：梁　强	董事长：刘　龙 总经理：陈景云 党委书记：刘根栓
成立时间		2007 年	1936 年	1970 年	2003 年	1988 年	1928 年
从业人员（人）		2320	1146	803	1371	646	1012
卷烟生产能力（亿支）		792	444	348	250	234	252
卷烟品牌	自有品牌	兰州	兰州	兰州	冬虫夏草、云烟、大青山	双喜	紫气东来
	合作生产品牌	利群	利群	—	云烟、红塔山、红河	双喜	云烟、红河、红塔山

		海南红塔卷烟有限责任公司	吉林烟草进出口有限责任公司
法人资格		独立法人	独立法人
主要负责人/法定代表人（含党政领导）		董事长：孔庆峰 党委书记、总经理：梁生龙	总经理：李建平
成立时间		1978 年	1999 年
从业人员（人）		591	16
卷烟生产能力（亿支）		150	—
卷烟品牌	自有品牌	三沙、宝岛	—
	合作生产品牌	红塔山、红梅、云烟	—

◎ 撰稿：曹建平；编辑：周　佳

境外卷烟生产

威尼顿集团有限公司

【概　况】 威尼顿集团有限公司位于柬埔寨首都金边市，成立于1993年7月，由原广州卷烟一厂（现划归广东中烟工业有限责任公司）与柬埔寨的亚细安国际有限公司于1993年7月15日合资在柬埔寨金边市设立，原广州卷烟一厂占60%股份，柬埔寨亚细安国际有限公司占40%股份。经过增资及股权转让，现有股权关系中，广东中烟工业有限责任公司占股80%，柬埔寨亚细安国际有限公司占股20%。截至2017年底，公司总资产8116.94万美元，其中，固定资产2230.42万美元、流动资产5161.73万美元，资产负债率29.74%。员工875人。公司占地面积25.3万平方米。公司董事长：区广安；总经理：谢乐机（2017年10月—）、刘道新（—2017年10月）。

【生产经营】 2017年，公司生产卷烟52.96亿支，同比下降11.54%。销售卷烟54.35亿支，同比下降8.19%。实现主营业务收入7214万美元，同比增长1.59%。

【主要产品与发展战略】 *主要产品。* 公司生产和销售涵盖高、中、低档次的卷烟品牌7个："吴哥""幸福""利是""椰树""双喜""皇冠""金宝"。"吴哥"被誉为柬埔寨王国的国烟。"利是"为畅销柬埔寨的知名卷烟品牌。2017年，推出"利是（细支）"等产品。"椰树"为广东中烟授权威尼顿公司在柬埔寨生产销售，逐渐发展成为另一个较为成熟的结构型支撑品牌。"双喜"是由中烟英美烟草国际有限公司（CTBAT）授权威尼顿公司在柬埔寨生产销售的重点培育中端品牌。"金宝""皇冠"是覆盖柬埔寨的规模型基础品牌。逐渐构建战略统一、结构清晰、特点突出、布局合理、能满足不同消费者需求的产品体系。

经过易地改造，新工厂在满足公司自身生产需求的同时，为福建中烟、广西中烟、金叶卷烟厂（澳门）有限公司等代加工"金桥""真龙""MU""紫荆叶""金丝叶"品牌的卷烟和"双喜"烟丝，提供优质高效的代加工服务。

发展策略。 稳销量提结构，夯实市场基础。通过差异化的市场定位，重点市场、重点关注；卷烟销量稳定增长，结构持续提升，市场基础不断夯实，总体呈现出健康稳定的发展态势。

开拓国际业务，拓宽发展渠道，不断加大国际业务拓展力度。一方面积极探索通过加工出口、境外代理销售、渠道互换等方式，开展与国际公司的合作，努力拓展周边国际市场。另一方面在满足公司自身生产需求的同时，积极与更多的中国烟草企业开展合作，为其开拓海外市场提供有力的支持。

金叶卷烟厂（澳门）有限公司

【概　况】 金叶卷烟厂（澳门）有限公司位于中国澳门特别行政区，成立于1992年，初始投资2476万港元，由原广州卷烟二厂（现划归广东中烟工业有限责任公司）、中国烟草总公司广东省公司、香港永发烟草有限公司、澳门南粤（集团）有限公司共同出资组建，分别占股份的27%、20%、28%、25%。1993年，香港永发烟草有限公司将14%的股份转让给金叶（香港）烟草国际有限公司，股东变为5家。2001年，香港永发烟草有限公司、澳门南粤（集团）有限公司分别出售金叶卷烟厂（澳门）有限公司14%、25%共计39%的股份，由原广州卷烟二厂、中国烟草总公司广东省公司、金叶（香港）烟草国际有限公司分别收购28%、6%、5%。经过两次股东变更，公司股东为广东中烟工业有限责任公司、中国烟草总公司广东省公司、金叶（香港）烟草国际有限公司，投资8501万港元，分别占股份的55%、26%、19%。截至2017年底，公司总资产4.11亿港元，其中，固定资产3449万港元、流动资产3.73亿港元，资产负债率17.67%。公司拥有4980平方米的厂房，员工67人；拥有2台PROTOS卷接机和3台GD包装机。年卷烟生产能力30亿支。公司董事长：区广安；总经理：朱业开。

【生产经营】 2017年，公司生产卷烟11.39亿支（含委托加工"黄鹤楼"1000万支），同比下降31.09%。销售自产卷烟11.62亿支，同比下降5.91%。主要市场为中国大陆免税店、中国香港、中国澳门和中东、非洲、太平洋岛屿地区，以及巴拿马、秘鲁、美国等国家。

全年实现销售收入3.1亿港元，同比下降4.02%。

【主要产品与发展战略】 *主要产品。* 2017年，公司生产经营中烟英美烟草国际有限公司授权的"双喜"品牌的6个规格："双喜（软盒）""双喜（硬盒）""双喜（软盒经典)”“双喜（硬盒经典)”“双喜（硬盒逸品)”“双喜（硬盒典藏逸品)”。生产经营广东中烟授权的“五叶神”品牌6个规格：“五叶神（硬盒红)”“五叶神（硬盒金)”“五叶神（硬盒金誉品)”“五叶神（尚品罐装)”“五叶神（誉品罐装)”“五叶神（精品罐装)”。公司自主品牌有“MU”6个规格和“福临（大日子)”。代加工“黄鹤楼”的1个规格。全年销售“双喜”6.85亿支、“五叶神”3.44亿支、“福临（大日子)”1538万支、“MU”1.18亿支。

品牌战略。 公司继续把授权许可生产经营“双喜”品牌的国际市场开拓作为首要工作，以“稳销量、提结构、降成本、促宣传”为工作核心，在保证产品销量稳定的同时，配合研发中高档产品，丰富产品链，提高竞争力。开拓销售渠道，拟增设中国香港、中国澳门有税市场产品展售旗舰店。抓好“MU”系列市场开拓，扩大“MU”的市场覆盖率和上架率，从试点销售向多面铺开推进。

新品研发。 推进“MU”和“双喜”系列研发、上市工作，“MU”新品于2017年6月投放市场。“双喜（老双喜)”于2017年8月投放市场，“双喜（老双喜)”的细支烟等系列产品处于研发阶段。

中烟国际欧洲有限公司

【概　况】 中烟国际欧洲有限公司的英文名称为S. C. China Tobacco International Europe Company S. R. L.，简称CTIEC，公司注册地为罗马尼亚伊尔霍夫县（Ilfov）班德里蒙（Pandelimon），经营范围主要为卷烟生产及销售。是中国烟草在欧洲的唯一生产基地，也是截至2017年底中国国有企业在罗马尼亚投资额最大的合资公司。

1997年4月，由陕西省烟草公司、原宝鸡卷烟厂（现划归陕西中烟工业有限责任公司)、原中国烟草进出口（集团）公司（现中国烟草国际有限公司）与西安丰佳科技实业发展有限公司（现为丰佳国际集团）共同出资注册成立马尼亚宝丰烟草实业有限责任公司。主要卷烟产品为“金丝猴（Golden Monkey)”“双马（Double Horse)”。2003年，中国烟草进出口（集团）公司（现中国烟草国际有限公司）退出，丰佳国际通过收购其股权后股份提高到50%。

2005年，芜湖卷烟厂通过设备入股、现金收购的方式，取得罗马尼亚宝丰烟草实业有限责任公司73%的股权。2007年7月，红塔烟草（集团）有限责任公司收购罗马尼亚宝丰烟草实业有限责任公司25%的股权。2007年8月，宝丰烟草实业有限责任公司重组，正式成立中烟国际欧洲有限公司（CTIEC)，其中安徽中烟占60.5%，红塔集团占25%，陕西中烟占12%，丰佳国际占2.5%。

2015年6月，完成第三轮变更的全部商业登记程序，注册资本为3975万美元。股权结构组成中，中国烟草总股权比例达到99.24%，其中，安徽中烟占61.58%、红塔集团占25.44%、陕西中烟占12.21%；丰佳国际占0.76%。

CTIEC下设“一厂七部”：工厂、国际市场拓展部、境内销售部、财务部、综合管理部（法务部)、行政管理部、产品研发部。截至2017年底，公司拥有总资产3365万美元，其中，固定资产940万美元、流动资产2173万美元，资产负债率53.29%。员工186人，其中中方员工23人。工厂占地面积为3.91万平方米，拥有3000千克/小时叶丝线1条，1000千克/小时梗丝线1条，1000千克/小时白肋烟处理线1条，800千克/小时香料烟处理线1条，高速卷包机组4台（套)。年卷烟生产能力为50亿支。公司董事长：王志彬；监事会主席：赵西纯；总经理：赵冬清。

【生产经营】 2017年，公司生产卷烟19.62亿支，其中罗马尼亚境内自有品牌1.34亿支、出口自有品牌14.77亿支、委托加工3.5亿支。销售卷烟20.21亿支，其中，自有品牌在罗马尼亚本土市场销售1.23亿支、自有品牌在罗马尼亚境外销售15.21亿支、销售委托加工卷烟3.78亿支。销售烟丝168.2吨。

全年实现销售收入7297万美元，上缴税金5426万美元，实现利润239万美元。

【主要产品】 公司自有卷烟品牌主要为“都宝”“金丝猴（Golden Monkey)”。其中，主导品牌“都宝”为适应不同区域市场，维持品牌主要标识，辅以子品牌运营：在罗马尼亚本土及欧洲周边、中东、非洲市场有“D&B”“Dubao”“Dubliss”等子品牌；在中国台湾及东南亚市场有“D&B”“Derby”“Dubliss”等子品牌。全年主导品牌“都宝”系列产品合计销售22.3亿支（含烟丝折算)。

“都宝”品牌作为中国烟草海外市场拓展的首推品牌之一，其市场定位为中端、中高端价位。其中，“Dubao”作为“都宝”系列的中低端子品牌，消费群体为中低收入消费者；“D&B”作为“都宝”系列的中端子品牌，消费群体为成熟的中等收入消费者；“Dubliss”作为“都宝”系列的中高端品牌，消费群体为中高收入消费阶层，通过提升品牌档次和形象，将之打造成“Parliament”“Marlboro”“Kent”等全球知名品牌的同台竞技者。“金丝猴（Golden Monkey)”作为本土低端过渡性品牌，消费群体为低收入消费阶层，通过“低价位、高品质、广结网”打造分销渠道，提升企业影响力，将逐步向“Dubao”中低端产品过渡。

【公司发展战略】 公司通过目标集聚、错位经营，与HTS优势互补，推进自主“都宝”品牌在本土市场深耕细作，力争跻身本土市场主体竞争者之列。

科学市场布局，合作实力客户，开发适销产品，全力发展周边中东欧、独联体市场，并逐步推进中东、非洲市场；利用制丝产能优势，探索与目标市场周边卷烟工厂合作，提升企业经营效益。加强设备引进及整体技改，适时实施工厂扩建或易地搬迁，提升企业制造能力和质量保证水平。

公司坚持“立足本土、拓展周边、辐射中东非洲”的生产经营思路，“以我为主、深度培育、做实市场”的品牌发展战略，通过品牌转换、联合、整合，将“都宝”品牌打造为中东欧、独联体以及中东北非国家具有较大影响力和较强竞争力的中国烟草国际化品牌。

【产品研发与质量维护】 2017年，完成巴尔干地区黑山有税市场“莱茵河（Danube）”“莱茵河（Dune）”产品前期研发工作。开展“MOST”产品的设计与实验，并形成产品储备根据市场需求进行择时投放。成功开发伊拉克市场、迪拜市场、东南亚市场烟丝配方设计，并投入市场销售。

在产品生产质量维护方面，开展控本降耗工作，消化烟叶库存250吨、烟丝库存9吨。结合加工工艺与原料的质量状况开展白肋烟处理料液实验、白肋烟处理工艺参数优化实验，稳定产品质量。

蒙古烟草有限责任公司

【概　况】 蒙古烟草有限责任公司位于蒙古国首都乌兰巴托市，成立于2001年。公司是由陕西中烟工业有限责任公司控股并与蒙古阿哈木德音呼其公司、蒙古新大陆公司、中国烟草总公司陕西省公司合资组建的卷烟加工贸易企业，注册资本137.7万美元，中方投资占51%，蒙方投资占49%。截至2017年底，公司总资产1534万美元，其中，固定资产506万美元、流动资产1028万美元，资产负债率22.75%。公司占地面积8742平方米，员工122人，其中中方管理及技术人员10人。拥有卷接包设备5台（套）。年卷烟生产能力20亿支，占蒙古国33%卷烟市场份额，居蒙古烟草行业第一位。公司董事长：李强；总经理：田虎明。

【生产经营】 2017年，公司生产卷烟11.3亿支，同比增长4.05%，其中，生产主导品牌“红鹰”7.36亿支、重点品牌“都宝”系列子品牌“Dubliss”1.58亿支。销售卷烟11.69亿支，同比增长2.28%，其中，销售“红鹰”6.63亿支、“都宝（Dubliss）”1.32亿支、“金叶丛”1.11亿支、“蒙古包”0.35亿支、“金鹰”0.05亿支、“图腾”0.05亿支。出口烟1.38亿支。公司产销量占蒙古卷烟市场份额的33%。

2017年，公司实现销售收入3034万美元。实现税利2070万美元，其中利润218.05万美元。

【主要产品与发展战略】 公司卷烟品牌有“金叶丛”“蒙古包”“红鹰”“好猫”“延安”“猴王”“都宝”系列子品牌“Dubliss”，其中主导品牌“红鹰”市场销量连续多年居蒙古卷烟市场第一位。2017年，公司坚持“提质增效”目标，练内功、明定位、促发展。以全面质量管理体系为依托，持续强化“质量零缺陷”理念，引领基础管理标准化；以实施完全市场化反应为手段，全面实行以销定产。以陕西中烟为依托，稳步推进海外市场拓展。

公司的品牌战略为：以“都宝”系列子品牌“Dubliss”和“红鹰”为主导，稳固主要消费人群，挖掘细分市场，立足蒙古、辐射海外。2017年，围绕主导品牌推出“红鹰（圆角）”“红鹰（细支）”“都宝（蓝）”“都宝（黑）”“都宝（细支）”等产品规格，延伸品牌生命线，提高公司产品结构和市场覆盖率。

平壤白山烟草有限责任公司

【概　况】 平壤白山烟草有限责任公司位于朝鲜平壤市龙城区，成立于2008年4月23日。公司是由吉林烟草工业有限责任公司与朝鲜烟草进出口商社合资组建的卷烟生产企业，投资总额为400万欧元。其中，中方以设备折价出资，股份占51%；朝方以土地、厂房等配套设施折价出资，股份占49%。截至2017年底，公司总资产1900.5万美元，其中，固定资产902.4万美元、流动资产998.1万美元，资产负债率64.7%。公司占地面积6674平方米，员工464人，其中中方人员28人。拥有8台MK9卷烟机组、5台MK95卷烟机组、7台ZB43A硬盒机组、5台SASIB软包机组、1台ZJ17卷接机组、1台ZB45硬盒机组。年卷烟生产能力为

100 亿支。公司董事长：朴光石；社长：朴永浩。

【生产经营】 2017 年，公司生产卷烟 17.14 亿支，销售卷烟 18.81 亿支。实现销售收入 1397 万美元，同比下降 31.7%。实现利润 52.4 万美元，实现税金 233.1 万美元。

【品牌战略与主要产品】 公司作为吉林烟草工业有限责任公司在朝鲜投资成立的主要卷烟生产企业，依托产品开发和原辅材料优势，积极培育中式卷烟，兼顾高、中、低档卷烟市场，快速扩大在朝鲜的市场份额。

2017 年，公司生产的主要卷烟品牌有高档烤烟型卷烟“长白山（平壤）”，产销量分别为 1.6 亿支、2 亿支；中档混合型卷烟“长白山（普通江）”，产销量分别为 8.7 亿支、9.9 亿支；低档混合型卷烟“长白山（白山）”，产销量分别为 6.84 亿支、6.91 亿支。产品研发统一由吉林烟草工业有限责任公司国际部研发团队负责统筹策划，同时向合资企业派驻研发人员，研发前移，精准调研反馈。

【重大事项】 根据商务部《关于执行联合国安理会第 2375 号决议做好关闭境外涉朝合资合作企业相关工作的通知》，中方人员于 2017 年 11 月 28 日撤离。

大同江烟草有限公司

【概　况】 大同江烟草有限公司位于朝鲜平壤市乐浪区，成立于 2000 年。公司是由吉林烟草工业有限责任公司与朝鲜双林贸易会社合资组建的卷烟生产企业，投资总额 150.5 万美元，其中中方股份占 50.8%、朝方股份占 49.2%。截至 2017 年底，公司总资产 457.3 万美元，其中，固定资产 129.1 万美元、流动资产 328.2 万美元，资产负债率 32.4%。公司占地面积 5100 平方米，员工 143 人，其中中方员工 12 人。拥有 2 台 YJ14 卷烟机组、4 台 MK95 卷烟机组、3 台 ZB41 硬盒机组、1 台 YB22 软包机组，年卷烟生产能力为 19 亿支。公司董事长：朴光石；社长：吴永哲。

【生产经营】 2017 年，公司生产卷烟 12.7 亿支，销售卷烟 14.35 亿支。实现销售收入 947.2 万美元，同比增长 11.02%。实现利润 65 万美元，实现税金 150.6 万美元。进口原辅材料 370.3 万美元。

【品牌战略与主要产品】 公司充分利用朝鲜合作方的政策优势，重点开拓中、低档卷烟市场，努力将公司培育成中朝经贸合作的典范企业。主要生产“长白山（大同江）”。产品研发统一由吉林烟草工业有限责任公司国际部研发团队负责统筹策划。

【重大事项】 根据商务部《关于执行联合国安理会第 2375 号决议做好关闭境外涉朝合资合作企业相关工作的通知》，中方人员于 2017 年 11 月 28 日撤离。

罗先新兴烟草会社

【概　况】 罗先新兴烟草会社位于朝鲜罗先特别市，成立于 2001 年，是吉林烟草工业有限责任公司在朝鲜独资设立的卷烟生产企业，注册资本 313 万欧元。截至 2017 年底，公司总资产 376.5 万美元，其中，固定资产 229.1 万美元、流动资产 147.5 万美元。公司占地面积 8400 平方米，员工 53 人，其中中方员工 13 人。拥有 1 台 PASSIM70 卷烟机组、4 台 MK95 卷烟机组、1 台 ZB43A 硬盒包装机组、1 台 FK 硬盒包装机组、3 台 SASIB 软盒包装机组、2 台 YB22A 软盒包装机组。年卷烟生产能力为 20 亿支。公司董事长：朴光石；社长：金明孙。

【生产经营】 2017 年，公司生产卷烟 11.72 亿支，销售卷烟 12.78 亿支。实现销售收入 679.9 万美元，同比增长 7.6%。实现利润 7.8 万美元，实现税金 49.5 万美元。进口原辅材料 432.9 万美元。

【品牌战略与产品介绍】 公司作为吉林烟草工业有限责任公司卷烟出口加工基地，利用经济特区政策优势和独资企业的经营优势，开拓朝鲜北部市场及国际市场。公司生产的主要卷烟品牌为混合型“长白山（罗津）”。产品研发统一由吉林烟草工业有限责任公司国际部研发团队负责统筹策划。

【重大事项】 根据商务部《关于执行联合国安理会第 2375 号决议做好关闭境外涉朝合资合作企业相关工作的通知》，中方人员于 2017 年 11 月 28 日撤离。

老挝寮中红塔好运烟草有限公司

【概　况】　1992年，寮中好运烟草有限公司在老挝万象市成立。2008年7月28日，资产重组更名为老挝寮中红塔好运烟草有限公司，红塔集团控股61%，海南省烟草公司持股30%，老挝因得·沙伯服装厂占股份6%，老挝D.D建筑有限公司占股份3%。2012年12月在经过第十一届股东第九次会议、第十六届董事会第五次会议后，海南省烟草公司将所占30%股份转让给红塔集团，红塔集团占股份91%，沙湾万里进出口有限公司持股6%，老挝道沙湾投资建筑集团有限公司持股3%。截至2017年底，公司总资产8254万美元，其中，固定资产3770万美元、流动资产4426万美元，资产负债率44.28%。公司占地面积31万平方米，为云南中烟规模设施最齐全、面积最大的境外生产企业。员工554人，其中中方员工79人。生产制造部下设动力、复烤、制丝、卷接包、嘴棒、烟叶提取物6个车间，拥有烟叶提取物设备1套、梗叶混合制丝生产线1条、4500千克/小时打叶复烤线1条、卷包机组7台（套）、滤棒成型机3台，年生产能力80亿支。

2017年，公司从原料落实、生产管理、技术研发、内部管理等多方面进行配套保障。稳步推进烟叶种植，确保质量，为卷烟生产提供原料保障。公司始终把安全管理工作放在首位，充分结合老挝当地社会实际，严格参考和按照集团安全管理的相关规定和管理办法制定公司安全管理工作制度并认真组织落实，组织公司相关人员到集团本部进行安全教育和培训。公司连续6年荣获老挝沙湾拿吉省政府颁发的纳税大户奖，成为老挝工商纳税前十企业。公司董事长：王勇；总经理：马旭。

【生产经营】　2017年，公司生产卷烟49.6亿支，同比下降0.2%。实现卷烟销售收入6863万美元，同比增长1.17%，其中在老挝有税市场实现销售收入3756万美元，同比增长12.91%；免税市场实现销售收入319万美元，同比增长195.03%；其他国家市场实现销售收入2789万美元，同比下降12.69%。全年实现利润总额523.89万美元，同比下降24.73%。实现净利润419.11万美元，同比下降24.73%。

【品牌战略与主要产品】　2017年，公司主要生产品牌有“玉溪”“红塔山”“阿诗玛”“红梅”等烤烟型卷烟，以及“GEM”系列混合型卷烟。“GEM”主要在老挝有税市场销售，少量在免税市场销售，结构定位为中低端产品，消费人群主要为老挝人，市场占有率超过45%；结合公司“细支烟”设备的投入使用，公司积极开发新品试水有税、免税市场，先后开发“GEM（新丝路）”“GEM（红花）”等系列产品并投放市场，部分产品已在市场显现稳步增长态势。“玉溪”“红塔山”“阿诗玛”品牌卷烟同时在老挝有税、免税市场以及海外市场销售，“红塔山”主要销售地区为越南、柬埔寨、新加坡、马来西亚，“阿诗玛”主要销售地区为新加坡和中东地区，“红梅”主要销售地区为新加坡、马来西亚、印度尼西亚、菲律宾。

2017年，生产“玉溪”卷烟0.05亿支，销售0.05亿支；生产“红塔山”9.4亿支，销售8.8亿支；生产“阿诗玛”3.55亿支，销售3.45亿支；生产“红梅”2.6亿支，销售2.7亿支；生产“GEM”32.05亿支，销售35.2亿支；生产“云烟”1.65亿支，销售1.55亿支；生产“马宝”0.3亿支，销售0.3亿支。为盘活产能、拓展公司业务、扩大市场影响力，代加工卷烟1亿支，同比增加0.85亿支，增长566.67%。

香港红塔国际烟草有限公司

【概　况】　1992年，楚雄卷烟厂在中国香港创建控股企业雄伟（国际）烟草有限公司。1998年，国家烟草专卖局批准将楚雄卷烟厂的资产划转给红塔集团，同年12月9日，雄伟（国际）烟草有限公司更名为香港红塔国际烟草有限公司（简称香港红塔），红塔集团控股70%，新加坡仁恒国际投资有限公司持股30%。2007年，红塔集团将15%的股权转至云南中烟工业有限责任公司，公司注册资本增加至1.29亿港元。2011年，云南中烟将15%的股权转至云南烟草国际有限公司。公司的股权结构变为：红塔集团控股55%，新加坡仁恒国际投资有限公司持股30%，云南烟草国际有限公司持股15%。香港红塔是持有中国香港卷烟生产许可证的3家公司之一。截至2017年底，公司总资产3.91亿港元，其中，固定资产1.06亿港元、流动资产2.85亿港元。占地面积7712平方米，有5条卷接包生产线，2台KDF2滤棒成型机，年卷烟生产能力为57亿支。员工115人。

香港红塔立足公司境外区位优势，把为顾客创造价值、为企业提升经营水平作为首要责任，通过管理创新、架构调整、系统优化“三管齐下”，着力增强公司运营、制造、组织和系统四大能力提升，驱动公司拓展国际业务渠道的可持续发展，积极支撑云南中烟和红塔集团的境外运作与布局。公司较好地完成了卷烟产销的各项指标，订单满足率 100%。全年无一般、重大的质量、安全事故发生，员工队伍稳定协调，总体经营、管理、发展态势平稳。公司董事长：夏开元；总经理：张进武。

【生产经营】 2017 年，公司生产卷烟 41.05 亿支，同比下降 15.72%。销售卷烟 41.6 亿支，同比下降 13.4%。实现销售收入 4.44 亿港元，同比下降 24.32%。实现利润总额 4634 万港元，同比下降 16.98%。

【品牌战略与主要产品】 2017 年，公司主要生产的品牌有传统烤烟型的“玉溪”“红塔山”“阿诗玛”“红梅”“云烟（硬珍）”“云烟（软珍）”等品牌；混合型口味的“Brass”“Marble”“Ashima”“Strand”“Eston”等品牌；来牌加工的“L. J. Helmsman”“大唐”品牌。产品主要销往东南亚、中东、东欧、南美、澳大利亚和新西兰等地区。因市场环境变化及上游单位生产计划调整，所有品牌订单量均有不同程度的下降。为扩大收入来源，公司积极扩展来牌加工市场，与大唐国际烟草有限公司和中胜贸易有限公司签订来牌加工协议，加工生产“大唐”和“L. J. Helmsman”。

全年生产“玉溪”卷烟 6.15 亿支，销售 6.15 亿支；生产“红塔山”1.05 亿支，销售 1.05 亿支；生产“阿诗玛”6.65 亿支，销售 6.7 亿支；生产“Brass”3.45 亿支，销售 3.45 亿支；生产“Marble”16.3 亿支，销售 16.75 亿支；生产“L. J. Helmsman”0.05 亿支，销售 0.05 亿支；生产“Eston”0.15 亿支，销售 0.15 亿支；生产“GEM”0.1 亿支，销售 0.1 亿支；生产“Strand”0.5 亿支，销售 0.5 亿支；生产“红梅”0.8 亿支，销售 0.8 亿支；生产“云烟（硬珍）”1 亿支，销售 1 亿支；生产“云烟（软珍）”4.65 亿支，销售 4.7 亿支；生产“钓鱼台”0.15 亿支，销售 0.15 亿支；生产“大唐”0.05 亿支，销售 0.05 亿支。

缅甸掸邦第一特区果敢卷烟厂

2017 年 5 月 17 日，在云南昆明召开果敢卷烟厂 2017 年第一次股东会暨第九届三次董事会，审议通过对果敢卷烟厂进行清算的决议，明确清算小组的构成。按照清算工作方案和流程，清算小组逐步推进果敢卷烟厂的清算工作。10 月 17 日在《临沧日报》刊登果敢卷烟厂清算公告，并于 60 天公告期满后开始核查债权登记工作。同时，协调处理原存款账户注销和开立清算组账户事宜。

环球烟草有限责任公司

【概　况】 环球烟草有限责任公司成立于 2013 年 12 月 1 日，所在地为阿联酋富查伊拉自由区。前身为 2012 年成立的环球烟草企业，是由瓦达尼亚贸易有限责任公司全额控股、具有卷烟生产许可的自由区企业。2013 年，浙江中烟与瓦达尼亚共同对环球烟草企业进行增资，并将其改组为环球烟草有限责任公司，作为双方合资经营的企业，主要从事卷烟生产。环球烟草有限责任公司总投资 500 万美元，其中，瓦达尼亚持股 60%（厂房设备作价 300 万美元），浙江中烟占股 40%（2 套设备作价 200 万美元）。公司占地面积 1 万平方米，年卷烟生产能力 60 亿支。截至 2017 年底，公司总资产 1.14 亿元，其中，固定资产 5815 万元、流动资产 5595 万元，资产负债率 35.28%。从业人员 200 人。公司董事长：Badar Rashid Murad Albalooshi（瓦达尼亚委派）；总经理：Badar Rashid Murad Albalooshi（2017 年 4 月—，瓦达尼亚委派）、Hristo Latchev（—2017 年 4 月，瓦达尼亚委派）。

2017 年，根据环球公司的发展战略和思路，合作双方积极谋划设立环球烟草公司技术中心，以求具备产品开发功能，更快响应市场需求，更有效率地完成企业经营目标。

【生产经营】 2017 年，公司生产卷烟 54.54 亿支，同比下降 2.61%。销售卷烟 60.21 亿支，同比下降 2.8%。实现卷烟销售收入 1.76 亿元，同比下降 34.29%。实现利润 651.15 万元，同比下降 78.71%。

【品牌战略与主要产品】 2017 年，公司的品牌战略和发展思路是巩固和拓展现有市场，积极开发新市场。主要产品方面，“摩登”品牌市场定位为中低端消费群体，主销市场为伊朗市场，主销规格为“摩登（中东 EU）”。2017 年，完成新产品开发 12 个规格：“摩登（软蓝国际版）”“摩登（极细国际版红）”“摩登（极细国际版蓝）”“摩登（超细国际版白）”“摩登（超细国际版银）”“摩登（圆角 Q－S 国际版银）”“摩登（圆角 Q－S 国际版蓝）”“摩登（普通国际版红）”“摩登（普通国际版银）”“摩登（10 支装普通国际版银）”“摩登（圆角 QS 国际版红）”“摩登（超细国际版白伊朗版）”。

科伦印象有限责任公司

【概　况】　科伦印象有限责任公司于2016年6月29日正式成立，位于印度尼西亚东爪哇省徐图利祖县。注册资本为7572.57万元，其中，浙江中烟持股15%、印度尼西亚的塞班国际有限责任公司持股50%、韦查耶和平有限责任公司持股35%。公司占地面积1.25万平方米，年卷烟生产能力20亿支。截至2017年底，公司总资产9365万元，其中，固定资产8288万元、流动资产1061万元，资产负债率38.6%。员工50人，其中中方员工7人。公司董事长：林乃轩；总经理：刘文敬。

公司的发展战略和思路是：以“一带一路”建设为契机，发挥印度尼西亚侨领与浙江中烟两大优势，瞄准三步发展目标，做大做强做优“摩登”品牌，努力把企业建设成为现代化的、国际一流的卷烟生产工厂。

【生产经营】　2017年，公司生产卷烟1.66亿支，同比增长46.9%。销售卷烟1.56亿支，同比增长100%。实现卷烟销售收入1537.5万元，同比增长78.13%。亏损335.29万元。

【品牌战略与主要产品】　公司立足印度尼西亚本土，辐射东南亚周边国家及地区，打造“摩登”中式混合型卷烟代表品牌。“摩登”定位于年轻时尚动感品牌，消费人群是崇尚现代时尚的年轻人士，品牌销售区域覆盖印度尼西亚有税市场雅加达、巴厘岛、泗水、棉兰等主要城市和区域，印度尼西亚全国性知名大型连锁超市Indomaret、Alfamart，地区性连锁超市Minimart、Cocomart均已覆盖。东南亚周边国家或地区已覆盖中国台湾、印度、马来西亚，以及非洲尼日利亚。

◇编辑整理：王东旭　褚　幸

雪茄烟生产

2017年全国雪茄烟产销概况

烟草行业高度重视雪茄烟发展，2017年全国烟草工作会议提出，要大力支持雪茄烟加快发展。

2017年，全国烟草行业中，安徽中烟、山东中烟、湖北中烟、四川中烟等4家省级卷烟工业企业具备雪茄烟生产能力。全年雪茄烟累计生产15.98亿支，同比增长32.29%，其中，安徽中烟生产1.82亿支，山东中烟生产2.36亿支，湖北中烟生产3.56亿支，四川中烟生产8.24亿支。

2017年，全国雪茄烟销量保持稳定增长。国产雪茄烟销售15.14亿支，同比增加4.29亿支，增长39.55%。销售收入13.78亿元，同比增加3.65亿元，增长36.04%。销量前四位雪茄烟品牌的销量同比均上升，增幅分别为：“长城”91.82%、“黄鹤楼”6.09%、“泰山”65.06%、“王冠”25.96%。

积极培育国产雪茄烟重点品牌。全年国产雪茄烟重点品牌合计商业批发销量8亿支，同比增长65.79%，销售额7.66亿元，同比增长60.03%。雪茄烟重点品牌在国产雪茄烟中的销量比重为52.86%，同比提升8.37个百分点，销售额比重为55.56%，同比提升8.33个百分点。

安徽中烟工业有限责任公司

【蚌埠卷烟厂雪茄烟生产部概况】　安徽中烟工业有限责任公司雪茄烟生产主要由安徽中烟蚌埠卷烟厂雪茄烟生产部承担，蚌埠卷烟厂、芜湖卷烟厂承担部分机制雪茄烟生产任务。安徽中烟蚌埠卷烟厂雪茄烟生产部前身为蒙城雪茄烟厂，位于安徽省蒙城县。2001年10月，经国家局批准在蒙城雪茄烟厂原厂址成立雪茄烟生产部，隶属于蚌埠卷烟厂管理，不具有法人资格，更名为蚌埠卷烟厂雪茄烟生产部。2005年4月，更名为安徽黄山卷烟总厂蚌埠卷烟厂雪茄烟生产部。2006年5月，更名为安徽中烟工业公司蚌埠卷烟厂雪茄烟生产部。2011年7月，更名为安徽中烟工业有限责任公司蚌埠卷烟厂雪茄烟生产部。

截至2017年底，生产部拥有制茄芯生产线1条，产能1500千克/小时；拥有进口荷兰AJIO公司的卷制设备37台（套），产能约2500万支/年；拥有国产纱布茄衣制作机组20台（套）及国产卷制、包装设备10台（套）。生产部总年产能约2.4亿支。

【雪茄烟产销】　2017年，生产雪茄烟1.82亿支，同比增长42.39%。销售雪茄烟1.66亿支，同比增长36.16%，实现雪茄烟销售收入 1.14 亿元。其中，“王冠”雪茄烟销售 1.52 亿支，同比增长 24.14%。实现税利 4669.99 万元，同比增长 63.52%。

【主要产品与品牌建设】 *原产品改造升级。* 安徽中烟重视中高端雪茄烟新品开发，兼顾老产品改造和配方优化。2017 年，完成“王冠（塑 2 支全叶卷）”老产品改造升级。雪茄烟有“王冠”“黄山松”2 个品牌，31 个系列产品规格。全叶卷雪茄烟为高端产品，半叶卷雪茄烟及微型雪茄烟为中低档产品。

新品开发。 2017 年，开发“王冠”雪茄烟系列新品 29 款。其中，全叶卷“小国粹”“经典”系列及城市或终端定制品约 20 款；半叶卷“大连印象”等 3 款；新品“小鱼雷”全叶手卷支型和机制卷支型 2 款，后者为储备开发；微型雪茄烟新品“国粹名角”“国粹荣耀”“加勒比”“古型”4 个规格当年开发、当年投产上市。与北欧斯堪的纳维亚烟草集团（STG）联合开发半叶卷产品“王冠（赛悦）”获国家局准产批复。

山东中烟工业有限责任公司

【雪茄烟制造中心概况】 山东中烟工业有限责任公司雪茄烟制造中心前身为建于 1999 年 12 月的将军烟草集团有限公司技术中心雪茄烟实验室。2004 年 5 月，国家局正式批准将军烟草集团有限公司济南卷烟厂生产雪茄烟，济南卷烟厂成立雪茄烟生产工段。2008 年 12 月，山东中烟工业公司济南雪茄烟制造中心正式成立。2010 年，山东中烟工业公司更名改制为山东中烟工业有限责任公司后，中心更名为山东中烟工业有限责任公司济南雪茄烟制造中心。2011 年 3 月，山东中烟设立山东中烟工业有限责任公司雪茄烟制造中心筹备办公室。2012 年 5 月，山东中烟工业有限责任公司雪茄烟制造中心成立，负责雪茄烟生产、产品研发、品牌建设、市场销售等工作。

雪茄烟生产具体由济南卷烟厂雪茄烟生产车间承担。截至 2017 年底，雪茄烟生产车间占地面积 8500 平方米。具备年产手工雪茄烟 82 万支、机制雪茄烟 3300 万支、卷烟型雪茄烟 6 亿支的生产能力，员工 177 人。

【雪茄烟产销】 2017 年，生产雪茄烟 2.36 亿支，同比减少 0.84%。销售雪茄烟 2.43 亿支，同比增长 61.74%；商业销售收入 1.61 亿元，同比增长 47%。2017 年，鲁产雪茄烟商业批发销量增幅、传统雪茄烟商业批发销售收入增幅、传统雪茄烟商业批发销量增幅三项指标均居行业首位。

【主要产品与品牌建设】 2017 年，山东中烟在产雪茄烟品牌为“泰山”“将军”2 个品牌，手工雪茄烟、机制雪茄烟和卷烟型雪茄烟 3 个品类，“巅峰”“战神”“阔佬”“3G”“豹”五大系列 24 个规格。

市场布局初具规模。新开拓地市级市场 12 个，以各省重点市场为核心，梯次化推进市场拓展，成熟型、成长型、导入型三类市场初步形成。2017 年，北京市、河北省、吉林省、陕西省、济南市、青岛市等 6 个市场调拨销量超过 1000 万支，广西区、浙江省、河南省、甘肃省、山西省、天津市等 6 个市场调拨销量超过 600 万支，12 个规模市场销量占总销量的 63%。

根据商业公司、专业雪茄吧个性化需求，设计研发定制版卷烟型雪茄 3 款，机制雪茄烟 4 款，手工雪茄烟 21.24 万支。

【技术创新】 *产品研发。* 以市场为导向，按照“标杆开发”思路，以国外优质雪茄烟为参照，从烟体和商标等方面创新，开发“将军（战神 4 号）”“将军（战神 07）”“泰山（3G 沉香）”等新产品。加强新材料新工艺研究与应用，从盒型结构、色彩搭配等方面创新，开展新产品个性化商标设计。

工艺标准。 开展以烟叶深度发酵为主的特色工艺研究，完成《雪茄原料发酵技术研究及应用》《全叶卷雪茄烟吸阻测试与控制技术》研究论文撰写。完成《雪茄产品开发和改造控制程序》改版修订工作，技术管理水平有效提升。

项目研究。 参与行业雪茄烟标准体系建设项目“雪茄产品定义及分类”研究；参与行业《雪茄烟科技发展规划》讨论修订；参与行业《雪茄烟生产过程产品安全卫生保障通则》研究。

对外合作。 创新协同研发模式，与相关企业开展联合攻关，先后开发特种薄片卷烟纸 2 款，雪茄烟专用香精香料 2 款，已应用于雪茄烟产品中。

【原辅材料保障】 制定年度原料需求计划，完成 2017 年度多米尼加等进口烟叶采购工作，共计 23.2 吨。开展原料库存季度数据分析及质量评价，合理平衡原料使用，完成 21 个等级 7668.24 担的降等降级工作。根据市场销售及生产计划安排，合理制订季度材料采购需求，满足生产保障。

湖北中烟工业有限责任公司

【三峡卷烟厂概况】 湖北中烟工业有限责任公司雪茄烟生产主要由湖北中烟三峡卷烟厂承担。湖北中烟三峡卷烟厂前身为成立于 1899 年的茂大卷叶烟制造所，位于湖北省宜昌市。2004 年，三峡卷烟厂成为湖北中烟工业有限责任公司所属生产厂。

截至 2017 年底，三峡卷烟厂拥有 8 套卷接包生产设备和 40 余台（套）雪茄烟专业生产设备。雪茄烟主要生产“黄鹤楼”“顺百利”“茂大”“三峡”等品牌系列，具备机制雪茄烟年生产能力 150 亿支，手工雪茄烟年生产能力 1.76 亿支，在册职工 771 人。

【雪茄烟产销】 2017 年，生产雪茄烟 3.56 亿支，销售雪茄烟 3.65 亿支，实现商业销售额 3.81 亿元，同比增长 5.03%。

【市场销售】 2017 年，湖北中烟雪茄烟专业销售团队，探索开展雪茄烟定制直销服务，取得系列成果：“雪茄烟工业直销模式的探索与实践”获得湖北省企业管理创新一等奖；与丽江市局（公司）合作推出行业首款区域定制雪茄烟；年份高端定制雪茄烟“黄鹤楼（十二兽首）”全年限量投放 300 套。

加强品牌旗舰店、形象店等雪茄烟专业终端建设，在全国市场建设重点品牌形象店 547 家，初步形成覆盖全国重点城市的雪茄烟专业终端网络。

【技术创新与新品研发】 湖北中烟雪茄烟研发技术团队坚持“中式雪茄”发展理念。2017 年，突出工艺规范创新，总结低温冷冻、烟叶发酵、木桶醇化、烟支养护和烟支激光打孔等企业独特的加工工艺；突出技术创新，内胚器、吸阻检测仪、多功能操作台等工器具的研发应用，手卷雪茄烟生产效率由平均 50 支/人/天提升到 80 支/人/天；探索完善工艺标准，形成手卷、机制、半机制雪茄烟 6 个工段、46 道工序、242 个工步的工艺流程。

全年完成手卷雪茄烟定制 8 个规格 26 个项目，机制雪茄烟定制 12 项，研制“黄鹤楼”迷你雪茄烟“醇香”“冰爽”2 款产品。结合国际上认知度较高的流行尺寸和特征鲜明的特色产品规格，开发长矛型、鸭嘴型、盒压型、罗布斯图型等规格产品。

【易地技改项目】 2016 年 12 月 13 日，国家烟草专卖局批准三峡卷烟厂易地搬迁技术改造项目建设。项目建设用地面积 370 亩，项目规划总投入 12.4 亿元，技改完成后企业卷烟、雪茄烟产能规模为 159.1 亿支，其中雪茄烟 9.1 亿支。

2017 年，项目建设稳步推进，累计投资 1 亿余元，完成 370 亩项目建设用地购置，完成“地质初勘”“项目管理服务”招标等工作。

四川中烟工业有限责任公司

【长城雪茄烟厂概况】 四川中烟工业有限责任公司雪茄烟生产主要由四川中烟长城雪茄烟厂承担。四川中烟长城雪茄烟厂成立于 2007 年 9 月。2009 年实施易地技术改造，总投资 12 亿元，占地 450 亩，2011 年 4 月建成投产，总资产近 15 亿元。截至 2017 年底，工厂在岗在册职工 396 人。产品涵盖手工、机制全系列，具备手工雪茄烟 300 万支、机制雪茄烟 21 亿支、卷烟型雪茄烟 40 亿支设备产能 41.7 亿支，是亚洲最大的雪茄烟厂、中国雪茄烟的领军企业。

【雪茄烟产销】 2017 年，生产雪茄烟 8.27 亿支，同比增长 71.59%；销售雪茄烟 7.94 亿支，同比增长 69.68%；实现销售收入 4.23 亿元，同比增长 79.58%，标准雪茄烟市场份额提升。

【主要产品与品牌建设】 2017 年，四川中烟拥有“长城”“狮牌”“工字”3 个品牌。国内市场在销 54 个规格，产销规模居全国首位。出口地涵盖欧洲、南美等11个国家和地区。

四川中烟明确雪茄烟产业的品牌培育工作规划，确定"长城"品牌一个核心定位、两大品牌基因以及三重理念表达。同步梳理搭建品牌旗下的各产品架构体系。其中，手工雪茄烟以"长城1918"为高端形象产品，"长城（GL）"系列、"长城（132）"系列、"长城（盛世）"系列为重点，凸显"长城"品牌的高端引领；机制雪茄烟以"长城（陈皮薄荷）"为重点，并努力恢复性发展天然茄衣机制雪茄烟；雪茄型卷烟以"长城（万里长城）"为重点，持续提升产品结构和盈利水平。

手工雪茄烟产品"长城（盛世5号）"以30.34万支的销量；"长城（陈皮薄荷）"销售1.87亿支，占全国雪茄烟总销量的12.5%。

【市场销售】 2017年，四川中烟努力构建新型市场培育模式。积极探索手工雪茄烟制造与雪茄烟销售模式，并运用移动互联网交流平台，初步建立雪茄客和专业终端广泛参与的市场培育新模式。

【技术创新】 2017年，四川中烟着力开展品牌品质内涵研究，实施文化理念创新。推进风格产品内涵挖掘和外延开发。跟踪消费市场需求，及时储备产品。

【中国雪茄博物馆】 2017年11月8日，历经数年筹备、规划，中国雪茄博物馆建成并对外开放。中国雪茄博物馆位于四川省德阳市什邡市长城雪茄烟厂，是由国家烟草专卖局、中国烟草总公司发起建设的全国性、专业性的国家级博物馆，授权四川中烟全面管理。

中国雪茄博物馆建筑面积4663平方米，是集展示、体验、教育、感悟以及销售功能为一体的综合性主题博物馆。建筑物主体分3层，分"寻根""溯源""探秘"3个展厅，围绕中国雪茄烟产地、历史和工艺进行主题展示，寻根中国雪茄烟之乡、溯源中国雪茄烟百年、探秘重视雪茄烟技艺。

在中国卷烟销售公司的业务指导下，中国雪茄博物馆承载着面向社会大众，倾注中国雪茄烟（含卷烟新型制品）产业发展；全面服务"长城"雪茄烟品牌，全面服务川烟产品展示；通过以教育服务为主的文化艺术交流活动及展览、展示，凝聚地方文化认同，促进地方发展。

【原辅材料保障】 改进备料作业方式，强化过程管控，确保生产原料供应质量。加强备料作业方式方法的改进、试验、探索并形成可操作性作业流程；强化烟叶发酵、堆积发酵等过程质量管控，严控在库烟叶原料养护巡查，确保原料质量安全和仓储安全；确保生产原料批次质量稳定。灵活采用材料采购方式，推动跟单作业，确保材料供应及时。

◇ 编辑：邢忠敏　褚　幸

烟草机械工业

烟机工业概况

做精烟机产品。 加快新产品研发与市场推广步伐。全年投入科研经费2.96亿元，开展32项科研项目研究，完成16项产品验收，有15个新产品推向市场。许昌烟草机械有限责任公司承担的"400米/分钟细支滤棒成型机研制项目"通过国家局组织鉴定。国产12000支/分钟ZJ119/ZB49卷接包机组交付烟厂试用。14000支/分钟ZJ116A/ZB48A型卷接包机组、1000千克/小时烟叶水洗处理工艺设备研制等一批重点科技项目具备鉴定条件。

有效满足细支烟、异型包装等个性化需求。6000支/分钟、7000支/分钟细支卷接机组样机完成客户交验，10000支/分钟细支卷接机组进行样机试制，细支烟设备基本实现系列化。全年为行业提供细支设备35组，中支设备14组，短支设备9组，提供细支中空、沟槽棒等特种成型设备17台套。成功研发双铝包、12支装、5支装、罐装、中华（金中支）、保湿保润等异型包装设备，有效支撑，引导形成市场热点。

推进智能烟机建设。 完成卷接设备智能管理系统在线测试，计划搭载ZJ119型卷接机组共同推向市场。以智能产品为数据平台，探索建立设备健康状态实时监测系统，对烟厂生产设备进行远程检测分析，依靠现代技术手段提供故障预警和维修建议。深入烟厂与控股企业开展调研，梳理智能服务建设思路，绘制国产烟机智能服务发展蓝图。

拓展国内外烟机市场。 加强与中资海外烟厂开展合作。关注浙江中烟阿联酋制丝工厂合资项目，进行整体方案优化调整，拓展业务模式，为多家海外中资烟厂提供集成项目服务。开展与跨国烟草公司的合作，实现共赢发展。2017年，与境外烟草公司就零配件供应开展合作。在合作方向、合作模式及产业链优势互补上寻求突破，共享市场、共享利益，合作共赢，为烟机出口工作寻求突破和更广阔平台。

截至2017年底，全国烟草专用机械持证生产企业共有38家。

中国烟草机械集团有限责任公司

【概　况】 中国烟草机械集团有限责任公司（简称集团公司）组建于1999年，由中国烟草总公司、上海烟草集团和中国烟草总公司云南省公司、山东省公司、河南省公司共同出资组建，是烟草行业内第一家按现代企业制度框架组建的专业化集团公司。后经股权变更，集团公司由中国烟草总公司控股，上海烟草集团及云南中烟、山东中烟、河南中烟等4家工业公司参股。2008年，经中国烟草总公司批准（中烟办〔2008〕305号），集团公司新增湖南中烟、湖北中烟、江苏中烟、安徽中烟、广东中烟等5家股东。增资扩股后，中国烟草总公司股权比例占67%，上海烟草集团占5%，云南中烟、河南中烟、山东中烟、湖南中烟、湖北中烟、江苏中烟、安徽中烟、广东中烟分别占3.5%。集团公司是中国烟机工业核心企业，对全国烟草专用机械的生产经营担负一定的行业管理职能。2011年，中国烟草总公司对集团公司增加投资10亿元（中烟办〔2011〕178号），总公司所占股权比例增至74.69%，上海烟草集团股权比例占3.87%，云南中烟、河南中烟、山东中烟、湖南中烟、湖北中烟、江苏中烟、安徽中烟、广东中烟分别占2.68%。

集团公司下辖8家控股企业，包括上海烟草机械有限责任公司、常德烟草机械有限责任公司、许昌烟草机械有限责任公司、秦皇岛烟草机械有限责任公司等4家烟机生产企业，北京达特集成技术有限责任公司、中烟烟机零配件采购服务中心有限责任公司2家专业公司，以及设在上海专门从事烟机产品开发的中烟机械技术中心有限责任公司、中烟物流技术有限责任公司（2017年11月30日成立）。同时，集团公司持有云南烟草机械有限责任公司30%的股份。集团公司本部下设10个部室。

截至2017年底，集团公司总资产133.25亿元，负债39.89亿元，所有者权益93.35亿元。

【领导机构】

董事会

董事长：王建法

副董事长：周永森（—2017年6月）、陆　捷（2017年6月—）

董事：曲　伟、顾　波、刘青文（—2017年6月）、王众声（2017年6月—）、许廷选、李　立（—2017年6月）、刘建福（2017年6月—）、聂广军、王轩庭、杜　进、林孟昌（—2017年6月）、张穗强（2017年6月—12月）、张赤兵（2017年12月—）、齐　琳（职工董事）

财务负责人：沈云龙

监事会

主席：张书东

监事：王玉麟、陈俊奎（职工董事）

班子成员

党组书记、总经理：王建法

党组成员、副总经理：沈云龙

党组成员、副总经理：曲　伟

党组成员、纪检组长：吴　伟

享受公司副职待遇：付　嘉、胡森炯（—2017年8月）、郭冬青

副巡视员：凌卫民

副巡视员：赵美燕

【生产经营】 2017年，集团公司实现营业收入52.98亿元，同比下降8.43%。实现税利9.66亿元，同比下降9.97%。同比降幅逐渐收窄，初步呈现企稳筑底的发展态势。

【主要产品】 集团公司主要产品：400米/分钟细支滤棒成型机研制项目通过国家局组织鉴定，国产12000支/分钟ZJ119/ZB49卷接包机组交付烟厂试用，14000支/分钟

ZJ116A/ZB48A 型卷接包机组、1000 千克/小时烟叶水洗处理工艺设备研制等一批重点科技项目具备鉴定条件。

【技术创新】 2017 年，由许昌烟草机械有限责任公司承担的“400 米/分钟细支滤棒成型机研制”项目，在云南玉溪通过国家局组织的鉴定，这是国家局细支卷烟升级创新重大专项确定的一项重要研究任务。该项目以 ZL26C 滤棒成型机组为平台，通过对丝束成型的研究分析，设计细支滤棒成型组件，建立空气流量、压力与输送截面关系的数学模型，设计出独有的适应细支棒输送的喇叭嘴、加速轮、V 型导轨等相关部件。该样机的成功研制填补国内中高速细支滤棒成型设备空白，达到国内细支滤棒成型设备领先水平。

【企业管理】 ***精益管理。*** 2017 年，集团公司落实行业精益管理工作部署，围绕精益管理工作要求，按照《中国烟草机械集团有限责任公司关于推进企业精益管理的指导意见》要求，推进“六个精益”工作目标，落实 3 个大项 11 个小项的具体措施，明确工作要求，进一步强化精益管理对控股企业管理工作的指导作用。通过加强考核评价，提高控股企业推进精益管理工作积极性和有效性，推动企业管理工作水平不断提升。各企业按照集团公司精益管理工作整体部署和安排，制定本企业年度精益管理工作计划，有序推进各项工作安排，取得切实效果。2017 年，生产管理部制定集团公司《精益管理工作创优评价办法》，作为对各控股企业精益管理工作推进效果的主要评价标准，2018 年开始正式开展对控股企业的精益管理效果评价工作。

质量管理。 2017 年，集团公司进一步强化质量管理工作力度，不断提升企业产品实物质量和服务质量。在上海组织召开 2017 年度质量工作会议，总结开展情况、探讨工作方向、明确工作思路、提出工作要求。督促各控股企业学习落实集团公司《关于提升产品质量的指导意见》，制定并切实执行本企业落实要求的具体措施。4 家控股生产企业完成质量管理体系换版工作。2017 年，集团公司开展以提升产品实物质量和服务质量为宗旨的质量活动，对常德烟机公司 ZJ118 卷接机组和秦皇岛烟机公司制丝线产品进行用户质量走访调研，对上海烟机公司和许昌烟机公司开展库存零件质量检查工作，督促控股企业做好产品可靠性测试工作，不断提高产品和服务质量，提升行业设备支撑保障作用。

所属企业

上海烟草机械有限责任公司

【概　况】 上海烟草机械有限责任公司（简称上海烟机）前身为始建于 1952 年的上海烟草公司机械厂。1959 年更名为上海轻工业机械制造厂；1970 年更名为上海烟草工业机械厂，是中国第一家烟草机械专业生产企业；1999 年成为中烟机械集团公司控股企业；2002 年改制更名为上海烟草机械有限责任公司。下辖上海烟草机械新场铸造有限责任公司、上海中臣烟草机械配件有限责任公司、上海中臣烟草数控技术有限公司、上海英国莫林斯烟草机械零备件寄售站有限公司以及上海烟机综合生活服务部等 5 家企业。截至 2017 年底，上海烟机拥有总资产 33.59 亿元，其中，固定资产 11.04 亿元、流动资产 20.40 亿元，资产负债率 31.76%。从业人员 1056 人。上海烟机党委书记、董事长：郭宏斌（2017 年 9 月—，9 月之前任党委书记）；党委副书记、董事长、总经理：胡淼炯（—2017 年 8 月）。

实施“履职尽责做好烟机，转型发展走出烟机”的“十三五”战略，落实“做精做强烟机主业，做优做大非烟产业”“打造国内窗口，追赶国际先进”的总体思路，以“烟机精神”为动力，按照“精耕细作、务实进取”的要求扎实推进工作，保持企业持续平稳发展。

【生产经营】 2017 年，上海烟机实现工业总产值 11.65 亿元，工业增加值 5.49 亿元；实现销售收入 13.22 亿元，其中，主营业务收入 12.91 亿元，整机实现收入 6.45 亿元，同比增长 30.57%；大修理实现收入 4.63 亿元；零配件实现销售收入 1.71 亿元。全年实现税利 1.83 亿元，利润总额 0.98 亿元。三项费用率 19.06%，同比减少 0.28 个百分点。万元增加值综合能耗为 33.99 千克标煤。

【主要产品】 主要产品包括：ZB45 型硬盒硬条包装机组、ZB25 型软盒硬条包装机组、ZB47 型硬盒硬条包装机组、ZB48 型硬盒硬条包装机组、ZB28 型软盒硬条包装机组、ZB415 型硬盒硬条包装机组、ZB49 型硬盒硬条包装机组。

【技术创新】 2017年，上海烟机以市场需求为导向，着力实施技术创新。ZB415型硬盒硬条包装机组（日产三班200箱）、ZB48A型硬盒硬条包装机组、ZB47（细支）型硬盒硬条包装机组等样机实现用户验收，具备鉴定条件。ZB49型硬盒硬条包装机组样机（日产三班300箱）完成司内验收。600包/分钟硬盒包装机组ZB416型样机试制成型并达到设计要求。五大平台、九大机型产品系列化布局基本构建形成。

在技术完整性上继续扩展加强。依托与上海烟草集团的联合研究室平台，发挥贴近市场、快速响应优势，全面转向烟机定制开发，保润保香、12支装、5支装、罐装机、全开式、“中华（金中支）”成线包装设备等一批研究室项目形成实物成果，为卷烟新品上市提供装备保障。双方联合研制的双铝包机组经过不断改进提速，逐步形成市场热点。首套保润保香机组实现出厂并进入调试阶段。按照国家局细支烟科技专项部署，完成ZB416和ZB48A平台高速细支烟设备设计阶段工作。

常德烟草机械有限责任公司

【概　况】 常德烟草机械有限责任公司（简称常德烟机）成立于1969年，1999年完成公司制改造，是中国最早从事烟草机械产品研发和生产制造的企业之一，下辖常德烟机配件经销服务有限责任公司、常德金叶机械有限责任公司、常德旺达物业服务有限责任公司。截至2017年底，常德烟机拥有总资产23.80亿元，其中，固定资产3.82亿元、流动资产18.21亿元，资产负债率19.74%。从业人员1164人。常德烟机董事长、总经理：周诗伟；党委书记：秦继玉。

2017年，常德烟机以超高速卷接机组重大专项为突破口，持续推进细支烟卷接产品系列化，加快智能烟机和新型卷烟装备研发步伐。加大ZJ118型卷接机组的市场拓展力度，举办设备现场交流会，全面启动“主动服务”品牌计划，打开东北区域市场。在非烟领域拓展方面，正式进入锂离子电池生产装备新领域，纸机业务产销研均有新突破。在规范管理方面，落实“应招尽招”“真招实招”“办事公开民主管理同业务工作深度融合”3个保障机制，促进办事公开民主管理同业务工作深度融合。

【生产经营】 2017年，常德烟机生产烟草机械整机148台（套）［含烟机整机120台（套），烟机大修28台（套）］、销售烟草机械整机137台（套）［含烟机整机109台（套），烟机大修28台（套）］。实现工业总产值12.96亿元（现价，不含税，下同）、工业增加值4.76亿元。实现产品销售收入13.74亿元，出口实现销售收入0.15亿元、实现税利2.50亿元、利润1.35亿元。三项费用率20.16%，同比上升1.37个百分点。万元产值综合能耗为13千克标煤。

【品牌战略与主要产品】 2017年，常德烟机贯彻落实“产品上竞争、技术上追赶、服务上超越”的发展方向，按照集团公司稳定超高速工作方案，继续做好ZJ116型卷接机组整改、质量提升和服务保障，加大其他新产品的市场推介和老产品的市场巩固。

主要产品有：ZJ116型卷接机组、ZJ118型卷接机组、ZJ112型卷接机组、ZJ17型卷接机组、ZJ17D型卷接机组、ZJ17E型卷接机组、YF27B型滤棒气力输送系统、YF27C型滤棒气力输送系统、YF27D型滤棒气力输送装置、FY113型废烟支处理机、YF13型卷烟储存输送系统、YF14型卷烟储存输送系统、YF171A型滤棒储存输送装置、ZL26A型纤维滤棒成型机组、YF26型滤棒接收装置、YF26C型滤棒接

2017年5月22日，高级技师进修班学员参观了解ZJ118型卷接机组新技术应用

常德烟机　供稿

收装置、YF26D 型滤棒接收装置、YF26E 型滤棒接收装置、YF26F 型滤棒接收装置、TJ91 型茄衣成型机、TJ91A 型茄衣成型机。

2017 年 7 月 26 日，“400 米/分钟细支滤棒成型机研制”项目通过国家局组织的鉴定

许昌烟机 供稿

【技术创新】 ZJ119 型（12000 支/分钟）卷接机组样机通过厂内设计验证，进入用户调试阶段。ZJ116A 型卷接机组、ZJ112A 型（7000 支/分钟）和 ZJ118 型（6000 支/分钟）细支烟卷接机组的样机均已完成用户交车验收，待集团公司组织验收；2017 年 2 月 28 日，ZJ17E 型卷接机组和 TJ91A 型茄衣成型机通过集团公司验收。8 月 24 日，细支滤棒气力输送及接收装置通过集团公司验收。卷接设备智能管理系统研发项目在 ZJ119 型卷接机组样机上完成在线测试；加热不燃烧新型卷烟试验装备项目进入详细设计阶段。

2017 年，常德烟机申请专利 24 件，其中发明专利 10 件。获得专利授权 10 件，其中发明专利 7 件。

许昌烟草机械有限责任公司

【概 况】 许昌烟草机械有限责任公司（简称许昌烟机）位于河南省许昌市，于 1958 年经国家经济委员会批准创建，1965 年划归中国烟草工业公司管理，1969 年划归国家轻工业部管理，1987 年划归中国烟草总公司管理，1999 年划归中国烟草机械集团有限责任公司，2002 年改制更名为许昌烟草机械有限责任公司。下辖许昌富思特烟机配件有限公司 1 个全资子公司。截至 2017 年底，许昌烟机拥有总资产 13.58 亿元，其中，固定资产 8.09 亿元、流动资产 7.50 亿元，资产负债率 27.51%。从业人员 1143 人，其中在岗员工 1090 人。许昌烟机董事长：沈云龙；党委书记、总经理：张维群。

【生产经营】 2017 年，许昌烟机公司生产烟机产品 201 台（套），销售烟机产品 181 台（套）。实现工业总产值 5.57 亿元，工业增加值 2.43 亿元。实现销售收入 5.17 亿元，出口实现销售收入 0.12 亿元；实现税利 0.45 亿元，利润 64 万元。三项费用率 31.2%，同比增加 2.15 个百分点。万元产值综合能耗为 20.9 千克标煤。

【品牌战略与主要产品】 公司产品主要三大类：滤棒成型类产品：ZL28 型纤维滤棒成型机组、ZL29 型纤维滤棒成型机组、ZL26C 型纤维滤棒成型机组、ZL26D 型纤维滤棒成型机组、ZL27 型纤维滤棒成型机组、ZL22D 型纤维滤棒成型机组、YL43 型复合滤棒成型机组、YL43A 型复合滤棒成型机组、ZL41 型复合滤棒成型机组。

辅联物流类产品：ZF12B 型卷烟储存输送系统、ZF19 型卷烟储存输送系统、YF17 型卷烟储存输送装置、YF17A 型卷烟储存输送装置、ZF25 型滤棒自动发射与接收系统、ZF25A 型滤棒自动发射与接收系统、YF71 型盘纸自动更换机、YF73 型盘纸自动更换机、YF72 型卷接机组物料站、YF712/713 型包装机组物料站、YF611 型条盒储存输送系统、YF611A 型条盒储存输送系统、YF172 型滤棒固化储存输送装置、FY114 型废烟处理机、FY115 型废烟支处理机、YP19 型装封箱机、YJ35D 型装盘机、YJ36 型装盘机、YJ37 型装盘机、YB17B 型卸盘机、YB111 型卸盘机。

卷接类产品：ZJ19B、ZJ15、ZJ114 型卷接机组。

【技术创新】 国家局重大专项“400 米/分钟细支滤棒成型机研制”（ZL26D）顺利通过鉴定。滤棒卸盘机（YB111）、细支滤棒发射接收系统（ZF25A）、细支滤棒复合成型机（YL43A）、YJ37型装盘机、16000支/分钟开环盘式卷烟存储输送系统（ZF19）、超高速卷接机组物料站（YF72）、细支卷烟储存输送装置研制（基于YF17A）等7个新产品研发项目顺利通过集团公司组织的验收。

2017年，许昌烟机申请专利7件，其中发明专利3件，实用新型专利4件。获得授权专利数7件，其中发明专利1件。

秦皇岛烟草机械有限责任公司

【概　况】　秦皇岛烟草机械有限责任公司（简称秦皇岛烟机）前身为中国轻工业机械总公司秦皇岛轻工业机械厂，1989年4月划归中国烟草总公司管理，更名为中国烟草总公司秦皇岛烟草工业机械厂，2002年3月组建秦皇岛烟草机械有限责任公司。下辖秦皇岛弘和机械有限责任公司、秦皇岛金叶物流有限责任公司2家企业。截至2017年底，秦皇岛烟机拥有总资产16.41亿元，其中，固定资产3.33亿元、流动资产12.05亿元，资产负债率36.70%。从业人员1105人。秦皇岛烟机党委书记、董事长：郭冬青；总经理：王小飞。

【生产经营】　2017年，秦皇岛烟机公司生产烟草机械整机748台（套）、大修32台（套），销售烟草机械整机649台（套）。实现工业总产值5.2亿元（现价）、工业增加值1.87亿元、产品销售收入7亿元、出口销售收入6.8万元、税利1.24亿元、利润0.49亿元；三项费用率26.58%，同比增加3.52个百分点；万元产值综合能耗为24.09千克标煤。

【三大类主要产品】　秦皇岛烟机主要产品有三大类。制丝产品：WQ7231B型隧道式回潮机、40QUG0000012型滚筒薄板式烘丝机、40RGK0000009型燃油（气）管道式烘丝机、40UED0000027型压梗机、SH37型滚筒管板式烘丝机、WQ3371B型滚筒式叶片回潮机、SJ1241型加料机、SJ2141型加香机、WQ55A型刮板式烟梗回潮机、WPL/WCL喂料机、WFL翻箱机、FT6312型机械式垂直切片机、SX转辊式加温加湿机（虹霓公司合作产品）、KLD－22Z型滚筒薄板式烘丝机（虹霓公司合作产品）、FLT加香机（虹霓公司合作产品）、TBK烟梗回潮机（虹霓公司合作产品）、HDT－FX管道式烘丝机（虹霓公司合作产品）及配套电气控制系统等。

打叶复烤产品：KG235C型烟片复烤机、KG325型烟梗复烤机、FW130型提升喂料机、WG10型刮板喂料机及配套电气控制系统等。

二氧化碳膨胀烟丝产品：SP66型升华装置、SP26型浸渍装置、WQ396型滚筒式叶丝回潮机、SP27型浸渍装置、SP67型升华装置、WQ397型滚筒式叶丝回潮机及配套电气控制系统等。

【技术创新】　深入推进智能烟机制造，细支烟项目取得突破性进展，创新研发烟片片型控制、滚筒气流烘丝机、超薄压梗机等设备，丰富产品系列。深化推广三维设计技术运用，形成全品类生产线三维设计能力。2017年，“基于散叶收购模式的打叶复烤工艺技术研究及装备研制”项目通过国家局新产品验收，形成具有自主知识产权的散叶打叶复烤生产线技术装备。加强对外合作，完成与虹霓公司第二批转移产品验收工作，积极开展与红塔集团合作的重点实验室项目垂直料管加香加料设备研发。

2017年，秦皇岛烟机获得24件专利技术，其中发明专利1件。

中烟机械技术中心有限责任公司

【概　况】　中烟机械技术中心有限责任公司（简称技术中心）成立于1999年，2012年经中国烟草总公司批复同意进行股权改制，成为中国烟草机械集团有限责任公司的全资子公司，主要负责烟草机械研发与设计。截至2017年底，技术中心拥有总资产2.88亿元，其中，固定资产0.69亿元、流动资产2.16亿元，资产负债率1.68%。在岗员工75人。技术中心党总支书记：杜国峰（—2017年4月）、陈黎（2017年4月—）；总经理：曲伟（—2017年12月）、陈黎（2017年12月—）；执行董事：曲伟。

【生产经营】　2017年，技术中心实现营业收入0.41亿元，利润亏损268.71万元，其中技术使用费收入555.47万元，技术研发收入0.35亿元。三项费用率27.28%，同比减少0.38个百分点。

【技术创新】　2017年，技术中心开展科研项目18项，征集研究课题并纳入课题库32项，申报集团公司立项项目17项，其中获得批准16项，内部科研项目立项1项。完成“超高速卷接机组物料站设计”“自粘式翻盖包装技术研究与样机试制”“纸质滤棒成型技术研究”“异型条烟分拣及合单系统研制”，4个项目通过集团公司验收。完成“单路横包式500包/分钟硬盒硬条包装机组研制”样机用户交验、“双路直包式600包/分钟硬盒硬条包装机组研制”样机厂内验收。配合国家局细支烟重大专项完成分中心申报国家局项目4项，组织完成国家局细支烟装备创新升级汇报材料编制。

北京达特集成技术有限责任公司

【概　况】　北京达特集成技术有限责任公司（简称达特公司）成立于1998年，原名北京达特膨胀烟丝成套设备工程有限责任公司。2002年，更名为北京达特烟草成套设备技术开发有限责任公司。2013年，更名为北京达特集成技术有限责任公司。达特公司由中国烟草机械集团有限责任公司、五洲工程设计研究院、秦皇岛烟草机械有限责任公司共同投资组建，注册资本5000万元。达特公司集科、工、贸于一体，实施机、光、电、控一体化的成套设备工程，并承揽烟草物流设计（咨询）与集成业务、烟草农业机械集成业务。截至2017年底，达特公司拥有总资产4.08亿元，固定资产109.17万元、流动资产4.05亿元，资产负债率73.34%。从业人员105人。达特公司董事长：凌卫民；总经理：李建梅；党支部书记、副总经理：尉培旭。

【生产经营】　2017年，达特公司实现营业收入5.1亿元，实现税利7972.59万元，同比下降16.09%。两项指标与中期预算调整数据相比，营业收入预算执行率88%，税利预算执行率102%。

【技术创新】　2017年，达特公司在研科技开发项目总计31项，其中续研项目20项，新项目11项，集团级项目2项，公司级项目29项。授权的发明专利1件，实用新型专利3件，申报并受理的实用新型专利2件。条烟输送柔性系统及双品牌高速装封箱机样机于大理卷烟厂通过验收，该系统达到国内领先水平。多功能履带式烟草种植作业车及生物质燃烧机研发工作有序开展。

中烟烟机零配件采购服务中心有限责任公司

【概　况】　中烟烟机零配件采购服务中心有限责任公司（简称零配件中心）前身为成立于1995年的北京特思达机电技术开发有限责任公司，最初由中国烟草机械集团有限责任公司控股，上海、常德、许昌、秦皇岛烟机公司共同出资组建。2012年9月26日，北京特思达公司经转股、更名、增资、变更经营范围，由中国烟草机械集团有限责任公司独资组建并更名为中烟烟机零配件采购服务中心有限责任公司，担负行业烟机零配件集中采购与服务职责。公司本部下设3个事业部。截至2017年底，公司拥有总资产4.30亿元，其中，固定资产226万元、流动资产4.23亿元，资产负债率38.83%。从业人员25人。董事长、总经理：付嘉。

【生产经营】　2017年，零配件中心实现销售收入4.54亿元。实现税利0.77亿元，其中利润0.41亿元。三项费用率5.73%，同比增加0.47个百分点。

中烟物流技术有限责任公司

【概　况】　2017年10月，国家局印发《国家烟草专卖局　中国烟草总公司关于设立中烟物流技术有限责任公司的批复》（国烟法〔2017〕280号）文件，同意中国烟草机械集团有限责任公司、中烟商务物流有限责任公司共同投资设立中烟物流技术有限责任公司，公司注册资本5000万元，其中，中国烟草机械集团有限责任公司占70%，中烟商务物流有限责任公司占30%。公司经营范围为物流系统设计与集成，物流设备销售及安装调试，物流咨询服务，信息系统开发及应用，物流设备及信息系统维保、售后服务等。公司于2017年11月30日正式成立，前身为中国烟草机械集团有限责任公司长沙物流技术研发团队。从业人员34人。

2017年，公司坚持“以客户为中心”的核心理念，贯彻落实“培育市场化能力，适应市场化环境，参与市场化竞争，赢得市场化地位”的总体思路，按照“精耕细作、务实进取”的要求扎实推进工作，保持公司持续平稳发展。

【品牌战略与主要产品】　公司恪守“以客户为中心”“一切源于客户”的经营理念，企业组织架构和部门职能按照售前、售中、售后的客户服务流程进行构建，全面建立“零缺陷的产品”“最优质的服务”的考评体系，建立行业物流装备技术标准，并以此实现差异化竞争优势。

公司自主设计研发条烟分拣设备5套：FJ15000新立式分拣机、FJ25000循环分拣机、FJ35000高速分拣机、FJ100000超高速分拣机、YX5000异型烟分拣及合单系统。

【技术创新】 公司技术研发团队有着丰富的行业经验和较强的研发实力，从2002年起进行物流技术、设备的研发，物流设备及系统的维护，以及物流资源服务和物流系统的开发，取得多项成果：研发制造异型包装条烟分拣线YX5000，满足异型包装条烟自动分拣，在行业内首创异标合一分拣系统。研发的“烟草物流信息集成与协同管理关键技术研究及应用”获得国家科学技术进步奖二等奖、“烟草物流系统信息协同智能处理关键技术及应用”获得湖南省科技进步奖一等奖、“第三方物流协同服务与管理系统的关键技术研究与应用示范”获得湖南省科技进步奖二等奖。完成“条烟柔性分拣策略研究”等5项行业省市级科研项目。获得“用于分拣系统的仓位自动显示方法”等5件国家发明专利，以及“摇摆式分拣系统”等2件实用新型专利。获得7项软件著作权。出版《第三方物流协同服务关键技术研究及应用》物流类专著1部。核心期刊发表论文5篇。

云南烟草机械有限责任公司

【概　况】 云南烟草机械有限责任公司（简称云南烟机）由云南中烟工业有限责任公司与中国烟草机械集团有限责任公司共同出资，在原云南烟草机械厂基础上改制组建，于2008年6月注册成立。云南烟机经营范围主要包括烟机修理、配套件加工、零配件销售及技术改造、烟用农业机械等。截至2017年底，云南烟机拥有总资产3.96亿元，其中固定资产（净值）2809万元、流动资产3.54亿元，资产负债率43.56%。从业人员325人。云南烟机董事长：胡霈；总经理：殷伟刚；党委书记、副总经理：杨建东。

【生产经营】 2017年，云南烟机实现工业总产值2.7亿元，工业增加值0.97亿元。实现产品销售收入2.72亿元。其中烟机大修业务销售收入491万元，烟机配套件加工销售收入422万元，烟机零配件销售收入0.33亿元，技术改造销售收入1.15亿元，烟用储柜销售收入362万元，烟用农机销售收入1.12亿元。实现税利0.32亿元，利润总额0.19亿元。三项费用率16.86%，万元产值综合能耗为4.16千克标煤，万元增加值能耗为11.63千克标煤。

【主要产品】 云南烟机产品主要为三大类。烟机大修理主要产品为：GDX1/GDX2/B1/FOCKE350S。烤烟用具主要产品为：烟夹类，KC51/KC52/KC53/KC54。烟夹工作台类：YJG－01/YJG－02－D。

【技术创新】 实施技术创新，申报的“一种小盒烟包外观视觉检测剔除装置”“一种密集型烤房用折叠式靠背散叶分风板”“一种铲式深松机”获得国家知识产权局授予实用新型专利证书。“一种电动自行式秧苗移栽机”“一种软盒包装机封签纸供纸和传送机构”获得国家知识产权局授予发明专利证书。围绕云南中烟品牌发展战略，在烟用包装设备方面，完成针对FK、GD系列的适配5.4和6.36直径烟包烟支包装规格设备改造；在个性化特色烟用功能装置开发方面，完成针对FK、GD系列的税票装置、插卡装置开发，卡纸定位切割改造和双膜定位改造。加快烟用农机产品开发，完成多功能履带式烟草作业车小批量生产和试用推广；完成烟夹切割机和烟草环状施肥器开发；完成生物质燃烧机的合作开发与试用。

烟草专用机械持证生产企业名单

序号	企业名称	企业住所
1	上海烟草机械有限责任公司	上海市浦东新区云间路2555号
2	常德烟草机械有限责任公司	湖南省常德市长庚路99号
3	许昌烟草机械有限责任公司	河南省许昌市永昌路6号
4	秦皇岛烟草机械有限责任公司	河北省秦皇岛市经济技术开发区龙海道67号
5	天津华一有限责任公司	天津市红桥区丁字沽三号路8号
6	昆明船舶设备集团有限公司	云南省昆明市人民东路3号
7	颐中（青岛）烟草机械有限公司	山东省青岛市崂山区株洲路88号
8	贵州平水机械有限责任公司	贵州省安顺市平坝区210信箱
9	北京长征高科技有限公司	北京市经济技术开发区地盛北街1号25号楼
10	张家口市通用机械有限责任公司	河北省张家口市桥西区新村南路14号

续表

序号	企业名称	企业住所
11	杭州萧山烟草机械设备有限公司	浙江省杭州市萧山区临浦镇通一村（后沈）
12	沈阳飞机工业（集团）有限公司	辽宁省沈阳市皇姑区陵北街1号
13	武汉船用机械有限责任公司	湖北省武汉市青山区武东街9号
14	昆明风动新技术集团发展有限公司	云南省昆明市高新区科泰路
15	中国船舶工业总公司七一五研究所宜昌分部	湖北省宜昌市绿萝路43号
16	巩义市建设机械制造有限公司	河南省巩义市城东石灰务工业区
17	云南烟草机械有限责任公司	云南省昆明市高新技术开发区科医路43号
18	昆明烟机集团二机有限公司	云南省昆明市东郊金马寺
19	昆明烟机集团三机有限公司	云南省昆明市经济技术开发区信息产业基地拓翔路235/237号
20	宝应仁恒实业有限公司	江苏省扬州市宝应县苏中北路18号
21	江苏恒森烟草机械有限公司	江苏省无锡市锡山区羊尖镇机械装备产业园胶阳路
22	宁波轻工机械制造有限公司	浙江省宁波市镇海区骆驼工业区南一西路78号
23	智思控股集团有限公司	江苏省武进区高新技术产业开发区凤鸣路18号
24	北京达特集成技术有限责任公司	北京市经济技术开发区地盛北街1号25号楼
25	东方机器制造（昆明）有限公司	云南省昆明市经济技术开发区昌宏路88号
26	南京大树智能科技股份有限公司	江苏省南京市江宁区经济技术开发区挹淮街8号
27	机科发展科技股份有限公司	北京市海淀区首体南路2号
28	扬州市天宝自动化工程有限公司	江苏省扬州市宝应县柳堡镇仁里工业园区
29	合肥安大电子检测技术有限公司	安徽省合肥市高新技术开发区天达路2号安大科技园电子楼
30	云南紫金科贸有限公司	云南省昆明市金星广场A幢3楼
31	上海兰宝坤大智能技术有限公司	上海市奉贤区金汇镇金碧路228号6幢1层
32	开封东方机械有限公司	河南省开封市通许县北工业园区丽星路中段
33	深圳市格雷柏智能装备股份有限公司	深圳市福田区天安数码城创新科技广场B1710
34	郑州竹林智研机械设备制造有限公司	河南省郑州巩义市竹林镇镇北街
35	湖南傲派自动化设备有限公司	湖南省湘潭市湘潭县易俗河镇梧桐路以西（湘潭天易示范区傲派工业园）
36	北京航天雷特机电工程有限公司	北京市丰台区科学城恒富中街2号1号楼6498室
37	常德瑞华制造有限公司	湖南省常德市武陵工业新区2号路518号
38	南京焦耳科技有限责任公司	江苏省南京市高新区南京软件园（西区）团结路99号孵鹰大厦A座404－405室

注：湖南傲派自动化设备有限公司、北京航天雷特机电工程有限公司、常德瑞华制造有限公司和南京焦耳科技有限责任公司均为2017年度新增烟草专用机械持证生产企业。

◇撰稿：高　超；编辑：张建丽　王　静

卷烟辅助材料生产

南通醋酸纤维有限公司

【生产经营】 2017年，南通醋酸纤维有限公司（简称南纤公司）生产丝束10.51万吨，同比增长2.04%，销售丝束10.5万吨，同比增长0.01%；生产醋片16.93万吨，同比增长4.51%，销售醋片7.28万吨，同比增长7.06%。2017年实现利润26.01亿元，同比增长0.31%。

【辅料生产供应】 南纤公司确保辅料生产供应，辅料主要为醋纤丝束油剂，用于醋纤丝束生产润滑、集束、防静电。醋纤丝束油剂以白油、乳化剂为主要原料，根据醋纤丝束的生产特点和要求配制。2017年，生产油剂2063吨，除自用外，还向昆明和珠海两家醋酸纤维有限公司销售油剂804吨。

【技术创新】 南纤公司以创新文化为引领，技术创新工作持续迈向深入。特殊规格丝束开发取得进展：实现8.0/15000规格丝束批量化生产，形成细支烟丝束系列化；开发多种规格中支丝束；开发高密度430孔喷丝帽及其配套工艺。塑料级醋片生产试验进展顺利，中等级醋片产品质量符合预期。加强知识产权管理：通过知识产权管理体系监督审核及江苏省企业知识产权战略，推进计划重点项目验收；坚持“谁主管谁负责，谁涉密谁保护”，制定加强知识产权保护的专项方案；实施技术图纸资料集中管理。推进信息化建设：推进安全管理信息系统、HR系统等项目建设；开展PI系统深化应用作品比武，挖掘大数据应用价值。2017年，获得国内发明专利5件、实用新型专利2件。

【品牌培育】 2017年，南纤公司推行“柔性化生产、个性化服务、协同化销售、信息化支撑”，为用户提供优质的产品、满意的服务，做精做强“华维”品牌。提升产品品质，围绕丝束“包包一流、线线一致”目标，以精益六西格玛、质量管理项目和PI应用为抓手，构建全员质量改进体系；跟踪专线用户丝束使用情况，建立跨部门质量攻关小组，加大质量指标考核力度，产品质量保持国际一流水平。提升服务品质。推进“一户一策”及定制管家式服务策略，提升服务的准确性和有效性；为用户提供技术支持，及时答复信息、满足需求、解决滤棒成型问题；请进来与走出去相结合，持续开展用户交流与培训，联合战略用户研究质量改进课题；做好CRM系统维护，推进大数据在销售服务工作中的深化应用。

【企业管理】 2017年，南纤公司有效推进精益项目群，制定年度精益管理重点工作计划，建立精益项目群清单，开展工作坊式现场辅导；10个六西格玛项目实施期间财务收益1700余万元，40个质量管理项目预估财务收益1200余万元。设备管理再上新水平，TPM工作常态化开展，形成“一个程序、两个制度、十个规定”的管理文件；组织TPM改善课题攻关；组织维修SOP编制，机修、电仪累计完成近400个；完善设备故障管理，以故障分析共享提升全员故障预防能力；改善TPM基准书质量，由重要设备向一般设备推进；加强备件管理，库存资金总额同比下降约5%。

【工程建设】 2017年，南纤公司六期工程建设稳步推进。截至2017年底，完成初步设计审查，取得审查批复，获得六期工程醋片施工许可证；完成六期工程施工图设计；完成六期工程采购目录和采购计划编制，主要设备采购工作启动。

【特事辑要】 2月14日，南纤公司启动2017年度员工敬业度调研。调研结果显示敬业指数为89.1，高于中国制造业常模22.6个百分点。

6月28日，南纤公司党委被南通市委组织部确定为南通市党建工作示范点。

9月15日，南纤公司设立成立三十周年主题文化讲坛。

9月26日，南纤公司举办成立三十周年座谈会。南通市委书记陆志鹏、塞拉尼斯醋酯公司副总裁布鲁格曼等参加座谈会。

10月19日，南纤公司通过江苏省知识产权局百万重点项目资助验收。

11月10日，南纤公司完成首届南通市崇川区区长质量奖现场评审。在所有参评企业中，南纤公司以优异表现获得材料评审阶段、现场评审阶段双第一的成绩。

◇ 撰稿：刘静静；编辑：周　佳

昆明醋酸纤维有限公司

【生产经营】 2017年，昆明醋酸纤维有限公司（简称昆纤公司）生产丝束3.54万吨，销售丝束3.3万吨，实现利润3.59亿元。

【质量保障】 2017年，昆纤公司按照“打造一个品牌，提升两个品质”的战略部署，将产品质量稳定性、适配性作为重要绩效衡量标准，将客户关注点作为着力点。开展公司级质量改进项目7项、部门级15项。制定《关键质量指标稳定性范围》等标准，持续完善内部产品质量评价和保障体系。通过程序化、制度化地对产品数据、工艺数据、客户机台数据、客户反馈信息、内外部数据差异等进行综合性、系统性的数据分析，提高数据分析和运用能力；通过实施“I/II期产品均质化”“机台喷丝帽规格控制”“开展浆液稳定性改进”等项目，促进产品均质化改进；通过增加产率调节手段，调整ST－90乳液浓度等工艺改进，持续提升生产现场差异控制水平；通过开展“扩展PI系统培训和应用”“技术服务工程师负责项目”等，提高队伍业务能力。提升产品质量举措，保障质量指标稳定性，客户异常反馈减少35%。吸阻稳定性、未卷曲能、水分标差等主要内控指标继续保持最佳水平。

【客户服务】 2017年，昆纤公司将客户对产品和服务的认可度、满意度、忠诚度作为重要绩效衡量标准，在提高响应客户需求和反馈的时效、加强对客户数据及反馈信息的分析运用、提升服务的针对性和有效性等方面取得新成效。

面对云南中烟对细支、中支烟丝束需求的快速提升，昆纤公司制定《新丝束规格开发和技术能力储备规划》，开发完成并向客户提供新丝束规格1个。利用“客户信息数据库与分析管理系统”的数据收集，完成“客户数据的深度分析和应用”项目，强化对客户数据的分析和信息交流。服务部门对客户滤棒吸阻分布特征进行深入分析，引导客户调整滤棒生产目标值，帮助红云红河集团红河卷烟厂提升降本增效工作。通过与客户合作实施“探讨滤棒水分的变化规律试验”“客户反馈信息处理规范”等项目，加强与客户技术交流，提升服务有效性。出台《服务人员行为准则》，落实“规范服务人员行为，提高服务人员技能”的工作要求。重视听取客户意见，了解市场情况、发展趋势，明确客户需求和期望。

【环境保护】 2017年，昆纤公司加强环保制度化、信息化管理，设置环保考核新标准。全年未发生超标排放事故，废气、废水和固体废弃物的排放均达到国家标准。实施一系列环保排放整改措施，采用技术和管理双重手段对噪音、灯光、烟尘等排放进行全面、深度治理，公司周边居民投诉明显减少。

【技术管理创新】 昆纤公司开展51个项目和关键工作，促进安全环保、产品品质等聚焦工作的提升，促进企业内涵式发展。推动PI系统应用，PI系统数据和分析广泛应用于现场控制、过程管理、部门信息交流、节能减排、质量管控，创新理念培养等具体工作。加强与三纤技术中心合作，推进“低粘高浓醋片”的使用和特种规格丝束的开发，促进协同发展。参与三纤科技战略、协同发展创新机制的编制工作。落实知识产权管理工作，针对《三纤关于知识产权管理的规定》，完善管理流程，出台《昆纤公司信息管理传递管理规定》等制度。

【特事辑要】 3月1日，国家烟草专卖局党组书记、局长，中国烟草总公司总经理凌成兴同云南省委书记陈豪、省长阮成发就云南烟草改革发展进行会谈，并签署《云南省人民政府　中国烟草总公司关于云南烟草改革发展的会谈备忘录》。

◇ 撰稿：李如音；编辑：周　佳

珠海醋酸纤维有限公司

【生产经营】 2017年，珠海醋酸纤维有限公司（简称珠纤公司）主要生产3.0/35000（A2）、3.0/35000（A4）、3.0/35000（A5）、3.0/32000（C1）、3.0/32000（C2）、3.0/32000（C3）、3.9/31000（G1）、3.9/31000（G2）、2.7/35000（D1）、6.0/17000（N1）、6.0/17000（N2）、5.8/26000（T1）、5.8/26000（T2）等13种规格的醋纤丝束。2017年，生产丝束4.2万吨，同比增长17.65%；销售丝束3.8万吨，同比增长1.88%。产品销往全国12个省（自治区、直辖市）。实现利润4.8亿元，同比增长10.09%。

【技术创新】 2017年，珠纤公司以水吸收法丙酮回收核心技术为主体的“醋酸纤维绿色关键工艺系统集成项目”成功入选2017年国家绿色制造系统集成项目，并获得首期790万启动资金的国家专项财政支持。

【品牌培育】 2017年，珠纤公司响应客户需求，不断改进丝束质量并开发新丝束品种，丝束规格同比增长18%；全年与用户开展技术交流活动6次，市场服务人员走访用户136厂次；全力开拓新用户，新增云南中烟、河南中烟和安徽中烟等3家用户。2017年，公司顾客服务契合度为95.4分。

截至2017年底，珠纤公司丝束覆盖“双喜”“黄鹤楼”“芙蓉王”“利群”“贵烟”“黄金叶”“红塔山”等14个重点品牌，重点品牌覆盖率90%。

【企业管理】 2017年，珠纤公司持续推进“班组卓越绩效模式”建设，2017年班组自评结果整体同比提升2.4%。继续实施“流程梳理优化”项目，完成4个关键流程的梳理优化。推进人力资源业务战略，优化人力资源管理，分步实施新厂组织架构、岗位定编和薪酬优化方案。持续推进“两化融合”工作，提升企业综合实力。高起点、高质量建设新厂智能化系统基础设施，MES、PI、LIMS等生产管理系统运行稳定，建立集中运算平台，实现运算资源统一管理，为公司运行智能化打下良好基础。公司获得工业和信息化部两化融合管理体系评定证书。

【搬迁扩建】 4月，珠纤公司扩建项目成功投料。7月，扩建项目一次性开车成功，一次性全线出正品，项目主要工作由扩建向搬迁进行战略转移。9月老厂按计划停产，10月开始进行老厂余料清理及设备拆迁等工作。11月完成老厂再利用设备拆运工作，12月老厂生产区域余料清理工作全面结束，搬迁项目醋片卸料系统完成调试，并收到珠海市政府除不可预见费外的全部政府搬迁补偿款。

【特事辑要】 8月23日，超强台风“天鸽”造成珠纤公司新老两厂停产，珠纤公司仅用5天时间恢复生产。

◈ 撰稿：杨曼莉；编辑：周 佳

其他卷烟辅助材料生产企业名单

辅料生产企业名称	出资人（烟草企业）	总资产（万元）	总产值（万元）	总利润（万元）	主要经营项目
中烟摩迪（江门）纸业有限公司	中国烟草总公司参股	74364	38439	3211	主要经营卷烟纸、成型纸、其他用于烟草制造业的各种纸类制品的加工、生产和销售及其他特定用途纸，并提供与此相关的服务
张家口钻石工贸有限责任公司	张家口卷烟厂有限责任公司子公司	886	1417	84	主要经营纸箱、铝箔纸加工，卷烟零售、物业管理
石家庄钻石卷烟材料有限责任公司	河北白沙烟草有限责任公司子公司	2826	6794	694	主要生产水松纸、铝箔纸、薄片胶、纸箱，卷烟、日用百货零售
上海烟草包装印刷有限公司	上海烟草集团有限责任公司控股	193378	99091	10761	主要经营出版物印刷、包装印刷、其他印刷（凭许可证），从事货物与技术的进出口业务，各类广告的设计、制作，纸制品的加工等
上海白玉兰烟草材料有限公司	上海海烟投资管理有限公司全资	13519	15272	226	主要负责滤棒的研发制造和瓦楞纸箱的委外加工、质量监督
上海烟草集团太仓海烟烟草薄片有限公司	上海烟草集团有限责任公司控股	36286	12145	-91	主要经营烟草薄片委托加工，烟叶购进、烟草薄片生产销售，烟草薄片生产相关的技术咨询服务，烟草薄片仓储和香料销售
上海牡丹香精香料有限公司	上海烟草集团有限责任公司控股	18317	22623	5557	主要负责烟用香精香料的研制、开发、生产、销售及其相关领域内的咨询服务
南通烟滤嘴有限责任公司	江苏中烟工业有限责任公司全资设立	145971	137247	25713	主要负责烟滤棒的加工、销售
蚌埠卷烟材料厂	隶属安徽中烟工业有限责任公司、集体企业	40125	30320	5211	主要经营纸箱、铝箔纸、接装纸、卡纸、滤棒等卷烟辅材
芜湖卷烟材料厂	隶属安徽中烟工业有限责任公司、集体企业	29478	10965	118	主要经营纸箱、铝箔纸、接装纸、卡纸、滤棒等卷烟辅材
合肥烟草工贸总公司	隶属安徽中烟工业有限责任公司、集体企业	14010	9309	2313	主要经营纸箱、铝箔纸、接装纸、卡纸等卷烟辅材
阜阳卷烟材料厂	隶属安徽中烟工业有限责任公司、集体企业	9917	6740	406	主要经营纸箱、铝箔纸、接装纸、卡纸、滤棒等卷烟辅材
滁州卷烟材料厂	隶属安徽中烟工业有限责任公司、集体企业	21108	11040	-217	主要经营纸箱、铝箔纸、接装纸、卡纸、滤棒等卷烟辅材
厦门鑫叶印务有限公司	福建鑫叶投资管理集团有限公司全资设立	14406	19669	4805	主要经营烟商标印刷，同时专业承制包括广告印刷品、商标、台历、出版物、手提袋等各类中高档包装装潢印刷品
厦门鑫叶包装材料有限公司	福建鑫叶投资管理集团有限公司全资设立	7333	10578	1220	主要经营烟草专用铝箔复合纸、烟用框架纸、烟用接装纸（水松纸）、纸箱等多种包装材料

续表

辅料生产企业名称	出资人（烟草企业）	总资产（万元）	总产值（万元）	总利润（万元）	主要经营项目
福建三华彩印有限公司	福建鑫叶投资管理集团有限公司控股	98534	17111	6872	主要经营商标、广告等印刷品，兼营装潢设计
厦门富华兴印刷有限公司	福建鑫叶投资管理集团有限公司控股	14182	19632	5847	主要经营包装装潢及烟草制品商标的印刷业务等
厦门五福印务有限公司	福建鑫叶投资管理集团有限公司参股	15087	16152	3878	主要经营卷烟商标印刷等
福建省石狮市富兴包装材料有限公司	福建鑫叶投资管理集团有限公司参股	16911	10777	1220	主要经营水松纸、铝箔纸、卡纸等卷烟辅料
山东鲁烟莱州印务有限公司	将军烟草集团有限公司（全资）	27118	24635	3251	主要经营包装装潢印刷品印刷。生产、销售：油墨（危险品除外）；租赁本企业闲置房屋、设备；销售：纸张。（依法须经批准的项目，经相关部门批准后方可开展经营活动）
山东将军开元纸业有限公司	将军烟草集团有限公司（全资）	9742	6935	576	主要经营瓦楞纸、纸箱、铝箔纸、卡纸及包装制品生产、销售，包装装潢印刷
山东将军烟草新材料科技有限公司	将军烟草集团有限公司（全资）	24421	8226	1906	主要经营滤棒加工，醋纤滤棒生产销售，进出口业务，烟用辅助材料销售，烟叶库智能管理系统，房屋租赁等
将军集团济南包装材料分公司	将军烟草集团有限公司（直属）	14663	12993	81	主要经营纸张、纸制品、塑料制品、烟用辅助材料的批发零售，卷烟纸分切销售、塑化烟箱租赁、包装装潢印刷品印刷
济南泉永印务有限公司	将军烟草集团有限公司（控股）	24357	13282	1650	主要经营印制卷烟商标、包装箱（盒）及其他纸质包装物、本册制造
将军集团临清纸业分公司	将军烟草集团有限公司（直属）	7860	4574	1082	主要经营包装装潢印刷品印刷，批发、零售纸张、纸制品，烟用辅助材料、烟用配件、机械零部件、机械设备及配件，房屋租赁
颐中烟草（集团）有限公司卷烟材料分公司	颐中烟草（集团）有限公司（直属）	190078	7111	1436	主要经营卷烟辅助材料制造
颐中烟草（集团）有限公司烟台分公司	颐中烟草（集团）有限公司（全资）	4193	1098	-195	加工、制造、销售：丝束成型助剂、添加剂、化工助剂
颐中（青岛）实业有限公司	颐中烟草（集团）有限公司（全资）	24483	10165	-329	主要经营铝箔纸、卷烟辅料及下脚料、包装物制造、加工；香精香料生产、销售
颐中（潍坊）实业有限公司	颐中烟草（集团）有限公司（全资）	16130	7227	129	主要经营卷烟配套的原辅材料（烟草专卖品除外），加工销售
颐中（滕州）实业有限公司	颐中烟草（集团）有限公司（全资）	1615	1465	8	主要经营烟用滤棒、铝箔复合、乳胶、水松纸、薄片加工
青州新华包装制品有限公司	颐中烟草（集团）有限公司（全资）	9270	10862	330	主要负责卷烟商标、水松纸等卷烟辅料的生产与经营
烟台颐中包装有限公司	颐中烟草（集团）有限公司（控股）	2285	2970	-310	制造：纸箱。批发：纸箱、纸板、包装物料
青岛嘉泽包装有限公司	颐中烟草（集团）有限公司（参股）	50832	60149	2132	烟用接装纸、内衬纸、拆封拉线、BOPP 薄膜、卡纸、烟标、礼品盒、过滤棒及其他包装材料、胶粘剂（不含危险品）；生产、销售打火机等烟用产品

续表

辅料生产企业名称	出资人（烟草企业）	总资产（万元）	总产值（万元）	总利润（万元）	主要经营项目
青岛黎马敦包装有限公司	颐中烟草（集团）有限公司（参股）	49290	60021	6990	生产和销售包装制品
许昌永昌印务有限公司	河南中烟工业有限责任公司参股	19925	16779	65	主要经营烟标装潢的印制
驻马店发时达工贸有限公司	河南中烟工业有限责任公司控股	8989	11146	78	主要经营内衬纸、接装纸的生产及烟用滤棒加工
河南金瑞香精香料有限公司	河南中烟工业有限责任公司子公司	16287	21195	1803	主要经营烟用香精香料的生产、销售
河南金芒果印刷有限公司	河南中烟工业有限责任公司控股	14393	10816	88	主要经营烟标装潢的印制
焦作金叶醋酸纤维有限公司	河南中烟工业有限责任公司控股	31346	13915	670	主要经营醋酸纤维、再生醋酸纤维的生产
河南省新郑金芒果实业总公司	隶属河南中烟工业有限责任公司管理（集体企业）	17192	17652	461	主要经营接装纸、甘油酯、粘合剂的生产及烟用滤棒的加工
许昌帝豪实业公司	隶属河南中烟工业有限责任公司管理（集体企业）	21062	16073	–1592	主要经营接装纸、内衬纸、烟用纸箱的生产及烟用滤棒加工
郑州黄金叶实业总公司	隶属河南中烟工业有限责任公司管理（集体企业）	43012	30601	166	主要经营烟标装潢、复合纸的生产及烟用滤棒加工
安阳市红旗渠集团	隶属河南中烟工业有限责任公司管理（集体企业）	20118	28629	1462	主要经营烟标装潢生产、卡纸生产及烟用滤棒加工
南阳双龙实业公司	隶属河南中烟工业有限责任公司管理（集体企业）	15251	20742	632	主要经营烟标装潢生产、卡纸的生产及烟用滤棒加工
洛阳烟草服务中心	隶属河南中烟工业有限责任公司管理（集体企业）	12311	10504	–161	主要经营烟标装潢、复合纸的生产及烟用滤棒加工
漯河沙河实业有限公司	隶属河南中烟工业有限责任公司管理（集体企业）	12474	14519	1	主要经营烟标装潢生产及烟用滤棒加工
常德金鹏印务有限公司	湖南中烟投资管理有限公司控股	106353	120241	23821	主要负责全省系统卷烟商标生产经营
湖南九子龙印务有限公司	湖南中烟投资管理有限公司参股	6073	7403	282	主要负责全省系统卷烟商标生产经营
湖南永怡印刷包装有限公司	湖南中烟投资管理有限公司控股	5399	10427	259	主要负责全省系统卷烟商标生产经营
常德市芙蓉实业发展有限责任公司	湖南中烟投资管理有限公司全资设立	39384	48111	4030	主要负责全省系统水松纸、铝箔纸、框架纸、纸箱生产经营
常德芙蓉大亚化纤有限公司	湖南中烟投资管理有限公司控股	15195	14245	1929	主要负责全省系统滤棒生产经营
四平芙蓉纸品有限责任公司	湖南中烟投资管理有限公司全资设立	3096	4704	465	主要负责全省系统水松纸、铝箔纸、框架纸、纸箱生产经营
湖南兴泰包装材料有限公司	湖南中烟投资管理有限公司全资设立	6109	10653	365	主要负责全省系统水松纸、纸箱、框架纸生产经营

续表

辅料生产企业名称	出资人（烟草企业）	总资产（万元）	总产值（万元）	总利润（万元）	主要经营项目
郴州永旺包装材料有限公司	湖南中烟投资管理有限公司全资设立	2028	6174	144	主要负责全省系统铝箔纸、纸箱生产经营
湖南和鑫包装材料有限公司	湖南中烟投资管理有限公司控股	12675	2797	60	主要负责全省系统卷烟纸、BOPP 薄膜、纸箱生产经营
广西真龙实业有限责任公司	广西中烟天成投资管理有限责任公司全资设立	32226	22136	1768	主要负责烟用接装纸、内衬纸、纳米多孔颗粒（除臭粉）、精细化工香精香料类、胶水类、纸箱、印刷型卡纸、框架纸、金拉线研发、生产、销售；烟用成型纸、薄膜、卷烟纸加工（分切）、销售；烟用丝束定向购进（广西中烟工业有限责任公司）；滤棒生产、定向销售（广西中烟工业有限责任公司）等
广西真龙彩印包装有限公司	广西中烟天成投资管理有限责任公司控股 51%，香港福瑞投资有限公司持股 49%	58197	62718	15630	主要负责制版印刷
广西真龙天瑞彩印包装有限公司	广西真龙彩印包装有限公司全资设立	25466	13234	1188	主要经营内部资料性出版物印刷、包装装潢印刷、其他印刷品印刷；场地租赁；仓储服务（除危险化学品）
四川三联新材料有限公司	四川中烟工业有限责任公司控股	45268	62221	6251	生物质材料制造、纳米材料制造；生产、经营滤咀棒及有关配套产品；电子雾化器、电子产品的设计、生产、销售；鼻烟、鼻烟壶、烟斗、烟斗烟丝、文化用品、工艺礼品设计、生产、销售；闻药的技术开发及咨询服务，货物进出口及技术进出口
陕西省卷烟材料厂	陕西中烟投资管理有限公司全资设立	28791	13595	561	主要生产经营烟用滤棒、烟箱、内衬纸等卷烟辅料等
宝鸡好猫实业（集团）有限公司	陕西中烟工业有限责任公司全资设立	47068	26084	859	主要生产经营烟用印刷品、烟用滤棒等
宁波大安化学工业有限公司	陕西中烟投资管理有限公司参股	162426	114414	20231	主要生产经营乙醋酐、二醋片等
西安惠大化学工业有限公司	陕西中烟投资管理有限公司参股	43592	51243	5862	主要生产经营烟用丝束等
陕西金叶科教集团股份有限公司	陕西中烟投资管理有限公司参股	243115	77376	6282	主要经营包装印刷品生，大学教育、房地产等
宁夏弘德包装材料有限公司	湖南中烟工业有限责任公司、陕西中烟投资管理有限公司参股	45941	17400	1082	主要经营烟用包装印刷品生产销售等
贵州西牛王印务有限公司	贵州福贵投资管理有限公司参股	32238	23704	3620	烟标印刷、商标设计与制作、开发新包装产品、纸包装印刷商标等
贵阳黄果树纸业有限公司	贵州福贵投资管理有限公司控股	4648	7800	187	生产销售包装纸箱、箱板原纸、瓦楞纸、水松纸、铝箔纸、纸制品、废造纸原料、废塑料、废丝束、废玻璃的回收与销售

◇ 编辑整理：周　佳

烟叶加工

打叶复烤

2017年，全国有32家打叶复烤企业（含工业企业复烤车间），62个生产加工点，75条打叶复烤生产线，分布在全国17个省（市、区），年设计加工能力为195万吨（3900万担）。其中独立法人打叶复烤企业26家，56个生产点，66条生产线，年设计加工能力为168万吨（3360万担），有原烟仓库106.19万平方米，成品仓库141.17万平方米，原烟挑选车间43.11万平方米。卷烟工业企业所属打叶复烤车间6家，9条生产线，年设计加工能力27万吨（540万担）。

2017年，26家独立核算打叶复烤企业上缴税金共计21.60亿元，与2016年的21.58亿元基本持平；实现净利润12.46亿元，同比减少2.41亿元，降低16.21%。26家独立法人打叶复烤企业实现加工费收入（含价外费用）75.73亿元，同比减少0.28亿元，降低0.37%；平均吨烟加工费收入（含价外费用）6200.45元。

丹东辽东烟草发展有限责任公司

【概　况】　丹东辽东烟草发展有限责任公司位于辽宁省凤城市，成立于1996年7月9日。有中国烟草总公司辽宁省公司、辽宁省烟草公司丹东市公司、红塔烟草（集团）有限责任公司、红塔辽宁烟草有限责任公司、辽宁省烟草公司阜新市公司、辽宁省烟草公司铁岭市公司、辽宁省烟草公司朝阳市公司、中国烟草辽宁进出口公司等8家股东，隶属于中国烟草总公司辽宁省公司。公司拥有年储存烟叶1.5万吨（30万担）的物流中心1个，年打叶复烤能力3万吨（60万担）的现代化生产线1条。从业人员161人。公司法定代表人：车世平。

【生产经营】　2017年，公司复烤加工烟叶1.63万吨（32.58万担），生产成品片烟1.09万吨（21.8万担）。实现主营业务收入6349万元。实现税利1358万元，其中实现利润201万元。

【基础管理】　2017年，公司实行两班生产运行模式，合理安排加工计划，整个加工周期主要质量指标均达到行业相关标准和客户的要求。其中，成品含水率11.66%，一类杂物率为零，二类杂物率0.0091‰，叶中含梗率1.56%，包装完好率100%。全年单位产量综合能耗274千克/吨片烟，设备运行率97.5%。

延边友利打叶复烤有限责任公司

【概　况】　延边友利打叶复烤有限责任公司位于吉林省延吉市延龙路1号。公司于2003年9月正式投入生产运营，隶属于吉林烟草工业有限责任公司，注册资金6054万元，有6000千克/小时整套打叶复烤设备，年生产能力3万吨（60万担）。员工367人（其中合同工191人，季节工176人）。公司党委书记：刘成学；总经理：董秀吉；法定代表人：金胜龙。

【生产经营】　2017年，公司复烤加工烟叶1.45万吨（29.02万担），产出片烟0.95万吨（19万担）。实现加工收入5308.24万元。实现税利1186.86万元，其中利润370.63万元。

黑龙江烟叶复烤有限公司

【概　况】　黑龙江烟叶复烤有限公司位于黑龙江省哈尔滨市，2012年6月经国家局、总公司批准成立，2012年11月正式挂牌，是由中国烟草总公司黑龙江省公司、红塔烟草（集团）有限责任公司、湖南中烟工业有限责任公司、湖北中烟工业有限责任公司、广东中烟工业有限责任公司等5家烟草工商企业投资经营的打叶复烤企业，由黑龙江省烟草专卖局（公司）控股管理，实行董事会领导下的总经理负责制，下设勃利、绥化、林口等3家打叶复烤厂。注册资本为6.59亿元，拥有3条12000千克/小时打叶复烤生产线，年复烤加工能力13.5万吨（270万担）。截至2017年底，公司拥有总资产5.09亿元，其中，固定资产0.71亿元、流动资产4.16亿元，资产负债率8.96%。从业人员

520 人。公司总经理、法定代表人：徐志敏。

【生产经营】 2017 年，公司复烤加工烟叶 3.5 万吨（70 万担），产出成品片烟 2.26 万吨（45.2 万担）。实现销售收入 1.19 亿元。亏损 6808 万元。

华环国际烟草有限公司

【概　况】 华环国际烟草有限公司成立于 1994 年 5 月 28 日，其前身是英美烟公司 1917 年投资建设的门台子烤烟厂。华环公司历经中外合资、行业内工商合资等多次变革，发展成为由安徽省烟草公司、上海烟草集团有限责任公司和安徽中烟工业有限责任公司共同投资建设、共同经营的现代化打叶复烤企业。华环公司下设华环生产加工中心、涡阳烟叶复烤厂和蚌埠储运分公司 3 个分支机构。华环生产加工中心位于安徽省凤阳县经济技术开发区，拥有 1 条 12000 千克/小时打叶复烤生产线，年设计生产能力 3 万吨（60 万担）。涡阳烟叶复烤厂位于安徽省涡阳县，占地总面积 19 万平方米，拥有 6000 千克/小时打叶复烤生产线和年中转能力 100 万担烟叶的铁路专用线各 1 条。

截至 2017 年底，公司总资产 17.35 亿元，固定资产 8.54 亿元，流动资产 8.47 亿元，资产负债率 6.02%。从业人员 2533 人，其中外包性用工 2058 人。公司党委书记、总经理：王新胜。

【生产经营】 2017 年，公司复烤加工烟叶 6.84 万吨（136.71 万担），同比增加 11.57 万担，增长 9.25%。实现主营业务收入 3.19 亿元，同比增加 1967.75 万元，增长 6.57%。实现税利 5380.73 万元，同比减少 379.86 万元，下降 6.59%。实现利润 90.26 万元，同比减少 44.37 万元，下降 32.96%。三项费用 1.14 亿元，三项费用率 35.89%。

【科技创新】 坚持创新驱动，加大创新平台建设力度。安徽中烟均质化加工联合实验室和江苏中烟联合实验室正式揭牌，以省级技术中心为依托、四大创新平台为支撑的工商研协同创新体系健全完善。开展项目研究，依托创新平台，培育创新团队，在研科技项目 18 项，其中省公司计划项目 8 项。开展行业标准研制 1 项，结题科技项目 6 项，取得授权发明专利 1 件。

【基础管理】 持续推进精益管理，开展全员全岗位降本增效，全年实施精益改善项目 15 项，实现降本增效 146 万元。实施“控员增效”工程，精简机关岗位编制，新增仓储醇化业务分流人员；通过流程优化、合理组织生产，减少季节性用工。健全“应招尽招、真招实招”保障机制，全年开展内部审计项目 15 项，公开招标金额比例 98.18%。落实安全生产责任制，推进安全生产标准化岗位达标，加强安全隐患排查治理，安全隐患有效整改率 100%。

福建武夷烟叶有限公司

【概　况】 福建武夷烟叶有限公司位于福建省邵武市，成立于 2000 年 12 月。有中国烟草总公司福建省公司、福建省烟草公司南平市公司、浙江中烟工业有限责任公司、上海烟草集团有限责任公司、江苏中烟工业有限责任公司、红塔烟草（集团）有限责任公司、安徽中烟工业有限责任公司、山东中烟工业有限责任公司、四川中烟工业有限责任公司、重庆中烟工业有限责任公司 10 家股东，隶属于福建省烟草专卖局（公司）管理。截至 2017 年底，公司拥有总资产 12.72 亿元，其中固定资产 5.37 亿元，流动资产 6.84 亿元，资产负债率 3.4%。公司占地面积 34.67 万平方米，年复烤加工能力 3 万吨（60 万担）。员工 1209 人。公司总经理、法定代表人：白万明（—2017 年 6 月）、张清明（2017 年 6 月—）；常务副总经理：杨连意。

【生产经营】 2017 年，公司复烤加工烟叶 4.15 万吨（82.92 万担），产出成品片烟 2.63 万吨（52.56 万担）。实现销售收入 1.73 亿元，其中加工收入 1.64 亿元。实现税利 4753 万元，其中利润 2036 万元。

【技术改造】 截至 2017 年底，易地技改项目累计完成投资 6.06 亿元（含烟机设备），约占实际投资的 99.46%。项目整体竣工验收相关筹备工作基本完成。

福建省龙岩金叶复烤有限责任公司

【概　况】 福建省龙岩金叶复烤有限责任公司位于福建省永定区，2003 年 4 月，由原龙岩卷烟厂打叶复烤分厂改制而来，隶属于福建中烟工业有限责任公司。公司股东有福建中烟工业有限责任公司、龙岩烟草工业有限责任公司、厦门烟草工业有限责任公司、福建省烟草公司龙岩市公司、上海烟草集团有限责任公司、湖北中烟工业有限责任公司、广东中烟工业有限责任公司等7家。公司拥有总资产13.05亿元，其中固定资产11.36亿元。拥有2条12000千克/小时打叶复烤生产线。员工392人，其中有大学学历以上人员230人，高级职称3人，中级职称63人。公司党委书记、总经理：姜林忠。

【生产经营】 公司复烤加工烟叶3.28万吨（65.56万担），产出成品片烟2.21万吨（44.13万担）。实现销售收入1.67亿元，其中加工收入1.36亿元。亏损1894万元。

【企业管理】 推行“订单制”柔性化服务管理，根据每个客户原烟调拨入库进度、加工工艺及相关需求，实现人员调配、设备状态、工艺参数定制化服务。推动选叶工艺质量精细化管理，做到选叶工艺技术要求“一品一档”、各产地原料“一地一档”、每个选叶工选叶质量“一人一档”，选叶工艺质量指标稳定提高，选叶杂物抽检合格率97.1%。

【技术改造】 实施燃气锅炉改造项目，项目总投资448万元，2017年8月正式投入使用。启动南区新建选叶工房及配套设施改造项目。开展铺叶切断装置前刀轴改造、A线复烤和一润主蒸汽稳压阀改造、套箱铺叶调节板改造安装等多个设备改造项目。

【技术创新】 开展“全等级分选”“初配方模块设计”试验，针对“提高长梗工艺”，采用二级回梗工艺，打后、烤后长梗率分别提高8.6%、7.4%。优化烟碱定量模型、光谱定性建模技术、配方均匀性算法，制定“水分”均质化专项应对方案，开展烤前水分稳定性研究，提升均匀性控制能力。

福建省三明金叶复烤有限公司

【概　况】 福建省三明金叶复烤有限公司位于福建省三明市，成立于1998年10月。公司有中国烟草总公司福建省公司、福建省烟草公司三明市公司、湖北中烟工业有限责任公司、上海烟草集团有限责任公司、江苏中烟工业有限责任公司、福建中烟工业有限责任公司、贵州中烟工业有限责任公司、红云红河烟草（集团）有限责任公司、湖南中烟工业有限责任公司、四川中烟工业有限责任公司、重庆中烟工业有限责任公司等11家股东，隶属于福建省烟草专卖局（公司）管理，注册资本9.13亿元。截至2017年底，公司拥有总资产11.14亿元，其中固定资产6.18亿元，流动资产4.18亿元，资产负债率15.26%。公司占地面积25.2万平方米，年复烤加工能力4.5万吨（90万担）左右。员工645人。公司总经理、法定代表人：张清明（—2017年6月）、白万明（2017年6月—）；常务副总经理：赖禄祥。

【生产经营】 2017年，公司复烤加工烟叶3.76万吨（75.14万担），产出成品片烟2.61万吨（52.2万担）。2017年实现销售收入1.6亿元，其中加工收入1.16亿元。实现税利1307万元，其中利润188.26万元。

【质量提升】 2017年，公司烟叶加工质量显著提升，平均成品烟碱变异系数3.31%、平均含水率变异系数2.17%，大片率同比下降15个百分点，烟叶自然出片率69.90%。

【技术创新】 2017年，与江苏中烟联合开展细支卷烟原料加工技术研究，初步形成中片率30%~50%不同梯度的调控技术，可将叶含梗率、造碎率控制在1%以内。与安徽中烟推进“四化一保”加工技术研究，主要工艺质量指标处于行业先进水平。

江西赣南烟叶复烤有限责任公司

【概　况】 江西赣南烟叶复烤有限责任公司位于江西省赣州市经济开发区香港工业园，成立于2009年11月，是由中国烟草总公司江西省公司发起，赣州、抚州、吉安市烟草公司及江西中烟工业有限责任公司、红塔烟草（集团）有限责任公司、原川渝中烟工业有限责任公司、山东中烟工业有限责任公司、湖南中烟工业有限责任公司、浙江中烟工业有限责任公司、广东中烟工业有限责任公司和上海烟草集团有限责任公司等 12 家省内外烟草工商企业共同投资兴建的国有股份制企业，占地 400 亩。公司在职员工 114 人。公司党委书记、董事长、法定代表人：韩爱平；党委委员、总经理：廖为发。

【生产经营】 2017 年，公司复烤加工烟叶 2.97 万吨（59.4 万担），产出成品片烟 1.99 万吨（39.8 万担），实现营业收入 7943 万元，实现税利 2566 万元，其中利润 725 万元。

【技术改造】 公司有 1 条 12000 千克/小时打叶复烤生产线，能够满足打叶复烤生产加工作业各项指标控制和各项质量检测需求。2017 年 4 月 21 日国家局下文（国烟计〔2017〕119 号）批复工艺技术升级改造项目；11 月 14 日国家局批复（中烟办〔2017〕215 号）同意项目初步设计；12 月技术升级改造项目全面启动，预计 2018 年 9 月完成。

山东烟叶复烤有限公司

【概　况】 山东烟叶复烤有限公司位于山东省济南市，成立于 2011 年 1 月，由中国烟草总公司山东省公司与上海烟草集团有限责任公司共同投资组建，隶属于中国烟草总公司山东省公司。公司下辖山东烟叶复烤有限公司诸城复烤厂、沂水复烤厂、潍坊复烤厂、临沂办事处和山东瑞博斯烟草有限公司 1 个全资子公司，拥有 4 条打叶复烤生产线和 1 条造纸法再造烟叶生产线，年设计复烤加工能力为 7.5 万吨（150 万担），年薄片生产能力为 6500 吨。截至 2017 年底，在职人员 1121 人，退休人员 301 人。公司资产总额 10.05 亿元，其中固定资产（年末净值）4.35 亿元，流动资产 4.78 亿元，资产负债率 11.45%。公司分党组书记：徐立国（2017 年 8 月—，分党组书记为 2017 年新设）；分党组副书记、董事长、法定代表人：刘继学（—2017 年 5 月）、孙德育（2017 年 5 月—）。

【生产经营】 2017 年，公司复烤加工烟叶 7.4 万吨（148 万担），生产造纸法再造烟叶 5001 吨。月度平均代存成品 355 万担，销售残次废弃烟叶碎片 7256 吨；实现营业总收入 4.86 亿元；实现税利 1.17 亿元，其中利润 4302 万元。

【科技创新】 2017 年，公司坚持课题引领，深入推进精益管理，力促全员改善，立项 47 项精益课题，其中省级精益课题 5 项、市级精益课题 27 项、厂级精益课题 15 项。全年精益创新活动累计创造经济效益或节约成本 757.21 万元。与上海烟草集团合作开展科技项目 7 项。全年获得授权发明专利 6 件、授权实用新型专利 6 件、获得省公司专利奖 3 项。诸城复烤厂在行业内率先开展“智能化片烟混配在均质化生产中的应用”项目，探索出一套在打叶复烤阶段实现均质化片烟混配生产加工的模式，被国家局确定为 2017 年“中华”“泰山”重点品牌原料均质化复烤加工试点单位。

天昌国际烟草有限公司

【概　况】 天昌国际烟草有限公司位于河南省许昌市。2011 年 9 月，根据《国家烟草专卖局　中国烟草总公司关

天昌复烤厂一车间动静结合挑选线（2017 年）

天昌国际烟草有限公司　供稿

于河南省打叶复烤企业重组整合的批复》(国烟法〔2011〕48号),天昌国际烟草有限公司吸收合并三门峡金红烟草有限责任公司、宝丰金叶烟草有限责任公司、南阳金业烟草有限责任公司,重组整合为新的天昌国际烟草有限公司,隶属于河南省烟草专卖局(公司)管理。公司投资总额27.4亿元,注册资本22.48亿元,有中国烟草总公司河南省公司、河南中烟工业有限责任公司、上海烟草集团有限责任公司、浙江中烟工业有限责任公司、湖北中烟工业有限责任公司、中国烟草河南进出口有限责任公司、江苏中烟工业有限责任公司、贵州中烟工业有限责任公司、红云红河烟草(集团)有限责任公司、安徽中烟工业有限责任公司、吉林烟草工业有限责任公司、红塔烟草(集团)有限责任公司、天利国际经贸有限公司、四川中烟工业有限责任公司、广东中烟工业有限责任公司、重庆中烟工业有限责任公司等16家股东。公司下辖天昌复烤厂、三门峡复烤厂、宝丰复烤厂、南阳复烤厂等4家打叶复烤生产厂,拥有5条打叶复烤生产线,年设计复烤加工能力为10.5万吨(210万担)。公司党委副书记:焦文明(—2017年8月)、林睿(2017年8月—);总经理:张利红。

【生产经营】 2017年,公司复烤加工烟叶10.6万吨(212万担),产出片烟7.05万吨(141万担)。实现加工及经营收入5.86亿元。实现税利9070万元,其中利润815万元。

【技术改造】 2017年,天昌复烤厂易地技改项目开工,专卖设备选型方案报国家局申批,确定为国家局打叶复烤技术升级重大专项商业主导示范线。三门峡复烤厂技改项目获国家局批复。宝丰复烤厂、南阳复烤厂技术改造项目完成主体工程80%以上。

湖北烟草金叶复烤有限责任公司

【概　况】 湖北烟草金叶复烤有限责任公司位于湖北省恩施州经济开发区。2009年12月,根据《国家烟草专卖局　中国烟草总公司关于湖北省公司打叶复烤企业体制改革的批复》(国烟法〔2009〕512号),恩施金叶有限责任公司、襄樊金叶有限责任公司重组整合为湖北烟草金叶复烤有限责任公司;湖北烟草金叶复烤有限责任公司是中国烟草总公司湖北省公司控股管理的子公司,公司下设非独立法人的湖北烟草金叶复烤有限责任公司恩施复烤厂、湖北烟草金叶复烤有限责任公司襄樊复烤厂。2010年1月,公司挂牌成立。公司有中国烟草总公司湖北省公司、湖北中烟工业有限责任公司、湖南中烟工业有限责任公司、浙江中烟工业有限责任公司、红云红河烟草(集团)有限责任公司、红塔烟草(集团)有限责任公司、山东中烟工业有限责任公司、四川中烟工业有限责任公司、广西中烟工业有限责任公司、安徽中烟工业有限责任公司等10家股东,注册资本11.74亿元。公司下辖恩施复烤厂、襄阳复烤厂2个打叶复烤生产厂。截至2017年底,公司拥有总资产13.37亿元,资产负债率9.69%。拥有12000千克/小时打叶复烤生产线2条,6000千克/小时打叶复烤生产线1条,

襄阳复烤厂在进行烟叶复烤加工(2017年)
湖北烟草金叶复烤有限责任公司　杨　洋　摄

年复烤加工能力9万吨（180万担）。从业人员1044人。公司董事长、法定代表人：黄树立；党组书记、总经理：钟元兵（—2017年5月）、程瑞武（2017年6月—）。

【生产经营】 2017年，公司复烤加工烟叶5.97万吨（119.36万担），产出成品片烟3.93万吨（78.6万担）。实现加工收入2.32亿元。实现税利5947万元，其中利润2538万元。

【技术改造】 恩施复烤厂仓储区建设项目于2017年11月在湖北省公共资源交易中心发布招标公告，年底前完成主体项目的招投标工作，预计2019年初建成并投入使用。襄阳复烤厂易地技改项目正式进入质保阶段，按规范流程分别完成各单体建筑基础、主体结构等专项验收，建筑工程、消防、规划、防雷等竣工验收，以及压力容器等特种设备的安全质量检验。

湖南烟叶复烤有限公司

【概　况】 湖南烟叶复烤有限公司位于湖南省郴州市，于2011年9月29日注册登记，同年10月正式运作。公司实行“一个法人，两点生产加工”的经营模式，辖郴州、永州两家复烤厂，有3条打叶复烤生产线，年设计加工能力9万吨（180万担）。公司有19家股东，注册资本22.88亿元，其中，中国烟草总公司湖南省公司持股比例为51.98%，湖南中烟工业有限责任公司、广东中烟工业有限责任公司、上海烟草集团工业有限责任公司等18家卷烟工业企业股东持股比例为48.02%，由中国烟草总公司湖南省公司控股管理。在册员工619人。公司党组书记、总经理：曹健（2017年7月—，之前任副总经理，主持全面工作）。

【生产经营】 2017年，公司复烤加工烟叶8.75万吨（175万担），产出成品片烟5.75万吨（115万担）。实现营业总收入4.05亿元，实现税利总额1.19亿元，其中利润6828万元。截至2017年底，公司拥有总资产28.63亿元，同比增长2.34%。所有者权益25.54亿元，同比增长0.98%。国有资本保值增值率101.95%，同比减少0.19个百分点。

【技术改造】 郴州复烤厂易地技改项目进入结算阶段，联合工房钢结构工程被评为“全国优秀焊接工程”。永州复烤厂易地技改项目于2017年9月10日正式投产，投产以来各项指标基本正常。

【技术创新】 公司围绕工艺改进、设备管理、节能减排等重点难点问题，开展科研项目4项、质量管理攻关13项、精益改善课题7项。公司被国家局列为“双喜”“贵烟”“利群”“泰山”4个重点品牌2017烤季均质化加工单位。

【基础管理】 2017年，公司推进贯标、对标、标准化建设等工作。2月获“三标一体化”管理体系认证证书。开展质量管理体系转版工作，承接行业5项打叶复烤相关标准编写修订工作，已完成1项，正在验证1项，完成申报2项。

常德芙蓉烟叶复烤有限责任公司

【概　况】 常德芙蓉烟叶复烤有限责任公司位于湖南省常德市鼎城区灌溪镇鼎城高新技术产业园，成立于2005年12月7日，隶属于湖南中烟工业有限责任公司。由湖南中烟，湖南省烟草公司常德、张家界市公司共同出资组建，注册资本3721万元。公司占地面积15.7万平方米，拥有12000千克/小时打叶分风线、1500千克/小时叶尖处理线、3000千克/小时叶基处理线、9600千克/小时复烤线、9600千克/小时打包线、16000千克/小时铺叶摆把线，年复烤加工能力为3万吨（60万担）。员工187人，其中大专以上学历人员168人。2017年，公司通过国家安全生产标准化二级达标评审，被湖南省安监局、湖南省职业健康协会、常德市安监局等单位联合评为国家安全生产标准化二级达标企业。组建的实验室获得中国合格评定国家认可委员会实验室认可证书。公司总经理、法定代表人：侯军。

【生产经营】 2017年，公司复烤加工烟叶3.65万吨（72.98万担），产品出片率66.44%，实物产品得率94.03%。实现加工收入1.66亿元。全年实现税利3886.19万元，实现利润1495.43万元。

湘西鹤盛原烟发展有限责任公司

【概　况】　湘西鹤盛原烟发展有限责任公司位于湖南省吉首市，成立于1999年，由湖南中烟和湖南省烟草公司湘西土家族苗族自治州公司共同出资组建，注册资本9000万元，隶属于湖南中烟管理。截至2017年底，公司拥有总资产4.66亿元，占地面积11.20万平方米，在岗员工1493人。拥有12000千克/小时打叶线1条、9600千克/小时烤片线1条、3600千克/小时烤梗线1条、12000千克/小时真空回潮机1台、12000千克/小时打包线1条，年设计复烤加工能力3万吨（60万担）。党支部书记、总经理、法定代表人：张其龙。

【生产经营】　2017年，公司复烤加工烟叶3.00万吨（60.05万担），产出片烟2.85万吨（56.99万担），实现销售收入12373万元，实现利润1299万元，税金2555万元。

【技术改造】　5月31日，公司按照国烟计函〔2017〕113号文件要求，技术改造9000千克/小时生产线调整为6000千克/小时，易地技术改造初步设计方案调整后面积为6.87万平方米，比批复面积减少约1.63万平方米。总投资6.22亿元，比概算批复减少7575万元。

【减员增效】　2017年，公司建立人力资源管理思路体系，明确5年人员编制控制和员工持证目标，利用三班转两班生产模式，开展减员增效工作。截至11月底，固定期及以上合同性质员工从上年227人减员到207人，减员比例近9%。

浏阳天福打叶复烤有限责任公司

【概　况】　浏阳天福打叶复烤有限责任公司注册成立于2004年12月，为湖南中烟3家复烤企业之一。由湖南中烟工业有限责任公司，湖南省烟草公司长沙、衡阳市公司共同出资组建，注册资本1.6亿元。公司占地面积10.67万平方米，拥有12000千克/小时分类加工打叶复烤生产线和6000千克/小时人机结合精选试验线各1条，年复烤加工能力3万吨（60万担）。在岗员工176人。公司总经理：李昌平。

【生产经营】　2017年，公司复烤加工烟叶3.43万吨（68.64万担），产出片烟2.31万吨（46.18万担），出片率67.27%。实现营业收入1.52亿元，实现各项税利0.39亿元，其中利润0.18亿元。

【技术改造】　2017年，公司投资1229.14万元用于技术改造。其中，投资打叶段打叶振筛处加装剔麻丝装置9.94万元，投资人机结合精选试验线托盘进料物流系统42.60万元，投资增加在线杂物优化系统1176.6万元。

【新辟外租精选场地】　2017年，公司运用现有厂区烟叶精选场地多年选叶经验，新辟外租精选场地13200平方米。公司内外精选场地达到同时满足880人选叶，日精选能力突破5400担，确保月度烟叶精选任务顺利完成和打叶复烤生产连续运行。

广东韶关烟叶复烤有限公司

【概　况】　广东韶关烟叶复烤有限公司位于广东省韶关市，成立于1992年，2003年改制为有限公司，由中国烟草总公司广东省公司、广东中烟工业有限责任公司和深圳烟草工业有限责任公司共同出资组建。截至2017年底，公司拥有总资产6.2亿元。拥有1条6000千克/小时打叶复烤生产线，年复烤加工能力1.5万吨（30万担）。占地面积9万余平方米，员工159人。公司党委书记、董事长、总经理、法定代表人：卢道明。

【生产经营】　2017年，公司复烤加工烟叶1.38万吨（27.64万担），产出片烟0.92万吨（18.30万担）。实现营业收入9135.03万元，实现加工收入7800万元。实现税利1720.46万元，其中利润566.46万元。

【技术改造】　公司“十二五”打叶复烤技术改造项目于2016年10月12日正式破土动工，2017年9月8日，主体项目投入试运行。截至2017年底，累计投资1.63亿元。基建方面基本完成联合工房、锅炉房、室外配套工程的主要建设施工任务，进入逐步完善修补及分步分项验收阶段。经过3个月试运行、优化、维护，设备性能逐步稳定，具备单项验收条件。

广东梅州烟叶复烤有限公司

【概 况】 广东梅州烟叶复烤有限公司位于广东省梅州市梅县区，成立于1999年12月，隶属于中国烟草总公司广东省公司，由中国烟草总公司广东省公司、广东中烟工业有限责任公司和深圳烟草工业有限责任公司共同投资组建。截至2017年底，公司总资产3.8亿元，资产负债率5.43%。占地面积5.707万平方米，拥有4万平方米的烟叶仓库。公司主要生产设备为6000千克/小时的打叶复烤生产线，年加工能力30万担。员工197人（含离退休员工），其中，在职职工174人，离退休12人，离岗退养11人。取得专业技术职称40人，取得烟草行业职业技能鉴定证书127人。公司党委书记、总经理、法定代表人：方文青（—2017年12月）、肖大强（2017年12月—）。

【生产经营】 2017年，复烤加工烟叶2.37万吨（47.31万担），产出片烟1.6万吨（32万担）。实现营业总收入9782.15万元，实现加工收入7209.79万元，实现税利1585.73万元，其中利润781.34万元。

【技术改造】 2017年，公司技术改造项目的重点是实施“十二五”打叶复烤生产线局部技术改造项目第二期，即烟叶挑选与原烟堆放一体库1.09万平方米和工艺质检中心各一栋。项目于2017年底开展初步验收。

【技术创新】 2017年，公司开展“打叶复烤质量协同管理系统研究与应用”项目研究。全年开展质量管理小组课题12个。其中，获得广东省局（公司）精益管理优秀质量管理小组成果发布会三等奖课题1个，“南粤之星”质量管理小组成果发布会金奖、银奖各1个，梅州市优秀质量管理成果发布会一等奖1个、优秀奖3个。获得专利授权2件和计算机软件著作权1项。

广西伊灵烟叶复烤有限责任公司

【概 况】 广西伊灵烟叶复烤有限责任公司位于广西南宁市武鸣区，是广西唯一的一家打叶复烤企业，隶属于中国烟草总公司广西壮族自治区烟草公司。公司前身为2000年筹建并于2002年6月正式投产的南宁伊灵打叶复烤厂。2003年6月，中国烟草总公司广西壮族自治区烟草公司、南宁卷烟厂、柳州卷烟厂、百色市烟草公司、贺州市烟草公司等5个股东单位共同出资改制成立广西伊灵烟叶复烤有限责任公司。2016年7月15日，正式新增广西壮族自治区烟草公司河池市公司为股东单位。公司注册资本为4.26亿元。截至2017年底，公司拥有总资产5.26亿元，占地面积25.07万平方米。公司经营业务范围包括烟叶打叶复烤加工和纸箱加工，拥有1条6000千克/小时打叶复烤生产线和1条纸箱生产线，年打叶复烤加工能力为1.5万吨（30万担），年纸箱加工能力为300万只。员工642人。公司党支部书记、总经理：覃伟（—2017年6月）、卢洪元（2017年11月—）；法定代表人：霍文义。

【生产经营】 2017年，公司挑选烟叶0.98万吨（19.62万担），复烤加工烟叶2.08万吨（41.67万担），产出片烟1.36万吨（27.26万担），烟箱加工122.27万只，产品交付合格率100%。实现销售收入8267万元，其中打叶复烤收入7268万元，纸箱加工收入999万元。实现税利1528万元，其中税金1455万元，利润73万元。

【企业管理】 2017年，公司启动新版质量管理体系，开展全覆盖内审和针对性管理评审，加大安全隐患排查治理和安全监管考核力度，巩固企业生产安全二级达标成果，全年无发生安全事件、事故。全年开展质量管理课题、对标课题等精益改善研究13项，实现降本增效26万元。在行业的14项对标指标中，有13项达到行业对标指标，其中烤后片烟含杂率合格率、每个模块（或加工批次）成品片烟含杂率合格率、打后大中片率合格率、打后叶中含梗率合格率、年度平均出碎末率、每个模块（或加工批次）成品片烟烟碱变异系数、年度成品片烟返箱复烤数量、吨片烟加工成本费用8项指标达到行业先进指标水平。

四川烟叶复烤有限责任公司

【概 况】 四川烟叶复烤有限责任公司成立于2011年12月，由原四川三益烟草有限责任公司、四川三友打叶复烤有限公司、宜宾三原烟叶复烤有限责任公司3家公司整合而成。公司本部设在成都，实行“一个法人、多点加工”的组织模式和现代企业股份制管理模式，下辖会理、德昌、会东、泸州、宜宾等5个复烤厂，有6条打叶复烤生产线，具有13.5万吨（270万担）的年设计生产能力、20万吨（400万担）的年实际加工能力，主要加工方式为模块配方打叶，工艺技术采用柔打细分、低温慢烤和均质化加工，建有黄鹤楼、红双喜等重点品牌配方工作站及国内首家出口烟加工实验室，检测中心全部通过中国合格评定国家认可委员会（CNAS）认可，每年9月至次年6月为生产烤季。截至2017年底，公司拥有总资产34亿元。在岗员工528人，其中公司本部38人、5个复烤厂490人。公司总经理、法定代表人：步克。

【生产经营】 2017年，公司复烤加工烟叶12.82万吨（256.31万担），产出成品片烟8.17万吨。实现加工收入4.2亿元。实现税利1.58元，其中利润8271万元、税金（不含企业所得税）7542万元。

【技术改造】 公司按照行业“三去一降一补”要求，开展产能布局调整工作，取得国家局关于产能布局调整的正式批示。当期批复产能为240万担，其中凉山210万担、川南30万担。围绕“智慧工厂”建设目标，推进“十二五”技术改造项目建设，结合产能布局调整和区域加工中心建设规划进行方案优化，会东项目完成生产布局、物流设计、工艺规划、施工图设计等工作，正式动工。德昌和会理项目初步设计方案全部成型。

贵州烟叶复烤有限责任公司

【概　况】 贵州烟叶复烤有限责任公司位于贵州省贵阳市，于2010年1月12日挂牌成立，由中国烟草总公司贵州省公司控股并管理，下设贵州烟叶复烤有限责任公司毕节、遵义、铜仁、黔南、湄潭、黔西南、贵阳复烤厂等7家复烤厂。公司由中国烟草总公司贵州省公司、上海烟草集团有限责任公司、湖南中烟工业有限责任公司、江苏中烟工业有限责任公司、浙江中烟工业有限责任公司、广东中烟工业有限责任公司、贵州中烟工业有限责任公司、安徽中烟工业有限责任公司、湖北中烟工业有限责任公司、山东中烟工业有限责任公司、福建中烟工业有限责任公司、红塔烟草（集团）有限责任公司、红云红河烟草（集团）有限责任公司、河南中烟工业有限责任公司、广西中烟工业有限责任公司、陕西中烟工业有限责任公司、甘肃烟草工业有限责任公司、江西中烟工业有限责任公司、河北中烟工业有限责任公司等19家单位出资组建，注册资本44.88亿元。公司拥有12000千克/小时打叶复烤生产线8条，其中毕节复烤厂2条，其余6家复烤厂各1条，年复烤加工能力为32万吨（640万担）。截至2017年底，公司资产总额56.40亿元、净资产54.09亿元。在岗员工1084人。公司党委书记：孙俊如；总经理、法定代表人：张健（—2017年10月）、沈宏（2017年10月—）；董事长：沈宏。

【生产经营】 2017年，公司复烤加工烟叶23.89万吨（477.89万担），产出成品片烟15.93万吨（318.6万担），实现营业收入9.48亿元。实现税利3.17亿元，其中利润2.07亿元。

【技术改造】 2017年，根据国家局打叶复烤技术改造相关要求，公司对遵义复烤厂实施就地技术改造，对湄潭复烤厂、铜仁复烤厂实施易地技术改造。遵义复烤厂技改项目顺利投产，进行土建类工程各项扫尾工作，并根据设备运行情况对生产线进行完善整改。湄潭复烤厂技改项目完成土建类工程中场地平整工程施工、标段1至标段3的施工图设计，设备类工程完成各标段招标文件的编制及工艺设备招标控制价的编制，进行土建类工程各标段工程量清单及招标控制价的编制、开展设备类工程各标段的招投标工作。铜仁复烤厂完成土建类工程中场地平整工程施工、标段1至标段4的施工图设计，设备类工程完成各标段招标文件的编制，开展土建类工程各标段工程量清单及招标控制价的编制和设备类工程各标段的招投标工作。

重庆烟叶复烤有限公司

【概　况】 重庆烟叶复烤有限公司成立于2013年9月，是按照现代企业制度组建的股份制打叶复烤企业，注册资本9.81亿元，股东有中国烟草总公司重庆市公司（持股88.22%）、重庆中烟工业有限责任公司（持股5.51%）、湖南中烟工业有限责任公司（持股3.19%）、江苏中烟工业有限责任公司（持股3.08%），隶属于中国烟草总公司重庆市公司。公司下辖重庆烟叶复烤有限公司万州复烤厂（原重庆万兴烟叶有限责任公司）、重庆烟叶复烤有限公司彭水复烤厂（原重庆金益烟草有限责任公司）。截至2017年底，公司拥有总资产 10.36 亿元，其中固定资产原值 4.48 亿元，固定资产净值 9120.93 万元，资产负债率 2.18%。在册职工 296 人，大专以上文化程度占 83.1%，中级以上专业技术职称 55 人。公司法定代表人：黄玉平。

【生产经营】 2017 年，公司复烤加工烟叶 4.23 万吨（84.66 万担），出片率 66.64%。实现营业收入 2.11 亿元，实现税利 4515 万元，其中利润 440.52 万元。

【技术改造】 2017 年，公司加快易地技改项目建设，完成项目生产工艺线配置论证，优化完善项目调整方案，取得国家局原则同意。将因项目规模压缩而剩余的 240 亩项目用地转让重庆中烟工业有限责任公司，并就土地转让事宜与重庆中烟工业有限责任公司达成协议。

云南省烟草烟叶公司

【概　况】 云南省烟草烟叶公司位于云南省昆明市，成立于 1982 年 7 月 1 日，是中国烟草总公司云南省公司的全资子公司。公司占地面积 69.22 万平方米，其中公司本部 39.28 万平方米，醇化中心 29.94 万平方米。拥有 1 条 12000 千克/小时和 2 条 6000 千克/小时的打叶复烤生产线，年打叶复烤加工能力 10 万吨（200 万担）。截至 2017 年底，公司拥有总资产 52.05 亿元，在职人员 502 人。公司党委书记、总经理、法定代表人：王跃武。

【生产经营】 2017 年，公司复烤加工烟叶 7.28 万吨（145.51 万担），销售烟叶（片烟口径）4.51 万吨（90.24 万担）。公司实现税利 7.79 亿元，同比增加 0.14 亿元，增长 1.83%。完成工业总产值 49.81 亿元，费用总额 2.46 亿元，货币资金收益 979 万元。

【技术改造】 云南烟叶醇化仓储中心项目（一期）累计完成投资 4.77 亿元，2017 年 12 月 25 日正式投入使用。清洁能源锅炉技改项目，于 2017 年 10 月 7 日竣工通气供气，设备运行稳定、供气顺畅。

云南烟叶复烤有限责任公司

【概　况】 云南烟叶复烤有限责任公司位于云南省昆明市，成立于 2009 年 12 月 16 日，由 8 家打叶复烤企业重组整合后组建，2010 年 1 月 1 日正式运行，是全国第一家重组整合的股份制打叶复烤企业。公司实行董事会领导下的总经理负责制，共 19 家股东单位，注册资本为 52.75 亿元，中国烟草总公司云南省公司是最大的股东，股权比例为 50.74%。公司下属 10 家复烤厂分布在云南省 7 个州（市），共 10 条打叶复烤生产线，年设计加工能力 28.5 万吨（570 万担），年均加工烟叶 50 万吨（1000 万担），为 25 家工商客户和 13 家州（市）烟草公司提供烟叶收储加工服务。员工 1272 人。党委书记、总经理、法定代表人：王树荣。

打叶复烤现场（2017 年）

云南烟叶复烤有限责任公司　供稿

【生产经营】 2017 年，公司共收储烟叶 59.13 万吨（1182.6 万担），复烤加工烟叶 40.59 万吨（811.95 万担），产出成品片烟 26.87 万吨（537.37 万担），综合出片率 66.18%，产品得率 93.67%。实现税利 11.26 亿元，其中利润8.19亿元。

“黄金叶”品牌原料定制化加工现场（2017年）

云南烟叶复烤有限责任公司 供稿

【客户服务】 在全国打叶复烤企业首家提出烟叶“定制化加工”发展思路，与福建、河南、河北中烟启动烟叶定制化加工合作，签订原料定制化加工基地建设协议书，成立打叶复烤联合研究实验室，搭建烟叶加工创新发展平台。

中国烟草总公司将石林、麒麟、宣威、陆良、师宗、泸西、楚雄、大理等8家复烤厂列为2017年重点品牌原料均质化加工点。

【技术创新】 2017年，在技术创新成果转换方面，公司获专利授权10件，发明专利5件、实用新型专利5件，其中均质化生产加工方法类发明专利1件。泸西、石林复烤厂顺利通过烟草可持续发展项目（STP）评估，并分别位列第一名、第二名。公司中心实验室顺利通过中国合格评定国家认可委员会（CNAS）监督评审，公司受中国烟叶公司委托承担2017烤季全国均质化检查的成品烟叶化学分析。在14项打叶复烤企业对标指标中，公司设备故障率、成品烟碱变异系数等5项指标优于行业先进指标，片烟装箱含水率等5项指标优于对标指标。

红河烟叶复烤有限公司

【概　况】 红河烟叶复烤有限公司位于红河州弥勒市，成立于2003年8月8日，由云南省烟草公司红河州公司和红云红河烟草（集团）有限责任公司共同出资，由云南省烟草公司红河州公司控股，注册资本2亿元。公司占地面积51.33万平方米，拥有2条12000千克/小时打叶复烤生产线，年复烤加工能力为10万吨（200万担），主要为红云红河集团提供原烟收购、复烤加工和仓储（片烟醇化）服务。员工135人，总资产17.72亿元。公司总经理：李云贵；法定代表人：阙劲松。

【生产经营】 2017年，公司复烤加工烟叶6.09万吨（121.72万担），产出成品片烟4.36万吨（87.12万担）。实现加工收入2.12亿元，实现税利1.89亿元，同比增加892万元。

曲靖天福烟叶复烤有限责任公司

【概　况】 曲靖天福烟叶复烤有限责任公司位于云南省曲靖市，成立于2003年11月，由曲靖卷烟厂、曲靖市烟草公司共同出资组建。2008年，公司股权划转红云红河集团和云南中烟。公司注册资本2.46亿元，红云红河集团持有95%的股份，云南中烟持有5%的股份。截至2017年底，公司拥有总资产（年末值）3.52亿元，其中固定资产（净值）0.34亿元、流动资产3.1亿元，资产负债率12.42%。占地面积8万平方米，配备12000千克/小时打叶复烤生产线2条，年复烤加工能力6万吨（120万担）。在岗职工176人。公司董事长：李坤（—2017年9月）、徐剑峰（2017年9月—）；总经理：高文。

【生产经营】 2017年，公司复烤加工烟叶3.26万吨（65.13万担），产出成品片烟2.03万吨（40.63万担）。实现主营业务收入1.31亿元，实现税利0.37亿元，其中利润0.17亿元。

曲靖天福烟叶复烤有限责任公司生产车间（2017 年）
云南中烟红云红河集团　供稿

【生产经营】　2017 年企业加工原烟 3.439 万吨（68.78 万担），产出片烟 2.31 万吨（46.2 万担），实现销售收入 1.25 亿元，实现税利 5838 万元，其中利润 3808 万元。

2017 年，公司按照稳市场、保规模、保总量、提水平的市场建设工作思路，全力开拓加工市场，年均加工烟叶 3.15 万吨（63 万担），加工量达到设计产能的 1.5 倍以上。开展信息化技术研究与应用，与江苏中烟实现生产现场远程监控和实时数据的网上采集。

咸阳烟叶复烤有限责任公司

【概　况】　咸阳烟叶复烤有限责任公司位于陕西省咸阳市，始建于 1978 年，1986 年上划陕西省局，1995 年并入宝鸡卷烟厂。2003 年划归咸阳市烟草专卖局（公司）管理。2006 年 12 月 18 日，由咸阳市烟草公司、宝鸡市烟草公司、商洛市烟草公司、汉中市烟草公司、延安市烟草公司、安康市烟草公司、湖南中烟工业有限责任公司、原川渝中烟工业有限责任公司等 8 家工商企业联手，对原咸阳烤烟复烤厂进行改制，成立咸阳烟叶复烤有限责任公司，注册资本 9000 万元。

2008 年，公司增资扩股，新增陕西省烟草公司和陕西中烟工业有限责任公司两个股东，湖南中烟工业有限责任公司、咸阳市烟草公司和原川渝中烟工业有限责任公司分别增资，新增股本 7000 万元，总注册资本达到 1.6 亿元。2009 年投资 1.28 亿元的打叶复烤生产线技改项目投产，生产能力和加工质量大幅提升。

2014 年 12 月，按照陕西省公司《关于对咸阳烟叶复烤有限责任公司增加投资的通知》（中烟陕财〔2014〕84 号）精神，陕西省公司增加投资 1.14 亿元，咸阳复烤公司总资本达到 2.74 亿元。公司占地面积 14.85 万平方米，拥有 9000 千克/小时打叶复烤生产线 1 条，年烟叶加工能力 3 万吨（60 万担）。公司党总支书记、董事长：王云彪；党总支副书记、副董事长、总经理：张晓军。

薄片生产

上海烟草集团太仓海烟烟草薄片有限公司

【概　况】　上海烟草集团太仓海烟烟草薄片有限公司成立于 2004 年 1 月，2007 年 7 月开始试生产。公司由原上海烟草（集团）公司、广东省金叶烟草薄片技术开发有限公司共同出资组建，注册资本 3.9 亿元。2015 年 12 月，公司完成投资方变更和工商登记注册手续，成为上海烟草集团有限责任公司全资子公司。公司占地面积 14.85 万平方米，年生产能力为 1 万吨造纸法烟草薄片。员工 214 人。公司党总支书记：宗宝祥；总经理、法定代表人：郭亮。

【生产经营】　2017 年，公司生产薄片产品 3738.06 吨，全部为上海烟草生产。其中，纸质薄片产品 1168.74 吨、纸质薄片 S 产品 1739.16 吨、Z 薄片产品 830.16 吨。销售薄片 3738.06 吨。实现营业收入 1.59 亿元，实现税利 1475.14 万元。

江苏鑫源烟草薄片有限公司

【概　况】　江苏鑫源烟草薄片有限公司成立于 2011 年 10 月，为江苏中烟工业有限责任公司全资子公司，位于淮安市清江浦区。公司拥有2000千克/小时再造烟叶生产线和50千克/小时再造烟叶试验线，年生产再造烟叶能力达1万吨。截至2017年底，公司拥有总资产9.9亿元，其中固定资产（年末净值）6.7亿元、流动资产3.2亿元，资产负债率24.12%。从业人员242人。公司党委书记、总经理：金殿明；董事长：王轩庭。

【生产经营】 2017年，公司生产薄片5180.40吨，销售薄片5014.94吨，实现销售收入2.2亿元。实现税利7944万元，其中利润5199万元。

【项目建设】 **造纸法再造烟叶项目。** 公司在提升再造烟叶生产线效能方面，以围绕“三效”（效率、效果、效益）、提高“三率”（提取率、涂布率、产品得率）、降低“三耗”（能耗、水耗、损耗）为主线，从管理、技术、人员等多方面入手，持续提升生产线运行的连续性、在线计量检测控制的准确性、产品质量的稳定性，生产车速由130米/分钟提升并稳定在140米/分钟，产品得率由87.53%提升至88.09%。

再造梗丝验证生产线配套工程项目。 对项目建设实行预控性管理，严格执行总进度节点计划、月度施工计划和专项施工计划，层层落实质量监管责任，项目土建工程全部完成。生产工房、原料仓库完成主体结构验收，设备安装基本完成。

安徽中烟再造烟叶科技有限责任公司

【概　况】 安徽中烟再造烟叶科技有限责任公司位于安徽省蚌埠市高新技术开发区，于2011年4月8日正式注册成立，注册资本1亿元，是安徽中烟工业有限责任公司的全资子公司。公司遵循市场化运作，独立开展生产经营活动，实行自负盈亏，建立并实行独立的薪酬体系和标准。公司占地面积13.33万平方米，拥有瑞典ANDRITZ公司生产的YANKEE 1台，荷兰Alfa Laval公司生产的Decanter Centrifuge 2台以及上海高新纸机等众多先进生产设备，公司设计加工生产能力10000吨/年。公司一期投资4.18亿元，是全国规模较大、技术较为先进的造纸法烟草薄片生产基地之一。截至2017年底，公司拥有总资产4.52亿元，其中，固定资产（净值）3.15亿元，流动资产1.37亿元，资产负债率6.23%。员工169人（含委派人员14人）。公司党委书记、总经理、法定代表人：张玲珑。

【生产经营】 2017年，公司生产薄片2902.5吨，销售3628.35吨。实现销售收入1.03亿元。实现税利2213.83万元，其中利润1747.09万元。

福建金闽再造烟叶发展有限公司

【概　况】 福建金闽再造烟叶发展有限公司位于福建省罗源县，创建于2003年3月，注册资金1.76亿元，由福建中烟工业有限责任公司、厦门烟草工业有限责任公司、龙岩烟草工业有限责任公司共同投资，隶属于福建中烟工业有限责任公司。公司占地面积17.12万平方米。一期生产线设计产能5000吨，主要设备有仿法国ABK公司纸机技术制造的纸机、引进日本技术制造的双效浓缩蒸发器、独创滚筒式提取设备等。二期包含年产10000吨“七匹狼”专用再造烟叶生产线技术改造和配套的原料仓储建设两个子项目。截至2017年底，公司拥有总资产6.49亿元，公司员工344人。公司党委书记、副总经理（主持工作）、法定代表人：陈泉根。

【生产经营】 2017年，公司生产造纸法再造烟叶4820吨，销售造纸法再造烟叶5008吨。实现销售收入1.74亿元，亏损3645万元。

【技术创新】 **二期技改。** “七匹狼”专用再造烟叶生产线联合工房于7月封顶，年底进入联合工房装饰施工与设备安装阶段。配套仓储项目完成仓储征用土地项目临时围墙建设、地质灾害危险性评估、林地调查等工作。

技术升级。 系统开展再造烟叶关键工艺研究，在线应用关键工艺点精稳性研究和缩短涂布率检测时长等创新成果，产品一次合格率提升5.9%，产品综合质量达标率97.8%。

产品研发。 以市场需求为导向，研发储备产品12个，中高端产品应用增加6个。

技术成果。 开展关键核心技术课题研究，完成福建中烟项目2项、企业自主14项科技项目结项，发布质量管理成果20项。获得实用新型专利授权23件，发明专利1件。公司先后通过福建省创新型企业、福建省科技小巨人领军企业认定。

山东瑞博斯烟草有限公司

【概　况】 山东瑞博斯烟草有限公司成立于2002年6月，是国家烟草专卖局批准成立的造纸法再造烟叶生产企业，为山东烟叶复烤有限公司全资子公司。公司注册资金6378.5万元，位于山东省临沂市沂水县经济开发区，占地18.11万平方米，经营范围为烟草薄片委托加工、生产销售、生产技术服务、烟草专用机械购进、烟叶购进、仓储等。公司建有1条造纸法再造烟叶生产线，年生产加工能力6500吨，供热站、空压站、变电站、供水站、污水处理站等配套公用设施完善。截至2017年底，公司现有职工191人，其中35岁以下员工58人，具有本科及以上学历者54人。公司拥有总资产1.37亿元，其中净资产1.09亿元，占总资产比率79.46%。负债总额2822万元，流动资产总额8138万元，其中货币资金468万元。固定资产净值4900万元，占总资产比率35.66%。资产负债率20.54%，资产增值保值率107.04%。公司党委书记、总经理、法定代表人：赵长友。

【生产经营】 2017年，公司生产造纸法再造烟叶5001吨，销售调拨造纸法再造烟叶5102吨，开票结算4581吨。实现营业总收入9454万元；营业成本6015万元，同比减少490万元，下降7.53%。实现税利1743万元，同比增加40万元，增长2.35%。实现利润666万元，同比减少74万元，下降10%。

河南卷烟工业烟草薄片有限公司

【概　况】 河南卷烟工业烟草薄片有限公司位于河南省许昌市，成立于2006年7月，是河南中烟工业有限责任公司的全资子公司。截至2017年底，公司拥有总资产4.71亿元。有幅宽2640毫米烟草薄片长网纸机、卧式螺旋沉降式离心机、滚筒式薄片烘干机、高浓磨浆机、预压式打包机、流浆箱等主要设备，年生产能力1.5万吨。在岗员工295人。公司党委书记、董事长、法定代表人：卿平（—2017年1月）、武超伟（2017年1月—）。

【生产经营】 2017年，公司生产造纸法再造烟叶6327吨、再造烟叶成丝2115吨，销售造纸法再造烟叶3672吨、再造烟叶成丝2022吨。实现销售收入1.9亿元，实现税利5925万元，其中利润3607万元。

【技术创新】 开展再造烟丝真空包装试验、烟草提取液膜净化组分化学成分规律等11项应用研究，探索降低再造烟叶固有缺陷的路径，为提高再造烟叶产品质量打下坚实基础。承担河南中烟科技立项项目2项，申报国家局科技进步奖1项，获得河南中烟科技进步奖二等奖1项，参与制修订行业标准项目5项，申报发明专利3件，申报实用新型专利1件，获得实用新型专利授权2件。

【技术改造】 成丝生产实现切丝机双机并行切丝，打通生产能力提升“瓶颈”，出丝合格率由90%提高到92%。采用湿法除尘（自激式水幕除尘器）取代原干式除尘，降低切丝机扬尘量，减少切丝机磨刀火花。2017年5月，开始全面建设污水处理站项目。

湖南金叶烟草薄片有限责任公司

【概　况】 湖南金叶烟草薄片有限责任公司位于湖南省衡阳市祁东县洪桥街道办文化路11号，2004年4月20日注册成立，隶属于湖南中烟工业有限责任公司管理，注册资本7250万元，其中，湖南中烟工业有限责任公司占90%股份，广东省金叶科技开发有限公司占10%股份。公司占地面积11.05万平方米，拥有1条年设计生产能力1万吨再造烟叶生产线。截至2017年底，公司拥有总资产2.62亿元，设置12个部（室）、2个车间，在岗员工309人。公司总经理、法定代表人：杜晖。

【生产经营】 2017年，公司生产薄片2654.35吨，实现销量2500吨。实现主营业务收入9674.22万元。实现税利2155.13万元，其中利润1280.16万元。

◇ 编辑：邢忠敏　周　佳

科研和教育培训

科研院所①

2017 年全国烟草行业主要科研机构（排名不分先后）：

中国烟草总公司郑州烟草研究院

中国烟草总公司合肥设计院

上海新型烟草制品研究院（上海新型烟草制品研究院有限公司）

中国烟草科技信息中心

中国烟草标准化研究中心

国家烟草基因研究中心

中国烟草育种研究（南方）中心（云南省烟草农业科学研究院）

中国烟草东北农业试验站（中国烟草进出口烟叶检测站、中国烟草总公司黑龙江省公司牡丹江烟草科学研究所）

中国烟草东南农业试验站（福建省烟草专卖局烟草科学研究所）

中国烟草白肋烟试验站（湖北省烟草科学研究院）

中国烟草西南农业试验站（贵州省烟草科学研究院）

中国烟草中南农业试验站（湖南省烟草科学研究所）

中国农业科学院烟草研究所［中国烟草总公司青州烟草研究所、中国烟草遗传育种研究（北方）中心］

国家烟草栽培生理生化研究基地

广东省烟草南雄科学研究所

江西省烟草科学研究所

河南省烟草科学研究所

河南省烟草公司烟草研究所（河南省农业科学院烟草研究所）

山东烟草研究院

重庆烟草科学研究所

陕西省烟草科学研究所

安徽省烟草公司烟草研究所（安徽省农业科学院烟草研究所）

中国烟草总公司海南省公司海口雪茄研究所

四川省烟草科学研究所

中国烟草总公司郑州烟草研究院

【概　况】　中国烟草总公司郑州烟草研究院（简称郑州院）位于河南省郑州市，始建于 1958 年，主要从事烟草栽培调制及贮保、烟草基因、卷烟加工工艺和卷烟配方、烟草化学、烟用香精香料、卷烟减害降焦、再造烟叶等方面的应用基础和共性技术研究，卷烟厂和烟叶复烤厂的工程设计、行业相关检测仪器的研制、开发等。学科范围覆盖从烟草基因到卷烟生产的全过程。郑州院是国际标准化组织烟草及烟草制品技术委员会（ISO/TC 126）国内技术归口单位。在岗员工 328 人，其中各类专业技术人员 284 人，包括中国工程院院士 1 人，国家级有突出贡献专家 1 人，总公司科技杰出贡献奖获得者 1 人，行业科技领军人才 1 人，享受国务院政府特殊津贴专家 8 人，行业学科带头人 7 人，研究员 36 人，硕士和博士研究生学历人员 203 人。

党组书记、副院长：宋亚强；院长、党组副书记：谢剑平

【科研项目与成果】　**科技奖励**。2017 年有 8 个项目获得省部级科技奖励，其中牵头承担项目 4 项。“基于感官组学的卷烟烟气关键成分分析研究”项目提出烟草感官组学概念，构建烟气感官组学研究方法体系，阐明 83 种感官贡献指向明确的关键成分，获得总公司科学技术进步奖二等奖。参与承担项目 4 项，其中“烟叶香型风格的特征化学成分研究”获得总公司科学技术进步奖一等奖。

知识产权与论文著作。2017 年，郑州院申请专利 193 件，获得授权 113 件。成为国家知识产权局专利局审查协作河南中心的流动工作站。全年出版著作 8 部，发表论文 177 篇，其中会议论文 44 篇。

【行业科技重大专项】　**“烟草基因组计划”重大专项**。“烟草基因组计划”重大专项在完成第一个五年研究计划的基础上，初步构建烟草基因功能元件全景图；构筑形成至今全球范围内芯片类型最全、探针密度最高、基因/SNP 位点最多的烟草基因芯片体系，绘制出全面、系统的红花大金元全生育期基因表达谱；分析鉴定出一批与烟草感官品质和香味成分等紧密相关的关键代谢物及重要功能基

---

①　上海新型烟草制品研究院（上海新型烟草制品研究院有限公司）、中国烟草育种研究（南方）中心（云南省烟草农业科学研究院）、中国烟草东北农业试验站（中国烟草进出口烟叶检测站、中国烟草总公司黑龙江省公司牡丹江烟草科学研究所）、中国烟草东南农业试验站（福建省烟草专卖局烟草科学研究所）、中国烟草白肋烟试验站（湖北省烟草科学研究院）、中国烟草西南农业试验站（贵州省烟草科学研究院）、中国烟草中南农业试验站（湖南省烟草科学研究所）、中国农业科学院烟草研究所［中国烟草总公司青州烟草研究所、中国烟草遗传育种研究（北方）中心］、河南省烟草公司烟草研究所（河南省农业科学院烟草研究所）、安徽省烟草公司烟草研究所（安徽省农业科学院烟草研究所）等单位实行“两块牌子、一套机构”管理模式。

因，基本明确部分代谢途径和功能基因调控手段。

“细支卷烟升级创新”重大专项。 作为技术牵头单位，联合行业工业企业推进实施“细支卷烟升级创新”重大专项，顺利突破细支卷烟梗丝及再造烟叶应用瓶颈、专用丝束瓶颈和专用中高速装备瓶颈，实现细支卷烟提质、稳焦控焦、系统化设计和卷烟降耗的目标，基本实现专项预定的产品升级、技术升级和装备升级“三个升级”的目标。专项研究取得的8项阶段性技术成果，于2017年11月向全行业发布推广。

“打叶复烤技术升级”和“烟草科研大数据”重大专项。 配合国家局科技司编制“打叶复烤技术升级”和“烟草科研大数据”重大专项实施方案，确定专项总体目标、研究内容和技术指标，并进行相关研究项目布局，为重大专项实施打下基础。

【院企合作】 参与河南烟草业转型升级工作。与河南烟草工商企业紧密合作，制定技术创新工作实施方案，整体谋划提升河南两烟技术水平。围绕原料保障、工艺加工等六大研究方向，布局37个研究课题，首批21个项目纳入各单位2018年科研计划。先后派出7名专家，全面参与河南中烟基础研究、产品研发、在线工艺技术提升、技术标准研究、原料研究等工作，在“黄金叶”品牌风格技术研究、“黄金叶（天香）”“黄金叶（爱尚）”“黄金叶（乐途）”“黄金叶（小目标）”等一系列产品研发、“上六片”技术开发，以及黄金叶生产制造中心和许昌卷烟厂技改在线工艺技术水平提升等方面取得成效。

与河北中烟在工艺关键核心技术、品牌风格特征定位、原料保障等领域的合作有效促进品牌品质和竞争力的持续提升。“荷花”品牌2017年销量达到30亿支（6万箱），较上年翻了一番。联合陕西中烟打造“延安”品牌高端产品“延安（1935）”，2017年实现销量1.8亿支（0.36万箱），占陕西中烟高端产品同期销量的66%。

在烟草基因领域拓展与工业企业的科研合作，与云南中烟、福建中烟在育种工厂代谢组学检测、生物技术防虫防霉、醇化过程代谢组学等领域开展合作。

国内学术交流。与国内主流科技界保持联系，多位“两院”院士到郑州院讲学，开展学术活动；成功获得中国化学会第18届全国分析与应用热解学术会议主办权。与深圳华大基因科技有限公司共建“烟草基因大数据联合研发平台”，为烟草基因组研究和精准育种提供有力的数据、平台和人才支撑。

【国际交流合作】 2017年，国际标准化组织正式任命郑州院冯茜担任TC126/SC2副主席，国家标准委正式授予郑州院为ISO技术机构承担单位。刘惠民任调整后的ISO/TC126/WG1联合召集人。

参与CORESTA组织中13个分学组和工作组的工作，逐渐从工业领域扩展到农业基因领域。牵头起草的《烟草总植物碱的测定　连续流动硫氰酸钾法》检测方法正式成为CORESTA推荐方法，是中国烟草行业牵头建立的第一项CORESTA推荐方法。通过联合会议、互派访问学者、开展共同课题研究等方式，与菲莫国际、英美烟草等国外烟草公司研发中心建立更加长期稳定的科研合作关系。

【特事辑要】 3月23日，郑州院召开科技创新大会，深入贯彻落实行业科技创新大会精神，总结“十二五”时期科技创新工作，安排部署“十三五”时期重点科技创新任务。

9月5日，河南省委副书记、省长陈润儿在河南烟草就转型发展进行专题调研。郑州院院长谢剑平就河南烟草转型发展技术创新工作作汇报。

中国烟草总公司合肥设计院

【概　况】 中国烟草总公司合肥设计院（简称合肥设计院）成立于1990年6月，位于安徽省合肥市，是国家局、总公司直属管理的烟草行业唯一专业设计院，具有国家住房和城乡建设部批准的“轻纺行业（食品发酵烟草工程）专业甲级”“建筑行业（建筑工程）乙级”“轻型钢结构工程设计专项乙级”设计资质。2016年10月，国家局、总公司印发《关于印发中国烟草总公司合肥设计院主要职责内设机构和人员编制规定的通知》（国烟人〔2016〕289号），合肥设计院的主要职责是受国家局、总公司委托负责组织烟草行业固定资产重大投资工程项目的技术审查（咨询）以及行业直属单位审批权限内的重大工程项目的技术咨询；参与行业打叶复烤厂和烟用仓库投资项目的前期工作及总体规划、设计的投标；参与烟草行业工程建设项目施工图第三方审查和项目的相关咨询工作，以及行业工程建设项目设计规范、技术标准的编制、修订工作和实施、监督工作等。合肥设计院下设6个职能部门，技术审查处、设计处、经营处、人事处、财务管理处及办公室。在岗员工59人，其中，高级职称20人、中级职称32人，国家一级注册建筑师2人，注册城市规划师1人，国家一级注册结构师6人，注册公用设备工程师5人，注册造价师6人，注册咨询师8人。

党委书记、院长：卢安宁

【技术审查与项目设计】 2017年，合肥设计院完成国家局委托技术审查项目13项，省级公司委托项目1项，审查投资额55.87亿元，核减总投资6513万元。

在完成国家局及行业其他直属单位委托技术审查（咨询）工作的同时，合肥设计院集中优势力量参与项目招投标，先后中标上海烟草集团天津卷烟厂技改项目三期工程、红河烟叶复烤有限公司打叶复烤易地技术改造项目和浙江中烟宁波卷烟厂易地技改二期等项目，生产经营平稳有序。

【企业管理】 **建筑信息模型（BIM）学习应用。** 2017年，合肥设计院按照“一年打基础，两年见成效，三年上台阶”的建筑信息模型（BIM）学习应用规划，稳步推进BIM技术学习和应用，签订宁浙江中烟波卷烟厂仓储区BIM设计合同，实现BIM服务合同“零”突破。尝试探索工程总承包模式在行业工程投资项目中的实践和运用，同中国海诚工程科技股份有限公司签订战略合作协议（EPC），加快EPC模式的技术、管理和人才储备。

完善技术管理措施和制度。 加强合肥设计院工程项目设计和技术审查工作的技术质量全过程管理。坚持完善技术管理措施和制度，制（修）订《合肥设计院工程设计项目校审工作管理规定》《施工图设计说明模板》《技术文件归档范围及归档办法》等制度和规定，强化前期方案讨论和把关，严格施工图校审程序，严控设计质量和进度。

工程项目创新创优。 开展工程项目创新创优工作，推选优秀设计作品参加评优申报，其中，华环国际烟草有限公司易地技改联合工房项目获得2017年度安徽省优秀工程勘察设计行业二等奖。

上海新型烟草制品研究院（上海新型烟草制品研究院有限公司）

【概　况】 上海新型烟草制品研究院（简称上海院）成立于2015年6月。2016年5月，国家局批复同意设立上海新型烟草制品研究院有限公司，有限公司与上海院合署办公。

院长：施　超

中国烟草科技信息中心

【概　况】 中国烟草科技信息中心（简称科技信息中心）是国家局于1986年4月批准建立的行业科技信息事业机构，时称全国烟草科技情报站，1989年3月更名为全国烟草科技情报中心，1994年再次更名为中国烟草科技信息中心。主要业务由国家局科技司领导和指导，部分业务与行政管理工作由郑州院领导。主要承担国内外烟草科技、经济等烟草类信息的搜集、研究、加工、报道、交流以及信息资源建设工作；承担《烟草科技》期刊的编辑出版工作；承担软科学研究、情报调研、科技评估评价、科技政策研究、烟草知识产权研究、科技查新以及信息咨询服务和创新体系建设咨询服务等工作；承担中国烟草科教网的建设、维护与对外服务，承担国家局科技业务管理系统开发与维护；承担行业烟草科研大数据重大专项以及烟草科研大数据中心的研究、开发、建设、维护与服务等工作。科技信息中心下设6个部门。在册职工22人，其中，高级职称14人（正高职称2人），中级职称6人，技师1人，实习生1人。

主任：郑新章

【烟草科研大数据重大专项】 加速推进烟草科研大数据重大专项相关工作，以大数据和云计算、云平台等核心技术以及行业科研数据资源为重点，组织调研和研讨，开展大数据和数据标准、规范等文献调研；协助国家局科技司对“烟草科研大数据重大专项实施方案”进行多次研讨和修改，形成“方案”专家论证稿；组织行业内外知名专家完成对“方案”的专家论证和修改完善工作；主持或参与完成该重大专项“烟草科研大数据资源体系与数据标准体系研究”“烟草科研大数据总体架构和异构资源智能调度关键技术研究”“烟草科研数据融合与关联挖掘关键技术研究”等3个前期先导性项目的申报、修改、协助组织专家评审等一系列工作。

【信息资源再加工】 2017年，加强信息资源建设工作，强化各类烟草信息资源的搜集、加工和网上发布等工作。全年共新加工发布各类文献5.6万篇（条），全文新增3.98万篇以上。截至2017年底，中国烟草科教网文献类数据库资源总量62.67万篇（条），全文41.15万篇。全年共检索、筛选中国专利9.2万件，加工、标引、入库烟草技术类专利1.07万件；从Thomson Innovation数据库采集国外烟草专利基础数据18万件，加工、标引2015年和2016年国外烟草技术类专利7672件。全年加工制作烟草类数字图书205册，数字期刊25册；截至2017年底，有数字图书2.18万册，其中烟草类图书1761册。通过中国烟草科教网、电子院务系统等网站平台，全年加工、审核并发布各类信息6550篇，发布国外烟草动态类信息800余条。完成Scifinder数据库、Springer数据库、爱思唯尔的SD数据库等八类数字型信息资源的采购和服务工作。

【情报研究与科技评估评价】 *烟草专利统计分析*。完成2016年度中国烟草技术类专利统计分析工作，形成《2016年度中国烟草技术类专利统计分析报告》，以及4期《烟草技术类专利统计分析报告》（季报）；协助国家局科技司完成行业科技统计工作，形成《中国烟草科技统计年鉴（2016—2017年）》。

情报分析研究。完成行业技术中心、重点实验室和工程研究中心的年度评审、评估、认定评审等工作；参与完成总公司科学技术奖励评审的一系列工作；完成行业科技查新与专题检索服务工作，全年完成科技查新166项，同比增加47项。

【科技信息咨询和专题培训服务】 通过多种形式加强与烟草工商企业的沟通和服务，在信息资源与科技成果的推广应用等方面取得成效。以《烟草科技》理事会为服务平台，对21家卷烟工业企业提供综合服务。完成对广东、湖北、浙江中烟和上海烟草集团的信息咨询服务工作。对工商企业提供科技计划项目立项、项目管理、科技论文撰写、信息资源检索与有效利用、烟草农业科技发展重点方向等专题培训服务，为相关单位科研能力的提升提供帮助。

【技术成果】 2017年，科技信息中心共申请专利37件，其中发明专利22件；获得实用新型专利授权5件；登记计算机软件著作权4项；发表第一作者或通讯作者论文10篇；出版专业著作2部，总字数300万字以上。

【科技期刊出版】 出版发行6万余册。编辑出版发行中文版《烟草科技》12期、英文增刊1期，刊登各类学术论文193篇，其中中文版180篇、英文增刊13篇。全年收到稿件561篇。编辑出版《〈烟草科技〉被引论文分析与研究》著作。期刊综合质量提高，在河南省组织的期刊质量评价中，是唯一一家在政治、依法出版、技术、编校质量综合评价得满分（100分）的科技类期刊，也是期刊首次继续排名综合指导类第一名、总排名第二名。

期刊学术影响力方面，继续保持为英国《科学文摘》、荷兰《文摘与引文数据库》和美国《化学文摘》等收录期刊，继续是中文核心期刊、中国科技核心期刊、中国科学引文数据库（CSCD）核心库来源期刊、中国核心学术期刊、中国学术期刊文摘数据库收录期刊。

中国烟草标准化研究中心

【概　况】 中国烟草标准化研究中心（简称标准化中心）位于河南省郑州市，成立于1995年1月，是国家局批准建立的行业标准化、计量专业机构，隶属于郑州院，业务上受国家局科技司和郑州院领导，国家质量监督检验检疫总局、国家标准化管理委员会指导。主要职责是负责全国烟草标准化技术委员会（简称全标委）秘书处的日常工作，专门从事烟草标准化的研究及推广，为行业提供标准体系框架，引导行业科学地制（修）订标准；作为ISO/TC126烟草及烟草制品技术委员会国内技术对口单位和SC2烟叶分技术委员会的副主席和联合秘书处承担单位，负责配合国家局科技司组织行业参与国际标准化活动，承担国际标准投票，开展国际标准创新工作项目提案，跟踪研究烟草相关国际标准化发展趋势和工作动态；作为烟草行业计量技术归口单位，负责烟草行业专用计量器具的技术审核、计量标准（基准）建立和量值溯源以及重要标准物质的研制。标准化中心下设4个部门。在岗员工24人，其中研究员4人、高级工程师12人、工程师7人、助理工程师1人。

主任：范　黎

【标准化工作体系及标准体系建设】 2017年，标准化中心及时废止时效性和必要性不足的标准计划，配合行业申请并获批国家标准计划6项，启动全标委的换届工作。完成2017年度标准制修订项目立项专家评审，并审查27项标准项目合同；开展2018年度标准立项的委员会初审工作，初审145项标准项目申报书；组织卷烟、烟用材料、企业、卷烟标样委标准（标样）审定；配合国家标准委发布国家标准1项、废止国家标准21项；审查发布行业标准及计量检定规程7项、总公司企业标准21项，结题行业标准预研项目15项，审定通过2017年度烟叶基准样品和烟气分析标准样品，审定定值2017年度卷烟感官标准样品。

【计量与标准物质（样品）研制】 依托“卷烟和滤棒物理性能综合测试台检定装置”等8个行业最高计量标准，对相关专用计量器具开展计量检定或校准。完成水分测试用恒温干燥箱行业最高计量标准建立的前期试验工作；完成《烟草行业专用计量器具技术审核规范》7项系列标准中6项，截至2017年底，第7项进入征求意见阶段。2017年，“乙醇（正己烷、异丙醇）中邻苯二甲酸酯类混合溶液标准物质”通过国家标准物质技术委员会技术审定及卷烟标样分标委的技术审查；开展“烟草行业卷烟标准样品体系构成与要求”研究；启动“常规分析用吸烟机通用监测卷烟的研制”项目，同时，细支烟烟气监测卷烟也纳入该项目研究范围，有助于完善行业烟气分析标准样品体系。

【国际标准化工作】 全年组织行业企业及专家完成41项国际标准项目和文件的投票评议工作，投票率继续保持在100%；派员执行2次ISO/TC126境外会议和4次网络会议（WebEx）任务；派员参加国家标准委（SAC）和ISO联合组织的2017年秘书培训班并获得证书；参与ISO 20193烟丝宽度测定国际共同实验的工作；组织完成70余万字有关卷烟、水烟等国际/国外标准及技术法规的翻译工作；对行业开拓境外卷烟市场的企业进行现场调研；多渠道收集、国外有关烟草类的技术法规和各类文件1000余条并录入信息共享平台；编制4期《国际标准化动态》。

【商业及烟叶标准化】 完成首批7家烟草行业商业标准化示范企业系统全面的复评工作。开展年度烟叶产区推进烟叶标准化生产实效综合评价工作，并了解地市级公司烟叶生产标准体系健全和实施及其与工业需求、产品质量、安全管控、专业化服务、职业烟农队伍建设的结合情况，首次把烟草农业类行业标准实施效果纳入调研内容，为下一步开展行业标准实施评估起到助推作用。

【产品质量安全】 首次在卷烟生产中使用新材料新物质方面，完成浙江中烟所申报的卷烟条与盒包装纸用铝酸锶防伪新材料的安全性技术评估工作。“烟用胶粘剂安全卫生要求”通过审定由国家局发文结题。

【科研成果】 2017年，标准化中心获得郑州院青年科技进步奖三等奖1项；2篇论文获得中国烟草学会年度优秀论文二等奖；在《烟草科技》等期刊发表论文5篇；出版论著1部；获得发明专利授权3件；正式发布标准5项，结题标准预研项目2项。

国家烟草基因研究中心

【概　况】 国家烟草基因研究中心（简称基因研究中心）成立于2010年12月，隶属郑州院，业务上接受国家局科技司的指导和管理。主要负责开展烟草基因组研究工作，整合利用行业内外科技资源，搭建具有公益性、基础性、战略性的烟草基因研究共享平台，在行业内长期发挥指导、推动、支撑和纽带作用，逐步建成国内一流、国际先进、行业共享的知识创新和人才培养基地。2017年，基因中心下设烟草生物信息学实验室、烟草代谢组学实验室、烟草分子生物学实验室和综合室等4个部门。在岗员工27人，其中，70%具有博士学位，30%具有海外留学背景，33%具有高级职称。

主任：罗登山（兼）

【科研工作情况】 **项目研究。** 2017年，基因研究中心承担各类科研项目26项。整合烟草遗传变异图谱、时空动态表达图谱、非翻译元件图谱、甲基化图谱等，初步构建烟草基因功能元件全景图；获得鲜烟叶中与烤后烟叶品质及香味成分紧密相关的关键代谢物及调控基因，通过基因手段实现对植物色素、甾醇等关键代谢物含量的有效调控；开发群体遗传变异鉴定的并行化新算法及分析工具PVC-Tools，烟草数据分析速度较以往提升50倍以上；构建以24个SNP标记为基础的中国烟草主栽品种指纹图谱，建立高效的烟草主栽品种分子检测鉴定体系，能够准确区分不同烟草品种；瞄准品质和低害性状开展基因克隆，分别创制烟叶芸香苷含量提高30%～60%、烟气苯酚含量降低5%～10%、烟叶氯离子含量降低30%等遗传材料。

科研立项。 2017年，申请各层级科研项目40余项，获立项项目13项。其中，1项“青年人才托举工程”项目获得中国科学技术协会立项；1项河南省科技攻关项目获得河南省科技厅立项；2项河南省留学人员项目获得河南省人社厅立项，另有1项河南省科技攻关项目和1项河南省自然科学基金项目获河南省科技厅立项公示。此外，1项国家自然科学基金青年基金项目再次获得国家自然科学基金委员会立项，2项重大专项项目获国家局立项。

平台建设。 烟草生物信息学平台在以重大专项最新数据成果充实中国烟草基因组数据库的同时，不断开发完善分析工具，持续提升数据分析水平。2017年，平台多次为湖南中烟、云南中烟等单位提供生物信息学培训服务，主要分析工具访问量达10万余次。烟草基因芯片平台构建完成中国主栽烟草品种的SNP指纹图谱，利用烟草SNP芯片，指导抗病基因定位克隆和抗性改良品种（品系）单株筛选，为青州烟草研究所、原云南烟草研究院开展功能基因研究和分子模块育种工作提供重要手段支撑。烟草代谢组学平台在不断提升分析检测能力的基础上，为云南中烟、青州所、毕节市公司等多家单位提供代谢组学检测服务，在深度参与烟叶油分研究工作的同时，为行业开展烟草全基因组模块评价技术体系构建和烤烟香韵特征研究提供技术支撑。

协同创新。 谋划与国内外顶尖科研机构开展协同创新，与华大基因共建“烟草基因大数据联合研发平台”，针对烟草重大科学和产业问题，聚焦烟草品质，合作挖掘烟草基因大数据，解读烟草功能元件和调控元件。全面拓展与工业企业的科研合作，与云南中烟联合开展育种工厂代谢组学检测；与福建中烟开展生物技术防虫防霉、醇化过程代谢组学及宏基因组学研究；与湖南中烟开展基因编辑指示基因研究。

【学术交流】 2017年，基因研究中心组织各类学术活动19次，邀请包括中国科学院院士、武汉大学高等研究院院长朱玉贤在内的14位专家、学者到基因研究中心作报告。同时，协助承办“农业健康与环境”组学大数据整合生物信息学研讨会并作大会报告；组织科研人员参加4次国际学术会议，促进青年科研人员迅速成长。

【科研成果】 2017年，基因研究中心发表各类学术论文25篇，包括SCI论文7篇、核心期刊论文11篇、CORESTA会议论文1篇、国际会议墙报论文6篇。发表论文中，最高影响因子为4.26，影响因子超过3的论文7篇；1篇论文被《蛋白质组学》（Proteomics）杂志以封面论文发表；另有2篇论文分别获得中国烟草学会优秀论文一、二等奖。申请专利34件，其中，发明专利23件（含基因专利9件），实用新型专利11件；获得专利授权13件，其中，发明专利6件，实用新型专利7件。

中国烟草育种研究（南方）中心（云南省烟草农业科学研究院）

【概　况】 云南省烟草农业科学研究院位于云南省昆明市，前身是成立于1955年的云南省烟草科学研究所，2009年3月更名为云南省烟草农业科学研究院，是云南省烟草专卖局（公司）的直属科研机构；中国烟草育种研究（南方）中心（简称南方中心）成立于1995年，与云南省烟草农业科学研究院实行合署办公。围绕“国内领先、国际一流”现代烟草农业科研院发展，实施“研究一粒种子、集成一项技术、解读一片烟叶”攻关，在烟草育种、栽培、植保、烘烤、烟叶质量分析等方面，开展基础研究、应用研究和成果转化推广，特别在生物技术、品种选育、功能基因研究、种子繁育技术、节本增效栽培技术、烟叶安全性领域处于行业引领地位。拥有博士后科研工作站、国家烟草基因工程研究中心、烟草行业烟草生物技术育种重点实验室、云南省烟草农业工程技术中心、中美烟草分子育种联合实验室、烟草种质资源库和世界烟草品种园、华大烟草分子育种联合研究院等创新平台。重组生物技术育种、常规育种与种子技术、功能基因、基因规模化鉴定平台、栽培技术研究、植保技术、烘烤技术等7个研究团队。下设8个部门。在岗员工107人，其中，正高级职称13人、副高级职称36人，博士研究生学历37人、硕士研究生学历41人，烟草行业学科带头人2人，享受国务院政府特殊津贴专家1人。

党委书记、院长、主任：顾华国

【技术创新】 **生物技术育种。** 2017年，南方中心取得“一张组装新图、两个抗性品种”攻关成果，形成较为完善的基因组育种技术体系。一张组装新图：完成“云烟87”基因组第一版组装，Contig N50达到365kb，该指标超过已发表的所有栽培烟草基因组。两个抗性品种：一是定向改良抗马铃薯Y病毒（PVY）的“云烟87”通过田间鉴评，这是聚合基因克隆、分子标记辅助育种、SNP芯片遗传背景筛选等多项最新基因组育种技术集中攻关取得的重大突破；二是获得双抗黑胫病和烟草花叶病毒（TMV）的“红花大金元”改良新品系，实现优良性状的有效聚合。

全基因组育种材料构建取得新成效，获得一批育种中间材料及杂交一代种子；功能基因研究方面取得新进步，克隆2个液泡膜钾转运蛋白基因、1个调控NNN合成基因和10个受低温胁迫诱导的花期调控基因；基因组编辑技术取得新进展，实现敲除PVY感病基因并获得抗PVY候选植株，成功将基因组编辑用于烟草育种。

烟叶新品种选育。 全国十大烟叶主栽品种"云烟"系列占7个，排名第一位的"云烟87"是全国累计推广面积较大、适应性较广、工业品牌配方中使用较多的优良品种，2017年全国种植面积727.6万亩、占比44.93%；"云烟97""云烟85""红花大金元""云烟99""云烟100""云烟105"分别排名第三位、第四位、第五位、第七位、第九位、第十位。与美国北卡罗来纳州立大学合作选育的"NC－YATAS6"通过全国烟草品种审定委员会审定，自育品种"云烟207"、合作选育品种"NC－YATAS8"通过全国农业评审；"云烟116""云烟207"在示范中表现较好，得到工业企业和产区认可；"云烟218"参加全国烟草品种区域试验，在全国9个省（市）和云南3个州（市）开展7个引进品种、6个合作选育品种的田间比较试验。

绿色烟叶生产。 开展植烟土壤保育研究，提出"分区治理、分类施策"保育原则；摸清云南省植烟土壤养分特征和区域分布，制作基于GIS的云南省土壤肥力分布图；集成优化有机肥替代、水肥一体化、控肥提质增效、智能施肥等实用技术，示范应用500万亩，云南省化肥施用量较上年度下降5.41%。推进绿色防控研究，指导云南省建设绿色防控示范区86个，示范面积32.7万亩；发布《烟草夜蛾科害虫性诱剂防治技术规程》，云南省推广42万亩；构建土传病害病原菌定量检测技术体系，探明烟草黑胫病病原优势种，研发以生态调控为主的防控技术，开发"互联网＋烟草植保"手机APP平台。

提质增效烘烤技术。 围绕"三降一减一提高"总目标，构建集基础研究、应用研究、技术开发和推广应用于一体的研究创新链条，建立生物质燃料加工生产应用一体化技术体系，初步明确灰色烟形成机理，绘制"云烟87""K326""红花大金元""KRK26"等主栽品种的烘烤工艺曲线图，实现烘烤工艺的手机APP互联网载入功能，发放烘烤挂图5.5万份。

烟叶安全性检测。 全年完成样品检测1.2万余个，出具有效数据17.5万余个，检测数据准确率100%；建立基于气相色谱－串联质谱等分析平台的三种烟草中马来酰肼及其糖苷的定量分析方法。

【科研成果】 2017年，南方中心主持承担科研项目50项，新增国家自然基金课题2项，连续4年获得国家自然基金资助。获得科技成果奖励10项，其中省部级科技成果奖励4项。获授权专利35件，其中发明专利16件；申请受理专利64件，2件国际专利申请获得受理。发表SCI论文6篇，在国际会议上宣读论文2篇。

【国际合作与交流】 推进中美烟草分子育种联合实验室建设，开展品种、资源、技术引进与合作，合作选育出5个优质烤烟新品系。推进中美联合实验室国际学术交流，邀请美国北卡罗来纳州立大学、美国肯塔基大学等院校的3名专家，共同探讨"烟草育种技术创新"前沿发展。邀请美国北卡罗来纳州立大学、中国农业科学院等国内外知名机构的专家开展前沿学术领域讲座20余场次。派遣3名骨干赴美国北卡罗来纳州立大学开展合作研究，1人参加CORESTA国际学术会议交流、1人参加第71届TSRC会议交流。

中国烟草东北农业试验站（中国烟草进出口烟叶检测站、中国烟草总公司黑龙江省公司牡丹江烟草科学研究所）

【概　况】 中国烟草东北农业试验站（简称东北站）位于黑龙江省哈尔滨市，始建于1985年。1995年，经国家局批准在黑龙江省烟草科学研究所的基础上成立中国烟草东北农业试验站，隶属于黑龙江省烟草专卖局（公司）。1998年，依托东北站成立中国烟草进出口烟叶检测站。2008年1月，黑龙江省烟草科学研究所变更为中国烟草总公司黑龙江省公司牡丹江烟草科学研究所。承担烤烟新品种选育、生物技术研究、烤烟栽培技术研究与推广、植物营养与肥料、病虫害防治技术、烘烤技术研究及全国进出口烟叶及其制品的转基因检测和监测工作。下设6个科研科室和2个行政后勤服务科室。在岗员工26人，其中，享受国务院政府特殊津贴专家1人，高级职称17人（正高级职称2人），中级职称4人。

党委书记、所长：刘永中

【科研工作】 2017年，东北站承担各类科研课题36项，其中主持课题27项，国家局协作课题8项。

育种研究。“龙江 986”通过国家局组织的品种审定，烤烟新品系“LJ0520”进入全国烤烟品种生产试验，于 8 月通过全国烤烟新品种农业评审。

绿色防控。作为烟草绿色防控重大专项东北三省的技术依托单位，开展烟蚜茧蜂和绿色防控关键技术的研究、绿色防控模式的构建、实施方案的建立及实施过程的技术指导工作。弱毒疫苗研发项目构建弱毒抗性疫苗。

栽培与实用技术。开展植烟土壤碳氮调节关键技术研究与应用项目研究，通过降低无机化学肥料施用量 30%～50%、增施高碳基土壤修复肥，调节土壤碳氮比、有机质和 pH 值，改善植烟土壤物理、化学以及生物学性状，提高植烟土壤矿质营养的均衡供应能力和烟叶的成熟度及品质。截至 2017 年底，该项技术在牡丹江烟区累计示范推广应用 6800 余亩。

生物技术。利用基因组编辑技术定向敲除烟草马铃薯 Y 病毒（PVY）感病基因，以改良黑龙江烟区主栽烟草品种的 PVY 病毒抗性，同时在前期发现突破现有抗病烟草品种抗性的、自然突变的 PVY 病毒株的基础上，开展烟草 PVY 病毒抗性突破分子机制研究。

【技术服务工作】 针对工业企业提出的“龙江烟叶”烟碱含量以及中部烟叶钾氯比偏低等问题，修改《宁安分公司范家烟叶基地单元建设规划》、起草《黑龙江烟草工业公司烟叶基地 2017 年生产技术方案》。深入宁安、林口、东宁等烟叶产区开展生产调研、技术指导和技术培训工作，培训人数 1800 余人次。化验土壤样品 2786 个，并根据土壤化验结果提出测土配方施肥方案。为两家烟叶公司制定《烤烟病虫害综合防治技术方案》，发布《黑龙江省烟草病虫简报》6 期，现场指导 50 余次，同时对远程咨询的烟技员、烟农进行防治指导 200 余次。

【品种供应】 黑龙江省内繁育“龙江 911”“龙江 935”“龙江 237”等品种，种植面积 15 亩；在海南繁育“龙江 911”品种 25 亩。黑龙江省内供应烤烟良种 98.94 千克，省外供应良种 59.75 千克。

【科研成果】 “有机肥对黑龙江省植烟土壤及烟叶质量的影响研究”“烤烟新品种选育及配套栽培技术研究与推广”“烟草病害植物源农药的开发利用研究”“黑龙江省烟田斑须蝽的发生规律及综合防治技术的研究”等课题通过黑龙江省局组织的鉴定；“应用噬菌体防治烟草细菌性病害技术研究”通过国家局组织的验收。

【转基因检测】 完成转基因检测任务，全年检测各类样品 162 个。

【宾西试验场建设】 东北站宾西试验场综合实验设施建设项目于 2017 年 5 月开工，10 月完成所有建设施工项目，12 月初宾西县工程质量检测站对工程质量进行验收。

中国烟草东南农业试验站（福建省烟草专卖局烟草科学研究所）

【概　况】 中国烟草东南农业试验站（简称东南站）于 1995 年 5 月在福建三明成立，2002 年初迁到福州，与福建省烟草专卖局烟草农业科学研究所实行“一套班子，两块牌子”管理，隶属福建省烟草专卖局（公司）。2004 年，全面完成东南站的易地搬迁工作，地址位于福州市，在福州市晋安区宦溪镇设科研基地，在龙岩、南平、三明等 3 个主产烟区设立省烟科所分所（烟叶生产技术中心），形成以东南站为龙头，龙岩、三明、南平 3 个分所（烟叶生产技术中心）和 9 个产烟县烟叶生产技术实验推广站组成的“139”烟草农业科研体系。2016 年 11 月，福建省烟草专卖局烟草农业科学研究所更名为福建省烟草专卖局烟草科学研究所。东南站下设 6 个研究室和福建省烟草病虫害预测预报及综合防治二级站。在岗员工 13 人，其中行业学科带头人 1 人、研究员 2 人、高级农艺师 5 人、农艺师 5 人，博士研究生学历 2 人、硕士研究生学历 8 人。

所长：陈顺辉

【科研工作】 **重点项目。**2017 年，东南站承担国家局绿色防控和基因组计划等 2 个重大专项研究；承担“应用噬菌体防治烟草细菌病害技术研究”“烟草—土壤系统碳氮循环与生物价值评价”“不同部位烟叶密集烘烤保香去杂应用与研究”“彰显翠碧一号质量风格特征的关键加工技术研究与应用”等 4 项国家局重点项目研究；主持或承担福建省局“福建上下部烟叶深化应用研究”等重点项目 14 项。

品种选育。育成 2 个新品系参加 2017 年全国烟草品种区域试验，推荐 1 个新品系进入 2018 年全国烟草品种区域试验，育成 6 个新品系参加 2017 年福建省内品种区试。在宦溪试验基地完成常规育种工作，收获育种后代材料近 800

份。通过基因编辑和诱变育种技术，获得转化株55株，筛选出6个稳定抗病突变株系。

绿色防控。 探索建立福建烟区绿色防控体系，在龙岩、三明、南平各建立核心示范区1000亩，辐射示范1.1万亩，成效显著。持续推广烟蚜茧蜂防治蚜虫技术，在烟区推广75.53万亩，达到100%全覆盖，防治效果77.90%，防治成本降低73.14%并在茶树、柑橘、桃树、蔬菜、花卉等大农业作物上推广39.97万亩，较2016年增长83.94%。开展烟田除草剂残留降解技术研究，鉴定分离出除草剂降解菌。加强烤烟烘烤期霉烂病防治技术研究，筛选出两种试剂，对烘烤期霉烂病的防治效果均达到90%以上。

烟叶调制。 承担的总公司科技重点项目“不同部位烟叶保香去杂密集烘烤技术研究”，于2017年4月通过国家局项目鉴定。该项目在烟叶采收成熟度方面加以创新，对采收成熟度进行量化；在烘烤工艺上提出变黄期“提前缓慢排湿”、定色期“低跨度升温”、干筋期“保湿适温干筋”的烟叶提质增香烘烤技术。鲜烟分类技术研究取得突破，初步明确不同部位鲜烟分类标准，烤后烟叶质量明显提高。

片烟醇化技术研究。 加强与工业企业科研合作，完成河南中烟、浙江中烟片烟醇化中期样品的化学成分、外观和感官评价，做到边试验边指导片烟仓储管理工作。开展福建片烟储藏特性研究，确定福建片烟仓储环境相对湿度应控制在65%以下。完成福建片烟醇化养护和管理技术规范初稿。

【栽培研究】 初步明确福建武夷丘陵生态区清甜蜜甜香型烟叶风格和品质形成机理，以每年的4—6月为适宜的成熟期作为目标，提出“早移栽、促早发、控氮肥、避高温”的思路，制定一套确实可行的生产技术应用于烤烟生产。开展福建上下部烟叶深化应用研究，找出导致福建上下部烟叶质量下降和风格弱化的原因，提出相应的栽培技术措施，并在生产上示范推广。开展植烟土壤保育研究，在长期定位施肥、烟杆生物质黑炭施用、烟田土壤调理剂、烤烟主要养分环境效应与提高肥料利用效益等方面取得新进展。

【技术服务】 作为技术依托单位，承担10家卷烟工业企业在福建烟区烟叶基地单元的技术服务工作。根据各卷烟工业企业对烟叶质量要求和质量反馈意见，协助产区制订生产技术方案和质量改进意见，为烟叶产区开展技术培训和技术指导工作。2017年，东南站栽培、植保、烘烤等技术人员为产区提供集中技术培训16场次；烤烟生产期间根据生产进程，科研人员及时到田间地头，为烟农解决各种烤烟生产中的实际问题，全年累计培训产区烟技员、烟农2000人次以上。

【科研成果】 “一种密集烤房烟叶提质增香烘烤工艺参数设置”获发明专利授权；“一种烤烟水汽育苗繁殖烟蚜茧蜂装置”获实用新型专利授权。申请发明专利6件、实用新型专利1件；制定2项省局企业标准；发表论文4篇，编写专著1部。承担的“应用噬菌体防治烟草细菌病害技术研究”“不同部位烟叶密集烘烤保香去杂技术研究与应用”等项目，通过国家局或农业部成果鉴定或验收；9个科研项目通过省局成果鉴定或验收。

中国烟草白肋烟试验站（湖北省烟草科学研究院）

【概　况】 中国烟草白肋烟试验站（湖北省烟草科学研究院）是全国唯一的白肋烟农业科研单位，其前身为成立于1986年的湖北省鄂西烟草科研所，1991年5月组建湖北省白肋烟研究所，1997年6月更名为湖北省烟草科研所；1997年7月，国家局决定在湖北省建立中国烟草白肋烟试验站（简称白肋烟站），并与湖北省烟草科研所合署办公，隶属湖北省烟草专卖局（公司）；2002年8月，白肋烟站由湖北省恩施市搬迁到武汉市；2013年7月更名为湖北省烟草科学研究院。承担全国白肋烟和全省烤烟及其他晾晒烟的农业技术等方面的科学研究，承担国家局、湖北省烟草专卖局（公司）下达的科研任务，承担全省烟叶和土壤样品的重点指标的化验检测任务，负责全国白肋烟和全省烟草良种繁殖、包衣加工、计划调拨与经营，负责湖北省烟叶生产新技术推广的咨询、培训等科技服务工作，指导湖北省烟区病虫害预测预报及综合防治和先进实用烟叶生产技术推广。白肋烟站下设4个研发中心、4个研发服务部门和2个综合管理部门。在岗员工32人，其中，行业学科带头人1人、研究员4人、副研究员3人、高级农艺师10人、中级技术职称13人；博士研究生学历6人、硕士研究生学历16人。

院长：李进平（—2017年5月）；副院长（主持工作）：杨春雷（2017年5月—）

【良种繁育】 2017年，白肋烟站完成烤烟、白肋烟和其他晾晒烟包衣加工、调拨7.11万袋，其中烤烟4.23万袋，白肋烟及其他晾晒烟2.88万袋。完成湖北省公司调拨计划，满足产区生产需要，种子质量100%达到国家标准。

【成果转化与科技服务】 2017年，白肋烟站形成《湖北省2017年烟叶生产技术调研报告》等20余份调研报告，为进一步优化生产措施提供决策依据。

继续包片挂点宜昌市，抽调技术骨干组成挂点技术服务专班，其中2人驻点宜昌。抓实烟叶生产挂点，加大先进实用技术培训指导和示范推广，提升科技服务水平，2名科研人员在湖北省“提升烟叶质量及工业可用性”培训班上专题授课，17人次深入4个烟叶产区开展绿色防控、烘烤、栽培技术等专题培训指导，培训1000余人次。

湖北省土壤保育技术推广49.26万亩，土壤保育示范区烤烟长势良好。湖北省平衡施肥技术推广100%。研发的快速裂解高效烟草专用肥示范推广3.2万亩，有效促进烟株早生快发、成熟落黄，示范区烟叶田间长势改善明显，烤后烟叶上等烟比例提高3%~8%，亩产值提高6%~10%。全省建立绿色防控综合示范区5个，面积1.1万亩，建立单项靶标示范区14个，面积1.04万亩。推广烟蚜茧蜂技术49.92万亩，实现全省烟区100%覆盖。蚜虫平均防治效果达到78.83%，在大农业上累计推广面积77.61万亩。

【科研项目与成果】 2017年，白肋烟站主持或参与科研项目24项，其中“降低国产白肋烟、马里兰烟TSNAs含量关键技术研究”获得总公司科学技术进步奖三等奖，“低危害烟叶研究与开发”获得总公司科学技术进步奖二等奖，“国外危险性烟草病虫草害风险评估及烟草霜霉病的适生性分析”获得总公司科学技术进步奖三等奖。主持选育的“鄂烤2号”“鄂烟216”2个品种通过全国烟草品种审定委员会审定；2个重点项目通过总公司鉴定和验收，3个重点项目通过省公司组织的鉴定。

全年获得专利授权11件，其中发明专利9件，实用新型专利2件；1项计算机软件著作权获得授权。发表学术论文21篇，其中SCI论文4篇；出版学术专著2部。

中国烟草西南农业试验站（贵州省烟草科学研究院）

【概　况】 中国烟草西南农业试验站（简称西南站）于1999年在贵阳市成立，与贵州省烟草科学研究院合署办公，隶属贵州省烟草专卖局（公司）。西南站主要从事烟草农业科技知识创新，以应用研究为主，强化基础研究，引领贵州烟草农业发展。西南站总部在贵阳，在福泉、龙岗设有2个基地。西南站下设5个科研部门，3个业务部门和6个管理部门。在岗职工137人，其中，科技人员79人；博士研究生学历20人，硕士研究生学历44人，有高级职称53人，中级职称43人。

党委书记、院长：聂长春

【技术创新】 2017年，西南站承担各级各类在研项目51项，其中，国家自然科学基金项目8项，省部级项目17项，贵州省公司项目16项，工业委托项目10项。获科技项目立项9项，其中国家自然科学基金项目1项，中国烟叶公司项目1项。

烟草基因组方面取得新突破，在富钾、抗白粉病，以及广谱抗马铃薯Y病毒等多病毒研究核心技术方面取得重要进展，采用基因定向改良技术，针对“云烟87”“K326”等品种改良创制出富钾、抗白粉病、广谱抗病毒等烤烟育种新材料。烟草栽培方面开发形成烟秆炭生产工艺，示范套袋免打顶技术1000亩，上部烟叶质量改善效果明显。继续推广实用技术，其中酒糟有机肥技术在贵州省落实推广面积110.56万亩，水溶性根施肥技术在贵州省落实推广面积35.44万亩，苗期TMV快速检测技术应用超过1万条，检测烟苗预计覆盖10万余亩。成熟采收比色卡技术在贵州省示范应用1万套，覆盖面积15万亩。

【科技服务】 2017年，西南站为4家卷烟工业企业的23个重点基地单元提供技术服务。围绕烟叶品质提升，建立科技示范户平台加强示范带动，强化技术培训与交流，开展技术培训35次，培训技术员和烟农2000余人。卷烟工业企业和烟叶产区2017年技术服务满意度测评结果全部为“满意”。种子加工设备稳定生产，销售烤烟良种106.02万包，保障全省烤烟生产用种，出苗率达到95%以上。承担全省烟草转基因检测工作。

【科研成果】 2017年，获得省部级科技成果奖励二等奖1项、三等奖1项，获得贵州省公司成果奖励二等奖3项、三等奖1项。公开发表或国际烟草学术会议交流论文50篇，其中，SCI期刊5篇，总影响因子14.5；CORESTA、TSRC等国际烟草学术会议交流论文18篇。获得中国烟草学会优秀论文奖10篇，其中一等奖5篇、二等奖2篇、三等奖3篇。获授权专利20件，其中发明专利11件。出版《烟属野生种资源》《贵州晒晾烟》2部专著。

中国烟草中南农业试验站（湖南省烟草科学研究所）

【概　况】　中国烟草中南农业试验站（简称中南站）位于湖南省长沙市，是国家局批准成立的5个烟草农业试验站之一，于1997年初开始筹建，2000年7月正式授牌成立。2007年，为优化整合烟草农业科技资源，构建湖南烟草农业科技创新平台，提高自主创新能力和烟叶原料有效供应水平，湖南省烟草专卖局（公司）、湖南中烟工业有限责任公司和湖南农业大学三方联合共建中南站。2013年12月，国家局批复湖南省烟草专卖局（公司）设立湖南省烟草科学研究所，代表湖南省局（公司）参与中南站的科研活动。湖南省烟草科学研究所与中南站合署办公。中南站下设长沙、永州、郴州、湘西、衡阳、湖南农大、湖南中烟技术中心农业所等7个试验基地，各试验基地设置烟草品种研究室、烟草农艺研究室、植保研究室综合实验室和技术推广部等部门。专职人员71人，其中，高级职称42人、中级职称20人。

站长：周志成

【技术创新与服务】　**重大项目。** 2017年，中南站主持或参与国家局重大专项和重点项目6项，主持省公司重点项目10项。

育种方面。 基因重测序获得“K326”与抗病品种间差异SNP位点90余万个，筛选出10余份耐除草剂的“K326”EMS突变体株系，“烟草工厂化育种”获得“K326”4000株500个核心基因编辑苗，“HN2146”等烤烟新品系在全国区试中表现突出。在全省及周边省份推广“湘烟3号”“湘烟5号”等新品种5万余亩。

植保方面。 构建烟蚜茧蜂本地大规模扩繁技术体系；获得抑制病毒侵染活性的生防菌株2株，高抗青枯病和黑胫病菌群34个，高抗赤星病/野火病菌群3个，初步建立湖南省病害防控有益微生物资源库。推广绿色防控模式，示范面积2.9万亩，辐射面积36.4万亩。烟蚜茧蜂防治蚜虫技术推广实现烟草农业100%覆盖，大农业推广91.9万亩。

农艺方面。 明晰不同有机物料影响烤烟品质机理，筛选降镉效果较好的土壤改良剂1种、微生物肥2种和叶面阻控剂1种，烟叶降镉率达到60%。

【科研成果】　参与的“浓香型特色优质烟叶开发”“中间香型特色优质烟叶开发”项目分别获得总公司科学技术进步奖一、二等奖；主持的“湖南烟草病虫害绿色防控技术体系构建研究及应用”项目获得总公司科学技术进步奖三等奖和湖南省公司科学技术进步奖一等奖；“适宜湖南烟区的耐低温烤烟新品种选育”“防治烟草青枯病的生物杀菌剂研制与应用”项目通过总公司成果验收。

2017年，中南站获实用新型专利授权2件，发表科研论文24篇，其中SCI论文2篇、CORESTA会议论文1篇，3篇论文分别获得中国烟草学会优秀论文一、二等奖。

中国农业科学院烟草研究所［中国烟草总公司青州烟草研究所、中国烟草遗传育种研究（北方）中心］

【概　况】　中国农业科学院烟草研究所始建于1958年，1959年4月增名“山东省烟草研究所”，1987年经国家科委批准增挂“中国烟草总公司青州烟草研究所”牌子（简称青州所），受中国农业科学院、中国烟草总公司和山东省政府领导，主要开展烟草农业科学研究和成果转化工作。中国烟草遗传育种研究（北方）中心成立于1999年，为非独立法人科研事业机构，挂靠青州所。青州所下设4个职能部门、8个研究室（中心）、1个青州科技服务中心、1个《中国烟草科学》编辑部、1家实体公司（青岛农特生物科技有限责任公司）；建有18个国内创新平台和2个国际合作平台；青岛中烟种子有限责任公司、上海烟草集团有限责任公司原料研究一室等科技成果转化平台也设在青州所。

在岗员工186人，其中，专业技术人员164人，45岁以下专业技术人员116人，占专业技术人员总数的71%；正高职称专家29人，副高职称专家57人，中级职称70人；具有博士研究生学历61人，硕士研究生学历65人；博士生导师11人，硕士生导师70人。拥有享受国务院政府特殊津贴专家15人，农业部突出贡献专家3人，烟草行业学科带头人2人。在读博士研究生17人、硕士研究生学历90人，外国留学生6人，在站博士后22人。

党委副书记、所长：王元英；党委书记、副所长：许发辉

【科研立项】 2017年，青州所牵头启动实施“中国烟草总公司绿色防控重大专项”，承担中国农业科学院科技创新工程专项和中央级公益性科研院所基本科研业务费专项。以国家科技计划和烟草行业重大专项为重点，先后组织完成国家重点研发计划、国家自然科学基金、农业部财政专项、国家局重大专项，以及省市级科技计划等20余类科研项目的申报工作，实现纵向项目立项及经费数量的双增长。年度新增纵向科研项目立项35项，新增横向项目和开发类课题65项。

【技术创新】 在烟草主体方面重点实施烟草基因组计划重大专项、烟草绿色防控重大专项等研究工作。构建烟草全基因组模块化育种技术体系，实现主栽品种目标性状定向改良。在抗病毒病“K326”品种基础上，通过分子育种聚合PVY抗性和赤星病抗性，逐步实现“K326”对中国主要病害的聚合改良。利用烟草突变体库平台优势，获得特色品种“翠碧一号”的青枯病抗性改良新品系。

初步建成烟草主要病虫害绿色防控模式并示范推广，拓展烟草有益功能成分通途，发现西松烷二萜等多种具有抑菌、抗肿瘤活性的有益成分，建立烟草绿原酸、芸香苷、茄尼醇等分离提取技术，构建基于烟草的虾青素合成生物反应器。

【技术成果】 2017年，青州所获省部级科技成果奖励11项；育成烤烟新品种1个，通过全国烟草品种审定委员会审定；育成烤烟新品系1个，通过全国烟草品种审定委员会农业评审。以第一单位发表学术论文121篇，其中SCI论文41篇，中文核心期刊论文67篇，国际会议论文3篇。获专利授权19件，其中发明专利12件；获计算机软件著作权9项。主编出版著作6部。

【成果转化】 科技创新引领成果转化成效显著，探索烟草与特种作物复合种植的“烟草+”惠农增收高效种植模式，初步探索一套通过科技引领，提高种植效益，促进烟农增收的模式。与烟叶产区合作开展涉农科技研发项目76项，共建农业科技示范园区35个，推广良种3个，推广实用新技术18项，示范辐射全国23个省市烟区，开展各级各类培训300场次，培训各层次人员3万余人次。

【科技平台】 2017年，依托中国农业科学院烟草研究所建立的农业部烟草产业产品质量监督检验测试中心，通过了农业部和国家认监委组织的农产品质量安全检测机构考核、机构审查认可和检验检测机构资质认定现场复评审。与安徽省宣城市人民政府、安徽省烟草专卖局签署协议，三方共建长三角生物功能产品研究院，启动“中国农业科学院烟草研究所皖南特种作物试验基地”建设，规划面积400余亩，重点开展生物功能产品生产原始创新、集成创新和引进消化吸收再创新，特种药食作物营养、保健价值挖掘与产品研发，烟草新功能拓展及烟田废弃物高附加值利用等研究。截至2017年底，青州所形成“1个所区+5个试验基地”的总体布局，试验基地布局覆盖黄河三角洲、长江三角洲、黄淮、西南等区域。

【合作交流】 2017年，青州所邀请英国约克大学、美国奥本大学、德国哥廷根大学、美国肯塔基大学的教授到青州所讲学、进行学术交流或洽谈合作；派出6批17人次出国学习、交流。与肯塔基大学烟草研究开发中心签署合作备忘录，在烟草生物技术、遗传育种、特种作物开发与利用等研究领域达成合作意向；与英国约克大学签订合作协议，确定双方在滩涂环境优质生物质资源筛选与评价、农业微生物基因工程菌剂研发、烟草秸秆等农业废弃物处理与安全利用等相关领域开展广泛合作与交流。

国家烟草栽培生理生化研究基地

【概　况】 国家烟草栽培生理生化研究基地（简称烟草基地）是1997年11月依托河南农业大学烟草学院组建而成的国家烟草专卖局直属科研机构。为河南农业大学正处级单位，受国家局科技司和河南农业大学双重领导，是从事烟草生产理论和技术创新研究，开展技术推广和技术服务，培养高层次人才的科学研究机构。在烟草基地基础上，建设有烟草行业烟草栽培重点实验室。烟草基地立足于整合全校与烟草专业相关科研力量和平台资源，组建烟草栽培生理、烟草遗传育种、烟草调制分级、烟草品质生态、烟草化学、烟草加工工艺、烟草生物技术、现代烟草农业工程技术等8个学术团队。现有从事烟草教学和科研工作的教师71

人，其中享受国务院特殊津贴专家 1 人，烟草行业学科带头人 2 人，教授 15 人，副教授 28 人，博士生导师 10 人，硕士生导师 24 人。具有博士学位（含在读博士）的教师 53 人，占职工总数的 74.6%。此外，在国内外、行业内外聘请名誉教授、兼职教授、兼职硕士生导师 20 余人。

主任：赵铭钦

【科技创新】 2017 年，明确浓香型烟叶风格的清晰定位、形成机理和彰显技术，“浓香型特色优质烟叶开发重大专项”项目获得总公司科学技术进步奖一等奖。与上海烟草集团北京卷烟厂联合承担的“降低白肋烟、马里兰烟 NNK 理论与技术研究”项目获得总公司科学技术进步奖三等奖。主持完成的“浓香型特色优质烟叶形成的生态基础研究与应用”获得河南省政府科技进步奖三等奖。烟草行业烟草栽培重点实验室承担的国家烟草专卖局重点实验室专项经费课题“植烟土壤肥力培育及提高肥料利用率技术研究”于 2017 年 3 月通过结题验收。

全年承担省烟草商业和工业企业科研项目 20 余项。出版专著教材 3 部，以第一作者或通讯作者发表统计源以上论文 150 余篇。获发明专利授权 5 件。2 篇硕士论文被评为校级优秀硕士学位论文。

【成果转化】 烟草基地研发的高碳基有机肥在多地试验示范中产生良好效果。研发利用秸秆、烟梗等废弃物采用气爆方法和微生物发酵生产有机肥，采用碳化方法生产生物炭，利用压块技术生产生物质燃料的方法和产品，取得多项相关专利，在粮食作物和烟叶生产上进行大面积的推广应用。选育出的高香气特色烤烟品种“豫烟 11 号”，得到工业企业的高度重视。选育出的“豫烟 6 号”“豫烟 10 号”烤烟新品种在浓香型特色优质烟叶开发重大专项研究中，被作为“浓香型特色比较突出品种”在河南大面积推广种植。选育出的高抗根结线虫病的烤烟品种“豫烟 12 号”，在河南省一些病害严重的区域作为搭配品种种植，发挥很好的抗病优质作用。

【国际合作与学术交流】 加强与美国弗吉尼亚理工大学、美国肯塔基大学、美国北卡罗来纳州立大学、英国莱斯特大学、英美烟草公司、法国烟草研究所的联系。2017 年，烟草基地 1 人到巴西参加 CORESTA 学术会议并宣读论文，并与国际烟草科学合作组织及烟草同行开展交流。2017 年，先后邀请国内外多位专家到实验室进行指导和学术交流，围绕生物炭改土和土壤碳库修复理论与技术问题进行研讨。11 月，举办第四届大河金叶论坛。12 月，美国夏威夷大学生物工程系教授等到烟草基地进行学术交流。

广东省烟草南雄科学研究所

【概　况】 广东省烟草南雄科学研究所（简称南雄烟科所）位于广东省南雄市，前身是成立于 1963 年的广东省南雄烟草试验站，1987 年更名为广东省南雄烟草研究所，2002 年更名为广东省烟草南雄科学研究所。2012 年 12 月，广东省烟草专卖局（公司）成立广东烟草粤北烟叶生产技术中心，与广东省烟草南雄科学研究所合署办公。南雄烟科所主要职责是：围绕烟叶生产发展需求，开展烟草品种选育、栽培、调制、植保、现代烟草农业建设等科技项目的研究和成果转化工作；结合烟叶生产实际，组织开展烟叶生产先进适用技术的引进、吸收、消化和推广应用工作；负责广东省烟草良种繁育与病虫害预测预报工作；负责广东省烟叶产区烟叶质量评价、烟叶产品安全性指标的内控标准制定和检验工作；开展烟叶生产技术服务和相关技术培训工作；承担国家局下属科研单位及省局（公司）安排布置的科研、试验示范项目，参与区域性科技项目研究，做好相关横向项目的协同攻关工作。下设 5 个部门。在岗人员 29 人，其中博士研究生学历 2 人、硕士研究生学历 8 人、高级农艺师 6 人、中级农艺师 6 人。

所长（技术中心主任）：邱妙文（—2017 年 9 月）、李茂军（2017 年 10 月—）

【技术创新】 2017 年，南雄烟科所承担国家局项目 2 项、广东省局（公司）科技项目 20 项、相关工业企业科技项目 6 项。在烤烟新品种选育、土壤保育、病虫害绿色防控、新型节能环保密集烤房研发等方面取得一定的成果。

【技术服务】 加强对广东省烟叶产区的技术培训与指导，协助产区举办各类技术培训班、现场会 12 期，培训人员 2000 余人次。在烟叶生产期间，派出专业技术人员到产区进行巡回技术指导，及时解决烟叶生产存在的技术问题。协助产区普及推广烟叶生产实用技术。做好全省烟草病虫害预测预报、烟叶生产安全性监测和烟叶质量评价工作。

做好全省烤烟良种繁育工作，完成全省烤烟良种包衣加工和烤烟生产用种供应工作，完成全省烤烟育苗基质、专用肥料配制及供应工作。

【技术成果】 2017 年，南雄烟科所鉴定和验收科技项目 8 项，获得 2017 年度广东省科学技术奖三等奖 1 项。发表学术论文 13 篇。获发明专利授权 4 件、实用新型专利授权 10 件。

【成果转化】 加大烟叶生产新技术示范推广力度，其中烟蚜茧蜂防治蚜虫技术在全省烟草上推广 18.48 万亩，性诱剂防治烟青虫/斜纹夜蛾技术在全省烟区推广面积 2.08 万亩，烟夹烘烤技术在全省烟区推广应用 16 万亩。

【合作交流】 与华南农业大学、广东省农业科学院、广东省生态环境与土壤研究所等高等院校、科研院所建立良好的科研协作关系。同时，联合广东省各烟叶产区公司、相关工业企业，以科技项目为载体，共同开展技术攻关研究与开发，产学研合作开展烟草科技创新与技术推广工作。

江西省烟草科学研究所

【概　况】 江西省烟草科学研究所（简称江西烟科所）成立于 1994 年，是江西省烟草专卖局（公司）直属科研机构。2017 年 8 月，江西省烟草专卖局（公司）印发《江西省烟草专卖局关于江西省烟叶科学研究所更名的通知》（赣烟人〔2017〕15 号），江西省烟叶科学研究所更名为江西省烟草科学研究所。江西烟科所是全省烟叶科学研究的龙头单位，负责烟草实用技术研发和相关基础研究，开展全省烟叶三级技术研发服务体系的组织、协调和指导工作，组织全省烟叶科技协作，主持全省烟草病虫害预测预报工作，开展烟叶生产技术指导。在岗员工 18 人，其中高级农艺师 2 人、农艺师 6 人、博士研究生学历 2 人。

所长：何宽信

【科研工作】 *烟叶质量评价。* 2017 年，江西烟科所围绕深化江西烟叶特色研究，服务烟叶生产，聚焦实用技术，在质量评价、品种、栽培、植保和烘烤等 5 个专题组织实施 34 项、56 个田间试验及相关研究。注重加强成果转化，加大科技示范推广工作，部分研究取得突破性进展。明确与江西烤烟风格彰显度、香气量等指标紧密相关的关键物质基础；根据风格特征差异将江西烟叶划分为 3 个较为明显的区域；研究提出具有江西特点的烟叶常规化学成分和外观质量评价标准。

新品种筛选与选育。 完成全国品种区试任务，获得国家局检查组的好评；引种筛选出“F31－2”“闽烟 12 号”等适应性强、感官质量较好品种 2 个，SPG168 等核心种质资源 22 份，自育品系筛选出 1604 等有价值潜力杂交 F1 组合 5 个、1760 等高世代株系 5 个，优良单株 60 株。

栽培技术研究。 明确前期氮素吸收不足、氮效后移是江西烟叶质量问题产生的主要原因，促进烟株早发、氮素科学调控是提升烟叶质量的关键；研究探明两段式育苗等 2 项措施可促进烟苗早生快发；增施穴肥等 4 项措施可合理调节氮素供应、增加烟叶干物质积累；针对性增镁补钼控硫，可促进氮素合理分配，提升烟叶产值和感官质量。

绿色防控。 制定江西烟蚜茧蜂推广技术规范，建立绿色防控示范区 20 个，示范面积 2 万亩；本土拮抗微生物研究突破赤星病拮抗菌株 CXJK－10、CXJK－30 及青枯病拮抗菌株 R69 的繁殖、发酵难关，试验抗病效果较好；创新土壤改良技术，抗青枯病生物有机肥结合生物炭共同施用，青枯病防治效果明显。

烘烤技术。 加大同步预热低湿变黄密集烘烤工艺推广应用力度，2017 年推广面积 22.45 万亩，占全省种植面积的 62.17%；通过适时早采、倚靠式装烟、变黄前中期加强排湿等烘烤技术创新，突破多雨条件下中下部烟叶散叶烘烤难关。

知识产权。 2017 年，发表论文 5 篇、提交江西烟草学会论文 4 篇，公开发明专利 1 件。

【技术服务】 2017 年，江西烟科所继续发挥技术优势，强化对江西省烟叶技术服务。一是服务基层，针对江西省烟叶生产的突出问题，组织举办烟叶采收烘烤技术专题培训班和特色优质烟叶生产技术培训班。二是选派技术骨干应产区要求协助搞好培训，先后赴赣州、抚州、吉安和宜春等地完成 12 期培训班授课任务，内容涉及栽培、烘烤和植保等方面，培训人员近 1000 人次。

【交流合作】 联合玉溪中烟种子有限责任公司，在瑞金、上高、乐安建立烟叶品种科技园，筛选出“CC67”等 5 个耐低温新品种，并利用玉溪中烟种子公司基地的优势气候资源开展育种加代。加强与工业企业的交流，主动对红塔集团、广东中烟等18家卷烟工业企业进行调研，对江西烟叶在卷烟配方中的使用情况、存在问题和发展前景深入了解。加强与科研单位及工业企业的项目合作，联合中国农业科学院烟草研究所、江西中烟工业有限责任公司等单位开展“江西烤烟提质增香关键栽培技术研究”“江西烟草病毒病绿色防控技术研究与应用”项目研究。

河南省烟草科学研究所

【概　况】　河南省烟草科学研究所（简称河南烟科所）于2014年12月成立，为河南省烟草专卖局（公司）的专业部门。河南烟科所主要职责是：承担国家局和河南省烟草专卖局（公司）下达的烟草农业科研任务；负责全省系统科技创新、管理创新等重点科研项目攻关，重点开展烟草新品种选育、栽培与耕作、植物保护、烘烤调制、资源环境等烟草农业科学技术研究；负责全省烤烟良种试验示范；提供烟草农业新品种、新技术、新工艺、新方法技术示范、推广及培训服务；承担本系统技术中心的业务指导。河南烟科所下设5个研究室和1个综合办公室。人员编制11人，具有中高级技术职称人员10人，其中研究员1名、高级农艺师3人；博士研究生学历3人、硕士研究生学历4人。

所长：黄元炯（2017年10月—）

【技术创新】　**品种筛选。** 以国内外选育出的新品种为主要研究对象，以河南主栽品种“云烟87”“中烟100”为对照，分别在豫西、豫中、豫南的7个重点县采用小区试验进行筛选评价。组织实施品种筛选专项培训，构建以省公司烟科所为组织部门，各地市技术中心为实施部门，各县区分公司技术推广站为具体实施部门的三级联动品种工作机制。

土壤保育。 以“土壤保育与烟田提钾降氯关键技术研究与应用”项目为载体，抓好技术措施落实、项目专题调研和灌溉水取样检测普查工作。明确河南不同烟区灌溉水、土壤和烟叶氯素特征及影响因子，不同基因型烤烟对钾和氯的吸收动力学特征，利用同位素研究烤烟对氯的吸收利用规律，河南烟区土壤有效钾供应浓度对烟叶产量与钾含量的影响为主要内容的应用基础研究，有机营养改良烟田的提钾降氯效果，烟田合理耕层构建对提钾降氯的效果，烟田养分平衡增效对烟叶提钾降氯效果为主要内容的应用技术研究。

【技术服务】　**技术推广与指导。** 编印《“豫浓香”烟叶生产技术指南》，针对“豫浓香”烟叶生产过程中的关键环节和主要问题，筛选关键技术，提供技术指导。联合烟叶处组织开展烟叶成熟采收与密集烘烤技术培训班。开展“上六片”烟叶生产技术推广工作，到许昌、平顶山、漯河、济源等地开展技术指导和培训。针对驻马店确山县根茎类病害多发的实际问题，在基层烟站举行“烟草根茎类病害的‘防’与‘治’”讲座，送技术到基层。

调查研究。 在质量评价方面：从全国烟叶质量评价数据库提取河南七大烟叶产区2012—2016年质量评价数据；从工业企业及地市公司收集2014—2016年质量评价数据，通过数据分析汇总，编制质量评价报告，掌握近年来河南省烟叶质量变化情况。在烟草多用途开发利用方面：形成《烟草多用途开发利用现状、存在问题及建议》调研报告。在烟农合作社和家庭农场建设方面：结合PPP模式的合作社建设制度创新研究，深入考察山东“烟叶农场＋合作社”和安徽“站社合一”两种不同的合作社发展模式，掌握其基本架构和运转状况，总结其成功做法和有益经验，形成《推进生产经营方式创新　破解现代烟草农业发展难题》调研报告。

检查考核。 配合河南省局做好2013年河南省公司科技项目的结题验收和在研项目中期考评。参与实施烟草绿色防控重大专项推进工作，对豫中烟区烟草绿色防控重大专项工作推进情况进行检查。对烟叶生产移栽环节和烟叶收购工作进行检查，对各产区烟叶合同管理、面积落实、合理密植等方面进行全面检查。

河南省烟草公司烟草研究所（河南省农业科学院烟草研究所）

【概　况】　河南省烟草公司烟草研究所（河南省农业科学院烟草研究所）位于河南省许昌市，是全国建立最早的烟草研究机构之一。1979年归并河南省农业科学院，更名为河南农业科学院烟草研究所，2006年更名为河南省农业科学院烟草研究中心，2013年4月更名为河南省农业科学院烟草研究所。2008年，增挂河南省烟草公司烟草研究所（简称河南烟草所）牌子，业务上归河南省农科院和河南省烟草专卖局（公司）管理。河南烟草所下设6个科研科室和3个职能管理部门，黄淮烟区病虫害绿色防控重点实验室、许昌市特色烟品质提升重点实验室、河南省农科院烟草学重点实验室和河南省烟草病虫害预测预报网及综合防治站均挂靠在河南烟草所。截至2017年底，在岗员工57人，其中科技人员31人、熟练试验技工24人；研究员1人、副研究员12人；博士研究生学历9人、硕士研究生学历10人。

所长：李淑君

【科研工作】 **科研成果。** 2017年，河南烟草所在研项目27项，承担省部级项目2项；河南省公司项目8项、农科院财政预算内项目8项；与工商企业合作项目4项。2017年，结题项目18项；通过成果评价项目3项，申请项目25项，获立项项目18项。

新品种方面。 新审定的烤烟新品种“豫烟13号”，在漯河、南阳、许昌等地安排示范和配套技术研究。同时，对“豫烟7号”“豫烟9号”进行新品种示范推广工作；烤烟新品系“Y7478”通过全国大田农业评审。

绿色防控。 2017年，河南省建立7个绿色防控综合示范区，面积2.3万亩，占植烟面积的3.02%。20个单项靶标示范区，面积1万亩。各生态区初步建立烟草病虫害绿色防控模式1.0版，示范区和常规防治区相比，病虫害发生得到了有效控制，示范区病虫害平均损失率控制在7%以下，绿色防控效果凸显。

探索烟蚜茧蜂工厂化生产途径，初步研制开发僵蚜卡、僵蚜盒等产品，建立河南省烟蚜茧蜂规模化繁育技术规程，进一步完善推广体系。2017年，河南省建立烟蚜茧蜂繁育中心1个、繁蜂基地7个。河南省通过漂浮育苗和成株繁蜂法累计繁蜂13.31亿头，在烟草上放蜂76万余亩，在大农业上放蜂61.01万亩，占全省植烟面积的80.27%。从田间实际防效来看，各地蚜虫发生率较低，平均蚜株率4.9%，平均单株蚜量小于1头，蚜虫危害得到有效控制。

烟叶调制。 围绕烤烟新品种“豫烟7号”“豫烟9号”“豫烟13号”，开展密集烘烤试验探索新品种烘烤特性，建立烘烤工艺。完善烤烟智能烘烤测试设备的设计、改进、试制生产等研发工作，设备能够模拟烟叶烘烤全程所需要的环境加工条件，完全具备单片烟叶烘烤性能。截至2017年底，完成首炕烟烘烤，测试性能较为稳定。增加互联网远程监控功能，为今后多地域互联互通协作实验，提供互联网使用功能。

【技术服务】 2017年，与上海烟草集团、浙江中烟、河南信阳烟草公司合作，在许昌、漯河、三门峡、信阳等地开展优质烟示范与推广。制定年度生产技术方案，烟叶基地单元重点推广浓香型特色烤烟品种技术、水肥一体化、病虫害绿色防控综合技术等，提高烟叶质量和特色化水平。通过对烟农开展技术培训和技术指导，将先进实用的生产技术及时推广。2017年，召开培训会54场次，培训烟农5140余人次，印发资料5710余份，各项生产技术落实到户、落实到人。

【技术成果】 2017年，河南烟草所获得发明专利授权4件，实用新型专利授权9件，在中文核心期刊发表论文18篇。

山东烟草研究院

【概　况】 山东烟草研究院（简称研究院）始建于2011年2月，隶属于山东省烟草专卖局（公司），主要从事烟草农业、电子商务与现代物流、经济运行、现代企业管理、信息技术、造纸法再造烟叶技术等方面的研究开发。下设4个职能部门和4个研究中心，拥有信息技术实验室、近红外光谱技术研究实验室、造纸法再造烟叶实验室、烟草农业实验室等4个专业实验室。员工31人，其中高级职称4人，博士研究生学历3人，硕士研究生学历11人。

分党组书记、院长：邓志坚（—2017年7月）、马宏伟（2017年7月—）

【技术创新】 开展“山东烟叶特色定位应用研究重大专项”研究，个别等级烟叶在一类卷烟配方中可使用10%以上。“水肥一体化肥料体系研究与可溶性肥料产品开发”项目研发出水溶性肥料3种，探索建立液体肥料供应保障体系。“山东省‘十三五’期间卷烟市场容量研究”项目根据市场容量调研数据，运用产品组合关系图，合理制定规格组合策略，形成《17+1蓝皮建议书》。“提升造纸法再造烟叶品质的纤维调控技术研究与应用”项目开展不同植物纤维在造纸法再造烟叶中的应用对比，为造纸法再造烟叶的品质提升和降本增效提供数据支撑。

【技术服务】 以一类卷烟原料示范园建设和烟草主要病虫害绿色防控技术集成示范推广项目为平台，推广烟蚜茧蜂和瓢虫防治蚜虫技术、丽蚜小蜂防治烟粉虱技术，推广自主研发的烟草专用有机无机微生物一体肥 1.97 万亩，推广氧化生物双降解地膜 3.1 万亩。完成全省烟叶质量检测工作，采集烟叶样品 1099 个，编制《2017 年度山东烟叶品质分析报告》。

【科研成果】 2017 年，参与完成的项目获得总公司科学技术进步奖一等奖 1 项、二等奖 1 项，获得河南省局（公司）2017 年科技进步奖一等奖 1 项、三等奖 1 项，专利奖 1 项，软件著作权奖 2 项。

【合作交流】 继续与山东大学、郑州院、中国农业科学院烟草研究所等 6 所大专院校、科研单位开展合作。泰山品牌再造烟叶联合实验室和原川渝中烟工业有限责任公司、山东烟草研究院造纸法再造烟叶技术研究开放实验室有效运行，承担多项合作研发工作。

重庆烟草科学研究所

【概　况】 重庆烟草科学研究所（简称重庆烟科所）成立于 2011 年 6 月 9 日，位于重庆市，由西南大学和重庆市局（公司）共同设立，属校企双方共建非法人单位，主要负责开展烟草科研、试验示范、烟叶生产技术培训与推广等工作，着力于提升重庆烟叶科技水平和科研能力。下设 3 个业务管理部门和 6 个科研部门。在巫山县设立渝东北区域技术中心，彭水县设立渝东南区域技术中心，同时作为科技试验工作站。在岗员工 57 人，其中正高级职称 12 人、副高职称 16 人、中级职称 9 人。

名誉所长：李加纳；所长：陈中玉

【技术创新】 **品种研究。** 2017 年，烤烟新品种“CF8704”完成第二年全国烤烟新品种区域试验，并进入第 3 年全国区域试验。邀请全国育种和工业专家共同参与对“CF8704”开展现场评价，并对烤后烟样进行工业评吸。通过田间鉴定比较，筛选的“YF－1”“YCDH－1”“YCDH－6”3 个品系对黑胫病/青枯病抗性较强，抗性表现优于当地主栽品种，可作为优良的抗病育种材料。在重庆烟区对 8 个自主选育和引进的新品系开展小区品比试验，“XD03”“CF234”2 个品系综合性状表现较好，具有较好的应用潜力。利用前期创制的抗青枯病、黑胫病新材料，对主栽品种“云烟 87”“K326”等进行青枯病、黑胫病的抗性改良，完成杂交留种和温室播种工作。

栽培技术研究。 制定重庆“K326”品种配套技术规程，召开“K326”配套技术培训与研讨。邀请烘烤专家全程现场攻坚“K326”品种上部烟叶烘烤难题，验证多种烘烤工艺的实际效果。推广应用获发明专利授权的“烟草小苗定位移栽方法”。

土壤改良。 明确重庆烟田土壤酸化的原因，研发出酸化土壤调理剂，构建“土壤—根系—微生物”为核心的高效健康的微生态调控技术体系。实行烤烟垄沟互换—交替休闲—快速增碳培肥技术。开展适合本地的农家肥发酵工艺、烟田施用量和养分释放规律等研究，完成《烟用农家肥生产技术规程》《烟用农家肥质量标准》等起草工作。

绿色防控。 开展以健康栽培、抗性提升、持续控制为目标的青枯病及黑胫病的关键控制技术研究，构建以拮抗菌剂调控根际微生态为核心的烟草青枯病/黑胫病的绿色生态防控技术体系，并进行技术集成和示范应用。起草《2017 年重庆市病虫害绿色防控工作方案和技术方案》，为重庆市绿色防控研究和推广工作奠定基础。

【技术服务】 牵头起草《2017 年重庆市烟叶生产技术方案》。在彭水等区县开展“CF8704”品种栽培示范。配合重庆市烟叶分公司完成烟蚜茧蜂防治蚜虫技术和大农业放蜂技术在重庆的全面推广。完成重庆市 2017 年采集的 3540 个土壤样品检测，为 2018 年改进配方施肥提供技术支持。牵头在万州、奉节等 2 个区县开展“水肥一体化试点”工作，示范面积 250 亩。集中开展全市烟叶生产技术培训 2 次，参训 220 人次。

【科研成果】 2017 年，获得发明专利授权 3 件、软件著作权 1 项，发表论文 6 篇（其中 SCI 论文 3 篇），被国内期刊接收研究论文 2 篇。

陕西省烟草科学研究所

【概　况】 陕西省烟草科学研究所（简称陕西烟草所）成立于 1992 年 8 月，隶属陕西省烟草专卖局（公司），实行事业单位企业管理。2017 年，陕西省烟草研究所更名为陕西省烟草科学研究所。主要职责是开展重大课题和关键技术攻关，承担烟草农业技术研究；结合省局（公司）阶段性重点工作，开展烟草经营、企业管理、劳动用工和重要政策研究；综合采集、运用、分析和整理烟草经济相关信息，编写研究报告供决策参考。员工8人，其中研究员2人、高级农艺师2人、高级经济师1人、农艺师1人。

所长：张振平（2017年10月—）

【技术创新】 **育种研究。** 烤烟新品系“9E07”参加全国品种区试华中区试验，表现良好，新推荐品系“9B02”参加全国品种区试。选育的4个烤烟新品系进入陕西省品种区试。与西北农林科技大学合作研究的“秦巴烟区烤烟新品种选育与区试”项目进展顺利，完成149份材料抗TMV的N基因和抗黑胫病的PH基因特异性分子检测。单倍体育种上，对3个烤烟杂交组合花药组织诱导培养，获得3486个花培单倍体试管苗。

土壤保育研究。 收集秦巴烟区土壤保育方面的基础数据。初步形成适宜陕南烟区烤烟生产上的减量化施肥技术。有机肥产业方面取得新突破，通过烟叶合作社，利用牛粪和秸秆等其他农业废弃物，引进蚯蚓大平二号养殖成功。截至2017年底，自制生产蚯蚓有机肥400吨。

植保研究。 确定陕西省烟蚜茧蜂繁殖技术和安康、商洛、宝鸡和汉中烟区冬季保种条件，为大面积应用提供技术支撑。制定《陕西省蚜茧蜂繁放技术规程》草案。截至2017年底，在陕西省技术监督局立项，申报地方标准。

【技术服务】 2017年，进行烤烟生产技术员培训1次，进行烟蚜茧蜂专项培训1次。为河南、甘肃、陕西、宁夏等地提供“秦烟96”等烤烟种子16.6万袋，裸种20千克。

【技术成果】 全年发表研究论文13篇。获得陕西省公司2017年科技进步奖二等奖1项。

安徽省烟草公司烟草研究所（安徽省农业科学院烟草研究所）

【概　况】 安徽省农业科学院烟草研究所（简称安徽烟草所）成立于1947年，1962年划归安徽省农业科学院管理，1992年实行安徽省农业科学院、安徽省烟草公司双重领导，隶属安徽省农业科学院，增挂“安徽省烟草公司烟草研究所”名称。2005年12月，安徽烟草所从凤阳县回迁至合肥设计院部，2008年安徽省农业科学院玉米研究中心挂靠安徽烟草所。该所是全国成立较早的3个省级烟草研究所之一，是安徽省从事烟草科学研究的专业科研单位。下设10个机构。拥有大、中型仪器设备40台（套），科研及办公用房2000余平方米。拥有省内凤阳、合肥、宣城及海南省乐东县（南繁基地）4个试验基地。在岗员工73人，其中，专业技术人员41人，包括研究员8人，副研究员13人，助理研究员20人，其中在站博士后1人，博士研究生学历12人，在读博士4人。

所长（兼书记）：李　成

【技术创新】 2017年承担安徽省烟草公司、安徽中烟工业有限责任公司、浙江中烟工业有限责任公司等单位各类科研项目17项。

育种资源。 繁殖烟草种质资源62份，配制杂交组合117个、完成F1—F6各世代的田间优良单株选择、自交留种356株，取样采烤，鉴定出外观质量好的F6株系3个、F1组合1个，进入2018年比较试验。开展烤烟新品种“安烟3号”的配套技术研究，探索“安烟3号”的适宜施肥量；育成1个烤烟新品系“6504”，参加2017年全国烤烟品种区域试验；育成2个烤烟新品系“2014－513”“2014R3”，参加2017年安徽省烤烟品种区域试验；完成12个烤烟新品系比较试验、烟草黑胫病和青枯病的鉴定试验，筛选出2个烤烟新品系“2015－614”“2014－502”，提交2018年安徽省烤烟品种区域试验，保留4个品系继续参加2018年比较试验。

栽培耕作。 开展烟—稻轮作下土壤团聚体结构和功能的演变及烤烟品质追踪、皖南烟株理想根系构型及培育途径、增钾提质关键栽培技术、烟—稻轮作烟区残存烟杆风险控制技术和皖南烟区烟株发育定向调控及结构优化技术等研究，土壤、烟株结构、施肥、耕作栽培制度等全方位开展相关研究。

绿色防控技术。 开展“安徽省烟草绿色防控重大专项”研究，绿色防控技术上，主要突出农业防治；多维度推进绿色防控技术的本地化研究，同步开展直接和间接减药技术研究；加强全省烟草绿色防控的监督和管理，采取源头控制，做到产前、产中和产后的全程监督管理；以合作社建设和多元化经营为抓手，持续开展绿色防控专业化服务产品的开发利用，优化作业流程、服务流程、产品质量管理，完善服务体系，规范服务经营，以管理和服务促进工作落实和技术落地；开展“一个平台、两大系统、三个中心”的信息化平台建设，提升绿色防控技术的信息化水平。

【技术服务】 2017年，作为技术依托单位参与安徽中烟、浙江中烟与贵州中烟烟叶基地单元建设。在安徽皖南示范推广烤烟新品种“安烟2号”2000亩，推广“烟草病虫害绿色防控”等技术1.4万亩。发布烟草病虫信息简报10期，组织相关专家科技下乡97人次，举办培训班45期，培训技术人员1356人次。

【科研成果】 2017年，安徽烟草所获得植物新品种权保护授权5个，申请专利4件，获发明专利授权2件，实用新型专利授权1件，发表学术论文13篇。主持的“安徽省浓香型焦甜香特色优质烟叶开发”“安徽省烟草有害生物调查研究”项目获得安徽省公司科学技术进步奖二等奖，“烟—稻轮作烟区残存烟杆风险控制技术研究”“‘拟氨基多糖’对烟草青枯病抑制机理与应用研究”项目获得安徽省公司科学技术进步奖优秀奖。

【学术交流与合作】 2017年，参加第二届全国玉米生物学学术研讨会、2017分子植物育种大会、第十五届全国玉米栽培学术研讨会等学术会议，累计49人次。加强与烟叶产区的合作，加强与工商企业的沟通，进一步稳定与皖南烟叶公司的合作。

中国烟草总公司海南省公司海口雪茄研究所

【概　况】 中国烟草总公司海南省公司海口雪茄研究所（简称雪茄研究所）位于海南省海口市。2015年7月，国家局、总公司印发《国家烟草专卖局　中国烟草总公司关于设立海南雪茄研究所的批复》（国烟人〔2015〕220号），同意设立海南雪茄研究所，为海南省烟草专卖局（公司）的专业部门，2017年12月更名为中国烟草总公司海南省公司海口雪茄研究所（国烟法〔2017〕310号）。主要承担雪茄烟叶的科学技术研究及成果转化推广等工作。2017年，有所长1人，副所长1人，首席专家1人，特聘研究员4人，高级农艺师1人，博士后1人，博士研究生学历1人。

所长：刘好宝

【技术创新】 雪茄研究所自主设计不同规格晾房、发酵设施设备，探索橡胶林套种雪茄烟复合种植新模式和二茬烟培育技术等。在茄衣原料品种的筛选、立体生产模式的构建等方面取得突破。

收集、引进雪茄烟种质资源200余份，筛选出优良茄衣资源3份、优良茄芯资源5份，可部分替代多米尼加等进口原料。利用优异资源组配杂交组合，选育出部分优良的中间材料。同时，对部分优良组合的母本进行不育系转育，加快雪茄烟杂种优势利用。基本确定海南雪茄烟种植适宜生态区域，摸清适宜雪茄烟种植区域的土壤状况，探索出适宜海南生态条件的育苗和栽培技术，初步形成雪茄烟叶生产技术规范。初步确定海南雪茄烟主要的虫害有烟青虫、烟蚜等；主要的病害为叶部病害，主要有蛙眼病、赤星病、野火病等。自主设计适合海南雪茄烟调制需求的晾房，基本确定雪茄烟晾制过程中不同阶段所需的最佳温湿度。自主设计发酵设施设备并投入使用，初步掌握人工控制发酵所需最佳温湿度等条件。初步研制出晾制后雪茄烟叶茄衣、茄套和茄芯的分级标准。

【基础条件建设】 雪茄研究所规划“一所三地”建设布局，即桂林洋所部、屯昌试验基地、五指山试验站和儋州试验站。截至2017年底，屯昌试验基地发酵房投入使用；儋州试验站建成8座标准晾房，配套28亩遮阴棚，且连续3年承担主要田间试验；建成雪茄烟分子育种实验室，配备了PCR仪、凝胶成像仪等仪器设备。同时，雪茄研究所联合中国农业科学院烟草研究所建立博士后培养基地，共同招收、培养博士后人才。

【科研成果】 2017年，雪茄研究所申报海南省科技厅重点研发计划项目2项，立项1项；承担上海烟草集团科研项目1项；承担海南省局立项科研项目10项，涵盖育种、栽培、植保、晾制、发酵等学科领域。收集雪茄烟种质资源近200份，初步筛选出3份优良茄衣资源、5份优良茄芯资源；掌握雪茄烟育苗关键技术，摸清适宜的移栽期，基本掌握覆膜、遮阴、打顶留叶技术；初步调查海南雪茄烟的主要病虫害种类；摸清雪茄烟叶晾制所需的最佳温湿度；探索橡胶林套种雪茄烟复合种植新模式和二茬烟培育技术。全年发表论文4篇，出版专著1部。

【交流合作】 雪茄研究所组织考察团先后到美国、巴西、多米尼加、古巴、墨西哥等雪茄烟生产国开展技术交流学习；到福建、湖北、重庆、贵州、广西等地的行业科研院所进行调研学习。同中国农业科学院烟草研究所、中国热带农业科学院签订战略合作协议；同中国科学院青岛生物能源与过程研究所、中国农业科学院农业资源与农业区划研究所、郑州院、牡丹江烟草科学研究所、河南农业大学、郑州轻工业学院等科研院所和高等院校建立科研合作关系；同海南建恒哈瓦那雪茄有限公司、东方永得雪茄有限公司、泸州市南洋农业科技有限责任公司，就雪茄烟产业化建立良好的关系；同山东中烟及湖南中烟初步达成战略合作意向。

四川省烟草科学研究所

【概　况】　四川省烟草科学研究所（简称四川烟科所）位于四川省成都市，前身是2009年7月在四川省西昌市成立的四川省烟草技术中心。2015年4月，技术中心办公地点由西昌市迁至成都市，2016年10月更名为四川省烟草科学研究所。四川烟科所主要承担四川烟草商业系统科技创新、管理创新等重点科研项目攻关，重点开展烟草农业科学技术研究；提供烟草农业新品种、新技术、新工艺、新方法技术示范，推广及培训服务；承担全省系统技术中心的业务指导。下设2个部门。在册员工12人，其中，研究员1人，高级农艺师4人，农艺师2人；博士后1人，硕士研究生学历9人。

党支部书记、所长：肖　勇

【技术创新】　**品种材料收集鉴定。** 2017年，四川烟科所主持开展科研项目6个，参与科研项目12个，涵盖育苗、育种、土肥、植保等方面。

收集烤烟品种材料83份，田间观察初步鉴定抗黑胫病品种材料21份，抗青枯病品种材料10份，抗花叶病品种材料7份，晚熟品种材料20份。收集雪茄烟品种材料43份，白肋烟品种材料43份，地方性晾晒烟品种材料23份，香料烟品种材料5份。

新品种选育。 自主培育清香型风格特色的新品系“蜀香1号”在广元烟区累计示范种植500亩。定向选育新品系“286”参加四川中烟“宽窄花园”品种比较试验。推荐“SC3267”参加2018年全国烤烟品种区域试验，推荐“A29”“蜀韵100号”等新品系参加“宽窄花园‘润甜香’”特色风格第二轮品种筛选。

育苗盘优化改进。 设计出降低盘高度，实现减基质的两种新型育苗盘：160穴（3cm）、209穴（3cm）。这两种育苗盘培育出的烟苗生长势强，根系白、粗壮、发达，生物量和根系活力均明显高于常规育苗盘。烟苗移栽后易成活，发育快，烟株茎杆粗壮，叶片宽大，株高、叶数、最大叶长宽均明显高于常规苗。

育苗肥改进。 针对长期使用育苗肥的养分配比和微量元素有效问题，调整育苗肥配方，主要增加中微量元素的有效性，改善N、P、K以及硝态氮和铵态氮的比例，使新型育苗肥更加符合苗期生长所需的养分配比。施用新型育苗肥后，苗情质量普遍提高，同时，肥料成本下降。

绿色植保。 推进病虫害绿色防控研究，探明四川省根茎类病害、叶斑类病害、地下害虫发生流行规律；筛选出对黑胫病有拮抗效果的拮抗菌6株、对青枯病有拮抗效果的拮抗菌4株；筛选出田间主要害虫最佳诱集波段2个；开展有益线虫（小杆科 Pellioditis 线虫）生防剂防治地下害虫示范，效果突显；初步形成四川省“三虫三病一草”的精准用药体系。

【技术服务】　分别派出育种、栽培、土肥、植保、烘烤等方面专家，在育苗、移栽、团棵、旺长、成熟、烘烤各个阶段到四川省各烟区开展培训指导；建立“四川科研群”微信群，在线答疑解惑。2017年，派出70余人次，到田间指导40余次，开展培训13次，培训烟技员1100余人次。发布病虫情报5期，参与编写生产技术方案1套，撰写当前生产建议3份。

【科研成果】　2017年，烟科所参与项目获得四川省科学技术厅成果奖1项，获得专利授权2件。发表科技论文17篇，其中《基于化学指标的烟叶产区正交偏最小二乘判别分析》获得中国烟草学会优秀论文二等奖。编写的《模块化烤烟调制技能》由四川科学技术出版社出版。

【成果转化】　为进一步加快上部烟叶一次性采烤相关技术的推广，召开“上部叶烘烤技术研讨会”，通过现场观摩、对照评价、实地操作等对该项技术进行研讨，使各产区迅速掌握该项技术关键节点，并安排开展带茎烘烤试点工作。2017年，四川省推广应用上部叶带茎烘烤1.26万炕。据数据分析表明，各地市州采用上部叶带茎烘烤每炕收益提高115～600元不等。

【交流合作】 先后派出20余人次参加各类技术培训、学术论坛，派遣3名骨干到菲律宾、美国学习交流，吸收国内外先进的农业理念和技术；到3家工业企业技术部门开展调研，找准技术改进突破口；邀请10余名专家讲解科研新思路、新方向、新手段。

◇ 撰稿：包自超；编辑：周 佳

全国烟草行业国家级行业级技术中心情况

名 称	成立时间	科研队伍状况	2017年科研成果	备 注
上海烟草集团有限责任公司技术中心	1997年	硕士研究生以上学历125人；高级职称24人、中级职称68人	完成2项国家局科研成果认定。2个项目分别获得中国烟草总公司科学技术进步奖一等奖和三等奖	国家认定企业技术中心
江苏中烟工业有限责任公司技术研发中心	2007年	硕士研究生以上学历52人；高级职称13人、中级职称40人	完成1项国家局科研项目、23项江苏中烟科研项目。新增授权专利47件，其中发明专利28件。在核心期刊发表论文6篇。主持或参与制定行业或总公司标准10项	原淮阴、徐州卷烟厂技术中心为行业认定企业技术中心，整合后未重新认定
南通烟滤嘴有限责任公司技术研发中心	2001年9月	硕士研究生以上学历19人；高级职称4人、中级职称39人	在研国家局科技项目2项、江苏中烟科技项目32项。参与4项国家局标准项目的研究，参与江苏省重点技术创新导向计划项目2项。获得专利授权11件。在核心期刊发表论文1篇，并获得2017年中国烟草学会优秀论文一等奖	行业认定企业技术中心
浙江中烟工业有限责任公司技术中心	2006年4月	硕士研究生以上学历56人；高级职称32人、中级职称83人	完成10个浙江中烟科研项目，1个项目获行业技术发明奖。发表科技论文34篇，其中核心期刊论文26篇、国际学术交流3篇。申请专利43件，其中发明专利31件；获得专利授权52件，其中发明专利42件	行业认定企业技术中心
安徽中烟工业有限责任公司技术中心	2007年	硕士研究生以上学历43人，其中，博士研究生学历13人。高级职称2人、中级职称50人	承担国家局科技项目3项；承担82项安徽中烟工业科研项目，完成23项。1项成果获得总公司科学技术进步奖二等奖	国家认定企业技术中心
福建中烟工业有限责任公司技术中心	2006年	博士研究生学历6人、硕士研究生学历39人；高级职称40人、中级职称100人	取得科技成果38项，推荐申报行业标准1项	国家认定企业技术中心
江西中烟工业有限责任公司技术研发中心	2007年	硕士研究生以上学历34人；首席专家2人、特聘专家1人、高级工程师8人、中级专业技术资格44人	开展科研项目研究15项、国家局科研项目2项；1项国家局重点项目按期完成结题申请。获得发明专利授权10件、实用新型专利授权2件。发表核心期刊论文10余篇	行业认定企业技术中心
山东潍坊烟草有限公司烟叶生产技术中心	2011年	博士研究生学历4人、硕士研究生学历7人；高级职称12人、中级职称17人	完成3项国家局科研项目、24项山东省公司科研项目，4项科技成果获得省公司科学技术进步奖。发表科技论文115篇	行业认定企业技术中心
山东临沂烟草有限公司烟叶生产技术中心	2011年	硕士研究生以上学历16人；高级职称9人、中级职称24人	参与国家局科研项目7项、山东省烟草公司科研项目11项，获得地市级科技进步奖3项，获得专利授权20件，登记软件著作权2项。在各类刊物公开发表科技论文27篇	行业认定企业技术中心
山东中烟工业有限责任公司技术中心	2006年	博士研究生学历3人、硕士研究生学历41人；高级职称24人、中级职称95人	取得山东中烟科技项目成果14项	国家认定企业技术中心

续表

名　称	成立时间	科研队伍状况	2017年科研成果	备　注
河南中烟工业有限责任公司技术中心	2007年	博士研究生学历2人、硕士研究生学历52人；高级职称32人	取得项目成果52项，获得省部级科学技术进步奖4项，累计获批各类创新平台15个。发表科技论文183篇；获得授权专利218件，其中发明专利57件	行业认定企业技术中心
湖北省烟草公司恩施州公司技术中心	2007年	硕士研究生以上学历15人；高级职称5人、中级职称12人	获得湖北省公司科技成果3项，获得省公司科技进步奖3项、科技成果转化推广奖1项。申请专利6件、获得专利授权5件。在科技核心期刊发表论文12篇	行业认定企业技术中心
湖北中烟工业有限责任公司技术中心	2002年	硕士研究生以上学历46人；高级职称43人、中级职称63人	开展研究项目198项，其中国家局项目9项；完成科技项目113项，其中省部级鉴定1项、国家局鉴定3项；获得中国烟草总公司科学技术进步奖二等奖1项、三等奖1项，获得湖北省科学技术进步奖三等奖1项	国家认定企业技术中心
湖南中烟工业有限责任公司技术研发中心	2006年	博士研究生学历22人、硕士研究生学历62人；高级职称72人、中级职称99人	截至2017年底，累计申请有效专利1275件，获得专利授权882件；取得科技成果462项；获得省部级科技奖励44项；牵头制定行业标准19项。“低一氧化碳/焦油比值的滤棒技术研究”“基于紫外印金和水性油墨涂布技术的烟用接装纸研究与应用”成果通过鉴定	国家认定企业技术中心
广东中烟工业有限责任公司技术中心	2005年	硕士研究生以上学历74人；高级职称48人、中级职称82人	在研科技项目102项，其中国家局项目28项、公司级项目74项。1个项目获得总公司科学技术进步奖三等奖	国家认定企业技术中心
广西中烟工业有限责任公司技术中心	2008年	博士研究生学历10人、硕士研究生学历37人；高级职称24人、中级职称45人	开展科技计划项目139项，其中对外合作项目81项。参与承担行业重点项目8项，承担省部级以上项目36项。13个项目通过省部级鉴定验收，2项成果获得广西科学技术进步奖三等奖	行业认定企业技术中心
四川中烟工业有限责任公司技术中心	2008年	硕士研究生以上学历34人；高级职称13人、中级职称15人	完成国家局科研项目1项、四川中烟科研项目8项	行业认定企业技术中心
云南省烟草公司曲靖市公司技术中心	2008年	博士研究生学历1人、硕士研究生学历3人；高级职称3人、中级职称17人	完成科研项目22项，其中6个项目获奖	行业认定企业技术中心
云南省烟草公司玉溪市公司技术中心	2009年	博士研究生学历9人、硕士研究生学历4人；高级职称5人	实施科技项目20项，其中国家局重大专项1项、省公司科技项目12项。发表科技论文14篇。获得专利授权11件。获得各级科学技术进步奖3项	行业认定企业技术中心
云南中烟工业有限责任公司技术中心	2014年	硕士研究生以上学历209人；高级职称102人、中级职称256人	完成国家局科研项目3项、云南中烟科研项目19项。有3个项目获得云南省科技进步奖二等奖，3个项目获得云南省科技进步三等奖	国家认定企业技术中心
陕西中烟工业有限责任公司技术中心	2001年	硕士研究生以上学历39人；高级职称10人、中级职称46人	完成5项科研项目。有5个项目获得企业科技进步奖，2项成果获得公司科技创新奖	陕西省认定企业技术中心

省级烟草农业科研机构情况

名　称	成立时间	隶属单位	备　注
福建省烟草专卖局烟草科学研究所	1995 年	福建省烟草专卖局（公司）	
江西省烟草科学研究所	1994 年	江西省烟草专卖局（公司）	
河南省烟草科学研究所	2014 年	河南省烟草专卖局（公司）	
河南省烟草公司烟草研究所	1947 年	河南省烟草专卖局（公司）	
湖北省烟草科学研究院	1986 年	湖北省烟草专卖局（公司）	同时挂牌：中国烟草白肋烟试验站
四川省烟草科学研究所	2009 年	四川省烟草专卖局（公司）	
贵州省烟草科学研究院	1948 年	贵州省烟草专卖局（公司）	同时挂牌：中国烟草西南农业试验站
云南省烟草农业科学研究院	1955 年	云南省烟草专卖局（公司）	同时挂牌：中国烟草育种研究（南方）中心
陕西省烟草研究所	1992 年	陕西省烟草专卖局（公司）	下设陕西省烟草实验站，主要从事烟叶生产技术研究和种子加工

行业重点实验室情况

序号	名　称	隶属单位	认定/批准组建部门	2017 年主要科研成果
1	烟草行业烟草化学重点实验室	中国烟草总公司郑州烟草研究院	国家烟草专卖局	承担科研项目 40 项；8 个项目通过验收，3 个项目获得郑州院青年科技进步奖。新增科研项目 15 项。制定标准 3 项；发表论文 39 篇，其中 SCI 论文 11 篇
2	烟草行业烟草工艺重点实验室	中国烟草总公司郑州烟草研究院	国家烟草专卖局	承担研科研项目 32 项。1 个项目获得总公司技术发明三等奖，3 个项目获得郑州院青年科技进步三等奖；7 个项目通过鉴定和验收；制定标准 7 项；发表交流论文 35 篇。新增科研项目 12 项；中标工程设计项目 4 项
3	烟草行业香料基础研究重点实验室	中国烟草总公司郑州烟草研究院	国家烟草专卖局	承担科研项目 36 项。2 个项目获得总公司科技进步二等奖，1 个项目获得郑州院青年科技进步二等奖，2 个项目通过国家局鉴定，3 个项目通过院内验收。发表论文 23 篇，其中 SCI/EI 论文 5 篇，国际会议论文 2 篇
4	烟草行业生态环境与烟叶质量重点实验室	中国烟草总公司郑州烟草研究院	国家烟草专卖局	承担科研项目 33 项；1 个项目获得河南省科技进步三等奖；发表论文 17 篇，其中 SCI 论文 4 篇。获得授权专利 14 件，申请专利 11 件。制定标准 2 项
5	卷烟烟气重点实验室	上海烟草集团有限责任公司	国家烟草专卖局	承担 1 项总公司研究课题、27 项上海烟草集团研究课题、15 项开放性研究课题。获得总公司科学技术进步奖一等奖 1 项；发表论文 15 篇
6	浙江省新型吸附材料与应用技术重点实验室	浙江中烟、浙江大学	浙江省科技厅	进行“基于静电纺丝法制备烟用选择性吸附材料”项目研究
7	烟草行业燃烧热解重点实验室	安徽中烟工业有限责任公司	国家烟草专卖局	完成 2 种新材料的持续改进和扩大应用，2 项减害降焦技术的产品应用，1 项基础研究成果的应用，1 项新技术研究成果的应用
8	烟草化学安徽省重点实验室	安徽中烟工业有限责任公司	安徽省科技厅	完成行业标准预研项目研究，成功转化为行业标准发布实施；新立项行业标准项目 2 项
9	江西省本草烟用减害工程技术研究中心	江西中烟工业有限责任公司	江西省科技厅	在标准研究方面，主持完成《打叶复烤烟叶选叶指南》等 7 个行业标准的制定工作
10	行业烟草加工形态研究重点实验室	河南中烟工业有限责任公司	国家烟草专卖局	通过河南省鉴定成果 2 项；标准发布 7 项；获得发明专利授权 17 件，实用新型专利授权 6 件；计算机软件著作权登记 3 项；发表论文 26 篇

续表

序号	名　称	隶属单位	认定/批准组建部门	2017 年主要科研成果
11	再造烟叶标准研究室	河南中烟工业有限责任公司	国家烟草专卖局	参与制（修）订行业标准 6 项。申报专利 17 件，其中发明专利 12 件，实用新型专利 5 件；获得实用新型专利授权 2 件。发表论文 5 篇
12	烟用植物应用研究行业重点实验室	湖北中烟工业有限责任公司	国家烟草专卖局	发表论文 9 篇，获得专利授权 29 件
13	烟草行业卷烟功能材料重点实验室	湖南中烟工业有限责任公司	中国烟草总公司	2 种新材料的持续改进和扩大应用，2 项减害降焦技术的产品应用，1 项基础研究成果的应用，1 项新技术研究成果的应用
14	烟草行业烟用材料重点标准研究室	湖南中烟工业有限责任公司	国家烟草专卖局	完成行业标准预研项目“烟用材料生产用过程助剂安全使用通用要求”研究，转化为行业标准发布实施；新立项行业标准项目“烟草工业企业烟用材料和烟草添加剂准入安全性论证指南”“烟草近红外光谱定量分析模型建立和维护指南”
15	烟草行业烟草工艺重点标准研究室	湖南中烟工业有限责任公司	国家烟草专卖局	在标准研究方面，主持完成《打叶复烤烟叶选叶指南》等行业征求意见；修改《造纸法工艺规范》行业标准；参与《片烟气调贮存养护技术规范》等 7 个行业标准的制定
16	烟草行业再造烟叶技术研究重点实验室	广东中烟工业有限责任公司	国家烟草专卖局	完成国家局重点实验室项目“提高固体香料留着率的干法再造烟叶成型和涂布工艺研究”申报，探索特色再造烟叶开发
17	中国合格评定国家认可委员会认可实验室	广西中烟工业有限责任公司	中国合格评定国家认可委员会	参加国家局科技司、国家烟草质检中心组织的 5 个项目
18	烟草行业烟草生物技术育种重点实验室	云南省烟草农业科学研究院	国家烟草专卖局	
19	卷烟调香技术重点实验室	云南中烟工业有限责任公司	国家烟草专卖局	发表论文 10 篇，获得专利授权 12 件
20	卷烟工艺与装备研究重点实验室	云南中烟工业有限责任公司	国家烟草专卖局	发表论文 8 篇，获得专利授权 16 件
21	烟用材料标准化重点实验室	云南中烟工业有限责任公司	国家烟草专卖局	发表论文 7 篇，获得专利授权 17 件
22	卷烟质量安全标准化重点实验室	云南中烟工业有限责任公司	国家烟草专卖局	发表论文 12 篇，获得专利授权 14 件
23	烟草行业烟用添加剂测试中心	云南中烟工业有限责任公司	国家烟草专卖局	发表论文 19 篇，获得专利授权 11 件
24	云南省烟草化学重点实验室	云南中烟工业有限责任公司	云南省科技厅	发表论文 26 篇，获得专利授权 34 件

博士后科研工作站和院士工作站情况

序号	名 称	建站时间	2017 年建设成果
1	上海烟草集团有限责任公司博士后科研工作站	2002 年	在站博士后 2 人。主要涉及烟草化学基础研究、卷烟降焦减害、新型材料等方面。全年在研项目 2 项，全部为省部级项目，发表论文 1 篇
2	浙江中烟工业有限责任公司博士后科研工作站	2007 年	博士后 4 人，全部出站
3	安徽中烟工业有限责任公司博士后科研工作站	2014 年	博士后 1 人，研究课题为“烟草木质素的有效提取及其热解行为研究”
4	福建中烟工业有限责任公司博士后科研工作站	2013 年	首位博士后研究课题“干燥工艺对烟丝热解条件下气相挥发分的影响研究”通过验收，并以优秀考评结果出站
5	江西中烟工业有限责任公司博士后科研工作站	2013 年 9 月	在站博士 2 人。通过与江南大学等高等院校、科研机构建立合作机制，继续深入开展项目合作开发，研究方向主要针对金圣本草香精油微/纳米胶囊的研究与应用等
6	河南中烟工业有限责任公司博士后科研工作站	2008 年 5 月	先后招收博士后 13 人，2017 年出站 3 人，研究方向涉及烟草化学、烟用材料、烟草原料等多个领域，申请博士后科学基金项目 4 项，河南省资助项目 6 项；申报专利 21 件，获得专利授权 8 件
7	湖北中烟工业有限责任公司博士后科研工作站	2008 年 6 月	引进博士后 1 人。启动“典型菊科植物关键成分制备及应用研究”项目
8	湖南中烟工业有限责任公司博士后科研工作站	2006 年	累计在站博士后 4 人。分别与中南大学、湖南大学博士后流动站建立合作。博士后在研项目 4 项，主要涉及烟草化学、降焦减害及香精香料特征成分数据库建立等方向的研发工作。全年开展博士后中期评审会议 2 次，开题评审会议 1 次
9	广东中烟工业有限责任公司博士后科研工作站	2006 年	合作流动站为：华南理工大学博士后科研流动站。在利用烟叶品质改良、再造烟叶品质提升、卷烟品牌品类分析等方向开展基础性前瞻性研究，累计申请专利 12 件；SCI 收录论文 3 篇，EI 收录论文 3 篇，中国科技核心期刊收录论文 6 篇
10	广西中烟工业有限责任公司博士后科研工作站	2003 年 12 月	累计招收进站博士 6 人，出站 5 人，留用 5 人。主要涉及烟草化学、卷烟减害、新型材料、互联网应用等基础研究，2017 年在研对外合作项目 12 项，申报行业科技项目 3 项，发表论文 5 篇，获软件著作权 4 项。合作流动站为：清华大学、复旦大学、北京师范大学博士后科研流动站
11	重庆中烟工业有限责任公司博士后科研工作站	2016 年 6 月	招收进站博士 2 人，累计在站博士后 2 人。主要涉及烟草废弃物综合利用、提高地产烟叶可用性等方面。全年在研项目 2 项，申报专利 5 件，发表论文 1 篇
12	四川中烟工业有限责任公司博士后科研工作站	2002 年 10 月	
13	贵州中烟工业有限责任公司博士后科研工作站	2013 年 10 月	引进博士后 2 人。与合作单位浙江大学、南开大学加大技术交流力度，并完成近红外光谱技术、芳香物质真菌筛选两个项目的研究工作。在站博士后科研人员发表论文 3 篇、申请专利 6 件、主持公司科研项目 3 项、参与公司科研项目 8 项、评审结题 1 项
14	云南省烟草农业科学研究院博士后科研工作站	2013 年 8 月	合作流动站：云南大学生物学博士后流动站
15	云南中烟工业有限责任公司博士后科研工作站	2014 年 10 月	招收进站博士 1 人，累计有在站博士后 3 人。主要涉及烟草化学基础研究、卷烟降焦减害等方面。全年在研项目 3 项，其中省部级项目 1 项
16	云南省院士（专家）工作站孙汉董院士工作站	2014 年 1 月	发表 SCI 论文 4 篇。获授权发明专利 13 件

续表

序号	名　称	建站时间	2017年建设成果
17	中国农业科学院烟草研究所博士后科研工作站	2015年10月	引进博士后6人。启动“黄花烟草诱虫活性挥发物的鉴定及其对棉铃虫的作用机制”“黑色食物中原花青素的分离鉴定及其抗氧化活性研究”“共生菌在烟蚜生命特性，寄主转换及病毒传播中的作用机制”“新型有机聚合物的制备及其在植物多酚类成分分离纯化中的作用”“烟草Nt-MYB转录因子功能研究”“多肽信号调控叶片衰老分子机制”等项目
18	中国烟草总公司郑州烟草研究院博士后科研工作站	2015年10月	3名博士后完成课题，答辩出站，其中2人留院工作

◇编辑：周　佳

教育培训

中共国家烟草专卖局党校（国家烟草专卖局职工培训中心）

【概　况】　中共国家烟草专卖局党校（国家烟草专卖局职工培训中心）［简称党校（培训中心）］成立于1991年12月，为国家烟草专卖局直属事业单位。承担烟草行业局、处两级党员领导干部及国家局机关科级干部的教育培训工作，受中央党校、中央国家机关分校业务指导，是烟草行业中高级领导干部理论学习、党性锻炼、知识扩充和能力提升的重要基地。自1992年、2000年开始，分别设立处级、司局级党员领导干部进修班，连续对行业处级、司局级党员领导干部进行党校教育。2001年3月，设立国家局、总公司科级干部培训班，联合国家局人事司持续15期对机关青年干部进行短期培训。2011—2012年，连续举办4期青年干部培训班，对行业司局级后备干部进行系统轮训。2017年5月，被确立为中央党校中央国家机关分校第五片区牵头负责单位。截至2017年底，主要开设司局级党员领导干部基本理论进修班、青年领导干部培训班、处级党员领导干部基本理论进修班、处级党员领导干部专题研究班、国家局、总公司机关科级干部培训班等五类班次。

2017年，中共国家烟草专卖局党校（国家烟草专卖局职工培训中心）教职工21人，其中教学管理人员14人，具有高级职称1人、中级职称11人。

党校校长：高　林；党校副校长、培训中心主任：闫亚明（正厅级）

【教育培训】　2017年，举办行业司局级党员领导干部基本理论进修班2期，处级党员领导干部基本理论进修班2期，机关科级干部培训班1期，培训学员356人次，累计教学58周。设置党的十九大精神专题课程12讲，组织学员顺利完成井冈山专题党性锻炼任务。落实行业特色课程教学内容，国家局党组成员到校讲课8次，机关部门、单位和行业单位领导和专家讲课10次。

开展行业重大现实问题研讨。围绕贯彻新发展理念、落实全面从严治党主体责任、学习贯彻党的十九大精神等主题，组织深入讨论，形成较高质量的研究成果，为行业发展建言献策。参与修订分校质量管理文件，牵头中央国家机关分校第五片区工作，在分校刊物发表宣传烟草党校新闻消息和理论文章6篇。全年承办行业会议14次，接待1611人次。

【教研成果】　2017年，着力培养自有师资，开发形成《遵循党校姓党根本原则，刻苦学习提高履职能力》《如何做好党性分析》《深入探索新时代烟草行业面对的重大时代课题》等4门课程。其中《马克思主义哲学视角下的中国烟草本质和规律研究》入选国家局全国干部教育培训好课程推荐。积极开展理论研究，努力为新形势下行业发展提供理论支撑。

撰写《牢固树立新时代烟草行业“五个服从和服务”大局观》等理论文章，建言行业发展；《烟草本质论》获得中国烟草学会2017年度优秀论文评选二等奖。

编辑校刊《学习与交流》5期，编发高质量理论文章53篇；策划出刊《东方烟草报》“党校姓党特刊”，集中报道党校加强和改进工作情况。

加强校园环境和文化建设，探索“移动互联网+”，筹划建设智慧党校，不断提升烟草党校影响力和权威性。

◇撰稿：高　佳；编辑：周　佳

中国烟草总公司职工进修学院

【概　况】　中国烟草总公司职工进修学院（简称学院）前身是河南省烟草工业学校，成立于1985年。1992年，更名为中国烟草总公司郑州中等专业学校，2001 年改制更名为中国烟草总公司职工技术培训中心，2009 年更名为中国烟草总公司职工进修学院。2011 年，国家烟草专卖局职业技能鉴定指导中心职能和办公地点调整到学院，与学院合署办公。2014 年，中国烟草学会教育培训专业委员会、安全生产专业委员会在学院设立办事机构。2015 年，中国烟草网络学院在学院正式运行。2017 年，中国烟草总公司黄淮烟叶样品中心在学院建成揭牌，呈现出“数块牌子、多项职责、一体联动”的新局面。

学院承担行业高层次专业技术和职业技能人才培训、行业远程教育培训、黄淮烟叶样品研究与管理、行业职业技能鉴定以及行业职业技能竞赛管理、教育培训理论研究与资源开发建设等多项职责。

2017 年，学院在职在编教职工 98 人，其中具有本科以上学历 94 人、硕士研究生以上学历 48 人（含博士研究生学历 10 人），高级专业技术资格 34 人，高级企业培训师资格 33 人；荣誉首席培训师 1 人、首席培训师 5 人、高级培训师 8 人，行业专家委员会委员 10 余人。

党组副书记、副院长：连　飞（—2017 年 10 月）；党组书记、院长：王　宏（2017 年 10 月—）

【教育培训】　2017 年，举办培训班 276 期，其中国家局培训班 74 期，学院自主培训班 173 期，培训 2.3 万人次。网络培训实现行业全覆盖，注册学员 36.9 万人。合作开展专业硕士研究生教育，在读 397 人。新建培训鉴定基地 5 个，总数 10 个。指导实施行业职业技能鉴定 314 批次，鉴定总量 3.3 万人次，获证 1.6 万人次；组织三级以上职业资格证书复核 1.5 万人次，合格 1.4 万人次。指导行业各单位开展省级一、二类竞赛 37 届次，承办国家级二类竞赛 1 届次，省级一、二类竞赛 7 届次。审核发行新教材 17 种，为行业培训提供教材 58 种 12 万册。

【教研成果】　突出研发重点，着力开展中高级专业技术人才、技能人才和经管人才培训项目研发，2017 年研发培训项目 132 个，组织教研活动 115 次。专业教师参与行业科学研究和技术攻关，发表学术论文 60 篇，编写教材 4 部，参与制定国家标准 7 项，获得科学技术奖 2 项，获得实用新型专利授权 1 件、软件著作权 3 项。

◇ 撰稿：蔡　恒；编辑：周　佳

各省级公司所属部分教育培训机构情况

名　称	成立时间	隶属单位	2017 年主要工作
河北平山温泉烟草职工培训中心	1998 年 11 月	河北省烟草专卖局（公司）	完成河北省党性教育轮训、干部能力建设、内训师资培养、新进员工入职等四人类的综合培训及教学技能竞赛承办和集训任务。举办各类培训班 64 期，培训学员 4964 人次
内蒙古区局（公司）教育培训中心	2017 年 9 月	内蒙古自治区烟草专卖局（公司）	举办各类培训班 7 期，培训 463 人次，其中，领导干部基本理论研修班 5 期、331 人次，基层党组织书记集中轮训班 2 期、104 人次。做好网络培训平台应用的基础工作，实现教育培训管理信息化、企业学习信息化
吉林烟草职业培训中心	2004 年 12 月	吉林省烟草专卖局（公司）	举办 16 个培训项目，共计 32 期培训班，培训学员 2329 人次，培训项目包含营销、专卖、物流三大烟草主业岗位员工培训、党建及党的十九大精神培训和各专业部门的专业性培训
黑龙江省烟草专卖局（公司）教育培训中心	2011 年	黑龙江省烟草专卖局（公司）	举办各类培训班 57 期，6348 人次，其中在基层市县开展卷烟真伪培训 30 期，培训 1403 人次
上海烟草集团教育培训中心	2011 年	上海市烟草专卖局、上海烟草集团有限责任公司	组织和实施培训项目 84 个，培训学员 7182 人次
浙江烟草工业教育培训中心	2011 年 11 月	浙江中烟工业有限责任公司	完成 530 个培训课程，培训学员 1.31 万人次，累计脱产培训 18.09 万课时。2392 人参加网络培训，占总人数的 72.5%，累计参加网络培训 14.25 万课时
福建省烟草公司厦门职工教育培训中心	2001 年 7 月	福建省烟草专卖局（公司）	承担并组织福建省局及各直属单位的有关业务培训工作
江西省烟草职工培训中心	1991 年	江西省烟草专卖局（公司）	举办各类培训班 80 期，培训 6687 人次，其中基层党组书记集中轮训班 1 期 97 人次；江西省系统处级领导干部学习贯彻党的十九大精神和《习近平谈治国理政》第二卷专题培训班 1 期 84 人次

续表

名　称	成立时间	隶属单位	2017 年主要工作
中国烟草井冈山传统教育基地	1996 年	江西省烟草专卖局（公司）	举办各类培训班 144 期，培训 6136 人次，其中，行业内党性锻炼，理想信念和革命传统教育培训班 142 期，培训人次 6107 人；省内培训班 4 期，培训人次 158 人；省外培训班 140 期，培训人次 5978 人；处级领导干部培训班 23 期，培训人次 1152 人
山东烟草职工培训中心	2001 年	山东省烟草专卖局（公司）	举办各类培训班 215 期，培训 1.49 万人次。主要开展烟叶、专卖等相关工种的三级证书复核工作，以外出送培的方式开展烟机设备职业技能鉴定培训和三级证书复核；举办山东工商和中烟实业等 3 家单位的烟草制品购销员职业技能竞赛活动以及山东工商兼职培训师教学技能竞赛选手培训、考试、选拔等活动；举办轮训班 5 期
中国烟草总公司青州中等专业学校	1983 年 12 月	山东省烟草专卖局（公司）	学校主要开设数控技术、计算机应用、烟叶种植、卷烟技术、酒店管理与服务等 6 个专业。整合教学资源。同时，继续与中国海洋大学合作开展 MBA 教育，与山东农业大学开展函授学历教育
河南省烟草职工培训中心	2009 年	河南省烟草专卖局（公司）	举办各类培训班 171 期 1.47 万人次；行业技能鉴定前培训班 15 期 969 人次，三级职业资格（岗位等级）证书复核培训班 7 期 511 人次
湖北省烟草专卖局教育培训中心	2009 年	湖北省烟草专卖局（公司）	组织湖北省烟草商业系统 230 名领导干部参加行业网上专题培训班；首次采用线上线下相结合的方式组织全省系统 187 名处级干部参加培训班。2017 年，全省系统组织培训 968 个，培训 5.4 万人次
湖北中烟工业有限责任公司教育培训中心	2016 年 6 月	湖北中烟工业有限责任公司	举办内部培训班 85 期，培训学员 4914 人次，培训学时 1.56 万天；派出干部职工参加行业内外培训班 140 期 710 人次，学时 7526 天
湖南省烟草职工培训中心（湘潭烟草中专学校、湖南省烟草职业技能鉴定站）	1964 年	湖南省烟草专卖局（公司）	举办培训班 83 批次 113 个，承办岗位技能竞赛 8 个，培训学员 8180 人次，培训学时合计 6.14 万人天；组织实施职业技能鉴定 9 批次，鉴定人数 1024 人，合格 848 人，通过率 82.81%
广东中烟工业有限责任公司员工教育培训中心	2014 年 9 月	广东中烟工业有限责任公司	举办各类内部培训班 1200 期，培训 3.1 万人次。备战行业首届培训师教学技能竞赛
广西烟草商业系统教育培训中心	2010 年 8 月	广西壮族自治区烟草专卖局（公司）	举办培训班 64 期，培训学员 3755 人次，培训学时合计 209.5 天
广西烟草工业教育培训中心	2011 年 11 月	广西中烟工业有限责任公司	主要负责广西烟草工业系统教育培训工作的组织与实施，公司培训项目的承办和教、学、研管理
四川烟草教育培训中心	2008 年	四川省烟草专卖局（公司）	举办各类培训班 731 期，累计培训 5.49 万人次，其中网络培训和混合式培训 127 期，累计培训 2.5 万人次
四川中烟工业培训中心（技能鉴定站）	2016 年 8 月	四川中烟工业有限责任公司	举办培训班 326 期，培训学员 1.23 万人次，培训学时合计 3.85 万天
贵州烟草商业系统教育培训中心	2012 年	贵州省烟草专卖局（公司）	举办培训班 50 期，培训学员 2354 人、3243 人次，培训学时合计 196 天
云南中烟工业有限责任公司培训中心	1983 年	云南中烟工业有限责任公司	1 月，云南中烟培训中心从关上校区整体搬迁到昆明市盘龙区盘井街 345 号中洲阳光新校区。完成各类培训班 105 期，培训 6939 人次，其中，承担云南中烟培训班 34 期 2012 人次，工业企业培训班 18 期 907 人次，商业企业培训班 2 期 207 人次，省外企业培训班 8 期 343 人次，自主开发培训班 42 期 3329 人次；承担国家局培训班 1 期 141 人次
西藏自治区教育培训中心	2017 年	西藏自治区烟草专卖局（公司）	举办各类培训班 77 期培训 1478 人次，其中，参加国家局和职工进修学院组织实施各类培训 58 期，参培人员 251 余人次。利用雪域网络学院学习平台，开通雪域分院“学习贯彻党的十九大网络专题班”，开设 6 门课程，3.74 学时，263 人参加学习

◇ 编辑：周　佳

授权专利

【授权专利概况】 2017年，中国烟草行业获得国家知识产权局授权的烟草技术类专利3306件，同比下降9.2%。其中，发明专利1009件、实用新型专利2033件、外观设计专利264件，分别占总数的30.5%、61.5%和8.0%。发明专利和实用新型专利分别同比下降14.3%和11.0%，外观设计专利同比增长48.3%。

【专利权人分类统计】 按照专利权人类型统计，2017年，国内烟草行业单位获得授权专利数量分别为：卷烟工业企业2380件、各级烟草专卖局（公司）751件、科研单位222件、卷烟材料厂或公司220件、烟草机械公司70件、复烤加工厂或公司40件、烟叶公司7件、进出口公司5件、教育单位1件、其他单位109件。其中，卷烟工业企业、各级烟草专卖局（公司）、科研单位、卷烟材料厂或公司的授权专利数量列前四位，占比分别为62.5%、19.7%、5.8%和5.8%。

表1 2017年国内烟草行业不同类型专利权人授权专利统计 （单位：件）

序　号	专利权人类型	专利总数	发明专利	实用新型	外观设计
1	卷烟工业企业	2380	725	1402	253
2	各级烟草专卖局（公司）	751	190	549	12
3	科研单位	222	132	90	—
4	卷烟材料厂或公司	220	63	130	27
5	烟草机械公司	70	18	52	—
6	复烤加工厂或公司	40	14	26	—
7	烟叶公司	7	2	5	—
8	进出口公司	5	1	4	—
9	教育单位	1	—	1	—
10	其他	109	24	74	11

注：因专利存在共同申请情况，表中专利总计数量大于实际数量。

【专利权人获得授权情况】 2017年，国内烟草行业获得授权专利数量前五位的单位分别是：云南中烟工业有限责任公司556件、湖北中烟工业有限责任公司340件、河南中烟工业有限责任公司253件、湖南中烟工业有限责任公司192件、中国烟草总公司贵州省公司154件；获得授权发明专利数量前五位的单位分别是：云南中烟工业有限责任公司150件、湖北中烟工业有限责任公司117件、中国烟草总公司郑州烟草研究院80件、浙江中烟工业有限责任公司66件、河南中烟工业有限责任公司58件。授权发明专利所占比例较高的单位分别是：浙江中烟工业有限责任公司68%、中国烟草总公司郑州烟草研究院60.6%。

表2 2017年授权专利总数前十名的国内烟草行业专利权人 （单位：件）

序　号	专利权人	专利总数	发明专利	实用新型	外观设计
1	云南中烟工业有限责任公司	556	150	316	90
2	湖北中烟工业有限责任公司	340	117	169	54
3	河南中烟工业有限责任公司	253	58	194	1
4	湖南中烟工业有限责任公司	192	34	151	7
5	中国烟草总公司贵州省公司	154	43	107	4
6	中国烟草总公司郑州烟草研究院	132	80	52	—
7	福建中烟工业有限责任公司	126	36	84	6
8	中国烟草总公司云南省公司	118	34	84	—
9	广东中烟工业有限责任公司	108	41	47	20
10	上海烟草集团有限责任公司	106	39	55	12

表3　2017年授权发明专利总数前十名的国内烟草行业专利权人　（单位：件）

序　号	专利权人	专利总数	发明专利	发明占比
1	云南中烟工业有限责任公司	556	150	27.0
2	湖北中烟工业有限责任公司	340	117	34.4
3	中国烟草总公司郑州烟草研究院	132	80	60.6
4	浙江中烟工业有限责任公司	97	66	68.0
5	河南中烟工业有限责任公司	253	58	22.9
6	中国烟草总公司贵州省公司	154	43	27.9
7	川渝中烟工业有限责任公司[1]	44	42	95.5
8	广东中烟工业有限责任公司	108	41	38.0
9	上海烟草集团有限责任公司	106	39	36.8
10	福建中烟工业有限责任公司	126	36	28.6

注：1. 2015年10月，川渝中烟工业有限责任公司拆分为重庆中烟工业有限责任公司和四川中烟工业有限责任公司。“授权专利”部分以原川渝中烟工业有限责任公司为申请人进行统计。

表4　2017年国内烟草行业专利权人授权专利统计　（单位：件）

序　号	专利权人	专利总数	发明专利	实用新型	外观设计
	省级工业公司				
1	云南中烟工业有限责任公司	556	150	316	90
2	湖北中烟工业有限责任公司	340	117	169	54
3	河南中烟工业有限责任公司	253	58	194	1
4	湖南中烟工业有限责任公司	192	34	151	7
5	福建中烟工业有限责任公司	126	36	84	6
6	广东中烟工业有限责任公司	108	41	47	20
7	上海烟草集团有限责任公司	106	39	55	12
8	浙江中烟工业有限责任公司	97	66	31	—
9	山东中烟工业有限责任公司	94	25	62	7
10	江西中烟工业有限责任公司	79	13	66	—
11	广西中烟工业有限责任公司	72	21	48	3
12	安徽中烟工业有限责任公司	59	24	31	4
13	贵州中烟工业有限责任公司	57	14	43	—
14	江苏中烟工业有限责任公司	53	27	19	7
15	川渝中烟工业有限责任公司	44	42	2	—
16	中国烟草实业发展中心	33	7	16	10
17	四川中烟工业有限责任公司	58	43	9	6
18	河北中烟工业有限责任公司	28	3	22	3
19	陕西中烟工业有限责任公司	25	2	17	6
20	重庆中烟工业有限责任公司	24	1	9	14

注：因专利存在共同申请情况，表中专利总计数量大于实际数量。

续表

序　号	专利权人	专利总数	发明专利	实用新型	外观设计
	省级局（公司）				
1	中国烟草总公司贵州省公司	154	43	107	4
2	中国烟草总公司云南省公司	118	34	84	—
3	中国烟草总公司山东省公司	100	16	82	2
4	中国烟草总公司广东省公司	81	29	51	1
5	中国烟草总公司河南省公司	50	10	39	1
6	中国烟草总公司重庆市公司	43	7	36	—
7	中国烟草总公司福建省公司	35	5	30	—
8	中国烟草总公司湖北省公司	33	16	17	—
9	中国烟草总公司湖南省公司	32	7	25	—
10	中国烟草总公司四川省公司	24	8	16	—
11	中国烟草总公司江苏省公司	21	3	17	1
12	中国烟草总公司安徽省公司	17	5	11	1
13	中国烟草总公司陕西省公司	11	2	8	1
14	中国烟草总公司浙江省公司	9	1	7	1
15	中国烟草总公司江西省公司	7	—	7	—
16	中国烟草总公司广西壮族自治区公司	6	2	4	—
17	中国烟草总公司河北省公司	6	—	6	—
18	中国烟草总公司天津市公司	3	—	3	—
19	中国烟草总公司黑龙江省公司	3	—	3	—
20	中国烟草总公司北京市公司	2	1	1	—
21	中国烟草总公司宁夏回族自治区公司	1	1	—	—
22	中国烟草总公司深圳市公司	1	1	—	—
23	中国烟草总公司甘肃省公司	1	—	1	—
24	中国烟草总公司海南省公司	1	—	1	—
25	中国烟草总公司辽宁省公司	1	—	1	—
	其他单位				
1	中国烟草总公司郑州烟草研究院	132	80	52	—
2	中国烟草机械集团有限责任公司	53	14	39	—
3	南通醋酸纤维有限公司	7	5	2	—
4	中烟施伟策（云南）再造烟叶有限公司	6	5	1	—
5	中烟摩迪（江门）纸业有限公司	3	3	—	—
6	四川锦丰纸业股份有限公司	2	—	2	—
7	中国烟草总公司职工进修学院	1	—	1	—

◎ 国家局科技司　供稿

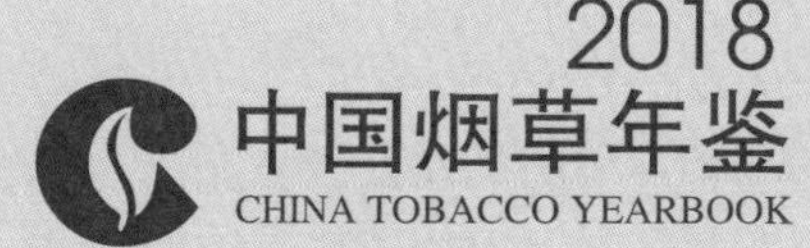

新闻舆论和文化建设

- □ 行业新闻舆论管理
- □ 主要报刊
- □ 网络媒体
- □ 志鉴编纂
- □ 博物馆、展馆建设

……

行业新闻舆论管理

【新闻发布】 2017 年，按照国务院新闻办要求，继续加强新闻发布制度建设，完善新闻发言人制度，实行新闻舆论工作责任制，进一步规范对外新闻发布机制，初步构建起良好的新闻发布环境。严格落实《新闻舆论工作管理办法》《舆情管理应急预案》《建立健全信息发布机制实施方案》等一系列文件要求，形成新闻发布、政策解读和舆情回应衔接配套的统一机制。国家局主要负责人继续带头主动发声，接受《学习时报》等媒体采访并发表署名文章，介绍行业创新发展等情况。国家局办公室先后组织举办 4 次专题新闻发布会，邀请《人民日报》、新华社等中央媒体参加，主动向社会发布行业生产经营和经济运行、精准帮扶老少边穷地区经济社会发展、卷烟打假打私等新闻信息，国家局领导参加新闻发布会进行发布并解答记者提问。

【对外新闻宣传报道】 适应新形势新任务，加强媒体联系、宣传策划和释疑解惑，唱响主旋律、传播正能量。组织中央和地方媒体赴全国多个地区基层一线开展采访报道工作。如赴四川、贵州开展扶贫工作专题采访；赴广西开展卷烟打私专题采访等。《人民日报》、新华社等多家主流媒体全年累计报道烟草新闻 80 篇，中国政府网转载烟草新闻 50 条。每季度制定宣传报道重点，指导行业各主流媒体围绕行业中心工作精心制作专题策划，聚焦亮点、难点、重点工作。

【舆情监测】 高度重视舆情监测和引导处置工作，加强政务舆情回应。协调有关部门和媒体，及时妥善处理舆情事件。针对网络出现的不实或不准确报道，尤其是关于“云产卷烟烟丝掺假”等言论，及时澄清事实。2017 年及时妥善处置行业重大舆情 8 起。继续夯实舆情管理基础，完善全行业舆情联动机制，通过线上、线下多种形式，不断加强对行业舆情管理工作的指导，加强对新闻舆论从业人员的培训，提高行业舆情管理工作水平。

2017 年，《中国烟草》杂志入选“2016—2017 中国报刊经营价值百强”，同时被评为“融合创新经营三十佳报刊”

《中国烟草》杂志社　丁广达　摄

【拓展新媒体报道传播渠道】 探索创新方式方法，加强各类信息资源整合，加快传统媒体与新媒体融合发展步伐，推动行业媒体在创新内容载体、拓展传播渠道、增强传播效果等方面改革创新。充分利用行业主要媒体微信公众号作为新媒体新闻信息发布平台，通过微信公众平台发布新闻信息，积极利用音视频、图表、数据、实例等进行政策解读，2 个主要公众号订阅人数超过 10 万人。

主要报刊

【《中国烟草》杂志】 **概况。**《中国烟草》杂志的前身为《中国烟草工作》，创刊于 1985 年。1997 年 1 月起更名为《中国烟草》。1999 年起由月刊改为半月刊，2001 年分为综合版和经济版。2003 年按照中央要求，《中国烟草》杂志实行“管办分离”的管理体制。刊物由国家烟草专卖局主管，《中国烟草》杂志社有限公司主办。刊物以“坚持正确导向、服务烟草行业、探索改革思路、贴近职工生活”为办刊宗旨，坚持正确舆论导向，围绕中心，服务大局，坚持“三贴近”原则，全面、准确、及时、深入地宣传阐释国家局党组的方针任务和工作部署，组织采写专题报道和重要文章，充分发挥“喉舌、窗口、园地”作用，为行业改革发展营造良好舆论氛围。2017 年，《中国烟草》杂志征订量 6.47 万份，同比增长 4%，连续 18 年保持稳定增长。2017 年，《中国烟草》第 11 期创刊第 600 期，具有重要纪念意义。为此，国家烟草专卖局党组书记、局长，中国烟草总公司总经理凌成兴批示指出，杂志社“为行业凝心聚力推进改革发展作出了大量卓有成效的工作，具有很强的传播力、影响力和公信力”。《中国烟草》杂志入选“2016—2017 中国报刊经营价值百强”，同时被评为“融合创新经营三十佳报刊”。

《中国烟草》2017 年第 11 期正值出刊 600 期
《中国烟草》杂志社　供稿

围绕国家局党组决策部署开展宣传报道。 2017 年，《中国烟草》杂志坚持正确舆论导向，紧紧围绕国家局党组的中心工作，突出重点、热点和亮点，扎实做好党组重大决策和部署的宣传报道工作。精心策划、积极创新、全面深入报道全国烟草工作会议，2017 年第 3 期《中国烟草》杂志“专题”栏目以“坚持一个总基调　争创六个新作为　实现两个超万亿”为主题，对 2017 年全国烟草工作会议精神进行全方位报道和解读。对此，凌成兴作出批示：“本期《中国烟草》，对全国烟草工作会议，解读有深度、编排有特色、专题有分量。可以说，一册在手、全年管用。”《中国烟草》杂志还围绕“争创六个新作为”，以连续 6 期专题的形式对行业贯彻落实全国烟草工作会议精神深入报道，宣传全行业贯彻落实全国烟草工作会议精神的成绩，提振全行业信心。

对行业经济运行开局进行宣传报道。 2017 年，行业经济运行工作呈现良好开局。《中国烟草》杂志抓住时机，组织力量宣传行业经济运行的新情况、新成绩、新亮点，推出第 2 期《用尽“洪荒之力”扎实推进发展》、第 7 期《好局好势好劲头》、第 8 期《发展“入春”春意渐浓》、第 9 期《经济运行开局良好》等一系列宣传报道鼓舞行业人心，激励行业斗志，振奋行业精神。

对行业各项重点工作进行宣传报道。 围绕行业党建工作和庆祝建军 90 周年开展宣传报道。2017 年《中国烟草》杂志“学习”“要闻”“视觉”“关注”等栏目，积极做好行业学习贯彻党的十八届六中全会精神、“两学一做”学习教育常态化制度化和贯彻落实全面从严治党主体责任，以及中国人民解放军建军 90 周年宣传报道。宣传烟草行业党的建设工作会议精神，组织策划《旗帜引领方向　旗帜凝聚力量》《凝聚党建正能量　催生发展新动力》等系列报道。

深入学习宣传全国“两会”精神，做好“两会”报道，展现行业良好风貌。《中国烟草》第 7 期“特稿”栏目刊发一组采访烟草行业“两会”代表的文章，受到局领导的肯定和表扬。

围绕卷烟打私打假工作，《中国烟草》开辟“法治”栏目，报道各地为卷烟打假打私工作作出的不懈努力。聚焦国际市场和“一带一路”高峰论坛，刊发《雄心壮志迈上“一带一路”》《应对新挑战　展现新作为　努力开创国际市场拓展新局面》等专题和系列文章。围绕行业“互联网+”，解读《烟草行业“互联网+”行动计划》。围绕国家“双创战略”，积极宣传行业“青年人才托举工程”工作座谈会精神，刊发《托举青年才俊　共赢行业未来》等系列文章。围绕中央和国家局党组打赢脱贫攻坚战的要求，推出《聚焦精准扶贫　建设责任烟草》等系列文章。

打造全媒体矩阵，推进媒体融合发展。 作为烟草行业的主流媒体，《中国烟草》创新思路，整合资源，不断探索传统媒体和新兴媒体的融合发展，初步形成以《中国烟草》杂志为主、多刊综合、多媒体形式于一体的全媒体矩阵，进一步满足广大读者需要，为开展行业新闻舆论工作搭建良好平台。

结合“中国烟草资讯网”及移动客户端、“中国烟草资讯”微信订阅号等媒体的不同特点，开展多种形式的宣传。首次尝试进行 2017 年全国烟草工作会议网络图文实时报道。同时，采取多种形式为行业内外客户做好网络宣传，各项活动取得良好宣传效果。

【《中国烟草学报》】　概况。 《中国烟草学报》（简称《学报》）由中国烟草学会主办，创刊于 1992 年，主要刊登国内烟草工业、农业、经济等方面的学术论文、研究报告、研究简报，以及反映国内外烟草科研进展、学术动态的综述文章。面向国内外公开发行。2017 年，《学报》在内容前沿性、覆盖广泛性、报道及时性和推进信息化建设等方面影响力继续保持较高水平。

办刊质量和影响力逐年提升。 根据 2017 年万方数据和中国知网统计年报显示，《学报》影响力的相对位置仍比较稳定，2016年影响因子1.257、被引频次1934，较上年都有所提升。基金论文比仍保持在70%以上，影响力指数（CI）1154.656，在轻工类科技期刊中继续排名第一。

发展新媒体增强传播效果。《学报》多措并举，利用第三方传播平台、微信公众号等新型传播手段，及时开展科技成果宣传报道，增强科技信息传播的时效性和广泛性。对优质论文开辟绿色通道，出版周期较纸质期刊出版缩短约100天。为刊登的每篇论文制作二维码，便于读者利用手机快速检索和查阅。“烟草学术期刊”微信公众号订阅人数2726人次，同比增长160%；利用微信平台推送提供丰富的学术信息和资源，初步实现论文全文共享。

《学报》组织人员参加科技期刊数字出版业务培训等职业学习，强化编辑业务素养和服务意识。积极扩充编委会专家队伍，新增、增补和聘任相关专家，编委会力量进一步充实，编委学科构成更加完备。

【《烟草科技》】 **概况。**《烟草科技》是国家烟草专卖局主管、中国烟草总公司郑州烟草研究院主办、中国烟草科技信息中心编辑出版的综合性烟草科学研究和技术开发类学术刊物，创刊于1957年。主要刊登烟草工业、农业及科技管理等方面的学术论文、研究报告、研究简报，以及反映国内外烟草科研进展、学术动态的综述等，国内外公开发行，是国家局指定的国际学术交流刊物。主编为中国工程院院士、郑州烟草研究院院长谢剑平。

学术质量逐年提升。 2017年，编辑出版发行中文版《烟草科技》12期，英文增刊1期，发表各类学术论文193篇，其中中文版180篇、英文增刊13篇，出版发行6万余册。全年收到新稿件561篇。编辑出版著作《〈烟草科技〉被引论文分析与研究》。

在河南省组织的期刊质量评价中，《烟草科技》成为唯一一家在政治、依法出版、技术、编校质量综合评价得满分（100分）的科技类期刊，继续排名综合指导类第一位、总排名第二位。在国际上，持续成为英国《科学文摘》、荷兰《文摘与引文数据库》、美国《化学文摘》等收录期刊。在国内，继续列为中文核心期刊、中国科技核心期刊、中国科学引文数据库（CSCD）核心库来源期刊、中国核心学术期刊、中国学术期刊文摘数据库收录期刊。

评价指数持续提升。 据《中国学术期刊影响因子年报》数据显示，在25种轻工业期刊中《烟草科技》影响力指数（CI）排名第二位，综合影响因子排名由第二位上升至第一位，基金论文比由0.70提高到0.76。

数字化出版进程加快。 2017年，《烟草科技》实现期刊论文的网络多途径全文共享，加速烟草科技成果的快速传播和转化应用。

【《新烟草》杂志】 《新烟草》创刊于1986年，由中国烟草总公司主管，黑龙江省烟草公司、《中国烟草》杂志社有限公司主办。2013年7月由原来的半月刊变更为旬刊，其中包括《新烟草（旺铺）》2期、《新烟草（现代烟草农业）》1期。2017年，《新烟草（旺铺）》杂志发行量18.7万份。《新烟草（现代烟草农业）》杂志征订量3.36万份，同比增长6%。

2017年，《新烟草》呈现新变化。《新烟草（旺铺）》在封面设计、版式调整和内容安排等方面进行探索和尝试，在行业上下和零售客户中的影响力、美誉度不断提升。杂志在贯彻国家局党组提出的“办成零售客户喜爱的，对零售客户经营有帮助的，对工业企业品牌宣传有帮助的”办刊道路上稳步前进，形成“工业企业宣传品牌、商业企业借力销售、零售客户指导经营”的发展局面。

《新烟草（现代烟草农业）》稳定发展，在烟叶产区影响力日益彰显，得到广大产区烟叶生产部门、基层烟叶站和烟农肯定，成为指导产区烟叶生产和服务烟农生产生活的必备刊物。

【《东方烟草报》】 **概况。**《东方烟草报》创刊于1992年，是由山东省烟草专卖局主管，中国烟草总公司山东省公司主办，《东方烟草报》社有限公司出版发行，面向全国公开发行的烟草主流媒体。该报为周七报，包括正报、《金周刊》《山东视窗》《中国烟机》《中烟物流》《烟草人家》等。2017年，《东方烟草报》发行量23万份，覆盖全国县级以上党政机关；《金周刊》发行量156万份。报社在岗员工126人。

围绕行业发展提升新闻宣传水平。 2017年，《东方烟草报》全面落实“一个学习贯彻、两个认真执行、三个理直气壮”指示精神，探索“专题报道组+”策划执行新机制，新闻宣传水平持续提升。以迎接党的十九大胜利召开为主线，统筹做好会议精神学习贯彻和行业正面宣传报道，其中11篇反映党的十八大以来烟草行业改革发展成就的综述得到国家局党组充分肯定，并由凌成兴作序，印制成册，供全行业学习。在正报推出《既然选择了远方，就要奋力前行》《撸起袖子加油干 奋力争创新作为》《一路山丘百步沙》等一系列深度报道和“国家烟草专卖局倾情帮扶十堰25年”“加速推进实施托举工程”“《东方烟草报》5000期”等特刊，增强重要策划报道影响力，得到国家局主要领导的批示和工商企业的认可。

《中国物流》在“物流小改小革”等策划中探索报网联动，令人耳目一新，指导性进一步增强。《金周刊》以可读性为导向，新创办《幸福家》《徽烟视窗》等子刊，更好地发挥地方版在宣传品牌、展现特色、密切关系等方面的作用，进一步提高服务工商企业和零售客户的水平，实现社会效益和经济效益双丰收。2017 年，报社获评 2016 年度中国报业深度融合发展四大奖项，以及“中国报业版权工作先进单位”等。

2017 年 6 月，《东方烟草报》社获评“中国报业版权工作先进单位”

《东方烟草报》社　供稿

加速推进新媒体建设。2017 年，《东方烟草报》加速推进新媒体建设，积极开展报网联动，实现时效性互补。持续开展精益达人评选、行业书画大赛、微视频大赛等多种活动，关注度、影响力稳步提升。加大视频报道力度，读者体验、编读互动效果、新闻传播时效不断提升。微信矩阵逐渐成为行业新闻宣传、品牌文化传播的重要阵地。采用网络现场图文直播，报纸、网站、微信、新闻客户端联动报道等方式，全方位报道全国烟草工作会议，新闻报道更加多样化。

针对有关烟草行业的社会舆情和不实言论，加强网络舆情监控收集和上报工作，充分发挥微信矩阵优势，组织发布关于烟丝掺纸辟谣等文章，及时澄清事实，客观宣传行业工作。

【《烟草企业文化》】　《烟草企业文化》是由中国烟草职工思想政治工作研究会、《中国烟草》杂志社有限公司主办，《中国烟草》杂志社有限公司编辑出版的内刊，面向烟草行业各直属单位发送，是中国烟草思想政治工作研究会的会刊。2017 年，《烟草企业文化》延续稳定特色、特点，同时探索改版创新，版面更加活跃，内容更加丰富，紧跟热点，及时准确报道行业政治思想工作、文化建设等方面内容，宣传全国烟草行业党的建设工作会议、人事工作会议等重要会议情况。

网络媒体

【国家局行业网站】　**概况**。2017 年，国家局行业网站（简称行业网站）坚持为行业改革发展大局服务，为推动行业年度目标实现营造良好舆论氛围，各项工作取得明显成效。1—10 月，行业网站内网累计访问量 260 万余人次，外网访问量 176 万余人次；内网发布各类信息 1.3 万余条，外网发布各类信息 1.9 万余条，48 条政务信息被中央政府门户网站采用。

落实《政府网站发展指引》，网站监测抽查工作成效明显。2017 年 5 月，国务院办公厅印发《政府网站发展指引》，国家烟草专卖局信息中心会同国家局办公室研究讨论贯彻落实工作方案，在广泛征求机关各部门、各单位意见的基础上，印发《国家局关于贯彻落实政府网站发展指引的实施意见》《关于进一步加强烟草行业政府网站建设和管理的通知》，提出贯彻落实的 18 项重点任务，明确责任部门、工作要求和完成时限。行业各单位迅速响应，建立机制，细化措施，狠抓落实。

政府网站监测抽查工作成效显著。通过对行业各级政府网站开展高标准、严要求的监测抽查、督促、整改，以及对不合格网站进行通报等措施，行业政府网站总体情况得到较大改善。抽查合格率由一季度的 79% 上升到三季度的 98%。国家局通过“我为政府网站找错”平台转办答复网民找错收到 10 例，均在规定时限内及时办结、妥善答复，办结率 100%。

行业大事要事报道迅速响应。国家局行业网站按照行业新闻舆论工作的统一部署，坚持团结鼓劲、正面宣传为主的方针，发挥网站响应快、涉及面广的特点，进一步增强行业大事要事宣传时效性。习近平总书记发表“7·26”重要讲话后，行业网站及时部署宣传报道工作，发布行业 64 家单位学习贯彻新闻稿件 71 篇，迅速掀起行业学习贯彻的热潮。在党的十九大召开之际，行业网站提前谋划，精心设计，开设“喜迎十九大”专题，为党的十九大胜利召开营造良好舆论氛围。

政务服务功能和舆情监测取得新进展。 政务公开措施得力。落实国务院办公厅《关于全面推进政务公开工作的意见》及《实施细则》等文件要求，行业网站通过完善办公自动化系统的信息公开功能，建立政策法规文件公开机制，确保文件及时主动公开。通过调研各大部委网站，结合行业业务特点，进一步加强对解读内容的分类管理，将政策分解在“综合业务”“专卖业务”“生产经营”3个子栏目中解读。2017年，在国务院办公厅委托中国社会科学院法学所发布的《2016年中国政务公开第三方评估报告》中，国家局进入国务院部门“2016年政务公开工作开展总体较好”的30家单位名单，“回应关切”和“保障监督机制”2项指标被评为“开展较好”。行业各单位积极采取措施，落实政务公开相关要求。

政务信息系统整合有序推进。按照国务院关于“政务信息系统整合共享实施方案”的统一部署，国家局成立政务信息系统整合共享工作领导小组，清理所有“僵尸”政务信息系统，组织机关各有关单位梳理国家局政务信息资源，编制形成政务信息资源目录。

线上政务服务初见成效。按照国务院关于“放管服”改革的部署要求，行业各单位开展行政审批服务大厅线上线下相结合的功能完善工作，加强与国家局专卖系统、属地政府政务系统以及其他相关系统对接，实现与外部网站的前端整合，增强服务便捷性。

舆情监测支撑有力。国家局协调行业各单位建立日常舆情监测快速反应和协调联动机制，实行7×24小时常态化不间断监测，每日上报舆情监测报告，确保及时发现并妥善处置舆情，降低对行业产生负面影响的可能性，为国家局领导决策提供有力支撑。国家局领导高度重视舆情监测工作，先后两次在上报的每日舆情报告上作出批示，对网站舆情工作给予肯定。

多措并举提升网站管理水平。 网站达标水平明显提升。2017年，国家局依据《烟草行业网站管理办法》考评相关规定和全国政府网站普查标准，对行业内外部网站进行全面考核评价。开展各单位自查以及国家局日常监测和综合评定等3个阶段考核，山东、湖南、浙江等10个省（市）局和江西、安徽、陕西等5家工业公司网站工作综合考评成绩优异。行业各单位比学赶超，全面提升行业网站质量和水平。

安全保障水平明显提升。党的十九大期间，行业各单位高度重视网站安全工作，明确网站安保主体责任，落实分管领导和责任岗位，采取有效措施严加防范攻击、入侵和破坏网站行为，开展网站应急演练，完善应急处置预案，加强网站监测预警，确保行业网站安全、稳定、可靠运行。福建省局（公司）对网站服务器统一安装防篡改软件，购买专业信息安全外包服务，在金砖国家峰会和党的十九大期间，协同外部公司加强巡查和值班值守。云南中烟在党的十九大会议前一个月启动安全防护措施，会议期间实行7×24小时“系统+人工检测”的全程值守保障。黑龙江省局、广东省局、河北中烟等单位，在党的十九大会议期间，明确工作措施和应急处置措施，网站安全各项要求落到实处。

队伍建设水平明显提升。建好网络舆论宣传主阵地，加强人才队伍建设。行业网站始终把坚定正确的政治方向摆在首位，不断加强政治理论学习，努力锤炼良好的思想作风和工作作风；不断加强业务学习，以适应网络时代媒体融合发展需要。湖南省局（公司）、湖南中烟联合举办工商系统培训班，为190余名学员进行培训，提高烟草工商系统网站工作人员的业务能力和水平。山西省局（公司）建立省稿费激励机制，进一步激发通讯员队伍活力；建立多层级新闻写作培训机制，不断加大基层通讯员队伍培训力度。

【中国烟草资讯网】 ***创新新闻宣传方式。*** 2017年，中国烟草资讯网结合移动客户端、“中国烟草资讯”微信公众号等网络媒体的不同特点，开展多种形式宣传。对2017年全国烟草工作会议首次尝试进行网络图文实时报道，及时发布行业各单位学习贯彻两会精神动态。根据行业重点工作和杂志社宣传思路，设计制作2017年烟草代表议两会、《中国烟草》创刊600期、2017年中国烟草扩展国际市场、经济运行开局良好、2017年《中国烟草》杂志社工作座谈会、砥砺奋进这五年、争创六个新作为、烟草行业学习贯彻党的十九大精神等系列网络专题。

配合国家局机关及二级公司宣传要求，与国家局经济运行司联合开展“金叶工匠”征集活动、在“中国烟草资讯”微信公众号连续发布20余期“精益漫画”；与中国烟叶公司联合开展“党旗红　金叶灿”征文活动、编写烟叶调研报告；配合国家局信息中心在微信号上设计制作“国家局加强行业网站建设通知”有关内容。认真学习贯彻新《广告法》及《互联网广告管理暂行办法》等相关法律法规。

截至2017年底，中国烟草资讯网发布各类信息1.7万条，页面总浏览量2.5亿次，点击总量3.6亿次，日均点击量100多万次，日均访问人数1.9万人次。“中国烟草资讯”微信公众号订阅人数2万余人次，客户端下载人数1万余人次，微信公众号、客户端全年分别推送消息1000余条。

加强网络信息安全管理。 贯彻落实《网络安全法》规定，定期进行应用系统、服务器安全检查，及时修复漏洞，严格执行保密规定，全方位加强杂志网络信息安全保障工作。重点进行两会、“一带一路”峰会、金砖国家峰会、党

的十九大等重要会议期间的杂志网络信息安全保障。加强网络安全保密管理工作，进行国家局电子邮件系统和办公电脑安全保密检查、办公电脑“勒索病毒”防护补丁和安全漏洞修复。

2017 年 4 月 6 日，《中国烟草年鉴（2017）》组稿工作会议在北京平谷召开

《中国烟草》杂志社　供稿

完善信息化系统。 继续开展全媒体项目建设、进行项目验收，完成服务器存储及负载产品安装调试，中国烟草资讯网与移动客户端发布平台对接，投稿系统数据迁移，杂志光盘制作，舆情监控云服务使用，合同管理系统、全媒体资源库、期刊移动审稿流程监控系统、互联网广告客户管理系统运行及期刊数字化加工和网页设计工作。将网站前后台、采编前后台、广告系统、投稿系统、搜索系统以及磁盘阵列均纳入虚拟化系统，基本实现各系统的全平台虚拟化，便于管理优化和安全修复工作。

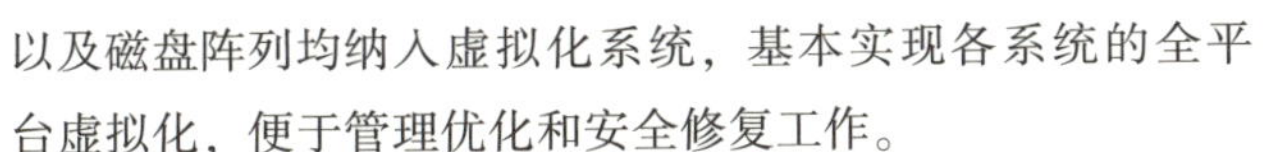

行业志鉴编纂

【《中国烟草年鉴》】 《中国烟草年鉴》是由国家烟草专卖局组织编纂，全面反映中国烟草行业改革发展情况，以及所属各企业发展概貌的专业性、权威性行业综合年鉴。《中国烟草年鉴》自 1996 年创刊以来，已先后编纂出版 1991—1995 年、1981—1990 年、1996—1997 年、1998—1999 年、2000 年、2001 年、2002 年、2003 年、2004 年、2005 年、2006 年、2007 年、2008 年、2009 年、2010 年、2011—2012 年、2013 年、2014 年、2015 年、2016 年、2017 年共 21 卷。从 2005 年起，由国家局《中国烟草》杂志社有限公司《中国烟草年鉴》编辑部具体负责年鉴的编辑工作。

《中国烟草年鉴（2017）》正文部分包括 14 个栏目，依次为：特载，行业概览，国家烟草专卖局、中国烟草总公司组织结构，“两学一做”学习教育，专卖管理与“两烟”经营，烟草工业，科研和教育培训，新闻舆论和文化建设，公益活动，控烟履约，大事记，重要政策法规与文件选登，经济统计，附录。主要收录 2016 年全国烟草行业发展的主要工作情况。各栏目内容充实，信息量大，反映行业改革发展的历程，具有很强的权威性、延续性。同时，以彩图配合相关栏目，生动、直观、全面地反映行业各方面发展情况，彩图涉及面广，内容丰富；为更直接展示行业各单位的工作与成就，《中国烟草年鉴（2017）》首次在正文中配图，并首次采用四色印刷，表现形式更加多样化。

《中国烟草年鉴（2017）》在总体结构上，适应烟草行业改革发展“新常态”和行业类年鉴编撰要求；编辑过程中，加强对行业总体情况的把握，力求全面呈现烟草产业各发展环节的情况，精简了常规性内容。

《中国烟草年鉴（2017）》新增“‘两学一做’学习教育”栏目，介绍 2016 年国家局机关及全国烟草行业开展“两学一做”学习教育的情况。“新闻宣传”栏目更名为“新闻舆论和文化建设”，主要介绍国家局关于新闻宣传报道工作的方针政策、对外新闻宣传报道、舆情监测工作，主要报刊及网络媒体，行业各单位史志、年鉴编纂情况，中国烟草博物馆与各省级公司展馆建设情况，部分报刊名录和烟草行业新书目。

省级公司志鉴编纂

【《安徽省志·烟草志（1996—2010）》】 该志书是《安徽省志》的组成部分，由安徽省烟草专卖局（公司）和安徽中烟工业有限责任公司合编，已形成送审稿报送安徽省地方志办公室评审。全书分为6篇23章，约50万字。根据安徽省地方志办公室统一安排的编印出版计划，2017年交由出版社排版印刷成为出版样书。

【《江西省志·烟草志（1991—2010）》】 2012年7月启动编纂工作。该志书以反映江西烟草事业改革与发展历史、现状为主线，详记起始、变化和现状。按照“事以类聚，类为一志”“横分门类、纵述史实”的编写原则，主体以章、节、目及小目的结构撰写，全书9章55节，共计80余万字，采用照片140幅、图表226张。

2016年，江西省方志办会同《江西省志·烟草志（1991—2010）》编委会先后开展初审和复审工作。根据专家评委提出的修改意见和建议，编委会对稿件进行调整修改和补充完善。2017年1月，该志书提交江西省方志办进行验收。

【《大连烟草志（1984—2015）》】 由中国烟草总公司大连市公司编纂，2016年3月启动，2017年底完成定稿成书，出版书号ISBN 978－7－5654－3045－9，由东北财经大学出版社公开出版。

《大连烟草志（1984—2015）》是大连市烟草专卖局（公司）自1984年7月1日组建以来，第一部全面系统记载大连烟草历史发展情况的专业志书。该志书综合运用述、记、志、传、图、表、录文体，以志为主，事以类从，横分纵述。结构上设篇、章、节、目4个层次，含概述、大事记、卷烟经营、烟草专卖、企业管理、信息与科技、人事劳资、党群社团、政治工作、区市（县）分公司、附录共9篇25章71节90目，表格78个，照片专页图片221幅，随文图135幅，总字数78.8万字，全面记录了大连烟草组建30余年来发展历史。

【《北京烟草年鉴》】 是由北京市烟草专卖局（公司）组织编纂的内部资料，创刊于2005年，按照年度编写，已出版13卷。

【《安徽省烟草专卖局（公司）年鉴》】 是由安徽省烟草专卖局（公司）组织编纂的内部资料，按年度编写。2017年，组织人员集中编纂安徽省局（公司）2016年相关资料，全书约60万字。截至2017年底，稿件进入印制出版程序。

【《安徽中烟工业有限责任公司年鉴》】 由安徽中烟工业有限责任公司组织编纂，除2009年启动编纂的第一卷为内部资料外，已出版的其余4卷均为公开出版。

【《山东省烟草专卖局、中国烟草总公司山东省公司年鉴》】 该年鉴由山东省烟草专卖局（公司）组织编纂，全面反映山东省烟草专卖局（公司）系统改革和发展情况及所属各单位发展概貌的专业性年鉴。从2005年开始编纂，截至2017年底已编辑出版9卷。

2016年10月，山东省局（公司）启动2014—2016年度年鉴编纂工作。截至2017年底，先后完成培训、大纲制定、稿件收集整理、编辑审核等工作，计划于2018年5月正式出版发行。该卷年鉴设有特载、行业概览、人事变化、直属单位、统计资料、大事记、公益事业、先进集体与先进个人、附录共计9个栏目。“栏目”下设“分目”“条目”，采用彩版，以彩图配合相关栏目，生动直观反映全系统各方面发展情况。

【《山东中烟年鉴》】 由山东中烟工业有限责任公司组织编纂，于2011年启动编纂工作，截至2017年底已完成2011—2014年4卷，2015—2017年年鉴正在编纂中。年鉴采用分类编辑法。主体内容分为栏目、分目、条目3个层次，条目为年鉴内容的基本单位。一般设领导讲话、大事记、公司综述、公司部门、公司中心、卷烟工厂、集团公司、先模人物、附录等栏目。条目由各卷烟厂、各集团公司及公司各部门、中心负责撰写。年鉴为纸质版，未实现数字化、网络化。

【《湖南烟草工业年鉴》】 由湖南中烟工业有限责任公司组织编纂，年鉴编写工作起始于2008年11月。围绕“打造精品年鉴”工作目标，采取条目体结构。该年鉴由公司卷和企业卷组成，每套7卷，公司卷为《湖南烟草工业年鉴》，创刊号为2008年卷，由中国出版集团、世界图书出版公司公开出版发行；2009—2012年卷由湖南人民出版社公开出版发行；2013年卷由北京民主与建设出版社公开出版发行。每卷约35万字。所属企业卷分别为《湖南烟草工业年鉴——长沙卷烟厂卷》《湖南烟草工业年鉴——常德卷烟厂卷》《湖南烟草工业年鉴——郴州卷烟厂卷》《湖南烟草工业年鉴——零陵卷烟厂卷》《湖南烟草工业年鉴——四平卷烟厂卷》《湖南烟草工业年鉴——吴忠卷烟厂卷》，均为内部交流资料。截至2017年底，编辑出版2007—2013年鉴共59卷，其中公司卷7卷、长沙卷烟厂9卷、常德卷烟厂9卷、郴州卷烟厂9卷、零陵卷烟厂7卷、四平卷烟厂10卷、吴忠卷烟厂8卷。年鉴仅有纸质版本，未实现数字化和网络化。

【《四川中烟年鉴》】 是由四川中烟工业有限责任公司2017年组织编纂的内部资料，是四川中烟自2015年11月成立以来编纂的第一部年鉴。

【《云南中烟年鉴》】 由云南中烟工业有限责任公司组织编纂，全面反映云南中烟重要改革发展情况，以及所属单位发展概貌的专业性、权威性年鉴。旨在为行业内部人士及社会各界全面了解、研究云南烟草工业提供基础材料和基本线索。云南中烟从2012年启动年鉴编纂工作，编印了2011年、2012年、2013年、2014年、2015年、2016年共6卷年鉴。每卷发行400册，每卷约80万字。2017年，完成2016年年鉴编印工作。

【《红塔集团年鉴》】 由云南中烟工业有限责任公司红塔烟草（集团）有限责任公司组织编纂，自2009年创刊至2017年公开出版发行纸质和电子书11卷。其中，2013年下半年和2014年上半年，补编2007卷、2008卷。《红塔集团年鉴》全面、系统地反映了红塔集团的发展进程，年度重点凸显，企业特点突出，与党的大政方针保持高度一致、同行业发展要求紧密相连；表述科学，结合烟草行业要求与国家出版管理规定，统一计量单位和数字；服务读者，以方便读者查阅检索为本，年鉴卷首有详细中文目录和英文要目，卷内有书眉，卷末有索引。同时，配有电子书，可下载使用。《红塔集团年鉴》与《红塔集团志（1956—2005）》形成一套较为完整的历史资料丛书。

【《红云红河集团年鉴》】 由云南中烟工业有限责任公司红云红河烟草（集团）有限责任公司组织编纂，自红云红河集团2008年成立开始编撰，以内部资料委外印制方式形成8卷，每卷编印600册，以满足红云红河集团总部各中心、部室及下属生产厂（公司）日常使用。该年鉴作为反映红云红河集团年度基本情况的资料工具书，设集团概况、品牌培育、科技创新、生产制造、原料保障、物资管理、物流管理、企业管理、队伍建设、党建群团、主要会议、组织机构、生产企业、荣誉榜、数据汇编、记事等栏目。

【《昆明卷烟厂年鉴》】 由云南中烟工业有限责任公司红云红河烟草（集团）有限责任公司昆明卷烟厂组织编纂，是简明记载昆明卷烟厂1992—2017年基本情况的资料工具书。年鉴设主要工作、重要会议、通知·规定、组织沿革、统计数字汇集、荣誉汇编、大事记7个栏目，并制作在线卷烟产品（小包）照片作为附件收录。每年内部印发240册。

【《曲靖卷烟厂年鉴》】 由云南中烟工业有限责任公司红云红河烟草（集团）有限责任公司曲靖卷烟厂组织编纂，是继《曲靖卷烟厂志（1966—2009）》出版之后，简明记载曲靖卷烟厂2010—2017年基本情况的资料工具书。2010年组建年鉴编纂委员会。年鉴设特载、企业概况、生产制造、基础管理、队伍建设、党建群团、重要会议、组织机构、天福公司、荣誉榜、数据汇编、大事记等栏目。由云南出版集团、云南人民出版社出版发行，每年印数50册。

【《大连烟草年鉴（2017）》】 是由大连市局（公司）于2017年编写的内部资料，是大连市局（公司）自1984年7月1日组建以来编写的第一部年鉴。该年鉴采用分类编辑法，设有专文、大事记、大连市烟草专卖局（公司）组织结构、大连市烟草专卖局（公司）、直属单位、重要文件、附录7个栏目，综合反映2016年大连烟草系统工作情况。

博物馆、展馆建设

中国烟草博物馆

【概　况】 中国烟草博物馆（简称博物馆）位于上海市长阳路，于2004年7月15日开馆，总投资1.8亿元。博物馆总建筑面积9617平方米，其中占地面积5511平方米，展示面积3500平方米。博物馆是一家反映中国烟草发展历史、传承中国烟草文化的专业博物馆，是上海首个国家级行业博物馆，也是当前世界上规模最大的烟草博物馆。博物馆开馆后的日常运行委托上海烟草集团有限责任公司进行管理。

中国烟草博物馆有烟草历程、烟草农业、烟草工业、烟草经贸、烟草管理、烟草文化等展馆，参观者可以通过

2017 年，中国烟草博物馆举办“鹤舞烟波”水烟壶珍藏展

上海烟草集团　供稿

大量珍贵的文物、文献、模型、场景、真人蜡像及照片、多媒体等形式，全面了解中国烟草的起源及各发展阶段的概况和特征，了解吸烟与控烟的发展历史及中国烟草行业在控烟与减害降焦等方面所做的工作。

【参观交流】　按照“让更多的人了解中国烟草”的办馆理念，以及“服务大众、奉献社会”的服务理念，博物馆不断强化服务承诺，以做好讲解工作为核心，努力做好服务接待工作。定期调整讲解内容的侧重点和层次感，要求讲解员展现出灵活接待形式，开展多层次讲解服务，针对不同观众做到“因人施讲”。通过开展经常性的讲解工作培训和讲解技巧练兵活动，提升博物馆的接待能力和讲解服务水平。2017 年，博物馆累计接待观众 11462 人次，观众满意率达到 97.67%。

【展馆调整与主题临展】　在展馆调整方面：2017 年，博物馆在烟草文化馆增设内画鼻烟壶独立展区，播放内画工艺技法视频，展示内画工具与一代内画宗师习仲三手稿复制件等。将烟标墙由原先的烟标相框改造成转经筒式的同轴烟标展区，打造 24 个可触摸的六面体魔方共 96 张烟标。参照虹口区鲁迅故居纪念馆实物照片资料，对鲁迅像文化展区进行场景调整和重新布置，营造逼真氛围。结合近两年行业卷烟品牌发展尤其是新品推出情况，调整更新烟草工业馆卷烟品牌展区，展出 15 家工业公司和 7 家中烟实业下属公司的近 32 个卷烟品牌包条模型，展现近年来行业卷烟品牌建设成果。在主题临展方面：甄选 51 件藏品举办“鹤舞烟波”水烟壶精品展，让更多观众欣赏水烟壶的方寸之美。在上海静安石门一路、南京西路两家海烟烟行推出以烟标、烟具为主的文化展柜，展示多姿多彩的烟草文化。

【文物普查和征集保管】　2017 年，博物馆举办第三期行业文物普查专题培训班，对 14 家省局公司和工业公司的普查人员进行培训。普查小组实地调研安徽和山东两省中烟工业所属 7 家卷烟厂及山东潍坊二十里堡英美烟公司复烤厂旧址，现场登记信息 191 条，拍摄照片近 500 张。在征集保管方面，收到中国台湾杨先生捐赠的“沈天吉烟袋”商号木质挂匾；上海书画收藏家陈先生捐赠的民国年间福新烟公司、上海市卷烟工业同业公会的文献原件若干；《雪茄客》发行人王女士一行捐赠的《雪茄客》杂志创刊号等一批文献。征集明代末期至清代早期的瓷质烟锅 10 余个、近代牛角章 4 枚。围绕上海烟草发展加强内部征集工作。向高扬公司征集莫林斯（MOLINS）五通道滤棒发射机实物和高扬公司保留的设备铭牌、小工具、字画、模型等数十件实物，以保存和展现高扬公司 25 年发展轨迹；同时，征集具有收藏价值的实木写字台、文件柜、木转椅等 10 件老式办公家具，以及见证上海烟草发展历程的老式电话机、手风琴等实物。

【文化研究与对外合作】　2017 年，博物馆按照国家局编撰印制的《新中国卷烟烟标精选集》要求，以图集为基础重新开展征集、编辑工作。通过召开专题工作会议、重新建立联系人队伍、精细编辑校对样稿、审核把关催交协调烟标印制等工作，完成烟标集编辑工作并协调上海烟草包装印刷有限公司印刷制作全套烟标集。联合童涵春中医药博物馆探索开展鼻烟开发工作，研发 4 款成品鼻烟。邀请上海博物馆专家指导开展水烟壶纹饰传拓制作，利用中国

2017 年 6 月，中国烟草博物馆为文献捐赠者颁发证书
上海烟草集团　供稿

传统拓片制作技艺，将壶身上的文字、图案记载下来，使之成为学术研究、艺术展示、欣赏交流的珍贵文化载体。

中国雪茄博物馆

【概　况】　中国雪茄博物馆位于四川省什邡市四川中烟工业有限责任公司长城雪茄烟厂厂区西北角，是由国家烟草专卖局、中国烟草总公司发起建设的，全国性、专业性的国家级博物馆，授权四川中烟全面管理的、公益性工业旅游示范点、科普教育基地和爱国主义教育基地，是目前唯一一家展示、收藏、研究、交流中国雪茄烟文化的博物馆，填补了中国烟草雪茄烟主题展示雪茄烟文化的阵地空白。

建筑物主体共 3 层，有“寻根”“溯源”“探秘”3 个展厅，分别寻根世界著名雪茄烟产地、溯源中国雪茄烟百年历史和探秘中国雪茄烟核心工艺技术。建筑面积 4662.65 平方米，其中一层 1961 平方米，二层 1431 平方米，三层 1270 平方米。

馆内，陈列有中国驻古巴前大使张拓捐赠的古巴领导人劳尔·卡斯特罗亲笔签名的古巴雪茄烟、国礼“长城雪茄”包装盒印刷模板 1976、中国第一台自产雪茄烟保湿柜、“长城 132”工作组轶事资料，以及来自湖北中烟、山东中烟、安徽中烟收藏的系列雪茄烟珍贵文物。

在中国烟草学会、中国卷烟销售公司的业务指导下，中国雪茄博物馆承载着面向社会大众，倾注中国雪茄烟的产业发展、全面服务于中国雪茄烟品牌推介和优品文化生活塑造、凝聚地方文化认同、促进地方发展和社会进步的历史使命。

【建设情况】　博物馆历时 10 年之久，从最初技术改造项目，到工厂雪茄文化中心，再到中国雪茄博物馆，经历反复论证、多方征求意见。

2008 年 12 月 2 日，长城雪茄烟厂易地技术改造项目取得国家烟草专卖局批复。批文为《国家烟草专卖局关于长城雪茄烟厂易地技术改造项目方案的批复》（国烟计〔2008〕602 号）。

2009 年 12 月 7 日，国家烟草专卖局再次批复规定：该项目总投资 9.56 亿元，建筑面积 12.73 万平方米，包括雪茄文化中心建设。批文为《国家烟草专卖局关于长城雪茄烟厂易地技术改造项目投资调整的批复》（国烟计〔2009〕490 号）。

中国雪茄博物馆位于四川中烟长城雪茄烟厂内，于 2017 年 11 月 8 日开馆
四川中烟　供稿

中国雪茄博物馆内的巨型雪茄烟展品（2017 年）
四川中烟　王新华　摄

2009 年 12 月 30 日，长城雪茄烟厂易地技术改造项目开工建设。

2010 年 6 月 30 日，招标确定雪茄文化中心土建施工单位。

2011 年 3 月，主体土建完成。

2015 年 11 月 8 日，四川中烟工业有限责任公司成立。12 月，新一届党组研究决定以“中国雪茄博物馆”为目标，定位于“中国第一个雪茄文化展示馆，世界唯一中式雪茄文化体验中心”，迅速重启该项目展陈设计施工，盘活国有资产，加大雪茄烟文化推广传播力度，助推中国雪茄烟产业快速发展。

【重要活动】 2017 年 11 月 8 日，中国雪茄博物馆开馆并作为主会场承办四川中烟工业有限责任公司“川烟 100 年”倒计时活动。地方党委、政府，中国卷烟销售公司、雪茄烟生产企业，各地烟草公司代表及雪茄客等 300 余名嘉宾出席庆典活动。

2017 年 12 月 26 日，在毛泽东同志诞辰 124 周年之际，博物馆举办“伟人与雪茄”文化研讨活动。雪茄烟工艺技术专家，什邡市文联各协会主创人员、专家，雪茄客，中国卷烟销售公司代表等 70 余人参加活动。

报刊名录

2017 年烟草行业部分报刊名录

报刊名	报刊号/准印证号	创刊年月	刊　期	联系电话	主办单位
《中国烟草》	ISSN1008－9063 CN11－3831/D	1985 年	半月刊	010－63605464	《中国烟草》杂志社有限公司
《新烟草》	ISSN1008－5181 CN23－1526/TS	1986 年	旬　刊	010－68535662	黑龙江省烟草公司、《中国烟草》杂志社有限公司
《中国烟草学报》	ISSN1004－5708 CN11－2985/TS	1992 年	双月刊	010－63605768	中国烟草学会
《烟草科技》	ISSN1002－0861 CN41－1137/TS	1957 年	月　刊	0371－67672637	中国烟草总公司郑州烟草研究院
《东方烟草报》	CN37－0082	1992 年	周七报	0531－88562706	《东方烟草报》社有限公司
《烟机通讯》	豫内资〔许昌〕0005 号	1995 年	半月报	0374－3266661	中国烟草机械集团有限责任公司
《北京烟草 》	京内资准字 1999－L0006	1993 年	季　刊	010－67009775	北京市局（公司）、北京烟草学会
《京烟》	京内资准字 99－L0501	1993 年	月　报	010－59028303	上海烟草集团北京卷烟厂
《天津烟草》	准印证号 K170086	2000 年 6 月	双月刊	022－23292109	天津市局（公司）、天津市烟草学会
《津烟》	内部资料准印证号：津 11011	1994 年 10 月	半月报	022－84786089	上海烟草集团有限责任公司天津卷烟厂
《河北烟草》	冀 L1100113	1988 年 6 月	双月刊	0311－88607906	河北省局（公司）、河北中烟主管，河北省烟草学会主办

续表

报刊名	报刊号/准印证号	创刊年月	刊 期	联系电话	主办单位
《河北烟草》	JL01－0312	2003 年 8 月	半月报	0311－66006562	河北中烟、河北省局（公司）
《山西烟草》	山西省连续性内部资料准印证〔99〕第 K224 号	1987 年 3 月	季 刊	0351－6563102	山西省局（公司）
《大光》	山西省内部资料准印证〔2013〕B124 号	1998 年	月 刊	0351－4188236	山西昆明烟草有限责任公司
《内蒙古烟草》	1501015	1988 年 10 月	双月刊	0471－2297004 0471－2297058	内蒙古区局（公司）、内蒙古自治区烟草学会
《辽宁烟草》	辽宁省内部资料准印证号 0022	1990 年	双月刊	024－31210786	辽宁省局（公司）、辽宁省烟草学会
《红辽烟草》	辽宁省内部资料准印证号 0151	2005 年 1 月	半月刊	024－22815777－1801	红塔辽宁烟草有限责任公司
《吉林烟草》	吉林省连续性内部资料出版物准印证编号：JN00－013	1994 年	双月刊	0431－88401432	吉林省局（公司）
《烟草专卖导读》	吉林省连续性内部资料出版物准印证编号：JN02－033	2003 年 4 月	月 报	0432－64606502	吉林省吉林市局（公司）
《吉林烟草工业报》	吉林省连续性内部资料出版物准印证编号：JN03－025	2008 年 5 月	半月报	0433－2858368	吉林烟草工业有限责任公司
《黑龙江烟草》	黑新出印字第 2300009 号	1999 年	旬 报	0451－82643781	黑龙江省局（公司）
《哈尔滨烟草》	黑新出印字第 2301026 号	2002 年	半月报	0451－88620697	黑龙江省哈尔滨市局（公司）
《黑龙江烟草工业报》	黑新出印字第 2301039 号	1988 年 11 月	旬 报	0451－82521456－250	黑龙江烟草工业有限责任公司
《上海烟草》[1]	上海市连续性内部资料准印证第 0205 号	1987 年	季 刊	021－61669608	上海市烟草学会
《江苏烟草》	苏新出准印 S（2016）00000063 号	2008 年	月 报	025－86794543	江苏省局（公司）
《江苏烟草研究》	苏新出准印 JS－S027 号	2008 年	双月刊	025－87756186	江苏省局（公司）、江苏省烟草学会
《江苏中烟》	S（2017）00000061	2007 年 1 月	双月刊	025－69896121	江苏中烟
《江苏中烟报》	S（2017）00000062	2007 年 1 月	半月报	025－69896130	江苏中烟
《浙江烟草》	浙内准字第 0046 号	1987 年 4 月	双月刊	0571－87079325	浙江省局（公司）、浙江中烟、浙江省烟草学会
《浙江中烟报》	浙企准字 S042 号	2006 年	月 报	0571－87075860	浙江中烟
《安徽烟草》	安徽省内部资料准印（综）00－2046	2001 年 1 月	月 刊	0551－2285023	安徽省局（公司）、安徽省烟草学会
《亳州烟草报》	亳宣准字 200303	2003 年	月 报	0558－5128558	安徽省亳州市局（公司）
《蚌烟实报》	皖内部资料性图书 BB－2010－009 号	2010 年	月 报	0552－4089163	安徽省蚌埠市局（公司）
《安徽中烟》	安徽省内部资料准印证号第 L00－053	2006 年	半月报	0551－65392203	安徽中烟
《黄山世界》	安徽省内部资料准印证号：00－265	2009 年	季 刊	0551－65368037	安徽中烟

续表

报刊名	报刊号/准印证号	创刊年月	刊　期	联系电话	主办单位
《福建烟草》	闽内资准字 K 第 097 号	1987 年 1 月	双月刊	0591－87069560	福建省局（公司）、福建中烟、福建省烟草学会
《海峡烟草》	闽内资准字 K 第 173 号	2003 年 6 月	旬　报	0591－87069456	福建省局（公司）
《海峡烟草（烟叶版）》	闽内资准字 K 第 173 号	2005 年 5 月	月　报	0591－87069456	福建省局（公司）
《三明烟草》	闽内资准字第 G003 号	1992 年 1 月	双月刊	0598－8566512	福建省三明市局（公司）、三明市烟草学会
《龙岩烟草》	（岩）新出内书第 2017006 号	2007 年 10 月	月　报	0597－2999816	福建省龙岩市局（公司）
《延烟资讯》[2]	（南）新出〔2008〕内书第 04 号	2008 年 1 月	月　报	0599－8876005	福建省南平市延平区局（分公司）
《福建中烟》	闽内部资料性出版许可证第 02028 号	2011 年 5 月	半月刊	0592－5836962	福建中烟
《龙烟人》	闽内部资料性出版许可证第 07014 号	1991 年	旬　报	0597－2776888	龙岩烟草工业有限责任公司
《厦门烟草》	厦新出〔99〕内资第 16 号	1993 年	月　报	0592－6536171	厦门烟草工业有限责任公司
《江西烟草》	赣内资字第 122 号	1991 年 1 月	双月刊	0791－86535120	江西省局（公司）、江西中烟、江西省烟草学会
《星辰》	赣内资字第 G023 号	2009 年 6 月	月　报	0792－8503389	江西省九江市局（公司）
《上饶烟草》	赣内资字第 E021 号	2013 年 6 月	月　报	0793－8318694	江西省上饶市局（公司）
《金圣报》	赣内资字第 076 号	2004 年 6 月	月　报	0791－88358596	江西中烟
《典藏》	赣内资字第 326 号	2009 年 9 月	不定期	0791－88358596	江西中烟
《广烟之窗》	赣内资字第 E004 号	1996 年 10 月	月　报	0793－6078818	江西中烟广丰卷烟厂
《山东烟草》	鲁连内资第 01095 号	2007 年	双月刊	0531－88931654	山东省局（公司）
《淄博烟草》	淄博市内部资料准印证〔2011〕270 号	2012 年 1 月	半月报	0533－2181599	山东省淄博市局（公司）
《滨州烟草》	滨州市内部资料准印证〔2006〕第 44 号	2006 年	半月报	0543－3157382	山东省滨州市局（公司）
《山东中烟报》	鲁连内资第 00027 号	2007 年 11 月	半月报	0531－58709711	山东中烟
《新晨报·泰山周刊》	CN37－0092	2008 年 5 月	周　刊	0531－58709710	山东中烟
《济烟视窗》	济南市内部资料准印证第 004 号	1990 年 7 月	半月报	0531－66776887	山东中烟济南卷烟厂
《青岛卷烟》	鲁连内资〔2007〕第 0055 号	1991 年 9 月	季　报	0532－81921263	山东中烟青岛卷烟厂
《星光》	山东省连续性内部资料出版物准印证第 0085 号	1997 年 10 月	月　报	0536－3239468	山东中烟青州卷烟厂
《滕烟采风》	鲁 D：连内资（2017）第 031 号	1996 年 2 月	月报	0632－8058330	山东中烟滕州卷烟厂
《将军视窗》	鲁连内资第 A0012 号	2015 年 2 月	月　报	0532－88777166	将军烟草集团有限公司
《中国烟草科学》	ISSN1007－5119 / CN37－1277/S	1979 年	季　刊	0532－88703708	中国农业科学院烟草研究所、中国烟草总公司青州烟草研究所

续表

报刊名	报刊号/准印证号	创刊年月	刊 期	联系电话	主办单位
《河南烟草》	河南省连续性内部资料〔审省直连〕00102 号	1996 年	双月刊	0371－65583198	河南省局（公司）、河南中烟、河南省烟草学会
《中原烟草》	河南省连续性内部资料〔审省直连〕00142 号	2015 年 1 月	半月刊	0371 65583016	河南省局（公司）
《南阳烟草通讯》	河南省连续性内资〔南阳〕049 号	2009 年	月 报	0377－63160072	河南省南阳市局（公司）
《安阳烟草》[3]	豫内资审字〔2011〕00050 号	2011 年	季 刊	0372－5925168	河南省安阳市局（公司）
《天中烟草》	河南省连续性内部资料〔审驻马店连〕00010 号	2015 年 12 月	半月报	0396－2826625	河南省驻马店市局（公司）
《郑烟工作》	河南省连续性内部资料〔审郑州连〕00056 号	2016 年 5 月	半月刊	0371－86168658	河南省郑州市局（公司）
《黄金叶·天之叶》	内资〔省直〕163 号	2006 年	月 刊	0371－69192833	河南中烟
《黄金叶制造》	河南省连续性内部资料郑州〔74 号〕	2008 年	月 报	0371－62619537	河南中烟黄金叶生产制造中心
《许烟时讯》	〔许昌〕0006 号	1989 年	半月报	0374－3351543	河南中烟许昌卷烟厂
《安烟》	内部资料〔审安阳连〕00001 号	2010 年	月 报	0372－5089811	河南中烟安阳卷烟厂
《湖北烟草》	0270105	1986 年	月 刊	027－83738388	湖北省局（公司）、湖北中烟、湖北省烟草学会
《黄冈烟草》	鄂黄内图字 2013 年第 29 号	2011 年 5 月	月 报	0713－8386484	黄冈市烟草学会
《金叶》	JTR〔2004〕32 号	2007 年	双月刊	0716－8506861	湖北省荆州市局（公司）、荆州市作家协会
《十堰烟草》	0719026	2016 年 4 月	月 报	0719－8765112	湖北省十堰市局（公司）、十堰市烟草学会
《黄鹤楼内刊》	（鄂）4300017	1989 年	半月刊	027－68832900	湖北中烟
《湖南烟草》	湖南省内部资料刊型准印证号 0058	1986 年	双月刊	0731－85799277	湖南省局（公司）、湖南中烟主管，湖南省烟草学会主办
《株洲烟草》[4]	湘 B〔2011〕第 026 号	2005 年	月 刊	0731－28223986	湖南省株洲市烟草学会
《娄烟之声》	湘 K010	2006 年	双月刊	0738－8312687	湖南省娄底市局（公司）
《邵阳烟草服务直通车》	湘邵新出准字〔2009〕第 35 号	2009 年	季 刊	0739－5390975	湖南省邵阳市局（公司）
《先锋家园》	湘岳新出准字〔2015〕第 056 号	2011 年 3 月	季 刊	0730－8713331	湖南省岳阳市局（公司）、岳阳市烟草学会
《潇湘烟语》	湘 M007	2009 年	双月刊	0746－8421238	湖南省永州市局（公司）、永州市烟草学会
《浓香》	（湘 L 刊）2017022	2015 年	旬 刊	0735－2153569	湖南省烟草公司郴州市公司
《白沙》	湖南省报型内部资料准印证 A002 号	1989 年	半月报	0731－85559117	湖南中烟长沙卷烟厂

续表

报刊名	报刊号/准印证号	创刊年月	刊　期	联系电话	主办单位
《天下和书院报》	湖南省报型资料准印证第 351 号	2014 年	半月报	0731－85098341	湖南中烟
《常德烟厂报》	报型内部资料准印证号：湘 J 报 2017020	1984 年	旬　报	0736－7299323	湖南中烟常德卷烟厂
《郴烟通讯》	（湘 L 报）2017011	1995 年	半月报	0735－2229904	湖南中烟郴州卷烟厂
《零烟通讯》	湖南省报型资料准印证第 M001 号	1986 年	半月报	0746－6668564	湖南中烟零陵卷烟厂
《广东烟草》	粤（O）L0150364 号	2004 年 8 月	双月刊	020－38809775	广东省局（公司）、广东省烟草学会
《广东中烟》	粤（O）L0160401 号	2005 年 5 月	半月报	020－87013273	广东中烟
《广西烟草》	广西壮族自治区内部资料性出版物准印证第 1007484 号	1987 年	月　刊	0771－5851875	广西区局（公司）、广西中烟、广西区烟草学会
《桂烟之友》	广西壮族自治区内部资料性出版物准印证第 1007483 号	2010 年	半月刊	0771－5851875	广西烟草学会
《南宁烟草》	广西壮族自治区内部资料性出版物准印证第 2184053 号	2014 年	月　刊	0771－2108720	广西区南宁市局（公司）
《柳州烟草》	广西壮族自治区内部资料性出版物准印证第 0002622 号	2007 年	月　刊	0772－5331262	广西区柳州市局（公司）
《河池烟草》	广西壮族自治区内部资料性出版物准印证第 0029689 号	2003 年	月　刊	0778－2284430	广西区河池市局（公司）
《百色烟草》	广西壮族自治区内部资料性出版物准印证第 0004415 号	2008 年	月　刊	0776－2939400	广西区百色市局（公司）
《贵港烟草》	广西壮族自治区内部资料性出版物准印证第 0006050 号	2013 年	月　刊	0775－2929776	广西区贵港市局（公司）
《梧州烟草》	广西壮族自治区内部资料性出版物准印证第 2006301 号	2009 年	月　刊	0774－3815167	广西区梧州市局（公司）、梧州市烟草学会
《贺州烟草》	广西壮族自治区内部资料性出版物准印证第 100269 号	2013 年	双月报	0774－5291573	广西区贺州市局（公司）
《来宾烟草》	广西壮族自治区内部资料性出版物准印证第 0006645 号	2006 年	双月报	0772－4228861	广西区来宾市局（公司）
《崇左烟草》	广西壮族自治区内部资料性出版物准印证第 1010396 号	2014 年	月　报	0771－7826710	广西区崇左市局（公司）
《广西中烟报》	桂 1014624	2016 年 9 月	半月报	0771－8098231	广西中烟
《海南烟草》	琼内准印字第 B005 号	2000 年 10 月	月　刊	0898－65806069	海南省局（公司）

续表

报刊名	报刊号/准印证号	创刊年月	刊　期	联系电话	主办单位
《天之子》	渝内字第040号	1992年	旬　报	023－62940675	重庆中烟
《重庆烟草》	渝内字第349号	1989年	月　刊	023－67982703	重庆市局（公司）
《凉山烟草》	凉新出图2008第54号	2007年	月　刊	0834－6120045	四川省凉山州局（公司）
《贵州烟草科学》	黔新出2015年连续性内资准字Z381号	1972年	双月刊	0851－84117138	贵州省烟草科学研究所、贵州省烟草学会、贵州中烟工业技术中心
《贵阳烟草》	贵阳市GYL2015第016号	2005年	季　刊	0851－85814816	贵州省贵阳市局（公司）
《遵义烟草》	贵州省〔报刊〕连续性内资字第ZYSK13号	2002年	双月刊	0852－28662861	贵州省遵义市局（公司）
《遵烟时讯》	贵州省（报刊）连续性内资字第ZYSB6号	2004年	月　刊	0852－28662861	贵州省遵义市局（公司）
《毕节烟草》	黔新出〔2016〕内资准字Z405号	1989年8月	旬　报	0857－8278562	贵州省毕节市局（公司）
《贵州烟草》	贵州省〔报刊〕连续性内资第SB20号	2005年	周　报	0851－6831628	贵州中烟、贵州省局（公司）
《贵烟之窗》	贵州省连续性内资第SB62号	2005年	月　刊	0851－8981053	贵州中烟贵阳卷烟厂
《遵烟一览》	（黔）字第2017337号	2007年	月　刊	0852－8620941	贵州中烟遵义卷烟厂
《云南烟草》	（53）Y000451	1987年	双月刊	0871－63537652	云南省局（公司）、云南中烟主管，云南省烟草学会主办
《云南烟草·七彩云》	（53）Y000451	2014年	双月刊	0871－63537619	云南省局（公司）、云南中烟主管，云南省烟草学会主办
《云南烟草科学》[5]	（53）Y000378	2017年2月	双月刊	0871－65107543	云南省局（公司）、云南中烟主管，云南省烟草学会、云南省烟草农业科学院、云南中烟工业有限责任公司技术中心主办
《大成》[6]	（53）Y000274	2010年2月	双月刊	0871－63536905	云南省局（公司）
《云南中烟》	（53）　Y000078	2011年1月	双月刊	0871－65013597	云南中烟
《红云红河烟草》	（53）Y000349号	2009年1月	半月报	0871－65869212	红云红河烟草集团
《今日红云红河》	（53）Y000350号	2009年1月	月　刊	0871－65869216	红云红河烟草集团
《和谐昆烟》	（53）Y000410号	1990年1月	双月刊	0871－65868868	红云红河烟草集团昆明卷烟厂
《红烟人》	弥新出（2017）准印字第017号	2015年1月	月　刊	0873－6196737	红云红河烟草集团红河卷烟厂
《走进新烟》	新疆内部资料（报刊型）0345号	2016年3月	双月刊	0991－6323372	红云红河烟草集团新疆卷烟厂
《红塔时报》	（53）Y000309号	1987年5月	半月报	0877－2968922	红塔烟草集团
《价值》	玉图（报、刊）字2017262号	2008年9月	季　刊	0877－2968731	红塔烟草集团玉溪卷烟厂
《红塔楚雄时讯》	（53）Y000291号	1983年	半月报	0878－3253328	红塔烟草集团楚雄卷烟厂
《红塔大理时讯》	（53）Y000284号	1984年	半月报	0872－2360191	红塔烟草集团大理卷烟厂

续表

报刊名	报刊号/准印证号	创刊年月	刊　期	联系电话	主办单位
《红塔昭通时讯》	（53）Y000345 号	1988 年 2 月	半月报	0870－2130195	红塔烟草集团昭通卷烟厂
《烟草工业科技》	云新出准印连字第 Y00259 号	2011 年 12 月	半年刊	0871－68319228	云南烟草科学研究院
《烟草农业科学》	云新出〔2015〕准印连字第 Y00581 号	2005 年	季　刊	0871－65107543	云南省烟草农业科学研究院、中国烟草育种研究（南方）中心
《陕西烟草》	陕新出内印字第 93082 号	1990 年	双月刊	029－85466252	中国烟草总公司陕西省公司主管，陕西省烟草学会主办
《泾渭情》	陕新出连内印字第 0324 号	2006 年	半月刊	029－33369992	陕西省咸阳市局（公司）、咸阳市烟草学会
《同心安康》	陕新出连内印字第 0620 号	2007 年	双月刊	0915－3286490	陕西省安康市局（公司）
《陕西中烟报》	陕新出内印字第 92089 号	2003 年	半月报	029－63368602	陕西中烟
《甘肃烟草》	甘新出连续性内部资料准印（刊型）LK－000049	1992 年 12 月	双月刊	0931－7826909	甘肃省局（公司）、甘肃省烟草学会
《烟语》	甘出准 036 字总 341 号 2009－022 号	2009 年 10 月	季　刊	0939－8212481	甘肃省陇南市局（公司）
《河州烟语》	（甘）LK130002	2016 年 1 月	季刊	0930－6666012	甘肃省临夏回族自治州局（公司）
《青海烟草》	青（6300053）	1992 年 12 月	双月刊	0971－6102916	青海省局（公司）、青海省烟草学会
《宁夏烟草》	宁新出管字（兴）〔2017〕第 11－329 号	1991 年 1 月	季　刊	0951－5044368	宁夏区局（公司）、宁夏区烟草学会
《银烟市场》[7]	宁新出（金）〔2016〕第 038 号	2003 年 1 月	月　报	0951－5077015	宁夏区银川市局（公司）
《石嘴山烟草》	石文新出管字〔2017〕第 2001 号	2007 年 10 月	月　报	0952－2017638	宁夏区石嘴山市局（公司）
《吴忠烟草》[8]	宁新出管字〔2017〕第 31001 号	2007 年 12 月	月　报	0953－2038703	宁夏区吴忠市局（公司）
《固原烟草》	固新出管字〔2010〕第 4014 号	2007 年 10 月	月　报	0954－2034379	宁夏区固原市局（公司）
《中卫烟草》	宁新出管卫字〔2017〕第 67 号	2006 年 3 月	月　报	0955－7022908	宁夏区中卫市局（公司）
《新疆烟草》	新疆内部资料〔报刊型〕准印证 0113 号	1988 年	双月刊	0991－4810977	新疆区烟草学会
《深圳烟草》	粤内登字 B 第 11180 号	1986 年	双月刊	0755－82029719	深圳市局（公司）、深圳市烟草学会
《深烟风采》	〔2005〕粤印准字第 0334 号	2002 年 6 月	季　刊	0755－81788330	深圳烟草工业有限责任公司

注：1. 2016 年 12 月，《上海烟业》更名为《上海烟草》，由专业性期刊改版为综合性期刊。
2. 2017 年 11 月，《延烟资讯》停刊。
3. 2017 年 1 月，《安阳烟草》停刊。
4. 2017 年 4 月，《株洲烟草》停刊。
5. 2017 年 2 月，《云南烟草科学》创刊出版。
6. 2017 年 12 月，《大成》停刊。
7. 2017 年 1 月，《银烟市场》停刊。
8. 2017 年 12 月，《吴忠烟草》停刊。

2017 年度烟草新书目

1. 百色烤烟生产技术图册/林北森，韦忠主编．—南宁：广西教育出版社，2017.

2. 鼻烟壶收藏品鉴/阎伯川编著．—北京：北京美术摄影出版社，2017.

3. FOCKE FXS 包装机组，机械部分/《FOCKE FXS 包装机组（机械部分）》编写组编．—郑州：河南科学技术出版社，2017.

4. 甘肃省陇南市烤烟生产标准体系/黄明迪，许建业，王爱华主编．—北京：中国农业科学技术出版社，2017.

5. 甘肃省庆阳市烤烟生产标准体系/王耀锋，许建业，王程栋主编．—北京：中国农业科学技术出版社，2017.

6. 广东植烟土壤与配方施肥（Tobacco-planting Soil and Formulated Fertilization in Guangdong）/中国烟草总公司广东省公司，青岛农业大学，华南农业大学编著．—广州：华南理工大学出版社，2017.

7. 广西烟田杂草识别与防治图谱/黎桦，范东升主编．—南宁：广西科学技术出版社，2017.

8. 贵州晒晾烟/唐远驹主编．贵州省烟草科学研究院编．—贵阳：贵州科技出版社，2017.

9. 河北省成人烟草调查报告：2015 /李琦，程蔼隽主编．—石家庄：河北科学技术出版社，2017.

10. 河南浓香型优质烟叶保障体系研究（Study on High-quality Guarantee System of Strong Aroma Style Flue-cured Tobacco in Henan）/部强等编著．—郑州：河南科学技术出版社，2017.

11. 红塔集团年鉴·2017/红塔烟草（集团）有限责任公司编．—昆明：云南人民出版社，2017.

12. 湖北省地方晒烟资源/曹景林，程君奇主编．—武汉：湖北科学技术出版社，2017.

13. 基层烟叶站精益管理理论与实践/顾勇，张永辉，年夫照著．—昆明：云南科技出版社，2017.

14. 基于盲数理论的烟草品牌竞争力评价/马轶男，马琳著．—昆明：云南人民出版社，2017.

15. 基于稀疏表达的火焰与烟雾探测方法研究/蒋先刚著．—成都：西南交通大学出版社，2017.

16. 降低国产白肋烟、马里兰烟中烟草特有 N-亚硝胺的种植与贮藏技术/周骏等主编．—北京：科学技术文献出版社，2017.

17. 卷烟产品抽样检验理论与方法研究/何爱民，陈伟华著．—北京：经济科学出版社，2017.

18. 卷烟产品生产质量控制研究/何爱民，陈伟华著．—北京：经济科学出版社，2017.

19. 卷烟封装设备操作工（二级）专业知识/《卷烟封装设备操作工（二级）专业知识》编写组编．—郑州：河南科学技术出版社，2017.

20. 卷烟卷接设备操作工（二级）专业知识/《卷烟卷接设备操作工（二级）专业知识》编写组编．—郑州：河南科学技术出版社，2017.

21. 卷烟燃烧热解分析技术及应用/周顺，宁敏等著．—合肥：中国科学技术大学出版社，2017.

22. 昆虫趋光性与杀虫灯在烟草中的应用/陈德鑫，文礼章，王凤龙编著．—北京：科学出版社，2017.

23. 洛阳烟草服务中心志/洛阳烟草服务中心志编纂委员会编．—郑州：中州古籍出版社，2017.

24. 美国 FDA 烟草制品认定最终规定/美国卫生与公众服务部食品药品监督管理局编；胡清源主译．—北京：科学出版社，2017.

25. 模块化烤烟调制技能竞赛模式/谢良文主编．—成都：四川科学技术出版社，2017.

26. 攀枝花市中棵烤烟栽培技术图册/吕婉茹，杨鹏主编．—北京：科学出版社，2017.

27. 黔东南州卷烟消费市场研究（Study on Cigarette Consumption Market in Qiandongnan Prefecture）/肖正中，胡艳琼，谭建著．—北京：经济管理出版社，2017.

28. 如何迈出戒烟第一步（First Steps out of Smoking）/西蒙·阿特金斯（Simon Atkins）著；高红秀译．—上海：华东师范大学出版社，2017.

29. 生态优质烟叶生产技术模式研究：以云烟品牌·重庆基地为例/叶协锋主编．—北京：科学出版社，2017.

30. 薯类作物与烟草高产高效理论与实践/华永，郭秀照，张瑜主编．—北京：北京联合出版公司，2017.

31. 睡眠管理及烟草干预/汪卫东，王宁夫主编．—北京：人民卫生出版社，2017.

32. “双喜”品牌临沧优质烟叶基地建设及生产技术研究应用/冀浩，张晓龙，郭赟主编．—昆明：云南人民出版社，2017.

33. 天然烟用添加剂/刘绍华，刘鸿主编．—北京：科学出版社，2017.

34. 巍山县优质烤烟农业气候区划/张如伟主编．—北京：气象出版社，2017.

35. 吸烟与控烟/苟建军，赵菁，丁荣晶主编．—郑州：

河南科学技术出版社，2017.

36. 雪茄・烟斗・打火机/郑万春编著.—哈尔滨：哈尔滨出版社，2017.

37. 雅玩鉴赏：清代民国烟嘴鉴赏/刘德勇著.—哈尔滨：黑龙江美术出版社，2017.

38. 烟草安全与控烟检测技术/张峰，李新实主编.—北京：科学出版社，2017.

39. 烟草病虫害绿色防控/薛超群，段卫东，王建安主编.—郑州：河南科学技术出版社，2017.

40. 烟草工程学概论/赵铭钦主编.—北京：中国农业出版社，2017.

41. 烟草化学/毛绍春，孔光辉主编.—北京：中国农业出版社，2017.

42. 烟草及烟气化学成分/（美）艾伦・罗德曼，（美）托马斯・艾伯特・佩尔费蒂著；缪明明等译.—北京：中国科学技术出版社，2017.

43. 烟草科技论文写作常见问题分析/刘立全主编.—郑州：河南人民出版社，2017.

44. 烟草连作障碍机理及防治技术/于会泳，申国明，高欣欣著.—天津：天津科学技术出版社，2017.

45. 烟草谱笺注/（清）陈琮辑；黄浩然笺注.—北京：中国农业出版社，2017.

46. 烟草商业企业精益人力资源管理体系探究/龙丽琴主编.—贵阳：贵州人民出版社，2017.

47. 烟草燃烧热解分析技术及应用/周顺，宁敏等著.—合肥：中国科学技术大学出版社，2017.

48. 烟草商业企业物流中心资源优化与应用/陆琳，李超玲著.—北京：科学出版社，2017.

49. 烟草生产基地单元管理与服务/顾勇，张永辉，年夫照著.—昆明：云南科技出版社，2017.

50. 烟草学概论/杨铁钊主编.—北京：中国农业出版社，2017.

51. 烟草栽培学（2版）/刘国顺主编.—北京：中国农业出版社，2017.

52. 烟草植物学/姚家玲，陈微主编.—北京：科学出版社，2017.

53. 烟草质量安全分析/邱军，孔凡玉主编.—北京：中国农业科学技术出版社，2017.

54. 烟草种子生产加工（Production and Processing of Tobacco Seeds）/玉溪中烟种子有限责任公司编著.—北京：科学出版社，2017.

55. 烟草专卖法规手册/北京市烟草专卖局编.—北京：中国经济出版社，2017.

56. 烟草专卖行刑衔接“中国模式”研究/张晨著.—北京：中国检察出版社，2017.

57. 烟画中国：560行，吃喝玩乐/李德生编著.—南昌：江西教育出版社，2017.

58. 烟画中国：560行，五行八作/李德生编著.—南昌：江西教育出版社，2017.

59. 烟农增收典型经验100例/中国烟叶公司编著.—北京：中国农业出版社，2017.

60. 烟属野生种资源/王仁刚，任学良主编；贵州省烟草科学研究院编.—贵阳：贵州科学技术出版社，2017.

61. 烟叶醇化与调控技术/奚家勤，韦建玉，王全主编.—南宁：广西科学技术出版社，2017.

62. 烟叶分级与收购/陆星星，龚永清主编.—北京：中国农业出版社，2017.

63. 烟叶收购管理/任林，沈宏主编.—北京：中国农业出版社，2017.

64. 烟叶水分干燥与应用/宋朝鹏主编.—北京：科学出版社，2017.

65. 烟叶制丝设备操作工（二级）专业知识/《烟叶制丝设备操作工（二级）专业知识》编写组编.—郑州：河南科学技术出版社，2017.

66. 烟用材料标准汇编/中国标准出版社编.—北京：中国标准出版社，2017.

67. 英美烟公司在华销售研究：1902—1952/仝群旺著.—合肥：合肥工业大学出版社，2017.

68. 英属北美殖民地烟草种植园经济研究/张红菊著.—北京：中国社会科学出版社，2017.

69. 云南烟草年鉴・2016/云南省烟草专卖局，中国烟草总公司云南省公司编.—昆明：云南民族出版社，2017.

70. 云南中烟年鉴・2017/云南中烟工业有限责任公司编.—昆明：云南民族出版社，2017.

71. ZJ112型卷接机组，机械部分/《ZJ112型卷接机组（机械部分）》编写组编.—郑州：河南科学技术出版社，2017.

72. 浙江通志・第四十八卷，烟草业志/《浙江通志》编纂委员会编.—杭州：浙江人民出版社，2017.

73. 中国烟草年鉴・2017/国家烟草专卖局编.—北京：中国经济出版社，2017.

◇ 编辑：王　静

2017年，全国烟草行业各级单位捐款捐物，积极开展社会公益活动。在救济贫困，资助教育、科学、文化、卫生事业，资助环境保护、社会公共设施建设，以及促进社会发展等诸多方面作出积极贡献。

1 国家局、总公司捐赠“母亲健康快车”，为青海省尖扎县居民提供医疗卫生服务（2017年）

国家局办公室　供稿

2 2017年7月10日，河北中烟张家口卷烟厂有限责任公司举行“暖心行动”党日活动暨曹疃村精准脱贫帮扶结对仪式

河北中烟张家口卷烟厂　高　毅　摄

3 2017年3月8日，河北中烟志愿者到河北石家庄平山县温塘镇景家庄村慰问老人

河北中烟　王　嵩　摄

1 2017年11月8日，江苏中烟组织员工为福利院送去急需的生活物资

江苏中烟　凌绍清　摄

2 2017年8月4日，上海烟草集团、上海汽车集团向青海省捐赠爱心救护车仪式在青海西宁举行

青海省局　供稿

3 2017年2月20日，浙江杭州富阳区局专卖稽查员高原被评为“杭州市见义勇为积极分子”和“富阳区见义勇为积极分子”

浙江省局　供稿

4 2017年6月28日，福建省局（公司）开展“迎金砖宾客”志愿服务活动

福建省局　林麦梓　摄

5 2017年3月25日，福建省局（公司）组织员工参加福建省直机关义务植树活动

福建省局　姬宏波　摄

6 福建中烟龙岩烟草工业有限责任公司组织党员志愿者开展道路文明劝导工作（2017年）

福建中烟龙岩烟草工业　余硕宁　摄

4

5

6

河南省
烟草专卖局（公司）

"4.15"全民国家安全教育日法律宣传
滑县烟草专卖局 宣
节
俭
滑县烟草专卖局
党员志愿者服务队

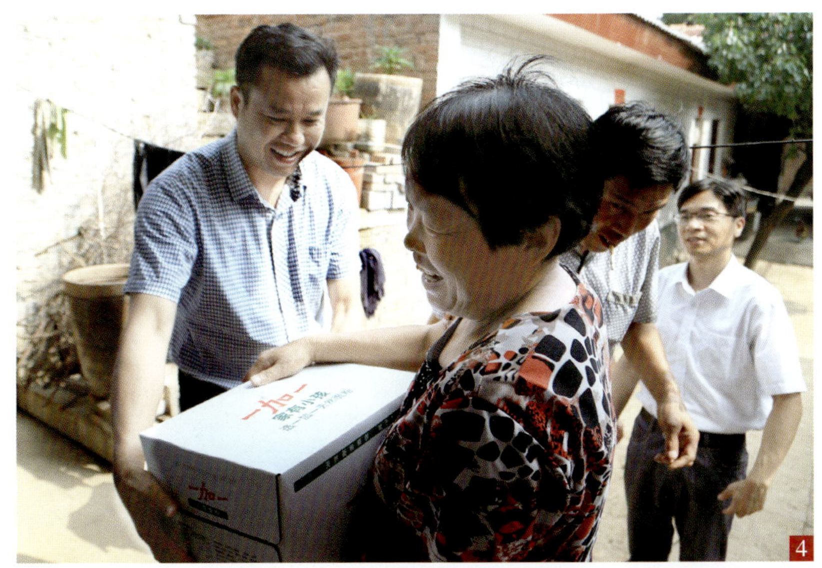

1 2017年6月9日，山东中烟颐中集团员工参加义务献血活动

山东中烟颐中集团　毕晓东　摄

2 2017年3月10日，河南省局（公司）机关党员干部到登封市义务植树基地参加植树活动

河南省局　宋振山　摄

3 2017年4月14日，在第二个“4·15”全民国家安全教育日到来之际，河南安阳滑县县局（分公司）组织志愿者在辖区开展法律宣传志愿服务活动

河南安阳滑县县局　王建超　摄

4 2017年6月22日，河南中烟洛阳卷烟厂组织干部职工慰问对口扶贫点贫困家庭

河南中烟洛阳卷烟厂　古文龙　摄

5 2017年9月11日，河南中烟漯河卷烟厂“小红帽”志愿者为附近社区居民义务磨刀剪

河南中烟漯河卷烟厂　郭跃来　摄

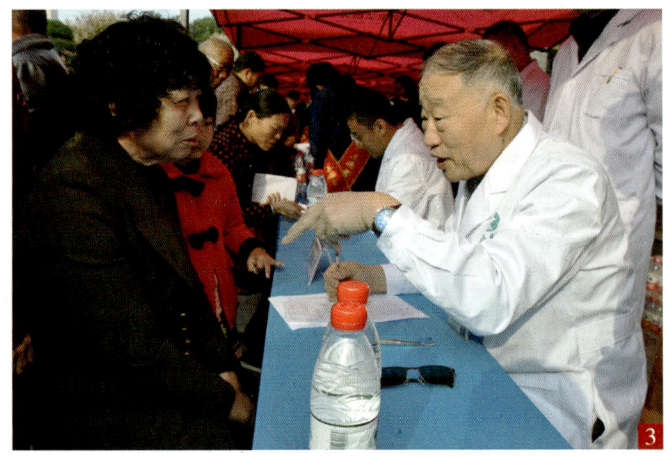

1 2017年10月13日，湖北武汉烟草工商联合组织“精准扶贫你我同行”扶贫日活动，向贫困群众捐赠电视机

湖北省局 供稿

2 2017年3月2日，湖北荆州市局（公司）组织机关干部职工开展义务植树活动

湖北荆州市局 张磊 摄

3 2017年10月29日，湖北中烟“我看见”公益项目走进黄冈红安县，为白内障患者进行义诊

湖北中烟 彭时珍 摄

4 2017年3月5日，湖南中烟郴州卷烟厂在郴州汝城县东山村开展学雷锋志愿服务活动，捐赠爱心图书

湖南中烟　黄冬艳　摄

5 2017年5月23日，云南中烟帮扶的云南保山施甸县尖山村村民喜迁新居

云南中烟　供稿

6 2017年12月26日，云南中烟红云红河集团向云南曲靖会泽县捐赠2017年度挂钩扶贫项目资金

云南中烟红云红河集团　徐　蕾　摄

公益活动

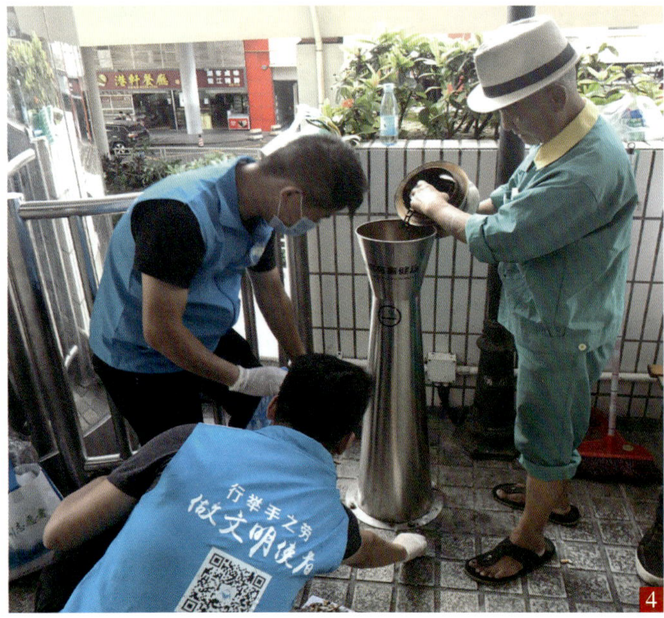

1 2017年3月10日，陕西铜川烟草“梦之约”志愿者服务队开展义务植树活动

陕西省局　供稿

2 2017年8月17日，大连市局（公司）向庄河市捐赠灾区重建资金40万元

大连市局　张　良　摄

3 2017年9月26日，深圳盐田区局（公司）海星义工队到沙头角社区开展“情满中秋 关爱老人”志愿服务活动

深圳盐田区局　黄晓如　摄

4 2017年8月15日，深圳罗湖区局（公司）组织团员青年参加“垃圾不落地　深圳更美丽”文明义工活动

深圳罗湖区局　李　娅　摄

公益活动

□ 2017年全国烟草行业公益活动概况

2017 年全国烟草行业公益活动概况

国家烟草专卖局、中国烟草总公司

2017 年，国家局、总公司积极开展各项社会公益活动。

扶贫济困。向中国妇女发展基金会设立的“金叶基金”捐款 1000 万元，用于实施“母亲水窖·校园安全饮水”“母亲健康快车”项目，以帮助解决江西、贵州等贫困地区学校学生饮水困难和保护母亲健康；向中国法律援助基金会捐款 300 万元，用于资助“1+1”中国法律志愿者行动，为服务在西藏自治区和青海的“1+1”中国法律志愿者提供支持；向中国西部人才开发基金会捐款 300 万元，用于在湖北省竹溪、竹山县，江西省兴国、宁都县开展以“学相守、爱相守、玩相守”为主题的“相守计划”，关爱农村留守儿童。

资助教育事业。向中国扶贫基金会捐款 192 万元，用于资助湖北省竹溪、竹山县 400 名特困大学生，并在这 2 个县的高中各开办 3 个“金叶自强班”，资助 300 名特困高中生；向中华文学基金会捐款 1000 万元，在四川、河南、贵州、安徽、黑龙江等 5 个省建立“金叶·育才图书室”。

资助环保事业。向中国绿化基金会捐款 500 万元，在河北、宁夏、辽宁等省（区）植树造林，支持当地生态建设、降低城市 PM2.5，改善生态环境。

中国烟草实业发展中心

2017 年，中国烟草实业发展中心系统捐款 3144 万元，用于各项社会公益活动。

扶贫济困等捐款 2234 万元。向西藏自治区捐款 200 万元；向海林市捐款 5 万元，用于新农村建设；向延边朝鲜族自治州慈善总会捐款 505 万元，用于边疆重点民生工程；向甘肃天水张家川县马关乡、汪川镇、西川镇捐款 199 万元，用于“联村联户、为民富民”工程；向天水市慈善总会捐款 300 万元，用于扶贫；向呼和浩特市清水河县城关镇捐款 15 万元；向呼和浩特市赛罕区捐款 500 万元；向呼和浩特市玉泉区捐款 500 万元；向呼和浩特市红十字会捐款 10 万元。

资助教育、科学、文化、卫生事业，捐款 910 万元。向深圳市职工教育和职业培训协会捐款 50 万元；向天水汪川镇、天水市特殊教育学校捐款 25 万元；向山西省青少年发展基金会捐款 100 万元；向山西省人民教育基金会捐款 50 万元；向山西省妇女儿童发展基金会捐款 60 万元；向呼和浩特市赛罕区捐款 160 万；向呼和浩特市玉泉区捐款 157 万元；向辽宁省各希望小学捐款 15 万元。

所属企业积极开展其他社会公益活动。黑龙江烟草工业有限责任公司组织开展“帮扶贫困户·爱心捐衣物”活动，向定点扶贫村捐赠衣物 996 件；高考期间组建“绥烟车友会免费送考车队”，累计接送考生 216 人次。内蒙古昆明卷烟有限责任公司全年有 78 名员工参与献血，献血 2.72 万毫升。

北京市烟草专卖局（公司）

2017 年，北京市烟草商业系统公益捐款 444.15 万元（含合资公司 1.88 万元捐款），用于各项社会公益活动。

扶贫济困。向西藏自治区扶贫捐款 400 万元；各区局（公司）纷纷开展慰问困难零售客户活动，并送去慰问金和生活必需品；结对帮扶，顺义区局（公司）向扶贫单位捐款 5 万元，延庆区局（公司）为帮扶对象延庆区王家山村救济性捐款 3 万元，石景山区局（公司）与门头沟区龙泉镇龙泉务村委会签订 2017 年度《“城乡统筹　文明先行”帮扶结对协议书》。

捐资助学。门头沟区局（公司）开展“情暖寒冬　爱心助学”活动，向定向扶贫村门头沟区清水镇江水河村低收入户学生发放助学金 8000 元；所属合资公司黎马敦太平洋包装有限公司向爱希（北京）文化发展中心捐款 1.88 万元，用于教室及学生宿舍取暖设施改造。

积极开展其他各类公益活动。开展“京烟首善　心手相连”计划内捐款 15 万元；多次开展“共产党员献爱心”“博爱在京城”“春风送暖”“爱心暖阳”等各项捐赠活动，捐赠资金、衣物；昌平区局（公司）为北京市公安民警抚助基金会捐款 2 万元。

天津市烟草专卖局（公司）

2017 年，天津市烟草商业系统捐款 3.42 万元（个人捐款 2.88 万元），用于各项社会公益活动。

参加“润心工程”活动，帮扶困难家庭，捐款 5400 元。组织创建免费午餐天津团队、免费午餐爱心团队，共捐款6767元。资助教育事业，参加“爱心点燃希望——用爱送你进学堂”助学公益活动，与困难学生结成帮扶对子，资助困难学生，捐款1.8万元。全市系统成立2个驻村工作组，选派2名优秀干部到贫困村任“第一书记”。组织干部职工和青年团员到天津市和平区晟世老人院开展“敬老爱老送温暖”活动；组织开展“服务零售户　展团员风采”团员志愿服务活动，组织全体青年团员深入困难零售客户进行帮扶慰问，为困难零售客户解决实际问题。

所属各单位积极开展各类公益活动。宝坻区局（公司）组织宝坻烟草志愿服务队参加“迎全运——文明交通专项行动”；津南区局（分公司）员工刘震坤、张炳懿向“天津慧灵智障人士中心”“中央广播电台音乐之声我要上学”“联合国世界粮食计划署”捐款共计7271元。天津市烟草专卖局公路分局职工张伟资助甘肃省庆阳市华池县贫困学生1500元。

河北省烟草专卖局（公司）

2017年，河北省烟草商业系统捐款799.17万元（个人捐款61.22万元），用于各项社会公益活动。

扶贫济困。全省系统成立125个驻村工作组，选派85名优秀干部到贫困村任“第一书记”，投入扶贫资金630.48万元用于精准脱贫、资助乡村建设，为帮扶村解决道路硬化、村民饮水、危房改造、种植养殖、项目开发和村容村貌等问题；捐款10万元参加“三下乡”活动，捐款5.72万元资助小学购置学习用品；开展“职工互助一日捐”“博爱一日捐”等活动，募集善款3.87万元；为贫困老党员、受灾或困难零售客户等捐款2190人次16.67万元；向敬老福利院、残疾儿童、贫困学生等捐款1.8万元。

积极开展其他各类公益活动。组织干部职工开展“五四”青年节“不忘初心跟党走、我为扶贫作贡献”主题实践活动，参加无偿献血活动172人次、献血3.36万毫升；组织“创建文明城市”“党员进社区”“生育关怀行动”“教师节慰问教师”“关爱贫困村儿童”，以及以“访千楼万家、创文明城市”为主题的“星期六文明行动”等志愿服务活动；党员干部到敬老院慰问530人次。

河北中烟工业有限责任公司

2017年，河北中烟工业系统捐款775万元，用于各项社会公益活动。

扶贫济困。向西藏自治区捐款200万元；向河北省石家庄市灵寿县程家庄村捐款15万元，发展中草药种植；关爱农村空巢老人，探索农村养老模式，向河北省钻石公益基金会捐款500万元。

所属各单位积极开展各类公益活动。向定点扶贫村张家口市蔚县南留庄镇曹疃村捐款10万元。资助乡村建设，向灵寿县青铜镇捐款20万元。开展精准识别扶贫工作，向保定市涞源县南屯镇宋家庄捐款20万元，用于道路建设、路面硬化。向河北省文学艺术发展基金会捐款10万元。

山西省烟草专卖局（公司）

2017年，山西省烟草商业系统捐款798.14万元（个人捐款7.9万元），用于各项社会公益活动。

扶贫济困。山西省局（公司）援藏捐款400万元。全省系统成立79个驻村工作组，选派57名优秀干部到贫困村任“第一书记”，开展定点扶贫工作。山西省局（公司）投入37.17万元，11个所属市局（公司）共计投入353.07万元用于定点扶贫、资助教育、关爱慰问、慈善捐赠等公益活动。太原、晋城、忻州市局（公司）职工共捐款7.9万元用于资助教育、扶贫帮困、“博爱一日捐”“慈善一日捐”。

所属各单位积极开展各类公益活动。关注环境。太原市局（公司）组织开展“关爱母亲河　环保我先行”“文明城市　从我做起”等城市清洁服务活动，组织开展“文明出行服务示范”“社区环保宣传”等文明志愿服务活动；阳泉市局（公司）组织团员青年志愿者积极参与“爱我家乡志愿服务我先行”环境集中整治活动；晋中市局（公司）深入开展“六要六有、五洁净”主题党日活动、以“创建文明城市”为主题的街道清洁打扫和环境整治拆除违建。开展“学雷锋”志愿活动。大同市局（公司）组织开展“学雷锋”慰问一线环卫工人志愿服务活动，看望一线环卫工人，并发放共计价值9000元的慰问品；长治市局（公司）组织开展“清洁老顶山，我们在行动”学雷锋志愿活动，营销中心团支部向干部职工募集50件冬衣捐赠给长治市团委爱心捐赠点；朔州市局（公司）组织成立“朔州烟草志愿者服务队”，先后组织机关干部职工开展“世界水日宣传”“服务困难零售户最后一公里”“学雷锋”、关爱空巢老人、爱心帮助孤儿等公益活动。义务献血。朔州市局（公司）累计组织56名职工参加义务献血活动，献血1.12万毫升；忻州市局（公司）累计组织17名职工参加义务献血活动，共计献血6800毫升。

内蒙古自治区烟草专卖局（公司）

2017 年，内蒙古自治区烟草商业系统捐款 222.58 万元，用于各项社会公益活动。其中，扶贫捐款 221.75 万元；参加社区志愿活动，捐款 8300 万元。

所属各单位积极开展各类公益活动。赤峰市局（公司）支出各类帮扶资金 39 万元，用于基础设施建设、贫困救助等公益活动，其中员工个人捐助贫困救济资金 10.1 万元。通辽市局（公司）捐助资金 40.32 万元，其中向贫困户发放扶贫资金及扶贫物资合计 38.83 万元。乌海市局（公司）党员结对帮扶贫困户 8 户，党员捐赠贫困村、贫困户 1800 万元。兴安盟局（公司）捐款 10.97 万元用于各项社会公益活动，开展脱贫攻坚工程，为帮扶村屯捐款 4.75 万元。呼和浩特市局（公司）资助呼市武川县德胜沟乡 10.5 万元。乌兰察布市局（公司）捐款 15.6 万元用于开展精准扶贫，帮扶察右中旗土城子乡开展文化阵地建设、购买扶贫物资，开展“五城联创”活动。

各单位积极组织职工参加“博爱一日捐”、关爱工程进校园、三地联动五城同创、精神文明创建、一对一帮扶等活动，参与城市文明建设，开展交通执勤站岗、美化环境等相关活动。

辽宁省烟草专卖局（公司）

2017 年，辽宁省烟草商业系统捐款 1056.39 万元，用于各项社会公益活动。

扶贫济困。全省烟草商业系统成立 8 个驻村工作组，选派 15 名优秀干部到贫困村任“第一书记”或驻村干部。辽宁省局（公司）向锦州市义县捐款 400 万元，用于解决调整种植结构带来的实际困难；向葫芦岛市建昌县捐款 10 万元，用于定点扶贫工作。沈阳市、本溪市、丹东市、营口市、铁岭市、朝阳市、盘锦市、葫芦岛市局（公司）及辽东公司向定点扶贫村贫困户、困难零售客户、困难职工等捐款捐物 38.6 万元。鞍山市局（公司）向遭受特大暴雨灾害的岫岩县捐款 10 万元，用于灾后重建。阜新市局（公司）与阜新市慈善总会联合开展“慈善情、暖万家”扶贫帮困活动，向阜新市 300 户贫困零售户、植烟户和结对弱势群体捐赠价值 10 万元的米、面、油等物资。资助乡村建设，向阜新市彰武县满堂红镇、本溪市桓仁县二棚甸子镇、丹东市宽甸满族自治县青椅山镇等捐赠物资价值 149.2 万元。资助教育文化事业，向各地慈善总会、老龄事业发展促进会等单位捐款 21.3 万元。

积极开展其他各类公益活动。辽宁省局（公司）组织干部职工参加“关爱童行”公益活动，捐款 3.9 万元。辽阳市局（公司）组织职工参加“一日工资捐”活动，向辽阳市慈善总会捐款 1.08 万元。盘锦市局（公司）通过盘锦市慈善机构向张冬梅烈士生前所在的盘山县冬梅中学捐款 5 万元。全省烟草商业系统组织职工参加义务献血活动，献血 1.16 万毫升。

吉林省烟草专卖局（公司）

2017 年，吉林省烟草商业系统捐款 499.41 万元，用于各项社会公益活动。

扶贫济困。全省系统成立 9 个驻村工作组，选派 12 名优秀干部到贫困村任“第一书记”，投入扶贫资金 237.55 万元用于精准脱贫。资助乡村建设。为帮扶村解决道路硬化、村民饮水、危房改造、种植养殖、项目开发和村容村貌等问题，其中，向延边州敦化市、汪清县包保扶贫村捐款 47 万元，向延边州图们市烟草帮扶村捐款 39 万元、珲春市烟草帮扶村捐款 39 万元，向梅河口市捐款 14.57 万元，向通化市柳河县、辉南县等地捐款 10.95 万元。资助教育文化事业。向四平市铁东区贫困中小学生捐款 15 万元，向通化市贫困学生捐款 5 万元。灾害救助。吉林省局（公司）机关向吉林省慈善总会捐款 8.43 万元，其中以单位名义捐款 5 万元、单位员工捐款 3.43 万元，用于救助受洪水袭击的吉林市永吉县灾区。

所属单位积极开展各类公益活动。组织志愿服务活动。长春市局（公司）组织“五四”青年节“君子兰志愿者”活动，组织入党积极分子到伊通河附近清理垃圾；通化市局（公司）组织开展“爱心书屋·助力阅读”志愿服务活动，向通化市爱心残疾人服务中心捐赠爱心图书 441 本；松原市局（公司）组织干部职工开展“五四”青年节、清明节清扫江堤活动，“奉献社会·责任松烟”志愿服务活动宣传周等活动。关爱贫困儿童。梅河口市局（分公司）向贫困儿童捐赠乒乓球拍、足球、羽毛球拍等体育用品 10 余件，学习用本 100 余本，并在教育减免政策下定期向贫困学生提供所需学习用品和生活用品；柳河县局（分公司）组织开展爱心帮扶留守儿童捐赠活动，为柳河县辖区留守儿童捐赠春夏衣物、图书、文体用品等 60 余件。义务献血、植树。

长春市局（公司）、白山市局（公司）累计组织23名职工参加义务献血活动，献血6200毫升；松原市局（公司）累计组织180余名职工以“参与植树、组织植树、个人植树”3种方式参加义务植树活动，植树800余棵。

黑龙江省烟草专卖局（公司）

2017年，黑龙江省烟草商业系统捐款615万元（个人捐款5.17万元），用于各项社会公益活动。

扶贫济困。全省系统成立29个驻村工作组，选派86名优秀干部到贫困村任“第一书记”，投入扶贫资金163.71万元用于精准脱贫。落实国家局对口援藏工作，捐款400万元用于支援西藏自治区地方社会经济发展；在黑龙江省残疾人联合会、黑龙江省残疾人福利基金会联合组织开展的“同圆中国梦　平安校园行”安全爱心包募捐活动中，向残疾儿童及贫困地区、少数民族地区、农村留守儿童捐款5.96万元。社会救助。向黑龙江省海星救助基金会捐款20万元，对保卫国家安全和维护社会政治稳定作出贡献的国安英烈干警和特困干警实施救助。资助新农村建设，捐款9.8万元，捐赠衣物1020件。资助教育事业，捐款9.89万元。其他慈善捐款5.64万元（个人捐款2.26万元），主要用于“慈善一日捐”、爱心助学工程和看望福利院孤儿等公益活动。

开展其他各类公益活动。向困难家庭的小学生捐赠“爱心书包”200个、笔记本3344个、文具盒511个、练习册754件；向小学捐赠篮球50个、篮球服50套、足球20个，以及排球、跳绳、羽毛球拍等各种体育用品，捐赠电脑16台。组织干部职工参加义务植树活动，植树150棵。

所属各单位积极开展各类公益活动。黑龙江省哈尔滨市、牡丹江市、佳木斯市、绥化市、鸡西市、七台河市局（公司）和哈尔滨烟叶公司组织开展帮困助学、关爱慰问等活动，捐款4.54万元。哈尔滨市局（公司）开展“阳光操场、守望成长”爱心公益活动，牡丹江市局（公司）开展“春蕾助捐”活动，鸡西市局（公司）开展“金秋助学”活动等。

上海烟草集团有限责任公司

2017年，上海烟草集团有限责任公司系统捐款6835万余元，用于各项社会公益活动。

上海烟草集团本部捐款6544万元。其中，扶贫济困，向云南、河南、湖南、陕西等地捐款410万元；向西藏自治区扶贫捐款400万元。资助教育事业，向上海市慈善基金会捐款1000万元，向上海市儿童基金会捐款100万元。资助双拥工作，向上海市拥军优属基金会捐款200万元。资助老龄事业，向上海市老年基金会捐款600万元。资助残疾人事业，向中国残联捐款200万元。资助医疗卫生事业，向上海市各大医院、医疗卫生机构定向捐款2120万元，向湖北、西藏、海南等地区捐赠价值总额为964万元的“爱心救护车”25辆。此外，捐款550万元，用于各辖区内扶贫帮困、慰问救助。

所属各单位积极开展各类公益活动。上海烟草集团所属北京卷烟厂、天津卷烟厂、上海烟草包装印刷有限公司、静安区局（二公司）、杨浦区局（公司）、长宁区局（公司）、浦东区局（公司）、青浦区局（公司）、嘉定区局（公司）、奉贤区局（公司）、金山区局（公司）组织开展帮困助学、关爱慰问等活动，捐款291万余元。北京卷烟厂、黄浦区局（一公司）、长宁区局（公司）、奉贤区局（公司）、金山区局（公司）组织职工参加义务献血活动，献血1.44万毫升。

江苏省烟草专卖局（公司）

2017年，江苏省烟草商业系统捐款1696万余元，用于各项社会公益活动。其中，用于扶贫1598万余元、用于助学88万余元、用于救灾9.4万元。开展各类慈善公益活动853次。其中，开展献血75次、开展植树45次、开展其他志愿活动733次。

江苏中烟工业有限责任公司

2017年，江苏中烟工业系统捐款1225.8万元（不含员工个人捐款），用于各项社会公益活动。

救灾捐助160万元，主要面向烟叶受灾地区捐款。救济贫困、扶助残疾人等捐款588万元，其中，向残疾人基金会捐款60万元，向省慈善总会精准扶贫捐款200万元，对口帮扶宿迁市泗阳县50万元，帮扶南京市高淳区龙潭村10万元、漆桥镇和平村60万元，帮扶徐州市挂钩定点经济薄弱村18万元，帮扶淮安市盱眙县、涟水县等扶贫地区90万元，帮扶清江浦区和平镇齐湖村 50 万元、洪泽区三河镇联堡村 30 万元、复兴镇田桥村 20 万元。资助教育文化事业 209.8 万元，其中，向“春蕾圆梦工程”捐款 38.8 万元，向南京市慈善总会捐款 3 万元，向徐州一中捐资助学 35 万元，向徐州市总工会捐赠爱心助学 35 万元，向徐州市妇联捐赠助学款 8 万元，向淮安市淮阴中学捐款 32 万元，向清江中学捐款 24 万元，向淮安市实验小学捐款 24 万元，向淮洲中学捐款 10 万元。其他社会公共和福利事业捐款 68 万元，其中，向南京见义勇为基金会捐款 50 万元，向淮安见义勇为基金会捐款 18 万元。捐赠援藏资金 200 万元。

积极开展其他各类公益活动。江苏中烟本部员工参加“献爱心、暖童心”公益活动，通过“公益平台”自发捐助，累计向南京市社会儿童福利院捐赠婴儿奶粉、米粉、纸尿裤、湿巾、纸巾等价值 7.2 万余元物资。所属单位员工自发参加“温暖他人·快乐自己”慈善救助一日捐、“博爱在南通，人道万人捐”活动，累计筹集善款 2.5 万元，用于救助困难群体。

浙江省烟草专卖局（公司）

2017 年，浙江省烟草商业系统捐款 6824.17 万元，用于各项社会公益活动。其中，灾害救助、救济贫困、扶助残疾人 3370.97 万元，资助教育、资助重大疾病救助等项目 683.73 万元，资助环境保护、社会公共设施建设 574.82 万元，助力“老少边穷”地区建设 403.55 万元，向慈善总会、红十字会等捐款 1791.1 万元。

浙江中烟工业有限责任公司

2017 年，浙江中烟工业系统捐款 6281 万元，用于各项社会公益活动。

灾害救助、救济贫困、扶助残疾人等，捐款 4255 万元。其中，向杭州市慈善总会捐款 1000 万元，向杭州市西湖区慈善总会捐款 100 万元、上城区慈善总会捐款 10 万元，向温州市文成县捐款 70 万元、杭州市桐庐县捐款 50 万元，向云南省等地捐款 2825 万元，援藏捐款 200 万元。

资助教育、科学、文化、医疗卫生事业，捐款 1210 万元。其中，向浙江大学教育基金会捐款 200 万元；向杭州市慈善总会捐款 910 万元，用于助学金项目；向宁波市人民教育基金会捐款 100 万元。

资助环境保护、社会公共设施建设，捐款 566 万元。其中，向浙江消防公益基金会捐款 500 万元，向宁波市红十字会捐款 66 万元。

促进社会发展和进步及其他社会公共福利事业，捐款 250 万元。其中，向杭州市城市学研究会专项基金会捐款 95 万元，向杭州市关爱警察基金会捐款 60 万元，向衢州江山市捐款 95 万元。

安徽省烟草专卖局（公司）

2017 年，安徽省烟草商业系统捐款 916.78 万元，用于各项社会公益活动。

救济贫困捐款 186.8 万元，全省系统成立 24 个驻村工作组，选派 6 名优秀干部到贫困村任“第一书记”，投入扶贫资金 571.22 万元用于精准脱贫，为帮扶村解决道路改建、村民用电、种植养殖、项目开发和村容村貌等问题。资助新农村建设捐款 89.79 万元。资助教育事业捐款 52.07 万元（个人捐款 3.35 万元）。向安徽道德建设基金会捐款 4.9 万元，向安徽省见义勇为基金会捐款 12 万元。此外，安徽省局（公司）携手安徽省红十字会，向六安市金寨县捐助总价值 29 万余元的 1000 套安全防护书包及配套书籍。

开展其他各类公益活动。安徽省局（公司）精心打造“成长”文化日品牌，持续推进“党建向基层延伸”工作，相继开展“法制宣传进终端”“专卖管理进社区”，以及以“送温暖、献爱心”为主题的“关注贫困终端、慰问贫困客户、帮扶贫困儿童”等活动。2017 年，全省商业系统累计深入基层走访慰问 2439 人次、济困帮扶 2177 人次，资助乡村建设项目 316 个，开展捐资助学活动 35 次、资助贫困儿童 93 人次，捐赠电脑 6 台，组织干部职工参加义务献血 3 次、无偿献血量总计 1.94 万毫升。

所属单位积极开展各类公益活动。捐资助学。合肥市局（公司）向肥西县高店中学捐赠各类图书 450 余册，共计价值 1.5 万元，向肥东县乡村流动图书馆捐赠书籍 1.5 万元，向肥东县新城学校、张集乡中心小学捐资 6.5 万余元；蚌埠市局（公司）连续 6 年开展金秋助学捐助活动，每年资助 10 位品学兼优、家庭困难的大学生；安徽皖南烟叶有限责任公司向宣城市宣州区水东小学捐款 4.8 万元，向宣城中学捐款 3 万元。开展志愿服务活动。蚌埠市局（公司）组织党员和团员青年开展进社区、“我爱我家·行走蚌埠”等志愿服务活动；黄山市局（公司）组织党员前往屯溪区社会福利院开展“情暖冬日、奉献爱心”主题党员日活动，慰问福利院老人及孩子，并送上棉裤、棉鞋等物品。爱心帮扶。六安市局（公司）参加“慈善一日捐”“青春扶贫1+2”活动，员工个人捐款1.48万元；马鞍山市局（公司）结对共建7个社区（村），结对帮扶130多个贫困户，派专人参加地方扶贫工作队，涌现出“爱心妈妈”团队、“义务送考”车队、“最美物流人”“马鞍山好人”等好人好事，“菊萍服务组”“红岩创新小组”等成为特色班组；铜陵市局（公司）筹措资金20万元，帮助扶贫村建设联合党建和党员活动室、扶贫工作室、图书馆、阅览室；安庆市局（公司）向沐阳之家残疾儿童活动中心捐款3万元，捐赠图书771元，向社会福利院儿童康复中心捐款4000元，向岳西特殊学校捐款0.23万元；安徽皖南烟叶有限责任公司资助宣城市广德县誓节镇东兴村幸福院1.5万元，向宣城市妇女儿童基金会捐款3万元；滁州市局（公司）为全椒县种植价值0.2万元的树苗，向全椒县捐赠防汛帮扶经费0.5万元。

安徽中烟工业有限责任公司

2017年，安徽中烟工业系统捐款394.9万元，用于各项社会公益活动。

安徽中烟本部捐款240万元，其中援藏资金200万元；捐助寿县20万元，用于扶贫工作；捐助安徽省建藏援藏工作者协会20万元，用于藏区贫困学子助学。

所属各单位积极开展各项公益活动。安徽中烟蚌埠卷烟厂、芜湖卷烟厂、合肥卷烟厂、阜阳卷烟厂、滁州卷烟厂合计捐款154.9万元，用于慈善救助、帮扶贫困学子圆梦大学和关爱农村留守儿童等各项公益活动。

福建省烟草专卖局（公司）

2017年，福建省烟草商业系统捐款8424万元，用于各项社会公益活动。

救济贫困。捐款974.6万元，其中，全省系统选派18名优秀干部到贫困村任“第一书记”，投入扶贫资金506.6万元用于资助乡村建设，为帮扶村解决道路硬化、村民饮水、危房改造、种植养殖、项目开发和村容村貌等问题，向三明市建宁县濉溪镇高峰村等5个建档立卡贫困村捐款120万元，向宁德市古田县黄田镇洋上村等3个贫困村捐款120万元，向龙岩市连城县塘前乡上琴村捐款10万元等。资助教科文卫事业。捐款340.39万元，其中，向福建省扶贫基金会、扶贫开发协会捐款100万元用于资助贫困大学生、高中生，向福建省立医院捐款100万元，参加省委宣传部开展“三下乡”活动、向宁德福鼎市磻溪镇赤溪村捐款20万元等。向经济困难的烟农、零售客户、结对帮扶困难家庭开展灾害救助捐款19.3万元。资助社会公共事业，捐款7089.5万元。

开展其他各类公益活动。福建省局（公司）组织开展省局机关“树文明新风·迎金砖宾客”文明交通劝导志愿服务活动，倡导广大干部职工树立“文明交通我先行”理念。组织开展2017年“母亲健康1+1”公益募捐活动，201名员工共捐赠善款5880元。参加福州市鼓楼区家风家训优秀书法作品认捐活动，认捐3000元书法作品1幅。继续与省级扶贫开发重点村——连城县塘前乡上琴村12户困难家庭开展结对帮扶活动，每户资助3000元。组织开展“关爱贫困母亲”扶贫助困志愿服务活动，与福州市华大街道北江社区3户困难家庭开展长期结对帮扶，每户资助2000元。

所属各单位积极开展各类公益活动。开展“创建文明城市”“党员进社区”“文明出行、文明餐桌”“关爱自然、保护环境”“迎金砖会晤·志愿者在行动”“情暖福利院”“教师节”慰问教师、慰问贫困村儿童等各类公益活动累计786场次，参与人数9002人次。累计组织760多名职工参加义务献血活动，献血26.71万毫升；累计组织400多名职工参加义务植树活动，植树1168棵。

福建中烟工业有限责任公司

2017年，福建中烟工业系统捐款9201万元，用于各项社会公益活动。其中，扶贫济困3055万元，资助教育事业767万元，资助文体活动4979万元，灾害救助400万元。

福建中烟本部资助医疗事业，向厦门市红十字基金会捐款400万元；资助教育事业，向厦门市教育基金捐款540万元，向厦门外国语学校教育基金会捐款50万元，向集美大学教育基金会捐款100万元；资助扶贫事业，向三明市建宁县慈善总会捐款100万元，向福建省财政扶贫捐款300万元，向西藏自治区捐款200万元，向厦门市慈善总会捐款10万元；灾害救助，向南平市浦城县捐款300万元、政和县捐款50万元，向三明市宁化县捐款50万元。

所属各单位积极开展各类公益活动。龙岩烟草工业有限责任公司资助公益事业，向龙岩市慈善总会捐款3736万元。厦门烟草工业有限责任公司资助公益事业，向厦门市残疾人福利基金会捐款2400万元，向厦门市海沧区红十字会捐款800万元；资助教育事业，向厦门市教育基金会捐款20万元，向厦门市海沧区教育基金会捐款50万元；资助扶贫事业，向厦门市老年基金会捐款45万元；资助医疗事业，向厦门市中山医院基金会捐款30万元。

江西省烟草专卖局（公司）

2017年，江西省烟草商业系统捐款1.34亿元（个人捐款28.72万元），用于各项社会公益活动。

救济贫困。捐款729.25万元（个人捐款2.16万元），其中，投入扶贫资金654.1万元用于精准脱贫，全省烟草商业系统成立72个驻村工作组，选派75名优秀干部到贫困村任“第一书记”。资助乡村建设。捐款9353.3万元，用于解决帮扶村道路硬化、村民饮水、危房改造、种植养殖、项目开发和村容村貌等问题，其中，向赣南原中央苏区捐款7000万元、向西藏自治区捐款400万元 、向上饶市捐款1万元、向抚州市捐款1920.3万元、向吉安市捐款1万元、向萍乡市捐款8万元、向新余市捐款15万元、向鹰潭市捐款8万元。资助教育文化事业。捐款13.58万元（个人捐款1.68万元），其中，向九江市捐款2.67万元、向上饶市捐款4.42万元、向抚州市捐款1.63万元、向赣州市捐款2.16万元、向新余市捐款1.36万元、向鹰潭市捐款1.35万元。灾害救助。捐款3209.28万元，主要面向烟叶灾害、洪灾等救灾捐款。社会帮扶。创建帮扶捐款32.5万元、社区共建捐款14.7万元、走访慰问捐款7.67万元；向“慈善一日捐”“微心愿”支助捐款及关爱孤寡残幼等各类活动捐款47.24万元。其他捐款5.44万元。

开展其他各类公益活动。组织干部职工开展“五四”青年节活动、“不忘初心跟党走、我为扶贫作贡献”主题实践活动，参加青年志愿者服务活动。组织“创建文明城市”“党员进社区”“三八”妇女节、“六一”儿童节、“八一”建军节慰问、关爱孤寡老人，以及以“访千楼万家、创文明城市”为主题的“星期六文明行动”等志愿服务活动。开展“点燃希望星，走进扶贫村”帮扶走访慰问活动，为困难家庭小学生捐赠“爱心书包”50个。党员干部到敬老院慰问363人次，到福利院看望残疾儿童24人次。全省烟草商业系统累计组织420名职工参加义务献血活动，献血11.24万毫升（捐献血小板35治疗量）。累计组织206名职工参加义务植树活动，植树653棵。累计组织300名职工参加清扫马路活动，开展57次。全省烟草商业系统开展交通劝导活动，参与人数264人次，捐赠图书102册。

所属各单位积极开展各类公益活动。江西省南昌、九江、上饶、赣州、萍乡、新余、鹰潭市局（公司）组织开展帮困助学、关爱慰问等活动，捐款24.26万元。上饶市局（公司）开展资助社区困难女童活动，新余市局（公司）开展“党建+颐养之家”募捐活动，鹰潭市局（公司）开展爱心助学“春蕾班”活动。

江西中烟工业有限责任公司

2017年，江西中烟工业系统捐款1.03亿元，用于各项社会公益活动。

扶贫济困，捐赠援藏资金200万元；资助教育事业，向50名贫困家族的优秀学子捐赠助学款26万元；帮扶残疾人，向江西省残疾人福利基金会捐赠福利基金50万元；资助赣南等原中央苏区建设资金1亿元。

山东省烟草专卖局（公司）

2017年，山东省烟草商业系统积极参与各类公益活动，向山东省公安民警优抚基金捐款300万元，向《农民日报》社捐款30万元开展扶农送报活动，为包村扶贫工作捐款486万元，捐赠援藏资金400万元。

所属各单位积极开展各类公益活动。开展“慈心一日捐”、灾害救助、救济贫困、扶助残疾人等活动，捐款219.13万元，其中职工个人捐款113.56万元；开展资助教育、科学、文化、卫生等活动，捐款42.03万元，其中职工个人捐款2.17万元；开展支援新农村建设、驻村帮扶、社会公共设施建设等活动，捐款559.71万元，其中职工个人捐款10.92万元；向慈善总会、各类基金会等捐款79.2万元；积极参与创建全国文明城市活动，捐助资金14.65万元、组织志愿者996人、开展各类志愿活动237次；参加义务献血活动，累计献血4.72万毫升；组织干部职工参加义务植树活动，累计植树200棵。

山东中烟工业有限责任公司

2017年，山东中烟工业系统捐款481.44万元，用于各项社会公益活动。

救济贫困。捐款80.54万元，其中，投入扶贫资金59.69万元用于精准脱贫，全省工业系统成立3个驻村工作组，选派3名优秀干部到贫困村任“第一书记”。资助乡村建设，为帮扶村解决道路硬化、种植养殖、项目开发和村容村貌等问题，向济南市历城区锦绣川办事处捐款39.69万元，向滕州市大坞镇池中村捐款20万元，向济南市历城区仲宫办事处捐赠办公桌椅、电脑、空调、文件柜等办公设备。资助教育文化事业，向青州市30名困难失学儿童捐款9000元。灾害救助捐款200万元，用于援藏。其他捐款200万元，用于支持见义勇为、弘扬社会正气。

所属各单位积极开展各类公益活动。慈善捐助。参加“慈善一日捐”活动，青岛卷烟厂员工个人捐款14.62万元、青州卷烟厂员工个人捐款5.48万元、滕州卷烟厂员工个人捐款10.75万元。助学助残。济南卷烟厂中层管理人员与65户贫困家庭实现点对点帮扶；推进“青年文明号助千家”工作，开展“青春扶贫　爱心暖冬”送温暖志愿服务，各级“青年文明号”集体与济南市历城区柳埠镇柏树崖村等地的10家贫困青少年家庭结成帮扶对子，定期走访慰问，赠送学习和生活用品，开展帮扶活动；与定点扶贫村潘家场村困难儿童结成帮扶对子，捐赠学习用品和生活物资；开展爱心图书捐赠主题党日活动，在潘家场村设立农家书屋，将300余册图书分类充实到村图书馆；成立“潘家场村爱心学社”，定期组织开展课业辅导等帮扶活动；开展关爱残障儿童暖心志愿行动，走访济南市康复医院。助老活动。开展“银龄关怀　健康扶贫”“心系银龄送温暖”敬老爱老义务查体志愿服务活动、“情系潘家场　寒冬送温暖”志愿服务活动，走访慰问贫困老人，送去御寒物品以及食用油等生活物品；实施“百年传承　情暖济烟”帮扶社区孤寡老人行动，与社区孤寡银龄老人结成帮扶对子，定期到结对老人家中开展亲情陪伴活动和“中秋送祝福”等特色传统活动。

将军烟草集团有限公司外派扶贫“第一书记”驻济南市历城区仲宫办事处南道村，捐赠扶贫物资。颐中烟草（集团）有限公司1000余名干部职工参加“情系泰山”无偿献血活动，累计献血量31万毫升，再次被评为“青岛市无偿献血先进单位”。自筹资金捐赠烟台栖霞市见义勇为协会200万元。

河南省烟草专卖局（公司）

2017年，河南省烟草商业系统捐款1902万元，用于各项社会公益活动。

救济贫困。投入扶贫资金1200万元，选派“第一书记”111名，建立对口帮扶点251个，建设南阳市内乡县曹营种植专业合作社、信阳市平桥区罗楼村中草药种植、漯河市舞阳县吕湾村毛发代加工、开封市祥符区韩一村蔬菜大棚和扶贫纸箱加工厂等扶贫项目，帮助3140户、10652人脱贫致富；河南省局（公司）机关向对口帮扶村南阳市内乡县曹营村投入资金50万元、协调融资300万元、争取扶贫资金109万元，发展特色农业，安排就业45人，帮助41户、145人实现脱贫。资助乡村建设。捐款656万元用于解决帮扶村道路硬化、村民饮水、危房改造、种植养殖、项目开发和村容村貌等问题。资助教育文化事业，捐款46万元。

河南省局（公司）机关，洛阳、平顶山、濮阳、三门峡、信阳、驻马店、济源市局（公司），天昌公司组织开展帮困助学、关爱慰问孤寡老人、“慈善一日捐”“百局百企帮千生”“送温暖、献爱心”等活动，共计捐款68万元。

积极开展其他各类公益活动。河南省局（公司）机关成立志愿者服务队16个，开展党员干部“学雷锋志愿服务”活动，赴郑州福利院看望残疾儿童；开展慰问助学活动、“爱心姐姐、爱心妈妈”志愿服务，捐赠衣服238件、图书661册。平顶山市局（公司）开展“喜迎十九大，践行感恩·实”发放助学金活动。组织干部职工开展无偿献血活动，205人献血7.92万毫升。

河南中烟工业有限责任公司

2017年，河南中烟工业系统参与公益捐赠活动14项、累计捐款562.50万元，其中，10项扶贫捐赠活动，捐款421.50万元；4项助学捐赠活动，捐款141万元。个人捐赠方面，河南中烟工业系统干部职工参加公益捐款活动30项，捐款30.77万元，其中，14项扶贫捐赠活动，捐款22.78万元；16项助学捐赠活动，捐款7.99万元。

积极开展其他各类公益活动。累计组织慈善活动172次，其中，53人次参加义务献血活动，组织6次义务植树活动，开展关爱帮扶、义务劳动、爱心助考等志愿活动113次。

湖北省烟草专卖局（公司）

2017年，湖北省烟草商业系统捐款6714.26万元，用于各项社会公益活动。

扶贫济困。全省系统共成立驻村工作组129个，派驻驻村工作队员387人，担任扶贫村“第一书记”76人，向精准扶贫村、对口帮扶村、驻点联系村捐款6074.8万元。资助教育和文化事业捐款66.7万元，用于帮助寒门学子上大学、开展文化下乡等活动；资助社会公共和福利事业捐款156.4万元，组织干部职工参加无偿献血活动；援藏定点扶贫捐款400万元。职工个人捐款16.36万元。

所属各单位积极开展各类公益活动。宜昌市局（公司）积极参与文明城市创建，组织开展“文明交通劝导”“清洁家园”等志愿服务活动。襄阳市局（公司）开展“爱心助老月”活动，为老人免费发放“黄手环”，助老人平安回家。黄冈市局（公司）、宜昌市局（公司）组织员工参加义务献血，无偿献血2.21万毫升。鄂州市局（公司）轮派优秀青年人才挂职夏咀村“第一书记”，协助成立“鄂州市梁子湖区欢农种养殖专业合作社”。

湖北中烟工业有限责任公司

2017，湖北中烟工业系统共捐款8800万元，用于各项社会公益活动。

扶贫济困、灾害救助等，捐款3350万元。其中向湖北省扶贫基金会捐款1000万元，湖北中烟本部投入精准扶贫帮扶资金800万元，各卷烟厂投入精准扶贫专项资金700万元，省内外应急救灾和扶贫济困捐款850万元。

资助教育、科学、文化、卫生事业。用于开展“我看见·荆楚送光明”“我听见·荆楚送健康”“我梦见·荆楚送希望”等“三见”公益活动，捐款2500万元。其中向湖北省青少年发展基金会捐款1000万元，向湖北省妇女儿童基金会慈善救助捐款850万元，向湖北省教育基金会助学帮困捐款650万元；“我梦见·荆楚送希望”大学生助勤帮困项目走进武汉大学、华中科技大学、中国地质大学、华中师范大学；“我看见·荆楚送光明”公益活动先后走进黄冈市红安县、随州广水市，为57名贫困白内障换患者免费实施手术。

促进社会发展和进步及其他社会公共福利事业，捐款2950万元。其中支持省内县农村建设捐款2750万元，援藏捐款200万元。

湖南省烟草专卖局（公司）

2017年，湖南省烟草商业系统捐款1.11亿元，其中，扶贫济困捐款3199.32万元，资助教育捐款21.5万元，灾害救助捐款5699.48万元。累计开展慈善献血活动29次、植树活动45次、其他各类志愿活动105次。

湖南中烟工业有限责任公司

2017年，湖南中烟工业系统捐款1.76亿元，用于各项社会公益活动。其中，自然灾害救助捐款2290万元，支援重点工程建设捐款975万元，资助教育事业捐款1.34亿元，开展精准扶贫捐款465万元，开展环境保护、社会公共设施建设捐款491万元。

湖南中烟本部捐款3935万元。其中，自然灾害救助捐款790万元，支援重点工程建设捐款950万元，资助教育事业捐款1830万元，开展精准扶贫捐款215万元，开展环境保护、社会公共设施建设捐款150万元。

所属单位长沙、常德、郴州、零陵和四平卷烟厂共计捐款1.37亿元，其中，自然灾害救助捐款1500万元，支援重点工程建设捐款25万元，资助教育事业捐款1.16亿元，开展精准扶贫捐款250万元，开展环境保护、社会公共设施建设捐款341万元。

广东省烟草专卖局（公司）

扶贫济困。2017年，广东省烟草专卖局（公司）落实国家精准扶贫工作部署，定点帮扶湛江市遂溪县河头镇上坡村。积极筹措扶贫资金，截至2017年底，到位帮扶资金440万元；建设果桑种植基地进行产业扶贫，采取“公司+

农户”的模式，解决种植、收购和销售问题；实施“以奖代补”项目，贫困户通过自发发展种植养殖，户均增收3000元；帮扶特困学生，资助47名贫困户子女4.02万元；帮扶贫困烟农，全省列入建档立卡的贫困烟农259户，贫困人口1010人，帮扶贫困烟农102户，贫困人口425人，安排贫困烟农种植规模1749亩、收购4994担烟叶，户均收入6.92万元。2017年，广东省局（公司）在重大传统节日期间，对贫困户、老党员、病残人员、孤寡老人等先后进行多次慰问。

所属各单位积极开展各类公益活动。各市局（公司）捐款1753.25万元，用于扶贫助学及其他社会公益活动。广州市局（公司）工会义工队开展“大手牵小手、幸福暖人心”关爱留守儿童和孤寡老人慰问、“一路同行、感恩有你”暑假慰问支教老师及留守学生、每月探访独居老人等系列活动。惠州市局（公司）开展社区走访、慰问特殊学校等志愿活动。河源、湛江、潮州市局（公司）组织员工参加无偿献血活动，累计献血1.03万毫升。

广东中烟工业有限责任公司

2017年，广东中烟工业系统捐款3414万元，用于扶贫济困、教育助学、灾害救助等各类公益活动。推进捐赠项目13项，覆盖广东、湖南、云南、西藏等地区，其中，向梅州市慈善会捐款1000万元，支持新农村建设；向广东省慈善总会捐款210万元；向烟叶产区捐款400万元；援建西藏自治区，落实援藏资金200万元。

所属各单位积极开展各类公益活动。广州卷烟厂向广州市慈善会捐款45万元；救助贫苦母亲，员工个人捐款2.5万元；向南雄市邓坊村捐赠爱心款13.3万元；组织132名员工无偿献血2.85万毫升。韶关卷烟厂捐款230万元，对点扶贫南雄市水口镇群星村，群星村22户贫困户均脱贫，针对贫困村集体项目，主要推进村公共服务中心和村民活动中心建设。湛江卷烟厂对点扶贫湛江市遂溪县，捐款170万元用于开展危房改造、建立经济合作社、基础设施建设、教育助学等；向雷州市贫困学生捐款2.15万元。梅州卷烟厂向梅州慈善会捐款135万元，主要用于对口帮扶梅州市蕉岭县南磜镇岭背村；干部职工“扶贫日”捐款8.39万元；关爱儿童捐款5.6万元；组织48名员工无偿献血1.34万毫升。

广西壮族自治区烟草专卖局（公司）

2017年，广西壮族自治区烟草商业系统捐款454.6万元，用于各项社会公益活动。其中，落实国家精准扶贫政策捐款389.96万元，资助教育事业捐款52.4万元，支持新农村建设捐款7万元，支持社会公共事业捐款1.1万元，其他公益捐款4.14万元。

广西壮族自治区烟草专卖局（公司）帮扶贫困村106个，派出驻村干部124人、帮扶干部1009人，结对帮扶对象2677户、困难户4130户，实现脱贫1435户。开展帮扶项目76项，覆盖公共基础设施建设、产业扶贫、自然灾害救济等方面。

所属各单位积极开展各类公益活动。南宁市局（公司）通过南宁市希望工程2017年“圆梦行动”，对30名新入学贫困大学生每人资助5000元。钦州市局（公司）开展到社区“双服务、双报到”活动，慰问和帮扶困难户。贵港、防城港、北海、来宾等市局（公司）深入困难户，开展节日慰问活动。梧州市局（公司）参与辖区8个生态示范村建设，投入资金开展生态建设项目。桂林、钦州市局（公司）参与义务献血活动，献血9800毫升。河池市局（公司）向河池市消费者协会捐款1.1万元，用于“3·15国际消费者权益日”系列宣传活动。

广西中烟工业有限责任公司

2017年，广西中烟工业系统捐款1282.82万元，用于各项社会公益活动。

扶贫济困。向广西壮族自治区扶贫基金会捐款180万元，用于“党旗领航·电商扶贫——微助八桂”互联网精准扶贫项目及东兰县产业扶贫、贫困户扶贫；向西藏自治区捐款200万元，用于促进西藏经济发展；捐款11.3万元，用于资助身患尿毒症的“最美乡村医生”、爱心助残、慰问贫困户等。

资助教育事业。向广西青少年发展基金会捐款309.5万元，用于“希望工程”；向广西协力扶助基金会捐款150万元；向广西壮族自治区总工会捐款50万元，用于“金秋助学”活动；向广西青少年发展基金会捐款89万元；向公司周边学校捐款48.42万元，用于改善学校办学条件。

资助乡村建设。向田林县捐款180万元，用于脱贫攻坚项目；向富川瑶族自治县慈善总会捐款60万元，用于公司驻点贫困村基础设施建设，并选派3名优秀干部到贫困村任“第一书记”；向融安县捐款4.6万元，用于浮石镇木瓜村道路建设，并选派“美丽广西”乡村建设（扶贫）工作队开展新农村建设工作。

积极开展其他各类公益活动。组织青年团员开展无偿献血、“青春助力产业扶贫”、义务植树、关爱留守儿童、“学雷锋”志愿服务等一系列公益活动。

海南省烟草专卖局（公司）

2017年，海南省烟草商业系统捐款826.41万元，用于各项社会公益活动。

扶贫济困。援藏精准扶贫脱贫捐款400万元；定点扶贫捐款190.88万元；开展关爱困难群众、困难党员等活动，捐款3.58万元。

资助教育、文化事业。向万宁市大茂镇红色小学捐款13.92万元；向琼海市嘉积镇红星社区捐款3000元，用于开展文体活动。

资助乡村建设。向临高县皇桐镇捐款213万元，用于橡胶林下雪茄烟叶种植试验项目、火龙果种植基地及美万村“美丽乡村”建设；向东方市捐款1.1万元，用于开展乡村排水设施建设；向屯昌县三岭村捐款1.14万元，用于乡村生活垃圾治理；向万宁市群星村捐款2.3万元，用于改善乡村群众生活环境。

积极开展其他各类公益活动。开展“点亮群众微心意”“一张纸献爱心行动”等公益活动；参加无偿献血活动，累计献血3700毫升；参加“海南省心连心义工服务中心”义工活动，到偏远地区敬老院探望孤寡老人，协助爱心图书馆整理图书。

重庆市烟草专卖局（公司）

2017年，重庆市烟草商业系统自然灾害救助捐款1092万元，救济贫困户捐款187.7万元，救残助残捐款3.1万元，资助教育事业捐款63.7万元，资助社会公共设施建设捐款140.8万元。组织职工参加义务献血，累计献血3.03万毫升。

重庆中烟工业有限责任公司

2017年，重庆中烟工业系统捐款600万元，开展社会公益项目10个。其中，扶贫济困项目6个，捐款545万元，分别为凉山州普格县乃吾村扶贫捐款250万元、援藏扶贫捐款200万元、石柱县教育扶贫捐款50万元、对口帮扶黔江区金溪镇扶贫捐款30万元、帮扶巫溪县扶贫捐款10万元、帮扶黔江区蓬东乡扶贫捐款5万元；资助教育项目4个，其中，向重庆市温暖基金捐款15万元、南岸区教育发展基金捐款20万元、涪陵区教委捐资助学10万元、黔江区教委捐资助学10万元。

四川省烟草专卖局（公司）

2017年，四川省烟草商业系统捐款2709万元，开展各类社会公益项目269个。其中，资助教育捐款339万元，支持公共基础设施建设捐款553万元，支持文体事业捐款168万元，帮扶种植、养殖类捐款67万元，灾害救助捐款189万元，危房改造捐款15万元，送温暖慰问捐款274万元，资助其他各类公益活动捐款1104万元。

四川中烟工业有限责任公司

2017年，四川中烟工业系统共捐款1334.7万元，其中员工个人捐款5.7万元，用于灾害救助、救济贫困、资助教育等各项社会公益活动。

灾害救助。向阿坝州九寨沟地震灾区捐款100万元，帮助震区部分学校恢复入学条件；配合参与抗震救灾、后方保障等应急救援活动。

救济贫困。捐赠援藏资金200万元；向绵阳市游仙区扶贫捐款160万元，用于东宣乡飞龙村、文凤村精准扶贫；向泸州市叙永县扶贫捐款244万元，精准帮扶水尾镇西溪村二社，并开展脱贫专题调研；向甘孜州泸定县扶贫捐款50万元，用于兴隆镇毛家村道路建设；向乐山市马边彝族自治县扶贫捐款50万元，帮助建设石梁乡高峰村多功能文化活动场所；向宜宾市翠屏区捐款75万元、宋家坝镇捐款75万元、保石乡捐款75万元，用于基础设施等建设。

资助教育事业。向美姑县希望小学建设捐款300万元；对叙永县水尾镇西溪村贫困学生进行捐资助学，员工个人捐款5.7万元；为高寒山区乡村小学、儿童福利院等建设29所爱心书屋；定点帮扶甘孜、阿坝、凉山、巴中、北川等贫瘠地区乡村小学的学生，开展“温暖小脚丫”系列活动，捐赠学习用品、军训服、防寒保暖物资；组织志愿者10余次，为成都和简阳儿童福利院的残疾孤儿们送去关爱；组织爱心人士实地走访山区特困家庭面临辍学的153名学生，开展“一对一爱心助学”帮扶。

贵州省烟草专卖局（公司）

2017年，贵州省烟草商业系统捐款9873.78万元，开展各类公益活动170余次，参与慈善活动3612人次。其中，扶贫捐款4610.53万元，助学捐款5151.75万元，救灾捐款15.36万元，员工个人捐款96.14万元。

积极开展其他各类公益活动。组织干部职工无偿献血29次，271人次参加，献血7.02万毫升。开展植树活动14次，366人次参加，植树786棵。组织志愿活动137次，3224人次参加。

贵州中烟工业有限责任公司

2017年，贵州中烟工业系统捐款2200万元，用于各项社会公益活动。

贵州中烟本部捐款2000万元用于扶贫济困，落实结对帮扶黔西南州晴隆县脱贫事业。其中，捐款1200万元，用于晴隆县光照镇孟寨村新型产业园前期建设；捐款400万元，用于实施“20+”党建帮扶联建工程，主要帮扶20个深度贫困村贫困户发展养殖种植业、基础设施建设、教育提升等项目；捐款100万元，用于实施“1000+”实用技能技术培训，提升农户专业种植、加工技能；捐款100万元，用于实施“行者·圆梦”公益助学工程；捐款200万元，落实国家局关于支持西藏自治区建设的部署。

所属各单位捐赠帮扶资金200万元，由所属各单位党委根据所在地的实际情况，按照地区党委政府脱贫攻坚的统一部署，政府主导企业配合，全面开展扶贫工作。

云南省烟草专卖局（公司）

2017年，云南省烟草商业系统捐款4673.32万元，其中员工个人捐款199.59万元，用于各项社会公益活动。

公司捐款4473.73万元。其中，扶贫济困捐款2231.08万元，资助教育文化事业捐款596.76万元，资助乡村建设捐款688.17万元，灾害救助捐款512万元，帮扶残疾人捐款18.22万元，资助卫生事业捐款12.5万元，资助环境保护捐款3万元，资助社会公共设施建设捐款6万元，援藏捐款400万元，其他社会公共和福利事业捐款6万元，并向学校捐赠价值20万元的学习用书。

员工个人捐款199.59万元。其中，扶贫济困捐款95.36万元，资助教育事业捐款36.24万元，资助卫生事业捐款1.12万元，资助乡村建设捐款63.1万元，帮扶残疾人捐款1.21万元，灾害救助捐款9300万元，其他社会公共和福利事业捐款1.63万元。

积极开展其他各类公益活动。开展洱海保护“三清洁”活动30次；向昆明市寻甸县九龙镇、禄劝县塘子街道等共6个村委会捐赠各类衣物上千件，文体用品1036套；组织干部职工218人次参加无偿献血5万毫升；资助7.78万元用于植树1.54万棵；1400人次参加志愿者进社区服务活动，组织参与“创建全国文明城市”“交通安全引导”“烤烟技术服务下乡”等活动；联合医药公司开展“精准扶贫、健康同行”活动，为易门县铜厂乡铜厂村164户建档立卡，为贫困户送去“爱心家庭小药箱”；参与“七彩服务、健康扶贫”为主题的献爱心、送温暖活动，为519名易门县铜厂乡贫困群众提供义诊服务。

云南中烟工业有限责任公司

云南中烟工业有限责任公司本部：云南中烟工业有限责任公司本部捐款8132万元，开展公益活动项目19个，涉及昆明、玉溪、曲靖、楚雄、红河、大理、昭通、保山、临沧、西双版纳等10个州市和西藏自治区。单笔100万元以上的项目11个，其中，保山市施甸县木老元乡、摆榔乡“挂包帮、转走访”帮扶资金300万元，西双版纳州景洪市兴边富民工程资金200万元，援藏资金200万元，省市联动“绿化昆明　共建春城”2017年度义务植树资金141万元，昆明、玉溪、曲靖、楚雄、红河、大理、昭通7个州市教育扶贫捐款共6800万元。

红塔烟草（集团）有限责任公司：2017年，红塔烟草（集团）有限责任公司捐款5860.3万元，用于各项社会公益活动。

红塔集团本部开展扶贫济困工作，向普洱市澜沧拉祜族自治县谦哲村捐款513.5万元，实施帮扶项目15个，使谦哲村55户贫困户脱贫；在“七一”建党纪念日慰问谦哲村老党员16名、特别困难户8户、五保户10户；捐款6万元，用于村组环境治理等。向玉溪市、瑞丽市捐款331万元，用于设立助学金、建设教学设施等。

所属各卷烟厂积极开展各类公益活动。扶贫济困，向玉溪市峨山彝族自治县富良棚乡捐款634.5万元；向楚雄州、大理州、昭通市等捐款505万元。资助教育事业，向玉溪市、楚雄州、大理州、昭通市等捐款949.2万元，其中捐款70万元用于设立助学金。资助医疗事业，向玉溪市人民医院捐款35万元，用于心血管、脑卒中疾病防治资金；向义工联合会捐款5万元；捐款35万元，为楚雄市路上村卫生所购买心电图机1台、便携彩色B超机1台、远程设备1套。资助乡村建设，捐款21万元，为路上村155户烟农提供烤烟专用复合肥、地膜等生产物资和烤烟生产技术培训；捐款75万元，为芹菜塘小组改造住房和畜圈。

红云红河烟草（集团）有限责任公司：2017年，红云红河烟草（集团）有限责任公司捐款6597万元，用于各项社会公益活动。

扶贫济困。开展“挂包帮、转走访”支持脱贫帮扶工作，向云南省曲靖市、红河州、昆明市等捐款3313.6万元；向新疆维吾尔自治区裕民县、拜城县捐款110万元；向内蒙古自治区通辽市巴彦茫哈苏木捐款40万元，乌兰浩特市“关爱环卫工人爱心早餐活动”捐款20万元，红十字会“博爱一日捐”捐款5万元。

助老助残。向云南省助老工程捐款50万元，向昆明市五华区扶残助残活动捐款15万元，向红河州助老工程捐款12万元，向曲靖市第一人民医院“济困助残”项目捐款20万元，向曲烟社区助残活动捐款15万元，向会泽县新街等乡敬老院捐款117万元。

资助教育事业。资助奖学金项目，捐款1234.2万元；向云南省昆明市、红河州、曲靖市等捐款798.2万元，用于教学设施建设、设立助学金等；向内蒙古自治区捐款290万元。

其他公益活动捐款557万元。

西藏自治区烟草专卖局（公司）

2017年，西藏自治区烟草商业系统捐款66.02万元，用于各项社会公益活动。

西藏区局（公司）捐款20.84万元用于扶贫济困，其中，向日喀则市江孜县楚龙村捐款5.18万元，开展节日慰问捐款14.8万元。同时，成立12个驻村工作队，选派4名优秀干部到贫困村任“第一书记”。其他结对帮扶捐款25.2万元。

所属各单位积极开展各类公益活动。日喀则市、林芝市、阿里地区烟草专卖局（公司）捐款16.75万余元。其中，日喀则市局（公司）开展“百企帮百村”慰问活动，看望村民189户，其中建档立卡贫困户66户，发放慰问品共计7万元；开展“抓党建促脱贫”走访慰问活动，组织22名党员干部对边雄乡林村、甲根村、罗布林村开展“一对一”帮扶走访慰问；开展学雷锋志愿服务活动，关爱孤儿院儿童，并送去生活必需品。林芝市局（公司）开展结对帮扶、集体植树活动以及社区志愿服务困难党员等活动。阿里地区烟草专卖局（公司）节日期间慰问贫困户，并发放慰问物品；动员职工积极参与“恒爱行动”，发动爱心妈妈编织毛衣关爱孤残儿童。

陕西省烟草专卖局（公司）

2017年，陕西省烟草商业系统捐款9597万元，用于各项社会公益活动。

扶贫济困、捐资助学、灾害救助捐款9557万元，其中，向延安市延川县捐款5000万元，支援袁家沟水库工程项目建设；向榆林市捐款200万元，支援“7·26”特大暴雨灾害灾后重建；向西藏自治区捐款400万元，支援西藏经济社会发展等。向慈善协会捐款40万元。

积极开展其他各类公益活动，参加义务献血、植树活动和志愿服务等。

陕西中烟工业有限责任公司

2017年，陕西中烟工业系统捐款640.96万元，用于各项社会公益活动，其中，公司捐款637万元，员工个人捐款3.96万元。

扶贫济困。在陕北、关中、陕南6处联系点开展包村扶贫工作，全系统派出扶贫干部9人，帮扶贫困户370户；落实国家局对口援藏工作，捐款200万元用于支援西藏自治区地方社会经济发展；向安康市旬阳县捐助扶贫资金50万元；组织干部职工向贫困家庭、困难大学生捐款3.96万元；向延安市红十字会捐款2万元用于自闭症儿童康复。

资助乡村建设。为解决帮扶村道路硬化、村民饮水、危房改造、种植养殖、项目开发和村容村貌等问题，向鄠邑区、永寿县、金台区等捐款235万元；向陕西省国资委“合力团”扶贫麟游县农业灌溉项目捐款100万元。

其他公益活动。利用学雷锋活动日、“3·15”、“五四”青年节、网络安全周等重要时间节点，开展多层面主题实践活动；在社区关爱、除冰扫雪等传统公益活动的基础上，开展烟草制品真假鉴别、网络设备防护技术等公益宣传活动。

所属各单位积极开展各类公益活动。宝鸡卷烟厂向宝鸡市残疾人福利基金会捐款20万元。延安卷烟厂支援延安无锡枣园中学、宝塔区励博双语特色小学支教资金各10万元。旬阳卷烟厂支持“泥王公路改建工程”及“双创”城市环境污染治理项目。

甘肃省烟草专卖局（公司）

2017年，甘肃省烟草商业系统捐款3824.43万元，用于各项社会公益活动。

扶贫济困。捐款2030万元，帮扶陇南市宕昌县两河口镇山背、罗湾两村开展整村搬迁后基础设施建设和专业合作社等项目建设；帮扶开展危房改造、基础设施建设、富民产业培育等项目建设，向平凉市、庆阳市、定西市、武威市等共捐款1468.26万元；捐款96.91万元，用于其他救济贫困活动，其中个人捐款2.6万元；捐款9.71万元，帮扶贫困乡村学生，其中个人捐款2.31万元。

资助乡村建设。向白银市景泰县正路镇峡儿水村捐款20.75万元，向平凉市庄浪县许湾村捐款22万元，向兰州市捐款10万元，向甘南州捐款6.9万元，向陇南市帮扶村捐款33.34万元，向金昌市帮扶村捐款6.56万元。

资助社会事业。向甘肃省公安民警英烈基金会捐款40万元，用于抚慰公安英烈家属、因公牺牲民警家属、因公伤残、因病致困及特困民警家庭抚恤等。

资助环境保护。组织职工参加植树活动，累计种植沙枣2000余棵，沙棘3300余棵。

青海省烟草专卖局（公司）

2017年，青海省烟草商业系统开展结对共建“高原美丽乡村建设”活动，向帮扶对口村捐款112.3万元用于建设村级综合服务中心。开展助学帮扶、爱心助残、“博爱一日捐”等活动，向定点扶贫村、社区贫困户、红十字会捐款44.76万元。

宁夏回族自治区烟草专卖局（公司）

2017年，宁夏回族自治区烟草商业系统捐款104万元，用于各项社会公益活动。

资助乡村建设。向吴忠市盐池县王乐井乡双圪垯村捐款27万元，向银川市西夏区兴泾镇西干村、贺兰县洪广镇广荣村捐款15万元，向吴忠市同心县马高庄乡乔家湾村、王团镇大湾村、盐池县冯记沟乡汪水塘村、红寺堡区太阳山镇巴庄村捐款10万元。

开展定点帮扶工作。向固原市原州区头营镇坪乐村捐款15万元，向中卫市海原县李俊乡蔡祥村、沙坡头区永康镇校育川村捐款6万元。

捐款31万元用于社区共建、植树造林、文化教育等公益活动。

新疆维吾尔自治区烟草专卖局（公司）

2017年，新疆维吾尔自治区烟草商业系统捐款8065.5万元，用于各项社会公益活动。

扶贫济困。全区系统成立33个驻村工作组，选派89名优秀干部驻村，开展“访民情惠民生聚民心”活动；选派4名优秀干部到贫困村任“第一书记”，开展精准扶贫工作；捐款395.37万元，用于驻点村建设生产要素库房、群众活动大舞台等；捐款7657.87万元，用于帮扶村基础设施建设、文化建设等。

资助教育事业。新疆博州局（公司）、石河子市局（公司）、新疆进出口有限责任公司组织开展帮困助学，捐款12.26万元。

积极开展其他公益活动。乌鲁木齐市局（公司）开展“传递温暖献爱心”捐赠衣物活动。塔城区局（公司）开展“社区送温暖、情意传感动”等爱心活动；在结亲村队和所驻村队牛圈子牧场开展“浓浓手足情，千里送温暖”活动。

大连市烟草专卖局（公司）

2017年，大连市烟草商业系统捐款182.1万元，用于各项社会公益活动。

扶贫济困。捐款154.3万元，其中，向大连市西岗区、旅顺口区、金州区等慈善总会捐款138.3万元，与瓦房店市慈善总会联合建立“爱心慈善基金”捐款8万元。资助乡村建设，向庄河市长岭镇洪昌村、塔领镇东瓜川村、光明山镇吕沟屯、普兰店区四平镇顾家村、瓦房店市三台满族乡青山村捐款19.8万元。资助教育事业，向大连市青少年基金会捐款3万元，向大连市青少年发展基金会捐款5万元。

其他公益活动。大连市局（公司）安全规范党支部组织党员前往甘井子区宇峰小学看望“希望工程”资助对象，送去生活用品、学习文具和捐助款；第一党支部组织党员赴大连星星之火自闭症儿童支持中心，帮助自闭症儿童进行康复训练活动，并送去生活物资。

所属各单位积极开展各类公益活动。西岗区局（分公司）开展“迎七一送温暖”爱心帮困活动，为困难零售客户送去生活物资。庄河市局（分公司）党支部组织党员到对口帮扶村开展爱心助学活动，为贫困学生送去助学金及慰问品。金州区局（分公司）参加“大爱新区·微爱圆梦”“互联网+”志愿服务同城行动，前往大黑山森林公园开展志愿卫生清洁活动。

深圳市烟草专卖局（公司）

2017年，深圳市烟草商业系统资助教育事业捐款100万元，向好技师好讲师系列活动捐款70万元，支援西藏发展捐款400万元。

所属各单位积极开展各类公益活动。福田区局（公司）承办结对金地社区的党员志愿服务活动，全年举办各类活动14次，党员参与志愿服务活动90余人次，服务群众近800人次。罗湖区局（公司）联合“美丽深圳”义工组织举行“文明使者义工行”主题活动，组织党、团员参加区城管局组织的“烟头不落地、文明我传递”义工志愿活动。龙岗区局（公司）组织青年团员参加龙岗区机关义务植树活动，组织“向日葵”义工队前往惠州市博罗县横河镇开展“关爱留守儿童公益行”主题公益活动。盐田区局（公司）组织“海星”义工队开展“志愿者献爱心、空巢老人不空心”主题志愿活动，累计参加300人次。坪山区局（公司）开展“奉献爱心、传递温暖”衣物捐赠活动。

中国烟草总公司合肥设计院

2017年，中国烟草总公司合肥设计院党委从留存党费及安徽省直机关工委返拨的扶贫专项经费中拨付25万元，用于结对帮扶联系点六安市金寨县张冲乡黄畈村建设60千瓦光伏电站项目，项目建成后每年将为黄畈村新增5万元集体经济收入。

南通醋酸纤维有限公司

开展社会公益“三个品牌”活动。2017年，南通醋酸纤维有限公司与南通市红十字会、启秀中学签订三方协议，开展南纤公司“助学公益”品牌活动，助学活动资助学校增加至两所。3月5日，“爱心进社区和谐驻家园”学雷锋志愿活动在郭里园社区举办，学雷锋活动成为南纤公司“义工公益”品牌活动。公司6个党支部全年走访15户贫困户，扶贫帮困工作成为南纤公司“扶贫公益”品牌活动。

珠海醋酸纤维有限公司

2017年，珠海醋酸纤维有限公司捐款46.1万元，用于各项社会公益活动。珠纤公司再次荣获“2017年度珠海慈善爱心捐赠奖”，被评为“2017年珠海市最具社会责任感企业”。

扶贫济困。向珠海市高栏港区管委会社会保障及公共事业局捐款9.9万元，帮扶高栏港片区贫困学生；向珠海市高栏港金龙社区、金龙联社和铁炉联社捐款3万元，用于社区慰问困难群众。

资助教育事业。向珠海市高栏港区南水镇金洲小学捐赠学习桌椅640套，价值17.92万元；向珠海市高栏港区南水镇金洲小学捐赠价值5.05万元的儿童安全大课堂项目；向珠海市高栏港区南水镇金洲小学捐赠“海洋之星”奖学基金3万元；向茂名职业技术学院捐款4.23万元，帮扶茂名职业技术学院改善教学设施。

积极开展其他公益活动。支援社区建设，向珠海市前山翠云花园捐款2万元；支持开展义务植树活动，向珠海市环保与生态协会捐款1万元。

◇编辑：王 静 褚 幸

大事记

2017 年中国烟草大事记

1月

1 日，国家烟草专卖局党组书记、局长，中国烟草总公司总经理凌成兴发表新年贺词，要求全行业深入贯彻落实党的十八大和十八届三中、四中、五中、六中全会精神，深入学习贯彻落实习近平总书记系列重要讲话精神和治国理政新理念新思想新战略，坚定行业改革发展信心、奋发有为，积极化解“难”、努力巩固“稳”、不断扩大“进”，坚持稳中求进总基调，争创稳中向好新作为，以“两个超万亿”的优异成绩迎接党的十九大胜利召开。

5 日，中国烟草总公司与帝国品牌有限公司在北京签署《合作框架协议》。国家烟草专卖局党组书记、局长，中国烟草总公司总经理凌成兴，国家局党组成员、副局长徐𬍛出席签字仪式。

13 日，国家烟草专卖局党组书记、局长，中国烟草总公司总经理凌成兴，国家局党组成员、副局长杨培森在北京会见柬埔寨驻华大使凯西索达一行。

16—17 日，全国烟草工作会议在北京召开。工业和信息化部党组书记、部长苗圩出席并讲话，工业和信息化部党组成员、中央纪委驻工业和信息化部纪检组组长郭开朗出席会议。国家烟草专卖局党组书记、局长，中国烟草总公司总经理凌成兴作了题为《坚持稳中求进总基调　争创稳中向好新作为，以“两个超万亿”优异成绩迎接党的十九大胜利召开》的工作报告。国家局党组成员、副局长杨培森，国家局党组成员、直属机关党委书记高林，国家局党组成员、副局长徐𬍛、段铁力出席会议。

18 日，国家烟草专卖局与中国海警局在北京签署《联合打击烟草专卖品海上走私合作协议》。

20 日，国家局、总公司机关离退休干部座谈会在北京召开。凌成兴出席会议并讲话。

20 日，烟草行业安全生产电视电话会议在北京召开。段铁力出席会议并讲话。

2月

15 日，凌成兴、段铁力在北京会见意大利 G. D 公司总经理保罗·克雷莫尼尼一行。

16 日，全国烟草行业落实全面从严治党主体责任工作会议在北京召开。凌成兴出席会议并讲话，杨培森、高林、徐𬍛、段铁力出席会议。

19—20 日，《烟草控制框架公约》第七届缔约方大会总结会在云南昆明召开。

21 日，重点产区促进烟农增收座谈会在北京召开。杨培森出席座谈会并讲话。

28 日，全国卷烟销售工作会议在北京召开。徐𬍛出席会议并讲话。

3月

1 日，全国烟草行业财务审计工作会议在北京召开。徐𬍛出席会议并讲话。

2 日，全国烟草专卖管理工作会议在北京召开。

7 日，全国烟草行业规范管理工作会议在北京召开。

16 日，党的十八大以来国家局党组第七轮巡视工作动员培训会议在北京举行。高林出席会议并作动员讲话。

21 日，全国烟草行业人事工作会议在北京召开。凌成兴作批示，杨培森出席会议并讲话。

22 日，烟草行业离退休干部工作“双先”表彰会暨离退休干部工作会议在北京召开。杨培森出席会议并讲话。

24 日，烟草行业拓展国际市场工作会议在北京召开。徐𬍛出席会议并讲话。

27 日，全国烟草法规体改工作会议在北京召开。

28—30 日，全国烟草行业厅局级主要领导干部学习贯彻党的十八届六中全会精神研讨班在北京举办。凌成兴出席研讨班开班仪式并讲话，杨培森、高林、徐瑾、段铁力出席。

29 日，烟草行业“放管服”改革专项督查工作电视电话会议在北京召开。

4 月

10 日，烟草行业进一步治理“天价烟”工作电视电话会议在北京召开，杨培森出席会议并讲话。

17 日，国家局与中国财贸轻纺烟草工会在北京举行第十三次联席会议。凌成兴、徐瑾出席会议。

18 日，烟草行业经济运行工作电视电话会议在北京召开，段铁力出席会议并讲话。

25 日，全国烟草行业多元化投资管理工作会议在北京召开。

26 日，印发《关于推进行业“两学一做”学习教育常态化制度化的实施意见的通知》，要求从讲政治的高度充分认识推进“两学一做”学习教育常态化制度化的重大意义，推动全面从严治党突出“关键少数”并向基层延伸。

26 日，全国烟农增收工作现场会在贵州毕节黔西县召开。杨培森出席会议并讲话。

27 日，中国烟草学会 2017 年工作会暨七届六次理事会议在北京召开。

5 月

2 日，凌成兴在北京会见古巴驻华大使米格尔·安赫尔·拉米雷斯·拉莫斯一行。

5 日，中国烟草总公司与华大基因战略合作协议签字仪式在北京举行。凌成兴、杨培森出席签约仪式。

9 日，云南烟草国际有限公司、天利国际经贸有限公司、怡通烟草（香港）有限公司共同投资成立的地平线国际合资有限公司在中国香港挂牌运营。徐瑾出席挂牌仪式并讲话。

16 日，凌成兴在北京会见德国罗地亚醋酸纤维集团执行总裁菲利普·罗谢卡一行。

17 日，印发《关于四川中烟工业有限责任公司建设雪茄博物馆相关事宜的批复》（国烟办综〔2017〕244 号）。

19 日，全国烟草行业党的建设工作会议在北京召开。凌成兴、杨培森、徐瑾、段铁力出席会议。

23 日，“青年人才托举工程”工作座谈会在北京举行。凌成兴出席会议。

26 日，全国烟草行业物流工作会在北京召开。徐瑾出席会议并讲话。

6 月

5 日，凌成兴、徐瑾在北京会见柬埔寨驻华大使凯西索达一行。

6 日，中国烟草总公司与中国邮政集团有限公司在北京签署战略合作协议。凌成兴、徐瑾出席签约仪式。

15 日，云产卷烟品牌发展座谈会在云南昆明召开。徐瑾出席会议并讲话。

22 日，国家局就互联网上的“云产卷烟烟丝掺纸”舆情举行新闻发布会，积极回应社会关切。

7 月

6 日，凌成兴、徐瑾在北京会见古巴驻华大使米格尔·安赫尔·拉米雷斯·拉莫斯及古巴哈瓦那雪茄集团联合总裁英诺桑提·布兰科、路易斯·桑切斯一行。

10 日，中国烟草总公司与华夏银行股份有限公司在北京签署战略合作协议。凌成兴、徐瑾出席签约仪式。

13 日，全国烟草打假打私工作电视电话会议在北京召开。凌成兴出席会议并讲话。

18 日，上半年行业经济运行工作电视电话会议在北京召开。段铁力出席会议并讲话。

20 日，国家局举行上半年烟草行业经济运行情况新闻发布会。

23 日，中国烟草总公司与古巴哈瓦那雪茄集团在哈瓦那签署合作意向书。凌成兴出席。

25 日，中国技能大赛——第十五届全国烟草行业职业技能竞赛暨第三届烟草制品购销职业技能竞赛在河南郑州举行。徐瑝出席开幕式并讲话。

8月

1 日，国家局党组理论学习中心组（扩大）组织集体学习，传达学习习近平总书记在庆祝中国人民解放军建军 90 周年大会上的重要讲话和庆祝中国人民解放军建军 90 周年阅兵时的重要讲话，并前往中国人民革命军事博物馆参观“庆祝中国人民解放军建军 90 周年主题展览”。

29 日，凌成兴在北京会见益升华集团公司首席执行官福曼一行。

9月

6 日，《中国烟草》杂志社工作座谈会在北京召开。凌成兴作批示，段铁力出席会议并讲话。

26 日，南通醋酸纤维有限公司在江苏南通举行成立三十周年座谈会。

10月

19—20 日，全国烟草行业企业管理现场会在河南郑州召开。段铁力出席会议并讲话。

27 日，国家局、总公司召开机关党员干部大会。凌成兴主持会议并讲话，杨培森、高林、徐瑝、段铁力出席会议。

11月

1—2 日，行业离退休干部工作部门负责人座谈会暨老年文化建设现场会在湖南长沙召开。

6 日，全国烟草行业学习宣传贯彻党的十九大精神电视电话会议在北京召开。凌成兴出席会议并讲话，杨培森、高林、徐瑝、段铁力出席会议。

13—14 日，全国烟草行业学习贯彻党的十九大精神座谈会在北京召开。凌成兴主持会议并讲话，杨培森、高林、徐瑝、段铁力出席会议。

16 日，凌成兴在北京会见美国伊士曼化工公司总裁马克・科斯达一行。

17 日，国家局就烟草行业扶贫工作举行新闻发布会。同时，国家局党组组织参观学习中国社会扶贫网，凌成兴参观学习并讲话，杨培森、段铁力一同参观学习。

20 日，工业和信息化部党组书记、部长苗圩在北京听取了国家局、总公司专题汇报。凌成兴、杨培森、徐瑝、段铁力参加汇报。

21 日，中国烟草学会在北京举行 2017 年学术年会。

24 日，首届全国打叶复烤企业烟机设备维修技能竞赛（比武）闭幕式在贵州毕节举行。

25 日，凌成兴、段铁力在北京会见腾讯控股有限公司董事会主席马化腾。

28 日，行业思想政治工作暨中烟政研会秘书长会议在北京召开。杨培森出席会议并讲话。

30 日，中烟物流技术有限责任公司成立。该公司由中国烟草机械集团有限责任公司、中烟商务物流有限责任公司共同投资设立，持股占比 70%、30%。自此，烟草行业有了一支自有的专业物流装备技术研发和服务团队。

12月

5 日，全国烟叶工作电视电话会议在北京召开。杨培森出席会议并讲话。

12 日，全国烟草行业物资管理工作会在安徽合肥召开。

26 日，中国烟草总公司与中国航空发动机集团有限公司在北京签署战略合作协议。凌成兴、段铁力出席签约仪式。

◇ 供稿：国家局办公室；编辑：周 佳

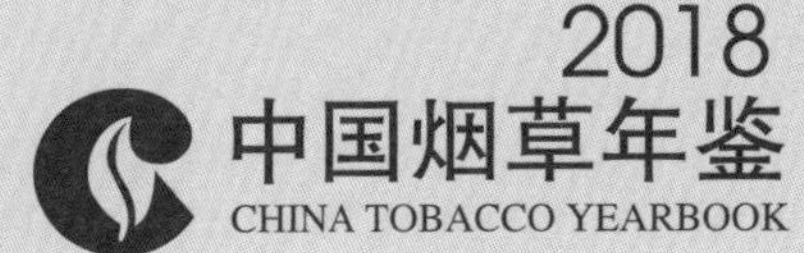

重要政策法规与文件选登

- □ 综合
- □ 卷烟销售
- □ 专卖管理
- □ 法治建设
- □ 烟草科技

……

综　合

中华人民共和国主席令

（第八十四号）

《中华人民共和国烟叶税法》已由中华人民共和国第十二届全国人民代表大会常务委员会第三十一次会议于 2017 年 12 月 27 日通过，现予公布，自 2018 年 7 月 1 日起施行。

中华人民共和国主席　习近平

2017 年 12 月 27 日

卷烟销售

国家烟草专卖局办公室关于进一步加强卷烟市场价格监测工作的通知

（2017 年 3 月 15 日　国烟办综〔2017〕137 号）

各省级局（公司）、工业公司：

国家局自 2016 年自主开展卷烟市场价格监测工作以来，在各省级局（公司）、工业公司的大力支持下，完全依靠行业工商企业现有市场人员，建立了一支由 49 名督导员、823 名访问员组成的卷烟市场价格监测队伍；初步形成了覆盖全国 60 个地市 3600 多个样本点零售户，监测 155 个规格（工业监测 50 个，商业监测本省市场前 10 个主销规格）的卷烟市场价格监测体系；聚焦社会库存、市场价格和零售毛利率三个核心指标，为国家局及时准确掌握卷烟市场价格和社会库存情况，分析研判行业经济运行形势提供了有益的参考和依据。

为进一步提升卷烟市场价格信息的准确性，保证卷烟市场价格监测工作质量，延展卷烟市场价格监测项目分析功能，现将有关要求通知如下：

1. 增加监测样本总量。为增强样本代表性，进一步提升数据质量，结合行业零售终端建设扩点增量契机，在全国卷烟商业环节每个省级局（公司）增加 20 个监测样本点，并按照零售户订单量类别比例分配样本量，全国卷烟市场价格监测样本总量达到 4200 个以上。

2. 完善项目管理制度。为不断提升卷烟市场监测工作的科学化、专业化、规范化水平，国家局价格管理部门将以提升数据质量为重点，逐步完善实际操作流程、数据管控、激励培训等项目管理制度，同时建立通报制度，按季度通报全国卷烟市场价格监测工作情况，确保监测数据总体质量稳步提升。

3. 延展信息分析维度。逐步增加企业、品牌等维度的数据信息分析；进一步提升价格信息系统的拓展性、延展性，面向行业工商企业授权，满足企业对市场价格信息个性化需要，实现资源共享。

请各省级局（公司）、工业公司按照通知要求，建立完善相应的管理制度，进一步明确市场监测人员工作职责，加强业务培训，保持队伍稳定，保障工作条件，确保按时保质完成市场信息采集、汇总和上报工作。

专卖管理

国家烟草专卖局关于印发烟草专卖许可证管理办法实施细则（试行）的通知

（2017年2月25日　国烟专〔2017〕74号）

各省级局：

现将《烟草专卖许可证管理办法实施细则（试行）》印发你们，请认真执行并将执行中的有关问题及时反馈国家局专卖司。

烟草专卖许可证管理办法实施细则（试行）

第一章　总　则

第一条　为规范烟草专卖许可证申办、使用和管理，根据《中华人民共和国烟草专卖法》《中华人民共和国行政许可法》《中华人民共和国烟草专卖法实施条例》及《烟草专卖许可证管理办法》（工业和信息化部令第37号），制定本细则。

第二条　公民、法人或者其他组织申请、使用烟草专卖许可证，烟草专卖局办理、管理烟草专卖许可证，适用本细则。

第三条　本细则所称的烟草专卖许可证，包括烟草专卖生产企业许可证、烟草专卖批发企业许可证和烟草专卖零售许可证。其中，烟草专卖生产企业许可证、烟草专卖批发企业许可证统称为生产经营类许可证。

第四条　烟草专卖局应当依法行政，规范审批，提高效率，优化服务，推行电子政务，加强信息共享。

第五条　公民、法人或者其他组织对烟草专卖局实施行政许可，享有陈述权、申辩权。

第二章　实施机关

第六条　烟草专卖局是烟草专卖许可证的实施机关，负责烟草专卖许可证的受理、审查、审批和监督管理。

第七条　申请人申请领取下列烟草专卖许可证，由其经营场所所在地的省级烟草专卖局受理和审查，国家烟草专卖局审批：

（一）申请领取烟草专卖生产企业许可证，从事烟草专卖品生产、加工业务；

（二）申请领取烟草专卖批发企业许可证，从事烟草制品跨省、自治区、直辖市批发业务，或者从事其他烟草专卖品经营业务。

中国烟草总公司及其直属专业公司申请领取烟草专卖许可证，从事烟草专卖品生产经营的，可以由国家烟草专卖局受理、审查和审批。

第八条　申请人申请领取烟草专卖批发企业许可证，在本省、自治区、直辖市范围内从事烟草制品批发的，由其经营场所所在地的地市级烟草专卖局受理和审查，省级烟草专卖局审批。

第九条　申请人申请领取烟草专卖零售许可证，从事烟草制品零售业务的，由其经营场所所在地县级烟草专卖局受理、审查和审批。

申请人经营场所所在地未设立县级烟草专卖局的，由地市级烟草专卖局受理、审查和审批。

第十条　烟草专卖局应当按照《烟草专卖许可证管理办法》第三十四条的规定，对辖区内取得烟草专卖许可证的公民、企业法人或者其他组织从事烟草专卖品生产经营活动进行监督检查。

上级烟草专卖局应按照《烟草专卖许可证管理办法》

第三十五条的规定，加强对下级烟草专卖局办理和管理烟草专卖许可证的监督检查。

第三章 申 请

第十一条 烟草专卖许可证的申请类型包括新办申请、变更申请、延续申请、停业申请、恢复营业申请、歇业申请、补办申请等。其中，新办申请、变更申请、延续申请为许可类事项的申请；其他申请类型为管理类事项的申请。

第十二条 申请人拟从事烟草专卖品生产经营活动的，应当向受理机关提出烟草专卖许可证新办申请。

发生下列情形的，应当向受理机关提出新办申请：

（1）持证人改变经营地址；

（2）经营主体发生变化；

（3）发生《烟草专卖许可证管理办法》第六十三条规定情形的。

第十三条 烟草专卖许可证有效期内，企业名称、个体工商户名称、法定代表人或其他组织负责人、经营者姓名以及经营地址名称等登记事项发生改变，或者因道路规划、城市建设等客观原因造成经营地址变化的，持证人应当及时提出变更申请。变更许可范围的，持证人应当提前提出变更申请。

家庭经营的个体工商户，持证人在家庭成员间变化的，可以申请变更烟草专卖零售许可证。

第十四条 烟草专卖许可证有效期届满后需要继续生产经营的，持证人应当在有效期届满30日前提出延续申请。

第十五条 持证人需要暂停生产经营行为的，应当在停业前7日内提出停业申请。停业期限最长不得超过1年且不得超过许可证的有效期。

第十六条 停业期满或者提前恢复营业的，持证人应当及时提出恢复营业申请。持证人停业期满未申请恢复营业的，属于《烟草专卖许可证管理办法》第五十条规定的情形。

第十七条 持证人在有效期内遗失或者损毁烟草专卖许可证的，应当及时提出补办申请。

第十八条 持证人在许可证有效期限内不再从事生产经营活动的，应当及时提出歇业申请。

第十九条 申请人应当对提交的申请材料的真实性负责。

第二十条 申请材料可以为纸质材料，也可以是经受理机关认可的电子文本或者其他形式的材料。

第二十一条 申请新办生产经营类许可证，应当提交以下材料：

（1）申请表；

（2）企业设立或项目批准的证明文件；

（3）法定代表人（负责人）任职文件。

第二十二条 申请新办烟草专卖零售许可证，应当提交以下材料：

（1）申请表；

（2）工商营业执照；

（3）个体工商户经营者、法定代表人或企业负责人的身份证明。

第二十三条 申请人提出除新办申请外的其他类型申请时，应当提交下列材料：

（1）申请表；

（2）个体工商户经营者、法定代表人或企业负责人的身份证明。

变更许可证的，还应当提交与变更事项相关的证明材料。

第二十四条 申请人可以在烟草专卖许可证办理窗口提交申请及相关材料，也可以通过烟草专卖许可证信息系统提出申请。

第二十五条 申请人可以委托代理人提出申请，代理人应当提供委托书、委托人及代理人的身份证明。

第四章 办 理

第二十六条 受理机关收到申请材料后，应当根据《烟草专卖许可证管理办法》第二十一条的规定作出处理。其中，对申请材料不齐全或不符合法定形式的，应当场一次性书面告知需要补正的全部内容；对不能当场告知需要补正的全部内容的，应在5日内出具一次性书面告知书。

第二十七条 许可证申请由不同机关分别受理和审批的，受理机关作出受理决定后，应当对申请进行初步审查，提出初步审查建议，通过烟草专卖许可证信息系统将申请材料和审查意见报送审批机关。

第二十八条 烟草专卖局在审查和审批除新办以外的许可证申请时，可以以书面方式进行。对新办申请以及受理机关或审批机关认为需要实地核查的其他申请，由本机关或者委托下级烟草专卖局指派两名以上专卖管理人员进行实地核查。

第二十九条　实地核查时，应当制作实地核查记录，由核查人员与被核查方签字确认。被核查方拒绝签字的，由核查人员在实地核查记录上注明情况。

第三十条　审批机关在作出行政许可决定前，申请人撤回申请的，可以终止办理。

第三十一条　一个经营地址已经办理了烟草专卖许可证的，在许可证有效期内不再审批发放相同类型的烟草专卖许可证。

第三十二条　烟草专卖局审批零售类许可证，应当符合当地烟草制品零售点合理布局要求。两个或两个以上申请人的申请因合理布局所限，无法都给予行政许可的，应当根据受理的先后顺序作出是否准予行政许可的决定。

第三十三条　烟草专卖局在审批延续、恢复营业等申请过程中发现该许可证存在变更、补办等情形的，可告知申请人提供相关证明材料，合并办理。

第三十四条　办理延续审批，许可证登记事项未发生变化的，审批机关可以在原烟草专卖许可证上加盖延续印章，也可以重新制作打印烟草专卖许可证。

第三十五条　烟草专卖局审批许可证时，认为涉及公共利益需要听证的，应当在作出行政许可决定前，通过公告栏、互联网等方式向社会发布听证公告并举行听证。

第三十六条　烟草专卖局审批许可证时，审批结果直接涉及申请人与他人之间重大利益关系的，应当告知申请人、利害关系人享有要求听证的权利。申请人、利害关系人在被告知听证权利之日起5日内提交烟草专卖许可证听证申请书的，烟草专卖局应当依法举行听证。

第三十七条　烟草专卖局审批发放烟草专卖零售许可证，应当自受理之日起20日内作出行政许可决定。对外承诺缩减期限的，以承诺期限为准。烟草专卖局审批发放生产经营类许可证，受理机关应当在受理申请后10日内将审查意见和全部申请材料报送审批机关，审批机关应当自收到申请材料之日起10日内作出行政许可决定。

审批机关在上述规定期限内不能作出行政许可决定的，经审批机关负责人批准，审批期限可以延长10日并书面通知申请人。依法需要听证、检验、检测的，所需时间不计算在规定期限内。审批机关应当将所需时间书面告知申请人。

审批机关审批延续申请时，应当在许可证有效期届满前作出是否准予延续的决定；逾期未作决定的，视为准予延续。

第三十八条　烟草专卖局审批发放烟草专卖零售许可证应当提高效率，除新办申请外，对其他申请类型能够当场办结的，应当当场办结。

当场办结的，可以不出具书面受理凭证。

第三十九条　烟草专卖许可证的有效期限由审批机关根据实际情况决定，最长不得超过5年，自审批机关作出行政许可决定之日起计算。

第五章　使　用

第四十条　烟草专卖零售许可证的持证人，应当在许可证核定的经营地址从事烟草制品零售业务。

持证人未在许可证核定的经营地址从事烟草制品零售业务的，发证机关可以按照《烟草专卖许可证管理办法》第四十四条规定处理。持证人在许可证核定的经营地址之外从事烟草制品零售业务的，属于无证经营。

第四十一条　烟草专卖零售许可证的持证人不得向未成年人销售烟草制品，应当在经营场所显著位置设置相关禁止销售标志。

持证人违反上述规定的，属于《烟草专卖许可证管理办法》第四十四条（十）项规定的情形。

第四十二条　公民、法人或者其他组织不得利用自动售货机销售烟草制品。

除了取得烟草专卖生产企业许可证或者烟草专卖批发企业许可证的企业依法销售烟草专卖品外，任何公民、法人或者其他组织不得通过信息网络销售烟草专卖品。

烟草专卖零售许可证持证人违反上述规定的，属于《烟草专卖许可证管理办法》第四十四条（一）项规定的情形。

第四十三条　任何企业或者个人不得涂改、伪造、变造烟草专卖许可证。不得买卖、出租、出借或者以其他形式非法转让烟草专卖许可证。

涂改、伪造、变造的烟草专卖许可证无效。使用非法转让的烟草专卖许可证的，属于《烟草专卖许可证管理办法》第四十三条规定的情形。

第六章 监 管

第四十四条 上级烟草专卖局应当加强对下级烟草专卖局烟草专卖许可证管理工作的监督检查，及时纠正违法行为，并建立完善烟草专卖许可证督查制度。

上级烟草专卖局对下级烟草专卖局烟草专卖许可证管理工作监督检查办法按照国家烟草专卖局相关文件规定执行。

第四十五条 烟草专卖局应按照《烟草专卖许可证管理办法》有关规定，对辖区内许可证持证人申办、使用烟草专卖许可证情况进行监督管理和检查。

第四十六条 公民、法人或者其他组织未领取烟草专卖许可证擅自从事烟草专卖品生产经营活动的，烟草专卖局应当依法查处。构成犯罪的，依法移送司法机关追究刑事责任。

第四十七条 发生本细则第十三条规定的情形，持证人未及时提出变更申请的，烟草专卖局应当责令其在30日内依法申请变更登记。

第四十八条 烟草专卖局责令持证人暂停烟草专卖业务、进行整顿的，每次期限最长不得超过6个月。暂停烟草专卖业务、进行整顿期间，烟草专卖局应当加强监管，期满后视整顿情况决定是否恢复营业。

第四十九条 发生下列情形的，烟草专卖局可以取消持证人从事烟草专卖业务的资格：

（1）买卖、出租、出借或者以其他形式非法转让烟草专卖许可证的；

（2）因非法生产经营烟草专卖品被追究刑事责任的；

（3）被工商行政管理部门吊销营业执照的。

第五十条 发生《烟草专卖许可证管理办法》第四十五、四十六条规定情形的，由烟草专卖许可证的审批机关或其上级烟草专卖局依法撤销并收回烟草专卖许可证。

撤销烟草专卖许可证，应当调查核实情况，严格审批程序。依照第四十五条的规定撤销行政许可，被许可人的合法权益受到损害的，审批机关应当依法给予赔偿。

第五十一条 发生《烟草专卖许可证管理办法》第五条规定情形的，烟草专卖许可证的审批机关可以变更或撤回烟草专卖许可证。

撤回烟草专卖许可证，应当调查核实情况，严格审批程序。撤回烟草专卖许可证给公民、法人或者其他组织造成财产损失的，审批机关应当依法给予补偿。

第五十二条 发生《烟草专卖许可证管理办法》第四十八条规定情形的，审批机关应当依法注销烟草专卖许可证。

烟草专卖许可证依法被撤销、撤回，或者持证人被取消从事烟草专卖业务资格的，属于《烟草专卖许可证管理办法》第四十八条（五）项规定的情形。

第五十三条 烟草专卖局在作出撤销、撤回及责令暂停烟草专卖业务、进行整顿等决定前，应当书面告知持证人享有陈述权、申辩权。申请人或者持证人提出陈述、申辩的，烟草专卖局应当充分听取并作出解释说明。

第五十四条 《烟草专卖许可证管理办法》规定应当收回烟草专卖许可证，审批机关无法收回的，应当予以公告，公告1个月期满视为收回。

第七章 政务规范

第五十五条 受理机关应当设立受理烟草专卖许可证的实体性窗口或场所，配备相应的办证服务设施，提供必要的便民条件。

第五十六条 受理机关应当按照《烟草专卖许可证管理办法》第十九条要求公示申办烟草专卖许可证有关信息。

第五十七条 审批机关应当自作出相关决定之日起20日内，将下列内容向社会公示：

（1）依申请办理许可证的行政许可决定，包括申请事项、申请人姓名或者企业名称、经营场所、申请许可范围、许可决定及依据等；

（2）依职权办理许可证的处理情况，包括责令变更、停业整顿、取消经营资格、撤销、撤回、注销、收回许可证等。

第八章 附 则

第五十八条 烟草专卖局办理烟草专卖许可证，不得收取任何费用。

第五十九条 《烟草专卖许可证管理办法》第二十五条（二）项中的中、小学是指以未成年人为教育对象，实施中等和初等教育的学校，包括普通小学、普通中学和其他以未成年人为教育对象的实施中等和初等教育的各类学校，如职业中学、中等专业学校等。

学校周围是指自中学、小学进出通道口向外延伸一定距离的区域。

第六十条 本细则中烟草专卖局办理烟草专卖许可证的期限以工作日计算，不含法定节假日。

第六十一条 本细则由国家烟草专卖局负责解释。

第六十二条 本细则自2017年5月1日起施行。国家烟草专卖局2007年发布的《烟草专卖许可证申请与办理程序规定》（国烟专〔2017〕549号）同时废止。

国家烟草专卖局办公室关于进一步做好“放管服”改革相关专卖管理工作的通知

（2017年11月16日　国烟办综〔2017〕568号）

各省级局：

为认真落实党中央、国务院有关决策部署，确保行业“放管服”改革措施要求落地见效，按照《国家烟草专卖局关于贯彻落实全国推进简政放权放管结合优化服务改革电视电话会议精神的意见》（国烟法〔2017〕194号）的要求，各省级局要统一思想，提高认识，扎实工作，抓紧推进“放管服”改革相关专卖管理工作。现将有关事项通知如下：

一、进一步提高专卖许可证办证服务水平

为适应依法治国和行政审批制度改革形势要求，国家局自2015年开始，先后在重庆、深圳、陕西、天津等省市进行了零售许可改革试点工作。改革试点地区通过实行零售许可准入负面清单制度，切实降低了卷烟零售就业创业门槛，进一步规范了零售许可审批行为，提高了专卖行政许可质量、群众满意度和行业社会形象。下一步，国家局将在全国范围内推广零售许可准入负面清单制度。各省级局要结合本地实际，制定零售许可准入负面清单，坚决纠正超越专卖法律法规要求不当设置准入条件、随意提高准入门槛和“重许可、轻监管”的思想和行为，切实做到公平、公正、公开。要进一步探索零售许可证申办的优化方案，完善相关流程及管理办法，规范审批行为，提高办证效率。要进一步推动“互联网+政务服务”工作，加强线上线下服务平台的融合建设，积极宣传和引导申请人使用零售许可证网上申请功能，切实为行政相对人办事提供便利，增强零售户和相关从业人员的获得感。当前，国家局正在推进许可证网上申请、许可证和准运证电子化等系统开发和升级工作，各地要积极做好相关工作准备，在年底前全面开通网上办证，开展电子许可证和准运证试点工作，力争明年在全行业正式实施。

二、认真落实市场监管各项改革要求

按照国务院要求和国家局部署，“双随机、一公开”监管、“三项制度”试点和零售市场检查APCD工作法等改革要求都要在年底前落地实施。根据国家局前期督查反馈的情况，个别单位改革工作与规范要求还存在一定差距，未能及时公布检查名录，随机抽查实现方式浮于表面，市场分析工作开展不到位，抽查结果不能充分公开，存在与工作实际“两张皮”问题。各单位要抓紧实现市场监管信息系统的上线运行，为改革工作推行创造有利条件，及时整改改革工作中不到位、不规范行为，确保改革要求准确落实。要认真按照《专卖监管随机抽查工作细则》开展自查，确保“双随机、一公开”落实到位，防止无目的检查，杜绝选择性执法。有关试点单位要认真落实“三项制度”试点工作要求，深入总结试点经验，按时报告试点情况。要制定考核、培训计划，不断提升市场分析能力，全面落实APCD工作法，先核查异常问题，再开展随机抽查，进一步理顺市场检查流程。要认真学习应用生产经营企业监管平台，组织开展对烟叶原料、烟用辅料、烟机等生产经营企业的随机抽查，切实履行监管职责。

三、积极推进专卖管理信息化相关工作

专卖管理综合信息系统既是实现专卖法赋予专卖管理监督职能的必要手段，也是落实“放管服”改革要求的基础平台。当前，绝大部分省级局已经完成专卖管理综合信息系统一期项目的单点验收，项目整体验收工作即将完成。各单位要充分认识信息系统建设应用的重要性，探索将专卖管理信息系统应用水平纳入专卖工作考核，不断提高应用水平，不断提高案件管理、市场监管、证件管理、内部监管等子系统的协同应用能力。要进一步提升系统数据质量，规范系统操作应用，建立健全系统运行管理的相关管理制度，落实责任部门，明确责任人员，细化工作职责，形成推进系统稳定运行的工作机制。为做到信息化与实际工作的有机融合，各单位还要充分发挥系统建设的主体作用，积极主动地承担起系统建设、二次开发、功能完善的职责。要及时了解基层实际需求，在符合国家局对个性化需求扩展、组件化开发标准等要求的前提下，进一步完善系统功能，探索数据应用，提升建设水平，切实把“放管服”改革对信息化建设的要求落到实处。

法治建设

国家烟草专卖局关于加强烟草行业行政许可标准化建设的意见

（2017 年 11 月 15 日　国烟法〔2017〕330 号）

各省级局：

为认真贯彻落实国务院审改办　国家标准委《关于推进行政许可标准化的通知》（审改办发〔2016〕4 号）要求，进一步规范烟草行业行政审批制度改革，优化审批流程和提高审批效率，提升行政许可服务水平，现就加强烟草行业行政许可标准化建设提出以下意见：

一、总体目标

按照《行政许可标准化指引（2016 版）》（以下简称《指引》）要求，建成涵盖烟草行业行政许可“全事项、全过程、各环节”相互配套协调的标准体系，建立高效便捷的行政许可标准实施、监督和评价体系，以标准化促进烟草行业行政许可规范化，加快建设人民群众满意的系统完备、科学规范、运行有效的烟草专卖行政许可制度。

二、工作原则

（一）依法行政

贯彻落实《中华人民共和国行政许可法》和国家有关法律法规，实现行政许可全过程、各环节有标准有依据，确保行政许可活动依法有序开展。

（二）简明实用

充分考虑烟草行业行政许可的实际情况，相关规范应文本简洁扼要，具体操作实用易行，既适合办事人员掌握使用，又便于群众办事和社会监督。

（三）积极创新

行政许可标准化建设既要适应烟草行业实际情况，又要体现前瞻性。积极借鉴吸收行业外先进经验，充分运用互联网等现代技术，实现烟草专卖行政许可管理现代化。

（四）持续改进

建立在实施中完善、在改进中提升的动态工作机制，根据标准实施情况和行政相对人需求，不断完善标准体系，持续提高行业服务水平，通过行政许可标准化建设，不断改进行政许可工作质量。

三、工作措施

（一）严格规范行政许可的事项管理

烟草行政许可标准化建设是“全事项”的标准化建设。各省级局要按照《指引》要求，必须在本单位官网上公示烟草行业全部 12 项行政许可事项及其事项编码。即：烟草制品生产企业的设立、分立、合并、撤销的审批 49001；烟草制品批发企业的设立、分立、合并、撤销的审批 49002；烟草专卖生产企业许可证核发 49003；烟草专卖批发企业许可证核发 49004；烟草专卖零售许可证核发 49005；烟草专卖品准运证核发 49007；外商投资设立烟草专卖生产企业审批 49008；外国烟草制品来牌或来料加工、许可证生产、合作开发卷烟牌号审批49009；烟草制品生产企业为扩大生产能力进行基本建设或者技术改造审批49010；设立烟叶收购站（点）审批49011；烟草专用机械购置、出售、转让审批49013；卷烟、烟用二醋酸纤维素及丝束项目核准49014。对烟草专卖行政许可事项实行动态管理，凡行政许可事项有变更的，应及时做出调整，向社会公开。

（二）严格规范行政许可的事项受理

烟草专卖行政许可要坚持线上线下融合办理的原则，在规范各级政务服务大厅建设和管理的同时，要着力抓好互联网应用，做到行政许可事项的受理、办理、咨询、进度查询、监督评价等全流程网上办理，加快实现烟草行业行政许可管理信息化、现代化、标准化。各单位首先要按照《指引》要求，确定一个固定场所或一个机构作为窗口统一受理申请，统一送达决定，并在办公区域显著位置设立指示标志，引导相对人到窗口办事。要按照GB/T 32169.1—2015《政务服务中心运行规范》的要求，对窗口的设置建设、受理场所的管理、人员配置与服务要求进行详细规范；要依法主动公开机关基本信息、许可事项信息、综合信息、监督信息，行政许可过程应有记录、可追溯，档案管理要依照档案管理要求进行归档、管理。当地人民政府对于行政许可受理场所的建设与管理有明确要求的，从其规定。

各省级局要按照《指引》和《国家烟草专卖局关于贯彻落实政府网站发展指引的实施意见》（国烟办〔2017〕274号）的要求，在省级局对外门户网站上建设本省（区、市）行政许可网上政务服务大厅，实现相对人在线上办理行政许可事项。各省级局网上政务服务大厅要列明烟草行业全部12项行政许可事项。其中，凡属本省（区、市）烟草系统职权范围内的行政许可事项，网上政务服务大厅要具备受理、办理、咨询、进度查询、监督评价等行政许可事项全部流程的功能；凡属国家局职权范围的行政许可事项，要指明并列出国家局网上政务服务大厅的页面链接，便于相对人一键进入网上办理平台。各省、地市、县三级烟草局的网上政务服务大厅信息化系统由各省级局统一负责开发建设，实行省级局建设、省市县三级局使用、全流程网上办理。各省级局要使用行业专卖管理综合信息系统，作为网上政务服务大厅专卖管理部分行政许可事项的后台支撑。其他行政许可事项的网上办理，凡属国家局办理的，直接链接到国家局网上服务大厅；凡由省、地两级办理的，由省级局负责统一开发管理，全面构建起具备烟草行业全事项、全流程办理功能的网上办理平台。

（三）严格规范行政许可的流程管理

各省级局要按照《指引》要求，对行政许可事项流程环节进行梳理优化，完善文书相关要素。在受理环节，要建立行政许可事项受理单制度，明确受理单的出具主体及具体方式，规范申请材料补正或更正及不予受理的处理方式，探索建立信息公开与共享机制；在审查环节，要制定行政许可审查工作细则，逐项细化明确审查环节、审查内容、审查标准、审查要点、注意事项及不当行为需要承担的后果，严格规范行政裁量权；在决定环节，要明确作出决定的方式和决定送达的方式；要以方便相对人为导向，根据每项行政许可事项的具体情况，编制流程图。

（四）严格规范行政许可的服务行为

各省级局要按照《指引》要求，制定并完善信息公开制、一次性告知制、首问责任制、顶岗补位制、服务承诺制、责任追究制、文明服务制等制度规范；要编制行政许可事项服务指南，明确行政许可事项的申请和办理要求，加强相对人对行政许可活动的可预期性；要向相对人提供现场咨询（如窗口咨询）和非现场咨询（如网上咨询、电话咨询、邮件咨询）等多种咨询方式和渠道，指定专人提供咨询服务，并能够实现24小时预约。

（五）严格规范行政许可标准化建设的监督检查

各省级局要按照《指引》要求，制定系统行政许可监督检查管理办法。将业务监督与行政监察有机融合，明确监督检查的具体内容并督促和改进服务。涉嫌违纪违法的，按照行政监察、纪律检查及法律法规的有关规定予以查处。监督检查可采取定期或不定期的抽样检查、抽点检查、定点检查。可采取现场巡查、电子监察相结合的方式。可根据实际情况选择试用一种方式或多种方式。重点检查超权限、超时限、逆程序办理行政许可事项，及不作为、乱作为、权力寻租、恶意刁难、吃拿卡要等其他违规情况。

（六）行政许可标准化建设的评价与持续改进

各省级局要按照《指引》要求，制定评价方案，明确评价主体、方式、指标和程序，并根据评价情况，及时公布评价结果，作为行政许可效能的重要依据；要根据评价结果，建立持续改进机制，重点考虑畅通渠道、建立诉求反馈机制、建立激励机制、建立论证和听证机制、建立突发紧急事件应急机制等。

四、工作要求

（一）高度重视，精心组织实施

各省级局要充分认识到，推进行政许可标准化建设是提高办事效率、树立烟草专卖良好形象的重要措施；是落实“简政放权、放管结合、优化服务”相关政策改革的重要举措；也是今年行业深化行政审批制度改革的重要内容，对于巩固和深化行政审批制度改革成果、优化审批流程和提高审批效率、优化提升行政许可服务具有重要意义。各省级局要把思想统一到国务院和国家局的统一部署上来，高度重视，精心组织，成立行政许可标准化建设领导小组，指定牵头部门，建立工作机构，对照标准要求，专项部署落实。

（二）对照指引，逐项整改落实

各省级局要按照国务院《指引》要求，从行政许可的事项管理、流程、服务、受理场所、监督检查等方面，逐条逐项进行对照整改。对尚未达到要求的，要加快工作步骤，逐步达标；已经达到标准要求的，可进一步改革创新、持续改进，推动行政许可标准化水平不断提升。

（三）以评促建，建立长效机制

各省级局要按照《指引》中关于行政许可标准化建设的监督检查、评价与持续改进要求，对照评价指标定期或不定期对系统内各单位的行政许可标准化建设情况进行督查、测评，并形成督查、测评报告并上报国家局；国家局将不定期对各省级局系统进行抽样督查、测评。通过监督评价机制促进行业行政许可标准化建设长效机制形成，持续推进烟草行业行政许可审批效率和服务水平不断提升。

烟草科技

国家烟草专卖局关于批准发布再造烟叶生产企业清洁生产评价准则等5项烟草行业标准的通知

（2017年7月31日　国烟科〔2017〕193号）

行业各直属单位：

国家烟草专卖局批准《再造烟叶生产企业清洁生产评价准则》等5项烟草行业标准，现予以发布。

《再造烟叶生产企业清洁生产评价准则》等5项烟草行业标准编号和名称

序号	标准编号	标准名称	代替标准号	实施日期
1	YC/T 555—2017	再造烟叶生产企业清洁生产评价准则		2017年8月15日
2	YC/T 556—2017	烟草商业企业卷烟物流配送中电子标签应用规范		2017年8月15日
3	YC/Z 557—2017	烟草行业安全生产标准体系表		2017年8月15日
4	YC/T 144—2017	烟用三乙酸甘油酯	YC 144—2008	2017年8月15日
5	YC/T 26—2017	烟用丝束	YC/T 26—2008 YC/T 27—2002	2017年8月15日

注：行业有关人员可登录国家烟草专卖局内网“行业标准”专栏查阅各项标准相关资料。

国家烟草专卖局关于批准发布卷烟　主流烟气中氨的测定离子色谱法等4项烟草行业标准的通知

（2017年11月22日　国烟科〔2017〕339号）

行业各直属单位：

国家烟草专卖局批准《卷烟 主流烟气中氨的测定 离子色谱法》等4项烟草行业标准，现予以发布。

《卷烟 主流烟气中氨的测定 离子色谱法》等4项烟草行业标准编号和名称

序号	标准编号	标准名称	代替标准号	实施日期
1	YC/T 377—2017	卷烟 主流烟气中氨的测定 离子色谱法	YC/T 377—2010	2017年12月15日
2	YC/T 547.4—2017	烟草行业专用计量器具技术审核规范 第4部分：卷烟和滤棒圆周检测设备		2017年12月15日
3	YC/T 547.5—2017	烟草行业专用计量器具技术审核规范 第5部分：卷烟和滤棒硬度检测设备		2017年12月15日
4	YC/T 547.6—2017	烟草行业专用计量器具技术审核规范 第6部分：卷烟通风率检测设备		2017年12月15日

注：行业有关人员可登录国家烟草专卖局内网“行业标准”专栏查阅各项标准相关资料。

国家烟草专卖局关于激发科技创新活力调动“两个积极性”的若干意见

（2017年10月31日　国烟科〔2017〕306号）

行业各直属单位，中国烟草机械集团有限责任公司，中国烟草实业发展中心：

党的十八大以来，党中央、国务院陆续出台了一系列改革完善创新体制机制的政策性文件，不断改革创新治理体系，为国家科技事业发展提供了有力支撑。为贯彻落实国家层面的创新政策，落实全国烟草科技创新大会精神，调动科技人才和广大员工创新积极性，充分激发人才第一资源的创新潜能，现就加强行业科技创新激励提出如下意见。

一、完善科技创新投入机制

（一）持续加大研发经费投入力度

行业各级单位要确保研发经费投入强度（研发经费投入与销售收入比值）逐年稳步提高，其中：工业企业研发经费投入强度达到0.4%以上，年产烟叶30万担以上的地市级公司研发经费投入达到烟叶销售收入的0.5%以上。各单位应规范科研投入的使用管理，提高科研投入的使用效率。

（二）强化对科技创新投入的考核

国家局加大对省级公司技术创新能力的考核力度，将研发经费投入强度纳入省级公司工作业绩考核，并实现逐级传导。在行业各级各类工作业绩考核中，企业研发投入在费用考核中予以剔除。

二、完善科研项目运行机制

（三）规范科研项目立项管理

行业各级单位要建立公平竞争的科研项目遴选机制，在专家评审的基础上，通过公开择优、定向择优等方式确定项目承担者，按照内部审议和决策程序确定立项科研项目，不纳入科研服务采购范畴。

（四）规范人员费开支管理

在项目研究中聘用的非行业工效挂钩政策范围的研究人员、辅助人员、临时用工等人员，均可开支人员费。人员费开支标准，参照当地科学研究和技术服务业从业人员平均工资水平，根据其在项目研究中承担的工作任务确定，其社会保险补助纳入人员费科目列支。人员费预算不设比例限制，由项目承担单位和科研人员据实编制。

（五）改进结转结余资金留用处理方式

项目实施期间，年度剩余资金可结转下一年度继续使用。项目完成任务目标并通过结项、验收后，结余资金按规定留归项目承担单位使用，在2年内由项目承担单位统筹安排用于科研活动的直接支出；2年后未使用完的，按规定收回。

项目下达单位和项目承担单位要认真落实行业科研项目经费管理办法等有关规定，按照权责一致的要求，强化自我约束和自我规范，制定内部管理办法和工作实施细则，创新服务方式方法，强化资金使用绩效，保障资金使用安全规范有效。

三、完善科技活动管理机制

（六）实行科研业务性会议与一般会议分开管理

因科研活动需要举办的业务性会议（如学术会议、研讨会、座谈会、答辩会、评审会等），会议次数、天数、人数以及会议费开支范围、标准等，由会议主办单位按照实事求是、精简高效、厉行节约的原则确定。会议代表参加会议所发生的城市间交通费，原则上按差旅费管理规定由所在单位报销；因工作需要，邀请国内外专家、学者和有关人员参加国内会议，对确需负担的城市间交通费、国际旅费，可由会议主办单位在会议费等费用中报销。科研业务性会议费用应在会议费科目中单独设立明细科目进行核算。

（七）规范科技活动专家费发放管理

科技活动专家费是指各单位在评审、评估、论证、鉴定、验收、认定等各类科技咨询活动中，支付给临时聘请的科技专家的报酬。专家费不得发放给本单位在职职工、参与相关项目实施的人员，以及因履行本人岗位职责而参与咨询性活动的系统内上级单位工作人员。行业内各单位通过安排项目、业务协作、购买服务等方式，委托其他单位开展工作中涉及的各类咨询活动，受委托单位一律不得向委托单位的工作人员发放专家费。

专家费的发放按照如下标准执行：

1. 以会议形式组织的科技咨询活动。

系统外专家：会期不超过两天的，高级专业技术职称人员的专家费标准为每天1500～2400元/人（税后，下同），其他专业技术职称人员的专家费标准为每天900～1500元/人；会期超过两天的，第三天及以后按照本标准的50%执行；会期为半天的，按照本标准的60%执行。针对聘请的院士、全国知名专家，可按照高级专业技术职称人员的标准上浮50%执行。

系统内专家：会期不超过两天的，高级专业技术职称人员的专家费标准为每天1000～1500元/人，其他专业技术职称人员的专家费标准为每天700～1000元/人；会期超过两天的，第三天及以后按照本标准的50%执行；会期为半天的，按照本标准的60%执行。

2. 以通讯形式组织的科技咨询活动，专家费按次计算，每次按照上述标准的20%～50%执行。

3. 以其他形式组织的科技咨询活动，参照上述标准执行。

（八）规范科研院所科研人员出国交流管理

在因公临时出国管理中，科研院所的科研人员出国开展学术交流合作要与其他性质的出访有所区别。学术交流合作主要包括开展科学研究、学术访问、出席重要国际学术会议以及执行国际学术组织履职任务等。科研人员出国执行前项明确的学术交流合作任务，单位与个人的出国批次数、团组人数、在外停留天数根据实际需要安排。要科学制订科研院所科研人员出国开展学术交流合作年度计划，年度计划由科研院所负责管理，并按外事审批权限报备，不列入国家工作人员因公临时出国批次限量管理范围。对确需临时安排的学术交流合作，应在个案报批时说明理由。要切实加强学术交流合作经费的预算管理，认真执行因公临时出国经费先行审核制度，由经费审批部门和任务审批部门实行审批联动。科研院所科研人员出国开展学术交流合作发生的费用，应在涉外费科目中单独设立明细科目进行核算。

科研人员因科研项目开展需要出国开展科学研究所发生的费用，可从科研项目经费中列支，按照行业科研项目经费管理办法执行。

行业各级单位在国（境）外设立研发机构的，该研发机构工作人员的出国（境）批次数、团组人数、在外停留天数应根据实际需要安排。

四、完善科技人才发展机制

（九）加速推行专业技术人才和高技能人才岗位聘任制

行业科研院所、工业企业技术中心和地市级公司烟叶生产技术中心要按照技术类、技能类分别规划建立覆盖全体科技人员的、梯次结构合理、具有较强激励作用的岗位体系和薪酬体系，其中：高、中级别岗位聘用人员应不低于全体科研人员的30%。健全行业“大国工匠”培养、选拔和激励机制，鼓励行业高技能人才不断提升技术技能水平，支持企业设立高技能人才特聘岗位，实行特岗特薪。

（十）加大借智引才工作力度

行业各级单位要实施更加积极的创新人才吸引政策，建立柔性引才机制和方式，引进一批高层次、急需紧缺型科技创新人才。可通过设立人才专项资金等形式，对引进人才给予专项补贴；对引进的顶尖人才和急需人才，可特设岗位。引进人才属于“千人计划”“长江学者”“国家杰出青年科学基金”等国家级人才工程的，国家局将给予人才专项资金支持。

（十一）建立高层次人才专项津贴制度

国家局对行业认定的科技领军人才、学科带头人给予一次性奖励，并设立科技领军人才、学科带头人科研项目专项资助资金。行业各级单位可结合实际设立高技术、高技能以及特殊岗位专项津贴制度。

（十二）加大青年科技人才培养力度

加速推进实施“青年人才托举工程”，总公司给予每名托举人才每年15万元的专项资金支持，托举人才所在单位要按照不低于1：1的比例进行经费配套；在总公司科技计划项目体系中增设“青年人才托举项目计划”，为托举人才成长发展提供持续性、长期性的支持。各单位应面向优秀青年科技人才设立自主管理的科研项目。有条件的单位可设立青年科技创新基金，布局实施青年人才专项培养计划。

五、完善科技奖励机制

（十三）完善总公司科技奖励体系

总公司科学技术奖、标准创新贡献奖评选进一步突出科技成果应用价值，突出对创新团队和人才的奖励。总公司科学技术奖、标准创新贡献奖奖金由总公司支付，各级主管部门或单位不得截留和挪用。各直属单位对获得总公司科学技术奖、标准创新贡献奖和其他省部级及以上科技奖励的，应给予配套奖励，配套奖金不低于1：1。

总公司科技奖励体系增设创新争先奖，用以表彰创新能力强、学术影响大、行业贡献度高的优秀科研人员和优秀科研团队。总公司创新争先奖每三年评选表彰一次。

（十四）健全各级单位科学技术奖励制度

各省级公司必须建立科技奖励制度，原则上每年评选一次科技奖励。奖励范围包括但不限于科技创新成果，转化推广成果，职务发明成果，质量管理成果、小改小革、合理化建议等群众性创新成果以及优秀科研人员、优秀科研团队。鼓励年产烟叶30万担以上地市级公司建立科技奖励制度。各单位科技奖励资金支出计入当年本单位工资总额。

六、完善科研基地平台运行机制

（十五）调整优化科研基地平台总体布局

坚持优化布局、重点建设、分层管理、规范运行的原则，围绕行业需求，将行业科研基地平台优化整合为战略综合类、技术创新类、科学研究类、基础支撑类等，明确功能定位和目标任务，推动创新主体优势互补、合作共赢，实现行业创新资源配置从以研发环节为主向产业链、创新链、资金链统筹配置转变。战略综合类包括郑州烟草研究院和上海新型烟草制品研究院。技术创新类包括企业技术中心、省部级工程研究中心、省级公司科研院所。科学研究类包括省部级重点实验室。基础支撑类包括科技资源服务平台、科技基础条件平台、质量监督和标准化平台等基础性、公益性基地和平台。

（十六）加大科研基地平台的稳定支持力度

国家局将进一步加大对战略综合类、科学研究类、基础支撑类科研基地平台的稳定支持力度，支持其开放运行、开展科研仪器设备更新和自主创新研究。对依托省级公司及所属单位建设的省部级重点实验室，依托单位每年应给予不低于200万元的资金投入。

（十七）推动工程研究中心建设

国家局立足烟草产业需求，围绕重点支持领域或方向，加快布局和建设一批行业工程研究中心。鼓励工程研究中心积极探索法人实体化运作模式与机制，建设成为行业应用技术研究、科研成果转移转化、工程技术人才集聚和培养的重要基地和市场化的科技型企业。

鼓励工程研究中心依据《国有科技型企业股权和分红激励暂行办法》（财资〔2016〕4号）等国家有关规定，在行业率先探索实施科技成果转化收益分配制度，依法对职务科技成果完成人和为成果转化作出重要贡献的其他人员给予奖励。奖励可按照以下规定执行：以技术转让或者许可方式转化职务科技成果的，应当从技术转让或者许可所取得的净收入中提取不低于50%的比例用于奖励；在研究开发和科技成果转化中作出主要贡献的人员，获得奖励的份额不低于奖励总额的70%。对完成、转化职务科技成果作出重要贡献的人员给予奖励和报酬的支出计入当年本单位工资总额，但不受当年本单位工资总额限制、不纳入本单位工资总额基数。

（十八）推动企业技术中心和省级公司科研院所建设

工商企业要进一步加强技术中心建设，全面推进精益研发，积极探索技术中心独立运行、授权管理、专业运作的运营模式。各相关省级局（公司）要持续推动所属科研院所建设，完善科研院所事业单位法人管理模式，赋予其引进人才、组织科研活动等方面的自主权。

（十九）深化产学研合作创新

鼓励行业内外科研院所、企业联合建立技术创新联盟或协同创新中心，积极探索共同投入、联合开发、利益共享、风险共担的有效模式与机制，突破产业发展的关键技术，构建共性技术应用平台，建设科技成果转化实体。加强博士后科研工作站、院士专家工作站建设，在创新实践中进一步集聚和培育创新人才，加速科技成果转化。

各单位应结合实际，制定实施本单位（系统）激励科技创新的政策措施，最大限度调动科技人才和广大员工的创新积极性。

本意见执行过程中遇到新情况、新问题，请及时向国家烟草专卖局报告。

信息化建设

国家烟草专卖局办公室关于进一步加强行业政府网站建设和管理的通知

（2017年9月19日　国烟办综〔2017〕490号）

各省级局（公司）：

为深入贯彻落实国务院办公厅印发的《政府网站发展指引》（国办发〔2017〕47号，以下简称《指引》）精神，进一步加强烟草行业政府网站建设管理，深入推进政务公开和“互联网+政务服务”，建设整体联动、高效惠民的网上政府，提高行业政府网站网上履职能力和服务水平，现就有关事项通知如下：

一、充分认识贯彻落实《指引》的重要意义

近年来，党中央、国务院高度重视“互联网+政务服务”推进和落实工作，去年国务院发布《关于加快推进“互联网+政务服务”工作的指导意见》（以下简称《指导意见》），要求政府网站实现一体化顶层架构、平台化服务模式、社会化服务渠道、数据化科学决策、智慧化政府治理的“智慧门户”。《指引》立足于政府网站建设现状和长远发展目标，针对当前政府网站存在的建设管理职责不清、开办关停随意无序、平台集约化程度低、数据资源共享难、办事服务实用性差、安全防护能力弱等问题，提出了政府网发展的指导思想、发展目标、基本原则和有关要求，是对《指导意见》的细化和落实。《指引》首次从国家层面对全国政府网站的建设、管理和发展作出顶层设计、提出规范要求，内容涵盖职责分工、机制保障以及网站开设整合、功能发挥、集约共享、安全防护、创新发展等多方面内容，具有很强的指导性、操作性。

烟草行业网站是政府网站的重要组成部分，是行业与消费者和社会公众沟通联系的重要桥梁，在推进行业政务公开，提供网上服务，密切与公众互动交流等方面发挥着重要作用。《指引》的出台，对于加强行业网站建设管理具有重要指导意义，行业各单位要认真组织学习，提高认识，将《指引》中的各项要求落实到网站建设管理工作全过程，进一步完善工作机制、创新工作方法、落实工作措施，着力把行业网站打造成更加全面的政务公开平台、更加权威的政策发布解读和舆论引导平台、更加及时的回应关切和便民服务平台，不断提高网上服务能力。

二、扎实推进贯彻落实《指引》各项工作要求

《指引》对政府网站建设管理提出了全面、系统的要求，各单位要结合网站工作实际，围绕政务公开、网上办事、互动交流三大功能，细化落实信息公开、资源整合、运维管理、机制保障等方面工作任务，制订任务清单，规定工作时限，扎实推进《指引》各项工作要求的贯彻落实。

（一）明确职责机制

1. 明确管理职责。各单位要高度重视网站工作，明确分管领导、主管部门和主办部门，建立网站工作机制和管理制度，落实工作责任。行业网站的主管部门是各单位办公室，主办部门一般是各单位办公室或指定的有关部门，承担网站的建设规划、组织保障、信息内容审核发布等工作；各业务部门作为提供网站信息的主体，负责网站信息公开、内容保障和在线服务，做好有关业务系统与行业网站的对接和前端整合等工作，确保所提供内容和服务权威、准确、及时；信息技术部门负责网站平台技术规划、安全防护、展现设计、日常运维，提供可靠的技术保障和运维经费保障。

2. 明确专岗专人。行业网站的内容编辑和技术运维要有专职岗位和专职人员负责。内容编辑负责做好网站信息内容的策划、采集、编辑、审核和发布，加强值班审看，及时发现和纠正错漏信息，确保网站内容准确、服务实用好用。技术维护人员负责网站平台的建设和技术保障，做好软硬件系统维护、功能升级、应用开发等工作，并及时对网站进行安全检查，及时消除隐患，确保网站平台安全、稳定、高效运行。

3. 健全监管机制。要落实常态化监管，每季度对本系统政府网站群开展巡查抽检，抽查结束后要及时公开检查情况，对问题严重的要进行通报并约谈有关责任人。定期组织对网站安全管理和技术防护措施进行检查，按要求编制网站年度监管报表、年度工作报表并及时发布。

4. 拓展协同机制。要加强行业各级政府网站与属地宣传部门、主要媒体的沟通协调，建立协同联动机制，畅通沟通渠道，形成传播合力，提高行业网站的传播力影响力，共同打造整体联动、同步发声的网站体系。

（二）推进集约共享

1. 实行两级平台建设。行业网站的开办关停要严格按照《指引》要求来执行，网站开设、整合和变更要按照《指引》规定的流程办理。要以省级局为主体开展外部网站群建设，保障网站群建设经费，将下属地市级局单位的外部网站归并为网站群，建设统一平台，对网站进行统一管理、统一防护、统一监测。县级及以下烟草机构一律不得单独建设外部网站。尚未建设政府网站的单位要抓紧完成建设，新开设的政府网站上线后要立即在全国政府网站信息报送系统中填报相关信息。行业政府网站迁移、临时下线、归档、变更等工作，要严格按照《指引》的程序、内容、时限要求办理。

2. 规范域名和平台监督。要按照《烟草行业网站管理办法》（国烟办综〔2015〕625 号）规定，省级局外部网站域名可统一采用国家局注册的二级域名：www. xx. tobacco. gov. cn，自行注册域名原则上以 . gov. cn 为后缀。各级烟草专卖局网站要按国办有关要求在网站所有页面底部中间显著位置统一加挂“我为政府网站找错”监督举报平台入口，以填报单位身份登录全国政府网站信息报送系统，按照“政府网站找错平台添加说明”的提示正确下载并在页面上添加专属代码。各单位收到网民留言后，要在 1 个工作日内转有关网站主管单位及时处理，并在 3 个工作日内答复网民。

（三）强化网站功能

行业网站的功能主要包括政务公开、网上办事、互动交流等方面，各单位要进一步加大政务公开力度，整合政务信息资源，完善办事服务功能，拓展互动交流渠道，提升行业政府网站服务水平。

1. 进一步加大政务公开力度。要在及时发布各单位重要会议、重要活动、重大决策的同时，进一步扩展政务公开内容，要加大政策性文件和规范性文件主动公开力度，坚持“以公开为常态不公开为例外”的原则，及时准确发布重要文件、规划计划、行政执法、统计人事、资金项目和其他重点领域等政务信息，并对信息进行科学分类、整合共享和标注时效，便于社会公众检索使用。

2. 进一步整合政务信息资源。按照国家发改委印发的《政务信息资源目录编制指南（试行）》（发改高技〔2017〕1272 号）要求，研究梳理烟草行业政务信息资源，开展对政务信息资源分类、元数据描述、代码规划和目录编制，以及目录调整更新的组织、流程、要求等方面的工作，编制形成政务信息资源目录。按照国办政务信息系统整合共享实施方案的要求，在编制政务信息资源目录的基础上，建立政务信息资源目录体系系统，集成整合办公自动化、采购管理、行政审批、专卖、人事、营销、烟叶等业务系统中的政务信息资源，为在外网实现政务信息资源共享、业务协同和数据服务打下基础。

3. 进一步做好行业政策解读。在发布重要政策文件和规范文件时，要加强文件的解读，由文件制发部门、牵头或起草部门提供解读材料，通过解读、评论、专访等形式，采用数字化、图表图解、音频、视频、动漫等展现方式，详细介绍文件的背景依据、目标任务、主要内容和解决的问题等内容。针对重大突发事件和社会公众关注的热点问题，要由相关业务部门提供回应信息，作出权威回应、阐明政策、解疑释惑。

4. 进一步增强政务服务能力。按照国家“放管服”工作要求，外网作为政务公开的第一平台、行政审批的关键渠道、政务服务的重要窗口，要进一步规范网上审批流程，完善行政审批事项，编制网站在线服务资源清单，按主题、对象等维度，对服务事项进行科学分类、统一命名、合理展现，建立办事服务答问知识库，提供咨询、投诉和举报入口，增强服务的便捷性、实用性、互动性，提升网上办事服务水平。要做好与国家局外网统一的办事服务入口对接工作，向社会公众提供“一站式”网上办事服务窗口，提升办事服务效率和水平。要面向烟农、消费者、零售户、社会公众等不同受众群体梳理政务服务资源，整合相关业务系统，分类提供丰富、实用、便捷的信息服务。

5. 进一步推进互动交流平台建设。按照《指引》要求，国家局外网将搭建行业统一的互动交流平台，实现领导信箱、留言回复、在线访谈、征集调查、咨询投诉等功能，为听取民意、了解民愿、汇聚民智、回应民声提供平台支撑。行业各单位要配合做好相关对接工作，明确管理职责和办理流程，确保及时办理、准确回复网民。各单位要收集整理专卖、生产、经营、科技、质量、消费等业务知识问答，形成业务知识库，提供网民在线的智能化业务咨询服务。为提高网站搜索的智能化水平，要对政务信息资源进行语义设定，设计建立政务语义库，从“业务类型、用户对象、资质证件、资源类型、缩略词、口头语”等维度设计标签，将重点业务领域中涉及的政策法规、办事指南、便民查询、表格下载、常见问题等内容打上通俗易懂、口语化的“标签”，方便搜索引擎更好的抓取和分析网页上内容，方便用户快速获取相关办事服务信息，提高网站资源的有效利用率。

（四）加强安全防护

1. 严格管理要求。根据网络安全法等要求，落实网络安全等级保护制度，做好网站安全定级、备案、检测评估、整改和检查工作，网站安全与网站开设要同步规划、同步建设、同步实施。明确网站安全责任人，落实安全保护责任。建立网站信息数据安全保护制度，防止数据泄露、损毁、丢失。

2. 强化技术防护。采取必要措施对攻击、侵入和破坏网站的行为以及影响网站正常运行的意外事故进行防范，确保网站安全稳定运行。前台发布页面和后台管理系统应分别部署在不同的主机环境中，防止后台管理系统暴露在互联网中。加强用户管理，设置身份鉴别和权限管理机制。

3. 加强监测应急。实时监测网站软硬件环境，留存网站运行日志不少于6个月。建立应急响应机制，明确应急处置流程，开展应急演练，提高应急处置能力。

（五）提倡创新发展

行业有条件的单位可根据自身实际，探索新技术、新应用、新功能，探索推动创新发展。以用户为中心，打造个人和企业专属网页，提供个性化、便捷化、智能化服务。优化政府网站搜索功能，对网站用户行为和栏目访问等信息进行大数据分析，研判用户的潜在需求，结合用户定制信息，主动为用户推送关联度高、时效性强的信息或服务。应用新技术新应用，推进行业网站向移动终端、自助终端、政务新媒体等多渠道延伸，提高行业网站的用户粘性、公众认知度和社会影响力。

三、切实抓好《指引》的部署落实

1. 加强组织领导。行业网站建设管理涉及面广、工作量大、社会关注度高，各单位各部门要按照《指引》要求，切实加强对网站工作的组织领导，统筹研究部署《指引》贯彻落实工作，建立健全管理体制和工作机制，进一步细化分解工作任务，明确方向，明确要求，明确时限，确保《指引》在全行业政府网站建设管理工作中做好贯彻落实。

2. 组织解读培训。《指引》作为全国政府网站的管理及建设标准，各单位要结合工作实际，组织开展《指引》的解读培训工作，不断提高行业网站工作人员政务公开、政策解读、舆论引导、办事服务、互动交流的能力和水平。

3. 开展督查考评。各单位要按照《指引》要求，对照《烟草行业政府网站建设管理重点任务表》（详见附件），将贯彻落实工作纳入督查督办，及时跟踪问效，推进工作落实。国家局将结合《指引》相关要求，对行业省级单位政府网站开展考核评价工作，以评促管，以评促建，引导和促进烟草行业政府网站的均衡发展。

附件：

烟草行业政府网站建设管理重点任务表

序号	重点任务	时限要求	责任部门	落实部门
1	加强组织领导，建立健全管理体制和工作机制，进一步细化分解工作任务，明确方向，明确要求，明确时限	2017年10月底前细化工作任务	各省级局办公室	各政府网站主办部门
2	组织开展《指引》的解读培训工作，不断提高行业网站工作人员政务公开、政策解读、舆论引导、办事服务、互动交流的能力和水平	2017年11月底前完成	各省级局办公室	各政府网站主办部门
3	明确管理职责，明确专岗专人，健全监管机制，拓展协同机制	2017年11月底前完成 常态化运作	各省级局办公室	各政府网站主办单位
4	将贯彻落实工作纳入督查督办，及时跟踪问效，推进工作落实	常态化	各省级局办公室	各政府网站主办部门
5	未建设政府网站的4家单位抓紧完成建设；新开设的政府网站上线后要立即在全国政府网站信息报送系统中填报相关信息	2017年12月底前完成建设，上线后完成填报	各省级局办公室	各政府网站主办部门
6	对本系统政府网站名称、域名、网页设计等进行优化调整	2017年12月底前完成	各省级局办公室	各政府网站主办部门
7	各级烟草专卖局网站要在所有页面底部中间显著位置统一加挂“我为政府网站找错”监督举报平台入口	2017年9月底前完成 常态化保障	各省级局办公室	各政府网站主办部门

续表

序号	重点任务	时限要求	责任部门	落实部门
8	完善网站政务公开功能，进一步扩展政务公开内容，要加大政策性文件和规范性文件主动公开力度，及时准确发布重要文件、规划计划、行政执法、统计人事、资金项目和其他重点领域等政务信息	2017年12月底前完善功能常态化保障公开	各省级局办公室	各政府网站主办部门，各业务部门
9	按照国办政务信息系统整合共享实施方案的要求，编制形成政务信息资源目录，建立政务信息资源目录体系系统，集成整合办公自动化、投资采购管理、行政审批、专卖、人事、营销、烟叶等业务系统中的政务信息资源	2018年6月底前完成	各省级局办公室	各政府网站主办部门，各业务部门
10	要加强文件的解读，通过解读、评论、专访等形式，采用数字化、图表图解、音频、视频、动漫等展现方式，详细介绍文件的背景依据、目标任务、主要内容和解决的问题等内容。针对重大突发事件和社会公众关注的热点问题，要由相关业务部门提供回应信息，作出权威回应、阐明政策、解疑释惑	常态化	各省级局办公室	各政府网站主办部门，各业务部门
11	要进一步规范网上审批流程，完善行政审批事项，编制网站在线服务资源清单，按主题、对象等维度，对服务事项进行科学分类、统一命名、合理展现	2017年12月底前	各省级局办公室	各政府网站主办部门，有关业务部门
12	要做好与国家局外网统一的办事服务入口对接工作，向社会公众提供“一站式”网上办事服务窗口	按国家局要求完成对接并常态化保障	各省级局办公室	各政府网站主办部门，有关业务部门
13	要面向烟农、消费者、零售户、社会公众等不同受众群体梳理政务服务资源，整合相关业务系统，分类提供丰富、实用、便捷的信息服务	2017年12月底前完善功能并常态化保障	各省级局办公室	各政府网站主办部门，有关业务部门
14	要收集分主题、分类型整理专卖、生产、经营、法规、科技、质量、消费等业务知识问答，形成业务知识库	2017年11月底前将知识库内容电子版报送国家局信息中心	各省级局办公室	各政府网站主办部门，有关业务部门
15	要对政务信息资源进行语义设定，设计建立政务语义库	2017年11月底前将语义库内容电子版报送国家局信息中心	各省级局办公室	各政府网站主办部门，有关业务部门
16	要配合做好国家局外网互动交流平台相关对接工作，明确管理职责和办理流程，确保及时办理、准确回复网民	按国家局要求完成对接并常态化保障	各省级局办公室	各政府网站主办部门，各业务部门
17	要落实网络安全等级保护制度，采取必要措施对攻击、侵入和破坏网站的行为以及影响网站正常运行的意外事故进行防范，实时监测网站软硬件环境，建立应急响应机制，明确应急处置流程，开展应急演练	2017年12月底前完善防护措施并常态化监管	各省级局办公室	各政府网站主办部门，技术维护部门
18	每年初向社会公开政府网站监管年度报表和年度工作报表	每年1月底前	各省级局办公室	各政府网站主办部门

附　　录

- □ 香港烟草
- □ 澳门烟草
- □ 台湾烟草
- □ 国际烟草
- □ 先进人物名单
- □ 先进人物简介
- □ 先进集体名单
- □ 品牌名录

香港烟草

2017 年中国香港特区烟草发展综述①

一、概况

中华人民共和国香港特别行政区（简称中国香港特区）位于中国内地东南沿海，地处珠江三角洲的西岸，面积1104.4 平方千米，包括香港岛、九龙和新界及离岛。截至2017 年底，中国香港特区人口 741 万人，其中男性 339.7 万人、女性 401.3 万人。

2017 年，中国香港特区吸烟者 74.8 万人，其中男性占比 85.7%、女性占比 14.3%。特区政府对法定吸烟年龄没有限制，但向 18 岁以下的青少年售烟是不被允许的。根据有关法案，违反规定者将接受最高 2.5 万港元的罚款。

在中国香港特区，男性吸烟者数量下降，女性吸烟者数量有所增长。尽管中国香港特区的吸烟率在一段时间内仍将处于下降态势，但总人口的增长使实际吸烟人数以较低的速度增长。此外，特区日均卷烟消费量每年下降 2%，这对卷烟销量增长产生影响。

表 1 2012—2017 年中国香港特区成年人群吸烟比例 （单位：%）

项　目	2012 年	2013 年	2014 年	2015 年	2016 年	2017 年
成年男性吸烟比例	19.4	19.4	19.4	19.4	19.3	18.1
成年女性吸烟比例	2.6	2.5	2.5	2.5	2.4	2.7
成年人吸烟比例	10.3	10.2	10.1	10.1	10.0	10.0

表 2 2012—2017 年中国香港特区成年人群吸烟人数 （单位：万人）

项　目	2012 年	2013 年	2014 年	2015 年	2016 年	2017 年
成年男性吸烟人数	54.0	54.3	54.6	55.0	55.2	52.7
成年女性吸烟人数	8.6	8.6	8.5	8.4	8.4	8.8
成年人吸烟人数	62.6	62.9	63.1	63.4	63.5	61.5

二、卷烟销售

概况。2017 年，中国香港特区实现卷烟销量 32 亿支，同比增幅小于 1%。爆珠烟销量份额继续上升，尤其是薄荷味，仍然是最受欢迎的爆珠烟口味，还有少量的水果味爆珠烟。菲莫亚洲、英美烟草（中国香港）等公司纷纷推出爆珠烟，推动了爆珠烟增长，预计未来仍将增长。全年实现卷烟销售额 94 亿港元。吸烟与健康协会敦促特区政府提高卷烟税收。2014—2015 年，卷烟税曾提高 20%，带来卷烟销量下降，因而该协会认为提税有利于尽快降低吸烟率。

主要烟草公司。中国香港特区卷烟市场竞争激烈。2017 年，主要有 3 家国际烟草公司：菲利普莫里斯亚洲集团有限公司（Philip Morris Asia Limited）（简称菲莫亚洲）、英美烟草（中国香港）有限公司［British American Tobacco Company（HONG KONG）Limited］［（简称英美烟草（中国香港）］、日本烟草（中国香港）有限公司［Japan Tobacco（HONG KONG）Limited］［简称日本烟草（中国香港）］，其市场份额合计达到 92%。中国香港特区唯一一家本土卷烟制造商为南洋兄弟烟草股份有限公司（Nanyang Brothers Tobacco Company Limited）。

菲莫亚洲保持领先地位。2017 年，市场领军企业菲莫亚洲表现最佳，这归功于消费者对其旗舰品牌“万宝路（Marlboro）”的认知度，该品牌在中国香港地区销售已有几十年历史，并被广泛认为是最受欢迎的卷烟品牌。该公司几乎每年都推出新产品，且大多数产品获得良好反应。凭借在产品开发方面的强劲投资，菲莫亚洲有望继续保持在卷烟方面的领先地位。

烟草广告受到严格限制。在中国香港特区严格限制烟草制品广告的情况下，店内展示是烟草广告的唯一方式，这也使零售网点成为有限但有价值的资源。大公司在跟零售网点谈判中更有话语权，可以让零售网点在店内更多地展示其烟草产品广告，在这一点上，小公司明显不及大公司。

表 3 2013—2017 年各烟草公司占中国香港特区卷烟市场份额情况 （单位：%）

公　司	2013 年	2014 年	2015 年	2016 年	2017 年
菲莫亚洲	54.9	54.8	54.9	55.0	55.0
英美烟草（中国香港）	23.1	23.0	22.9	22.8	22.7

① 因四舍五入，表中各项之和与合计数会略有差异。

续表

公 司	2013 年	2014 年	2015 年	2016 年	2017 年
日本烟草（中国香港）	14.4	14.4	14.3	14.2	14.2
利是美国际中国有限公司	2.1	2.0	2.0	2.0	1.9
南洋兄弟烟草股份有限公司	0.8	0.7	0.7	0.7	0.7
其他公司	4.7	5.0	5.2	5.4	5.6
合 计	100.0	100.0	100.0	100.0	100.0

表 4 2012—2017 年中国香港特区卷烟市场销量占比情况（按焦油量） （单位:%）

项 目	2012 年	2013 年	2014 年	2015 年	2016 年	2017 年
高焦油量	9.3	9.2	9.1	9.0	8.8	8.6
中焦油量	52.8	53.0	53.0	52.2	52.0	51.8
低焦油量	32.0	31.9	31.9	32.7	33.0	33.3
超低焦油量	5.9	6.0	6.0	6.1	6.2	6.3
合 计	100.0	100.0	100.0	100.0	100.0	100.0

表 5 2012—2017 年中国香港特区卷烟市场销量占比情况（按品类） （单位:%）

项 目	2012 年	2013 年	2014 年	2015 年	2016 年	2017 年
标准型	71.0	70.5	70.0	69.6	69.0	68.4
香型爆珠（全部香型）	0.2	0.4	0.7	1.0	1.5	2.0
薄荷型（非爆珠）	28.8	29.1	29.3	29.4	29.5	29.6
合 计	100.0	100.0	100.0	100.0	100.0	100.0

表 6 2012—2017 年中国香港特区卷烟市场销量占比情况（按细支类型） （单位:%）

项 目	2012 年	2013 年	2014 年	2015 年	2016 年	2017 年
常规	95.3	95.2	95.2	95.2	95.2	95.2
细支	3.2	3.2	3.2	3.2	3.3	3.3
超细支	1.5	1.5	1.5	1.5	1.6	1.6
微细支	—	—	—	—	—	—
合 计	100.0	100.0	100.0	100.0	100.0	100.0

表 7 2014—2017 年中国香港特区销量前十名的卷烟品牌市场份额情况 （单位:%）

排名	品牌(规格)	所属公司	2014 年	2015 年	2016 年	2017 年
1	万宝路（Marlboro）	菲莫亚洲	27.2	27.3	27.4	27.5
2	万宝路（Marlboro Menthol）	菲莫亚洲	9.6	9.6	9.6	9.6
3	万宝路（Marlboro Medium）	菲莫亚洲	9.4	9.4	9.5	9.5
4	沙 龙（Salem Menthol Silver）	日本烟草（中国香港）	5.6	5.5	5.5	5.5
5	万宝路（Marlboro Ice Mint）	菲莫亚洲	4.8	4.8	4.8	4.8
6	健 牌（Kent Silver Neo）	英美烟草（中国香港）	4.6	4.7	4.7	4.7
7	波 迈（Pall Mall Blue）	英美烟草（中国香港）	3.6	3.5	3.5	3.5
8	登喜路（Dunhill Ultra Gold）	英美烟草（中国香港）	3.3	3.3	3.2	3.2
9	健 牌（Kent）	英美烟草（中国香港）	2.9	2.9	2.9	2.9
10	沙 龙（Salem Menthol Green）	日本烟草（中国香港）	2.1	2.0	2.0	2.0

三、卷烟价格

中国香港特区卷烟市场的品牌结构主要有三类：低档烟、中档烟、高档烟。低档烟是指每包售价在 51.99 港元以下的卷烟，主要有“温拿（Winner）”。中档烟是指每包零售价在 52 ~ 56.99 港元之间的卷烟，主要有“波迈（Pall Mall）”。高档烟是指每包零售价在 57 港元及以上的卷烟，主要有“万宝路（Marlboro）”“健牌（Kent）”“登喜路（Dunhill）”。

2017 年，中国香港特区卷烟的税率没有变化，为每千支 1906 港元，因而卷烟价格也保持稳定。特区卷烟市场高档烟的份额超过 92%，包括“万宝路（Marlboro）”“健牌（Kent）”“沙龙（Salem）”在内的知名品牌，拥有深厚的消费者基础。高收入人群对于中档烟和高档烟之间细微价格差的接受程度变大，越来越倾向于选择高档烟，同时特区政府又提高卷烟税，这些因素共同作用，使得高档烟份额在 2017 年持续上升。

表 8　2012—2017 年中国香港特区卷烟市场份额情况（按卷烟价位）

（单位:%）

项　目	2012 年	2013 年	2014 年	2015 年	2016 年	2017 年
高档烟	88.7	89.9	91.6	92.1	92.2	92.4
中档烟	8.5	7.9	6.9	6.5	6.5	6.4
低档烟	2.8	2.2	1.5	1.4	1.3	1.2
合　计	100.0	100.0	100.0	100.0	100.0	100.0

四、主要卷烟生产企业

南洋兄弟烟草股份有限公司。 公司前身是由华侨简照南和简玉阶于1905年在香港成立的南洋兄弟烟草有限公司，是中国建立最早、历史最长的民族烟草企业。1909年，公司推出“红双喜”牌卷烟，业务得到发展；1916年，南洋兄弟在上海设立生产厂，随后在黄河、长江流域和华南沿海13个大中城市及新加坡等地相继设立分支机构；1918—1919年，南洋兄弟进行一系列的改革，将公司总部迁至上海，并向社会招股，改组后业务发展很快，由中国香港、上海再发展到广州、武汉、重庆等地；1951年，南洋兄弟在中国内地的工厂实行公私合营，其香港分公司继续在中国香港经营，由在上海的总管理处控制和管理；1987年，上海市政府把南洋兄弟的股权转让给上海实业有限公司［上海实业（集团）有限公司前身］；1995年1月1日，南洋兄弟烟草股份有限公司在中国香港重新进行注册，南洋兄弟香港分公司的烟草业务让与“南洋烟草”。“南洋烟草”经过企业重组，1996年5月并入上海实业控股有限公司，在中国香港联交所挂牌上市。1998年底，搬迁到屯门，新厂面积44万平方米。

2017年，南洋烟草实现营业收入30.92亿港元，同比下降3.3%；净利润9.50亿港元，同比下降2%。

香港红塔国际烟草有限公司。 1992年，红塔集团楚雄卷烟厂在中国香港特区创建控股企业雄伟（国际）烟草有限公司。1998年12月9日，雄伟（国际）烟草有限公司更名为香港红塔国际烟草有限公司（简称香港红塔公司），红塔集团控股55%、新加坡仁恒国际投资有限公司持股30%、云南烟草国际有限公司持股15%。

香港红塔主要生产云南中烟下属“两红”集团品牌，包括红塔集团的“红塔山”“玉溪”“阿诗玛”“恭贺新禧”“红梅”，以及红云红河集团的“红河（硬甲）”“云烟（紫）”等传统烤烟型品牌；另外生产混合型口味的“ESTON”“STRAND”“BRASS”“SONBONG”等。产品主要销往东南亚、朝鲜、中东、非洲、南美等地区。

香港红塔公司利用香港贸易自由港及国际金融中心的优势和便利条件，配合云南烟草拓展国际市场，并依托自身生产组织及出口优势，努力成为红塔集团在全球免税市场及高端产品领域的境外加工基地。

2017年，生产卷烟41.05亿支，同比下降15.72%；销售卷烟41.6亿支，同比下降13.4%。实现销售收入4.44亿港元，同比下降24.32%；实现利润总额4634万港元，同比下降16.98%。

五、雪茄烟销售

概况。2017年，中国香港特区市场雪茄烟（Cigars）和小雪茄烟（Cigarillos）① 实现销量1208.73万支、同比增长1.9%，其中雪茄烟实现销量441.75万支，小雪茄烟实现销量766.98万支。由于雪茄烟在中国香港特区被视为能起到提高身份地位的作用，消费者可支配收入的提高增加其对雪茄烟和小雪茄烟的需求。此外，随着卷烟价格不断逼近小雪茄烟，有部分吸食卷烟的消费者开始选择小雪茄烟，这进一步刺激了小雪茄烟的销售。但是这种转换进展相对比较缓慢，因为小雪茄烟的销售网络尚不够健全，仅限于一些大的便利店和烟草专卖店。2017年，过滤嘴的小雪茄烟销量占总销量比重最高，总体来说，过滤嘴的小雪茄烟吸食体验更接近于高档传统雪茄烟；非过滤嘴和非香型的小雪茄烟尽管销量不大，但销量增长幅度却创出新高。

按照现价计算，2017年，雪茄烟和小雪茄烟实现销售额8.01亿港元，同比增长4.1%，其中雪茄烟销售额6.72亿港元、小雪茄烟销售额1.28亿港元。

太平洋雪茄有限公司（Pacific Cigar Co.）是亚太地区唯一一家负责古巴雪茄烟的经销商，管理哈瓦那雪茄烟批发销售。1992年6月，公司的经销权由古巴唯一一家经授权可出口哈瓦那雪茄烟的公司——哈瓦那股份有限公司［Habanos Sociedad Anonima（Habanos S. A.）］授权。此外，太平洋雪茄有限公司也是亚太地区领先的雪茄烟零售商。在中国香港特区，公司经营13家店铺。

2017年，哈瓦那股份有限公司在中国香港特区雪茄烟市场的份额微跌，但仍然维持在40%以上，主要销售品牌为“高希巴（Cohiba）”“庞趣（Punch）”，这是中国香港特区最受欢迎的两个雪茄烟品牌，在特区有着稳定的目标客户群体。

① 《附录》栏目中的小雪茄烟（Cigarillos）指的是卷烟型雪茄烟。

表 9　2013—2017 年雪茄烟和小雪茄烟生产商在中国香港特区市场份额情况（单位：%）

生产商	2013 年	2014 年	2015 年	2016 年	2017 年
哈瓦那股份有限公司（Habanos S. A.）	44. 3	44. 0	43. 7	43. 6	43. 5
瑞士博格集团（The Burger Group）	4. 6	4. 6	4. 6	4. 5	4. 5
日内瓦大卫杜夫公司（Davidoff & Cie, Geneva）	3. 5	3. 5	3. 5	3. 6	3. 7
其他公司	47. 6	48. 0	48. 2	48. 3	48. 4
合　计	100. 0	100. 0	100. 0	100. 0	100. 0

表 10　2013—2017 年雪茄烟生产商在中国香港特区市场份额情况（单位：%）

生产商	2013 年	2014 年	2015 年	2016 年	2017 年
哈瓦那股份有限公司（Habanos S. A.）	35. 1	34. 7	34. 7	34. 7	34. 7
日内瓦大卫杜夫公司（Davidoff & Cie, Geneva）	9. 6	9. 5	9. 6	9. 8	10. 0
其他公司	55. 4	55. 8	55. 7	55. 5	55. 3
合　计	100. 0	100. 0	100. 0	100. 0	100. 0

表 11　2013—2017 年小雪茄烟生产商在中国香港特区市场份额情况（单位：%）

生产商	2013 年	2014 年	2015 年	2016 年	2017 年
哈瓦那股份有限公司（Habanos S. A.）	49. 6	49. 3	48. 9	48. 8	48. 6
瑞士博格集团（The Burger Group）	7. 3	7. 3	72	7. 1	7. 1
其他公司	43. 1	43. 4	43. 9	44. 4	44. 4
合　计	100. 0	100. 0	100. 0	100. 0	100. 0

表 12　2014—2017 年雪茄烟和小雪茄烟品牌在中国香港特区市场份额情况（单位：%）

品　牌	所属公司	2014 年	2015 年	2016 年	2017 年
高希巴（Cohiba）	哈瓦那股份有限公司（Habanos S. A.）	24. 2	24. 1	24. 1	24. 1
罗密欧与朱丽叶（Romeo y Julieta）	哈瓦那股份有限公司（Habanos S. A.）	12. 8	12. 6	12. 5	12. 5
丹纳曼所罗门（Dannemann）	瑞士博格集团（The Burger Group）	4. 6	4. 6	4. 5	4. 5
大卫杜夫（Davidoff）	日内瓦大卫杜夫公司（Davidoff & Cie, Geneva）	3. 5	3. 5	3. 6	3. 7
蒙特克里斯托（Montecristo）	哈瓦那股份有限公司（Habanos S. A.）	1. 5	1. 5	1. 5	1. 5
庞　趣（Punch）	哈瓦那股份有限公司（Habanos S. A.）	0. 9	0. 9	0. 8	0. 8
其他品牌	—	52. 6	52. 9	52. 9	53. 0
合　计	—	100. 0	100. 0	100. 0	100. 0

表 13　2014—2017 年雪茄烟品牌在中国香港特区市场份额情况（单位：%）

品　牌	所属公司	2014 年	2015 年	2016 年	2017 年
大卫杜夫（Davidoff）	日内瓦大卫杜夫公司（Davidoff & Cie, Geneva）	9. 5	9. 6	9. 8	10. 0
高希巴（Cohiba）	哈瓦那股份有限公司（Habanos S. A.）	8. 5	8. 4	8. 4	8. 4
罗密欧与朱丽叶（Romeo y Julieta）	哈瓦那股份有限公司（Habanos S. A.）	7. 2	7. 3	7. 3	7. 4
蒙特克里斯托（Montecristo）	哈瓦那股份有限公司（Habanos S. A.）	4. 0	4. 0	4. 0	4. 0
庞　趣（Punch）	哈瓦那股份有限公司（Habanos S. A.）	2. 4	2. 3	2. 3	2. 2
其他品牌	—	68. 4	68. 3	68. 2	68. 1
合　计	—	100. 0	100. 0	100. 0	100. 0

表 14　2014—2017 年小雪茄烟品牌在中国香港特区市场份额情况（单位：%）

品　牌	所属公司	2014 年	2015 年	2016 年	2017 年
高希巴（Cohiba）	哈瓦那股份有限公司（Habanos S. A.）	33. 3	33. 2	33. 2	33. 2
罗密欧与朱丽叶（Romeo y Julieta）	哈瓦那股份有限公司（Habanos S. A.）	16. 0	15. 7	15. 5	15. 4
丹纳曼所罗门（Dannemann）	瑞士博格集团（The Burger Group）	7. 3	7. 2	7. 1	7. 1
其他品牌	—	43. 4	43. 9	44. 2	44. 3
合　计	—	100. 0	100. 0	100. 0	100. 0

表 15　2012—2017 年中国香港特区雪茄烟市场实现销量情况（按类别）（单位：百万支）

项　目		2012 年	2013 年	2014 年	2015 年	2016 年	2017 年
总　计		10.93	11.16	11.38	11.64	11.86	12.09
雪茄烟（Cigars）		4.02	4.10	4.18	4.26	4.34	4.42
小雪茄烟（Cigarillos）	价格优势型	2.38	2.41	2.44	2.48	2.51	2.55
	过滤嘴型	2.33	2.40	2.46	2.55	2.61	2.68
	香　型	1.50	1.53	1.57	1.60	1.63	1.66
	非过滤嘴和非香型	0.70	0.72	0.73	0.75	0.77	0.79
	合　计	6.91	7.06	7.20	7.38	7.52	7.68

表 16　2012—2017 年中国香港特区雪茄烟市场实现销售额情况（按类别）（单位：百万港元）

项　目		2012 年	2013 年	2014 年	2015 年	2016 年	2017 年
总　计		620.2	662.7	702.1	737.6	769.6	800.7
雪茄烟（Cigars）		520.4	556.4	589.6	619.3	646.0	671.8
	价格优势型	28.5	29.5	30.2	31.8	33.0	34.0
小雪茄烟（Cigarillos）	过滤嘴型	38.5	42.1	43.3	45.2	47.4	49.8
	香　型	20.8	22.2	26.0	27.8	29.0	30.1
	非过滤嘴和非香型	12.0	12.5	13.0	13.5	14.2	14.9
	合　计	99.8	106.3	112.5	118.3	123.6	128.8

表 17　2012—2017 年中国香港特区雪茄烟销量情况（按尺寸）（单位：%）

项　目	2012 年	2013 年	2014 年	2015 年	2016 年	2017 年
大雪茄烟（Large Cigars）	27.1	27.0	26.9	26.8	26.7	26.6
标准雪茄烟（Standard Cigars）	72.9	73.0	73.1	73.2	73.3	73.4
合　计	100.0	100.0	100.0	100.0	100.0	100.0

六、销售网络

中国香港特区的卷烟零售业态分为连锁便利店、报刊亭、杂货店、加油站、餐厅酒吧等。2017 年，连锁便利店仍然是最大的销售渠道，7 天 ×24 小时的营业模式使消费者可随时购买卷烟，连锁便利店销售卷烟占总销量的 64.3%。报刊亭销售卷烟占总销量的 29.2%。特区政府禁止在自动售卖机和互联网上销售卷烟。

雪茄烟方面，烟草专卖店是中国香港特区雪茄烟和小雪茄烟的最大分销渠道，销量占总量的 65.5%，SOGO 等百货商店销售的雪茄烟和小雪茄烟占总销量的 21.7%，酒店、餐馆和酒吧等场所的销量占比 11.2%，只有 2% 是通过便利店销售。

七、税收政策

中国香港特区政府对进口卷烟征收从量消费税，不征收增值税和从价消费税。自 1990 年以来，卷烟税由 2 港元/包升至 2014 年的 38.12 港元/包，2012—2014 年烟草税收累计提高近 110%。

2014 年，中国香港特区政府进一步提高卷烟税收，每包卷烟的税收提高 4 港元，各大烟草公司也相应对卷烟价格进行调整。2017 年，卷烟税率未进行调整，卷烟价格保持稳定。

八、卷烟非法贸易

2017 年，中国香港特区卷烟非法贸易量逐步下降，但在整个亚太地区 16 个国家或地区中，仍位列第四，非法贸易量估计超过 10 亿支。

中国香港特区卷烟非法贸易量高企的主要原因是其卷烟价格，相对于周边地区来说要高，尤其是税改以后。价格差异对卷烟跨境贸易产生巨大的激励作用，然而，由于特区政府加强执法力度，卷烟非法贸易量正在减少。

此外，走私者也面临特区海关的频繁检查，推高非法卷烟价格，这也进一步导致卷烟非法贸易量的下降。预计未来一段时期，特区卷烟非法贸易量将持续下降。

九、电子烟管制政策

在中国香港特区，含有尼古丁的电子烟被归类为医药制品，而非烟草制品。因此，电子烟的管理依据是《药剂业及毒药条例》（Pharmacy and Poisons Ordinance），必须在销售前进行注册。对于持有或者销售未经注册的药品或者毒品，将被罚款10万港元并处以2年的监禁。

经注册后的含尼古丁电子烟由于受到严格的管制，市场上几乎很少有售卖。而对于不含尼古丁的电子烟，没有对应的管制政策也不被划分为烟草制品，可以在少数的杂货店购买。电子烟的消费群体主要是青少年，一般在电子游戏机店和漫画书店购买。

澳门烟草

2017年中国澳门特区烟草发展综述

一、概况

中华人民共和国澳门特别行政区（简称中国澳门特区）位于中国内地东南沿海，地处珠江三角洲的西岸，东临中国香港特区，面积32.8平方千米。根据中国澳门特区统计暨普查局公布的数据，截至2017年底，中国澳门特区总人口65.31万人。

二、卷烟生产

中国澳门特区产量最大的卷烟工业企业是金叶卷烟厂（澳门）有限公司。金叶卷烟厂（澳门）有限公司（简称金叶澳门公司）成立于1992年，初始投资2476万港元，由原广州卷烟二厂（现划归广东中烟工业有限责任公司）、中国烟草总公司广东省公司、香港永发烟草有限公司、澳门南粤（集团）有限公司共同出资组建，分别占股份的27%、20%、28%、25%。1993年，香港永发烟草有限公司将14%的股份转让给金叶（香港）烟草国际有限公司，股东变为5家。2001年，香港永发烟草有限公司、澳门南粤（集团）有限公司收回投资，股权由金叶卷烟厂（澳门）有限公司收回。经过两次股东变更，公司股东为广东中烟工业有限责任公司、中国烟草总公司广东省公司、金叶（香港）烟草国际有限公司，总投资额8501万港元，分别占股份的55%、26%、19%。

2017年，公司生产卷烟11.39亿支（含委托加工“黄鹤楼”1000万支），同比下降31.09%。销售自产卷烟11.62亿支，同比下降5.91%。主要市场为中国大陆免税店、中国香港特区、中国澳门特区和中东、非洲、太平洋岛屿等地区，以及巴拿马、秘鲁、美国等国家。全年实现销售收入3.1亿港元，同比下降4.02%。

三、卷烟税收政策

2009年，中国澳门特区每支卷烟的消费税由0.05澳门元上调至0.2澳门元，含烟叶的雪茄烟和小雪茄烟的消费税为280澳门元/千克，其他精加工的烟叶和烟叶代用制品的消费税为80澳门元/千克。

2012年，特区政府增加烟草产品的消费税，每支卷烟的消费税由0.2澳门元上调至0.5澳门元，烟丝的消费税由80澳门元/千克调升至200澳门元/千克，而雪茄烟的消费税由280澳门元/千克调升至1442澳门元/千克。

中国澳门特区对进口卷烟征收从量税。每包卷烟进口关税10澳门元。2012年起每包卷烟增税4澳门元。

2015年7月13日，中国澳门特区政府颁布相关法律，决定调整烟草消费税，每支卷烟的消费税由原来的0.5澳门元大幅增加至1.5澳门元，烟丝的消费税调至600澳门元/千克，雪茄烟的消费税调至4326澳门元/千克。加税后，烟草消费税将占卷烟零售价的70%或以上。

四、控烟政策

中国澳门特区《预防及控制吸烟制度》自2012年实施。配合特区政府各项控烟措施，特区各年龄人群吸烟率近年来明显下降。根据特区政府卫生局公布的“澳门健康调查2016”，中国澳门特区18岁及以上人口吸烟率已由2006年的18.4%下降到2016年的16.6%。2017年7月，中国澳门特区立法会通过新修订的《预防及控制吸烟制度》，在原有控烟措施基础上继续加大控烟力度。

作为《预防及控制吸烟制度》修订前后的主要变化之一，室内公共场所禁烟范围的扩大备受关注。根据新修订的《预防及控制吸烟制度》，除机场及娱乐场所可设置吸烟室外，所有室内公共场所全面禁烟，公交车站和的士站10米范围内也禁止吸烟。

同时，新修订的《预防及控制吸烟制度》禁止在娱乐场所销售卷烟，禁止部分销售点公开陈列烟草制品。便利店、超市、报摊等销售点只能展示烟草价格，不能使消费者从销售点外通过陈列窗看到烟草制品。新修订的《预防及控制吸烟制度》还将电子烟纳入禁售范围。根据规定，电子烟不准售卖，也不得进行广告促销，在禁止吸烟地点吸电子烟同样违法。

台湾烟草

2017 年中国台湾地区烟草发展综述

一、概况

中国台湾地区位于中国大陆东南沿海的大陆架上，面积 3.62 万平方千米。截至 2017 年底，中国台湾地区总人口 2362.65 万人。自 2009 年引入严厉的控烟措施后，中国台湾地区成年人吸烟率一直呈下降趋势。2015 年以来，由于年轻烟民数量不断增长，成年人吸烟率开始回升。

根据有关规定，中国台湾地区最低吸烟年龄为 18 岁，违规向 18 岁以下未成年人出售卷烟将会被处以 1 万～5 万新台币的罚款。尽管如此，青少年吸烟现象仍然存在。据统计，中国台湾地区初级中学的吸烟率约 2.8%、高级中学的吸烟率约 8%。受到控烟、健康意识等因素的影响，中国台湾地区青少年吸烟率呈逐年下降的态势，但电子烟使用率有所上升。

二、烟草市场管理

（一）专卖专营阶段

1901 年 1 月，台湾“总督府”合并原台湾制药厂、台湾“盐务局”及台湾“樟脑局”，成立新的“台湾总督专卖局”，专卖品包括烟、酒和食盐、樟脑、鸦片、火柴、汽油、酒精、度量衡等 9 种。1945 年，“台湾行政长官公署”决定继续实施专卖制度，将“台湾总督专卖局”改为“台湾专卖局”，专卖品只限烟、酒、樟脑、火柴等 4 种。1946 年“台湾行政长官公署”颁布新的《台湾烟草专卖规则》及《施行细则》，规定“专卖局”统一管理烟叶生产、收购，卷烟生产和销售，卷烟经营实行许可证制度。1947 年，“台湾行政长官公署”将“台湾专卖局”改组为“台湾烟酒公卖局”，并直接隶属于台湾当局。1951 年，通过修改组织章程，“公卖局”改为隶属“台湾当局财政厅”。1968 年，取消樟脑专卖，改为民营，专卖品仅限于烟、酒两种。“台湾烟酒公卖局”统一管理全岛的烟叶生产、收购，卷烟生产和销售。

“公卖局”为政企合一的机构，下设 4 个事业群，即：烟事业群、啤酒事业群、酒类（除啤酒外）事业群和流通事业群。“公卖局”及所属企事业机构从业人员近万人，其中酒类占大多数。“公卖局”每年向中国台湾地区财政管理机构上缴 500 亿新台币的公卖利益，其中烟业部分 150 亿～200 亿新台币，占财政预算的 1%。所谓公卖利益，是指公卖事业是政府垄断经营行业，对其产品的生产经营不再征税。“公卖局”对其所属企业的生产经营实行统一核算，统收统支。购买原材料款、生产经营中的一切费用和从业人员工资等均列入成本。销售收入扣除成本，即公卖利益，全部上缴财政。台湾卷烟厂不进行独立核算，没有法人资格，只是生产单位，没有原辅材料采购权和产品销售权，生产所需原辅材料由“公卖局”统一采购，再分配给工厂使用，其产品也由“公卖局”统一调拨，交由流通事业群销售，并送货到各零售商店。卷烟厂如进行技术改造或需较大的项目投资，则由“公卖局”提出专项申请报中国台湾地区立法管理机构通过后，交中国台湾地区财政管理机构列专项开支。

（二）市场开放阶段

1987 年，台湾当局颁布《台湾烟酒公卖局办理外国卷烟、葡萄酒、啤酒进口申请作业一般规定》。《规定》指出，进口卷烟由外国烟草公司在中国台湾地区的代理商经营，但岛产卷烟仍由“公卖局”负责和管理；进口卷烟须缴纳公卖利益，公卖利益按照每包 16.6 新台币的标准从量征收，由“公卖局”负责收取。中国台湾地区由此形成两大进口卷烟的经销商，即经营英美烟草公司卷烟的弘通公司和经营日本烟草公司卷烟的杰太公司。此外，还有其他公司的代理商。

（三）取消专卖制度

2000 年，台湾当局颁布所谓的“台湾烟酒管理法”“烟酒税法”，并于 2002 年 1 月 1 日起实行。此举标志着在中国台湾地区实行近百年的专卖制度废止，台湾烟酒公卖制度取消，公卖利益回归税制。

三、税收政策

中国台湾地区对卷烟制品征收高额税收。根据中国台湾地区的关税条例，各种税费征收情况如下：对于 WTO 成员和其他与中国台湾地区有互惠贸易关系的国家或地区，卷烟进口关税按到岸价的 27% 征收，非 WTO 成员则按照到岸价的 50% 征收；销售税按完税价格的 5% 征收（含本地产卷烟）；健康福利捐按每件（万支）10000 新台币征收（含本地产卷烟）；对于进口雪茄烟等其他烟草制品，进口关税按照 20% 的税率征收；在烟草税方面，2017 年 6 月 12 日，每千支卷烟烟税由 590 新台币调增至 1590 新台币，此举提高了卷烟价格。

表1 2012—2017年中国台湾地区卷烟市场卷烟税收情况

项 目	2012年	2013年	2014年	2015年	2016年	2017年
从价消费税（%）	0.0	0.0	0.0	0.0	0.0	0.0
增值税/销售税（%）	5.0	5.0	5.0	5.0	5.0	5.0
烟草税（新台币/千支）	590.0	590.0	590.0	590.0	590.0	1590.0
健康福利捐（新台币/千支）	1000.0	1000.0	1000.0	1000.0	1000.0	1000.0
进口关税（WTO成员）（%）	27.0	27.0	27.0	27.0	27.0	27.0
进口关税（非WTO成员）（%）	50.0	50.0	50.0	50.0	50.0	50.0

四、2017年卷烟市场概况

（一）卷烟销售

1. 概述

2017年，中国台湾地区实现卷烟销量265亿支，同比下降15%，销量下降主要是受到税率上升等因素的影响。实现销售额1427亿新台币，同比增长6%，增长的动力来自年轻人更加青睐高价位卷烟并对其保持较高的忠诚度。全年卷烟销量和销售额变动幅度出现分化，这一趋势预计还会进一步强化。

增税对吸烟者行为的影响较小。2017年，经过来自健康和社区团体的多次游说，以及物价上涨，中国台湾地区政府在下半年实施第二次提税，但对中国台湾地区卷烟消费人群吸烟习惯的影响不大。除在提价之前大量购置存货，越来越多的卷烟消费者从免税处购买卷烟，以及转向经济型卷烟。从短期到中期来看，进一步增税的可能性较小。

随着消费者找到替代品，卷烟零售额下降。2017年下半年实施的卷烟增税直接导致零售额下降，替代品增长也进一步导致卷烟零售额下降，特别是小雪茄烟和电子烟产品。年龄在35岁以下的消费者，替代产品通常会改变他们的吸烟方式，大多数已经改用其他产品的烟民不太可能再吸食卷烟了。

爆珠烟流行。薄荷及多种口味的爆珠烟迅速吸引中国台湾地区的新消费者，这个新兴领域覆盖的品牌和价格范围很广，而经济型卷烟尤其受欢迎，对不同年龄层、不同性别、性格和经济实力的人群都有吸引力。

2. 主要卷烟经营企业概况

2017年，日烟国际台湾股份有限公司（Japan Tobacco International Taiwan Corporation，简称日烟台湾）、台湾烟酒股份有限公司（Taiwan Tobacco & Liquor Corporation，简称台湾烟酒）、帝国品牌公司（Imperial Brands P. L. C.，简称帝国品牌）、英美烟草服务股份有限公司台湾分公司（British American Tobacco Services Limited Taiwan Branch，简称英美台湾分公司）、菲利普莫里斯（台湾）股份有限公司（Philip Morris Taiwan S. A.，简称菲莫台湾）等五大烟草公司，占据中国台湾地区94.6%的市场份额，市场竞争非常激烈，消费者对卷烟外观尤其敏感。

2017年，日烟台湾继续保持市场领导者的地位，公司旗下的“七星（Mevius）”是中国台湾地区最畅销的卷烟品牌。尽管价格偏高，但该公司的“七星（Mevius）”品牌仍占据着强势地位。“七星（Mevius）”的忠实消费者们并没有因为2017年底的价格上涨而却步，同时该品牌也能够接触到对价格不那么敏感的年轻消费者。此外，公司精心培育的又一批消费者青睐的“云丝顿（Winston）”品牌，价格较低，满足另外一些消费者的需要。

本土品牌迅速落后。国际品牌在中国台湾地区的表现强于历史悠久、知名的本土品牌，本土品牌的地位越来越弱，尽管台湾烟酒面向本地开展大量的市场活动。台湾烟酒曾尝试推出新产品和新品牌，但都没有成功，未能吸引消费者。值得注意的是，面对老品牌颓势，该公司采取短期策略，试图打造新品牌，但收效不大。这些品牌衰落的因素在于有越来越多的老烟民试图戒烟且对价格较为敏感，而老品牌又无法有效吸引年轻消费者。

卷烟税的增加改变烟草市场格局。中国台湾地区政府对卷烟增税的一个主要影响是改变卷烟市场布局。一般来说，消费者对价格上涨非常敏感，但许多零售商无法兼顾这一点，他们需要在销售上作出合理加价，否则难有利润空间，所以一些超市和大型商场缩减他们的货架空间和产品范围。一家专业零售商已完全停止销售卷烟。此外，2017年下半年增税仅适用于新产品。这种政策造成的价格差异导致许多零售商宁愿停止显示价格，而不是显示两组价格——旧的和新的，这使得购买体验变得不那么透明。相反，对价格敏感的消费者必须询问哪些产品更便宜，或转向其他渠道购买更便宜的卷烟。由于中国台湾地区航空公司推出不少低价境外旅游路线产品，境外旅游蓬勃发展，现在很多消费者已经选择自己或者亲朋境外旅行时购买免税卷烟，还有一些消费者会选择购买非法卷烟。

表 2　2013—2017 年各烟草公司在中国台湾地区卷烟市场份额情况　（单位：%）

公　司	2013 年	2014 年	2015 年	2016 年	2017 年
日烟台湾	37.7	40.2	40.1	40.1	40.2
台湾烟酒	29.9	28.2	27.8	27.2	25.6
帝国品牌	11.1	11.1	11.4	11.3	11.3
英美台湾分公司	8.8	9.2	9.9	10.2	10.9
菲莫台湾	6.5	6.5	6.5	6.5	5.5
其他公司	6.1	4.7	4.3	4.7	6.5
合　计	100.0	100.0	100.0	100.0	100.0

注：1. 因统计方法有所调整，对部分往年数据作了相应修正。

2. 2016 年 2 月，帝国烟草集团（Imperial Tobacco Group P. L. C.）更名为帝国品牌公司（Imperial Brands P. L. C.），此表帝国品牌 2013—2015 年数据为帝国烟草数据。下同。

3. 台湾烟酒股份有限公司

概况。 2002 年 1 月 1 日，随着“台湾烟酒管理法”“烟酒税法”的实施，烟酒专卖制度在中国台湾地区被废止，烟酒回归税制。同年 4 月 25 日，中国台湾地区立法机构批准通过“台湾烟酒股份有限公司条例”，并于 5 月 15 日对外公布；7 月 1 日，“台湾烟酒公卖局”更名改制为台湾烟酒股份有限公司。2003 年 1 月 11 日，台湾烟酒股份有限公司的股票开始在台湾股票交易所交易。

台湾烟酒设有流通事业部、酒事业部、啤酒事业部、烟事业部、生技事业部、国际业务处、企划处、财务处、资讯处、法务处、行政处、安全卫生处、会计处、人力资源处、政风处、资产经营管理处、市场调查研究处等，其中烟事业部下辖台北烟厂、内埔烟厂、丰原卷烟研发制造工厂和桃源印刷厂。

2017 年经营方针：一是提高生产效率。整合研发资源，专注机能性核心原料及高阶技术研究发展，开发符合市场需求的产品。加强产销协调，提高存货周转率；同时阶段性汰换旧机器并引进尖端设备，提升生产技术及产能。以合理条件承接代工订单，提升产能利用率并增加营收。

二是创造品牌价值。强化品牌经营以提升品牌及商品价值，并以优质产品形象进行品牌延伸发展，拓展品牌的广度及深度；提升正面品牌联想，以维系既有顾客的品牌忠诚度及建立新客群的品牌认同度；管理产品履历及认证制度，加强商品防伪功能，确保产品质量，保障消费者食用安全，提升品牌及企业形象。

三是提升顾客满意服务。加强访销团队对客户与渠道终端的管理，以提升顾客服务及渠道管理效益，迅速响应顾客意见，降低客诉案件，以提升顾客满意度；推广电子商务，通过 B2B、B2C 及 C2B 网络购货平台，提升交易效率及便利性，持续推动区域型发货中心发展，整合现代化物流信息管理系统及运输管理技术，提升整体仓储管理效率及物流服务质量。

四是事业多元化经营。加强观光酒厂推广力度，结合地方文化，创造酒文化价值及提升品牌形象；配合推动土地活化政策目标，推动土地开发计划；运用核心技术及原料，研发生技及非烟酒类产品，以增加营业收入；推动异业结盟策略，通过技术支持与合作，提升竞争优势。

五是提升管理效率。运用企业资源规划系统（ERP）、仓储管理系统（WMS）及商业智能管理（BW）信息体系，掌控各项营运精确信息，提升公司营运效率；加强专利及智财权管理，落实专利权申请及商标注册登记，提升公司竞争力；加强人力资源规划，办理员工专业培训及新进人员工作轮调历练，培养具国际观的管理及技术干部，落实人力更新与传承。

六是开拓国际市场。短期除持续大陆市场经营外，将聚焦东南亚市场开拓；中长期持续推展大陆及东南亚市场并健全经销体系，另加强布建欧美等具有潜力的国际外销市场。

卷烟生产经营。 2017 年，台湾烟酒的卷烟品牌主要有“长寿（Long Life）”“尊爵（Gentle）”“新乐园（New Paradise）”“宝岛”“王牌”“马尔斯（Mars）”“维斯塔（Vista）”“LaRose”等 8 个，其中“尊爵（Gentle）”市场份额 12.5%、“长寿（Long Life）”5.9%、“新乐园（New Paradise）”2%、“马尔斯（Mars）”2.8%、“王牌”1%。其他品牌合计 0.43%。

2017 年，台湾烟酒生产卷烟 136.0 亿支，销售卷烟 155.2 亿支。其中，岛内销售 145.1 亿支，实现销售收入 401.1 亿新台币；岛外销售 10.1 亿支，实现销售收入 6.26 亿新台币。

消费者对台湾烟酒的卷烟产品价格敏感度高于进口品牌，当面临卷烟税增长或价格波动时，消费者更容易转移至更低价的卷烟品牌或选择戒烟，因此中低价位卷烟市场受卷烟税调涨的影响较大，同时也是主要竞争市场。台湾烟酒的卷烟产品多集中于中低价位，因而在品牌经营上，兼顾延伸主力及开发潜力市场双头并进，以提升整体市场占有率。

技术创新。 2017 年，为掌握市场需求趋势和动向，为产品改善和研发提供参考，中国台湾地区研究持续发展岛产及进口烟叶、卷烟品质特性分析资料库。研究选用具有特色的原料烟叶、香料及包装等，以开发差异化并符合消费者需求的新产品。配合减害防治法修改条文的相关规定，建立相应的检测方法、仪器，积累检测数据，提升产品安全性。

原辅料供应。 2017 年，自制膨胀烟丝及烟叶由内埔烟厂生产供应。铜板卡纸、BOPP 收缩膜、醋酸纤维丝束，以及卷烟纸、滤棒由公司负责统一采购。桃园印刷厂负责生产烟盒、烟标等包装材料供各厂生产使用。

发展战略。未来的经营环境仍深具挑战，台湾烟酒将依据下列策略，朝向跃升国际的优质企业迈进：短期，以销售为导向，持续推动企业再造，强化销售组织，提高岛内市场占有率；中期，结合两岸，扩展大陆市场，开发东南亚市场，成为亚洲市场知名品牌；长期，布局全球，成为海外市场生产、销售国际化企业。

表3 2012—2017年中国台湾地区卷烟市场销量占比情况（按焦油量）

（单位：%）

项 目	2012年	2013年	2014年	2015年	2016年	2017年
高焦油	—	—	—	—	—	—
中焦油	64.7	64.6	64.9	64.9	64.8	64.8
低焦油	14.6	14.8	14.8	14.9	14.7	15.0
超低焦油	20.7	20.6	20.3	20.2	20.5	20.2
合 计	100.0	100.0	100.0	100.0	100.0	100.0

表4 2012—2017年中国台湾地区卷烟市场销量占比情况（按细支类别）

（单位：%）

项 目	2012年	2013年	2014年	2015年	2016年	2017年
细 支	3.9	4.0	4.0	4.0	4.0	4.0
超细支	1.6	1.7	1.7	1.8	1.9	1.9
微细支	—	—	—	—	—	0.1
常 规	94.4	94.4	94.3	94.2	94.1	94.0
合 计	100.0	100.0	100.0	100.0	100.0	100.0

表5 2012—2017年中国台湾地区卷烟市场销量占比情况（按长度）

（单位：%）

项 目	2012年	2013年	2014年	2015年	2016年	2017年
长支型	6.5	6.5	6.6	6.7	6.7	6.7
常规型	93.5	93.4	93.4	93.3	93.3	93.3
短支型	—	0.0	—	0.0	0.0	—
合 计	100.0	100.0	100.0	100.0	100.0	100.0

表6 2012—2017年中国台湾地区卷烟生产和进出口情况（单位：亿支）

项 目	2012年	2013年	2014年	2015年	2016年	2017年
卷烟产量	219.7	220.4	215.7	208.8	210.9	217.5
卷烟进口量	153.5	164.2	178.1	149.3	144.8	79.3
卷烟出口量	18.7	17.3	26.7	29.4	32.4	54.1

表7 2014—2017年中国台湾地区销量前十名的卷烟品牌市场份额情况（单位：%）

排 名	品牌（规格）	所属公司	2014年	2015年	2016年	2017年
1	七 星（Mevius Original Blue）	日烟台湾	20.2	20.2	20.1	20.1
2	七 星（Mevius Sky Blue）	日烟台湾	7.1	7.0	7.0	6.9
3	七 星（Mevius Wind Blue）	日烟台湾	5.6	5.6	5.5	5.5
4	长 寿（Long Life White Mild）	台湾烟酒	4.8	4.8	4.6	4.3
5	长 寿（Long Life Yellow Mild）	台湾烟酒	4.7	4.7	4.6	4.2
6	尊爵（7mm）	台湾烟酒	4.0	3.9	3.9	3.7
7	大卫杜夫（Davidoff Lights）	帝国品牌	—	—	3.4	3.2
8	大卫杜夫（Davidoff Classic）	帝国品牌	—	—	2.7	2.6
9	尊爵（6mm）	台湾烟酒	2.7	2.7	2.6	2.6
10	尊爵（1mm）	台湾烟酒	2.5	2.4	2.3	2.1

（二）卷烟价格

2017年，中国台湾地区卷烟市场的品牌结构主要有三类：低档烟、中档烟、高档烟。低档烟是指每包零售价在70新台币以下的卷烟，主要品牌有“威斯（West）”“新乐园（New Paradise）”“波迈（Pall Mall）”“长寿（Long Life）”等。中档烟是指每包零售价在70~90新台币间的卷烟，主要品牌有“好彩（Lucky Strike）”“云丝顿（Winston）”“蓝星（L&M）”。高档烟是指每包零售价在90新台币以上的卷烟，主要品牌有“万宝路（Marlboro）”“七星（Mevius）”“登喜路（Dunhill）”“大卫杜夫（Davidoff）”“百乐门（Parliament）”等。2017年6月12日，每千支卷烟税由590新台币调增至1590新台币，带来卷烟价格上涨。

2017年，高档烟销量占卷烟总销量的比例为50.5%，低档烟占比34.3%，中档烟占比15.2%。消费者更倾向于低档产品，受提税影响，他们对价格因素变得更加敏感。但另一方面，中国台湾地区消费者对高档产品，尤其是一些日本品牌有较高认可度，喜欢其口味和外观，这些产品预计将保留忠实的消费者基础，价格不会成为限制他们购买的因素。

表 8　2012—2017 年中国台湾地区卷烟市场份额情况（按卷烟价位）（单位：%）

项　目	2012 年	2013 年	2014 年	2015 年	2016 年	2017 年
低档烟	36.3	36.2	34.4	34.4	34.3	34.3
中档烟	16.1	16.5	15.5	15.3	15.3	15.2
高档烟	47.6	47.3	50.5	50.4	50.5	50.5
合　计	100.0	100.0	100.0	100.0	100.0	100.0

五、雪茄烟市场概况

（一）雪茄烟销售

概况。 2017 年，中国台湾地区市场对雪茄烟和小雪茄烟的需求强劲，全年实现销量 3100 万支，同比增长 16%，创历史最高增速。按照现价计算，雪茄烟和小雪茄烟的销售额 22 亿新台币，同比增长 10%。

税收政策对小雪茄烟销售的影响。 由于卷烟税提升及产生的心理预期，大量卷烟消费者转向消费小雪茄烟，从而带来小雪茄烟需求量的增长。2017 年下半年，随着提税政策的实施该增速逐渐放缓。小雪茄烟的主要消费者是年龄在 30～40 岁之间的男性，预计到卷烟税提高，新消费者通常也会选择价格更合理的产品。卷烟税提升对小雪茄烟的影响更大，小雪茄烟变得更有价格优势，其高端定位已经改变，这些产品将因价格更实惠继续受益。此外，预计有更多的消费者将通过转向小雪茄烟来寻求不同的消费体验，同时一部分消费者也可能会尝试超出他们预期价位的产品，从而进一步促进小雪茄烟类别的增加；各公司在小雪茄烟领域开展的一些销售活动也许会激发中国台湾地区人们对雪茄烟消费的兴趣。

小雪茄烟价格上涨。 中国台湾地区对小雪茄烟兴趣的增长带给制造商信心，他们放松对小雪茄烟价格的严格控制。然而，随着人们对小雪茄烟的兴趣和消费的增长，小雪茄烟的单价也在上涨。与卷烟不同的是，卷烟价格由于政府的增税而上涨，而小雪茄烟价格增长是生产商为应对不断增长的需求而作出的调整。唯一可能影响人们对小雪茄烟持续兴趣的主要威胁是任何形式的提税，但目前还没有引起立法者的关注。

表 9　2012—2017 年中国台湾地区雪茄烟市场实现销量情况（按类别）（单位：百万支）

项　目		2012 年	2013 年	2014 年	2015 年	2016 年	2017 年
总　计		17.4	19.0	21.0	23.3	26.5	30.8
雪茄烟（Cigars）		7.4	7.6	7.8	8.1	8.3	8.5
小雪茄烟（Cigarillos）	价格优势型	—	—	—	—	—	—
	过滤嘴型	—	—	—	—	—	—
	香　型	—	—	—	—	—	—
	非过滤嘴和非香型	10.0	11.4	13.1	15.2	18.2	22.3

表 10　2012—2017 年中国台湾地区雪茄烟市场实现销售额情况（按类别）（单位：亿新台币）

项　目		2012 年	2013 年	2014 年	2011 年	2016 年	2017 年
总　计		15.17	16.18	17.40	18.45	20.06	22.16
雪茄烟（Cigars）		11.80	12.30	12.91	13.26	13.79	14.32
小雪茄烟（Cigarillos）	价格优势型	—	—	—	—	—	—
	过滤嘴型	—	—	—	—	—	—
	香　型	—	—	—	—	—	—
	非过滤嘴和非香型	3.36	3.88	4.50	5.18	6.27	7.84

表 11　2014—2017 年雪茄烟和小雪茄烟品牌在中国台湾地区市场份额情况（单位：%）

品　牌	所属公司	2014 年	2015 年	2016 年	2017 年
Villger	威林格苏尼公司（Villger Söhne AG）	3.8	4.1	4.5	4.8
Livarde	丹尼曼雪茄公司（Dannemann Cigarrenfabrik GmbH）	2.2	2.4	2.5	2.9
Nat Sherman	纳特谢尔曼公司（Nat Sherman Inc.）	3.1	2.8	2.8	2.7
Candlelight	Johann Wihelm Von Eicken GmbH	2.4	2.1	1.9	1.7
Davidoff	利是美烟草公司（Reemtsma Cigarettenfabriken GmbH）	1.5	1.5	1.4	1.1

续表

品 牌	所属公司	2014 年	2015 年	2016 年	2017 年
Puros	三商行（Mercuries&Associates Ltd.）	1.5	1.4	1.3	1.2
Hav - A - Tampa	帝国品牌公司（Imperial Brands P. L. C.）	0.7	0.6	0.6	—
Cohiba	哈瓦那股份有限公司（Corporacion Habanos S. A.）	0.7	0.6	0.5	0.5
Macanudo	通用雪茄控股公司（General Cigar Holdings Inc.）	0.6	0.5	0.5	0.4
Don Tomas	通用雪茄控股公司（General Cigar Holdings Inc.）	0.5	0.5	0.4	0.4
其他品牌	—	83.1	83.6	83.6	79.1
合 计	—	100.0	100.0	100.0	100.0

表 12 2014—2017 年雪茄烟品牌在中国台湾地区市场份额情况 （单位：%）

品 牌	所属公司	2014 年	2015 年	2016 年	2017 年
Candlelight	Johann Wihelm Von Eicken GmbH	6.3	6.2	6.1	6.0
Puros	三商行（Mercuries&Associates Ltd.）	4.0	4.1	4.2	4.2
Hav - A - Tampa Jewel Berry	帝国品牌公司（Imperial Brands P. L. C.）	1.9	1.8	2.0	1.9
Cohiba	哈瓦那股份有限公司（Corporacion Habanos S. A.）	1.8	1.7	1.7	1.7
Macanudo	通用雪茄控股公司（General Cigar Holdings Inc.）	1.5	1.5	1.5	1.4
Don Tomas	通用雪茄控股公司（General Cigar Holdings Inc.）	1.4	1.4	1.4	1.3
其他品牌	—	83.2	83.3	83.2	83.5
合 计	—	100.0	100.0	100.0	100.0

表 13 2014—2017 年小雪茄烟品牌在中国台湾地区市场份额情况 （单位：%）

品 牌	所属公司	2014 年	2015 年	2016 年	2017 年
Villger	威林格苏尼公司（Villger Söhne AG）	6.1	6.2	6.5	6.7
Livarde	丹尼曼雪茄公司（Dannemann Cigarrenfabrik GmbH）	3.5	3.6	3.7	4.0
Nat Sherman	纳特谢尔曼公司（Nat Sherman Inc.）	4.9	4.3	4.0	3.7
King Eward	瑞士国际集团公司（Swisher International Group Inc.）	1.9	2.0	2.2	2.5
其他品牌	—	83.6	83.9	83.6	83.1
合 计	—	100.0	100.0	100.0	100.0

表 14 2012—2017 年中国台湾地区雪茄烟实现销量情况（按雪茄类型） （单位：%）

类 型	2012 年	2013 年	2014 年	2015 年	2016 年	2017 年
标准雪茄烟（Standard Cigars）	27.4	27.3	27.2	27.1	27.0	26.9
小型雪茄烟（Small Cigars）	72.6	72.7	72.8	72.9	73.0	73.1
合 计	100.0	100.0	100.0	100.0	100.0	100.0

（二）主要雪茄烟经销商

中国台湾地区雪茄烟和小雪茄烟市场比较分散。卷烟提税促使成年吸烟者，尤其是男性对小雪茄烟突然产生兴趣，价格上涨导致小雪茄烟的价格竞争变得相对更加激烈。最显著的增长体现在大众市场上的小雪茄烟品牌中，这些产品通过烟草专卖店和连锁便利店等销售渠道增加其曝光度，受益最多的都是大众市场上的领先小雪茄烟品牌。领先的四家烟草生产商——威林格苏尼公司（Villiger Söhne AG）、丹尼曼雪茄公司（Dannemann Cigarrenfabrik GmbH）、纳特谢尔曼公司（Nat Sherman Inc.）和瑞士国际集团公司（Swisher International Group Inc.），都加强了他们在小雪茄烟领域的阵地。2017 年，威林格苏尼公司（Villiger Söhne AG）继续领先雪茄烟和小雪茄烟市场，该公司拥有丰富的产品组合和广泛的销售渠道，通过独特的包装吸引部分消费者。

表15 2013—2017年雪茄烟和小雪茄烟生产商在中国台湾地区市场份额情况 (单位:%)

生产商	2013年	2014年	2015年	2016年	2017年
威林格苏尼公司(Villger Söhne AG)	4.0	3.8	4.1	4.5	4.8
丹尼曼雪茄公司(Dannemann Cigarrenfabrik GmbH)	2.4	2.2	2.4	2.5	2.9
纳特谢尔曼公司(Nat Sherman Inc.)	3.4	3.1	2.8	2.8	2.7
瑞士国际集团公司(Swisher International Group Inc.)	1.1	1.2	1.3	1.5	1.8
Von Eicken GmbH, Johann Wihelm	2.6	2.4	2.1	1.9	1.7
斯堪的纳维亚烟草集团(Scandinavian Tobacco Group A/S)	0.8	0.9	1.0	1.2	1.6
瑞士雪茄公司(Swisher Cigar Co.)	0.9	1.0	1.1	1.2	1.4
三商行(Mercuries&Associates Ltd.)	1.6	1.5	1.4	1.3	1.2
利是美烟草公司(Reemstsma Cigarrenfabriken GmbH)	1.6	1.5	1.5	1.4	1.1
通用雪茄控股公司(General Cigar Holdings Inc.)	1.2	1.1	1.0	0.9	0.8
帝国品牌公司(Imperial Brands P. L. C.)	0.8	0.7	0.6	0.6	0.5
哈瓦那股份有限公司(Corporacion Habanos S. A.)	0.7	0.7	0.6	0.5	0.5
其他公司	78.9	79.9	80.1	79.7	79.0
合 计	100.0	100.0	100.0	100.0	100.0

表16 2013—2017年雪茄烟生产商在中国台湾地区市场份额情况 (单位:%)

生产商	2013年	2014年	2015年	2016年	2017年
Von Eicken GmbH, Johann Wihelm	6.4	6.3	6.2	6.1	6.0
三商行(Mercuries & Associates Ltd.)	4.0	4.0	4.1	4.2	4.2
通用雪茄控股公司(General Cigar Holdings Inc.)	2.9	2.9	2.8	2.8	2.7
帝国品牌公司(Imperial Brands P. L. C.)	2.0	1.9	1.8	2.0	1.9
哈瓦那股份有限公司(Corporacion Habanos S. A.)	1.8	1.8	1.7	1.7	1.7
其他公司	82.9	83.2	83.3	83.3	83.5
合 计	100.0	100.0	100.0	100.0	100.0

表17 2013—2017年小雪茄烟生产商在中国台湾地区市场份额情况 (单位:%)

生产商	2013年	2014年	2015年	2016年	2017年
威林格苏尼公司(Villger Söhne AG)	6.7	6.1	6.2	6.5	6.7
丹尼曼雪茄公司(Dannemann Cigarrenfabrik GmbH)	4.0	3.5	3.6	3.7	4.0
纳特谢尔曼公司(Nat Sherman Inc.)	5.7	4.9	4.3	4.0	3.7
瑞士国际集团公司(Swisher International Group Inc.)	1.8	1.9	2.0	2.2	2.5
斯堪的纳维亚烟草集团(Scandinavian Tobacco Group A/S)	1.3	1.4	1.5	1.7	2.2
瑞士雪茄公司(Swisher Cigar Co.)	1.5	1.6	1.7	1.8	2.0
利是美烟草公司(Reemstsma Cigarettenfabriken)	2.6	2.4	2.2	2.0	1.5
其他公司	76.4	78.1	78.5	78.1	77.4
合 计	100.0	100.0	100.0	100.0	100.0

资料来源:

1. 欧睿信息咨询有限公司(Euromonitor International)调研报告。

2. 香港特别行政区政府统计处网站(www.censtatd.gov.hk)。

3. 澳门特别行政区政府统计暨普查局网站(www.dsec.gov.mo)。

4. 台湾烟酒股份有限公司网站(www.ttl.com.tw)。

5. 上海实业(集团)有限公司网站(www.siic.com)。

◇ 资料翻译:骆 晨;编辑:王 静

国际烟草

2017 年世界烟草发展报告[①]

2017 年，世界烟草控制持续推进，卷烟等传统烟草制品总量有所下降，新型烟草制品尤其是加热烟草制品快速增长，烟叶市场状态良好，各大烟草公司竞争格局变化、发展战略分化，世界烟草业发展不确定性增加。

一、烟草控制政策概况

世界卫生组织、美国食品药品管理局、欧盟等出台的控烟政策是世界烟草控制风向标，2017 年其主要关注点和推进情况如下。

（一）世界卫生组织控烟政策

2017 年 7 月，世界卫生组织发布《世界卫生组织 2017 年全球烟草流行报告》（WHO Report on the Global Tobacco Epidemic 2017）②，主题为“监测烟草使用与预防政策”。《报告》指出，全球有 63% 的人口（47 亿人）受到至少一项达到最高实现水平的烟草控制措施覆盖，较 2014 年增长 36 亿人，有 27 亿人尚未受到烟草控制措施覆盖。2016 年，在六项主要控烟措施中，实施国家最多的是戒烟规划和税收政策，最少的为大众媒体宣传活动。2014—2016 年，覆盖人口增加最为显著的措施为警示标签，增长 1 倍以上，而覆盖人口比例最高的大众媒体宣传活动则由 56% 降低到 44%。《报告》指出，随着烟草控制不断推进，一些国家和地区的烟草使用量有所下降，但人口增长使得吸烟人口仍在增加。世界卫生组织测算 2015 年 140 余个国家 15 岁以上的人口吸烟率，结果显示：吸烟率最高的为 40%；吸烟率超过 25% 的国家主要有印度尼西亚、俄罗斯、希腊、克罗地亚、法国、西班牙、老挝等，占比 17%；吸烟率在 20%~25% 的国家和地区占比 21%；吸烟率在 10%~20% 的国家和地区占比 42%。欧洲吸烟率普遍较高，大多数集中在 20%~30%；非洲吸烟率普遍较低，大多数低于 10%，最高 20%。

组织开展 2017 年“世界无烟日”活动。主题是“烟草——对发展的威胁”，强调烟草制品使用、烟草控制和可持续发展之间的联系，鼓励各国将烟草控制纳入其响应《2030 年可持续发展议程》的国家行动。支持缔约方和民间社会抵制烟草业干预政治进程，进而促使加强国家烟草控制行动。鼓励公众和合作伙伴更广泛地参与国家、区域和全球努力，以制定和实施发展战略和计划，实现以烟草控制行动为重点的目标。展示个人如何能通过坚决不使用烟草制品或戒烟，为实现可持续的无烟世界作出贡献。

推动《消除烟草制品非法贸易议定书》生效。2012 年，《烟草控制框架公约》第五次缔约方会议通过该议定书，但需 40 个以上缔约方批准或加入后方可生效。截至 2017 年底，已有 35 个缔约方批准或加入。

（二）美国食品药品管理局控烟政策

美国食品药品管理局（FDA）首次将降低尼古丁含量、改变尼古丁传送方式作为降低烟草制品危害的重点。2017 年，FDA 宣布一项新的综合计划，目标为降低尼古丁含量至消除卷烟致瘾性的水平，同时考虑口味（包含薄荷）、尼古丁传输方式对致瘾性、危害性的影响。该计划的推出意味着 FDA 认为尼古丁传输方式能够影响烟草制品的危害性，且通过卷烟燃烧传输尼古丁可能是危害最大的一种方式，向着认可新型烟草制品减害迈进一大步。除了激励新型烟草制品生产企业之外，该计划对卷烟产业链也可能产生重要影响，主要是工业环节生产低尼古丁含量卷烟技术、农业环节降低烟叶尼古丁含量技术可能引领新一轮产品创新。2017 年，奥驰亚集团宣布已经掌握生产低尼古丁含量的卷烟技术，美国 22 世纪集团宣称能够在种植环节将烟叶尼古丁含量降低 97%。

延长烟草制品申报截止日期。2016 年，FDA 出台新规将电子烟、雪茄烟等非卷烟烟草制品纳入监管范畴，并要求在 2007 年 2 月至 2016 年 8 月间上市的烟草制品必须重新申报审批。2017 年，为鼓励有利于公众健康的创新产品，FDA 将燃烧类产品的申报截止日期延长到 2021 年 8 月，将电子尼古丁传送系统的申报截止日期延长到 2022 年 8 月。更长时间的缓冲将为创新产品提供更好的发展机会，是 FDA 鼓励创新减害产品的信号。但由于未对产品标准给出更为具体的要求，电子烟发展仍然存在相当大的不确定性。

（三）欧盟控烟政策

《欧盟烟草制品指令》实施情况。《指令》于 2014 年修订、2016 年全面实施，但 2017 年卢森堡、西班牙、瑞典仍未将新指令转化为国内法。《指令》对电子烟的管制政策于 2017 年 5 月全面实施，在多个方面将电子烟视同烟草制品，如限制包装、尼古丁浓度、广告等，但不限制销售渠

---

① 除特别说明外，本文中的有关表述和数据均不包含中国。

② 2008 年，世界卫生组织发布《世界卫生组织 2008 年全球烟草流行报告》（简称《报告》），《报告》提出六项控烟措施，即监测烟草使用与预防政策（monitor tobacco use and prevention policies），保护人们免受烟草烟雾危害（protect people from tobacco smoke），提供戒烟帮助（offer help to quit tobacco use），警示烟草使用（warn about the dangers of tobacco），确保禁止烟草广告、促销和赞助（enforce ban on tobacco advertising, promotion and sponsorship），提高烟税（raise taxes on tobacco）。此后，该报告每两年发布一次，每期选定六项控烟措施中的其中一项作为主题。

道，相比草案中视同药物监管更为宽松，有利于电子烟持续发展。

烟草制品跟踪追溯新系统的应用。 2017 年 12 月，欧盟宣布将使用全新的烟草制品跟踪追溯系统以打击非法贸易。新系统将为每一包烟草制品打上标签，不仅可以实现跟踪追溯，同时作为符合产品安全要求的标志。新系统将于 2019 年 5 月 20 日前应用在卷烟和手卷烟产品上，2024 年 5 月 20 日前应用到全部烟草制品（含雪茄烟、无烟气烟草制品等）。

（四）其他控烟政策

卷烟平装推进情况。 2017 年，已实施卷烟平装的有澳大利亚、法国、英国、挪威、爱尔兰，已完成卷烟平装立法程序的有新西兰、匈牙利、斯洛文尼亚，上述市场 2017 年卷烟总销量约 220 万箱，已进入立法程序的有加拿大、乌拉圭、泰国、新加坡、比利时、罗马尼亚、土耳其、格鲁吉亚、芬兰、瑞典、巴西、智利、南非、尼泊尔、斯里兰卡等国家以及中国台湾等地区。

税收和价格政策进展。 大多数地区卷烟价格保持稳定或略有增长，如英国、法国、意大利等；少数地区增幅较大而导致销量大幅下降，如俄罗斯、印度尼西亚、菲律宾、巴基斯坦、马来西亚、沙特、阿联酋等；个别高税率地区价格则有所下降。

二、传统烟草制品发展概况

2013—2017 年，卷烟虽仍是传统烟草制品的主要品类，但销售额占比不断降低，非卷烟销售额不断增长、占比不断提高，其中增长率最高的是口含烟（鼻烟），其次是雪茄烟，第三是斗烟等有烟气烟草制品。预计未来五年仍将保持该态势，这主要是受到卷烟税收和价格增长较快的影响。

（一）卷烟

2017 年，全球（不含中国）卷烟销量 6200 万箱，同比下降约 2%，预计未来五年仍将以 1%~2% 的速度逐年递减。卷烟销售均价 3.1 美元/包，同比增长 3%，主要受消费税提高影响。卷烟销售额（含税）4700 亿美元，同比增长约 2%①，预计未来五年可保持增长，但占烟草制品销售额比例下降到 90% 以下，预计未来五年仍将以 1 个百分点左右速度逐年下降。总体来看，卷烟价格增长越来越难以弥补销量下降带来的影响，销售额维持增长压力较大。

区域销量。 2013—2017 年，销量下降最多的国家是俄罗斯，减少近 200 万箱，降幅最大的地区是东欧、拉美、大洋洲，降幅超过 20%。亚太、中东和非洲的部分市场销量增长，包括埃及、土耳其、孟加拉国、柬埔寨、老挝、缅甸、斯里兰卡等，总规模约 800 万箱。除被美国和四大跨国烟草公司占据市场外，仍有约 1800 万箱的市场份额由各区域烟草公司占据，包括埃及东方烟草公司、印度烟草公司、韩国烟草公司等，以及 14 家国有烟草公司，其中具备一定规模的主要有伊朗、突尼斯、黎巴嫩、利比亚、马里等国家的国有烟草公司，是跨国烟草公司积极考虑并购的对象。

表 1　2017 年主要市场卷烟销量

地　域	销量（万箱）	同比（%）	地　域	销量（万箱）	同比（%）
欧　盟	984	-1.9	菲律宾	150	-5.6
印度尼西亚	615	-2.6	韩　国	141	-4.1
俄罗斯	520	-7.2	意大利	140	-3.2
美　国	510	-2.8	乌克兰	134	-8.2
日　本	343	-4.2	西班牙	90	-3.5
土耳其	212	0.7	巴　西	98	-9.1
埃　及	188	4.8	泰　国	91	-0.6
孟加拉国	178	3.2	巴基斯坦	90	-2.4
印　度	164	-3.4	法　国	89	-1.2
越　南	160	4.5	波　兰	83	0.9
德　国	154	-1.6	阿根廷	72	0.2

注：根据菲莫国际的快报数据和欧睿信息咨询有限公司（Euromonitor International）数据。

区域销售额（含税）。 2016 年销售额排名前十位的国家依次为美国、日本、德国、印度尼西亚、俄罗斯、英国、意大利、法国、土耳其、韩国，除日本、意大利、法国外，上述国家近五年来仍有增长，增幅较大的包括俄罗斯

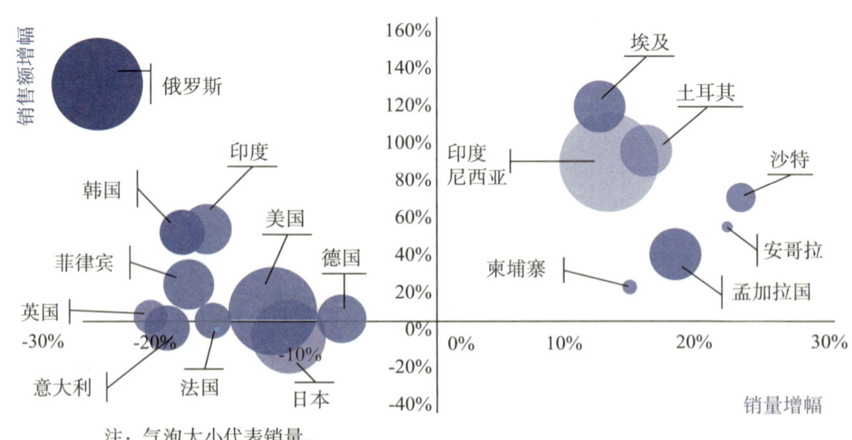

注：气泡大小代表销量。

图 1　2011—2016 年卷烟市场销量销售额变动情况

① 因调查范围有所调整，本报告数据与上年报告数据口径有一定差异。

（130%）、土耳其（92%）、印度尼西亚（87%）、韩国（48%）。从销售额涨幅来看，近五年来增长超过30%的市场主要位于中东、非洲、拉美，如阿根廷、埃及等国。

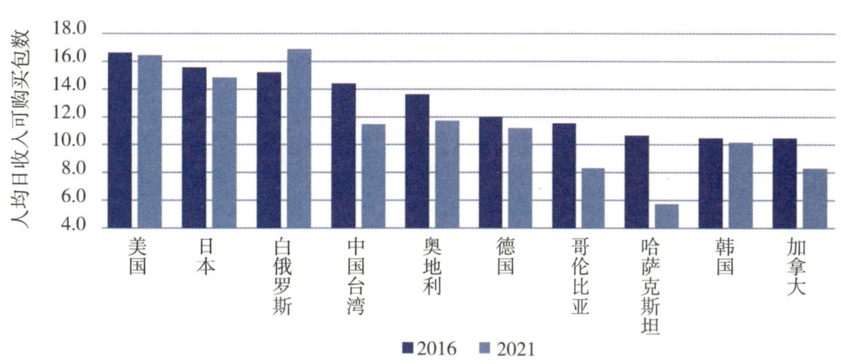

图3　2021年较2016年购买力前十位市场的购买力变动预测

区域销售均价。 2013—2017年，全球卷烟单包均价累计增幅约16%，其中增长率最高的地区是东欧和大洋洲，累计增幅约50%；其次是拉美地区，累计增幅约40%；亚太、北美、西欧、中东和非洲累计增幅依次为15%、11%、10%、6%。推动卷烟价格上行的动力主要是消费税的提高，其次是收入水平提升。卷烟价格的被动上涨容易促使消费者转向低端卷烟，同时限制宣传促销、卷烟平装等消除差异化的管制措施又加剧价格竞争，因而低端卷烟竞争力相对更强，卷烟提升结构难度越来越大。2017年6月，沙特提高本国卷烟消费税后，"万宝路（Marlboro）"的市场占有率由第一季度的29.1%锐减到第四季度的12.2%。但另一方面，价格的被动上涨逐步缩小高端和低端卷烟之间的价差，也使得部分消费者由低端卷烟转向大品牌卷烟，最典型的是"万宝路（Marlboro）"在菲律宾市场的显著增长，又如俄罗斯市场上高端、低端卷烟占比均在提高，而中端卷烟占比不断降低。

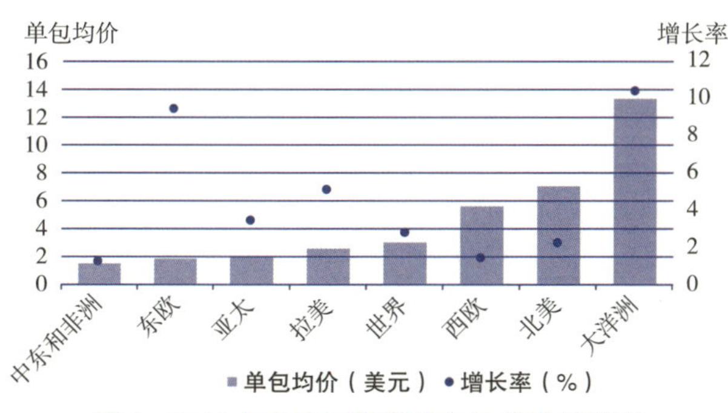

图2　2016年各地区卷烟单包均价及增长率

分区域看卷烟购买力。 不同地区有较大差异。购买力较强的市场（人均日收入可购买10～20包卷烟）大多数是经济发达地区，但也包含少数经济欠发达地区。购买力前十位（规模大于20万箱）的市场依次为美国、日本、白俄罗斯、中国台湾、奥地利、德国、哥伦比亚、哈萨克斯坦、韩国、加拿大等国家和地区，预计购买力基本呈现下降趋势。购买力低的市场（人均日收入可购买1～5包卷烟）均为发展中地区，主要有印度、乌兹别克斯坦、摩洛哥、巴基斯坦、南非、保加利亚、阿尔及利亚、罗马尼亚、印度尼西亚，预计其中大多数市场购买力将呈上升趋势。

2016年，全球非法卷烟消费量（不含中国）约500万箱。非法卷烟占比较高的主要有马来西亚、巴西、澳大利亚、印度以及欧洲等高税收市场。高税收、低收入会进一步加剧非法贸易，马来西亚也成为非法贸易量最高的国家，占比超过50%。非法卷烟销量占比低于1%的国家主要有日本、格鲁吉亚、白俄罗斯、韩国、古巴等。

爆珠烟增长较快。 2016年，欧睿信息咨询有限公司（简称欧睿）统计全球78个卷烟消费国（不含中国）爆珠烟销量173万箱，同比增长10.2%。其中，销量超过20万箱的有日本、美国，超过10万箱的有墨西哥、阿根廷、韩国；销量超过5万箱、较2015年增长超过20%的有俄罗斯、乌克兰、墨西哥、菲律宾、土耳其、法国、韩国。爆珠烟销量占比超过10%的有智利、秘鲁、匈牙利、墨西哥、阿根廷、瑞典、波兰，其中匈牙利、墨西哥、智利的占比较2015年增加超过2个百分点。

细支烟增长放缓。 2016年，欧睿统计全球78个卷烟消费国（不含中国）细支烟销量270万箱，较2015年增长3.8%，其中，销量超过10万箱的有俄罗斯（82万箱）、韩国（40万箱）、波兰（21万箱）、日本（19万箱）、印尼（18万箱）、乌克兰（17万箱）、白俄罗斯（14万箱）、乌兹别克斯坦（13万箱），较2015年增长较大的有乌兹别克斯坦（14%）、韩国（13%）、乌克兰（9%）、波兰（7%）。细支烟销量占比较大的主要有乌兹别克斯坦（59%）、白俄罗斯（30%）、韩国（27%）、波兰（26%）、格鲁吉亚（18%）、哈萨克斯坦（17%）、俄罗斯（15%）、乌克兰（12%），除乌兹别克斯坦占比同比增加7个百分点外，其他各地占比均保持稳定。

低焦油卷烟保持稳定。 2016年，欧睿统计全球78个卷烟消费国（不含中国）焦油量低于6毫克/支卷烟销量1170万箱，同比持平，其中焦油量在4～6毫克/支的卷烟销量约占2/3，4毫克/支以下卷烟销量约占1/3。低焦油卷烟（4～6毫克/支）销量超过20万箱的有俄罗斯（154万箱）、日本（78万箱）、韩国（61万箱）、乌克兰（45万箱）、巴西（34万箱）、美国（33万箱）、意大利（28万箱）、沙特

(25 万箱)、德国（23 万箱)、加拿大（20 万箱)，其中韩国、乌克兰销量较 2015 年增长超过 5%。超低焦油卷烟（小于 4 毫克/支）销量超过 10 万箱的有日本（134 万箱)、韩国（74 万箱)、俄罗斯（40 万箱)、意大利（17 万箱)、乌克兰（16 万箱)、埃及（16 万箱)，其中销量较 2015 年增幅较大的有俄罗斯（60%)、韩国（15%)、乌克兰（9%)。低焦油卷烟销量和占比较高的仍主要集中在日本、韩国、东欧、中东、南美等地。

（二）非卷烟

近五年来，受到卷烟价格上涨较快的影响，非卷烟类传统烟草制品的销量和销售额总体保持增长态势，销售额占烟草制品总额比例 2016 年首次超过 10%。

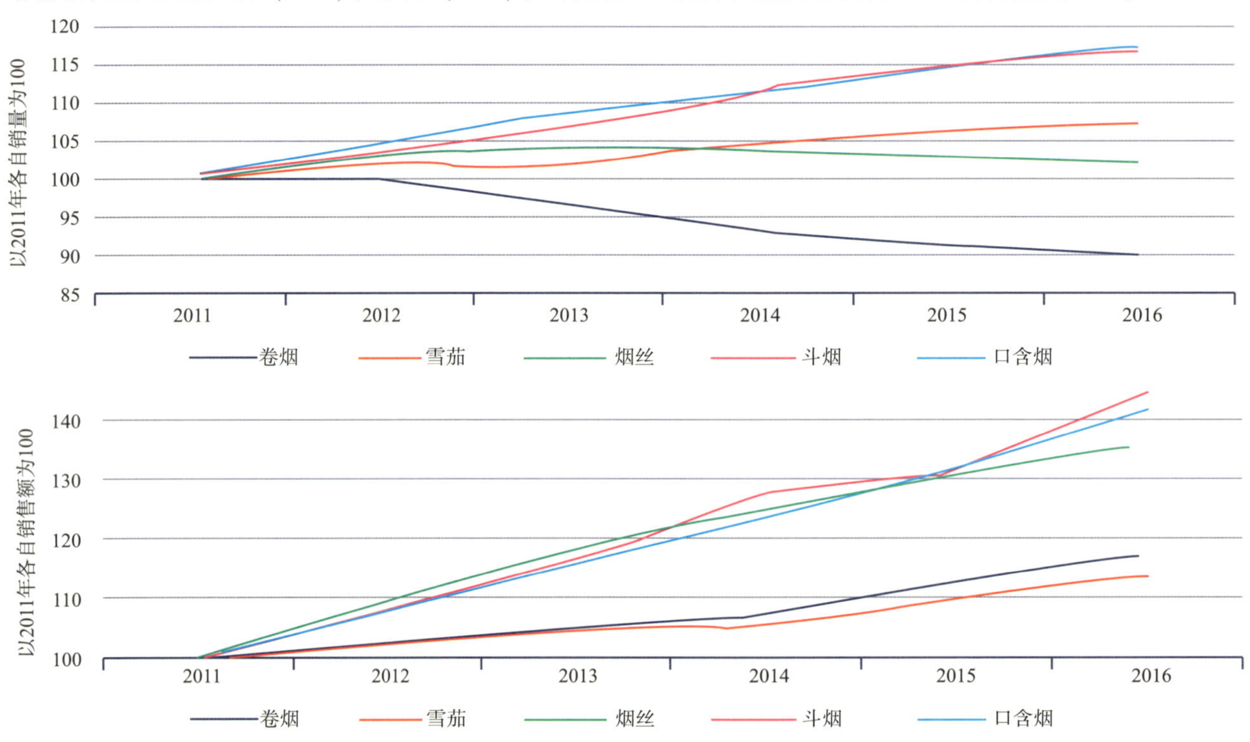

图 4　2011—2016 年各类型传统烟草制品销量和销售额变化情况

2017 年，全球烟丝销量折合卷烟约 280 万箱，销售额约 220 亿美元，是除卷烟外销售额最大的烟草制品。烟丝与卷烟之间替代性最强，欧洲经济衰退期烟丝销量有所增长，近年来销量相对稳定，预计未来五年将缓慢下降。烟丝消费主要集中在德国、法国、英国等欧洲国家，以及阿根廷、澳大利亚、美国等地。

2017 年，手卷和机制雪茄烟总销量约 230 亿支，销售额约 180 亿美元，同比均略有增长，是销售额仅次于烟丝的第二大类非卷烟烟草制品。主销区美国、英国、意大利等销量保持增长，德国、法国、西班牙、荷兰、俄罗斯、加拿大等销量呈现小幅下降。美国、德国、法国、意大利等地销售额均小幅增长，西班牙、加拿大略有下降。

2017 年，口含烟销量约 7 万吨，仅在美国、瑞典、挪威、阿尔及利亚、突尼斯、加拿大、捷克等国销售，其中美国约占 80%，销售额接近 120 亿美元，是无烟气烟草制品的主要品类。

此外，美国市场大麻快速增长，可能对烟草制品形成较强替代。当前，美国拥有约 3000 万大麻消费者，市场规模约 400 亿美元。随着越来越多的州将大麻合法化，美国大麻使用率可能在 5 年内超过吸烟率。

三、新型烟草制品发展概况

2017 年，新型烟草制品延续快速增长势头，预计到 2020 年销售额将超越烟丝、雪茄烟，成为仅次于卷烟的第二大类烟草制品。电子烟增速放缓，而加热烟草制品增长迅猛，预计其销售额将在 3～5 年内超越电子烟。

图 5　2011—2021 年新型烟草制品市场规模①

① 2018—2021 年新型烟草制品市场规模为预测数据。

（一）电子烟

2017 年，全球电子烟消费者数量约 3500 万，并未出现大幅增长，销量、销售额增速也在逐步放缓。2017 年，电子烟销售额约 140 亿美元。尽管增速放缓，但仍有可观增量。在各类型烟草制品中，电子烟销售额已超越斗烟、口含烟，成为继卷烟、烟丝、雪茄烟之后销售额第四的品类，市场规模大约相当于全球排名第 11 位的卷烟市场——西班牙的卷烟销售额。

北美地区是全球第一大电子烟市场。 2017 年北美地区电子烟销售额 50 亿美元，占比 36%。西欧地区是第二大电子烟市场，销售额占比 30%。亚太地区是增速最快的市场，2016 年电子烟销售额同比增长 65%。不同地区对电子烟减害的认可程度不同，主销区中的英国对电子烟减害的认可程度更高，其公共卫生局曾发布报告认可电子烟减害并支持使用电子烟，同时英国对欧盟新型烟草制品管制指令中对电子烟管制的转化并不严格，随着英国脱欧进程的推进，电子烟可能迎来新一轮较快增长。

表 2　2017 年主要国家电子烟销售额

国　家	销售额（亿美元）	国　家	销售额（亿美元）
美　国	46.3	法　国	4.2
英　国	17.8	波　兰	3.1
意大利	15.0	加拿大	2.7
德　国	5.6	埃　及	1.7
俄罗斯	4.3	荷　兰	1.1

数据来源：欧睿信息咨询有限公司（Euromonitor International）。

电子烟细分类型的发展情况。 开放式电子烟为大多数市场的主流类型，2017 年销售额占比 71.5%，尤其是在欧洲地区，占比超过 90%。封闭式电子烟中，卷烟式电子烟占比不断下降，仅在美国及少数几个市场占比超过 20%；非卷烟式电子烟增长速度最快。究其原因，一是开放式电子烟存在安全隐患，监管政策趋严；二是封闭式电子烟便于使用且安全风险较小，更为满足监管要求；三是各大烟草公司对封闭式电子烟产品的推广力度大。

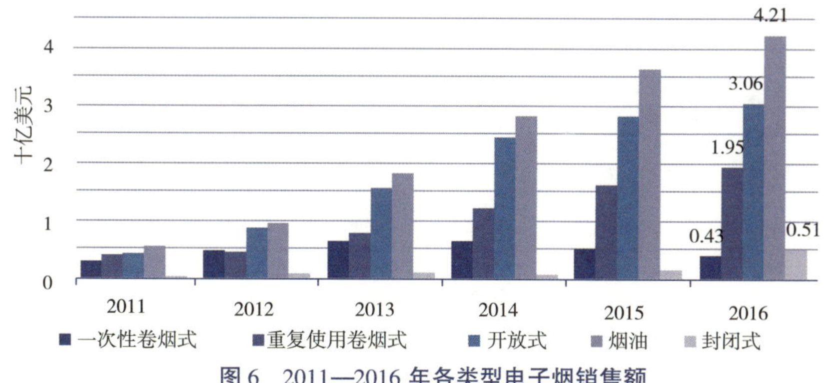

图 6　2011—2016 年各类型电子烟销售额

电子烟售卖渠道情况。 网络和专卖店仍是电子烟最重要的销售渠道，销售额占比超过 2/3。网络销售的优势在十方便快捷，更贴近年轻一代的网络消费习惯，但由于无法有效控制未成年人购买、难以监控产品质量而面临较大的监管风险。当前，欧盟部分国家如西班牙、波兰、奥地利已经禁止网络销售电子烟，专卖店则可以更好地承担产品展示、消费体验、交流互动等功能，销售额占比有持续增长潜力。

影响电子烟发展的因素。 价格优势仍是电子烟增长的主要动力，因而税收仍将是影响电子烟发展的主要因素。一旦电子烟市场发展到相当规模，越来越多的国家将提高电子烟税率。根据已有经验，提税后电子烟增长势头将很难延续，如意大利、葡萄牙的电子烟市场。2013 年，意大利对电子烟征收消费税，2014 年进一步限制其销售渠道，当年销售额即下降 20%，2015 年开始出现缓慢复苏。同时，意大利较早引入加热烟草制品，但其表现平平，并未与电子烟形成有力竞争。2014 年，葡萄牙对电子烟油征收 0.6 欧元/毫升的消费税后，其电子烟市场价格上涨一倍以上，2015 年销售额大幅缩减到上年的 50% 以下。此外，口味是电子烟的核心竞争力之一，而实施口味禁令的地区正在逐步增加，这也是电子烟发展面临的重要挑战。

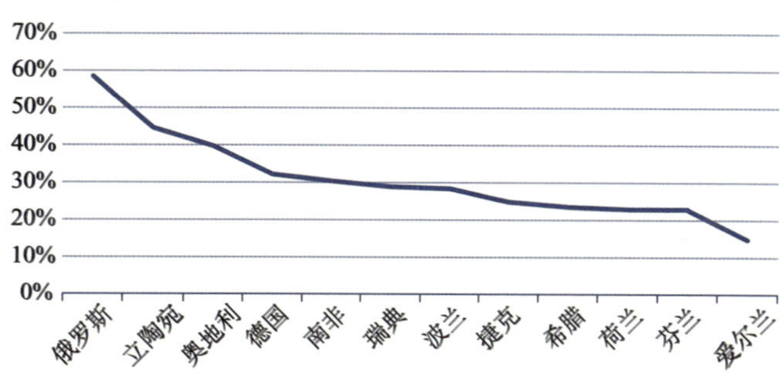

图 7　2016 年部分市场电子烟均价相对卷烟均价情况

（二）加热不燃烧烟草制品

2017 年，加热不燃烧烟草制品（又称加热烟草制品）销售额约 50 亿美元，预计到 2021 年将超过 150 亿美元，接近电子烟销售额，约占新型烟草制品总销售额的 45%。

日本市场仍是一枝独秀，2017 年其加热烟草制品销售额约 47 亿美元，占全球加热烟草制品总销售额的 90% 以上。菲莫国际的“IQOS”加热棒系列占据绝对优势地位，销量占有率 10.8%（合计卷烟），已成为日本市场的第二大品牌。在加热烟草制品竞争较为充分的日本仙台地区，2017 年底，“IQOS”加热棒的销量占加热烟草制品销量的 67.3%，合计卷烟的市场占有率为 19.9%。韩国市场容量较小，引入加热烟草制品时间短，虽然规模尚小但势头强劲，2017 年底，“IQOS”加热棒的市场占有率5.5%（合计卷烟）。除日本、韩国外，加热烟草制品的主销区欧洲各国市场占有率（合计卷烟）均在2%左右，没有再现日本的发展态势，且不同地区分化明显，如“IQOS”在希腊、西班牙几乎同时上市，但2017年底在希腊市场占有率为2.8%，在西班牙仅为0.4%。日本市场的火爆与其特定的市场条件密不可分，消费者收入水平高、健康意识强、乐于接受新产品，市场主流产品与减害产品口味差异较小，监管有利于减害产品发展等，尤其是对宣传促销限制较少，能够与消费者建立密切的跟踪联络以促进初期坚持使用，从而实现较高的转换率。而同时具备以上条件的市场较为少见，因而类似于日本市场的爆发式发展较难再现。

菲莫国际、英美烟草、日本烟草公司等三家跨国烟草公司均已生产销售加热烟草制品，且均表现出较强的增长势头：

2017 年，菲莫国际加热棒实现销量 72.4 万箱，较上年的14.8万箱实现大幅增长，其中在日本销量62.6万箱（批发销售量），占总销量的86.5%。“IQOS”在日本的销售已经逐步完善，除加热器产能仍不足外，加热棒已经基本满足供应，并已建立稳定库存，2017 年分销零售环节库存增加17万箱，运输方式也由空运转为海运。市场占有率提高速度较快，2017年第四季度达到13.9%。预计2018年底产能达到约200万箱、产量达到约150万箱。

英美烟草全年销售加热烟草制品“Glo”4万箱。“Glo”于2016年12月在日本上市，2017年10月覆盖日本全国市场。截至2017年底，市场占有率为3.6%，已在韩国、俄罗斯、加拿大、罗马尼亚、瑞士等国家上市销售。2017年，英美烟草加热烟草制品实现销售收入2.2亿英镑，公司预计2018年销售收入可达到6亿英镑，至2022年将超过35亿英镑。2017年底，英美烟草加热器产能达到500万个，加热棒30万箱，预计2018年底将分别达到2500万个、104万箱。

日本烟草公司加热烟草制品“Ploom Tech”于2016年在日本上市，2017年在欧洲上市。2017年底产能4.8万箱，预计2018年底产能达到约20万箱。

四、烟叶市场发展概况

2017 年，全球主要烟叶产区（不含中国）烤烟总产量193.1万吨，同比增长9.8%，主要受到巴西烟叶丰产影响，其他地区产量也基本稳定。白肋烟总产量50.9万吨，同比下降11.9%，其中非洲产量锐减42.3%，主要原因是2016年非洲白肋烟产量过剩、价格低迷而导致种植面积大幅缩减，其他地区产量略有增长。总体来看，烟叶质量良好，市场状态向好。

表3　2014—2018 年烟叶产量情况　　（单位：百万千克）

烤烟	2014 年	2015 年	2016 年	2017 年*	2018 年*
中北美洲及加勒比地区（含美国）	271	226	218	220	221
南美（含巴西）	713	665	540	711	698
欧洲及独联体	135	130	130	130	128
非洲及中东	461	416	360	350	393
亚洲及太平洋地区（不含中国）	648	586	511	520	550
总　计	2228	2023	1759	1931	1988
白肋烟	**2014 年**	**2015 年**	**2016 年**	**2017 年***	**2018 年***
中北美洲及加勒比地区（含美国）	122	89	79	93	92
南美（含巴西）	156	125	94	127	118
欧洲及独联体	46	38	34	32	31
非洲及中东	273	272	284	164	243
亚洲及太平洋地区（不含中国）	132	112	87	94	101
总　计	728	636	578	509	584

注：环球公司2017年11月7日发布；由于各地烟叶种植季节不同，*表示预测值。

2016/2017 烟叶季，巴西南部种植烤烟25.5万公顷，烤烟总产量为61.7万吨，同比增加15.5万吨、增长33.7%，单产达到2419千克/公顷，产量恢复到2014/2015烟叶季水平并略有增加，原烟收购均价为8.8巴西雷亚尔/千克（合2.8美元/千克）。预计2017/2018烟季，烟叶种植面积、总产量、单产均将略有下降。

2016/2017 烟叶季，津巴布韦出售烟叶18.8万吨，同比减少0.8万吨、下降3.9%，销售均价2.96美元/千克，同比提高0.02美元/千克。其中，南非进口2.4万吨，金额约7810万美元，是除中国外最大的买方，俄罗斯、越南、法国、德国等国也是主要进口方。

2017 年，美国烤烟产量 19.4 万吨，较 2016 年的 19.57 万吨基本持平，烟叶成熟度略高于平均水平，感官质量略优于上年，风格特征稳定，焦甜香韵等成熟烟香较明显。中下部烟叶市场需求疲软，上部优质烟叶需求旺盛。

2017 年，环球烟叶公司销售收入 20.5 亿美元，同比下降 6.8%，其中一季度销售收入降幅较大，主要受到 2016 年烟叶减产影响；后三季度销售收入稳定，主要受益于加工收入增加和烟叶价格提高，但销量下降（非洲白肋烟产量下降）抵消大部分增长，不过巴西烟叶产销量提高摊薄单位成本。实现净利润 1.1 亿美元，同比下降 11.4%，其中一季度降幅较大，后三季度同比有所增长。受到非洲白肋烟产量下降影响，预计 2018 年一季度业绩仍将有明显下降。

2017 年，联一国际公司销售收入 18.1 亿美元，同比下降 1.4%。其中，一季度销售收入 6.1 亿美元，同比下降 16.7%，同样受到 2016 年烟叶减产影响；后三季度销售收入 12 亿美元，同比增长 8.8%。销售烟叶 2.6 亿千克，同比增长 1.7%，销售均价提高 7.5% 达到 4.4 美元/千克。

此外，由于两大烟叶公司销售收入主要体现在其会计年度的第四季度，也即每自然年一季度，因而自然年业绩往往主要反映上年烟叶产销状况，本年烟叶产销状况将主要体现在下年一季度。

五、主要烟草公司发展概况

（一）竞争局势

规模对比。几项重要并购对四大跨国烟草公司规模对比产生较大影响。2017 年 7 月，英美烟草完成对美国雷诺公司的收购，销量规模可增加 140 万箱左右，产品品类更为齐全，销售收入接近菲莫国际，2018 年有望超过菲莫国际，同时利润率显著提高。虽然销量（含其他类型烟草制品）与菲莫国际仍有 150 万箱的差距，但其中的卷烟销量差距不到 80 万箱，考虑到菲莫国际战略转向之后卷烟销量加速下降，2017 年不含加热棒的卷烟销量降幅达到 6.3%，英美烟草在卷烟销量规模上也可能加速追赶菲莫国际。尽管日本烟草公司近年来国际市场拓展成效显著，但不足 1000 万箱销量规模仍与第一梯次有较大差距，销售收入也仅为菲莫国际的 60% 左右。帝国品牌公司仍然是四大公司中规模最小的，销量仅为菲莫国际的 1/3，且近年来销量下降速度相对较快。

表 4　2017 年四大跨国烟草公司经营业绩情况

公　司	卷烟销量	含税销售额	不含税销售额	缴纳消费税	利润总额
菲莫国际	1596.4 * （-2.7%）	781.0 （+4.2%）	287.0 （+7.7%）	493.5 （+2.2%）	115.0 （+6.4%）
英美烟草	1372.5 （+3.2%）	748.6 （+17.8%）	261.6 （+37.6%）	487.0 （+17.6%）	83.5 （+39.1%）
日本烟草	982.8 * （-2.7%）	—	166.2 （-4.0%）	—	52.0 （3.6%）
帝国品牌	530.4 * （-4.1%）	288.7 （+9.1%）	99.1 （+8.2%）	189.6 （+10.6%）	28.9 （+2.2%）

注：单位：万箱、亿美元；“（）”中数字为按照本币计算同比上年变化率；数据来自各公司年报，美国公司含税销售额还包含大和解协议费用以及 FDA 费用；“*”指烟草制品按比例转换为卷烟，菲莫国际包含加热棒；日本烟草公司 2016 年缴纳消费税约 450 亿美元。

市场分布。2017 年，菲莫国际总体市场份额 25%，市场分布均衡，优势最为明显，且在亚太新兴市场占据明显的先发地位。

英美烟草总体市场份额 19%，其优势在于全球市场分布同样比较均衡，市场占有率最高的在拉丁美洲和大洋洲，最低的在亚太地区和北美地区，但收购雷诺美国公司剩余 57.8% 的股份后成为美国市场第二大烟草公司，且在中东和非洲两个新兴市场占据重要地位。

日本烟草公司总体市场份额 14%，但全球市场分布不均衡，对国内市场依赖度高。2017 年日本国内市场以 20% 的销量贡献 34% 的销售收入、40% 的利润，但近年来市场容量大幅下降，2017 年销量同比下降 12.5%。占有率较高的俄罗斯、欧洲地区市场容量也在缩减，2017 年在独联体地区销量同比下降 5.9%、中北欧地区销量同比下降 4.5%。近年来主要通过并购优化市场布局，先后收购伊朗、埃塞俄比亚、菲律宾、印度尼西亚烟草公司，多米尼加雪茄烟厂，玻利维亚第二大烟草分销商等，2017 年这些地区销量同比增长 8.4%，占总销量的 30%。

帝国品牌公司总体市场份额 7%，主要市场在西欧和大洋洲，近年来销量降幅较大，市场分布处于明显劣势，且在开拓新市场方面力度不大，仅在 2016 年接收雷诺美国公司剥离资产而提高美国市场占有率，成为重要效益支撑。

表 5　2017 年主要烟草公司区域市场占有率情况

地　域	菲莫国际	英美烟草	日本烟草	区域烟草公司
世　界	25%	19%	14%	—
印度尼西亚	33.0%（-0.4）	6.8%（-0.1）	2.0%（-*）	嘉润公司：13.0%
俄罗斯	27.1%（-0.2）	22.5%（+0.1）	33.2%（+0.4）	—
美　国	—	34.7%（+0.2）	—	奥驰亚公司：50.7%
日　本	32.1%（+7.2）	3.3%（-0.2）	61.3%（+0.2）	—
土耳其	43.3%（-1.0）	22.4%（+0.7）	28.8%（-0.6）	—
孟加拉国	—	65.5%（+7.1）	—	Dhaka：22.1%
越　南	—	23.6%（-1.1）	—	越南国家烟草公司：59.9%
德　国	37.2%（-1.1）	19.9%（+0.7）	7.6%（-0.5）	—
菲律宾	67.6%（-3.7）	—	29.0%（-）	—
韩　国	21.2%（+0.2）	13.8%（-0.4）	6.7%（-）	韩国烟草公司：59.6%

注：数据来源于各公司快报和欧睿信息咨询有限公司（Euromonitor International）；“（）”内为较上年变化百分点；“*”未合计收购 KDM。帝国品牌公司年报未披露该项信息，据欧睿统计，在表内市场中，帝国品牌公司占有率低，仅在德国市场达到约 30%，该公司占有率较高的地区主要为西欧和大洋洲。

品牌格局。 品牌始终是各大烟草公司的核心竞争力，尽管卷烟总销量持续下降，但各大公司重点品牌销量和占有率均在不断提升。

在国际卷烟品牌中，“万宝路（Marlboro）”占据绝对优势，不仅价位稳居高端，销量也远超其他品牌，是销量第二名“云斯顿（Winston）”的 2.4 倍。菲莫国际凭借“万宝路（Marlboro）”保持领先地位，但支持销量增长的主要是中低端品牌。2017 年，菲莫国际 7 个重点品牌中，2 个实现销量增长，分别为“切斯特菲尔德（Chesterfield）”实现销量 112 万箱，同比增长 19%，“菲莫（Philip Morris）”实现销量 97 万箱，同比增长 35%，二者均为低端产品，增长主要出现在低收入市场、提税市场，而“万宝路（Marlboro）”“蓝星（L&M）”“百乐门（Parliament）”等中高端品牌销量的降幅均在 3% 以上。尽管如此，“万宝路（Marlboro）”等高端品牌仍然起到稳定根基作用，全年卷烟均价提高 5.2%。

2017 年，英美烟草重点品牌销量同比增长 7.6%，市场占有率提高 1.1 个百分点（不含 R. J. 雷诺烟草公司）。9 个重点品牌中，除“登喜路（Dunhill）”“波迈（Pall Mall）”外，其他 7 个品牌市场占有率均有所提高。

日本烟草公司的“云斯顿（Winston）”销量同比增长 3.5%，“骆驼（Camel）”销量同比增长 1.1%。日本烟草公司产品多为中高端价位，但低端产品销量增速最高，因此近年来有向低端发展的趋势，如 2014 年“骆驼（Camel）”品牌由高端重新定位为中端，市场占有率由 2013 年的 2% 提高到 2016 年的 10%。

帝国品牌公司主张发展全系列产品线，即每个品牌均包含卷烟、烟丝等多种品类。通过多年品牌整合，2017 年下半年起重点品牌效益出现明显好转。

表 6　2017 年各主要卷烟品牌销量情况

名　称	公　司	销量（万箱）	同比（%）	价位段
万宝路[1]	菲莫国际、奥驰亚	741	-4.3	高端
云斯顿	日本烟草	313	+2.0	中端
波　迈	英美烟草	211	14.8	低端
蓝　星	菲莫国际	182	-6.2	中端
乐富门	英美烟草	167	14.3	低端
健　牌	英美烟草	148	11.2	高端
骆　驼[2]	日本烟草、英美烟草	145	+0.3	中端
Mevius	日本烟草	131	-9.9	高端
切斯特菲尔德	菲莫国际	112	19.0	低端
登喜路	英美烟草	107	-5.9	高端
菲　莫	菲莫国际	97	35.1	低端
乐　迪	日本烟草	91	-4.2	低端

续表

名　称	公　司	销量（万箱）	同比（%）	价位段
百乐门	菲莫国际	88	-3.7	高端
好　彩	英美烟草	81	12.2	中端
邦德街	菲莫国际	76	-14.8	中端

注：1. 菲莫国际“万宝路”销量541万箱，同比下降4%；奥驰亚“万宝路”销量200万箱，同比下降5.1%。
2. 日本烟草公司“骆驼”销量105万箱，同比增长1.1%；英美烟草“骆驼”销量约40万箱，同比略有下降。

赢利能力。 四大烟草公司中，帝国品牌公司利润率最高，连续三年在46%以上，主要由于其他烟草制品占比较高。尽管近年来利润持续下降，但利润率仍保持领先地位。“IQOS”产销量对菲莫国际的利润率有明显影响，推广时期需大量投入，包括宣传、促销、补贴等，导致利润率下降，但“IQOS”有较大的价格和税收优势，因而销量增加将显著推高利润率。此外，菲莫国际自2014年起资不抵债，主要受到货币转换损失、养老金支出以及股转债等影响，虽然近年来权益赤字不断缩小，但考虑到美元持续走强，缓解资不抵债状况困难较大，可能对公司融资能力造成一定影响。

（二）发展战略

菲莫国际的“无烟”战略。 菲莫国际明确提出用新型烟草制品取代卷烟，加热烟草制品已经成为资源配置的核心和效益增长的动力。2016年，菲莫国际对“IQOS”加热棒的投资额达到资本支出的27%，2017年资本支出追加3.76亿美元，主要用于在意大利、希腊、德国建设加热烟草制品工厂，2018年预计再增加2亿美元。2017年，菲莫国际卷烟销量1523.8万箱，同比下降6.3%，而加热棒销量从14.8万箱增长到72.4万箱，将总销量降幅缩小到2.7%。卷烟销售额减少8.5亿美元、下降3.3%，而加热烟草制品销售额从7.3亿美元增长至36.4亿美元，占总销售额比例的12.7%，带动总销售额增长7.7%，成为菲莫国际与奥驰亚集团分开以来销售额增幅最大的一年。

英美烟草的均衡发展战略。 英美烟草对卷烟和新型烟草制品的重视程度相对均衡。公司提出向创新型企业转型的口号，较早投入新型烟草制品的研发、销售，自2012年来以已累计投入25亿美元，电子烟品牌在欧洲、美国等主要市场具有较强的竞争力，加热烟草制品也紧随菲莫国际、日本烟草公司之后在日本上市。但总体来看，英美烟草并不认同新型烟草制品终将取代卷烟，而是将新型烟草制品当作有需求、有潜力的一个细分产品来经营，卷烟仍然是重点和基石。高度重视美国市场整合和品牌维护，将原R. J. 雷诺烟草公司的品牌完全纳入公司品牌体系，并调整业绩评价办法，由重点品牌销量主导转变为新品牌体系销售收入主导，赋予原有5个重点品牌、美国市场3个重点品牌以及新型烟草制品品牌销售收入30%权重，将销量权重由20%降到10%，以更好地激励增长。

日本烟草公司的市场扩张战略。 日本烟草公司逐步向国外业务倾斜。面对国内卷烟销量的大幅下滑，公司主要通过并购抢占亚太等新兴市场以快速弥补缺口。2017年在菲律宾、印度尼西亚完成2笔重要并购。

一是收购菲律宾本土烟草企业麦蒂公司（Mighty Corporation）。2017年初麦蒂公司因偷逃税款被政府罚款378亿比索，为偿还罚款被迫出售。8月，日本烟草公司宣布以470亿比索（约9.36亿美元）收购麦蒂公司生产设施、存货、分销网络以及知识产权等，其中5.6亿美元用于收购实物资产，3.76亿美元用于收购知识产权。收购完成后，日本烟草公司在菲律宾市场的占有率从6%提高到26%，仅次于菲莫国际菲律宾分公司（65%）。菲律宾人口总数约1亿人，卷烟市场总量约150万箱，是东南亚第二大烟草市场。麦蒂公司为菲律宾第二大烟草公司，市场占有率23%，销售额占有率超过50%，拥有完备的全国分销网络和两大强势本土品牌“Mighty”“Marvels”。2016年，麦蒂公司实现销售收入3.76亿美元，利润1200万美元，年末资产总额2.96亿美元，净资产4600万美元。

二是收购印度尼西亚丁香烟公司［PT. Karyadibya Mahardhika（KDM）］及其分销公司PT. Surya Mustika Nusantara（SMN）。该项交易于2017年8月4日宣布，总价值约6.77亿美元。KDM和SMN是印度尼西亚盐仓集团的全资子公司，生产机制、手卷丁香烟，拥有9个丁香烟工厂以及全国分销网络，员工总数约7500人。2016年，KDM公司含税销售收入6.8万亿印度尼西亚盾（约5亿美元），SMN公司含税销售收入5.8万亿印度尼西亚盾（约4.2亿美元）。该项收购将从产品品类、降低成本两个方面弥补日本烟草公司在印度尼西亚市场的不足，一方面在中低端丁香烟市场获得4个强势品牌，意味着一举在销量占比约80%的品类实现从无到强；另一方面实现本土化生产，大大降低税收成本，增强自有品牌竞争力。

此外，在加热烟草制品方面，日本烟草公司努力追赶菲莫国际，提出未来三年内投入1000亿日元，到2020年实现国内加热烟草制品市场占有率第一的目标。

帝国品牌公司的优化集中战略。 与其他3家公司不同，帝国品牌公司并未将主要精力放在谋求市场范围扩张或新型产品扩张，而是自2012年起实施品牌集中战略，其核心为减少品牌数量、培育优势品牌、降低经营成本。

首先，将弱势品牌逐步整合到强势品牌。品牌数量由2013年的249个，逐步减少到2016年的184个，目标是减少到125个。市场占有率从2013年的5.4%，提高到2017年的8.1%。2017财政年度，重点品牌销售收入占比达到63%，同比提高2.6个百分点，目标是达到75%。库存单位数量由2013年的5000单位，大幅下降37%至2017年的3170单位，目标是降低到2500单位。削减品牌数量和库存使得机械使用效率提高10%，生产率提高5%，产能利用率提高15%。

其次，对重点品牌追加投资。2017财政年度的下半年，大幅追加品牌培育资金3.1亿英镑，经营效益明显好转。下半年销量同比下降2.6%，明显优于行业（下降4.5%）；销售收入同比增长0.1%，明显优于行业（下降2.6%）；销售均价同比增长2.6%，明显优于行业（增长1.5%）。

最后，加强资金管理降本增效。连续三年现金转换效率保持在90%以上，预计自2018年9月起每年可节约成本约3亿英镑，自2020年9月起每年可节约成本约6亿英镑。

（三）发展趋势

加大力度抢抓新增长点。 创新驱动的重要性日益凸显，尤其是行业外创新的颠覆性作用越来越引起各行各业的重视，电子烟就是起步和发展于行业外的典型。在这种环境下，抢抓新增长点至关重要。一是抢抓新产品，不管是细支烟、爆珠烟等改造型新产品，还是电子烟、加热烟草制品等创造型新产品，只要是有需求、有潜力的新产品就可能改变竞争格局，如“爱喜（ESSE）”之于韩国烟草公司国际拓展、“IQOS”之于菲莫国际在日本市场的地位，以及细支烟之于中国烟草工业的竞争格局，都充分体现抢抓新产品的重要性。二是抢抓新市场，各大跨国烟草公司加快抢占新兴市场的步伐，菲莫国际布局较早，日本烟草近年来力度较大，几乎每次具备一定规模的并购都在几大公司的争抢中完成，抢抓新市场对稳定当前经营业绩、赢得未来发展空间都具有重要意义。总而言之，及时发现、跟进行业内甚至行业外新增长点的能力对公司发展的意义将更为重大。

加大力度推进产能调整。 原有市场不断萎缩，管制措施不断更新，各公司既要研发新产品、开拓新市场，又要改造老产品以满足管制要求，还要高度重视提高生产效率、节约生产成本，这些都要求对现有产能做出较大调整，但实际操作困难较大，因而任意一项产能调整决策都会受到广泛关注。近年来，卷烟工厂关闭主要集中在西欧、澳大利亚、马来西亚等地，西欧产能主要向东欧转移，澳大利亚、马来西亚等地产能主要向东亚转移。如早在2014年，菲莫国际就相继关闭荷兰、澳大利亚、加拿大工厂，转向韩国、中国台湾工厂。2016年帝国品牌公司关闭诺丁汉工厂（关闭时实际产量仅为历史最高点的30%），而这是英国境内的最后一家卷烟工厂。新增产能的地区，除了自身有较大增长潜力之外，一般还具有辐射周边市场的功能。如英美烟草2015年收购的克罗地亚工厂产量15万箱的70%用于出口，计划在古巴投资1.2亿美元建设的新工厂预计也将成为重要的出口港；菲莫国际波兰工厂产量100万箱的70%用于出口。

零售终端的重要性将日益凸显。 首先，卷烟平装的扩散将使品牌培育更为困难。包装是品牌价值的传递载体，是烟草公司与消费者沟通的重要平台。平装之后品牌外观几无差异，价格竞争激烈，大品牌及所属公司受到的冲击则相对更大。几个实施卷烟平装的地区已经出现高端卷烟向中端转移的趋势，如澳大利亚中高端卷烟销量占比不断下降，经济型卷烟销量占比不断提高。其次，日益提高的税收和价格挤占甚至透支结构提升空间。消费升级越来越难以追赶税收提高的步伐，均价提高带来效益提升的空间越来越窄。可见，烟草公司主动作为更为受限，而依靠自然增长也困难重重，因此零售终端作为烟草公司与消费者之间的重要桥梁，在品牌培育和结构提升方面的重要性必将更加凸显出来。

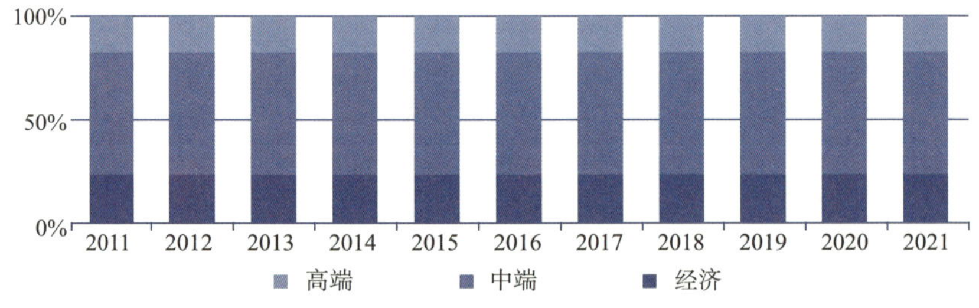

注：2018—2021年数据为预测数据。

图8　2011—2021年澳大利亚市场各档位卷烟销量占比

六、主要区域烟草公司经营业绩

奥驰亚集团（Altria Group，Inc.）。美国市场占有率最高的烟草公司，受到美国降低联邦公司所得税政策（2018年1月1日起执行）影响，2017年有效税率由35.5%降低到33.4%，2018年预计将降低到23%~24%。2017年，奥驰亚集团实现卷烟销量233.2万箱，同比下降5.1%；市场占有率50.7%，同比下降0.4个百分点。其中“万宝路（Marlboro）”销量200万箱，同比下降5.1%；雪茄烟销量15.4亿支，同比增长9.9%，近年来连续增长。有烟气烟草制品含税销售收入226.4亿美元，同比下降0.9%；

不含税销售收入167.1亿美元，同比增长0.6%。无烟气烟草制品销量8.4亿盒，同比下降1.4%；含税销售收入21.6亿美元，同比增长5.1%；不含税销售收入20.2亿美元，同比增长5.6%；市场份额53.7%，同比减少1个百分点。

韩国烟草公司（KT&G）。2017年，卷烟总销量180.5万箱，同比增长2%，其中国内卷烟销量87万箱，同比下降3.7%，国内市场占有率60.6%；境外卷烟销量94.2万箱，同比增长8.27%。卷烟不含税销售收入26723亿韩元，同比持平，其中，国内17938亿韩元，同比下降2.5%，出口8785亿韩元，同比增长5.7%。利润12448亿韩元，同比下降4.6%。2017年在印度尼西亚对“爱喜（ESSE）”品牌进行本土化，推出丁香口味爆珠细支和超细支，上半年销量增长84.6%，销售收入478亿韩元，同比增长98.3%。

印度烟草公司（I. T. C. Limited）。印度第一大烟草公司，卷烟市场占有率79.1%，但烟草业务占比不断下降，2017财政年度卷烟销售收入占比仅46.8%。由于印度卷烟税收高企，消费者大多选择非卷烟或非法卷烟，合法卷烟销量仅占烟草制品消费量的10%。2017财政年度，卷烟业务实现销售收入3400.2亿卢比，同比增长5.1%；实现利润1251.4亿卢比，同比增长6.48%；消费税总额1592.8亿卢比，同比增长3.65%。

埃及东方烟草公司（Eastern Company S. A. E）。埃及以及中东地区最大的烟草制造商，是埃及国内唯一合法生产经营烟草业务的企业，与菲莫国际、英美烟草有合作加工关系，埃及国内证券交易所上市交易。国内卷烟市场占有率92%，雪茄烟市场占有率77.3%，小雪茄烟市场占有率51.2%。2017财政年度，销售收入105.4亿埃及镑，同比增长37.8%；利润41.4亿埃及镑，同比增长76.2%。

瑞典火柴公司（Swedish Match AB）。成立于1915年，总部位于瑞典斯德哥尔摩，主要经营瑞典口含烟、雪茄烟、嚼烟等烟草制品以及火柴等打火产品，以新型口含烟为发展方向，坚持“无烟世界”战略目标。2017年，出售了其持有的斯堪的纳维亚烟草集团全部49%的股份。2017年，瑞典口含烟在斯堪的纳维亚地区销量2.47亿听，同比增长2.49%，市场占有率约65.2%，同比减少2.1个百分点；瑞典口含烟和湿润鼻烟在美国销量1.27亿听，同比下降3.04%。2017年，在美国销售雪茄烟16.3亿支，同比增长10.67%。2017年，销售收入（不含税）161.1亿瑞典克朗，同比增长4%；利润42.2亿瑞典克朗，同比增长6%。

斯堪的纳维亚烟草集团（Scandinavian Tobacco Group）。全球领先的雪茄烟和斗烟生产企业，总部位于丹麦哥本哈根。2017年，不含税销售收入64.64亿丹麦克朗，同比下降4.18%，其中，手卷雪茄烟销售额19.21亿丹麦克朗，同比下降5.8%，销量下降2.6%、均价下降2%；机制雪茄烟销售额24.91亿丹麦克朗，同比下降3.9%，销量下降3.7%、均价增长1.3%；斗烟销售额5.44亿丹麦克朗，同比下降4.4%，销量下降2.3%、均价下降0.3%；烟丝销售额5.98亿丹麦克朗，同比下降8.3%，销量下降14.0%、均价提高7.0%；其他烟草制品销售额9.09亿丹麦克朗，同比增长5.2%。效益下降主要是受到公司信息技术设备更新的影响。

◇执笔：骆 晨；编辑：王东旭 王 静

先进人物名单

【烟草行业2017年全国五一劳动奖章获得者名单】（中华全国总工会关于表彰2017年全国五一劳动奖和全国工人先锋号的决定）（总工发〔2017〕7号）（2017年4月27日公布）

高延迪 红塔辽宁烟草有限责任公司营口卷烟厂厂长兼党委副书记

王安勇 江苏中烟工业有限责任公司市场营销中心山东办事处科长

侯文斌 安徽中烟工业有限责任公司阜阳卷烟厂维修工

（中华全国总工会关于授予获得2015年度全国行业技能比赛各工种第一名选手全国五一劳动奖章的批复）（总工字〔2017〕14号）（2017年3月8日公布）

梅玲丽 云南中烟红塔集团原料部烟叶质量主检

【烟草行业获评2017年度“全国优秀共青团员”名单】［共青团中央关于表彰2017年度“全国优秀共青团员”“全国优秀共青团干部”“全国五四红旗团委（团支部）”的决定］（中青发〔2018〕5号）（2018年4月28日公布）

杨 志 常德烟草机械有限责任公司操作工

【烟草行业2017年度全国技术能手名单】（人力资源社会保障部关于表彰第十四届中华技能大奖和全国技术能手的决定）（人社部发〔2018〕71号）（2018年11月20日公布）

顾晓卿 上海烟草集团有限责任公司

陈洋阳 上海烟草包装印刷有限公司

许 征 上海烟草包装印刷有限公司

孙奕斌 上海烟草包装印刷有限公司

张峥翔　上海烟草包装印刷有限公司
吴继伟　上海烟草包装印刷有限公司
顾　键　上海烟草包装印刷有限公司
刘明春　山东中烟工业有限责任公司
沈　力　湖南省烟草专卖局（公司）
肖亦雄　湖南省烟草专卖局（公司）
杨　志　常德烟草机械有限责任公司
梅玲丽　云南中烟工业有限责任公司
吕　忠　云南中烟工业有限责任公司

【2017年度烟草行业技术能手名单】①　（国家烟草专卖局关于授予2017年度烟草行业职业技能竞赛优秀选手烟草行业技术能手荣誉称号的决定）（国烟人〔2018〕58号）（2018年3月13日公布）

一、2017年中国技能大赛——第十五届全国烟草行业职业技能竞赛暨第三届烟草制品购销职业技能竞赛

谭　润　湖南省烟草专卖局（公司）
张　瑾　山西省烟草专卖局（公司）
洪璐瑶　浙江省烟草专卖局（公司）
侯丽婷　云南省烟草专卖局（公司）
王宗泽　河北省烟草专卖局（公司）
邓诗诗　广东省烟草专卖局（公司）
虞卓苗　浙江省烟草专卖局（公司）
朱　霞　重庆市烟草专卖局（公司）
张仕伟　广东省烟草专卖局（公司）
李彦宜　四川省烟草专卖局（公司）
骆思颖　福建省烟草专卖局（公司）
高　璐　浙江省烟草专卖局（公司）
仲丽娟　山西省烟草专卖局（公司）
于　龙　福建中烟工业有限责任公司
陈　萌　北京市烟草专卖局（公司）
李成行　山东省烟草专卖局（公司）
赵　娜　湖北省烟草专卖局（公司）
胡成强　浙江中烟工业有限责任公司
曹红蕊　河北省烟草专卖局（公司）
李凌波　云南省烟草专卖局（公司）
钟家菊　云南省烟草专卖局（公司）
谢　琳　福建省烟草专卖局（公司）
苏　菲　云南省烟草专卖局（公司）
牛丽峰　甘肃省烟草专卖局（公司）
范九伟　山西省烟草专卖局（公司）
粟家辉　广西壮族自治区烟草专卖局（公司）
韦燕红　深圳市烟草专卖局（公司）
杨　毅　安徽省烟草专卖局（公司）
任战斌　重庆市烟草专卖局（公司）
马大彪　安徽省烟草专卖局（公司）

二、行业省级职业（岗位）技能竞赛获得烟草行业技术能手荣誉称号人员名单

（一）第三届中国烟草实业发展中心烟草制品购销职业技能竞赛

刘学刚　甘肃烟草工业有限责任公司
贾　欢　甘肃烟草工业有限责任公司
刘　峰　深圳烟草工业有限责任公司
刘忠林　吉林烟草工业有限责任公司
李志超　甘肃烟草工业有限责任公司
李　强　深圳烟草工业有限责任公司

（二）第二届天津市烟草专卖局（公司）烟草制品购销职业技能竞赛

连　磊　天津市静海烟草有限公司
张　羿　天津市烟草公司第一分公司
王海月　天津市烟草公司北辰分公司

（三）第三届河北省烟草专卖局（公司）烟草制品购销职业技能竞赛

安天宇　保定市烟草专卖局（公司）
王　珏　秦皇岛市烟草专卖局（公司）

（四）“荷花杯”第一届冀闽鲁豫桂烟机设备操作职业技能竞赛

白金波　张家口卷烟厂有限责任公司
劣旺涛　张家口卷烟厂有限责任公司
刘胡葛　张家口卷烟厂有限责任公司
秦学斌　张家口卷烟厂有限责任公司
王伟强　厦门烟草工业有限责任公司

（五）第三届山西省烟草专卖局（公司）烟草制品购销职业技能竞赛

吴韶岩　晋中市烟草专卖局（公司）

（六）第六届内蒙古自治区烟草专卖局（公司）烟草制品购销职业技能竞赛

刘　洋　呼和浩特市烟草专卖局（公司）
刘志伟　巴彦淖尔市烟草专卖局（公司）
高　倩　鄂尔多斯市烟草专卖局（公司）

（七）第三届辽宁省烟草专卖局（公司）烟草制品购销职业技能竞赛

陈光宇　沈阳市烟草专卖局（公司）
李明亮　朝阳市烟草专卖局（公司）
杨永纯　葫芦岛市烟草专卖局（公司）

（八）第三届辽宁省烟草专卖局烟草专卖管理岗位技能竞赛

杨　欢　葫芦岛市烟草专卖局（公司）

① 烟草行业技术能手排名按参加相关竞赛获得名次排列。

牛　宇　朝阳市烟草专卖局（公司）

阴俊玮　葫芦岛市烟草专卖局（公司）

何　强　沈阳市烟草专卖局（公司）

（九）第一届黑龙江省烟草专卖局（公司）烟草制品购销职业技能竞赛

王　鑫　哈尔滨市烟草专卖局（公司）

李琳琳　绥化市烟草专卖局（公司）

（十）“中华卫士杯”第四届上海市烟草专卖局烟草专卖管理岗位技能竞赛

徐少卿　上海市杨浦区烟草专卖局（公司）

张　俊　上海市杨浦区烟草专卖局（公司）

张海泉　上海市青浦区烟草专卖局（公司）

崔玮婷　上海市长宁区烟草专卖局（公司）

（十一）“利群杯”第三届浙江中烟工业有限责任公司烟草制品购销职业技能竞赛

陈　凯　浙江中烟工业有限责任公司

王　灿　浙江中烟工业有限责任公司

（十二）第三届安徽省烟草专卖局烟草专卖管理岗位技能竞赛

杜　宇　池州市烟草专卖局（公司）

许梅妍　黄山市烟草专卖局（公司）

马　燕　池州市烟草专卖局（公司）

吴　斌　宣城市烟草专卖局（公司）

杨　艳　合肥市烟草专卖局（公司）

宗加鹏　亳州市烟草专卖局（公司）

（十三）“黄山杯”第一届安徽中烟工业有限责任公司烟机设备修理职业技能竞赛

孙　超　安徽中烟工业有限责任公司蚌埠卷烟厂

孙永亮　安徽中烟工业有限责任公司蚌埠卷烟厂

史德政　安徽中烟工业有限责任公司合肥卷烟厂

（十四）“中国梦·劳动美”第三届福建省烟草专卖局烟草专卖管理岗位技能竞赛

廖亚隆　永春县烟草专卖局（公司）

黄国锋　厦门市烟草专卖局（公司）

林　曌　三明市烟草专卖局（公司）

蒋清贵　惠安县烟草专卖局（公司）

林金钞　永春县烟草专卖局（公司）

（十五）第三届江西省烟草专卖局（公司）烟草制品购销职业技能竞赛

徐　律　九江市烟草专卖局（公司）

车媛芳　抚州市烟草专卖局（公司）

李歆欣　宜春市烟草专卖局（公司）

（十六）“滕王阁杯”第一届江西中烟工业有限责任公司烟机设备操作职业技能竞赛

谢志兴　江西中烟工业有限责任公司广丰卷烟厂

肖界超　江西中烟工业有限责任公司井冈山卷烟厂

（十七）第三届山东省烟草专卖局（公司）烟草制品购销职业技能竞赛

孙淑娜　潍坊市烟草专卖局（公司）

王　涛　东营市烟草专卖局（公司）

胡婧佳　青岛市烟草专卖局（公司）

张晓琳　潍坊市烟草专卖局（公司）

蒋丽萍　东营市烟草专卖局（公司）

（十八）第二届山东中烟工业有限责任公司烟草制品购销职业技能竞赛

庄志霄　山东中烟工业有限责任公司青州卷烟厂

隋　岩　山东中烟工业有限责任公司青州卷烟厂

朱逢波　山东中烟工业有限责任公司青州卷烟厂

付延强　山东中烟工业有限责任公司济南卷烟厂

（十九）第三届河南省烟草专卖局（公司）烟草制品购销职业技能竞赛

栾慧芳　商丘市烟草专卖局（公司）

杨亚晗　许昌市烟草专卖局（公司）

张瀚月　商丘市烟草专卖局（公司）

李彦平　安阳市烟草专卖局（公司）

王　磊　郑州市烟草专卖局（公司）

（二十）第一届河南省烟草专卖局（公司）烟叶调制职业技能竞赛

禹　洋　南阳市烟草专卖局（公司）

包晓容　洛阳市烟草专卖局（公司）

马鑫鑫　洛阳市烟草专卖局（公司）

（二十一）第三届湖北烟草商业系统烟草制品购销职业技能竞赛

许文文　宜昌市烟草专卖局（公司）

李　洁　宜昌市烟草专卖局（公司）

李军伟　武汉市烟草专卖局（公司）

徐红英　荆州市烟草专卖局（公司）

（二十二）“黄鹤楼·思行杯”第三届湖北中烟工业有限责任公司烟草制品购销职业技能竞赛

贺凌晨　湖北中烟工业有限责任公司襄阳卷烟厂

胡明宝　湖北中烟工业有限责任公司襄阳卷烟厂

（二十三）第五届湖南省烟草专卖局（公司）烟草制品购销职业技能竞赛

谭敦峰　衡阳市烟草专卖局（公司）

罗文超　衡阳市烟草专卖局（公司）

李　可　长沙市烟草专卖局（公司）
陈　敏　衡阳市烟草专卖局（公司）

（二十四）第五届广东省烟草专卖局（公司）烟草制品购销职业技能竞赛

郭淑玲　梅州市烟草专卖局（公司）
陈旺祥　揭阳市烟草专卖局（公司）
钟旖旎　中山市烟草专卖局（公司）
江党生　清远市烟草专卖局（公司）
陈杜勇　东莞市烟草专卖局（公司）

（二十五）第二届广西壮族自治区烟草专卖局（公司）烟草制品购销职业技能竞赛

郑琼艳　百色市烟草专卖局（公司）
莫曙利　桂林市烟草专卖局（公司）
郑羽嘉　桂林市烟草专卖局（公司）
李丹凤　南宁市烟草专卖局（公司）

（二十六）第三届广西壮族自治区烟草专卖局烟草专卖管理岗位技能竞赛

陆芃君　百色市烟草专卖局（公司）
唐吉忠　百色市烟草专卖局（公司）
唐利兵　桂林市烟草专卖局（公司）
李义泉　桂林市烟草专卖局（公司）

（二十七）"天子杯"第一届重庆中烟工业有限责任公司烟草制品购销职业技能竞赛

刘超凡　重庆中烟工业有限责任公司

（二十八）第四届四川省烟草商业系统烟草制品购销职业技能竞赛

龙思羽　德阳市烟草专卖局（公司）
艾凯龙　德阳市烟草专卖局（公司）
刘茂涵　德阳市烟草专卖局（公司）

（二十九）第一届贵州省烟草专卖局（公司）烟叶调制职业技能竞赛

郝　斌　毕节市烟草专卖局（公司）
陈丽萍　黔西南州烟草专卖局（公司）
刘红峰　贵阳市烟草专卖局（公司）

（三十）第一届云南省烟草专卖局（公司）烟叶调制职业技能竞赛

刘　芮　保山市烟草专卖局（公司）
刘世航　保山市烟草专卖局（公司）
杨兴东　保山市烟草专卖局（公司）
陈　剑　临沧市烟草专卖局（公司）
肖启学　文山州烟草专卖局（公司）

（三十一）第十五届云南中烟工业有限责任公司职业技能竞赛暨第四届烟草制品购销职业技能竞赛

周　嘉　云南中烟工业有限责任公司营销中心
饶　杰　云南中烟工业有限责任公司营销中心

（三十二）第三届甘肃省烟草专卖局（公司）烟草制品购销职业技能竞赛

王　都　陇南市烟草专卖局（公司）
李文才　酒泉市烟草专卖局（公司）
陈继平　兰州市烟草专卖局（公司）

（三十三）第二届青海省烟草专卖局（公司）烟草制品购销职业技能竞赛

沈明军　西宁市烟草专卖局（公司）

（三十四）第一届新疆维吾尔自治区烟草专卖局（公司）烟草制品购销职业技能竞赛

侯峰平　乌鲁木齐市烟草专卖局（公司）
刘　丹　塔城地区烟草专卖局（公司）
管海东　塔城地区烟草专卖局（公司）

（三十五）第二届深圳市烟草专卖局（公司）烟草制品购销职业技能竞赛

陈柏宏　深圳市烟草公司龙华区公司
黄　颖　深圳市烟草公司宝安区公司

【烟草行业入选中国科协青年人才托举工程 2016—2018 年度人员名单】（中国科协办公厅关于公布中国科协青年人才托举工程 2016—2018 年度入选名单的通知）（科协办函学字〔2017〕56 号）（2017 年 3 月 17 日公布）

过伟民　中国烟草总公司郑州烟草研究院
曹培健　中国烟草总公司郑州烟草研究院
康　彧　中国烟草总公司郑州烟草研究院
陆闻杰　上海新型烟草制品研究院
董德俊　南通醋酸纤维有限公司
王孝峰　安徽中烟工业有限责任公司技术中心
邓其馨　福建中烟工业有限责任公司技术中心
付　强　贵州省烟草科学研究院
阮艺斌　贵州中烟工业有限责任公司
代　快　云南省烟草公司玉溪市公司

【烟草行业 2017 年度拓展国际市场先进个人名单】（中国烟草总公司关于表彰 2017 年度拓展国际市场先进个人的决定）（中烟办〔2018〕57 号）（2018 年 3 月 16 日公布）

一、国内拓展国际市场先进个人

金　昕　吉林烟草工业有限责任公司
洪　漫　中国烟草黑龙江进出口有限责任公司
林　珂　浙江中烟工业有限责任公司
徐前仓　安徽中烟工业有限责任公司
肖　勤　中国烟草福建进出口有限责任公司
方　略　中国烟草山东进出口有限责任公司

胡　民　中国烟草湖北进出口有限责任公司

苏章耀　广东中烟工业有限责任公司

金　淮　中国烟草四川进出口有限责任公司

顾　顺　中国烟草贵州进出口有限责任公司

王　君　云南中烟工业有限责任公司云南烟草国际有限公司

张晓露　云南中烟工业有限责任公司云南烟草国际有限公司

丁　磊　中国烟草云南进出口有限公司

张传辉　新疆烟草进出口有限责任公司

二、国外拓展国际市场先进个人

金明孙　吉林烟草工业有限责任公司罗先新兴烟草会社

玄明浩　吉林烟草工业有限责任公司平壤白山烟草有限责任公司

吴厚福　浙江中烟工业有限责任公司

于永龙　浙江中烟工业有限责任公司环球烟草公司

赵冬清　安徽中烟工业有限责任公司中烟国际欧洲有限公司

刘尊民　山东烟草（中东）贸易公司

肖如武　广东中烟工业有限责任公司威尼顿（集团）有限公司

朱业开　广东中烟工业有限责任公司金叶卷烟厂（澳门）有限公司

余　波　中国烟草总公司重庆市公司缅甸邦康烟厂

韩雪松　红云红河烟草（集团）有限责任公司印尼ROCK国际烟草公司

王旭东　红云红河烟草（集团）有限责任公司纳米比亚东方烟草公司

杨智仁　云南中烟工业有限责任公司香港红塔国际烟草有限公司

段明祥　云南中烟工业有限责任公司YTI（缅甸）服务有限公司

黄争志　陕西中烟工业有限责任公司蒙古烟草有限责任公司

姜　南　天利国际经贸有限公司

李向阳　天泽烟草有限责任公司

葛力铭　中烟国际（北美）股份有限公司

沈逸豪　中烟国际巴西有限公司

孙鹏程　中烟国际阿根廷有限公司

孟雪景　中烟菲莫国际有限公司

王晓南　中烟英美烟草国际有限公司

徐增云　迪拜瑞世达贸易有限责任公司

【2017年度烟草行业先进离退休干部工作者名单】

（中国烟草总公司关于表彰烟草行业离退休干部工作先进集体和先进工作者的决定）（中烟办〔2017〕45号）（2017年3月1日公布）

纪东华　中国烟草机械集团有限责任公司

许书平　中国烟草总公司郑州烟草研究院

倪金箎　中国烟草总公司职工进修学院

许耀明　北京市烟草公司

周俊江　天津市烟草公司

葛建全　河北省烟草公司

兰利华　张家口卷烟厂有限责任公司

牛忠丽　山西省烟草公司

冯建伟　山西省烟草公司大同市公司

麻小平　内蒙古自治区烟草公司

赵红霞　内蒙古自治区烟草公司包头市公司

郑　倩　辽宁省烟草公司

石　琨　吉林省烟草公司

才　晶　黑龙江省烟草公司

陈云聪　黑龙江省烟草公司哈尔滨市公司

吉临香　上海烟草集团有限责任公司

徐明兴　江苏省烟草公司无锡市公司

陈　俊　江苏省烟草公司泰州市公司

王亚明　江苏中烟工业有限责任公司淮阴卷烟厂

姜　斌　江苏中烟工业有限责任公司南京卷烟厂

高循理　浙江省烟草公司宁波市公司

张东初　浙江中烟工业有限责任公司

刘正伟　浙江中烟工业有限责任公司宁波卷烟厂

夏伯峰　安徽省烟草公司蚌埠市公司固镇营销部

韩　兵　安徽省烟草公司华环国际烟草有限公司

周占红　安徽中烟工业有限责任公司蚌埠卷烟厂

杨宇降　福建省烟草公司

刘建春　福建省烟草公司三明金叶复烤有限公司

黄爱炜　龙岩烟草工业有限责任公司

李　林　江西省烟草公司

赵南凤　江西省烟草公司抚州市公司

李青峰　江西中烟工业有限责任公司南昌卷烟厂

于彦平　山东省烟草公司

刘崇和　山东省烟草公司济南市公司

索建国　山东中烟工业有限责任公司

孙建志　山东中烟工业有限责任公司青岛卷烟厂

毋中华　河南省烟草公司郑州市公司

尚　岩　河南省烟草公司焦作市公司

郭跃来　河南中烟工业有限责任公司漯河卷烟厂
王　灵　河南中烟工业有限责任公司南阳卷烟厂
周小玲　湖北省烟草公司宜昌市公司
邹华荣　湖北中烟工业有限责任公司三峡卷烟厂
田　芳　湖南省烟草公司龙山县分公司
蒋育良　湖南省烟草公司永州市公司
曾庆华　湖南中烟工业有限责任公司郴州卷烟厂
刘　霞　湖南中烟工业有限责任公司长沙卷烟厂
陈丽霞　广东省烟草公司
何　锋　广东省烟草公司广州市公司
叶妙琼　广东中烟工业有限责任公司
曾宪思　广东中烟工业有限责任公司梅州卷烟厂
唐学军　广西壮族自治区烟草公司百色市公司
陈海权　广西壮族自治区烟草公司柳州市公司
陈燮强　广西中烟工业有限责任公司柳州卷烟厂
蔡焕萍　广西中烟工业有限责任公司南宁卷烟厂
高　波　海南省烟草公司
冯立荣　重庆市烟草公司黔江区公司
代光国　重庆中烟工业有限责任公司
何建国　四川省烟草公司
祝年丽　四川省烟草公司
周立夫　四川中烟工业有限责任公司成都卷烟厂
焦　屹　贵州省烟草公司毕节市公司
龚　梅　贵州中烟工业有限责任公司贵阳卷烟厂
高　山　贵州中烟工业有限责任公司贵定卷烟厂
李小燕　云南省烟草公司
龙　刚　云南省烟草公司烟叶公司
范　平　红云红河烟草（集团）有限责任公司
任光辉　红塔烟草（集团）有限责任公司昭通卷烟厂
白玛德吉　西藏自治区烟草公司
李西平　陕西省烟草公司西安市公司
王智慧　陕西省烟草公司安康市公司
张荣军　陕西中烟工业有限责任公司宝鸡卷烟厂
张　强　陕西中烟工业有限责任公司汉中卷烟厂
张　宁　甘肃省烟草公司兰州市公司
赵丽英　青海省烟草公司
马飞龙　宁夏回族自治区烟草公司
邵　颖　新疆维吾尔自治区烟草公司哈密地区烟草公司
朱允智　大连市烟草公司
林伟盛　深圳市烟草公司
谢世敏　中国烟草机械集团有限责任公司常德烟草机械有限责任公司
孙海英　吉林烟草工业有限责任公司

【烟草行业全国内部审计先进工作者名单】（中国内部审计协会关于表彰全国内部审计先进集体和先进工作者的决定）（中内协发〔2017〕37 号）（2017 年 10 月 20 日公布）

潘银来　安徽省烟草专卖局（公司）审计处
李　晶　山东泰安烟草有限公司审计派驻办
严　佳　四川中烟工业有限责任公司审计部
金　伟　云南省烟草专卖局（公司）审计处
边巴卓玛　西藏自治区烟草专卖局（公司）审计处
刘　江　陕西中烟工业有限责任公司审计部

◎ 编辑：邢忠敏　褚　幸

先进人物简介

【党的十九大代表】

郜　强　湖北中烟工业有限责任公司党组书记、总经理

郜强，男，1969 年 12 月生，中共党员，湖北中烟工业有限责任公司党组书记、总经理。2017 年，当选为党的十九大代表。

2015 年，郜强从上海烟草集团有限责任公司调任湖北中烟党组书记、总经理，上任以来将党建工作放在首要位置。他认为，坚持党的领导、加强党的建设，是国有企业的“根”和“魂”。与此同时，郜强积极推进企业基础管理，提出“严实细新俭”的管理理念，强化方针目标引领，全力补齐现代管理短板；坚持问题导向和目标导向，扎实推进关键领域的体制机制创新与改革，创新优先战略和人事用工制度改革，改出了活力和动力。党的十九大召开之后，郜强组建党的十九大精神宣讲团，推进党的十九大精神进车间、进班组、进科室、进销区、进基地、进岗位，以党的十九大精神为引领，开启了湖北中烟全面建设现代化一流企业新征程。

在部强的带领下，2017年湖北中烟品牌销售增量、增幅以及份额提升幅度均位列行业主要工业企业前列，全年实现税利569.57亿元，同比增长6.7%。

孟　瑾　河南中烟工业有限责任公司安阳卷烟厂制丝部电气技术员

孟瑾，女，1977年4月生，中共党员，河南中烟工业有限责任公司安阳卷烟厂制丝部电气技术员，工程师，高级技师，孟瑾创新工作室带头人。2017年，当选为党的十九大代表。

孟瑾1996年进入安阳卷烟厂，先后从事电气设备维修和设备管理工作。2004年，被评为“河南省张玮式创新能手”；2008年，被评为安阳卷烟厂首届“首席员工”“河南省技术创新能手”；2009年，被评为“全国女职工建功立业标兵”；2013年，被评为“全国五一巾帼标兵”，被中华全国总工会授予“全国五一劳动奖章”。

入职以来，孟瑾始终把“敬业”“技术”和“责任”作为安身立业之本。22年来，她共完成60余项技术革新，取得1件发明专利，9件实用新型专利，6项软件著作权，8项科技成果通过河南省科技厅鉴定，其中，1项获得河南省科技进步三等奖，3项获得河南中烟科技进步三等奖。2011年她创建“孟瑾创新工作室”，秉承“引领、创新、支撑、传承”的精神，解决生产难题，打造高素质团队，培养高级技师3人、技师6人，取得实用新型专利61件，发明专利4件，科技创新成果13个。

党的十九大闭幕后，孟瑾在省内各地市义务宣讲60余场，展现了一名烟草人、一名基层共产党员的政治品格和先锋形象。

【全国五一劳动奖章获得者】

高延迪　红塔辽宁烟草有限责任公司营口卷烟厂党委副书记、厂长

高延迪，男，1969年8月生，中共党员，红塔辽宁烟草有限责任公司营口卷烟厂党委副书记、厂长。2017年，被中华全国总工会授予“全国五一劳动奖章”。

高延迪自2014年担任厂长以来，以奋发有为、敢于担当、创新进取的精神，抓班子带队伍，抓精益提效率，全身心投入到精品卷烟工厂的创建中。他带领实施的“提高烟支克重稳定性”重点精益课题项目，在行业精益改善达人大赛中获得工业组第二名，在中烟实业优秀精益课题选评中获得第一名。通过系统策划、目标引领、课题建设等多项举措，企业基础管理水平、员工队伍素质得到大幅度提高，工厂有6名员工取得高级维修技师职业资格。13项创建“优秀卷烟工厂”指标全部达标，成为中烟实业卷烟工厂中唯一一家连续五年全部达标的工厂，企业原辅料、能源消耗费用连年下降，4年来累计节约费用1977万余元。高延迪曾先后被评为“第四届辽宁省优秀科技工作者”“营口市十佳杰出青年”，并被授予“辽宁省五一劳动奖章”。

王安勇　江苏中烟工业有限责任公司市场营销中心山东办事处主任

王安勇，男，1972年生，中共党员，江苏中烟工业有限责任公司市场营销中心山东办事处主任。2017年，被中华全国总工会授予“全国五一劳动奖章”。

1996年大学毕业后，王安勇到徐州卷烟厂参加工作；1997年起从事销售工作，先后负责省内无锡、苏州、扬州、泰州片区；2004年起先后在徐州卷烟厂销售处及江苏中烟市场营销中心销售三处华南办事处、湘鄂办事处工作；2013年11月起任山东办事处主任；2015年获得“江苏省五一劳动奖章”。

2016年，王安勇所负责的山东市场，成为苏产细支烟第一个销量过10万箱的省级市场。苏产细支烟在山东市场销售从2013年的2.81万箱发展到2016年的11.42万箱，销量增长4.06倍，市场份额基本保持在60%以上。2016年，山东市场苏产烟共销售32.92万箱，销售收入达到128.26亿元，占公司销售收入12.37%，占省外市场销售收入21.39%。

侯文斌　安徽中烟工业有限责任公司阜阳卷烟厂维修班长

侯文斌，男，1967年4月生，中共党员，安徽中烟阜阳卷烟厂卷接包车间卷烟机维修班长，高级考评员、高级技师。2017年，被中华全国总工会授予“全国五一劳动奖章”。

1991年，侯文斌退伍后进入阜阳卷烟厂工作，历任车间生产操作工、设备维修工、生产班组长、首席技师。侯文斌不断创新，先后完成多项技术创新成果，内容涉及国产及进口卷烟设备，为企业的发展作出重大贡献。2010年，负责PASSIM卷烟机供丝除尘系统的优化改进，保证了PASSIM卷烟机的供丝均匀，且降低了能耗，减小了烟尘的产生，该项目获得阜阳卷烟厂科技项目创新一等奖、安徽中烟技术创新三等奖；2011年，运用新技术对PASSIM劈刀进行优化设计，将新型材料应用于劈刀表面涂层，提高劈刀盘的使用寿命；2013年，带领技术攻关小组对ZJ29接装机靠拢鼓轮进行优化与改造，有效降低烟支夹沫的质量缺陷；2014年，带领团队对烟支圆周波动进行研究，通过对大压板重新优化设计，烟支圆周检测合格率提高到95%以上；2015年，对PASSIM胶缸进行优化改进，该项目获得厂改善提案二等奖；2016年，带领团队自主开发设计了ZJ17水松纸切刀辊刷自动喷润装置，该项目获得厂技术创新项目三等奖。

侯文斌积极参与部门统一开展的“传帮带”和“一对一，师带徒”为员工解困活动，作为阜阳卷烟厂“青蓝传承”人才导师，所带徒弟均成长为车间的维修技术骨干和关键岗位的技术尖兵。

梅玲丽　云南中烟工业有限责任公司红塔集团原料部烟叶质量主检

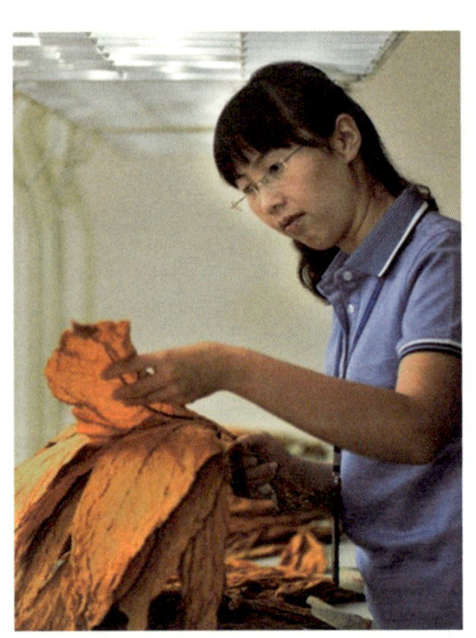

梅玲丽，女，1986年8月生，中共党员，云南中烟红塔集团原料部烟叶质量主检。2017年，被中华全国总工会授予“全国五一劳动奖章”，被人力资源社会保障部评为“全国技术能手”。

2011年7月，梅玲丽进入红塔集团原料部工作，秉承师傅勤勤恳恳的工作作风和吃苦耐劳的精神，开启了烟叶分级之路。每年烟叶工商交接季节，她日均工作时间超过10小时，在不断的抽样、甩把、定级、记录、结果分析等质量检验过程中，点滴积累着烟叶分级技能。2015年6月，梅玲丽第一次代表云南中烟参加中国技能大赛——第十三届全国烟草行业职业技能竞赛暨第六届烟叶分级职业技能竞赛，与来自全国37家单位的200名选手角逐，以第一名的总成绩摘得大赛桂冠，开创云南烟草在全国烟叶分级竞赛领域的新高地。此外，梅玲丽曾被评为“全国青年岗位能手”“云南省省直机关优秀共产党员”“云南省巾帼建设标兵”。

【全国技术能手】

顾晓卿　上海烟草集团有限责任公司上海卷烟厂一车间制丝、膨丝修理工

顾晓卿，男，1985 年 6 月生，中共党员，上海烟草集团有限责任公司上海卷烟厂一车间制丝、膨丝修理工。2017 年，被人力资源社会保障部评为“全国技术能手”。

2013 年，顾晓卿主持的质量管理项目“降低 570 异味处理后臭气浓度”获得海洋王杯全国优秀质量管理小组发布一等奖；2014 年获得上海烟草集团烟机设备维修技能竞赛切丝机第三名；2016 年获得第五届全国烟机设备维修职业技能竞赛 SQ311 机型第一名；2017 年被评为“全国技术能手”“全国烟草技术能手”。

顾晓卿始终坚持把提高自身业务技能作为第一要务，历经 8 年，从一名后备维修工成长为一名制丝维修专业人才。由他负责的“一种用于密封活塞缸的密封结构”实用新型专利研究通过对质量不过关的国产化备件进行结构改进，有效提高了高压压缩机填料装置的使用寿命，每年为工厂节约零配件费用约 30 万元。2017 年，顾晓卿投入到上海烟草浦东科技创新园区技改项目，担任筹备办制丝专业组机修组副组长，在设备安装调试的各个环节充分发挥先锋模范作用，高质量地完成所辖责任区的设备安装调试任务，同时对挡车和后备维修人员积极开展培训，起到了良好的“传、帮、带”作用。

陈洋阳　上海烟草包装印刷有限公司技术中心图文管理工

陈洋阳，男，1987 年 10 月生，中共党员，上海烟草包装印刷有限公司技术中心图文管理工，高级工。2017 年，被人力资源社会保障部评为“全国技术能手”。

陈洋阳是技术中心印前制作的一名图文管理工，主要负责从维护日常定单印前制作转为维护烟标新产品的完稿工作。陈洋阳完稿制作的“牡丹（金细支）”“牡丹（金短支）”等烟标新产品相继投入生产，并且根据个人工作经验，为工艺研发人员提出创新性想法，得到工艺研发团队的一致肯定。为助力企业专业技术人才培养工作，他向带教的印前员工用心传授印前操作知识，出色地开展带教工作。在工作之余，陈洋阳积极学习专业知识，利用业余时间钻研各种印前软件的操作技巧，并结合自己的心得体会提出多条宝贵建议。陈洋阳多次被评为公司级“先进生产（工作）者”“五好职工”，成为青年员工的典范。

许　征　上海烟草包装印刷有限公司凹印车间 820 凹印机组机长

许征，男，1982 年 12 月生，上海烟草包装印刷有限公司凹印车间 820 凹印机组机长，高级工。2017 年，被人力资源社会保障部评为“全国技术能手”。

作为一名年轻的“80 后”机长，许征有着同龄人身上少有的对技术的执着和热爱，他结合企业当前“精益管理”理念对凹版印刷提出的新要求，不断提高自己的专业技术水平，在第五届全国印刷行业职业技能大赛中，获得了凹版印刷员（职工组）第一名。在工作中，许征以问题为向导，积极主动思考并指导工作实践，通过组织召开机组生产骨干交流会，将自己在“机长日记”中多年总结的优秀操作法和经验分享给其他同事，为共同优化凹印操作流程、保障生产效率提升提供助力。公司成立了以许征命名的企业级凹版印刷工作室，许征负责开展工作室日常的培训学习和交流互动，推动企业技能人才的带教培养工作。

孙奕斌　上海烟草包装印刷有限公司凹印车间 820 凹印机组副机长

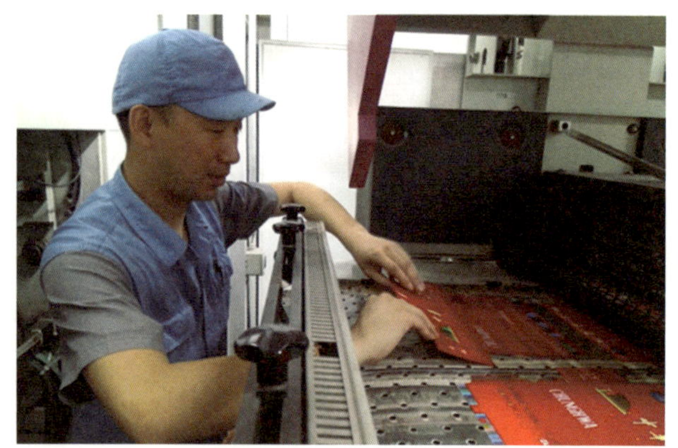

孙奕斌，男，1982 年 9 月生，上海烟草包装印刷有限公司凹印车间 820 凹印机组副机长，高级工。2017 年，被人力资源社会保障部评为“全国技术能手”。

作为凹印车间 820 机组副机长，工作中，孙奕斌严谨执着，在第五届全国印刷行业职业技能大赛的备战过程中，完善并简化套色流程，使预套准耗用纸张降低 30%，斩获全国第二名的好成绩。“传、帮、带”中，他尽心带教，详细总结凹印四大套准要素，通过班组活动日等平台分享专题知识，向新人传授优秀工作方法。岗位创新中，他积极主动，自发撰写技术论文“滚切刀具操作调节解析”，提出优化联机“打脚器”的建议，使纸张得率同比提升 0.27%，对提高生产效率和连续性等方面起到良好的促进作用。

张峥翔　上海烟草包装印刷有限公司凹印车间 820 凹印机组副机长

张峥翔，男，1982 年 4 月生，上海烟草包装印刷有限公司凹印车间 820 凹印机组副机长，高级工。2017 年，被人力资源社会保障部评为“全国技术能手”。

张峥翔工作 10 多年来，始终以高标准要求自己，作为副机长，他潜心做事、勤勉工作。为响应国家局提高产品安全性及环保性的工作要求，在配套车间 A06 机组醇溶性油墨生产的过程中，张峥翔通过醇溶性油墨与酯溶性油墨搭配试验，验证两种不同体系油墨的匹配性，为后续油墨切换做好保障。同时，他向车间建议设立原辅材料上机使用确认制度，旨在让机组人员动态关注印刷使用效果和数据积累，为确保低残留油墨在联机凹印中华卷烟商标纸上生产打下基础。张峥翔善于从提升操作规范性出发，确保产品质量，在梳理车间标准文件要求的基础上，提炼并建立捆扎机操作注意事项可视化图示，通过在班组内开展培训、在设备醒目处张贴可视化图示，给予操作人员提示和指导。操作规范改善后，半年内机组“中华（硬盒）”定单成品捆扎异常损耗率降低 87.5%，减少纸张消耗成本 8820 元。

吴继伟　上海烟草包装印刷有限公司胶印车间双工位烫金机机长

吴继伟，男，1976 年 9 月生，上海烟草包装印刷有限公司胶印车间双工位烫金机机长，高级工。2017 年，被人力资源社会保障部评为“全国技术能手”。

在工作中，吴继伟不断创新、开拓实践，为企业生产、质量保证做出积极贡献。在生产过程中，他通过探索和研究，掌握丰富的简洁高效工艺生产技术，从发明生产工具，到探索工艺技术的优化，深入研究每一个细微的生产工艺。作为一名机长，提高技能水平，开拓工艺技术，是吴继伟孜孜不倦的追求。为提升“中华”“熊猫”产品模切工序生产效率，他不断尝试提高模切板的拼接精度，使纸张模切后能完全有效分离，提升产品清废效率，最终促使整个模切工序效率提升了 25%。10 多年的工作经验让他感受到，要想达到高等级的操作水平和工艺水平，理论知识和实践积累已经不能满足于纷繁复杂的新产品。他积极参加业外培训，努力开拓新技术，他的产质指标经常名列车间前茅，为企业的高效发展提供坚实的保障。同时，吴继伟多次被评为公司级“五好职工”并获得车间各类操作技能比赛一等奖。

顾　键　上海烟草包装印刷有限公司胶印车间模切机机长、技师

顾键，男，1979年12月生，中共党员，上海烟草包装印刷有限公司胶印车间模切机机长、技师。2017年，被人力资源社会保障部评为“全国技术能手”。

顾键毕业后便在胶印机台从最基层的加油工做起，强烈的工作责任心以及不断提高的操作技能，使得顾健成长为一名优秀的模切机长。在工作中，他锐意进取，对提高生产质量作出突出贡献。为不断提高“凤凰”产品半清废生产效率，顾键加强日常生产中的观察和积累，采取在产品清废框和清废板受力点之间逐步加垫钢片的方法，增加清废上下顶针对产品废边的接触压力，确保废边的顺利排出，使半清废模切生产车速提高到5500张/小时，促进生产效率的稳步提升。生活和学习中，他乐观认真，在群众中起到模范带头的作用。带教新人时，他以身作则，无私地传授模切技能，是一名好员工、好老师。顾健多次被评为公司级“先进生产（工作）者”“五好职工”“质量标兵”等并获得车间各类操作技能比赛一等奖，成为专业领域的典范。

刘明春　山东中烟工业有限责任公司青岛卷烟厂卷包车间机械维修工

刘明春，男，1978年2月生，山东青岛人，山东中烟工业有限责任公司青岛卷烟厂卷包车间GD包装机机械维修工，高级技师、高级考评员。2017年，被人力资源社会保障部评为“全国技术能手”。

1995年，刘明春进入青岛卷烟厂工作；2009年，被评为“青岛市工人先锋”；2012年，参加第十届全国烟草行业职业技能竞赛暨“双喜杯”第四届烟机设备修理职业技能竞赛，获得GDX1机型第三名，被评为“青岛市技术能手”“全国烟草技术能手”；2016年，参加第十四届全国烟草行业职业技能竞赛暨“合和杯”第五届烟机设备修理职业技能竞赛，获得GDX1机型第一名、总成绩第一名，被评为山东中烟工业有限责任公司“劳动模范”，被山东省总工会授予“山东省富民兴鲁劳动奖章”；2017年，被评为“全国烟草技术能手”。

刘明春主持完成的GDX1软包硬化机组（白乳胶式）提速改造项目，提高了设备产能，缓解了生产压力；总结提炼的GD包装机CH－CV联轴器快速维修法，将联轴器维修时间由2.5小时缩短到1小时，大大减轻维修工劳动强度；主持开展现场改善40余项，其中“软包小透明拉线掉头改善”“GDX1铝箔纸输送吸风槽改善”等广泛应用于实际生产；全程参与《包装机常见机械故障原因分析及排除方法》《GD包装机维修手册》等编写工作，为企业长足发展奠定坚实的技术基础。

沈　力　湖南省永州市烟草公司宁远分公司烟叶生产技术员

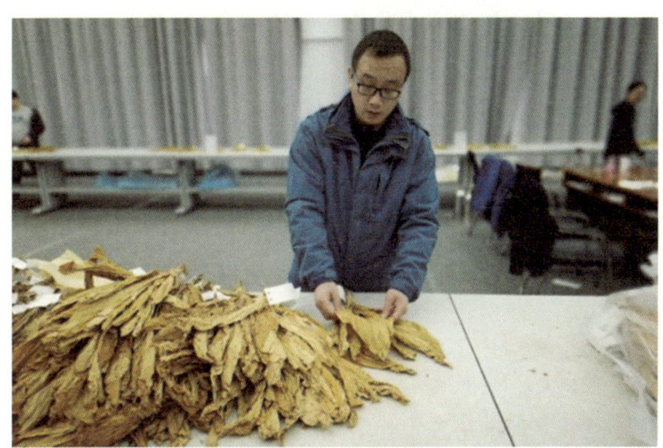

沈力，男，1984年10月生，湖南人，湖南省烟草公司永州市公司宁远分公司烟叶生产技术员，烟叶分级高级技师，烟叶质量检查监督专家库成员，湖南省烟草专卖局“双百人才库”成员。2017年，被人力资源社会保障部评为“全国技术能手”。

沈力自2002年参加工作以来，一直工作在烟叶生产第一线，从事烤烟生产培植、烟叶收购和烟草科研工作。2008年起，他5次被评为永州市公司“科技创新先进个人”，连续四年被评为宁远分公司“十佳员工”；2010年，被评为“省级烟草技术能手”；参与的市公司“新型太阳能诱虫设备研究与应用”研究项目，获得2012年度永州烟草科研项目一等奖，并获得“永州市科学技术进步奖”；2015年，在全省系统第五届烟叶分级职业技能竞赛中荣获第一名，再次被评为“省级烟草技术能手”，在第十三届全国烟草行业职业技能竞赛暨第六届烟叶分级职业技能竞赛中荣获第二名，被评为“烟草行业技术能手”；2017年，沈力被湖南省烟草专卖局（公司）聘为兼职培训师，将多年的烟叶评级技术和心得体会撰写成培训教材，为培养技术骨干提供支持。

肖亦雄　湖南省衡阳市烟草公司耒阳分公司烟叶生产经营分部副主任

肖亦雄，男，1981年10月生，湖南省烟草公司衡阳市公司耒阳分公司烟叶生产经营分部副主任，农艺师、烟叶分级技师。2017年，被人力资源社会保障部评为“全国技术能手”。

2004年，肖亦雄进入烟草行业工作。他连续多年被耒阳市评为“烟叶先进工作者”；2012年、2015年两次被评为“省级烟草技术能手”；2016年，在第十三届全国烟草行业职业技能竞赛暨第六届烟叶分级职业技能竞赛中荣获第三名，被评为“烟草行业技术能手”；2016—2017年在湖南省烟草职工培训中心挂职期间被评为“优秀培训师”；2017年，入选湖南省烟草专卖局“双百人才库”。

肖亦雄长期坚守烟叶生产一线，从事技术推广和研究工作。他参与的烟叶烘烤清洁能源供热设备及配套技术研究项目在湖南省得到推广，累计为烟农增加收益275万元；参与编写专著1本，发表专业论文3篇。作为衡阳烟草烟叶分级学科带头人，肖亦雄举办技术培训100余期，培训烟叶技术员、烟农3000余人次，师带徒20余人，所带徒弟均成为企业技术骨干。在湖南省烟草职工培训中心教学期间，肖亦雄培养出大批优秀专业技术人才，其中1人获得全国烟草行业教学技能竞赛一等奖，2人被评为“省级烟草技术能手”。

杨　志　常德烟草机械有限责任公司金工车间加工中心操作工

杨志，男，1990年6月生，常德烟草机械有限责任公司金工车间加工中心操作工。2017年，被人力资源社会保障部评为“全国技术能手”。

2013年，杨志进入常德烟草机械有限责任公司工作。2014年，参加中国技能大赛第六届全国数控技能大赛湖南选拔赛，获得加工中心操作工职工组二等奖，晋升为加工中心操作工高级技师，同时被评为“湖南省技术能手”；2015年，被授予“湖南省五一劳动奖章”，同时被评为“常德市优秀共青团员”；2016年，参加常德技能大赛，获得常德市加工中心操作工（四轴）职工组一等奖，被授予“常德市五一劳动奖章”，并被评为“常德技术能手”，参加中国技能大赛第七届全国数控技能大赛，获得加工中心操作工（四轴）职工组全国第二名，参与公司质量管理“提高ZJ116型卷接机组半轴机加合格品率”研究课题，荣获中国烟草机械集团有限责任公司2016年度优秀质量管理小组成果二等奖；2017年，杨志被共青团中央评为“全国优秀共青团员”，被共青团湖南省委评为“湖南省优秀共青团员”，被中共常德市委人才工作领导小组办公室评为“常德杰出工匠”。

吕　忠　云南中烟工业有限责任公司红云红河集团曲靖卷烟厂制造一部修理班烟机维修保障组副组长

吕忠，男，1968 年 4 月生，红云红河集团曲靖卷烟厂制造一部修理班烟机维修保障组副组长，高级技师。2017 年，被人力资源社会保障部评为“全国技术能手”。

1985 年，吕忠进入曲靖卷烟厂工作；2014 年，荣获云南中烟第六届烟机设备修理职业技能竞赛 PASSIM7K 第一名，并被评为“云南中烟工业有限责任公司劳动模范”；2014—2015 年，被评为“云南省烟机设备修理技术能手”；2016 年，被授予“云南省五一劳动奖章”，获得第十四届全国烟草行业职业技能竞赛暨‘合和杯’第五届烟机设备修理职业技能竞赛 PASSIM7K 第一名；2017 年，被评为“云南省劳动模范”“云南首席技师”。

自 2017 年 8 月成立“云岭首席技师——吕忠大师工作室”起，吕忠在技术创新、技术攻关、消化吸收、人才培养等方面取得了一定的成绩。发明的“ZJ17 卷接机组梗丝分离系统”每年为企业节约成品烟丝 3000 余万元，获得国家实用新型专利，且在新疆卷烟厂推广；将老旧 PASSIM7000 卷接机组进行改造生产中细支烟共计 12 项，提升质量、降低消耗；带领团队成员维修处理设备故障、产品质量问题 2800 余项，使中速卷包设备运行效率达到 95.37%，高速卷包设备运行效率达到 90.96%，产品市场抽检合格率 100%；修旧利废 70 余项，节约维修成本 300 余万元；利用互联网技术开发一套包装机组小包外观检测监控系统，便利机组的维修保养，提升产品的检测精度；带领团队成员自主研发一套“C800 - BV 条盒胶点视觉检测系统”，解决 GDX6S 高速包装机条盒在生产中经常出现少胶、无胶的质量隐患。

同时，吕忠通过“传、帮、带”培养青年人才，2016—2017 年，他带领团队成员培训新进厂员工 70 余人次，培养新晋升维修人员 15 人。

【中国科协青年人才托举工程 2016—2018 年度入选者】

过伟民　中国烟草总公司郑州烟草研究院职工

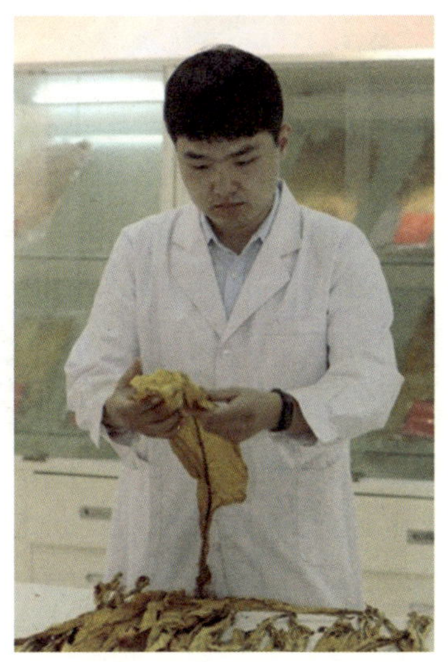

过伟民，男，1984 年 3 月生，中共党员，中国烟草总公司郑州烟草研究院职工。2017 年，入选 2016—2018 年度中国科协青年人才托举工程。

2009 年过伟民毕业于中国烟草总公司郑州烟草研究院，获得食品科学与工程专业硕士学位；2013 年、2015 年两次被评为单位“先进个人”。过伟民主要的研究方向为农产品加工、质量检测评价，重点为农产品特色栽培和加工工艺技术，基于现代光学技术的农产品品质评价方法创新等方面。

2012—2014 年，过伟民作为负责人，主持完成了一项地厅级科研项目，项目通过扫描电镜和图像分析软件的结合，建立农产品表面微观结构特征指标的量化方法和基于表面微观结构特征的农产品品质预测模型，在农产品微观结构特征量化分析、品质评价方法创新等方面取得一定成果；参与多项省部级科研项目、行业标准制修订项目和地厅级科研攻关项目，涉及生态环境与农产品质量特色的关系剖析、农产品生产加工技术改进和质量检测评价方法创新等方面；获得省部级科技奖励 2 项，获得专利授权 12 件，制定行业标准 1 项；以第一作者/通讯作者发表科研论文 15 篇，其中 1 篇入选中国精品科技期刊顶尖学术论文领跑者 5000（中国科技信息研究所，2013 年），被 EI 收录 2 篇，在国际会议上宣读 2 篇，在中文核心期刊上发表 11 篇。

曹培健　中国烟草总公司郑州烟草研究院国家烟草基因研究中心副主任

曹培健，男，1984年8月生，中国烟草总公司郑州烟草研究院国家烟草基因研究中心副主任。2017年，入选2016—2018年度中国科协青年人才托举工程。

2006年，曹培健毕业于浙江大学生物技术专业，获理学学士学位；2007年9月至2010年2月，进入美国加州大学戴维斯分校做访问学者；2011年毕业于浙江大学作物学专业，获农学博士学位，进入郑州烟草研究院国家烟草基因研究中心从事基因组与生物信息学研究工作；2011年7月获得工程师任职资格；2015年9月获得副研究员任职资格。

曹培健自参加工作起，致力于植物基因组学和生物信息学研究工作，开展了多倍体植物基因组序列图谱绘制、基因组进化、重要基因家族等系统分析；主持省部级项目4项，作为主要完成人参加省部级项目6项；获得授权专利9件、软件著作权10项，发表论文13篇，其中SCI论文11篇，最高影响因子8.1，具有较强的科研工作能力。曹培健在植物基因组数据分析、基因组数据库开发、比较基因组学、多组学数据整合分析等研究领域逐步成长为基因中心的科研骨干。

康　彧　中国烟草总公司郑州烟草研究院职工

康彧，女，1985年6月生，中共党员，中国烟草总公司郑州烟草研究院职工。2017年，入选2016—2018年度中国科协青年人才托举工程。

2014年，康彧毕业于中国科学技术大学；2015年，申请的“卷烟燃烧过程中有害微量元素及其赋存状态的迁移转化行为研究”项目获得国家自然科学基金青年基金项目的资助并开展部分相关工作；2016年，作为主要参与人参与了烟草行业标准预研项目“卷烟烟气诱导氧化应激损伤的体外评价方法”的申报并承担后续研究。

康彧积极参与部门内的一系列科研活动。参与国家科技支撑计划项目“食品中热反应伴生危害物毒理学检测及风险评估关键技术研究”及其他多项研究项目；作为主要负责人和联系人，与英美烟草公司共同开展有关氧化应激与心血管疾病方面的长期研究。

学术方面，康彧发表与“环境与人体健康”相关的文章15篇，申请专利2件；攻读博士学位期间发表论文11篇，工作期间发表论文5篇，其中以第一作者发表2篇，包括TSRC国际会议宣读论文“应用基于Luminex悬浮芯片技术的快速评价和检测方法测试烟气冷凝物免疫毒性”和SOT国际会议论文“人肺上皮细胞对烟气提取物的体外毒理学氧化应激实验”等研究成果。此外，参与申请了多项专利。

陆闻杰　上海新型烟草制品研究院雾化烟草制品研究室产品开发副主任主管

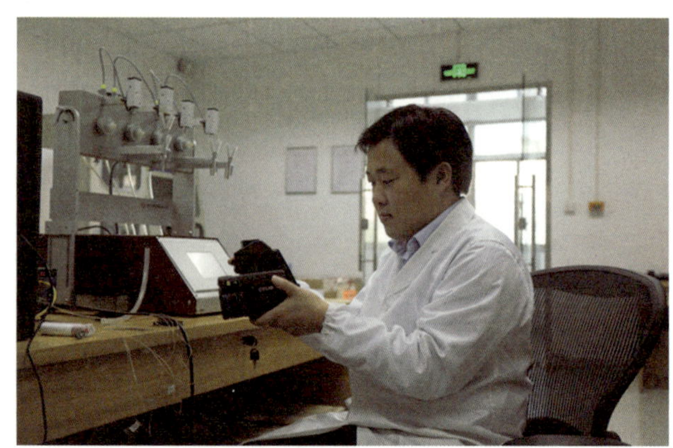

陆闻杰，男，1984年11月生，中共党员，上海烟草集团有限责任公司雾化烟草制品研究室产品开发副主任主管。2017年，入选2016—2018年度中国科协青年人才托举工程。

陆闻杰共牵头主持或参与行业级重大科技专项项目 8 项，企业级科技项目 17 项。在此过程中，先后开发 15 款创新产品和功能样机，并发表论文 2 篇，申请国家专利 88 件，已获得授权 59 件。

董德俊　南通醋酸纤维有限公司技术中心化工研究部工程师

董德俊，男，1985 年 11 月生，江苏南通人，南通醋酸纤维有限公司技术中心化工研究部工程师。2017 年，入选 2016—2018 年度中国科协青年人才托举工程。

董德俊于 2003 年 9 月至 2012 年 6 月在中国科技大学化学专业完成本硕博连续课程学习，研究生期间作为研发骨干完成多项 973 计划（2010CB833300）和国家自然科学基金（20972147，20732006，20672105）的课题研究，在《美国化学学杂志》（J. Am. Chem. Soc.）、《化学通讯》（Chem. Commun.）、《有机化学杂志》（J. Org. Chem.）、《欧洲有机化学杂志》（Eur. J. Org. Chem.）等国际顶尖化学期刊发表论文 4 篇。

2012 年 8 月，董德俊入职南纤公司技术中心从事研发工作。他成功完成“高温水解法制备低粘度醋片工艺研究”“醋酸钠替代醋酸镁为中和试剂研究”“共催化纤维素酯化研究”，为公司技术创新提供了重要支持；2013 年，董德俊成功申报江苏省科技厅“博士集聚计划”并获得 30 万元科研资金资助，项目顺利推进，并发表 1 篇论文，2 件发明专利正在公开阶段。此外，董德俊计划重点研究开发新型醋片生产工艺和设备并形成高效能柔性化醋片生产工艺技术，以期提高生产效率和产品品质。

王孝峰　安徽中烟工业有限责任公司技术中心副研究员

王孝峰，男，1984 年 3 月生，安徽中烟技术中心新型烟草制品研究所产品专项研究负责人，烟草行业燃烧热解研究重点实验室课题负责人，博士研究生学历，副研究员。2017 年，入选 2016—2018 年度中国科协青年人才托举工程。

2013 年，王孝峰毕业于中国科学技术大学火灾科学国家重点实验室，获得博士学位，同年 7 月，进入安徽中烟技术中心工作。

自 2013 年起，王孝峰先后荣获安徽中烟科技进步二等奖 2 次、三等奖 2 次，获得发明专利授权 15 件，实用新型专利授权 26 件。在国内外相关领域权威学术期刊上发表 SCI/EI/核心科研论文 20 余篇，参与撰写《卷烟燃烧热解分析技术及应用》《烟草燃烧热解分析技术及应用》两部学术专著，并多次受邀在国内外重要学术会议如欧洲阻燃材料会议、烟草行业烟草工艺重点实验室冬至学术研讨会上做墙报展示或大会报告。

邓其馨　福建中烟工业有限责任公司技术中心实验室一级工程师

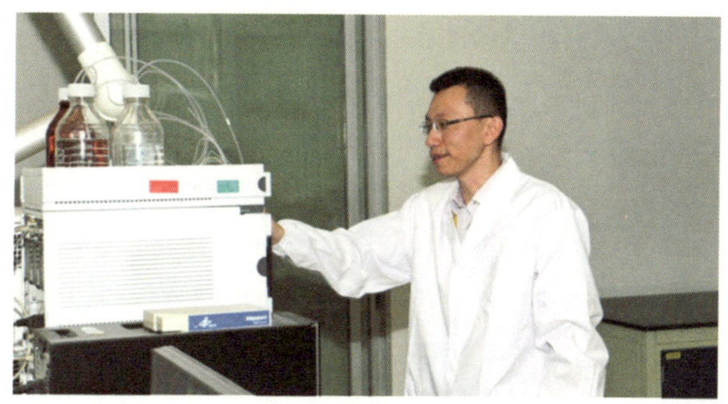

邓其馨，男，1984 年 7 月生，福建中烟技术中心实验室一级工程师，高级工程师。2017 年，入选 2016—2018 年度中国科协青年人才托举工程。

2009 年，邓其馨进入烟草行业工作，主要从事降焦减害、质量安全和香味化学等相关工作。他先后参与完成 2 项国家局鉴定项目，主持或参与完成 18 项省公司鉴定项目，20 项技术中心项目，其中，1 项获得福建省百万职工“五小”（小革新、小发明、小改造、小设计、小建议）创新大赛三等奖，1 项获得省公司科技进步奖二等奖，2 项获得省公司科技进步奖三等奖，1 项获得福建中烟职工“五小”（小革新、小发明、小改造、小设计、小建议）创新成果大赛二等奖。获得授权发明专利 20 余件，授权实用新型专利 30 余件。参与完成行业标准 1 项。邓其馨在《化学通讯》（Chem Commun.）、《纳米尺度》（Nanoscale）、《烟草科技》等国内外核心期刊、学会公开发表学术论文 21 篇，其中，SCI 检索 5 篇，EI 检索 9 篇，总影响因子（IF）达 21.897。

阮艺斌　贵州中烟工业有限责任公司技术中心化学研究所副所长

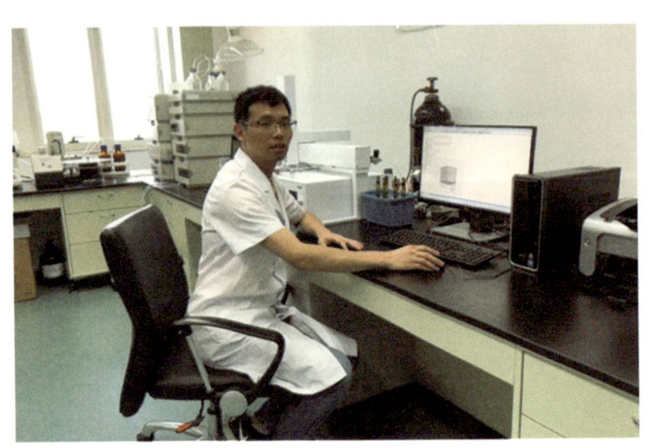

阮艺斌，男，1984 年 9 月生，中共党员，贵州中烟技术中心化学研究所副所长。2017 年，入选 2016—2018 年度中国科协青年人才托举工程。

阮艺斌于 2013 年 9 月进入贵州中烟技术中心工作，他注重学用结合，将自身所学与行业发展前沿有机结合，与各生产厂紧密联系，建立研发联动机制，将生产数据引入研发体系，重点围绕核心技术开发、原料优选、样品试制、效果评价等方面开展工作，并借助行业内外具备雄厚研发实力的单位共建合作平台，充分利用外部智慧资源，提升研发水平，多项研发成果已成功转换为卷烟产品并获市场好评。他主持省级工业公司科技项目 1 项，参与国家局重大专项 3 项，自 2013 年起，阮艺斌已发表科技论文 18 篇，申报专利 40 余件。

代　快　云南省烟草公司玉溪市公司行业病虫害生物防治工程研究中心职工

代快，女，1984 年 9 月生，中共党员，就职于云南省烟草公司玉溪市公司行业病虫害生物防治工程研究中心，玉溪市烟草公司植物营养与土壤创新团队科研骨干，农业水资源利用专业博士。2017 年，入选 2016—2018 年度中国科协青年人才托举工程。

代快一直扎根于烤烟栽培与土壤肥力提升的研究工作。主持云南省烟草公司科技计划重点项目 1 项；参与国家局科技重点项目 3 项；参与完成云南省烟草公司科技计划项目 8 项；参与完成秸秆腐熟还田，模块化施肥和生物炭及炭基肥改良土壤 3 项技术的开发工作，并在玉溪市进行大面积推广应用。2016 年起，3 项技术累计推广应用 142.35 万亩，新增产值 23487.75 万元，新增利润 10395.10 万元，新增税收 4697.55 万元，取得了显著的社会、经济和环境效益，为玉溪市烤烟提质增效、烟农增收作出重要贡献。

此外，通过鉴定的成果 6 项，其中，通过国家局鉴定项目 2 项，“生物炭及炭基肥改良土壤技术”获得云南省科技进步三等奖，“玉溪生态优质烟叶关键技术研究与开发”等 3 项成果获得地厅级二等奖，1 项成果获得地厅级三等奖；发表文章 15 篇，含 SCI3 篇；获得国家授权专利 6 件，其中发明专利 2 件；参与编制企业标准 5 项。

◇ 编辑整理：褚　幸

先进集体名单

【烟草行业获得 2017 年全国五一劳动奖状和获评全国工人先锋号名单】（中华全国总工会关于表彰 2017 年全国五一劳动奖和全国工人先锋号的决定）（总工发〔2017〕7 号）（2017 年 4 月 27 日公布）

获得全国五一劳动奖状

河南中烟工业有限责任公司黄金叶生产制造中心

获评全国工人先锋号

江苏中烟工业有限责任公司南京卷烟厂生产制造处制

丝线技术服务组

浙江中烟工业有限责任公司杭州卷烟厂动力车间空调空压维修组

河南中烟工业有限责任公司漯河卷烟厂卷包车间丙班

广东中烟工业有限责任公司梅州卷烟厂制丝车间

红塔烟草（集团）有限责任公司楚雄卷烟厂卷包车间丙班

甘肃省烟草公司兰州市公司仓储配送中心送货部

【烟草行业获评2017年第五届全国文明单位名单】

（中央精神文明建设指导委员会办公室发布）（2017年11月17日公布）

浙江省烟草专卖局（中国烟草总公司浙江省公司）

安徽省烟草专卖局（中国烟草总公司安徽省公司）（本部）

福建省烟草专卖局（中国烟草总公司福建省公司）（本部）

三明市烟草专卖局（福建省烟草公司三明市公司）

梅州市烟草专卖局（广东烟草梅州市有限公司）

中国烟草总公司重庆市公司永川分公司

中国烟草总公司重庆市公司奉节分公司

贵州中烟工业有限责任公司贵阳卷烟厂

红塔烟草（集团）有限责任公司楚雄卷烟厂

红云红河烟草（集团）有限责任公司乌兰浩特卷烟厂

【烟草行业2017年度拓展国际市场先进单位名单】

（中国烟草总公司关于表彰2017年度拓展国际市场先进集体和先进个人的决定）（中烟办〔2018〕57号）（2018年3月16日公布）

浙江中烟工业有限责任公司

广东中烟工业有限责任公司

中国烟草总公司四川省公司

中国烟草总公司贵州省公司

中国烟草总公司云南省公司

云南中烟工业有限责任公司

【2017年度烟草行业离退休干部先进集体名单】

（中国烟草总公司关于表彰烟草行业离退休干部工作先进集体和先进工作者的决定）（中烟办〔2017〕45号）（2017年3月1日公布）

中国烟草机械集团有限责任公司秦皇岛烟草机械有限责任公司

中国烟草机械集团有限责任公司许昌烟草机械有限责任公司

北京市烟草公司离退休人员管理办公室

天津市烟草公司人事处

河北省烟草公司沧州市公司吴桥营销部

河北白沙烟草有限责任公司服务中心

山西省烟草公司离退休人员管理办公室

内蒙古自治区烟草公司呼和浩特市公司人劳科

辽宁省烟草公司离退休人员管理办公室

吉林省烟草公司离退休人员管理办公室

吉林省烟草公司吉林市公司

黑龙江省烟草公司离退休人员管理办公室

上海烟草集团有限责任公司人事处

上海烟草集团有限责任公司烟草包装印刷有限公司

江苏省烟草公司淮安市公司

江苏省烟草公司连云港市公司

江苏中烟工业有限责任公司离退休办公室

浙江省烟草公司舟山市公司

浙江省烟草公司温州市公司

浙江中烟工业有限责任公司离退休人员管理办公室

安徽省烟草公司离退休人员管理办公室

安徽中烟工业有限责任公司芜湖卷烟厂

福建省烟草公司离退休人员管理办公室

福建省烟草公司漳州市公司

厦门烟草工业有限责任公司

龙岩烟草工业有限责任公司

江西省烟草公司离退休管理办公室

江西中烟工业有限责任公司赣州卷烟厂

山东省烟草公司离退休人员管理办公室

山东省烟草公司临沂市公司

山东中烟工业有限责任公司济南卷烟厂

山东中烟工业有限责任公司滕州卷烟厂

河南省烟草公司离退休人员管理办公室

河南省烟草公司商丘市公司

河南中烟工业有限责任公司许昌卷烟厂

河南中烟工业有限责任公司黄金叶生产制造中心新郑离退休管理办公室

湖北省烟草公司恩施州公司

湖北省烟草公司荆门市公司

湖北中烟工业有限责任公司襄阳卷烟厂

湖南省烟草公司离退休人员管理办公室

湖南省烟草公司郴州市公司

湖南中烟工业有限责任公司零陵卷烟厂

湖南中烟工业有限责任公司常德卷烟厂

广东省烟草公司离退休人员管理办公室

广东中烟工业有限责任公司韶关卷烟厂

广西壮族自治区烟草公司离退休人员管理办公室

广西壮族自治区烟草公司桂林市公司

广西中烟工业有限责任公司柳州卷烟厂

重庆市烟草公司万州区公司

重庆中烟工业有限责任公司涪陵卷烟厂

四川省烟草公司离退休人员管理办公室

四川省烟草公司泸州市公司
四川中烟工业有限责任公司什邡卷烟厂
四川中烟工业有限责任公司西昌卷烟厂
贵州省烟草公司黔东南州公司
贵州省烟草公司遵义市播州区烟草分公司
贵州中烟工业有限责任公司遵义卷烟厂
云南省烟草公司离退休人员管理办公室
云南省烟草公司曲靖市公司
红塔烟草（集团）有限责任公司玉溪卷烟厂
红云红河烟草（集团）有限责任公司昆明卷烟厂
陕西省烟草公司人事处（老干办）
陕西省烟草公司宝鸡市公司
陕西中烟工业有限责任公司延安卷烟厂
甘肃省烟草公司离退休人员管理办公室
大连市烟草公司离退休人员管理办公室
深圳市烟草公司离退休人员管理办公室
内蒙古昆明卷烟有限责任公司
甘肃烟草工业有限责任公司天水卷烟厂

【中国烟草总公司2017年度科学技术奖获奖项目名单】 （中国烟草总公司关于2017年度科学技术奖励的决定）（中烟办〔2018〕3号）（2018年1月3日公布）

一、科学技术进步奖

序号	项目中文名称	项目类别	获奖等级	主要完成人	主要完成单位	推荐单位
					河南农业大学	
1	浓香型特色优质烟叶开发	应用基础研究与应用技术研究类	一等奖	刘国顺、任　伟、赵铭钦、史宏志、杨铁钊、崔　红、符云鹏、瞿永生、田斌强、贺　帆、丁松爽、董建江、周清明、陈泽鹏、张启明、李开和、许家来、黄元炯、韦成才、徐清泉	上海烟草集团有限责任公司 中国烟叶公司 中国烟草总公司河南省公司 中国烟草总公司湖南省公司 河南中烟工业有限责任公司 中国烟草总公司安徽省公司 中国烟草总公司山东省公司 中国烟草总公司江西省公司 山东中烟工业有限责任公司	河南农业大学
2	烟叶香型风格的特征化学成分研究	应用基础研究与应用技术研究类	一等奖	刘百战、许国旺、谢雯燕、缪明明、王　亮、路　鑫、陈永宽、罗国安、邵学广、郭寅龙、杨春强、王志国、王　岚、沈　铮、毕艳玖、孙谢坤、宗永立、钟科军、陈　磊、王　兵	上海烟草集团有限责任公司 中国科学院大连化学物理研究所 云南中烟工业有限责任公司 中国烟叶公司 湖南中烟工业有限责任公司 南开大学 清华大学 中国烟草总公司郑州烟草研究院 中国科学院上海有机化学研究所	上海烟草集团有限责任公司
3	烟气味觉特征感官评价方法研究	应用基础研究与应用技术研究类	二等奖	武　怡、冒德寿、王　凯、李智宇、廖头根、刘　亚、张　健、付　磊、张浩博、孙谢坤、洪　鎏、蔡炳彪、刘　强、王明锋、者　为	云南中烟工业有限责任公司 上海烟草集团有限责任公司 上海应用技术大学 广州华芳烟用香精有限公司	云南中烟工业有限责任公司
4	低危害烟叶研究开发	应用基础研究与应用技术研究类	二等奖	王元英、石　屹、吴风光、刘海伟、王凤龙、梁洪波、黎妍妍、李德成、张怀宝、马兴华、宋鹏飞、刘百战、夏海乾、郭金平、元　野	中国农业科学院烟草研究所 湖北中烟工业有限责任公司 中国烟叶公司 湖北省烟草科学研究院 中国烟草总公司山东省公司 贵州省烟草科学研究院 中国烟草总公司福建省公司	中国烟草总公司青州烟草研究所
5	燃烧过程中卷烟纸实时致孔降CO技术及其应用研究	应用基础研究与应用技术研究类	二等奖	银董红、罗　玮、钟科军、黄溢清、高泽华、金　勇、丁　多、朱效群、王平军、王小平、谢国勇、刘金云、郭紫明、王诗太、黄　富	湖南中烟工业有限责任公司 民丰特种纸股份有限公司 中烟摩迪（江门）纸业有限公司	湖南中烟工业有限责任公司

续表

序号	项目中文名称	项目类别	获奖等级	主要完成人	主要完成单位	推荐单位
6	中间香型特色优质烟叶开发	应用基础研究与应用技术研究类	二等奖	潘文杰、钟科军、代远刚、雷　波、徐宜民、陈　伟、吴　春、周立新、涂永高、薛小平、黄振军、冯勇刚、周万春、赵杰宏、陈　尧	贵州省烟草科学研究院 湖南中烟工业有限责任公司 中国烟叶公司 中国烟草总公司湖北省公司 中国烟草总公司湖南省公司 中国烟草总公司重庆市公司 中国烟草总公司陕西省公司	贵州省烟草专卖局（公司）
7	基于感官组学的卷烟烟气关键成分分析研究	应用基础研究与应用技术研究类	二等奖	张建勋、孙世豪、张启东、柴国璧、刘俊辉、王丁众、马宇平、钟科军、徐迎波、王明锋、宗永立、屈　展、胡　军、李　鹏、卢斌斌	中国烟草总公司郑州烟草研究院	中国烟草总公司郑州烟草研究院
8	雪雅香雪茄烟品类创新	科学技术成果推广类	二等奖	聂广军、李　丹、戚新平、熊　斌、张耀华、陈　一、程炳发、杨俊鹏、孙德平、朱　巍、叶明樵、谢　豪、姚元军、司　辉、李　星	湖北中烟工业有限责任公司	湖北中烟工业有限责任公司
9	糖类衍生物香味前体物质合成单离及其应用技术研究	应用基础研究与应用技术研究类	二等奖	毛多斌、牟定荣、陈芝飞、白晓莉、杨　靖、贾春晓、彭国岗、李世卫、芦昶彤、许春平、孙志涛、马　骥、龚荣岗、王　磊、朱瑞芝	郑州轻工业学院 云南中烟工业有限责任公司 河南中烟工业有限责任公司 中国烟草总公司郑州烟草研究院	郑州轻工业学院
10	卷烟智能制造关键技术研究及应用	科学技术成果推广类	三等奖	楼卫东、张思荣、黄卫忠、张　敏、季　琦、朱立明、汤尧平、黄　健、曹建宏、朱　强	浙江中烟工业有限责任公司	浙江中烟工业有限责任公司
11	降低国产白肋烟、马里兰烟 TSNAs 含量关键技术研究	应用基础研究与应用技术研究类	三等奖	周　骏、杨春雷、史宏志、白若石、马雁军、张　杰、雷丽萍、张怀宝、杨锦鹏、杨惠娟	上海烟草集团有限责任公司 湖北省烟草科学研究院 河南农业大学 云南省烟草农业科学研究院 中国农业科学院烟草研究所	上海烟草集团有限责任公司
12	国外危险性烟草病虫草害风险评估及烟草霜霉病的适生性分析	应用基础研究与应用技术研究类	三等奖	陈德鑫、吴品珊、李锡宏、王凤龙、安德荣、任广伟、许家来、杨金广、黄择祥、白建保	中国农业科学院烟草研究所 中国检验检疫科学研究院 湖北省烟草科学研究院	中国烟草总公司青州烟草研究所
13	适应细支烟的打叶复烤片烟结构优化关键工艺与装备研究	应用基础研究与应用技术研究类	三等奖	吴风光、戚新平、聂广军、闫铁军、何结望、秦志强、周崇健、付　龙、黎　根、刘峰峰	湖北中烟工业有限责任公司 湖北烟草金叶复烤有限责任公司 四川烟叶复烤有限责任公司 云南烟叶复烤有限责任公司	湖北中烟工业有限责任公司
14	湖南烟草病虫害绿色防控技术体系构建研究及应用	应用基础研究与应用技术研究类	三等奖	周志成、彭曙光、曾维爱、单雪华、周向平、朱三荣、匡传富、蔡海林、伍绍龙、刘天波	中国烟草中南农业试验站 湖南省烟草公司长沙市公司 湖南省烟草公司衡阳市公司 湖南省烟草公司湘西自治州公司 湖南省烟草公司郴州市公司	湖南省烟草专卖局（公司）

续表

序号	项目中文名称	项目类别	获奖等级	主要完成人	主要完成单位	推荐单位
15	烟草种子质量关键影响因素研究与质量控制体系构建	应用基础研究与应用技术研究类	三等奖	马文广、胡　晋、牛永志、郑昀晔、宋碧清、索文龙、李元君、潘　威、古　吉、陈云松	云南省烟草农业科学研究院 玉溪中烟种子有限责任公司	云南省烟草专卖局（公司）
16	基于上部烟配方特性的关键技术研究及在大品牌中的应用	应用基础研究与应用技术研究类	三等奖	李旭华、袁汉辉、余其昌、许　光、邵干辉、文　俊、彭　琛、陈越立、杨　庆、林锐峰	广东中烟工业有限责任公司	广东中烟工业有限责任公司
17	国内外卷烟主要有害成分释放量中位值及其影响因素研究	应用基础研究与应用技术研究类	三等奖	唐纲岭、胡清源、李中皓、边照阳、范子彦、李小兰、秦云华、彭黔荣、谢　卫、孙学辉	国家烟草质量监督检验中心	中国烟草总公司郑州烟草研究院
18	优质高效烤烟新品种毕纳1号选育与应用	科学技术成果推广类	三等奖	翟　欣、张正林、陈　雪、刘燕翔、周真吉、喻奇伟、罗贞宝、张　志、郑登峰、姚　晶	贵州省烟草公司毕节市公司 贵州大学 贵州省烟草公司黔南州公司 贵州省烟草公司铜仁市公司 贵州省烟草公司黔西南州公司	贵州省烟草专卖局（公司）

二、技术发明奖

序号	项目中文名称	获奖等级	主要完成人	推荐单位
1	高精度自动化加料加香烘丝一体化微型设备的研制及应用	三等奖	高　阳、张丽娜、许利平、孙福佳、李淑萍、黄　华	浙江中烟工业有限责任公司
2	基于烟叶力学特性的打叶复烤工艺技术与应用	三等奖	张玉海、刘　斌、刘朝贤、杜阅光、卢敏瑞、王　兵	中国烟草总公司郑州烟草研究院

【烟草行业全国内部审计先进集体名单】（中国内部审计协会关于表彰全国内部审计先进集体决定）（中内协发〔2017〕37号）（2017年10月20日公布）

中国烟草总公司内蒙古自治区公司审计处

中国烟草总公司福建省公司审计处

江西中烟工业有限责任公司审计部

山东中烟工业有限责任公司审计部

湖北中烟工业有限责任公司审计部

中国烟草总公司四川省公司审计处

【全国烟草行业第二十八届优秀质量管理小组成果名单】（中国烟草总公司关于表彰全国烟草行业第二十八届优秀质量管理小组成果的通报）（中烟办〔2017〕176号）（2017年9月15日公布）

2017年7月，国家局、总公司在北京组织召开全国烟草行业第二十八届优秀质量管理小组成果发布会。经逐级选拔评审后，工业企业有41个小组、商业企业有49个小组到会进行成果发布交流。评审委员会依据《烟草行业质量管理小组活动成果评审管理办法》（中烟办〔2016〕4号，以下简称《评审办法》），对每个成果的经济效益、首创性、重要性、推广价值、程序、工具及方法、发表等7个方面进行现场评审，评选出一等奖成果16个、二等奖成果40个、三等奖成果34个。

商业企业

一等奖

序号	单位名称	课题名称	小组名称
1	山西太原市公司	TYT12150 分拣线缺条检测装置的研制	精细严质量管理小组
2	江苏无锡市锡山分公司	后勤综合管理 APP 的研发	海豚质量管理小组
3	广西南宁市公司	创建卷烟零售户“小组之家”互助经营新模式	同舟质量管理小组
4	江西吉安市公司	立式多层烟蚜茧蜂室内扩繁装置的研制	先锋质量管理小组
5	山东潍坊市诸城分公司	便携式自动感应烟苗剪叶消毒机的研制	龙腾质量管理小组
6	福建泉州市公司	卷烟 32 位喷码自动识别录入设备研制	视觉质量管理小组
7	广东揭阳市有限公司	立式分拣机分拣通道预警装置的研制	铁山兰质量管理小组

二等奖

序号	单位名称	课题名称	小组名称
1	广西贺州市公司	烟草中耕培土专用刀具的研制	钻地龙质量管理小组
2	山东青岛市公司	创建细支烟与常规烟混合分拣新模式	迅捷质量管理小组
3	湖南长沙浏阳市分公司	烟草专卖行政处罚案卷现场制作 APP 研发	紫荆进取质量管理小组
4	安徽马鞍山市公司	小批量卷烟打包异常自动控制装置研发	风暴质量管理小组
5	江苏镇江市公司	构建卷烟货源采购管理模型	脑洞大开质量管理小组
6	广西柳州市公司	异型烟堆叠包装装置的研制	护航质量管理小组
7	湖北荆州市公司	卷烟信息共享平台的开发	挑战者质量管理小组
8	山西运城市公司	烟用扎带自动盘整设备的研制	执行者质量管理小组
9	江苏苏州市公司	物流设备运维管理 APP 的研制	星灯质量管理小组
10	湖南常德市公司	创新烟用农资合作社购销模式	紫菱动力质量管理小组
11	山东临沂市公司	可移动水肥一体机的研制	金叶飘香质量管理小组
12	辽宁葫芦岛市公司	提高零售客户营销服务工作满意率	葫芦娃质量管理小组
13	广东佛山市公司	卷烟业务快报推送系统的研发	创客质量管理小组
14	四川成都市公司	创建轻微案件快速处理新方法	斑马线质量管理小组
15	河南南阳市公司	烟蚜茧蜂自动捕集装置的研发	五四质量管理小组
16	深圳市公司	物流设备智慧鹰眼运行监测系统的研制	传奇质量管理小组
17	江西抚州市公司	培土机覆膜装置的研制	维创质量管理小组
18	贵州贵阳市公司	烟草专卖零售许可证网上办理系统的研发	高坡漫步质量管理小组
19	重庆物流分公司	降低条烟打码姿态控制装置打码不成功率	超越质量管理小组
20	浙江温州市公司	异型烟半自动混合烟仓研制	精实质量管理小组
21	黑龙江哈尔滨市公司	防错式条烟区域监测装置研发	心无止境质量管理小组
22	河北石家庄市公司	异型烟复合式自动分拣系统的研制	钻石质量管理小组

三等奖

序号	单位名称	课题名称	小组名称
1	湖北金叶襄阳复烤厂	实验室烟丝烘干机的研制	品质先行质量管理小组
2	云南昭通市公司	烤烟环状施肥装置的研制	聚力质量管理小组
3	湖南郴州市公司	降低烟草主要病虫害田间发病率	卓绝质量管理小组
4	贵州黔南州公司	烟叶成包赋码机的研制	E 时代质量管理小组
5	云南烟草质检站	提高卷烟主流烟气中氨的单日样品检测数量	质多星质量管理小组
6	河南濮阳市公司	降低零烟提取时间	精益 007 质量管理小组
7	陕西西安市公司	烟草专卖现场办公平台的研发	长新质量管理小组
8	安徽芜湖市公司	创建卷烟终端推介新模式	精益质量管理小组
9	宁夏银川市公司	提高卷烟社会库存信息采集的准确度	发现号质量管理小组

续表

序号	单位名称	课题名称	小组名称
10	大连市公司	对接点托盘联运工作方法的应用	春天服务质量管理小组
11	甘肃定西市公司	卷烟分拣分户牌自动拾取装置研发	陇原之星质量管理小组
12	宁夏中卫市公司	减少电子标签人工辅助分拣线打码异常次数	蓝领质量管理小组
13	上海海烟物流发展公司	研制出货分拣线 270 度回转道输送机控制装置	维保质量管理小组
14	北京西城区公司	法律风险落地管控信息系统研发	金盾质量管理小组
15	吉林延边州公司	缩短分拣线监控区单次故障排除耗时	齿轮质量管理小组
16	青海海西州公司	提升辖区市场卷烟零售客户毛利率	茫崖质量管理小组
17	天津北辰分公司	降低辖区真品卷烟外流数量	攻关质量管理小组
18	海南海口市公司	减少卧式分拣机卡烟次数	动力火车质量管理小组
19	新疆哈密市公司	消除无效作业时间，提高有效作业效率	精益质量管理小组
20	内蒙古赤峰市公司	提高工业送货车倒车入库安全性	星光质量管理小组

工业企业

一等奖

序号	单位名称	课题名称	小组名称
1	南昌卷烟厂	YF25 发射机双管发谢自动调速系统研发	成型车间质量管理小组
2	南宁卷烟厂	新型 CH 包装成型轮盒模的研发	真龙质量管理小组
3	黄金叶生产制造中心	制丝集中除尘系统节能控制装置的研制	金丝创客质量管理小组
4	济南卷烟厂	YJ212 接装机搓板自动清洁装置的研制	彩虹质量管理小组
5	曲靖卷烟厂	ZJ17 卷烟机梗签分离装置的研制	360 质量管理小组
6	淮阴卷烟厂	异型包装设备柔性包装功能的开发	奋进质量管理小组
7	蚌埠卷烟厂	原料配方高架库夹包机夹紧检测装置的研制	永不止步质量管理小组
8	毕节卷烟厂	研制输送带更换工装	飞跃质量管理小组
9	杭州卷烟厂	建立冷却风选风门自动控制系统	技术创新质量管理小组

二等奖

序号	单位名称	课题名称	小组名称
1	徐州卷烟厂	加香滚筒精益运行控制系统的设计	前沿质量管理小组
2	玉溪卷烟厂	再造烟叶成丝系统研发	极光质量管理小组
3	梅州卷烟厂	新型 YB45 小盒包装机供胶装置的研制	翱翔质量管理小组
4	芜湖卷烟厂	新型烟梗自动识别剔除装置的研发	赢客质量管理小组
5	张家口卷烟厂	KDF2 成型机组干棒在线取样装置的研制	曙光质量管理小组
6	厦门烟草工业	蒸汽冷凝水回收洗梗系统的研制	星空质量管理小组
7	汉中卷烟厂	降低 ZJ17 卷烟机卷烟纸拼接消耗量	卷包车间电气维修质量管理小组
8	昆明卷烟厂	降低云烟 A 牌号燃烧锥掉落率	奥妙质量管理小组
9	青岛卷烟厂	研制一种链板输送机旁链快换工装	神鹰质量管理小组
10	广州卷烟厂	GDH1000 条烟透明纸多方位除皱系统的研制	高速创新质量管理小组
11	安阳卷烟厂	研制 PASSIM 烟支外观在线检测装置	拼搏者质量管理小组
12	保定卷烟厂	提高钻石（细支荷花）条透工序人均包装效率	向前质量管理小组
13	广丰卷烟厂	多功能风机叶轮拆装工具车研制	求索质量管理小组
14	龙岩烟草工业	降低 M5 卷烟机的卷烟纸故障频次	合力质量管理小组
15	郴州卷烟厂	降低白沙切丝后的烟丝碎丝率	丝丝一流质量管理小组
16	广西中烟物流中心	降低卷烟物流公路运输费用	行天下质量管理小组
17	贵州中烟技术中心	LIP 卷烟试验装置的研制	技术中心工程质量管理小组
18	红塔辽宁烟草有限责任公司	振槽摇臂减震胶条更换装置的研制	飞翔质量管理小组

续表

三等奖

序号	单位名称	课题名称	小组名称
1	浙江中烟市场营销部	提高托盘运输车辆单车最大装载率	现代物流创新质量管理小组
2	遵义卷烟厂	创建业务外包写实新方法	小蜜蜂质量管理小组
3	合肥卷烟厂	新型理梗装置的研制	质量技术科质量管理小组
4	长沙卷烟厂	机械手新型夹具的研制	物流技术质量管理小组
5	楚雄卷烟厂	降低 PASSIM－7K 卷接机组集流管故障频次	合力质量管理小组
6	南阳卷烟厂	研制 ZJ19 卷烟纸静态拼接装置	卷接质量管理小组
7	涪陵卷烟厂	SH315C 型烘丝机新型排潮装置的研制	太阳黑子质量管理小组
8	上海卷烟厂	研制新型叶丝增温温度反馈系统	三车间日班设备质量管理小组
9	深圳烟草工业	研制 GDX2 内框纸压痕刀更换调试工具	奥盛质量管理小组
10	许昌烟机公司	提高 ZL29 机组成束辊零件的一次交验合格率	联动质量管理小组
11	广水卷烟厂	研制 GD 条透侧面熨烫整形装置	超越质量管理小组
12	绵阳卷烟厂	研制卷烟机第二供纸辊自动压紧装置	卷接质量管理小组
13	宝鸡卷烟厂	消除气流烘丝线检测数据异常波动	聚力质量管理小组
14	襄阳卷烟厂	提高接装纸接头剔除准确率	金创意质量管理小组

【“烟草行业优秀质量管理小组成果引进应用奖”获奖名单】 （中国烟草总公司关于表彰全国烟草行业第二十八届优秀质量管理小组成果的通报）（中烟办〔2017〕176 号）（2017 年 9 月 15 日公布）

序号	单位名称	小组名称	引用成果名称	全年效果
1	北京市平谷区公司	内管质量管理小组	提高内部专卖管理监督建议书制作效率	提高工作效率 50%
2	浙江省绍兴市公司诸暨分公司	水兵质量管理小组	卷烟价格标签打印系统的开发	节约 2 万元
3	安徽省池州市公司	度量衡质量管理小组	异型烟半自动分拣线双出口分流装置的研制	节约 259 万元
4	山东省临沂烟草有限公司	金叶芳华质量管理小组	螺旋式高效轻便井窖打孔器的研制	节约 200 万元
5	湖南省邵阳市公司	精益物流质量管理小组	提高省产烟箱回收合格率	节约 4. 6 万元
6	山西省临汾市公司	造梦师质量管理小组	基于银联系统的零售客户货款跨行结算平台的研发	节约 150 万元
7	北京卷烟厂	新起点质量管理小组	排潮风机自动清洁装置的研制	节约 4. 4 万元
8	宁波卷烟厂	现场管理改进质量管理小组	减少二次加料生产线烟叶残留量	节约 32. 4 万元
9	合肥卷烟厂	蚂蚁质量管理小组	缩短卷包机组换牌时间	提高设备有效作业率 0. 3%
10	青岛卷烟厂	神鹰质量管理小组	研制带式输送机密封皮专用更换工具	提高工作效率 30%
11	零陵卷烟厂	潇湘源质量管理小组	GDX2 硬盒包装机小盒侧翼开胶检测装置的研制	节约 23. 2 万元
12	洛阳卷烟厂	新思维质量管理小组	降低空压站单箱耗电量	节约 56 万元
13	旬阳卷烟厂	202 创新质量管理小组	排潮风机自动清洁装置	节约 16. 5 万元

【烟草行业获得中国质量协会 2017 年度质量技术奖励项目名单】 （中国质量协会关于 2017 年度质量技术奖励的决定）（2018 年 1 月 18 日公布）

一、烟草行业入选 2017 年度中国质量协会质量技术奖获奖项目

获奖等级	项目名称	完成单位	主要完成人
二等奖	“双擎驱动”的精准供能模型在大型企业工艺空调中的应用	浙江中烟工业有限责任公司	夏耀光、叶胜利、褚文勇、楼卫东、徐伟民、舒　欣、王荣文、姚佳明、王　虎、何　寅
二等奖	基于质量技术的配方类产品混合均匀性全流程评价方法的构建与应用	浙江中烟工业有限责任公司	周小忠、丁　伟、金军杰、李　壮、邵长岭、李汉莹、孙哲建、崔成林、王有利、李淑萍
二等奖	综合运用质量技术研发烟草物流系统设备维护管理及故障诊断系统	四川中烟工业有限责任公司绵阳卷烟厂	廖伦彪、李学军、张　宝、陶　栩、庞毅飞
优秀奖	近红外光谱技术在产品质量控制中的研究和应用	广西中烟工业有限责任公司	徐雪芹、李小兰、周　芸、黄善松、贾海江

二、烟草行业入选2017年度中国质量协会质量技术奖精益管理优秀项目

项目名称	项目完成单位
缩短北京烟草送货响应时间	北京烟草物流中心
雪茄烟车间精益生产流程优化	山东中烟工业有限责任公司济南卷烟厂
优化爆珠细支烟换模流程	山东中烟工业有限责任公司济南卷烟厂
成品库烟垛入库流程优化	山东中烟工业有限责任公司青岛卷烟厂
提高真空回潮线生产效率	山东中烟工业有限责任公司青岛卷烟厂
基于价值流分析的多库点卷烟库存精益控制改善	浙江中烟工业有限责任公司
ZJ17卷烟机精益改善——提升设备产能	浙江中烟工业有限责任公司
运用精益工具提升梗丝加工水平	上海烟草集团北京卷烟厂
缩短卷包工序轮保时间	广西中烟工业有限责任公司柳州卷烟厂
优化合肥烟草物流件烟分拣流程	安徽省烟草公司合肥市公司
卷接包车间柔性化生产模式的研究与设计	安徽中烟工业有限责任公司芜湖卷烟厂
水蓄冷系统的精益化运行	安徽中烟工业有限责任公司芜湖卷烟厂
基于价值流图分析法提升制丝过程生产效能	安徽中烟工业有限责任公司滁州卷烟厂
构建“玉烟特色”手工包装精益生产流程	红塔烟草（集团）有限责任公司玉溪卷烟厂
聚焦烟支卷接效率，打造PROTOS2C精益生产线	红塔烟草（集团）有限责任公司玉溪卷烟厂
提高5吨制丝线生产平衡率	红塔烟草（集团）有限责任公司玉溪卷烟厂
卷包线小批量精益生产模式的构建	红塔烟草（集团）有限责任公司玉溪卷烟厂
制丝车间投料作业区的精益改善	红塔烟草（集团）有限责任公司玉溪卷烟厂

三、烟草行业入选2017年度中国质量协会质量技术奖六西格玛优秀项目

项目名称	项目实施单位	项目类别
提高切丝含水率过程能力	广西中烟工业有限责任公司技术中心	黑带
降低卷包机组单箱废支消耗	广西中烟工业有限责任公司南宁卷烟厂	黑带
浓稠料液自动加热装置的研制	广西中烟工业有限责任公司南宁卷烟厂	黑带
提高南京（红）生产过程西格玛水平	广西中烟工业有限责任公司柳州卷烟厂	黑带
降低卷烟过程烟叶单耗	广西中烟工业有限责任公司柳州卷烟厂	黑带
提高卷包车间制造过程西格玛水平	红塔烟草（集团）有限责任公司楚雄卷烟厂	黑带
降低超细支卷烟烟支外观B类质量缺陷率	红塔烟草（集团）有限责任公司玉溪卷烟厂	黑带
降低GDX6S条包机条盒缺陷率	红塔烟草（集团）有限责任公司玉溪卷烟厂	黑带
提高5吨线掺配工序过程质量得分	红塔烟草（集团）有限责任公司玉溪卷烟厂	绿带
提高PROTOS2C卷烟机的设备效率	红塔烟草（集团）有限责任公司玉溪卷烟厂	黑带
提高制丝综合出丝率	红云红河烟草（集团）有限责任公司红河卷烟厂	黑带
降低ZJ17单箱卷烟烟丝流失量	红云红河烟草（集团）有限责任公司红河卷烟厂	黑带
降低云烟（软如意）滤棒吸阻均值偏移量	红云红河烟草（集团）有限责任公司红河卷烟厂	黑带
提高烟支长度合格率	红云红河烟草（集团）有限责任公司新疆卷烟厂	黑带
提高加料料液温度的CPK	红云红河烟草（集团）有限责任公司新疆卷烟厂	绿带
降低污水COD	红云红河烟草（集团）有限责任公司新疆卷烟厂	绿带
提高卷包设备烙铁温度的稳定性	四川中烟工业有限责任公司成都卷烟厂	绿带
减少格调细支品牌的空头质量缺陷	四川中烟工业有限责任公司成都卷烟厂	绿带
提高龙凤呈祥（软魅力朝天门）烟支质量标偏合格率	重庆中烟工业有限责任公司涪陵卷烟厂	绿带
提高制梗丝过程合格率	重庆中烟工业有限责任公司涪陵卷烟厂	绿带
提高烘丝前HT入口水分合格率	重庆中烟工业有限责任公司重庆卷烟厂	绿带
提高FY114型废烟支处理机设备综合效率（OEE）	湖南中烟工业有限责任公司长沙卷烟厂	黑带
降低物流工序循环烟箱的损耗率	湖南中烟工业有限责任公司长沙卷烟厂	绿带

续表

项目名称	项目实施单位	项目类别
降低扩改线叶片段批次烟叶损耗率	湖南中烟工业有限责任公司常德卷烟厂	绿带
降低 PT2－2 机型烟支空头缺陷率	湖南中烟工业有限责任公司常德卷烟厂	绿带
降低 PT1#南京（炫赫门）皱烟不良率	江苏中烟工业有限责任公司淮阴卷烟厂	黑带
提高南京（炫赫门）通风度 SD 达标率	江苏中烟工业有限责任公司淮阴卷烟厂	黑带
降低南京（红）烟叶单耗	江苏中烟工业有限责任公司淮阴卷烟厂	黑带
降低成品膨胀烟丝碎丝率	江苏中烟工业有限责任公司淮阴卷烟厂	黑带
降低南京（炫赫门）原料消耗	江苏中烟工业有限责任公司淮阴卷烟厂	黑带
提高叶片加料高加工强度西格玛水平	山东中烟工业有限责任公司青州卷烟厂	黑带
提高白沙（硬）烟支重量稳定性	山东中烟工业有限责任公司青州卷烟厂	黑带
提高 6#包装机组流通合格率	山东中烟工业有限责任公司青州卷烟厂	黑带
降低新叶线段故障停机率	山东中烟工业有限责任公司青州卷烟厂	黑带
提高实验线烘丝工序西格玛水平	山东中烟工业有限责任公司青岛卷烟厂	黑带
降低泰山（宏图）小盒方正度不良率	山东中烟工业有限责任公司青岛卷烟厂	黑带
降低制丝车间非计划停机损失	山东中烟工业有限责任公司济南卷烟厂	黑带
提高膨胀线设备综合效率	山东中烟工业有限责任公司济南卷烟厂	黑带
降低卷烟外观 A、B 类不良率	山东中烟工业有限责任公司济南卷烟厂	黑带
新型箱缺条检测的设计	山东中烟工业有限责任公司济南卷烟厂	黑带
降低 GDX6 包装机组故障停机率	山东中烟工业有限责任公司济南卷烟厂	黑带
污水处理远程控制系统设计	山东中烟工业有限责任公司济南卷烟厂	黑带
提高叶丝加料出口水分过程能力	河南中烟工业有限责任公司黄金叶生产制造中心	黑带
降低某蒸汽锅炉系统排污率	河南中烟工业有限责任公司黄金叶生产制造中心	黑带
提高黄金叶（爱尚）在线激光打孔卷烟通风率标偏合格率	河南中烟工业有限责任公司黄金叶生产制造中心	黑带
提高红旗渠梗丝加香水分 Cpk 值	河南中烟工业有限责任公司南阳卷烟厂	黑带
提高黄金叶（红南阳）松散回潮出口水分西格玛水平	河南中烟工业有限责任公司南阳卷烟厂	黑带
提高空压机千瓦时产气量	河南中烟工业有限责任公司南阳卷烟厂	绿带
提高黄金叶（硬帝豪）烟丝整丝率	河南中烟工业有限责任公司许昌卷烟厂	黑带
提高黄金叶（硬帝豪）卷包工序烟丝利用率	河南中烟工业有限责任公司许昌卷烟厂	黑带
提高 TBL 回潮机出口水分过程能力	河南中烟工业有限责任公司许昌卷烟厂	黑带
降低软硬包黄金叶（乐途）高速生产产品不良率	河南中烟工业有限责任公司许昌卷烟厂	黑带
降低 ZJ19 机组单支重量缺陷率	河南中烟工业有限责任公司漯河卷烟厂	黑带
提高制丝供水压力稳定性	河南中烟工业有限责任公司漯河卷烟厂	黑带
提高叶片加料精度优质率	河南中烟工业有限责任公司漯河卷烟厂	黑带
提高切梗合格率	河南中烟工业有限责任公司漯河卷烟厂	黑带
提高红旗渠（雪茄）牌号薄板烘丝机筒壁温度合格率	河南中烟工业有限责任公司安阳卷烟厂	黑带
降低 6#PASSIM 卷烟机组万支残烟量	河南中烟工业有限责任公司驻马店卷烟厂	黑带
降低空压系统千方压缩空气耗电量	河南中烟工业有限责任公司驻马店卷烟厂	黑带
提高烟叶评吸效果	河北白沙烟草有限责任公司保定卷烟厂	黑带
降低钻石（细支荷花）卷接机废品率	河北白沙烟草有限责任公司保定卷烟厂	黑带
提高 ZJ19 卷烟机白沙（软）烟支长度 Ppk	河北白沙烟草有限责任公司保定卷烟厂	黑带
提高钻石（硬特醇）DCC 出口含水率 Cpk	河北白沙烟草有限责任公司保定卷烟厂	黑带
提高钻石（硬红）松散回潮出口水分的过程能力	张家口卷烟厂有限责任公司	绿带
提高钻石（绿石二代）卷烟成品优等品率	张家口卷烟厂有限责任公司	黑带
提高 B 类梗丝过程加工西格玛水平	甘肃烟草工业有限责任公司天水卷烟厂	绿带
提高制冷系统能效比	甘肃烟草工业有限责任公司兰州卷烟厂	黑带
降低 ZB45 包装机内衬纸包装不良率	甘肃烟草工业有限责任公司兰州卷烟厂	黑带
提高成品烟支含水率的过程能力指数	甘肃烟草工业有限责任公司兰州卷烟厂	黑带

◇ 编辑：邢忠敏　褚　幸

品牌名录

2017 年在产卷烟品牌（规格）名录

河北中烟工业有限责任公司

品　牌	规　格	焦油量	备　注	规　格	焦油量	备　注
钻石△	钻石（大好河山）	10mg/支	一类烟	钻石（时尚）	6mg/支	二类烟、细支烟
	钻石（软珍品）	11mg/支	一类烟	钻石（传奇子龙）	10mg/支	二类烟、2017 年新产品
	钻石（硬红 120）	8mg/支	一类烟	钻石（经典浓情）	11mg/支	三类烟
	钻石（细支荷花）	6mg/支	一类烟	钻石（绿石 2 代）	11mg/支	三类烟
	钻石（荷花）	10mg/支	一类烟	钻石（硬玫瑰紫）	11mg/支	三类烟
	钻石（玉兰 120 白）	10mg/支	一类烟	钻石（经典纯和）	11mg/支	三类烟
	钻石（硬珍品）	11mg/支	一类烟	钻石（大福元）	10mg/支	三类烟
	钻石（烟波致爽）	10mg/支	一类烟	钻石（硬红）	11mg/支	三类烟
	钻石（软景泰）	8mg/支	一类烟	钻石（硬迎宾）	11mg/支	三类烟
	钻石（一品荷花）	10mg/支	一类烟	钻石（银玉兰）	11mg/支	三类烟
	钻石（时尚景泰）	6mg/支	一类烟、细支烟	钻石（硬蓝新一代）	8mg/支	三类烟
	钻石（扁蓝时尚）	6mg/支	一类烟、细支烟	钻石（红石 2 代）	11mg/支	三类烟
	钻石（自在八仙）	10mg/支	一类烟、2017 年新产品	钻石（平安）	11mg/支	三类烟
	钻石（西柏坡）	10mg/支	一类烟、2017 年新产品	钻石（洪荒之绿）	10mg/支	三类烟、2017 年新产品
	钻石（金石）	11mg/支	二类烟	钻石（盛世迎宾）	10mg/支	三类烟、2017 年新产品
	钻石（细支尚风）	8mg/支	二类烟	钻石（鸿运）	10mg/支	四类烟
	钻石（金玉兰）	11mg/支	二类烟	钻石（软红）	11mg/支	四类烟
	钻石（细支心世界）	8mg/支	二类烟	钻石（硬蓝）	11mg/支	四类烟
	钻石（软绿）	10mg/支	二类烟	钻石（硬特醇）	11mg/支	四类烟
新石家庄	新石家庄（软）	11mg/支	五类烟			

注：根据国烟办综〔2018〕24 号文件，2017 年全国烟草行业共有 31 个重点卷烟品牌，其中，标☆的为三类以上卷烟销量排行前 15 位品牌，标★的为销售收入（含税）排名前 15 位品牌，标△的为鼓励培育品牌。“双喜·红双喜”在本名录中分别按“双喜”和“红双喜”单列。

上海烟草集团有限责任公司

品牌	规格	焦油量	备注	规格	焦油量	备注
熊猫	熊猫（硬经典）	10mg/支	一类烟	熊猫（硬5盒时代版出口）	11mg/支	出口烟
	熊猫（硬时代版）	11mg/支	一类烟	熊猫（5盒礼盒出口）	12mg/支	出口烟
	熊猫（听50支出口）	10mg/支	出口烟			
中华☆★	中华（软）	11mg/支	一类烟	中华（全开式）	11mg/支	一类烟
	中华（硬）	11mg/支	一类烟	中华（双中支）	10mg/支	一类烟、2017年新产品
	中华（硬10mg）	10mg/支	一类烟	中华（听50支出口）	11mg/支	出口烟
	中华（金中支）	10mg/支	一类烟	中华（软出口）	11mg/支	出口烟
	中华（硬12支）	11mg/支	一类烟	中华（硬10mg出口）	10mg/支	出口烟
	中华（硬5支）	11mg/支	一类烟	中华（硬出口）	11mg/支	出口烟
	中华（5000）	10mg/支	一类烟	中华（5000出口）	10mg/支	出口烟
江山	江山（硬一统）	10mg/支	一类烟			
恒大	恒大（烟魁1919）	10mg/支	一类烟	恒大（全开式烟魁）	10mg/支	一类烟
	恒大（记忆1949）	10mg/支	一类烟	恒大（烟魁1949中支）	8mg/支	一类烟、2017年新产品
红双喜☆★	红双喜（硬晶派）	11mg/支	一类烟	红双喜（硬百顺）	11mg/支	三类烟
	红双喜（硬铂派）	3mg/支	一类烟	红双喜（硬江山精品）	10mg/支	三类烟
	红双喜（硬江山珍品）	11mg/支	二类烟	红双喜（硬上海）	11mg/支	三类烟
	红双喜（硬精品）	10mg/支	二类烟	红双喜（硬特）	10mg/支	三类烟
	红双喜（硬尚派）	5mg/支	二类烟	红双喜（硬8mg）	8mg/支	三类烟
	红双喜（硬星派）	5mg/支	二类烟	红双喜（硬晶派10mg出口）	10mg/支	出口烟
	红双喜（硬荷派）	5mg/支	二类烟	红双喜（硬10mg出口）	10mg/支	出口烟
	红双喜（硬晶喜）	11mg/支	二类烟	红双喜（硬出口）	11mg/支	出口烟
	红双喜（硬津门恒大）	8mg/支	二类烟	红双喜（硬8mg出口）	8mg/支	出口烟
	红双喜（硬）	11mg/支	三类烟			
双喜☆★	双喜（百年红）	10mg/支	一类烟			

续表

品 牌	规 格	焦油量	备 注	规 格	焦油量	备 注
中南海△	中南海（软精品）	10mg/支	一类烟	中南海（典 8）	8mg/支	三类烟、混合型、2017 年新产品
中南海△	中南海（3mg）	3mg/支	一类烟、混合型	中南海（特高出口）	11mg/支	出口烟
中南海△	中南海（硬酷爽风尚）	8mg/支	一类烟、混合型	中南海（3mg 出口）	3mg/支	出口烟、混合型
中南海△	中南海（Z 咖）	8mg/支	一类烟、混合型、中支烟	中南海（8mg 出口）	8mg/支	出口烟、混合型
中南海△	中南海（硬北京）	10mg/支	一类烟、2017 年新产品	中南海（薄荷 8mg 出口）	8mg/支	出口烟、混合型
中南海△	中南海（软北京）	10mg/支	一类烟、2017 年新产品	中南海（Premium 5mg 出口）	5mg/支	出口烟、混合型
中南海△	中南海（全开北京）	10mg/支	一类烟、中支烟、2017 年新产品	中南海（5mg 京韵）	5mg/支	出口烟、混合型、中支烟
中南海△	中南海（Z 冰）	8mg/支	一类烟、混合型、中支烟、2017 年新产品	中南海（1mg 出口）	1mg/支	出口烟、混合型
中南海△	中南海（特高）	11mg/支	二类烟	中南海（5mg 出口）	5mg/支	出口烟、混合型
中南海△	中南海（蓝色风尚）	5mg/支	二类烟、混合型	中南海（薄荷 1mg 出口）	1mg/支	出口烟、混合型
中南海△	中南海（5mg）	5mg/支	三类烟、混合型	中南海（Premium 1mg 出口）	1mg/支	出口烟、混合型
中南海△	中南海（软蓝色时光）	6mg/支	三类烟、混合型	中南海（Premium 8mg 出口）	8mg/支	出口烟、混合型
中南海△	中南海（金 8mg）	8mg/支	三类烟、混合型	中南海（3mg 京韵）	3mg/支	出口烟、混合型、中支烟
中南海△	中南海（8mg）	8mg/支	三类烟、混合型	中南海（清净香免税）	10mg/支	出口烟、中支烟、2017 年新产品
中南海△	中南海（10mg）	10mg/支	三类烟、混合型	中南海（听装北京免税）	10mg/支	出口烟、2017 年新产品
中南海△	中南海（5mg 细支）	5mg/支	三类烟、混合型	中南海（细支京韵免税）	6mg/支	出口烟、混合型、细支烟、2017 年新产品
孟菲斯	孟菲斯（硬红）	11mg/支	三类烟	孟菲斯（硬蓝）	9mg/支	三类烟
凤凰	凤凰（细支）	8mg/支	一类烟	凤凰（细支出口）	8mg/支	出口烟
牡丹	牡丹（软蓝）	10mg/支	一类烟	牡丹（真国色出口）	10mg/支	出口烟
牡丹	牡丹（软）	10mg/支	三类烟			
大前门	大前门（短支）	10mg/支	二类烟	大前门（硬）	9mg/支	五类烟
大前门	大前门（软）	10mg/支	五类烟			

江苏中烟工业有限责任公司

品 牌	规 格	焦油量	备 注	规 格	焦油量	备 注
南京☆★	南京（精品）	11mg/支	一类烟	南京（新版）	10mg/支	二类烟
	南京（九五）	11mg/支	一类烟	南京（红华西）	10mg/支	二类烟
	南京（软九五）	11mg/支	一类烟	南京（硬林）	11mg/支	二类烟
	南京（细支九五）	5mg/支	一类烟	南京（佳品）	11mg/支	二类烟
	南京（硬珍品）	11mg/支	一类烟	南京（红）	11mg/支	三类烟
	南京（84mm 金陵十二钗）	8mg/支	一类烟	南京（紫晶）	8mg/支	三类烟
	南京（喜庆）	11mg/支	一类烟	南京（红 C）	11mg/支	出口烟
	南京（臻品）	10mg/支	一类烟	南京（喜庆出口）	11mg/支	出口烟
	南京（十二钗烤烟）	6mg/支	一类烟、细支烟	南京（精品出口）	11mg/支	出口烟
	南京（十二钗薄荷）	6mg/支	一类烟、细支烟	南京（十二钗烤烟 C）	6mg/支	出口烟
	南京（十二钗中式混合型）	5mg/支	一类烟、细支烟	南京（雨花石 HKm）	5mg/支	出口烟、2017 年新产品
	南京（梦都）	6mg/支	一类烟、细支烟	南京（十二钗烤烟 HK）	6mg/支	出口烟、2017 年新产品
	南京（雨花石）	5mg/支	一类烟、细支烟	南京（炫赫门 C）	8mg/支	出口烟、2017 年新产品
	南京（大观园）	6mg/支	一类烟、细支烟	南京（梦都 C）	6mg/支	出口烟、2017 年新产品
	南京（红楼卷）	5mg/支	一类烟、细支烟、2017 年新产品	南京（雨花石 HK）	5mg/支	出口烟、2017 年新产品
	南京（硬金星）	11mg/支	二类烟	南京（雨花石 C）	5mg/支	出口烟、2017 年新产品
	南京（金砂）	10mg/支	二类烟	南京（十二钗烤烟 HKm）	6mg/支	出口烟、2017 年新产品
	南京（炫赫门）	8mg/支	二类烟、细支烟	南京（炫赫门 HKm）	8mg/支	出口烟、2017 年新产品
苏烟★	苏烟（七星）	11mg/支	一类烟	苏烟（金砂 2）	11mg/支	一类烟
	苏烟（五星红杉树）	11mg/支	一类烟	苏烟（一品梅）	11mg/支	一类烟
	苏烟（瑞星）	10mg/支	一类烟	苏烟（铂晶）	11mg/支	一类烟、2017 年新产品
	苏烟（软金砂）	11mg/支	一类烟	苏烟（红杉树 C）	11mg/支	出口烟
	苏烟（东渡顺）	11mg/支	一类烟	苏烟（金砂 C）	11mg/支	出口烟
	苏烟（沉香）	6mg/支	一类烟、细支烟	苏烟（TW 金砂 C）	10mg/支	出口烟、2017 年新产品
一品梅	一品梅（淡黄）	8mg/支	四类烟			
红杉树	红杉树（木）	9mg/支	四类烟	红杉树（软红）	8mg/支	五类烟
	红杉树（硬新）	8mg/支	四类烟			
华西村	华西村（经典）	11mg/支	一类烟			
罗曼蒂克	罗曼蒂克（5mg 台湾）	5mg/支	出口烟、混合型	罗曼蒂克（7mg 台湾）	7mg/支	出口烟、混合型
	罗曼蒂克（BJST）	7mg/支	出口烟、混合型	罗曼蒂克（3mg 台湾）	3mg/支	出口烟、混合型、2017 年新产品

浙江中烟工业有限责任公司

品牌	规格	焦油量	备注	规格	焦油量	备注
利群☆★	利群（阳光）	8mg/支	一类烟	利群（长嘴澳门）	11mg/支	出口烟
	利群（软红长嘴）	11mg/支	一类烟	利群（阳光 HK）	11mg/支	出口烟
	利群（软长嘴）	11mg/支	一类烟	利群（阳光英文）	8mg/支	出口烟
	利群（软红长嘴硬化）	11mg/支	一类烟	利群（阳光澳门免税）	8mg/支	出口烟
	利群（软金色阳光）	8mg/支	一类烟	利群（阳光澳门）	8mg/支	出口烟
	利群（长嘴）	11mg/支	一类烟	利群（阳光国际版）	8mg/支	出口烟
	利群（硬）	10mg/支	一类烟	利群（阳光印尼）	8mg/支	出口烟
	利群（江南忆）	10mg/支	一类烟	利群（阳光台湾）	8mg/支	出口烟
	利群（薄荷）	9mg/支	一类烟	利群（长嘴泰国）	11mg/支	出口烟
	利群（钱塘）	10mg/支	一类烟	利群（长嘴吉布提）	11mg/支	出口烟
	利群（西湖恋）	8mg/支	一类烟、细支烟	利群（英文 GM）	11mg/支	出口烟
	利群（西子阳光）	5mg/支	一类烟、细支烟	利群（英文澳门）	11mg/支	出口烟
	利群（逍遥）	6mg/支	一类烟	利群（英文菲律宾）	11mg/支	出口烟
	利群（休闲）	11mg/支	一类烟	利群（英文肯尼亚）	—	出口烟
	利群（休闲云端）	7mg/支	一类烟、细支烟	利群（长嘴英文）	11mg/支	出口烟
	利群（新版）	11mg/支	二类烟	利群（长嘴 HK）	11mg/支	出口烟
	利群（老版）	11mg/支	二类烟	利群（长嘴香港）	11mg/支	出口烟
	利群（蓝天）	11mg/支	二类烟	利群（长嘴澳门免税）	11mg/支	出口烟
	利群（8mg 新版）	8mg/支	二类烟	利群（长嘴马来西亚）	11mg/支	出口烟
	利群（软蓝）	11mg/支	二类烟	利群（长嘴 XZ）	12mg/支	出口烟
	利群（软长嘴 GM）	11mg/支	出口烟	利群（长嘴菲律宾）	11mg/支	出口烟
	利群（软长嘴国际版）	11mg/支	出口烟	利群（英文台湾）	8mg/支	出口烟
	利群（软长嘴英文）	11mg/支	出口烟	利群（阳光 GM）	8mg/支	出口烟
	利群（软长嘴韩国免税）	11mg/支	出口烟	利群（阳光马来西亚）	8mg/支	出口烟
	利群（英文）	11mg/支	出口烟	利群（阳光土耳其）	8mg/支	出口烟
	利群（长嘴 AZ）	12mg/支	出口烟	利群（阳光新加坡）	8mg/支	出口烟
	利群（长嘴秘鲁）	11mg/支	出口烟	利群（阳光菲律宾）	—	出口烟
	利群（长嘴印尼）	11mg/支	出口烟	利群（阳光泰国）	—	出口烟
	利群（长嘴 GM）	11mg/支	出口烟	利群（长嘴格鲁吉亚）	11mg/支	出口烟
	利群（长嘴智利）	11mg/支	出口烟	利群（长嘴韩国免税）	11mg/支	出口烟
大红鹰	大红鹰（软蓝）	8mg/支	三类烟			
雄狮	雄狮（硬）	8mg/支	四类烟	雄狮（红）	8mg/支	五类烟
	雄狮（红老版）	8mg/支	四类烟	雄狮（薄荷）	8mg/支	五类烟、外香型
摩登	摩登（南美 S）	9mg/支	出口烟、混合型	摩登（菲律宾 HC）	—	出口烟、混合型
	摩登（秘鲁）	9mg/支	出口烟、混合型	摩登（多米尼加 BH）	10mg/支	出口烟、外香型
	摩登（秘鲁 BH）	10mg/支	出口烟、外香型	摩登（多米尼加 H）	10mg/支	出口烟、混合型
	摩登（多米尼加）	9mg/支	出口烟、混合型	摩登（菲律宾薄荷）	—	出口烟、外香型、2017 年新产品
	摩登（菲律宾 C）	—	出口烟、混合型			

安徽中烟工业有限责任公司

品 牌	规 格	焦油量	备 注	规 格	焦油量	备 注
黄山☆★	黄山（天都）	8mg/支	一类烟	黄山（大黄山）	10mg/支	二类烟
	黄山（徽商新视界）	10mg/支	一类烟	黄山（中国画细支）	8mg/支	二类烟
	黄山（硬天都）	10mg/支	一类烟	黄山（记忆）	10mg/支	二类烟
	黄山（经典皖烟）	11mg/支	一类烟	黄山（新制皖烟）	11mg/支	二类烟
	黄山（喜庆红方印）	10mg/支	一类烟	黄山（大壹品）	8mg/支	三类烟
	黄山（徽商新概念）	10mg/支	一类烟	黄山（贵宾迎客松）	8mg/支	三类烟
	黄山（徽商新概念细支）	8mg/支	一类烟	黄山（硬）	11mg/支	三类烟
	黄山（红方印 1755 短支）	10mg/支	一类烟	黄山（硬记忆）	8mg/支	三类烟
	黄山（七星皖烟）	10mg/支	一类烟	黄山（中国风）	11mg/支	三类烟
	黄山（喜庆红方印细支）	10mg/支	一类烟	黄山（软大壹品）	10mg/支	三类烟
	黄山（大红方印）	10mg/支	一类烟	黄山（金纯和）	11mg/支	三类烟
	黄山（金皖烟）	11mg/支	一类烟	黄山（金光明）	10mg/支	三类烟
	黄山（中国印）	10mg/支	一类烟	黄山（印象一品）	10mg/支	三类烟
	黄山（大黄山细支）	10mg/支	一类烟	黄山（嘉宾迎客松）	8mg/支	三类烟
	黄山（国宾迎客松）	11mg/支	一类烟	黄山（软一品）	10mg/支	三类烟
	黄山（小红方印）	10mg/支	一类烟	黄山（硬一品）	10mg/支	四类烟
	黄山（红方印细支）	9mg/支	一类烟	黄山（红光明）	10mg/支	四类烟
	黄山（软喜庆红方印）	10mg/支	一类烟	黄山（新一品）	10mg/支	四类烟
	黄山（红皖烟）	11mg/支	二类烟	黄山（天都 9+1 出口）	10mg/支	出口烟
	黄山（新红皖）	11mg/支	二类烟	黄山（硬天都出口）	8mg/支	出口烟
	黄山（最美高铁）	10mg/支	二类烟	黄山（大红方印出口）	10mg/支	出口烟
	黄山（最美高铁，老版）	10mg/支	二类烟	黄山（细支红方印出口）	9mg/支	出口烟
都宝	都宝（冰爽世界）	8mg/支	出口烟、混合型	都宝（台湾 3mg）	3mg/支	出口烟、混合型
	都宝（纯正 9 号）	8mg/支	出口烟、混合型	都宝（新台湾 5 号）	5mg/支	出口烟、混合型
	都宝（新）	8mg/支	五类烟、混合型	都宝（新台湾 8 号）	6mg/支	出口烟、混合型
	都宝（3mg 台湾）	3mg/支	出口烟、混合型	都宝（银时尚台湾）	7mg/支	出口烟、混合型
	都宝（5mg 台湾）	5mg/支	出口烟、混合型			
红三环	红三环（幸福篇）	10mg/支	四类烟	红三环（软黄）	9mg/支	五类烟
	红三环（渡江）	9mg/支	五类烟			
盛唐	盛唐（金）	10mg/支	四类烟			

福建中烟工业有限责任公司

品牌	规格	焦油量	备注	规格	焦油量	备注
七匹狼☆★	七匹狼（厦门）	11mg/支	一类烟	七匹狼（纯雅）	6mg/支	二类烟
	七匹狼（通运）	10mg/支	一类烟	七匹狼（纯翠）	6mg/支	二类烟
	七匹狼（纯典）	5mg/支	一类烟	七匹狼（红）	11mg/支	二类烟
	七匹狼（纯尚）	8mg/支	一类烟	七匹狼（锋芒）	6mg/支	二类烟、细支烟
	七匹狼（硬锋芒）	10mg/支	一类烟	七匹狼（蓝钻）	8mg/支	二类烟、2017 年新产品
	七匹狼（16 支通泰）	11mg/支	一类烟	七匹狼（豪迈）	8mg/支	三类烟
	七匹狼（通福）	11mg/支	一类烟	七匹狼（金砂）	10mg/支	三类烟
	七匹狼（软灰）	11mg/支	一类烟	七匹狼（金）	11mg/支	三类烟
	七匹狼（小通仙）	10mg/支	一类烟	七匹狼（蓝）	8mg/支	三类烟
	七匹狼（通仙境）	10mg/支	一类烟	七匹狼（鸿福）	10mg/支	三类烟
	七匹狼（16 支纯香）	5mg/支	一类烟	七匹狼（豪运）	11mg/支	三类烟
	七匹狼（尚品）	11mg/支	一类烟	七匹狼（白）	10mg/支	三类烟
	七匹狼（翠碧嘉缘）	10mg/支	一类烟	七匹狼（豪情）	10mg/支	四类烟
	七匹狼（大通仙）	10mg/支	一类烟	七匹狼（古田）	10mg/支	四类烟
	七匹狼（金砖中支）	8mg/支	一类烟、2017 年新产品	七匹狼（白，东帝汶）	10mg/支	出口烟
	七匹狼（金砖细支）	6mg/支	一类烟、2017 年新产品	七匹狼（蓝，东帝汶）	8mg/支	出口烟
	七匹狼（纯境）	6mg/支	二类烟	七匹狼（蓝，阿富汗）	8mg/支	出口烟
	七匹狼（软红）	10mg/支	二类烟			
万宝路	万宝路（软金）	8mg/支	一类烟、混合型	万宝路（硬红 2.0）	10mg/支	二类烟、混合型
	万宝路（软红 2.0）	10mg/支	二类烟、混合型	万宝路（软红）	11mg/支	二类烟、混合型
金桥△	金桥（冰爆）	8mg/支	一类烟、混合型	金桥（软混）	10mg/支	三类烟、混合型
	金桥（双爆）	8mg/支	一类烟、混合型、2017 年新产品	金桥（台湾 94）	5mg/支	出口烟、混合型
	金桥（英伦奶香）	6mg/支	三类烟、混合型	金桥（84mm，5mg）	5mg/支	出口烟、混合型
	金桥（硬）	8mg/支	三类烟、混合型			
石狮	石狮（平安）	11mg/支	四类烟	石狮（软富健）	10mg/支	五类烟
古田	古田（软 1929）	10mg/支	一类烟	古田（光芒）	10mg/支	一类烟、2017 年新产品
	古田（红军灰）	8mg/支	一类烟	古田（红星细支）	5mg/支	一类烟、2017 年新产品
土楼	土楼（神韵）	10mg/支	一类烟	土楼（1575）	10mg/支	一类烟、2017 年新产品
妙香	妙香	12mg/支	出口烟			
长寿	长寿（两岸）	10mg/支	三类烟、2017 年新产品			

江西中烟工业有限责任公司

品 牌	规 格	焦油量	备 注	规 格	焦油量	备 注
金圣△	金圣（硬红瑞香）	10mg/支	一类烟	金圣（圣地中国红）	10mg/支	一类烟、2017 年新产品
	金圣（滕王阁·香两岸）	10mg/支	一类烟	金圣（智圣出山·国味）	8mg/支	一类烟、2017 年新产品
	金圣（软瑞香）	10mg/支	一类烟	金圣（赣）	11mg/支	二类烟
	金圣（软滕王阁）	10mg/支	一类烟	金圣（滕王阁·渔舟唱晚）	11mg/支	二类烟
	金圣（典藏花开富贵）	10mg/支	一类烟	金圣（硬黑老虎）	10mg/支	二类烟
	金圣（红瑞香）	10mg/支	一类烟	金圣（滕王阁·紫光）	8mg/支	二类烟、细支烟
	金圣（吉品）	10mg/支	一类烟	金圣（滕王阁·更上一层楼）	10mg/支	二类烟、2017 年新产品
	金圣（盛世典藏）	11mg/支	一类烟	金圣（庐山·有滋有味）	10mg/支	三类烟
	金圣（硬典藏）	11mg/支	一类烟	金圣（硬红）	8mg/支	三类烟
	金圣（原生工坊）	10mg/支	一类烟	金圣（软红）	10mg/支	三类烟
	金圣（滕王阁细支）	8mg/支	一类烟	金圣（庐山）	8mg/支	三类烟
	金圣（典藏瑞香）	10mg/支	一类烟	金圣（硬滕王阁）	10mg/支	三类烟
	金圣（本草瑞香）	8mg/支	一类烟、细支烟	金圣（硬红·十二生肖）	10mg/支	三类烟
	金圣（智圣出山 16 支装）	8mg/支	一类烟	金圣（软）	10mg/支	三类烟
	金圣（智圣出山）	10mg/支	一类烟	金圣（硬）	10mg/支	三类烟
	金圣（滕王阁·金叶天香）	10mg/支	一类烟	金圣（瓷）	10mg/支	出口烟
	金圣（滕王阁·回味无穷）	10mg/支	一类烟、2017 年新产品	金圣（华天下·檀香）	10mg/支	出口烟
	金圣（智圣出山·国瓷）	8mg/支	一类烟、2017 年新产品	金圣（华天下·沉香）	10mg/支	出口烟
庐山	庐山（银）	11mg/支	四类烟	庐山（大红运）	10mg/支	四类烟
	庐山（精品）	11mg/支	四类烟	庐山（硬）	10mg/支	五类烟
	庐山（黄精品）	11mg/支	四类烟	庐山（新）	10mg/支	五类烟
赣	赣（蓝）	10mg/支	四类烟	赣（佳品）	11mg/支	四类烟
月兔	月兔（硬）	10mg/支	五类烟			

山东中烟工业有限责任公司

品 牌	规 格	焦油量	备 注	规 格	焦油量	备 注
泰山☆★	泰山（儒风）	11mg/支	一类烟	泰山（青秀）	8mg/支	二类烟
	泰山（拂光细支）	6mg/支	一类烟	泰山（心悦）	6mg/支	二类烟、细支烟
	泰山（乐章）	5mg/支	一类烟	泰山（琥珀）	10mg/支	二类烟、2017 年新产品
	泰山（新品）	11mg/支	一类烟	泰山（中支将军）	10mg/支	二类烟、2017 年新产品
	泰山（将军）	11mg/支	一类烟	泰山（大宏图）	10mg/支	二类烟、2017 年底停产
	泰山（八喜）	8mg/支	一类烟	泰山（绿孔府）	8mg/支	二类烟、2017 年 9 月停产
	泰山（儒风细支）	6mg/支	一类烟	泰山（宏图）	11mg/支	三类烟
	泰山（好客细支）	6mg/支	一类烟	泰山（平安）	6mg/支	三类烟
	泰山（红锡包）	11mg/支	一类烟	泰山（华贵）	11mg/支	三类烟

续表

品牌	规格	焦油量	备注	规格	焦油量	备注
泰山☆★	泰山（望岳）	8mg/支	一类烟	泰山（白将军）	11mg/支	三类烟
	泰山（拂光）	11mg/支	一类烟	泰山（红将军）	11mg/支	三类烟
	泰山（好好学习）	10mg/支	一类烟、2017 年新产品	泰山（战神）	10mg/支	三类烟
	泰山（颜悦）	6mg/支	一类烟、细支烟、2017 年新改造	泰山（硬红八喜）	8mg/支	三类烟
	泰山（硬神秀）	11mg/支	一类烟、2017 年 9 月停产	泰山（东方）	11mg/支	三类烟
	泰山（大鸡）	10mg/支	二类烟	泰山（沂蒙）	11mg/支	三类烟
	泰山（硬功勋）	11mg/支	二类烟	泰山（哈德门）	10mg/支	三类烟、2017 年底停产
哈德门	哈德门（纯香）	11mg/支	四类烟	哈德门（精品）	11mg/支	四类烟、2017 年底停产
	哈德门（金典）	10mg/支	四类烟、2017 年新产品	哈德门（软）	11mg/支	五类烟

河南中烟工业有限责任公司

品牌	规格	焦油量	备注	规格	焦油量	备注
黄金叶☆★	黄金叶（软黄金）	10mg/支	一类烟	黄金叶（香源）	10mg/支	二类烟
	黄金叶（天香细支）	6mg/支	一类烟	黄金叶（硬福满堂）	10mg/支	二类烟
	黄金叶（豫烟 5 号）	10mg/支	一类烟	黄金叶（红南阳）	10mg/支	二类烟
	黄金叶（硬黄金）	10mg/支	一类烟	黄金叶（黄金眼）	10mg/支	二类烟
	黄金叶（天韵）	8mg/支	一类烟	黄金叶（金尚酷）	10mg/支	二类烟
	黄金叶（百年浓香）	8mg/支	一类烟	黄金叶（乐途）	10mg/支	二类烟、短支烟
	黄金叶（红旗渠）	10mg/支	一类烟	黄金叶（爱尚）	6mg/支	二类烟、细支烟
	黄金叶（浓香细支）	6mg/支	一类烟	黄金叶（小目标）	10mg/支	二类烟、2017 年新产品
	黄金叶（小黄金）	10mg/支	一类烟	黄金叶（硬红旗渠）	10mg/支	三类烟
	黄金叶（软大金圆）	11mg/支	一类烟	黄金叶（硬帝豪）	11mg/支	三类烟
	黄金叶（软盛世金典）	11mg/支	一类烟	黄金叶（金满堂）	10mg/支	三类烟
	黄金叶（硬大金圆双十支）	11mg/支	一类烟	黄金叶（喜满堂）	10mg/支	三类烟
	黄金叶（软红大金圆）	10mg/支	一类烟	黄金叶（鸿运）	10mg/支	三类烟
	黄金叶（炫尚）	6mg/支	一类烟、细支烟	黄金叶（吉祥如意出口越南）	10mg/支	出口烟
	黄金叶（商鼎）	10mg/支	一类烟、中支烟	黄金叶（大金圆出口）	11mg/支	出口烟
	黄金叶（天叶）	11mg/支	一类烟	黄金叶（天润细支出口）	8mg/支	出口烟
	黄金叶（天叶细支）	8mg/支	一类烟	黄金叶（硬白出口澳门）	11mg/支	出口烟
	黄金叶（小天叶）	10mg/支	一类烟	黄金叶（硬帝豪出口）	11mg/支	出口烟
	黄金叶（大 M）	10mg/支	一类烟、2017 年新产品	黄金叶（100mm 出口中东）	8mg/支	出口烟、混合型
	黄金叶（豫香）	10mg/支	一类烟、短支烟、2017 年新产品	黄金叶（硬红出口巴基斯坦）	8mg/支	出口烟、混合型
	黄金叶（金丝路）	10mg/支	二类烟	黄金叶（混合细支出口）	5mg/支	出口烟、混合型
	黄金叶（豫烟 2 号）	10mg/支	二类烟	黄金叶（百年浓香出口）	8mg/支	出口烟、混合型

续表

品 牌	规 格	焦油量	备 注	规 格	焦油量	备 注
红旗渠	红旗渠（新开元）	11mg/支	三类烟	红旗渠（雪茄）	10mg/支	四类烟、雪茄型
	红旗渠（天行健）	11mg/支	三类烟	红旗渠（新版银河）	10mg/支	四类烟、2017 年新产品
	红旗渠（芒果）	10mg/支	三类烟、2017 年新产品	红旗渠（硬银）	10mg/支	四类烟
	红旗渠（银河之光）	10mg/支	四类烟	红旗渠（软红）	11mg/支	五类烟
散花	散花（软蓝）	11mg/支	五类烟			
发时达	发时达（黄金叶出口）	10mg/支	出口烟	发时达（硬金出口墨西哥）	13mg/支	出口烟、混合型
	发时达（硬蓝出口新加坡）	8mg/支	出口烟、混合型	发时达（软金出口菲律宾）	12mg/支	出口烟、混合型
	发时达（硬金出口缅甸）	13mg/支	出口烟、混合型			

湖北中烟工业有限责任公司

品 牌	规 格	焦油量	备 注	规 格	焦油量	备 注
黄鹤楼☆★	黄鹤楼（软珍品）	8mg/支	一类烟	黄鹤楼（硬天下胜景）	8mg/支	一类烟、细支烟
	黄鹤楼（硬游泳）	10mg/支	一类烟	黄鹤楼（硬生态）	8mg/支	一类烟、细支烟
	黄鹤楼（硬天骄圣地细支）	8mg/支	一类烟	黄鹤楼（硬嘉禧缘）	10mg/支	一类烟、细支烟
	黄鹤楼（硬峡谷情）	10mg/支	一类烟	黄鹤楼（硬平安）	8mg/支	一类烟、细支烟
	黄鹤楼（硬峡谷情细支）	8mg/支	一类烟	黄鹤楼（硬 1916）	10mg/支	一类烟
	黄鹤楼（硬知音）	11mg/支	一类烟	黄鹤楼（硬感恩）	8mg/支	一类烟
	黄鹤楼（硬圣火）	6mg/支	一类烟	黄鹤楼（硬为了谁）	6mg/支	一类烟
	黄鹤楼（硬珍品）	8mg/支	一类烟	黄鹤楼（硬红景天）	6mg/支	一类烟
	黄鹤楼（硬论道）	8mg/支	一类烟	黄鹤楼（硬 15）	10mg/支	一类烟
	黄鹤楼（硬峡谷柔情）	10mg/支	一类烟	黄鹤楼（软 191）	10mg/支	一类烟
	黄鹤楼（硬好运）	11mg/支	一类烟	黄鹤楼（硬漫天游）	10mg/支	一类烟
	黄鹤楼（硬大彩）	6mg/支	一类烟	黄鹤楼（硬攀登）	7mg/支	一类烟
	黄鹤楼（硬奇景）	10mg/支	一类烟	黄鹤楼（硬天骄圣地）	10mg/支	一类烟
	黄鹤楼（软红）	8mg/支	一类烟	黄鹤楼（软鸿运）	11mg/支	二类烟
	黄鹤楼（软永光）	10mg/支	一类烟	黄鹤楼（硬金砂）	8mg/支	二类烟
	黄鹤楼（软雅韵）	8mg/支	一类烟	黄鹤楼（硬 8 度）	10mg/支	二类烟
	黄鹤楼（硬雅韵）	8mg/支	一类烟	黄鹤楼（硬万年红）	10mg/支	二类烟
	黄鹤楼（软三口品）	8mg/支	一类烟	黄鹤楼（硬南洋叁号）	11mg/支	二类烟
	黄鹤楼（硬雅香）	11mg/支	一类烟	黄鹤楼（硬金砂龙烟）	11mg/支	二类烟
	黄鹤楼（硬红）	8mg/支	一类烟	黄鹤楼（硬银紫）	10mg/支	二类烟
	黄鹤楼（硬蓝）	11mg/支	一类烟	黄鹤楼（天下名楼）	8mg/支	二类烟、细支烟
	黄鹤楼（硬祝福）	10mg/支	一类烟	黄鹤楼（硬雪之景）	11mg/支	二类烟、雪茄型
	黄鹤楼（软蓝）	11mg/支	一类烟	黄鹤楼（软雪之景）	11mg/支	二类烟、雪茄型

续表

品牌	规格	焦油量	备注	规格	焦油量	备注
红金龙	红金龙（硬金爱你）	8mg/支	二类烟	红金龙（硬蓝爱你）	8mg/支	三类烟、细支烟
	红金龙（硬爱你爆珠）	8mg/支	二类烟	红金龙（软红九州腾龙）	10mg/支	四类烟
	红金龙（硬红火之舞）	11mg/支	三类烟	红金龙（硬新版）	10mg/支	四类烟
	红金龙（软精品）	11mg/支	三类烟	红金龙（硬虹之彩）	9mg/支	四类烟
	红金龙（硬富贵）	10mg/支	三类烟	红金龙（硬红）	10mg/支	四类烟
	红金龙（硬福满多）	11mg/支	三类烟	红金龙（软蓝九州腾龙）	10mg/支	四类烟
	红金龙（硬爱你）	10mg/支	三类烟	红金龙（软双龙）	10mg/支	四类烟
	红金龙（硬黄佳品）	10mg/支	三类烟	红金龙（硬红龙）	11mg/支	四类烟、雪茄型
	红金龙（硬神州腾龙）	9mg/支	三类烟	红金龙（硬喜）	9mg/支	五类烟
	红金龙（硬佳品）	9mg/支	三类烟	红金龙（软虹之彩）	9mg/支	五类烟

湖南中烟工业有限责任公司

品牌	规格	焦油量	备注	规格	焦油量	备注
芙蓉王	芙蓉王（钻石）	10mg/支	一类烟	芙蓉王（硬君信）	10mg/支	一类烟
	芙蓉王（软蓝）	10mg/支	一类烟	芙蓉王（蓝）	10mg/支	一类烟
	芙蓉王（硬蓝闪）	9mg/支	一类烟	芙蓉王（硬）	11mg/支	一类烟
	芙蓉王（蔚蓝星空）	8mg/支	一类烟	芙蓉王（硬红带细支）	8mg/支	一类烟
	芙蓉王（硬红带）	10mg/支	一类烟	芙蓉王（硬 75mm）	8mg/支	一类烟、短支烟、2017 年新产品
	芙蓉王（75mm 硬闪带）	8mg/支	一类烟	芙蓉王（硬新版）	10mg/支	一类烟、2017 年新产品
	芙蓉王（软黄）	8mg/支	一类烟	芙蓉王（硬蓝新版）	10mg/支	一类烟、2017 年新产品
	芙蓉王（硬闪带细支）	8mg/支	一类烟	芙蓉王（硬细支）	8mg/支	一类烟、细支烟、2017 年新产品
白沙	白沙（和天下）	11mg/支	一类烟	白沙（硬精品三代）	10mg/支	二类烟
	白沙（软和天下）	10mg/支	一类烟	白沙（硬天天向上细支）	8mg/支	二类烟
	白沙（硬细支和天下）	6mg/支	一类烟	白沙（硬红运当头）	10mg/支	二类烟、2017 年新产品
	白沙（硬和气生财）	11mg/支	一类烟	白沙（精品二代）	10mg/支	三类烟
	白沙（硬新和气生财细支）	8mg/支	一类烟	白沙（硬红精品）	10mg/支	三类烟
	白沙（硬白细支）	6mg/支	一类烟	白沙（红和）	6mg/支	三类烟
	白沙（珍品）	10mg/支	一类烟	白沙（精品）	8mg/支	三类烟
	白沙（软和天下檀香）	11mg/支	一类烟、2017 年新产品	白沙（硬新精品二代）	10mg/支	三类烟、2017 年新产品
	白沙（硬和天下尊享）	10mg/支	一类烟、2017 年新产品	白沙（软）	10mg/支	四类烟
	白沙（硬蓝尚品）	10mg/支	二类烟	白沙（硬）	10mg/支	四类烟
芙蓉	芙蓉（软红）	11mg/支	五类烟			
相思鸟	相思鸟（软）	11mg/支	五类烟			

广东中烟工业有限责任公司

品 牌	规 格	焦油量	备 注	规 格	焦油量	备 注
双喜☆★	双喜（大国喜）	10mg/支	一类烟	双喜（金国喜）	10mg/支	一类烟、2017年新产品
	双喜（喜庆）	10mg/支	一类烟	双喜（典藏逸品）	8mg/支	一类烟、2017年10月停产
	双喜（硬紫红玫王）	10mg/支	一类烟	双喜（金01）	10mg/支	二类烟
	双喜（国喜细支）	10mg/支	一类烟	双喜（和喜）	10mg/支	二类烟
	双喜（百年红）	10mg/支	一类烟	双喜（软经典1906）	10mg/支	二类烟
	双喜（百年经典）	10mg/支	一类烟	双喜（花悦）	8mg/支	二类烟
	双喜（喜百年）	10mg/支	一类烟	双喜（硬经典1906）	10mg/支	二类烟
	双喜（珍藏）	8mg/支	一类烟	双喜（硬蓝红玫王）	8mg/支	二类烟
	双喜（硬逸品）	8mg/支	一类烟	双喜（传奇）	8mg/支	二类烟
	双喜（软红五叶神）	11mg/支	一类烟	双喜（硬经典）	11mg/支	三类烟
	双喜（硬世纪经典）	10mg/支	一类烟	双喜（硬金五叶神）	11mg/支	三类烟
	双喜（经典工坊）	10mg/支	一类烟	双喜（软蓝红玫王）	8mg/支	三类烟
	双喜（硬红五叶神）	11mg/支	一类烟	双喜（软经典）	11mg/支	三类烟
	双喜（盛世）	6mg/支	一类烟	双喜（硬01）	11mg/支	三类烟
	双喜（五叶神金尊）	10mg/支	一类烟、2017年新产品	双喜（硬）	11mg/支	三类烟
	双喜（红国喜）	10mg/支	一类烟、2017年新产品	双喜（硬红玫王）	8mg/支	三类烟
	双喜（沉香）	10mg/支	一类烟、2017年新产品	双喜（软01）	11mg/支	三类烟
	双喜（硬珍藏）	10mg/支	一类烟、2017年新产品	双喜（软国际）	11mg/支	三类烟
	双喜（红邮喜）	10mg/支	一类烟、2017年新产品	双喜（软）	11mg/支	三类烟
	双喜（春天1979）	10mg/支	一类烟、2017年新产品	双喜（莲香）	10mg/支	三类烟、2017年新产品
	双喜（龙）	10mg/支	一类烟、2017年新产品			
红玫	红玫（硬金）	11mg/支	四类烟	红玫（软）	11mg/支	五类烟
椰树	椰树（硬）	11mg/支	四类烟	椰树（软）	11mg/支	五类烟
羊城	羊城（软红）	11mg/支	五类烟、混合型	羊城（软白）	11mg/支	五类烟、混合型

广西中烟工业有限责任公司

品 牌	规 格	焦油量	备 注	规 格	焦油量	备 注
真龙△	真龙（巴马天成）	6mg/支	一类烟	真龙（今世缘）	10mg/支	一类烟、2017年新产品
	真龙（金韵）	10mg/支	一类烟	真龙（晶钻刘三姐）	6mg/支	一类烟、2017年新产品
	真龙（海韵细支）	8mg/支	一类烟	真龙（轩云）	11mg/支	二类烟
	真龙（神韵）	10mg/支	一类烟	真龙（清云）	6mg/支	二类烟
	真龙（海韵）	11mg/支	一类烟	真龙（前程似锦）	10mg/支	二类烟
	真龙（真男儿）	10mg/支	一类烟	真龙（馨云）	8mg/支	二类烟
	真龙（中国龙）	8mg/支	一类烟	真龙（致青春）	8mg/支	二类烟

续表

品牌	规格	焦油量	备注	规格	焦油量	备注
真龙△	真龙（龙天下）	10mg/支	一类烟	真龙（凌云）	8mg/支	二类烟
	真龙（佳韵）	11mg/支	一类烟	真龙（祥云）	11mg/支	二类烟
	真龙（起源）	11mg/支	一类烟	真龙（珍品）	11mg/支	三类烟
	真龙（燃情时光）	8mg/支	一类烟	真龙（天翔）	11mg/支	三类烟
	真龙（鸿韵）	11mg/支	一类烟	真龙（甲天下）	8mg/支	三类烟
	真龙（美人香草）	6mg/支	一类烟	真龙（软娇子）	10mg/支	三类烟
	真龙（壮丽）	10mg/支	一类烟、2017年新产品	真龙（锦绣）	10mg/支	三类烟、2017年新产品
	真龙（软海韵）	10mg/支	一类烟、2017年新产品	真龙（娇子）	10mg/支	四类烟
甲天下	甲天下（山水）	8mg/支	五类烟			

重庆中烟工业有限责任公司

品牌	规格	焦油量	备注	规格	焦油量	备注
天子△	天子（重庆红）	11mg/支	一类烟	天子（硬）	11mg/支	一类烟
	天子（金）	11mg/支	一类烟	天子（五粮香30年）	11mg/支	一类烟
	天子（五粮香20年）	11mg/支	一类烟	天子（千里江山细支）	8mg/支	一类烟
	天子（红传奇）	10mg/支	一类烟	天子（传奇）	10mg/支	一类烟
	天子（千里江山）	11mg/支	一类烟	天子（硬黄）	9mg/支	一类烟
	天子（1997）	10mg/支	一类烟	天子（壹号）	11mg/支	一类烟
	天子（软黄）	11mg/支	一类烟	天子（软传奇）	8mg/支	一类烟、短支烟
	天子（厚德载物）	10mg/支	一类烟	天子（重庆20年）	11mg/支	一类烟
	天子（小天子）	11mg/支	一类烟			
龙凤呈祥△	龙凤呈祥（硬珍品）	11mg/支	一类烟	龙凤呈祥（软魅力朝天门）	11mg/支	三类烟
	龙凤呈祥（硬道理）	10mg/支	一类烟	龙凤呈祥（硬世纪朝天门）	10mg/支	三类烟
	龙凤呈祥（国色天香）	10mg/支	一类烟、中细支烟	龙凤呈祥（花开富贵）	11mg/支	三类烟
	龙凤呈祥（三峡情）	10mg/支	二类烟	龙凤呈祥（硬喜庆新）	10mg/支	三类烟
	龙凤呈祥（百年好合）	10mg/支	二类烟	龙凤呈祥（吉祥如意）	10mg/支	三类烟
	龙凤呈祥（硬）	11mg/支	二类烟	龙凤呈祥（佳品）	10mg/支	四类烟
	龙凤呈祥（朝天门）	10mg/支	二类烟	龙凤呈祥（畅行天下）	10mg/支	四类烟
	龙凤呈祥（遇见）	8mg/支	二类烟、细支烟	龙凤呈祥（鸿运朝天门）	11mg/支	四类烟
宏声	宏声（精品）	10mg/支	四类烟	宏声（软蓝）	10mg/支	五类烟
	宏声（软特）	10mg/支	四类烟	宏声（硬）	10mg/支	五类烟
	宏声（硬特）	10mg/支	四类烟			

四川中烟工业有限责任公司

品 牌	规 格	焦油量	备 注	规 格	焦油量	备 注
娇子△	娇子（龙涎香细支）	5mg/支	一类烟	娇子（龙涎香）	8mg/支	一类烟、2017 年 7 月停产
	娇子（格调）	8mg/支	一类烟	娇子（天之娇子）	8mg/支	一类烟、2017 年 10 月停产
	娇子（X 玫瑰）	6mg/支	一类烟	娇子（悦）	10mg/支	一类烟、2017 年 4 月停产
	娇子（青海湖侧旋）	11mg/支	一类烟	娇子（胜利）	10mg/支	一类烟、2017 年 4 月停产
	娇子（宽窄好运）	10mg/支	一类烟	娇子（清甜香黄）	10mg/支	一类烟、2017 年 1 月停产
	娇子（梦幻九寨）	10mg/支	一类烟	娇子（黑）	11mg/支	二类烟
	娇子（软祥云）	10mg/支	一类烟	娇子（赛江南）	8mg/支	二类烟
	娇子（精品）	10mg/支	一类烟	娇子（格调细支）	8mg/支	二类烟
	娇子（九寨沟）	10mg/支	一类烟	娇子（蓝）	11mg/支	二类烟
	娇子（宽窄如意）	10mg/支	一类烟	娇子（青海湖纯净）	8mg/支	二类烟、细支烟
	娇子（软金天娇）	10mg/支	一类烟	娇子（X2013）	6mg/支	二类烟、细支烟
	娇子（茶韵）	11mg/支	一类烟	娇子（X 星座）	6mg/支	二类烟、细支烟、2017 年 1 月停产
	娇子（祥云）	10mg/支	一类烟	娇子（风尚）	11mg/支	二类烟、2017 年 2 月停产
	娇子（X 龙韵）	6mg/支	一类烟、细支烟	娇子（太阳神鸟蓝）	10mg/支	二类烟、2017 年 10 月停产
	娇子（X 生肖）	6mg/支	一类烟、细支烟	娇子（红）	11mg/支	二类烟、2017 年 2 月停产
	娇子（宽窄）	8mg/支	一类烟	娇子（红芙蓉）	11mg/支	三类烟
	娇子（清甜香）	10mg/支	一类烟	娇子（软阳光）	11mg/支	三类烟
	娇子（宽窄自在）	—	一类烟、细支烟	娇子（凉烟）	11mg/支	三类烟
	娇子（五粮浓香中支）	10mg/支	一类烟、2017 年新产品	娇子（X）	6mg/支	三类烟
	娇子（宽窄好运细支）	8mg/支	一类烟、2017 年新产品	娇子（新概念）	8mg/支	三类烟
	娇子（五粮醇香）	10mg/支	一类烟、2017 年新产品	娇子（绿时代阳光）	9mg/支	三类烟
	娇子（红韵新）	10mg/支	一类烟、2017 年新产品	娇子（时代阳光）	11mg/支	三类烟
	娇子（宽窄逍遥细支）	8mg/支	一类烟、2017 年新产品	娇子（蓝时代）	8mg/支	三类烟
	娇子（宽窄逍遥）	10mg/支	一类烟、2017 年新产品	娇子（红格调）	10mg/支	三类烟、2017 年新产品

续表

品 牌	规 格	焦油量	备 注	规 格	焦油量	备 注
天下秀	天下秀（红天地）	10mg/支	三类烟、雪茄型、2017年3月停产	天下秀（金）	11mg/支	四类烟
	天下秀（红名品）	9mg/支	四类烟	天下秀（红）	10mg/支	五类烟
	天下秀（佳品）	11mg/支	四类烟			
狮牌	狮牌（微型）	10mg/支	三类烟、雪茄型	狮牌（草莓）	10mg/支	三类烟、雪茄型、2017年9月停产
	狮牌（原香）	11mg/支	三类烟、雪茄型	狮牌（锦绣成都）	10mg/支	三类烟、雪茄型、2017年新产品
长城	长城（传奇）	10mg/支	一类烟、雪茄型			
天子△	天子（小天子）	11mg/支	一类烟、共享规格			
五牛	五牛（硬绿新）	11mg/支	五类烟			

注："娇子（宽窄自在）"为10+15支装，其中：10支旋转香烟，焦油量9mg/支；15支爆珠细支卷烟，焦油量8mg/支。"天子（小天子）"为重庆中烟、四川中烟共享规格。

贵州中烟工业有限责任公司

品 牌	规 格	焦油量	备 注	规 格	焦油量	备 注
贵烟☆★	贵烟（小国酒香）	10mg/支	一类烟	贵烟（国酒香30）	10mg/支	一类烟
	贵烟（福）	10mg/支	一类烟	贵烟（盛世）	10mg/支	一类烟
	贵烟（硬小国酒香）	10mg/支	一类烟	贵烟（扁盒印第安火种）	11mg/支	一类烟
	贵烟（软高遵）	10mg/支	一类烟	贵烟（细支国酒香30）	6mg/支	一类烟、2017年新产品
	贵烟（玉液2号）	11mg/支	一类烟	贵烟（行者）	10mg/支	一类烟、短支烟、2017年新产品
	贵烟（硬高遵）	11mg/支	一类烟	贵烟（魔力）	8mg/支	一类烟、细支烟、2017年新产品
	贵烟（洞藏成香）	11mg/支	一类烟	贵烟（甜乡洞藏）	10mg/支	二类烟
	贵烟（玉液1号）	10mg/支	一类烟	贵烟（喜）	11mg/支	二类烟
	贵烟（蓝色的爱）	11mg/支	一类烟	贵烟（硬黄精品）	11mg/支	三类烟
	贵烟（跨越）	7mg/支	一类烟、细支烟	贵烟（新贵）	11mg/支	三类烟
	贵烟（萃）	8mg/支	一类烟、细支烟	贵烟（金百合）	10mg/支	三类烟、2017年新产品
黄果树	黄果树（佳遵）	11mg/支	三类烟	黄果树（长征）	11mg/支	四类烟
	黄果树（长征红星照耀）	11mg/支	三类烟	黄果树（佳品）	10mg/支	四类烟
	黄果树（万里长征）	10mg/支	三类烟	黄果树（软）	10mg/支	五类烟
	黄果树（蓝佳品）	10mg/支	三类烟			
遵义	遵义（软）	10mg/支	五类烟			

注：2017年，贵州中烟在产卷烟品牌（规格）中，"贵烟（国酒香30）""贵烟（小国酒香）""贵烟（玉液2号）""贵烟（硬黄精品）""黄果树（长征）"同时供出口。

云南中烟工业有限责任公司

品 牌	规 格	焦油量	备 注	规 格	焦油量	备 注
玉溪☆★	玉溪（软境界）	10mg/支	一类烟	玉溪（硬 HKDNP）	10mg/支	出口烟
	玉溪（合和）	8mg/支	一类烟	玉溪（硬出口）	10mg/支	出口烟
	玉溪（硬庄园 16 支）	8mg/支	一类烟	玉溪（硬金 HK）	11mg/支	出口烟
	玉溪（软小庄园）	8mg/支	一类烟	玉溪（硬金出口）	11mg/支	出口烟
	玉溪（细支庄园）	8mg/支	一类烟	玉溪（软小庄园出口 MO）	8mg/支	出口烟
	玉溪（华叶）	10mg/支	一类烟	玉溪（软小庄园出口 TWDF）	8mg/支	出口烟
	玉溪（硬和谐）	10mg/支	一类烟	玉溪（硬 DF）	10mg/支	出口烟
	玉溪（田园）	10mg/支	一类烟	玉溪（硬 TH）	12mg/支	出口烟
	玉溪（透明）	10mg/支	一类烟	玉溪（硬金 DF）	12mg/支	出口烟
	玉溪（清香世家）	10mg/支	一类烟	玉溪（硬金 US）	11mg/支	出口烟
	玉溪（软尚善）	10mg/支	一类烟	玉溪（硬扁出口 TWDF）	10mg/支	出口烟
	玉溪（细支清香世家）	8mg/支	一类烟	玉溪（硬扁境界 MO）	10mg/支	出口烟
	玉溪（硬）	10mg/支	一类烟	玉溪（硬 PE）	10mg/支	出口烟
	玉溪（软）	11mg/支	一类烟	玉溪（硬扁 MO）	10mg/支	出口烟
	玉溪（创客）	8mg/支	一类烟	玉溪（硬 AU1）	10mg/支	出口烟
	玉溪（108）	8mg/支	一类烟、2017 年新产品	玉溪（硬 MO）	10mg/支	出口烟
	玉溪（细支阿诗玛）	7mg/支	一类烟、2017 年新产品	玉溪（硬扁 TH）	10mg/支	出口烟
	玉溪（细支初心）	8mg/支	一类烟、2017 年新产品	玉溪（硬扁和谐 MO）	11mg/支	出口烟
	玉溪（高配版）	10mg/支	一类烟、2017 年新产品	玉溪（硬扁出口）	10mg/支	出口烟
	玉溪（软阿诗玛）	10mg/支	一类烟、2017 年新产品	玉溪（硬出口 MM）	10mg/支	出口烟、2017 年新产品
	玉溪（初心）	10mg/支	一类烟、2017 年新产品	玉溪（硬出口 MM1）	10mg/支	出口烟、2017 年新产品
	玉溪（软初心）	10mg/支	一类烟、2017 年新产品	玉溪（硬和谐 CNDFL）	8mg/支	出口烟、2017 年新产品
	玉溪（硬 LA）	10mg/支	出口烟	玉溪（硬扁出口 VNDF）	10mg/支	出口烟、2017 年新产品
	玉溪（硬 HK）	10mg/支	出口烟	玉溪（硬扁和谐出口 VNDF）	11mg/支	出口烟、2017 年新产品
云烟☆★	云烟（细支大重九）	8mg/支	一类烟	云烟（红）	10mg/支	三类烟
	云烟（云端）	10mg/支	一类烟	云烟（硬大重九出口 MO）	8mg/支	出口烟
	云烟（软大重九）	8mg/支	一类烟	云烟（软珍品 ZA）	11mg/支	出口烟
	云烟（9 +1 大重九）	8mg/支	一类烟	云烟（软珍品 HK）	11mg/支	出口烟
	云烟（软礼印象）	10mg/支	一类烟	云烟（软珍品 TW）	10mg/支	出口烟
	云烟（印象）	10mg/支	一类烟	云烟（软珍品 GE）	11mg/支	出口烟
	云烟（百味人生）	10mg/支	一类烟	云烟（软珍品 DF）	11mg/支	出口烟
	云烟（印象烟庄）	8mg/支	一类烟	云烟（软珍品 PE）	11mg/支	出口烟
	云烟（雪域）	10mg/支	一类烟	云烟（印象出口 MAC）	10mg/支	出口烟
	云烟（软印象烟庄）	8mg/支	一类烟	云烟（印象出口）	10mg/支	出口烟
	云烟（乌镇之恋）	10mg/支	一类烟	云烟（印象出口 TW）	10mg/支	出口烟
	云烟（神秘花园）	8mg/支	一类烟	云烟（印象出口 HK）	10mg/支	出口烟

续表

品牌	规格	焦油量	备注	规格	焦油量	备注
云烟☆★	云烟（软珍品 zj）	11mg/支	一类烟	云烟（软珍品 MO）	11mg/支	出口烟
	云烟（祥瑞）	10mg/支	一类烟	云烟（软珍品 JY）	11mg/支	出口烟
	云烟（塞上好江南）	10mg/支	一类烟	云烟（紫 JY 秘鲁版）	11mg/支	出口烟
	云烟（84mm 细支祥瑞）	7mg/支	一类烟	云烟（软珍品出口）	11mg/支	出口烟
	云烟（软珍品）	11mg/支	一类烟	云烟（朱砂红出口）	11mg/支	出口烟
	云烟（蓝神秘花园）	10mg/支	一类烟	云烟（紫 JY）	11mg/支	出口烟
	云烟（小熊猫）	10mg/支	一类烟	云烟（硬珍品出口）	12mg/支	出口烟
	云烟（84mm 细支雪域）	7mg/支	一类烟	云烟（红 JY）	10mg/支	出口烟
	云烟（绿呼伦贝尔）	11mg/支	一类烟	云烟（8mg 软如意出口）	8mg/支	出口烟
	云烟（小云端）	10mg/支	一类烟、2017 年新产品	云烟（紫 JY 印尼有税版）	11mg/支	出口烟
	云烟（香格里拉）	10mg/支	一类烟、2017 年新产品	云烟（软如意 JY）	8mg/支	出口烟
	云烟（74mm 香格里拉）	8mg/支	一类烟、2017 年新产品	云烟（紫出口）	11mg/支	出口烟
	云烟（七彩印象）	10mg/支	一类烟、2017 年新产品	云烟（软如意 XX）	8mg/支	出口烟、2017 年新产品
	云烟（细支珍品）	8mg/支	一类烟、2017 年新产品	云烟（硬朱砂红 XX）	11mg/支	出口烟、2017 年新产品
	云烟（软珍品红韵）	10mg/支	一类烟、2017 年新产品	云烟（硬紫 MM）	10mg/支	出口烟、2017 年新产品
	云烟（小熊猫家园）	10mg/支	一类烟、2017 年新产品	云烟（硬朱砂红 MM）	11mg/支	出口烟、2017 年新产品
	云烟（74mm 大团结）	10mg/支	一类烟、2017 年新产品	云烟（紫 LA）	11mg/支	出口烟、2017 年新产品
	云烟（呼伦贝尔碧草云天）	10mg/支	一类烟、2017 年新产品	云烟（硬大重九出口 TWDF）	8mg/支	出口烟、2017 年新产品
	云烟（国宾）	10mg/支	二类烟	云烟（百味人生出口 DF）	10mg/支	出口烟、2017 年新产品
	云烟（硬云龙）	10mg/支	二类烟、2017 年新产品	云烟（百味人生出口 CNDF）	10mg/支	出口烟、2017 年新产品
	云烟（细支云龙）	8mg/支	二类烟、2017 年新产品	云烟（软珍品出口 MM）	11mg/支	出口烟、2017 年新产品
	云烟（福）	10mg/支	三类烟	云烟（软珍品出口 MM1）	11mg/支	出口烟、2017 年新产品
	云烟（软如意）	8mg/支	三类烟	云烟（软珍品 VNDF）	11mg/支	出口烟、2017 年新产品
	云烟（软紫）	8mg/支	三类烟	云烟（软珍品 THDF）	11mg/支	出口烟、2017 年新产品
	云烟（紫）	10mg/支	三类烟	云烟（软珍品 TH）	11mg/支	出口烟、2017 年新产品

续表

品 牌	规 格	焦油量	备 注	规 格	焦油量	备 注
红塔山☆★	红塔山（细支传奇）	8mg/支	二类烟	红塔山（硬世纪）	8mg/支	三类烟
	红塔山（硬恭贺新禧）	10mg/支	二类烟	红塔山（硬 DF）	11mg/支	出口烟
	红塔山（传奇）	10mg/支	二类烟	红塔山（硬新势力 MM）	11mg/支	出口烟
	红塔山（硬经典二代）	10mg/支	二类烟、2017 年新产品	红塔山（硬铂金 KH）	10mg/支	出口烟
	红塔山（硬新势力）	10mg/支	三类烟	红塔山（硬金出口）	12mg/支	出口烟
	红塔山（英雄）	8mg/支	三类烟	红塔山（硬出口）	11mg/支	出口烟
	红塔山（软新）	8mg/支	三类烟	红塔山（硬经典 MM）	11mg/支	出口烟
	红塔山（硬经典 100）	10mg/支	三类烟	红塔山（硬 LA）	11mg/支	出口烟
	红塔山（硬欣经典）	10mg/支	三类烟	红塔山（硬扁经典 100 出口）	11mg/支	出口烟
	红塔山（硬经典）	10mg/支	三类烟	红塔山（硬 MO）	11mg/支	出口烟
	红塔山（软经典）	10mg/支	三类烟	红塔山（硬扁经典出口 VNDF）	11mg/支	出口烟、2017 年新产品
红河△	红河（道）	10mg/支	一类烟	红河（硬 88MM）	11mg/支	出口烟
	红河（硬 V8）	10mg/支	一类烟	红河（WIN 缅甸）	12mg/支	出口烟、混合型
	红河（去野）	10mg/支	一类烟、2017 年新产品	红河（WIN 中南美洲）	12mg/支	出口烟、混合型
	红河（软 99）	8mg/支	二类烟	红河（WIN 印尼蓝）	12mg/支	出口烟、混合型
	红河（硬 99）	8mg/支	二类烟	红河（硬红 WINZA）	12mg/支	出口烟、混合型
	红河（A7）	10mg/支	二类烟、2017 年新产品	红河（RIVER 红）	12mg/支	出口烟、混合型
	红河（硬 88）	10mg/支	三类烟	红河（软红 WIN）	12mg/支	出口烟、混合型
	红河（软 88）	10mg/支	三类烟	红河（WIN 中南美洲红）	9mg/支	出口烟、混合型
	红河（小熊猫世纪风）	10mg/支	三类烟	红河（WINBODY）	11mg/支	出口烟、混合型
	红河（硬 66）	10mg/支	三类烟	红河（硬金 99）	12mg/支	出口烟、混合型
	红河（硬）	11mg/支	三类烟	红河（硬 88MM1）	10mg/支	出口烟、2017 年新产品
	红河（软甲）	10mg/支	四类烟	红河（硬甲 MM）	11mg/支	出口烟、2017 年新产品
	红河（硬甲 JY）	12mg/支	出口烟	红河（硬甲 SG）	11mg/支	出口烟、2017 年新产品
	红河（硬甲 LA）	11mg/支	出口烟	红河（硬 WIN 蓝 IN）	9mg/支	出口烟、混合型、2017 年新产品
	红河（硬 88JY）	11mg/支	出口烟	红河（硬蓝 WINMM）	12mg/支	出口烟、混合型、2017 年新产品
红梅	红梅（硬黄）	10mg/支	四类烟	红梅（软顺）	10mg/支	五类烟
	红梅（软黄）	10mg/支	四类烟			
雪莲	雪莲（岁月）	8mg/支	一类烟	雪莲（3000）	8mg/支	二类烟
	雪莲（红精品）	11mg/支	一类烟	雪莲（尚禧）	10mg/支	二类烟
	雪莲（软蓝）	10mg/支	一类烟	雪莲（蓝精品）	11mg/支	三类烟

续表

品牌	规格	焦油量	备注	规格	焦油量	备注
钓鱼台	钓鱼台（94mm 硬景泰蓝）	6mg/支	一类烟	钓鱼台（黄景泰蓝出口 SG）	8mg/支	出口烟
	钓鱼台（84mm 细支）	7mg/支	一类烟	钓鱼台（黄景泰蓝出口）	8mg/支	出口烟
	钓鱼台（硬 SS 蓝景泰蓝）	8mg/支	出口烟	钓鱼台（黄景泰蓝出口 HK）	8mg/支	出口烟
	钓鱼台（硬 SS 蓝景泰蓝 CNDF）	8mg/支	出口烟	钓鱼台（黄景泰蓝出口 MAC）	8mg/支	出口烟
	钓鱼台（黄景泰蓝出口 VNDF）	8mg/支	出口烟	钓鱼台（黄景泰蓝出口 TW）	8mg/支	出口烟
	钓鱼台（黄景泰蓝出口 THDF）	8mg/支	出口烟、2017 年新产品			
茶花	茶花（94mm）	8mg/支	三类烟			
红山茶	红山茶（软）	10mg/支	四类烟			
威斯	威斯（软珍享）	10mg/支	二类烟	威斯（小熊猫）	10mg/支	三类烟、2017 年新产品
	威斯（硬经典）	10mg/支	二类烟			
呼伦贝尔	呼伦贝尔（金帐汗）	8mg/支	一类烟	呼伦贝尔（天堂草原）	8mg/支	一类烟
	呼伦贝尔（金戈铁马）	8mg/支	一类烟	呼伦贝尔（草原情）	10mg/支	二类烟、2017 年新产品
小熊猫	小熊猫（精品出口）	10mg/支	出口烟	小熊猫（新精品出口 AU）	10mg/支	出口烟
	小熊猫（精品出口 HK）	10mg/支	出口烟	小熊猫（精品出口 HK 免税版）	10mg/支	出口烟
	小熊猫（精品出口 MAC）	10mg/支	出口烟	小熊猫（软珍品出口）	10mg/支	出口烟
	小熊猫（精品出口 TWDF）	10mg/支	出口烟			
阿诗玛	阿诗玛（硬 DF4）	7mg/支	出口烟	阿诗玛（硬 94mm 出口 IR1）	6mg/支	出口烟、混合型
	阿诗玛（软 LA）	13mg/支	出口烟	阿诗玛（硬 94mmCH）	9mg/支	出口烟、混合型
	阿诗玛（硬 PK）	15mg/支	出口烟	阿诗玛（硬扁出口 CNDF）	9mg/支	出口烟、2017 年新产品
	阿诗玛（硬扁出口 DF）	9mg/支	出口烟	阿诗玛（硬经典 SSCNDF）	7mg/支	出口烟、2017 年新产品
	阿诗玛（硬扁出口 MEADF）	9mg/支	出口烟	阿诗玛（硬 94mmCH9）	6mg/支	出口烟、2017 年新产品
	阿诗玛（硬 94mm 出口 IR）	9mg/支	出口烟、混合型	阿诗玛（硬 94mmCH10）	6mg/支	出口烟、2017 年新产品
新兴	新兴（软 94mm）	15mg/支	出口烟、混合型	新兴（软出口 MM）	12mg/支	出口烟、混合型、2017 年新产品
马宝	马宝（硬 MM）	13mg/支	出口烟、混合型			
金钟	金钟（硬 94mm 出口 MDDF）	8mg/支	出口烟、混合型、2017 年新产品			

陕西中烟工业有限责任公司

品 牌	规 格	焦油量	备 注	规 格	焦油量	备 注
好猫△	好猫（天赋）	8mg/支	一类烟	好猫（细支长乐）	7mg/支	二类烟
	好猫（非常）	10mg/支	一类烟	好猫（长乐）	10mg/支	二类烟
	好猫（细支天赋）	7mg/支	一类烟	好猫（金延安）	10mg/支	二类烟
	好猫（盛世）	10mg/支	一类烟	好猫（金丝猴）	10mg/支	二类烟、2017年新产品
	好猫（如意）	8mg/支	一类烟	好猫（招财进宝）	10mg/支	三类烟
	好猫（吉祥）	11mg/支	一类烟	好猫（猴王磨砂）	11mg/支	三类烟
	好猫（细支招财猫）	8mg/支	一类烟、2017年新产品	好猫（吉祥出口）	11mg/支	三类烟
	好猫（招财猫1600）	10mg/支	二类烟	好猫（出口长乐）	10mg/支	四类烟
	好猫（炫蓝）	11mg/支	二类烟	好猫（长乐细支出口）	7mg/支	四类烟
延安△	延安（1935）	10mg/支	一类烟	延安（金）	10mg/支	二类烟
	延安（红韵）	10mg/支	一类烟	延安（硬）	10mg/支	三类烟
	延安（细支1935）	8mg/支	一类烟、2017年新产品	延安（软）	10mg/支	四类烟
	延安（青春岁月）	10mg/支	一类烟、2017年新产品	延安（硬红）	10mg/支	五类烟
	延安（五星）	10mg/支	二类烟			
猴王	猴王（金）	10mg/支	四类烟			

中国烟草实业发展中心

黑龙江烟草工业有限责任公司

品 牌	规 格	焦油量	备 注	规 格	焦油量	备 注
哈尔滨	哈尔滨（龙烟祥和）	9mg/支	一类烟	哈尔滨（老巴夺）	10mg/支	三类烟、中支烟
	哈尔滨（龙烟万福）	10mg/支	一类烟、中支烟	哈尔滨（风尚）	10mg/支	三类烟
	哈尔滨（龙烟金安）	10mg/支	一类烟、中支烟	哈尔滨（软黄）	10mg/支	五类烟
	哈尔滨（HAPPY）	10mg/支	二类烟、中支烟、2017年新品			
龙烟	龙烟（北国风光）	8mg/支	一类烟、细支烟、2017年新产品	龙烟（呈祥）	8mg/支	二类烟、细支烟
	龙烟（红松香）	10mg/支	一类烟、中支烟、2017年新产品			
林海灵芝	林海灵芝（8mg）	8mg/支	四类烟、混合型	林海灵芝（蓝色经典）	9mg/支	四类烟、混合型
	林海灵芝（如意）	9mg/支	四类烟	林海灵芝（软白）	9mg/支	五类烟、混合型
	林海灵芝（软如意）	10mg/支	四类烟、2017年新产品			

红塔辽宁烟草有限责任公司

品牌	规格	焦油量	备注	规格	焦油量	备注
玉溪☆★	玉溪（人民大会堂本香）	8mg/支	一类烟	玉溪（硬）	10mg/支	一类烟
	玉溪（人民大会堂软红）	11mg/支	一类烟	玉溪（阿诗玛）	7mg/支	一类烟、细支烟、2017年新产品
人民大会堂	人民大会堂（蘭香细支）	6mg/支	一类烟	人民大会堂（古瓷细支）	6mg/支	二类烟
	人民大会堂（太和）	10mg/支	一类烟	人民大会堂（硬红细支）	6mg/支	二类烟
	人民大会堂（御廷蘭香）	6mg/支	一类烟	人民大会堂（古瓷）	11mg/支	出口烟、混合型
	人民大会堂（红玫瑰细支）	6mg/支	一类烟、2017年新产品	人民大会堂（软红）	11mg/支	出口烟
	人民大会堂（硬红）	11mg/支	二类烟	人民大会堂（硬红）	11mg/支	出口烟
云烟☆★	云烟（紫）	10mg/支	三类烟			
红塔山☆★	红塔山（软经典）	10mg/支	三类烟	红塔山（硬经典100）	10mg/支	三类烟
红梅	红梅（软黄）	10mg/支	四类烟	红梅（软顺）	10mg/支	五类烟

吉林烟草工业有限责任公司

品牌	规格	焦油量	备注	规格	焦油量	备注
长白山△	长白山（高山流水）	1mg/支	一类烟	长白山（777）	7mg/支	二类烟、细支烟
	长白山（德容天下）	3mg/支	一类烟	长白山（心归）	10mg/支	二类烟
	长白山（原味）	8mg/支	一类烟	长白山（人参）	8mg/支	二类烟
	长白山（5mg）	5mg/支	一类烟	长白山（记忆1999）	10mg/支	三类烟
	长白山（本色）	10mg/支	一类烟	长白山（红人参）	10mg/支	三类烟
	长白山（揽胜）	8mg/支	一类烟	长白山（天蓝）	10mg/支	三类烟
	长白山（硬神韵）	5mg/支	一类烟	长白山（软红）	8mg/支	三类烟
	长白山（神韵）	5mg/支	一类烟	长白山（银）	8mg/支	三类烟
	长白山（沉香）	8mg/支	一类烟、细支烟	长白山（海蓝）	10mg/支	三类烟
	长白山（细支人参）	8mg/支	一类烟、2017年新产品	长白山（红）	8mg/支	三类烟
	长白山（韵藏天下）	8mg/支	一类烟、细支烟、2017年新产品	长白山（桂花）	10mg/支	四类烟
	长白山（蓝尚）	8mg/支	二类烟、细支烟			

甘肃烟草工业有限责任公司

品牌	规格	焦油量	备注	规格	焦油量	备注
兰州△	兰州（硬经典）	8mg/支	一类烟	兰州（细支珍品）	8mg/支	二类烟
	兰州（硬吉祥）	8mg/支	一类烟	兰州（智在）	8mg/支	二类烟
	兰州（16支吉祥）	8mg/支	一类烟	兰州（硬珍品）	8mg/支	二类烟
	兰州（硬飞天）	8mg/支	一类烟	兰州（硬如意）	7mg/支	三类烟
	兰州（软飞天）	6mg/支	一类烟	兰州（硬精品）	6mg/支	三类烟
	兰州（桥）	6mg/支	一类烟、细支烟	兰州（硬蓝）	8mg/支	四类烟
	兰州（飞天梦）	8mg/支	一类烟	兰州（硬黄）	8mg/支	四类烟
	兰州（陇飞九天）	8mg/支	一类烟、2017年新产品	兰州（软黄）	8mg/支	四类烟
	兰州（细支飞天梦）	8mg/支	一类烟、2017年新产品	兰州（硬红）	8mg/支	五类烟

内蒙古昆明卷烟有限责任公司

品 牌	规 格	焦油量	备 注	规 格	焦油量	备 注
冬虫夏草	冬虫夏草	11mg/支	一类烟	冬虫夏草（和润）	5mg/支	一类烟、细支烟
	冬虫夏草（庆典）	6mg/支	一类烟	冬虫夏草（1248）	6mg/支	一类烟、中支烟、2017年新产品
云烟☆★	云烟（苁蓉和悦）	6mg/支	一类烟、细支烟	云烟（红）	10mg/支	三类烟
	云烟（硬苁蓉）	11mg/支	二类烟	云烟（紫）	11mg/支	三类烟
	云烟（软苁蓉）	8mg/支	二类烟			
大青山	大青山（狼图腾）	8mg/支	一类烟、2017年新产品	大青山（套马杆）	10mg/支	三类烟、2017年新产品
	大青山（昭君和亲）	7mg/支	二类烟、细支烟	大青山（软）	10mg/支	五类烟
	大青山（青城）	10mg/支	三类烟			
红河△	红河（软甲）	11mg/支	四类烟			
红塔山☆★	红塔山（软经典）	11mg/支	三类烟	红塔山（硬经典）	11mg/支	三类烟

深圳烟草工业有限责任公司

品 牌	规 格	焦油量	备 注	规 格	焦油量	备 注
双喜☆★	双喜（硬珍品好日子）	10mg/支	一类烟	双喜（软珍品好日子）	10mg/支	二类烟
	双喜（软盛世好日子）	10mg/支	一类烟	双喜（硬晶彩好日子）	10mg/支	二类烟、2017年新产品
	双喜（硬金樽好日子）	10mg/支	一类烟	双喜（硬精品好日子）	10mg/支	三类烟
	双喜（软锦绣好日子）	8mg/支	一类烟	双喜（硬阳光好日子）	8mg/支	三类烟
	双喜（硬祥云好日子）	8mg/支	一类烟、细支烟	双喜（硬吉祥好日子）	10mg/支	三类烟
	双喜（硬盛世好日子）	10mg/支	一类烟	双喜（软如意好日子）	10mg/支	三类烟
	双喜（细支盛世好日子）	8mg/支	一类烟、2017年新产品	双喜（硬祥和好日子）	8mg/支	三类烟、细支烟
	双喜（好日子欢乐颂）	10mg/支	一类烟、2017年新产品			

山西昆明烟草有限责任公司

品 牌	规 格	焦油量	备 注	规 格	焦油量	备 注
云烟☆★	云烟（细支软珍）	8mg/支	一类烟	云烟（福）	10mg/支	三类烟
	云烟（软珍）	11mg/支	一类烟	云烟（紫）	11mg/支	三类烟
紫气东来	紫气东来（吉祥天下）	10mg/支	一类烟	紫气东来（1928）	8mg/支	一类烟
	紫气东来（祥瑞）	8mg/支	一类烟、细支烟			
红塔山☆★	红塔山（硬经典）	11mg/支	三类烟			
红河△	红河（A7）	10mg/支	二类烟、2017年新产品	红河（硬66）	10mg/支	三类烟
	红河（硬）	11mg/支	三类烟	红河（软甲）	11mg/支	四类烟

海南红塔卷烟有限责任公司

品牌	规格	焦油量	备注	规格	焦油量	备注
云烟☆★	云烟（紫）	10mg/支	三类烟	云烟（福）	10mg/支	三类烟
红塔山☆★	红塔山（硬恭贺新禧）	10mg/支	二类烟	红塔山（硬经典100）	10mg/支	三类烟
	红塔山（软经典）	10mg/支	三类烟	红梅（软黄）	10mg/支	四类烟
红梅	红塔山（硬经典）	10mg/支	三类烟	红梅（软顺）	10mg/支	五类烟
三沙	三沙（椰王金）	10mg/支	一类烟	三沙（细支）	8mg/支	一类烟、2017年新产品
	三沙（金）	10mg/支	一类烟、2017年新产品	三沙（椰王绿）	11mg/支	二类烟
宝岛	宝岛（硬）	10mg/支	一类烟	宝岛（三沙）	10mg/支	二类烟
	宝岛（一品沉香）	8mg/支	一类烟			

2017年在产雪茄烟品牌（规格）名录①

安徽中烟工业有限责任公司

品牌	品名	风格特征	尺寸规格	包装规格	类别
王冠	王冠（20支）	中度浓味	88mm×9.2mm	20支装硬盒	手工雪茄
	王冠（原味1号）	中度浓味	130mm×14.8mm	10支装硬盒	手工雪茄
	王冠（原味3号铁盒）	中度浓味	110mm×9.2mm	10支装铁盒	手工雪茄
	王冠（原味3号硬盒）	中度浓味	110mm×9.2mm	5支装硬盒	手工雪茄
	王冠（原味9号）	中度浓味	88mm×9.2mm	10支装硬盒	手工雪茄
	王冠（塑10支）	中度浓味	130mm×14.8mm	10支装塑盒	手工雪茄
	王冠（原味塑10支）	中度浓味	130mm×14.8mm	10支装塑盒	手工雪茄
	王冠（奶香10支）	香味雪茄	80 mm×7.8 mm	10支装铁盒	手工雪茄
	王冠（智者010十支）	中度浓味	150mm×20mm	10支装木盒	手工雪茄
	王冠（智者010五支）	中度浓味	158mm×20mm	5支装木盒	手工雪茄
	王冠（10支全叶卷）	中度浓味	150mm×17.8mm	10支装木盒	手工雪茄
	王冠（经典5号）	中度浓味	150mm×17.8mm	5支装硬盒	手工雪茄
	王冠（经典铝2支全叶卷）	中度浓味	150mm×17.8mm	2支装硬盒	手工雪茄
	王冠（梅兰竹菊）	中度浓味	150mm×22mm	8支装硬盒翻盖	手工雪茄
	王冠（古建三绝）	中度浓味	136mm×14.5mm	10支装硬盒翻盖	手工雪茄
	王冠（古建三绝25支）	中度浓味	136mm×14.5mm	25支装硬盒	手工雪茄
	王冠（茶香之茶马古道）	中度浓味	140mm×20mm	10支装硬盒翻盖	手工雪茄
	王冠（国粹）	中度浓味	140mm×20mm	10支装硬盒翻盖	手工雪茄
	王冠（小国粹）	中度浓味	90mm×16.4mm	5支装铁盒	手工雪茄
	王冠（塑2支全叶卷）	中度浓味	120mm×13mm	2支装硬盒	手工雪茄
	王冠（经典8号）	中度浓味	136mm×14.5mm	10支装硬盒翻盖	机制雪茄
	王冠（国粹名角）	中度浓味	84mm×7.8mm	10支装硬盒翻盖	卷烟型雪茄
	王冠（万象）	中度浓味	84mm×7.8mm	20支装硬盒	卷烟型雪茄
	王冠（万象细支）	中度浓味	94mm×6.2mm	18支装硬盒	卷烟型雪茄
	王冠（黄山松）	中度浓味	84mm×7.8mm	10支装硬盒	卷烟型雪茄

① 安徽中烟、湖北中烟雪茄烟尺寸规格为“长度×直径”；山东中烟、四川中烟雪茄烟尺寸规格为“长度×周长”。

续表

类 别	品 名	风格特征	尺寸规格	包装规格	
王冠	王冠（塑2支全叶卷）	中度浓味	120mm×13mm	2支装硬盒	手工雪茄、2017年新改造
	王冠（古型）	中度浓味	84mm×7.8mm	16支装硬盒	卷烟型雪茄、2017年新产品
	王冠（国粹荣耀）	中度浓味	84mm×7.8mm	20支装硬盒	卷烟型雪茄、2017年新产品
	王冠（加勒比）	中度浓味	84mm×7.8mm	20支装硬盒	卷烟型雪茄、2017年新产品
黄山松	黄山松（回味迎客松）	中度浓味	84mm×7.8mm	10支装硬盒	卷烟型雪茄
	黄山松（迎客松赢客）	中度浓味	84mm×7.8mm	10支装硬盒	卷烟型雪茄

山东中烟工业有限责任公司

品 牌	品 名	风格特征	尺寸规格	包装规格	类 别
泰山	泰山（巅峰2号）	中式	152mm×62mm	10支装	手工雪茄
	泰山（巅峰5号）	中式	146mm×65mm	10支装	手工雪茄
	泰山（巅峰6号）	中式	127mm×62mm	5支装	手工雪茄
	泰山（3G原味）	中式	98mm×27mm	10支装	机制雪茄
	泰山（阔佬2号）	中式	123mm×44mm	5支装	机制雪茄
	泰山（阔佬4号）	中式	106mm×40mm	5支装	机制雪茄
	泰山（巴哈马）	中式	88mm×25mm	10支装	机制雪茄
	泰山（3G水蜜桃）	中式	70mm×26mm	16支装	机制雪茄
	泰山（3G咖啡）	中式	98mm×28mm	10支装	机制雪茄
	泰山（雪豹细支）	中式	97mm×17mm	20支装	卷烟型雪茄
	泰山（黑豹细支）	中式	84mm×17mm	20支装	卷烟型雪茄
	泰山（黑豹）	中式	94mm×24.4mm	20支装	卷烟型雪茄
	泰山（雪豹）	中式	94mm×24.4mm	20支装	卷烟型雪茄
	泰山（雪豹双十支）	中式	94mm×24.4mm	20支装	卷烟型雪茄
	泰山（3G沉香）	中式	86mm×25mm	8支装	机制雪茄、2017年新产品
	泰山（巴哈马甜味）	中式	88mm×25mm	10支装	机制雪茄、2017年新产品
将军	将军（大力神）	中式	150mm×56mm	5支装	手工雪茄
	将军（战神）	中式	120mm×56mm	5支装	手工雪茄
	将军（战神1号）	中式	140mm×56mm	10支装	手工雪茄
	将军（战神3号）	中式	130mm×56mm	10支装	手工雪茄
	将军（黑3G）	中式	71mm×26.5mm	20支装	机制雪茄
	将军（3G）	中式	98mm×27mm	10支装	机制雪茄

续表

品　牌	品　名	风格特征	尺寸规格	包装规格	类　别
将军	将军（战神 07）	中式	123mm×44mm	5 支装	半机制雪茄、2017 年新产品
	将军（战神 4 号）	中式	100mm×56mm	4 支装	手工雪茄、2017 年新产品
	将军（巴哈马）	中式	88mm×25mm	10 支装	机制雪茄、2017 年底停产
	将军（雪茄 2 号）	中式	152mm×62mm	10 支装	手工雪茄、2017 年底停产
	将军（雪茄 5 号）	中式	146mm×65mm	10 支装	手工雪茄、2017 年底停产
	将军（雪茄 6 号）	中式	127mm×62mm	5 支装	手工雪茄、2017 年底停产

湖北中烟工业有限责任公司

品　牌	品　名	风格特征	尺寸规格	包装规格	类　别
黄鹤楼	黄鹤楼（公爵）	中式	150mm×21mm	10 支航空铝木盒礼品装	手工雪茄
	雪之梦 2 号	中式	230mm×25mm	1 支装木盒	手工雪茄
	雪之梦 3 号	中式	176mm×19mm	10 支装木盒	手工雪茄
	雪之梦 6 号	中式	155mm×20mm	10 支纸板硬盒装	手工雪茄
	雪之梦 7 号	中式	140mm×18mm	25 支纸板硬盒装	手工雪茄
	雪之梦 8 号	中式	145mm×20mm	5 支纸板硬盒装	手工雪茄
	雪之梦 9 号	中式	110mm×18mm	25 支纸板硬盒装	手工雪茄
	黄鹤楼（南洋伍号）	中式	88mm×8.8mm	10 支纸盒装	手工雪茄
	雪之景 2 号	中式	84mm×5.25mm	10 支纸盒装	手工雪茄
	雪之景 3 号	中式	88mm×7.16mm	10 支纸盒装	手工雪茄
	雪之景 5 号	中式	84mm×7.7mm	10 支纸盒装	手工雪茄
	雪之景 6 号	中式	64mm×8.3mm	10 支纸盒装	手工雪茄
	雪之景 9 号	中式	90mm×6.5mm	20 支纸盒装	手工雪茄
	雪之景 10 号	中式	100mm×7.2mm	10 支纸盒装	手工雪茄
茂大	茂大（25 支 LP）	中式	132mm×16.2mm	25 支木盒装	手工雪茄
	茂大（5 支 XY）	中式	105mm×12.5mm	5 支塑料盒装	手工雪茄
	茂大（1 号）	中式	132mm×16.2mm	5 支塑料盒装	手工雪茄
	茂大（2 号）	中式	132mm×13.8mm	5 支塑料盒装	手工雪茄
	茂大（盛世）	中式	84mm×7.8mm	10 支铁盒装	手工雪茄
	茂大（世家）	中式	84mm×7.7mm	10 支纸盒装	手工雪茄
顺百利	顺百利（10 支 LP）	中式	132mm×16.2mm	10 支木盒装	手工雪茄
	顺百利（3 支 X）	中式	132mm×13.8mm	3 支纸盒装	手工雪茄
	顺百利（5 支 XY）	中式	105mm×12.5mm	5 支纸盒装	手工雪茄
三峡	三峡（MX10）	中式	84mm×7.8mm	10 支铁盒装	手工雪茄

四川中烟工业有限责任公司

品 牌	品 名	风格特征	尺寸规格	包装规格	类 别
长城	长城（胜利）	中式	152mm×66mm	10 支装	手工雪茄
	长城（传奇 3 号）	中式	178mm×58.7mm	5 支装	手工雪茄
	长城（生肖版）	中式	135mm×66mm	10 支装	手工雪茄
	长城（10 支 132 秘制）	中式	110mm×47mm	10 支装	手工雪茄
	长城（揽胜 2 号精选）	中式	130mm×53.4mm	10 支装	手工雪茄
	长城（5 支传奇 1 号）	中式	105mm×72mm	5 支装	手工雪茄
	长城（导师 2 号）	中式	130mm×53.4mm	25 支装	手工雪茄
	长城（2 号）	中式	130mm×53.4mm	5 支装	手工雪茄
	长城（经典 2 号）	中式	130mm×53.4mm	5 支装	手工雪茄
	长城（揽胜 3 号经典）	中式	124mm×62.3mm	10 支装	手工雪茄
	长城（汉邦 3 号）	中式	124mm×62.3mm	25 支装	手工雪茄
	长城（3 号）	中式	150mm×50mm	5 支装	手工雪茄
	长城（经典 3 号）	中式	150mm×50mm	5 支装	手工雪茄
	长城（导师 3 号）	中式	142mm×52.3mm	10 支装	手工雪茄
	长城（红色 132）	中式	90mm×53.4mm	5 支装	手工雪茄
	长城（大号铝管 5 支）	中式	160mm×55mm	5 支装	手工雪茄
	长城（盛世 3 号）	中式	140mm×58mm	10 支装	手工雪茄
	长城（盛世 5 号）	中式	150mm×56mm	10 支装	手工雪茄
	长城（盛世 6 号）	中式	110mm×44mm	5 支装	手工雪茄
	长城（百茄乐）	中式	150mm×55mm	50 支装	手工雪茄
	长城（骑士国际原味 1 号）	中式	100mm×34mm	5 支装	机制雪茄
	长城（骑士 2 号）	中式	100mm×34mm	10 支装	机制雪茄
	长城（骑士 3 号）	中式	100mm×34mm	10 支装	机制雪茄
	长城（行者）	中式	100mm×27.7mm	10 支装	机制雪茄
	长城（风雅）	中式	84mm×24.5mm	10 支装	机制雪茄
	长城（迷你原味）	中式	98mm×26mm	10 支装	机制雪茄
	长城（迷你国际香草 1 号）	中式	75mm×26mm	10 支装	机制雪茄
	长城（迷你国际原味 1 号）	中式	75mm×26mm	10 支装	机制雪茄
	长城（迷你咖啡）	中式	75mm×26mm	10 支装	机制雪茄
	长城（迷你香草）	中式	75mm×26mm	10 支装	机制雪茄
	长城（迷你甜甘邑）	中式	75mm×26mm	10 支装	机制雪茄

续表

品 牌	品 名	风格特征	尺寸规格	包装规格	类 别
长城	长城（风华）	中式	66mm×22.6mm	20 支装	机制雪茄
	长城（天龙）	中式	97mm×17mm	20 支装	机制雪茄
	长城（丝路）	中式	97mm×17mm	20 支装	机制雪茄
	长城（子龙）	中式	97mm×17mm	20 支装	机制雪茄
	长城（醇雅 COCO）	中式	94mm×19.5mm	18 支装	机制雪茄
	长城（醇雅薄荷）	中式	94mm×19.5mm	18 支装	机制雪茄
	长城（醇雅奶香）	中式	94mm×19.5mm	18 支装	机制雪茄
	长城（毛氏雪茄 2 号）	中式	84mm×24.6mm	20 支装	机制雪茄
	长城（壹叁贰 13 号）	中式	84mm×24.6mm	20 支装	机制雪茄
	长城（伯乐）	中式	84mm×24.4mm	20 支装	机制雪茄
	长城（风尚）	中式	84mm×24.4mm	20 支装	机制雪茄
	长城（132 原味）	中式	84mm×24.4mm	20 支装	机制雪茄
	长城（132 咖啡）	中式	84mm×24.4mm	20 支装	机制雪茄
	长城（软传奇）	中式	84mm×24.4mm	20 支装	机制雪茄
	长城（132 醇味）	中式	70mm×24.2mm	20 支装	机制雪茄
	长城（金南极）	中式	120mm×34mm	5 支装	机制雪茄
	长城（金南极苹果）	中式	120mm×34mm	5 支装	机制雪茄
	长城（金南极葡萄）	中式	120mm×34mm	5 支装	机制雪茄
狮牌	狮牌（10 支完美时光）	中式	84mm×24.6mm	10 支装	机制雪茄
	狮牌（鸿运当头）	中式	84mm×24.4mm	20 支装	机制雪茄
	狮牌（大 S）	中式	84mm×24.2mm	20 支装	机制雪茄
	狮牌（典雅）	中式	130mm×48mm	10 支装	机制雪茄
	狮牌（5 支小号）	中式	112mm×31mm	5 支装	机制雪茄
工字	工字（1 号）	中式	84mm×34mm	10 支装	机制雪茄
	工字（红）	中式	84mm×34mm	10 支装	机制雪茄
金钱豹	金钱豹（10 支甜品）	中式	26mm×75mm	10 支装	机制雪茄

◇ 编辑：王 静 褚 辛

索引使用说明

一、本索引采用关键词索引法编制。年鉴中有实质检索意义的内容均予以标引，以供检索使用。

二、本索引基本上按汉语拼音音序排列。具体排列规律如下：以数字开头的标目，排在最前面；汉字标目按首字汉语拼音的音序、音调依次排列；首字相同时，则按第二字音序排列，以此类推。

三、索引标目后的数字，表示检索内容所在的年鉴正文页码，数字后面的英文字母 a、b 分别表示在该页的左、右栏。

索　引

J

L

M

Q

S

T

X

Y

Z

图书在版编目（CIP）数据

中国烟草年鉴. 2018 / 国家烟草专卖局编.
—北京：中国经济出版社，2020. 5
ISBN 978－7－5136－5638－2

Ⅰ. ①中… Ⅱ. ①国… Ⅲ. ①烟草工业—中国—2018—年鉴 Ⅳ. ①F426. 89－54

中国版本图书馆 CIP 数据核字（2019）第 070060 号

责任编辑　李祥柱　郑　潇
责任印制　马小宾
封面设计　金　菊
彩插设计　张盛楠　王雨婷
彩插编辑　王　静　褚　幸

出版发行　中国经济出版社
印 刷 者　北京富泰印刷有限责任公司
经 销 者　各地新华书店
开　　本　889mm×1194mm　1/16
印　　张　34. 25
字　　数　2100 千字
版　　次　2020 年 5 月第 1 版
印　　次　2020 年 5 月第 1 次
定　　价　350. 00 元
广告经营许可证　京西工商广字第 8179 号

中国经济出版社 **网址** www. economyph. com **社址** 北京市西城区百万庄北街 3 号 **邮编** 100037

本版图书如存在印装质量问题，请与本社发行中心联系调换（联系电话：010－68330607）